In Dankbarkeit gewidmet
Prof. Dr. Adolf Hahnl zum 85. Geburtstag

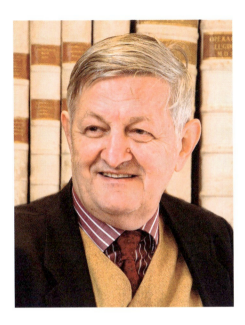

Prof. Dr. Adolf Hahnl zum 85. Geburtstag

Gerald Hirtner

Adolf Hahnl ist die erste weltliche Person in der über 1300-jährigen Geschichte des Klosters St. Peter, die eine Festschrift gewidmet bekam. Sie erschien vor zehn Jahren anlässlich des 75. Geburtstags von Adolf Hahnl. Mit dem Titel „Plus librorum"[1] (frei übersetzt: Man kann nie genug der guten Bücher haben) hob sie ein Kernanliegen des rastlosen und stets hilfsbereiten Bibliothekars hervor. Die Festschrift konnte – als Zeichen der Verbundenheit mit der Gesellschaft für Salzburger Landeskunde – als 31. Ergänzungsband der MGSL erscheinen. Sie enthält einen repräsentativen Querschnitt aus dem vielfältigen Werkschaffen des Jubilars, ein bis dahin vollständiges Werkverzeichnis und eine kurze Biografie.

Adolf Hahnl wurde am 2. April 1938 in Pottendorf in Niederösterreich geboren. In seiner Heimat Maria Schutz am Semmering erlebte der Wirtssohn das Ende des Zweiten Weltkriegs hautnah mit. Dieses prägende Ereignis führte zu einer lebenslangen Wertschätzung der friedensstiftenden Wirkung des Musischen.[2] Nach dem Schulbesuch in Neunkirchen und in Wien absolvierte

Adolf Hahnl auf Wunsch seiner Mutter von 1953 bis 1956 eine Kochlehre im Hotel Regina (Wien IX.). Seiner wissenschaftlichen Berufung folgend ging Adolf Hahnl schließlich im Herbst 1958 auf Anraten von Freunden nach Salzburg. Mit der Anstellung beim Verlag St. Peter ab Herbst 1960 finanzierte er zunächst seine Ausbildung an der Arbeitermittelschule und nach der Matura 1964 sein Studium der Kunstgeschichte und der Germanistik an der Universität Salzburg, das er 1970 mit der Promotion zum Doktor der Philosophie abschloss. Zwischenzeitlich hatte Adolf Hahnl vom Verlag in die Stiftsbibliothek St. Peter gewechselt und fand hier ein umfangreiches Aufgabenfeld vor, das im Laufe der Jahre noch um andere Tätigkeitsfelder, unter anderem die Verwaltung des Stiftsarchivs, erweitert wurde. An der Universität Salzburg wirkte er zudem von 1987 bis 2003 als Lektor. Adolf Hahnl war von 2000 bis 2013 Gründungsobmann der „Freunde des Stiftes Mattsee"[3] und betreute von 1995 bis 2020 das Archiv des Collegiatstifts Mattsee, während sich die dortige Bibliothek weiterhin in seiner Obhut befindet.[4] Nach seiner Pensionierung als Leiter der Stiftsbibliothek St. Peter im Jahr 2003 blieb er dem geschichtsträchtigen Ordenshaus bis heute als Konsulent treu verbunden und er widmet sich aktuell der Erschließung barocker Äbtetagebücher.

Sein Wirken wurde durch die Verleihung zahlreicher staatlicher, kirchlicher und privater Auszeichnungen gewürdigt, nicht zuletzt auch durch die Verleihung des Ehrenprofessortitels im Jahr 1999. Trotz aller Erfolge hat Adolf Hahnl „seinen Charakter voller Demut, Dankbarkeit und Bescheidenheit bewahrt"[5]. Gemeinsam mit seiner Gattin Elfriede ist er aktives Mitglied der Pfarre Mülln. Adolf Hahnl bringt sich immer wieder in den öffentlichen Diskurs ein. In Anlehnung an seinen akademischen Lehrer Hans Sedlmayr[6] gilt sein Interesse insbesondere dem Denkmalschutz, dem er mit seinem enormen landeskundlichen Wissen regelmäßig eine mahnende Stimme verleiht.

Die Gesellschaft für Salzburger Landeskunde war dem gebürtigen Niederösterreicher fast von Beginn seiner Zeit in Salzburg an ein Anliegen.[7] Adolf Hahnl trat der Gesellschaft 1964 als ordentliches Mitglied bei, an deren Aktivitäten er stets verlässlich und mit Begeisterung teilnahm. Am 14. Jänner 1971 betätigte er sich erstmals aktiv mit einem Vortrag über „Die Brüder Hagenauer, ein Beitrag zur Geschichte des Neutors". Das Wirken dieser Familie beschäftigte ihn über Jahre und er verschriftlichte sein Wissen darüber in verschiedensten Publikationen.[8] Am 27. Oktober 1978 führte er für die Gesellschaft durch die Ausstellung „Georg Pezolt, Salzburg-Ansichten" in St. Virgil. Der erste schriftliche Beitrag für die MGSL entstand gemeinsam mit Robert Hoffmann und Guido Müller über den Stadtteil Riedenburg, durch den ihn sein täglicher Arbeitsweg führte.[9]

Schließlich wurde Adolf Hahnl 1991 in den Vorstand der Gesellschaft gewählt und er übernahm die Aufgaben als Hausverantwortlicher für St. Peter bzw. die Betreuung der eben hier stattfindenden Vorträge. Damit intensivierte sich die Zusammenarbeit mit der Gesellschaft deutlich, weil von nun an nicht nur die aktive Anwesenheit bei möglichst allen Vorstandssitzungen und Vortragsabenden gefragt war, sondern auch vermehrt eigene Beiträge entstanden. An Vortragsthemen sind ab dem Jahr 1991 zu nennen: Die Architektur des Salzburger Frühklassizismus (9. Jänner 1991), Vom Kochen und Tafeln am alten fürsterzbischöflichen Hof (10. Jänner 1996), Der salzburgisch-erzbischöfliche Hofbaumeister Wolfgang IV. Hagenauer – Zu seinem 200. Todestag (12. Dezember 2001), Dominikus Hagenauer – Ein Abt und die Künstler seiner Zeit (27. Jänner 2010), Salzburger Miszellen (11. Dezember 2013), Die Tagebücher des Abtes Romuald Horner von St. Peter, reg. 1876–1901 (13. März 2019, Vortrag gemeinsam mit Gerald Hirtner). Am 10./11. September 1994 leitete er gemeinsam mit Gerhard Walterskirchen eine Landeskunde-Exkursion „nach Niederösterreich in ehemalige Salzburger Besitzungen und auf den Spuren Mozarts". Das Register zu den MGSL weist ab dieser Zeit folgende schriftliche Beiträge von Adolf Hahnl aus:

Zu den mittelalterlichen Residenzen der Salzburger Erzbischöfe, in: MGSL 136 (1996), S. 475–488.

August Radnitzky (1810–1897), in: MGSL 138 (1998), S. 467–502.

Das Inventar der alten Salzburger Stadtpfarrkirche von 1490, in: MGSL 140 (2000), S. 11–27.

Die ehemalige Erbgruftkapelle der Familie Lasser von Lasseregg in St. Peter in Salzburg, in: MGSL 143 (2003), S. 219–236.

Die Salzburger Hofstallgasse – eine Via principalis oder Via triumphalis?, in: MGSL 154/155 (2014/15), S. 201–219.

Laudatio [auf den Ehrenpräsidenten Reinhard R. Heinisch], in: MGSL 157 (2017), S. 93–94.

Adolf Hahnl wirkte unter vier Präsidenten, nämlich Kurt Conrad (1982–1994), Friederike Zaisberger (1994–1996), Reinhard Rudolf Heinisch (1996–2015) und Thomas Mitterecker (seit 2015). Unter Letzterem wurde ihm anlässlich seines 80. Geburtstags eine ganz besondere Auszeichnung zuteil: Am 18. April 2018 wurde Adolf Hahnl die Ehrenmitgliedschaft der Gesellschaft für Salzburger Landeskunde verliehen.

Die folgende Corona-Pandemie brachte einen Einschnitt im Großen wie im Kleinen, so auch im Vereinsleben der Gesellschaft für Salzburger Landeskunde. Adolf Hahnl übergab in dieser Zeit seine Vorstandsagenden an den Autor. Zuletzt reduzierte Adolf Hahnl seine Vereinsaktivitäten aus Altersgründen, doch seine zahlreichen Verdienste um die Gesellschaft sind und bleiben unvergessen. Demnach ist die Widmung des vorliegenden Doppelbandes 162/163 als dankbare Würdigung anlässlich des 85. Geburtstags eine naheliegende Folge. Möge dieser Band dem Jubilar Freude bereiten und ihm zur Ehre gereichen! Ad multos annos!

Ergänzungen zum bestehenden Werkverzeichnis von Adolf Hahnl:[10]

Salzburg-Stadt, Mülln, in: Gabriele Pursch (Hg.), Klöster & Stifte. Ein Führer zu den Klöstern und Stiften in der EuRegio Salzburg – Berchtesgadener Land – Traunstein. Freilassing 2011², S. 65–66.
Raffaelo Santis „Madonna di Loreto", ein Vorbild des Gnadenbildes von Maria Plain, in: Superiorat Maria Plain (Hg.), S. Maria, consolatrice afflictorum „Trösterin der Betrübten". Der Gnadenort Maria Plain und die neue Altarraumgestaltung. Salzburg 2014, S. 14–20.
Die Salzburger Hofstallgasse – eine Via principalis oder Via triumphalis?, in: MGSL 154/155 (2014/15), S. 201–219.
Adolf Hahnl und Regina Kaltenbrunner, Raffael Santis Madonna del Granduca (1504/1505) – Eine unbekannte Nazarener-Kopie in der Erzabtei St. Peter in Salzburg, um 1830. Eine Recherche, in: Barockberichte 65 (2018), S. 89–97.
Die alte Salzburger Benediktiner-Universität als Musenberg. Ein seltenes Salzburger Panegyricum von 1687 für Fürstabt Cölestin Sfondrati O.S.B. von St. Gallen, in: Studien und Mitteilungen zur Geschichte des Benediktiner-Ordens und seiner Zweige 126 (2015), S. 261–276.
Objektbeschreibungen, in: Kuno Erich Mayer (Hg.), Meisterwerke mittelalterlicher Kunst. Sammeln und bewahren. Götzis 2015.
Nachruf auf Carl von Frey, in: Bergbau- und Gotikmuseum Leogang (Hg.), Für Salzburg bewahrt. Leogang 2016, S. 22–29.
Exponatbeschreibungen, in: Bergbau- und Gotikmuseum Leogang (Hg.), Für Salzburg bewahrt. Leogang 2016, S. 39–251.
Laudatio, in: MGSL 157 (2017), S. 93–94.
Karl Hirnschrodt, Erinnerungen aus meinem Leben. Autobiographie. Salzburg 2017.
Erhaltung geboten. Der Ganshof – ein klassizistischer Bau von 1815, in: Bastei 69 (Herbst 2020), S. 28–29.
Das Staupitz-Epitaph in der St. Veitskapelle von St. Peter. Anmerkungen zum loco sepulturae, in: Tagungsband Staupitz, Luther und Salzburg in den Jahren 1517–1524. Leipzig 2021 (Jahrbuch für die Geschichte des Protestantismus in Österreich 134/135), S. 83–89.
Brunnhausgasse Nr. 1, Salzburg, Nonntal. Gem. mit Magda Krön. Salzburg 2021.
Das sogenannte Schifferkreuz, das Lettnerkreuz des Meisters Jakob Kaschauer, 1453. Eine Recherche, in: Salzburg Archiv 38 (2022), S. 159–188.
Adolf Hahnl und Sonja Führer, Die Bücher-Sammlung Vogl, in: Bergbau- und Gotikmuseum Leogang (Hg.), Perlen der Gotik. Stiftung Sammlung Vogl-Reitter. Leogang 2023, S. 212–223.
Adolf Hahnl, Ein unbekanntes Porträt der Kaiserin Maria Theresia von Habsburg, in: Barockberichte 69/70 (2023), S. 47–50.

Endnoten

1 *Sonja Führer / Gerald Hirtner,* Adolf Hahnl zum 75. Geburtstag, in: Erzabtei St. Peter, Hg., Plus librorum. Beiträge von Adolf Hahnl zur Salzburger Kunstgeschichte. Salzburg 2013, S. XIV–XV, hier S. XIV.

2 Siehe die Stellungnahme zur Frage nach der Aufgabe von Museen in Adolf Hahnl, in: Salzburger Museumsblätter 83/6 (2022), S. 3.

3 *Adolf Hahnl,* Rückschau und Abschied, in: Mattseer Stiftsblätter 2013, S. 2; Reinhold Mayer, Der „Ehren-Mattseer" feierte, in: ebd., S. 14; Adolf Hahnl / Johannes Müller, Und wieder: Auf Tassilos Spuren, in: Stiftsblätter 2015, S. 16.

4 Stift Mattsee, Das Archiv des Collegiatsstifts Mattsee, online https://www.stiftmattsee.at/de/stift/index.asp?dat=Archiv&id=356&title=Das+Archiv+des+Collegiatsstifts+Mattsee [Stand: 31.5.2023].

5 *Führer / Hirtner, Hahnl,* S. XV.

6 *Hans Sedlmayr,* Die demolierte Schönheit. Ein Aufruf zur Rettung der Altstadt Salzburgs. Salzburg 1965.

7 Die folgenden Angaben und Datierungen wurden dankenswerterweise von der Schriftleitung der MGSL zur Verfügung gestellt.

8 Siehe beispielsweise *Adolf Hahnl,* Die Brüder Wolfgang, Johann Baptist und Johann Georg Hagenauer, in: Ainring. Heimatbuch. Ainring 1990, S. 330–389.

9 *Adolf Hahnl / Robert Hoffmann / Guido Müller,* Der Stadtteil Riedenburg. Bau- und Entwicklungsgeschichte bis 1945, in: MGSL 126 (1986), S. 569–584.

10 *Sonja Führer / Gerald Hirtner,* Bibliographie, in: Erzabtei St. Peter, Hg., Plus librorum. Beiträge von Adolf Hahnl zur Salzburger Kunstgeschichte, Salzburg 2013, S. 230–235. Der Autor dankt Sonja Führer für kritische Anmerkungen zum vorliegenden Beitrag.

Abbildung

Abb. 1: Porträt von Prof. Dr. Adolf Hahnl, 2013 (Foto: Reinhard Weidl).

Mitteilungen der

162./163. Vereinsjahr
2022/2023

VERLAG ANTON PUSTET

Herausgeber
Gesellschaft für Salzburger Landeskunde

Schriftleitung und Redaktion
Thomas Mitterecker
Wolfgang Neuper

© 2023 Gesellschaft für Salzburger Landeskunde

Für Inhalt und Form der Beiträge sind die Verfasser verantwortlich.
Bei Personenbezeichnungen und personenbezogenen Hauptwörtern wird in dieser Publikation überwiegend die männliche Form verwendet. Entsprechende Begriffe gelten im Sinne der Gleichbehandlung grundsätzlich für alle Geschlechter. Die verkürzte Sprachform hat nur redaktionelle Gründe und beinhaltet keinerlei Wertung.

Bibliografische Information der Deutschen Nationalbibliothek
Die Deutsche Nationalbibliothek verzeichnet diese Publikation
in der Deutschen Nationalbibliografie;
detaillierte bibliografische Daten sind im Internet
über http://dnb.d-nb.de abrufbar.

Coverbild: Porträt von Fürsterzbischof Hieronymus Graf Colloredo,
Öl auf Leinwand von Franz Xaver König (1711–1782), Stadt Laufen/Altes Rathaus
(Stadt Laufen; Dommuseum Salzburg; Foto: Oskar Anrather).
Gedruckt mit Unterstützung der Salzburger Landesregierung
der Landeshauptstadt Salzburg, der Erzdiözese Salzburg und der Erzabtei St. Peter
Grafik, Satz und Produktion: Tanja Kühnel
Lektorat: Arnold Klaffenböck
Korrektorat: Markus Weiglein
Druck: Finidr, s.r.o.

ISBN 978-3-7025-1097-8

www.pustet.at

Wir bemühen uns bei jedem unserer Bücher um eine ressourcenschonende Produktion.
Alle unsere Titel werden in Österreich und seinen Nachbarländern gedruckt. Um umweltschädliche Verpackungen zu vermeiden, werden unsere Bücher nicht mehr einzeln in Folie eingeschweißt.
Es ist uns ein Anliegen, einen nachhaltigen Beitrag zum Klima- und Umweltschutz zu leisten.

Vorwort

Sehr geehrte Damen und Herren, liebe Landeskunde-Mitglieder!

Wir dürfen Ihnen mit dem vorliegenden Mitteilungsband der Gesellschaft für Salzburger Landeskunde 162/163 die mittlerweile dritte Ausgabe seit der grafischen Neugestaltung unserer Schriftenreihe präsentieren. Dieser Doppelband, der wieder in Kooperation mit dem Salzburger Verlag Anton Pustet erstellt wurde und in seinem Programm erscheint, steht mit einem Beitrag von Elisabeth Lobenwein und Alfred Stefan Weiß im Zeichen des 250. Jubiläumsjahrs des Regierungsantritts von Hieronymus Graf Colloredo. Dementsprechend orientiert sich die grafische Titelblattgestaltung am letzten regierenden Salzburger Fürsterzbischof.

Der Band der Mitteilungen der Gesellschaft für Salzburger Landeskunde 162/163 umfasst insgesamt 19 Beiträge, die alle historischen Epochen der Geschichtswissenschaft vom Mittelalter bis zur Zeitgeschichte abdecken und kunsthistorische, mineralogische und musikwissenschaftliche Themen behandeln. Die Gesellschaftsnachrichten mit den Nekrologen, ein Reisebericht, der Tätigkeitsbericht des Salzburger Landesarchivs sowie Rezensionen zum Salzburger Schrifttum runden die Mitteilungen der Gesellschaft für Salzburger Landeskunde ab.

Der vorliegende Band ist unserem langjährigen Vorstandskollegen und Ehrenmitglied Prof. Dr. Adolf Hahnl zu seinem 85. Geburtstag gewidmet, der viele Jahre als Vertreter der Erzabtei St. Peter die Geschicke der Landeskunde mitbestimmt hat, mit seinem umfangreichen Wissen Diskussionen bereichert und mit seinem geselligen Gemüt ein Gefühl des Willkommen-Seins gibt. Vielen Dank für die jahrelangen verlässlichen und unermüdlichen Dienste – Ad multos annos!

Salzburg im September 2023
Thomas Mitterecker und Wolfgang Neuper

Inhaltsverzeichnis

Laudatio Adolf Hahnl. 5
Vorwort 13
Inhaltsverzeichnis. 14

Elisabeth Lobenwein / Alfred Stefan Weiß:
Fürsterzbischof Hieronymus Graf Colloredo –
Politisches und privates Leben (1772–1803). 19

Hans Krawarik: Die Besiedlung des Saalfeldener Beckens
im frühen Mittelalter 34

Peter Fraundorfer: Die *Communis legenda sancti Rodberti episcopi*
als Grundlage der ältesten deutschsprachigen *Vita Ruperti*:
Eine Quellenübersetzung mit spätmittelalterlichem Vorspann. 54

P. Edmund Wagenhofer: Rupertkirchen in Slowenien.
Zeugnisse gelebten Glaubens aus der Vergangenheit bis heute 76

Gerald Hirtner: Neue Forschungen zur Salzburger Klosterlandschaft 88

Elisabeth Gruber / Simon Kuhn: Klosterhöfe in der Wachau 115

Günter Stierle: Die Geschichte der Buchhandlung Höllrigl. 130

Julian Lahner: *lieber herr vnd freundt* – Privatbriefe des
Paris Graf von Lodron an Leopold V. von Österreich (1620–1632). 140

Michael Neureiter: Historische öffentliche Uhren in Hallein.
Sechs in der Altstadt, vier außerhalb. 193

Guido Müller: Peter Karl Thurwieser als Bergsteiger
(Kramsach 1789–1865 Salzburg). 220

Margret Friedrich: Die Einführung der
Barmherzigen Schwestern in Salzburg –
ein Aspekt des politischen Katholizismus avant la lettre? 258

Inhalt

Annkatrin Babbe: Die „Emporbringung der Musik" –
Institutionalisierte Musikausbildung im Salzburg des 19. Jahrhunderts:
Vom Dom-Musikverein und Mozarteum zum Mozarteum 287

Iris Czapka: Form und Funktion –
Das Krematorium am Salzburger Kommunalfriedhof 331

Sonja Pallauf: Das Referendum über den Anschluss Salzburgs
an Deutschland vom 29. Mai 1921. Ein Überblick 367

Peter Danner: Das „Forschungsinstitut für Lebensgeschichte" in Salzburg 378

Gregor Dohle / Oskar Dohle: Ein Rücktritt, der nicht stattfand.
Das nie abgeschickte Rücktrittsgesuch von Außenminister
Joachim von Ribbentrop an Adolf Hitler vom 3.12.1940 408

Robert Kriechbaumer: „Vissi d'arte" – Kunst und Politik im autoritären System.
Der „Fall Herbert von Karajan".
Anmerkungen zu einer Salzburger Erregung 438

Karl Schmetzer: Geschichte des Smaragdbergbaus
im Habachtal, Pinzgau, Salzburg 473

Karl Schmetzer / H. Albert Gilg: Herkunft der Smaragde
im Brustkreuz und Ring des Abts Dominikus Hagenauer
der Erzabtei St. Peter in Salzburg aus dem späten 18. Jahrhundert 597

Hubert Schopf: Tätigkeitsbericht des
Salzburger Landesarchivs für 2021 und 2022 610

Zum Salzburger Schrifttum 623
Nachrufe Verstorbene der Landeskunde 630
Gesellschaftsnachrichten für die Vereinsjahre 2021/22 und 2022/23 660
Verzeichnis der Mitarbeiterinnen und Mitarbeiter 666

Abkürzungsverzeichnis

Abh.	= Abhandlung(en)	ehem.	= ehemalig, ehemals
Abt.	= Abteilung	Erg.	= Ergänzung(s)
ADB	= Allgemeine deutsche Biographie	f.	= für, folgend
AEM	= Archiv des Erzbistums München und Freising	Fasz.	= Faszikel
		feb.	= fürsterzbischöflich(e)
AES	= Archiv der Erzdiözese Salzburg (früher: KAS)	ff.	= folgende
		fl	= Gulden
ahd.	= althochdeutsch	fol.	= folio
Akad.	= Akademie	FS.	= Festschrift
Anm.	= Anmerkung(en)	GA	= Geheimes Archiv
Arb.	= Arbeit	Gde.	= Gemeinde
Arch.	= Archiv	geb.	= geboren(e)
Ass.	= Assistent		
AStP	= Archiv der Erzabtei St. Peter in Salzburg	H.	= Heft(e)
		HAB	= Historischer Atlas von Bayern
AStS	= Archiv der Stadt Salzburg	Habil.	= Habilitation
		Hb.	= Handbuch
bayer.	= bayerisch	Hg., hg.	= Herausgeber, herausgegeben
BayHStA	= Bayerisches Hauptstaatsarchiv (in München)	HHStA	= Haus-, Hof- und Staatsarchiv Wien
		hist.	= historisch(e)
Bd(e).	= Band (Bände)	HK	= Hofkammer
Bearb. bearb.	= Bearbeiter, bearbeitet	hl(l).	= heilig(e)
Beitr.	= Beitrag, Beiträge	Hs(s).	= Handschrift(en)
Ber.	= Bericht(e)	hs.	= handschriftlich
bes.	= besonders		
Bez.	= Bezirk	Inst.	= Institut
Bl.	= Blatt, Blätter	Inv.	= Inventar
bzw.	= beziehungsweise		
		Jb.	= Jahrbuch
ca.	= zirka	Jg.	= Jahrgang
Clm.	= Codex latinus monacensis	Jh.	= Jahrhundert(e/s)
Cod.	= Codex	JSMCA	= Jahresschrift des Salzburger Museums Carolino Augusteum
cvp.	= Codex vindobonensis palatinus		
d.	= der	Kat.	= Katalog(e)
d, dn	= Pfennig	k. (u.) k.	= kaiserlich (und) königlich
Dat., dat.	= Datum, datiert	Kl.	= Klasse
ders.	= derselbe	kr	= Kreuzer
dgl.	= dergleichen		
dies.	= dieselbe(n)	Lit.	= Literatur
Dipl.	= Diplom	Lkr.	= Landkreis
Diss.	= Dissertation	LMA	= Lexikon des Mittelalters
Doz.	= Dozent	LThK	= Lexikon für Theologie und Kirche
Dr.	= Doktor		
		Mag.	= Magister
Eb., eb.	= Erzbischof, erzbischöflich(e)	Martin, Reg.	= Die Regesten der Erzbischöfe und des Domkapitels von Salzburg 1247 bis 1343, bearb. v. Franz Martin
ebd.	= ebenda		
Ed., ed.	= Edition, Editor, ediert		

masch.	= maschinenschriftlich	S.	= Seite(n)
MB	= Monumenta Boica	SLA	= Salzburger Landesarchiv
MGH	= Monumenta Germaniae Historica	SLZ	= Salzburger Landes-Zeitung
Conc.	= Concilia	SMCA	= Salzburger Museum Carolino Augusteum
D(D)	= Diploma (Diplomata)		
Epist.	= Epistulae	SN	= Salzburger Nachrichten
LL	= Leges	Sp.	= Spalte(n)
Necr.	= Necrologia	St.	= Sankt, Saint(e)
PL	= Poetae Latini	StaA	= Stadtarchiv
SS	= Scriptores	StiA	= Stiftsarchiv
MGSL	= Mitteilungen der Gesellschaft für Salzburger Landeskunde	StMBO	= Studien und Mitteilungen zur Geschichte des Benediktiner- ordens und seiner Zweige
mhd.	= mittelhochdeutsch		
MIÖG	= Mitteilungen des Instituts für Österreichische Geschichts- forschung	SUB	= Salzburger Urkundenbuch
		SV	= Salzburger Volksblatt
		SVZ	= Salzburger Volkszeitung
Mitteil.	= Mitteilung(en)		
Ms(s).	= Manuskript(e)	T.	= Teil(e)
		Tab.	= Tabelle(n)
Ndr.	= Nachdruck, Neudruck	Taf.	= Tafel(n)
NF, N. F.	= Neue Folge		
nhd.	= neuhochdeutsch	u.	= und
NÖ	= Niederösterreich	u. a.	= und andere, unter anderem
		UBS	= Universitätsbibliothek Salzburg
o.	= ohne	Univ.	= Universität(s)
D.	= Datum	usw.	= und so weiter
J.	= Jahr		
O.	= Ort	v (hochgest.)	= verso
S.	= Seite	v.	= vom, von, vor
		vgl.	= vergleiche
ÖAW	= Österreichische Akademie der Wissenschaften	VSWG	= Vierteljahrsschrift für Sozial- und Wirtschaftsgeschichte
ÖNB	= Österreichische Nationalbibliothek Wien	Wiss.	= Wissenschaft(en)
ÖKT	= Österreichische Kunsttopographie		
OÖ	= Oberösterreich	z. B.	= zum Beispiel
österr.	= österreichisch	ZBLG	= Zeitschrift für bayerische Landesgeschichte
pag.	= pagina		
phil.	= philosophisch	Zit., zit.	= Zitat, zitiert
Prof.	= Professor	ZRG	= Zeitschrift der Savigny-Stiftung für Rechtsgeschichte
		GA	= Germanistische Abteilung
r (hochgest.)	= recto	KA	= Kanonistische Abteilung
red.	= redigiert	Zs.	= Zeitschrift
Reg.	= Regest(a)		
Rub.	= Rubrik		

Dopsch/Spatzenegger I/1–II/4 = Heinz Dopsch u. Hans Spatzenegger (Hg.), Geschichte Salzburgs – Stadt und Land, Bde. I/1 (Salzburg 1981, [3]1999), I/2 u. I/Register (Salzburg 1983), II/1 u. II/2 (Salzburg 1988, [2]1995), II/3, II/4 u. II/Register (Salzburg 1991).

Fürsterzbischof Hieronymus Graf Colloredo – Politisches und privates Leben (1772–1803)

Elisabeth Lobenwein / Alfred Stefan Weiß

Einleitung

2022 jährte sich die Wahl Hieronymus Graf Colloredos zum Salzburger Fürsterzbischof das 250. Mal, ein vergangenes Ereignis, welches das DomQuartier Salzburg, das Dommuseum Salzburg sowie das Archiv der Erzdiözese Salzburg zum Anlass genommen haben, Colloredo eine Sonderausstellung zu widmen, mit dem erklärten Ziel, so manche recht langlebige Klischees rund um die Person des letzten regierenden Fürsterzbischof Salzburgs zurechtzurücken.[1] Auch der vorliegende Beitrag möchte eine differenzierte Sicht auf das facettenreiche Leben und Wirken Hieronymus Colloredos werfen, um die Bedeutung seiner Person historisch besser zu erfassen. Colloredo war sicherlich eine faszinierende Persönlichkeit mit all seinen Schwächen, aber auch deutlichen Stärken, die sich nicht bloß in der Auseinandersetzung Landesfürst gegen Mozart erschöpfte.[2]

Familie und Werdegang

Hieronymus Graf Colloredo wurde am 31. Mai 1732 als fünftes von insgesamt 18 Kindern des Rudolf Josef Graf Colloredo-Waldsee (1706–1788) und der Maria Gabriele Gräfin Starhemberg (1707–1793), Tochter des österreichischen Staats- und Konferenzministers Gundaker Thomas Graf von Starhemberg, geboren. Sein Vater war von 1745 bis zu seinem Tod 1788 als Reichsvizekanzler tätig und wurde 1763 in den böhmischen sowie in den erblichen Reichsfürstenstand erhoben.[3] Hieronymus wurde nach strengen religiösen Grundsätzen erzogen und war ursprünglich als zweitgeborener Sohn für eine militärische Laufbahn vorgesehen. Aufgrund seines kränklichen Wesens nahmen seine Eltern aber von diesen Plänen Abstand und bereiteten ihn bestmöglich auf eine geistliche Karriere vor. Im Alter von knapp 16 Jahren erhielt er Kanonikate in den Domkapiteln von Olmütz, Passau und Salzburg, zudem erhielt er als weitere Pfründen die Propsteien St. Moritz in Augsburg und St. Mauritius in

Kremsier sowie die Zuerkennung der Einkünfte der Patronatspfarre Staatz in Niederösterreich.[4] Nach Gymnasialstudien am Theresianum und einem Studium der Philosophie an der Universität Wien promovierte er am 28. April 1755 an der Sapienza in Rom zum Doktor des geistlichen und weltlichen Rechts.[5] Rom stellte ein wichtiges Sprungbrett für die geistlichen Führungsschichten des Heiligen Römischen Reiches dar, was die Zahlen auch deutlich belegen: Ca. 40 Prozent der Fürstbischöfe nach dem Westfälischen Frieden waren zum Studium in Rom gewesen.[6] Hieronymus Colloredo hielt sich nachweislich auch ein zweites Mal längere Zeit in Rom auf, nämlich zwischen 1759 und 1762, in der er das Amt des kaiserlichen Auditoriats bei der Sacra Romana Rota („Richter des päpstlichen Gerichtes für die Deutsche Nation") übernahm.[7] Am 8. Februar 1761 erfolgte in Rom Hieronymus Colloredos Weihe zum Priester.[8] Wenige Monate später verlieh ihm Maria Theresia das 30.000 „Seelen" zählende Salzburger Eigenbistum Gurk, das er in weiterer Folge hervorragend verwalten und wichtige Reformprozesse in Gang setzen sollte.[9]

Die Wahl zum Salzburger Fürsterzbischof

Nach Ableben des 74-jährigen Salzburger Fürsterzbischofs Sigmund Graf Schrattenbach am 16. Dezember 1771[10] eröffnete sich für Hieronymus Colloredo eine weitere Chance, innerhalb der kirchlichen (in diesem Fall auch weltlichen) Hierarchie weiter aufzusteigen. Anfänglich schien der beim Volk sehr beliebte und von bayerischer Seite präferierte Salzburger Domdechant Ferdinand Christoph Zeil-Waldburg (1719–1786) die besten Voraussetzungen für einen Wahlsieg zu haben. Da der bayerische Wahlgesandte August Törring-Jettenbach äußerst ungeschickt agierte, wendete sich das Blatt überraschend. Das Verfahren zog sich in die Länge und entwickelte sich immer mehr zu Ungunsten Zeil-Waldburgs. Fünf volle Wahltage und zwölf Abstimmungen waren notwendig, bis schließlich Hieronymus Colloredo am Ende als Sieger hervorging.[11] Dieser scheint von seiner Wahl überwältigt und auch überrascht gewesen zu sein und berichtete am 28. März 1772 seinem älteren Bruder Gundaker,[12] mit dem er eine umfangreiche Privatkorrespondenz führte, die seit 2022 in einer historisch-kritischen Edition vorliegt, voller Freude von seinem Erfolg: „Mein lieber Bruder! Ich muss mich bei Euch tausendmal entschuldigen, so lange gezögert zu haben, Euch von mir zu berichten, aber die Aufregung, in der ich mich seit meiner Wahl befinde, ist so groß, dass ich nicht weiß, wo mir der Kopf steht. Ich bin aus meiner Residenz geflohen, in der Hoffnung, etwas mehr Ruhe in Wien zu finden, aber dort habe ich so viele Geister gefunden, die mit mir das Glück teilen wollen, das auf uns gefallen ist, sodass ich es hier nicht ruhiger habe als bei mir."[13]

Wähnte sich Hieronymus Colloredo in voller Glückseligkeit, so schien die Reaktion auf Hieronymus Colloredos Wahl wohl verhalten ausgefallen zu sein.

Der Salzburger Beamte, Historiker und Schriftsteller Joseph Ernst Ritter von Koch-Sternfeld (1778–1866) schildert in seinem 1816 erschienenen Werk „Die letzten dreissig Jahre des Hochstifts und Erzbisthums Salzburg" die Reaktion des Volkes auf Colloredos Wahl wie folgt: „Als die Kunde: ‚Hieronymus!' vom Balkon des Kapitelhauses herab dem harrenden Volke erscholl; wollte es seinen Sinnen nicht trauen; die Höhern des Landes verstummten. – Als sich der feyerliche Zug des Kapitels, den blassen schwächlichen Neugewählten in seiner Mitte, in den Dom zum Te Deum bewegte, herrschte eine düstere Stille – so unendlich viel liegt in der Meinung des Volkes, einen Fürsten sein nennen zu können; und niemals hatte sich diese inniger ausgesprochen. Hieronymus empfand diesen stummen Ausdruck tief."[14] Die Beziehung zwischen Hieronymus Colloredo und der Bevölkerung im Land Salzburg sollte nicht nur zu Beginn, sondern bis zum Ende seiner langen Regierungszeit unterkühlt bleiben. Sicherlich war die emotionale Bindung zwischen Regenten und Untertanen bei Wahlmonarchien durch die häufigen Wechsel teilweise weniger intensiv als bei Erbmonarchien, insbesondere in jenem vorliegenden Fall, wenn sich der Fürst eines geistlichen Staates aufgrund seiner landfremden Herkunft seinen Untergebenen und deren Interessen weniger verpflichtet fühlte.[15] Im Fall Colloredos stellten sowohl Koch-Sternfeld als auch der Aufklärer und Reiseschriftsteller Kaspar Riesbeck (1754–1786) die Vermutung auf, dass Colloredo die ihm gegenüber gezeigte abweisende Haltung so gekränkt haben mag, dass er seinen Salzburger Untertanen fortan mit einer gewissen Verachtung begegnet sei, die sich erst im Laufe der Jahrzehnte etwas gemildert haben dürfte.[16]

Regierungsantritt in Salzburg – Reformprogramme der 1770er- und 1780er-Jahre

Der Regierungsantritt Hieronymus Colloredos bedeutete eine Zäsur für Salzburg. Als Wahlspruch seiner Regierung wählte er „Providum imperium felix" („Glücklich ist eine voraussehende Regierung") und brachte somit auf seiner Wahlmedaille[17] zum Ausdruck, sich den vielfältigen Problemen des ausgehenden 18. Jahrhunderts stellen zu wollen. In Salzburg hatte sich sowohl die wirtschaftliche als auch die ernährungspolitische Situation rund um die Hungerjahre Ende der 1760er- und zu Beginn der 1770er-Jahre deutlich verschlechtert. Als aufgeklärter Herrscher erkannte er die drängendsten Probleme der Zeit und sah enormen Reformbedarf sowohl in kirchlichen Belangen als auch im Wirtschafts-, Gesundheits-, Sozial- und Schulsektor.[18] Colloredos Reformbemühungen zeigten sich in den Tätigkeiten der Armenkommission, dem Aufbau eines ersten Pensionssystems, dem Versuch einer flächendeckenden medizinischen Betreuung der Bevölkerung sowie der Schulreformen.[19] Die Zensur wurde im Sinne der Aufklärung neu geregelt und die weitreichenden Freiheiten der

Salzburger Presse vornehmlich im Ausland besonders positiv bewertet. Erst im Jahr 1796 kam es wieder zu einer Verschärfung der Zensur.[20] Auch Colloredos Reformen in der Finanz- und Wirtschaftspolitik sind besonders positiv hervorzuheben, da er sich um die Sanierung der zerrütteten Finanzen kümmerte, die vor allem durch die Missernten und den Ankauf großer Getreidemengen in eine Schieflage geraten waren. Die Wirtschaftsreformen beinhalteten u. a. Einsparungen bei der Hofhaltung, Organisationsverbesserungen sowie die Schaffung neuer bzw. die Änderung bestehender Steuern, wie beispielsweise die Ersetzung der Vermögens- durch eine Grundsteuer.[21] Dass sich solch große Einschnitte nicht ohne Proteste der Landstände, des Domkapitels und der Bevölkerung durchsetzen ließen, ist nicht verwunderlich.

Mit seinem berühmten Jubiläumshirtenbrief vom 29. Juni 1782 setzte Hieronymus – als eigentlicher Hauptverfasser gilt der Konsistorialrat Johann Michael Bönicke (1734–1811)[22] – seine ambitioniertesten Schritte in Richtung aufgeklärte Religion und griff den seiner Ansicht nach unzeitgemäß gewordenen Barockkatholizismus scharf an.[23] Im Hirtenbrief forderte er apostolische Frömmigkeit, Toleranz gegen Andersgläubige, karitative Werke statt übermäßigen Prunk und Äußerlichkeiten. Durch Bibellektüre, Pflege des deutschen Kirchenliedes und durch eindringliche Predigt solle der „gemeine Mann auch bald heller denken, und aufgeklärter werden, an Vorurtheilen und Aberglauben nicht mehr so sehr kleben".[24] Viele Forderungen, die im bekannten Hirtenbrief formuliert wurden, kamen erst im Anschluss an das Zweite Vatikanum zur tatsächlichen Umsetzung.[25] Colloredos radikales kirchliches Reformprogramm blieb nicht ohne Widerspruch, rief auch Gegenschriften hervor[26] und scheiterte letztendlich durch die überhasteten Umsetzungsversuche. Der Jurist und Zeitgenosse Colloredos, Judas Thaddäus Zauner (1750–1815), brachte dies wie folgt auf den Punkt: „Man hätte vorerst aufklären, und dann reformiren sollen; allein man machte mit dem letztern den Anfang; indem man Religionsedicte erließ, und verschiedene Lieblingsandachten des Volkes abschaffte, noch ehe man durch gründliche Belehrung zu solchen Reformen vorbereitet hatte."[27]

Die von Joseph II. beabsichtigte Diözesanregulierung hatte auch gravierende Auswirkungen auf Hieronymus Colloredo als Salzburger Metropolit. Zwar konnte 1786 ein Kompromiss gefunden werden, der vorsah, dass Colloredo die Metropolitanrechte und andere Privilegien des Erzbischofs von Salzburg bewahrt blieben. Allerdings musste er die Ordinariatsjurisdiktion über alle in der Steiermark, in Kärnten und in Oberösterreich gelegenen salzburgischen Diözesangebiete abtreten. Die Bischöfe der kleinen Salzburger Eigenbistümer Gurk, Seckau und Lavant stiegen zu Oberhirten der jeweiligen Länder auf.[28]

Die Koalitionskriege – Volksunruhen – Flucht – Säkularisation

Gegen Ende der 1780er-Jahre, zeitlich parallel zum Ausbruch der Französischen Revolution, wurde die „Endlichkeit"[29] von Hieronymus Colloredos Herrschaft über das Erzstift Salzburg bzw. das Ende der geistlichen Staaten innerhalb des Reiches immer augenscheinlicher. Die Ereignisse in Frankreich, die kriegerischen Auseinandersetzungen und die ständige Säkularisationsgefahr prägten im ausgehenden 18. Jahrhundert nicht nur die Tagespolitik Salzburgs, sondern des gesamten Heiligen Römischen Reiches. Aus dieser Zeit des Umbruchs, in der Hieronymus Colloredo immer stärker in die Defensive gedrängt wurde und er sich konkreter mit seinem drohenden Machtverlust auseinandersetzen musste, haben sich von ihm einzigartige Ego-Dokumente erhalten. Er führte mit seinem Bruder Gundaker Colloredo, der ab 1789 als Reichsvizekanzler in Wien tätig war, eine private Korrespondenz. Die von Hieronymus verfassten Briefe sind in der Zeitspanne von 1789 bis 1799 lückenlos überliefert und gewähren Einblicke, wie Hieronymus als geistlicher Fürst diese entscheidende Phase seines Lebens und des sich ankündigenden Machtverlustes miterlebt, analysiert, reflektiert und aktiv mitgestaltet hat.[30]

Dass sich ganz Europa in einem Ausnahmezustand befand bzw. darauf zusteuerte, war spätestens nach der Kriegserklärung des revolutionären Frankreich im April 1792 besiegelt, wenngleich in jener ersten Kriegsphase dem „König von Ungarn und Böhmen" der Krieg erklärt wurde und der Rest des Heiligen Römischen Reiches und somit auch das Erzstift Salzburg vorerst noch nicht involviert waren.[31] Die anfänglichen Schlachten scheinen Colloredos Aufmerksamkeit noch nicht sonderlich erregt zu haben und er zeigte sich darüber erfreut und zuversichtlich, dass der für Europa so notwendige Frieden bald abgeschlossen werden könne. Wenige Monate später, ab Mitte August 1792, scheint Colloredo durch die Ereignisse in Frankreich – die Französische Revolution befand sich am Übergang von der „gemäßigteren" Phase in die radikale zweite Phase – wachgerüttelt worden zu sein und einen Sinneswandel vollzogen zu haben. Fortan ließ er keine Gelegenheit aus, seinem Bruder Gundaker, der in seiner Funktion als Reichsvizekanzler eng mit Kaiser Franz II. zusammenarbeitete, seinen Reichspatriotismus kundzutun.[32] Als am 22. März 1793 schließlich der Kriegseintritt des gesamten Heiligen Römischen Reiches erfolgte, waren anfänglich Chaos und Uneinigkeit vorherrschend. Mit demonstrativem Übereifer entsandte Colloredo, ohne die Entschlüsse des für das Salzburger Kontingent zuständigen Bayerischen Reichskreises abzuwarten, Anfang April 1793 achthundert Mann des Salzburger Kontingents, um dieses der österreichischen Armee anzugliedern. Das gesamte Vorhaben koordinierten die beiden Brüder in ihrem privaten Briefwechsel.

Die Entsendung des Salzburger Bataillons verlief alles andere als geplant und sollte Colloredo in arge Bedrängnis bringen. Durch die Weigerung des pfalz-bayerischen Kurfürsten Karl Theodor (1724–1799), das Bataillon durch Reichenhall ohne vorherige Musterung durchmarschieren zu lassen, mussten die Soldaten einen äußerst beschwerlichen Umweg durch die noch schneebedeckten Berge des Pinzgaus und Tirols in Kauf nehmen.[33] Zudem verunfallte am Vorabend des Abmarsches Oberst Andreas Gottlieb Pranck (1720–1793) und erlag seinen Verletzungen.[34] Als das Bataillon schließlich in Namur anlangte, hatten die Soldaten monatelang in der Garnison auszuharren, wo sie massenhaft erkrankten und schließlich im Jänner 1794 von den 800 Soldaten bereits 300 verstorben waren, ohne je auf dem Schlachtfeld eingesetzt worden zu sein.[35] Die Verluste durch Rekrutierungen neuer Soldaten auszugleichen, stellte sich für Hieronymus Colloredo als schier unmöglich dar, weil alle vorangegangenen Ereignisse in der Öffentlichkeit kein gutes Bild gemacht hatten und die Rekrutierungen erschwerten, wie er seinem Bruder berichtete.[36] Im August 1794 gestand er: „[D]urch freywillige werbung auch gegen 50 und 100 fl. handgeld beckome ich nicht einen mann, und recruten aufheben zu laßen getrauete ich mir nicht, indem es ohne tumult nicht vorüber gehen werde […]."[37] „Gott mache diesem elend bald ein ende",[38] so lautete seine Bilanz 16 Monate, nachdem er das Salzburger Kontingent entsandt hatte.

Hieronymus Colloredo musste sich bis Ende der 1790er-Jahre mit verschiedenen Rekrutierungsunruhen, Tumulten und Aufständen in seinem Land, konkret im Zillertal, im Pinzgau und schließlich auch in der Stadt Salzburg auseinandersetzen.[39] Es sei an dieser Stelle allerdings angemerkt, dass Rekrutierungsunruhen im Kontext der Koalitionskriege keine Ausnahme darstellten.[40] Colloredo hoffte, allerdings vergebens, dass sich durch väterliche „Milde" und ohne die Anwendung von Gewalt wieder Ruhe und Ordnung herstellen lasse.[41] Im Jahr 1795 verlagerte sich das Kriegsgeschehen in das Oberrheingebiet und nach Italien, d. h. die Kriegsschauplätze näherten sich sukzessive Salzburg an und Colloredo sah sich gezwungen, sein Leben im Exil vorzubereiten. Im Juni 1796 begann sich die Situation zuzuspitzen und der Salzburger Landesherr kündigte seinem Bruder Gundaker an, dass er seine Habseligkeiten wohl werde zusammenpacken müssen. Er ließ daraufhin Archivmaterial, Geschirr, Kirchenschätze, Möbel, Geld und weitere persönliche Habseligkeiten zusammentragen und verpacken, was allerding nicht, wie er gehofft hatte, vor der Salzburger Stadtbevölkerung geheim gehalten werden konnte. Knapp 100 Bürger protestierten gegen den Abtransport der Gelder und Wertsachen, und nach einigen Tagen stimmte Colloredo einem Vergleich zu, der vorsah, das Kameralgeld in der Höhe von 300.000 Gulden dem Landschaftsdepositum zu übergeben. Er übergab das Geld den Bürgern, diese mussten im Gegenzug dafür für ihr „ungebührliches" Verhalten Abbitte leisten.[42]

Auch Säkularisationsgerüchte machten in mehr oder weniger regelmäßigen Abständen die Runde. Er sehe, wie Colloredo am 17. Februar 1797 seinem

Bruder mitteilte, allen weiteren Entwicklungen mit Gleichgültigkeit und Resignation entgegen, so wie dem Regen und dem schönen Wetter, das er ja ebenfalls nicht beeinflussen könne.[43] Dass man in der Öffentlichkeit von einem baldigen Herrschaftswechsel in Salzburg ausging, nahm er stoisch zur Kenntnis: „Sic transit gloria mundi. Man sagt ganz offen, dass ich nahe dran bin, der Ex-Fürst Salzburgs zu sein, das berührt mich nicht sehr, wenn es das nur braucht, um Ruhe und Glück in Europa zu schaffen. Man zögere nicht und beeile sich, ich bin bereit und für alles zu haben, aber leider wird das nicht genügen, und es wird noch vielen Unschuldigen das Leben kosten, bevor man sich einigt, weil wahrscheinlich nicht alle so sind wie ich."[44] Im April 1797 erreichte die Zahl der durch Salzburg durchmarschierenden oder dort einquartierten Truppen ihren Höhepunkt, was eine enorme Belastungsprobe für die gesamte Bevölkerung des Salzburger Territoriums darstellte, wie Hieronymus Colloredo in vielen Briefen nicht müde wurde zu betonen.

Das weitere Schicksal des Erzstiftes Salzburg wurde schließlich im Frieden von Campo Formio in einer ursprünglich geheimen Zusatzvereinbarung – über die Hieronymus Colloredo nicht informiert war[45] – am 17. Oktober 1797 besiegelt. Österreich erkannte die französische Annexion des linken Rheinufers an, im Zuge dessen sollten die davon betroffenen weltlichen Reichsstände durch Länder der geistlichen Reichsstände rechts des Rheins entschädigt werden. Das Erzstift Salzburg und Teile Bayerns sollten dabei an die Habsburger fallen.[46] Da der in Rastatt stattfindende Friedenskongress letztendlich scheiterte und es zum Wiederausbruch kriegerischer Handlungen kam (Zweiter Koalitionskrieg, 1799–1802),[47] war die unmittelbar bevorstehende Säkularisation der geistlichen Staaten gebannt, allerdings nur vorläufig. Dass das jahrelange Wechselbad der Gefühle zwischen Zukunftsangst und Friedenshoffnung und die unweigerlich damit verbundenen psychischen Belastungen sich in melancholischen Stimmungsschwankungen und schließlich auch in schweren physischen Erkrankungen niederschlugen, verwundert nicht, obwohl Hieronymus Colloredo in seinen Briefen häufig voller Trotz seine Gleichgültigkeit gegenüber seinem ungewissen Schicksal betonte. Während eines akuten gesundheitlichen Zusammenbruchs zwischen Februar und April 1798[48] gestand er seinem Bruder: „Ich erhole mich immer mehr, aber es geht langsam, und die Kräfte fehlen mir noch immer. Um auf Euren letzten Brief zu antworten, muss ich Euch sagen, dass mir, obwohl ich Euch als Älteren und in vieler Hinsicht den Vortritt lassen muss, Eure Überlegung nicht richtig scheint. Ihr seid Familienvater und daher für die Gesellschaft wichtig, während ich ein unnützes Möbelstück bin, welches wahrscheinlich bald vielen zur Last fallen wird. Sorgt Euch also um Eure Gesundheit, welche viele Menschen interessiert und sogar mich nach meinem Tod."[49]

Im Zuge des Zweiten Koalitionskrieges fand die verlustreiche Schlacht vor den Toren Salzburgs bei den Walser Feldern am 12. Dezember 1800 statt.[50] Die

Franzosen hielten Salzburg monatelang besetzt und verlangten hohe Reparationszahlungen. Fürsterzbischof Colloredo, „Landesherr auf Abruf",[51] war zwei Tage vor der Schlacht vor den anstürmenden Feinden nach Brünn geflohen, angeblich „mit unverkennbarem, aber männlichem Schmerze".[52] Auch wenn er anfänglich glaubte, noch nach Salzburg zurückkehren zu können, war dies dennoch sein endgültiger Abschied von Salzburg. An diesem Punkt in seinem Leben enden die überlieferten Briefe.[53]

Am 11. Februar 1803 unterzeichnete Hieronymus Graf Colloredo in seinem Wiener Exil eine Verzichtserklärung auf seine weltliche Herrschaft,[54] am selben Tag stellte Ferdinand III. von Toskana die Besitzergreifungsurkunde für das zum Kurfürstentum erhobene Salzburg aus.[55] In seinen letzten Lebensjahren setzte er sich vehement gegen die Rangerniedrigung seines Erzbistums – er war ja trotz Verlustes seiner weltlichen Macht immerhin noch Erzbischof des Erzbistums Salzburg –, das als Bistum dem Wiener Metropoliten unterstellt werden sollte, ein. So gelang ihm, in Zusammenarbeit mit Papst Pius VII., die Erhaltung des erzbischöflichen Stuhls in Salzburg.[56] Hieronymus Colloredo verstarb am 20. Mai 1812 im Alter von knapp 80 Jahren in Wien an den Folgen eines Schlaganfalls.[57] In seinem am 10. Oktober 1811 verfassten Testament verfügte er, nach Möglichkeit im Stephansdom bestattet werden zu wollen, was auch geschah. Im Mai 2003 wurden die Gebeine Hieronymus Colloredos – nach zwischen Wissenschaft und Kirche auch in den Medien ausgetragenen Meinungsverschiedenheiten – exhumiert und in der Krypta des Salzburger Doms beigesetzt.[58]

Fazit

Hieronymus Colloredo wurde in eine hochadelige, kaisertreue Familie geboren und rasch auf eine geistliche Laufbahn vorbereitet, die in seiner Wahl zum Salzburger Fürsterzbischof im Jahr 1772 ihren Höhepunkt erlangte. 30 Jahre regierte er einen der großen und bedeutenden Staaten der Germania Sacra, bevor er, wie insgesamt 69 andere Regenten und Regentinnen reichsunmittelbarer geistlicher Territorien, mit der Unterzeichnung des Reichsdeputationshauptschlusses von 1803 und der damit verbundenen Säkularisation der Reichskirche, seine weltliche Macht verlor.[59] In den ersten Jahren seiner Regierungszeit setzte er verschiedenste Reformen in weltlichen und geistlichen Dingen durch, sodass sich das Erzstift Salzburg zu einem bedeutenden Zentrum der Spätaufklärung entwickeln sollte. In den 1790er-Jahren veränderte sich die Situation schlagartig. Mit Ausbruch des Ersten Koalitionskrieges musste sich Colloredo nicht nur mit Durchmärschen und Einquartierungen der österreichischen Truppen, sondern auch mit den Aufständen und dem Widerstand seiner Untertanen sowie schließlich mit der immer evidenter werdenden Säkularisation bzw. der

Endlichkeit seiner weltlichen Macht auseinandersetzen. In zahlreichen Briefen an seinen Bruder Gundaker, die in den 1790er-Jahren vollständig überliefert sind, artikulierte Hieronymus Colloredo seine Zukunftsängste und -visionen, von denen viele sich bewahrheiten sollten. Mit Ausbruch des Zweiten Koalitionskrieges, der Flucht Hieronymus Colloredos ins Exil nach Wien und den Kämpfen auf den Walser Feldern wurde sowohl sein Schicksal als auch das des Erzstiftes Salzburg besiegelt. Mit seiner Unterzeichnung des Reichsdeputationshauptschlusses 1803 hörte das Erzstift Salzburg auf zu existieren, Colloredos Einsatz ist es allerdings zu verdanken, dass das Erzbistum Salzburg – bis heute – erhalten blieb. In der Nachwelt wurde Colloredos Wirken meist auf die Episode rund um seine unfreundliche Entlassung des genialen Musikers Wolfgang Amadeus Mozart reduziert. Colloredo war aber eine facettenreiche (Herrscher-)Persönlichkeit, die insbesondere in der privaten Korrespondenz mit dem Bruder Gundaker plastischer greifbar wird.

Endnoten

1 Vgl. den Ausstellungskatalog: *Reinhard Gratz / Thomas Mitterecker*, Hg., Colloredo. Reformer in neuem Licht. Katalog zur 44. Sonderausstellung des Dommuseums Salzburg, 26. Jänner 2023 bis 29. Mai 2023, Salzburg 2023.

2 Dieser Beitrag basiert auf mehreren Aufsätzen, die die Autorin und der Autor in den letzten Jahren zu verschiedenen Aspekten zur Person und zur Regierungszeit Hieronymus Colloredos verfasst haben. Hier seien die wichtigsten Publikationen erwähnt, andere sind in den Fußnoten angegeben: *Elisabeth Lobenwein / Alfred Stefan Weiß*, Hieronymus Graf Colloredo (1732–1812) – eine biografische Einführung, in: Elisabeth Lobenwein, Ein Fürstenleben zwischen Alltag und Aufruhr. Die französische Korrespondenz (1772–1801) des letzten Salzburger Fürsterzbischofs Hieronymus Colloredo mit seinem Bruder Gundaker. Eine historisch-kritische Edition, Wien – Köln 2022, S. 15–47; *Elisabeth Lobenwein*, Fürsterzbischof Hieronymus Graf Colloredo (1732–1812) – die Dominanz der Politik im Leben und Selbstverständnis eines geistlichen Fürsten in Zeiten des Aufruhrs, in: Arno Strohmeyer / Lena Oetzel, Hg., Historische und systematische Fallstudien in Religion und Politik vom Mittelalter bis ins 21. Jahrhundert, Frankfurt am Main u. a. 2017, S. 151–183; *Alfred Stefan Weiß*, Hieronymus Graf Colloredo (1732–1812) – geistlicher und weltlicher Herrscher, in: MGSL 144 (2004), S. 225–250; *Alfred Stefan Weiß*, Hieronymus Graf Colloredo (1772–1803/12). Im Zeichen der Aufklärung, in: Peter F. Kramml /

Alfred Stefan Weiß, Hg., Lebensbilder Salzburger Erzbischöfe aus zwei Jahrhunderten. 1200 Jahre Erzbistum Salzburg, Salzburg 1998, S. 179–202.

3   Zur Familie Colloredo vgl. *Giovanni Battista von Crollalanza*, Das Adelsgeschlecht der Waldsee-Mels und insbesondere der Grafen von Colloredo. Historisch-genealogische Denkwürdigkeiten, Wien 1889; *Heinz Schuler*, Fürsterzbischof Hieronymus von Colloredo. Herkunft und Ahnenerbe, in: Mitteilungen der Internationalen Stiftung Mozarteum 34.1–4 (1986), S. 18–30.

4   *Manfred Josef Thaler*, Das Salzburger Domkapitel in der Frühen Neuzeit (1514 bis 1806), Frankfurt am Main 2011, S. 169–170; *Peter Hersche*, Die deutschen Domkapitel im 17. und 18. Jahrhundert, 3 Bde., Bern 1984, hier Bd. III: Tabellen.

5   Eine Abschrift seines Studienabschlusszeugnisses befindet sich im Archivio Apostolico Vaticano, Sacra Romana Rota, Processus in Admissione Auditorum, Nr. 136, fol. 9r–12r.

6   Vgl. *Stephan Kremer*, Herkunft und Werdegang geistlicher Führungsschichten in den Reichsbistümern zwischen Westfälischem Frieden und Säkularisation. Fürstbischöfe – Weihbischöfe – Generalvikare, Freiburg i. Br. 1992, S. 215. Für nähere Informationen zur Ausbildung der Fürstbischöfe siehe: *Bettina Braun*, Princeps et episcopus. Studien zur Funktion und zum Selbstverständnis der nordwestdeutschen Fürstbischöfe nach dem Westfälischen Frieden, Göttingen 2013, S. 88–99.

7   *Richard Blaas*, Das kaiserliche Auditoriat bei der Sacra Rota Romana, Wien 1958, S. 98–99; vgl. allgemein *Hans-Jürgen Becker*, Die Sacra Rota Romana in der frühen Neuzeit, in: Leopold Auer / Werner Ogris / Eva Ortlieb, Hg., Höchstgerichte in Europa. Bausteine frühneuzeitlicher Rechtsordnungen, Köln – Wien – Weimar 2007, S. 1–18. Zu Colloredos Beziehungen zu Rom vgl. ausführlich *Elisabeth Lobenwein*, Der Salzburger Fürsterzbischof Hieronymus Graf Colloredo und seine Beziehungen zu Rom, in: dies. u. a., Hg., Herrschaft in Zeiten des Umbruchs. Fürstbischof Hieronymus Graf Colloredo (1732–1812) im mitteleuropäischen Kontext, Salzburg 2016, S. 102–128; *Alfred Stefan Weiß*, „Dem Pabste brach darüber das Herz ..." Salzburgs Beziehung zu Rom unter Erzbischof Colloredo – ein gespanntes Verhältnis?, in: Hans Paarhammer / Alfred Rinnerthaler, Hg., Salzburg und der Heilige Stuhl im 19. und 20. Jahrhundert, Frankfurt am Main u. a. 2003, S. 433–460.

8   *Thaler*, Domkapitel, S. 169–170.

9   Vgl. auch *Jakob Obersteiner*, Die Bischöfe von Gurk 1072–1822, Klagenfurt 1969, S. 468–474.

10   *Alois Proschko*, Die Todeskrankheiten der Erzbischöfe von Salzburg, in: MGSL 86/87 (1946/47), S. 93–97, hier S. 97; siehe auch das Sektionsprotokoll Schrattenbachs in: *Christoph Brandhuber / Edith Tutsch-Bauer*, Kräuterkunst & Knochensäge. Medizin am Hof der Salzburger Barockfürsten, Salzburg – Wien 2015, S. 272–274.

11   Ausführliche Informationen über den Ablauf der Wahl sind zu entnehmen bei: *Ulrike Engelsberger*, Die Wahl des Erzbischofs im Kapitelsaal, in: Salzburger Landesarchiv, Hg., Erzbischof Colloredo und sein Kataster. Eine Steuerreform am Ende des Erzstifts Salzburg, Salzburg 2012, S. 23–31; *Johann Ernst von Koch-Sternfeld*, Die letzten dreissig Jahre des Hochstifts und Erzbisthums Salzburg. Ein Beytrag zur teutschen Staats- Kirchen- und Landesgeschichte, Nürnberg 1816, S. 36–44.

12   Die Person Gundaker Colloredo hat in der bisherigen Forschung kaum nähere Betrachtung gefunden, wenngleich er als letzter Reichsvizekanzler sicherlich ein lohnendes Forschungsobjekt darstellen würde. Kurze Biografien befinden sich in: *Crollalanza*, Adelsgeschlecht, S. 218–220; *Anton Victor Felgel*, Colloredo-Mannsfeld, Franz de Paula Gundaker I. Fürst von, in: Allgemeine Deutsche Biographie 4 (1876), S. 413–414; *Johann Christoph Allmayer-Beck*, Colloredo-Mannsfeld, Franz de Paula Gundaker Fürst von, in: Neue Deutsche Biographie 3 (1957), S. 326.

13 Originalzitat: „Mon très cher frère, J'ai mille excuses à vous faire d'avoir différé si longtems à vous donner de mes nouvelles, mais l'ambarras où je me trouve depuis mon ellection est si grand que je ne scai encore où donner de la tette. Je me suis sauvé de ma résidence, contant de trouver un peu plus de repos à Vienne, mais j'y ai également trouvé les esprit si portés à partager le bonheur qui nous est tombé en partage, que je n'y suis pas plus tranquil que chés moi." *Lobenwein*, Fürstenleben, Brief Nr. 4 (28. März 1772), S. 100–102.

14 *Koch-Sternfeld*, Jahre, S. 44

15 Vgl. *Fritz Koller*, Vom Erzstift zum Herzogtum Salzburg zu Anfang des 19. Jahrhunderts, in: Friederike Zaisberger / Fritz Hörmann, Hg., Frieden – Schützen 1809–2009. Franzosenkriege im Dreiländereck Bayern – Salzburg – Tirol 1792–1816, Golling 2009, S. 11–32, hier S. 11. Zur geistlich-weltlichen Doppelstellung der Fürstbischöfe und zur Diskussion im 18. Jahrhundert über die Vor- und Nachteile von Erb- und Wahlmonarchien siehe *Braun*, Princeps, S. 20–47.

16 Vgl. *Koch-Sternfeld*, Jahre, S. 44; *Kaspar Riesbeck*, Briefe eines reisenden Franzosen über Deutschland an seinen Bruder zu Paris, Bd. 1, Zürich ²1784, S. 160; *Weiß*, Colloredo Aufklärung, S. 181–182. Zur ambivalenten Beziehung Hieronymus Graf Colloredos zu seinen Untertanen siehe *Elisabeth Lobenwein*, Die Ohnmacht des Mächtigen – Fürsterzbischof Hieronymus Graf Colloredo und die „Fassaffäre" (August 1796), in: MGSL 154/155 (2014/2015), S. 365–388.

17 Vgl. *Karl Roll*, Die Wahlmedaillen des letzten regierenden Erzbischofs von Salzburg Hieronymus Grafen Colloredo-Wallsee, in: Peter F. Kramml / Günther Rohrer, Hg., Ausgewählte Aufsätze des Salzburger Numismatikers Karl Roll (1850–1934), Salzburg 1989, S. 109–120, hier S. 116; *Helmut Zöttl*, Zu den Wahlmedaillen des Erzbischofs Hieronymus Graf Colloredo, in: Tausend Jahre Salzburger Münzrecht, Salzburg 1996, S. 195–200.

18 Zu Colloredos Regierungszeit vgl. *Ludwig Hammermayer*, Die letzte Epoche des Erzstifts Salzburg. Politik und Kirchenpolitik unter Erzbischof Graf Hieronymus Colloredo (1772–1803), in: Heinz Dopsch / Hans Spatzenegger, Hg., Geschichte Salzburgs. Stadt und Land, Bd. II: Neuzeit und Zeitgeschichte, Teil 1, Salzburg ²1995, S. 453–535; *ders.*, Das Erzstift Salzburg, ein Zentrum der Spätaufklärung im katholischen Deutschland (ca. 1780–1803), in: Harm Klueting, Hg., Katholische Aufklärung – Aufklärung im katholischen Deutschland, Hamburg 1993, S. 346–368; *Sylvaine Reb*, L'Aufklärung catholique à Salzbourg. L'œuvre réformatrice (1772–1803) de Hieronymus von Colloredo, 2 Bde., Bern u. a. 1995.

19 Siehe zu diesen Reformen ausführlicher *Alfred Stefan Weiß*, „Providum imperium felix." Glücklich ist eine voraussehende Regierung. Aspekte der Armen- und Gesundheitsfürsorge im Zeitalter der Aufklärung, dargestellt anhand Salzburger Quellen ca. 1770–1803, Wien 1997; *ders.*, Das Armen- und Schulwesen am Ende des geistlichen Reichsfürstentums Salzburg. Ein Arbeitsbehelf zur regionalgeschichtlichen Forschung, in: Salzburg Archiv 23 (1997), S. 209–239; *Sabine Falk / Alfred Stefan Weiß*, „Hier sind die Blattern" – der Kampf von Staat und Kirche für die Durchsetzung der (Kinder-)Schutzpockenimpfung in Stadt und Land Salzburg (Ende des 18. Jahrhunderts bis ca. 1820), in: MGSL 131 (1991), S. 163–186; *Alfred Stefan Weiß*, Die Schulsituation in der Stadt Salzburg am Ausgang des 18. Jahrhunderts – Reformbestrebungen als Auswirkung der Aufklärung, in: Salzburg Archiv 12 (1991), S. 221–246; *Sabine Veits-Falk / Alfred Stefan Weiß*, Salzburg im Wandel – Politik, Armenfürsorge und Bildung im späten 18. und in der ersten Hälfte des 19. Jahrhunderts, in: Gerlinde Haid / Thomas Hochradner, Hg., Lieder und Tänze um 1800 aus der Sonnleithner-Sammlung der Gesellschaft der Musikfreunde in Wien, Wien u. a. 2000, S. 157–185, hier S. 179–185.

20 *Alfred Stefan Weiß*, Zensur, in: Land Salzburg / Internationale Salzburg Association, Hg.,

Salzburger Mozart-Lexikon, Bad Honnef 2006, S. 249–250; *Waltraud Jakob*, Salzburger Zeitungsgeschichte, Salzburg 1979; *Gerda Griesinger*, Das Salzburger Zensurwesen im Vormärz, Dissertation, Universität Wien 1969.

21 *Christian Dirninger*, Die Salzburger Grundsteuerreform 1778 als Beispiel einer erfolgreichen Steuerreform in der 2. Hälfte des 18. Jahrhunderts, in: Fritz Neumark, Hg., Studien zur Entwicklung der ökonomischen Theorie, Bd. II, Berlin 1982, S. 149–156.

22 *Michael Neureiter*, Johann Michael Boenike und die kirchliche Aufklärung in Salzburg, Diplomarbeit, Universität Salzburg 1977.

23 Der Hirtenbrief ist abgedruckt bei *Peter Hersche*, Hg., Der aufgeklärte Reformkatholizismus in Österreich, Bern 1976, S. 45–102. Weitere Details zum Hirtenbrief finden sich bei *Weiß*, Colloredo MGSL, S. 233–234; *Peter Hersche*, Erzbischof Hieronymus Colloredo und der Jansenismus in Salzburg, in: MGSL 117 (1977), S. 231–268, hier S. 247–250; *Elisabeth Lobenwein / Alfred Stefan Weiß*, Der Hirtenbrief von 1782, in: Gratz / Mitterecker, Hg., Colloredo, S. 151–153; *Roland Cerny-Werner*, Zwischen der „Wucht des Barock" und der „Kraft der Vernunft". Entbarockisierung und neue Weltanschauung unter Colloredo, in: Gratz / Mitterecker, Hg., Colloredo, S. 155–157. Zum Vergleich der Josephinischen Reformen mit denen Hieronymus Colloredos siehe *Alfred Stefan Weiß*, Josephinismus in Salzburg? Das Beispiel der kirchlichen Reformtätigkeit, in: Jahrbuch der Österreichischen Gesellschaft zur Erforschung des 18. Jahrhunderts 22 (2008), S. 93–114.

24 *Hersche*, Reformkatholizismus, S. 73 (XXII).

25 *Peter Putzer*, Die kirchlichen Reformen des EB Hieronymus Colloredo (1772–1803) im Lichte des II. Vaticanums, in: Hans Paarhammer / Alfred Rinnerthaler, Hg., Scientia Canonum. Festgabe für Franz Pototschnig zum 65. Geburtstag, München 1991, S. 55–86.

26 Eine genaue Auflistung der Gegen- und Verteidigungsschriften findet sich in J[udas] Th[addäus] Zauner, Chronologisches Verzeichniß der merkwürdigsten hochfürstl. Salzburgischen Landesgesetze und Verordnungen, in: Neues juristisches Magazin 1 (1784), S. 244–277, hier S. 270–273. Vgl. dazu auch *Alfred Stefan Weiß*, Fürsterzbischof Hieronymus Graf Colloredo und sein Kampf gegen die „Feinde" der Aufklärung, in: Gerhard Ammerer / Alfred Stefan Weiß, Hg., Die Säkularisation Salzburgs 1803. Voraussetzungen – Ereignisse – Folgen. Protokoll der Salzburger Tagung vom 19.–21. Juni 2003, Salzburg 2005, S. 120–141, hier S. 126–132; *Weiß*, Colloredo Aufklärung, S. 187–189.

27 *Judas Thaddäus Zauner*, Ueber das unredliche Betragen der Feinde der Aufklärung. Ein Wort zu seiner Zeit, Salzburg 1791, S. 19.

28 *Weiß*, Colloredo MGSL, S. 236–237; *Peter G. Tropper*, Von der katholischen Erneuerung bis zur Säkularisation, in: Rudolf Leeb u. a., Geschichte des Christentums in Österreich. Von der Spätantike bis zur Gegenwart, Wien 2003, S. 281–369, hier S. 304–324, 329–339; *Hammermayer*, Epoche, S. 458–464; *Christine Gigler*, Suffraganbistümer. Colloredo und die josephinische Diözesanregulierung, in: Gratz / Mitterecker, Hg., Colloredo, S. 141–143.

29 *Koller*, Erzstift, S. 13.

30 Eine ausführliche Beschreibung der Quelle findet sind in der historisch-kritischen Edition der Korrespondenz: *Lobenwein*, Fürstenleben, S. 48–66; *dies.*, Monsieur et très cher frère! Die Privatkorrespondenz (1772–1801) des Salzburger Fürsterzbischofs Hieronymus Graf Colloredo mit seinem Bruder Gundaker Fürst Colloredo. Ein Projektbericht, in: Mitteilungen des Instituts für Österreichische Geschichtsforschung 123.2 (2015), S. 435–445.

31 Zum Kriegsausbruch bspw. *Elisabeth Fehrenbach*, Vom Ancien Régime zum Wiener Kongress, München [5]2008, S. 42–43, hier S. 46.

32 Vgl. *Laurence Cole*, Patriotismus am Ende des Ancien Régime. Salzburg im mitteleuropäischen Kontext, in: Lobenwein u. a., Hg., Herrschaft, S. 183–213; *Otto Dann / Miroslav Hroch*, Einleitung, in: Otto Dann / Miroslav Hroch /

Johannes Koll, Hg., Patriotismus und Nationsbildung am Ende des Heiligen Römischen Reiches, Köln 2003, S. 9–18, hier S. 12–13.

33 Siehe vor allem die diesbezüglichen Schreiben zwischen Hieronymus Colloredo und Karl Theodor in *Lobenwein*, Fürstenleben, Briefbeilagen Nr. 213a (20. März 1793), Nr. 213b (25. März 1795), S. 455–458.

34 *Lobenwein*, Fürstenleben, Briefe Nr. 215 (31. März 1793), Nr. 216 (3. April 1793), Nr. 217 (6. April 1793), S. 459–463.

35 *Lobenwein*, Fürstenleben, Brief Nr. 252 (29. Jänner 1794), S. 510–511.

36 *Lobenwein*, Fürstenleben, Brief Nr. 248 (7. Jänner 1794), S. 506–507.

37 *Lobenwein*, Fürstenleben, Brief Nr. 280 (23. August 1794), S. 560–562.

38 *Lobenwein*, Fürstenleben, Brief Nr. 281 (27. August 1794), S. 562–563.

39 Vgl. *Gilda Pasetzky*, Das Erzbistum Salzburg und das revolutionäre Frankreich (1789–1803), Frankfurt am Main u. a. 1995. Laut Pasetzkys Untersuchung soll es im Erzstift Salzburg zwischen 1792 und 1802 zu mehr als 20 beweisbaren, mehr oder minder heftigen Unruhen gekommen sein.

40 Zu Rekrutierungsunruhen und Tumulten vgl. *Ute Planert*, Militär, Krieg und zivile Gesellschaft. Rekrutierungsverweigerung im Süden des Alten Reiches, in: dies., Hg., Krieg und Umbruch in Mitteleuropa um 1800. Erfahrungsgeschichte(n) auf dem Weg in eine neue Zeit, Paderborn – Wien 2009, S. 89–110; *Tobias Kies*, Rosenkranzrevolution und Rekrutierungsverweigerung. Reaktionen auf den Umbruch ländlicher Lebenswelt 1800–1815, in: Planert, Hg., Krieg, S. 137–156; *Michael Sikora*, Desertion und nationale Mobilmachung. Militärische Verweigerung 1792–1815, in: Ulrich Bröckling / Michael Sikora, Hg., Armeen und ihre Deserteure. Vernachlässigte Kapitel einer Militärgeschichte der Neuzeit, Göttingen 1998, S. 112–140, hier S. 119–120. Zur Situation

in Frankreich: *Alan Forrest*, Concripts and Deserters. The Army and French Society during the Revolution and Empire, New York 1989.

41 *Lobenwein*, Fürstenleben, Brief Nr. 301 (3. Dezember 1794), S. 597–598.

42 Folgender Aufsatz widmet sich im Detail diesen Ereignissen, die sich zwischen dem 1. und 6. August 1796 in der Stadt Salzburg ereignet haben: *Lobenwein*, Ohnmacht.

43 *Lobenwein*, Fürstenleben, Brief Nr. 440 (17. Februar 1797), S. 800–801.

44 Originalzitat: „Sic transit gloria mundi. On dit publiquement que je suis bien près d'être un ex-prince de Saltzbourg, cela ne m'occupe pas plus qu'il ne faut, et s'il ne faut que cela pour rendre le repos et le bonheur à l'Europe, qu'on n'hésite pas et qu'on se dépêche. Je suis prêt et disposé à tout évènement, mais hélas cela ne suffirat pas, et il en coûterat la vie encor à plusieurs innocents avant qu'on ne s'accorde, car tous ne seront peut-être pas aussi docil que moi." *Lobenwein*, Fürstenleben, Brief Nr. 449 (22. März 1797), S. 814.

45 *Lobenwein*, Fürstenleben, Brief Nr. 526 (2. Dezember 1797), S. 924.

46 Vgl. dazu *Heinrich Wolfenberger*, Hg., Napoleonische Friedensverträge. Campo Formio 1797 – Lunéville 1801 – Amiens 1802 – Preßburg 1805 – Tilsit 1807 – Wien-Schönbrunn 1809, Bern 1947, S. 14.

47 Zur Rolle Salzburgs im Zweiten Koalitionskrieg siehe *Thomas Mitterecker*, Das Erzstift Salzburg im Zweiten Koalitionskrieg. Kämpfe – Besetzung – Folgen, Frankfurt am Main u. a. 2001; *ders.*, Die Soldatesca des Erzstiftes Salzburg (unter besonderer Berücksichtigung der Entwicklung seit der Einführung des „miles perpetuus" im 17. Jahrhundert), Wien 2010.

48 *Lobenwein*, Fürstenleben, Brief Nr. 546 (23. Februar 1798), S. 950. Abt Dominikus Hagenauer von St. Peter (1746–1810) hielt in seinem Tagebuch fest: „Die Krankheit war sehr bedenklich, und hätte beÿ einer kleinen

Übersehung tödtlich werden können." *Adolf Hahnl / Hannelore Angermüller / Rudolph Angermüller*, Bearb., Abt Dominikus Hagenauer (1746–1811) von St. Peter in Salzburg. Tagebücher 1786–1810, hier Bd. 1, S. 635.

49 Originalzitat: „Je me remets peu à peu mais cela vat lentement et les forces me manquent encor toujours. Du reste, pour répondre à votre dernière, je dois vous faire remarquer que, quoique je vous doive le pas comme mon aîné et à mille autre égards, votre raisonement ne me paroit pas juste. Vous estes père de famille et par conséquent nécessair à la société, tandis que moi, j'y suis un meuble inutil, qui bientôt même probablement serai à charge à beaucoup de monde. Ayés donc soins de votre conservation, qui intéresse beaucoup de monde, et m'intéresserat même après mon existence." *Lobenwein, Fürstenleben*, Brief Nr. 549 (10. März 1798), S. 952–953. Vgl. auch *Elisabeth Lobenwein / Alfred Stefan Weiß*, Gesundheit und Krankheit, in: Gratz / Mitterecker, Hg., Colloredo, S. 25–28.

50 *Kurt Anton Mitterer*, Salzburg anno 1800. Die vergessene Schlacht auf den Walser Feldern, Salzburg 1999.

51 *Norbert Schindler*, Wilderer im Zeitalter der Französischen Revolution. Ein Kapitel alpiner Sozialgeschichte, München 2001, S. 255.

52 *[Friedrich Graf] Spaur*, Nachrichten ueber das Erzstift Salzburg nach der Säkularisation. In vertrauten Briefen über seine ehemalige und gegenwärtige Verfassung, und Einkünfte, über die Gegenden seines flachen Landes, seine Bergwerke, Produkte und Bevölkerung, und über den Zustand der dem Kurfürsten von Salzburg als Entschädigung zugetheilten Länder Eichstätt, Paßau und Berchtesgaden, Bd. 2, Passau 1805, S. 237.

53 Der letzte überlieferte Brief ist vom 16. März 1801. *Lobenwein, Fürstenleben*, Brief Nr. 655 (16. März 1801), S. 1095.

54 *Judas Thaddäus Zauner*, Hg., Auszug der wichtigsten hochfürstl. Salzburgischen Landesgesetze zum gemeinnützigen Gebrauch nach alphabetischer Ordnung, 4 Bde., Salzburg 1787–1805, hier Bd. 4: Sammlung der wichtigsten Salzburgischen Landesgesetze seit dem Jahre 1790 bis zum Schluße der hochfürstlichen Erzbischöflichen Regierung, S. 334–335. Zur Säkularisation in Salzburg: *Gerhard Ammerer / Alfred Stefan Weiß*, Hg., Die Säkularisation Salzburgs 1803. Voraussetzungen – Ereignisse – Folgen. Protokoll der Salzburger Tagung vom 19.–21. Juni 2003, Frankfurt am Main u. a. 2005. Zur Säkularisation generell: *Rolf Decot*, Hg., Säkularisation der Reichskirche 1803. Aspekte kirchlichen Umbruchs, Mainz 2002; *Karl Härter*, Zweihundert Jahre nach dem europäischen Umbruch von 1803. Neuerscheinungen zu Reichsdeputationshauptschluß, Säkularisation und Endphase des Alten Reiches, in: Zeitschrift für Historische Forschung 33 (2006), S. 89–115. Vgl. auch *Alwin Anschmidt*, Die Säkularisation von 1803 nach 200 Jahren. Eine Umschau in der Literatur zu einem „Mega-Ereignis" historischen Gedenkens, in: Historisches Jahrbuch 129 (2009), S. 387–459; *Harm Klueting*, Hg., 200 Jahre Reichsdeputationshauptschluss. Säkularisation, Mediatisierung und Modernisierung zwischen Altem Reich und neuer Staatlichkeit. Tagung der Historischen Kommission für Westfalen vom 3.–5. April 2003 in Corvey, Münster 2005.

55 *Ellinor Forster*, „Legitimationsbedingungen" für den neuen Herrscher. Der Empfang Ferdinands III. von Toskana durch seine neuen Untertanen – Salzburg 1803 und Würzburg 1806, in: Astrid von Schlachta / Ellinor Forster / Kordula Schnegg, Hg., Wie kommuniziert man Legitimation? Herrschen, Regieren und Repräsentieren in Umbruchsituationen, Göttingen 2015, S. 145–165; *dies.*, Zeremoniell nach Bedarf? Absicherung neuer Herrschaft durch angepasste symbolische Kommunikation – Salzburg 1803–1816, in: Lobenwein u. a., Hg., Herrschaft, S. 353–377. Siehe grundlegend zur Situation nach der Säkularisation Salzburgs *Peter Putzer*, Staatlichkeit und Recht nach der Säkularisation, in: Heinz Dopsch / Hans Spatzenegger, Hg.,

Geschichte Salzburgs. Stadt und Land, Bd. II: Neuzeit und Zeitgeschichte, Teil 2, Salzburg ²1995, S. 620–659; *ders.*, Säkularisation und Staatsmacht – 1803 und die Folgen, in: Ammerer / Weiß, Hg., Säkularisation, S. 142–156.

56 *Ernst Wenisch*, Der Kampf um den Bestand des Erzbistums Salzburg 1743–1825, in: MGSL 106 (1966), S. 303–346; *Wolfgang Neuper*, Colloredos Einsatz um die Metropolitanwürde. Die Kirchenprovinz Salzburg am Ende des alten Reichs und ihre Neuorganisation, in: Gratz / Mitterecker, Hg., Colloredo, S. 163–165.

57 *Proschko*, Todeskrankheiten, S. 97.

58 Abbildungen der exhumierten Leiche sind publiziert in *Alfred Stefan Weiß*, Der Tod des (einst) Mächtigen – Fürsterzbischof Hieronymus Graf Colloredo 1732–1812, in: Salzburg Archiv 35 (2014), S. 141–156, hier S. 150–151; *ders.*, Colloredo MGSL, S. 225–226, mit Hinweisen zur Rezeption dieses Streits in der Salzburger Lokalpresse; *Jerome Colloredo-Mannsfeld*: „… begrüße ich dieses Vorhaben …" Aus einem Brief Jerome Colloredo-Mannsfelds an Johannes Neuhardt, in: Landeskunde-Info 1 (2003), S. 7; *Gerhard Ammerer / Alfred Stefan Weiß*, Quo vadis, Colloredo? Kritische Anmerkungen zur diskutierten Überführung des Colloredo-Leichnams von Wien nach Salzburg, in: Landeskunde-Info 1 (2003), S. 4–6. Vgl. auch *Elisabeth Lobenwein / Alfred Stefan Weiß*, Testament, Bestattung und Umbettung, in: Gratz / Mitterecker, Hg., Colloredo, S. 29–31.

59 Die namentliche Nennung der reichsunmittelbaren geistlichen Territorien ist zu entnehmen bei *Gerhard Köbler*, Historisches Lexikon der deutschen Länder. Die deutschen Territorien und reichsunmittelbaren Geschlechter vom Mittelalter bis zur Gegenwart, München ⁶1999, S. XXI.

Die Besiedlung des Saalfeldener Beckens im frühen Mittelalter

Hans Krawarik

Saalfelden am Steinernen Meer (748 m), heute eine Stadt von etwa 17.000 Einwohnern, ist der zentrale Ort des Pinzgauer Saalachtales. Das große inneralpine Becken wurde deutlich von den Kräften der Eiszeit geprägt. Die Eismassen des oberen Salzachtales flossen über das Saalachtal nach Norden ab. Ein spätglazialer Gletschervorstoß reichte bis in die Gegend der Stadt. Ein Schmelzwassersee erfüllte südwärts das Tal, noch heute sind dafür die Schwemmkegel von Almdorf, Schmieding und Niederhaus ausreichende Indizien. Dann setzte die rückschreitende Erosion ein, das heutige Gewässernetz entwickelte sich. Hinterlassenschaften der Eiszeit sind die Grundmoränenlandschaft des Talbodens mit einzelnen Drumlinformen, Seitenmoränen und Terrassen am Beckenrand sowie die erhabene Endmoräne des Kühbichls (875 m) über einem Felskern bzw. das unruhige Gelände des Kollingwaldes. Es prägten ferner Niedermoore, Feuchtwiesen und Bruchwaldgebiete, der Boden war stellenweise für den Getreidebau, vor allem für Weizen wenig geeignet; gelegentlich wurde der Raum um Saalfelden auch als „Gerstboden" bezeichnet. Die Beckenlage zwischen Kalk- und Schiefergebirge mit einem standortwechselnden Gebirgsrandklima schuf mäßige agrarwirtschaftliche Voraussetzungen, sehr wohl aber gute Bedingungen für eine variable Viehzucht. In vorgeschichtlicher Zeit fällt in erster Linie die Phase der Spätbronzezeit auf, in der ein reger Kupferbergbau zu anhaltender Besiedlung führte. In der keltischen Epoche spielte der Kultplatz am Biberg eine wichtige Rolle, der dann von den Römern befestigt wurde. 1989 konnten westlich von Wiesersberg Reste eines römischen Gebäudes ausgegraben werden. Zahlreiche Spuren und Funde vorgeschichtlicher Zeit fanden in der Heimatforschung reichhaltigen Niederschlag.[1]

Adelshöfe, Königshufen, Mansen und Huben im Frühmittelalter

Allzu oft ist die frühere Heimatforschung im Hinblick auf die baiuwarische Einwanderung von einer Besiedlung durch „Wehrbauern" ausgegangen, wobei die

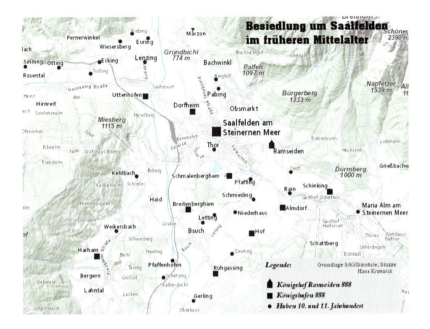

Vorstellungen von einem frühmittelalterlichen Bauerntum undifferenziert und wenig aufschlussreich waren. In der wissenschaftlichen Geschichtsforschung gilt schon geraume Zeit der Grundsatz, dass sich ein Bauerntum, wie wir es kennen, erst mit der ersten Jahrtausendwende herausgebildet hat. Freilich kann man davon ausgehen: Für die landwirtschaftliche Ernährung der frühen Siedler sorgte eine eigene Bevölkerungsgruppe, die am oder um den Hof eines Herrn wohnte. Der Unfreie, teilweise auch Leibeigene oder Hörige (= servus) der Karolingerzeit war schollenpflichtig und Beschränkungen unterworfen. Natürlich gab es auch nichthörige (fälschlich „freie") karolingische Bauern, die z. B. in gegründeten Weilersiedlungen („Bauernweilern") die Äcker bestellten. Dieser Sozialtyp kommt aber augenscheinlich im Saalachtal nicht vor. Dort prägten Adelshöfe die Siedlungslandschaft.

Allerdings taucht schon 788 eine Schenkung an die Salzburger Kirche auf, in der zu Salafelda (= Saalfelden), Bisonzio (= Zell am See) und Vico Romanisco (= Wals) insgesamt 15 Mansen erwähnt werden.[2] Dieser Ausdruck wird zwar häufig mit „Hufen" (Huben) übersetzt, bedeutet aber in späteren Urbaren einfach nur „Besitz", gleich welcher Art. Zahlreiche lateinische Quellen darüber erweisen bäuerliche Güter bzw. „Hofstellen", vor der Jahrtausendwende aber werden damit zuweilen auch größere Besitzeinheiten (Höfe) bezeichnet.[3] Natürlich können die „Mansen" des Jahres 788 nicht identifiziert werden. Wenn aber im gleichen Jahr der edle Egilolf alles, was ihm in Saalfelden gehörte, dem Erzstift übertrug, ist wohl eher davon auszugehen: In und um Saalfelden existierten damals Siedlungseinheiten, die offenbar oberbäuerlicher Besitz waren. Abgesehen von nichthörigen Bauernweilern galten nämlich zum einen die Inhaber von Hufen in dieser Zeit in der Regel als „unfrei", Höfe auch kleiner Freier waren zum anderen häufig „unverhuft".[4] Adel und Freie, die unterste Schichte des Adels, saßen öfters auf ihren mansi ingenuiles (= nobiles). Freilich werden in der Karolingerzeit anderswo nicht nur hobae serviles, sondern auch hobae liberae genannt.[5] Zusammengefasst ergibt diese Analyse für das 8. Jahrhundert eine erstaunliche Vielfalt möglicher Siedlungsstruktur: Adelshöfe, die von unfreien mancipiae bewirtschaftet wurden, kommen wiederkehrend vor; teilweise waren jene Höfe in die Organisation einer Villikation (Fronhofverband) eingebunden. Manche dieser größeren Althöfe hatten im Hofverband hörige servi casati angeschlossen, die in den meisten Fällen ausgemessene Huben bewirtschafteten. Dies wäre etwa auch beim Ort Saalfelden selbst denkbar, aber nicht beweisbar. Im südlichen Bayern Herzog Tassilos gab es außerdem nichthörige bäuerliche Gruppensiedlungen sowie eher vereinzelt hörige und auch nichthörige Bauerngüter oder auch von Parschalken bewirtschaftetes Gut.[6]

Diese Vielfalt war ja schon lange bekannt. Es gelang nun der siedlungsgenetischen Forschung in den letzten Jahren, für einige jener „Kategorien" bestimmte Siedlungsgrößen auszumachen.[7] Kurz gefasst: Altsiedlungen des Niederen Adels und einfacher Freier lassen sich auf ±51–70 ha Kulturfläche eingrenzen, bei bäuerlichen Huben sind im Zeitraum 750–900 Parschalken (30–28 ha), nichthörige Bauern (21–18 ha) und hörige Bauern (12–11 ha) zu unterscheiden. In der Zeit um 900–930 veränderte sich das Gesellschaftssystem insofern, als das „Hufensystem", also die Vergabe ausgemessenen Landes für eine Besiedlung, nach neuen Parametern orientiert wurde. Nichthörige Bauern „verschwanden" als Option, weitverbreitete neue Hörigkeit stand nun in feudaler Weise den „Herren" (höherer Adel) gegenüber; die geplanten Huben dieser neuen Siedler orientierten sich als Ausgangspunkt an den Huben früherer Freier (±51 ha). Die Kulturfläche nahm pro Einheit in Folge mit dem Fortschritt in der Agrarwirtschaft ab und erreichte um 1000 ca. 35 ha, um 1100 aber 20 ha. Wenn nun Althöfe und Althufen aufgeteilt oder Huben von den früheren Einheiten abgetrennt wurden, richteten sich die Teilgrößen ungefähr nach dem zeitüblichen Kulturland neuer Huben.

Diese Erkenntnis war deshalb wichtig, weil dadurch „Größen" der Karolingerzeit bzw. Nachkarolingerzeit bestimmt und somit „Gründungszeiten" eingeschätzt werden können. Wenn also das Kulturland der Gemarkung Saalfelden (bei aller Unsicherheit ihrer ursprünglichen Abgrenzung) 100–150 ha ausmacht – natürlich ohne den Obsmarkt –, kann mit großer Sicherheit vom 7. Jahrhundert als Beginn des dauerhaften Siedlungsplatzes gesprochen werden. Wie passt das nun mit den Ergebnissen der Ortsnamenforschung zusammen?

In dieser Disziplin gab es zunächst vorsichtige Einschätzungen, was die ON auf -ing und -ham betraf, die für die ältesten Namenschichten gehalten werden.[8] Die Heimatforschung verabsolutierte aber schon früh einzelne Indizien in euphorischer Weise zur Überzeugung, alle „echten" (primären) -ing-Namen würden die Besiedlung von der bairischen Landnahme bis Karl dem Großen (6.–8. Jh.) nachweisen.[9] Studien der letzten Jahre in Österreich und Bayern korrigierten dieses traditionelle Bild allmählich. Heute kann das Alter solcher Altsiedlungen früher Namenschichten individuell besser beurteilt werden und es zeigt sich ein überraschendes Ergebnis: 40–60 Prozent der -ing- und -ham-Siedlungen gehören nicht dem Frühmittelalter (d. i. vor 900) an.[10] Es scheint so zu sein, dass um die Jahrtausendwende eine „Renaissance" jener frühen Namensgruppen einsetzte, die zum Teil erst um 1100 ausklang. Wo der Raum von Saalfelden dabei einzuordnen ist, werden einzelne Siedlungsanalysen zeigen.

Schon im fortschreitenden 9. Jahrhundert wurde von Karolingerkönigen bei Schenkungen rodungsfähigen Landes von „Hufen" (hobae) gesprochen. Königshufen waren in diesem Fall wohl auszumessendes Land bestimmter Größe (Kulturfläche), das aus der Verfügungsgewalt des Königs kam. Es konnte allerdings auch bereits vermessenes Land sein, wenn der König bestehende Altsiedlungen weitergab. Im 10. und 11. Jahrhundert kann man an verschiedenen urkundlichen Beispielen nachweisen, dass solche Huben im bayerisch-österreichischen Raum die zeitrelevant übliche Größe einfacher Huben hatten. Es waren eben Hufen königlichen Rechts.[11] Freilich unterscheiden die meisten Urkunden nicht ausdrücklich zwischen „Herrenhufen" und „Bauernhufen", die in karolingischer Tradition bei Rodungen nachweislich ca. 51,5 ha bzw. ca. 21 ha an Kulturfläche ausmachten. Jedenfalls war die „Hufe" zu einem gängigen Maß geworden.[12] Seit ottonischer Zeit vereinheitlichten sich die Ausmaße für Huben, mit denen man die Besiedlung durch Hintersassen der edlen Herren vorantrieb.

Schon längere Zeit hatte eine karolingerzeitliche Urkunde für das Saalachtal eine gewisse Bedeutung, weil darin der Ausdruck in pago Salvelda (= Saalfeldengau) vorkommt; dieser Kleingau weist auf eine eigenständige Siedlungslandschaft der Frühzeit hin. Am 26. Dezember 888 schenkte Kaiser Arnulf bei seinem Aufenthalt in der Karnburg der edlen Miltrud, Gattin seines Mundschenken Heimo, in loco Ramsidin dicto ... hobas regias novem cum mancipiis.[13] Diese neun schon bestehenden Königshuben um den Hof zu Ramséiden bei Saalfelden wurden mit dem Recht auf Fischfang und Jagd als Eigentum übergeben, wobei 15 Hörige mit übertragen wurden. Einige davon haben vulgärromanische Namen, was einen Hinweis auf Reste einer romanischen Bevölkerung gibt. Der vormalige Königshof von Ramséiden war also Mittelpunkt einer Villikation, zu der offensichtlich nicht der Ort Saalfelden selbst gehörte. Es fällt auf, dass die Geschichtsforschung bis in die Gegenwart nicht in der

Lage war, diese „Hufen" zu lokalisieren. Das hängt in erster Linie mit dem Umstand zusammen, dass siedlungsgenetische Forschungsergebnisse kaum rezipiert wurden. Seit etwa drei Jahrzehnten ist es möglich, mit spezifischen Methoden das Alter von frühmittelalterlichen Altsiedlungen ungefähr einzugrenzen, auch wenn keine urkundlichen Angaben vorliegen. In dieser Disziplin sind gerade in den letzten Jahren deutliche Fortschritte gemacht worden. Ausgangspunkt solcher Forschungen sind jeweils das alte Grundbuch oder der Franziszeische Kataster.[14] Mittels Kulturflächenanalyse werden Zeitsegmente sichtbar, in die die Entstehung solcher Altsiedlungen eingeordnet werden kann. Dabei hilft mittlerweile auch das Wissen um soziale Parameter in der Gesellschaft vergangener Zeiten. Jene zweifellos aufwändige Forschung ist notwendig, um die neun Königshuben des 9. Jahrhunderts um Saalfelden klären zu können.

Die siedlungsgenetischen Analysen um Saalfelden

Die historisch-geographische Raumstruktur ist bekannt, südlich von Gerling begann der Bereich des Zentralortes Zell am See (Bisonzio). Es ist daher sinnvoll, an der Südgrenze des Saalfeldener Beckens zu beginnen.

Die Ortschaft Gerling (785 m) wird erstmals 1218 als curia in Gerhohingen erwähnt, die randlich situierte Filialkirche St. Gotthard wurde errichtet, als der Hof von Gerling in Bauerngüter zerfallen war. Der Ortsname geht möglicherweise auf einen Mann namens Gerolt zurück.[15] Wie die Fluranalyse ergibt, bildete sich der Ort durch Abspaltungen vom Hof, wahrscheinlich vom Standort Nr. 3 Breitfuß aus. Die umgebende Kulturfläche (GP 126–269) ist deutlich von den Mooswiesen am Mühlbach (Fortsetzung vom Gerlinger Bach) durch andere Liegenschaften getrennt, die offenbar eine später erworbene Zusatzfläche darstellen (GP 81–82, 84–95, 116–117); diese 15,3 ha isolierte Wiesen gegen den Ort Pfaffenhofen sind daher nicht zu berücksichtigen.[16] Die errechnete rekonstruierte Kulturfläche macht 46,575 ha (80 Joch, 1521 Quadratklafter) aus; sie verfehlt deutlich eine karolingerzeitliche Hofgröße. Der unmittelbare Nachbarort ist Ruhgassing (763 m), dessen Ortsname als patronymischer -ing-Name gilt. Dabei handelt es sich um eine einfache Blockrodung, wobei aufgrund der Gemengelage der Bauerngüter das Jörgengut Nr. 3 der einstige Hof gewesen sein muss.[17] Das erhobene zusammenhängende Kulturland (GP 333–352, 354–380, 396–459) ergibt ca. 56,6 ha (98 Joch, 882 Quadratklafter) und weist auf einen Hof der Karolingerzeit hin. Der in Richtung Saalfelden folgende Ort Deuting wurde ebenfalls als primärer -ing-Name gedeutet, das ist aber nicht sicher. Das in Unterdeutinger Nr. 1 (BP 31–32) und Oberdeutinger Nr. 2 (BP 37–38) geteilte Hofareal ist relativ klein und erreicht nur 33,8 ha.[18]

In der Ebene vorgelagert erstreckt sich die geteilte Hube Laimgruben (Letting Nr. 11/12) mit ca. 17 ha Kulturland, was auf die Erschließungszeit von ungefähr 1100 hindeutet. Zum Kataster von Gerling gehört auch der Weiler Hof (780 m), der aus zehn Liegenschaften besteht und eine größere zusammenhängende Fläche ausfüllt.[19] Der Bereich des Hofareals ohne isolierte Wiesen am Unterberg (GP 594–690, 718–801) macht 80,3 ha (139 Joch, 1141 Quadratklafter) aus. Der Ausgangspunkt ist ein größerer Hof der Karolingerzeit. Der Straße entlang folgt der Oberpichler, Hof Nr. 1 (ca. 9 ha), einer Hube aus der zweiten Hälfte des 12. Jahrhunderts. Nach etwa 400 m ist der Weiler Almdorf (782 m) platziert, bestehend aus sechs Liegenschaften.[20] In diesem Fall werden 70,5 ha (122 Joch, 1.166 Quadratklafter) Kulturland erreicht. Gegen die Urslau senkt sich allmählich der Boden. Getrennt von Almdorf entstand – nach Aussage der Analyse (GP 819–882 = ca. 14 ha) – im früheren 12. Jahrhundert am abgezweigten Mühlbach das Mühlbauer-Anwesen Nr. 1–5 (BP 88–93).

Der Franziszeische Kataster von Gerling beinhaltet auch noch die Kleinsiedlungen Schmi(e)ding und Pfaffing. Der Weiler zu Schmieding liegt an der Straße von Niederhaus nach Saalfelden. Der „Schmid am Pichl" Nr. 1 erinnert an die nahe steil aufragende Moräne des Kühbichls, der Ort befindet sich aber in der Ebene und sammelt in kompakter Weise 22,9 ha (39 Joch, 1.354 Quadratklafter).[21] Damit dürfte der anfängliche Hof etwa ±1070 errichtet worden sein. Zum Weiler Pfaffing (760 m), der gegen die Urslau hin liegt, verweise ich auf meine Pfaffing-Studie.[22] Bei diesem Weiler besteht eine geringfügige Unsicherheit bei der zeitlichen Einordnung.[23] Tatsache ist, dass der Hof von Pfaffing ca. 980–990 entstand, kurz bevor der edle Dietmar seine Eigenkirche zu Saalfelden (St. Johannes) dem Erzbischof übergab. Pfaffing kann sinngemäß als Dotation des ersten Priesters zu Saalfelden gelten, ehe sich die Pfarre entwickelte.

Im Kataster von Aberg ist auf der Saalfeldener Seite keine Altsiedlung vorhanden, die Bezeichnung „Burgstall" meinte sicher einen festen Sitz der Herren von Alm (Alben). Über der Urslau liegt der Weiler Alm (800 m) am Wege zum Talschluss bzw. nach Dienten, heute Maria Alm genannt.[24] Ohne Zweifel setzte die Geschichte des Ortes auch in diesem Fall mit einem Hof ein, der etwas isoliert nur durch die Urslau-Überquerung bzw. durch den abfallenden „Gasteig" von Schinking her erreicht werden konnte. Die rekonstruierte Kulturfläche von Alm macht 41,8 ha aus, weil die Enklave der Bergerhube von Schinking Nr. 6 (GP 10–21, 9 Joch, 446 Quadratklafter) isoliert ist und sekundär erworben wurde. Die Altsiedlung dürfte daher 980–990 entstanden sein. Der Nachbarort Schinking (790 m) wird 1245 „Schinchien" genannt, der -ing-ON entstand durch Angleichung. Die kompakte Rodung umfasst einen Kleinweiler, die abseitige Bergerhube Nr. 6 ist erst gegen 1200 erschlossen worden.[25] Das rekonstruierte Kulturland der Weilerfläche ergibt 64,4 ha (111 Joch, 1.509 Quadratklafter).

Nordwestlich der Ortschaft Gerling liegen über der Saalach die Fluren des engständigen Kleinweilers Pfaffenhofen (753 m) in der KG Haid.[26] Es gibt zwar östlich der Saalach (KG Gerling) in den Mooswiesen einen Pfaffenhofener Besitzanteil, doch scheint jene Aufteilung am Mühlbachgerinne erst durch eine Vereinbarung im Hochmittelalter entstanden zu sein. Unter dieser Voraussetzung ergibt die rekonstruierte Kulturfläche von Pfaffenhofen (GP 35–82, 127–131) 34,9 ha und deutet damit die Jahrtausendwende an. Die südwärts liegende Siedlung Schitzing (Schützing) erreicht mit ca. 13 ha höchstens die Gründungszeit von ±1150. Am Westrand des Beckens von Saalfelden ist der Weiler Harham (800 m) platziert, erstmals 1281 als „Horheim" genannt. Der Weiler Nr. 7–19 ist ebenfalls engständig und besteht aus etlichen Kleingütern.[27] Die zusammenhängende rekonstruierte Weiler-Kulturfläche (GP 436–438, 460–596, 601–714) beträgt 62,7 ha (109 Joch, 39 Quadratklafter). Damit liegt wohl ein karolingerzeitlicher Hof vor. Nordwärts senkt sich das Gelände über Oberweikersbach (ca. 17,6 ha) nach Weikersbach (750 m) ab. Dieser Kleinweiler Nr. 1–4 (BP 58–62) erreicht ungefähr eine Kulturfläche von 28 ha (ca. 50 Joch), der Anteil an den offenbar spät erschlossenen „Weikersbacher Wiesen" (< 20 Joch) ist nicht dazuzurechnen, weil sie kaum direkt anschließen. Die im Norden anrainenden Kehlbacher Huben dürften Rodungen nach der Jahrtausendwende sein, im Süden begannen die Rodungen bei Nr. 16/17 etwa um 1060.

Für den unruhigen Hügelbereich zwischen Saalach und Urslau wurde zu Recht der Siedlungsname „Bergham" verwendet. Im Grundmoränengelände entwickelte sich der Weiler Breitenbergham (787 m) aus einem Hof in halbkreisförmiger Lage und umfasste sieben Bauerngüter.[28] Entlang der Saalach existieren zahlreiche „nasse Wiesen", auch sekundär gebildete Grundparzellen-Enklaven erschweren die Analyse. Letztlich ergibt die zusammenhängende Kulturfläche des Weilers im Bereich der GP 897–1038 genau 51,6 ha (89 Joch, 1.433 Quadratklafter). Damit wird der karolingerzeitliche Hof eines bayerischen Freien angedeutet. Die nordwärts benachbarten Bauerngüter zu Haslach sind Huben aus der Mitte des 12. Jahrhunderts. Südwärts um „Bsuch" sind Bauerngüter noch später gerodet worden, östlich am Kollingwald aber schon kurz vor 1100.[29] Zu hinterfragen wären die Siedlungen in Letting, welcher Ortsname auf den Lehmboden verweist. Letting Nr. 8–10 (BP 28–30) ist eine zerteilte Hube von ca. 21 ha, die geteilten Laimgruben-Güter (BP 49–51) in der Talsohle erreichen nur 16 ha Kulturfläche. Es sind also Rodungen der Zeit um 1100. Das eigentliche Letting (778 m) ist aber älter. 927 erhielt Chorbischof Gotabert sein bisheriges bischöfliches Lehen im locus lêtto als Eigentum.[30] Ist der Weiler Letting gar bereits eine karolingische Altsiedlung? Diese Frage macht eine genaue Kulturflächenanalyse notwendig. Immer wieder treten nasse Wiesen bzw. Weiden zwischendurch auf, was den Lehm im Bodenfeld anzeigen könnte. Die Analyse der Fluren vom Weiler Letting birgt Überraschungen.[31] Die Abgrenzung zu Nachbarsiedlungen macht Sinn – auch wenn gegen den Mühlbach im Süden und den westlichen Waldrand Unsicherheiten bestehen.

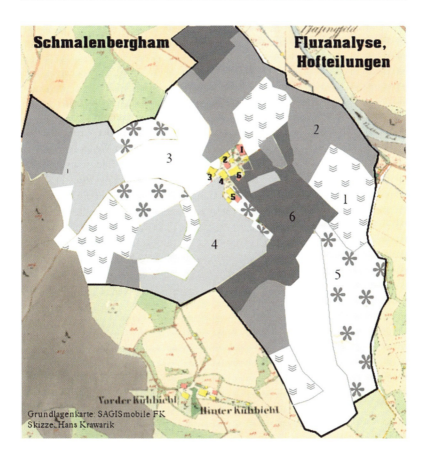

Die erhobene rekonstruierte Kulturfläche macht knapp 47 ha (81½ Joch) aus. Der Hof zu Letting wurde offenbar erst unter dem Lehensmann Gotabert um 920 eingerichtet. Dort schuf sich der Großvater des Roudbert einen Alterssitz. Er ist noch 945 als Chorbischof in Maria Saal (Kärnten) nachweisbar.

Die Lettinger Straße führt in Richtung Saalfelden zu dem Kleinweiler Niederhaus (760 m) südlich der Moräne des Kühbichls (875 m). Dieser anfängliche Hof mit dem Kulturland von 27, 2 ha dürfte um die Mitte des 11. Jahrhunderts entstanden sein.[32] Der geteilte Hof Vorder- und Hinterkühbichl selbst (17,4 ha) wurde nach berechnetem Kulturland um 1100 gerodet. Am Nordabhang der Moräne, unweit des Ritzensees, liegt der Weiler Schmalenbergham (796 m). Engständigkeit der Häuser und Gemengelage belegen auch hier einen zerteilten Hof.[33] Die rekonstruierte Kulturfläche des Weilers macht 51,5 ha (89 Joch, 808 Quadratklafter) aus, ähnlich wie bei Breitenbergham liegt offenbar auch hier die Gründung eines Freien der Karolingerzeit vor. Das benachbarte Ritzenschloss an der Urslau erreicht 15,5 ha (knapp 27 Joch) und dürfte im früheren 12. Jahrhunderts entstanden sein – es war die Hube Grub, die erstmals 1339 mit einem „Turm" erwähnt wird. Vis-à-vis der Saalfeldener Vorstadt liegt links der Urslau der Kleinweiler Thor (769 m) Nr. 7–11. Es ist nicht auszuschließen, dass Saalfeldener Liegenschaften am nördlichen Rand (ca. 11 ha) erst sekundär „eingebrochen" sind.[34] Da allerdings die Kulturfläche von Thor mit 15,4 ha praktisch gleich groß wie jene des Ritzenschlosses ist, dürften beide Althuben um die gleiche Zeit errichtet worden sein.

Kurz bevor die Urslau in die Saalach mündet, befindet sich am Westufer der Saalach der Kleinweiler von Uttenhofen (722 m). Da an der Saalach die Katastergrenze gezogen wurde, reicht die Weilerfläche erheblich, vor allem längs der Saalach in die KG Lichtenberg hinein.[35] Bemerkenswert sind die langen Wiesenfluren entlang des Flusses. In dieser Abgrenzung erreicht das rekonstruierte Kulturland 55,3 ha (96 Joch, 429 Quadratklafter). Auch Uttenhofen war also ein karolingerzeitlicher Hof, der aber nur wenig geteilt wurde. Zwischen Uttenhofen und Saalfelden befindet sich die Altsiedlung Dorfheim (735 m), die im Mittelalter nur „Dorf", etwa im 12. Jahrhundert „villula ze Dorf" hieß.[36] Vor allem die Familie Hunt hat dort seit dem 15. Jahrhundert umfangreiche Zukäufe und Veränderungen durchgeführt. Deshalb gleicht die allfällige siedlungsgenetische Analyse einem Torso, die Kulturfläche ist nur mit einem Annäherungswert feststellbar.[37] Nicht von ungefähr hieß die zerteilte Altsiedlung so, weil in Dorfheim bzw. am Übergang über die Urslau zahlreiche Kleinbauern und Kleinhäuser entstanden waren.[38] In der ungefähren Abgrenzung der Gemarkung werden zwar gegen 100 ha Kulturfläche erreicht, es könnte aber sein, dass das Kulturland an der oberen Abdeckerstraße (zum Wasenmeister) erst gegen Ende des Hochmittelalters erschlossen wurde; lag die Gemarkungsgrenze bergwärts ungefähr an der Querstraße nach Pabing/Mayerhofen, bezeichnete das „Höfchen" (= villula) wohl nur einen Hof von 60–70 ha Kulturfläche. In jedem Fall kann dieses „Dorf" – das Wort bedeutet ja ursprünglich „Hof" – zu den karolingerzeitlichen Altsiedlungen gerechnet werden.

Berücksichtigt man die wahrscheinliche Abgrenzung zwischen Dorfheim und Pabing, wird beim Kleinweiler Pabing Nr. 3–7 einschließlich der Saalfeldener Enklaven eine rekonstruierte Kulturfläche von ca. 27 ha sichtbar; das kommt zeitlich (um 1050) der kompakten benachbarten Rodung Weisbachgut von etwa 28 ha nahe.[39] Östlich vom Wasenmeister befindet sich der einstige Hof von Mayerhofen Nr. 1–4, der aufgrund seiner Kulturfläche von ca. 32 ha (GP 321-404) bald nach der Jahrtausendwende als Meierhof angelegt worden sein muss. Die westwärts anrainenden Waldweideflächen signalisieren, dass der Hof in abseitiger Lage angelegt wurde. Nordwärts taucht nach dem Gründbichl (774 m) die Rotte „Marzón" auf.[40] Der romanische Name galt als nachrömischer „Siedlungsbeweis". Deshalb ist eine Siedlungsanalyse notwendig. Beim Schönhofwirt Nr. 10 (BP 14) und Mussbachgut Nr. 12 (BP 19) gibt es zwar keine typische Gemengelage, ob die „Halbinsellage" der GP 124 ein Hinweis auf einstige Einheit ist, wäre möglich. Die gesamte Kulturfläche dieser beiden Güter von ca. 28 ha würde an die Hubengröße von Parschalken vor der Jahrtausendwende erinnern.

Großen Einfluss auf Vorstellungen früher Besiedlung hatten immer wieder die (primären) Ortsnamen auf -ing. Dies gilt auch für das Saalfeldener Becken. Nördlich der Einmündung des Leoganger Baches in die Saalach liegen mehrere Kleinweiler mit dem Suffix -ing: Euring, Lenzing, Piebing, Ecking, Tödling, Otting, Sinning, Loibering. Was zeigen nun die Kulturflächen dieser Altsiedlungen?[41] Die zeitlich älteste Erschließung dürfte der Weiler Wiesersberg Nr. 8–17 mit 43,4 ha um 980 sein, dann folgt Euring mit 39,4 ha und bereits im frühen 11. Jahrhundert Lenzing mit 31,7 ha und Otting I mit 30,5 ha. Weitere Höfe dieser Jahrzehnte waren Tödling mit 29,4 ha, Ecking 26,8 ha und Sinning 26,5 ha, gegen Ende des Jahrhunderts dann Piebing mit 22 ha. Um 1100 wurden schließlich Otting II und Loibering gerodet. Fazit: Die -ing-Höfe am Gerstboden nördlich von Uttenhofen waren augenscheinlich keine frühmittelalterlichen Altsiedlungen, sondern stammten aus der Rodungsepoche 980–1100; die patronymischen ahd. Personennamen Ūro, Pabo, Lanzo wären der Jahrtausendwende zuzuordnen.[42] Was den Zentralort Saalfelden selbst betrifft, sind die Bereiche Brunnau über der Urslau sowie „Obsmarkt" sicher kein Teil der ursprünglichen Gemarkung; auch westlich von Farmach ist der Bereich unsicher. Im ansteigenden Gelände vermittelt der geteilte Kapserhof (21 ha), wie weit der Ortsbereich knapp vor 1100 reichte. Die mögliche Kulturfläche Saalfeldens dieser Jahre liegt bei 100–120 ha. Die Farmach-Hube ist mit ihren ca. 16 ha (28 Joch) etwa gleich groß wie Thor oder Grub-Ritzschloss; offenbar entwickelten sich im früheren 12. Jahrhundert vor den Toren des Herrschaftszentrums einzelne oberbäuerliche Standorte („Edelsitze").[43] Südlich von Farmach hat sich gegenüber von Almdorf bereits um 970/980 der Hof von Rain Nr. 1–6 (BP 49–54) gebildet, wie die erhobene Kulturfläche (GP 574–650) von ca. 44 ha ausweist. Hangwärts stand der Königshof und Turm zu Ramséiden (782 m), wovon zahlreiche Güter abgeteilt wurden.[44] Das rekonstruierte Kulturland zwischen GP 109-456 mit geringen Unterbrechungen beträgt ca. 94 ha. Damit war der Besitz etwas kleiner als Saalfelden.

Die „Königshufen" und die Besiedlung in der Zeit der Ottonen und Salier

Die Siedlungsanalysen haben klar herausgearbeitet: Die neun Königshufen für die edle Miltrud, die zur Villikation des Königshofes Ramséiden gehörten, waren Höfe in Almdorf, Breitenbergham, Dorfheim, Harham, Hof, Ruhgassing, Schinking, Schmalenbergham und Uttenhofen. Es fällt dabei auf: Es ist nur ein patronymischer -ing-Name dabei (Ruhgassing) sowie zwei (drei) appellativisch gereihte Lagenamen auf -ham, die einen Wohnsitz in spezifischer Lage bezeichnen (Bergham, Harham). Wenn auch dieses Ergebnis die meisten ON auf -ing um Saalfelden als nicht „frühmittelalterlich", sondern um die Jahrtausendwende einordnet, bietet die Ortsnamenforschung doch wichtige Hinweise.[45] Aus vormittelalterlicher Namenstradition dürften neben der Saalach auch die Alm – der alte Name der Urslau –, ferner Ramséiden, vielleicht auch der Jufen-Bach und Marzón stammen. Gerade aber bei „Marzón" ist Vorsicht geboten, denn ein „Marcianus" könnte durchaus der Personenname eines Parschalken der Jahrtausendwende gewesen sein. Tatsache ist jedenfalls, dass der Zentralort Saalfelden noch im 7. Jahrhundert, Ramséiden und Hof sicher im 8. Jahrhundert entstanden sind; niederer Adel und Freie der Karolingerzeit dürften die Gründer der übrigen genannten Höfe im 8./9. Jahrhundert gewesen sein.

Die auf Buso und Johannes lautende Schenkung der Notitia Arnonis 788 umfasste Besitz im Ort Wals, Zell am See und Saalfelden. Zu den 15 Mansen könnten nach der Kulturfläche u. a. die Höfe von Maishofen (99 ha), Mitterhofen (112 ha), Kirchham (62 ha) und Mayerhofen (53 ha) gehört haben, die zur Villikation in Bisonzio (Zell am See) zu rechnen wären. Bei der Villikation Wals gibt es ebenso benachbarte Altsiedlungen, z. B. Gois und Viehhausen. Zu vermuten ist, dass um Saalfelden Höfe, die ältere Orte anzeigen, dabei waren. Da in dieser Zeit häufig geschenktes Gut wieder weiter verlehnt wurde, wäre eine rasche Veränderung durchaus möglich, vor allem nach dem Sturz Herzog Tassilos III. Zumindest Mitbesitzer in Saalfelden selbst war damals der edle Egilolf, ein hoher Adeliger, der auch in Reichenhall und im Ort Salzburg Güter besaß.[46] Diesen Besitz dürfte das Erzstift zunächst behalten haben, denn Saalfelden war nicht Teil der Villikation von Ramséiden. Wie es aussieht, könnten die Höfe von Bergham (Breiten-, Schmalenbergham) erst im 9. Jahrhundert von einfachen Freien und ihren Hörigen gerodet und erschlossen worden sein; vielleicht gehörten zu diesen neuen Rodungen auch die Altsiedlungen des Uto (Uttenhofen) und Ruodgoz (Ruhgassing).[47] Den Besitz in Saalfelden selbst vergabte der Erzbischof als Lehen; so wissen wir z. B., dass der Priester Ellinger und sein Vater Waldmann im Tausch solche Lehen 928 zu lebenslangem Eigentum erhalten haben. Das war eine damals übliche Vorgangsweise, wie wir von Letting und seinem Besitzer Gotabert wissen.[48]

Amtsträger der Gerichtsbarkeit, Besteuerung und Militärhoheit um Saalfelden war um 930 ein Graf Dietmar, der folglich auch bei neuen Rodungen mitzureden hatte. Nicht nur der Hof von Letting, auch jener von Gerling und bald auch die Altsiedlung zu Rain entstanden in diesen Jahren. Die Grafschaft im Mitterpinzgau galt als Hab und Gut des bayerischen Herzogs, der damit edle

Leute wie Dietmar belehnte.[49] Im letzten Viertel des 10. Jahrhunderts, als der Hof von (Maria) Alm gegründet wurde, hatten die Nachkommen des Grafen von 930 in Saalfelden noch immer das Sagen. Der edle Dietmar gründete um 980 dort eine Eigenkirche St. Jonannes und dotierte offenbar den eingesetzten Weltpriester mit einem Hof vor den Toren des Zentralortes, der hinfort den Ortsnamen Pfaffing tragen sollte. Wenig später übereignete er diese Kirche von Saalfelden dem Erzstift Salzburg unter Erzbischof Hartwig (991–1023). Etwa zur gleichen Zeit hatte er bereits zweimal je fünf Huben um Saalfelden im Tausch gegen Huben bei Palmberg in Südbayern übertragen. Letztlich behielt er sich nur eine Mühle und hoba I ad Zidalarun im Eigenbesitz.[50] Wir wissen bereits, dass Mansenbesitz oder Huben dieser Zeit eine Siedlungsgröße hatten, die mehreren nachmittelalterlichen Huben entsprochen haben. Einen Ort Zeidlarn (oder so ähnlich) gibt es heute im Saalachtal nicht; umgekehrt haben zur Jahrtausendwende – wenn man von Saalfelden, Ramséiden und Maria Alm absieht – höchstens zwölf Altsiedlungen existiert. Der „Zeidler-Ort" (= Imker-Siedlung) müsste also später seinen Namen gewechselt haben.

Die Quellenlage legt nahe: Die Familie des edlen Dietmar hatte offenbar im 10. Jahrhundert die einstigen „Königshufen" in die Hand bekommen und die Talschaft beherrscht. Nun, da der edle Mann praktisch nach Palmberg übersiedelte, blieb das Saalfeldener Becken fest unter salzburgischer Kontrolle. Erste Maßnahmen der Besiedlung durch die „familia sancti Ruperti" (= höher gestellte Eigenleute) Salzburgs unmittelbar nach der Jahrtausendwende waren wahrscheinlich der Hof von Deuting und die Anlage des Mayerhofes nördlich von Saalfelden. Auch der neue Hof von Pfaffenhofen – später Besitz des Domkapitels – entstand damals. Einer dieser salzburgischen Eigenmänner (servi) namens Gerhoh vollzog um 1020 ein Tauschgeschäft mit Erzbischof Hartwig. Er übertrug 50 Joch seines Besitzes zu Bergham dem Erzstift und bekam dafür für sich und seine Nachkommen 40 Joch Rodungsland am Buchberg bei Lend im Pongau.[51] Dass das Erzstift seine Eigenleute versorgte, erkennt man an Diethalm, der wenige Jahre später die beiden Hofbereiche von Bergham besaß. Sein Tausch mit Erzbischof Thietmar (1025–1041) gegen Ende von dessen Amtszeit umfasste 195 Joch in Bergham gegen 155 Joch in Kaprun.[52] Das entspricht ungefähr den Kulturflächen von Breiten- und Schmalenbergham bzw. Kaprun und Haus.

Erst unter Erzbischof Balduin (1041–1060), der sich stärker um die Rechtssicherung des salzburgischen Besitzes bemühte, setzte eine neue Kolonisationswelle ein, die Höfe von Pabing und (Unter-)Weikersbach, sowie mehrere Standorte am Gerstboden, und bald darauf die Huben zu Schmieding und Niederhaus wurden eingerichtet. Allmählich setzten Hofteilungen neue Akzente: Feudalismus und Burgenbau, Bauerntum und Schwaigwirtschaft sowie kommunaler Entfaltung in Saalfelden gehörten die Zukunft. Dabei spielten die

Herren von Saalfelden als Lehensmannen der Grafen von Plain eine wirksame Rolle. Zum Teil fanden Hofteilungen erst spät statt, was unser Wissen über Abspaltungen nahelegt. So übertrug Etich von Saalfelden 1137 predium suum ad Wecherispach an St. Peter, wobei er das Gut auf Lebenszeit behielt. Damals bestand noch der Hof (= Oberweikersbach) und wurde erst unter St. Peter geteilt. Ein zweites Beispiel: Burggraf Konrad besaß vor 1222 als erzstiftisches Lehen den Hof zu Lenzing und schenkte in diesem Jahr jenen Hof mit Erlaubnis des Erzbischofs dem Kloster St. Peter.[53] Erst in der Grundherrschaft St. Peters erfolgten im 13. Jahrhundert Abspaltungen vom Hof. Auch die Nennung der Kleinadeligen Chunradus et Jutinghus de Letingon (= Letting) bzw. Friedericus de Schinchien (= Schinking) im Jahr 1245 könnten noch Verhältnisse der älteren Meierhofwirtschaft vermuten lassen. Der Hof von Gerling existierte ebenso noch 1218, im Nachbarort Ruhgassing gab es damals schon eine primäre Hofteilung.[54] Als Albero von Walchen 1270–1281 seine Konflikte löste, verzichtete er auf Alben unam villam. Da in diesem Fall nicht die alte Form (villa = Hof) gemeint ist, gab es in Maria Alm um 1280 bereits eine dorfartige Siedlung. In jenen Jahren war auch schon Pabing in vier Bauerngüter geteilt.[55]

Abschließend soll Schmalenbergham durch die Fluranalyse hinterfragt werden. Die am und neben dem Kühbichl befindliche Flur ist scheinbar in größere und kleine unregelmäßige, zum Teil dem Gelände angepasste Flurstücke aufgeteilt. Wie konnte also aus einem Hof der Karolingerzeit ein mittelalterlicher Weiler entstehen? Im FK sind die Bauerngüter mit relativ ähnlich großen Kulturflächen ausgewiesen: Nr. 1: 7,6 ha, Nr. 2: 8,6 ha, Nr. 3: 7,7 ha, Nr. 4: 7,7 ha, Nr. 5: 9 ha, Nr. 6: 8,6 ha; einzeln sprechen diese Kulturflächen für das spätere 12. Jahrhundert. Die Liegenschaften zu Schmalenbergham gehörten um 1800 zum Stift Höglwörth bzw. St. Zeno (Nr. 2). Im Ortsraum fällt auf: Im Bereich des Petergutes Nr. 6 werden Kleinparzellen von Nr. 4 und Nr. 2 ganz oder fast ganz eingeschlossen – üblicherweise ein Anzeichen für einstige Zusammengehörigkeit. Wenn man die Flächen 6+4+2 verbindet und sie 1+5+3 kartographisch gegenüberstellt, ergibt dies eine sinnvolle primäre Gemengelage. Beide Teilfluren unterscheiden sich in der Größe nur geringfügig, von der Teilgröße her könnte eine Halbierung des Hofes frühestens um 1060/1070 erfolgt sein. Wir werden aus guten Gründen aber nicht automatisch die früheste Teilungsmöglichkeit annehmen dürfen. Eine Aufteilung in Einzelgüter ist aufgrund der einzelnen Kulturflächen sicher erst nach 1160 zu erwarten. Die Fluranalyse zeigt also ein mögliches Szenario des Hofzerfalls; dies geschah vor allem nach einem grundherrschaftlichen Wechsel, da der neue Grundherr häufig eine wirtschaftliche Aufwertung im Auge hatte. Bei Schmalenbergham wissen wir, dass der Hof zu „Percheim", neben den Höfen von Letting (Nr. 8–10), Rain und Ödt von den Grafen von Plain vielleicht noch als Ausstattung (also ca. 1130) an ihre Gründung Stift Höglwörth gedieh.[56]

*

Was lehrt diese kleine Studie? Die Königshufen sind überzeugend identifiziert. Die vielfach herausgestellten „alten" Ortsnamen auf -ing sind teilweise gar nicht so alt. Streng genommen wurde kein einziger -ing-Ort um Saalfelden im 6.–8. Jahrhundert errichtet, Ruhgassing dürfte erst nach 800 entstanden sein. Hier wurde offenbar nicht rezipiert, dass diese primären, zum Teil erst spät überlieferten Ortsnamen als kleine Weiler auftreten; in Bayern zeigt sich sehr schön das Phänomen: Nur die großen bekannten Dörfer auf -ing sind als eigentliche Siedlungen der baiuwarischen Landnahme zu bezeichnen. Die Höfe, die sich zu Kleinweilern entwickelten, streuen vom 8.–11. Jahrhundert. Natürlich haben in dieser Zeit gottesfürchtige edle Leute durchaus auch in Joch messbare Kleinflächen von ihren Altsiedlungen abgezweigt oder gestiftet. Es lassen sich aber in aller Regelhaftigkeit in karolingischer und nachkarolingischer Sphäre Parameter für bestimmte Größen (Kulturflächen) nachweisen, die es zu beachten gilt. Es erscheint bar jeder Realität, eine willkürliche Inbesitznahme und dadurch höchst unterschiedliche Rodungsgrößen sozial Gleichgestellter im selben Zeitraum anzunehmen. Wenn also z. B. die Höfe von Lenzing/Lanzinga oder Pabing/Papingen aufgrund ihrer althochdeutschen Form einen frühmittelalterlichen Zusammenhang signalisieren können, ist methodisch ihre Kulturfläche und Topographie zu überprüfen. Mit einer gewissen Toleranzbreite vermag man bei ca. 30 ha zwar von „Parschalkenhufen" sprechen, es deutet aber sonst nichts auf diesen Umstand. Im Gegenteil: Die -ing-Gasse nach Leogang am Gerstboden lässt in starkem Maße Analogie-Bildungen zur Jahrtausendwende vermuten. Auch die vielen Kleinstandorte auf -ing um Saalfelden sprechen dafür und die Gemarkungen sind ja üblicherweise gut abgrenzbar. Was sind andererseits „Schwachstellen" der Kulturflächenmethode? Bei viehzuchtlastigen Kleinsiedlungen wie um Saalfelden mag deklariertes Weideland in der zentralen Weilerfläche (was ja zur Kulturfläche nicht dazugerechnet wird) Ergebnisse verzerren; diese „Mindergröße" reicht aber in der Regel nicht, aus nachkarolingischen Huben karolingerzeitliche Hufen zu machen. Problematisch wäre auch die Rückprojektion (vom Kataster) bei Flächen mit der Bezeichnung „Haid"; eine unbekannte größere Verörterung benachbarter Siedlungsteile ist aber bei der geringen Siedlungsgröße nicht zu erwarten.

Endnoten

1 *Anton Kaindl,* Sensationsfund aus der Antike in Saalfelden, in: Salzburger Nachrichten, 26.4.2014, Lokalteil, S. 18; *Josef Lahnsteiner,* Mitterpinzgau, Hollersbach 1962, S. 135–137; *Alois Eder,* Red., Chronik Saalfelden, Saalfelden am Steinernen Meer 1992, Bd. 1, S. 31–45.

2 *Fritz Lošek,* Notitia Anonis und Breves Notitiae, in: MGSL, Erg.-Bd. 23, S. 85, 123, 164–165. Diese Schenkung des bairischen Freien und Priesters Buso und seines Bruders Johannes geschah mit Erlaubnis Herzog Tassilos. Der Besitz war also einige Zeit zuvor herzogliches Gut gewesen.

3 MGH DD LdF 233. Am 21. Jänner 824 übertrug Kaiser Ludwig der Fromme dem Patriarchen von Aquileia in loco qui dicitur Zellia manentes viginti, womit die Inhaber von 20 Adelshöfen (= Hintersassen des Herzogs/Kaisers) im Unteren Gailtal gemeint waren. Siehe dazu: *Hans Krawarik,* Zur frühen Besiedlung der „Regio Zellia", in: Carinthia I 186 (1996), S. 463–497. Vgl. auch: *Walter Schlesinger,* Hufe und Mansus im Liber donationum des Klosters Weissenburg, in: ders., Ausgewählte Aufsätze, Sigmaringen 1987, S. 35–55.

4 *Lošek,* Notitia, S. 127; Schlesinger, Hufe, S. 51–55, Nr. 58 zu 776. Selbstständig wirtschaftende Freie in Bayern saßen üblicherweise nicht auf „verhuftem" Land.

5 *Franz Staab,* Untersuchungen zur Gesellschaft am Mittelrhein in der Karolingerzeit, Wiesbaden 1975, S. 57–62.

6 Siehe dazu: *Friedrich Lütge,* Hufe und Mansus in den mitteldeutschen Quellen der Karolingerzeit, in: Vierteljahrsschrift für Sozial- und Wirtschaftsgeschichte 30 (1937), S. 105–128. Darin wird für die Frühzeit gegenübergestellt: Mansus = unverhufter oberbäuerlicher Besitz, Hufe/Hube = Landmaß für abhängige (bäuerliche) Bevölkerung.

7 *Hans Krawarik,* Bairische Bauernweiler im Frühmittelalter. Gegründete Gruppensiedlungen und Höfe des Adels, Hamburg 2018, S. 25–26. Zielführend dabei war die Kulturflächenmethode, die bei zahlreichen zeitlich geklärten oder urkundlich überlieferten geteilten Altsiedlungen durch ihre Rekonstruktion bestimmte Zeitsegmente der Entstehung bzw. Gründung festlegen konnte.

8 *Eberhard Kranzmayer,* Die Ergebnisse der neuesten österreichischen Ortsnamenkunde und das Land Salzburg, MGSL 97 (1957), S. 13, betonte, dass die echten ON auf -ing in Salzburg vor 1100 gebildet worden sein müssen.

9 Nach *Franz Hörburger / Ingo Reiffenstein / Leopold Ziller,* Bearb., Salzburger Ortsnamenbuch, Salzburg 1982, S. 78–84, wären Pabing (1183), Deuting (1323), Euring, Lenzing (1321), Gerling (1333), Ruhgassing (1284), Schmieding (1193/95), Gumping (1298), Letting (927), Schinking (1245) die primären und sekundären ON auf -ing. *Josef Lahnsteiner,* Mitterpinzgau, Hollersbach 1962, S. 137, hielt darüber hinaus folgende Orte für Zeugen der vorchristlichen Zeit: Biebing, Tödling, Ecking, Loibering, Otting, Hasling, Sinning, Pfaffing, Kolling, Stocking, Haiding, Schützing, Taxing, Dürling, Atzing, Kirchham, Kraham, Harham, Breitenbergham. *Julian Blaßnigg,* Historisch-Etymologisches Lexikon der Salzburger Ortsnamen (HELSON). Bd. 3.1: Pinzgau, Salzburg–Wien 2020, S. 22, hat überzeugend die „echten" (z. B. Deuting von PN Tûto: PN-Stamm+Suffix -ing) von den „unechten" -ing-Namen (z. B. 927 loco lêtto = Lehm-Ort", 1245 Letingon) geschieden. Zur Altersfrage echter ON auf -ing siehe: *Karl Finsterwalder,* Die Schichten der Ortsnamen auf -ing und die Altsiedlung am Rande und im Innern der Alpen, in: Veröffentlichungen des Museum Ferdinandinum 31 (1951), S. 96.

10 *Hans Krawarik,* Der Traungau am Ende der Karolingerzeit. Studien zu Siedlungsbasis und Herrschaft, Wien 2022; ders., Bauernweiler, S. 195–213; ders., Die -ing-Orte Bayerns zwischen Isar und Inn. Studien zu ihrer Zeitstellung im Mittelalter, in: Zeitschrift für bayerische Landesgeschichte 85 (im Druck).

11 Ein Sonderfall der Tradition war MGH DD O III, 154 zu 994: Kaiser Otto III. schenkte dem Grafen Reginbald bei Treviso (Norditalien) 24 Königsmansen, wobei extra angemerkt wurde, dass pro Hufe 90 Joch zu veranschlagen wären. Alle anderen Königshufen dieser Jahrzehnte weichen nicht von bekannten Hufengrößen ab.

12 MGH DD Konrad I., Nr. 31 zu 916: König Konrad I. schenkte dem Kleriker Erchanfrid drei königliche Hufen in Goldaron (= Obergolding) bei Dingolfing. Die rekonstruierte Kulturfläche dieses geteilten Althofes machte 151 ha aus, was drei Herrenhufen entspricht. SUB I, S. 174. 963 erhielt Erzbischof Friedrich vom Salzburger Dienstmann Dietrich dessen Eigen ad Mechintale ... id est III hobas et iugera XII pro duabus hobas et dimidia ad Lanzinga. Lanzing bei Tittmoning erreicht im historischen Kataster ca. 52 ha; es lag also das Maß einer Bauernhube zugrunde. Zu den Hufengrößen dieser Zeit siehe: *Hans Krawarik*, Weder Weiler noch Dörfer, in: Mitteilungen des Institutes für Österreichische Geschichtsforschung 110 (2002), S. 101–103. In der Zeit der Ottonen wird letztmalig bei MGH DD O I. 67 (SUB II, S. 78) zu 945 von einer slawischen hoba dominicalis im Kärnter Budisdorf gesprochen.

13 MGH DD Arn, Nr. 42. Mit diesen Königshuben wurden folgende Hörige samt Familien, ihren Anwesen mit üblichen Anrechten übergeben: Lugo, Strano, Briuila, Immina, Hiltipurg, Waltrud, Alturt, Engilrat, Heilrat, Zeizliup, Paldhilt, Purgswint, Liutpolt, Ellenfrit, Engildeo. Heimo, Sohn des karantanischen Grafen Witagowo, stammte aus einer führenden bayerischen Adelsfamilie.

14 Im Franziszeischen Kataster kann man durch Fluranalyse nicht nur Kulturland (Acker, Garten, Wiese) vom Wald-Weideland trennen, sondern auch bei geteilten Altsiedlungen durch Rekonstruktion eine Siedlungsgröße früherer Zeit feststellen. Da es sich mit Ausnahme der Stadt Saalfelden um Weiler oder kleine Dörfer handelt, ist in der Norm nicht mit großartigen Verörterungen (Integration ursprünglich benachbarten Landes) zu rechnen; außerdem lassen sich Indizien für nachmittelalterliche Spätrodungen herausarbeiten, wodurch das Ausmaß der Rekonstruktion verzerrt werden würde. Dabei wird die für eine Ortsentwicklung genaue retrogressive Analyse übergangen, es ist nur der gesamte Wert des Kulturlandes entscheidend. Diese Kulturfläche der Altsiedlung wird analog zu bereits zeitlich relevanten Beispielen in Beziehung gesetzt.

15 *Blaßnigg*, Lexikon, S. 44, hat die fälschliche Angabe der digitalen Salzburger Ortsnamendatei (Ausgabe 10/2010, S. 263) korrigiert. Siehe dazu: SUB III, Nr. 728, S. 247. *Hörburger / Reiffenstein / Ziller*, Ortsnamenbuch, S. 78, waren die Nennungen von 1218/1226 nicht bewusst.

16 Salzburger Landesarchiv (= SLA), Franziszeischer Kataster (= FK) Gerling 1830, Bauparzellen- und Grundparzellen-Protokoll: Der Breitfuß Nr. 3 (BP 6-9) in der Mitte des Weilers wird umgeben vom Adlinger Nr. 4 (BP 4-5), Kleinhaus Mesner Nr. 5 (BP 3), Wastlhäusel Nr. 6 (BP 2), Grundner Nr. 7 (BP 11), Jaklgut Nr. 8 (BP 12), Wastlgut Nr. 1 (BP 13) und Rübenlehen Nr. 2 (BP 14). Die Hofteilungen vermitteln bei den Grundparzellen größerer Blöcke und Nachbarschaftslagen.

17 *Blaßnigg*, Lexikon, S. 128, zu 1284. SLA, FK Gerling: Der Hof ist geringfügiger als Gerling aufgeteilt worden und besteht aus dem Stechaugut Nr. 1 (BP 24-26), Hanselgut Nr. 2 (BP 22-23, 29+19), Jörgengut Nr. 3 (BP 21) sowie Hagerhäusel Nr. 4 (BP 20). Ein halbes Joch (GP 334-336) wurde aus dem Ort der Kirche in Gerling übertragen.

18 SLA, FK Gerling: Innerhalb der GP 460-518 beträgt das Kulturland 33,8 ha (58 Joch 1245 Quadratklafter). Das ca. 3½ ha ausmachende Kleingut Mossbraum Nr. 3 (BP 40) ist klar isoliert und nicht von der ursprünglichen Deutinger Hoffläche abgeteilt worden. *Blaßnigg*, Lexikon, S. 22. Ersterwähnung mit dem Kleinadeligen Kuno von Deiting 1323. Der Autor lässt die Frage der „Echtheit" des -ing-Namens bewusst offen.

19 SLA, FK Gerling: Zum Weiler gehören Adamer Nr. 3 (BP 51), Duxner Nr. 4 (BP 50), Neuhauser Nr. 5 (BP 45+49), Budübl Nr. 6 (BP 48), Franzlingergut Nr. 7 (BP 46), Pongerer Nr. 8

(BP 47), das Zischenhsl. Nr. 9 (BP 44) und Herzog Nr. 10 (BP 42-43). Über 3 ha (GP 644-646) hat der Unterdeutinger sekundär erworben, was daher der Altsiedlung Hof zuzurechnen ist. *Blaßnigg,* Lexikon, S. 58: 1439 Hoff.

20 SLA, FK Gerling: Die Siedlung Almdorf ist in Form eines Zeilenweilers angelegt, wobei die Gemengelage ebenfalls auf Hofteilungen hinweist. Der Weiler besteht aus Herzog Nr. 6 (BP 78-79), Jakl Nr. 7 (BP 80), Moßhammer Nr. 8 (BP 81), Unterletl Nr. 9 (BP 82), Fritz Nr. 10 (BP 84, 87), Oberletl Nr. 11 (BP 85). Die zusammenhängende Kulturfläche reicht von den GP 882-1043. Vermutlich war mit dem ON „Dorf bei der Alm" gemeint, welche Möglichkeit auch *Blaßnigg,* Lexikon, S. 5, erwägt.

21 SLA, FK Gerling. Es handelt sich um fünf Liegenschaften: Nr. 1 (BP 63) Schmied, Nr. 2 (BP 62) Kaspar, Nr. 3 (BP 64) Frühvogel, Nr. 4 (BP 59-60) Thomangut, Nr. 5 (BP 61) Forsthof. Die Grundparzellen (1044-1123) reichen bis an den „Bergfuß" des Kühbichls heran.

22 Hans Krawarik, Siedlungsgeschichte der Pfaffing-Orte in Österreich und Bayern, in: Zeitschrift für bayerische Landesgeschichte 73 (2010), S. 721–722. Siehe dort auch eine nähere Information über Urbareinträge.

23 SLA, FK Gerling: Den Weiler bilden die Hausnummern Lindbauer Nr. 3 (BP 74), Weberbauer Nr. 4 (BP 72-73), das Zulehen „Bauer zu Edfing" Nr. 5 (BP 71), Vogellehen Nr. 6 (BP 76) und Reichgut Nr. 7 (BP 75). Das im Gemenge situierte Kulturland erreicht 39,9 ha (69 Joch, 677 Quadratklafter). Die in der Studie veranschlagten ca. 43 ha (75 Joch 183 Quadratklafter) werden dann erreicht, wenn man die Liegenschaften der Saalfeldener Kirche (GP 1184-1189) südlich des Mühlbaches dazurechnet, die direkt an den Ort anschließen.

24 *Blaßnigg,* Lexikon, S. 4, hat die Ableitung des Ortsnamens aus dem keltischen „alba" gut argumentiert. SLA, FK-Alm 1830: Das Besondere an diesem Dorf ist wohl die Anzahl der Kleinhäuser und „Häuseln", die von regem Gewerbe und Handel zeugen. In der geschlossenen Ortschaft gab es etwa 30 Gebäude. Der Wirt Nr. 23 (BP 26) nahm eine zentrale Stellung ein. Die Kirche wurde Mitte des 12. Jahrhunderts errichtet. Die Grundparzellen der Ortschaft (GP 1-135, 145-156) sammeln 72 Joch und 1192 Quadratklafter.

25 SLA, FK Farmach 1830: Der Kleinweiler in Gemengelage besteht aus Klingler Nr. 1 (BP 48), Öhlhäusl Nr. 2 (BP 46), Stier Nr. 3 (BP 44), Schmidingbichl Nr. 4 (BP 42) und Schmidgütl Nr. 5 (BP 41). Die Fluranalyse ergibt eindeutig die Nr. 1 als ursprünglichen Hofstandort. In den randlichen Wiesenflächen gegen Maria Alm wurden sekundär Liegenschaften von Almdorf (GP 717-720, 722) und Rain (GP 721) erworben, die zum Kulturland hinzugezählt werden müssen. *Blaßnigg,* Lexikon, S. 141.

26 SLA, FK Haid 1830. Die Altsiedlung von Pfaffenhofen setzt sich zusammen: Nr. 1 (BP 14) Laminurlgut, Nr. 2 (BP 13) Kühbergergut, Nr. 3 (BP 11) Paltengut, Nr. 4 (BP 12) Holzeckgut, Nr. 5 (BP 10) Sehreder-Zulehen, Nr. 6 (BP 9) Kaachengut, Nr. 7 (BP 8) Hansengut und das Maushäusl Nr. 8 (BP 7). Der Hof vor der Teilung stand beim Holzeckgut. Die Liegenschaften am Mühlbach machen 4 ha aus.

27 *Blaßnigg,* Lexikon, S. 52, bzw. SUB IV, S. 124. SLA, FK Haid: Nr. 7 (BP 37) Schmied, Nr. 8 (BP 38) Lackernergut, Nr. 9 (BP 39-40) Schmiedhausgut, Nr. 10 (BP 41, 51) Webergut, Nr. 11 (BP 53) Weberhäusl, Nr. 12 (BP 52) Lederhausgut, Nr. 13 (BP 50) Basenhäusl, Nr. 14 (BP 42, 49) Kaspargut, Nr. 15 (BP 47, 48) Adlgut, Nr. 16 (BP 46) Traxlergut, Nr. 17 (BP 43, 44) Stamiggut, Nr. 18 (BP 45) Wirtsguthäusl, Nr. 19 (BP 36) Wirtshaus. Da einige Güter vom einstigen Hof waldhufenartig abgeteilt wurden, dürfte die Aufteilung erst im 13. Jahrhundert eingesetzt haben.

28 SLA, FK Bergham, Bauparzellenprotokoll: Nr. 4 (BP 18) Schirmbrandgut, Nr. 5 (BP 19) Keilgut, Nr. 6 (BP 21) Grünwaldgut, Nr. 7 (BP 22-23) Lorerergut, Nr. 8 (BP 20) Diesbachlehen, Nr. 9 (BP 24) Brandlgut, Nr. 10 (BP 25) Stiergütl.

Erkennbar sind die nassen „Gemainwiesen" entlang der Saalach kein „Kulturland". Gelegentlich auftretende „Fremdparzellen" (GP 926 Schmalenbergham, GP 948-49, 1026 der Herrschaft Saalfelden) sind hingegen ohne Frage ursprünglich ein Bestandteil der Kulturfläche. *Blaßnigg*, Lexikon, S. 14: Die Differenzierung beginnt im Spätmittelalter, 1491 „Prattnbercheim", 1571 „Schmalenbergham".

29 Chronik Saalfelden, Bd. 1 (Otmar Weber, Die Flur und Siedlungsnamen im Raum Saalfelden), S. 47. Die Kollinggüter aus dem späten 12. Jahrhundert meinen „bei den Köhlern". Seit ca. 1080 war also der Kollingwald ein Standort der Köhlerei.

30 SUB I, Codex Odalberti 73, Nr. 6 zu 927: Der Salzburger Chorbischof Gotabert hielt Letting bereits als Lehen. Gegen die Überlassung seines Besitzes zu Hörpolding bekamen er und seine Frau Papa vom Erzbischof Letting als Eigentum; dieses sollte an seine Tochter Heilswind und dann an deren Sohn Roudbert übergehen. Die Familie übersiedelte damals in den Pinzgau.

31 SLA, FK Bergham. Der eigentliche Weiler ist engständig: Nr. 1 (BP 53) Erhartgütl, Nr. 2 (BP 52, 56) Schusterbauer, Nr. 3 (BP 53) Schmidinggut, Nr. 4 (BP 59) Riedlergütl, Nr. 5 (BP 58) Körblergütl, Nr. 6 (BP 54) Adlgütl. In der Gemengelage fällt auf: Die Liegenschaften Bsuch Nr. 8 (BP 60) Gasthäusl und Nr. 9 (BP 64) Wilhelmwirt (100–200 m nordwestlich) sind mit der Weilerfläche verbunden; auch der Auweber Nr. 7 (BP 76) ist ein integrativer Bestandteil der Gemarkung. Der Oberdeutinger an der anderen Talseite hat zudem die GP 643-646 sekundär erworben. In die Berechnung der Kulturfläche sind also die GP 485-487, 553-666 (ohne 663), 674-675, 677, 680, 702-704, 715-716, 737-738, 786-789, 791, 820, 822-826 einzubeziehen.

32 SLA, FK Bergham, Grundparzellen 367-446 für den Weiler Nr. 1–5 (BP 42-48).

33 SLA, FK Bergham, Bauparzellenprotokoll: Nr. 1 (BP 40-41) Unterhäuslgut, Nr. 2 (BP 39) Stiedlgut, Nr. 3 (BP 38) Franzlgut, Nr. 4 (BP 36) Klampferer, Nr. 5 (BP 35) Oberhäuslgut, Nr. 6 (BP 37) Petergut. Auf der westlich benachbarten Kuppe befindet sich das Haidfeld; offenbar liegt hier ein schlechter Boden des Moränenuntergrundes vor. Obwohl die GP 141-142 abseitig im auslaufenden Gelände liegen, dürften sie von Anfang an zum Weiler gehört haben. So gesehen gehören zum Kulturland die GP 141-142, 178-206, 212-215, 222-321, 332-336.

34 *Blaßnigg*, Lexikon, S. 161, interpretiert den Ortsnamen lagemäßig, also unweit eines Tores von Saalfelden (1383 „Tar"). SLA, FK Bergham: Im Bauparzellenprotokoll werden für den Weiler Nr. 7 (BP 11, 13) Märtlgut, Nr. 8 (BP 12) Lippengut, Nr. 9 (BP 14) Zulehen, Nr. 10 (BP 84) Wagnergütel und Nr. 11 (BP 10) Schmiedgut ausgewiesen.

35 SLA, FK Uttenhofen 1830, Bauparzellenprotokoll: Nr. 1 (BP 5) Stepfelbauer, Nr. 2 (BP 4) Thomanbauer, Nr. 3 (BP 2, 3) Obenauf, sowie das Saliterhäusl (BP7). Grundparzellen 1-68. FK Lichtenberg 1830, Grundparzellen 518, 616-629, 634-636, 640-641, was den Mündungsbereich abdeckt.

36 *Blaßnigg*, Lexikon, S. 27, verweist mit Recht auf die ahd. Bezeichnung, die anfänglich einen „Hof" meint.

37 SLA, FK Lichtenberg, Grundparzellenprotokoll: Mit ziemlicher Sicherheit reichte die Gemarkung ursprünglich nicht über die Urslau, die GP 632, 644-645, 726-727 wären daher nicht einzurechnen. Die unmittelbare Gemarkungsgrenze gegen Saalfelden im Osten dürfte stimmen; die Saalfeldener GP 561 (Nr. 97) sowie die Enklaven GP 582, 584 (Nr. 6), GP 485 (Nr. 68), GP 832-837 (Saalfelden Inwohner), GP 774 (Nr. 11) und GP 791 (Nr. 97) waren vermutlich „Einbrüche" der frühen Neuzeit. Es gab zusätzlich solche Parzellenverkäufe auch an Liegenschaften von Thor (GP 786-787), von Mayerhofen (GP 496, 499-501, 839-840); unklar bleibt die genaue Grenzziehung zur Gemarkung von Pabing, wobei Verkäufe von GP 488-489 oder GP 438 nachvollziehbar sind. Im ansteigenden Gelände treten vermehrt Wiesen und Weiden auf.

38 SLA, FK Lichtenberg, Bauparzellenprotokoll: Im Dorfheim unterscheidet man nördlich der Urslau Nr. 1 (BP 66-67) Hirscheck, Nr. 2 (BP 65) Erhartgut, Nr. 3 (BP 64) Schieder, Nr. 4 (BP 62) Jöching, Nr. 5 (BP 61) Altenberg, Nr. 6 (BP 60) Schönberg, Nr. 7 (BP 58-59) Kaslehen, Nr. 8 (BP 63) Jägergütl, Nr. 9 (BP 56-57) Gut Dorfheim, Nr. 13 (BP 44) Bokhaus, Nr. 14 (BP 40) Schmalzgut, Nr. 15 (BP 43) Stiedlbauer Badstube, Nr. 16 (BP 41-42) Stiedlbauer, Nr. 17 (BP 45) Glanz, Nr. 18 (BP 46) Glanz Badstube, Nr. 19 (BP 50, 53) Bruckenhäusl, Nr. 20 (BP 51) Krapflehen, Nr. 21 (BP 52) Lacklehen. Die meisten dieser Kleingüter sind erst in der fortgeschrittenen frühen Neuzeit entstanden.

39 *Blaßnigg*, Lexikon, S. 105. Die im 12. Jahrhundert auftauchenden Ortsnamen Pabingen bzw. Papingen werden auf ahd. Papo zurückgeführt.

40 *Blaßnigg*, Lexikon, S. 93, argumentiert dieser im Nonnberger Urbar (1334) auftauchenden Bezeichnung in Martzan ihre Eindeutschung erst im 11. Jahrhundert. SLA, Salzburger Urbar 1350: auf der martzan.

41 SLA, FK-Lenzing 1830, Protokolle: Euring Nr. 1–8 (BP 15-22), GP 113-203, 226-229, 231-232; Piebing Nr. 1–2 (BP 25-27), Lenzing Nr. 6–10 (BP 3-10), GP 44-83, 225, 230, 253-254. FK Ecking 1830, Protokolle: Ecking Nr. 7–10 (BP 1-6), GP 3-71; Tödling Nr. 5–6 (BP 7-12), GP 72-123; Loibering Nr. 1–4 (BP 13-18), GP 126-181; Otting I Nr. 2,5–7 (BP 19-27), GP 182-230, 238-250; Otting II Nr. 1–4 (BP 28-31), GP 231-237, 265-316; Sinning Nr. 1–8 (BP 44-62), GP 391-405, 408-410, 414-424, 427-515.

42 *Blaßnigg*, Lexikon, S. 82, 105: Das 1131 genannte Gut Lanzinga lässt sich vom ahd. PN Lanzo ableiten. Bei Otting liegt aber ein sekundärer Name auf -ing vor. Wenn in der Ortsnamenforschung diese primären -ing-Namen (Gerling, Ruhgassing, Lenzing oder Euring) dem 6.–8. Jahrhundert zugewiesen werden, ist dies nach Kenntnis der Siedlungsgröße nicht nachvollziehbar. „Althochdeutsch" als Sprache (750–1050) reicht über die Jahrtausendwende und es gibt keine urkundlichen Indizien für diese Annahme. Gegen diese Einordnung können aber Kulturflächengrößen sprechen.

43 SLA, FK Farmach 1830, Parzellenprotokoll: Farmach, Ramséiden Nr. 3 und 4 (BP 14-15), mit GP 242-269, Farmachergut (Meierhof) und Schloss Farmach.

44 SLA, FK Farmach, Bauparzellenprotokoll: Der größere Weiler besteht aus Nr. 6 (BP 17-18) Samer, Nr. 7 (BP 19) Labeck, Nr. 8 (BP 27) Hartl, Nr. 9 (BP 28) Ainmas, Nr. 10 (BP 30) Kraller, Nr. 11 (BP 32) Hojer, Nr. 15 (BP 34) Mayer, Nr. 16 (BP 33) Steffen, Nr. 17 (BP 29) Schatthacher, Nr. 18 (BP 31) Fritz, Nr. 19 (BP 25) Salzmann, Nr. 20 (BP 22, 24), Nr. 21 (BP 20-21, 23).

45 *Blaßnigg*, Lexikon, S. 4–5, 18, 93, 141: Bsuch, mhd. Besuoch bedeutet eine Fläche, die genügend Graserzeug zur Viehweide bietet. Horheim (1284) meint einen Sitz am schlammigen Boden, Schinking, (1245 Schinchien) wird mit „einzelstehende Kiefer" erklärt. „Alm" – erste Nennung durch Pabo de Albin (SUB I, 418, 1147–1167) – hat mit Alba (Weißwasser) eine keltische Wurzel und war der ursprüngliche Name der Urslau. Die romanischen und vorbairischen Siedlungsnamen (Marzón von Marcianus, Ramsidin: dicht bewachsener Hang) waren entweder Hydronyme oder Flurnamen.

46 SUB I, S. 38.

47 SUB I, Codex Odaberti Nr. 73 zu 930. Chronik Saalfelden, Bd. 1, S. 69. Ruodgozz war ein Vorfahre (Großvater?) des edlen Jakob, Letzterer galt im frühen 10. Jahrhundert als wohlhabender Adeliger im Gebiet des Bistums Freising und besaß schon lehensweise vor 930 Salzburger Güter im Raum Saalfelden. Um 930 schloss er ein Tauschgeschäft mit Erzbischof Odalbert ab: Er übergab an Salzburg den eigentümlichen Besitz iuxta rivolum Liuganga (= Leogang), den er von Graf Dietmar, der in Saalfelden residierte, erhalten hatte. Dafür erhielt er seine Lehensgüter als Familien-Eigentum. Es sollte nach dem Ableben seines Sohnes an das Erzstift zurückfallen.

48 SUB I, Codex Odalberti Nr. 54 zu 928: Erzbischof Odalbert erhielt im Tausch von den beiden den locus Frumabolz in Südbayern und übereignete Waldmann, Ellinger und dem Erben Waldfried den Besitz in Saalfelden für ihre Lebenszeit; nachher sollte er an Salzburg zurückfallen. SUB I, Codex Odalberti Nr. 6 zu 927.

49 Die Chronik von Saalfelden, Bd. 1 , S. 69, ist der Ansicht, dass Graf Dietmar der älteste Sohn von Odalbert und Rihni war. Jedenfalls dürfte er um Saalfelden eine führende Rolle gespielt haben.

50 SUB I, Codex Hartuuici Nr. 1. Siehe dazu auch: *Hans Krawarik*, Zeidlerweiler und Zeidlerhuben im Mittelalter, in: Jahrbuch der Gesellschaft für Landeskunde und Denkmalpflege in Oberösterreich 165 (2020), S. 158. Siedlungsanalysen im Umfeld von Palmberg bei Mühldorf zeigen, dass dort mehrere „Huben" im 10. Jahrhundert entstanden waren.

51 SUB I, Codex Hartuuici Nr. 27. Die 50 Joch (= ca. 28 ha) zu Breiten- oder Schmalenbergham deuten an, dass bei einem dieser Höfe bereits eine Teilung stattgefunden hatte. Am Buchberg ist z. B. der „Altenhof" (ca. 23 ha) eine mögliche Rodung der Folgejahre.

52 SUB I, S. 224, Nr. 29. *Hans Krawarik*, Mittelalterliche Siedlungsanfänge um Kaprun, in: Kaprun im Wandel der Zeit, Kaprun 2013, S. 109.

53 SUB I Nr. 218, S. 366: Die rekonstruierte Kulturfläche von Oberweikersbach (was in der Urkunde gemeint ist) beträgt 17,6 ha, der Hof wurde also 1100–1110 gegründet. Der Zerfall in zunächst zwei Güter (Hof = BP 66, Petergut) wäre nicht vor ca. 1180 möglich gewesen. SUB III, Nr. 771 zu 1222: Der Hof zu Lenzing (= Fuchlehnergut Nr. 6) erfasst 68 Prozent der gesamten Kulturfläche, das machte knapp über 21 ha aus. Der in der Urkunde aufscheinende Begriff von einer „integeren" Hube meint sicher nicht eine volle „karolingische Hufe", sondern, angepasst an die Zeit, „ganze Hube".

54 SUB I, Nr. 364, S. 760. Chronik Saalfelden, Bd. 2, S. 789: Burggraf Chunrad stiftete seinen Besitz von Ruhgassing nach St. Peter. Da das Stechaugut ca. 11 ha Kulturland ausmacht, das größere Hanselgut Nr. 2 über 19 ha, ginge sich diese sekundäre Hofteilung theoretisch aus, ist aber nicht wahrscheinlich. Der Stammhof (Jörgengut) brachte nach dem FK ca. 26 ha auf. Friedrich von Schinking bezeugte bei seinem Lehensherren in Plain.

55 SUB IV, S. 120: 1270–1281 verzichtete Albero von Walchen u. a. in Pabing auf unum quartale agri; dieser Viertelacker entspricht einer Viertelhube, also einem der vier Bauerngüter.

56 *Martin von Deutinger*, Beyträge zur Geschichte, Topographie und Statistik des Erzbistums München und Freising Bd. 4, München 1852, S. 331; *Walter Brugger / Heinz Dopsch / Joachim Wild*, Hg., Höglwörth. Das Augustiner-Chorherrenstift mit den Pfarreien Anger und Piding, Salzburg 2012, S. 28. Die genannten „kleinen" Besitzungen wurden um 1230 bestätigt. Erst später kam anderer Besitz (z. B. Wiesersberg) zum Kloster. Nr. 2 in Schmalenbergham (Stiedlgut) ist später bei St. Zeno.

Die *Communis legenda sancti Rodberti episcopi* als Grundlage der ältesten deutschsprachigen *Vita Ruperti:* Eine Quellenübersetzung mit spätmittelalterlichem Vorspann

Peter Fraundorfer

Das Bild eines Heiligen bzw. einer Heiligen formt sich über Jahrhunderte und ist dabei einem steten Wandel unterworfen. Das Um- und Neuschreiben von Heiligenleben mag aus moderner Sicht an ein Remake eines altbekannten Films erinnern, bei dem sich Drehbuchautor, Produzent und Regisseur erlauben, den Inhalt an neue politische Kontexte und künstlerische Strömungen anzupassen.[1] Der pikante Unterschied ist jedoch, dass Heiligenkulte mehr sind als Geschichte(n) zur Unterhaltung. Heilige, vor allem in ihrer Funktion als Patrone, fungieren als Identifikations- und Legitimationsfiguren für geistliche und weltliche Amtsträger.[2] Die *Vita Ruperti,* der zu Pergament gebrachte Bericht über das Leben und Wirken des heiligen Rupert von Salzburg, war ein ideelles Fundament für die Herrschaft und die Machtansprüche der Salzburger Erzbischöfe des Mittelalters. Dementsprechend passte man sie mehrmals an neue politische und religiöse Umstände an. Vom 9. bis ins 15. Jahrhundert wurde das Leben des Salzburger Bistumspatrons in insgesamt sechs verschiedenen Redaktionen auf Latein niedergeschrieben und dabei dessen Inhalt jedes Mal verändert bzw. angepasst.[3] Im Zuge der Erforschung der hoch- und spätmittelalterlichen Redaktionen der *Vita Ruperti* wurde ich auch auf deutsche Legenden aufmerksam. Aus thematischen sowie praktischen Gründen musste ich aber zunächst von einer näheren Betrachtung jener Texte absehen.

Auf den folgenden Seiten soll diese akademische und landeskundliche Schuld beglichen werden: Erstens wird die älteste bekannte deutsche Lebensbeschreibung des heiligen Rupert vorgestellt und aufgezeigt, dass es sich um eine Übersetzung der *Communis legenda sancti Rodberti episcopi,* der allgemeinen Legende des heiligen Bischofs Rupert handelt.[4] Zweitens darf der Missstand behoben werden, dass für eben diese Redaktion C der *Vita Ruperti* bis dato keine vollständige moderne Translation vorliegt.[5] Mein ganz besonderer Dank

Abb.: Universitätsbibliothek Heidelberg, Cod. Pal. germ. 144 „Elsässische Legenda Aurea" (1419), fol. 125v.: Herzog Theodo empfängt den heiligen Rupert in Regensburg.

gilt in diesem Zusammenhang Dr. Cinzia Grifoni, die mir mit philologischem Rat zur Seite stand. Für sämtliche, womöglich immer noch enthaltene, Errata übernimmt der Autor dieser Zeilen die Verantwortung. Die Übersetzung der *Communis legenda sancti Rodberti episcopi* darf als eine Anregung für weitere hagiographische und landeskundliche Forschung über die lange und reiche Geschichte des Rupertuskultes verstanden werden.

Der heilige Rupert in der „Elsässischen Legenda Aurea"

Die älteste deutschsprachige Legende des heiligen Rupert findet sich in der „Elsässischen Legenda Aurea". Wie ihr Name bereits verrät, handelt es sich bei ihr um eine im Elsass erarbeitete Übersetzung der *Legenda Aurea*, eine im 13. Jahrhundert vom Dominikaner Jacobus de Voragine zusammengetragene Sammlung von Heiligenviten. Die goldene Legende wurde zum Bestseller des Mittelalters, kaum ein anderer Text wurde so oft kopiert.[6] Wobei der *Legenda Aurea* durchaus lokale Heilige hinzugefügt werden konnten. Auch *die Communis legenda sancti Rodberti episcopi* wurde bereits im 13. Jahrhundert in dieses sogenannte Sondergut der *Legenda Aurea* aufgenommen und fand rege Verbreitung innerhalb dessen.[7] Es ist daher wenig verwunderlich, dass auch die erste deutschsprachige Fassung des Lebens des heiligen Rupert in einer Übersetzung der goldenen Legende zu finden ist. Die „Elsässische Legenda Aurea" wurde Mitte des 14. Jahrhunderts verfasst, und zwar im Straßburger Raum.[8] Erforschung und Edition dieser wichtigen hagiographischen Quelle sind Ulla Williams und Werner Williams-Krapp zu verdanken. Die Vita des heiligen Rupert findet sich im Normalkorpus der „Elsässischen Legenda Aurea" (Nr. 142, rechts).

Die Lektüre dieser *Vita Ruperti* zeigt deutlich, dass die *Communis legenda sancti Rodberti episcopi* als lateinische Vorlage fungierte. Eine erste sehr offensichtliche Gemeinsamkeit ist, dass beide Texte einen identischen Ereignisablauf aufweisen. Auch inhaltliche Aspekte, beispielsweise die Charakterisierung des Heiligen am Beginn der Legende, sind eindeutig der *Communis legenda sancti Rodberti episcopi* zuzuordnen. In deren Tugendkatalog wird unter anderem erstmals die Keuschheit des heiligen Rupert explizit betont.[9] Ein weiterer eindeutiger Hinweis auf die lateinische Vorlage dieser Übersetzung ist die Vertreibung des heiligen Bischofs aus Worms. Während die beiden ältesten lateinischen Redaktionen der *Vita Ruperti*, die *Gesta Hrodberti* und die *Conversio Bagoariourm et Carantanorum*, Ruperts Weggang aus Worms nicht begründen, berichtet die *Communis legenda sancti Rodberti episcopi* von der Vertreibung des Heiligen durch die in der Wormser Region ansässigen Heiden. Hier spielt deren anonymer Redaktor auf Ereignisse seiner eigenen Gegenwart, die erste Hälfte des 12. Jahrhunderts, an, und zwar auf die wiederholte Exilierung von Salzburger

142 [CXCVII] Rupertus (ed. Williams & Williams-Krapp)	
Tugendkatalog	„Růdbertus was ein bischof zů Wurmese, edel von geschlehte, vs Frankenrich, von túgenden noch uil edeler, wenne er was senftmůtig, kúsch, einueltig, wise, andehtig, fol des heiligen geistes, fúrsihtig, gereht, heilig; alles daz er lerte, das berwerte er mit den werken. Hie son flôg sin name durch die welt. Do von koment uil frômder menschen von ferren landen zů ime daz
Vertreibung aus Worms	sú sine lere hortent do von sú getrôstet wurdent vnd den weg der worheit erkantent. Dis enmôhtent die hessigen heiden nút erliden das ein solich schinber lieht ire finsternicz erlúhten solte, do von fúrtribent sú in von der stat vnd schlůgent in gar sere do mitte. Jn den ziten wart dem herzogen von Peyern,
Einladung nach Bayern	Theodo, geseit von der heilikeit vnd von den zeichen dis bischofes; do von sante er zů ime sine obersten ambahtlúte vnd bat das er zů ime in das lant gen Peyern keme. Do dise botschaft der bischof enphing do danckete er gotte das die vnglôbigen gropen heiden begerende worent des weges der worheit. Do von sante er zestunt sine priester mit dem [163ra] vnd ging er schiere noch.
Ankunft in Regensburg	Do nů der herzoge des bischofes zůkunft horte do reit er ime mit grosser herschaft engegene vnd leitete in mit grossen frôden in die stat Regenspurg.
Taufe Theodos & Untertanen	Hie noch begunde der bischof den herzogen leren den heiligen globen vnd hies in den abgotten wider sagen. Do noch dôfte er in in dem namen der heiligen drifeltikeit. Mit disem herzogen wurdent gedôffet alle sine landesherren vnd ein gros deil des folkes sines landes.
Fahrt auf der Donau	Do noch bat der herzoge den bischof das er in ein schif sas vnd fůr die Důnowe abe vnd bredigite daz ewangelium Cristi durch alle stettelin des herzogen vnd kerte do wider úber lant vnd bekerte daz folk des landes alles vnd machte die siechen alle gesunt vnd zerstorte die abgotter in allen stetten.
Bittte um Bistumsgründung	Hie noch wart der bischof gebetten von dem herzogen daz er ime us erwelte eine stat in dem lande do er ein bistům stiftem môhte, so wolte er die kirche begoben grôsliche. Also erwelte der bischof eine alte zerfallene stat bi dem
St. Peter	gebirge, do satte er sinen stůl hin. Do bůwete ime der herzoge ein lobelich múnster in fant Peters ere vnd begobete daz rilichen.
Maximilianszelle in Bischofshofen	Hie noch bůwete er ein closter in deme walde do by daz er ôch groslich mit richdůme begobete. Do noch wart daz lant durchzieret mit kirchen. Hie noch do kam der herzoge von siechtagen in soliche swacheit daz er ime sach den dot nohen. Do von rief er sime súne Theodeberto fur sich vnd gab deme die herschaft uf.
Tod Theodos	Der můste ime do geloben das er sante Růdberto gehorsam solte sin vnd den cristenlichen glôben niemer solte fúrlossen vnd der kirchen gůt meren. Hie mitte schiet der herzoge Theodo von dirre weit vnd fůr zů Cristo. Do noch nam der iunge herzoge Theodebertus sine lantherren mit ime vnd fůr zů sant Růdberto in daz closter do er wonete vnd enphalch sich vnd sin lant in sin gebet vnd begobete in vnd die kirchen mit grossem schacze.
Erentrud Nonnberg	Do rief der bischof sinre niftel die ein heilige iuncfrowe waz, Erindrudis genant, der bůwete er bi sinre kirchen ein closter vnd satte mit ir dar in vil an [163rb] dehtiger iuncfrowen, die vnserme herren in reinikeit alle zit dientent. Hie noch fůr er selbe zwolfte durch daz lant vnd bestete den cristenlichen glôben in der groppen peyer herze.
Tod Ruperts	Do enphant er swacheit sines libes; also fůr er wider in sine růwe, do siechete er die gancze faste durch. An dem osterlichen dage beging er selber in grosser krankheit daz heilige ambaht. Vnd do er die messe gesungen hette, do lies er sich in sinre priester hende fúr den altar nider vnd blies sinen geist zů himele. Do sach man engel in wissen kleiden komen, die noment den heiligen lichomen vnd begrůbent den.
Begräbnis mit Engeln Annalistischer Schluss	Do stunt daz folk alles gegenwirtig mit grosser clage vnd geschrei, das sú iren trost fúrloren hettent. Hie noch fúrswundent die engel. Dis beschach alles noch gottes gebúrt úber sehshundert ior vnder dem bobeste Honorio vnd dem keyser Eraclio." [10]

Erzbischöfen.[11] Weitere hier erwähnenswerte inhaltliche Gemeinsamkeiten zwischen der *Vita Ruperti* in der „Elsässischen Legenda Aurea" und der *Communis legenda sancti Rodberti episcopi* sind: die eindeutige Stilisierung der Bayern als Heiden, die Zerstörung von Kultstätten im Raum Lorch durch den heiligen Rupert, die an den heiligen Bischof gerichtete Bitte um Errichtung eines Bistums, die Beschreibung des Ablebens von Herzog Theodo sowie Requiem und Himmelfahrt Ruperts unter Anwesenheit von Engeln. Somit besteht kein Zweifel, dass eine Abschrift der *Communis legenda sancti Rodberti episcopi* die lateinische Vorlage dieser ältesten deutschsprachigen *Vita Ruperti* ist.

Allerdings gibt es auf den ersten Blick auch tiefgreifende Unterschiede zwischen dem Leben des heiligen Rupert in der „Elsässischen Legenda Aurea" und der *Communis legenda sancti Rodberti episcopi*. Es stellt sich unweigerlich die Frage, ob diese Abweichungen durch eine freie Translationstätigkeit hervorgerufen wurden oder bereits in der lateinischen Vorlage vorhanden waren. Da die Editoren der „Elsässischen Legenda Aurea" dem anonymen Übersetzer eine grundsätzlich sehr vorlagengetreue Übersetzungstätigkeit attestieren, liegt die Vermutung nahe, dass ihm eine verkürzte oder abgeänderte Abschrift der *Communis legenda sancti Rodberti episcopi* vorlag.[12] Diese Hypothese gewinnt schon bei einem genauen Blick auf den auffälligsten Unterschied zwischen lateinischer Vita und elsässischer Übersetzung an Wahrscheinlichkeit. Die für die Lesung in einem liturgischen Kontext angepasste Einleitung der *Communis legenda sancti Rodberti episcopi*, die mit dem Satz „*Hodierna festiuitas sanctissimi ac beatissimi patris nostri Rvodberti*"[13], „heute ist das Fest unseres heiligsten und seligsten Vaters Rupert", beginnt, fehlt nämlich in der Übersetzung des 14. Jahrhunderts vollständig.

Die moderne, auf Textzeugen des 12. Jahrhunderts beruhende Edition der *Communis legenda sancti Rodberti episcopi* muss in diesem Zusammenhang beiseitegelegt und stattdessen spätmittelalterliche Abschriften der *Legenda Aurea* aufgeschlagen werden. Diese lesend stellt man schnell fest, dass der vermeintlich ungewöhnlich gekürzte Beginn der elsässischen *Vita Ruperti* ganz und gar gewöhnlich ist. Ab dem 14. Jahrhundert findet sich in Legendaren nämlich besonders häufig eine gekürzte Variante der *Communis legenda sancti Rodberti episcopi*. Sie beginnt mit dem viel diskutierten Verweis auf die Regierungszeit Childeberts III. (reg. 694–711) („*Namque tempore Hildiberti regis Francorum anno scilicet regni eius secundo*"), wobei ein großer Variantenreichtum erkennbar ist.[14] Gleichzeitig finden sich ebenso spätmittelalterliche Abschriften der *Legenda Aurea*, die sehr wohl die vollständige *Communis legenda sancti Rodberti episcopi* beinhalten.[15] Der Existenz verschiedener Varianten war sich mancher spätmittelalterlicher Kopist bewusst, was Cod. 215 des Klosters Seitenstetten zeigt. Es handelt sich bei jener Handschrift um eine 1398 kopierte *Legenda Aurea*. Sie enthält sowohl die gekürzte Variante der *Communis legenda sancti Rodberti episcopi* als auch deren Langform mit liturgischer Einleitung. Während

Letztere ein regulärer Teil dieser *Legenda-Aurea*-Abschrift ist, d. h. im Inhaltsverzeichnis steht und mit einer Nummer versehen wurde, scheint Erstere ein Nachtrag zu sein, der in jenem Verzeichnis nicht erwähnt wird. Die gekürzte *Communis legenda sancti Rodberti episcopi* wurde auch im Gegensatz zu den anderen Legenden nicht in zwei Spalten, sondern in Langzeilen verfasst. Auch ihre Position in der Handschrift, nämlich gleich auf das Inhaltsverzeichnis folgend, spricht für eine nachträgliche Nutzung freigebliebener Blätter. Geschrieben wurde sie jedoch von derselben Hand, die auch den Hauptteil dieser Handschrift verfasste.[16] Wozu die gekürzte zweite *Vita Ruperti* gebraucht wurde, das verrät deren ebenfalls abbreviiertes Ende. Sie endet nämlich sehr abrupt nach dem Bericht über das Begräbnis des heiligen Rupert und der damit verbundenen Engelserscheinung mit den Worten „*Tu autem domine*". Hierbei handelt es sich um den Beginn des Gebetes *Tu autem Domine miserere nobis*, das damals wie heute von Mönchen und Kanonikern nach der Tischlesung gesprochen wird.[17] Dementsprechend wurde die *Communis legenda sancti Rodberti episcopi* in Seitenstetten Cod. 215 für diese Lesung in sechs Lektionen unterteilt. Ähnliche Einteilungen finden sich bereits in den frühesten Textzeugen der *Communis legenda sancti Rodberti episcopi*.[18] Sie zeigen, dass jene Redaktion der *Vita Ruperti* seit dem 12. Jahrhundert für die klösterliche Tischlesung genutzt wurde. Es darf also, um zur „Elsässischen Legenda Aurea" zurückzukehren, davon ausgegangen werden, dass dem anonymen Übersetzer eine lateinische Vorlage zur Verfügung stand, die Seitenstetten Cod. 215 ähnelte, wobei er seine Rupertlegende anders enden ließ:

„*Dis beschach alles noch gottes gebúrt über sehshundert ior vnder dem bobeste onorio vnd dem keyser Eraclio.*"[19]

Dieser sehr annalistisch anmutende Satz weist inhaltliche Gemeinsamkeiten mit den *Annales Sancti Rudberti Salisburgenses* auf, die Folgendes berichten:

„628. Transitu sancti Ruberti, sub Honorio papa, Heraclio imperatore, Francorum rege Lothario patre Dagoberti."[20]

Das Ergänzen historischer Information am Ende einer *Vita Ruperti* ist ein weiteres Phänomen, das auch in lateinischen Abschriften der *Communis legenda sancti Rodberti episcopi* aus dem 14. Jahrhundert beobachtet werden kann. Ein gutes Beispiel hierfür ist eine *Legenda Aurea* des Zisterzienserstiftes Zwettl. In Cod. 105 der Stiftsbibliothek endet die *Vita Ruperti* mit einem historischen Ausblick auf die Amtszeit Bischof Virgils.[21] Darüber hinaus zeigt diese Abschrift der *Legenda Aurea* auch, dass selbst der größte Unterschied zwischen der *Communis legenda sancti Rodberti episcopi* und ihrer Übersetzung in der „Elsässischen Legenda Aurea", nämlich die Streichung des Wunderberichtes und der Gründung der Maximilianszelle in Bischofshofen, auch in der lateinischen Überlieferung jener Vita vorkommt.[22] Auch hier ist also nicht von einem Eingriff des Übersetzers auszugehen.[23]

Eine Besonderheit der *Vita Ruperti* in der „Elsässischen Legenda Aurea" konnte ich allerdings bis dato in der lateinischen Überlieferung der *Communis legenda sancti Rodberti episcopi* nicht ausmachen. Es handelt sich um die Abwesenheit von teils zentralen Personen- und Ortsnamen. So finden sich weder die heiligen Begleiter Ruperts, Kuniald und Gisilar, erwähnt, noch, was umso bemerkenswerter ist, werden die Städte Lorch und Salzburg genannt. Dies ist insofern erstaunlich, da die „Elsässische Legenda Aurea" höchstwahrscheinlich auf einer lateinischen Vorlage aus dem bayerisch-österreichischen Raum beruht.[24] Bis zu deren Auffindung gilt allerdings die Vermutung, dass es sich hierbei um einen Eingriff des Übersetzers handeln könnte. Für die Landeskunde schien jener sich nämlich nicht zu begeistern, schließlich hat er kein elsässisches Lokalkolorit in sein Werk aufgenommen.[25]

Die „Allgemeine Legende des heiligen Bischofs Rupert"

Der anonyme Redaktor der *Communis legenda sancti Rodberti episcopi,* der „Allgemeinen Legende des heiligen Bischofs Rupert", war andererseits stark beeinflusst von seiner Umgebung und seiner Gegenwart. Basierend auf der handschriftlichen Überlieferung seines Werkes, kann festgehalten werden, dass diese Vita vor 1150 verfasst wurde.[26] Ihr Inhalt deutet ebenfalls auf eine Abfassung in der ersten Hälfte des 12. Jahrhunderts hin. Die „Allgemeine Legende des heiligen Bischofs Rupert" vereint, wie der aus einer spätmittelalterlichen Abschrift entnommene Titel bereits andeutet, alle Nachrichten über den Heiligen in einer umfangreichen Legende, die für die Lesung am Festtag des heiligen Rupert vorgesehen war.[27] Inhaltlich ist eine große Nähe zu kirchenpolitischen Maßnahmen, die in die Amtszeit Erzbischof Konrads I. (1106–1147) fallen, zu erkennen.[28] Allen voran ist hier die Kanonikerreform zu nennen, für die unter anderem der Tugendkatalog des heiligen Rupert angepasst wurde.[29] Auch die Umwandlung der Maximilianszelle in Bischofshofen in ein Regularkanonikerstift zwischen 1139 und 1141 fand einen literarischen Niederschlag in der *Communis legenda sancti Rodberti episcopi,* und zwar in Form eines langen, auf Informationen aus den *Breves Notitiae* beruhenden Wunderberichts. Der anonyme Redaktor ist auch bemüht, alle in den beiden vorhergehenden Redaktionen der *Vita Ruperti* bestehenden Unklarheiten auszumerzen. Während etwa die *Gesta Hrodberti* und die *Conversio Bagoariorum et Carantanorum* den heiligen Rupert nicht explizit als Gründer des Bistums Salzburg darstellen, wird der Heilige in der *Communis legenda sancti Rodberti episcopi* von Herzog und Volk um die Bistumsgründung ersucht.[30] Auch die fortwährende Unklarheit über den Todesort des heiligen Rupert beendete der Redaktor mit wenigen Federstrichen, und zwar zugunsten Salzburgs. Für eine vollständige Analyse der *Communis legenda sancti Rodberti episcopi* (Entstehungskontext, Quellen, liturgische Einflüsse etc.)

darf ich auf meine Masterarbeit verweisen.[31] Die nachhaltige Wirkung dieser Legende auf das Rupertbild zeigt sich jedenfalls nicht nur in ihrer breiten handschriftlichen Überlieferung und der damit zusammenhängenden frühen Übersetzung, sondern auch in der bildlichen Darstellung und liturgischen Verehrung des heiligen Rupert.[32] Eine erste vollständige Übersetzung jener *Vita Ruperti* steht fortan für Forschende, Interessierte, alle Salzburger und Salzburgerinnen sowie für die traditionelle Lesung zur *Depositio Ruperti* am 27. März zur Verfügung.

Communis legenda sancti Rodberti episcopi[33]	
Allgemeine Legende des heiligen Bischofs Rupert	
Liturgische Einleitung	Hodierna festiuitas sanctissimi ac beatissimi patris nostri Rvodberti, quae eius in paradysum transitum nobis exultabilem reddit, piis mentibus mystica gaudia exhibet. Quae dum annorum cursus in se uoluitur, in nostris cordibus semper recenti iocunditate innouatur. Cum enim dicat scriptura: »In memoria aeterna erit iustus«, digne in memoriam uertitur hominum, qui ad gaudium transit angelorum, cumque dicat: »Gloria patris est filius sapiens«, quantae huius sunt gloriae, qui tot barbaricas nationes ad agnitionem dei in Christo Iesum per euangelium generauit.
Verweis auf Childebert III.	Namque tempore Hildiberti regis Francorum anno scilicet regni eius secundo sanctus confessor Christi in Uuormatia habebatur episcopus, qui ex regali prosapia Francorum nobiliter ortus nobilior fide et pietate fuit.
Tugendkatalog	Erat enim mansuetus et castus, simplex et prudens, in laude dei deuotus, plenus spiritu sancto, prouidus in consilio, iustus in iudicio, a dextris et a sinistris uirtutum armis munitus, gregi suo forma bene agendi factus, quia, quod uerbis monuit, hoc operum praerogatiua confirmauit.
Rupert verausgabt sich durch das Fasten und das Halten von Vigilien.	Hinc enim se frequentibus exercebat uigiliis, inde continuatis macerabat inediis. Opus suum misericordia ornabat, quia thesauros dispersit, ut sese egente pauperes ditescerent, qui suum solum hoc esse credidit, quod nudus aut inops accepisset.
Ruperts in ferne Länder ausstrahlender Ruhm und seine heilige Lehre	Cum igitur praecellentissima fama huius sancti uiri in fines terrarum exisset, quamplurimi illustres uiri non solum a uicinis sed etiam ab exteris nationibus ad eius sanctissimam confluxerunt doctrinam, ut uel illius sacratissimo alloquio in tristicia cuiuslibet anxietatis consolationem susciperent uel aecclesiasticae religionis ab eo puram ueritatem audirent. Unde et multi illius benigna deuotione a laqueis hostis antiqui liberati sunt et uias perpetuae uitae ingrediebantur.
Vertreibung aus Worms	Sed infideles qui plurimi erant in regione Wormacensi illius sanctitatem non ferentes multis eum suppliciis affectum et uirgis caesum a ciuitate cum magna eiecerunt iniuria.
Herzog Theodo bittet um die Missionierung der Bayern.	Igitur eodem tempore Theodo dux Baioariorum audiens beati uiri sanctitatem et miracula, quae faciebat, desiderauit illum uidere et missis optimatibus suis obnixe eum postulabat, quatinus regiones Baioariorum uisitare dignaretur et eis salutiferae credulitatis uiam insinuaret.

Heute ist das Fest unseres heiligsten und seligsten Vaters Rupert, dieses macht seinen Übergang ins Paradies zu einem Ereignis, worüber wir frohlocken können, es präsentiert den frommen Geistern die mystische Freude.

Dieses erneuert immer neue Fröhlichkeit in unseren Herzen im Verlauf der Jahre.

Denn obwohl die Schrift sagt: „In ewiger Erinnerung wird der Gerechte sein", zu Recht wird er in die Erinnerung der Menschen gerufen, der in die Freude der Engel hinübergeht, und obwohl sie sagt: „Ein weiser Sohn ist der Ruhm des Vaters", wie groß ist sein Ruhm, der durch das Evangelium so viele barbarische Völker zur Anerkennung Gottes in Jesus Christus hervorgebracht hat.[34]

Nämlich zur Zeit Childeberts, des Königs der Franken, genauer im zweiten Jahr seiner Herrschaft, war der heilige Bekenner Christi, Rupert, Bischof in Worms. Er stammte aus dem edlen und königlichen Geschlecht der Franken und war in Glauben und Frömmigkeit noch vornehmer.

Er war nämlich sanftmütig und keusch, aufrichtig und klug, im Lob Gottes devot, voll mit dem Heiligen Geist, vorausblickend im Entschluss, gerecht im Urteil, von rechts und von links mit den Waffen der Tugenden bewährt, er war ein Vorbild des guten Handelns für seine Herde geworden, weil, was er durch Wörter eingemahnt, bestätigte er dadurch, dass er es als Erster in die Tat umsetzte.

Denn zum einen übte er sich in häufigen Vigilien, zum anderen erschöpfte er sich durch andauerndes Fasten. Sein Handeln verzierte er durch Barmherzigkeit, da er seine Reichtümer zerstreute, damit sich die Armen bereicherten, während er Not litt. Denn er glaubte, dass nur das sein Eigenes war, was er nackt und bedürftig angenommen hatte.

Nachdem sich daher der unübertreffliche Ruhm des heiligen Mannes an die Grenzen der Erde verbreitet hatte, strömten viele angesehene Männer, nicht nur aus der Nachbarschaft, sondern auch aus fremden Ländern zu dessen ehrwürdigster Lehre zusammen, damit sie entweder Trost in der Traurigkeit jeglicher Angst durch seine heiligste Ansprache empfingen oder die reine Wahrheit des kirchlichen Glaubens von ihm hörten.

Und daher wurden viele durch die gütige Hingabe jenes von den Stricken des alten Feindes befreit und sie schlugen die Pfade des ewigen Lebens ein.

Aber die Ungläubigen, die in der Wormser Region viele waren, ertrugen seine Heiligkeit nicht. Nachdem sie ihn mit vielen Qualen versehen und mit Stöcken geschlagen hatten, vertrieben sie ihn mit großer Ungerechtigkeit aus der Stadt.

Zu dieser Zeit hörte Theodo, der Herzog der Bayern, von der Heiligkeit des seligen Mannes und von den Wundern, die dieser vollbrachte. Daher wollte er jenen sehen und bat ihn beharrlich durch seine vornehmsten Boten darum, die Regionen der Bayern zu besuchen und ihnen den Weg des heilbringenden Glaubens zu zeigen.

Ruperts Gesandtschaft und sein Gang nach Bayern	Sanctus vero episcopus, ubi tantae legationis postulationes percepit, sciens huiusmodi causam ex diuina dispensatione procedere, gratias caelesti clementiae agebat, quod sedentes in tenebris et umbra mortis auctorem uitae lumen uerum Christum Iesum agnoscere optarent.
	Itaque cum eisdem legatis sacerdotes suos quasi radios fidei ad eundem ducem praemisit et ipse non longo temporis spacio interposito post eos in Baioariam ire aggreditur.
Ruperts Ankunft in Regensburg	Quod dum praefatus dux audisset magno perfusus gaudio sibi cum procinctu procerum suorum obuiam properauit et in urbe Ratispona cum summa alacritate illum excepit.
Die Taufe Herzog Theodos	Tunc ibidem sanctus Rvodbertus indicto ieiunio caelestibus mysteriis ducem informauit et in fide uera roborauit et idolorum cultibus abrenuntiare fecit et in nomine sanctae et indiuiduae trinitatis baptizauit.
Die Bekehrung der Bayern	Baptizati sunt cum eo optimates sui et populus non modicus nobilium ac ignobilium redemptorem mundi laudantium, qui eos de tenebris in ammirabile lumen suum uocare dignatus est.
	O beatum confessorem Christi apostolis supparem, per cuius uerba irradiata sunt corda tenebrosa et infidelium arentia pectora fontem uitae sitiebant.
Ruperts Schifffahrt nach Pannonien	Baptizato itaque duce et populo, qui diuina illustrante gratia sacramentum salutaris lauacri susceperat, obsecratus a Theodone sanctus Rvodbertvs naui ascensa per alueum danubii descendendo uicis et castellis libera uoce euangelium Christi praedicauit et per terminos Noricorum usque in inferiorem Pannoniam ipse clara lucerna super candelabrum posita lumen fidei ministrando peruenit.
Die Bekehrung und Heilung der Bevölkerung von Lorch	Indeque per terram reuersus Lauriacensium urbem intrauit, in qua multos aqua baptismatis regenerando ab idolorum cultura conuertit et plures uariis languoribus oppressos in nomine domini sanauit.
Die Zerstörung der heidnischen Kultstätten	Lauriaco itaque digressus in quocunque loco amplius feruere gentilitatis errorem cognouit illuc intrepidus accessit destruens idola, diminuens simulacra, commendans ubique domini nostri Iesu Christi diuinitatem pariter et sacram eius incarnationem, ut unus idemque deus esse crederetur et homo ante luciferum a patre deo verus deus genitus in fine temporum pro humana salute ex uirgine matre uerbum dei uerus homo natus, qui illuminat et saluat omnem hominem uenientem in hunc mundum.
Zweite Bitte um Bistumsgründung und Ruperts Kirchengründung in Seekirchen am Wallersee	Sed cum iam uir domini secundum postulationem ducis et populi sibi locum ad episcopii sedem eligere aptum meditaretur, secus stagnum Walarii laci uenit, ubi aecclesiam in honore principis apostolorum Petri construxit et dedicauit.

Als der heilige Bischof die Bitten einer so bedeutenden Gesandtschaft vernahm, wissend, dass ein solches Anliegen aus göttlicher Fügung kam, dankte er der himmlischen Gnade, weil die, die in der Dunkelheit und im Schatten des Todes saßen, Jesus Christus als den Schöpfer des Lebens und das wahre Licht erkennen wollten.

Daher sandte er mit denselben Gesandten seine Priester, wie Strahlen des Glaubens, zu demselben Herzog voraus und machte sich selbst nicht lange nach ihnen auf den Weg nach Bayern.

Als der erwähnte Herzog dies gehört hatte, eilte er überströmt von großer Freude mit der Bereitschaft seiner Vornehmsten ihm entgegen und empfing ihn mit höchster Fröhlichkeit in der Stadt Regensburg.

Nachdem der heilige Rupert ein Fasten bestimmt hatte, lehrte er dann am selben Ort den Herzog die himmlischen Mysterien und bestärkte ihn im wahren Glauben und vollbrachte es, dass er den götzendienerischen Kulten entsagte, und er taufte ihn im Namen der heiligen und unteilbaren Dreifaltigkeit.

Mit diesem wurden auch seine Vornehmsten und eine nicht kleine Menge an Adeligen und Nichtadeligen getauft, indem diese den Erlöser der Welt priesen, der sie aus der Finsternis in sein wundervolles Licht rufen wollte.

O heiliger Bekenner Christi fast gleich den Aposteln, durch dessen Worte die dunklen Seelen erleuchtet wurden und die ausgetrockneten Herzen der Ungläubigen nach der Quelle des Lebens dürsteten![35]

Nachdem der Herzog und das Volk, das durch die göttliche Gnade das Sakrament der heilbringenden Taufe empfangen hatte, getauft worden waren, bestieg der heilige Rupert auf Theodos Bitte ein Schiff, fuhr mit diesem die Donau hinab, predigte in Dörfern und Burgen mit freier Stimme das Evangelium Christi und gelangte als klares, über den Leuchter gestelltes, Licht durch die Gebiete der Noriker nach Pannonia Inferior, das Licht Christi spendend.[36]

Und von dort kehrte er durch das Land zurück und trat in die Stadt Lorch ein. In dieser bekehrte er viele von den götzenverehrenden Kulten, indem er sie mit dem Wasser der Taufe wiederbelebte, und heilte im Namen Gottes viele, die von verschiedenen Leiden niedergeschlagen waren.

Nachdem er Lorch verlassen hatte, erkannte er, an welchem Ort auch immer, die Fehler der Heiden weiter brodeln. Furchtlos näherte er sich diesen Plätzen, Idole zerstörend, Abbilder zerschmetternd und die Göttlichkeit des Herrn Jesus Christus sowie dessen heilige Menschwerdung preisend, und zwar dass man glaubte, dass er ein und derselbe Gott sei, und gleichzeitig ein Mensch, der als wahrer Gott von Gott Vater vor Luzifer gezeugt, der am Ende der Zeiten für die Erlösung der Menschheit aus der jungfräulichen Mutter als Wort Gottes und wahrer Mensch geboren wurde, der alle in diese Welt kommenden Menschen erleuchtet und rettet.

Aber als der Mann des Herrn über die zweite Bitte des Herzogs und des Volkes sich einen geeigneten Ort als Bischofssitz zu erwählen nachdachte, kam er zum Wallersee, wo er eine Kirche zur Ehre des Petrus, des Ersten unter den Aposteln, baute und weihte.

Ruperts Ankunft in Salzburg	Exiit inde ad Iuarum fluuium, ubi olim Iuuauo ciuitas fuit, quae antiquis mirabiliter exstructa temporibus inter Baioaricas urbes eminebat nobilissima, sed tunc raro incola inhabitante paene dilapsa et uirgultis erat cooperta.
Rupert erhält Salzburg als Bistumssitz und gründet das Stift St. Peter.	Quem locum seruus dei ad cathedram episcopalem considerans esse idoneum, quippe inter montana a populari tumultu semotum, proprietate huius a duce sibi tradita cum summo studio renouauit, construens ibi basilicam, quam in honore Petri apostolorum principis dedicauit et clericorum officiis rebusque necessariis munificentia Theodonis magnifice ditauit.
	Postea vero delegato sacerdotum officio omnem ibidem cottidie cursum congruo ordine fecit celebrari.
Der Kauf von Piding	Sanctus itaque domini uir cupiens augmentare loca a praefato duce aliquem fiscum suum uocabulo dictum ad Pidingon inter aurum et argentum cum millenis comparauit solidis. Et sic deinceps deo auxiliante ex datione regum siue ducum siue fidelium uirorum loci res accrescere coeperunt.
Rupert wird von einem Wunder in Bischofshofen berichtet.	Porro his diebus quidam probabiles uiri beato pontifici cum magna ammirantione narrauerunt, quod ipsi in heremo, quae tunc temporis appellationis nota caruit, nunc Bongouui dicitur, caelestia prodigia ardentium lucernarum ter quaterque uidissent et mirificae suauitatis odorem ibi redolere sensissent.
Rupert entsendet den Priester Domningus, um das Wunder zu überprüfen.	Mirantibus autem cunctis qui audierant super talibus prodigiis sanctus episcopus Domningum uenerabilem presbyterum suum ad eundem locum misit praecipiens ut ueritatem huius signi diligenter approbaret ponendo in eodem loco crucem ligneam, quam ipse sanctus sua alma manu benedixit et illuc direxit.
Domningus und seine Begleiter werden Zeugen des Wunders.	Domningus vero cum illuc peruenisset, statim primo noctis exordio cum religiosis qui secum aderant coelitus emissas aspiciebat claras lucernas descendere et totam illam regionem loci ad instar solaris radii irradiare et hanc uisionem per tres noctes cum suauitate mirifici odoris ibi uiderat radiare.
Domningus platziert das Kreuz und kehrt zurück zu Rupert.	Tunc ipse in eodem loco benedictam crucem erexit et superfabricato tugurio ad sanctum Rvodbertum regressus est priorem assertionem certa relatione confirmans.
Rupert kommt nach Bischofshofen und beginnt den Ort zu roden.	Sanctus Rvodbertus quoque communicato consilio cum Theodone per semetipsum eandem heremum adiit et uidens locum humanis habitationibus posse fieri aptum annosa robora exstirpare siluarumque condensa in planitiem campi redigere ac aecclesiam cum habitaculis seruorum dei aedificare coepit.
Tod Herzog Theodos	Hisdem vero temporibus Theodo aduersam incidit ualetudinem, cumque uitae terminum sibi appropinquare sentiret, uocauit ad se Theodobertum filium suum et ducem Noricorum illum constituit praecipiens ei oboedire sancto Rvodberto ad christianitatem suam et ad opus diuinum diligenter illum adiuuare sanctumque locum Iuuauensis aecclesiae amare et honoribus et dignitatibus iugiter sublimare. Cumque huiuscemodi mandatis et omnibus quibus uoluerat filium instruxisset ultimum diem clausit migrans ad dominum.

Von dort weggehend kam er zum Fluss Salzach, dort war einst die Stadt Salzburg, die in vergangenen Zeiten wunderbar erbaut wurde. Unter den bayerischen Städten trat sie als nobelste hervor, aber zu dieser Zeit wurde sie kaum bewohnt und war fast verfallen und von Gebüsch bedeckt.[37]

Diesen Ort betrachtete der Diener Gottes als geeignet für einen Bischofssitz, denn zwischen den Bergen war er separiert von der Unruhe des Volkes. Vom Herzog bekam er dessen Eigentum als sein übertragen, und mit größtem Eifer erneuerte er den Ort[38] und baute dort eine Basilika, die er dem heiligen Petrus, dem Ersten unter den Aposteln, weihte und dank der Freigebigkeit Theodos mit den Diensten der Kleriker und der notwendigen Ausstattung prächtig bereicherte.

Später aber, nachdem er Priester in ihr Amt eingesetzt hatte, ließ er dort den gesamten Gottesdienst täglich und in gehöriger Reihenfolge feiern.

Also kaufte der heilige Mann des Herrn, im Bestreben die Besitzungen zu vergrößern, vom schon erwähnten Herzog eines von dessen Gütern, genannt Piding, um tausend Gold- und Silbermünzen. Und so begannen schließlich mit Gottes Hilfe durch Schenkungen der Könige und Herzoge und die Übertragungen gläubiger Männer die Güter des Sitzes zu wachsen.[39]

Nach einigen Tagen erzählten einige vertrauenswürdige Männer dem seligen Bischof mit großer Verwunderung, dass sie selbst in der Einsiedelei, welche zu dieser Zeit ohne eine Benennung war, jetzt Pongau genannt wird, drei- oder viermal die himmlischen Wunder der brennenden Lichter gesehen und wundervolle süße Gerüche dort vernommen hatten.

Weil sich alle wunderten, die von solchen Vorzeichen gehört hatten, sandte der heilige Bischof seinen ehrwürdigen Priester Domningus zu demselben Ort und schrieb ihm vor, die Wahrheit dieser Zeichen sorgfältig zu überprüfen, indem er ein hölzernes Kreuz an jenem Ort aufstellt, das der Heilige selbst mit seiner gütigen Hand geweiht und dorthin bestimmt hatte.

Als Domningus dort angekommen war, erblickte er sofort an Beginn der ersten Nacht mit den Geistlichen, die mit ihm anwesend waren, dass helle, vom Himmel geschickte Lichter herabstiegen und die ganze Region wie mit Strahlen der Sonne erleuchteten.[40] Und er sah diese Vision dort drei Nächte hindurch leuchten mit wundervollen süßen Gerüchen.

Dann richtete er das geweihte Kreuz an diesem Ort auf und kehrte, nachdem er eine Hütte darüber gebaut hatte, zum heiligen Rupert zurück, die erste Behauptung durch den sicheren Bericht bestätigend.

Nach einem Gespräch mit Theodo erreichte der heilige Rupert selbst dieselbe Wildnis und sah, dass der Ort geeignet für menschliche Besiedlung werden konnte. Er begann die alten Bäume zu roden, die Dichte der Wälder zu ebenen Feldern umzuwandeln und eine Kirche mit Wohnungen für die Diener Gottes zu bauen.[41]

Zu dieser Zeit fiel Theodo in das Gegenteil guter Gesundheit und als er selbst das Ende seines Lebens nähern spürte, rief er seinen Sohn Theodobert zu sich. Er bestimmte ihn zum Herzog der Noriker und ordnete ihm an, dem heiligen Rupert zu gehorchen, um christlich zu leben; diesem bei seinem göttlichen Werk gewissenhaft zu helfen, den heiligen Ort der salzburgischen Kirche zu lieben und durch Ehre und Würde unermüdlich zu erhöhen. Als er dem Sohn alle derartigen Aufträge, und was er sonst wollte, mitgeteilt hatte, beschloss er seinen letzten Tag und ging zum Herrn.

Gründung der Maximilianszelle in Bischofshofen und Schenkung der Villa Albina sowie weiterer Güter für den Unterhalt des Klosters	Post haec vero Theodobertus cum optimatibus suis ad sanctum Rvodbertum uisendi gratia perrexit et ueniens ad illum in supradicta heremo et illum et locum pio uenerabatur affectu dans ad aecclesiam quam sanctus Rvodbertus ibi construxit ac ipso duce praesente in honore sancti Maximiliani dedicauit tria miliaria undique de eadem silua et uillam Albinam cum ceteris donariis in alimoniam monachorum, quos sanctus pontifex ibi deo seruiendum posuerat.
Ruperts Gang nach Worms und seine Wiederkehr mit seiner Nichte Erentrud und zwölf Gefährten, darunter die Heiligen Kuniald und Gisilarius	His ita gestis uidens uir dei Baioaricae dignitatis culmen iugo Christi sese subdidisse sed gentilitatis errore plures inuolutos superesse ad patriam suam repedauit et inde cum duodecim ad praedicandum sibi sociis electis, inter quos erant eximii beatus Kunialdus et sanctus Gisilarius, ambo presbyteri ambo uiri sancti, et secum uirginem Christi sanctam Erindrudem neptim suam adducens quasi cum tot luminaribus ab urbem luuauensem regreditur.
Gründung des Klosters Nonnberg	Tunc in superiori castro eiusdem ciuitatis construxit in honore domini nostri Ihesu Christi et suae sanctae genitricis perpetuae uirginis Mariae monasterium et ibidem cum congregatione sanctimonialium posuit sanctam Erindrudem ad seruitium caelestis regis atque cum Theodoberti ducis asstipulatione, qui possessiones ad illud coenobium tradidit infinitas, earum conuersationem per omnia rationabiliter disposuit.
Rupert zieht mit seinen Schülern durch Bayern, um dessen Bevölkerung zu bekehren.	His autem expletis iste uir beatus inceptum opus praedicationis cum summi opificis adiutorio studens ad perfectionem perducere Norica regna discipulorum suorum comitante caterua circuire destinauit et ab urbe egrediens luuauensi gentes, quibus nondum fidei lumen resplenduit, uisitauit et eis triticum credulitatis lolio pereunte seminauit.
	Nam a cordibus eorum barbaricis hospitibus diabolicae deceptionis perturbatis illuc intromisit fidem, castitatem, misericordiam, humilitatem, per quos pacificos habitatores Christus omnium bonorum largitor et origo humanae mentis domicilium intrare solet.
Rupert sieht seinen Tod nahen und kehrt nach Salzburg zurück.	Cumque sic Baioariorum terminos circuiret ac omnes ad fidem conuertisset eos ut in fide stabiles permanerent admonuit et dimissis presbyteris, qui populum ad diuina mysteria consuescerent, ipse ad urbem luuauensem remeare studuit, quia spiritu prophetico repletus diem uocationis suae instare praesciuit, quem discipulis suis praenuntiauit.
Rupert erwählt Vitalis zu seinem Nachfolger.	Illi tali et tam tristi indicio consternati, cur eos et tam nouellae christianitatis plebem desereret, lacrimati sunt.
	Ille spe erecta ad Christum urbem luuauensem et populum Noricorum omnipotenti deo commendauit et Vitalem uirum sanctum et omni populo acceptum sibi fieri successorem elegit.

Danach machte sich Theodobert mit seinen Vornehmsten auf, um den heiligen Rupert zu besuchen. Er traf ihn in der oben erwähnten Einsiedelei und ehrte ihn und den Ort mit frommer Zuneigung. Er übergab an die Kirche, welche dort der heilige Rupert errichtete und in Anwesenheit desselben Herzogs dem heiligen Maximilian weihte, dreitausend Meilen vom selben Wald in jeder Richtung und die Villa Albina mit verschiedenen anderen Schenkungen zum Unterhalt der Mönche, die der heilige Bischof dort zum Dienst an Gott bestellt hatte.

Als dies so getan war, sah der Mann Gottes, dass die Großen der Bayern unter dem Joch Christi waren, aber zahlreiche in dem Fehler der Heiden eingehüllt blieben. So ging er zurück in seine Heimat und von dort kehrte er mit zwölf zum Predigen auserwählten Gefährten zurück. Unter diesen ragten der selige Kuniald und der heilige Gisilarius heraus, beide Priester, beide heilige Männer. Mit sich nahm er auch seine Nichte Erentrud, die Jungfrau Christi, und kam sozusagen mit so vielen Lichtern zur Stadt Salzburg zurück.[42]

Dann baute er zur Ehre unseres Herrn Jesus Christus und seiner heiligen Mutter, der ewigen Jungfrau Maria, in der oberen Burg derselben Stadt ein Kloster und dort setzte er Erentrud mit einer Kongregation von Nonnen zum Dienst des himmlischen Königs ein. Mit der Zustimmung des Herzogs Theodobert, der diesem Kloster unendliche Besitzungen schenkte, ordnete er deren Lebensweise ganz und gar vernünftig.

Als dies vollendet war, wünschte der heilige Mann, das begonnene Werk der Verkündigung mithilfe des höchsten Schöpfers zur Vollendung zu führen und beschloss, das Königreich Noricum in Begleitung der Schar seiner Schüler zu durchqueren. Er verließ die Stadt Salzburg, besuchte die Völker, welche das Licht des Glaubens noch nicht erleuchtet hatte, und säte den Weizen des Glaubens unter ihnen, während der Schwindelhafer zugrunde ging.

Denn in ihre barbarischen Herzen, verwirrte Gäste des teuflischen Betrugs, ließ er den Glauben, die Keuschheit, die Barmherzigkeit, die Demut hinein. Durch diese friedlichen Bewohner pflegt Christus, der Spender und Urheber alles Guten, in die Wohnstätte des menschlichen Geistes einzutreten.

Als er so die Gebiete der Bayern durchwanderte und alle zum Glauben bekehrt hatte, ermahnte er diese, dass sie im Glauben festblieben. Nachdem er Priester ausgeschickt hatte, die das Volk mit den göttlichen Mysterien vertraut machen sollten, strebte er selbst danach, in die Stadt Salzburg zurückzukehren, weil er, erfüllt vom prophetischen Geist, vorherwusste, dass der Tag seiner Berufung bevorstand, den er seinen Schülern vorankündigte.

Diese waren entsetzt über eine derart traurige Aussage und über den Grund, warum er sie und das Volk von so neuen Christen verließ, und weinten.

Jener aber, nachdem die Hoffnung auf Christus errichtet worden war, empfahl die Stadt Salzburg und das Volk der Noriker dem allmächtigen Gott und erwählte den heiligen Mann Vitalis, der vom ganzen Volk akzeptiert wurde, dazu, sein Nachfolger zu werden.

Rupert wird von einem Fieber geschwächt.	Cum ergo dies quadragesimalis obseruantiae agerentur, februari ardore uir dei fatigari coepit.
Rupert verstirbt während der Messfeier am Ostersonntag.	Cumque sanctissima dies resurrectionis Christi illuxisset, sollemnia missarum celebrauit et munitus sacrosancto corporis et sanguinis Christi uiatico post dulces paternae pietatis ammonitiones et post extrema caritatis uerba fratres confirmantia inter sanctas manus lacrimantium discipulorum emisit spiritum.
Rupert fährt in den Himmel auf.	Sed mira res inter pias lacrimantium uoces inter pios plangentium singultus coetus angelici a quibusdam religiosis uiris in coelo audiebantur, qui uoce canora animam sanctam ferebant ad aeternam felicitatem.
Rupert wird unter Anwesenheit von Engeln zu Grabe getragen.	Cuius autem sacratissimum corpus cum ad humandum portaretur, uisi sunt adesse splendidissimi uiri candidis stolis amicti et eius sepulturam religiosissime complentes disparuerunt, quos nemo angelos dei fuisse dubitauit et ideo apparuisse, ut omnes agnoscerent, quanta illius esset beatitudo in coelis, cuius sepulchrum angeli dei uisitarent in terris. O felix equidem ciuitas Iuuauo tam excellenti munita patrono, quae si murorum ruinis uilescas illius tamen meritorum lumine clarescis.
Die Bayern danken ihrem heiligen Missionar Rupert.	Sed totus pro eius intercessione sanctitatis gaudeat populus Noricorum et omnipotenti deo laudes deferat perpetuas, qui tam praeclarum illis concessit doctorem, cuius praedicatione uiam ueritatis agnoscentes erepti sunt de tenebris ad lumen uerum Iesum Christum dominum nostrum, qui uiuit et regnat per infinita saecula saeculorum Amen.

Endnoten

1 Das mittelalterliche Phänomen der Neufassung hagiographischer Texte wird mit dem Terminus technicus réécriture bezeichnet. Vgl. *Monique Goullet*, Écriture et réécriture hagiographiques. Essai sur les réécritures de Vies de saints dans l'Occident latin médiéval (VIIIe–XIIIe s.) (Hagiologia 4), Turnhout 2005, S. 9–27.

2 *Hans-Jürgen Becker*, Der Heilige und das Recht, in: Jürgen Petersohn, Ed., Politik und Heiligenverehrung im Hochmittelalter (Vorträge und Forschungen 42), Sigmaringen 1994, S. 53–70, hier S. 61–63.

3 *Wilhelm Levison*, Vita Hrodberti Episcopi Salisburgensis, in: Bruno Krusch / Wilhelm Levison, Hg., MGH SS rer. Merov. 6, Hannover – Leipzig 1913, S. 140–162, hier S. 152–157. Für eine graphische Übersicht über alle Redaktionen der lateinischen *Vita Ruperti* siehe *Peter Fraundorfer*, Vita des Hl. Rupert, in: Historisches Lexikon Bayerns, URL: http://www.historisches-lexikon-bayerns.de/Lexikon/Vita_des_Hl._Rupert (veröffentlicht am 8.6.2021).

4 Eine weitere mittelalterliche Übersetzung der *Vita Ruperti* findet sich in dem berühmten Legendar „Der Heiligen Leben", das um 1400 von einem Dominikaner in Nürnberg verfasst wurde und schnell zur weitverbreitetsten deutschsprachigen Heiligenlegendensammlung

Als die vierzig Tage der Fastenzeit zu Ende waren, begann der Mann Gottes durch die Hitze der Fieber schwach zu werden.

Als der heiligste Tag der Auferstehung Christi angebrochen war, zelebrierte er die Messfeier und gestärkt für die Reise durch den hochheiligen Leib und das Blut Christi, nach den süßen Ermahnungen der väterlichen Zuneigung und nach den letzten Wörtern der Liebe, die die Brüder bestärkten, gab er in den geweihten Händen der weinenden Schüler seinen Geist auf.

Aber o wunderbare Sache, unter den frommen Stimmen der Weinenden und unter dem frommen Schluchzen der Klagenden hörten einige Geistliche die Chöre der Engel im Himmel, die die heilige Seele mit melodischen Stimmen zur ewigen Freude trugen.

Als aber sein heiligster Leib zu Grabe getragen wurde, sah man strahlende Männer in weiße Gewänder gehüllt erscheinen, das Begräbnis auf frommste Weise vollenden und wieder verschwinden. Niemand zweifelte daran, dass es Engel des Herrn gewesen waren und daher erschienen waren, dass alle erkennen konnten, wie groß die Seligkeit jenes im Himmel ist, dessen Grab von Engeln Gottes auf Erden besucht wurde.

O du glückliche Stadt Salzburg! Du wirst von einem so herausragenden Patron geschützt, dass du, auch wenn du aufgrund deiner zerfallenden Mauern an Wert verlierst, dennoch im Licht seiner Verdienste erstrahlst.[43]

Aber das ganze Volk der Noriker freue sich über die Fürsprache seiner Heiligkeit und entrichte dem allmächtigen Gott Dank in Ewigkeit, der ihnen einen so illustren Lehrer gewährt hat. Indem sie durch seine Predigt den Weg der Wahrheit erkannten, wurden sie der Finsternis hin zum wahren Licht, Jesus Christus unserem Herrn, entrissen, der lebt und herrscht in Ewigkeit zu Ewigkeit. Amen.

avancierte. Vgl. *Werner Williams-Krapp*, Deutschsprachige Hagiographie von ca. 1350 bis ca. 1550, in: Guy Philippart, Hg., Hagiographies, Turnhout 1994, S. 267–288, hier S. 272. Diese Rupertlegende verdient eine gesonderte Analyse in einem eigenen Beitrag, da ihre lateinische Vorlage noch genauer ergründet werden muss. Zwar beinhaltet sie einige inhaltliche Merkmale, die sie mit der *Communis legenda sancti Rodberti episcopi* teilt, doch finden sich auch Passagen, die auf spätere Redaktionen der lateinischen *Vita Ruperti* hinweisen könnten. Eine moderne Edition von „Der Heiligen Leben" erleichtert diese noch ausstehenden Forschungsarbeiten. Für die Edition der *Vita Ruperti* siehe *Margit Brand / Kristina Freienhagen-Baumgardt / Ruth Meyer / Werner Williams-Krapp,* Ed., Der Heiligen Leben. Band 1: Der Sommerteil (Texte und Textgeschichte 44), Tübingen 1996, S. 567–569.

5 Eine partielle Übersetzung findet sich in *Otmar Weber,* Der heilige Rupert und seine Mission in Salzburg. Ein Salzburger Pergamentfragment, in: MGSL 147 (2007), S. 163–200.

6 *Werner Williams-Krapp,* Die deutschen Übersetzungen der „Legenda aurea" des Jacobus de Voragine, in: Beiträge zur Geschichte der deutschen Sprache und Literatur 101 (1979), S. 252–276.

7 *Barbara Fleith*, Studien zur Überlieferungsgeschichte der lateinischen Legenda Aurea (Subsidia Hagiographica 72), Bruxelles 1991, S. 488. Für eine Auflistung aller bekannten Textzeugen der *Communis legenda sancti Rodberti episcopi* in Abschriften der *Legenda Aurea* siehe *Peter Fraundorfer, Das literarische Nachleben des Hl. Rupert. Die hoch- und spätmittelalterlichen Vitae Ruperti*, Masterarbeit, Wien 2020, S. 40–41, Anm. 131.

8 *Konrad Kunze*, Legenda Aurea: Ueberlieferung und Rezpetion IV.: Deutschland, in: Lexikon des Mittelalters Vol. 5, München 1991, Sp. 1798–1799.

9 Vgl. lat.-dt. Text der *Communis legenda sancti Rodberti episcopi* am Ende dieses Beitrages.

10 142 [CXCVII] Rupertus, in: *Ulla Williams, Werner Williams-Krapp*, Hg., Die Elsässische Legenda Aurea. Band I: Das Normalcorpus (Texte und Textgeschichte Würzburger Forschungen 3), Tübingen 1980, S. 627–629.

11 *Fraundorfer*, Nachleben, S. 59–64.

12 *Ulla Williams, Werner Williams-Krapp*, Einleitung, in: dies., Hg., Elsässische Legenda Aurea, S. XIII–XXVI, hier S. XV.

13 Vgl. *Communis legenda sancti Rodberti episcopi* / Allgemeine Legende des heiligen Bischofs Rupert in diesem Beitrag.

14 Für die Forschungsgeschichte siehe *Fraundorfer*, Nachleben, S. 15–38.

Die Datierung der hier aufgelisteten *Legenda-Aurea*-Textzeugen basiert auf dem Katalog von *Fleith*, Studien. Folgende Transkriptionsrichtlinien gelten für alle in diesem Beitrag zitierten Passagen aus unedierten Manuskripten: u und v werden nicht normalisiert; Satzbeginn, Eigennamen und Nomina Sacra werden großgeschrieben:

Graz UB HS Sig. 1235 (Legenda Aurea 14. Jh.)

fol. 319v.: *„Tempore Hildiberti regis Francorum honorabilis Christi confessor Rudbertus ex regali Francorum prosapia oriundus in Wornateni ciuitate habebatur episcopus"*

Heiligenkreuz Cod. 101 (Legenda Aurea 14. Jh.)

fol. 176r: *„Tempore igitur Hildiberti regis Francorum anno scilicet regni illius secundo honorabilis confessor Christi Rudbertus in ciuitate Wormatia episcopus habebatur"*

Melk Cod. 834 (Legenda Aurea 14. Jh.)

fol. 230v.: *„Rudbertus ex regali prosapia Francorum ortus anno secundo Hidilberti regis Francorum episcopus in Wormatia fuit"*

Stadtarchiv Korneuburg Cod. 1751 (Legenda Aurea 1413/1415)

fol. 51r.: *„Tempore Hildeuerti regis Francorum anno scilicet regni ipsius secundo honorabilis confessor Christi Rudbertus in civitate Wormacia episcopus habebatur"*

ÖNB Cod. Ser. n. 35754 (Kreuzensteiner Legendar, 1452–1483)

fol. 58v.: *„Rudbertus confessor domini et episcopus venerando tempore Hyldberti regis Francorum anno regni eius secundo in Wormatia episcopus habebatur"*

ÖNB Cod. Ser. n. 35755 (Kreuzensteiner Legendar, 1452–1483)

fol. 69r.–71r.: *„Beatus Rudpertus Saltzpurgensis archiepiscopus de regia stirpe Francorum"*

Zwettl Cod. 105 (Legenda Aurea 2. Hälfte 14. Jh.)

fol. 240r–240v: *„Tempore Hildiberti regis Francorum anno regni eius secundo sanctus Rudbertus confessor Christi in Wormatia habebatur episcopus"*

Zwettl Cod. 146 (Legenda Aurea 1423)

fol. 96r.: *„Rupertus sanctus Christi confessor tempore Hildiberti regis francorum in Wormatia fuit episcopus"*

15 St. Paul im Lavanttal Cod. Sig. Hosp. Chart 166/4 (Legenda Aurea 1. Hälfte 15. Jh.) fol. 88v–90v; Vorau MS 315 (Legenda Aurea, 14.–15. Jh.) fol. 186r–186v; ÖNB Cod. Lat 3662 (Sammelhandschrift mit hagiographischen Texten aus Mondsee, 15. Jh.) fol. 115r–116v.

16 Seitenstetten Cod. 215 (Legenda Aurea, 1398) fol. 3r–4r; fol. 87v–89r.

17 *Ernst Friedrich Ohly*, Zum Dichtungsschluss Tu autem, domine, miserere nobis, in: Deutsche Vierteljahrsschrift für Literaturwissenschaft und Geistesgeschichte 47 (1973), S. 26–68, hier S. 27.

18 Admont Cod. 431 (Passionale, 12. Jh.) fol. 42v–47r.

19 142 [CXCVII] Rupertus, in: Williams / Williams-Krapp (Hg.), Elsässische Legenda Aurea, S. 629.

20 *Wilhelm Wattenbach*, Ed., Annales Sancti Rudberti Salisburgenses, in: MGH SS 9, Hannover 1851, S. 760–810, hier S. 767.

21 Zwettl Cod. 105 fol. 241r: „*Post obitum viro beati Rupberti ano 134 sanctus Virgilius a Pipino rege Francorum patre Karoli magni in Iuvaruam perantistate missus et a secundo Stephano papa confirmatus trans ad Christum abtum Ruderto conversas in fide katholica roboravit In super totam Karintiam propria ipso a per verbum ewangelii ad fidem Christi ex novo convertit et episcopatus ipsius anno decimo corpus beati Rudberti transitant cum honore et in novo edificio ac cenobio quod eidem exstruxerat quod modo dicitur ad summum ipsum corpus beati Rudberti collocavit ubi magnis claruit miracula et cetera.*"

22 Zwettl Cod. 105 fol. 240r–241r. Eine sehr ungewöhnliche Abschrift der *Communis legenda sancti Rodberti episcopi* wird in der Bodleian Library aufbewahrt. Es handelt sich um ein um 1400 in Würzburg verfasstes Legendar. Vgl. *Daniela Mairhofer*, Medieval Manuscripts from Würzburg in the Bodleian Library, Oxford: A Descriptive Catalogue, Oxford 2014, S. 530–539. Die am Ende dieser Handschrift enthaltene Vita Ruperti springt von Ruperts missionarischer Tätigkeit direkt zu dessen Tod und Himmelfahrt während der Ostersonntagsmesse. Ein Augensprung könnte für diese Vita sine Salzburg verantwortlich sein. Außerdem bricht die Vita sehr abrupt ab, obwohl noch reichlich Platz auf den letzten Blättern dieser Handschrift vorhanden gewesen wäre. Vgl. Bodleian Library MS. Laud Misc. 163 fol. 296v–297v.

23 Wobei das Kürzen von Wunderberichten in anderen Legenden der Elsässischen Legenda Aurea ebenfalls auffällig ist. Vgl. *Werner Williams-Krapp*, Die Deutschen und Niederländischen Legendare des Mittelalters. Studien zu ihrer Überlieferungs-, Text- und Wirkungsgeschichte (Texte und Textgeschichte 20), Tübingen 1986, S. 36–37.

24 *Werner Williams-Krapp*, Late Medieval German Manuscript Culture and Vernacular Hagiography, in: Étienne Renard / Michel Trigalet / Xavier Hermand / Paul Bertrand, Hg., Scribere sanctorum gesta (Hagiologia 3), Turnhout 2005, S. 343–355, hier S. 349.

25 *Williams / Williams-Krapp*, Hg., Elsässische Legenda Aurea, S. XV.

26 *Peter Fraundorfer*, Der heilige Rupert im Investiturstreit. Neudatierung und Kontextualisierung der Redaktion C der Vita Ruperti, in: Mitteilungen der Gesellschaft für Salzburger Landeskunde 160/161 (2020/2021), S. 103–122.

27 Der Titel wurde vom ersten Editor dieser Vita Ruperti festgelegt. Vgl. *Bernhard Sepp*, Ed., Communis legenda s. Rodberti episcopi, in: Jahresbericht über das königliche Lyceum in Regensburg im Studienjahre 1890/91, Stadtamhof 1891, S. 53–59. Die handschriftliche Basis für diese Titelwahl stellt BSB Clm 14894 (*Miscellanea de historia Bavarica*, 15. Jh. aus St. Emmeram bei Regensburg) dar. Auf den Folia 117v–199v dieser Handschrift findet sich die Redaktion C der *Vita Ruperti*, betitelt mit „*Communis legenda sancti Rodberti episcopi Salisburgensis*". Vgl. *Fraundorfer*, Nachleben, S. 43, Anm. 136. Die liturgische Einleitung fehlt in dieser Abschrift, womit sie gut zu ihren oben erwähnten Zeitgenossen passt. Darüber hinaus enthält sie auch keinen Bericht über die Maximilianszelle. Die jüngere lateinische Überlieferung der *Communis legenda sancti Rodberti episcopi* scheint noch einiges an Überraschungen bereitzuhalten.

28 Für eine Darstellung der Amtszeit Erzbischof Konrads I. siehe *Kurt Zeillinger*, Erzbischof Konrad I. von Salzburg, Wien 1963.

29 Die Salzburger Kanonikerreform behandelt ausführlich *Stefan Weinfurter*, Salzburg unter Erzbischof Konrad I. – Modell einer Bistumsreform, in: Eberhard Zwink, Hg., Salzburg in der europäischen Geschichte (Salzburger Dokumentationen 19), Salzburg 1977, S. 29–62; *Stefan Weinfurter*, Salzburger Bistumsreform und Bischofspolitik im 12. Jahrhundert. Der Erzbischof Konrad I. von Salzburg (1106–1147) und die Regularkanoniker (Kölner historische Abhandlungen 24), Köln – Wien 1975. Einen guten Überblick über den kirchenpolitischen Kontext bietet *Korbinian Birnbacher*, Die Erzbischöfe von Salzburg und das Mönchtum zur Zeit des Investiturstreites (1060–1164) (Studien und Mitteilungen zur Geschichte des Benediktinerordens und seiner Zweige Ergänzungsband 41), St. Ottilien 2001.

30 Zur Gründungstätigkeit des heiligen Rupert und dessen historischen Kontext siehe *Herwig Wolfram*, Die Zeit der Agilolfinger: Rupert und Virgil, in: Heinz Dopsch / Hans Spatzenegger, Hg., Geschichte Salzburgs I/1, Salzburg 1981, S. 121–156; *ders.*, Vier Fragen zur Geschichte des heiligen Rupert. Eine Nachlese, in: Studien und Mitteilungen zur Geschichte des Benediktiner-Ordens und seiner Zweige 93 (1982) S. 2–25; *Ian Wood*, The Missionary Life. Saints and the evangelisation of Europe, 400–1050, New York 2001, S. 146–150; *Joachim Jahn*, Ducatus Baiuvariorum. Das bairische Herzogtum der Agilolfinger (Monographien zur Geschichte des Mittelalters 35), Stuttgart 1991, S. 48–69.

31 Für eine Analyse des Inhaltes der *Communis legenda sancti Rodberti episcopi* siehe *Fraundorfer*, Nachleben, S. 62–93.

32 Für die Beziehung zwischen Vita und Liturgie siehe *Peter Fraundorfer*, Sex lectiones legantur de vita sua. Das Verhältnis des Rupertoffiziums Eia laude condigna zur Vita Ruperti, in: Irene Holzer, Hg., Rezeption – Produktion – Tradition. Liturgische Musik in der mittelalterlichen Kirchenprovinz Salzburg, Salzburger Stier, forthcoming. Einen Überblick über die liturgische Verehrung des heiligen Rupert im Mittelalter bietet *Franz Karl Praßl*, Der Heilige Rupert in der mittelalterlichen Salzburger Liturgie von 774 bis 1596, in: P. Petrus Eder OSB / Johann Kronbichler, Hg., Hl. Rupert von Salzburg, Salzburg 1996, S. 159–173; *Irene Holzer*, Die zwei Salzburger Rupertus-Offizien. Eia laude condigna Hodie posito corpore. Mit dem Anhang: Das Virgil-Offizium Pangens chorus dulce melos von Jürg Stenzl (Salzburger Stier 6), Würzburg 2012.
Für den Einfluss der *Communis legenda sancti Rodberti episcopi* auf die bildliche Darstellung des heiligen Rupert siehe *Fraundorfer*, Rupert im Investiturstreit, S. 12–15.

33 *Bernhard Sepp*, Hg., Communis legenda sancti Rodberti episcopi; *Fraundorfer*, Nachleben, Anhang S. 147–160.

34 Die liturgische Einleitung der *Communis legenda sancti Rodberti episcopi* enthält Anspielungen auf das Requiem aeternum. Vgl. *Fraundorfer*, Nachleben, S. 56.

35 Eine auf dem Martinus-Offizium beruhende O-Antiphone. Vgl. *Fraundorfer*, Nachleben, S. 67–68.

36 Noricum war der Name jener römischen Provinz, die grob gesagt den Großteil des heute österreichischen Gebietes sowie den südwestlichsten Teil Bayerns umfasste. Sie grenzte im Westen an die Provinz Rätien und im Osten an die Provinz Pannonien. Die Bezeichnung der Bayern als Noriker findet sich in der *Passio secunda sancti Quirini* aus dem 12. Jahrhundert und sie wurde durch die sogenannte bayerische Stammessage popularisiert. Vgl. *Jan Paul Niederkorn*, Bayerische Stammessage, in: Historisches Lexikon Bayerns, URL: https://www.historisches-lexikon-bayerns.de/Lexikon/Bayerische_Stammessage (veröffentlicht am 13.8.2012); *Herwig Wolfram*, Iuvavum – Salzburg vor dem Auftreten des Hl. Rupert. Von der Provinz Noricum ripense des 5. Jahrhunderts bis zum Salzburggau des Jahres 696, in: P. Petrus Eder OSB / Johann Kronbichler, Hg., Hl. Rupert von Salzburg, Salzburg 1996, S. 15–37. Diese Bezeichnungen waren auch für manche Kopisten bzw. Autoren des 14. Jahrhunderts einer Erklärung bedürftig. In Zwettl Cod. 105 findet

sich deshalb auf fol. 240v. ein in die *Communis legenda sancti Rodberti episcopi* eingeschobener Nebensatz, der erklärt, dass Pannonia superior jetzt Österreich und Steiermark genannt wird und Pannonia inferior Ungarn ist: „[...] *per terminos Noricorum et totam superiorem Pannoniam quod nunc Austria et Styria dicitur usque ad inferiorem Pannoniam quomodo Ungaria dicitur ipse* [...]".

37 Der lateinische Begriff *incola* wurde an dieser Stelle nicht wörtlich übersetzt, da dessen geschlechtsneutrale Wiedergabe in der deutschen Sprache nicht möglich ist. Natürlich könnte man von Einwohner:innen sprechen, allerdings erscheint mir diese Variante als eine unangebrachte Modernisierung der Übersetzung einer lateinischen Quelle des hohen Mittelalters.

38 Die zweite Nennung des Begriffes „Ort" wurde zur leichteren Verständlichkeit in dieser Passage ergänzt. Eine direktere Übersetzung wäre „erneuerte er ihn und baute dort eine Basilika".

39 Diese Passage wurde aus den *Gesta Hrodberti* fast wortwörtlich in die *Communis legenda sancti Rodberti episcopi* übernommen. Erstere wurden von Heinz Dopsch übersetzt. Siehe *Heinz Dopsch*, Schriftliche Quellen zur Geschichte des Heiligen Rupert, in: P. Petrus Eder OSB / Johann Kronbichler, Hg., Hl. Rupert von Salzburg, Salzburg 1996, S 39–65, hier S. 45.

40 „*Irradiare*" bedeutet strahlen, somit wäre eine sehr direkte Übersetzung dieser Passage: „[...] die ganze Region wie mit Strahlen der Sonne bestrahlten." Dieser Pleonasmus wurde in der Übersetzung durch die Wahl einer alternativen Bedeutung dieses Verbs, nämlich „erleuchten", nicht wiedergegeben.

41 Für diesen Wunderbericht im Zusammenhang mit der Gründung der Maximilianszelle in Bischofshofen sind die *Breves Notitiae* vorbildhaft. Vgl. *Fritz Lošek*, Hg., Notitia Arnonis und Breves Notitiae, in: Herwig Wolfram, Ed., Quellen zur Salzburger Frühgeschichte (Veröffentlichungen des Instituts für österreichische Geschichtsforschung 44), Wien – München 2006, S. 9–178, hier S. 90–92. Das in dieser Passage erwähnte Kreuz kann als Hinweise auf das berühmte Rupertuskreuz interpretiert werden. Für eine ausführlichere Diskussion dieser Interpretation siehe *Fraundorfer*, Nachleben, S. 78–82.

42 Ab hier steht eine alternative Übersetzung basierend auf einer fragmentarischen Abschrift der *Communis legenda sancti Rodberti episcopi* zur Verfügung. Vgl. *Weber*, Rupert, S. 165–167.

43 Eine auf der *Vita Vedastis* beruhende O-Antiphone. Auch der heilige Vedast von Arras wählte eine verfallene Stadt zu seinem Sitz. Diese und andere Parallelen zwischen den Leben der beiden Heiligen dürften den Redaktor der *Communis legenda sancti Roberti episcopi* zur Schöpfung dieser O-Antiphone bewogen haben. Vgl. *Fraundorfer*, Nachleben, S. 91–92.

Rupertkirchen in Slowenien
Zeugnisse gelebten Glaubens aus der Vergangenheit bis heute

P. Edmund Wagenhofer

Als ich im Jahre 1996 nach Slowenien fuhr, um jene Kirchen zu suchen, welche den heiligen Rupert als Kirchenpatron verehren, fehlten mir historische Zusammenhänge und das Studium einer Literatur, die sich mit diesem Thema befasste. Heute, 25 Jahre später, kann ich auf eine bessere Ortskenntnis und auf inzwischen neu erschienene Literatur zurückgreifen.

Anlass für diesen Beitrag war das Erscheinen des Buches „Župnijska cerkev v Šentrupertu na Dolenjskem" zum 500-Jahr-Jubiläum dieser Kirche. Es gibt im deutschen Sprachraum keine Rupertkirche, welche eine ähnliche Strahlkraft besitzt wie jenes Gotteshaus mitten in Slowenien. In dem erwähnten Buch wird sowohl die Geschichte als auch die Architektur der vorbildlich restaurierten Kirche ausgezeichnet dargestellt. Dieses Werk regte mich an, alle Rupertkirchen in Slowenien zu erfassen und die Motive der Errichtung von Sakralbauten zu Ehren des heiligen Rupert zu erforschen.

Die Missionstätigkeit Salzburgs im 9. Jahrhundert

Diese Missionstätigkeit war gut geplant und strategisch durchgeführt. Vom Zentrum in Maria Saal zogen aber nicht nur Missionare nach Süden und nach Osten, sondern mit ihnen auch strategisch gut ausgebildete Menschen, die es verstanden, an wichtigen Orten Mittelpunkte zu schaffen, von denen aus die Umgebung missioniert werden konnte. Dabei wurden viele neue Kirchen gebaut und einige von ihnen dem heiligen Rupert geweiht. An strategisch wichtigen Punkten stellten die ihm gewidmeten Kirchen neben den vorhandenen Burgen ein Bollwerk gegen feindliche Angriffe von innen (Einfluss aus Byzanz) und von außen (Awaren) dar. Gleichzeitig waren sie auch ein Zeugnis dafür, dass die von Rupert begonnene Missionstätigkeit im südöstlichen Bereich der Erzdiözese seine Fortsetzung gefunden hat, so wie es in der Conversio Bagoariorum et Carantanorum um 870 festgelegt worden ist.

Im 7. und 8. Jahrhundert fehlten noch klare territoriale Abgrenzungen für den Wirkungsbereich der Missionare. Wanderbischöfe (wie einst Rupert) wagten es, in Gebiete einzudringen, wo es noch keine kirchlichen Strukturen gab. Rückendeckung suchten sich die Missionare bei weltlichen Mächten. So ging es gleichzeitig neben der Ausbreitung des Glaubens auch um die Erweiterung politischer Macht. Karl der Große (gegenüber dem Patriarchen von Aquileia) und später Ludwig der Deutsche (gegenüber verschiedenen Fürsten im Osten) waren bestrebt, ihren Herrschaftsbereich nach Osten und Süden auszudehnen. Im Süden setzte Karl der Große eine Grenze fest, damit es keine Konflikte mit den dort bereits seit Langem tätigen Missionaren aus Aquileia geben sollte. Im Osten trafen sie auf den dem Christentum gegenüber sehr aufgeschlossenen Slawenfürsten Prbina und dessen Sohn Kocelj. Mit deren Mithilfe wurden Zentren errichtet, von denen aus die Missionstätigkeit in die Wege geleitet wurde.

Das Vordringen in den östlichen Bereich war durch keine natürliche Grenze geregelt. Hier mussten Stützpunkte geschaffen werden, um das Vordringen der Ungarn nach Westen zu unterbinden.

Damit solche Stützpunkte abgesichert werden konnten, hat Ludwig der Deutsche durch großzügige Schenkungen den Boden geschaffen. So entstanden durch Schenkungen Wirtschaftseinheiten wie Zalavár in Ungarn, Radkersburg in der Untersteiermark und Ptuj im heutigen Slowenien. Diese wirtschaftlichen Einheiten sollten die Basis für die Missionstätigkeit bilden. Durch die Errichtung von Pfarren sollte jene Missionstätigkeit organisiert und gestärkt werden.

Rupertkirchen in Slowenien, die im 9. Jahrhundert aus solchen Pfarrzentren hervorgegangen sind

Janez Höfler hat in seinem Buch „Die ersten Kirchen und Pfarren in Slowenien" den Begriff Pražupnija geprägt. Man kann das mit „Vorpfarren" oder „Mutterpfarren" übersetzen. Es handelt sich dabei um sehr alte und großräumige Pfarren aus denen dann später andere Pfarren ausgegliedert wurden. Das Interessante dabei ist, dass es auch Beispiele gibt, dass die Mutterpfarre zu späterer Zeit untergegangen sein kann, wobei die Bedeutung dieser Mutterpfarre über Jahrhunderte unbestritten bleibt. Dies trifft bei der Pražupnija sv. Ruperta v Radgoni zu.

Pražupnija sv. Ruperta v Radgoni

Ein Beispiel dafür, wie leicht ein einst bedeutendes Zentrum christlicher Missionstätigkeit in Vergessenheit geraten kann, ist Radkersburg. Heute liegt Bad Radkersburg in der Steiermark, Gornja Radgona in Slowenien. Einst war es eine Stadt, durch welche die Mur sich ihren Weg bahnte. Die Burg lag im südlichen Teil der Stadt. Neben der Burg befand sich die älteste Kirche der Stadt. Sie ist verschwunden und nur mehr bei Historikern bekannt. Einst bildete die

Pražupnija sv. Ruperta v Radgoni das Zentrum der Missionstätigkeit der Erzdiözese Salzburg in diesem Randbereich der Erzdiözese. Immerhin wird die erste Kirche in die Mitte des 9. Jahrhunderts datiert. Sie war dem heiligen Rupert geweiht und stand dort, wo sich heute neben der Burg ein Nebengebäude der Burg befindet. Der dem Christentum sehr wohlgesinnte Slawenfürst Kocelj, er stieg zum mächtigen Mann Westpannoniens auf, ließ in seinem Reich bedeutende Kirchen bauen. So geschah es im Osten bei seiner Residenz in Moosburg, so im Süden in Ptuj. Dazwischen lag Radgona. Alle diese Kirchen waren der Erzdiözese Salzburg anvertraut. Da Kocelj dem Wirken der slawischen Missionare Cyrill und Method sehr nahestand, er soll sogar die altslawische Sprache erlernt haben, tendierte die Kirche in diesem Gebiet mehr nach Osten als zur Mutterdiözese Salzburg. Letztendlich setzten sich die Missionare aus dem Westen durch. Das Patrozinium der ältesten Kirche in Radgona, sie wurde dem heiligen Rupert geweiht, war ein nicht zu übersehendes Faktum für die Zugehörigkeit zu Salzburg. Als Ende des 15. Jahrhunderts die Pražupnija in Radgona der neu gegründeten Diözese Seckau übertragen wurde, sank die Bedeutung dieser Urpfarre und die Pfarre zum heiligen Petrus in Radgona übernahm die Rolle eines Zentrums jenes Gebietes.

Pražupnija sv. Jurija na Ptuju
„Es ist nicht genau bekannt, wann Salzburg in den Besitz von Ptuj gekommen ist", schreibt Peter Štih in seinem Beitrag „Salzburg, Ptuj in nastanek štajersko-madžarske meje v današnji Sloveniji". Der Autor führt weiter aus, dass die Kontakte Salzburgs zu Ptuj bis ins Ende des 8. Jahrhunderts zurückreichen. Im Feldzug Pippins gegen die Awaren legte man schon 796 die Drau als Grenze zwischen den Metropolien Salzburg und Aquileia fest. Dabei wurde Ptuj der Kirche von Salzburg unterstellt und von Karl dem Großen bestätigt. Schon Mitte des 9. Jahrhunderts wurde in Ptuj eine Kirche geweiht. Sie war eine Stiftung von Pribina, dem Vater von Kocelj. Der slawische Prinz Prbina hatte seinen Sitz in Moosburg am Plattensee. Dort wurde um 850 eine Kirche erbaut, welche dem heiligen Hadrian geweiht wurde. Die Weihe nahm Erzbischof Liupram um das Jahr 870 vor. Auch die Kirche in Ptuj wird entweder von Liupram persönlich oder in seinem Auftrag geweiht (Štih, S. 539, Anm. 339). Über das Patrozinium gibt es keinen Hinweis.

Obwohl es in Ptuj im 9. Jahrhundert zwei Kirchen gegeben hat, eine in der Ober- und eine in der Unterstadt, war keine von ihnen dem heiligen Rupert geweiht. Die Pražupnija war dem heiligen Georg unterstellt. Außerhalb der Stadt in der Ebene von Ptuj gab es im Schloss Dornava eine Kapelle zu Ehren des heiligen Rupert. Die Kapelle gibt es noch, sie wurde aber nach dem Verkauf des Schlosses bei der Barockisierung der Anlage der Gottesmutter Maria geweiht. Dornava war das Verwaltungszentrum des Erzstiftes Salzburg für die

Besitzungen in der Ptujska polana, der Ebene von Ptuj. Dieses Schloss wurde Ende des 15. Jahrhunderts veräußert. Als Verwaltungssitz für das Erzstift Salzburg diente dann der Salzburger Hof in Maribor.

Für Ptuj war das Jahr 1555 ein Wendepunkt. Das Erzstift Salzburg verkaufte die Burg Ptuj an Kaiser Ferdinand I. um 28.657 Rheinische Gulden.

Die Umgebung von Ptuj ist ein geschichtsträchtiger, aber schwer umkämpfter Boden. Es geht um das Gebiet zwischen Drau und dem Fluss Pesnica. Hier trafen sich ungarische, slawische und fränkische Politik. Es gab friedliche Vereinbarungen doch auch kriegerische Auseinandersetzungen. Bewusst wurde dieses Gebiet dem Erzstift Salzburg anvertraut in der Hoffnung, dass ein gemeinsamer Glaube politische Gegensätze überwinden könne. Auch wenn sich Salzburg Mitte des 16. Jahrhunderts aus jenem Gebiet zurückgezogen hat, wurde dadurch die 800 Jahre währende Geschichte der Präsenz Salzburgs nicht ausgelöscht. Noch heute werden Besucher aus Salzburg auf die geschichtliche Verbindung zu Salzburg aufmerksam gemacht.

Župnija Sv. Ruperta v Slovenskih Goricah

In Ptuj kann keine Kirche mit einem Rupert-Patrozinium nachgewiesen werden. An der Stelle der heutigen St. Georgskirche in Ptuj, sie wurde 874 von Erzbischof Theotmar geweiht, stand vermutlich eine noch ältere Kirche. Sie war aber nicht dem heiligen Rupert geweiht. Wohl aber gibt es eine Rupertkirche innerhalb der Pražupnija Sv. Jurija, nämlich in Spodnja Voličina. Jene war zu-

Abb. 1 und 2: Župnija Sv. Ruperta v Slovenskih Goricah.

nächst eine Filialkirche der Pražupnija Sv. Jurija. Vermutlich schon im 11. Jahrhundert wurde an der Stelle der heutigen Pfarrkirche in Voličina eine Kapelle errichtet. 1352 wird sie als eine Filialkirche der Mutterpfarre St. Georg in Ptuj erwähnt und seit 1443 als Pfarre zum heiligen Rupert bezeichnet. Um 1519 wurde der heutige Kirchenbau aufgeführt, wobei der Turm älteren Datums sein dürfte. Unter Joseph II. entstand eine selbstständige Pfarre. Die Kirche erinnert in ihrer architektonischen Form an die Mutterpfarrkirche Sv. Juriji in Ptuj.

Rupertkirchen in Slowenien, die auf die Stiftung der heiligen Hemma im 11. Jahrhundert zurückzuführen sind

200 Jahre später führte ein anderer Beweggrund zur Errichtung von Rupertkirchen. Hemma erbte nach dem Tod ihres Gatten Wilhelm den umfangreichen Besitz im Sanntal. Was alles zu jenen Liegenschaften gehörte, kann hier nicht im Detail dargestellt werden. Jedenfalls reichte die Mark Sann vom Gebiet der Savinjske Alpe bis zur Einmündung in die Save bei Zidani Most. Dieses Gebiet lag im Einflussbereich des Patriarchen von Aquileia. Hemma schenkte ihren reichen Besitz im Sanntal dem Erzbischof von Salzburg mit der Auflage, damit die Dotierung des von Salzburg aus neu zu gründenden Benediktinerinnenklosters Gurk zu ermöglichen. Der Ertrag aus jenem Besitz sollte aber der Kirche von Salzburg zufließen, um die Erneuerung des kirchlichen Lebens in der Salzburger Erzdiözese finanziell zu unterstützen. Allgemein erlebte das klösterliche Leben im 11. Jahrhundert einen großen Aufschwung. Durch Gründung von Klöstern sollte das geistliche Leben einer Diözese erneuert werden. Mit der Stiftung der heiligen Hemma wurde die Gründung des Benediktinerinnenklosters Gurk durch Nonnen vom Stift Nonnberg sowie durch die Gründung des Klosters Admont mit Mönchen der Abtei St. Peter unterstützt. Die Verbindung des Gebietes im Sanntal mit Salzburg wurde durch die Errichtung von Kirchen und die Wahl des heiligen Rupert als Kirchenpatron wachgehalten. So gibt es heute noch drei bedeutende Rupertkirchen in jener Gegend, die uns an Hemmas großzügige Dotation an die Kirche von Salzburg erinnern.

Župnjiska cerkev v Šentrupertu na Dolenjskem

Die Geschichte und die Architektur dieser Kirche sind bestens dokumentiert. Im Oktober 2020 ist anlässlich der 500-Jahr-Feier der Pfarre ein umfangreiches und bestens dokumentiertes Buch erschienen. In meinen Ausführungen kann ich mich an dort gemachte Feststellungen halten. Dieses Jubiläum bezieht sich auf die neue Weihe der Kirche im Jahre 1520 nach den Verwüstungen in der Zeit der Türkeneinfälle. Erstmals wird bereits 1163 die Kirche St. Rupert urkundlich erwähnt. Eine erste Kirche dürfte aber schon bald nach dem Tod Hemmas im Jahre 1045, spätestens im Jahr 1072 errichtet worden sein. Das

Abb. 3 und 4: Županijska cerkev v Šentrupertu na Dolenjskem.

Gotteshaus entwickelte sich rasch zu einer der bedeutendsten „pražupnisca" in der Dolenjska. Sie war dem Patriarchen von Aquileia unterstellt. Der Grundbesitz wurde 1072 an die Diözese Gurk übertragen. Was die Pfarre betrifft, traten im 14. Jahrhundert die Grafen von Celje in die Geschichte der Kirche ein. Nach dem Tod des letzten Grafen folgte kurz das Geschlecht der Auersperg und dann das Kollegiatstift von Novo Mesto. Als unter Maria Theresia das Patriarchat Aquileia zurückgedrängt wurde, kam Šentrupert zur neu geschaffenen Erzdiözese Gorizia. 1787 wurde die Erzdiözese Gorizia aufgehoben und die Pfarre gelangte unter die Jurisdiktion des Erzbischofs von Ljubljana. Heute gehört die Pfarre Šentrupert zur 2006 neu errichteten Diözese Novo Mesto.

Architektonisch ist die Kirche ein aus dem 15. Jahrhundert in zwei Phasen errichtetes Kunstwerk mit einem langgestreckten Langhaus und einem Presbyterium. Angefügt an die Kirche ist auf der linken Seite die Sakristei. Sowohl das Langhaus als auch das Presbyterium sind mit einem reich verzierten Gewölbe eingehaust. Weitere Details sind in dem Beitrag von Robert Peskar in dem oben erwähnten Buch ausführlich dargestellt. Architektonisch ist die Kirche ein Meisterwerk der Gotik in Slowenien. Durch das Rupert-Patrozinium wird die Verbindung zu Salzburg hergestellt.

Župnija sv. Ruperta v Vidmu ob Savi

Nahe bei Krško liegt der Ort Videm ob Savi. Die dortige Pfarrkirche ist dem heiligen Rupert geweiht. Der Ort lag noch in jenem Gebiet, das die spätere

Abb. 5 und 6: Župnija sv. Ruperta v Vidmu ob Savi.

heilige Hemma dem Salzburger Erzbischof schenkte. Dazu gehörte auch die Gegend um Rajhenburg. Der Ort Videm ob Savi liegt im östlichsten Teil der Region, die Hemma dem Salzburger Erzbischof schenkte. Es zählte noch zum Hoheitsbereich des Patriarchen von Aquileia, weshalb die Pfarrrechte dem Patriarchen von Aquleia zustanden. Archivalisch ist die Kirche St. Rupert erstmals im Jahre 1155 erwähnt, doch dürfte schon bald nach der Schenkung an den Erzbischof von Salzburg im Jahre 1043 ein Gotteshaus erbaut worden sein, welches aber zunächst der Pražupnija Pilštanj zugehörig betrachtet wurde. Im Jahr 1417 wurde die Pfarre der 1234 gegründeten Zisterzienserabtei Kostanjevica übertragen. Dieses Kloster wurde 1785 aufgehoben.

Sveti Rupert nad Laškim

Die Pfarre und Kirche Sv. Rupert liegt östlich von Laško an der Straße nach Šentjanž auf einer Seehöhe von 750 m. Der alte Name für Laško war Tüffer, das zur Untersteiermark bzw. zur Region Savinjska gehörte. Eine erste Kirche wird schon im 16. Jahrhundert erwähnt. Unter Maria Theresia richtete man ein Vikariat ein. Der Name des Ortes wurde 1952 auf Breze geändert. Im Jahr 1994 wurde wieder der Name Šentrupert angenommen.

Abb. 7 und 8: Sveti Rupert nad Laškim.

Andere Motive für die Errichtung von Rupertkirchen in Slowenien

Filialkirche Šentrupert v Savijnski Dolini

Wenn man auf der Autobahn von Celje nach Ljubljana fährt, sticht einem Salzburger sofort die Ausfahrt Šentrupert ins Auge. Unweit der Autobahn steht tatsächlich eine kleine Kirche. Sie ist dem heiligen Rupert geweiht. Erstmals wird die Kirche im Jahre 1336 erwähnt. Es handelt sich tatsächlich um einen spätromanischen bzw. frühgotischen Bau, der natürlich mehrfach verändert wurde. Am Hochaltar ist eine Statue des heiligen Rupert zu sehen. Über den Anlass der Erbauung der Kirche ist wenig bekannt. Sie liegt noch im Bereich des Sanntales und gehörte vielleiht auch zur Stiftung der heiligen Hemma. In unmittelbarer Nähe liegt die alte Pražupnija Šempeter. Diese wurde dem Zisterzienserstift Stična inkorporiert. Auch darin könnte ein Zusammenhang mit dem Salzburger Heiligen Rupert zu sehen sein. Heute ist die restaurierte, von einem Friedhof umgebene Kirche St. Rupert eine Filialkirche der Pfarre Gomilsko.

Filialkirche Sveti Rupert na Sarskem

Bei meiner Erkundungsreise 1996 habe ich diese Kirche nicht gefunden, obwohl sie bei Hauthaler angeführt wurde. So ging ich damals davon aus, dass es sie nicht mehr gibt. Das stimmt aber nicht. Folgende Legende wird über die Erbauung jener Rupertkirche erzählt: „Zuerst fingen die Bauleute an im Dorf

Abb. 9 und 10: Filialkirche Šentrupert v Savijnski Dolini.

Abb. 11 und 12: Filialkirche Sveti Rupert na Sarskem.

eine Kirche zu bauen. Als die Fundamente gelegt waren, waren diese am nächsten Morgen zerstört. Aber man besserte sie aus, doch am nächsten Morgen waren sie wieder zerstört. Man erinnerte sich daran, dass der heilige Rupert zu

Abb. 13 und 14: Filialkirche Sveti Rupert v Zavrsah.

Lebzeiten oft allein sein wollte, weshalb er eine Kirche an einem abgelegenen Ort haben wolle. Deshalb bauten die Einheimischen auf dem Hügel gegenüber dem Ort eine Kirche, wo sie sich heute noch befindet" (Homepage Pfarre Ig). Die Mutterpfarre war Šentpeter pri Ljubljani. Aus ihr wurde später die Pfarre Ig ausgegliedert. Zu ihr gehört Sveti Rupert na Sarskem als Filialkirche. Ein Lokalaugenschein am 17. April 2021 hat ergeben, dass diese Kirche schwer zu finden ist. Sie liegt auf einem Hügel in der freien Natur. Die Kirche wurde in den letzten Jahren vorbildlich innen und außen restauriert. An den beiden Rupert-Gedenktagen, dem 27. März und dem 24. September, werden dort unter großer Beteiligung der Bevölkerung Gottesdienste gefeiert.

Filialkirche Sveti Rupert v Zavrsah

An der Hauptstraße von Celje nach Dravograd liegt der Ort Mislinja. Kurz davor zweigt eine Straße nach Završe ab, genannt die „Šaleška planinska pot". In 815 Meter Seehöhe befindet sich neben einem Gasthaus die kleine Kirche, die dem heiligen Rupert geweiht ist. Sie wird erstmals 1496 erwähnt. Im 19. Jahrhundert wurde die Kirche abgerissen und 1853 neu aufgebaut. Sie ist außen vor wenigen Jahren renoviert worden. Das Patrozinium wird am 24. September gefeiert. Sonst macht die Kirche einen eher verlassenen Eindruck. Am Hauptaltar befindet sich eine Statue des heiligen Rupert mit Salzfass. Über die Geschichte dieser Kirche konnte wenig gefunden werden. Sie dürfte eng mit dem Benediktinerkloster Gornji Grad zusammenhängen.

Abb. 15: Sv. Florian v Studencicah pri Lescah na Gorenjskem, Wikimedia Commons (CC BY-SA 4.0).

Rupertkirchen in Slowenien mit heute anderem Patrozinium

Sv. Miklavz in Ljubija

In der Nähe von Mozirje liegt der Ort Ljubija. Die dortige Kirche war nach Janez Höfler dem heiligen Rupert geweiht. Sie wird erstmals im Jahr 1241 als diesem Heiligen geweiht erwähnt. Im 16. Jahrhundert wird sie als Ozbaltkirche notiert. Als die Kirche 1858–1861 wegen eines Hochwassers verlegt werden musste, weihte Bischof Anton Martin Slomšek am 27. Juni 1861 die neugebaute Kirche dem heiligen Nikolaus. Mozirje wurde im 13. Jahrhundert dem 1140 neu gegründeten Benediktinerkloster Gornji Grad inkorporiert. Eine Schenkung von Graf Wilhelm von Heunburg machte das möglich.

Sv. Florian v Studencicah pri Lescah na Gorenjskem
Die heute dem heiligen Florian gewidmete Kirche war ursprünglich Rupert geweiht. Heute erinnert noch ein Fresko in der Kirche an den einstigen Patron.

Untergegangene Rupertkirchen

Sv. Rupert in Gornja Radgona
Da diese Kirche in der Missionsarbeit eine wichtige Rolle innehatte, wurde das Gotteshaus schon dort besprochen. Leider sind in Radgona bis jetzt keine archäologischen Ausgrabungen durchgeführt worden. Mit Sicherheit würden dabei die Fundamente der alten Rupertkirche aus dem 9. Jahrhundert zum Vorschein kommen.

Resümee

In Slowenien gibt es folgende Erinnerungen an den heiligen Rupert:
Drei Orte tragen den Namen des heiligen Rupert.
Vier Pfarrkirchen und drei Filialkirchen sind dem heiligen Rupert geweiht.
Zwei Kirchen verweisen auf ein altes Rupert-Patrozinium.
Eine Kirche ist untergegangen und existiert nicht mehr.

Exkurs: Auf dem Weg des heiligen Rupert
Anlässlich des 500-Jahr-Jubiläums in Šentrupert hat Jože Uhan, selbst dort geboren, den Vorschlag gemacht, einen Rupertweg in Slowenien zu kreieren. Ich weiß nicht, ob Uhan von der Existenz des Rupertweges in Salzburg gewusst hat oder ob es einfach seine Idee war, einen solchen zu erfinden. Dieser Weg führt ausgehend von Šentrupert zu anderen sechs Rupertkirchen und wieder zurück nach Šentrupert. Mit Bedauern stellt Uhan fest, dass unter den Neugeborenen der letzten 40 Jahre kein Kind den Namen Rupert trägt, obwohl dieser weise, fromme und bescheidene Mann es verdient hätte.

Das, was ich versucht habe zu erforschen, hat er vor mir getan. Er beschreibt historisch fundiert alle Rupertkirchen in Slowenien. Dieser sein Beitrag wurde im Gemeindeblatt der Gemeinde Šentrupert nad Dolenjskem veröffentlicht. Ich habe versucht, den geschichtlichen Hintergrund zu erhellen. So wie der Autor erstaunt war über mein Interesse, so war ich es hinsichtlich dieser Ehre, die dem heiligen Rupert hier in Slowenien zuteilwird. Es wäre interessant, diesen Rupertweg mit dem Fahrrad zu erforschen oder mit einem Bus jene Stätten der Erinnerung an den heiligen Rupert zu erkunden. Man könnte dabei viele Erinnerungen an die uralte Zeit der Missionierung auffrischen, sich der großartigen Schenkung der heiligen Hemma an die Kirche von Salzburg erinnern und gleichzeitig hervorragende Kunstwerke der Architektur besichtigen.

Neue Forschungen zur Salzburger Klosterlandschaft

Gerald Hirtner

Der folgende wissenschaftsgeschichtliche Beitrag verdankt seine Entstehung einer landesgeschichtlichen Ringvorlesung an der Universität Salzburg im Wintersemester 2020/21.[1] Für die vorliegende Schriftfassung wurde er angepasst und aktualisiert.[2] Damit wird dem landeskundlichen Publikum ein selten als Überblicksthema behandeltes Untersuchungsgebiet vorgestellt: die Salzburger Klosterlandschaft. Die Marginalisierung von Klosterlandschaften lässt sich auch auf internationaler Ebene beobachten. Der britische Historiker Derek Beales stellte in einer Monografie über europäische Klöster 2008 fest, dass die Vielfalt der Orden kaum bekannt ist und das akademische Wissen über die barocke Klosterblüte seiner tatsächlichen Bedeutung hinterherhinkt. Für einen Ordenshistoriker ist das ein Aufruf zur Wissensvermittlung.

In der achtbändigen, von Heinz Dopsch und Hans Spatzenegger herausgegebenen Geschichte Salzburgs wird das Thema Klöster und Stifte im Mittelalter-Band ausführlich behandelt. In den Teilbänden zur Neuzeit und Zeitgeschichte ist jedoch kein Hauptkapitel den Klöstern und Stiften gewidmet. Da die frühneuzeitliche Ordensgeschichte in der Geschichte Salzburgs also nicht textstrukturell herausgehoben ist, wirft dies unweigerlich Fragen auf, für die es wissenschaftsgeschichtliche Erklärungsmöglichkeiten gibt, auf die weiter unten noch eingegangen wird.

Laut internationalen Berechnungen war in der Frühen Neuzeit weniger als ein Prozent der Gesamtbevölkerung in Ordenshäusern untergebracht.[3] Der Anteil dieser Einrichtungen am Grundbesitz lag in katholischen Ländern durchschnittlich bei etwa zehn Prozent, in manchen Ländern – etwa in Niederösterreich – konnte dieser Wert auch 20 Prozent und mehr erreichen.[4] Für Salzburg liegen dem Autor keine vergleichbaren Berechnungsversuche vor. Von einem hohen Anteil an Ordensbesitz kann aber ausgegangen werden.[5] In wirtschaftlicher Hinsicht ist die Bedeutung der Klöster und Stifte jedenfalls enorm, während sie sich auf kulturellem Gebiet kaum beziffern lässt. Zu einzelnen frühneuzeitlichen Klöstern gab es in den vergangenen 30 Jahren nennenswerte Forschungsbemühungen, wie bereits im Beitragstitel angedeutet wird.

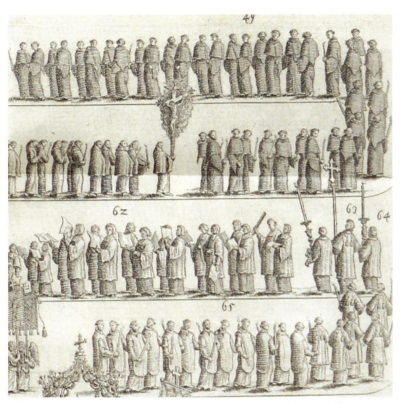

Abb.: Christoph Lederwasch, Eigentliche Abbildung der Procession, so den 18. Octobris im Jahr Christi 1682 [...] gehalten Worten. Salzburg 1682 (ASP, Akt 334-3). Auf dem Bildausschnitt sind neben der Hofmusik (62) Angehörige der Salzburger Klöster im Jahr 1682 dargestellt: Augustiner-Eremiten (49), Kapuziner (50), Benediktiner von St. Peter (65).

Zudem ist Salzburg ein Untersuchungsfeld mit einer beachtenswerten monastischen Kontinuität. Ordensgemeinschaften waren konstitutive Kräfte in der Salzburger Landesgeschichte. Am Beginn der nachrömischen Stadt Salzburg stehen die Klöster St. Peter und Nonnberg. Beide weisen einen durchgängigen Bestand bis zum heutigen Tag auf. Über 1300 Jahre institutionelle Kontinuität ist für mitteleuropäische Verhältnisse etwas Besonderes. Es gilt jene Tatsache der ortsfesten Beständigkeit zu würdigen. Die genannten Ordenshäuser vermochten allen existenziellen Krisen der vergangenen Jahrhunderte zu trotzen und boten in diesen Zeiten Halt.

Abgesehen von den monastischen Traditionen St. Peters und Nonnbergs gibt es gerade in der Frühen Neuzeit manch ordenspolitische Entwicklungen, die von größerer landesgeschichtlicher Bedeutung sind. Das Domkapitel, welches das einzige regulierte Chorherrenstift auf Salzburger Territorium war, wurde 1519 säkularisiert.[6] Zu nennen ist die verhältnismäßig späte, aber wirkungsvolle Einführung von Bettelorden – vor allem jene der Kapuziner[7] – im gegenreformatorischen Erzstift Salzburg. Bemerkenswert ist weiters die konsequente Abwehrhaltung gegenüber dem Jesuitenorden, sieht man von den schicksalshaften Regierungsjahren des Erzbischofs Leopold Anton Firmian ab.[8]

Im Folgenden wird versucht, grundlegende Definitionsfragen zu beantworten, bevor in weiteren Schritten der Forschungsstand der 1980er-Jahre und die danach folgenden Forschungen in den Blick genommen werden.

1. Begriffsdefinitionen

Was ist unter dem Begriff Klosterlandschaft zu verstehen?[9] Einer der bedeutendsten Vertreter der deutschsprachigen Ordensgeschichtsforschung, Gert Melville, warnt vor einem unkontrollierten Gebrauch des Landschaftsbegriffs.[10] Am zutreffendsten ist die Bezeichnung für geografische Räume, die durch das Wirken eines Klosters oder eines Ordens zustande gekommen sind. Berchtesgaden gehört beispielsweise zu diesem Begriffstyp. Weniger kohärent und nur „metaphorisch" ist der Landschaftsbegriff, wenn „Klöster nicht raumkonstitutive Elemente, sondern lediglich segmentäre Teile eines größeren Raumzusammenhangs" sind. Um die „herausragende Bedeutung des Klösterlichen für eben jenen Raum [zu] markieren", ist die Verwendung des Landschaftsbegriffs aber wissenschaftlich zulässig.[11]

Umfassender und damit zutreffender als der Begriff Klosterlandschaft ist die Bezeichnung Ordenslandschaft. Diese schließt auch nicht-monastische Gemeinschaften mit ein, die zum Teil im 19./20. Jahrhundert entstanden sind und für die Klausur und Kontemplation keine oder nur eine marginale Rolle spielen. Die umfassende Bezeichnung in der katholischen Kirche lautet „Institute geweihten Lebens", das sind alle Gemeinschaften, die in den Zuständigkeitsbereich der Religiosenkongregation in Rom fallen. Für sie sind ein Leben nach den evangelischen Räten und ein Leben in christlicher Gemeinschaft (vita communis) konstitutiv. Wenn hier mit Blick auf bisherige Forschungsprodukte dennoch der Begriff „Klosterlandschaft" verwendet wird,[12] so schließt er nicht-monastische Gemeinschaften mit ein.

Wie ist nun die Salzburger Kloster- bzw. Ordenslandschaft im Speziellen zu definieren? Einiges würde dafürsprechen, Klosterlandschaften aus der Sicht der betroffenen Institutionen zu betrachten. Schnell wird man dabei aber merken, dass das Beziehungsgeflecht der Orden vielschichtig und komplex gestaltet ist. Zum Beispiel befinden sich die verbrüderten Klöster von St. Peter in der frühen

Neuzeit von Schwaben im Westen bis Ungarn im Osten. Die konföderierten und damit enger mit St. Peter verbundenen Benediktinerklöster lagen im Erzstift Salzburg, im angrenzenden Bayern, in der Steiermark und in Kärnten. Bei den Kapuzinern war das Erzstift Salzburg zweigeteilt zwischen der Tiroler Provinz nördlich des Alpenhauptkamms und der Steirischen Provinz südlich davon.

Eine Erfassung innerhalb der Diözesangrenzen erweist sich schon als wesentlich praktikabler und zielführender. Die alte Erzdiözese Salzburg (vor der Neuregulierung der Diözesangrenzen 1818 durch die Bulle „Ex imposito") umfasste weite Teile des heutigen Österreich. Es ist der Betrachtungswinkel, den auch Heinz Dopsch in seinem Beitrag über die mittelalterlichen Klöster und Stifte in der Geschichte Salzburgs einnahm, um Salzburgs „Stellung als geistliche Metropole" gerecht zu werden.[13]

Da im Verband mit der eingangs genannten Ringvorlesung jedoch das Erzstift Salzburg als Bezugsgröße vorgegeben war, wird auch der vorliegende Beitrag sich weitgehend an diesem geografischen Rahmen orientieren und – mit ein paar Ausnahmen – den Blick auf das Erzstift richten. Der Bezug auf die politischen Grenzen macht insofern Sinn, als die bereits genannten institutionellen Kontinuitäten eng mit politischen Faktoren verwoben sind. Die Vorteile eines geistlich regierten Fürstenstaats zeigten sich für die Klöster am Ende des Ancien Regime besonders deutlich, indem Salzburg von Klosteraufhebungen weit weniger betroffen war als seine weltlich regierten Nachbarländer. Die Schattenseite der bischöflichen Dominanz war, dass etliche Gemeinschaften keine Niederlassungen in Salzburg gründen konnten und sich somit keine besonders dichte, vielfältige Klosterlandschaft entwickelte.

Welche Gemeinschaften sind im Begriff Salzburger Kloster- bzw. Ordenslandschaft enthalten? Einen guten, wenngleich auch regional begrenzten Überblick bietet eine unscheinbare, aber inhaltsreiche Publikation der EURegio Salzburg – Berchtesgadener Land – Traunstein, in der in kompakter Form 57 Ordenshäuser vorgestellt werden.[14] Die Salzburger Archivarin Christine Gigler zählte dahingegen mit Stand 2010 in der heutigen Erzdiözese Salzburg 56 ehemalige und bestehende Niederlassungen bei Männern und 51 bei Frauen.[15] Etliche dieser Ordenshäuser sind Gründungen des 19. und 20. Jahrhunderts. Die amtlichen Direktorien und Schematismen ermöglichen jahresweise eine detaillierte Einsicht in die Entwicklung der Salzburg Klosterlandschaft.[16] Der Autor hegt die Hoffnung, dass etwa mithilfe kollaborativer Enzyklopädien in absehbarer Zeit die entsprechenden Übersichten und Hilfsmittel auch online bereitstehen werden. Am Beispiel des Zeitungs- und Zeitschriftenportals ANNO wird deutlich sichtbar, wie innerhalb weniger Jahre die technischen Möglichkeiten die wissenschaftliche Arbeit auch in traditionellen Themenfeldern stark verändern und viele neue Perspektiven eröffnen.[17]

2. Ordensgeschichte in der „Geschichte Salzburgs"

In den Neuzeit-Bänden der „Geschichte Salzburgs" ist Ordensgeschichte ein Aspekt verschiedener Hauptkapitel, wie etwa der allgemeinen Kirchengeschichte, der Universitätsgeschichte, der Kunst und Kultur, der städtischen Architektur u. a. m. Einige dieser Beiträge stammen von Kirchen- bzw. Ordenshistorikern und die Bebilderung der „Geschichte Salzburgs" weist insgesamt auffallend viele Ordensbezüge auf. Die „Geschichte Salzburgs" spiegelt die Forschungssituation der 1980er- und frühen 1990er-Jahre wider: Beforscht wurden bis dahin einzelne Ordenshäuser und einzelne Orden; deren Publikationen entstanden häufig anlassbezogen. Zu nennen sind beispielsweise die Jubiläumsschriften und Ausstellungskataloge für Maria Plain 1974, St. Peter 1982 und Michaelbeuern 1985. Eine Zusammenschau in landesgeschichtlichem Rahmen gibt es bis dato nur eingebettet in diözesane, kirchengeschichtliche Überblicksdarstellungen.

Ganz anders die Situation für das Mittelalter: Die „Geschichte Salzburgs" enthält ein eigenes Kapitel zu Klöstern und Stiften, das Heinz Dopsch zur „Chefsache" machte. Das mag an persönlichen Forschungsinteressen liegen, aber es zeigt auch, welche Bedeutung und Brisanz Heinz Dopsch diesem Thema beimaß. Gerade die Frühgeschichte Salzburgs ist reich an Interpretationsspielraum und eines der kontroversiellen Themen in der Salzburger Geschichtswissenschaft. Mittlerweile unbestritten ist die Datierung der Ankunft des hl. Rupert in Salzburg im Jahr 696 bzw. um 700 sowie die von ihm durchgeführte Erneuerung einer geistlichen Gemeinschaft. 711/712 wurden die Maximilianszelle in Bischofshofen, 712–716 das Kloster Nonnberg gegründet. Doch darüber hinaus wissen wir über die Frühgeschichte der ältesten Salzburger Klöster wenig Faktisches. 987 wurden die Abtei St. Peter und das Bistum getrennt, bis dahin waren das Amt des Abtes und des Bischofs in Personalunion vereint. Die Aussage von Heinz Dopsch, dass „vor dem 11. Jh. in St. Peter kein Kirchenbau nachzuweisen ist"[18], ist angesichts der Ausgrabungen am Fundament der Margarethenkapelle und aufgrund der Untersuchungsergebnisse des Bauforschers Klaus Tragbar an der Stiftskirche St. Peter nicht mehr haltbar.[19] Dopsch stellte – im Wissen um ausständige Untersuchungen im Bereich Archäologie und Bauforschung – seine Ausführungen zur Frühgeschichte der Abtei St. Peter unter das Vorzeichen der Vorläufigkeit.[20] Die Möglichkeit neuer archäologischer Erkenntnisse besteht auch weiterhin, wobei die erhofften bahnbrechenden Erkenntnisse im Zuge der jüngsten Kirchenrenovierung in St. Peter ausgeblieben sind.[21] Maßgeblicher Grund dafür ist die Tatsache, dass die ursprüngliche Apsis der ältesten Kirche nicht mehr erhalten ist, sondern beim Einbau der barocken Äbtegruft zerstört wurde. Fest steht, dass die Erkenntnismöglichkeiten anhand der erhaltenen Schriftzeugnisse weitgehend ausgeschöpft sind. Somit wird auch in Zukunft ein beträchtlicher Interpretationsspielraum bleiben.

Wesentlich klarer lässt sich die Klosterpolitik der Salzburger Erzbischöfe im Hochmittelalter fassen. Dazu Heinz Dopsch:

„Überblickt man die zahlreichen Klöster und Stifte auf dem Gebiet der Erzdiözese, so fällt vor allem der Unterschied zwischen dem erzstiftischen Territorium und dem übrigen Diözesangebiet auf. Die Tatsache, daß die Erzbischöfe auf ihrem geschlossenen Besitz nicht nur konsequent am *Eigenkirchenrecht* festhielten, sondern sich auch Schritt für Schritt die *Vogteirechte* über die alten Klöster sicherten und die Gründung neuer Klöster, vor allem der Bettelorden, erfolgreich verhinderten, zeigt deutlich, daß auch die *Klosterpolitik* der Salzburger Metropolen ein integrierender Bestandteil ihrer zielstrebigen Territorialpolitik war, die im 13. und 14. Jh. zur Bildung des Landes Salzburg führte."[22]

Halten wir in einer Zwischenbilanz fest: Die „Geschichte Salzburgs" vermittelt auf den ersten Blick den Eindruck, dass Ordensgeschichte nur eine Materie der Mediävistik darstellt. Eine umfassende Darstellung der Salzburger Klosterlandschaft fehlt bis dato und ist ein Desiderat. Vorarbeiten, die zu einer derartigen Synthese in den vergangenen drei Jahrzehnten geleistet wurden, sollen nun mit Blick auf andere Klosterlandschaften und aktuelle Forschungsfragen näher betrachtet werden.

3. Neue Forschungen zu Orden in Salzburg

Dazu stellt sich zunächst die Frage, welche Forschungsansätze im Bereich der Salzburger Landesgeschichte insgesamt vorzufinden sind. Eines vorweg: Beiträge, die die landesgeschichtliche Forschung kritisch reflektieren, sind selten. Der jüngste wissenschaftsgeschichtliche Beitrag stammt von Gerhard Ammerer, der in verdienstvoller Arbeit 2012 „Neue Forschung(sstrategi)en zur frühneuzeitlichen Landes- und Regionalgeschichte seit den 1970er-Jahren am Beispiel des Erzstifts Salzburg" zusammenfasste.[23] Der Ruf der Theoriearmut eilt landeskundlichen Arbeiten zwar voraus,[24] aber Ammerer weiß manche Beispiele theoretisch fundierter Werke aus verschiedenen wissenschaftlichen Ansätzen zu benennen. Praktiziert wird häufig eine „Offene Landesgeschichte", die das „sehr komplexe wechselseitige Verhältnis von Person, Kultur und Gesellschaft zu rekonstruieren versucht".[25] Zu beobachten ist dabei eine „methodische Deregulierung", die letztlich erst ein „vernetzteres Forschen" ermöglicht.[26] Ammerer bespricht ein breites Spektrum an Forschungsansätzen und konkreten Beispielen. Ein vollständiger Überblick ist dabei weder beabsichtigt noch möglich. Mit dem genannten Beitrag wird einmal mehr augenfällig, wie wenig Forschungen zur frühneuzeitlichen Ordensgeschichte rezipiert werden. Was Ammerer für die Landesgeschichte als Gesamtes leistet, soll hier in kleinerem Rahmen für die Ordensgeschichte versucht werden: ein Literaturüberblick und eine Standortbestimmung. Dies geschieht durch überblicksmäßige Besprechung einzelner Werke, Reihen und Forschungsansätze. Beginnend mit den landesgeschichtlichen Impulsen werden danach einige enzyklopädische und vergleichende Ansätze beleuchtet und Beispiele prosopografischer, kunst- und musikwissenschaftlicher Forschung vorgestellt, bevor die Folgen des *cultural turn* besprochen und abschließend Ausblicke geboten werden.

3.1 Impulse aus der Salzburger Landes- und Kirchengeschichte

Ein Gutteil der Salzburger landesgeschichtlichen Forschung wurde einerseits in den landesgeschichtlichen Periodika und andererseits in den verschiedensten Ausstellungskatalogen geleistet. Man wird darin immer wieder ordensgeschichtlichen Beiträgen begegnen, sodass eine genaue bibliografische Auflistung an dieser Stelle nicht geboten scheint. Zudem sind die fast flächendeckend vorhandenen Ortschroniken zu nennen. Eine Sonderstellung nimmt dabei die fünfbändige Geschichte von Berchtesgaden (1991–2002) ein, die zum einen mit dem Augustiner-Chorherrenstift Berchtesgaden einen ordensgeschichtlichen Gegenstand, zum anderen durch die frühere Reichsstandschaft Berchtesgadens den Anspruch und die Dimension einer Landesgeschichte hat. Bemerkenswert aus Sicht der vorliegenden Themenstellung ist der alltagsgeschichtliche Beitrag von Sabine Veits-Falk über „Alltag und Lebensformen im Augustiner-Chorherrenstift Berchtesgaden (16. bis 18. Jahrhundert)".[27] Aus der vergleichenden Landesgeschichte und namentlich von Heinz Dopsch kamen Anfang des neuen Jahrtausends weitere Impulse zur Erforschung von zum Teil ehemals Salzburger Stiften im heutigen Bayern. Dabei entstanden repräsentative Sammelbände, die im Stil der von Dopsch (mit-)herausgegebenen Ortschroniken gestaltet sind: etwa der gemeinsam mit Walter Brugger und Joachim Wild herausgegebene und bereits in zwei Auflagen erschienene Band zu Höglwörth,[28] einem ehemaligen Augustiner-Chorherrenstift im Rupertiwinkel, das nach überstandener Säkularisationszeit im Jahr 1817 ein tragisches Schicksal durch Selbstauflösung ereilte. Das 14-köpfige Autorenteam deckt fast das gesamte stiftische Themenspektrum ab. Abgerundet wird der Band durch ein personengeschichtliches Kapitel und ein Register. Dieselben Herausgeber haben 2011 auch einen Band zum Kloster, Chorherrenstift und Königsschloss Herrenchiemsee verantwortet, der unter anderem mit Aufsehen erregenden neuen Erkenntnissen von archäologischer Seite aufwarten kann. Nach Hermann Dannheimer erfolgte die Klostergründung bereits zwischen 620 und 629, womit Herrenchiemsee das älteste Kloster in Bayern wäre.[29] Johannes Lang, ein Schüler von Heinz Dopsch, wurde mit der Arbeit „St. Zeno in Reichenhall. Geschichte des Augustiner-Chorherrenstifts von der Gründung bis zur Säkularisation" promoviert.[30] Unter dem Titel „Die Erzbischöfe von Salzburg und das Mönchtum zur Zeit des Investiturstreits" legte der jetzige Erzabt von St. Peter, Korbinian Birnbacher, 2001 eine Zusammenfassung des kirchengeschichtlichen Forschungsstands vor und erweiterte damit die in der Landeskunde vorherrschende rechtsgeschichtliche

Perspektive auf diese Zeit.[31] Wer sich mit Kirchengeschichte beschäftigt, muss die Säkularinstitute berücksichtigen: Der nachmalige Leiter des Salzburger Landesarchivs, Franz Pagitz, widmete einen Teil seines wissenschaftlichen Schaffens den Ordenshäusern in seiner Kärntner Heimat, insbesondere dem Kollegiatstift Maria Wörth.[32] Wolfgang Neuper hat sich mit einer Arbeit über die „Besitzgeschichte des Stiftes Mattsee im Mittelalter" zur kirchlichen Wirtschafts- bzw. Rechtsgeschichte wissenschaftlich qualifiziert.[33] Etwa zeitgleich entstand die Diplomarbeit des Autors über die Kapuziner im Lungau, die auf einer kommentierten Edition einer bäuerlichen Chronik beruht.[34] Zu dem in der Gegenreformation so wirkmächtigen Kapuzinerorden verfasste Franz Ortner 2003 einen Beitrag in der Festschrift „400 Jahre Kapuziner in Salzburg".[35] Derselbe Autor publizierte 1997 auch zur Ordensgründerin Theresia Zechner und den Halleiner Schulschwestern,[36] ein Orden, der insofern bemerkenswert ist, als zur Zeit seiner Gründung 1723 das kontemplative Ordensleben deutlich überwog. Orden mit tätigem, sozialem Apostolat erlebten in Salzburg ab dem 19. Jahrhundert einen Aufschwung. Für die Augustiner-Eremiten wirkte der Kirchenhistoriker Johann Sallaberger als exzellenter Kenner.[37] Obwohl Salzburg nie eine Kartause beherbergte, war es durch die Person von James Lester Hogg für viele Jahre ein Zentrum der Kartäuserforschung.[38]

3.2 Institutionengeschichtliche Überblickswerke im deutschsprachigen Raum

Wenn wir im Folgenden den geografischen Betrachtungswinkel vergrößern, dann ist festzustellen, dass im deutschsprachigen Raum etliche Überblickswerke zur Verfügung stehen. Zu unterscheiden ist dabei zwischen den ordensübergreifenden, regional verorteten Übersichten und den ordensbezogenen, meist überregionalen Werken. Überblickswerke zu Orden gibt es zahlreiche, doch nicht alle Produkte genügen enzyklopädischen Ansprüchen.

Etliche Werke sind bereits in die Jahre gekommen, wie etwa das Österreichische Klosterbuch des Geraser Prämonstratensers Alfons Zak, das aus dem Jahr 1911 stammt.[39] Ein vormoderner Vorläufer ist die vom Augustiner-Barfüßer Marian Fiedler (1736–1802) herausgegebene neunbändige Monasteriologie über den habsburgischen Herrschaftsbereich.[40] Die Klöster des Erzstifts Salzburg sind für diese Epoche durch topografische Werke, wie jene des Lorenz Hübner,[41] dokumentiert.

Heute liegen für einzelne österreichische Bundesländer moderne Bildbände vor, etwa „Die Stifte und Klöster Tirols".[42] In Oberösterreich haben die Stifte einen so großen Stellenwert, dass Landeshauptmann Josef Pühringer 2009 selbst als Herausgeber eines entsprechenden Bandes fungierte.[43] Ebenfalls vor etwa zehn Jahren wurde unter Helga Penz ein Klosterportal geschaffen, das über die Webseite der Ordensgemeinschaften Österreich abrufbar ist.[44] Es umfasst alle in Österreich ansässigen Ordensgemeinschaften und hat seinen Fokus auf deren Kultureinrichtungen, d. h. die Archive, Bibliotheken und Sammlungsbestände. Als Online-Verzeichnis ermöglicht es rasche Aktualisierungen, jedoch ist nicht dieselbe Zitierbarkeit wie bei einem gedruckten Nachschlagewerk gegeben. Im Unterschied zu den nachfolgend genannten staatlich (mit-)finanzierten Großprojekten wurde es mit vergleichsweise geringem Aufwand und in kürzester Zeit aus Eigenmitteln der Ordensgemeinschaften realisiert. Als erste Anlaufstelle bei Recherchen wird jenes Portal dem Vernehmen nach gut angenommen.

An dieser Stelle lohnt ein Blick über die Grenzen Österreichs. Die Germania Sacra ist ein Langzeitprojekt, das bereits seit über 100 Jahren geführt wird und derzeit an der Akademie der Wissenschaften zu Göttingen angesiedelt ist:

„Die Germania Sacra erschließt die Quellen der Kirche des Alten Reiches und bereitet das überlieferte Material in Handbuchformat auf. Sie stellt die Kirche und ihre Institutionen von den Anfängen der deutschen Bistümer im 3./4. Jahrhundert bis zu deren Auflösung in der Reformation bzw. am Beginn des 19. Jahrhunderts epochenübergreifend dar."[45]

Es ist ein mehr als ambitioniertes und schwer einlösbares Projekt. Von den in drei Reihen bislang erschienenen 80 Bänden interessieren uns aufgrund der Zugehörigkeit zur alten Erzdiözese Salzburg besonders der Band über St. Zeno in Reichenhall und jener über das Zisterzienserkloster Raitenhaslach. Beide Bände sind über die Projektseite digital verfügbar.[46]

Die Idee einer umfassenden kirchlichen Institutionen- und Personengeschichte wurde auch in der Schweiz aufgegriffen und unter dem Namen „Helvetia Sacra" in sechs Bänden von 1964 bis 2007 veröffentlicht.[47] In der Schweiz wurde somit ein gedrucktes Handbuch verwirklicht, auf das man in dieser Form in Österreich und Deutschland vermutlich noch länger warten muss.

Ein wegweisendes und nachhaltiges Modell sind die in Deutschland verbreiteten Klosterbücher, die freilich ja nach Verlauf der Konfessionalisierung einen mehr oder weniger starken Fokus auf das Mittelalter haben. Klosterbücher mit neuzeitlichen Inhalten gibt es beispielsweise für Niedersachsen[48], Nordrhein[49], Westfalen[50] und Württemberg.[51] Manche Klosterbücher bieten auch Online-Angebote an.[52] Der Freistaat Bayern verfügt mit „Klöster in Bayern" über eine dem österreichischen Klosterportal vergleichbare Plattform,[53] ebenso das Bundesland Rheinland-Pfalz.[54] Die Stärke von Klosterbüchern liegt in der komprimierten und streng systematischen Aufarbeitung der Untersuchungsgegenstände, wie etwa das Nordrheinische und das Westfälische Klosterbuch eindrucksvoll beweisen. Alle relevanten Niederlassungen sind in einer standardisierten und fein ausgearbeiteten Datenmaske erfasst. 1992 erschien das dreibändige Westfälische Klosterbuch als erstes seiner Art. Es wurde von etwa 90 Mitarbeitern erstellt und von der dortigen Historischen Kommission herausgegeben.

Das Entstehen von Klosterbüchern ist von den landesgeschichtlichen Lehrstühlen, Vereinen[55] und Forschungseinrichtungen sowie zum Teil den betreffenden Diözesen abhängig, weil es dafür die entsprechenden Ressourcen und das Fachwissen braucht. Oder, wie es im Schleswig-Holsteinischen Klosterbuch heißt: Es wurde die Ordensgeschichte als ein „in der hiesigen Regionalforschung eher dezentral und durch monografisch ausgerichtete Arbeitsansätze behandeltes Thema erstmals in den Mittelpunkt eines großen regionalgeschichtlichen Forschungsvorhabens" gestellt.[56]

Unterhalb der Landesebene, wo diese Strukturen nicht greifen, kommt es auf die Initiativen rühriger Forscher:innen und Institutionen an, Anreize für die Beforschung der Ordensgeschichte zu setzen. Als positives Beispiel seien die Oberpfälzer Klostersymposien in der Provinzialbibliothek Amberg genannt, bei denen in regelmäßigen Abständen kulturgeschichtlich inspirierte und regional verankerte Klostergeschichte zu wechselnden Schwerpunkten präsentiert wird.[57]

Zu den ordensbezogenen Werken: Die meisten Orden haben eigene ordensgeschichtliche Überblickswerke und Publikationsorgane geschaffen. Von einiger Bekanntheit und Renommee ist die Zeitschrift „Studien und Mitteilungen zur Geschichte des Benediktinerordens und seiner Zweige". Sie existiert seit 140 Jahren und die Redaktion hatte Anfang des 20. Jahrhunderts ihren Sitz im Kloster St. Peter in Salzburg. Seit 1925 wird sie von der Bayerischen Benediktinerakademie herausgegeben, die mit der Reihe „Germania benedictina" auch eine weitgehend vollständige Darstellung der benediktinischen Ordenshäuser im deutschen Sprachraum verantwortet.[58] Der Franziskanerorden verfügt über gleich zwei deutschsprachige Zeitschriften mit historischer Ausrichtung.[59]

3.3 Biografische und prosopografische Werke zur Salzburger Kirche

Neben der Institutionengeschichte hat die Personengeschichte in der ordenshistorischen Forschung traditionell einen starken Stand. Dies rührt von der Dominanz von Gründungspersönlichkeiten und Stiftsvorständen her.[60] Klostergeschichte nach den Regierungszeiten von Äbten und Pröpsten zu strukturieren war bis in das 20. Jahrhundert die gebräuchliche Darstellungsform. Ein für die Erzdiözese Salzburg maßgebliches Werk ist das „Monasticon Metropolis Salzburgensis antiquae" von Pirmin Lindner, das alle Stiftsvorstände der alten Orden in der Salzburger Kirchenprovinz (insgesamt 132 Häuser, 4.060 Personeneinträge) auflistet.[61]

Die Prosopografie, also die „systematische Erforschung eines Personenkreises",[62] kann als ein Hauptanliegen der Geschichte der alten Männerorden[63] bis heute betrachtet werden. Wichtigste Hilfsmittel sind die sogenannten Professbücher, die grundlegende Lebensdaten zu den mit einem Ordenshaus verbundenen Personen enthalten. Ämterlisten und Schriftstellerverzeichnisse bereichern das personenkundliche Repertoire wesentlich. Der aus Tirol stammende und in St. Peter in den Benediktinerorden eingetretene Priester Pirmin August Lindner ist der Hauptvertreter dieses Genres im späten 19. und frühen 20. Jahrhundert.[64] Seine ursprüngliche Motivation für tausende Manuskript- und Druckseiten mit personenkundlichen Informationen bestand darin, die Wunden, die die Säkularisation vor allem in Süddeutschland geschlagen hatte, mit personengeschichtlicher Aufarbeitung zu lindern. Prosopografische Werke waren schon vor über 100 Jahren finanziell defizitäre Projekte.[65] Die wissenschaftliche Langlebigkeit ist allerdings bemerkenswert: Lindners Werke stehen noch immer in Gebrauch und müssen deshalb in eine Betrachtung miteinbezogen werden. Für eine aus wissenschaftlicher Sicht notwendige Überarbeitung und Neuauflage wird sich aber kaum ein/e Bearbeiter:in finden, weil personengeschichtliche Datenbanken das gedruckte Medium weitgehend abgelöst haben. Zu nennen sind beispielsweise die prosopografische Datenbank Pro Domo,[66] die für Ordensgeistliche des 18. Jahrhunderts vielfältige Suchmöglichkeiten bereithält, das Projekt Nampi[67] sowie die vom Archiv der Erzdiözese Salzburg initiierten Regesta Ecclesiastica Salisburgensia (RES).[68] Dieses Wiki-basierte Online-Projekt dient dem „Aufbau einer Personendatenbank zur Zeit vor allem aus Quellen, die im Archiv der Erzdiözese Salzburg (AES) aufbewahrt werden" mit dem Ziel einer Erfassung kirchlicher Amtsträger in und rund um die Salzburger Kirche.[69] Dass manche Daten in Wikipedia oder in die Gemeinsame Normdatei (GND) einfließen, wo sie einen größeren Verbreitungsradius haben, ist ein willkommener Nebenaspekt.

Einzelnen herausragenden Ordenspersönlichkeiten, die das Amt eines Bischofs oder eines Abts ausübten oder die als Wissenschafter tätig waren, sind monografische Arbeiten und Tagungen gewidmet. Ein rezentes Beispiel ist eine Tagung zu Johann von Staupitz, dem Freund Martin Luthers und Abt von St. Peter, mit dessen Vita sich zuletzt 2017 eine Tagung in Salzburg befasste. Zu dem an sich gut erforschten Thema konnten einige neue landesgeschichtliche und theologische Impulse beigesteuert werden. Die schriftlichen Ergebnisse der Tagung wurden im Jahrbuch der Gesellschaft für die Erforschung des Protestantismus in Österreich präsentiert.[70]

Bei Redaktionsschluss stand eine Tagung zum Wirken der seligen Maria Theresia Ledóchowska (1863–1922), der Gründerin der Missionsschwestern vom hl. Petrus Claver, in Vorbereitung, auf deren Ergebnisse man gespannt sein darf.[71]

3.4 Kunst und Musik als Stärken der Orden
Traditioneller Weise hat die Kunstgeschichte einen gewichtigen Stand in der ordensgeschichtlichen Forschung, wobei auf die (seit 1907) bislang in 60 Bänden erschienene Österreichische Kunsttopographie (ÖKT) als maßgebliches Quellenwerk verwiesen sei. Hauptvertreter der klösterlichen Kunstgeschichte

und christlichen Ikonografie in Salzburg ist der frühere Stiftsbibliothekar von St. Peter, Adolf Hahnl.[72] Der Kunsthistoriker Michael Bohr hat die Sakralmöbel in Österreich in den Blick genommen, wovon in Klöstern reiche Bestände vorhanden sind.[73]

Klöster werden gerne mit prachtvollen Bibliotheken assoziiert. Handschriftenkunde und Bibliotheksgeschichte spielen daher eine vorherrschende Rolle in der mediävistischen Ordensgeschichte, weniger jedoch in der Erforschung der Frühen Neuzeit. Dabei verfügen einige Klosterbibliotheken über namhafte frühneuzeitliche Bestände, die mit eigenen Mitteln erschlossen werden und online recherchierbar sind.[74]

Die meisten österreichischen Stifte verfügen außerdem über ansehnliche Musikaliensammlungen. St. Peter hat beispielsweise Werke von Johann Ernst Eberlin, Anton Cajetan Adlgasser, Leopold und Wolfgang Amadeus Mozart sowie Sigismund Neukomm in seinen Beständen. Diese sind nach den Regeln des Répertoire International des Sources Musicales (RISM) verzeichnet.[75] Der langjährige Musikarchivar Petrus Eder hat einige Beiträge zur klösterlichen Musikgeschichte veröffentlicht.[76] Erfreulicherweise werden die musikalischen Schätze der Franziskaner nicht nur konservatorisch gepflegt, sondern in Zusammenarbeit mit der Innsbrucker Musikwissenschafterin Hildegard Herrmann-Schneider auch beforscht.[77] 2019 widmete sich der „Arbeitsschwerpunkt Salzburger Musikgeschichte"[78] im Rahmen einer Tagung im Kloster Michaelbeuern ausschließlich den klösterlichen Musiksammlungen.[79] Einige Musikwissenschafter orten allerdings noch viel Nachholbedarf auf diesem fruchtbaren Themenfeld.[80]

Für manch andere Forschungsbereiche, etwa die Frage nach den Patrozinien der österreichischen Klosterkirchen, fehlen die Überblickswerke. In den vergangenen Jahren hat sich die von der Österreichischen Ordenskonferenz herausgegebene Zeitschrift „Mitteilungen zu den Kulturgütern der Orden" als Medium für ordensspezifische Themen etabliert.[81]

In einem Zwischenresümee lässt sich festhalten, dass landes-, institutionen-, personen- und kunstgeschichtliche Werke eine lange Tradition[82] und hohe Beständigkeit in der Ordensgeschichte aufweisen, die von einer für lange Zeit vorherrschenden Faktengeschichte geprägt ist. Die Frage ist nun, inwieweit neue, innovative und theoriegeleitete Forschungsansätze Fuß fassen konnten und die Salzburger Ordensgeschichte in den vergangenen Jahrzehnten geprägt haben.

3.5 Christliches Weltbild oder: den Menschen stets im Blick

Ich stelle fest, dass es eine anthropologische Wende[83] in der Ordensgeschichte nicht gegeben hat und auch nicht geben konnte, weil die ausschließlich quantifizierenden Ansätze davor kaum rezipiert wurden. Der Blick auf den Menschen war nie verstellt. Das gilt auch für die wegweisende Studie des in Wien lehrenden Kirchenhistorikers Rupert Klieber über „Bruderschaften und

Liebesbünde" in Salzburg 1600–1950.[84] Trotz der enormen quantifizierenden Leistung kommen auch qualitative Methoden zum Einsatz, um dem Untersuchungsgegenstand Farbe zu verleihen. Die Bedeutung der Bruderschaften für die vormoderne Bevölkerung ist kaum zu überschätzen und die Rolle der Orden für das Funktionieren der Bruderschaften ist essenziell. Die größte Salzburger Fraternität, die Skapulierbruderschaft, umfasste 150.000 Mitglieder im Laufe ihres über 300-jährigen Bestehens. Sie wurde bemerkenswerterweise – wie vier weitere Bruderschaften – durch das Benediktinerkloster St. Peter betreut. Die Liste an Verbindungen zwischen Orden und Bruderschaften ließe sich beliebig fortsetzen. „Bruderschaften sind also ein Mittel geistlicher Eliten", schrieb Andreas Holzem 2018 in seiner pointierten Zusammenfassung der Internationalen Bruderschaftstagung in Salzburg.[85]

4. Der *cultural turn* und seine Auswirkungen auf die Ordensgeschichte

Der *cultural turn* brachte große Veränderungen für die Ordensgeschichte und schlug sich nicht zuletzt in der Themenwahl und Methodenvielfalt nieder. Die meisten der nachfolgend genannten Werke und Projekte wurden „von außen" initiiert, Salzburg präsentierte sich stärker als Rezipient der kulturellen Wende denn als Vorreiter. Manchmal sind es gebürtige Salzburger:innen, die an verschiedenen Universitätsstandorten lehren und forschen und gerne Salzburger Themen aufgreifen. Keinesfalls sind es Fragen, die nur von ordensexternen Personen an die Orden herangetragen werden. Manche Themen wurden aus einer Binnensicht aufgegriffen.

4.1 Wissenschaftsgeschichte und Aufklärungsforschung

Ein bekanntes Forschungsprojekt zur frühneuzeitlichen Ordensgeschichte ist das von Thomas Wallnig geleitete FWF-Start-Projekt „Monastische Aufklärung und die benediktinische Gelehrtenrepublik".[86] Darin wurde ein Teil des umfangreichen Nachlasses der beiden Melker Benediktiner Hieronymus und Bernhard Pez ediert, die als Historiker und Philologen die maurinische Diplomatik einführten und damit der wissenschaftlichen Aufklärung in Österreich den Weg bereiteten. Wallnig zeigt u. a. auf, dass Ordensgeschichte bereits im 18. Jahrhundert als „Kulturgeschichte" betrieben werden konnte.[87] Für Salzburg sind die Projektergebnisse durch die Salzburger Korrespondenzpartner und die Beschäftigung der Brüder Pez mit den frühmittelalterlichen Salzburger Geschichtsquellen von besonderem Interesse. Thomas Wallnig hat sich überdies eingehend mit den Möglichkeiten der Digital Humanities auseinandergesetzt.[88] Das lässt auf spannende zukünftige Projekte hoffen.

Ebenfalls mit Aufklärung in Benediktinerklöstern beschäftigt sich der aus Bayern stammende und an der University of Notre Dame in Indiana lehrende Theologe Ulrich L. Lehner. Für sein Buch über aufgeklärte Mönche wertete er auch Salzburger Archivalien aus.[89] Nur beim Thema „Klosterkerker", dem er ein eigenes Buch widmete, wurde er hierzulande nicht fündig.[90] Die unter Salzburger Beteiligung initiierte Buchreihe „Geschlossene Häuser" (Historische Studien zu Institutionen und Orten der Separierung, Verwahrung und Bestrafung) zielt darauf ab, den Begriff der „Totalen Institution" von Erving Goffmann in entsprechender Modifikation auch auf Klöster anzuwenden. Der Ansatz, der für Salzburg durch Heinz Dopsch bzw. durch Christine Schneider für die Ursulinenkonvente rezipiert wurde,[91] mag aus der Außenperspektive funktionieren, muss jedoch aus der Binnenperspektive heraus hinterfragt werden, weil er eine gewisse Unfreiwilligkeit von Klostereintritten suggeriert.

4.2 Mediengeschichte und Thanatologie

Ein ordensgeschichtlicher Schwerpunkt der vergangenen Jahre lag auf der Kommunikation im Rahmen von Todesmitteilungen, den sogenannten Totenroteln. Der seit dem Mittelalter zwischen Klöstern verbreitete Brauch, zumeist mit Kurzbiografien angereicherte Todesnachrichten zu übermitteln, wurde auf Basis von Salzburger Quellen durch den Autor dieser Zeilen einer Analyse unterzogen.[92] Jene Nachrichten, von denen einige bereits ediert wurden,[93] dienten u. a. der Vermittlung monastischer Tugenden und dem Erhalt von Gebetsleistungen durch andere Konvente. Totenroteln sind Teil eines breiten Medienspektrums, dem vor allem der bayerische Monasteriologe Georg Schrott seine Studien widmet.[94] Noch umfassender mit dem Thema Tod beschäftigt sich die Studie „Sterben, Tod und Gedenken in den österreichischen Prälatenklöstern der Frühen Neuzeit" des Kirchenhistorikers Alkuin Schachenmayr.[95] Schachenmayr ist zudem einer von wenigen, der auf dem Gebiet der klösterlichen Quellenkunde forscht.[96] Um das Thema Tod kreisen auch häufig die Werke des Salzburger Universitätsarchivars Christoph Brandhuber.[97] Seine Themen- und Methodenvielfalt von Universitäts- und Ordensgeschichte, Prosopographie, Biografik, Philologie, Epigraphik, Medizin- und Kunstgeschichte ist unverwechselbar und einzigartig. Darstellungsgegenstand ist häufig – aber nicht nur – die Benediktineruniversität.[98] Durch die Herkunft der Benediktinerprofessoren aus fast dem gesamten oberdeutschen Raum, die vergleichsweise hohe Studierendenzahlen und ihr einzigartiges benediktinisch-marianisches Profil hatte diese Ordensuniversität eine weite Ausstrahlung. Auch in den Zeiten vor und nach Bestehen jener Universität waren und sind die Benediktiner aus der Salzburger Bildungslandschaft nicht wegzudenken.[99]

4.3 Alltags- und Mikrogeschichte

Mikrogeschichtlich orientierte Beiträge ließen sich mehrere anführen, auch wenn nicht alle explizit auf das theoretische Fundament hinweisen. Mikrogeschichte basiert auf einem alltagsgeschichtlichen Ansatz bei „Verkleinerung des

Beobachtungsbereichs" und einer „engmaschigen Vernetzung unterschiedlicher Quellenarten", die eine „Annäherung an die Erfahrungsdimensionen der Zeitgenossen" ermöglicht.[100] Die kleinteilige Klosterwelt und die meist gute Quellenlage prädestinieren ordensgeschichtliche Themen für die mikrogeschichtliche Herangehens- und Darstellungsweise. Einen Beitrag zur Alltagskultur im spätmittelalterlichen Kloster lieferte Gerhard Jaritz bereits 1982[101] – eine Themenwahl, die einerseits aus wissenschaftsgeschichtlicher Sicht ihrer Zeit voraus war und andererseits für die Frühe Neuzeit immer noch ein Desiderat ist. Die beste Quellengrundlage für alltagsgeschichtliche Darstellungen bieten klösterliche Diarien, die von Oberen meist sehr konsequent und gewissenhaft geführt wurden. Paradebeispiel ist das Diarium des Abts Dominikus Hagenauer von St. Peter, der von 1786 bis 1810 in sieben Bänden Tagebuch führte. Nach jahrelanger gründlicher Vorbereitung durch Adolf Hahnl und das Ehepaar Angermüller konnte das Werk 2009 erscheinen.[102] Ein explizites Plädoyer für die „Religiöse Alltagsgeschichte" publizierte schließlich Rupert Klieber 2005 unter dem Titel „Von den erdigen Füßen der Pilger".[103]

4.4 Historische Reiseforschung

Mit den Reisen von Benediktinermönchen eröffnete das Stiftsarchiv St. Gallen 2014 ein gänzlich neues Themenfeld.[104] Anhand einer Ausstellung in St. Gallen, Einsiedeln und Salzburg konnte die Vielfalt der Reisedestinationen und -anlässe aufgezeigt werden. Die historische Reiseforschung hatte die Klöster zuvor schlichtweg „übersehen". Die von Peter Erhart neu begründete Buchreihe „Itinera monastica" will gezielt Quellen zur klösterlichen Reisekultur in hochwertiger Edition zugänglich machen. Der erste Band ist der „letzten Grand Tour" gewidmet, einer bestens dokumentierten Studienreise nach Italien in den Jahren 1804 bis 1806, die zwei Salzburger Benediktiner im Auftrag ihres Abts Dominikus Hagenauer – und letztlich mit Unterstützung ihres neuen Landesherrn, Kurfürst Ferdinand von Toskana – unternahmen.[105] Zuletzt erschien die Edition einer spätmittelalterlichen Romreise durch den Michaelbeurer Abt Georg Liebenknecht.[106] Weitere Editionen von Reiseberichten und Beiträge zur historischen Reiseforschung sind in Vorbereitung.[107]

4.5 Gastrosophie

In den vergangenen zehn Jahren sorgte das Zentrum für Gastrosophie für (lukullische) Innovationen an der Universität Salzburg. Die Ordensgeschichte profitierte durch eine Tagung zum Thema „Klosterküche. Lebensmittelversorgung, Vorratshaltung, Zubereitung und Mahlzeit in den Klöstern des österreichisch-bayerischen Raumes 1300–1800".[108] Die in Atlanta lehrende Historikerin Barbara Lawatsch-Melton zeigte sich dabei einmal mehr als Kennerin der Geschichte des Klosters Nonnberg.[109] Für die Erforschung der frühneuzeitlichen Salzburger Klosterküchen hat das Ursulinenkochbuch eine besondere Bedeutung. Es ist aufgrund seiner ursprünglichen Herkunft aus einem adeligen Haushalt für das Außenverhältnis eines Klosters ein besonders interessantes Untersuchungsobjekt.[110]

Das von Gerhard Ammerer geleitete FWF-Projekt „Regionale Tradition und Kulturtransfer in der Ernährung am Beispiel der Residenzstadt Salzburg 1500–1800" berücksichtigt die Stadt-Salzburger Klöster,[111] wobei ein Ergebnisband in naher Zukunft zu erwarten ist. Der Kulturwissenschaftler Georg Schrott konnte in erweitertem Zusammenhang für die Themen Orangeriekultur und Zitruskonsum im Kloster St. Peter gewonnen werden.[112] Neben architektur-, alltags- und ernährungsgeschichtlichen Fragen wird von ihm auch der Symbolgehalt analysiert, mithin: Zitrusfrüchte als klösterliches Kommunikationsmittel.

5. Ausblicke

Das frühneuzeitliche Erzstift Salzburg hat wegen der restriktiven Klosterpolitik seiner Fürsterzbischöfe keine dichte, aber eine traditionsreiche Klosterlandschaft zu bieten. Die Vorzüge sind nicht so sehr in der Quantität als in der Qualität zu suchen. Die weitere Entwicklung bei der Erforschung der Salzburger Klosterlandschaft wird davon abhängen, ob und inwieweit die Zusammenarbeit der kulturbewahrenden Institutionen mit Lehrstühlen, Vereinen und Forschungseinrichtungen, die einen Schwerpunkt auf Ordensgeschichte haben, gelingt. Es existieren einerseits Überblickswerke zu mitteleuropäischen Klöstern der Barockzeit, in denen Salzburg nicht einmal vorkommt.[113] Das Barockjuwel Salzburg hätte sicher etwas zum Thema anzubieten. Andererseits ist es ein sehr positives Zeichen, wenn der Historiker Andreas Sohn von der Universität Sorbonne Paris XIII regelmäßig ordensgeschichtliche Tagungen im Kloster St. Peter veranstaltet, die auch in Schriftform dokumentiert werden. Trotz der überregionalen Ausrichtung kommen hier regelmäßig auch Salzburger Beiträge auf die Tagesordnung.[114]

Online-Datenbanken haben die Zugänglichkeit von Quellen schon vor Jahren revolutioniert. Es sei auf das von Thomas Aigner initiierte Urkundenportal Monasterium verwiesen, das einige tausend Salzburger Urkunden klösterlicher Provenienz enthält.[115] Die vom Grazer Kirchenhistoriker Rudolf Höfer geschaffene Datenbank zu den Siegeln der Bischöfe der Salzburger Metropole ist ein wertvolles siegelkundliches Hilfsmittel, das unter maßgeblicher Beteiligung von Stiftsarchiven zustande kam.[116] Handschriften klösterlicher Provenienz werden durch die Österreichische Akademie der Wissenschaften über das Online-Portal Manuscripta zur Recherche und teilweise auch zur digitalen Einsichtnahme angeboten.[117]

Ordensleute waren und sind aufmerksame Beobachter ihrer Umgebung, sozusagen landesgeschichtliche Seismografen, das gilt vor allem für die ortsgebundenen Gemeinschaften. Dieser Umstand macht Ordenshäuser für die landesgeschichtliche Forschung letztlich so interessant. Im Falle der Salzburger Benediktiner kommt zudem noch eine überregionale Bedeutung hinzu. Für die Benediktiner hat Salzburg eine zentrale Stellung: nicht nur durch die Anciennität des Klosters St. Peter und die Existenz der einzigen Benediktineruniversität, sondern auch durch heutige überregional bedeutende Einrichtungen wie die Salzburger Äbtekonferenz und das Kolleg St. Benedikt.

Auch für die Franziskaner hat Salzburg als Sitz des Provinzialats überregionale Bedeutung. Für Orden mit Provinzsystem eignet sich die hier eingenommene landesgeschichtliche Perspektive allerdings nur bedingt, da von ihnen Ordensgeschichte meist in anderen geografischen Zusammenhängen betrieben wird.

Es gibt viele Forschungsdesiderate in allen Epochen, selbst für das seit Jahrhunderten bearbeitete Frühmittelalter.[118] Ein besonders großer Nachholbedarf besteht bei der Erforschung des 19. und 20. Jahrhunderts. Einzelne Erschließungsimpulse harren einer Rezeption durch die universitäre Forschung.[119] Noch am besten untersucht ist das Kloster St. Peter in der Zwischenkriegszeit, das damals wirtschaftlich vor dem Ruin stand. Die Krisenereignisse haben das historische Forschungsinteresse befördert.[120] Ein Forschungsprojekt von Alexander Pinwinkler war einem der Gründer der Salzburger Hochschulwochen, P. Thomas Michels, gewidmet.[121] Das Wirken von Frauenkongregationen ist hingegen bislang kaum untersucht, sieht man von herausragenden Beispielen wie der seligen Ordensgründerin Maria Theresia Ledóchowska[122] oder der Vinzentinerin und Widerstandskämpferin Anna Bertha Königsegg[123] ab. Richtungsweisende neue Ansätze bei der Erforschung des sozial-karitativen Wirkens von Frauenorden kamen zuletzt von der Historikerin Helga Penz.[124] Der Arbeitskreis Ordensgeschichte 19./20. Jahrhundert veranstaltet seit 20 Jahren jährlich Tagungen an der Philosophisch-Theologischen Hochschule Vallendar.[125] Salzburger Beiträge sind dem Autor dazu allerdings nicht bekannt. Die Erforschung der Klöster und Stifte während der Zeit des Nationalsozialismus ist vielfach über die Ansätze der 1990er-Jahre nicht wesentlich hinausgekommen.[126] Freilich gibt es auch Ausnahmen, etwa, wenn es in dieser Hinsicht um prominente Beispiele wie das Salzburger Franziskanerkloster geht.[127] Insgesamt gesehen bräuchte es aber dringend einen neuen Anlauf, wozu sich Kooperationen, wie etwa mit dem Franz und Franziska Jägerstätter Institut in Linz, anbieten.[128] Die in Stockholm lehrende Historikerin Iva Lucic publizierte 2020 eine Studie über die Kongregation der Schwestern von der Heiligsten Eucharistie in Salzburg-Herrnau. Das Buch beschäftigt sich mit dem Gründungsprozess, dem „Wandel religiöser Vorstellungen und Alltagsformen" sowie mit „Transformationsprozesse[n] im Katholizismus vor dem Zweiten Vatikanischen Konzil". Es ist ein erfreulicher Baustein für die ordenshistorische Vielfalt.[129] Jene der Leserschaft näherzubringen war Ziel des vorliegenden Beitrags. Derartige Überblicksvorhaben sind nicht ohne Risiko für ihren Autor. So hofft dieser höflich auf Nachsicht der Fachkolleg:innen, die eventuell aus Unkenntnis in der Darstellung nicht erwähnt wurden, zu kurz gekommen sind oder gar verkürzt dargestellt wurden.

Abschließend sei noch einmal die eingangs zitierte „Geschichte Salzburgs" thematisiert, deren Umschlag des ersten Bandes die Abbildung einer mediterranen mittelalterlichen Arbeit aus Elfenbein ziert. Dieser seltene, sogenannte Tau-Stab – auch bekannt als „Rupertuspastorale" – ist das Zeichen äbtlicher Würde. Es stammt aus dem Kloster St. Peter und wird in den dortigen Kunstsammlungen aufbewahrt. Geziert wird der Stab außerdem von einer Silbermanschette mit zwei gravierten Schriftbändern, deren Inschriften auf das zweite Viertel des 13. Jahrhunderts verweisen. Die eigentliche Bedeutung der Inschrift blieb aufgrund einer fehlerhaften Transkription und Interpretation lange unklar, bis schließlich der ehemalige Leiter der Universitätsbibliothek, Karl Forstner, das Objekt für die „Mitteilungen der Gesellschaft für Salzburger Landeskunde" untersuchte.[130] Die Inschrift ist eine Erinnerung an die Vergänglichkeit des Menschen und an den Tod, ein Memento mori, wie Karl Forstner aufzeigen konnte: „+AVE MARIA GRACIA P[lena]", „CRAS DABOR? NON HODIE. A MOR(te) VIN(cor)" – „Werde ich morgen dem Tode übergeben? Heute (vielleicht) nicht. Vom Tode werde ich (sicher) bezwungen." Forstners Beispiel zeigt, dass eine Beschäftigung mit Klöstern und Orden nicht nur das nötige hilfswissenschaftliche Rüstzeug erfordert, sondern vor allem Empathie und Kenntnisse christlicher Gebräuche und Symbole. Mit dem „weltlichen Blick" allein wird man der Ordenswelt nicht gerecht. Karl Forstner zeigte auch, dass es immer die Beschäftigung mit den Quellen braucht; Ordensgeschichte lebt vom direkten Zugang zu den Quellen. Ordensarchive und verwandte Kultureinrichtungen sind „Lernorte", an denen die „Aura" des Originals exklusiv erfahrbar ist.[131] Ihre Benützung ist mehr als nur ein Beitrag zu ihrer Existenzberechtigung. Es bedeutet, der Wahrheit eine Tür zu öffnen. Um die professionelle Arbeit in den Ordensarchiven zu befördern, gibt es in Österreich seit rund 20 Jahren eine Arbeitsgemeinschaft der Ordensarchive.[132] Diese wird sich auch in den kommenden Jahren für eine verstärkte Vernetzung und Zusammenarbeit von Archiven und historischer Forschung einsetzen.

Endnoten

1 *Jutta Baumgartner / Wolfgang Neuper, unserm land … Salczburg* – Einblicke in die Geschichte des Erzstifts Salzburg. Online-Ringvorlesung, Univ. Salzburg, WS 2020/21, LV-Nr. 603.351, Abhaltungstermin 7.1.2021.

2 Der Autor dankt in diesem Zusammenhang vor allem Helga Penz, Herzogenburg, und Sonja Führer, Salzburg, für ihre wertvollen kritischen Anmerkungen und Hinweise.

3 *Derek Beales*, Europäische Klöster im Zeitalter der Revolution. 1650–1815, Wien 2008, S. 2; *Peter Hersche*, Klosterkultur im Barock, vornehmlich im romanischsprachigen Europa. Ein Überblick, in: Klaus Landa / Christoph Stöttinger / Jakob Wührer, Hg., Stift Lambach in der Frühen Neuzeit. Frömmigkeit, Wissenschaft, Kunst und Verwaltung am Fluss, Linz 2012, S. 43–57, hier S. 45. Eine tabellarische Übersicht nach Ländern bietet *Peter Hersche*, Muße und Verschwendung. Europäische Gesellschaft und Kultur im Barockzeitalter. Bd. 2, Freiburg i. Br. 2006, S. 1080–1089.

4 *Beales*, Klöster, S. 3–4.

5 *Ernst Klebel*, Der Lungau. Historisch-politische Untersuchung (MGSL Erg.-Bd. 1), Salzburg 1960: Im Lungau entfielen 35–40 Prozent des dortigen Grundbesitzes auf das Domkapitel, neun Prozent auf Nonnberg und drei bis vier Prozent auf andere Stifte wie beispielsweise Admont und Ossiach. Die Zahlen, die bei *Ernst Bruckmüller / Gerhard Ammerer*, Die Land- und Forstwirtschaft in der frühen Neuzeit, in: Heinz Dopsch / Hans Spatzenegger, Hg., Geschichte Salzburgs. Stadt und Land. Bd. II/4, Salzburg 1991, S. 2501–2562, hier S. 2506, für das Pfleggericht Mattsee präsentiert werden, weisen auf einen ähnlich hohen Ordensanteil hin: In der zweiten Hälfte des 18. Jahrhunderts gehörten rund 28 Prozent der dortigen Untertanen der Grundherrschaft des Stifts Mattsee an, 15 Prozent waren an andere geistliche Grundherrschaften, darunter die Klöster St. Peter in Salzburg und Michaelbeuern, gebunden.

6 *Flordius Röhrig*, Hg., Die ehemaligen Stifte der Augustiner-Chorherren in Österreich und Südtirol, Klosterneuburg 2005.

7 Das schicksalhafte Wirken der Kapuziner im Pongau wurde jüngst dokumentiert durch *Martin Scheutz*, Hg., Predigt, Beichte und Soldaten. Die Kapuzinermission im Salzburger Pongau 1613–1616 im Bericht von Johann Stainhauser (1570–1625), (Salzburg Studien 22), Salzburg 2021.

8 *Friederike Zaisberger*, Hg., Reformation – Emigration. Protestanten in Salzburg, Salzburg 1981.

9 *Marcus Handke*, Tagungsbericht: Wohin geht die Ordensgeschichte? Themen, Wege und Methoden einer vergleichenden Forschung, 27.10.2016–29.10.2016 Dresden, in: H-Soz-Kult, 24.03.2017, online www.hsozkult.de/conferencereport/id/tagungsberichte-7076 (Stand 25.2.2023). Dem dort zusammengefassten Beitrag von Christina Lutter zufolge sind „Klosterlandschaften" ein „pragmatisches Konzept [...] das dazu beiträgt, die Kultur und Spezifikation einer Region durch unterschiedliche innere und äußere Beziehungen und Zugehörigkeiten zu definieren. Diese Zusammenhänge könnten die spezifische politische sowie kirchliche Topographie einschließen (seien es Interaktionen mit Städten, mit dem Adel oder mit anderen monastischen Institutionen) und damit den jeweiligen Kontext erhellen."

10 *Gert Melville*, Klosterlandschaft, in: Franz J. Felten / Harald Müller / Heidrun Ochs, Hg., Landschaft(en). Begriffe, Formen und Implikationen (Geschichtliche Landeskunde 68), Stuttgart 2012, S. 195–222.

11 *Melville*, Klosterlandschaft, S. 221.

12 *Roman Czaja* et al., Hg., Klosterlandschaften. Methodisch-exemplarische Annäherungen (MittelalterStudien 16), Paderborn 2008.

13 *Heinz Dopsch*, Klöster und Stifte, in: ders. / Hans Spatzenegger, Hg., Geschichte Salzburgs. Stadt

und Land. Bd. I/2, Salzburg 1983, S. 1002–1053, hier S. 1002.

14 *Korbinian Birnbacher / Gabriele Pursch*, Hg., Klöster & Stifte. Ein Führer zu den Klöstern und Stiften in der EuRegio Salzburg – Berchtesgadener Land – Traunstein, Freilassing 2011, online: https://www.euregio-salzburg.info/broschueren/kloester-stifte/ (Stand 25.2.2023).

15 *Christine Gigler*, Quellen zur Geschichte der Klöster und Orden im Archiv der Erzdiözese Salzburg. Vortrag gehalten im Rahmen der gemeinsamen Jahrestagung der ARGE Diözesanarchive und ARGE Ordensarchive Österreichs 2010 in St. Lambrecht.

16 Es würde in diesem Rahmen zu weit führen, eine vollständige Übersicht bieten zu wollen. Die für das frühneuzeitliche Salzburg maßgeblichen Hofkalender sind vielfach bereits online abrufbar. Das vom Erzbischöflichen Ordinariat herausgegebene Handbuch der Erzdiözese Salzburg bietet Informationen zum zeitgeschichtlichen und gegenwärtigen Personalstand. Darüber hinaus existieren zu einzelnen Orden gedruckte Personalkataloge, worüber in einschlägigen Archiven und Bibliotheken Informationen eingeholt werden können.

17 Österreichische Nationalbibliothek, ANNO Historische Zeitungen und Zeitschriften, online https://anno.onb.ac.at/ (Stand 12.5.2023).

18 *Dopsch*, Klöster, S. 1008.

19 *Klaus Tragbar*, Neue Forschungen zu St. Peter in Salzburg, in: Bericht über die 45. Tagung für Ausgrabungswissenschaft und Bauforschung vom 30. April bis 4. Mai 2008 in Regensburg, Dresden 2010, S. 257–265.

20 *Dopsch*, Klöster, S. 1009.

21 *Gerald Hirtner*, Forschungsgespräche zur Frühgeschichte von St. Peter. Anlass, Ziele und Ergebnisse eines akademischen Forums, in: MGSL 160/161 (2020/2021), S. 27–38, hier S. 35–36.

22 *Dopsch*, Klöster, S. 1053.

23 *Gerhard Ammerer*, Mikrogeschichte, Vergleich, Transfer & Co. Neue Forschung(sstrategi)en zur frühneuzeitlichen Landes- und Regionalgeschichte seit den 1970-er Jahren am Beispiel des Erzstifts Salzburg, in: MGSL 152 (2012), S. 207–252, online https://www.zobodat.at/pdf/MGSL_152_0207-0252.pdf (Stand 27.2.2023).

24 Ebd., S. 208.

25 Ebd., S. 237.

26 Ebd., S. 237.

27 *Sabine Falk-Veits*, Alltag und Lebensformen im Augustiner-Chorherrenstift Berchtesgaden (16. bis 18. Jahrhundert), in: Walter Brugger / Heinz Dopsch / Peter F. Kramml, Hg., Geschichte von Berchtesgaden. Stift, Markt, Land, Bd. 2, Berchtesgaden 1995, S. 1055–1132.

28 *Walter Brugger / Heinz Dopsch / Joachim Wild*, Hg., Höglwörth. Das Augustiner-Chorherrenstift mit den Pfarreien Anger und Piding (Salzburg-Studien 9), Salzburg 2012.

29 *Hermann Dannheimer*, Das Kloster im Frühen und Hohen Mittelalter, in: Walter Brugger / Heinz Dopsch / Joachim Wild, Hg., Herrenchiemsee. Kloster – Chorherrenstift – Königsschloss, Regensburg 2011, S. 21–50.

30 *Johannes Lang*, St. Zeno in Reichenhall. Geschichte des Augustiner-Chorherrenstifts von der Gründung bis zur Säkularisation (Studien zur bayerischen Verfassungs- und Sozialgeschichte 22), München 2009.

31 *Korbinian Birnbacher*, Die Erzbischöfe von Salzburg und das Mönchtum zur Zeit des Investiturstreites (1060–1164) (Studien und Mitteilungen zur Geschichte des Benediktiner-Ordens und seiner Zweige Erg.-Bd. 41), St. Ottilien 2001.

32 *Franz Pagitz*, Die Geschichte des Kollegiatstiftes Maria Wörth. Ein Beitrag zur Austria Sacra, Klagenfurt 1987.

33 *Wolfgang Neuper*, Die Besitzgeschichte des Stiftes Mattsee im Mittelalter, Dipl.-Arb. Univ. Salzburg 2008.

34 *Gerald Hirtner*, Hg., Die Kocherchronik. Die Kapuziner im Lungau, Mariapfarr 2008. Ebenfalls den Tamsweger Kapuzinern gewidmet, aber mit anderen Schwerpunkten versehen ist die unpublizierte Arbeit von *Herlinde Franze-Birsak*, Die Kapuziner im Lungau und die Kocher Chronik, Hausarbeit Univ. Salzburg 1985.

35 *Franz Ortner*, Spuren eines ungewöhnlichen Ordens. 400 Jahre Kapuziner in Salzburg – Erbe und Auftrag, in: Wolfgang Bildstein, Hg., 400 Jahre Kapuziner in Salzburg, Neukirchen am Großvenediger 2003, S. 22–132.

36 *Franz Ortner*, Theresia Zechner 1697–1763 und die Halleiner Schulschwestern 1723–1997. Eine Antwort auf die Zeichen der Zeit, Salzburg 1997.

37 *Johann Sallaberger*, Die Augustiner-Eremiten im Erzstift Salzburg im 17. Jahrhundert (Studia Augustiniana historica 5), Rom 1977.

38 *Hermann Josef Roth*, James Lester Hogg, in: Cistercienser Chronik 126 (2019), S. 172–174. Das beachtliche Œuvre siehe beispielsweise online unter http://opac.regesta-imperii.de/lang_en/autoren.php?name=Hogg%2C+James+Lester (Stand 25.2.2023).

39 *Alphons Zak*, Österreichisches Klosterbuch. Statistik der Orden und Kongregationen der katholischen Kirche in Österreich, Wien – Leipzig 1911.

40 *Marian Fidler*, Austria Sacra: Oesterreichische Hierarchie und Monasteriologie. Geschichte der ganzen österreichischen, weltlichen und klösterlichen Klerisey beyderley Geschlechts … , Wien 1788. Unter demselben Titel „Austria sacra" initiierte der Mediävist Leo Santifaller in den 1950er-Jahren eine Reihe, die jedoch unvollständig blieb und die Orden weitgehend nicht berücksichtigte.

41 *Lorenz Hübner*, Beschreibung des Erzstiftes und Reichsfürstenthums Salzburg in Hinsicht auf Topographie und Statistik, 3 Bde., Salzburg 1796.

42 *Franz Caramelle / Richard Frischauf*, Die Stifte und Klöster Tirols, Innsbruck – Wien 1985.

43 *Josef Pühringer*, Hg., Oberösterreichs Stifte. Inseln für Seele und Leib, Linz 2009.

44 Österreichisches Klosterportal, online https://www.ordensgemeinschaften.at/kultur/liste (Stand 25.2.2023).

45 Germania sacra, online: https://adw-goe.de/germania-sacra/ (Stand 25.2.2023).

46 *Johannes Lang*, Das Augustinerchorherrenstift St. Zeno in Reichenhall (Germania Sacra 3/9), Berlin – Boston 2015, online http://germania-sacra-datenbank.uni-goettingen.de/books/view/162/2 (Stand 4.3.2023); *Edgar Krausen*, Die Zisterzienserabtei Raitenhaslach, (Germania Sacra 2/11), Berlin – New York 1977, online http://germania-sacra-datenbank.uni-goettingen.de/books/view/19/102 (Stand 4.3.2023).

47 *Petra Zimmer*, Zum Abschluss der „Helvetia Sacra" – Ein Rückblick, in: Basler Zeitschrift für Geschichte und Altertumskunde 108 (2008), S. 5–11, online doi:10.5169/seals-391680 (Stand 2.3.2023).

48 *Josef Dolle*, Niedersächsisches Klosterbuch. Verzeichnis der Klöster, Stifte, Kommenden und Beginenhäuser in Niedersachsen und Bremen von den Anfängen bis 1810. 4 Bde., Bielefeld 2012.

49 *Manfred Groten*, Hg., Nordrheinisches Klosterbuch. Lexikon der Stifte und Klöster bis 1815. 2 Bde (A–K), Siegburg 2009–2012. Zur Fortsetzung des Projekts siehe LVR-Institut für Landeskunde und Regionalgeschichte, online https://rheinische-landeskunde.lvr.de/de/geschichte/geschichte_projekte/aktuelle_projeke/nordrheinisches_klosterbuch/klosterbuch_projekt_info.html (Stand 26.2.2023).

50 *Karl Hengst*, Westfälisches Klosterbuch. Lexikon der vor 1815 errichteten Stifte und Klöster von ihrer Gründung bis zur Aufhebung. 3 Bde, Münster 1992–2003.

51 *Wolfgang Zimmermann / Nicole Prieschnig*, Württembergisches Klosterbuch. Klöster, Stifte und Ordensgemeinschaften von den Anfängen bis in die Gegenwart, Ostfildern 2003. Für Baden ist ein entsprechendes Werk

in Vorbereitung: Badisches Klosterbuch und Bettelorden im Südwesten, online https://www.landesarchiv-bw.de/de/aktuelles/nachrichten/73755 (Stand 26.2.2023).

52 Digitale Klosterbücher, online https://www.klosterlexikon-rlp.de/weiterfuehrende-hinweise/links/dig()itale-klosterbuecher.html (Stand 26.2.2023).

53 Klöster in Bayern, online https://www.hdbg.eu/kloster/ (Stand 25.2.2023).

54 Klöster und Stifte in Rheinland-Pfalz – auf dem Weg zu einem rheinländisch-pfälzischen Klosterlexikon, online https://www.klosterlexikon-rlp.de/startseite.html (Stand 26.2.2023).

55 Für die historischen Vereine in Deutschland gibt es bereits seit 1852 einen Gesamtverein mit derzeit 200 Mitgliedsvereinen und eigenem Publikationsorgan, online https://www.gesamtverein.de/aktuelles.html (Stand 26.2.2023).

56 *Oliver Auge / Katja Hillebrand*, Die Klosterforschung zwischen Elbe und Königsau/Kongeå in Vergangenheit und Gegenwart. Ein Überblick, in: dies., Hg., Klosterbuch Schleswig-Holstein und Hamburg. Klöster, Stifte und Konvente von den Anfängen bis zur Reformation, Regensburg 2019.

57 *Georg Schrott / Christian Malzer / Manfred Knedlik*, Hg., Armarium, Buchkultur in Oberpfälzer Klöstern, Amberg 2016; *Georg Schrott / Christian Malzer* (Hg.), Mors. Tod und Totengedenken in den Oberpfälzer Klöstern, Amberg 2019. Zur Oberpfalz in Übersicht: *Tobias Appl / Manfred Knedlik*, Hg., Oberpfälzer Klosterlandschaft. Die Klöster, Stifte und Kollegien der Oberen Pfalz (Beiträge zur Geschichte und Kultur der Oberpfalz 2), Regensburg 2016.

58 *Ulrich Faust / Waltraud Krassnig*, Red., Die benediktinischen Mönchs- und Nonnenklöster in Österreich und Südtirol. 3 Bde. (Germania Benedictina III), St. Ottilien 2000–2002. Siehe insbesondere die darin enthaltenen Beiträge zu Bischofshofen, Maria Plain, Mattsee, Michaelbeuern, Radstadt, Salzburg/Kolleg St. Benedikt, Salzburg/Nonnberg, Salzburg/St. Peter, Salzburg/Petersfrauen, Salzburg/Universität, Schwarzach.

59 Franziskanische Studien: Vierteljahresschrift, 1914–; Wissenschaft und Weisheit: franziskanische Studien zu Theologie, Philosophie und Geschichte, 1934–1944, 1949–.

60 Als rezentes Beispiel einer Äbtebiografie siehe *Andreas Lainer*, Albert Nagnzaun (1777–1856). Abt von St. Peter in Salzburg (1818–1856). Dipl. Arb. Univ. Salzburg 2008.

61 *Pirmin Lindner*, Monasticon Metropolis Salzburgensis antiquae, Salzburg 1908.

62 Definition nach Wikipedia, Prosopographie, online https://de.wikipedia.org/wiki/Prosopographie (Stand 26.2.2023). Die Definition nach Brockhaus. Enzyklopädie in 24 Bänden. Bd. 17., Mannheim 1992, S. 543 lautet: „Untersuchung der allgemeinen Merkmale des Werdegangs einer historischen Personengruppe durch ein zusammenfassendes Studium ihrer Lebensläufe".

63 Hierunter werden jene Ordensgemeinschaften verstanden, die vor dem Aufkommen der ersten Bettelorden im 13. Jahrhundert entstanden sind. Sie berufen sich entweder auf die Benedikt- oder die Augustinusregel, die einzelnen Klöster sind mehr oder weniger durch Eigenständigkeit gekennzeichnet.

64 *Gerald Hirtner*, Der Ordenshistoriker P. Pirmin Lindner (1848–1912) von Sankt Peter in Salzburg. Leben – Hauptwerk – Perspektiven, in: Andreas Sohn, Hg., Benediktiner als Historiker, Bochum 2016, S. 125–144.

65 Ebd., S. 135.

66 Pro Domo, St. Peter, online https://prodomo.icar-us.eu/gemeinschaft/stp (Stand 26.2.2023).

67 Nuns and Monks – Prosopographical Interfaces (NAMPI), online https://data.nampi.icar-us.eu/ (Stand 26.3.2023).

68 RES, online https://res.icar-us.eu/index.php/Hauptseite (Stand 26.2.2023).

69 Ebd.

70 Tagungsband Staupitz, Luther und Salzburg in den Jahren 1517–1524 (Jahrbuch für die Geschichte des Protestantismus in Österreich 134/135), Leipzig 2021.

71 Der jeweils aktuelle Projektstand ist online abrufbar unter https://ledochowska.at/ (Stand 25.2.2023).

72 *Adolf Hahnl*, Plus librorum. Beiträge von Adolf Hahnl zur Salzburger Kunstgeschichte, Salzburg 2013.

73 *Michael Bohr*, Sakralmöbel aus Österreich. Von Tischlern und ihren Arbeiten im Zeitalter des Absolutismus. Bd. 2: Kunstlandschaften im Norden, Süden und Westen, Wien – Köln – Weimar 2021.

74 Katalog der Ordensbibliotheken und Stiftsbibliothek St. Peter, online https://kobi.ordensgemeinschaften.at/ (Stand 10.05.2023); Stiftsbibliothek Michaelbeuern, online http://bibliothek.abtei-michaelbeuern.at/ (Stand 10.05.2023). Eine Übersicht bietet ein von Andreas Hepperger erstelltes bibliografisches Portal für Klosterbibliotheken in Österreich, online https://www.armarium.eu/ (Stand 12.5.2023).

75 Das Musikalienarchiv im Stift St. Peter, online https://erzabtei.at/de/kultur/index.asp?dat=Musikalienarchiv (Stand 26.2.2023).

76 *Petrus Eder*, Hg., Das Benediktinerstift St. Peter in Salzburg zur Zeit Mozarts. Musik und Musiker – Kunst und Kultur, Salzburg 1991.

77 *Oliver Ruggenthaler*, Der Musikalienbestand des Franziskanerklosters Salzburg. Relikte aus dem 18. Jahrhundert, in: MGSL 147 (2007), S. 267–384.

78 Arbeitsschwerpunkt Salzburger Musikgeschichte. Kooperationspartner im Schwerpunkt „Wissenschaft und Kunst", online https://www.salzburger-musikgeschichte.at/ (Stand 15.3.2023).

79 Salzburgs Musikgeschichte im Spiegel klösterlicher Musiksammlungen, Symposion am 20. September 2019 in Michaelbeuern, online https://www.salzburger-musikgeschichte.at/wp-content/uploads/2019/09/Symposium-Michaelbeuern_Programmheft.pdf (Stand 15.3.2023).

80 *Johannes Prominczel*, Die Klostermusiksammlung – eine Herausforderung, in: Mitteilungen des Referats für die Kulturgüter der Orden 4 (2019), S. 173–180, hier S. 173, online https://www.ordensgemeinschaften.at/kultur/ejournal/mirko_2019_prominczel_klostermusiksammlung.pdf (Stand 26.2.2023).

81 Mitteilungen zu den Kulturgütern der Orden (MiKO), online https://www.ordensgemeinschaften.at/kultur/e-journal (Stand 26.2.2023).

82 Die Pflege der Geschichtswissenschaft erfolgte durch einzelne Benediktinermönche die gesamte Neuzeit hindurch. Zum Thema: *Thomas Wallnig / Patrick Fiska / Ines Peper / Thomas Stockinger*, Hg., Europäische Geschichtskulturen um 1700 zwischen Gelehrsamkeit, Politik und Konfession, Berlin – Boston 2012.

83 Die „anthropologische Wende" (historische Anthropologie) kann als Gegenbewegung zur reinen Strukturgeschichte gesehen werden. Dazu *Ammerer*, Mikrogeschichte, S. 220: „Die quantitativ untermauerte Sicht auf gesellschaftliche, administrative und wirtschaftliche Gegebenheiten und Prozesse hatte zweifellos zu wesentlichen Veränderungen in der Historiographie und zu neuen Perspektiven geführt, doch hatten die Modelle und Strukturen mehr und mehr den individuellen Menschen überdeckt, der in der Wiener Version noch weiterexistierte, dort vor allem jedoch in die autobiografische Erzählung („Damit es nicht verlorengeht") ausgelagert wurde, während er in der Bielefelder Variante der Historischen Sozialwissenschaft tatsächlich verloren ging. Diese ignorierte das Schicksal und die historische Dimension von Individuen und Gruppen (sowohl der Großen in der Politik als auch der Kleinen im Dorf) unterhalb der größeren sozialen Formationen und richtete ihr Augenmerk auf die übergeordneten sozialen Strukturen, Funktionen und Verhältnisse."

84 *Rupert Klieber*, Bruderschaften und Liebesbünde nach Trient. Ihr Totendienst, Zuspruch und Stellenwert im kirchlichen und gesellschaftlichen Leben am Beispiel Salzburg 1600–1950, Frankfurt am Main u. a. 1999.

85 *Andreas Holzem*, Wissen – Praktiken – Emotionen. Nachdenken über eine kulturgeschichtliche Weiterführung der Bruderschaftsforschung, in: Elisabeth Lobenwein / Martin Scheutz / Alfred Stefan Weiß, Hg., Bruderschaften als multifunktionale Dienstleister der Frühen Neuzeit in Zentraleuropa (Veröffentlichungen des Instituts für Österreichische Geschichtsforschung 70), Wien – Köln – Weimar 2018 S. 529–546, hier S. 540.

86 Monastische Aufklärung und benediktinische Gelehrtenrepublik, online https://geschichtsforschung.univie.ac.at/forschung/abgeschlossene-projekte/monastische-aufklaerung-benediktinische-gelehrtenrepublik-fwf-start-programm/ (Stand 27.2.2023).

87 *Thomas Wallnig*, Ordensgeschichte als Kulturgeschichte?, in: ders. / Patrick Fiska / Ines Peper / Thomas Stockinger, Hg., Europäische Geschichtskulturen um 1700 zwischen Gelehrsamkeit, Politik und Konfession, Berlin – Boston 2012, S. 201.

88 *Howard Hotson / Thomas Wallnig*, Hg., Reassembling the Republic of Letters in the Digital Age. Standards, Systems, Scholarships, Göttingen 2019, online https://univerlag.uni-goettingen.de/handle/3/isbn-978-3-86395-403-1 (Stand 27.2.2023); dazu *Jochen Strobel*, Die ganze Gelehrtenrepublik, online https://literaturkritik.de/hotson-wallnig-reassembling-the-republic-of-letters-in-the-digital-age-die-ganze-gelehrtenrepublik,26336.html (Stand 27.2.2023).

89 *Ulrich L. Lehner*, Enlightened Monks. The German Benedictines 1740–1803, Oxford 2011.

90 Ders., Mönche und Nonnen im Klosterkerker. Ein verdrängtes Kapitel Kirchengeschichte, Kevelaer 2015.

91 *Heinz Dopsch*, Klöster als Orte der Verwahrung? Zwischen benediktinischer Ortsgebundenheit und apostolischer Mission, in: Gerhard Ammerer / Arthur Brunhart / Martin Scheutz / Alfred Stefan Weiß, Hg., Orte der Verwahrung. Die innere Organisation von Gefängnissen, Hospitälern und Klöstern seit dem Spätmittelalter (Geschlossene Häuser 1), Leipzig 2010, S. 297–326; *Christine Schneider*, „Unser geistliches Haus". Klausur und innere Organisation der österreichischen Ursulinenklöster im 18. Jahrhundert, in: ebd., 327–342.

92 *Gerald Hirtner*, Netzwerk der Tugendhaften. Neuzeitliche Totenroteln als historische Quelle (Studien und Mitteilungen zur Geschichte des Benediktinerordens und seiner Zweig Erg.-Bd. 48), St. Ottilien 2014.

93 Zuletzt wurde die Rotel auf Abt Kilian Püttricher (gest. 1535) ediert durch *Gerald Hirtner*, Klösterliche Memoria im frühen 16. Jahrhundert, in: Peter F. Kramml / Thomas Mitterecker, Hg., Zeit des Umbruchs. Salzburg unter Leonhard von Keutschach und Matthäus Lang (1495–1540). Ergebnisse der internationalen Fachtagung von 11. bis 12. Juni 2019 in Salzburg (Schriftenreihe des Archivs der Stadt Salzburg 57), Salzburg 2020, S. 541–563.

94 *Georg Schrott*, Leichenpredigten für bayerische Prälaten der Barock- und Aufklärungszeit, München 2012, insbes. S. 198.

95 *Alkuin Volker Schachenmayr*, Sterben, Tod und Gedenken in den österreichischen Prälatenklöstern der Frühen Neuzeit, Heiligenkreuz 2016 (zugl. Habil. Univ. Würzburg).

96 *Alkuin Schachenmayr*, Intentionsbücher, in: Südwestdeutsche Archivalienkunde, online https://www.leo-bw.de/themenmodul/sudwestdeutsche-archivalienkunde/archivaliengattungen/amtsbucher/intentionsbucher (Stand 27.2.2023).

97 Siehe beispielsweise *Christoph Brandhuber / Maximilian Fussl*, In Stein gemeißelt. Salzburger Barockinschriften erzählen, Salzburg – Wien 2017; *Christoph Brandhuber*, Gymnasium

mortis. Das Sacellum der Universität Salzburg und seine Sitzgruft, Salzburg – Wien 2014.

98 Zuletzt: *Christoph Brandhuber*, PLUSpunkte. 400 Jahre Universität Salzburg, Salzburg 2022.

99 *Friedrich Hermann*, Salzburgs hohe Schule zwischen den Volluniversitäten 1810 bis 1962, Ottobeuren 1972. Zur Lateinschule des Klosters St. Peter war bei Redaktionsschluss eine Qualifikationsarbeit durch Eva Riedlsperger in Vorbereitung.

100 *Ammerer*, Mikrogeschichte, S. 224.

101 *Gerhard Jaritz*, Zur Alltagskultur im spätmittelalterlichen St. Peter, in: [Adolf Hahnl, Red.], Festschrift St. Peter zu Salzburg 582–1982, Salzburg 1982, S. 548–569.

102 *Adolf Hahnl / Hannelore Angermüller / Rudolph Angermüller*, Bearb., Abt Dominikus Hagenauer (1746–1811) von St. Peter in Salzburg. Tagebücher 1786–1810 (Studien und Mitteilungen zur Geschichte des Benediktinerordens und seiner Zweige Erg.-Bd. 46), St. Ottilien 2009. Das Werk wurde 2010 mit einem Förderpreis des Erzbischof-Rohracher-Studienfonds ausgezeichnet; 2018 folgte eine Anerkennung durch die UNESCO-Kommission Österreich, die den Archivbestand des Abts Dominikus Hagenauer in die Liste des nationalen Dokumentenerbes aufnahm.

103 *Rupert Klieber*, Von den erdigen Füßen der Pilger. Religiöse Alltagsgeschichte als Konkretisierung und Korrektiv der Kirchengeschichte, in: ders. / Hermann Hold, Hg., Impulse für eine religiöse Alltagsgeschichte des Donau-Alpen-Adria-Raumes, Wien – Köln – Weimar 2005, S. 243–248.

104 *Peter Erhart / Jakob Kuratli Hüeblin*, Hg., Vedi Napoli e poi muori. Grand Tour der Mönche, St. Gallen 2014.

105 *Korbinian Birnbacher*, Hg., Die letzte Grand Tour. Die Italienreise der Patres Alois Stubhahn und Albert Nagnzaun von St. Peter in Salzburg 1804–1806 (Itinera monastica I), Wien – Köln – Weimar 2017.

106 *Gerald Hirtner / Michael Fröstl*, Die Romreisen des Abts Georg Liebknecht von Michaelbeuern (1448/1450). Edition, Kommentar und Übersetzung, in: Peter Erhart / Jakob Kuratli Hüeblin, Hg., Nach Rom gehen. Monastische Reisekultur von der Spätantike bis in die Neuzeit (Itinera Monastica III), Wien – Köln – Weimar 2021, S. 165–182.

107 *Gerald Hirtner*, (Be-)ständig auf Reisen. Benediktinische Dienstreisen im frühneuzeitlichen Österreich. Drucklegung bei Redaktionsschluss in Vorbereitung.

108 *Andrea Hofmeister-Winter*, Hg., Kochbuchforschung interdisziplinär. Beiträge der kulinarhistorischen Fachtagungen in Melk 2015 und Seckau 2016 (Grazer mediävistische Schriften 1), Graz 2017, online https://unipub.uni-graz.at/download/pdf/3513278 (Stand 27.2.2023).

109 *Barbara Lawatsch-Melton*, Mahlzeiten, Speisen und nachhaltiges Wirtschaften im nachtridentinischen Benediktinen-Stift Nonnberg in Salzburg, in: ebd., S. 27–40.

110 *Barbara Morino*, Hg., Das Kochbuch der Ursulinen aus dem Jahr 1716 mit 560 Rezepten (Gastrosophische Bibliothek 3), Wien 2013; *Martina Rauchenzauner*, Vom Genuss zum Seelenheil? Die Salzburger Ursulinen und ihre Ernährungsgewohnheiten im 17. und 18. Jahrhundert, in: Hofmeister-Winter, Kochbuchforschung, S. 41–54.

111 *Gerald Hirtner*, Ernährungsgeschichte der Salzburger Klöster. Rechtliche, wirtschaftliche und kulturelle Dimensionen, ca. 1500–1800. Drucklegung bei Redaktionsschluss in Vorbereitung.

112 *Georg Schrott*, Orangeriekultur im Salzburger Benediktinerstift St. Peter – ein Sonderfall?, in: MGSL 154/155 (2014/2015), S. 279–299; *ders.*, Limoni Koch und Pomeranzen Krenn. Quellen zum Zitruskonsum im Salzburger Stift St. Peter am Ende der Frühen Neuzeit, in: Mitteilungen zu den Kulturgütern der Orden 5 (2020), S. 77–94, online https://www.ordensgemeinschaften.at/kultur/ejournal/miko_2020_schrott_zitruskonsum.pdf (27.2.2023).

113 *Markwart Herzog / Huberta Weigl*, Mitteleuropäische Klöster der Barockzeit. Vergegenwärtigung monastischer Vergangenheit in Wort und Bild, Konstanz 2011.

114 Bislang sind erschienen: *Andreas Sohn*, Hg., Benediktiner als Historiker (Aufbrüche 5), Bochum 2016; *ders.*, Hg., Benediktiner als Päpste, Regensburg 2018.

115 Monasterium, Archivbestände, online https://www.monasterium.net/mom/fonds (Stand 27.2.2023).

116 Siegel der Bischöfe der Salzburger Metropole, online https://gams.uni-graz.at/context:epis (Stand 27.2.2023).

117 Mittelalterliche Handschriften in Österreich, online https://manuscripta.at/ (Stand 10.5.2023).

118 Siehe die Beiträge zur Rupert-Tagung in den MGSL 160/161 (2020/2021).

119 *Gerald Hirtner*, Abt Romuald Horner von St. Peter in Salzburg (1876–1901). Verortung und Quellen, in: Mitteilungen zu den Kulturgütern der Orden 6 (2021), S. 116–129, online https://www.ordensgemeinschaften.at/kultur/ejournal/miko_2021_hirtner_abt_romuald_horner.pdf (Stand 27.2.2023).

120 *Ernst Hanisch*, St. Peter in der Zwischenkriegszeit. Politische Kultur in einer fragmentierten Gesellschaft, in: [Adolf Hahnl, Red.], Festschrift St. Peter zu Salzburg 582–1982, Salzburg 1982, S. 361–382; *Tassilo Dominic Lorenz*, Die Apostolischen General-Visitationen in den österreichischen Stiften der Benediktiner und Augustiner-Chorherren im Pontifikat Papst Pius' XI. (1922–1939), in: Jahrbuch des Stiftes Klosterneuburg NF 23 (2019), S. 295–462; *Alfred Werner Höck*, „Ihr helft nicht nur dem Vaterlande, ihr macht auch ein gutes Geschäft dabei!" Die Kriegsanleihe-Zeichnungen im Kronland Salzburg, in: Oskar Dohle / Thomas Mitterecker, Hg., Salzburg im Ersten Weltkrieg. Fernab der Front – dennoch im Krieg (Schriftenreihe des Salzburger Landesarchivs 22), Wien 2014, S. 205–268; *Andreas Uhlig*, Finanzkrisen am Beispiel der Erzabtei St. Peter in der Zwischenkriegszeit, in: Mitteilungen zu den Kulturgütern der Orden 5 (2020), S. 136–147, online https://www.ordensgemeinschaften.at/kultur/ejournal/miko_2020_uhlig_finanzkrisen_erzabtei_st.peter.pdf (Stand 28.2.2023); *Sonja Führer*, Der Umgang mit Kulturgut im Benediktinerstift St. Peter in Salzburg in der Zwischenkriegszeit. Ein Ausverkauf in drei Akten, in: Katharina Kaska / Christoph Egger, Hg., „… dass die Codices finanziell unproduktiv im Archiv des Stiftes liegen". Bücherverkäufe österreichischer Klöster in der Zwischenkriegszeit (Veröffentlichungen des Instituts für Österreichische Geschichtsforschung 77), Wien 2022, S. 205–244; *Wolfgang Wanko*, Die Kunstverkäufe St. Peters während der Wirtschaftskrise, in: ebd., S. 245–256.

121 *Alexander Pinwinkler, Thomas Michels*, Flucht, Exil und Remigration. Ein Lebensweg im Kontext politischer Umbrüche, in: Salzburg. Geschichte und Politik. Mitteilungen der Dr. Hans Lechner-Forschungsgesellschaft 26 (2016), S. 32–65.

122 Bei Redaktionsschluss war eine Tagung über die Selige Maria Theresia Ledóchowska in Vorbereitung, online https://ledochowska.at/ (Stand 27.2.2023).

123 *Christine Grünzweil*, Anna Bertha von Königsegg. Die Visitatorin der Barmherzigen Schwestern in Salzburg im Widerstand gegen das nationalsozialistische Unrechtsregime, Diss. Univ. Salzburg 1993.

124 Eine seltene Gelegenheit zu einem einschlägigen Wissensaustausch bot sich am 29. November 2019 beim „Vernetzungstreffen Frauenordensforschung", das von Helga Penz bei den Barmherzigen Schwestern vom Hl. Vinzenz von Paul in Wien-Gumpendorf organisiert und geleitet wurde. Es referierten 13 Forscherinnen und zwei Forscher aus Österreich und Deutschland über ihre laufenden Projekte.

125 *Gisela Fleckenstein*, Tagungsbericht: Arbeitskreis Ordensgeschichte 19./20. Jahrhundert, online https://www.ordensgemeinschaften.at/kultur/aktuelles/1806-23-fachtagung-

des-arbeitskreises-ordensgeschichte-19-20-jahrhundert-vom-3-5-feb-2023 (Stand 28.2.2023).

126 Für manche Stifte stets aktueller Forschungsstand: *Sebastian Bock*, Red., Österreichs Stifte unter dem Hakenkreuz. Zeugnisse und Dokumente aus der Zeit des Nationalsozialismus 1938 bis 1945 (Ordensnachrichten 34), Wien 1995.

127 *Alfred Rinnerthaler*, Die Vertreibung der Franziskaner aus ihrem Salzburger Kloster im Jahr 1938. Gerichtliches Nachspiel und Restituierung, in: MGSL 156 (2016), S. 289–321. Siehe auch die Ordensbezüge in der Neuerscheinung *Dietmar W. Winkler / Alois Halbmayr*, Hg., „… und mit dem Tag der Zustellung dieses Erlasses aufgelassen". Die Aufhebung der katholisch-theologischen Fakultät Salzburg 1938, Innsbruck – Wien 2022.

128 *Andreas Schmoller*, Forschung und Vermittlung. Das Franz und Franziska Jägerstätter Institut, in: Mitteilungen zu den Kulturgütern der Orden 7 (2022), S. 65–77, hier S. 77, online https://www.ordensgemeinschaften.at/kultur/ejournal/miko_2022_schmoller_jaegerstaetter_institut.pdf (Stand 28.2.2023).

129 *Iva Lucic*, Gebrochenes Brot. Geschichte eines Frauenordens zwischen den Weltkriegen. Schwestern von der heiligsten Eucharistie, Salzburg 2020.

130 *Karl Forstner*, Die Schriftbänder am sogenannten Rupertuspastorale (Salzburg, 13. Jahrhundert, erstes/zweites Drittel), in: MGSL 148 (2008), S. 9–16.

131 *Christina Antenhofer*, Kulturelles Erbe und die Rolle der Archive, in: Scrinium 74 (2020), S. 9–20, hier S. 20.

132 *Johann Tomaschek*, Die Ordensarchive und die historische Forschung. Grundlagen Rückblicke Perspektiven, in: Ordensnachrichten 45/2 (2006), S. 12–24. Bei Redaktionsschluss war ein Beitrag des Autors zu „20 Jahre ARGE Ordensarchive Österreichs" in Vorbereitung.

Klosterhöfe in der Wachau

Elisabeth Gruber / Simon Kuhn

Einleitung

Im österreichischen Donauabschnitt kamen im Lauf des Mittelalters insbesondere in der Wachau zahlreiche österreichische, salzburgische, bayerische und böhmische Klöster sowie Hochstifte durch Schenkung oder Kauf in den Besitz von Weingärten.[1] Erste Informationen darüber sind bereits für das 9. Jahrhundert in Form von königlichen und adeligen Schenkungsurkunden überliefert. Es liegt nahe, diese Bestrebungen auch im Zusammenhang mit dem Ausbau lokaler und territorialer Herrschaft zu sehen, der vom Ausbau der kirchlichen Organisationsstrukturen begleitet wurde. Mit den Besitzungen konnte der Bedarf an Wein für die Liturgie, Eigenkonsumation und Gastwirtschaft gedeckt werden. Für die Klöster und Hochstifte bot die Lage der Weingärten an der Donau zum einen günstige Produktionsbedingungen; zum anderen erleichterte der Wasserweg den Transport der Erträge in die meist flussaufwärts gelegenen Standorte. Die Verwaltung der oft weitab ihrer Zentralen liegenden Besitztümer erforderte eine Reihe von infrastrukturellen Maßnahmen, die heute in Gestalt von Lesehöfen im Gebiet der Wachau noch immer sichtbar sind. Die als Prälaten- oder Klosterhöfe bezeichneten Wirtschaftshöfe stellten Verwaltungsmittelpunkte in der Wachau dar. Im europäischen Vergleich kann diese Einflussnahme auswärtiger Klöster auf ein regionales Weinbaugebiet auch in den Weinbaugebieten am Rhein, an Mosel, Main und Neckar sowie an der Etsch im südlichen Teil Tirols beobachtet werden.[2] Als Schnittstellen zwischen regionalen und überregionalen Austauschprozessen stellten die häufig fernab ihrer zugehörigen Klöster gelegenen Wirtschaftshöfe Orte dar, an denen Akteure unterschiedlicher sozialer Gruppen – geistliche wie weltliche – aufeinandertrafen. Schriftliche Quellen und bauliche Überlieferung lassen deren wirtschaftliche, soziale und kulturelle Bedeutung erahnen. Die Wachau als Teil des österreichischen Donauraumes mit ihrer dichten Hinterlassenschaft aus teilweise bis heute genutzten historischen Wirtschaftshöfen dient hierfür als optimaler Untersuchungsraum.

Hier setzt das Projekt „Klosterhöfe in der Wachau" an und zielt zunächst auf die Erfassung von Wirtschaftshöfen in der Wachau, die sich bis zur Sequestrierung zu Beginn des 19. Jahrhunderts in klösterlichem Besitz befanden.[3] Mit diesem Frageinteresse wurde im Rahmen des vom Land Niederösterreich geförderten Teilprojektes „Wachauer Klosterhöfe Online. Ein interdisziplinäres digitales Inventar" eine Erfassung der Klosterhöfe in der Wachau und ihrer Überlieferung durchgeführt, um eine valide Datengrundlage für eine interdisziplinäre Bearbeitung des Phänomens zu schaffen. Bei den auf dieser Grundlage aufbauenden Fallstudien interessieren vor allem die Wirkungsbeziehungen und Praktiken, die im Kontext der Klosterhöfe zu beobachten sind und in die Institutionen und Personen ebenso eingebunden waren wie die materielle Welt.[4]

Parallel dazu wird in Form einer von der Besitzerfamilie Saahs, dem Bundesdenkmalamt und dem Land Niederösterreich finanzierten Fallstudie der Nikolaihof in Mautern an der Donau (Klosterhof des Stiftes St. Nikola/Passau) interdisziplinär hinsichtlich seiner Bau- und Nutzungsgeschichte erforscht. Archäologische Grabungen in Verbindung mit einer sehr dünnen schriftlichen Überlieferung erlauben den Schluss, dass sich ab dem 9. Jahrhundert ein innerhalb des antiken Kastells Favianis gelegenes frühes geistliches Zentrum mit Kirche und Friedhof entwickelte, welches im späten 11. oder frühen 12. Jahrhundert in den Lesehof des Klosters umgewandelt wurde. Bedeutende, noch bestehende Teile der Anlage reichen unter Nutzung antiker Bausubstanz in das Hochmittelalter zurück und erlauben Rückschlüsse auf die funktionelle und räumliche Organisation eines Weinlesehofes an der Donau.[5]

Wachauer Klosterhöfe Online.
Ein interdisziplinäres digitales Inventar

Im Rahmen des Erfassungsprojektes „Wachauer Klosterhöfe Online. Ein interdisziplinäres digitales Inventar" erfolgte eine systematische Aufnahme besitz- und bauhistorischer Daten, die nach Möglichkeit eine Begehung des Objekts umfasste, um jene für die Bau- und Nutzungsgeschichte als Klosterhof relevanten Strukturen zu dokumentieren.[6] Die aus den bauanalytischen Erstbegutachtungen und der Archivrecherche gewonnenen Daten bilden nun die Grundlage für eine Datenbank, die für die weitere Nutzung online zur Verfügung steht. Ausgehend von der bisher bekannten Anzahl von 85 Lesehöfen in der Wachau zu Projektbeginn wurde zunächst eine systematische Recherche in der Forschungsliteratur durchgeführt, die um Informationen aus den lokalen Kenntnissen und der Ortschronistik erweitert wurde. Ziel war es dabei, Informationen zu bestehenden oder bereits abgekommenen klösterlichen Wirtschaftshöfen zu sammeln und vorhandene Angaben zu prüfen. Parallel dazu wurden gezielte Archivrecherchen sowohl in den Archiven der Klöster als ehemalige Besitzer der

Lesehöfe als auch in den lokalen Markt- und Gemeindearchiven durchgeführt, um Daten zu den Besitzverhältnissen (Kauf, Verkauf, Verpachtung), zum Betrieb des Wirtschaftshofes und zu dessen baulichen Veränderungen (Baurechnungen) zu sammeln. Der Erschließungsgrad der unterschiedlichen Archive variiert mitunter erheblich. Während beispielsweise die Bestände des Stiftsarchives Niedernburg bei Passau im Bayerischen Hauptstaatsarchiv (BayHStA) bereits digital einsehbar sind, müssen im Falle des Bistums Freising – ebenfalls im BayHStA – mehrere Findbücher herangezogen werden, um den Bestand gut überblicken zu können. Die Problematik von weit verstreuten Archivbeständen betrifft vor allem die Bestände aufgelöster (Freising oder Chiemsee) oder transformierter (Salzburg) Bistümer, während noch existierende Stifte in der Regel einen sehr geschlossenen Bestand aufweisen (Göttweig, Michaelbeuern und St. Peter in Salzburg, Kremsmünster etc.). Außerdem ist festzuhalten, dass der Grad, in dem sich der Besitz in der Wachau in den Archivverzeichnissen niederschlug, äußerst variierte. Waren die Besitzungen in der Wachau oftmals Teil eines Bestandes „Auswärtige Besitzungen", so erhielten diese Archivalien teilweise gar eine eigene Verzeichnungseinheit, manchmal aber auch nicht. So ungünstig letzterer Umstand auch ist, so können schon aus der Präsenz der Wachauer Besitzungen im Archivverzeichnis Schlüsse hinsichtlich des Stellenwertes derselben für die klösterliche Wirtschaft gezogen werden. Insgesamt vermittelt die Überlieferungsstruktur der schriftlichen Quellen ein sehr lebhaftes Bild an Aktivitäten und Beziehungen, die zwischen den Klosterherrschaften, ihren Besitzungen und Höfen in der Wachau sowie den beteiligten Akteuren aufgespannt wurden.

Basierend auf Archiv- und Literaturrecherche wurden bisher 139 Wirtschaftshöfe im Gebiet der Wachau erfasst, die sich bis zum 19. Jahrhundert im Besitz auswärtiger Klöster befunden haben. Davon sind noch 83 Höfe im Baubestand erhalten, für die auch eine klösterliche Nutzung archivalisch belegt werden kann. Weitere 55 Höfe konnten auf Basis der schriftlichen Überlieferung erfasst werden. Bislang konnten nach der Lokalisierung und mit Zustimmung der heute zum größten Teil privaten Eigentümer:innen 38 Objekte bauarchäologisch erstbegutachtet werden. 45 weitere Objekte wurden einer Erstsichtung in Form einer Betrachtung der Außenbereiche wie der Fassaden unterzogen sowie Sekundärliteratur und historische Ansichten ausgewertet. Für die bauarchäologische Bestandsaufnahme werden noch in ihrer Bausubstanz bestehende Höfe einer Befundung unterzogen. Sie umfasst in der Regel eine Begehung des gesamten Objektes sowie die fotografische und textliche Erfassung sichtbarer Baudetails. Schließlich werden im digitalen Inventar alle Erstinformationen gesammelt und systematisch bereitgestellt. Die bauhistorische Ersteinschätzung der historischen Gebäude erfolgte durch Alarich Langendorf und Andreas Steininger. Die Historiker:innen Helga Schönfellner-Lechner, Spezialistin für die Hausbesitzgeschichte der Städte Krems und Stein an der Donau, Julia Schön und Simon Kuhn widmeten sich den schriftlichen Quellen auf der Suche nach Hinweisen zur Bau- und Besitzgeschichte einzelner Klosterhöfe.

Insgesamt besaßen im Zeitraum zwischen dem 9. und dem 19. Jahrhundert 70 Klöster Wirtschaftshöfe in der Wachau. Die Verwaltung der oft entfernt von ihren Zentralen (Klöster in Südbayern, Salzburg, Ober- und Niederösterreich sowie der Steiermark) befindlichen Besitztümer erforderte eine Reihe von Maßnahmen, die in den zahlreichen Lesehöfen im Gebiet der Wachau bis heute Spuren hinterlassen haben. Mit der Einrichtung des Hofmeister-Amtes war ein ständiger Vertreter des Klosters vor Ort. Dieser organisierte die Bearbeitung der Weingärten und sorgte für die Bewahrung der grundherrlichen Rechte der Klöster. Meist befanden sich auch Presse und Keller zur Verarbeitung und Lagerung der Ernte in den Höfen. Wohntrakte für das Verwaltungspersonal und für Gäste standen ebenfalls bereit. Neben der Verwaltung der Besitzungen dienten die Höfe auch den jeweiligen Kloster- und Bistumsvorstehern als Aufenthalts- und Versorgungsort, wenn dies benötigt wurde. Dieser Nutzung entsprechend gehörten Kapellen, Schlaf- und Repräsentationsräumlichkeiten zur Ausstattung der Höfe.

Die Frage des Besitztransfers beschäftigte im Projekt besonders. Erstaunlicherweise konnten bisher weder bauarchäologische Nachweise noch schriftliche Quellen dafür gefunden werden, dass Wirtschaftshöfe völlig neu errichtet wurden. Dies ist zwar prinzipiell denkbar, Belege dafür liegen jedoch noch nicht vor, auch wenn dies bei einigen Objekten denkbar wäre, wie etwa den Wirtschaftshöfen des Erzbistums Salzburg und des Stifts St. Peter in Arnsdorf oder dem Mieslinghof in Spitz. Die viel häufigere Form der Einrichtung eines klösterlichen Wirtschaftshofes erfolgte durch Kauf, Schenkung oder Übernahme von bestehenden Gebäudekomplexen, die für den konkreten Bedarf baulich adaptiert wurden. Das zeigen auch die zahlreichen Umbaustufen, die festgestellt werden konnten. Dokumentiert wurden solche Transfers in Urkunden, Grundbüchern und Besitzverzeichnissen. Gab es Konflikte, finden sich besonders viele Informationen rund um die Sachverhalte des Besitzerwechsels.

Ein weiteres Ergebnis der Untersuchung betrifft die Lage von Klosterhöfen und rückt räumliche Aspekte in den Vordergrund. Zunächst ist klar festzustellen, dass der Schwerpunkt der Ansiedlung von Klosterhöfen im Raum nördlich der Donau liegt. Zudem liegen Klosterhöfe primär im Ortsverband. Nur sehr wenige Beispiele sind außerhalb der Stadt- und Ortsbefestigungen zu finden, meist sind dies Höfe sehr prominent vertretener Orden mit massiver Kubatur. Die im Ortsverband gelegenen Höfe sind tendenziell aufgrund urbaner Voraussetzungen kleinflächiger. Eine deutliche Ausnahmesituation bieten Krems und Stein, wo ganze „Klosterhof-Viertel" anzutreffen sind. Zudem gibt es eine auffällige Konzentration von Klosterhöfen in Donaunähe. Dies kann mit der kürzeren Manipulationsstrecke der Fässer zu den Schiffen für den Abtransport zu den Klöstern auf dem Wasserweg erklärt werden.

Auch hinsichtlich funktionaler Aspekte konnten einige Erkenntnisse erlangt werden. Die im lokalen Kontext meist als Lesehöfe bezeichneten Wirtschaftshöfe dienten nur selten ausschließlich der Vinifikation. Sie finden auch als Schüttkästen Verwendung und scheinen multifunktional eingesetzt worden zu sein.

Für die Klöster stellten die Lesehöfe in der Wachau bis weit ins 18. Jahrhundert eine wichtige Einnahmequelle dar. Mit der Neuordnung des Kirchenwesens und der Aufhebung einer großen Anzahl von Klöstern durch Joseph II. am Ende des 18. Jahrhunderts veränderten sich die Besitzverhältnisse jedoch maßgeblich. Die Klöster mussten ihre ertragreichen Einkünfte aufgeben. Auch die Besitzungen der bayerischen Klöster in der Wachau unterlagen im Zuge der militärischen Konflikte zwischen Österreich und Bayern im 18. Jahrhundert mehrmals einer Zwangsverwaltung und wurden schließlich von der k. u. k. Staatsgüteradministration übernommen und an lokale Kaufinteressenten veräußert. Dies schlägt sich auch im baulichen Bestand nieder, so sind die hoch- bis spätbarocken Ausstattungen dieser jüngsten noch intensiven klösterlichen Nutzungsphase im Baubefund auch am stärksten vertreten.

Datenbank und Online-Applikation: barrierefreie Bereitstellung der Daten

Um die Anforderung des Projektes zu erfüllen, komplexe bauarchäologische und historische Eigenschaften sowie zugehörige Quellen einer Vielzahl an Objekten durch ein interdisziplinär sowie räumlich disparat arbeitendes Team unterschiedlicher Fachrichtungen zu erfassen und anschließend miteinander zu „verknüpfen", wurde eine Webapplikation (CRUD – Create, Read, Update, Delete) entwickelt, die auf das offene objektrelationale Datenbankmanagementsystem PostgreSQL und PostGIS für die Verarbeitung von räumlichen Daten im Backend zurückgreift. Die objektrelationale Datenbankstruktur gliedert sich zunächst um die Haupt-Entität der sogenannten *Hof-Objekte*, die jeweils einen Klosterhof darstellen und mit Einträgen aus folgenden Entitäten verknüpft werden können: *Archivalischer Beleg – Akteur – Ereignis – Literatur – Geodaten – Bilddaten*. Diese Entitäten sind zur individuellen Bearbeitung im Frontend mit eigenen Eingabe- und Editiermasken versehen. Bilddaten sind über externe Links den finalen Projektservern zugeordnet und abrufbar.

Zur langfristigen Bereitstellung der Projektdaten für unterschiedliche Nutzer:innen-Gruppen (Forschung, interessierte Öffentlichkeit) wurde eine Datenbankstruktur entwickelt, die das Anlegen, Lesen, Aktualisieren und Löschen von Datensätzen im Backend für mehrere Bearbeiter:innen gleichzeitig von beliebigen Endgeräten aus online ermöglicht. Die automatisierte Versionierung der Datensätze in regelmäßigen Abständen ist dabei maßgebliches Feature.[7] Die Startseite des für die interessierte Öffentlichkeit generierten Frontends bietet Informationen zum Projekt und zur Nutzung der Datenbank. Suchen sind möglich über die Bezeichnungen der Klosterhöfe, die Zugehörigkeit zu den geistlichen Herrschaftsträgern (Klöster), den Standort der Klosterhöfe in den Gemeinden, über eine Kartenansicht sowie über einen Bild-Viewer. Mittels Freitext- oder Detailsuche können unterschiedliche Suchkriterien abgefragt werden. Die Einschränkung mittels Zeitleiste oder eine Auswahlliste von Klöstern erlaubt zusätzliche Feinjustierung. Der Einzeldatensatz bietet strukturierte Informationen zu den historischen Daten, zur Baugeschichte und Archäologie sowie zu Literatur und Quellengrundlagen. Dabei wurde darauf geachtet, besitz- und wirtschaftsgeschichtliche Fragen zu behandeln, Topografie und Lage sowie die bestehende Bausubstanz zu beschreiben und eine erste bauarchäologische Interpretation vorzunehmen. Die jeweiligen Verfasser:innen der Texte werden explizit genannt und können entsprechend den Vorgaben wissenschaftlichen Arbeitens zitiert werden. Angaben zur Forschungsliteratur sowie einen Überblick über die archivalische Überlieferungssituation liefert die Rubrik Literatur und Quellen. Die rechte Menüführung bietet die Möglichkeit eines raschen Überblicks zum baulichen Erhaltungszustand, zur herrschaftlichen Zugehörigkeit, zu Datierung und Lokalisierung sowie zur öffentlichen Zugänglichkeit. Eine Auswahl an entweder frei zugänglichen oder von den Besitzer:innen freigegebenen Fotoaufnahmen ermöglicht einen ersten visuellen Eindruck vom Gesamtobjekt. Der Bildviewer sowie eine für Mobilgeräte angepasste Darstellung erlauben niederschwellige Zugänge zu den bereitgestellten Informationen.

Klösterliche Weinlesehöfe als soziale Interaktionsräume

Simon Kuhn

Die Datenbank trägt nicht nur zu einem räumlichen und zeitlichen Überblick über klösterlichen Hofbesitz in der Wachau bei, sondern dient auch als Grundlage für weiterführende Forschung. Der Hof- und Weingartenbesitz der Salzburger Stifte und Klöster wurde bereits von W. Kristanz für St. Peter sowie G. Ammerer und H. Waitzbauer für die Besitzungen in Arnsdorf bearbeitet.[8]

Obwohl der Fokus der Datenbank zunächst auf der besitzgeschichtlichen Aufarbeitung lag, weisen die eingepflegten Informationen zu Infrastruktur und Wirtschaftsgeschichte die hierfür notwendigen Archivalien aus. Um einen Einblick zu ermöglichen, welche Fragenstellungen nun auf Basis der gesammelten Daten entwickelt werden können, werden die Weinlesehöfe der Klöster Michaelbeuern und St. Peter in ihrer Rolle als soziale Interaktionsräume vorgestellt. Dabei werden einerseits die vielen verschiedenen Anknüpfungspunkte für weiterführende historische Forschung aufgezeigt, andererseits auch Einblicke in den Weinbau und die Fernbesitzverwaltung der beiden Salzburger Klöster ermöglicht. In und um den Lesehof herum agierte eine Vielzahl von Personen, die abhängig von ihren Zielsetzungen Teil unterschiedlicher Netzwerke waren. Aus klösterlicher Perspektive kann die Interaktion beispielsweise (1) die Bewirtschaftung des klösterlichen Fernbesitzes (besonders wichtig erscheinen in diesem Zusammenhang Praktiken des Weinbaus), (2) dessen Kontrolle oder (3) seine Instandhaltung (etwa Bautätigkeiten) zum Ziel haben. In den folgenden Absätzen sollen diese in unterschiedlichen Konstellationen interagierenden Personen und ihre Rolle in der klösterlichen Weinwirtschaft anhand von Quellenbeispielen skizziert werden.

Die Klöster St. Peter und Michaelbeuern – bei beiden handelt es sich um Benediktinerklöster – wurden für den Salzburgbezug, aber auch aufgrund ihrer vielfältigen Quellenbestände ausgewählt, zumal diese wegen ihrer Geschlossenheit und ihres hohen Erschließungsgrades gut überblickt werden können.[9] Neben Urkunden und Urbaren enthielten die Quellenbestände beider Klöster mehrere Inventare zu den Lesehöfen, eine Vielzahl sowohl einzelner Rechnungen als auch an Rechnungsbüchern und Serien (zur Weinlese, Beschau, Reparatur und Bau), Korrespondenzen, Bittgesuche (um Abgaben- und Dienstnachlass), Beschau- und Leseberichte, ferner mehrere Pläne und Planskizzen. Für das Mittelalter liegen vor allem Urbare und Urkunden (Leibgedingbriefe), für das Spätmittelalter und die Frühe Neuzeit schließlich auch Inventare und zunehmend auch Aktenmaterial vor.

Der Weinlesehof des Klosters Michaelbeuern in Joching wurde in der 1304 von Leutold von Kuenring ausgestellten Urkunde erstmals erwähnt. Dem Kloster wurden damit die Steuern auf den Hof erlassen, allerdings unter Ausschluss des Vogtrechtes, auf das Leutold von Kuenring bestand.[10] Ab wann sich der Hof tatsächlich im Besitz des Klosters befand, konnte noch nicht abschließend geklärt werden. Dopsch vermutete, dass das Kloster Michaelbeuern bereits um 1072 Besitz in Niederösterreich in Folge einer Schenkung der Sighardinger erwarb.[11] Dem Hof zugehörig dürften neben mehreren Weingärten auch vier Lehen – bestehend aus Häusern und Weingärten – in der Wachau gewesen sein, zumindest legt dies eine weitere Urkunde zur Steuerbefreiung der michaelbeuerischen Güter nahe.[12] Der Lesehof Michaelbeuerns befand sich direkt neben dem Lesehof des Stiftes St. Pölten und bestand aus zwei Teilen, die auch an unterschiedliche Personen zu Leibgeding vergeben wurden.[13] Spätestens ab dem ausgehenden 18. Jahrhundert dürfte der Hof jedoch nur noch ungeteilt vergeben worden sein, zumindest wurde seitdem explizit darauf verwiesen, dass der ganze Hof dem jeweiligen Hofmeister überlassen worden sei.[14] Das Kloster Michaelbeuern verkaufte seinen Hof erst im Jahr 1930, Käufer waren der ehemalige Hofmeister Peter Schmelz und seine Frau Eleonore.[15] Dass die vormaligen Pächter zu späteren Eigentümern wurden, war keine Seltenheit, sondern eher die Regel. Der Korrespondenz zwischen Adolf Koch, der mit dem Verkauf der Besitzungen in der Wachau betraut worden war, und dem Kämmerer des Klosters ist zu entnehmen, dass auch die meisten Weingärten an ihre vorigen Pächter veräußert wurden.[16]

Das Kloster St. Peter hatte sowohl in Krems als auch in Oberarnsdorf Hofbesitz, behandelt werden soll hier allerdings nur der Hof in Oberarnsdorf. Dieser wurde erstmals in einem Leibgedingbrief aus dem Jahr 1342 explizit erwähnt, da der künftige Pächter eines Weingartens, Ott Semlär, darin bestätigt, seine Abgaben in der Höhe von 44 Eimer Wein in den petrischen Hof nach Arnsdorf zu entrichten.[17] In den Urkunden des 12. Jahrhunderts werden zwar Weingärten in Arnsdorf erwähnt, aber kein Hof oder Haus.[18] Zwar taucht der Hof in diversen Leibgedingbriefen für Weingärten immer wieder auf, jedoch war er selbst nie Gegenstand dieser. Damit liegt die Vermutung nahe, dass der Hof zumindest im Mittelalter klosterintern verwaltet und nicht an klosterfremde Personen zur Bewirtschaftung und Verwaltung überlassen wurde. Zum Hauptgegenstand vertraglicher Unterredung wurde der Hof im Jahr 1520, als er ausgebaut werden sollte und man dabei auf den Grund und die Mauer des Nachbarhofes stieß.[19] Das Kloster St. Peter verkaufte seinen Hof schließlich am 23. September 1931 an die Gemeinde Oberarnsdorf.[20]

(1) Praktiken des Weinbaus auf dem klösterlichen Fernbesitz

Für das Mittelalter stellen die sogenannten Leibgedingbriefe eine besonders wichtige Quelle dar. Beim Leibgeding handelt es sich um eine Form der Pacht, mittels derer Weingärten, Wiesen, Äcker oder auch Gebäude, teilweise einer Einzelperson, häufig aber mehreren Personen – beispielsweise einem Ehepaar und dessen ehelichen Kindern – vergeben wurden und die nach deren Ableben wieder an das Kloster als Grundbesitzer zurückfielen.[21] Das Leibgeding war damit vor allem eine Erbleiheform, wobei die Weingärten nicht nur durch den Grundherrn, sondern teilweise auch von Lehensträgern – darunter besonders viele Klöster – zu Leibgeding vergeben wurden.[22] Obwohl diese Leibgedingbriefe auf den ersten Blick wenig Material für die Untersuchung eines Lesehofes als sozialer Interaktionsraum liefern, erweisen sie sich bei genauerer Betrachtung als äußerst vielfältig. Da im Mittelalter die Höfe selbst – zumindest jene St. Peters und Michaelbeuerns – nur sehr selten zu Leibgeding vergeben wurden, handelt es sich bei einem Großteil jener Pachtbriefe um Verträge zur Weingartenpacht. Eine zentrale Rolle spielen hier klarerweise die Pachtnehmer:innen und der Abt, der den Vertrag im Namen des Klosters abschloss. Die Leibgedingbriefe schaffen den normativen Rahmen, der im Verlauf des 15. Jahrhunderts immer detaillierter ausformuliert wurde. Allen Leibgedingbriefen gemein war der Vermerk darüber, ob die Pächter:innen jährlich ein Drittel oder die Hälfte ihrer Ernte an das Kloster abgeben mussten. Diesen Ernteanteil mussten die Pächter:innen in der Regel an den Lesehof bringen, weswegen der Hof in all diesen Pachtverträgen zumindest einmal erwähnt wird.

Interessant ist hierbei besonders auch der Umstand, dass sich in den Forderungen und Konditionen durchaus Unterschiede zwischen den beiden Klöstern ausmachen lassen. Denn sie hatten unterschiedliche Vorstellungen dahingehend, welchen Verarbeitungszustand der ihnen zustehende Anteil an der Weinlese bei Ablieferung haben sollte. Während sich das Kloster Michaelbeuern Anfang des 15. Jahrhunderts von Hennsel und Margret Zunt jährlich „aus dem grant halbe wein"[23] in den Hof nach Joching liefern ließen, bestand das Kloster St. Peter darauf, jedes Jahr neu entscheiden zu können, ob es seinen Anteil lieber in Form von Maische oder Most hätte.[24] Das Kloster St. Peter ließ sich sein Recht auf diese Wahl mit jedem Leibgedingbrief erneut bestätigen.[25] Allerdings konnte bislang noch nicht geklärt werden, von welchen Faktoren die Entscheidung der Erzabtei zwischen Maische oder Most abhing und wer sie traf.

Auch wenn in den Weingartenpachtbriefen die Verweise auf den klösterlichen Weinlesehof einer Randnotiz gleichkommen, ist dessen Bedeutung für die Bewirtschaftung nicht zu unterschätzen. Wie soeben gezeigt wurde, mussten die Pächter:innen ihre Abgaben an den jeweiligen Hof liefern – grundherrliche Abgaben galten als Bringschuld[26] –, womit der Hof, besonders in der Lesezeit, Mittelpunkt der klösterlichen Wirtschaftsnetzwerke jener Region war. Die gewichtige Rolle des Lesehofes rührt außerdem daher, dass die Klöster ihren Ernteanteil häufig im Hof ermittelten und diese dort nicht nur sammelten. Der Teilvorgang erfolgte dann in der Regel unmittelbar nach der Pressung. So forderte das Kloster Michaelbeuern im Jahr 1429 von den Pächter:innen eines Weingartens „den dritten Emmer aws dem granndt in der press"[27]. Diese Forderung galt allerdings nur für die ersten drei Pachtjahre, denn danach sollten sie dem Kloster nicht mehr nur ein Drittel, sondern die Hälfte der Ernte überlassen, wobei jene „vor dem weingartn ze taylen"[28] sei und damit nicht im Hof. Die Erhöhung des klösterlichen Ernteanteils lässt sich damit erklären, dass der Weingarten vermutlich in schlechtem Zustand war und das Kloster so Anreize schaffen wollte. Warum sich aber auch der Ort der Teilung änderte, bleibt Spekulation. Womöglich handelte es sich dabei um den Versuch des Klosters, seine Einbußen in den ersten drei Jahren dadurch zu minimieren, dass der Transport der Trauben vom Weingarten in die Presse des Lesehofes von den Pächter:innen besorgt werden musste „an all ir [des Klosters] müe und schaden"[29]. Der Lesehof diente ferner als zentraler Lagerplatz für den Zeitraum von der Lese bis zum Abtransport in das jeweilige Kloster.

Aus den Pachtbriefen geht außerdem hervor, dass an der Bewirtschaftung der Weingärten neben den Pächtern und Pächterinnen noch andere Personen beteiligt waren. Den Weingartenpachtverträgen des Stiftes Michaelbeuern ist spätestens ab dem Jahr 1432 zu entnehmen, dass die Lohnkosten zusätzlicher Arbeitskräfte für Weinlese und Weintransport zwischen dem Kloster und dem Pächter bzw. der Pächterin aufgeteilt wurden.[30] Ob es sich bei diesen Arbeitskräften um Tagelöhner:innen handelte und welchen Anteil sie am Weingartenbau im Allgemeinen hatten, wird in der Forschungsliteratur ausführlich diskutiert und kann in diesem Rahmen nicht näher ausgeführt werden.[31] Neben den Pächter:innen und dem Abt werden in den Leibgedingbriefen außerdem noch Hof- und Lesemeister erwähnt. Die Rolle der Hofmeister und ihre Kompetenzen waren stark von der Größe und Struktur des jeweiligen Klosters abhängig. Während der Hofmeister des Klosters Tegernsee stellvertretender Grund- und Gerichtsherr in der klösterlichen Herrschaft Unterloiben war,[32] war der Hofmeister Michaelbeuerns laut neuzeitlichem Vertrag – neben seiner Rolle als Administrator – vor allem auch Bearbeiter der zum Lesehof gehörigen Weingärten.[33] Ähnliches gilt für den Hofmeister St. Peters in Oberarnsdorf, auch er musste neben administrativen Tätigkeiten vor allem die zum Hof gehörenden Weingärten bearbeiten.

(2) Praktiken der Kontrolle des Fernbesitzes

Der klösterliche Lesehof war jedoch nicht nur zentraler Knotenpunkt der Bewirtschaftungspraktiken, sondern auch elementarer Bestandteil klösterlicher Kontrollpraktiken. Als zentraler Akteur bei diesen Prozessen ist der „Lesemeister" zu nennen.

Bei den Lesemeistern handelte es sich um Gesandte des Klosters, in der Regel waren dies Angehörige der Klostergemeinschaft, die zur Überwachung des Leseprozesses in die Fernbesitzungen entsandt wurden. Das Hochstift Freising entsandte beispielsweise jedes Jahr einen „Weinpropst", dem wiederum zwei Lesemeister unterstellt waren, die für die Lese in Hollenburg und in Weißenkirchen verantwortlich waren.[34] In den spätmittelalterlichen Leibgedingbriefen St. Peters werden die Lesemeister eher selten erwähnt. Darin wurde festgelegt, dass ohne Wissen und Zustimmung des Lesemeisters oder der Anwälte des Klosters nicht gelesen werden dürfe.[35] In den Leibgeding- und Lehenbriefen Michaelbeuerns werden hingegen keine Lesemeister erwähnt. In diesem Fall wird nur auf die sogenannten Anwälte des Klosters verwiesen. Da die Lehennehmer dem Kloster ein Bett, das sie dem Vertrag entsprechend in den Lesehof bringen sollten, zur Verfügung stellen mussten, kann angenommen werden, dass auch Michaelbeuern klostereigenes Personal entsandte. Interessant ist hierbei, dass nicht genau festgelegt ist, für welchen Zeitraum das Bett abzugeben war. Vielmehr bestand das Kloster Michaelbeuern darauf, dass ihm das Bett zustand, wann immer seine Vertreter in der Wachau waren.[36] Ob es Unterschiede zwischen den sogenannten Anwälten und dem Lesemeister hinsichtlich der sozialen Stellung oder der klosterinternen Funktion gab, kann bei derzeitigem Forschungsstand nicht beantwortet werden.

Eine zentrale Kontroll- und Verwaltungspraktik stellte die Beschau dar. Der Beschaubrief des Klosters St. Florian von 1544 gibt einen Überblick darüber, wie das Kloster den Status seiner Besitzungen kontrollierte und worauf in den spätmittelalterlichen Leibgedingbriefen nur am Rande verwiesen wurde. Laut Beschaubrief hatte St. Florian seinen Hofrichter, offenbar kein Mitglied des Konvents, in die Wachau entsandt, um dort den Bestand der in Bau überlassenen Weingärten zu überprüfen. Hierfür nahm der Hofrichter sogenannte Beschauleute unter Vertrag, die vor dem Wösendorfer (Markt-)Richter vereidigt worden waren und für deren Ehrbarkeit der örtliche Richter bürgte. Diese sollten nun gemeinsam mit dem Hofrichter des Stiftes St. Florian die verpachteten Weingärten begehen und deren Bearbeitung befunden. Verfasst hatte den Bericht der Wösendorfer Richter, der dem Florianer Prior offenbar den Befund seiner Beschauleute verschriftlichte und zukommen ließ.[37]

Die Beschau lässt sich auch in den Leibgedingbriefen Michaelbeuerns als Kontrollpraktik wiederfinden, interessanterweise jedoch nicht für St. Peter: So etwa für das Jahr 1418, wobei explizit darauf verwiesen wurde, dass die Beschau zweimal jährlich stattfinden sollte und von einem klösterlichen Boten sowie von vier „hawsgenossen"[38] durchzuführen sei. Ein elf Jahre später ausgestellter Pachtbrief legt nahe, dass das Kloster keine Boten mehr anlässlich der zweifachen Beschau in die Wachau entsandte, denn als Beschauleute werden nur noch die vier „frummen mannen"[39] genannt. Auch in den späteren Leibgedingbriefen findet sich kein Hinweis mehr darauf, dass das Kloster Michaelbeuern hierfür Vertreter entsandte. Die Beschau sollte am St. Georgen- und am St. Gilgentag stattfinden,[40] also Ende April und Anfang September, womit zumindest der zweite Termin ungefähr in den Zeitraum der Weinlese fiel. Die Beschau im September konnte damit theoretisch auch in Anwesenheit des zur Weinlese entsandten Personals stattfinden, der erste Termin hingegen nicht. Dennoch scheint es, auch angesichts der bereits diskutierten Betten-Forderung, nicht unmöglich zu sein, dass das Kloster Michaelbeuern mehrmals im Jahr seine Anwälte in die Wachau entsandte.

(3) Praktiken der Instandhaltung des Besitzes

Zu den Praktiken der Instandhaltung gehörte, neben Ausbesserungen und Reparaturen an den Weingärten, auch die Instandhaltung des Hofes. Damit unmittelbar verbunden sind Tätigkeiten wie Baumaterialien- und Geldmittelbeschaffung. Für kleinere Reparaturen an Weingärten und Hof war der Hofmeister verantwortlich, wofür er Holz aus dem klostereigenen Wald verwenden durfte.[41] Größere Reparaturen oder gar Neu- sowie Umbauten finanzierten die Klöster, so beispielsweise das Kloster St. Peter Anfang des 19. Jahrhunderts: Der

Hof in Oberarnsdorf war am 31. März 1801 um 21 Uhr durch Brandstiftung fast vollständig abgebrannt und musste neu errichtet werden. Zentraler Akteur der Verwaltung war der Hofmeister Neuwirt, der sämtliche Einnahmen und Ausgaben zu notieren und überwachen hatte. 1801 und 1802 erhielt der Hofmeister zur Tilgung seiner Ausgaben rund 12.000 Gulden, als Überbringer werden eine nicht näher spezifizierte Hofmeisterin und der Oberkellner St. Peters, Zacherias Lang, ausgewiesen. Die Rechnung des Hofmeisters von Oberarnsdorf enthält zudem Verweise auf beigelegte Quittungen der Handwerker, Fuhrleute und Baumaterialienhändler. Auch enthalten sind Ausgaben für Hilfsarbeiten: So wurden neun Frauen dafür bezahlt, Wasser zum Kalklöschen zum Hof zu tragen, da der Brunnen bei der Kleinen Donau ausgetrocknet war. Den Kalk hatte man zuvor in Spitz erworben, der auf Zillen nach Arnsdorf transportiert werden musste. Auch das Bauholz musste beschafft werden: Einen Teil davon erwarb man in Weißenkirchen von der Herrschaft Ottenschlag und wurde von sechs Personen auf der Donau nach Oberarnsdorf befördert.[42]

Für Planung und Organisation der Bautätigkeit war vermutlich der bürgerliche Bau- und Maurermeister zu Stein, Johann Michel Ehmann, zuständig, der noch am 2. Mai eine Begehung des Hofes vornahm und die notwendigen Reparaturen auflistete. Sein Befund bietet einen sehr genauen Einblick in die Beschaffenheit des Hofes, da darin nicht nur die Reparaturen, sondern auch der ursprüngliche Zustand des Hofes beschrieben wurde. Diese Schilderungen sind entlang der einzelnen Räume strukturiert, die durch ihre Bezeichnung auch einer Funktion zugeordnet werden konnten. Ganz allgemein ist seinem Gutachten zu entnehmen, dass die gewölbten Räume, wie beispielsweise Speis und Küche, in gutem Zustand gewesen sein mussten. Das Presshaus hingegen, das über kein Gewölbe verfügte, war großteils zerstört, sollte aber nun eingewölbt werden, weil angeblich die Beschaffung hochwertigen Bauholzes genauso kostspielig sei wie die Errichtung eines Gewölbes.[43]

Bei Baumaßnahmen war auch im Fall des Klosters Michaelbeuern der Hofmeister für die Rechnungslegung und Organisation zuständig. Dies belegen mehrere Rechnungen und Quittungen vom Ende des 16. bis zum Ende des 19. Jahrhunderts. Darin auch enthalten sind mehrere Rechnungen des Jahres 1768. Die hier dokumentierten Bauarbeiten an einer neuen Wohnung und einem neuen Keller wurden notwendig, da die benannten Räumlichkeiten durch die Klosterbinder im selbigen Jahr beschädigt worden waren.[44]

Ausblick

Am Beispiel der Besitzungen von St. Peter und Michaelbeuern konnte gezeigt werden, dass die Bebauung und Nutzung der Weingartenbesitzungen in der Wachau eines gut organisierten Systems an Besitzverwaltung, Organisation der Pflege und Bebauung der Weingärten, Verarbeitung der Weinernte sowie Produktion und Transport von Most und Wein bedurfte. Die für die Überwachung der Prozesse zuständigen Hofmeister als Vertreter der Klöster fungierten als Mittler zwischen landwirtschaftlicher Tätigkeit und Klosterherrschaft. Die Wirtschaftshöfe stellten das lokale Zentrum dar, wo sich die Interessen bündelten. Diesen Verflechtungen auch für andere Konstellationen des Klosterbesitzes in der Wachau nachzugehen werden hoffentlich weitere Forschungsinitiativen gewidmet werden können.

Endnoten

1   Die grundlegende Studie zum Weingartenbesitz im heute österreichischen Donauabschnitt stellt noch immer *Andreas Otto Weber*, Studien zum Weinbau der altbayerischen Klöster im Mittelalter. Altbayern, österreichischer Donauraum, Südtirol, Stuttgart 1999, dar. Zur Begriffsgeschichte der Wachau siehe *Herbert Knittler*, Die Wachau als historischer Begriff, in: Geza Hajós, Hg., Denkmal-Ensemble Kulturlandschaft am Beispiel Wachau. Internationales Symposion vom 12. bis 15. Oktober 1998 in Dürnstein (Österreich), Wien – Horn 2000, S. 161–166. Zum Prozess der Landeswerdung im österreichischen Donauabschnitt vgl. *Karl Brunner*, Herzogtümer und Marken. Vom Ungarnsturm bis ins 12. Jahrhundert, Wien 1994. Eine erste Bestandsaufnahme zu den Wirtschaftshöfen auswärtiger Klöster in Krems und Stein legte Ernst Englisch vor: *Ernst Englisch*, Der Kremser Wein und die klösterlichen Lesehöfe, Krems ²1998.

2   Zum Beispiel: *Werner Rösener*, Die Stadthöfe der Zisterzienser im Spannungsfeld der Stadt-Land-Beziehungen des Hochmittelalters, in: Claudia Dobrinski / Brunhilde Geddert / Katrin Wipfler, Hg., Kloster und Wirtschaftswelt im Mittelalter (Mittelalterstudien des Instituts zur Interdisziplinären Erforschung des Mittelalters und seines Nachwirkens. 15), München 2007, S. 85–99; *Winfried Schich*, Der Handel der rheinischen Zisterzienserklöster und die Einrichtung ihrer Stadthöfe im 12. und 13. Jahrhundert, in: Raymund Kottje, Hg., Die niederrheinischen Zisterzienser im späten Mittelalter. Reformbemühungen, Wirtschaft und Kultur (Zisterzienser im Rheinland 3), Köln 1992, S. 49–73; Zwischen Himmel und Erde. Klöster und Pfleghöfe in Esslingen: eine Ausstellung der Städtischen Museen und des Stadtarchivs Esslingen am Neckar in der Franziskanerkirche Esslingen, 27. September 2009 bis 31. Januar 2010; Begleitpublikation im Namen der Stadt Esslingen am Neckar [Tagung „Kloster, Wirtschaft und Stadt im Spätmittelalter", Esslingen, Altes Rathaus, 21. März 2009], Petersberg 2009.

3   https://www.wachauer-klosterhoefe.at/ (abgerufen am 30.9.2023). Zur Sequestrierung bayerischen Kirchenbesitzes in Österreich 1803, die Übernahme durch die k. u. k Staatsgüterverwaltung und schließlich der Weiterverkauf von deren Liegenschaften an meist private Abnehmer siehe *Edgar Krausen*, Die Sequestrierung bayerischer Weingüter um Krems, in: Mitteilungen des Kremser Stadtarchivs 4 (1964), S. 107–115.

4   Beispielsweise das von Simon Kuhn entwickelte Dissertationsprojekt „Klösterlicher Fernbesitz und seine Kontrolle. Eine Untersuchung zu den Weingartenbesitzungen der Klöster St. Peter und Michaelbeuern in der Wachau", aus dem auch das weiter unten vorgestellte Fallbeispiel entwickelt wurde.

5 Thomas Kühtreiber, Institut für Realienkunde des Mittelalters und der frühen Neuzeit (IMAREAL) an der Universität Salzburg, ist Leiter des Projektes „Der Lesehof des Passauer Kollegiatstiftes St. Nikola in Mautern". Die Forschungen im Nikolaihof werden bis voraussichtlich 2024 fortgesetzt. Detailstudien zu weiteren Klosterhöfen sind auf Basis der vorliegenden Daten und nach Maßgabe von Drittmittelakquise und Interesse der Hofbesitzer:innen geplant, ebenso vergleichende Untersuchungen zur Rolle der Klöster für die Regionsbildung in der Wachau.

6 Das Projekt wurde von der Abteilung Wissenschaft und Forschung der Niederösterreichischen Landesregierung gefördert; Projektleitung: Elisabeth Gruber (IMAREAL). Die Erstergebnisse der bauhistorischen und historischen Analyse wurden von Thomas Kühtreiber (IMAREAL), Alarich Langendorf und Andreas Steininger (Fa. ArchaeoPerspectives) für die Bauarchäologie sowie Simon Kuhn und Elisabeth Gruber für die historische Analyse für den unpublizierten Endbericht zum Projekt formuliert. Ihnen sei an dieser Stelle besonderer Dank für das Engagement im Rahmen der Projektarbeit ausgesprochen, das vielfach weit über das wissenschaftliche Interesse an der Materie hinausging. Die Datenbank kann unter folgender Adresse abgerufen werden: https://www.wachauer-klosterhoefe.at/ (abgerufen am 13.6.2023).

7 Sämtliche anzulegende Systeme beruhen auf quelloffenen Standards und erfüllen die Anforderungen des Time-Machine-Europe-Projektes (https://www.timemachine.eu/about-us/) (abgerufen am 31.1.2023).

8 Vgl. *Walter Kristanz*, Die Weingüter von St. Peter in Krems und Oberarnsdorf, in: Aegidius Kolb / Gregor Martin Lechner / Kuno Bugmann, Hg., Festschrift Sankt Peter zu Salzburg 582–1982, Salzburg 1982, S. 202–217; *Gerhard Ammerer / Harald Waitzbauer*, Die auswärtigen Herrschaften in Niederösterreich, in: Fritz Koller / Erich Marx / Franz Wieser, Hg., Das größere Salzburg. Salzburg jenseits der heutigen Landesgrenzen, Salzburg 2018, S. 71–91.

9 An dieser Stelle möchte ich mich bei Herrn P. Eppenschwandtner vom Stift Michaelbeuern und Herrn Mag. Dr. Hirtner vom Stiftsarchiv St. Peter für die gute Zusammenarbeit bedanken.

10 Vgl. Stiftsarchiv Michaelbeuern, A 2975, online unter: monasterium.net, https://www.monasterium.net/mom/AT-StiAMB/MbOSB/A_2975/charter (abgerufen am 16.12.2022).

11 Vgl. *Heinz Dopsch u. a.*, Michaelbeuern, in: Ulrich Faust / Waltraud Krassnig, Hg., Die benediktinischen Mönchs- und Nonnenklöster in Österreich und Südtirol, St. Ottilien 2001, S. 655–758, hier S. 705.

12 Vgl. Stiftsarchiv Michaelbeuern, A 2976, online unter: monasterium.net, https://www.monasterium.net/mom/AT-StiAMB/MbOSB/A_2976/charter (abgerufen am 16.12.2022).

13 Vgl. Stiftsarchiv Michaelbeuern, A 2978, online unter: monasterium.net, https://www.monasterium.net/mom/AT-StiAMB/MbOSB/A_2978/charter (abgerufen 16.12.2022).

14 Vgl. Stiftsarchiv Michaelbeuern, Fach 98, Nr. 17.

15 Vgl. Stiftsarchiv Michaelbeuern, Fach 99, Nr. 54.

16 Vgl. Stiftsarchiv Michaelbeuern, Fach 99, Nr. 54; hierzu Nr. 2.

17 Vgl. *Kristanz*, Weingüter, S. 206.

18 Vgl. ebd., S. 203; Stiftsarchiv St. Peter, Urk. Nr. 24, online unter: monasterium.net, https://www.monasterium.net/mom/AT-StiASP/Urkunden/Urk_Nr_24-1159_XII_19/charter (abgerufen am 17.12.2022).

19 Vgl. Stiftsarchiv St. Peter, Urk. Nr. 1957a, online unter: monasterium.net, https://www.monasterium.net/mom/AT-StiASP/Urkunden/Urk_Nr_1957_a-1520_X_7/charter (abgerufen am 20.12.2022).

20 Vgl. LA Niederösterreich, BG Krems, GB Oberarnsdorf, Bd. I, p. 246. Für diesen Hinweis danke ich Helga Schönfellner-Lechner.

21 Vgl. *Martin Bauer*, Die Besitzverhältnisse im Tal Wachau in der frühen Neuzeit (1500–1820), in: Österreich in Geschichte und Literatur 48 (2004), S. 285–307, hier S. 296–297.

22 Vgl. *Erich Landsteiner*, Weinbau und Gesellschaft in Ostmitteleuropa. Materielle Kultur, Wirtschaft und Gesellschaft im Weinbau, dargestellt am Beispiel Niederösterreichs in der frühen Neuzeit, phil. Diss., Wien 1992, S. 25–26.

23 Stiftsarchiv Michaelbeuern, A 2980, online unter: monasterium.net, https://www.monasterium.net/mom/AT-StiAMB/MbOSB/A_2980/charter (abgerufen am 22.12.2022).

24 Vgl. Stiftsarchiv St. Peter, Urk. Nr. 1019, online unter: monasterium.net, https://www.monasterium.net/mom/AT-StiASP/Urkunden/Urk_Nr_1019-1438_VIII_20/charter (abgerufen am 22.12.2022)

25 Vgl. Stiftsarchiv St. Peter, Urk. Nr. 1021, online unter: monasterium.net, https://www.monasterium.net/mom/AT-StiASP/Urkunden/Urk_Nr_1021-1438_IX_12/charter (abgerufen am 22.12.2022); vgl. Stiftsarchiv St. Peter, Urk. Nr. 1022, online unter: monasterium.net, https://www.monasterium.net/mom/AT-StiASP/Urkunden/Urk_Nr_1022-1438_IX_16/charter (abgerufen am 22.12.2022).

26 Vgl. *Helmut Feigl*, Die niederösterreichische Grundherrschaft. Vom ausgehenden Mittelalter bis zu den theresianisch-josephinischen Reformen, Horn 1964, S. 232.

27 Vgl. Stiftsarchiv Michaelbeuern, A 2982, online unter: monasterium.net, http://monasterium.net:8181/mom/AT-StiAMB/MbOSB/A_2982/charter (abgerufen am 1.1.2023).

28 Ebd.

29 Ebd.

30 Diese Klausel findet sich schon in dem bereits zitierten Pachtbrief von 1432: Hierzu vgl. Stiftsarchiv Michaelbeuern, A 2983. Sie ist allerdings auch in späteren Leibgedingbriefen enthalten: als Beispiel vgl. Stiftsarchiv Michaelbeuern, A 2990, online unter: monasterium.net, http://monasterium.net:8181/mom/AT-StiAMB/MbOSB/A_2990/charter (abgerufen am 27.12.2022).

31 Beispielsweise konstatiert Landsteiner für Niederösterreich – allerdings mit Fokus auf Retz – einen Rückgang der Taglohnarbeit im 15. Jahrhundert, hierzu vgl. *Landsteiner*, Weinbau, S. 65. Opll erachtet den Anteil der Taglohnarbeit am Weinbau als beträchtlich, hierzu vgl. *Ferdinand Opll*, Weinstädte und Weinmärkte, in: Willi Klinger / Karl Vocelka, Hg., Wein in Österreich. Die Geschichte, Wien 2019, S. 145–152, hier S. 148.

32 Vgl. *Andreas Otto Weber*, Die Rolle der bayerischen Klöster und Bistümer im Mittelalter, in: Klinger / Vocelka, Hg., Wein, S. 134–144, hier S. 140.

33 Vgl. Stiftsarchiv Michaelbeuern, Fach 98, Nr. 17.

34 Vgl. *Isabella Hödl-Notter*, Der Wein des Fürstbischofs. Der Weinbergbesitz des Hochstifts Freising als Studie zur Herrschaftsverfassung der geistlichen Staaten im Alten Reich (1612–1802/03), Masterarbeit, München 2016, S. 74.

35 Vgl. Stiftsarchiv St. Peter, Urk. Nr. 1077, online unter: monasterium.net, https://www.monasterium.net/mom/AT-StiASP/Urkunden/Urk_Nr_1077-1444_XII_13/charter (abgerufen am 24.1.2023).

36 Vgl. Stiftsarchiv Michaelbeuern, A 2983.

37 Vgl. Stiftsarchiv St. Florian, 1544 Mai 23.

38 Vgl. Stiftsarchiv Michaelbeuern, A 2980.

39 Vgl. ebd., A 2982.

40 Vgl. ebd.

41 Vgl. ebd., Fach 98, Nr. 17.

42 Vgl. Stiftsarchiv St. Peter, Akten Nr. 1675.

43 Vgl. ebd.

44 Vgl. Stiftsarchiv Michaelbeuern, Fach 99, Nr. 45.

Die Geschichte der Buchhandlung Höllrigl[1]

Günter Stierle

Die jetzt unter dem Firmennamen „Eduard Höllrigl" in Salzburg bestehende Buch-, Kunst- und Musikalienhandlung ist die älteste Buchhandlung Österreichs, und unseres Wissens gab es auch im gesamten deutschsprachigen Raum nur zwei Buchhandlungen, die älter sind und auch heute noch bestehen. Dies sind die von Hans Ott († 1546 in Nürnberg) im Jahre 1531 in Nürnberg gegründete Buchdruckerei und Buchhandlung „Korn und Berg" sowie die 1596 von Erhard Cellius (1546–1606) in Tübingen gegründete „Osiandersche Buchhandlung".

Johannes Gutenberg (um 1400–1468) hatte bereits im Jahre 1450 die Kunst des Buchdruckes mit beweglichen Metalllettern und einer Druckerpresse erfunden. Sein Hauptwerk, die „Gutenberg-Bibel", die zwischen 1452 und 1454 entstanden ist und welche die Verbreitung der Lehren Luthers ermöglichte, erweckte in der katholischen Kirche vehementen Widerstand. Die „Schwarze Kunst" und das „Lesen von Büchern" wurde mit Misstrauen betrachtet und als diabolisch bezeichnet. So wurde die Buchdruckkunst im 15. und 16. Jahrhundert auch von den Salzburger Erzbischöfen geächtet. Aus diesem Grund konnte sich die Buchdruckkunst in Salzburg zunächst nicht etablieren. Erst Fürsterzbischof Wolf Dietrich von Raitenau, der von 1587 bis 1612 Salzburger Fürsterzbischof war, betrachtete die Buchdruckkunst mit Wohlwollen.

Der erste ständige Buchdrucker Salzburgs war Konrad Kürner, der nachweisbar zur Zeit von Fürsterzbischof Wolf Dietrich von Raitenau seit Ende des 16. Jahrhunderts tätig war. Er gründete im Jahre 1598 die heutige „Buchhandlung Höllrigl" als „Kürners Hofbuchdruckerei" in der Gstätten in Salzburg. Sein erstes großes Druckwerk war das „Proprium Sanctorum Ecclesiae Salisburgensis cum Approbatione Sedis Apostolicae". Diesem ersten Druckwerk folgten zahlreiche weitere Werke. Kürner genoss die Unterstützung durch Fürsterzbischof Wolf Dietrich von Raitenau, was man noch heute am Logo der Buchhandlung Höllrigl mit dem Porträt dieses Fürsterzbischofs und dessen im Gewölbe der Buchhandlung platzierten Wappengemälde erkennen kann. Auch Markus Sittikus Graf von Hohenems, der von 1612 bis 1619 Salzburger

Fürsterzbischof war, erteilte der typographischen Offizin von Konrad Kürner zahlreiche Aufträge.

Auf Konrad Kürner folgte im Jahre 1620 sein Sohn Gregor Kürner (19.3.1601 in Salzburg–16.1.1651 in Linz). Auch unter seiner Ägide erschienen zahlreiche Druckwerke im Auftrag von Paris Graf Lodron, der von 1619 bis 1653 Fürsterzbischof von Salzburg und Gründer der Paris-Lodron-Universität war. Auch Gregor Kürner erhielt den Titel eines Hofbuchdruckers. Er verließ jedoch bald nach 1630 Salzburg, nachdem in diesem Jahr noch sein, dem Fürsterzbischof Paris Graf Lodron gewidmetes, in einem Exemplar im Salzburger Museum vorhandenes „Geistliches Vergiss-mein-nit" erschienen war. Aus dem Jahr 1637 ist ein Druck von ihm aus Wels bekannt, und 1638 begründete er in Linz eine Offizin, deren Geschichte bis zur Gegenwart, als Druckerei des katholischen Pressevereins, reicht. Sein Sohn Johann Jakob Kürner († 1729) zog nach Wien und heiratete die Witwe Judith Gelbhaar. Mit ihrer Hand erwarb er die im Jahre 1594 von Franz Kolb gegründete Universitätsdruckerei in Wien. Nach seinem Tod führten seine Erben die Universitätsdruckerei bis zum Jahre 1731 weiter, die dann vom berühmten Wiener Verleger Gregor von Kurzböck (1675–1763), dessen Sohn Josef von Kurzböck (1736–1792) und schließlich von Adolf Holzhausen (1868–1931) fortgeführt wurde.

In Salzburg trat als Hof- und akademischer Buchdrucker sowie Buchhändler Christoph Katzenberger (Christophorus Katzenperger), geboren in Bad Neustadt an der Saale im Jahre 1630, an Gregor Kürners Stelle. Er heiratete die oberösterreichische Landschreiberstochter Anna Ursula von Somating, welche nach seinem Tod den Betrieb weiterführte. Er starb am 3.6.1653 in Salzburg, wie uns die stark verwitterte Inschrift seines Grabsteines auf dem Friedhof zu St. Peter an der Wand, links vom Eingang in die Kreuzkapelle mitteilt. *„Hier liegt verwesen Christoph Katzenberger im Leben gewester Hof und academischer Buchtrücker welchem der Todt Anno 1653 den 3ten Juny umb 4 Uhr in der frühe ein unverhofftes Decret gebracht ohne Preß, Schrift, Farb, Papier abzutrucken"*, dieser fragt: *„Was mir geschehen; Obs nit seyn ..."* (Aufgrund von Verwitterung ist die Inschrift nur unvollständig erhalten.)

Seine Witwe Anna Ursula Katzenberger (Katzenperger) geborene von Somating († 2.4.1675 in Salzburg), welche sich in zweiter Ehe mit Johan Baptist Mayr von Mayeregg verehelichte, erbte die Buchhandlung und war von 1653 bis 1656 Besitzerin des Betriebes.

Der Nachfolger im Besitz der Buchhandlung wurde nach seiner Eheschließung mit Anna Ursula Katzenberger im Jahre 1656 Johann Baptist Mayr von Mayreckh (Mayregg) (20.2.1634–12.8.1708). Er galt als eine herausragende Persönlichkeit in seinem Fach und hinterließ zahlreiche und wichtige Spuren seines Schaffens. Er war ein Mann, der weit über die Grenzen seiner Heimat bekannt, ja berühmt war.

Johann Baptist Mayr wurde im Jahre 1638 am Chiemsee als Sohn von Nikodemus Mayr, der zur Zeit des Schwedenkrieges salzburgischer Rittmeister war, geboren. Wie schon erwähnt, heiratete er in erster Ehe Anna Ursula Katzenberger, wodurch er in den Besitz der Buchdruckerei und Buchhandlung kam. Nach dem Tod von Anna Ursula Katzenberger verh. Mayr nahm er am 2.4.1675 in zweiter Ehe Johanna Ludmayer zur Frau.

Bei dem großen Bergsturz in Salzburg am 16.7.1669, bei dem etwa 300 Menschen den Tod fanden, wurden die damalige St. Markuskirche, das Priesterseminar und 13 Häuser verschüttet. So wurde auch die Buchdruckerei von Johann Baptist Mayr, welche sich damals noch in der „Gstetten am Mönchsberg" befand (heute Gstättengasse, am Ursulinenplatz, stadteinwärts das dritte Haus vom Klausentor), zerstört. Mithilfe einer besonderen Förderung durch den Salzburger Fürsterzbischof Kardinal Maximilian Gandolf von Kuenburg errichtete Johann Baptist Mayr von Mayregg im Jahre 1685, nach einem kurzen Intermezzo am Waagplatz (1671–1685) und nach vierjähriger Bauzeit, ein Gewölbe mit Haus im „Hofholzgarten" am Gries (heute Griesgasse 25). Am 12.11.1868 erhielt Johann Baptist Mayr durch Fürsterzbischof Kardinal Maximilian Gandolph von Kuenburg, Fürsterzbischof von Salzburg von 1668 bis 1687 und Stifter der berühmten Bibliothek in der Neuen Residenz, das „Privilegium eines Hof- und akademischen Buchdruckers".

Johann Baptist Mayr entwickelte eine überaus rege Tätigkeit und durfte als erster Salzburger eine Zeitung drucken. Hierbei dürfte ihm freilich die Gunst des oben genannten Kirchenfürsten sehr geholfen haben, der ihm eine besondere Druckerpresse mit seinem Wappen und der Jahreszahl 1682 verehrte. Auf ihr druckte Johann Baptist Mayr die großen Missalen und Choralbücher, die man noch heute im Archiv des Salzburger Domes bewundern kann. Aus Johann Baptist Mayrs Offizin und Verlag sind in der Zeit von 1658 bis 1699 über 200 Werke hervorgegangen, die auch in den Messekatalogen des deutschen Buchhandels verzeichnet wurden. So kam auch die „Dücker's Chronik von Salzburg" 1666 aus seiner Werkstatt.

Johann Baptist Mayr errichtete auch, eigentlich als erster dortiger Buchdrucker und Buchhändler, 1678 eine Filiale in Laibach, dem heutigen Ljubljana in Slowenien, die über ein halbes Jahrhundert im Besitz seiner Familie blieb. Als Buchdrucker und Buchhändler in Laibach gab er 1678 einen interessanten „Lagerkatalog" heraus, von dem sich ein Exemplar bis 1881 in der ehemals Baron Erbergschen Bibliothek von Lustthal in Krain (heute Dol pri Ljubjani, Slowenien) befand.

Am 20.12.1696 wurde Johann Baptist Mayr der Titel eines „Hochfürstlich salzburgischen Kammerdieners, J. U., Candidatus und auch Notaricus Publicus, sowie Hof- und Universitäts-Buchdruckers und -Buchhändlers" verliehen. Zudem wurde er am 20.12.1696 von Kaiser Leopold I. in den Reichsadelsstand erhoben und erhielt das Prädikat „von Mayreckh". Johann Baptist Mayr von Mayreckh (Mayregg) verstarb am 12.8.1708 und wurde zusammen mit seiner dritten Gattin Anna Elisabeth von und zu Plawen (Blawen) von Letsch, verh. Mayrin von Mayreckh (1641–24.7.1707), welche aus dem schon 1140 aus Graubünden nach Tirol eingewanderten Geschlecht derer „von und zu Plawen von Letsch" stammte, auf dem Friedhof zu St. Peter in Salzburg beigesetzt. Sein Grabstein befindet sich rechts an der Wand, nach dem Eingang in die Kirche und vor dem Gitter mit der Inschrift: *„Hic requiescunt Praenob. D. Johannes Bapt. Mayr de Mayregg cels. Ac reverend. S. R. I. princeps et archiepis Salisburg. Vubicul et Typographusaulo-acade. Et uxor ijus Praenob. D. Anna Elisabethnata de Blauwen. Ille 12. Aug. 1708 aetatis 70 annoram, haec 24. Jully 1707 aetatis 66 annoram. Pie in Dominum obierunt."*

Der ältere Sohn von Johann Baptist Mayr von Mayreckh (Mayeregg), Josef Thaddä Mayr von Mayreckh (Mayeregg) (1655 in Salzburg–16.3.1695 in Laibach), übernahm die Buchdruckerei in Laibach. Sein jüngerer Sohn Johann Joseph Mayr von Mayreckh (Mayregg) (1.5.1689 in Salzburg–25.3.1724 in Salzburg) übernahm im Jahre 1708, nach dem Tod seines Vaters, Buchdruckerei und Buchhandlung in Salzburg. Über ihn ist uns verhältnismäßig wenig bekannt. Er starb aber schon 16 Jahre nach seinem Vater, kaum 35 Jahre alt.

Johann Joseph Mayr von Mayreckh (Mayregg) hinterließ seine Witwe Maria Barbara Mayrin von Mayreckh (Mayregg), geborene Laimpruckherin (Laimprochnerin) (1687–8.1.1739), die sich später unter dem Namen Moßhammer wiederverehelichte und aus erster Ehe zwei Kinder hatte. Die Witwe führte die Offizin ab dem Jahre 1724 unter dem Namen „Johann Joseph Mayr's seel. Erben" weiter. Johann Joseph Mayr von Mayreck und seine Frau Maria Barbara Mayrin von Mayreckh (Mayregg), geborene Laimpruckherin (Laimprochnerin) wurden ebenfalls auf dem Friedhof zu St. Peter in Salzburg begraben. Ihr Grabstein befindet sich ebenso rechts an der Wand, nach dem Eingang in die Kirche vor dem Gitter mit der Inschrift: *„Parentes dilectissimos secutus est filius deletus. Praenob. D. Johannes Josephus Mayr de Mayregg Typographus aulico acad. Cum uxore praenob. D. Maria Barbara nata Laimprochnerin per secunda nuptias diete Moshamer. Ille 25. Mart. 1724 etat. 35 annoram. Haec 9. Jäner 1739 etat. 58 annoram."*

Der Sohn Josef Kajetan Mayr († 1797) heiratete Maria Franziska Gschwendtner von Freyeneck, wurde Landrichter in Moosham im Lungau und zeigte kein Interesse, die Buchhandlung und Buchdruckerei in Salzburg weiter zu führen. Die Tochter Hofkammerräthin Anna Victoria Kajetana Mayrin von Mayreckh (Mayregg), verheiratete Konhauser von Sternenfeld (1712–28.3.1788) ehelichte den „hochfürstlichen, salzburgischen, wirklichen Hofkammerrath" Maximilian Josef Konhauser Edlen von Sternenfeld († 1769) und wurde nach ihrer Mutter 1739 die Besitzerin und Leiterin des väterlichen Geschäftes.

Sie muss eine außerordentlich energische und geschäftstüchtige Frau gewesen sein und führte auch eine scharfe Feder, wie ein Akt 1773 im Wiener Hofkammerarchiv beweist, in welchem sie ihr Privilegium auf den Bauernkalender gegen die Grazer Buchhändler erfolgreich verteidigte. Freilich gegen ihre heimischen Behörden hatte sie weniger Glück. In ihrer Offizin war im März 1773 eine Broschüre des Franziskanerpaters Clarentius Pschaider über die Aufhebung der Feiertage gedruckt worden. Dies erregte das besondere Missfallen des im Übrigen sehr liberalen Fürsterzbischofs Hieronymus Graf Colloredo, der von 1772 bis 1812 Fürsterzbischof von Salzburg war. Er ließ die ganze Auflage beschlagnahmen und obwohl Frau von Sternenfeld von diesem Druck nichts wusste und das Manuskript auch von einigen geistlichen Personen approbiert worden war, wurde sie doch zu einer Strafe von 100 Dukaten und, was noch schlimmer war, dazu verurteilt, ihre Druckerei und Buchhandlung an eine milde Stiftung abzutreten. Sie verkaufte daher Druckerei und Buchhandlung im Jahre 1775 um den „Spottpreis" von kaum 65.000 fl. (Florentiner Gulden) an das Waisenhaus. Jenes übersiedelte 1775 die Druckerei und Waisenhaus-Buchhandlung in das in seinem Besitz stehende Ritzerbogenhaus in der Abtsgasse (Kirchgasse, Pfarrgasse, später Sigmund-Haffner-Gasse 10).

So hart und anscheinend auch ungerecht dieses Urteil war, konnte es freilich die Tätigkeit der wackeren Frau nicht völlig unterbinden. Sie hatte bereits Anfang der 1760er-Jahre die damals Eckelbrecht'sche Buchhandlung erworben, welche um 1634 von Georg Hebenstreit gegründet worden war, dann von Georg Mantler (1647–1701) und später von Johann Drathzieher (1701–1752), respektive seinen Erben fortgeführt worden war. Somit hatte sie zwei von den damals in Salzburg bestehenden Buchhandlungen in ihre Hand gebracht. Nach Verlust der einen Buchhandlung an den Waisenhausfonds führte sie die zweite Buchhandlung unter ihrem Mädchennamen weiter. Auch ihr Mitarbeiter und Nachfolger Caspar (Kaspar) Zaunrith (1753–30.04.1818) nannte diese Buchhandlung fortan „Mayrische Buchhandlung", unter welchem Namen sie bis in jüngere Zeit bekannt ist. Zu erwähnen ist auch, dass Kaspar Zaunrith 1801 den Antrag zur Führung einer Druckerei in der Bergstraße stellte, was ihm am 28.7.1802 genehmigt wurde. Nachdem Caspar Zaunrith am 30.4.1818 bei einem Brand ums Leben gekommen war, wurde die Druckerei von seinem Sohn Leopold Zaunrith († 1868) übernommen. 1910 kam die Druckerei schließlich in den Besitz des Salzburger Pressvereins, welcher auch von 1935 bis 1947 die „Salzburger Zeitung" sowie nach 1945 das „Rupertusblatt" und die „Salzburger Nachrichten" druckte.

In der Zeit von 1775 bis zu ihrem Tode zeigte Frau von Sternenfeld, trotz ihres fortschreitenden Alters, eine besonders eifrige Verlagstätigkeit. So gründete sie im Jahre 1784 die „Salzburger Zeitung", deren Redakteur und Herausgeber Lorenz Hübner (2.8.1751–9.2.1807) war. Sie starb am 28.3.1788 im

76. Lebensjahr kinderlos und wurde zusammen mit ihrem Gatten auf dem Friedhof zu St. Peter in Salzburg begraben. Der Grabstein trägt die Inschrift: *„Hier Ruhet der Hoch Edelgebohrne Herr Joseph Maximilian Konhauser Edler von Sternenfeld des Heiligen Römischen Reichs Ritter, hochfürstlich Salzburgischer würklicher Hofkammer Rath, so verschieden den 25. July 1769. Seines Alters in 56 Jahrs. Deme auch nachgefolgt dessen Liebwerteste Frau Gemahlin die Hoch Edelgebohrne Frau Anna Viktoria Cajetana Edle von Sternenfeld gebohrne Mayrin von Mayregg, Innhaberin der Hoff- und Akademischen Buchdruckerey und Buchhandlung. So in Gott seelig entschlaffen den 28. März 1788. Ihres Alters 76 Jahrs. Welch beyden eine fröhliche Verständt verleihen wolle."*

Das Waisenhaus konnte mit dem Kauf der Buchdruckerei, des Verlages der „Salzburger Zeitung" und der Buchhandlung wenig anfangen und das Konsistorium verkaufte im Namen des Waisenhauses schon am 29.4.1789 Buchdruckerei, Verlag und Buchhandlung samt allen Rechten und Privilegien an den bisherigen Geschäftsführer Franz Xaver Duyle. Mit diesem begann für das alte Geschäft eine neue Periode und sein Name erhielt sich als Platzfirma beinahe 100 Jahre.

Franz Xaver Duyle wurde am 2.10.1743 in Maria Schießen bei Roggenburg in Schwaben geboren und ensmmte der aus Frankreich ausgewanderten Familie Deville. Sein Vater und Großvater, der 1678 wegen einer patriotischen Tat in den Freiherrenstand durch Kaiser Leopold I. erhoben worden war, waren ehrsame Bäcker der Grafen Fugger in Augsburg gewesen. Er selbst war ursprünglich als Rentenbeamter in Konstanz am Bodensee im Dienst der Fugger gestanden, widmete sich aber später aus Neigung dem Buchhandel in Augsburg. Von dort kam er 1781 nach Salzburg und wurde, wie erwähnt, Geschäftsführer der Waisenhaus-Buchdruckerei und -Buchhandlung. Er heiratete am 21.10.1783 die Tochter des Verwalters der Waisenhäuser Theresia Weibhauser und wurde dann der Besitzer beider Unternehmungen. Duyle hatte schon als Geschäftsführer zur vollen Zufriedenheit des fürstlichen Consistoriums, welches über alle inländischen milden Stiftungen die Administration führte, gearbeitet. Das fürstliche Consistorium stellte ihm öffentlich im Rahmen der Bestätigung des Kaufvertrages ein glänzendes Zeugnis über seine „Akkuratesse und Solidarität" aus. Er übersiedelte die Buchhandlung aus dem Ritzerbogenhaus in der Kirch-, Abts- oder Pfarrgasse (später Sigmund-Haffner-Gasse 10) in sein eigenes Haus am Waagplatz (ursprünglich Stadtpalais der Familie von Rehlingen am Waagplatz, später Antretterhaus, dann Dureggerhaus und heute Mozartplatz 4), welches er am 28.1.1793 ersteigert hatte. Er trachtete nun erst recht, wo das Geschäft auf seine eigene Rechnung ging, es erfolgreich auszugestalten. Am 10.11.1789 wurde ihm von der hochfürstlichen Universität Salzburg die Würde eines „Hof- und akademischen Buchdruckers und Buchhändlers" feierlich bestätigt. Dies bedeutete, dass er ausschließlich der Gerichtsbarkeit der Universität unterlag, von allen öffentlichen Steuern und Abgaben befreit war und das alleinige Druckrecht für alle Schriften des fürsterzbischöflichen Hofes und der hochfürstlichen Universität hatte. Duyle starb aber schon am 25.9.1804 in Salzburg.

Sein ältester Sohn Franz Duyle II. (geboren 1785) war teils durch seine Minderjährigkeit, teils durch die politischen Verhältnisse (Franzosenkriege) und seine militärischen Dienste erst 1811 in der Lage, das väterliche Geschäft selbst zu leiten. Daher wurde die Firma bis 1811 von Geschäftsführern (genannt werden als solche Anton Scharl, Ignaz Weiser, Benedikt Hacker und K. J. Laurent) verwaltet. Franz Duyle II. blieb zwar den Prinzipien seines Vaters treu, betätigte sich aber auch in hervorragendem Maße im öffentlichen Leben. Leute, die ihn genau kannten, nennen ihn einen „schätzenswerten Menschenfreund und echten Patrioten" und einen „braven aber minderglücklichen Bürger".[2] Worin der Mangel des Glückes für ihn bestand, wissen wir nicht.

Im Jahre 1843 trennte Franz Duyle II. die Buchhandlung von der Buchdruckerei. Erstere verkaufte er noch im selben Jahr an Adolf Christian Gottfried Lindig aus Pößneck (Sachsen-Meiningen), der sie den veränderten Verhältnissen Salzburgs entsprechend unter der einfachen Firma „Duyle'sche Buchhandlung (A. Lindig)" fortführte. Adolf Christian Gottfried Lindig veräußerte die Buchhandlung 1852 an Max Gloner, in dessen Besitz sie mehr als ein Vierteljahrhundert blieb. Im Jahre 1879 kam die Buchhandlung in Besitz der beiden Brüder Franz und Mathias Krakowitzer, um bereits nach zwei Jahren im Juli 1881 in den Besitz von Hermann Kerber zu gelangen. Die Buchdruckerei verkaufte Franz Duyle 1854 an Valentin Rehle und Franz Xaver Schmid-Schwarzenberg, die sie 1862 an den aus Regensburg in Bayern stammenden Anton Pustet weiterverkauften. Dieser führte den Betrieb unter dem Namen „Verlag Anton Pustet" weiter. 1922 wurde der „Anton Pustet Verlag" vom Styria Verlag übernommen und zwischen 1930 und 1937 von Otto Müller geführt. Unter den Nationalsozialisten wurde die Druckerei in den NS-Gauverlag eingegliedert und nach 1945 wieder vom Styria Verlag übernommen, der „Verlag und Druckerei Anton Pustet" am 31.12.1963 an den Salzburger Pressverein veräußerte.

Hermann Kerber, geboren am 4.5.1849 in Meran im heutigen Südtirol, war ein außerordentlich tüchtiger, kenntnisreicher, hochgebildeter Buchhändler, ein feinsinniger Kunsthändler und ein warmer Freund der Musik. Mit ihm kam ein neuer Zug, ein moderner Geist, vor allem aber ein erlesener Geschmack in das alte, in den letzten Jahren stark heruntergekommene Geschäft, das 1882 wieder in das alte Lokal im Ritzerbogenhaus in der Sigmund-Haffner-Gasse übertragen wurde. Er baute das Sortiment aus und pflegte auch den Verlag. Hermann Kerber veröffentlichte insbesondere elegant ausgestattete, heimatkundliche, kunsthistorische Publikationen, zu welchen ihm die schöne Stadt Salzburg viele Anregungen gab. Erfüllt von dem Wert, den der Fremdenverkehr für dieses Stadtjuwel besaß und zu dessen Hebung er auch sonst wirkungsvoll beitrug, gab er seinem Geschäft einen geradezu internationalen Charakter. Dies umso mehr, als er mit den vielen Künstlern und sonstigen bedeutenden Menschen, die Salzburg immer wieder an sich zog, in persönlichem und vielfach freundschaftlichem Verhältnis stand. Auch sein Wirken in der Handelskammer und seine Verdienste um die Errichtung des Mozarteums werden unvergessen bleiben. Anfangs firmierte er einfach als „Duylesche Buchhandlung", ab 1882 nannte er aber dann sein Geschäft nach seinem eigenen Namen, dem er 1897 den Titel eines k. und k. Hofbuchhändlers hinzufügen konnte („K. u. k. Hofbuchhandlung Hermann Kerber"). So erhielt diese älteste Buchhandlung Salzburgs wieder den Rang, der sie Jahrhunderte hindurch ausgezeichnet hatte.

Ende 1900, nach 37-jähriger Tätigkeit im Sortimentsbuchhandel, verkaufte Hermann Kerber das Geschäft seinem langjährigen ersten Mitarbeiter Eduard Höllrigl (13.10.1861–6.6.1902) aus Sarnthein im heutigen Südtirol, welcher am 24.1.1898 Emilie Spängler (18.2.1874–15.3.1958) geheiratet hatte. Er widmete sich vorwiegend dem Kunstverlag und dabei insbesondere den prächtigen, von ihm veranlassten Serien künstlerischer Ansichtskarten von Salzburg, die hauptsächlich Reproduktionen der berühmten Salzburger und alpenländischen Aquarelle des Malers E. T. Compton (Edward Theodore Compton, 29.7.1849–22.3.1921) waren. Eduard Höllrigl hatte ebenso wie Hermann Kerber bei Ellmenreich in der Pötzelsbergerischen Buchhandlung in Meran im heutigen Südtirol gelernt und konditionierte seit 1887 bei Hermann Kerber in Salzburg. Er machte Hermann Kerbers Grundsatz „Fleiß und Pflichterfüllung" in hohem Maß auch zu seinem eigenen. Eduard Höllrigl konnte sich leider seines Besitzes und seiner Selbstständigkeit nicht lange erfreuen, denn er starb bereits im Sommer 1902.

Zu Neujahr 1903 kauften dann der Schwager von Eduard Höllrigl, KR Adolf Stierle (31.8.1871 in Tamm, Württemberg–26.7.1945 in Salzburg) und Otto Spinnhirn (7.10.1873 in Bönningheim, Württemberg–16.5.1939 in Salzburg) die Buchhandlung und führten sie unter der Firma „Eduard Höllrigl, vorm. Herm. Kerber" in den Traditionen ihrer beiden erfolgreichen Vorgänger weiter. Auch diese beiden sind gewissermaßen aus der Kerber'schen Schule hervorgegangen. KR Adolf Stierle war schon seit 1897 als Gehilfe in der Buchhandlung Kerber tätig. Otto Spinnhirn, ein Sohn von Hermann Spinnhirn, dem früheren Teilhaber der bekannten Salzburger Verlagsfirma und Kunsthandlung Würthle & Spinnhirn, war bei Hermann Kerber Lehrling gewesen. Im Jahre 1910 erwarben KR Adolf Stierle und Otto Spinnhirn dann auch das Haus mit dem Ritzerbogen (heute Sigmund-Haffner-Gasse 10), in welchem sich die Buchhandlung seit 1882 befand. Sie gründeten auch eine Filiale im Hotel Europe, die erste österreichische Hotelbuchhandlung, und 1905 eine solche in Bad Gastein, die sie 1919 an ihren langjährigen Mitarbeiter Karl Krauth verkauften.

KR Adolf Stierle und Otto Spinnhirn übernahmen auch den Kerber'schen Buchverlag und suchten diesen erfolgreich weiterzuentwickeln. Dieser Verlag veröffentlichte hauptsächlich Werke, welche einen Bezug zu Salzburg besaßen. Dazu gehören die munteren Gedichte und Vorträge des Salzburger Dichters Otto Pflanzl, die zum Teil in acht Auflagen gedruckt worden waren, ferner Bühlers „Salzburg und seine Fürsten" in vier, Freisaufs „Hohensalzburg" in zwölf Auflagen, ebenso das dreibändige Salzburger Urkundenbuch von Hauthaler und Martin oder die „Landesgeschichte von Salzburg" von Dr. F. Zillner.

Wie aus obiger Darstellung ersichtlich ist, bestand zwischen der ältesten, 1598 von Konrad Kürner gegründeten, heutigen Salzburger „Buchhandlung Höllrigl" und der 1634 erstandenen, zweitältesten, späteren „Mayrschen Buchhandlung" zur Zeit der gemeinsamen Besitzerin Anna Victoria von Sternenfeld ein enges Verhältnis. Im Jahre 1903 erwarb nun die Höllrigl'sche Buchhandlung auch die drittälteste, 1667 von Melchor Hahn in Salzburg gegründete Buchhandlung und Buchdruckerei Hahn, die seit 1785 unter dem Namen ihres damaligen Besitzers Oberer weitergeführt worden war. KR Adolf Stierle und Otto Spinnhirn verkauften die Buchhandlung Hahn allerdings bereits wieder 1908, kauften sie aber neuerlich am 10.6.1924. Am 7.1.1926 wurde dem Geschäftsführer der „Buchhandlung Höllrigl, vorm. Hermann Kerber", KR Adolf Stierle die Konzession eines Theater- und Konzertkartenbüros erteilt.

Im Jahre 1937 übernahm KR Dr. Adolf Stierle (28.1.1906 in Salzburg–30.6.1970 in Salzburg), der Sohn von KR Adolf Stierle sen., die Anteile seines Vaters – und 1939 nach dem Tod von Otto Spinnhirn erbte dessen Witwe Therese Spinnhirn geb. Leiseder (22.9.1886 in Mühldorf am Inn in Bayern–23.8.1969 in Salzburg) die Anteile ihres verstorbenen Gatten. Die beiden führten die alte Firma unter dem bisherigen Namen weiter, darauf bedacht, die Tradition und den altehrwürdigen Ruf der ältesten Buchhandlung zu wahren und zu mehren.

Nach dem Tod von Therese Spinnhirn am 23.8.1969 gingen ihre Geschäftsanteile an die beiden Töchter Dr. Gertrud Spinnhirn (13.7.1912 in Salzburg–28.9.2002 in Salzburg) und Elisabeth Spinnhirn (14.4.1915 in Salzburg–23.3.2002 in Salzburg) über.

Nach dem Tod von KR Dr. Adolf Stierle am 30.6.1970 gingen seine Anteile an seine Witwe Helene Stierle (15.1.1922 in Kassel, Hessen–28.1.2000 in Salzburg) und seine beiden Söhne KR Heinz Stierle (18.3.1940 in Salzburg–4.6.2022 in Salzburg) und MR Dr. med. Günter Stierle (24.8.1950 in Salzburg) über. Mit diesem Zeitpunkt übernahm Frau Dr. Gertrud Spinnhirn die alleinige Geschäftsführung.

Am 16.5.1980 wurde die Konzession der Buchhandlung Höllrigl, vorm. Hermann Kerber von den Besitzern Dr. Gertrud Spinnhirn, Elisabeth Spinnhirn, Helene Stierle, KR Heinz Stierle und MR Dr. med. Günter Stierle an die

Firma Alpenverlag G. m. b. H. verkauft. Der Name „Buchhandlung Höllrigl, vorm. Hermann Kerber" wurde beibehalten. 1980–1987 übernahm Herr KR Heinz Stierle die Geschäftsführung der Firma. In den Jahren 1980 bis 1981 wurden die Räumlichkeiten vom neuen Besitzer komplett renoviert und umgestaltet. Nachfolger des Besitzers Buchhandlung Alpenverlag G. m. b. H. wurde später die Wilhelm Frick Buchhandlung G. m. b. H. mit dem Eigentümer Dr. Peter Wolff G. m. b. H – Wien und danach Wilhelm Sotsas. KR Heinz Stierle legte 1987 die Geschäftsführung der „Buchhandlung Höllrigl, vorm. Hermann Kerber" nieder und eröffnete im selben Jahr eine eigene Buchhandlung „Bücher Stierle" in der Kaigasse.

Literatur und Internetbeiträge

Austriawiki: Verlag Anton Pustet, 2019.

Norbert Bachleitner / Franz M. Eybl / Ernst Fischer, Geschichte des Buchhandels in Österreich, Wiesbaden 2000.

Carl Junker, Die ältesten Buchhandlungen Österreichs, Salzburg 1924 und Ergänzung 1937.

Rudolf Schmidt, Deutsche Buchhändler, deutsche Buchdrucker, Hildesheim – New York 1979.

Salzburgwiki: Buchhandlung Höllrigl / Druckereien in Salzburg / Franz Xaver Duyle / Johann Baptist Mayr (Buchdrucker) / Kaspar Zaunrith / Otto Spinnhirn / Salzburger Druckerei / Sigmund-Haffner-Gasse.

Maria Vinzenz von Süss (Verwalter des Städtischen, öffentlichen, milden Leihauses zu Salzburg): Beiträge zur Typographie und des Buchhandels im vormaligen Erzstifte nun Herzogthume Salzburg, Salzburg 1845.

Günter Stierle, Chronik des Ritzerbogenhauses, Salzburg 2004.

Günter Stierle, Stammbaum und Geschichte der Familie Spängler, Salzburg 2022.

Wikipedia: Eduard Höllrigl / Verlag Anton Pustet.

Endnoten

1 Ich widme diese Arbeit meinem am 4.6.2022 verstorbenen Bruder, dem Buchhändler KR Heinz Stierle.

2 *Carl Junker,* Die ältesten Buchhandlungen Österreichs, Salzburg 1924, S. 3.

lieber herr vnd freundt
Privatbriefe des Paris Graf von Lodron an Leopold V. von Österreich (1620–1632)

Julian Lahner

Am 9. Oktober 1619 starb der Salzburger Erzbischof Markus Sittikus von Hohenems (1574–1619).[1] Während der Sedisvakanz übernahm das Domkapitel die geistliche und weltliche Führung des Erzstifts.[2] Obwohl das „Statutum perpetuum" von 1606 die bayerischen Wittelsbacher und die österreichischen Habsburger von der Nachfolge des Salzburger Bischofsstuhls ausklammerte,[3] bedrängten die beiden benachbarten Fürstenhäuser schon kurz nach dem Tod von Markus Sittikus die Domherren, die den neuen Oberhirten des Fürsterzbistums wählen sollten.[4] Sie wollten als Metropoliten des reichen Fürsterzbistums einen Prinzen aus dem jeweils eigenen Haus, im Idealfall sogar eine (geistliche) Sekundogenitur am Rande des Heiligen Römischen Reiches etablieren. Als Vorbilder dienten jene der Habsburger in Passau, der Madruzzo in Trient und der Spaur in Brixen.[5]

Der österreichische Gesandte Hans Ruprecht Hegenmüller (1572–1633) kam am 22. Oktober nach Salzburg,[6] um für Leopold V. von Österreich (1586–1632)[7] zu werben. Der Bruder von Kaiser Ferdinand II. (1578–1637),[8] der zu dessen Unterstützung ebenso auf päpstliche Legaten einredete, war bereits Bischof von Passau und Straßburg und seit Jänner 1619 Statthalter von Tirol und den Vorlanden (Vorderösterreich). Hegenmüller bewarb den Erzherzog am 24./25. Oktober vor dem Domkapitel, das dem kaiserlichen Hofrat freundlich zurückweisend die Postulation eines den Habsburgern zufriedenstellenden Kandidaten vorankündigte. Außerdem traktierte er *„fleissig"* den ranghöchsten Kapitular, Dompropst Paris Graf von Lodron (1586–1653).[9] Der in Castelnuovo bei Villa Lagrina geborene Tiroler spielte *die* Schlüsselrolle bei der Bischofswahl Leopolds und war dementsprechend Ziel des habsburgischen Lobbyings. In diesem Sinne wies ihn der Erzherzog mit einem vom österreichischen Botschafter übergebenen *„handbrieflein"* auf sein Untertanenverhältnis hin. Da die Lodron ebenso eng mit den Medici in der Toskana verbunden waren, veranlasste der Erzherzog seinen Schwager, den Großherzog Cosimo II. de' Medici (1590–1621), dem Dompropst schriftlich anzutragen, die Wahl eines Habsburgers – jene Erzherzog Leopolds – zu unterstützen. Indessen hatte Hegenmüller

Salzburg verlassen und kehrte am 9. November dorthin zurück, wo er erneut Werbung für Erzherzog Leopold machte. Offenbar befürchteten die Kapitulare, durch die Nomination eines Habsburgers Kriegspartei im Böhmisch-Pfälzischen Krieg (1618–1623) zu werden und eine Einschränkung der Wahlfreiheit des Salzburger Domkapitels durch Kaiser und Papst. Sie wählten stattdessen am 13. November 1619 den jungen Dompropst Paris Graf von Lodron zum neuen Salzburger Metropoliten.[10] Also just jene Schlüsselfigur, die nach habsburgischer Intention eigentlich Erzherzog Leopold auf den Bischofssitz hieven sollte.

Anrede- und Schlussformel, die Paris Graf von Lodron in der Korrespondenz mit dem Erzherzog verwendete, änderte sich ab 1619 nach dessen steilen sozial-politischen Aufstieg zum Salzburger Erzbischof: Unterschrieb er am 26. Oktober 1619 noch mit *„Gehorsambster demuetigister Caplan Paris Graf zu Lodron"*[11], nennt er Erzherzog Leopold in den 49 überlieferten Privatbriefen der Jahre von 1620 bis 1632 stets *„lieber herr vnd freundt"*.[12] Daraus ergibt sich bereits die Ausgangsfrage dieses Beitrags, nämlich jene nach der persönlichen Beziehung der beiden Nachbarfürsten zwischen dem Regierungsantritt in Tirol bzw. Salzburg 1619 bis zum Tod des Erzherzogs 1632. Die Beziehung der beiden Regenten soll als Beispiel für ein transregionales Fürsten- und Adelsnetzwerk gedeutet werden. Derartige Netzwerke generierten in der Frühneuzeit über die Weitergabe des „savoir d'État" (staatsrelevantes Wissen),[13] informelle Absprachen und Vereinbarungen einen gewissen Grad an innen- und außenpolitischer Herrschaftsstabilität und -sicherheit für den Landesherrn[14] sowie Vorteile beruflicher und materieller Art für deren Familienangehörige.[15] Das soll nachfolgend durch Auswertung der erwähnten Privatbriefe des Paris Graf von Lodron an Leopold V. von Österreich exemplifiziert werden. Eingangs soll zunächst der persönliche Bezug der beiden zum Salzburger Erzbistum und Domkapitel bis 1619 erläutert werden, bevor die Korrespondenz der Jahre von 1620 bis 1632 ausgewertet wird. Es folgt abschließend eine historisch-kritische Edition der Briefe, um sie für weitere Forschungen fruchtbar zu machen.[16]

1. Die Verbindung von Erzherzog Leopold V. von Österreich und Paris Graf von Lodron zum Salzburger Erzstift und Domkapitel bis 1619

Als drittgeborener Sohn von Erzherzog Karl II. von Innerösterreich (1540–1590) war Erzherzog Leopold eine geistliche Laufbahn vorbestimmt. Im Geburtsjahr 1586 wurde der Salzburger Erzbischof Johann Jakob Kuen-Belasy (1515–1586) zu seinem Taufpaten ernannt,[17] was einen schon früh vorhandenen dynastischen „Fahrplan" für den nachgeborenen Sprössling vermuten lässt, ihn über familiäre Bande als Salzburger Metropolit installieren zu wollen. Wenngleich das kanonische Recht nicht eine Pfründe im Domkapitel als

Zugangsvoraussetzung für das Bischofsamt vorschrieb, wählten die Kapitulare in den allermeisten Fällen einen Domherrn aus dem eigenen Domstift. Die Fürstenhäuser besorgten daher den nachgeborenen Söhnen reichlich Sitze in Domkapiteln, was die Chancen auf ein oder mehrere Bischofsämter erhöhte.[18] So besaß Erzherzog Leopold Kanonikate in Passau (1596), Köln (1614), Konstanz (1620) und Straßburg, wodurch er 1605 in Passau und 1608 in Straßburg auch den Bischofssitz erlangte. Die Salzburger Kanonikate erhielt er 1596, nachdem unter dem Druck von Kaiser Rudolf II. (1552–1612) der Passauer Bischof Urban von Trennbach (1525–1598) die Präbende an das Salzburger Domkapitel resigniert hatte.[19] Von der geistlichen Seite der Familie waren bereits der Onkel Ernst Herzog von Bayern (1554–1612),[20] die beiden Vetter Ferdinand Herzog von Bayern (1577–1650)[21] und Philipp Wilhelm Herzog von Bayern (1576–1598)[22] sowie ab 1602 noch der jüngere Bruder Erzherzog Karl von Österreich (1590–1624)[23] dort vertreten. Der Weg zur vollen Mitgliedschaft im Domkapitel als Kapitular, diese beinhaltete neben dem Genuss der Pfründe das volle Stimm- und Wahlrecht, bedingte nach der Aufschwörung die Ableistung der Ersten Residenz, d. h. sich mehrere Wochen ohne Unterbrechung in Salzburg aufzuhalten.[24] Erzherzog Leopold erfüllte dieses Erfordernis nie, sodass er den niederen Status des Domizellars, eines Domherrn ohne Rechte, beibehielt.[25] Nichtsdestotrotz besuchte er mehrfach Salzburg[26] und bemühte sich 1604/05 als auch 1619 um das Erzbistum.[27] 1612 hielt sich der Erzherzog wieder einmal in der Salzachstadt auf und erfuhr Details über die bayerische Festnahme des Erzbischofs Wolf Dietrich von Raitenau (1559–1617)[28] vom Vorjahr. Papst Paul V. (1552–1621) erteilte er daraufhin den Ratschlag, sich der Sache persönlich anzunehmen.[29] Vielleicht spielte er mit dem Hintergedanken, mithilfe der römischen Kurie die Nachfolge Raitenaus anzutreten.

Auch Paris Graf von Lodron verdankte den Sprung ins Salzburger Domkapitel und seine steile Karriere im Erzbistum familiären Beziehungen. Obwohl Erstgeborener, beschritt Paris Graf von Lodron eine geistliche Laufbahn[30] und vollendete 1604 mit der „Disputatio philosophica de varietate scientiarum et artium"[31] (Philosophisches Streitgespräch über die Vielfalt der Wissenschaften und Künste) an der Jesuitenuniversität Ingolstadt seine Studien. Die gedruckte Disputation widmete er *seinem* größten Förderer und Taufpaten, dem Großonkel Anton Graf von Lodron (1536–1615).[32] Der selbst 1606 zum Salzburger Dompropst erwählte Domherr verhalf seinem Großneffen im selben Jahr zur Präbende des verstorbenen Kapitulars Balthasar von Raunach (1537–1605).[33] Paris Graf von Lodron erwarb in den zwei Folgejahren von seinem Cousin zweiten Grades Alfons Graf von Lodron (1580–1647), der nach dem Erhalt der strittigen Erbschaft Castelnuovo laisierte, Dompfründe in Trient (1608)[34] und Regensburg (1609). 1611 übernahm er dann die Probstei des Kollegiatstiftes zu Unserer Lieben Frau in Maria Saal (Kärnten), welche der Domizellar mithilfe

Wolf Dietrichs von Raitenau, erneut ein verwandter Wohltäter, erlangte.[35] Als Graf von Lodron im darauffolgenden Jahr schließlich in Rom weilte, um in der Frage des inhaftierten Wolf Dietrichs zu intervenieren, kehrte er mit einem päpstlichen Breve nach Salzburg zurück. Darin übertrug ihm Paul V. die Erzpfarrei St. Maria Assunta in Villa Lagrina,[36] auf die Anton Graf von Lodron zugunsten seines Patenkinds verzichtet hatte. Nach dem Tod des Großonkels 1615 trat Paris Graf von Lodron, der sich erst im Vorjahr weihen ließ, in dessen Fußstapfen als Dompropst. Eigentlich hatte das Domkapitel den Chiemseer Oberhirten Ehrenfried von Khuenburg (1573–1618) als neuen Dompropst postuliert. Dessen Ernennung scheiterte an der formalen Bestätigung des Salzburger Erzbischofs Markus Sittikus, der gleichfalls auch den neuen Vorschlag der Kapitulare, Ernst Freiherr von Wolkenstein (1558–1616), strikt ablehnte. Sittikus bevorzugte stattdessen den 30-jährigen Lodron, den das Domherrenstift widerwillig akzeptieren musste, und kürte ihn im März 1616 sogar zum Präsidenten der erzbischöflichen Hofkammer, hauptverantwortlich für die wirtschaftliche und finanzielle Belange des Erzstiftes.[37] Die höchsten geistlichen und weltlichen Würden im Erzstift Salzburg ebneten Paris Graf von Lodron 1619 den Weg zum vierthöchsten geistlichen Amt in der Reichskirche, dem des Salzburger Metropoliten.

2. Zwischen Salzburg und Tirol:
Die persönliche Beziehung der Nachbarfürsten

Dass Erzherzog Leopold V. von Österreich bei der Salzburger Bischofswahl 1619 seinem Tiroler Untertan Paris Graf von Lodron unterlag, prägte die persönliche Beziehung der beiden Nachbarfürsten keineswegs nachteilig. Im Gegenteil, sie begegneten sich mit gegenseitigem Respekt und größter Wertschätzung füreinander. Das war Bedingung für das Gelingen des Fürstennetzwerkes zwischen Salzburg und Tirol. Wechselseitige Weihnachts- und Neujahrswünsche zählten zur formalen Etikette der Nachbarfürsten,[38] wobei der Salzburger Erzbischof nur einmal, 1624, mit der Verabschiedung *„Paris von Gottes genaden, Erzbischof zu Salzburg, Legat des Stuels zu Rom"*[39] auf seinen übergeordneten Rang in der Reichskirche verwies.[40] Als dann im selben Jahr der kleine Bruder des Tiroler Landesfürsten, Erzherzog Karl von Österreich, starb,[41] fertigte der Salzburger Erzbischof im Folgejahr für seinen *„Hochuertrauten herrn vnd freundt"*[42] nicht nur ein Kondolenzschreiben an, sondern ordnete ehrbietend seinen Vetter Franz Graf von Lodron (1596–1666) an den Innsbrucker Hof zur persönlichen Mitleidsbekundung ab. Im ehrfurchtsvollen Miteinander der beiden Nachbarfürsten erfuhr der Erzbischof die freudvolle Kunde von der Geburt des männlichen Stammhalters der Innsbrucker Linie der Habsburger persönlich vom ober- und vorderösterreichischen Kämmerer Hypoliti Graf zu Gasaldo, den der Erzherzog eigens zu diesem Zweck nach Salzburg entsandt hatte.[43] Wenngleich der wechselseitige Respekt es mit sich brachte, dass nach der Geburt eines Fürstenkindes jedes Mal ein Glückwunschschreiben von Salzburg nach Innsbruck übermittelt wurde,[44] konnte Paris Graf von Lodron nach der Geburt der Erstgeborenen Maria Eleonore 1627 seine Enttäuschung über das Geschlecht des Kindes nicht verbergen; er wünschte dem Tiroler Landesherrn *„ehest"* einen *„jungen Prinzen vnd Sohn",*[45] um die erst 1626 mit der Hochzeit zwischen Leopold V. und Claudia de' Medici (1604–1648)[46] neu begründete Habsburgernebenlinie, die in Tirol und den Vorlanden regierte, zu sichern. Regelmäßige persönliche Treffen festigten das Vertrauensverhältnis zusätzlich ab. So sprach der Salzburger Erzbischof 1625 im Kontext der Planungen für ein Zusammentreffen in der Salzachstadt von der *„ehr vnd das glückh [...], dero selben Personlichen gegenwertigkait Zugenüessen",*[47] welches dann sicherheitshalber aufgrund der grassierenden Pestepidemie verschoben wurde.[48] 1629 wurde Paris Graf von Lodron als Ehrengast am Innsbruck Hof empfangen,[49] wo für ihn als Dank für die Austragung der Verleihung des Ordens vom Goldenen Vlies an Erzherzog Leopold in Salzburg ein pompöses Festmahl ausgerichtet wurde.[50] Höhepunkte der Fürstenbegegnungen markierten die Jagden,[51] Ausdruck adeliger Mentalität[52] und fürstlicher Souveränität.[53] Selbst Claudia de' Medici wurde 1626 an der Seite ihres Mannes zur Jagd nach Schloss Blühnbach (Salzburg), bekannt im 17. Jahrhundert für die spektakulären erzbischöflichen Jagdgesellschaften,[54] eingeladen,[55] was die exponierte Stellung einer Fürstin in der zeremoniellrituellen Ordnung des Alten Reiches im Sinne einer herrschaftsstabilisierenden Stütze akzentuiert.

Aus dem Fürstennetzwerk schlugen beide Seiten Vorteile für Verwandtschaft und Wirtschaft heraus: Der Salzburger Erzbischof hatte aufgrund seiner Herkunft eine Menge Vetter in Ober- und Vorderösterreich; allein in den 49 edierten Briefen führte Paris Graf von Lodron 13-mal die Verwandtschaftsbezeichnung *„Vetter"* an. In sieben Fällen der Jahre von 1620 bis 1632 bat er den Tiroler Landesfürsten in der Funktion eines guten Leumunds um eine Privataudienz für seine Verwandten.[56] Meistens handelte es sich um ein *„anbringen nach notturfft",*[57] wobei der Kontext aufgrund fehlender Quellen zumeist unbekannt bleibt. 1628 schickte Paris Graf von Lodron seinen Schwager Franz Vigil Freiherr von Spaur und Valör, den er als Edelknaben am erzbischöflichen Hof aufzog,[58] nach Innsbruck, der Erzherzog Leopold die Hochzeit des Bruders Christoph Graf von Lodron mit Catharina Gräfin zu Spaur (1602–1676) *„in gnaden recomendirt"*[59] hat. Bei anderer Gelegenheit wiederum ersuchte der Salzburger Erzbischof den Erzherzog schriftlich um Unterstützung bei der Brixner Bischofswahl von 1628 für seinen *„Vettern, gehaimen Raths, vnd Stathalters Wilhelmes Freyherrn zu Welsperg, und Primör",*[60] der dann tatsächlich als neuer Oberhirte hervorging.[61] Im November 1627 bat der Metropolit den Tiroler

Landesfürsten, seinen Vetter Eusebius Freiherr von Froberg (1598–1636) mit den vorderösterreichischen Herrschaften Tattenried und Beffort zu belehnen, weil dieser in der Nähe begütert sei und dessen Familie über 40 Jahre gute Dienste in Salzburg geleistet habe.[62] Im Gegenzug für die Gefälligkeiten durfte der *„HöfGenger vnd Zueschrotter"* Melchior Pranger für den Innsbrucker Hof jährlich 100 Rinder und 500 Schafe ohne *„bezalung ainicher Meütt, Zöll, oder Aufschlag"*[63] aus Salzburg ankaufen, wofür ihm problemlos ein Passbrief ausgestellt wurde.[64] Die Streitigkeiten zwischen Salzburg und Tirol um die 1630 in Zell am Ziller entdeckte Goldader, die sich überwiegend auf Salzburger Terrain erstreckte,[65] konnten trotz der persönlichen Beziehung der Nachbarfürsten nicht beigelegt werden. Es wurde deshalb 1631 Kaiser Ferdinand II. als entscheidungsbefugte Reichsinstanz eingeschaltet.[66]

Das wechselseitige Zuschieben von heiklen Informationen an den Nachbarfürsten förderte den Prozess der Herrschaftsverdichtung, indem Gefahrenherde der staatlichen Ordnung offenbart, überwacht und kontrolliert werden konnten. So wendete sich der verstörte Erzherzog Leopold 1626 mit der Frage, *„Was es vmb denne vnrlangst im Landt ob der Enns erregten Paurn Aufstandt aigentlich für ain beschaffenhait habe",*[67] an den Salzburger Erzbischof. Er fürchtete vermutlich ein Überschwappen auf Ober- und Vorderösterreich und eine Wiederholung der Tiroler Bauernaufstände von 1525 unter Michael Gaismair (1490–1532).[68] Da das Erzstift unmittelbar an Oberösterreich grenzte und der Erzbischof daher Abschriften von Berichten der kaiserlichen Kommissäre und des bayerischen Obersts bezog,[69] informierte in den Folgewochen Paris Graf von Lodron seinen Nachbarn detailliert über den Verlauf des Oberösterreichischen Bauernaufstandes von 1626.[70] Erst am 12. Dezember 1626 konnte er Erzherzog Leopold endgültig beruhigen: *„Nun berichten dieselbige Wir hiemit ferner, Das, nachdem die Rebellische Paurn bey Wolfsegg zum vierten mahl geschlagen worden, vnd wie verlaut ain starckhe niederlag erliten, sy weiter khainen standt mehr gehalten".*[71] Hingegen konnte Paris Graf von Lodron durchatmen, als er 1632 vom Abzug der befeindeten Schweden von Füssen nach Augsburg erfuhr.[72] Öfters wurden auch Auskünfte über hohe kirchliche Würdenträger ausgetauscht: 1630 berichtete man nach Innsbruck, *„Das vns noch bis dato von des herrn Cardinals von Dietrichstain L. angedeuten Rais das wenigste nicht zuekhommen",*[73] oder am 13. Mai gleichen Jahres, dass *„eben gestrigen abent der P. General Capuciner Ordens alhie personlich angelangt"*[74] sei. Der Erzbischof setzte sich auf Wunsch des Tiroler Fürsten dafür ein, dass dergleichen Dignitäten in Innsbruck einkehrten; Ende Mai konnte das Fürstenpaar den Ordensgeneral Giovanni Maria da Noto (1563–1631) für vier Tage willkommen heißen.[75]

3. Historisch-kritische Edition der Privatbriefe des Paris Graf von Lodron an Leopold V. von Österreich der Jahre von 1620 bis 1632

Die Registratur des Geheimen Rates der ober- und vorderösterreichischen Regierung legte nicht alle an Erzherzog Leopold V. adressierten Briefe in die dafür vorgesehene chronologische und serielle Hofregistratur und das Selekt „Leopoldinum" ab. Stattdessen begründete sie den Archivbestand „Alphabetisches Leopoldinum", worin Tausende Privatbriefe ranghoher Persönlichkeiten und enger Familienmitglieder eingeordnet wurden.[76] Die Rubriken 964 und 965 enthalten 50 Privatbriefe von Paris Graf von Lodron an Erzherzog Leopold V. von Österreich der Jahre von 1620 bis 1632, die im Folgenden historisch-kritisch ediert werden.

TLA, Alphabetisches Leopoldinum I/964:
„Salzburg (Paris) an Erzh[erzog] Leopold 1623":
Nr. 1: Paris Graf von Lodron an Leopold V. von Österreich, 9. Juni 1623:
Hochwürdiger vnd Durchleüchtiger Fürst, C. L.[77] seind vnser freundlich willig dienst, was wir auch sonsten mehr liebs vnd guets vermögen JedZeit zuuor, besonder lieber herr vnd freundt, Auf E. L. Credenzschreiben[78] vom 5. dits haben wir dero O. O. Regiments Rath, Cämmerer vnd Abgesandten, den Edlen vnsern besond[ers] lieben Vettern, Hannsen Freyherrn zu Wolckhenstain, vnd Rotenegg[79] p[80] in seinem müntlichen für: vnd anbringen nach notdurfft[81] angehört, vnd denselben darüber also beantwort, wie E. L. Zu dero gelegenhait von Jhme mit mehrerm vernemmen werden, Darauf wir vns referirn, Mit dienst freundlichem gesinnen E. L. geruehen nicht minder als wir vnser seits gethan, Jhme hierumen völlig glauben zu geben, vnd sich dessen zuuersichern, das wir dero in allweg angenemme beliebende dienst Zuerweisen JederZeit willig vnd berait sindt.
Datum in vnser Stat Salzburg, den 9. Junÿ A°. 1623.
E. L.
Dienstwilliger Allzeit
Paris GfL

TLA, Alphabetisches Leopoldinum I/965:
„Paris Erzbischof von Salzburg an Erzherzog Leopold und Claudia 1620–1636":
Nr. 2: Paris Graf von Lodron an Leopold V. von Österreich, 16. Dezember 1620:
Hochwürdiger vnd Durchleüchtiger Fürst, E. L. seindt unser freundlich willig dienst, Was wir auch sonsten mehr liebs vnd guets vermögen Jederzeit

zuuor, besonder lieber Herr vnnd freundt, Nachdeme E. L. leibsgesundhait vnd glückhlicher Zuestandt vns nicht mind[er] als vnser selbst aigne Wolfahrt Zum höchsten erfreudt, So haben wir mit der Occasion diser durch die gnad Gottes nunmehr vorstehend neuen JahrsZeit, aus sonderbarem wolmainenden gemüeth, vnd dem loblichen herkhommen gemess, nicht vnderlassen sollen noch wöllen, E. L. von dem Allmechtigen, vnd dem neugeborenen Cristkhindlein vnserm Waylandt, ein glückhseliges freudenreiches neues Jahr, vnd was derselben sonsten Zu seel vnd leib Jmmer erspriesslich sein mag, nicht alain obangedeüter vnserer begierdt nach, Sonder auch wie sÿ es Jhr selber desidrirn vnd begern, von herzen Zuwünschen, Dem gütigen Got treulich bithendt, Sein Götliche Allmacht geruehe E. L. sowoll diss eingehende, Als vill andern hernach volgende Jahr in beharrlicher gesundhait, vnd glückhlicher regierung Jhrer vndergebnen Landt vnnd Leudte, dem gemainen Vaterlandt teutscher Nation, vnd vnser allain Seligmachenden Catholischen Religion Zu guetem, Neuerab bey Jetzt schwebend gefehrlichen Weltleuffen,[82] nach allem wunsch ausleben vnd hindurch bringen Zulassen, Darumb wir für vnser Person E. L. angemme gefällige dienst Zuerweisen vermögen, haben sÿ sich vnserer guetherzigen Nachbarlichen Wilfertigkait Jederzeit Zuuerwissen. Datum in vnser Stat Salzburg, den 16. Decembris Anno 1620.
E. L.
Dienstwilliger allzeit.
ParisGfL

Nr. 3: Paris Graf von Lodron an Leopold V. von Österreich, 24. Jänner 1621:

Hochwürdiger vnd Durchleüchtiger Fürst, E. L. seind meine freundlich willige Dienst, was Jch auch sonsten mehr liebs vnd guets vermag, JederZeit Zuuor, besonder lieber Herr vnd Freundt, Aus E. L. freundlichen schreiben vom 15. dits, wie auch meines Raths vnd Secretarien D. Paula Romani mündlichen relation hab Jch Zu genügen vernommen, Mit was sonderbaren eifer sÿ Jhro den vortgang des bewussten Regiments angelegen sein lassen, vnd was sÿ mir auch meiner seits darbey Zuthuen vertreulich anZudeüten, beuolchen, Sage erstlich E. L. vmb dero guetherzige acceftion,[83] vnd hierund habende bemüehung ganz freundlichen Danckh, wolte auch für mein Person dem gethanen fürschlag[84] gemess disfals cooperirn, Dieweilln es aber an bewussten orth villeicht wenig freuthen[85] möchte, diese officia[86] auch das ansehen haben wurden, Als wenn sÿ meiner hiebeuorn[87] gegen der Röm. Kaÿ. Maÿ.[88] meinen allergeisten[89] herrn gethannen erclerung, Crafft welcher deroselben Jch die disposition[90] mit den dreÿen Fendlein gehorsamest vbergeben,[91] zu wid[er] lauffen theten, So stülle Jch derwogen die fernere beförderung hieobbesagter Werbung E. L. allerdings haimb, die werden durch dero authoritet das werckh noch fürbas[92] wie bishero

nach besster müglichkhait zu naturiern[93] wissen, vnd Jch verbleibe E. L. zu angenemmer belieben diensterweisung JederZeit bestendigelich berait.
Datum Salzburg den 24. Januarÿ Anno 1621.
E. L.
Dienstwilliger allZeit
Paris GfL

Nr. 4: Paris Graf von Lodron an Leopold V. von Österreich, 14. Dezember 1624:
Hochwürdiger und Durchleüchtiger Fürst, E. L. seindt unser freundlich willig dienst, was wir auch sonsten mehr liebs vnd guets vermögen JederZeit zuuor, besonder lieber Herr vnd Freundt, Demnach sich diss Jetzt lauffende Jahr nunmehr zum endt nahet, vnd der Allmechtig, deme hierumben ewiges lob vnd danckh[94] gesagt, durch sein Götliche güete, vns die herbey khomende neue JahrsZeit erraichen lassen, So haben wir dem loblichen herkhommen vnd gebrauch nach, Dann auch zu erzaigung vnser E. L. Zuetragenden dienstlichen naigung vnd affection nicht vndterlassen sollen, deroselben von dem neugeborenen Christkhindlein vnseren Erlösers vnd Seligmacher ain glückhseliges freudenreiches neues Jahr, vnd was E. L. sonsten zu seel vnd leib Jmmer nuzen vnd erprieslich sein mag, wollmainendt Zuwünschen, Auch Zugleich Seine Göttliche Allmacht treulich Zubithen, Sÿ geruhe E. L. sowoll dises eingehende, Als vill andere hernachuolgende Jahr in guete leibs gesundhait, vnd fridfertigen Regierung Jhrer Landt vnd Leütte dem gemainen Vatterlandt Teutscher Nation zum besten vätterlich Zuerhalten, Auch disen vnsern treugemainten wunsch in sein verhoffte würckhlichkait gnediglich khommen Zulassen, vnd wir sindt E. L. darneben angenemme beliebede Dienst Zuerweisen Jederzeit bestendiglich genaigt. Datum in vnser Stat Salzburg, den 14. Decemb. Anno 1624.
Paris von Gottes genaden, Erzbischof zu Salzburg, Legat des Stuels zu Rom.[95]
E. L.
Dienstwilliger Allzeit
ParisGfL

Nr. 5: Paris Graf von Lodron an Leopold V. von Österreich, 21. Jänner 1625:
Hochwürdiger vnd Durchleüchtiger Fürst, E. L. seind vnser freundlich willig dienst, was wir auch sonsten mehr liebs vnd guets vermögen JederZeit Zuuor, bestender lieber Herr vnd Freundt, Aus E. L. freundlichen antwortschreiben vom 26. Jungstuerwichnen Monats Decembris[96] so vns dieser tage Zu recht eingelifert worden, haben wir mit sonderbarer Satisfaction[97] vernommen, Das die selbige die gefasste vngnad gegen vnsern Vettern Grauen Johan Bab.ta

von Lodron,⁹⁸ widerumben gnedigst sinckhen vnd fallen lassen, Sich auch wollmainendt erbieten, die Jhme hieuor erwisne gliste⁹⁹ affection zu continuirn,¹⁰⁰ vnd deren empfindlichen effect, wofehr¹⁰¹ er sich anderst darZue weder verdient vnd tauglich machen, Zu begebenden Occasionen im werckh erscheinen Zulassen, Thuen vns solcher freundnachbarlichen wilfahrung gegen E. L. ganz dienstlich bedanckhen, Vnd gleich wie wir Jhne Grauen zu vortsezung der anererbten schuldigen treu vnd deuotion, auch vndterthenigisten respects vnd gehorsambs gegen E. L. vnd dero hochlobliches Haus Jn vnnd alwegen vetterlich angewisen, Als mögen E. L. wol versichert sein, das Jm fahl er diese vnser erinderung in Windt schlagen, vnd freuntlich darwider handlen solte, wir es selber mit vngnaden gegen Jhne zuandten gewislich nicht vndterlassen wurden, Dieweillen er aber bestendigelich darbey verharret, das er des angedeuten Maylendischen verkauffs halben bey E. L. gar vnguetlich, vnd vil zu milt angeben worden, auch Jhme hieran durch den Vatielli¹⁰² vnrecht beschehen, So wöllten wir dahero vmb souil desto mehr verhoffen, E. L. werden Jhne Grauen dessen fernen nicht entgelten lassen, Sondern Ihme noch fürbas wie hieuor in gnedigster gueter recommendation halten, Das seindt vmb E. L. wie in anderweg hingegen dienstlich Zuewidern, deroselben auch sonsten alle beliebende mügliche Dienste ZuerZaigen JederZeit bestendigelich bereit.

Datum in vnser Stat Salzburg, den 21. Januarÿ Anno 1625.

E. L.

Dienstwilliger Allzeit.

ParisGfL

Nr. 6: Paris Graf von Lodron an Leopold V. von Österreich, 5. Februar 1625:

Hochwürdiger vnd Durchleüchtiger Fürst, E. L. seind vnser freundlich willige dienst, was wir auch sonsten mehr liebs vnd guets vermögen Jedzeit Zuuor, besonder lieber herr vnd freundt, Aus E. L. vom 17. Jungstuerwichnen Monats Januarÿ an vns gethannem schreiben, haben wir dero vilgeliebten herrn brudern, Weylandt des auch hochwürdigen vnd Durchleüchtig Fürsten Herrn Erzherzogs Caroli zu Osterreich¹⁰³ Christmilseliger gedechtnus. L. gar vnzeitigen tödtlichen abschied aus disem zergengkhlichen¹⁰⁴ Jammerthal ganz vngern, vnd mit sonderbarer betrübnus vernommen, Es ist vns auch dieser laidige fahl vmb souil desto beschwerlicher fürkhommen, Weylen es Sʳ. L. Person das Heÿlig Römisch Reich Teutsch Nation vnser gemaines Vatterlandt ainen so ansechlichen Fürsten, E. L. vnd dero lobliches Haus ain fürnemmes Mitgliedt, Wir auch vnseres thails ainen Hochuertrauten herrn vnd freundt verlohren. Seitemal es aber Je der Allmechtig seiner Göttlichen vnerforschlichen schickhung nach also disponirt, Mues mans demselben entlich mit Christlicher gedult Haimbställen, Vnd werden E. L. dero hocherleuchtem verstandt nach, sich in disem schideren Zuestandt selber Zutrösten, vnd Ihren willen mit

dem willen Gottes gebürlich zu conformirn wissen, Für vnser Person bithen wir die Götliche Allmacht treulich, Sÿ geruehe S^r. L. Seel. die ewige rhue vnd seligkhait miltigelich[105] Zuuerleichen, E. L. vnd dero hohes haus vor fernern dergleichen laÿdigen fählen landwirig vnd gnediglich zubewahren, vnd sÿ dises grossen verlusts in ander wege mit freuden widerumben ZuergeZen. Wir haben auch E. L. Cammer den wolgebornen vnsern besonder lieben Vettern Franciskhen Grauen zu Lodron[106] p ersucht, deroselben von vnsertwegen, neben presentierung dises vnsers schreibens zugleich mündlich das laidt Zukhlagen, denen E. L. mit gnaden anzuhören vnbeschwert sein wöllen. Dero wir in all mügliche wege beliebende angenemme dienst Zuerweisen JederZeit willig vnd berait sindt, vnd verbleiben. Datum in vnser Stat Salzburg, den 5. Februarÿ A°. 1625.
E. L.
Dienstwilliger Allzeit.
ParisGfL

Nr. 7: Paris Graf von Lodron an Leopold V. von Österreich, 22. Mai 1625:
Hochwürdiger und Durchleuchtiger Fürst, E. L. seindt vnser freundtlich willig dienst, was wir auch sonsten mehr liebs vnd guets vermögen Jederzeit zuuor, besonder lieber herr vnd freundt, Demnach der Edl vnser Camerer vnd lieber getreuer Carl Colonna Freyherr zu Vels, seiner aignen sachen halben ain Rais nacher E. L. Hoflager Zuthuen vorhabens,[107] vnd vns vmb vnser recomendation an dieselbe gehorsamist angelangt, Wir Jhme auch vmb seiner vns nunmehr ain zimbliche zeit hero gelaister annemblicher dienst willen sein wolfahrt vnd aufnemmen Jn allweg gh.[108] wol gonnen möchten, Als haben wir nicht vmbgehn khönnen, E. L. hiemit ganz dienst: vnd freundtlich zuersuechen, Sÿ geruehen dero ermalten Freyherrn von Vels vmb vnsertwillen in gnaden so weit beuolchen sein zulassen, damit er in seinen vndtertthenigsten Praetensionen,[109] souil Jmmer sein khan, zu verhoffen gnedigster gewehrlicher Resolution gelangen, vnd dieser vnser wolmainenden fürbith Jm werckh fruchtbarlich genossen zuhaben empfinden möge, das seindt vmb E. L. wir in ander weg nach bester müglichkhait zuerwidern, deroselben auch sonsten alle angenemme beliebende dienste zuerweisen Jederzeit bestendigcklich berait. Datum in vnser Stadt Salzburg den 22. Maÿ Anno 1625.
E. L.
Dienstwilliger Allzeit.
ParisGfL

Nr. 8: Paris Graf von Lodron an Leopold V. von Österreich, 3. Oktober 1625:
Hochwürdiger und Durchleüchtiger Fürst, E. L. seindt vnser freundlich willige dienst, vnd was wir auch sonsten liebs vnd guets vermögen Zuuor, besonder

lieber herr vnd freundt, Aus E. L. sub dato[110] den 28. Septembris nechsthin, bey dero aignem Curir an vnns gekhomenen: vnd vns heut dato alhir woleingeliefertem schreiben haben wir mit mehrerm vernommen, was dieselbige von wegen Jhrer Jezigene herauf rais nacher Tÿroll an vns freundlich gelangen lassen, Ob wir nun woll liebers nicht sehen noch wünschen wolten dann das die sachen in disem vnserm Erzstifft also bewandt weren, das E. L. dero weg ohne gefahr durch Salzburg nemmen: auch wir die ehr vnd das glückh haben möchten, dero selben Personlichen gegenwertigkait Zugenüessen, Dieweilln aber beÿ der im Jezt besagter vnser Stat Salzburg vor etliche wochen die beschwerliche Infection eingerissen, vnd etlicher massen vmb sich greiffen,[111] Der gestalt, das derentwegen nunmehr in die 24. Heuser gespärt, vnd wir verursacht worden, vns von dannen herauf nacher Heelbrun[112] zu retiriren.[113] So khönnen E. L. Wir bey solcher beschaffenhait, die sonsten vnsers so hoch desiderierte[114] Rais durch diesen vnsern Erzstifft,[115] Jn nicht zuemuetten noch rathen, sonder halten Jedoch ohne ainiche massgebung genzlich darfür, weillen sich besagte laidige Seucht, auch in vnser Stat Lauffen,[116] Desgleichen Zu Obernperg[117] vnd ander Orthen vermerckhen lasst,[118] das E. L. der Zeit solche Jhr Rais besser vnd sicherer nicht als auf dero Stat Passau, durch Bayrn, alda Gotlob vnsers wissens nach allenthalben gesundter gueter lufft ist, anställen khönnen. Melten E. L. wir Zu begerter antwort hirmit wollmainendt anfuegen, vnd sindt deroselben in all mögliche weg, beliebende angenemme dienste Zuerweisen JederZeit willig vnd berait. Datum in vnserm Lusthaus Heelbrunn[119] des 3. Octobris Annis. 1625.
E. L.
Dienstwilliger Allzeit.
ParisGfL

Nr. 9: Paris Graf von Lodron an Leopold V. von Österreich, 18. Dezember 1625:

Hochwürdiger vnd Durchleüchtiger Fürst. E. L. seindt vnser freundlich willig dienst, Was wir auch sonsten mehr liebs vnd guets vermög JederZeit Zuuor, besonder lieber herr vnd freundt. Nachdeme dis Jezt schwebende Jahr bey mehr sein endtschafft erraicht, vnd der vorstehende genadenreiche geburtstag vnsers ainichen Erlösers vnd Seligmachers ain andere neue JahresZeit herbey bringt, So haben wir vnserer schuldigkait gemessen Zusein erachtet, E. L. zu erZaigung vnserer daselben Zuetragenden dienstlichen affection, Wie nicht minder dem loblichen herkhommen vnd gebrauch nach, Zu solchem eingehend neuen Jahr wollmainendt zu gratulirn, vnd von dem Allmechtigen soul glückh. haÿl. vnd wolfahrt. Als E. L. selber Jmmer desidirn vnd begern mögen, guetherzig zuwünschen, Darneben auch sein Göttliche Allmacht treulich zubithen, Das sÿ E. L. nicht allain dises schiestkhunfftige, sonder noch vill andere hernachuolgend[120] Jahr, vnser wahren Catholischen

Religion, vnd dem heyligen Reich Teutsch Nation Zuguetem, Dann auch dero getreuen Landen vnd Leüdten Zu trost, in beharrlicher leibs gesundhait, vnd glückhlichem Zuestandt vätterlich zu conseruirn[121] mit gnaden geruehen wölle, Vnd wir verbleiben E. L. in allwegen Zu angenemmer beliebender diennstZaigung JederZeit bestendigelich berait. Datum in vnser Stat Salzburg, den 18. Decembris Anno. 1625.
E. L.
Dienstwilliger Allzeit
ParisGfL

Nr. 10: Paris Graf von Lodron an Leopold V. von Österreich, 19. Februar 1626:

Hochwürdiger vnd Durchleüchtiger Fürst, E. L. seind meine freundliche willige dienst. Was Jch auch sonsten mehr liebs vnd guets vermag, JederZeit Zuuor, besonder lieber herr vnd freundt, Demnach Jch vernommen, das E. L. von dero verrichten Rais aus Jtalien, Gotlob, glückhlich vnd wol widerumben Zu InsPrugg angelangt,[122] So hab Jch nicht vndterlassen wöllen, Zu deroselben gegenwertigen den wolgebornen Grauen Vättern, Obersten Cämmerer, Rath, Pfälger Zu Raschenberg, vnd lieben getreuen, Johann Geörgen freyherrn Zu Froberg[123] p abZuordnen, Sachenhalben, wie E. L. Zu dero gelegenhait von Jhnen mündlich vernemmen werden, Dienstfreundtlich gesiendt, Sÿ geruehen Jeztermelten meinem Abgesandten vnbeschwert gnedigste Audiens zuerthailen, Seinem fürbringen gleich mir selber völligen glauben Zugeben, vnd darneben dässen versichert Zusein. Das E. L. Jch in all mügliche wegen Zuangenemmener nachbarlicher diensterweisung JederZeit bestendigelich berait verbleibe. Datum Salzburg, den 19. februarÿ Anno. 1626.
E. L.
Dienstwilliger Allzeit
ParisGfL

Nr. 11: Paris Graf von Lodron an Leopold V. von Österreich, 27. Februar 1626:

Durchleüchtiger Fürst, E. L. seindt vnnser freundlich willig dienst, was wir auch sonsten mehr liebs vnd guets vermögen Zuuor, besonders lieber herr vnd freundt, E. L. von 22. dits an Vns gethanes schreiben haben wir empfang, Zugleich auch dero alher Abgeordneten Cämerer vnd O. O.[124] Regiments Rath der Wolgebornen Vnsern besonder lieben Vettern Franciscum Graven zue Lodron p Jn seiner freundlichen werbung vnd fürbringen nach nottdurfft angehört,[125] Darüber wir vns dann gegen Jhne also erclert, wie E. L. zue dero gelegenchait von demselben mit mehreren vernemmen werden, auf deme wir vns hiemit referirn, vnd verbleiben E. L. Jn all mügliche wege zu angenemmer nachbarlicher

diensterzaigung JederZeit bestendighlich berait. Datum Jn Vnser Stat Salzburg den 27. Februarÿ A° 1626.
E. L.
Dienstwilliger Allzeit.
ParisGfL

Nr. 12: Paris Graf von Lodron an Leopold V. von Österreich, 11. März 1626:
Durchleüchtiger Fürst, E. L. seindt Vnser freundlich willig dienst, was wir auch sonsten mehr liebs vnd guets vermögen, Jederzeit Zuuor, besond lieber herr vnd freundt, Auf E. L. schreiben vnd freundliches ersuechen, haben wir dero HöfGenger[126] vnd Zueschrotter[127] Melchioren Pranger[128] die begerte anZahl Viech, Nemblich Ainhundert Schlagrinder,[129] vnd fünffhundert Schaf in disem vnserm Erzstifft Zuerkhauffen, auch nach vnd nach ohne beZalung ainicher Meütt, Zöll, oder Aufschlag[130] nacher InsPrugg abtreiben Zulassen bewilligt, vnd Zu sollichem ende ainen gewonlichen Passbrief ausZufertigen beuolchen. Welchen E. L. hiebeÿ uerwahrt Zuempfahen,[131] vnnd wir sindt deroselben auch sonsten angenemme nachbarliche dienst Zuerweisen JederZeit willig vnd genaigt. Datum in vnser Stat Salzburg, den 11. Martÿ Anno. 1626.
E. L.
Dienstwilliger Allzeit.
ParisGfL

Nr. 13: Paris Graf von Lodron an Leopold V. von Österreich, 30. Mai 1626:
Durchleüchtiger Fürst, E. L. seindt vnser freundlich willig dienst, was wir auch sonsten mehr liebs vnd guets vermögen, Jederzeit Zuuor, besond lieber herr vnd freundt. E. L. freundlich schreiben vom 27. dits, dardurch sÿ von vnns bericht Zuwerden begeren, Was es vmb denne vnrlangst im Landt ob der Enns erregten Paurn Aufstandt[132] aigentlich für ain beschaffenhait habe,[133] Jst vnns heut dato Zurecht eingelifert worden, Vberschickhe darauf E. L. hiebey uerwahrt abschrift ainer relation, so vns dises verlauffs halben vom Stathalter selibger orth dem Grauen von Herberstorff,[134] Sub dato den 25. huius aus Linnz[135] Zuekhommen, Seithero haben wir ferner nachrichtung empfangen, das sich besagte Paurn der Stett Gmundten[136] vnd Vöckhelbrugg,[137] wie in gleichem ander orth mehr berechtigt, Sollen auch mit Geschüz, Munition vnd währen,[138] so sÿ in denn occupirten Stäten vnd auf der Lanndtleüdt Schlösser bekhommen, Zimblich versehen sein, Wie sÿ dann nicht minder die Grenz gegen Bayrn, vnd disem vnserem Erzstifft mit volckh[139] besezt, vnd in Jhrem beginnen von tag Zu tag weiter vortfahren. Dieweillen nun solches ein werckh von grosser Consequens ist, So sindt wir vnsers thails der nacen Nachbarschafft halben verursacht, vnns auch etlicher maassen in beraitschafft Zustellen, vnd über vnser bewährtes Lanndtfolckh noch ain anZahl Soldaten, souil in der

eyl[140] Zubekhommen, werben vnd auf die Pain[141] bringen Zulassen, denn fernern eruolg[142] hat man Zuerwarten, vnd wir sindt E. L. zu angenemmer nachbarlicher dienstZaigung JederZeit bestendigelich berait. Dat. in unser Stat Salzburg, den 30. Maÿ 1626.
E. L.
Dienstwilliger Allzeit.
ParisGfL.

Nr. 14: Paris Graf von Lodron an Leopold V. von Österreich, 6. Juli 1626:
Durchleüchtiger Fürst, E. L. seindt unser freundlich willig dienst, auch was wir liebs vnnd guets vermögen Zuuor, besonder lieber herr vnnd freundt. Aus E. L. vndterm 30. Junÿ nechsthin an vnns gethanem schreiben haben Wir vernommen, was massen dieselbige durch dero HofZueschroter Melchiorn Pranger gehorsamest berichtet worden, Das vnsre Beambte auf abrichtung aines neuen Aufschlags von dem Jenigen Viech so für E. L. Hofhaltung in vnserm Erzstifft erhandlet werde, starckh triegen[143] sollen, Wenn wir vnns aber Zuerwidr, Das auf E. L. beschechnes freundliches ersuch, wir ermaltem dero HofZueschroter für dissschwäbende Jahr Ainhundert Schlagrinder, vnnd 500. Schaf in berürtem vnserm Erzstifft Zuerkhauffen, vnd ohne beZahlung ainicher Meütt, Zöll, oder Aufschlag nacher JnsPrugg abtreiben Zulassen bewilligt, Auch E. L. Zu solchem ende Sub dato den 21. Martÿ nechsthin gebreuchigen Passbrief Zuegefertigt, Als geruehen dieselibge obgedachten Jhren HofZueschroter vnbeschwert dahin anweisen Zulassen, das er vnns die Jenigen aus vnsern offirirn, welche vorangedeuter massen auf die beZahlung des Aufschlags von berürter anZahl Viech vnserm erhailten Passbrief Zuwider, triegen sollen, nambhafft mache, damit Wir als dann gegen dieselbige die gebür fürZunemmen wissen, Welches E. L. wir Zu freundlicher gegenantwort nicht verhalten wöllen, vnnd sindt derselben ZuerZaigung angenemmer nachbarlicher dienstwilligkait JederZeit vorders gewogen. Datum in unser Stat Salzburg, den 6. Julÿ A°. 1626.
E. L.
Dienstwilliger Allzeit
Paris GfL

Nr. 15: Paris Graf von Lodron an Leopold V. von Österreich, 28. Juli 1626:
Durchleüchtigter Fürst, E. L. seindt vnser freundlich willig dienst, was wir auch sonsten mehr liebs vnnd guets vermögen Zuuor, bessonder lieber herr und freundt. E. L. schreiben vom 14. dits haben wir empfangen, vnnd daraus vernommen, was dieselbige vns vonwegen ainer anZahl Soldaten, so sÿ aus etlichen dero Garnisonen[144] abZudanckhen beuelchen,[145] freundlich erwidert, Berichten E. L. darauf Zu wollmainend gegenantwort, Das vnser Haubt: vnd

Beuelchsleudte mit dem Jenigen Khriegsfolckh so wir der Zeit in vnsrer dienste annemmen, vnd werben lassen, allbereit aufkhommen, Dahero wir für dissmall ein mehrers nicht bedurfftig Zusein vermainen, Thuen vns nichts desto weniger obangerägter E. L. nachbarlichen erwiderung ganz freundlich bedanckhen.[146] Vnnd verbleiben derselben hingegen mit angenemmer beliebender dienster-Zaigung JederZeit beharrlich Zuegethan. Datum in vnser Stat Salzburg, den 28. Julÿ Anno. 1626
    E. L.
    Dienstwilliger Allzeit.
    Paris GfL

Nr. 16: Paris Graf von Lodron an Leopold V. von Österreich, 1. August 1626:
Durchleuchtiger p.
Auf E. L. vom 14. nechstverwichenen Monats July an vns gethanes schreiben vnd fernere erleitterung, den angedeuten Viech Aufschlag betreffent, Haben Wir vnserm (. titl .) titl. Hannsen von Stahlburg[147] gemessnen beuelch geben, E. L. HofZueschrottern Melchiorn Pranger nicht allain alle die Jenigen Kelber, so Er ins khunfftig zu für sehung dero Hofhaltung in gedachten Zillerthall[148] erkhauffen würdt, frey vnd ohne gehindert bezahlung einich Aufschlags passiern vnd eruolgen Zulassen, Sond Jme auch den dahero praetendierenden Ausstandt allerdings nachzusehen, Welches E. L. Wir hiemit p.
Salzburg den 1. Aug: 626[149] /.

Nr. 17: Paris Graf von Lodron an Leopold V. von Österreich, 6. August 1626:
Durchleüchtiger Fürst, E. L. seindt vnser freundlich willig dienst, was wir auch sonsten mehr liebs vnd guets vermögen, JederZeit Zuuor, besonder lieber herr vnnd freundt. E. L. wissen sich verhoffentlich Zuerwidern, was massen dieselbige vnd dero hochgeliebte Erzfürstliche Frau Gemahlin, Wir in vnserm Jüngst Personlichen zu InnsPrugg anwesen,[150] Zu vnsern vorstehenden Pliempachischen[151] GeJaÿdern[152] wollmainendt beruffen vnd eingeladen, Sÿ vnns auch Jhrer erschainung halben frl.r[153] vertröstung gethan, Wann wir nun Jetzt besagte GeJayder, geliebts Got, gleich nach dem fest des heÿligen Apostels Bartholomei[154] schirstkhunfftig, fürZunemmen entschlossen, So haben E. L. wir solches hiemit nachbarlich anfuegen wöllen, dienstlich gesinnedt, Sÿ geruehen vorangerögter Jhrer beschehnen vertröstung nach, sich vmb dieselbige Zeit, auf welchen tag es E. L. am besten gelegen sein wirdt, alher Zubemüch, obbemelten GeJaÿdern bey Zuwohnen, vnd imn selbger eruhen gebürgigen Landtsorth mit ainer schlechten tractation freundlich verlieb Zunemmen. Auch vns Jhrer verhoffentlich wilfehrigen Gemüetsmainung, Zu vnsrer nachrichtung vnbeschwert mit ehestem Zuuerstendigen. An deme erzaigen E. L. vnns einsonders hohes nachbarliches gefallen, vnd wir verbleiben deroselben hingegen mit

angenemmer beliebend diensterweisung JederZeit beharlich zuegethan. Datum in vnser Stat Salzburg, den 6. Augusti A.° 1626
E. L.
Dienstwilliger Allzeit.
Paris GfL

Nr. 18: Paris Graf von Lodron an Leopold V. von Österreich, 29. August 1626:
Durchleüchtiger Fürst, E. L. seindt nvser freundlich willig dienst, was wir auch sonsten mehr liebs vnd guets vermögen JederZeit zuuor, besonder lieber herr vnd freundt. Aus E. L. de dato Imbst[155] den 27. dits an vns gethanen schreiben, wie auch aus dero Zu vns abgeordneten Cammerers des wolgeborenen vnsers besonder lieben vettern Francisci Grauen Zu Lodron p mündlichen fürbringen, haben wir der Durchleüchtigen Fürstin, E. L. höchstgeliebten Frauen Gemahlin angedreuen Zuestandt[156] gar vngern vnd mit sonderbaren, mitleÿden vernommen, verhoffen genzlich, der Allmechtig werde es baldt wider Zu erwünschter besserung schickhen, vnd Jhrer L. langwirige bestendige gesundhait verleich, Darumben wir dann sein Göttliche Allmacht treulich bithen, Jm fahl aber Je dieselibge gegen zuuersicht, sich Jhrer geschwechten Cräfften so baldt nicht solten erholen, vnnd diese vorgehabte Rais Personlich verrichten khönnen,[157] So wurden wir doch für ainen nicht geringen fuvor[158] erkhennen, Da E. L. Jhres thails, ohne sonderbare dero vngeleghait abkhommen, denn bewussten Jagen beywohnen,[159] vnd auf schirstkhunfftigen freytag denn 4. Septembris in vnserm Marckht Werfen[160] anlangen möchten, Zu welchem ende wir gegenwertigen vnsern Postmaister Hannes Raicharten Rotmair, deme die beschaffenhait der weg vnd strassen am besten bekhant, zu E. L. abgeordnet, derselben vndterthenigist aufZuwarten, vnd sÿ den nechsten durchs Gebürg dahin nacher Werfen Zufhuern, Auch vnns, was wir diesfals zuuerhoffen, bey aigner staffetta Zuberichten, Jnmitls wöllen wir obgedachten E. L. Cammerer Grafen franciscum[161] bey vns aufhalten, vnd verbleiben dero in all müglich wegen beliebende nachbarliche dienste Zuerweisen JederZeit bestendigleich bereit, Datum in vnser Stat Salzburg den. 29. Augusti A.° 1626
E. L.
Dienstwilliger Allzeit
Paris GfL

Nr. 19: Paris Graf von Lodron an Leopold V. von Österreich, 19. August 1626:
Durchleüchtiger Fürst, E. L. vnser freundlich willig dienst, was wir auch sonsten mehr liebs vnd guets vermögen JederZeit Zuuor, besonder lieber herr vnd freundt. Aus E. L. freundlichem antwortschreiben vom 12. dits. haben wir

sonders gern vernommen, das dieselbige sambt dero vielgeliebten Erzfl. frauen Gemahlin L. sich Zu vnsern im Plienpach[162] vorhabenden Jagen Personlich alher Zubemüehen, vnd Zu solchem ende mit verleichung Göttlicher gnaden auf dem Ersten schirstkhunfftigen Monats Septembris Zu Lofer[163] anZukhommen, wilfherig erclert, Wie wir nun dises billich für eine sonderbar hohe freundschafft erkhennen vnd aufnemmen, Als wölllen E. LL. wir zu Jagtbestimbter Zeit mit verlangen erwarten, vnd die bestellung thuen lassen, das nach dero ankhunfft obbesagte Jagen fürdlich sollen für, vnd an die hanndt genommen werden. Verbleiben E. L. auch sonsten in anader weg Zu angenemmer nachbarlicher diensterweisung JederZeit berait. Datum in unser Stadt Titmoning, den 19. Augusti Anno. 1626.
E. L.
Dienstwilliger Allzeit.
Paris GfL

Nr. 20: Paris Graf von Lodron an Leopold V. von Österreich, 24. September 1626:
Durchleüchtiger Fürst, E. L. seindt unser freundlich willig dienst, Was wir auch sonsten mehr liebs vnd guets vermögen zuuor, besonder lieber herr und freundt, Auf E. L. vnlangst an vnns gethannes schreiben, dardurch sÿ des fernern verlauffs mit der aufgestandnen Paurschafft im Landt Ob der Enns von vnns erindert Zuwerden frl. begert, Ÿberschicken deroselben wir hiemit Capeylich,[164] was die herrn Kay. Commissarien[165] diser tag aus Enns abermalln an vnns gelangen lassen, vnd berichten E. L. darneben nachbarlich, das des Herrn Churfürsten in Bayern[166] L. an den selbigen frontieren[167] versambletes Khriegsfolckh Zu Ross vnd Fuess den. 19. dits in berürtes Landt Ob der Enns gerukht.[168]

Wegen welchem sich nicht allain ain anZahl Paurn auf die. 2000 starckh Presentirt, Sonder haben Zugleich auf die Cavalleria vnd fuesvolckh getroffen, Sindt aber entlich geschlagen, vnd in die flucht gebracht worden, deren vnsern eingelangten Ausen nach vnguerlich[169] beÿ. 200. geblieben sein sollen, Hernacher haben sich die Baÿrrischen bey Pram aufgehalten, vnd des Herzogen von Holstain[170] L. welche Jhren Zug von Höfner Zell[171] auf Neukirchen genommen, erwartet,[172] Es hat sich aber ain solches vnglückh Zuegetragen, das besagte Paurn Jhrer L. in das Quartier eingefallen, vnnd vndter dero Regiment so grossen schaden gethan, das sich dieselbige wider zu werckh auf Höfner Zell vber das Wasser begeben müssen,[173] Volgenten[174] tag nemblich den 20. huis haben die Bayrischen nechst bey Haag[175] abermallen mit den Paurn ain treffen gethan, Sindt aber von derselbig, wie wir berichtet, mit verlust des beÿ sich gehabten Geschüz vnd munition in die flucht geschlagen worden, Was vnd wieuil an Volckh geblieben,[176] Darum haben wir nach der Zeit khain aigintliche nachrichtung, vnd wöllen nicht Zweiflen Hocherwents herrn Churfürsten

L. werden disen vnwesn baldt rath schaffen, auch Zu verhuetung[177] weitern vnhails nothwendige fürsehung thuen, vnd wir verbleiben E. L. Zu angenemmer nachbarlicher diensterZaigung JederZeit bestendigelich berait. Datum in vnser Stat Salzburg, den 24. Septembris A.° 1626
E. L.
Dienstwilliger Allzeit.
Paris GfL

Nr. 20/1: Kaiserliche Kommission an Paris Graf von Lodron, 15. September 1626:[178]
Gnedigister Herrr, E. hochfr. G. seÿen vnser gehorsamben willigsstn Dienst. Deroselben vom 11. Jnstehenden Monats gleiches antwortschreiben, haben wir den 14. hernach mit gebürender Reuerenz[179] empfangen, Vnd erwiedern d. hochfr. G.[180] gehorsamist, das nunmehr neben den bisher mit dem Kriegsuollkh gethananen glücklich vnd gueten progressen,[181] auch die österr. verwahr: vnd ermanungs Patenta so vill bey der Paurschaft verfügen, das sÿ nit allain bereit Jre Waffen abgelegt, Die Päss zu Wasser vnd Landt eröffnet, vnd sich wider verniemanden nach Haus begeben, sonder auch an heut durch dero Ausschüss so mündlich an Aÿdtsstat[182] angelobt, als nochmals schrifftlich obligirt vnd verbunden haben, beÿliegende Jnen fürgetragene Puncten in allen Clauseln[183] bestendig zuhalten, vnd derselben gehorsamblich nach zukhommen,

Vnd so dan bey disem Jren vndthenigsten erbieten, vnser erachtens durch die scherfe ein mehrers nit gericht,[184] vnd dises Landt ohne anwendung einer ferner Khriegsmacht also wider zu ruche vnd gehorsamb gebraucht worden khan.

Als haben d. hochfr. G. (. allermassen es auch bey Jhrer Churfl. Dhlt.[185] in Bayern p was vnns vhdnthenigst beschehen.) Wir gehorsamist biethen möchten, Weillen sich die Paurschaft besagter massen zu Haus begeben, vnd Jhre Währen vnd Waffen, Stukh, vnd Munition es die orth so wir Jhnen berait bewert, erlegen werden, Sÿ geruchen mit einführung dero es den Grenzen liegenden Volckhs Jenes zuhalten, vnd bey demselben Gliste verwendung zuthun, damit khain einfahl vnd angrif gegen deren Landt fürgenommen, vnd demselben dadurch schaden zugefügt werde. Daneben wir nit vnderlassen, was ferner mit der Paurschaft fürgenommmen wirdt, E. hochfr. G. jederzeit georsamist zuerindern. Dero wird vnns zu g. vnd dienstlichist beuelchen. [...] Enns den 15. September Ao. 1626
E. hochlobl. H.
Gehorsamb willigste
Leon. Helfrid Meggau[186]
Antoni p Abbt zu Krembsmünster[187]
Carl Fuchs[188]
Wolf Vielas v. Grientall[189]

Nr. 20/2: Kaiserliche Kommission an die Bauernausschüsse von Oberösterreich, 12. September 1626:

Von der Röm: Ka: Majtt: auch Zu Hungarn vnd Behaimb Kön: May: Erzherzogens Zu Osterreich, vnsers allergriesten[190] Herrns, geuolmechtigte[191] herrn Commissarien, der im Erzherzogthumb Österreich ob der Enns, versamblten Paurschafft abgeordneten alhir anwesenden Ausschus hiemit anZuZaigen, Sy haben selbst guetes wissen, vnd ist nunmehr Weltkhundig, was vor ein abscheuliche vnuerantwortliche rebellion die Gemain vnd Paurschafft der Augspurg. Confession[192] in disen Erzherzogthumb Osterreich ob der Enns, erwerckht, Jn deme sy ohne vrsach auch vor allem anbringen Jhrer etwan habenden beschweretn, weder bey aller höchstgedachter Jr königl: May: noch Jrer Churfrl: Dht: Zu Bayern p vnseren allerglösten,[193] vnd gnedigsten herrn, wider alle Frist: vnd Weltliche auch natürliche Recht, Jn wider die austrückhliche Lehr vnd einsezung Gottes, die Währen vnd Waffen ergriffen, sich wider verbot Zusamen testiert, die gehorsamsten vnd threuen mit gewalt vberfallen, vnd Zu sich geZwungen, die Landtsfrstl. stüft occupirt,[194] dieselbe mit Jren Guarnisonen belegt, den Magistrat Jhres gefallens ab: vnd eingesezt, vnd die Jenige Stat, so sich Jren willen nit ergeben wällen, belagert,[195] mit grosser Hungsnoth beängstigt, Ja mit stürmender Handt, vnd allemgewalt angegriffen, Clöster, Pfarrhöff, der Catholischen Obrigkeiten Schlösser eingenommen, besezt, vnd mehrer thails ausgeblindert, die Kirchen gewaltthätige weis beraubt, Bilder ergestürmbt, Greber vnd Hauffen eröffnet, vnd gar der Todten mit schmählicher Handt anlegung mit verschwert, Ja so weit in die Landtsfür: Wachhait, Jurisdiction vnd regalien griffen, das sy die Päss Zu Wasser vnd Landt verspärt, den […][196] mit Khetten, vnd Saillern vberhangen, die Commercien verhindert, Die Fültpferdt[197] ins Landt, Ja den Personlich ZueZug der Ständt, Leist: vnd weltlich, als Jrer selbst vnmitlbaren Obrigkait bey betraug Gardt vnd Prants aufgefordert, auch würckhlich mit stengen vnd brennen an vndschiedlichen orthen muetwilliger vnd früsezlicher weis verfahren, viel vnschuldige Personen sonderlich Cristliche erbärmlicher Weis ermördet, andere mit schwärer gefankhuessen[198] belegt, die güetigen Tractation bey welcher man Jhren beschwärden nach billichkait abZuhelfen sich erboten, neben der so vielfeltig durch offene Patent, angetragene väter: Kay: vnd Landtsfür: gnaden vnd mülde, so weit ausgeschlagen,[199] das sy auch gar wider aller välicher[200] Recht, vnd Zumahl wider Jhr aignes gegebnes wort, trauen vnd glauben, die anfangs darZue deputirte ansehnlichen Herrn Commissarios in Arrest genommen,[201] vnd darinnen ein lange Zeit vber öffters abnemmen, mit beschwerlichen Wachten, bey tag vnd nach erhalten, mit schmärchlichen Worten angegriffen, Ja gar auf leib vnd leben getroet,[202] auf zu Jezig vorstehenden nur Jhnen vnd den Jhrigen Zum bästen gemainten geärtigen handlungen, vber die Jnen publicirte ankhund: vnd anmahungs Patenta mit allein lang nicht erschienen, sonder als sy Jrer mit ganz vnurlkhannen [sic!] gewalt ankhommen, nachmals mit fertigung der begerten ordenlichen volmacht allerhandt tergiuersationen vnd aufZug gebraucht, vnd nach bis dato mit völlig eingebracht, auch Jre erclerung wegen Prauiantierung[203] der Stat vnd Schloß Linnz[204] mir gethan. Nit weniger Jhre Kay: Maytt: Kriegsvolckh, so gleichwoll sÿ mit schweren vnkhosten aufgebracht,[205] auch langsamb vnd vngern ins Landt geschickht, allen möglich widerstandt gethan, Ja auch die Kay: ein Zeit lang gefangene Soldaten (. vngeacht man Euch disseits bereit ein grosse anZahl der aufrürigen Paurn gefemkhlich angenommen gehabt, Jerschröckhlich vnd schändtlicher weis in der Stat Wels[206] auf offenen PläZen Zum Schauspill mit ainem Geflecht schwert[207] wider haven: vnd in die Trauen werffen lassen. Mit allerhöchsterwenter Jhrer Kay: Maytt: offenen frieden sich in gefährliche vnd weit ausstehende correspondenten eingelassen vnd ande[208] vnhalber greuliche laster begangen,[209] Ja das ganzen Vatterlandt in solch eussersten ruin vnd verderben, dessen es sich in vill Jahren nit wider Zuerholen, gestürzt, vnd dardurch nit allain die Göttliche, sondern auch die höchste Maytt: auf Erden also beleidigt, vnd gegen denselben solcher gestalt vergriffen, das sÿ neben dem höchsten Jren Gottes, Jrer Kay: Maytt: schwere vngnad auf sich geladen. Deroselben mit Ehr, [...] Leut, leib vnd Bluet verfallen, Also allerhöchsgedachte Jr Kay: May: als vatärliche Pershon vnd Landtsfürst, nit allein vrsach vber vrsach, sondern auch genuegsten mittl heten, alle die Jenige so sich dises abschreulichen lasters, der beleydigten Maytt: muetwilliger weis thailhafftig gemachet, mit Schwert vnd Feuer Zuerfolgen, vnd Zuuertilgen, Jhre [...] vnd Leute einZusichen, Jhre Weib vnd Khinder an den Betlstab in das ellendt Zuuerj Zagen, vnd Zuuerstossen. Dessen allen aber vnerachtet, vnd damit mehr aller höchsternante Kay: May: Jhr angeborene österreichische [...] mülde vnd sonfftmütigkheit, auch neben der Justici scheinen lassen, So wöllen dieselbe gnädigst vnd erstlich, Das wir die Paurschaft Zum ersten Zu den Waffen greiffen, zuuerderist Jhr Maytt: dem auch die freud gehorsamer vndthanen höchstlichen belaidigt, sÿ auch an Jeze vor aller Tractation deroselben gebürliche satisfaction zugeben schuldig. Das Sÿ die Ausschüss[210]

1. Fürs erste im namen, vnd anstat Jrer Principals Jrer Kay: May: Zu handen der Beuolmächtigten anwesenden herrn Commissarien ein Submission[211] vnnd Deprecationschrift,[212] vnd Jrer Handschrift vnd fertigugn Crafft Jhrer habenden vollmacht vbergeben, in derselben mit diemüetigen bereuten herzen Jhre Schuldt vnd Missethat erkhennen, vnd bekhennen, vmb Gottes Barmherzigkait willen vmb gnad vnd verZeichung bitten, vnd dann sich an Aydtsstat obligiren, vnd versprechen, ferner sich nit allain des Jenigen, sondern auch khunfftigen Aufstandts vnd Rebellion Zu ewigen Zeiten, weder mit Rath noch that nit thailhafftig Zumachen, sondern sich in allen friedlich, gehorsamb, vnd also Zuuerhalten, auch ins khunfftig die Paurschafft in Zimblicher anZahl vor

wolgemelten Kay: herrn Commissarien, Zu commen vnd an stat Jhr Kay: Maytt: eine Personliche abbith Zuthuen, vnd Zu machen versicherung Jhres gehorsambs desthalben ein genugsamen gefertigten reuers von sich Zugeben, damit Jr Kay: Maytt: mit Jenen als Armen Erbvndterthannen gnedigist khönnen Zufrieden sein.

2. Anderten sich ercleren, das sÿ lengist mit ausgang des anstandts alle Lager quitirn,[213] Jhre Sthangen einziechen, Stätt, Clöster, Schlösser, Weyer, vnd andere Orth, so Jhnen nit Zugehörig, raumen, die Waffen ablegen, sich voneinander nach Haus begeben, Jhrer Feldtarbeit ruchig abwarten, vnd ferner vnd was Schein es Jmmer sein khan, vnd mag nit Zusammen rottieren wällen oder sollen.

3. Dritens das sÿ lengist mit ausgang des Anstant alle vnd jede Waffen, vnd Währen, Stückh, vnnd Munition beÿ vermaidung Kay: höchster vngnadt, auch leib vnd Lebens straff. (: da sich in khunfftig Visitation bey einem vnd andern etwas wieder finden werde.) an orth vnd endt […] hin verschaffen wirdet, Zusammen tragen vnd ablegen sollen vnd wollen.

4. Wie auch Zuor vierten, das sÿ nach vor ausgang des Anstandts die Rädlführer vnd Aufwigler, so mit Rath vnd that dises Feuer aufgeblasen vnd fomendirt auch bisher dirigirt vnd geführt, nambhaft machen, vnd die Urheber vnd anstiffter als Zerstörer des gemainen vatterlandts auch wolstandts vnd friedens Zu billicher bestraffung heraus geben. Mit weniger die Jenigen, so von Auslendischen Feinden Zu Jenen geschikh werden, auch was sÿ sonsten mit anderen Landen etwas für correspondens geführt, anZaigen, vnnd was dieselbe geschrieben, Sÿ auch darauf wider geantwort, aufweisen sollen.

5. Fünfftens, weillen allerhöchst ernannte Jr Kay: May: Ihres tragenden hohen Ambts vnd Standts halb schuldig vnd verbunden, Jhre treu gehorsamsten verbliebene vndthannen Zu schüzen, vnd zu dem Jhrigen wider Zuerhelffen. Als selben sÿ des Jenig Geist: vnd Weltlichen Personen so belaidigt, vnd welchen das Jhrig wider alle billigkait abgenommen werden, die restitution laisten, vnd sich nach billichen dingen mit Jhnen abfinden vnd vergleichen.

6. Sechstens das sÿ sich Jrer Kay: May: allergdisten. Disposition in ainen vnd andern gehorsamist vertrauen, vnd deroselben als Jren natürlichen Erbherrn vnd Landtsfürsten Jhrer angeborenen schuldigkait gemess, vnd geben, die werden sich also vätterlich vnd gdist. gegen Jhnen er Jenigen das sÿ Jhre Mülde[214] vnd guete würckhlich zuerspüren haben. Wie dann dero gdist. mit lieb, weniger Jro will vnd beuelch gewesen, da sÿ auf solche weis vnd weg, wie sÿ fürbringen, wider Recht vnd billichkait bishero beschwert werden sein sollen, vnd wollen allergdist. nit

vnderlassen, alles gebürlich einsehen vnd remedirung füzunemmen, auch Jhrer etwan habenden gravaminibus[215] beÿ Jezigen Commission abZuhelffen. In gleichen deren ybrigen so sich hierauf in allen vnd Jeden gehorsambst accomodiren[216] werden, Hiernach mus angeborenen Mülde, Sanfftmüetigkait, vnd lautern gnaden völlige perdon Zuertheilen, vnd sÿ als gehorsame vndthannen widerumb in Jrer vätterlichen schuz und protection nemmen, vnd erhalten, auch selbigen in ganzen Landt durch offene Patenta in allen vier viertln publicirn vnd ankhunden lassen. Geruehen demnach Hochwolgedachte bevuolmechtigte Kay: herrn Commissarien, sÿ die Ausschuss vnd Paurschafft ganz beweglichist, Sÿ wollen also in sich selber gehen, Was sÿ gegen Jhren Vaterlichen [...] herrn vnd Landtsfürsten Pflicht schuldig erkhennen, vnd weillen Jezo noch die Gnaden Thür offen, mit ausgespanten Armen nach der Kay: vnerbietenden gnad greiffen, vnd selbige nit darüber gehen lassen, sich in allen wie treu gehorsamsten vndthanenn geburt, erZaigen, neben Jhnen auch Irer weib vnd Khind vor eusseristen verderben, vnd endtlichen vndgang so auf Jre beharrliche widersezligkait vnausbleiblich volgen werden, verschonen, Jr eigene vnd des ganzen Vatterlandts wolfahrt bedenckh, vnd sich hierüber ohne verstumung ainiger Ständt beÿ nunmehr baldt zu endtlauffenden Stilstandt also gehorsamist ercleren vnd erweisen. Damit sÿ vnd die Jenign in guetem wolstandt vnd Jrer Kay: May: gdist. vnd vätterlichen Schuz und Schirm ruchig verbleiben köhnnen.[217] Datum Enns den 12. Septembris A°. 1626

Nr. 21: Paris Graf von Lodron an Leopold V. von Österreich, 15. Oktober 1626:

Durchleüchtiger Fürst, E. L. seindt vnser freundlich willig dienst, vnnd was wir mehr liebs vnd guets vermögen Zuuor, besonder lieber herr und freundt, Auf E. L. vnder 11. dits an vnns gethannes schreiben, berichten dieselbige wir hiemit Zu begerter wollmainender gegenantwort, Das Zwar ein Zeit herumb Zimblich vil Soldaten durch E. L. fürstliche Grafschafft Tyroll in diesen vnsern Erzstifft khommen, Souil vnns aber glaubwürdig fürkhombt, Sollen dieselben Jhren weg mehrern thails nacher Steyermarckh auf Wienn: auch thails gegen Bayrn, vnd gar nicht nacher dem Landt Ob der Enns, weilln sich die aufgestandne Paurschafft alda, vnseren eingelangten bericht nach, khainen Soldaten Zubedienen begert,[218] nemmen, Sonsten sindt die sachen deren Orthen nach fast in denen hieuorigen terminis, Dann obwolln der Röm: Kay: Maytt: vnsers allergdisten herrn daselbsten anwesendes Khriegsfolckh bishero das seinige ansteckhlich prestirt,[219] das Churfr. Bayrische sich auch Zu vnd vmb Ried im zimblicher AnZahl widerumben versamblet, So hat man doch bis dato wider verschaffen, Zu dem erwünschten Intent nicht allerdings gelangen mögen, der

weitere verlauff stehet zuerwarten, vnd wir sindt E. L. zu angenemmer nachbarlicher dienstZeigung JederZeit bestendigelich berait. Datum in vnser Stadt Salburg, den 15. Octobris A°. 1626
E. L.
Dienstwilliger Allzeit.
Paris GfL

Nr. 22: Paris Graf von Lodron an Leopold V. von Österreich, 22. Oktober 1626:
Durchleüchtiger Fürst, E. L. seindt vnser freundlich willig dienst, vnnd was wir mehr liebs vnnd guets vermögen zuuor, besonder lieber herr vnd freundt, E. L. freundlich schreiben vom. 19. dits haben wir empfangen, vnd wissen derselben für dissmall des Ober Enserischen vnwesens halber nichts sonders Zuberichten, Allein vberschickhen E. L. wir hiemit Capeÿlich, Was herr Stathalter aus Linnz[220] vnlangst an den Freÿherrn von Pappenhaimb,[221] Als der Jeziger Zeit vber das Kayr. Khriegsfolckh an den selbigen Prinzen Comandirt, gelangen lassen,[222] So vnns von des Herrn Churfürsten L. zu Ried anwesenden Commissarien communicirt worden, Welche vnns darneben souil verstendiget, was massen Sÿ im Werkh begriffen, das selbiger Orthen habende Khriegsuolckh zu Ross vnd fuess abZufueren, vnd mit der Röm. Kay. May. vnsers allergdisten. herrn im Landt ob der Enns liegenden Soldatesca [sic!] zu coniungirn, in Hoffnung hierdurch disen vnhail zu remedirn,[223] vnd ein endt Zumachen, Mit angehoffter bith, weilln die notdurfft erfordern, auch Zugleich di frontiern in gebürliche sicherhait Zustellen, Jhnen von vnserm geworbnen volckh 600. Zu fuess vnd 100. Zu Ross für ein Zeitlang nacher Ried Zubewilligen, [224] Welchem Iren anlangen wir dann nachbarlich stat gethan, vnd den vnsrigen beuelch geben, dises begerte volckh in solcher beraitschafft Zuhalten, damit es auf nechste erforderung vngehindert vortZiehen khönnen, Sindt also vnserseits der mainung, es werde Obangedeute coniunction[225] villeicht mit ehestem eruolgen, vnd solle der fernere verlauff E. L. vnuerhalten bleiben, dero wir in alweg Zu angenemmer nachbarlicher diensterweisung JederZeit vorders genaigt sindt. Datum in vnser Stat Salzburg, den 22. Octobris Anno. 1626
E. L.
Dienstwilliger Allzeit.
Paris GfL

Nr. 22/1: Adam Graf von Herberstorff an Gottfried Heinrich Graf zu Pappenheim, 10. Oktober 1626:
Disen Curier schickh Jch E. L. darumben, weil Jch gleich an Jezo gewissen acciso[226] bekhommen, Das obwollen Herr Obristen Lowel[227] gestern die Pauern aus Jrem Lager, so sie beÿ Wels in dem Pergen gehabt, geschlagen, vnd im

300. nider gehauen.²²⁸ Darbeÿ Jch dann auch beÿ 500. Ausquartierer²²⁹ gehabt, So sindt doch die Paurn in 6000. starckh vber die Flache Haiden auf Welser heyd²³⁰ ZuegeZogen, Das Kay: Volckh von welchem gar vil vmb […] ausgeloffen vberfallen, die vorstat abgebrent.²³¹ Die Reutter vnd Fuesvolckh getrungen sich in die Stat zu reteriren, das dann, als Jch vernimb, Ohne verlust mit abgangen. Ein Stuckh geschüz haben die Paurn den Kay: abgenommen. Als Jch berichtet worden, Jst der halbe thail Kay: Soldaten auf die füetterey ausgeloffen, vnd was man sonst Pflegt Zusuechen, Jhre oberwähne alle in den vorstat Zu Wels in Jhren Quartiern gelassen, Welche entweders von den Paurn bekhommen worden, oder im feur geblieben, also der halbe thail dises volckhs disparmirt worden.²³² E. L. werden sicher Zugehen haben das rathe Jch nimmer mehr, das man Zu Landt herein ruckh. So bin Jch in gleichen bericht, das ein Mühlviertl im Kirchperger Winkhel sich bereit auch in 1800. Pauren gesamblet, dahero man mit der Wettereÿ, dem beÿ dem von Starzhausen gethanenen vorschlag nach, schwerlich da wirdt durchkhommen mögen, were also der sicheriste weg, Wenn das Fuesvolckh vnd Reitterey möchten imbarchirt werden, es hat asparens. Die Paurn werden sich da Zu Wels fermiren, denn sie schiessen den ganzen tag mit Stuckhen hierin, vnd das in eil Zu E. L. nachricht, gewis es darff bedankhens, sonst […] terra der nechste weg, vnd der beguereste von Ried auf Friedburg, vnd durch die Kheuenhillische Fuetter²³³ auf Frankhenmarckht²³⁴ Zue, Ob man aber mit dem Volckh das E. L. geben wirdt, bastant, werden dieß deroben in der Nachbarschafft am besten wissen, man mus gewisse Leudt haben, so weg vnd steg wissen, meine mira ist dahin gericht, das man sich sicher coniungirn möge, das bhünde durch mitl der […], da gleichwoll in Jezt einfallende Uebl auch schaden vnd verhinderung bringen mögen, meines erachtens woll am sichersten geschehen, der allerhöchst geb. E. L. zu Jrem vorhaben glückh, heil, vnd segen, ein vnerhörte grosse vnermessenhait, das sich die Paurn in das flache Feldt geben, vnd wie Jch vernimb haben die Kay: Reutter nur coracolirt, vnd das ist khaim handl für Paurn, man mus mit der Raufferey durchgehn, wo die Paurn in Confusion vil bringen. Linnz den 10 Octobris A°. 1626

Nr. 23: Paris Graf von Lodron an Leopold V. von Österreich, 12. Dezember 1626:

Durchleüchtiger Fürst, E. L. seindt vnser freundlich willig dienst, auch was wir liebs vnd guets vermögen Zuuor, besonder lieber herr vnd freundt; Wir Zweiffeln nicht E. L. werde vnser Jungstes schreiben sambt den beylagen, den verlauff im Landt ob der Enns beträffendt, Zu recht eingeliefert worden sein, Nun berichten dieselbige Wir hiemit ferner, Das, nachdem die Rebellische Paurn bey Wolfsegg Zum vierten mahl geschlagen worden, vnd wie verlaut ain starckhe niderlag erlitten, sÿ weiter khainen standt mehr gehalten,²³⁵ Sonder

sich voneinander thails in die Wälder, thails Zu Jhren Häusern begeben, Der gestalt das das Khayserische vnd Bayrische Khriegsfolckh sich ohne fernern widerstandt aller Örthen vnd fläckhen bemechtigt, vnd alberait in die Winter Quartier verthailt ist, Dahero man sich verhoffentlich von besagter Paurschafft, dern Rädlführer[236] so nicht todt bliben, nach vnd nach Zu verhofft gebracht werden, khainen vngelegenhait mehr Zubefahren, auch dises weit ausstehende vnwesen Got lob, nunmehr gestilt worden, vnd wir verbleiben E. L. Zu angenemmer nachbarlicher diensterZaigung JederZeit bestendigelich berait. Datum in vnser Stat Salzburg, den 10. Decembris A°. 1626.
E. L.
Dienstwilliger Allzeit
Paris GfL

Nr. 24: Paris Graf von Lodron an Leopold V. von Österreich, 17. Dezember 1626:

Durchleüchtiger Fürst, E. L. seindt vnser freundlich willig dienst, was wir auch sonsten mehr liebs vnnd guets vermögen JederZeit zuuor, besonder lieber herr und freundt, Demnach der Allmechtig güetig Got vnns durch seinen milt reichen segen, diss nach Jeztschwebende Jahr bey nahe ausleben, vnd das schierst eingehende genediglich erreichen lassen, Darumben wir Ime dann billich schuldiges lob vnd dankh sagen, So haben wir vns sonderbarem E. L. Zuetragenden dienst nachbarlichen gemuet nicht vnderlassen khönnen noch sollen, deroselben sambt Jrer höchstgeliebten Erzfrl. frauen Gemahlin Zu solchem vorstehenden neuen Jahr hiemit guetherzig Zu gratulirn, auch von dem neugeborenen Christkhindlein nvserm Haÿlandt beharliche leibsgsundhait, fridfertige Regierung, vnd alle andere beliebende prosperitet treulich Zuwünschen, Desgleichen die Götliche Allmacht Zubithen, das sÿ EE. LL: so woll dises eingehende: Als vil anderer hernach volgende Jahr vor allen widerwertigkaiten vätterlich Zubewahren, vnd in gnediglichen glücklichen wolstandt, dero selbst wunsch vnd begern nach, bestendiglich Zuerhalten, mit gnaden geruehen wölle, vnnd wir sindt E. L. darneben in all mügliche weg beliebende nachbarliche dienst Zuerweisen JederZeit vorders genaigt, Datum in vnser Stat Salzburg, den 17. Decembris Anno. 1626.
E. L.
Dienstwilliger Allzeit
Paris GfL

Nr. 25: Paris Graf von Lodron an Leopold V. von Österreich, 23. Dezember 1626:

Durchleuchtiger Fürst, E. L. sindt vnser frl. willig dienst, was wir auch sosnten liebs vnd guets vermögen Zuuor, besonder lieber herr vnd freundt, Was an E. L.

die Wolgebornen vnsere freundliche liebe Vättern die Grauen Zu Lodron p sambtlich supplicando[237] vndthanigist gelangen lassen, Das geruchen dieselbige ab dem einschlus mit mehrern gnedigist Zuersehen, Wann sÿ vnns nun Zugleich ganz bewüglich ersuecht, dis Jhr Suppon[238] mit vnserer wollmainenden recomendation[239] Zu accopagnirn,[240] Vnd wir dann selber genugsamers wissen tragen, Zu was grossem merkhlichen nachthail vnd schaden Jener die angedeute auslauffung des Pachs Caffaro[241] deren orth geraicht, vnd das sÿ vrsach yber vrsach haben, E. L. hierundter umb dero genedigste Hülff gehorsamest anZulang vnd Zu bithen, Als khönnen wir nicht hierumb dieselbige hiermit ganzen dienst: vnd freundlich Zuersuchen. Sÿ geruchen auch vmb vnsertwillen sich ermelter Grauen gnedigist anZunemmen, vnd durch dero hochansehliche Authoritet die sachen beÿ der Republica Zu verding[242] dahin dirigirn vnd vermiteln Zuhelffen, Damit doch obangeregter beschwerung durch bequeme mitl vnd wege gebürlich remedirt fernern vnhail vnd schaden fürgesaudt, vnnd gedachten vnsern Vettern diss Orths Zu Jhren rechtmessigen billichen intent[243] besterermassen verholffen werden möge, Hieran erZaigen E. L. vnns eine angenemme hohe freundschafft, Auch den sambtlichen Grauen von Lodron ein sonderbar grosse gnad, So vmb dieselbige sÿ in all mögliche wege vndtherthenigisten fleiss Zuerdienen berait, Wir dann E. L. wir auch hingegen mit angenemmener nachbarlicher dienstersweisung JedZeit bestenedigelich Zuegethan sindt vnd verbleiben. Datum in vnser Stat Salzburg, den 23. Decembris Anno. 1626.

Von Jhrer hochfrl. Dhl. herrn Paris Erzbischouen zu Salzburg p.

Die frl. öst. Erzherzog Leopold Zu Osterreich p abgang.

Nr. 26: Paris Graf von Lodron an Leopold V. von Österreich, 26. Februar 1627:

Durchleüchtiger Fürst, E. L. seind vnser freundlich willig dienst, was wir auch sonsten mehr liebs vnd guets vermögen JederZeit zuuor, besonder lieber herr und freundt, Aus E. L. sub dato den 9. dits an vns gethanen vnd vns heutigs tags wol eingelieferten schreiben haben wir mit sonderbaren freuden vernommen, Das der Allmechtig guetig Got, E. L. geliebste Frau Gemahlin Ihrer getragenen leibsburde so glückhlich endladen, vnd EE. LL: mit einer Jungen Princessin vnd Tochter[244] genedigelich gesegnet, vnd begabt hat, Wir wie nun E. L. dero vnd Jhres hochloblich Hauss wolfahrt vnd vermehrung, daran der ganzen Christenhait also hoch vnd vil gelegen, von herzen wünsch vnd gonen, Als bithen wir Seine Götliche Allmacht treulich, Sÿ geruehe nicht allain dise Junge Prinzessin Zu seinem Göttlichen lob vnd ehr, wie nicht minder dero Erzfürstlichen Eltern Zu trost vnd Contento[245] aufwachsen Zulassen, vnd in allem beliebenden wolstandt, vätterlich Zuerhalten, sondern auch E. E. L. L. ehest mit einem Jungen Prinz vnd Sohn miltigelich fürZustehen, vnd Zuerfreuen, Welches vnns dann Jnsonderhait ain hochangenommene liebe Zeitung Zu hören

sein wurde, Jm vbrigen khuen gegen E. L. wir vnns obangerägter vertreulichen Communication vnnd angehofften guetherzigen erbietens ganz dienstlich bedankhen, vnd haben sich dieselbige Zuuergewissen, das E. L. wir hingegen in alweg beliebende freundtnachbarliche dienste Zuerweisen JederZeit bestendigelich berait sinndt. Dat. in vnser Stat Salzburg, den 26. februarÿ Anno 1627.
E. L.
Dienstwilliger Allzeit.
Paris GfL

**Nr. 27: Paris Graf von Lodron an Leopold V. von Österreich,
1. März 1627:**
Durchleuchtiger Fürst, E. L. seind unser freundlich willig dienst, was wir auch sonsten mehr liebs vnd guets vermögen JederZeit zuuor, besonder lieber herr vnd freundt, Auf E. L. vom 14. Jungsterwichnen Monats februarÿ an vns gethannes schreiben vnd freundliches ersuchen, haben wir dero HofZueschrotern Melchiorn Pranger Zu nothwendiger versehung E. L. Hofhaltung die begerte anZahl Viech, Nemblich Ainhundert Schlagrinder, vnd Fünfhundert Castrauen,[246] in disem vnserem Erzstifft zuerkhauffen, Auch nach vnd nach, Ohne beZalung einicher Geutt,[247] Zöll oder Aufschlag nacher InsPrugg abtreiben Zulassen bewilligt, vnd Zu solchem ende ainen gewonlichen Passbrief auszufertigen beuolchen, Welchen E. L. hiebeÿ uerwahrt zuempfahrn, Dero wir auch sonsten in ander weg beliebende nachbarliche dienste ZuerZaigen JederZeit willig, vnnd berait sinndt. Datum in vnser Stat Salzburg, den 1. Martÿ Anno. 1627.
E. L.
Dienstwilliger Allzeit
Paris GfL

**Nr. 28: Paris Graf von Lodron an Leopold V. von Österreich,
15. November 1627:**
Durchleüchtiger Fürst, E. L. seindt unser freundlich willig dienst, was wir auch sonsten mehr, liebs vnd guets vermögen, JederZeit Zuuor besonder lieber herr vnnd freundt, Ob wir wol mehr vrsach, E. L. vmb die dem Wolgebornnen vnsern besonder liebs vättern Rudolphen Eusebio freyherrn Zu Froberg[248] p in mehr wäg erwiesen; und durch Jhnen vndtertheniigst hochgeruembte Lanndtsfürstliche gnaden gebürlichen danckh Zusagen, Als dieselbige seinethalben mit weitern recomendationem Zubehelligen. Dieweÿlln vns aber glaubwürdige nachrichtung eingelangt, Das die obervogteÿ Beffort vnd Tätenried[249] villeicht in khünen erledigt werden möchte, vnd gedachter von Froberg, Als welcher (. wie E. L. bewusst .) sich verwichnen Frueling hinauf ins Elsass begeben Seie vnd seiner Gebrüder selbiger orthen habende

Güetter Personlich zu administrirn, seine Junge Jahr vnd Zeit alda vngern vergeblich zuebrignen wollte, Sonder ain grosse naigung vnd begierdt hat, Sich in E. L. vnd dero hochloblichen Hauss würckhlichen diensten gehorsamst gebrauch zulassen, So khönnen wir nicht hirumb, E. L. hiemit ganz dienst: vnnd freundlich zuersuchen, Sÿ geruehen ermeltes vnsern vettern Ruedolffen Eusebien Freyherrn zu Froberg, mit besagter Obervogteÿ, da dieselbige wie gemelt, Vacirn[250] sollte, von andern zubegnaden, vnd Jhn seines geliebten herrn vattern seliges Jetzt hochernantem E. L. hochloblichen Haus vber die 40. Jahr bis in dessn todt gelaisten vndterthenigsten gethreuen dienste wie auch dieser vnser Jhnen zu sondern gnaden gemainten Intercession fruchtbarlich genüssen zulassen. Auf welchen fahl seinen Bruder Hanns Georgen Freyherrn zu Froberg vnsern Rath vnd Obersten Cammerer nicht zugegen sein wirdt, Die Ihme vor der Zeit auf obangezogne Obervogtey Beffort, vnd Tätenriedt erthailte gnedigste expectans,[251] ernanten seinen brudern Rudolffen Eusebis zu guetem guetwillig wiederumben abzuräten, vnd aus handen zugeben, An deme erweisen E. L. vnns ein sonderbare angenemme freundtschafft, dero wir hingegen in anderwege beliebende mügliche dienste zuerzaigen Jederzeit bestendiglich berait verbleiben. Dat.in vnser Statt Salzburg, den 15. Novembris Anno 1627.
E. L.
Dienstwilliger Allzeit
Paris GfL

Nr. 29: Paris Graf von Lodron an Leopold V. von Österreich, 16. Dezember 1627:

Durchleüchtigter Fürst, E. L. seindt unser freundlich willig dienst, was wir auch sonsten mehr, liebs vnd guets vermögen Jederzeit Zuuor, besonder lieber herr vnnd freundt, Demnach der Allmechtig guetige Gott vnns dises fast Zu endtlauffende Jahr durch sein vätterliche güete abermallen soweit genedig erleben lassen, Das wir Jnnerhalb khurzer frist das hohe Fest der genaden reichsten geburt vnsers lieben herrn vnd seligmachers Jesu Christi Zubegehen, vnd darauf widerumb ein neues Jahr anzufangen verhoffen, Als haben Wir in erwiederung dessen auch Zu erstattung wohlhergebrachten loblichen gebrauchs, Zumahl auch aus sonderbarem E. L. Zuetragendem Dienstnachbarlichen gemüet khaine vmbgang nemmen sollen noch wellen, deroselben sambt Jhrer höchstgeliebten Erzfürstlichen Frauen Gemahlin Zu solchen ausgehenden, auch khunftigen neuen Jahr hiemit guetherzig Zu congratulirn, vnd von der Göttlichen Allmacht Jnnigelich Zuwünschen. Das Sÿ E. L. nicht allain dises baldt angehende: sondern noch vill nachuolgender Jahr in gueter frischer leibsgesundhait, friedlichen wesen vnnd allem erfreulichen Zustandt sowoll dero Landt vnd Leudten, Als dem heyligen Römischen Reich, vnserm geliebten Vatterlandt Teutscher

Nation Zu Trost vnd guetem gnedigelich vnd vätterlich erhalten, vnd disen vnsern freund: vnd wolgemainten wunsch sein völlige Würckhlichkait erraichen lassen wölle, vnd wir verbleiben auch sonsten E. L. auf alle begebende fähl angenemme beliebende dienste Zuerweisen Jederzeit bestendigelich bereit. Datum in vnser Stat Salzburg, den 16. Decembris A°. 1627
E. L.
Dienstwilliger Allzeit
Paris GfL

Nr. 30: Paris Graf von Lodron an Leopold V. von Österreich, 22. April 1628:
Durchleichtiger Fürst, E. L. seindt unser freundlich willige dienst, Auch was wür mehr liebs vnd guets vermögen Zuuor, besonder lieber herr vnd freundt, E. L. freundtlich schreiben vom 12. dits, dardurch sÿ vnns des herrn Ersherzogen Zu Florenz[252] L. fürgenommen Rais[253] halben allerhandt nachbarlichen bericht gethan, haben wür heutigs tags empfangen, bedanckhen vns dieser wollmainenden Communication ganz freundlich, vnd seindt E. L. hingegen Jn all mögliche weg angenemme beliebende dienst Zuerweisen Jederzeit bestendigklich berait. Datum Jn vnser Stat Salzburg den 22. Aprilis Anno 1628 ./.
E. L.
Dienstwilliger Allzeit.
Paris GfL

Nr. 31: Paris Graf von Lodron an Leopold V. von Österreich, 20. Mai 1628:
Durchleüchtiger Fürst, E. L. seindt vnnser freundlich willig dienst, was wir auch sonsten mehr liebs, vnd guets vermögen Jederzeit zuuor, besonder lieber herr, vnd freundt. Aus E. L. vom 17. dits an vns gethanen schreiben, wie auch ab dero alher abgeordneten Cammerers, des wolgebornen vnsers besonder liebes Hypoliti Grauens Zu Gasaldo mündlichem anbringen haben wir mit sonderbaren freuden vernommen, das der Allmechtig Got E. L. höchstgeliebte Frau Gemahlin Jhrer abgehabten leibsburde so glückhlich entbunden, vnd beede E. LL. mit ainem Jungen Prinzen[254] gnedigklich gesegnet, vnd erfreuet hat. Thuen vns dieser wollmainenden nachbarlichen Communication ganz dienstlich bedankhen, vnd E. L. hierzue von herzen gratulirn, Auch die Göttliche Allmacht treulich bitten, das sÿ disen Jungen Prinzen nicht allain E. L., vnd Ihrem hochlöblichsten Haus, Sonder auch vnser wahren Catholischen Religion, vnd dem ganzen heÿligen Raich Teutscher Nation Zu trost, vnd guetem, Jn dero sonderbaren prtotection erhallten, vnd bewahren, L. L. auch sonsten souill glückh, seegen, und wolfahrt miltigklich verleichen wölle, Als sÿ selber Jmmer winschen, vnd begern mögen, Jnmassne E. L. von gedachtem dero Abgesandten, Auf deme

wir vns disfalls referirn, mit mehrerm vernemmen werden, vnd verbleiben derselben darneben mit aller belieben der nachbarlichen diensterweisung behorlich Zuegethann. Datum Jn vnser Stat Salzburg den 20. Maÿ Anno 1628
E. L.
Dienstwilliger Allzeit
Paris GfL

Nr. 32: Paris Graf von Lodron an Leopold V. von Österreich, 20. Mai 1628:

Durchleüchtiger Fürst, E. L. seindt vnser freundlich willig dienst, auch was mir sonsten mehr liebs, vnd guets vermögen Zuuor, besonder lieber herr, vnd freundt, zu E. L. haben wir gegenwertigen den wolgebornen vnsern Vettern Obersten Cammerer, Rath, Pfleger Zu Raschenberg, vnd lieben getreuen Johann Georgen Freÿherrn Zu Froberg abgefertigt, Sachen halben, wie dieselbige zu dero gelegenhait von Jhme mündlich mit mehrerm vernemmen werden, dienstlich gesinnd, E. L. geruehen demselben unbeschwert gdiste. Audiens Zuerthailen, Seinem für: vnd anbringen gleich vns selber völligen Glauben Zugeben, vnd sich dessen genzlich zuuersichern, das E. L. wir in all megliche wege angenemme nachbarliche dienste Zuerweisen Jederzeit bestendigklich berait verbleiben, Datum Jn vnser Stat Salzburg den 20. May Anno 1628 ./.
E. L.
Dienstwilliger Allzeit.
Paris GfL.

Nr. 33: Paris Graf von Lodron an Leopold V. von Österreich, 23. Juli 1628:

Durchleichtiger Fürst, E. L. seindt vnser freundlich willig dienst, was wir auch sonsten mehr liebs, vnd guets vermögen Zuuor, besonder lieber herr, vnd freundt, Zu E. L. haben wir gegenwertigen, den wolgebornen, Vnsern Schwager, Obersten Stallmaister, Rath, vnd lieben getreuen Franciscum Freyherrn Zu Spaur, vnd Valör[255] abgeordnet, Sachen halben wir dieselbige Zu dero gelegenhait von Jhme mündlich vernemmen werden, Dienstnachbarlich gesinend, E. L. geruehen Jeztermeltem vnsern Abgesandten vnbeschwert gnedigste Audiens Zuerthailen, vnd seinem anbringen nicht münder, als vns selber völligen glauben Zugeben, Sich auch darüber wilfehrig, vnd also Zuercleren, wie wir vns dessen Zu E. L. genzlich getrösten, Dero wir hingegen in all mügliche weg beliebende nachbarliche dienst Zuerweisen Jederzeit bestindiglich berait sindt, Datum Jn vnser Stat Salzburg den 23. Julÿ A° 1628 L.
E. L.
Dienstwilliger Allzeit.
Paris GfL.

Nr. 34: Paris Graf von Lodron an Leopold V. von Österreich, 22. August 1628:

Durchleüchtiger Fürst, E. L. seindt vnser freundlich willig dienst, Was wir auch sonsten mehr liebs, vnd guets vermögen Zuuor besonder lieber herr, vnd freundt, E. L. auf dero gehaimen Rath, vnd obersten Stallmaister, den Wolgebornen, vnsern besonder lieben Vettern Jacob Hanibals Grauen Zu Hochen Embs, Gallera, vnd Vaduz[256] p lautends Cradenzschreiben haben wir empfangen, und denselben in seinem mündlichen für: vnd anbringen nach notturfft angehört, Wie wir vns nun gegen E. L. dieser beschechnen abordnung, vnd wolmainenden Communication dero Zuestandts ganz freundtlich bedankhen,[257] Als werden dieselbige hingegen von ermelten Jhren Abgesdandten, vnser E. L. Zuetragende guetherzige dienstliche affection Zu dero gelegenhait mit mehrem vernemmen, Auf denen wir vns hiemit referirn, vnd verbleiben E. L. in all wege Zu beliebender angenemmer diensterweisung Jederzeit bestendigklich beraith. Datum Jn vnser Stat Salzburg den 22. Augusti Anno 1628.
E. L.
Dienstwilliger Allzeit.
Paris GfL.

Nr. 35: Paris Graf von Lodron an Leopold V. von Österreich, 25. Oktober 1628:

Durchleuchtiger Fürst, E. L. seindt meine freundlich willige Dienst, was Jch auch sonsten mehr liebs, vnd guets vermag Jederzeit Zuuor, besonder lieber herr, vnd freundt, Demnach Zwischen meinem Brudern Graff Christoffen von Lodron, Vnd der Freulein Catharina von Spaur[258] ain ehelicher Heyrat fürgangen, Auch gegenwertiger mein Schwager Oberster Stallmaister, vnd lieber getreuer Franciscus Freyherr Zu Spaur, vnd Valör sich Personlich beÿ E. L. vndterthenigst einselben, vnd deroselben der schuldigkhait nach disen verlauff gehorsamest referirn wirdt, Als ist Zugleich an E. L. mein dienst freundliches gesinnen, Sÿ geruehen Jhr solchen fürgangnen heurat gnedigist beliebes, vnd dero die neue Eheleutt Zu allen begebenden occasionen in gnaden recomendirt, vnd beuolchen sein Zulassen, Das bei vmb E. L. Jch in all mügliche weg hinwiderumben dienstlich Zubeschulden berait, vnd thue dieselbige darneben Zu allem beliebenden wolstandt in schuz des Allmechtigen treulich beuelches, Datum Salzburg den 25. Octobris Anno 1628.
E. L.
Dienstwilliger Allzeit
Paris GfL.

Nr. 36: Paris Graf von Lodron an Leopold V. von Österreich, 12. November 1628:

Durchleuchtiger Fürst, E. L. seindt meine freundlich willig dienst, was Jch auch sonsten mehr liebs, vnd guets vermag, Jederzeit Zuuor, besonder lieber herr, vnd freundt, E. L. wissen sich verhoffentlich freundlich Zuerindern, Was mit deroselben Jn Jhrem Jungsten alhie sein, Jch wegen der vorstehenden Bischoflichen Wahl Zu Brixen[259] wie auch meines Vettern, gehaimen Raths, vnd Stathalters Wilhelmen Freyherrn zu Welsperg, und Primör meines Erzstiffts Thumdechants halben vertreurlich discurirt,[260] Seitemalln nun besagte wahl alberait an der handt, vnd Jeztermelter Thumbdechant als ain Mitglid desselbigen Stiffts solcher gebürlich beÿZuwohnen, sich Personlich hinein Zubegeben in werckh, So hab Jch nicht vndterlassen khönnen, E. L. Jhne hiemit nochmalln wollmainend Zurecomendirn, ganz dienstlich gesinnent, Weylln E. L. bey den Capitularn aldort vil vermögen, Sÿ geruehen sich aus deme Jung eröffneten motiuen gedachts Welsberrg gdst: anZunemmen, vnd dise vorstehende election Zu guetem effect befürdern Zuhelffen, Zumassen E. L. disfals den sachen hochuerstendigklich woll Zuthuen wissen, dero Jch hingegen in allweg mit beliebender nachbarlicher dienstwilligkhait Jederzeit beharrlich Zuegethan verbleibe. Datum Salzburg den 12. Nouembris A° 1628.
E. L.
Dienstwilliger Allzeit.
Paris GfL

Nr. 37: Paris Graf von Lodron an Leopold V. von Österreich, 20. Dezember 1628:

Durchleuchtiger Fürst, E. L. seindt vnser freundtlich willig dienst, was wir auch sonsten mehr liebs, vndt guets vermögen JederZeit Zuuor, besonder lieber herr vnd freundt, Allweilen es dem Allerhöchsten beliebt, Vns durch sein göttliche güete dises allerait herbeynahende neue Jar erleben Zulassen, darumben wir dann demselben schuldigen, vndt diemüetigisten danckh sagen, So haben wir dem alten löblichen herkhommen, vnd gebrauch nach nicht vmbgehen sollen, noch wöllen, E. L. ZuerZaigung vnserer derselben Zutragenden dienst: freundtlichen naigung, Zu disem angehenden neuen Jahr gueter wolmainung, Zugratulirn, E. L. sambt dero höchstgeliebten Erzfürstlichen Frauen Gemahelin vnd Jungen Herrschafft hiemit von dem neugeborenen Christkündlein Jesu ein glückhseliges, freudenreiches neues Jahr, sambt aller andern beliebenden Zeitlichen, vnd urigen wolfahrt, treulich Zuwünschen, vnd den Allmechtigen Zubitten, den er E. L. sambtliches nicht allain dis eingehende, sonder noch vil andere Jahr Zu seinem Göttlichen Lob, vndt ehr in gueter Leibsgesundthait, vnd gedeylichem Zuestandt zu neuen, vnd gueten beharrlich erhalten, vndt disen vnsern guetherzigen wunsch seinen

würkhlichen effectum erraichen Zulassen, mit genaden geruehen wölle, wie wir dann auch sonsten in all mögliche weg E. L. angenehme nachbarliche dienst Zuerweisen vorders genaigt sindt, Datum Jn vnser Stat Salzburg den 20. t. xbris²⁶¹ A°. 1628.
E. L.
Dienstwilliger Allzeit
Paris GfL

Nr. 38: Paris Graf von Lodron an Leopold V. von Österreich, 3. Jänner 1629:
Durchleüchtiger Fürst, E. L. seindt vnser freundtlich willig dienst, Auch was wir mehr liebs, vnd guets vermögen Zuuor, besonder lieber herr, vnd freundt, E. L. schreiben vom 18. Decembris nechsthin, dardurch Sÿ vns Zu disem nunmehr eingangenen neuen Jahr freundtlich congratulirn, haben wir Zurecht empfangen, Thuen vns des wolmainenden angedenkhens dienstlich bedankhen, vndt weilen E. L. (. wie aus dero antwort erscheinet .) vnser hieuoriges schreiben, dardurch deroselben sambt dero höchstgeliebten Frauen Gemahelin, vndt Jungen Herrschafft wir gleichsfals alle beliebende glückliche Zu Seel, vnd Leib erspriesliche wolfarth treuherzig gewünscht, alberait Zuekhommen, So thuen wir vns darauf nochmaln referirn, Vnd solchen vnsern wunsch hiemit bestermassen widerholen, Verbleiben auch darneben E. L. Zuangenehmmer nachbarlicher diensterZaigung JederZeit bestendigkhlich berait, Datum Jn vnser Statt Salzburg den 3. Januarÿ A°. 1629.
E. L.
Dienstwilliger Allzeit
Paris GfL.

Nr. 39: Paris Graf von Lodron an Leopold V. von Österreich, 18. April 1629:
Durchleüchtiger Fürst, E. L. seindt vnser freundlich willig dienst, Auch was wir mehr liebs, vnd guets vermög JederZeit Zuuor, besonder lieber herr, vndt freundt, E. L. schreiben vom 16. dits haben wir Empfangen, Vnd sowoll aus demselben, Als auch von dero Cammerer vnd O: O: Regiments Rath, dem Wolgebornen Vnserm besonder lieben Vettern Francisco Grauen Zu Lodron p. mündlich vernommen, Was massen E. L. Vns beÿ Jeztvorhabender Vnserer Rais an die Etsch nacher dero ErzfürstlichemHofleger ganz freundt: vnd nachbarlich eingeladen, Wie wir vns nun diser wolmainenden einladung dienstlichs fleiss bedankhen, Als wöllen wir Zu volZiechung E. L. begerns, vermitls Götlicher gnaden angerigte vnser Rais nacher Insprugg dirigirn,²⁶² vndt wirdet vns ain sonderbare Consolation, vnd freundt sein, Wann E. L. wir in gueter leibsgesundthait, vnd glücklichen Wolstand antreffen, Auch mit vorhabender

besuechung vnser gebür, vndt schuldigkhait Zulaisten gelegenhait haben werden, Wie wir dann E. L. in all mügliche weg angenemme nachbarliche dienst Zuerweisen JederZeit bestendigklich genaigt sindt. Datum Jn vnser Stat Salzburg den 18. Aprilis A° 1629.
E. L.
Dienstwilliger Allzeit.
Paris GfL.

Nr. 40: Paris Graf von Lodron an Leopold V. von Österreich, 1. August 1629:

Durchleuchtiger Fürst, E. L. seindt vnser freundlich willig dienst, Was wir auch sonsten mehr liebs, vnd guets vermögen Zuuor, besonder lieber herr, vnd freundt, Aus deroselben schreiben vom 23. Julÿ nechsthin haben wir vernommen, Was E. L. von wegen etlicher aus vnsern Musicis an vns freundt: Nachbarlich gelangen lassen. Darauff wir nun alsbaldt die verordnung gethan, das sich der Bassist, vnd Discantist bey dero Hofleger Jn khüren gehorsamest einstellen werden, Da auch E. L. villeicht noch mit andern der vnserigen gedient, Sollen sÿ derselben so guet wirs haben, Zu angeregtem ende nicht minder vnwaigerlich eruolgen, Jnmassen wir dann E. L. Jn allweg Zuangenemenr beliebender diensterweisung JederZeit bestendigklich berait verbleiben, Datum Jn vnser Statt Salzburg den 1. Augusti A° 1629.
E. L.
Dienstwilliger Allzeit
Paris GfL

Nr. 41: Paris Graf von Lodron an Leopold V. von Österreich, 19. Dezember 1629:

Durchleüchtiger Fürst, E. L. seindt vnser freundlich willig dienst, was wir auch sonsten mehr liebs, vnd guets vermögen JederZeit Zuuor, besonder lieber herr, vnd freundt, Demnach dis schwebende Jahr nunmehr Zu endt Lauft, vnd der vorstehende genadenreiche geburts tag vnsers erlösers, vnd Seeligmachers ein andere neue Jahrs Zeit herbeÿ bringt, so haben wir aus sonderbarem E. L. Zuetragendem dienst; nachbarlichem gemüet nicht vnderlassen khönnen noch sollen, deroselben sambt Jhrer höchstgeliebten Erzfrüstlichen frauen gemahelin, vnd Jungen Herrschafft Zu solchem eingehenden neuen Jahr von dem allerhöchsten vil glückh, vnd Seegen, neben aller andern beliebenden Zeitlichen, vnd ewigen wolfarth herzlich Zuerwünschen, Bitten auch sein Göttliche Allmacht treulich, das Sÿ E. L. sambtlichen nicht allain dises vorsteende, sonder noch vil andere nachvolgende Jar in bestendiger Leibsgesundheit, vnd erfreulichen wolstand erhalten, Auch disn vnsern treuherzigen wunsch sein völlige würckhlichkeit erraichen lassen wölle, Vnd wir sindt E. L. darneben Zu allen

begebenden fählen beliebende nachbarliche dienste ZuerZaigen beharlich genaigt, Datum Jn Vnser Statt Salzburg den 19. t. Decembris A° 1629.
E. L.
Dienstwilliger Allzeit.
Paris GfL.

Nr. 42: Paris Graf von Lodron an Leopold V. von Österreich, 3. Jänner 1630:

Durchleuchtiger Fürst, E. L. seindt freundlich willig dienst, Was wir auch sonsten mehr liebs, vnd guets vermögen Zuuor, besonder lieber herr, vnd freundt, Auff E. L. vnderm 24. Jungstverwichnen Monats Decembris an vns gethanes schreiben, berichten dieselbige wir Zu wollmainender gegenandtwort, Das vns noch bis dato von des herrn Cardinals von Dietrichstain[263] L. angedeuten Rais das wenigste nicht Zuekhommen, Als baldt vns aber hievon etwas aigentliches einlangt, Sollen E. L. dessen begerter massen durch aignen Curier in continenti erindert werden, Dero wir auch in anderm, vnd mehrerm beliebende angenemme dienst Zuerweisen JederZeit nachbarlich berait verbleiben, Datum Jn vnser Stat Salzburg den 3. t. Januarÿ A° 1630
E. L.
Dienstwilliger Allzeit.
Paris GfL.

Nr. 43: Paris Graf von Lodron an Leopold V. von Österreich, 9. Jänner 1630:

Durchleuchtiger Fürst, E. L. seind vnser freundlich willig dienst, Auch was wir mehr liebs, vnd guets vermögen Zuuor, besonder lieber herr, vnd freundt, Vns ist E. L. schreiben vom 26 Decembris nechsthin dardurch sÿ vns Zu disem berait eingegangenen neuen Jahre wolmainend Congratulirn, wol eingeantwortet worden, bedanckhen vns des guetherzigen anwünschens halben ganz dienstlichen, Vnd seitemals nun aus E. L. antwort souil Zuernemmen, das dero vnser hievoriges schreiben, durch welches derselben sambt dero höchstgeliebten frauen Gemahelin, vnd Jungen Herrschafft wir gleicher gestalt vil glückh, hail, vnd Seegen neben aller andern beliebenden Zeitlichen, vnd ewigen wolfarth herrlich gewünschet, auch alberait Zuekhommen, als referirn wir vns neben widerholung vnsers threuherzigen wunsches nochmaln darauf, vnd sind E. L. benebens angenehme nachbarliche dienste Zuerweisen, JederZeit bestendigklich berait, Datum Jn vnser Statt Salzburg den 9. Januarÿ A° 1630.
E. L.
Dienstwilliger Allzeit.
Paris GfL

**Nr. 44: Paris Graf von Lodron an Leopold V. von Österreich,
13. Mai 1630:**
Durchleuchtiger Fürst, E. L. seindt meine freundlich willige dienst, Was Jch auch sonsten mehr liebs, vnd guets vermag, JederZeit Zuuor, besonder lieber herr, vnd freundt, Deroselben schreiben vom 2. dits Jst mir Zu recht geliefert worden, vnd weÿlls eben gestrigen abent der P. General Capuciner Ordens[264] alhin Personlich angelangt,[265] hab E. L. begern nach, Jch nicht vnderlassen, Jhme beweglich Zuermahnen, seinen weg nacher Insprugg Zunemmen,[266] vnd derselben disfahls gebürliche Statisfaction Zugeben, Wann er nun ich hierZue, wie ab dem beylagen zuersechen ganz genaigt, vnd wilfehrig erclert, Als hab E. L. Jch dessen bey gegenwertigen aignen Potten,[267] freundt nachbarlich erindern wöllen, Dero Jch auch in anderm, vnd mehrerm beliebende angenemme dienste Zuerweisen bestendigklich berait verbleibe; Datum Salzburg den 13. Maÿ A° 1630.
E. L.
Dienstwilliger Allzeit
Paris GfL.

**Nr. 45: Paris Graf von Lodron an Leopold V. von Österreich,
6. Dezember 1630:**
Durchleüchtiger Fürst, E. L. seindt vnser freundlich willig dienst, was wir auch sonsten mehr liebs, vnd guets vermögen Zuuor, besonder lieber herr, vnd freundt, Aus deroselben freundt. nachbarlichen schreiben vom 28. Noumbris nechsthin, welches vns getriges tags durch die ordinari von Augspurg aus Zuebracht worden, haben wir vorders gern vernommen, Das der Allmechtig güetig Got E. L. höchstgeliebte Erzfürstliche frau Gemahelin Jrer abgehabten leibsburde so glückhlich entbunden, vnd beede E. LL. abermaln mit ainen Jungen Prinzen[268] genedigklich begabt, vnd gesegnet hat, Bedankhen vns erstlich der wollmainenden nachbarlichen Communication ganz dienstlich, vnd gleich wie vns solches ain hochangenemme liebe Zeitung Zuhören gewest, Als thuen wir vns deren mit E. L. billich erfreÿen, vnd derselben hierZue von herzen gratulirn, Darneben auch sein Götliche Allmacht treulich bitten, das sÿ disen Jungen Prinzen nicht allain E. L. vnd dero hochloblichisten Haus: Sonder auch dem Heyligen Reich Nicht minder vnser wahren allein seligmachenden Catholischen Religion, vnd gemainer Christenhait Zu trost, vnd guetem in dero sonderbaren protection, vnd schuz erhalten, Jn allen loblichen Erzfürstlichen Tugenten auffwachsen lassen, Auch souill glückh, wolfahrt, vnd Seegen miltigklich verleichen, vnd mitthailen wölle, Als E. L. selber Jmmer wünschen, vnd desidirirn mögen, Dero wir beneben in all mügliche wege beliebende nachbarliche dienst ZuerZaigen JederZeit bestendigklich berait verbleiben, Datum Jn vnser Stat Salzburg den 6. Decembris A°. 1630.

E. L.
Dienstwilliger Allzeit
Paris GfL

**Nr. 46: Paris Graf von Lodron an Leopold V. von Österreich,
14. Dezember 1630:**
Durchleuchtiger Fürst, E. L. seindt vnser freundlich willig dienst, Was wir auch sonsten mehr liebs, vnd guts vermögen Zuuor, besonder lieber herr, vnd freundt, Demnach der allmechtig güetig Got, vns durch seinen miltreichen segen, diss noch Jeztschwebende Jar beynahe ausleben, vnd das schiersteingehende genedigklich erraichen lassen, Darumben wir Jme dann billich schuldiges lob, vnd dankh sagen, So haben wir dem loblichen herkhommen, vnd gebrauch noch nicht vnderlassen sollen noch wöllen, E. L. wie nicht minder dero höchstgeliebten Erzfürstlichen Frauen Gemahelin vnd Jungen Herrschafft Zu solchem vorstehenden neuen Jar hiemit guetherziger dienstlicher wollmainung Zucongratulirn, auch von dem neugeornen Christkhindlein vnserm Heylandt, bestendige leibsgesundhait, fridfertige Regierung, vnd alle andere beliebende prosperitet treulich Zuwünschen, Desgleichen die Götliche Allmacht Zubitten, das sy E. LL. Sambtlich sowoll diss schiersteingehende, als vül andere hernach volgende Jar vor allen widerwertigkaiten vätterlich Zubewahren, vnd in gedeylichen glückhlichen wolstandt dero selbst wunsch, vnd begerns nach bestendigklich Zuerhalten, mit gnaden geruehen wölle, Dero wir auch vnserseits Zu angenemmer nachbarlicher diensterweisung JederZeit vorders berait verbleiben, Datum In vnser Stat Salzburg den 14. Decembris Ao 1630.
E. L.
Dienstwilliger Allzeit
Paris GfL.

**Nr. 47: Paris Graf von Lodron an Leopold V. von Österreich,
2. September 1631:**
Durchleuchtiger Fürst, E. L. seindt vnser freundlich willig dienst, Was wir auch sonsten mehr liebs, vnd guets vermögen JederZeit Zuuor, besonder lieber herr, vnd freundt, Was E. L. der Zillerthalischen Goldtpergwerch[269] halben sub dato den 26. Augusti nechsthin bey aigenem Curier an vns freundlich gelangen lassen, das haben wir empfangen, vnd der notturfft nach vernommen, Jst auch nicht ohne, das von der Röm: Kay: Maytt: vnsern allergenedigisten herrn, Vns khurzverwichner täge der durch E. L. in berürten Goldtpergwerchs sachen angedeute beuelch gleicher gestalt wol eingelangt, Demnach wir aber nach reiffer erweg: vnd berathschlagung des werckhs zu entladung vnsers gewissens nothwendig Zusein befunden, Jhrer Kay: May: noch Zuuor vnsers anvertrauten Erzstiffts recht, vnd befuegnus, mit vnderthenigisten gebürlichen respect etwas

weiter gehorsamest zuerkhennen Zugeben, vnd damti alberait ein werckh sindt, Als wöllen wir vnzweifflich verhoffen, E. L. werden dero nicht Zuwider sein lassen, der fernere Kay: verordnung Zuerwartten, vndt haben sÿ sich Jnmitls dessen genzlich Zuversichern, das wir hierunder ain anders, vnd mehrers nicht Pretendiren, Villminder Zubehaupten begeren, Dann was vnserm Erzstifft von rechts: vnd bilichkhait wegen, Zuestehe, vnd gebüren wirdt, Jnmassen wir dann E. L. in all mögliche weg nachbarlich Zudienen JederZeit willig, vnd berait sindt, Datum Jn vnser Stat Salzburg den 2. Septembris A° 1631.
E. L.
Dienstwilliger Allzeit.
Paris GfL.

Nr. 48: Paris Graf von Lodron an Leopold V. von Österreich, 7. August 1632:

Durchleuchtiger Fürst, E. L. seindt meine freundlich willig dienst, Was Jch auch sonsten mehr liebs, vnd guets vermag Zuuor, besonder lieber herr, vnd freundt, Aus E. L. freundlichen schreiben vom 2 dits, wie nicht minder aus dero abermalen alher abgeordneten Cammerers, vnd O: Ö: Regiments Raths Meines besonder lieben Vettern Graff Franzens von Lodron, mündlichen anbringen, hab Jch erfreulich verstanden, das der feindt[270] von Füessen, ohne hinderlassung ainicher besazung widerumben ab: vnd mit völligem hauffen nacher Augspurg gezogen, Will also Zu Gott hoffen, E. L. frst. Graffschafft Tÿrol werde nicht allain der Zeit, Sonder auch ins khunfftig der angetrohten gefahr allerdings gevbrigt verbleiben, Vnd sÿ sich dahero fernerer vngelegenhaiten nichts Zu besorgen haben, Der gethanen hohen Dankhsagung bedarff es gegen main Person ganz, vnd gar nicht, Dann E. L. dessen versichert sein mögen, das derselben Jch sovil beÿ gegenwertigen beschwerlichen leuffen Jmmer sein khan, nachbarlich Zudienen JederZeit berait bin, Jnmassen sÿ von ermeltem dero abgesandten, auf deme Jch mich disfals referire, mehrer vernommen werden, Vnd thue E. L. Zu allem beliebenden glückhlichen wolstandt in schuz des allerhöchsten treulich beuelchen, Datum Salzburg den 7. Augusti 1632. L.

E: L: E. L. sag Jch vmb dero wolmainenden nachbarliche offerta hochdienstlich Danckh, vnd verbleib deroselben auf alle fähl nach bester müglichkhait nembliche erpriesliche dienst zu laisten bestendiglich genaigt.
Dienstwilliger Allzeit.
Paris GfL

Nr. 49: Paris Graf von Lodron an Leopold V. von Österreich, 19. August 1632:

Durchleuchtiger Fürst, E. L. seindt nvser freundlich willig dienst, was wir auch sonsten liebs, vnd guets vermögen Zuuor, besonder lieber herr, vnd

freundt, Was E. L. von wegen erthailllung aines Passbriefs für dero HoffZueschroffer Melchior Pranger, auf 100. Schlagrinder vnd 500. Schaf,[271] Zu notturfft derselben fürstlichen Hofhaltung diss Jar in vnserm Erzstifft Zuerkauffen, sub dato den 11. dits an vns gelangen lassen,[272] das haben wir gestrigs Tags empfangen, vnd solchen Passbrief alsbaldt in gewonlicher form auszufertigen beuelch geben, wie dann derselbige E: L: hiebeyverwahrt Zuekhombt, Dero wir in andern, vnd mehrern zubegeben den occasionen beliebende nachbarliche dienst Zuerweisen JederZeit vorders berait sindt, Datum Jn vnser Stat Salzburg den 19. Augusti A° 1632.
E: L:
Dienstwilliger Allzeit
Paris GfL

4. Fazit

Die von Paris Graf von Lodron für Erzherzog Leopold V. von Österreich durchgängig verwendete Bezeichnung „*lieber herr vnd freundt*" implizierte politisch-soziale Unterordnung und Gleichstellung gleichermaßen. Wahrscheinlich machte das der Salzburger Erzbischof absichtlich; die Selbstdeklaration als Tiroler Untertan *(„herr")* zog eine Kontinuitätslinie zu Ober- und Vorderösterreich, der Verweis auf die Ranggleichheit als Reichsfürst *(„freundt")* dagegen schaffte Anknüpfungspunkte für eine persönliche Beziehung. Es entstand in Folge ein transregionales Fürstennetzwerk zwischen Salzburg und Tirol, das freundschaftlich gepflegt wurde. Man übermittelte sich Glückwünsche zu Weihnachten und Neujahr, bekundete Beileid bei Todesfällen und der Erzbischof gratulierte bei Kindsgeburten. Persönliche Treffen, die nicht rein den beiden Fürsten vorbehalten blieben, vertieften das Vertrauensverhältnis. So wurde Claudia de' Medici gemeinsam mit ihrem Mann auf Jagden nach Salzburg eingeladen und immer wieder erkundigte sich Paris Graf von Lodron nach ihrem Gesundheitszustand. Beide Seiten profitierten vom Fürstennetzwerk: Der Fürsterzbischof hatte zahlreiche Vetter, die in Ober- und Vorderösterreich lebten oder begütert waren. Er verschaffte den Verwandten Privataudienzen bei Erzherzog Leopold oder förderte ihre berufliche Laufbahn durch Referenzschreiben und Bürgen. Als Gegenleistung wurde der Tiroler Landesherr mit staatsrelevantem Wissen versorgt, worüber innen- und außenpolitische Stabilität generiert wurde. Das Fürstennetzwerk kam nach dem unerwarteten Tod von Leopold V. von Österreich 1632 nicht zum Erliegen, sondern der Salzburger Metropolit führte die Korrespondenz einfach mit der interimistischen Tiroler Landesfürstin Claudia de' Medici fort.[273]

Endnoten

1 Zum Leben vgl. *Peter Keller*, Leben und Leistungen, in: Sibylle Kamp / Christoph Kühberger, Hg., Schaulust – Die unerwartete Welt des Markus Sittikus, Salzburg 2016, S. 6–29.

2 Grundlegend: *Manfred Josef Thaler*, Das Salzburger Domkapitel in der Frühen Neuzeit (1514 bis 1806). Verfassung und Zusammensetzung (Wissenschaft und Religion 24), Frankfurt am Main u. a. 2011.

3 *Reinhard Rudolf Heinisch*, Paris Graf Lodron. Reichsfürst und Erzbischof von Salzburg, Wien 1991, S. 39.

4 *Manfred Josef Thaler*, Die Domkapitel der Reichskirche vom Wiener Konkordat bis zur Säkularisation (1448–1803). Grundzüge ihrer Verfassung im Vergleich (Rechtshistorische Reihe 468), Frankfurt am Main 2018, S. 85–87.

5 *Bettina Braun*, Principes et episcopus. Studien zur Funktion und zum Selbstverständnis der nordwestdeutschen Fürstbischöfe nach dem Westfälischen Frieden (Veröffentlichungen des Instituts für Europäische Geschichte 230), Göttingen 2013, S. 131.

6 Vgl. *Heinisch*, Paris Graf Lodron, S. 32–33. Zuletzt zur Bischofswahl von 1619, aber ohne nennenswerte neue Forschungsergebnisse: *Reinhard Rudolf Heinisch*, Regierungswechsel im Erzstift Salzburg 1519 und 1619. Ein Vergleich, in: MGSL 158/159 (2018/2019), S. 12–27, bes. 19–24.

7 Biographisch relevant für die Jahre von 1586–1619 *Carolin Pecho*, Fürstbischof – Putschist – Landesherr. Erzherzog Leopold und sein alternativer Habsburger Herrschaftsentwurf im Zeitalter des Dreißigjährigen Kriegs (LIT Geschichte 139), Berlin 2017, wobei sich eine konzise Zusammenfassung der Ergebnisse in *dies.*, Fürstbischof – Putschist – Landesherr. Erzherzog Leopold von Österreich (1586–1632) in dynastischen und militärischen Gemeinschaften, in: Opera Historica 17/2 (2016), S. 155–177 findet. Für die Tiroler Herrschaftsjahre von 1619–1632 nach wie vor aktuell: *Sabine Weiß*, Erzherzog Leopold V. – Ritter des Ordens vom Goldenen Vlies. Biographische Notizen zur Karriere und Lebenswelt eines frühbarocken Tiroler Landesfürsten, in: Tiroler Heimat 66 (2002), S. 29–80 und *dies.*, Claudia de' Medici. Eine italienische Prinzessin als Landesfürstin von Tirol (1604–1648), Innsbruck – Wien 2004.

8 Vgl. *Robert Bireley*, Ferdinand II. Counter-Reformation Emperor, 1578–1637, Cambridge 2014.

9 Zur Person vgl. *Peter Keller / Johannes Neuhardt / Reinhard Rudolf Heinisch u. a.*, Hg., Erzbischof Paris Lodron (1619–1653). Staatsmann zwischen Krieg und Frieden (MGSL, Ergänzungsband 20), Salzburg 2003, S. 11–23; *Domizio Cattoi / Domenica Primerano*, Paris Lodron arcivescovo di Salisburgo. Un principe illustre nella prima età barocca, Rovereto – Trento 2003.

10 *Weiß*, Erzherzog Leopold V., S. 54–55.

11 Tiroler Landesarchiv (TLA), Sonderpos. 81, Paris Graf von Lodron an Erzherzog Leopold, 26. Oktober 1619.

12 Vgl. TLA, Alphabetisches Leopoldinum (AL) I/964: „Salzburg (Paris) an Erzh. Leopold 1623"; TLA, AL I/965: „Paris Erzbischof von Salzburg an Erzherzog Leopold und Claudia 1620–1636".

13 Einführend zu diesem Forschungskonzept: *Lothar Schilling / Jakob Vogel*, State-Related Knowledge: Conceptual Reflections on the Rise of the Modern State, in: dies., Hg., Transnational Cultures of Expertise. Circulating State-Related Knowledge in the 18th and 19th Centuries, Berlin – Boston 2019, S. 1–17.

14 Exemplarisch: *Roberto Codroico*, Paride Lodron canonico a Salisburgo tra il 1615 ed il 1619, in: Civis 24/71 (2000), S. 107–139; *Johann Rainer*, Kirchliche Benefizien als Einnahmequelle für Fürstensöhne. Erzherzog Leopold V. und das Erzbistum Monreale, in: Herwig Ebner / Walter Höflechner / Helmut J. Mezler-Andelberg, Hg., Festschrift Othmar Pickl zum 60. Geburtstag, Graz – Wien 1987, S. 515–520.

15 Vgl. *Roland G. Asch / Birgit Emich / Jens Ivo Engels*, Hg., Integration – Legitimation – Korruption. Politische Patronage in Früher Neuzeit und Moderne, Frankfurt am Main u. a. 2011; *Niels Grüne / Simona Slanička*, Hg., Korruption. Historische Annäherungen an eine Grundfigur politischer Kommunikation, Göttingen 2010.

16 Vgl. dazu auch *Roberto Adami*, Hg., Paris familiaris. 170 lettere di Paride Lodron al padre e ai familiari (1608–1653), Rovereto 2004.

17 *Weiß*, Erzherzog Leopold V., S. 36.

18 *Braun*, Principes, S. 100.

19 *Thaler*, Salzburger Domkapitel, S. 419 und S. 584–585.

20 Ebd., S. 142–144.

21 Ebd., S. 144–147.

22 Ebd., S. 151–153.

23 Ebd., S. 417–419. Zur Biographie: *Bernhard W. Scholz*, Erzherzog Karl von Österreich (1590–1624). Bischof von Breslau am Vorabend und zu Beginn des Dreißigjährigen Krieges, Köln 2021.

24 Vgl. ebd., S. 53–56.

25 Ebd., S. 419.

26 *Weiß*, Erzherzog Leopold V., S. 53, Anm. 219.

27 *Thaler*, Salzburger Domkapitel, S. 420.

28 Vgl. *Astrid Ducke / Thomas Habersatter*, Hg., Wolf Dietrich von Raitenau. Auf den Spuren des Fürsterzbischofs im DomQuartier Salzburg, Salzburg 2017; *Gerhard Ammerer / Ingonda Hannesschläger*, Hg., Strategien der Macht. Hof und Residenz in Salzburg um 1600 – Architektur, Repräsentation und Verwaltung unter Fürsterzbischof Wolf Dietrich von Raitenau 1587 bis 1611/12, Salzburg 2011.

29 *Weiß*, Erzherzog Leopold V., S. 53.

30 Der Lodron-Biograph Reinhard Rudolf Heinisch nennt als eine mögliche Ursache, dass der Zweitgeborene Christoph Graf von Lodron (1588–1659) nichts für eine geistliche Laufbahn übrig hatte und er womöglich deswegen als männlicher Stammhalter eingesetzt wurde. *Heinisch*, Paris Graf Lodron, S. 47–48; *ders.*, Paris Graf Lodron. Familie, Persönlichkeit und Politik, in: Keller / Neuhardt / Heinisch u. a., Hg., Erzbischof Paris Lodron, S. 11–23, hier S. 11.

31 *[Paris Graf von Lodron]*, Dispvtatio Philosophica, De Varietate Scientiarvm Et Artivm, Qvam Deo bene fauente perillvestris Dom. Paris Comes de Lodrono, Dominus Castrinoui, &c., Ingolstadt 1604.

32 Vgl. *Thaler*, Salzburger Domkapitel, S. 377–380.

33 Ebd., S. 387 und zu Balthasar von Raunach vgl. ebd., S. 445–447. Die viel rezipierte Annahme, dass der Großonkel nach der Wahl zum Dompropst 1606 zugunsten von Paris Graf von Lodron auf sein Kanonikat im Salzburger Domkapitel verzichtete, ist falsch. Nach dessen Tod 1615 ging die Pfründe auf Otto Friedrich Graf von Puchheim (1606–1664) über. Ebd., S. 348 und S. 439. Vgl. bspw. *Heinisch*, Familie, S. 11.

34 *Codroico*, Paride Lodron, S. 108; *Iginio Rogger*, Canonici di casa Lodron nel capitolo cattedrale di Trento, in: Tione di centro: Centro studi Judicaria / Provincia autonomia di Trento, Hg., Sulle tracce dei Lodron: gli eventi – gli uomini – i segni, Trento 1999, S. 247–250, hier S. 248.

35 *Thaler*, Das Salzburger Domkapitel, S. 389, Anm. 8.

36 Vgl. *Enzio Chini*, I Lodron a villa Lagrina, Rovereto 2003; *Giacomantonio Giordani*, Il Conte Paride Lodron, arcivescovo di Salisburgo e la chiesa di Villa Lagarina. Per il sacredote Giacomo Giordani, Rovereto 1908.

37 *Thaler*, Salzburger Domkapitel, S. 387–388; *Heinisch*, Paris Graf Lodron, S. 49; *ders.*, Familie, S. 11–12.

38 Vgl. Brief-Nr. 2 (16.12.1620), 4 (14.12.1624), 9 (18.12.1625), 24 (17.12.1626), 29 (16.12.1627), 37 (20.12.1628), 38 (3.1.1628), 41 (19.12.1629), 43 (9.1.1630) und 46 (14.12.1630). Da alle edierten Briefe Paris Graf von Lodron an Leopold V. von Österreich adressierte, wird in den folgenden Anmerkungen

unter Verzicht der Absender- und Empfängerangabe immer die Brief-Nr. einschließlich dem Aufgabedatum angeführt.

39 Brief-Nr. 4 (14.12.1624).
40 Vgl. *Heinisch*, Familie, S. 12.
41 Vgl. *Scholz*, Karl von Österreich, S. 372–377.
42 Brief-Nr. 6 (5.2.1625).
43 Brief-Nr. 31 (20.5.1628).
44 Vgl. Brief-Nr. 26 (26.2.1627), 31 (25.5.1628) und 45 (6.12.1630).
45 Brief-Nr. 26 (26.2.1627).
46 Vgl. *Weiß*, Claudia de' Medici, S. 73 –81.
47 Brief-Nr. 8 (3.10.1625).
48 Vgl. *Leopold Öhler*, Die Pest in Salzburg, Salzburg 2013, S. 64–65.
49 Vgl. Brief-Nr. 39 (18.4.1629).
50 *Weiß*, Claudia de' Medici, S. 130–131.
51 Vgl. *Stiftung Bozner Schlösser*, Hg., Mensch und Jagd in Alttirol (Runkelsteiner Schriften zur Kulturgeschichte 15), Bozen 2020.
52 *Werner Rösener*, Adel und Jagd: Die Bedeutung der Jagd im Kontext der adeligen Mentalität, in: Agostino Paravicini Bagliani / Baudouin van den Abeele, Hg., La chasse au moyen âge. Société, traités, symboles (Micrologus' library 5), Sismel 2000, S. 129–150.
53 *Gerd van den Heuvel*, Adlige Jagd und fürstliche Souveränität: Eine Leibniz-Denkschrift zur Geschichte des Jagdrechts, in: Niedersächsisches Jahrbuch für Landesgeschichte 67 (1995), S. 217–236.
54 *Ingrid Haslinger / Gerhard Trumler*, So lebten die Habsburger. Kaiserliche und königliche Schlösser in der österreichisch-ungarischen Monarchie, Wien 2007, S. 113.
55 Brief-Nr. 17 (6.8.1626), 18 (29.8.1626) und 19 (19.8.1626).
56 Brief-Nr. 1 (9.6.1623), 7 (22.5.1625), 10 (19.2.1626), 11 (27.2.1626), 32 (20.5.1628), 33 (23.7.1628) und 34 (22.8.1628).
57 Brief-Nr. 34 (22.8.1628).
58 Vgl. *Thaler*, Salzburger Domkapitel, S. 498–500.
59 Brief-Nr. 35 (25.10.1628).
60 Brief-Nr. 36 (12.11.1628).
61 *Josef Gelmi*, Die Bischöfe von Säben, Brixen und Bozen-Brixen in Lebensbildern, Brixen 2022, S. 227–230.
62 Brief-Nr. 28 (12.11.1627).
63 Brief-Nr. 12 (11.3.1626).
64 Vgl. Brief-Nr. 14 (6.7.1626), 16 (1.8.1628), 27 (1.3.1627) und 49 (19.8.1632).
65 *Heinz Noflatscher*, Salzburg und Tirol im Dreißigjährigen Krieg, in: Keller / Neuhardt / Heinisch. u. a., Hg., Erzbischof Paris Lodron, S. 146–149, hier S. 147.
66 Brief-Nr. 47 (2.9.1631).
67 Brief-Nr. 13 (30.5.1626).
68 *Michael Forcher*, Michael Gaismair. Das Leben des Tiroler Bauernführers (1490–1532) und sein revolutionäres Gesellschaftsmodell, Innsbruck – Wien 2020.
69 Vgl. Brief Nr. 20/1 (15.9.1626), 20/2 (12.9.1626) und 22/1 (10.10.1626).
70 Brief-Nr. 20 (24.9.1626), 21 (15.10.1626), 22 (22.10.1626) und 23 (12.12.1626). Als Einstieg in den Oberösterreichischen Bauernaufstand von 1626: *Georg Heilingsetzer*, Der Oberösterreichische Bauernkrieg 1626, Linz [3]2001.
71 Brief-Nr. 23 (12.12.1626).
72 Brief-Nr. 48 (7.8.1632).
73 Brief-Nr. 42 (3.1.1630).
74 Brief-Nr. 44 (13.5.1630).
75 *Agapit Hohenegger*, Geschichte der Tirolischen Kapuziner-Ordensprovinz 1593–1893, Innsbruck 1913, Bd. 1, S. 125.
76 TLA, Repertorium 19a/1: *Wilfried Beimrohr*, Alphabetisches Leopoldinum Serie I und 2, Innsbruck 1992.

77 Euer Liebden. *Wolfgang Ribbe / Henning Eckart*, Taschenbuch für Familiengeschichtsforschung, Neustadt an der Aisch ¹¹1995, S. 463.

78 Beglaubigungsschreiben.

79 Hans Freiherr von Wolkenstein-Rodenegg, Landeserbstallmeister und Fürschneider, war erzherzoglicher geheimer Rat, Kämmerer und Viertelhauptmann im Pustertal. Leopold V. ernannte ihn am 1. September 1628 zum Landeshauptmann an der Etsch mit einer jährlichen Besoldung von 200 Gulden. *Justinian Ladurner*, Die Landeshauptleute von Tirol, in: Archiv für Geschichte und Alterthumskunde Tirols II (1865), S. 1–40, hier S. 38.

80 Perge, perge (lat.): und so weiter, fahre fort.

81 Etwas zum Leben absolut Notwendiges.

82 In der Schlacht am Weißen Berg 1620 unterlagen die böhmischen Stände den Soldaten der katholischen Liga, weshalb Friedrich V. von der Pfalz (1596–1632), den die böhmischen Stände als Friedrich I. zum böhmischen König erhoben, flüchten musste und Ferdinand II. von Österreich (1578–1637) seinen patrimonialen Anspruch auf den Thron durchzusetzen vermochte. Einsteigend *Joachim Bahlcke*, 1620 – Schlacht am Weißen Berg bei Prag: Ursachen, Verlauf und Folgen des Zusammenstoßes von ständischer Liberalität und monarchischer Autorität, in: Martin Scheutz / Arno Strohmeyer, Hg., Von Lier nach Brüssel. Schlüsseljahre österreichischer Geschichte (1469–1995) (VGS-Studientexte 1), Innsbruck – Wien – Bozen 2010, S. 79–97.

83 Erzwungenes Betragen, Ziererei. *Johann Christian August Heyse*, Allgemeines Fremdwörterbuch oder Handbuch zum Verstehen und Vermeiden der in unserer Sprache mehr oder minder gebräuchlichen fremden Ausdrücke, mit Bezeichnung der Aussprache, der Betonung und der nöthigsten Erklärung, Hannover ⁷1835, S. 24.

84 Vorschlag.

85 Freuden.

86 Officium, officia (lat.): Dienst, Amt, Pflicht, Amtspflicht. *Heyse*, Fremdwörterbuch, S. 140.

87 Hiervor.

88 Ferdinand II. erklomm im September 1619 den Kaiserthron. Als neues biographisches Standardwerk: *Bireley*, Ferdinand II.

89 Allergnädigsten.

90 Gebot, Befehl. *Heyse*, Fremdwörterbuch, S. 289.

91 Der Buchstabe „v" eigentlich mit Doppelüberpunkt.

92 Entlang, vorwärts.

93 Beschaffen, formieren.

94 Ein Grund für den Dank war sicherlich die Ernennung des Paris Grafen von Lodron zum oberösterreichischen Rat, Kämmerer und Obrist am 28. November 1624. TLA, Geheime Rat, Kopialbuch „Ausgegangene Schriften" 1624 (Bd. 43), fol. 671r.

95 Als „Legat des Stuhls zu Rom" stand der Erzbischof von Salzburg in der Hierarchie der Reichskirche unmittelbar hinter den drei geistlichen Kurfürsten, den Erzbischöfen von Trier, Main und Köln. *Heinisch*, Familie, S. 12.

96 Gegenüber dem Kaiser beschwerte sich Leopold V. schriftlich, dass der gebürtige Tiroler Johann Baptista Graf von Lodron, Vetter des Salzburger Erzbischofs, ihn „in beisein ehrlicher leuthen" diskreditierte, wofür sich Paris Graf von Lodron in einem Brief vom 26. Dezember 1624 entschuldigte. TLA, Geheime Rat, Kopialbuch „Ausgegangene Schriften" 1624 (Bd. 45), fol. 290v; TLA, Geheime Rat, Kopialbuch „Ausgegangene Schriften" 1624 (Bd. 45), fol. 462r–v.

97 Genugtuung, Befriedigung. *Heyse*, Fremdwörterbuch, S. 352.

98 1620 ließ der Salzburger Erzbischof unter Oberbefehl seines Vetters Johann Baptist Graf Lodron eine 3.700 Mann starke Kompanie zum Schutz der Landesgrenzen aufstellen. Diese „Landfahne" wurde 1623 in kaiserliche Dienste gestellt. Oberst Lodron übernahm schließlich am 21. Februar 1631 die Führung des ersten

kurbayerischen Fußregiments. *Heinisch*, Familie, S. 14; *Heinisch*, Paris Graf Lodron, S. 130; *Leonhard Winkler/ Karl von Reitzenstein*, unter Mitarbeit von *Karl Staudinger*, Geschichte des kurbayerischen Heeres insbesondere unter Kurfürst Ferdinand Maria 1651–1679 (Geschichte des Bayerischen Heeres 1), München 1901, S. 114.

99 Geleistete.

100 Fortsetzen, fortfahren. *Heyse*, Fremdwörterbuch, S. 215.

101 Wofür.

102 Alexander Vatielli war am Innsbrucker Hof „vnser gnedigsten Herrn Mundschenkch und Waÿlandt anwesender Agent". TLA, Geheime Rat, Kopialbuch „Ausgegangene Schriften" 1624 (Bd. 44), fol. 138r.

103 Erzherzog Karl von Österreich (1590–1624) aus der steirischen Linie der Habsburger durchlief eine geistliche Laufbahn: Er wurde mit Kanonikaten in Köln (1598), Salzburg (1602) Passau (1605), Brixen und Trient (1606), Breslau (1608), Minden und Osnabrück versorgt. Es folgte 1608 die Wahl zum Bischof von Breslau, 1613 die Ernennung zum Bischof von Brixen und 1619 zum Hoch- und Deutschmeister. Auf Drängen seines Neffen König Philipps IV. von Spanien sollte er als Vizekönig von Portugal installiert werden, starb aber auf der Reise dorthin am 26. Dezember 1624 in Madrid. *Thaler*, Salzburger Domkapitel, S. 417–419.

104 Vergänglichem.

105 Mildtätig.

106 Franz Graf von Lodron (1596–1666) wurde 1625 als Pfleger von Kaltern eingesetzt und am 23. Oktober 1626 zum oberösterreichischen Regimentsrat ernannt. *Raimund Tasser*, Beamtenschematismus der drei oberösterreichischen Wesen in den Jahren 1619–1632, ungedr. phil. Diss., Innsbruck 1973, S. 115.

107 Karl Franziskus Colonna Freiherr von Vels ersuchte für sich und seinen Vater um Verleihung eines böhmischen Lehens seines Verwandten Leonhard von Vels, was ihnen auch zugestanden wurde. TLA, Geheime Rat, Kopialbuch „Ausgegangene Schriften" 1625/26 (Bd. 46), fol. 153v–154r.

108 Gehorsamst.

109 Prätendieren: verlangen, begehren, etwas fordern. *Heyse*, Fremdwörterbuch, S. 249.

110 Unter dem Datum.

111 Die ersten Todesopfer der Pestwelle von 1625–1627 beklagte man in der Herrngasse, woraufhin am 11. August Bäder sowie Universität geschlossen und für Studenten-Professorengespann ein Ausweichquartier in der Radstadt eingerichtet wurde. *Öhler*, Pest, S. 64.

112 Der Salzburger Hof und der Erzbischof flüchteten vor der Pestepidemie 1626 in das 1619 fertiggebaute Schloss Hellbrunn. Ebd., S. 65.

113 Zurückzuziehen, flüchten.

114 Gewünschte.

115 Leopold V. brach stattdessen am 3. November über Brixen, Trient und Bologna nach Rom auf, wo ihn Papst Urban VIII. (1568–1644) vom geistlichen Stand entband und die Ehedispens erteilte. Auf dem Hinweg kehrte er in Florenz ein und warf dort einen Blick auf seine künftige Braut, Claudia de' Medici. *Weiß*, Claudia de' Medici, S. 67–70; *dies.*, Leopold V., S. 59–72.

116 Eine 17 km nördlich von Salzburg am Salzach gelegene Stadt.

117 Obernberg am Inn liegt im Innviertel in Oberösterreich.

118 Bspw. starben 79 Menschen im Lungau bei der Pestepidemie der Jahre 1625–1627. *Öhler*, Pest, S. 65.

119 Einen Überblick, woran sich ein Salzburger Erzbischof in der Villa Schönbrunn ergötzte, bietet: *Kampl / Kühberger*, Hg., Markus Sittikus.

120 Nachfolgende.

121 Konservieren, aufbewahren.

122 Er war im Februar 1626 dorthin zurückgekehrt. *Weiß*, Claudia de' Medici, S. 68.

123 Hans Georg von Tulliers Freiherr zu Frohberg und Hainersdorf (†1647) wurde 1617 zum Pfleger von Raschenberg ernannt und 1632 zum Ungeldeintreiber. *Johann Ostermann*, Das Salzburger Pflege- und Landgericht Raschenberg von 1613 bis 1803, ungedr. phil. Diss., Salzburg 1982, S. 56.

124 Oberösterreichischen.

125 Nach der Installierung als Pfleger verhandelte Franz Graf von Lodron mit der Familie Lichtenstein über den Pfandschilling für das Pflegegericht Kaltern. TLA, Geheime Rat, Kopialbuch „Ausgegangene Schriften" 1625/26 (Bd. 46), fol. 145v, 517r.

126 Gutstagelöhner.

127 Kaufte für den Hof Rinder und Kälber.

128 Melchior Pranger war in erster Ehe mit Eva Demberlin vermählt. TLA, Geheime Rat, Kopialbuch „Ausgegangene Schriften" 1625/26 (Bd. 46), fol. 410v–411r.

129 Ein zum Schlachten bestimmtes Rind.

130 Da die Wegstrecke, über die das Vieh nach Tirol getrieben werden sollte, unbekannt ist, können die Zolltarife für Rinder und Schafe nicht rekonstruiert werden. Vgl. dazu *Herbert Hassinger*, Geschichte des Zollwesens, Handels und Verkehrs in den Östlichen Alpenländern vom Spätmittelalter bis in die zweite Hälfte des 18. Jahrhunderts (Deutsche Handelsakten des Mittelalters und der Neuzeit XVI/1, Deutsche Zolltarife des Mittelalters und der Neuzeit V), Stuttgart 1987, bes. S. 90–99.

131 Wohl ein Tippfehler. Sollte eigentlich heißen „zuempfangen".

132 Für die militärische Unterstützung gegen die rebellierenden böhmischen Stände wurde dem bayerischen Herzog von 1620–1628 Österreich ob der Enns als Pfandherrschaft übergeben, woraufhin anstelle eines Landeshauptmannes ein bayerischer Statthalter installiert und 1624/25 eine Gegenreformation durchgeführt wurde; evangelische Pfarrer und Lehrer mussten ebenso wie evangelische Gläubige das Land verlassen oder zur römisch-katholischen Kirche konvertieren. Dem reformierten oberösterreichischen Adel wurde mit Begründung der Mitwirkung am böhmischen Aufstand die Religionsfreiheit entzogen, die ihnen Kaiser Maximilian II. (1527–1576) erteilt hatte. Infolgedessen brach 1626 ein landesweiter Bauernaufstand aus. *Georg Heilingsetzer*, Oberösterreich. Ein Nachbarland im Umbruch, in: Keller / Neuhardt / Heinisch u. a., Hg., Erzbischof Paris Lodron, S. 137–140, hier S. 139.

133 Erstmals persönlich in Kontakt mit dem oberösterreichischen Bauernaufstand kam Paris Graf von Lodron, als er Ende April 1626 nach der Rückkehr aus Innsbruck vor den Bauern nach Salzburg getürmte Landstände antraf. *Reinhard Rudolf Heinisch*, Salzburg im Dreißigjährigen Krieg, Wien 1968, S. 106.

134 Der bayerische Oberst Adam Graf von Herberstorff (1585–1629) amtierte während der kurbayerischen Pfandherrschaft vom 20. August 1620 bis 5. Mai 1628 als Statthalter in Oberösterreich. Vgl. Hans Sturmberger, Adam Graf Herberstorff. Herrschaft und Freiheit im konfessionellen Zeitalter, Wien 1976.

135 Hauptstadt Oberösterreichs.

136 Die Stadt Gmunden im oberösterreichischen Salzkammergut befindet sich nördlich des Traunsees.

137 Vöcklabruck liegt im Hausruckviertel in Oberösterreich.

138 Gewähren.

139 Kriegsvolk.

140 Eile.

141 Beine.

142 Erfolg.

143 Trügen.

144 Garnisonen.

145 Befehlen.

146 Salzburg trat unter der weltlichen Führung Paris Graf von Lodrons nie der katholischen Liga

bei, dennoch unterstützte man militärisch die katholischen Nachbarfürsten; bspw. wurden 1620 erstmals zur Unterstützung Leopolds V. von Österreich gegen die protestantischen Graubündner 1.000 Salzburger Musketiere in das Engadin sowie 1632 nochmals 400 Soldaten der Infanterie und eine Ein-Kompaniereiterei nach Tirol abgeordnet. *Reinhard Rudolf Heinisch*, Zeit des Absolutismus, in: Heinz Dopsch / Hans Spatzenegger, Hg., Geschichte Salzburgs II, Salzburg 1988, S. 167–244, hier S. 201.

147 Eytl Hans von Sta(c)hlburg besuchte 1603 die Universität in Ingolstadt und arbeitete 1609 als Administrator der Hauptmannschaft in Rovereto. Ab 1628 war er nachweislich als Probst im Zillertal und danach als Schlosshauptmann von Salzburg tätig. *Matthias Mayer*, Aus dem Leben des Eytl Hans von Stachlburg, in: Veröffentlichungen des Tiroler Landesmuseums Ferdinandeum 59 (1915), S. 293 –306, hier S. 294.

148 Südliches Seitental des Inntals.

149 1626.

150 Der Salzburger Erzbischof leitete bei der Hochzeit von Leopold V. mit Claudia de' Medici am 19. April 1626 in Innsbruck die kirchliche Zeremonie. Er reiste am 24. April wieder zurück nach Salzburg. *Weiß*, Claudia de' Medici, S. 74.

151 Schloss Blühnbach in Salzburg entstand zwischen 1603 und 1612 unter Fürsterzbischof Wolf Dietrich von Hohenems und war im 17. Jahrhundert Austragungsort vieler erzbischöflicher Jagden. *Haslinger / Trumler*, So lebten die Habsburger, S. 113.

152 Jagd.

153 Fürstlicher.

154 Es wird am 24. August begangen.

155 Imst im Oberinntal.

156 Die schwangere Claudia de' Medici ereilte im August 1626 eine schwere Krankheit, erholte sich aber bald wieder. *Weiß*, Claudia de' Medici, S. 82.

157 Tatsächlich konnte der Erzbischof das Tiroler Fürstenpaar dann Anfang September 1626 in Salzburg begrüßen, wo anlässlich ihrer Ankunft das Stück „Saul rex Isreael" gespielt wurde. *Weiß*, Claudia de' Medici, S. 82.

158 Il favore (ital.): Gefälligkeit.

159 Jagen gehörte zu den Lieblingsbeschäftigungen Leopolds V. Sofern er selbst zu Jagden einlud, wurden sie entweder im Achental, im Kühtai oder in den Wäldern rund um Seefeld ausgetragen. *Brigitte Steiger*, Erzherzog Leopold V. als Gubernator und Landesfürst von Tirol (1619–1632), ungedr. phil. Diplomarbeit,Innsbruck 1970, S. 46–48.

160 Kleiner Ort im Pongauer Salzachtal.

161 Er wurde am 23. Oktober aufgrund „in ansehung seines aus gelaistetn vntertehnigsten gethreuen dienste, vnd gehorsambisten anerbietung derselben continuation" zum oberösterreichischen Regimentsrat ernannt. TLA, Geheime Rat, Kopialbuch „Ausgegangene Schriften" 1625/26 (Bd. 46), fol. 575v–576r.

162 Bliensbach, benannt nach dem gleichnamigen Fluss, liegt südöstlich der bayerischen Stadt Wertingen.

163 Die Gemeinde Lofer liegt im Pinzgauer Saalachtal.

164 Im Sinne von zuverlässig.

165 Am 24. Juli 1626 ordnete der Kaiser den Obersthofmeister Leonhard Hellfried Graf von Meggau (1577–1644), den Kammerpräsidenten Abt Anton Wolfrad von Kremsmünster (1582–1639) und die beiden Reichshofräte Karl Fuchs (1664) und Wolf Niklas von Grünthal (1565–1630) zu erneuten Verhandlungen mit den aufständischen Bauern nach Oberösterreich ab, wobei letztere beiden bereits der ersten kaiserlichen Verhandlungskommission angehört hatten. *Felix Stieve*, Der oberösterreichische Bauernaufstand des Jahres 1626, München 1891, 2 Bde., Bd. 1, S. 200.

166 Maximilian I. von Bayern (1573–1651) trat 1598 die Regierung über das Herzogtum Bayern

an und übernahm 1623 die pfälzische Kurfürstenwürde. Vgl. *Dieter Albrecht*, Maximilian I. von Bayern 1573–1651, München 1998.

167 Frontiera (ital.): Landesgrenze.

168 Der Einmarsch bayerischer Truppenkontingente – 4.000 Fußsoldaten und 100 Reiter – nach Abschluss eines interimistischen Waffenstillstandes am 7. September 1626 entfachte den Bauernaufstand erneut. *Hans Sturmberger*, Der oberösterreichische Bauernkrieg von 1626 im Rahmen der Landesgeschichte, in: Amt der oö. Landesregierung Abt. Kultur, Hg., Der oberösterreichische Bauernkrieg 1626. Ausstellung des Landes Oberösterreich im Linzer Schloß und im Schloß zu Scharnstein. 14. Mai bis 31. Oktober 1976, Linz 1976, S. 1–22, hier S. 11.

169 Ungefähr.

170 Adolf Herzog von Schleswig-Holstein-Gottorp (1600–1631) entsagte dem 1621 erhaltenden Sub-Koadjutorposten im Bistum Lübeck und kämpfte seit 1623 für den Kaiser an der Speerspitze eines Reiterregiments, das er selbst angeworben hatte, gegen die Truppen der Protestantischen Union, vornehmlich jene des Königs von Schweden und Dänemark Christian IV. (1577–1648). *Georg Waitz*, Schleswig-Holstein-Gottorp, Adolf Herzog zu, in: Allgemeine Deutsche Biographie 1 (1875), S. 113–114.

171 Hafnerzell, heute Obernzell, ist ein Markt in Niederbayern, gelegen an der Grenze zu Oberösterreich.

172 Auf Befehl des bayerischen Kurfürsten sollte der Herzog von Holstein mit seinen Soldaten am 17. September 1626 über die Donau nach Wesenufer und über Neukirchen, Peuerbach und Grieskirchen weiter nach Pram fahren, wo sie sich mit bayerischen Truppen vereinen sollten. *Stieve*, Bauernaufstand, Bd. 1, S. 262.

173 In der Nacht vom 18. auf den 19. September 1626 überfielen Bauernaufgebote das Feldlager Holsteins in Neukirchen am Walde und schlugen das Regiment in die Flucht. Herzog Holstein selbst flüchtete nach Wesenufer und mit einem der angekommenen Schiffe weiter nach Hafnerzell. *Stieve*, Bauernaufstand, Bd. 1, S. 263–264.

174 Folgenden.

175 Die Marktgemeinde Haag am Hausruck liegt östlich von Ried im Innkreis.

176 Ohne das Wissen der Zerschlagung des Holsteiner Regiments marschierten am 19. September bayerische Truppen nach Oberösterreich, um den Markt Haag einzunehmen. Erst am Folgetag erfuhren sie von der Niederlage Herzog Holsteins und zogen nach der Einnahme Haags nach Pram, wo sie auf dem Kornröder Berg den rebellierenden Bauern unterlagen und die Flucht ergriffen. *Stieve*, Bauernaufstand, Bd. 1, S. 264–266.

177 Verhütung.

178 Der Adressat auf der Blattrückseite: „Dem hochwürdigsten Fürsten vnd Herrn, Herrn Paris Erzherzbischoven zu Salzburg, Legat des Stuels zu rom p vnseren gnedigsten Fürsten und Herrn".

179 Reverenter (lat.): Ehrerbietung. *Heyse*, Fremdwörterbuch, S. 328–329.

180 Der hochfürstlichen Gnaden.

181 Progresso (ital.): Fortschritt.

182 Eidesstattlich.

183 Die kaiserliche Kommission sollte die Heimkehr der Bauern, die sofortige Unterlassung jedweder Kampfhandlungen, die Wiederaufnahme von freiem Handel und die Abordnung einer bevollmächtigten Verhandlungsdelegation erwirken, wofür im Gegenzug der Rückzug der bayerischen und kaiserlichen Truppen angeboten wurde. *Stieve*, Bauernaufstand, Bd. 1, S. 200.

184 Gereicht.

185 Churfürstlichen Durchlaucht.

186 Leonhard Hellfried Graf von Meggau wurde 1600 zum niederösterreichischen Regimentsrat und Oberhofmeister und 1608 zum geheimen

Rat ernannt. In den Jahren von 1621 bis 1626 amtierte er als Statthalter von Niederösterreich und 1622 wurde er zum Ritter des Ordens vom Goldenen Vlies geschlagen. *Leopold Josef Mayböck*, Leonhard Hellfried von Meggau und Heinrich Wilhelm von Starhemberg. Ein Beitrag zur Herrschaftsgeschichte der vereinigten Herrschaften von Windegg-Schwertberg-Hart im 17. Jahrhundert, in: Windegger Geschehen 42 (2020), S. 2–17, hier S. 2.

187 Anton Franz Wolfrad wurde 1613 nach dem Übertritt von dem Zisterzienserorden in die Benediktinerkongregation Abt von Kremsmünster und 1623 machte ihn dann Kaiser Ferdinand II. zum Hofkammerpräsidenten. Es folgte 1631 die Wahl zum Fürstbischof von Wien. *Hildegard Ernst*, Wolfradt (Wolfrath), Franz Anton von, in: Biographisch-Bibliographisches Kirchenlexikon 15 (1999), Sp. 1545–1548.

188 Karl Freiherr von Fuchs wurde 1623 in den Reichshofrat berufen und 1638 zum Reichshofratsvizepräsidenten bestimmt. *Susanne Gmoser*, Chronologische Liste der Reichshofräte nach Oswald Gschließer, URL: http://reichshofratsakten.de/wp-content/uploads/2016/11/Reichshofr%C3%A4tePdf_%C3%9Cberschriften.pdf (abgerufen am 28.9.2022).

189 Wolf Niklas von Grünthal wurde 1609 zum niederösterreichischen Regimentsrat ernannt und 1613 als Verordneter des niederösterreichischen Ritterstandes vereidigt. Kaiser Ferdinand II. erhob ihn schließlich 1619 zum Reichshofrat. Ebd.

190 Allergrößten.

191 Bevollmächtigte.

192 Philipp Melanchthon (1497–1560) überreichte Kaiser Karl V. (1500–1558) auf dem Reichstag von Augsburg 1530 ein Glaubensbekenntnis, das sogenannte Augsburger Bekenntnis („Confessio Augustana"), worin Glauben und Lehre der Lutheraner erläutert wird. Vgl. *Gottfried Seebaß / Volker Leppin*, Bearb., Die Confessio Augustana, in: Irene Dingel, Hg., Die Bekenntnisschriften der evangelisch-lutherischen Kirche, Göttingen 2014, S. 65–228.

193 Allerlöblichsten.

194 Vor allem das Benediktinerstift Lambach und das Prämonstratenserstift Schlägl waren von den Verwüstungen durch die rebellierenden Bauern betroffen. Während man in Lambach den Grund dafür nicht rekonstruieren kann, heizten der Hofrichter und zwei Protestanten im Gefängnis die Stimmung in Schlägl auf. *Wendelin Hujber*, Der Prälatenstand im Jahre 1626, in: Amt der oö. Landesregierung Abt. Kultur, Hg., Bauernkrieg 1626, S. 129–142, hier S. 134.

195 Lediglich die Städte Linz und Enns konnten nicht eingenommen werden. *Alois Zauner*, Die oberösterreichischen Städte zur Zeit des Bauernkrieges, in: Amt der oö. Landesregierung Abt. Kultur, Hg., Bauernkrieg 1626, S. 159–172, hier S. 159.

196 Unleserliches Wort.

197 Feldpferde.

198 Gefängnissen.

199 Der Ennser Waffenstillstand vom 7. September 1626 wurde nicht etwa durch Wortbruch der Bauern beendet, sondern durch den plötzlichen Einmarsch bayerischer Soldaten. *Sturmberger*, Bauernkrieg von 1626, S. 11.

200 Väterlicher.

201 Sie wurden bis zum 12. Juli 1626 in Steyr festgehalten. *Stieve*, Bauernaufstand, Bd. 1, S. 200.

202 Gedroht.

203 Proviantierung.

204 Nach den Anfangserfolgen der Bauernerhebung belagerten die Rebellierenden die Landeshauptstadt Linz, wohin sich der bayerische Statthalter Herberstorff zurückgezogen hatte. *Sturmberger*, Bauernkrieg von 1626, S. 11.

205 Nach der Niederlage bei Peuerbach im Mai 1626 schätze der Statthalter Herberstorff, man würde zur Niederschlagung des oberösterreichischen Bauernaufstandes 12.–15.000 Soldaten benötigen. Die Landwehr des bayerischen Kurfürsten war nicht ausreichend groß und der

Kaiser konnte lediglich drei Regimenter, die in Böhmen und Mähren verstreut waren, einbeordern. *Stieve*, Bauernaufstand, Bd. 1, S. 102.

206 Wels wurde am 23. Mai 1626 eingenommen. *Stieve*, Bauernaufstand, Bd. 1, S. 85–86.

207 Gefechtsschwert.

208 Andere.

209 Beispielsweise wurden gefangene Soldaten getötet, eingesperrt oder bei Gefechten in den ersten Reihen der Gegner platziert. Noch brutaler vergingen sich die Bauern an den bayerisch-landesfürstlichen Beamten, so etwa wurde Zacharias Wierer, Steuereintreiber im Mühlviertel, sofort nach dessen Gefangennahme ermordet. *Stieve*, Bauernaufstand, Bd. 1, S. 91–92.

210 Während am 7. September zwischen der kaiserlichen Kommission und den oberösterreichischen Ausschüssen, verhandlungsberechtigten Bauernrepräsentanten, ein Waffenstillstand ausgehandelt und unterzeichnet wurde, endete die Schlacht bei Lutter (17.–27. August 1626) gegen König Christian IV. von Schweden zugunsten der Katholischen Liga und das nach Westen vordringende Heer unter Peter Ernst II. von Mansfeld (1580–1628) bei Dessau wurde durch die Truppen des kaiserlichen Oberbefehlshabers Wallenstein (1583–1634) geschlagen. Das bannte die Gefahr für den Kaiser, gestürzt zu werden und vergrößerte zugleich dessen militärische Interventionsmöglichkeiten in Österreich ob der Enns, weshalb sich die Tonlage gegenüber den rebellierenden Oberösterreichern schlagartig änderte und er ihnen durch die Kommissäre die sechs im Brief genannten Forderungen zukommen ließ. *Stieve*, Bauernaufstand, Bd. 1, S. 243–244.

211 Unterordnung, Unterwerfung.

212 Deprecieren: abbitten. *Heyse*, Fremdwörterbuch, S. 266.

213 Aufgeben, verlassen.

214 Milde.

215 Gravamen (lat.): Beschwerde.

216 Angleichen.

217 Eine Zusammenfassung der sechs kaiserlichen Forderungen bei *Stieve*, Bauernaufstand, Bd. 1, S. 244–245.

218 Der kaiserliche Oberbefehlshaber Wallenstein gab dem Drängen des Kaisers, kaiserliche Truppen nach Oberösterreich zu versetzen, nicht nach. Ebd.

219 Beharren, auf etwas bestehen.

220 Adam Graf von Herberstorff.

221 Gottfried Heinrich Graf zu Pappenheim (1594–1632) war 1626 in der Funktion des Generalfeldwachtmeisters an der Zerschlagung des Oberösterreichischen Bauernaufstandes eingebunden. Vgl. *Maik Reichel*, Hg., Daran erkenn' ich meine Pappenheimer – Gottfried Heinrich zu Pappenheim, des Reiches Erbmarschall und General, Wettin-Löbejün 2014.

222 Entspricht Nr. 22/1: Adam Graf von Herberstorff an Gottfried Heinrich Graf zu Pappenheim, 10. Oktober 1626.

223 Remedur: Verbesserung, gerichtliche Abhilfe. *Heyse*, Fremdwörterbuch, S. 312.

224 Ende Oktober 1626 entsandte der Salzburger Erzbischof drei Fähnlein Infanterie und eine Kompanie Reiter für zwei Monate nach Ried im Innkreis, um auf der Seite der bayerischen Soldaten zu kämpfen. *Heinisch*, Paris Graf Lodron, S. 138; *Stieve*, Bauernaufstand, Bd. 1, S. 274–275.

225 Vereinigung, Verbindung. *Heyse*, Fremdwörterbuch, S. 208.

226 Beschnitt, Beschneidung. Ebd., S. 9.

227 Hans Christoph Freiherr von Löbl (1578–1638) kommandierte 1620 als Obrist bei Zistersdorf die Reserve und bewies sich verdienstvoll in der Schlacht am Weißen Berg als Kommandant der leichten Reiterei, die verlorene Gebiete zurückeroberte. 1626 sollte er als Oberst einiger tausend Soldaten den oberösterreichischen Bauernaufstand niederschlagen. O. A., Löbl,

Hans Christoph von, in: Allgemeine Deutsche Biographie 19 (1884), S. 52–53.

228 Am 9. Oktober 1626 kämpfte Obrist Löbl mit rund 4.000 Soldaten und vier Geschützen bei Linetholze bei Wels gegen die dort versammelten Bauern und töten an die 300 Mann. *Stieve*, Bauernaufstand, Bd. 1, S. 277–276.

229 Ausquartieren: woanders unterbringen.

230 Haide.

231 227 Häuser, 59 Stadel, die Fleischbänke und viele Gärten. *Stieve*, Bauernaufstand, Bd. 1, S. 279.

232 Zu dieser Niederlage siehe *Stieve*, Bauernaufstand, Bd. 1, S. 278–280.

233 Franz Christoph Graf von Khevenhüller (1588–1650), von 1617 bis 1631 österreichischer Gesandter in Madrid, wurde während des Oberösterreichischen Bauernaufstandes in Schloss Köppach bei Vöcklabruck belagert, wogegen er sich erfolgreich wehren konnte. *Constantin von Wurzbach*, Biographisches Lexikon des Kaiserthums Österreich 11 (1864), S. 215–218, hier S. 216

234 Im Bezirk Vöcklabruck im Hausruckviertel.

235 Durch die Niederlagen im Emlinger Holz bei Eferding, in Pinsdorf bei Gmunden, in Vöcklabruck und zuletzt bei Wolfsegg im November 1626 mussten die oberösterreichischen Bauern ihre Rebellion beenden. *Sturmberger*, Bauernkrieg von 1626, S. 11.

236 Zu erwähnen sind Lazarus Holzmüller, Advokat aus Steyer, Wolf Madelseder, Stadtrichter in Steyr, Achaz Wiellinger von der Au, Hans Christoph Haydn zu Dorff, Hans Erhart Stängel von Waldenfels. Ebd.

237 Supplico (lat.): demütig bitten, flehen.

238 Vermutung.

239 Empfehlen.

240 Begleiten.

241 Fluss in den Alpen.

242 Verdingen: festsetzen, vertraglich regeln.

243 Intento (ital.): Absicht, Zweck.

244 Die Erstgeborene von Leopold V. und Claudia de' Medici, geboren am 9. Februar 1627, wurde nach ihrer Taufpatin Eleonora Gonzaga (1598–1655), zweite Ehegattin von Kaiser Ferdinand II., benannt. Die kleine Erzherzogin Maria Eleonore verstarb bereits 1629. Vgl. *Weiß*, Claudia de' Medici, S. 82–84 und S. 92–93.

245 Zufriedenheit.

246 Hammel.

247 Geld.

248 Eusebius Freiherr von Froberg (1598–1636) erhielt nach dem Tod seines Vetters Philipp Ferdinand Freiherr von Welsberg (†1613) ein Kanonikat in Salzburg. 1624 wurde er bereits Teil des Hofrates. Es folgte 1626 die Ernennung zum Domkustos und 1630 zum Domdechanten. *Thaler*, Salzburger Domkapitel, S. 203–205.

249 Die Herrschaften Tattenried mit dem gleichnamigen Städtchen (Delle) und Beffort (Belfort) im westlichen Sundgau in Elsass waren im Besitz der Habsburger. *Michael Hochedlinger / Petr Maťa / Thomas Winkelbauer*, Hg., Verwaltungsgeschichte der Habsburgermonarchie in der Frühen Neuzeit. Hof und Dynastie, Kaiser und Reich, Zentralverwaltungen, Kriegswesen und landesfürstliche Finanzen (Mitteilungen des Instituts für Österreichische Geschichtsforschung 62/1), Wien 2019, S. 886.

250 Unbesetzt sein, frei sein.

251 Expectans (lat.): warten.

252 Ferdinando II. de' Medici (1610–1670) wurde 1621 nach dem plötzlichen Tod seines Vaters zum Großherzog ernannt, wobei die Vormundschaft bis zur Übernahme der Regierungsgeschäfte 1628 dessen Mutter Maria Magdalena von Österreich (1587–1631) und Großmutter Christine von Lothringen innehatten. Vgl. *Alessandro Lazzeri*, Il principe e il diplomatico. Ferdinando II. tra il destino e la storia, Firenze 1996.

253 Der toskanische Großherzog traf gemeinsam mit seinem Bruder Giovanni Carlo de' Medici

(1611–1663) am 26. April 1628 in Innsbruck ein und verbrachte dort mit Onkel und Tante, dem Tiroler Fürstenpaar, pompöse Osterfeiertage. Vgl. *Weiß,* Claudia de' Medici, S. 86–88.

254 Er wurde auf den Namen Ferdinand Karl (†1662) getauft. Vgl. *Weiß,* Claudia de' Medici, S. 88–90 und vertiefend zu dessen Regentschaft siehe *Felizitas Salfinger,* Das Tiroler Landesfürstentum in der 1. Hälfte der Regierungszeit Ferdinand Karls (1646–1654), ungedr. phil. Diss., Innsbruck 1953 und *Franz Steiner,* Geschichte Tirols zur Zeit Erzherzog Ferdinand Karls (2. Hälfte seiner Regierungszeit: 1655–1662), ungedr. phil. Diss., Innsbruck 1961.

255 Franz Vigil Freiherr von Spaur und Valör (1609–1670) verbrachte die Jugend als Edelknabe am Erzbischöflichen Hof in Salzburg, studierte dann in Rom und erhielt 1632 zuerst ein Kanonikat in Trient und 1637 dann in Salzburg. 1644 weihte Paris Graf Lodron seinen Schwager, seit 1640 auch Statthalter Salzburgs, zum Bischof des Salzburger Eigenbistums Chiemsee. *Thaler,* Salzburger Domkapitel, S. 498–500.

256 Jakob Hannibal II. Graf von Hohenems (1595–1646), ein Neffe des verstorbenen Salzburger Erzbischofs Markus Sittikus von Hohenems (1574–1619), verlor nach dem Tod seines Onkels seine Höflingsposition im fürsterzbischöflichen Salzburg und kehrte vorerst nach Hohenems zurück. 1627 beschäftigte ihn Erzherzog Leopold V. am Innsbrucker Hof. Vgl. *Jutta Baumgartner / Ingonda Hannesschläger,* Jakob Hannbial II. Graf von Hohenems (1595–1646) – Höfling, Günstling und Lebemann, in: MGSL 154/155 (2014/2015), S. 221–239.

257 Paris Graf von Lodron war wohl froh, dass sein Vetter Jakob Hannibal II. Graf von Hohenems am Hof Leopolds V. untergekommen war. 1620 hatte er Graf Kaspar von Hohenems (1573–1640) noch berichten müssen, dass er seine beiden Söhne Jakob Hannibal und Franz Maria (1608–1642) in Salzburg nicht standesgemäß unterbringen könne. *Baumgartner / Hannesschläger,* Graf von Hohenems, S. 235.

258 Christoph Graf von Lodron und Catharina Gräfin zu Spaur (1602–1676) heirateten am 24. Oktober 1628.

259 Der Brixner Bischof, Daniel Zen (*1585), starb nach kurzer zweijähriger Amtszeit am 24. September 1628. Vgl. *Karl Wolfsgruber,* Die Wahlkapitulation der Fürstbischöfe von Brixen (1613–1791), in: Zeitschrift der Savigny-Stiftung für Rechtsgeschichte. Kanonistische Abteilung 42 (1956), S. 248–323, hier S. 250.

260 Wilhelm Freiherr von Welsberg (1585–1641) besetzte Kanonikate in Brixen (1604), Salzburg (1611) und Trient (1613) und das Priorat von San Martino di Castrozza im Trentino. Nach der Wahl zum Brixner Bischof 1628 musste er die Positionen des Salzburger Statthalters, Hofrates und Domdechants abtreten. *Thaler,* Salzburger Domkapitel, S. 608–610.

261 Dezember.

262 Im Juni 1629 machte Paris Graf von Lodron auf dem Weg in die Trientner Gemeinde Nogaredo in Innsbruck Halt, wo er als Ehrengast in der Innsbrucker Hofburg kostenfrei logierte und für ihn ein pompöses Bankett ausgerichtet wurde. Es war als Dankesgeste für die Ausrichtung der Vliesverleihung in Salzburg gedacht. *Weiß,* Claudia de' Medici, S. 130–131.

263 Aufgrund seines Näheverhältnisses zum Papst wurde Franz Fürst von Dietrichstein (1570–1636), Kardinal und Bischof von Olmütz, 1619 aus Tschechien vertrieben. Es folgte bereits 1620 die Ernennung zum Generalkommissar, Statthalter und Landeshauptmann von Mähren und 1635 zum „Protector Germaniae". *Karl Eder,* Dietrichstein, Franz von, in: Allgemeine Deutsche Biographie 3 (1957), S. 701.

264 Von 1625 bis 1631 amtierte Pater Giovanni Maria da Noto (1563–1631) als Generalminister der Kapuziner. Vgl. Giovanni Maria da Noto, Lexicon Cappucinum, URL: https://www.lexiconcap.com/en/component/k2/item/3964-giovanni-maria-da-noto.html?highlight=WyJnaW92YW5uaSIsIm1hcmlhIiwibWFyaWEnIiwiJ21hcmlh

wiZGEiLCJkYSciLCJub3RvliwiZ2lvdmFubmk-
gbWFyaWEiLCJnaW92YW5uaSBtYXJpcYS-
BkYSIsIm1hcmlhIGRhIiwibWFyaWEgZGEg-
bm90byIsImRhIiwiZG5dG8iXQ== (abgerufen am 25.9.2022).

265 Am 19. Mai 1630 wurde unter Leitung des Ordensgenerals ein Provinzkapitel in Salzburg abgehalten. *Hohenegger*, Geschichte, Bd. 1, S. 125.

266 Der Ordensgeneral Giovanni Maria da Noto kam auf Einladung des Tiroler Erzherzogpaares Ende Mai 1630 tatsächlich nach Innsbruck, wo er sich insgesamt vier Tage aufhielt. Ebd.

267 Boten.

268 Erzherzog Sigismund Franz (1630–1665) wurde als Zweitgeborener der Innsbrucker Nebenlinie der Habsburger mit acht Kanonikaten in Domkapiteln versorgt. Es folgt 1646 die Wahl zum Augsburger Bischof, 1653 die Nomination zum Bischof von Gurk durch Kaiser Ferdinand III. (1608–1657) und 1659 der Wahlsieg zum Bischof von Trient, welchen Papst Alexander VII. (1599–1667) nicht bestätigte, weshalb der Erzherzog im Bistum Trient zeitlebens die Bezeichnung „Elekt" trug. Nach dem Tod von Erzherzog Ferdinand Karl wurde Sigismund Franz neuer Landesfürst von Vorder- und Oberösterreich. Vgl. *Peter Rummel*, Zur Geschichte des Augsburger Fürstbischofs Sigmund Franz (1646–1665), in: Jahrbuch des Vereins für Augsburger Bistumsgeschichte 19 (1985), S. 7–45.

269 1630 wurde in Zell am Ziller eine Goldader entdeckt, die sich mehrheitlich auf Salzburger Terrain erstreckte. Das führte zu Streitigkeiten zwischen Salzburg und Tirol, die erst 1648 vertraglich beigelegt werden konnten, als entschieden wurde, das Gold sei künftig zu gleichen Teilen aufzuteilen. *Noflatscher*, Salzburg und Tirol, S. 147.

270 Seit 1631 rückten die Schweden unaufhaltsam in den Süden des Heiligen Römischen Reiches deutscher Nation vor. Nachdem die Tiroler Stände lediglich 30.000 Gulden zur Kriegsfinanzierung bewilligt hatten, berief Leopold V. am 8. März 1632 den fünften Offenen Landtag ein, um die ständische Bewilligung von 80.000 Gulden und die Einwerbung eines Fußregiments zu erhalten. *Josef Egger*, Geschichte Tirols von den ältesten Zeiten bis in die Neuzeit, Innsbruck 1876, Bd. 2, S. 351–352.

271 Schon Anfang April 1632 wurde Melchior Pranger hinsichtlich der „Hofhaltungs notturfft" sowie der „abstellung des schedlichen fürkhauffs" angewiesen, Schafe für den Innsbrucker Hof anzukaufen. TLA, Geheime Rat, Kopialbuch „Ausgegangene Schriften" 1632 (Bd. 53), fol. 333r-v.

272 Darin heißt es wörtlich: „So sehen E. L. doch aus vnser Hofzueschroter Melchioren Prangers vns dieser tagen vberraichten gehorsamisten Memorial hiebey selbsten mit mehreren, wie hoch Er sich erzaigenden vnd ihr leng. ihr mehr fleischmangls, auch daß Er vnser Hofstat in die lenge mit der eingefallenen, vnd vnsern Landen selbst zunahend khomenden Kreuzesleuffen vnd gefahren, vorderist diß Jahr mit versehen khünde, gehorsamist erlangt, vnd vmb vnser erpründliche Intercessionales an E. L. zuerkhauffung ainer Anzahl, als 100 Schlagrinder vnd 500 Schaf in dero Erystüfft neben E. L. Mezger zuerkhauffen, vnd solche, wie andermahl mehr beschehen, Mauth vnd Aufschlag frey hieher zubringen vndertehnigist gebethen, diese erhandlung auch ganz zue khainen Vortl, sondern ainzig vnd allain zu höchster nothwendigkhait vnsers Hofs stahts angesehen." TLA, Geheime Rat, Kopialbuch „Ausgegangene Schriften" 1632 (Bd. 53), fol. 607r-v.

273 Sie liegen in TLA, AL I/965 auf.

Historische öffentliche Uhren in Hallein. Sechs in der Altstadt, vier außerhalb

Michael Neureiter

Turmuhren haben eine lange Geschichte: Das früheste bekannte Beispiel im Land Salzburg ist eine Eintragung aus dem Jahr 1402 in den „Urkunden und Regesten des Benedictinerinnenstiftes Nonnberg". Sie belegt, dass Pfarrer Lienhard zu Rottenmann eine Uhr (*"mit den Zimblein und auch mit der Uhr-Glocke"*) an das Kloster gab, und zwar für einen „ewigen Jahrtag". Es wurden keine Bedingungen gestellt betreffend den Behalt oder Verkauf.[1] Pfarrer Lienhard spendete 1398 eine Turmuhr für die Nikolauskirche in Rottenmann, die als die älteste Turmuhr der Steiermark bezeichnet wird.

Öffentliche Uhren

Die Geschichte der Uhren belegt neben der Entwicklung zu höherer Genauigkeit und Vollkommenheit auch den Trend zur Öffentlichkeit. Der italienische Dichter und Historiker Francesco Petrarca verwendet schon 1353 den Begriff „Öffentliche Uhr" für Zeitanzeiger, *„die die Sequenz der Stunden des Volltages akustisch oder optisch angezeigt haben"*.[2] Begann die Aufgabe von mechanischen Uhren im Spätmittelalter mit der Auskunft über die liturgischen und Gebetszeiten in Klöstern, so kam es recht bald auch zu öffentlichen Uhren der Kirchen und Kommunen, auch wenn deren Informationswert noch eher gering war: Bis in das 18. Jahrhundert schlugen sie meist nur die Stunde und zeigten auf den Zifferblättern mit einem Zeiger lediglich die Stunden an.[3] Das änderte sich mit zahlreichen Umbauten der Hemmungen mit dem Effekt einer größeren Genauigkeit. Die Uhren erhielten nun auch Minutenzeiger und Viertelschlagwerke.

„Es gibt seit langer Zeit in der zivilisirten Welt keine Stadt, kein Städtchen … und wohl auch kein Dorf mehr, das nicht eine große öffentliche Uhr zur allgemeinen Benachrichtigung über den unaufhaltsamen Zeitverfluß … aufzuweisen hätte", stellte Karl Friedrich Buschendorf 1805 fest.[4] Im 19. Jahrhundert wuchs das Bedürfnis, möglichst exakt über die aktuelle Zeit Bescheid zu wissen, so *„war der Minutenzeiger inzwischen unverzichtbar geworden. Industrialisierung,*

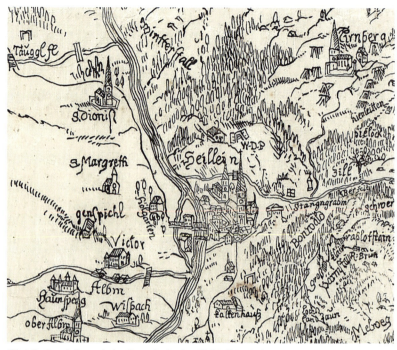

Abb. 1: Der Ausschnitt aus der Landkarte „Das Landt und hf. Stifft Berchtolsgaden mit den anstossenden Graentzen" von J. Mall 1628 zeigt „Heillein" und seine Umgebung. (© Universitätsbibliothek Basel, Kartensammlung Mappe 246:84, Public Domain Mark 1.0, https://kurzelinks.de/0xx6, abgerufen am 29.1.2023) Der Künstler hat die Kirchen durchwegs mit angedeuteten Zifferblättern versehen.

Urbanisierung, vor allem aber die rasante Entwicklung des Eisenbahnwesens hatten den Trend zur ‚Ver(uhr)zeitlichung der Gesellschaft' vorangetrieben."[5]

Die Stadt Hallein liegt rund 17 Kilometer südlich der Landeshauptstadt Salzburg. Die Geschichte der zweitgrößten Stadt des Fürsterzbistums und später des Landes Salzburg ist von der Salzproduktion geprägt: „... *allda wird das Saltz gesotten, so auß dem nechstgelegenen Saltzberg, der Dürnberg genannt, gegraben unnd darvon die Saltzsur auff die Pfannen in Röhren geführt wird*", berichtet Franz Dückher 1666 in der ersten deutschsprachigen Chronik von Salzburg.[6] Der schon ab ca. 600 vor Christus begonnene untertägige Salzbergbau am Dürrnberg wurde im ausgehenden 12. Jahrhundert wieder aufgenommen. 1198 nannte man die Siedlung im Tal „Muelpach", dieser Name wurde ab 1210 durch „Salina", „Haelle" und „Hallinum" verdrängt. Um 1220/30 dürfte Hallein als Stadt betrachtet worden sein.

Abb. 2: Die Stadtansicht von Johannes Faistenauer aus 1632 (© Verlag St. Peter Nr. 521) zeigt sehr detailliert Hallein an der Salzach gegen Westen: ganz links oben die Wallfahrtskirche Maria Dürrnberg, darunter die mittelalterliche Georgskirche auf dem Georgsberg, links von der Mitte die Stadtpfarrkirche „S. Anthonj" mit hohem spätgotischem Chor, hohem Pyramidenhelm und Peterskapelle, in der Mitte die Stadtbrücke mit dem Gollinger Tor, dahinter der Rathausturm, weiter rechts der Pflegturm bei der „Freipfleg", daneben das „Spitall" mit Turm samt Pyramidendach und weiter nördlich das Salzburger Tor. Ganz rechts die Leprosenhauskirche und Kaltenhausen. Gollinger Tor, Stadtpfarrkirche, Pflegturm und Bürgerspitalturm weisen bereits Zifferblätter auf.

Hallein hatte Anfang des 17. Jahrhunderts rund 3.000 Einwohner.[7] Mitte des 19. Jahrhunderts waren es etwa 5.000. Zu Beginn 2023 hatte die Stadt mit einem deutlich größeren Gemeindegebiet eine Einwohnerzahl von 21.523 Personen. Im heutigen Gemeindegebiet befanden bzw. befinden sich die hier beschriebenen historischen öffentlichen Uhren.

Die Stadt im Bild

Albrecht Altdorfers Doppelblatt aus einem Skizzenbuch von 1520 zeigt die Stadt Hallein aus südlicher Richtung und lässt für unser Thema noch keine Zifferblätter erkennen.[8] Philipp Apian bezeichnete 1568 in Tafel 24 seiner „Bairischen Landtafeln" die Stadt als „Hellel". Die detaillierte Stadtansicht von Johann Faistenauer aus dem Jahr 1632 (Abb. 2) ist mit „Statt Hällein nach der Perspectivae" übertitelt und trägt das Wappen des Domerbauers Fürsterzbischof Paris Graf Lodron. Die sehr genau gearbeitete Federzeichnung auf Papier, Format 52,2 x 30,2 cm, ist mit „Joa(nnes) Faistenauer pictor a Berchtols, fecit 1632" signiert und datiert. Der Maler (* um 1577, † 1643) gibt also Berchtesgaden an.

Abb. 3: Das Altarbild des Junggesellen-/Pestaltars in der neuen Stadtpfarrkirche (© Verlag St. Peter, Reinhard Weidl), den Pestheiligen Sebastian und Karl Borromäus geweiht, zeigt um 1798 einige Veränderungen im 18. Jahrhundert: Der Spitzturm der Stadtpfarrkirche war 1787 nach Plänen von Hofbaudirektor Wolfgang Hagenauer mit oktogonalem Turmaufsatz, Kuppel und Laterne versehen worden. Das Gollinger Tor ist als Mauerwerk mit Turmzwiebel dargestellt. Der Pflegturm ist ausgemauert, daneben ist die rote Kuppel der Ursulakapelle gut sichtbar. Der Bürgerspitalturm trägt neu eine Zwiebel! Wie auf Faistenauers Federzeichnung sind Zifferblätter an Gollinger Tor, Stadtpfarrkirche, Pflegturm und Bürgerspitalturm zu sehen.

Gut 100 Jahre später schuf der Tennengauer Maler Franz Christoph Mayrhofer 1735 das Altarblatt für den Pestaltar in der Prueferkapelle der Stadtpfarrkirche. Der Neubau der Kirche erfolgte erst um 1770: Das Bild, heute im Keltenmuseum Hallein (Inv.Nr. Hl 1957 0021), zeigt auf dem Georgsberg schon das 1700 erbaute Kloster der Augustiner-Eremiten. Die Stadtpfarrkirche trägt noch ein Pyramidendach, das Gollinger Tor ist teils aus Holz. Der Pflegturm scheint eine Laterne zu tragen.

Das Mayrhofer-Altarbild war dann die Vorlage für das Altarbild des Junggesellen-/Pestaltars in der neuen Stadtpfarrkirche, geschaffen um 1798 (Abb. 3). Die Stadtansicht mit der Darstellung von Kranken wurde übernommen. Der Künstler – möglicherweise Johann Löxhaller, vielleicht schon in Hallein wohnhaft, wo er 1817 starb – hat die Dreifaltigkeit durch Christus ersetzt, den Pestheiligen Sebastian belassen und anstelle von Maria den heiligen Karl Borromäus platziert, auch bekannt für seinen Einsatz gegen die Pest.

Ein halbes Jahrhundert später schuf 1854 (?) der Halleiner Maler Anton Eggl (*1816, †1886) mit Blick von Schloss Wiespach sein großes Hallein-Panorama,

Abb. 4: Der Ausschnitt aus dem Hallein-Panorama von Anton Eggl (© Stefan Zenzmaier) zeigt die Halleiner Altstadt Mitte des 19. Jahrhunderts: links oben die Wallfahrtskirche Maria Dürrnberg, links das 1857 abgebrochene Gollinger Tor, an dem ebenso wie an der Stadtpfarrkirche ein Zifferblatt zu erkennen ist.

14,6 m lang und 1,4 m hoch (Abb. 4). Es wurde zuerst auf einem Halleiner Stadtplatz präsentiert und 1896 zur Ausstattung des neuen Sitzungssaals des Halleiner Rathauses in zwölf Teile zerschnitten. Der Teil mit der Hallein-Ansicht, die im Rathaussaal an der Frontwand rechts angebracht ist, zeigt den Blick über die „Heide" und die noch nicht mit der Alten Saline (1854–62) bebaute Alte Saline auf die Altstadt. Anders als bei den beiden vorangehenden Ansichten steht das Gollinger Tor hier frei: Das 1532 unter Fürsterzbischof Matthäus Lang errichtete Mauttor an der Südspitze der Pernerinsel wurde 1813 abgerissen, als Salzburg zu Bayern gehörte.

Öffentliche Uhren in Hallein

Eine „Turmuhr" ist eine „*in einem Turm oder an einer Fassade angebrachte, weithin sichtbare Uhr mit Anzeige der Normalzeit und oft auch einem Schlagwerk*".[9] In diesem Beitrag geht es um sechs Uhren in und an Türmen sowie um vier Uhren an Fassaden mit dahinterliegendem Uhrwerk, für beide Typen wird hier zum besseren Verständnis „öffentliche Uhr" verwendet.

Von den zehn historischen öffentlichen Uhren in Hallein, die zwischen dem 16. und dem Ende des 19. Jahrhunderts eingebaut wurden, sind vier Uhrwerke erhalten. Nur zwei befinden sich noch in situ, am originalen „Tatort". Trotzdem gibt es einige Informationen zur frühen und sehr hohen Uhrendichte in der Kleinstadt, in ihrer Altstadt und ihrer Umgebung.

Woher kommt ein spätgotisches Turmuhrwerk?

Im Jahr 2014 wurde mir die Gelegenheit gegeben, im Keltenmuseum Hallein ein Turmuhrwerk zu begutachten, das sehr wahrscheinlich in Hallein in Verwendung stand. Über den tatsächlichen Standort war nichts bekannt, auch konnte in der Zwischenzeit dazu nichts in Erfahrung gebracht werden. Leider war auch nicht bekannt, woher und wann das Werk in das Museum kam. Des Rätsels Lösung dauerte mehr als acht Jahre.

Die Kostbarkeit stammt aus der Formensprache der Spätgotik und weist viele Indizien auf, die eine Datierung in das 16. oder spätestens sehr frühe 17. Jahrhundert nahelegen: Das Gestell hat diagonal stehende Eckpfeiler mit gekröpften Gestellbekrönungen, auf denen sehr seltene Holzkugeln saßen – nur eine von vier ist erhalten. Das Gestell ist rundum vernietet. Das Gehwerk hat eine Spindelhemmung mit stehendem Hakenrad, horizontaler Spindel und fix angesetztem (fehlendem) Kurzpendel mit einer (errechneten) Länge von 636 mm. Die Hemmung wurde wohl im 17. Jahrhundert von der ursprünglichen Waaghemmung mit vertikaler Spindel umgebaut, wie Spuren am Gestell beweisen. Das Stundenschlagwerk hat eine „schleichende Auslösung" mit „Herzscheibe" und „Storchenschnabel". Die Maße: Das Werk ist an den Füßen 41 cm lang und 41 cm breit, die Höhe des Gestells beträgt 84,5 cm, die Eckpfeiler sind 104,5 cm hoch.

Der Aufzug von Gehwerk und Stundenschlagwerk erfolgte mit einem einsteckbaren Trieb und einer einsteckbaren Aufzugskurbel. Für die Suche nach dem historischen Standort war wichtig, dass die Zeigerleitung mit Minutengeschwindigkeit nach oben führte: Das zugehörige Zifferblatt bzw. die Zifferblätter waren also höher situiert als das Uhrwerk, dessen zwei Gewichte unterhalb platziert waren.

Das bedeutende Werk, leider ohne Inschrift, weist zwei Schutzanstriche auf, der erste erfolgte mit Bleimennige. Es ist fast komplett, neben dem Windflügel und einem Trieb fehlen auch die Gewichte. Allerdings sind im Depot des Keltenmuseums einige Steingewichte gelagert, vielleicht haben zwei davon eine gemeinsame Vergangenheit mit dem Uhrwerk?

Historische öffentliche Uhren in Hallein. Sechs in der Altstadt, vier außerhalb 199

Abb. 5: Das spätgotische Uhrwerk im Depot des Keltenmuseums (© horologium, Michael Neureiter). Auf den Lagerbändern sind die Reste des roten Bleimennige-Schutzanstrichs vergangener Jahrhunderte und eines zweiten grünen Anstrichs gut zu sehen. Links die aufsteigende Zeigerleitungswelle mit einer Umdrehung pro Stunde, die Reste der Zeigerleitung nach oben sind im Turm vorhanden. In der Mitte oben das Kronrad, das die horizontale Spindel mit dem leider fehlenden Kurzpendel bewegte, von dem nur der Ansatz an der Spindelwelle vorhanden ist.[10]

Abb. 6: Die Wandseite des gotischen Turmuhrwerks mit dem Schlaghebel für den Stundenschlag. (© horologium, Michael Neureiter)

Abb. 7: Steingewichte im Depot des Keltenmuseums, die auch von einer oder mehreren Turmuhren in Hallein stammen können? (© horologium, Michael Neureiter)

Des Rätsels Lösung: die Uhr vom Bürgerspitalturm

Am Tag vor dem Redaktionsschluss konnte im Jänner 2023 das Rätsel gelöst werden: Nach monatelanger Suche nach dem Zugang zum Turm ließ schließlich die Eigentümerin, die gemeinnützige Wohn- und Siedlungsgenossenschaft „Salzburg", den seit gut 30 Jahren ungenützten Zugang zum Turm mangels Schlüssel aufbrechen und ermöglichte die Recherche vor Ort.

Dann war das Rätsel gelöst: Auf der Platte, wo ein Uhrwerk gestanden haben muss, waren die schräggestellten (!) Ausnehmungen für die vier Füße eines Uhrwerks vorhanden, und die Maße passten exakt zum Gestell der „Gotischen". Auch die vorhandene Zeigerleitung nach oben passte, die Reste der Stundenschlagleitung ebenfalls: Das spätgotische Uhrwerk im Keltenmuseum stand ursprünglich im Bürgerspitalturm! Es dürfte beim Umbau ab 1984 oder schon früher entfernt worden und in das Keltenmuseum gekommen sein. Die Halterungen der zwei verlorenen Glocken aus 1863[11] sind noch vorhanden, nur eine diente als Schlagglocke zur vollen Stunde.

Zur Geschichte des Halleiner Bürgerspitals: Es wurde 1540 wiedererbaut, ab 1602 sind Rechnungen vorhanden. Hier gibt es 1623 eine Ausgabe von 24 Gulden für einen Uhrmacher, wohl eine größere Reparatur.[12] Vielleicht erfolgte da bereits der Umbau von der Waaghemmung auf die Spindelhemmung mit Kurzpendel?

1798 wurden der „Spitalkirchenthurm" und das Dach repariert, der Aufwand für den Maurermeister Joseph Helminger betrug 594 Gulden und 49 Kreuzer, der für den Zimmermeister Joseph Schöndorfer 49 Gulden und 34 Kreuzer. 1805 gab es eine weitere Ausgabe für die „Herstellung des Spitalthurms" in Höhe von 39 Gulden und 22 Kreuzern.[13]

Weitere fünf öffentliche Uhren in der Altstadt: am Rathaus …

Die erste bisher bekannte Spur der öffentlichen Uhren in Hallein führt in das Rathaus: Im Ratsprotokoll 1574 scheint der Auftrag an den Stadtwächter auf, die Rathausuhr *„mit Öll und Trath"* zu versorgen – es gab also schon eine Rathausuhr.[14] Im neuen Rathausturm hing seit 1515 eine Glocke von einem „maister benedict" mit der Inschrift *„svsanna pin ich genant …"*. 1607 gab es einen Brand des Rathauses.[15] Der heutige Turmaufsatz stammt von 1836 (vgl. auch Abb. 4).

Abb. 8: Das Bürgerspital auf einer Ansichtskarte aus 1936 (© Keltenmuseum Hallein, FO_2013_0171): Zwei der drei Zifferblätter sind sichtbar, auf einem lassen sich zwei Zeiger erkennen.

Abb. 9: Das Zeigergetriebe im Bürgerspitalturm (© horologium, Michael Neureiter) mit den Zeigerleitungen zu den drei Zifferblättern auf der Nord-, Ost- und Südseite des Turms. Die drei Zeigerwerke zur Reduktion auf die Stundengeschwindigkeit sind ebenso wie die Zifferblätter verloren.

Abb. 10: Das ehemalige Bürgerspital wurde ab 1984 zu Wohnungen umgebaut, Fertigstellung war 1990. Im Bild (© horologium, Michael Neureiter) die Anlage heute mit der Bürgerspitalskapelle, die nunmehr kulturellen Zwecken dient, und dem Turm darüber. Der gerade wiederentdeckte Standort des Uhrwerks befand sich auf der Ebene der quadratischen Öffnung leicht oberhalb der Dachtraufe, die Zifferblätter auf der Höhe der Öffnungen unterhalb der Schalllöcher.

Abb. 11: Im Bild (© Stadtarchiv Hallein FO_2012_1216) das Halleiner Rathaus mit dem 1907 errichteten Schöndorfer-Denkmal noch vor der Fassadenrenovierung 1929 mit dem Zifferblatt im Giebel und dem Rathausturm.

Abb. 12: Der „Tatort" des Uhrwerks der Rathausuhr ist im Rathausturm noch vorhanden (© horologium, Michael Neureiter): Hier stand das Uhrwerk, die Zeigerleitung verlief waagrecht in Richtung der Kamera zum Zifferblatt an der Fassade, die Schlagzüge gingen nach oben in die Laterne zu den beiden Glocken für den Viertel- und den Stundenschlag.

Im gleichen Jahr 1607 berichtete der Pfleger an die Hofkammer, *„… daß die Stadtuhren in Hallein nicht richtig in ihrem Gange erhalten werden"*, ein Hinweis auf die Verantwortung für öffentliche Uhren, und beantragte, an der Stundenuhr im Rathaus ein Viertelstundenschlagwerk errichten zu dürfen. Das wurde vom Burghausener Uhrmacher durchgeführt, der per Hofkammerdekret mit der Instandhaltung der Stadtuhren beauftragt war.[16]

1658 erhielt der seit 1634 in Hallein ansässige Schlosser Philipp Vele den Auftrag für diese Arbeiten. Er bekam vom Magistrat für die „5 Stadt- und Kirchenuhren jährlich 50 Gulden" sowie einen „Beitrag zu Draht und Oel".[17] Das bezog sich wohl auf Rathaus, Stadtpfarrkirche, Gollinger Tor, Pflegturm und Bürgerspital.

Von der schon 1607 auf Viertelschlag erweiterten Rathausuhr wissen wir leider sonst wenig: Die „Susanna" dürfte 1917 von der Glockenablieferung zur Sicherung der Metallreserven für die Kriegsführung erfasst worden sein.[18] Und die Rathausuhr bzw. ihr Zifferblatt verschwanden vermutlich mit dem Umbau 1954, bei dem auch der rechte Teil der Wandmalerei an der Fassade des Rathauses beseitigt wurde.

Die Uhr trieb das Zifferblatt an der Fassade des Rathauses an. Der Standort des Uhrwerks ist vorhanden, ebenso die waagrechte Führung der Zeigerleitung zur Fassade, wo sich hinter der Giebelwand das Zeigerwerk des Zifferblatts mit Stunden- und Minutenzeiger befand. Das Zifferblatt war auch nach der Neugestaltung der Fassade durch Theodor Kern 1930 noch vorhanden, an seiner Stelle befindet sich heute das Halleiner Stadtwappen mit dem Salzträger.

… und in der Stadtpfarrkirche

Die Zifferblätter am Turm der Stadtpfarrkirche sind spätestens mit der Faistenauer-Stadtansicht 1632 belegt. Wenn das Rathaus im 16. Jahrhundert eine Uhr hatte und das Bürgerspital spätestens im frühen 17. Jahrhundert, kann auch für die Stadtpfarrkirche eine Uhr schon im 16. Jahrhundert angenommen werden.

Bisher haben wir – neben den Ansichten – zu den Turmuhren der Stadtpfarrkirche nur sehr viel spätere Quellen: Die Errichtung des neuen Turmaufsatzes 1787 erfolgte durch Maurermeister Joseph Helminger und Zimmermeister Joseph Schöndorfer zu Kosten von 190 bzw. 654 Gulden,[20] 1798 waren beide wieder bei der Renovierung des Bürgerspitalturms engagiert, siehe oben!

Abb. 13: Die Stadtpfarrkirche von Hallein (© Paul Buberl: Österreichische Kunsttopographie Band XX, S. 95[19]) wurde 1769–1775 nach Plänen des Salzburger Hofbaudirektors Wolfgang Hagenauer mit Ausnahme des Turms neu erbaut, der 1789 auch den neuen Turmaufsatz plante (siehe Abb. 3).

1790 wandten sich Dechant und Pfleger von Hallein an das fürsterzbischöfliche Konsistorium und stellten *„die Nothwendigkeit vor, daß … die KirchenUhr bey dem StadtpfarrGotteshause zu Hallein zu repariren, und zur mehrer Dauerhaftigkeit mit einem englischen, vom hiesigen Großuhrmacher Pentele zu verfertigenden Perpendikel zu versehen wäre. Die Kosten belaufen sich, laut eingereichten Überschlages, auf 129 fl."*[21] Die Abrechnung war dann etwas günstiger: Am 22. Juli 1790 wurden dem *„Johann Bentele Hof- und Großuhrmacher in Salzburg"* 121 Gulden und 45 Kreuzer bezahlt.[22]

Johann Bentele sen. baute also auch die vorhandene Turmuhr der Stadtpfarrkirche auf die „Clement'sche Hemmung" um, die um 1680 von William Clement in London erstmals gebaut wurde. Bentele hatte diesen Umbau zwei Jahre vorher bereits am Dürrnberger Uhrwerk vorgenommen. Die Uhr der Stadtpfarrkirche war sicher schon mit Stunden- und Viertelstundenschlagwerk ausgestattet, sonst hätte Bentele auch die Erweiterung auf den Viertelschlag angeboten. Das lange Pendel wurde vom Hofuhrmacher wohl auch in Hallein wie 1788 am Dürrnberg und im gleichen Jahr 1790 in Vigaun mit einer neuen Pendellinse versehen – in Hallein und Vigaun bestand sie aus Untersberger Marmor.

Abb. 14: Die Pendellinse (© horologium, Michael Neureiter) der Turmuhr der Pfarrkirche Vigaun, die wie die Halleiner Stadtpfarrkirchenuhr 1790 umgebaut wurde. Sie trägt die Jahreszahl 1790 und das „J. B." für Johann Bentele.

Die Uhr im spätromanischen Turm der Stadtpfarrkirche zeigte auf insgesamt fünf Zifferblättern die Zeit an: außen zwei am Turm auf der Nord- und Ostseite, eines auf dem Dachreiter auf dem Langhaus Richtung Süden und innen auf dem Orgelzifferblatt sowie dem Zifferblatt an der Decke zwischen den zwei Kuppeln.

Im Mai 1931 kam schließlich das Ende für das von Johann Bentele umgebaute Uhrwerk: Es sei „*an Altersschwäche erlegen*", meldete die Halleiner Wochenzeitung „Volksfreund". „*Musealen Wert hat es nicht, weil es ein Dutzendstück aus der Werkstätte des damaligen Turmuhrmachers Johannes Bentele war.*" Das neue Werk wurde durch die Turmuhrwerkstätte Thomas Fauner geliefert und kostete ohne Zimmerer- und Malerarbeiten 5.000 Schilling, von denen die Stadtgemeinde bereits 3.000 zugesagt habe. Neu war eine „*zeitgemäße Zeigereinteilung*", „*der längere wird die Minuten, der kürzere die Stunden anzeigen.*"[23] Vorher gab es also die alte Zeigerstellung mit langem Stunden- und kurzem Minutenzeiger, wie sie noch heute z. B. in Salzburg am Stiftskirchturm St. Peter, an der Kollegienkirche, am Türmchen der Großen Universitätsaula und am Glockenspielturm der Fall ist.

Abb. 15: Im Bild aus dem frühen 20. Jahrhundert (© Bundesdenkmalamt, Wien) das Orgelzifferblatt im Orgelprospekt aus 1704 und das Zifferblatt an der Decke zwischen den beiden Kuppeln. Hier fällt auf, dass der römische Ziffernring gegen den Uhrzeigersinn angeordnet ist, dieses Zifferblatt lief rückwärts! Mit dem großen Brand 1943 und dem Turmeinsturz 1945 verschwanden auch die Uhr und die Zifferblätter. In der Orgel trat ein Rundbild der heiligen Cäcilia an die Stelle des Zifferblatts.

Abb. 16: Der Pflegturm heute auf dem Pfleger-/Albrechtshaus, das 1574 erbaut wurde (© horologium, Michael Neureiter). Die Zifferblätter wurden 1998 nach alten Vorbildern erneuert.

Als Gesamtgewicht des neuen Uhrwerks, das am 23. Mai 1931 übergeben wurde, wurden 360 Kilogramm genannt, wobei der Schlaghammer für den Stundenschlag 28 Kilogramm wog. Ein Elektromotor mit 3 PS zog es zweimal täglich um 6.00 und um 18.00 elektrisch auf.[24]

Die Uhr am Pflegturm

Der Pflegturm an der südöstlichen Ecke des ehemaligen Pflegerhauses wurde 1621 erbaut und 1855 verkleinert.[25] Die drei Stadtansichten (Abb. 2–4) zeigen ihn jeweils höher als heute.

Das jüngste Turmuhrwerk des Pflegturms ist vorhanden und betriebsbereit. Es ist auch das jüngste historische Werk in Hallein und gehört wie das verlorene Werk der Bahnhofsuhr zu den „Industrieuhren", die nur in Guss gearbeitet sind und keine geschmiedeten Teile mehr aufweisen. Es wurde laut der Inschrift

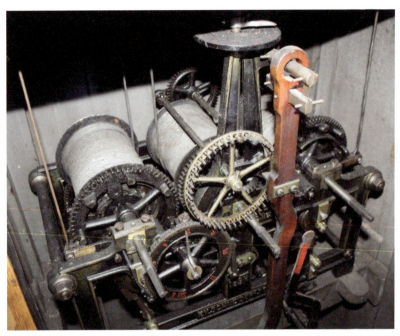

Abb. 17: Das Turmuhrwerk am Pflegturm aus 1894 (© horologium, Michael Neureiter) steht am Originalstandort im Uhrkasten: in der Mitte das Stiftenrad mit dem Sekundenpendel, links das Stunden- und rechts das Viertelschlagwerk. Auf dem Kasten ist vermerkt, dass der Halleiner Uhrmacher Franz Fürstl 1933 ein Zeigerwerk erneuerte. Mehr zum Werk: https://kurzelinks.de/fxob

am Rahmen 1894 von der Firma „*F.X.Schneider & Sohn, Freudenthal österr. Schlesien*", heute Bruntál in Tschechien, hergestellt, hat einen Stiftengang und Handaufzug. Es steht im Originalkasten, der es vor Verschmutzung schützt. Von einer Vorgängeruhr sind ein Steingewicht und zwei große Schlagschellen aus Bronze erhalten.

Die Uhr am Gollinger Tor

Das Gollinger Tor, auch Bruck-, Mauttor oder Stadtthürmchen genannt, ist mit seinem Zifferblatt auf den Stadtansichten 1632, um 1798 und um 1850 (Abb. 2–4) zu sehen – in Holz und dann in Mauerwerk mit Zwiebeltürmchen. Das Tor wurde 1857 abgerissen, als Grund für den Abbruch des Tors wird ein Brand angegeben.[26]

Abb. 18: Das Gollinger oder Fleischbrückentor (© horologium, Michael Neureiter) auf einem Votivbild in der Wallfahrtskirche Maria Dürrnberg: *„Zur schuldigster Danksagung für Errettung dieses Kindes aus der Salzach 1839".* Auf dem Bild sind ganz links der Ausfluss des Rechenkanals und daneben die Mündung des Kothbachs zu sehen.

1858 wurde das Uhrwerk an die neu errichtete Pfarrkirche Leopoldskron-Moos geschenkt. *„Eine Uhr vom Stadtthürmchen in Hallein (wurde) vom dortigen Gemeinderath hieher verehrt, und auf Kosten Dechants Wichtlhuber reparirt",* berichtet Josef Dürlinger.[27] Das Uhrwerk muss funktionsfähig gewesen/geworden sein. In Leopoldskron-Moos sind nur ein paar Spuren vorhanden, aber leider kein Uhrwerk, wie ein Lokalaugenschein ergab.

Die Uhr der Bürgerschule

In der Halleiner Altstadt gab es bis zur Schenkung des Uhrwerks des Gollinger Tors nach Leopoldskron-Moos sechs öffentliche Uhren, dann fünf und mit dem Bau der „Bürgerschule" 1892 bis 1898 wieder sechs öffentliche Uhren. Deren Standort hieß im 19. Jahrhundert „Am Haufen" und ist heute nach der Widerstandskämpferin Josefine Lindorfer (1899–1942) benannt.

Abb. 19: Die Schule am Lindorferplatz, rechts die Turnhalle (© horlogium, Michael Neureiter).

Abb. 20: Die zwei Schlagschellen im Stiegenhaus der heutigen Mittelschule Hallein Stadt (© horlogium, Michael Neureiter) und das Zifferblatt im Giebel mit den beiden originalen Zeigern erinnern an die Schuluhr, deren Werk leider verloren ist.

Die 1898 eröffnete „Knabenbürgerschule" erhielt wenige Jahre später „den notwendigen Zubau einer hübschen zweckentsprechenden Turnhalle".[28] Das Hauptgebäude schmückte man mit einer Giebeluhr, die von A. Unterberger geliefert wurde und 575 Gulden kostete.[29] Die Anlage beherbergte zu Beginn die Volks- und Bürgerschule, wurde 1927 zur Hauptschule und ist heute die „Mittelschule Hallein Stadt".

Vier öffentliche Uhren außerhalb der Altstadt:

Dürrnberg

Die 1614 geweihte Wallfahrtskirche Maria Dürrnberg erhielt bis 1619 die Einfriedungsmauer mit drei kleinen Eckkapellen und dem großen freistehenden Tor in Form eines Triumphbogens, *„die Pfarrkirche zu Unserer Lieben Frau am Dürrnberg zählt zu den schönsten Kirchenbauten am Übergang von der Renaissance zum Barock".*[30] Der Turm ist *„der interessanteste Teil des Baues …, ein echter italienischer Kampanile".*[31]

Abb. 21: Die Wallfahrtskirche Maria Dürrnberg
(© Wikimedia Commons, abgerufen am 01.02.2023)
mit dem Torbogen und zwei der drei Eckkapellen der Umfassungsmauer.

Abb. 22: Das Turmuhrwerk Maria Dürrnberg (© horologium, Michael Neureiter) wurde im Jahr 2000 zwischen den Marmorsäulen des Turms neu platziert. Das Material der Pendellinse ist der rötliche, vor Ort gebrochene Marmor, der die ganze Kirche prägt. Mehr zum Werk: https://kurzelinks.de/byy5

Das Werk dürfte aus der Entstehungszeit der Kirche stammen: Die Eckpfeiler haben einen fast quadratischen Grundriss und trugen später abgeschrotete Fialen. Das Viertelschlagwerk wurde vermutlich später ergänzt. Die nun drei Teilwerke sind hintereinander angeordnet. Ein Schild informiert über die weitere Entwicklung: *"Renovirt und zum Englishen Perpentickel gemacht. Johann Bentele, Hof und Bürgerl. Großuhrnmacher in Saltzburg 1788".* Johann Bentele sen. baute das Werk von einem Spindelgang auf den Clement'schen Gang mit Hakenrad, Anker und etwa fünf Meter langem Pendel um und vermerkte das auch auf der Pendellinse: *"J.B. 1788".* Zwei Jahre später folgte dieser Umbau auch am Werk der Halleiner Stadtpfarrkirche.

Abb. 23: Das Aufsteckschild (© horologium, Michael Neureiter) erinnert wie die Pendellinse an den Umbau 1788.

Zeitgenössische Ansichten belegen, dass die Wallfahrtskirche von Anfang an mit einer Turmuhr ausgestattet war. Ein Andachtsbildchen aus 1620 zeigt ein Zifferblatt mit nur einem Zeiger. Das Turmuhrwerk befand sich bis 1969 unterhalb der Glockenstube auf der Ebene der Zifferblätter. Es wurde vor der Verwertung als Alteisen gerettet. Nach der Restaurierung kehrte es schließlich im Jahr 2000 wieder in den Dürrnberger Kirchturm zurück und ist für Interessierte zu besichtigen.

Kaltenhausen

Das „Hofbräu Kaltenhausen" wurde 1475 gegründet, war schon 1489 erzbischöflich und bald die größte Brauerei des katholischen Erzstifts Salzburg. Im Brauhaus, das gut einen Kilometer nördlich der Halleiner Altstadt liegt, richtete man 1765 eine Kapelle für die gut 100 Bräubediensteten ein. Vermutlich wurde im 18. Jahrhundert der Turm errichtet und mit einer Glocke ausgestattet. Seit 1840 war Graf Max Arco-Zinneberg Eigentümer der Brauerei, die offizielle Segnung der Kapelle erfolgte, wohl nach einer Renovierung, erst 1848. Ver-

Abb. 24: Der Turm im Brauhaus Kaltenhausen (© horologium, Michael Neureiter) trug drei Zifferblätter. Der Einbau einer Lüftungsanlage machte den Ausbau des Uhrwerks erforderlich, es landete schließlich bei einem privaten Eigentümer. Mehr dazu im Beitrag „Ein Exot im Turm": https://kurzelinks.de/muq5

Abb. 25: Im Bild (© horologium, Michael Neureiter) das Turmuhrwerk Kaltenhausen mit dem Gehwerk (rechts) samt Pendellinse. Das Pendel dürfte disloziert gewesen sein, vgl. den Hebel an der Ankerwelle! Links das Surrerschlagwerk. Näheres zum Werk: https://kurzelinks.de/95gc

mutlich kam jetzt eine zweite Glocke (oder Schlagschelle?) dazu. Das mag mit dem Umbau des Schlagwerks zusammenhängen. Die Kapelle verschwand im 20. Jahrhundert.

Das Turmuhrwerk Kaltenhausen stammt ursprünglich aus dem 18. Jahrhundert. Es weist die Kopf-an-Kopf-Bauweise auf und hat einen Clement'schen Hakengang. Die Pendellinse besteht aus Untersberger Marmor, Inschriften sind nicht vorhanden. Das Besondere ist der bei Turmuhrwerken sehr seltene „Surrer" beim Schlagwerk: Bei dieser um 1760 im Schwarzwald erfundenen Bauweise sorgt ein Gewicht für beide Schlagwerke. Zu jeder Viertelstunde gibt es eine volle Umdrehung der Walze, die Steuerung des Eingriffs der verschiebbaren Schlaghebel besorgen zwei Zackenräder.

Schloss Wiespach

Das Schloss Wiespach liegt im Halleiner Stadtteil Neualm nahe der Grenze zu Oberalm. Es wurde im 15. Jahrhundert als Ansitz erbaut. Früher nur einstöckig, wurde es in der Zeit von Fürsterzbischof Hieronymus Colloredo (als Landesfürst 1772–1803) umgebaut und vergrößert.[32] Die Schlosskapelle wurde 1607 erstmals erwähnt und erhielt im 18. Jahrhundert ihre heutige Ausstattung.

Abb. 26: Schloss Wiespach (© horologium, Michael Neureiter) dient heute als Galerie, als Veranstaltungsort und Café.

Abb. 27: Die Darstellung des Schlosses Wiespach in Frontansicht mit dem Zifferblatt aus der zweiten Hälfte des 19. Jahrhunderts. (© Friederike Zaisberger[33])

Abb. 28: Der Bahnhof Hallein heute (© horologium, Michael Neureiter) mit Zifferblatt und Zeigern aus dem späten 19. Jahrhundert.

Eine Darstellung aus der zweiten Hälfte des 19. Jahrhunderts zeigt am südöstlichen der beiden Türmchen ein Zifferblatt in der Höhe der Dachtraufe. Ein Lokalaugenschein ergab, dass im Geschoß des Schalllochs sowohl die (vorhandene) Glocke hing als auch eine Schlagschelle, von der nur die Halterung erhalten ist. Auch das Uhrwerk muss hier gestanden sein, die Gewichtszüge führten in den Dachboden daneben. Und das Zifferblatt lag davor außen an der Mauer, eine Nische für die Zeigerleitung ist vorhanden und wurde vermutlich später teilweise verschlossen.

Am Halleiner Bahnhof

Es ist die letzte von zehn historischen öffentlichen Uhren in Hallein, sechs in der Altstadt und vier außerhalb: Der Halleiner Bahnhof wurde am 15. Juli 1871 eröffnet. Am 4. Juli war die aus Salzburg angereiste Delegation zur technisch-polizeilichen Prüfung mit sechs Meilen pro Stunde unterwegs, der Bahnhof war festlich geschmückt und beflaggt, ein Spruchband zierte ihn: „*Willkommen, Willkommen! die neue Zeit hält feiernd ihren Einzug heut'* …"[34]

Leider war bisher kein historisches Foto des neuen Bahnhofs zu finden. Das vorhandene Zifferblatt im Giebel des heutigen Bahnhofs und die Zeiger stammen allerdings sehr wahrscheinlich aus dem 19. Jahrhundert, vielleicht aus 1871. Die Zeiger ähneln in der Form der Spitzen und der mondförmigen Gegengewichte und sogar in der weißen Farbgebung der Gegengewichtsarme denen der Bürgerschule, die aus den Neunzigerjahren des 19. Jahrhunderts stammen. Das Uhrwerk kann wie die Bürgerschuluhr nur ein Industriewerk gewesen sein.

Resümee

Bei der Befassung mit den historischen öffentlichen Uhren in der Stadt Hallein fällt zweierlei auf: erstens die hohe Dichte von zehn Uhren und zweitens die frühe Durchdringung, wenn schon im 16. Jahrhundert ein Wartungsvertrag für fünf Uhren in der Altstadt bestand.[35] Bemerkenswert ist, dass das Augustinereremitenkloster und auch die Georgskirche davor keine öffentliche Uhr aufweisen. Besonderer Dank gilt für alle Unterstützung dem Archiv der Erzdiözese Salzburg und dem Stadtarchiv Hallein, hier besonders Anna Holzner für ihre permanente Hilfe!

Von den zehn belegbaren und beschriebenen Uhren befanden sich sechs in und an Türmen und vier an Fassaden. Es sind noch vier Uhrwerke vorhanden – die zwei von Bürgerspital und Maria Dürrnberg stammen aus dem 16. bzw. frühen 17. Jahrhundert, das Werk Kaltenhausen aus der Mitte des 18. und das Werk im Pflegturm aus dem späten 19. Jahrhundert. Von den zehn historischen öffentlichen Uhren waren sieben Schmiede- und drei Industrieuhren. Das Werk am Pflegturm ist als einziges betriebsbereit. An vier der Standorte ist heute eine öffentliche elektrische/elektronische Zeitanzeige vorhanden.

Die Geschichte der Turmuhren seit dem Spätmittelalter war eine permanente Suche nach höherer Genauigkeit und Vollkommenheit. „*Solche Werke kommen ziemlich kostbar, und eben darum sollte man sie zu vervollkommnen suchen*", betonte 1789 Johann Evangelist Helfenzrieder, Jesuit, Mathematiker und Astronom, in seinem vermutlich im Zisterzienserkloster Raitenhaslach 50 Kilometer nördlich von Salzburg verfassten Werk „Beytraege zur Verbesserung der Uhrmacherkunst in Rücksicht auf große Uhren".[36]

Dieser Beitrag will die Wertschätzung des Kulturguts Turmuhr fördern. Erfreulicherweise ist diese in den letzten Jahrzehnten deutlich gewachsen, den Weg zur Verschrottung gab es in der Vergangenheit.

Endnoten

1 *Hans Widmann*, Hg., Urkunden und Regesten des Benedictinerinnen-Stiftes Nonnberg in Salzburg. Fortsetzung (CI-CL), in: Mittheilungen der Gesellschaft für Salzburger Landeskunde XXXVI (1896), S. 253–283, hier S. 277.

2 *Gerhard Dohrn-van Rossum*, Die Geschichte der Stunde. Uhren und moderne Zeitordnungen, Köln 2007, S. 170.

3 Im Land Salzburg trägt die Antoniuskapelle von Schloss Haunsperg in Oberalm Zifferblätter mit nur einem Zeiger, dem Stundenzeiger. Das zugehörige spätgotische Turmuhrwerk mit Waaghemmung und Stundenschlagwerk dürfte aus ca. 1580 stammen. Es ist funktionsfähig. https://kurzelinks.de/0qz2 (abgerufen am 29.1.2023)

4 *Karl Friedrich Buschendorf*, Gründlicher Unterricht von Thurmuhren, Leipzig 1805, S. III–IV. (Faksimile-Edition des Fachkreises Turmuhren in der Deutschen Gesellschaft für Chronometrie, Nürnberg 2010.)

5 *Peter Payer*, Die synchronisierte Stadt. Öffentliche Uhren und Zeitwahrnehmung. Wien 1850 bis heute, Wien 2015, S. 13 (https://kurzelinks.de/52x2 abgerufen am 29 01 2023). Die „Ver(uhr)zeitlichung der Gesellschaft" stammt von *Erhard Chvoika*, Wie die Zeit der Uhr zu einem Symbol „guter Moral" und „hoher Zivilisation" wurde, in: Wolfgang Müller-Funk, Hg., Zeit. Mythos – Phantom – Realität. Ausstellungskatalog der OÖ Landesausstellung, Wien 2000, S. 183–195, hier S. 184.

6 *Franciscus Dückher von Haßlaw zu Winckl*, Saltzburgische Chronica, Salzburg 1666, S. 12.

7 *Fritz Moosleitner*, Hallein. Portrait einer Kleinstadt, Hallein 1989, S. 21.

8 *Fritz Moosleitner*, Albrecht Altdorfer in Salzburg (Jahresschrift des Salzburg Museum 59), Salzburg 2017, S. 63.

9 https://kurzelinks.de/u1nf (abgerufen am 29.1.2023).

10 Mehr zum Werk in der Turmuhren-Datenbank: https://www.turmuhrenaustria.at/details.php?image_id=365&mode=search (abgerufen am 29.1.2023).

11 *Josef Kral*, Glockengedächtnis. Die Glockenkunde des P. Augustin Jungwirth Salzburg (Schriftenreihe des Archivs der Erzdiözese Salzburg 16), Salzburg 2017, S. 167.

12 Archiv der Erzdiözese Salzburg Inv.Nr. A.23.3895.

13 Ebd.

14 Für die Hinweise auf die Ratsprotokolle danke ich Anna Holzner, Keltenmuseum Hallein.

15 *Bernd Euler* u. a., Bearb., Die Kunstdenkmäler Österreichs. Salzburg. Stadt und Land, Wien 1986, S. 146.

16 *Georg J. Kanzler*, Die Stadt Hallein und ihre Umgebung. Ein Wegweiser für Einheimische und Freunde, Hallein 1912, S. 33.

17 Ebd.

18 *Kral*, Glockengedächtnis, S. 172.

19 *Paul Buberl*, Die Denkmale des politischen Bezirkes Hallein (Österreichische Kunsttopographie XX), Wien – Augsburg – Köln 1927, S. 95.

20 *Buberl*, Denkmale, S. 92.

21 Archiv der Erzdiözese Salzburg, Consistorialprotokoll 1790, Oeconomica 766.

22 Archiv der Erzdiözese Salzburg, Stadtpfarrgotteshauses Hallein Rechnung de anno 1790, S. 141.

23 Volksfreund, 16.5.1931, S. 3 (zit. n. https://anno.onb.ac.at/, abgerufen am 31.1.2023). Thomas Fauner hatte eine Generalvertretung für Turmuhren der Fa. Philipp Hörz, Ulm, die er im Land Salzburg häufig auslieferte und montierte.

24 Salzburger Chronik, 19.5.1931, S. 5 (zit. n. https://anno.onb.ac.at/, abgerufen am 31.1.2023).

25 *Euler*, Kunstdenkmäler, S. 150.

26 *Georg J. Kanzler*, Die Stadt Hallein, S. 29 f.

27 *J(osef) Dürlinger*, Historisch-statistisches Handbuch der Erzdiöcese Salzburg in ihren heutigen Grenzen. Erster Band Ruraldecanate des Flachlandes, Salzburg 1862, S. 98.

28 *Kanzler*, Stadt Hallein, S. 212.

29 Stadtarchiv Hallein, Karton 150 (Halleiner Schulen, Faszikel Bürgerschule).

30 *Moosleitner*, Hallein, S. 261.

31 *Buberl*, Denkmale, S. 58.

32 *Kanzler*, Die Stadt Hallein, S. 263.

33 *Friederike Zaisberger*, Zur Besitzgeschichte von Schloss Höch, in: Schloss Höch. Chronik, Flachau 2009, S. 20–44, hier S. 24.

34 Salzburger Zeitung, 5.7.1871, S. 2 (zit. n. https://anno.onb.ac.at/, abgerufen am 1.2.2023).

35 Zur Uhrenlandschaft im Tennengau habe ich schon 2015 den Beitrag „Uhren auf Tennengauer Türmen" vorgelegt: https://kurzelinks.de/92wz

36 *Johann Helfenzrieder*, Beytraege zur Verbesserung der Uhrmacherkunst in Rücksicht auf große Uhren, in: Neue philosophische Abhandlungen der baierischen Akademie der Wissenschaften. Fünfter Band, München 1789, S. 468–522, hier S. 469 (Faksimile-Edition des Fachkreises Turmuhren in der Deutschen Gesellschaft für Chronometrie, Nürnberg 2011).

Peter Karl Thurwieser als Bergsteiger (Kramsach 1789–1865 Salzburg)

Guido Müller

Ein Glücksfall

1871 brachte Joseph Anton Schöpf, der rede- und schreibgewandte Professor an der Salzburger Theologischen Fakultät, „Zum Besten der hierortigen Section des deutschen Alpenvereins" eine umfassende Biografie des 1865 verstorbenen Peter Karl Thurwieser heraus.[1] In den zehn Kapiteln – 1. Der Student, 2. Der Hilfspriester, 3. Der Professor, 4. Der dienstwillige Mann, 5. Der lustige Cumpan, 6. Der gute Patriot, 7. Der geistliche Rath, 8. Der fromme Custos, 9. Der Meteorolog, 10. Der Bergsteiger – gibt er Einblick in dessen Leben und Schaffen. Von zentraler Bedeutung für den vorliegenden Beitrag ist selbstverständlich das zehnte und letzte, das mit Abstand auch umfangreichste Kapitel: Der Bergsteiger. Schöpf, Tiroler Landsmann, war langjähriger Kollege und Freund, er scheint aber nirgends als Berggefährte Thurwiesers auf.

Thurwieser, bis heute als Pionier des Bergsteigens in den österreichischen Alpen bekannt, hinterließ nur wenig Gedrucktes. Dabei handelt es sich hauptsächlich um Schilderungen seiner Bergbesteigungen in den Tiroler Alpen. Das hat in erster Linie mit seiner Tiroler Herkunft und der Möglichkeit, dort publizieren zu können, zu tun.[2] In Salzburg hätten sich ihm dazu in der ersten Hälfte des 19. Jahrhunderts noch nicht die gleichen Voraussetzungen geboten.

Wichtig zum weiteren Verständnis erscheint folgende Fußnote auf Seite 44 im Werk von Schöpf: „Solange Thurwieser lebte, konnte ich keine seiner vielen Aufzeichnungen von ihm herauskriegen. Eine Woche nach dem Tode brachte mir dessen Wirthschafterin, Theresia Kracher, einen Korb voll von Schriften, die chaotisch bunt untereinander geworfen waren. Aus diesem Chaos suchte ich zunächst die Notaten über die vielen Bergbesteigungen. Sie waren leider höchst mank". An Veröffentlichungen fand Schöpf nur Thurwiesers drei Beiträge in der „Zeitschrift des Tiroler Museums Ferdinandeum" über die Besteigung der Ortlerspitze (1837), des Fernerkogels und der Habichtspitze in den Stubaier Alpen (1840) sowie der Ahornspitze in den Zillertaler Alpen (1841), weiters eine bei F. X. Duyle in Salzburg erschienene Erklärung des Panoramas vom

Gamskarkogel bei Gastein (1844) und Angaben über Höhenmessungen im Herzogtum Salzburg. Dann noch eine Beschreibung der Besteigung des Ankogels in der Zeitung „Wanderer" aus 1826 und einige wenige Notizen über Bergbesteigungen in der „Salzburger Zeitung". Der Bericht über die im September 1824 gemeinsam mit Simon Stampfer unternommene und 1825 veröffentlichte Glocknerbesteigung stammt wohl in erster Linie von diesem, wenngleich beide als Autoren aufscheinen. Auf das äußerst bemerkenswerte Erinnerungskreuz (Abb. 11) mit den Besteigungen der Jahre 1821 und 1822 wird am Ende des Beitrags noch einzugehen sein. Da Schöpf wusste, dass Thurwieser etliche Hochtouren mit seinem Schüler Friedrich Fürst Schwarzenberg unternommen hatte, wandte er sich an ihn, inzwischen Kardinal Fürsterzbischof von Prag. Leider bekam er, als Grund wurde Zeitmangel angeführt, nicht die erwünschte Auskunft. Immerhin kann dafür der erste Band der dreibändigen Biografie des Kardinals, verfasst von Coelestin Wolfsgruber (1906), als Ersatz dienen. Der 1865 erst 18-jährige angehende Theologiestudent Johann Döttl[3], ab 1876 Professor für Mathematik und Physik am Borromäum in Salzburg, kam durch Schöpf in den Besitz der sehr genauen Aufzeichnungen Thurwiesers.[4] Er war für Schöpf die genau richtige Person mit Verständnis für die in großem Umfang durchgeführten Luftdruck- und Temperaturmessungen sowie die daran anknüpfenden Berechnungen. Döttl veröffentlichte im Organ des Touristenclubs mehrere der handschriftlichen Berichte Thurwiesers.[5]

Wäre damals der Inhalt dieses Korbs, den literarischen Nachlass Thurwiesers darstellend, verloren gegangen oder nicht in die genau richtigen Hände geraten, wüssten wir nur wenig über dessen alpinistische Tätigkeit, insbesondere über die im Raum Salzburg. Schöpf widmete sich auch ausgiebig der Lektüre der zahlreichen im Korb befindlichen Briefe, u. a. von Simon Stampfer.[6] Am aufschlussreichsten war die Korrespondenz mit seinem Vater Peter Thurwieser, Müllermeister in Kramsach. Jener war am 8. Juni 1834 verstorben. Den Tod seiner Mutter Anna hatte er bereits 20 Jahre früher betrauern müssen. Diese Briefe liefern Aufschluss über die Zeit von Peters Kindheit bis zu den Jahren als Professor der Theologie. Aus weiteren, von oft einfachen Leuten an ihn gerichteten Briefen kann man ihn als wahren Seelsorger und hilfsbereiten Menschen kennenlernen. Schöpf gelang es mithilfe dieser und weiterer Handschriften, ein zwar nicht lückenloses, aber doch sehr umfassendes Bild des Lebens und Wirkens von Thurwieser zu entwerfen. Der im Ötztal geborene Bauernsohn Schöpf, 1869 Mitbegründer der Alpenvereinssektion Salzburg, legte bei seiner Auswertung des Materials Wert darauf, Einblicke in Thurwiesers Motive und Grundsätze bei seiner Betätigung als Bergsteiger zu geben.[7] Wichtig erscheint in diesem Zusammenhang, dass sich Schöpf weitgehend auf den Originalwortlaut von Thurwieser stützt. „Schon von Kindheit an, schreibt er in seinem Tagebuche, habe ich ein besonderes Vergnügen empfunden an der Anschauung der

Abb. 1: Peter Karl Thurwieser, Ölbild von Sebastian Stief, Salzburg Museum, Inv.-Nr. 173-27.

Werke des Schöpfers – der Sonne, des Mondes, der Sterne, des Firmamentes, der Erde". Er äußert sich zum Aspekt der Gesundheit der Bewegung auf den Bergen, wenn er schreibt: „So hat ein zweitägiger Aufenthalt auf dem Untersberg im September 1817 mich plötzlich gesund gemacht, was die gewöhnlichen oft wirklich bedeutenden Bewegungen in 4 Monaten nicht bewirken konnten"[8].

Interpretationen und Zuschreibungen, die sich um den Bergsteiger Thurwieser seither ranken, findet man da und dort im seitdem erschienenen Schrifttum. Aus Platzgründen geht der Verfasser darauf nicht näher ein – nur so viel: Spärliche Quellen können leicht zu Verallgemeinerungen verleiten, beispielsweise was Kleidung, Ausrüstung oder mitgeführten Proviant betrifft. Schöpf schreibt, dass bei Peter schon sehr früh der Wunsch bestanden habe, die geistliche Laufbahn einzuschlagen. Der Alpinist und Publizist Karl Doménigg „zitiert" den kleinen Peter hingegen mit folgenden Worten: „Ich möchte holt für mei Lebtag so viel gern a richtiga Bergsteiger wer'n!"[9] Bergsteiger zu werden, dürfte doch für das ausgehende 18. Jahrhundert als Berufswunsch ziemlich unwahrscheinlich sein. Doch vielleicht fand Doménigg eine tatsächlich so lautende Quelle?

Schöpfs Darlegungen, basierend auf den hinterlassenen Schriften Thurwiesers, sind zweifellos, zusammen mit der langen persönlichen Bekanntschaft, die mit Abstand wichtigste Quelle für Thurwiesers alpinistische Tätigkeit. Manches, was darin keine Bestätigung findet, sollte man daher nur mit äußerstem Vorbehalt zur Kenntnis nehmen.

Gemäß der von Schöpf verfassten Biografie sei es Thurwiesers Ehrgeiz gewesen, auch einmal den höchsten Berg Europas zu besteigen. Für ihn war das der Mont Blanc in den Westalpen. Als ihm jedoch gesagt wurde, dass höhere Berge im Kaukasus auch noch zu Europa gerechnet würden, gab er dieses Vorhaben schnell wieder auf. Hätte sich Thurwieser tatsächlich dem Mont Blanc zugewandt, dann wäre er vielleicht mehrmals in die Westalpen gereist, wofür es aber keinen Beleg gibt. Der damals höchste Berg Tirols und auch Österreichs, der Ortler (3.905 m), stand selbstverständlich auf der Wunschliste Thurwiesers ganz oben und wurde von ihm auch erreicht. Da er um den Erstersteiger wusste, bemühte er sich um ihn als Führer – trotz dessen fortgeschrittenen Alters. Der Begriff „Erstersteiger" in der Literatur bedarf einer näheren Betrachtung. In der Regel bekamen dieses Attribut auswärtige Touristen, die das Erreichen des Ziels auch in irgendeiner Form nachweisen konnten. Thurwiesers Leistung soll damit keinesfalls geschmälert werden, sein Ehrgeiz ging gar nicht so sehr in jene Richtung, sein Streben war mehr auf herausragende und aussichtsreiche Gipfel einer Gruppe gerichtet, um deren Höhe zu bestimmen und das Panorama zu studieren sowie schriftlich festzuhalten. Dazu zählten auch seine uns nicht überlieferten Skizzen, er war jedoch kein Panoramenzeichner. Nach dem Grundsatz „Besser Eines recht als vieles schlecht"[10] ging er insbesondere seinen Höhenmessungen, die damals noch neue Erkenntnisse brachten, mit großem Eifer nach.

Thurwiesers Leben und Wirken

Da das Bergsteigerleben Thurwiesers ohne wenigstens die eine oder andere Angabe über seine Kindheit und seinen Beruf, seine Berufung, nicht verständlich wäre, sei nun darauf etwas näher eingegangen:

Peter Carl Thurwieser kam am 30. Mai 1789[11] in Kramsach als Sohn des Müllermeisters Peter Thurwieser und dessen Ehefrau Anna, geborene Pertl, zur Welt. Seine Kindheit fällt also in das ausgehende 18. Jahrhundert und dann in die Napoleonische Zeit. Die Begabung und der Fleiß des Schülers wurden schon früh erkannt. Von Natur aus war er hingegen eher schwächlich, sodass er kaum als Nachfolger seines Vaters vorstellbar war. Sein Pate, der in Kramsach ansässige Freiherr von Lichtenthurn, sprach sich dafür aus, dass er eine höhere Ausbildung bekommen sollte. So wurde er 1804 ins damals königlich baierische Gymnasium nach Hall in Tirol geschickt. Anschließend absolvierte er die philosophischen Studien (Logik, Metaphysik, Mathematik) an der Universität Innsbruck. 1810 entschloss er sich, nach Salzburg ins Priesterhaus zu gehen. Am 19. September 1812 feierte er die Priesterweihe. Man hielt es für richtig, ihn zunächst als Katechet in Salzburg-Mülln einzusetzen. Nach Abschluss des Theologiestudiums zog es den sehr heimatverbundenen jungen Priester in die nähere Umgebung seines Geburtsorts. Aus dem von Schöpf eingesehenen Schriftverkehr gehen sehr klare Vorstellungen Thurwiesers hervor.[12] Er dachte an die Stelle eines Hilfspriesters in einer Pfarre, wo er nicht zu stark beansprucht würde, um noch genug Zeit für weitere Studien zu haben. Doch es kam anders: Der ihm wohlgesonnene Rektor Sebastian Pichler in Salzburg, der die Fähigkeiten und den Bildungseifer des jungen Mannes kannte und schätzte, wollte ihn in seiner Nähe haben, damit er die alttestamentarischen Studien weiter betreiben könne. So wurde er mit Dekret vom 25. August 1813 zum Hilfspriester im nur eine Stunde von Salzburg entfernten Bergheim berufen und dann mit Dekret vom 22. Mai 1816 zum Koadjutor im ebenfalls stadtnahen Siezenheim.[13] Somit hatte er die Möglichkeit, seine Studien mit viel Fleiß und Einsatz fortzusetzen. Schöpf schreibt: „Zur Erholung machte er öfters weitere Ausflüge oder einen Sprung auf den Untersberg und erhielt, weil er gewöhnlich über die Zäune sprang, von den Siezenheimer Bauern den Spitznamen ‚Stiegelhupfer'"[14]. Neben der lateinischen Sprache, in der er sich in Kollegenkreisen gerne unterhielt, studierte er weiters Hebräisch und lernte auch Chaldäisch, Syrisch und Arabisch. Infolge Entschließung vom 29. Mai 1820[15] erhielt Thurwieser die vakante Lehrkanzel des alten Bundes am Salzburger Lyzeum. „Endlich genieße ich – besonders in den Vakanzmonaten – eine Freiheit, welche nach meinem Sinn und Urtheil mehr als Goldes werth ist"[16]. In einem Brief an seinen Vater heißt es: „Im Sommer werde ich wohl manchmal einen Vakanztag erübrigen auf ein [sic!] oder anderen Berg zu steigen, was mir bei der itzigen Lebensart

Abb. 2: Thurwieser-Denkmal am Gemeindeamt in Kramsach, 1952 vom Bildhauer Stefan Silberberger errichtet (Foto: Christoph Müller, 2023).

Abb. 3: Salzburg vom Mönchsberg, mit Kollegiengebäude/Studiengebäude, Kollegienkirche und Gaisberg (Foto: Guido Müller, 2022).

unumgänglich nothwendig ist"[17]. Insbesondere im ersten Jahr seiner Professur war er sehr gefordert, weil er aus Gefälligkeit auch zusätzliche Aufgaben wie Aushilfen in Siezenheim und Bergheim, Predigten im Dom sowie Aushilfen in der Fakultät übernahm. In seiner ersten Professors-Vakanz machte er einen Besuch in Bozen und hielt sich beim Vater in Kramsach auf. Selbstverständlich unternahm er dabei einige Bergpartien. Zu dieser Zeit (1823) befand sich seine Wohnung „am Markt". Das wissen wir aus den 1909 erschienenen „Lebenserinnerungen" des Dresdener Malers und Zeichners Ludwig Richter, der sich im Sommer 1823 zufällig im selben Haus einmietete. Der Professor zeigte ihm die Berge der Umgebung, als Geschenk erhielt er dafür ein Bergbild.[18] Lange Zeit wohnte Thurwieser dann im Kollegiengebäude, bis dort 1851 die k. k. Unterrealschule untergebracht wurde. Er war darüber sichtlich unglücklich; es folgten mehrere Wohnungswechsel.

Im Studienjahr 1835/36 bekleidete Thurwieser das Amt des Rektors. Durch die Umwandlung in eine Theologische Fakultät war er ab 1850 dortiger k. k. Professor. Die Sekundizfeier (50-jähriges Priesterjubiläum) in der Kollegienkirche am 23. September 1862 war ein Höhepunkt in seinem Leben, auch deshalb, weil sie in der Kirche, deren Kustos er von 1836 bis Juni 1862 war, zur Eröffnung nach erfolgter Restaurierung abgehalten wurde. Vor der Messe wurde ihm in der Stuba academica von Landespräsident Freiherrn von Spiegelfeld das Ritterkreuz des Franz-Joseph-Ordens überreicht.[19] Die Abendunterhaltung im Hofwirtssaal[20] stand ganz im Zeichen des „Bergprofessors" und „Wetterpropheten"[21]. Zu Recht gilt er als ein Pionier der meteorologischen Messungen und Beobachtungen in Salzburg. Die meisten Messungen führte er in seiner Wohnung durch, seine „Warte" befand sich auf dem linken Turm der Kollegienkirche.[22]

Für das Sommersemester 1862 hatte er sich aus Gesundheitsrücksichten beurlauben lassen, ebenso als Kustos der Studienkirche.[23] Am 8. April 1864 richtete er an den Dekan sein Gesuch um Pensionierung wegen seiner seit vier Monaten ernstlich gestörten Gesundheit. Eine ärztliche Bestätigung wurde beigebracht. Die Erledigung ließ auf sich warten. Er konnte schließlich auf 43 Jahre im Lehrberuf zurückblicken.

Seine letzte Wohnung hatte Thurwieser im Imhofstöckl am Mozartplatz bezogen. Es heißt, er habe am Dachboden Hühner gehalten.[24] Auf dem Grabendach soll er beim Verfolgen der Hühner zu Sturz gekommen sein, was ihn ans Bett zwang. Er starb am 25. Jänner 1865, als Todesursache wird „Entkräftung" angeführt. Viele Trauergäste kamen zu den Begräbnisfeierlichkeiten am 27. Jänner. Der Trauerzug führte vom Mozartplatz über die Stadtbrücke nach St. Sebastian. Die dortige Priestergruft wurde seine letzte Ruhestätte.

Die alpinistische Tätigkeit

Als Priester und Professor wäre Thurwieser mittlerweile in Vergessenheit geraten, hätte er nicht seine Liebe zu den Bergen ausleben können. Hat Thurwieser über 70 Berge[25] oder gar 600[26] bestiegen? Eine Frage, die hier nicht beantwortet werden kann und muss, weil sie nicht das Wesentliche trifft. Wurden Mehrfachbesteigungen gezählt? Allein den Gaisberg soll er, so übereinstimmend in der Literatur seit Schöpf, 480-mal bestiegen haben. Eine nicht ganz eindeutige Formulierung hat hier vielleicht zu falschen Schlussfolgerungen geführt: Schöpf schreibt: „Im Ganzen war Thurwieser 480mal auf dem Gaisberge. Er hatte sich vorgenommen den Gaisberg in jedem Monate des Jahres – also auch in den Wintermonaten – ‚aper' d. h. schneelos zu betreten, welches Vorhaben ihm binnen 40 Jahren gelang"[27]. Hier ist von allen Monaten des Jahres die Rede und von einem 40-jährigen Zeitraum. Soll es nur ein Zufall sein, dass 12 x 40 genau diese Zahl ergibt? Nichts deutet darauf hin, dass Thurwieser über seine Besteigungen genau Buch geführt hätte. Zählten für ihn nur Gipfelbesteigungen oder auch Wanderungen zur Zistelalm?

Unbestritten ist die von Schöpf verfasste Biografie als wichtigste Quelle zu sehen, doch weiß man mittlerweile, dass hier einige Besteigungen fehlen, hingegen auch Besteigungen aufscheinen, die zweifelhaft sind. Hinweise wie: Thurwieser bestieg 1827 „die Berge bei Altenmarkt, St. Martin, Annaberg, Abtenau", 1831 „Berge im Achenthale", 1838 „Berge des Zillerthales" oder 1833

Abb. 4: Parte im "Salzburger Kirchenblatt" vom 26. Jänner 1865, S. 34.

"auf den Bergen des Pusterthales" lassen keine Zählungen zu. Außerdem: Bei den Aufzählungen kommen Bergnamen vor, die es öfter gibt, aber auch Namenschreibungen, die abgekommen sind.[28] Heinrich Wallmann, von dem die zweite Thurwieser-Biografie (1880) stammt, stützt sich notgedrungen auf die Angaben von Schöpf, hat aber auch den Versuch unternommen, die bei Schöpf erwähnten Berge den einzelnen Gebirgsgruppen zuzuordnen. Das konnte aber aufgrund des eben Gesagten nur unzureichend gelingen.

Die nun folgenden Angaben über ausgewählte Besteigungen sind in eine chronologische Reihenfolge gebracht, mit Quellenangaben versehen und stützen sich, mit zwei Ausnahmen, auf das Material Thurwiesers. Die von ihm bearbeiteten Steine für das Erinnerungskreuz und einen anderen Gegenstand können als Beweisstücke für etliche seiner Besteigungen angesehen werden (Abb. 11).

1817: Untersberg (1.972 m)
Literatur: Thurwieser, 1880, S. 1–2.

Erst im Jahre 1830 oder später hat Thurwieser seine "Reise auf den Untersberg" zu Papier gebracht. Aus dem Nachlass hat wohl der schon genannte Johann Döttl den Feuilleton-Beitrag der "Salzburger Zeitung" verfasst.

Diese „Reise" fällt in die Zeit, da Thurwieser Koadjutor in Siezenheim war. Seine Begleiter waren der Siezenheimer Schullehrer Georg Eder, der Siezenheimer Wirt Bernhard Allerberger und Georg Reischl, Wirt in Viehhausen. Den Führer machte der Jägerssohn Johann Georg Mehrl. Klingeralm und Jägerspitz waren die ersten Ziele, dann ging die Gesellschaft zur Vierkaseralm, wo reichlich Milch getrunken wurde. Auf dem Weiterweg in Richtung Zehnkaseralm kam der Führer einmal vom Steig ab. Dort angelangt, verteilte man sich zur Übernachtung auf eine Hütte und den Hofbauer-Kaser. Eine Abendunterhaltung bestand darin, Steine in das „Höllloch", eine Schachtdoline, zu werfen. Am folgenden Tag schloss sich ein Wurzengraber an und die Tour führte über den Berchtesgadener Hochthron zur Mittagsscharte. Nach einigem Suchen wurde der Eiskeller gefunden. Der Weiterweg war besonders mühsam, er führte über den Abfalterkopf und das Muckenbünnl zur Schwaigmüller-Alpe. Hier trafen sie – wohl zufällig – mit dem berühmten Botaniker David Heinrich Hoppe aus Regensburg zusammen. Der Abstieg führte sie zum Veitl-Häusl (Veitlbruch), zum Steinerbach und abends nach Viehhausen zurück.

Thurwieser soll den Untersberg allein im Jahr 1820 dreimal bestiegen haben. Auch das benachbarte Lattengebirge (1820, 1821) und der Hohe Staufen (1820 dreimal) wurden laut Schöpf von Thurwieser erstiegen.

1822: Hoher Göll (2.522 m)
Literatur: Thurwieser, 1880, S. 1–3.

Auch Thurwiesers Reise auf den Hohen Göll geht aus seinen hinterlassenen Manuskripten hervor. Die Veröffentlichung durch Johann Döttl ist in der Zeitschrift „Der Tourist" erfolgt.

Thurwieser reiste mit seinem Hausherrn Josef Geißler am 5. September 1822 von Salzburg nach Berchtesgaden, „um die Sehenswürdigkeiten, welche an diesem Tage dem König von Bayern zu Ehren gegeben werden sollten, mir anzuschauen". Den Holzsturz in den Königssee konnten sie nur akustisch wahrnehmen, sie sahen aber in St. Bartholomä die offene Tafel des Königs, das Steigen eines Luftballons sowie das „Seestechen". Während Josef Geißler am Abend nach Salzburg zurückkehrte, suchte Thurwieser einen verlässlichen Führer für den Hohen Göll. Der Brüggen-Bauer Peter Wein am Faselsberg zwischen dem See und Berchtesgaden wurde ihm empfohlen. Thurwieser erwähnt auch 42 Freudenfeuer, die er auf den Gipfeln um Berchtesgaden zählen und deren jeweilige Lage benennen konnte. Temperatur- und Luftdruckmessungen wurden selbstverständlich vorgenommen. Der Abmarsch erfolgte noch vor Tagesanbruch. Thurwieser nennt als Proviant Hasenöhrl[29], Brot und Wasser. Nach 3½ Stunden raschen Anstiegs kamen sie bereits vor acht Uhr früh auf den Gipfel, wo sie einen etwa eineinhalb Meter hohen Steinhaufen und zwei

Stangen vorfanden, Zeugen früherer Vermessungsarbeiten. Während des dreistündigen Gipfelaufenthalts bestimmte Thurwieser die sichtbaren Berggipfel und fand sich dabei gut zurecht. Abgesehen vom Dachstein kannte er, wie er selbst schrieb, nur die Berge im Steirischen nicht. Fünf Barometermessungen stellt er an, ebenso maß er mehrmals die Temperatur, was für den Gipfelaufenthalt ein Mittel von 7,4 Grad Celsius ergab.[30] Er hielt auch fest: „Überhaupt hätte ich nach diesem warmen Sommer nicht so große Schneelager in den Thälern und Tiefen des Göll erwartet".

Nach 14 Uhr erfolgte die Rückkehr zum Brüggen-Bauer. Nach der Nächtigung in Berchtesgaden ging Thurwieser am 7. September bis Schellenberg und nahm von dort einen Wagen zurück nach Salzburg.

Am Nordfuß des Göllmassivs besuchte Thurwieser im Jahr 1823 dreimal die Quellhöhle des Gollinger Wasserfalls. Die verbreitete Meinung, dass das „Kuchler Loch", eine Schwinde am Königsseeufer, mit dem Wasserfall in Verbindung stehe, konnte er aufgrund der Wasserführung und der gemessenen Höhen widerlegen.

1822: Ankogel (3.252 m)
Literatur: Thurwieser, 1881, S. 1–3 u. 4–7.

Am 12. September 1822 fuhr Thurwieser mit dem Weberbauer von Viehhausen – Thurwiesers „Postmeister" – nach Golling. Seine Weiterfahrt geschah mit einem Gefährt der Post. In der Post in Werfen erfolgte die Nächtigung. In Bischofshofen hielt er Einkehr beim Wengerwirt und bestieg wegen des Rundblicks den Turm der Frauenkirche. Da er erstmals das Pongauer Salzachtal bereiste, finden sich in seinen Aufzeichnungen auch interessante Angaben über das Gesehene. In Werfen, Bischofshofen, St. Johann und Lend nahm er sich Zeit für die ihm wichtigen Messungen. Am 15. September traf er in Bad Gastein ein, begab sich am folgenden Tag nach Böckstein und zog Erkundigungen wegen einer Ankogelbesteigung ein. Gerade in den letzten Tagen hatte es wieder eine Besteigung gegeben. Schon früher hatte hingegen Erzherzog Johann[31] seinen Besteigungsversuch wegen schlechten Wetters abbrechen müssen. Thurwieser wollte es nun wagen und dabei die Höhe des Berges barometrisch messen. „Aus besonderer Gefälligkeit überließ mir der Herr Verweser seinen Jäger als Führer und nach dem Mittagessen machten wir uns auf den Weg". Radeck, die letzte Alm im Anlauftal, diente als Nachtquartier. Tags darauf wurde zügig losgegangen und keine längere Rast eingelegt, „nur 3 bis 4 Mal blieben wir ein wenig stehen, um einen Schluck Wein zu trinken, ein Paar Bissen zu essen und, zum Wandern über den [sic!] Kees, die Eisen anzulegen". Auf dem steilen Grat zum Gipfel kamen auch die Hände zum Einsatz, wobei ihm das Barometer unbequem war; „und doch wollte ich dasselbe frei in der Hand tragen und zwar mit aller Schonung,

Abb. 5: Die wichtigste Information über Thurwieser, 1871.

damit ja diese erste barometrische Messung des Ankogel nicht mislänge (sic!)".
Der Aufenthalt auf der Spitze war wegen der Kälte (–2 Grad Celsius) wenig angenehm, er dauerte von 10 ½ bis 1 ¼ Uhr, also 2 ¾ Stunden. Dieser für Thurwieser wegen seiner Messungen und der Aufzeichnung der umstehenden Berge verhältnismäßig kurze Gipfelaufenthalt hatte mit der fortgeschrittenen Tageszeit zu tun, denn es stand noch der Abstieg nach Böckstein bevor.

Der folgende Tag in Bad Gastein gestaltete sich dafür gemütlich: Thurwieser nahm ein Bad, unterhielt sich mit den Gästen „und brachte die vorliegenden Bemerkungen in Ordnung", gemeint sind die während der Tour gemachten Notizen.

Döttl, der Professor für Physik und Mathematik, schließt den in der Zeitschrift „Der Tourist" enthaltenen Beitrag mit einer Zusammenstellung der von Thurwieser getätigten Messungen und deren Auswertung.

1823: Hochpfeiler im Tennengebirge (2.410 m)
Literatur: Schöpf, 1871, S. 46–48.

Diesen aussichtsreichen Berg bestieg Thurwieser auch noch später. Überliefert ist hier nur seine Beschreibung der Rundsicht. Die Verwendung des „Perspektivs" (Fernrohr) ließ ihn auch die Signale (Stangen) auf manchen Gipfeln erkennen und er sah z. B. die Häuser auf dem Tannberg an der nördlichen Landesgrenze Salzburgs.

1824: Jenner bei Berchtesgaden (1.874 m)
Literatur: Schöpf, 1871, S. 48–49.

Begleitet vom Weberbauern in Viehhausen fuhr Thurwieser am Pfingstmontag, dem 8. Juni 1824 nach Unterschönau, einer Fraktion zwischen Berchtesgaden und dem Königssee. Im Bericht heißt es wohl fälschlich „Unterstein", denn das liegt südlich von Marktschellenberg. „In dem mit Gästen noch wohlbesetzten Wirthshause ward sogleich ein Wegweiser[32] auf den Jenner aufgefunden". Der nächste Tag begann früh: „Ich las um 4 Uhr in der nahe beim Wirthshause stehenden Kapelle die hl. Messe". Da der vereinbarte Führer nicht rechtzeitig eintraf, fand Thurwieser mit Johann Georg Renot einen anderen. „Wir nahmen eine halbe Maß rothen Tyroler-Wein mit Brod und einen sogenannten Scheiterhaufen mit uns und traten um 5 ½ Uhr unsere Reise an". Die beiden Bergwanderer kamen am Krautkaser vorbei, wo damals vier Hütten standen. An einer Quelle konnte Thurwieser „kaum satt werden an Kresse und Wasser". Oberhalb des Mitterkaser mit damals sechs Hütten ging es dann Richtung Gipfel, der um drei Minuten nach zehn Uhr erreicht wurde und wo ein zweistündiger Aufenthalt anschloss. Er zählte die Berggipfel und Ortschaften mit Namen auf.

1824: (Klein-)Glockner (3.770 m)
Literatur: Stampfer u. Thurwieser, 1825, S. 1–23; Schöpf, 1871, S. 49–50 u. 59.

Wohl nicht überraschend, fand Thurwiesers Glocknertour vom September 1824 neben der auf den Ortler und jener auf den Dachstein die stärkste Beachtung. Der Bericht erschien 1825 im „Jahrbuch des k. k. polytechnischen Institutes in Wien", Stampfer war ja dort Lehrer. Bei der Lektüre erkennt man Stampfer als eigentlichen Autor.

Die beiden Freunde hatten schon seit längerer Zeit die Besteigung des Großglockners beabsichtigt. Am 31. August 1824 brachen sie dann von Salzburg zu ihrem Vorhaben auf. Die Anreise geschah mit einem Lohnkutscher über Reichenhall und Saalfelden nach Zell am See. Am folgenden Tag fuhren sie mit einem leichten Einspänner ins Fuscher Tal, wo sie einen sicheren Führer und Träger für den Weg nach Heiligenblut bestellten. Über Ferleiten, das Fuscher Törl und das Hochtor erreichten sie den genannten Ort.

Zur Ausrüstung für die Besteigung heißt es: „Ein oder zwei lange Seile, Beile und Schneehauen, gut gespitzte Fußeisen, starke, mit 3 Zoll langen eisernen Spitzen versehene Bergstöcke, doppelte Fußbekleidung, Schleier oder grüne Augengläser, die Augen gegen den Schneeglanz zu schützen, u. dgl. darf man nicht vergessen. Für Speise und Getränke sorgte die Wirthin bestens"[33].

Die letzte Übernachtung vor dem eigentlichen Aufstieg war in der erst vor wenigen Jahren erbauten Alpenhütte im Leitertal, der sogenannten Kühhütte. Weil es am 3. September regnete, konnte zunächst an den Aufstieg nicht gedacht werden. Man kam mit den drei Führern[34] überein, doch wenigstens zur zwei Stunden entfernten Hütte auf der Salmshöhe, die allerdings beinahe gänzlich zerstört war, zu gehen. Da sich das Wetter besserte, wurde weitergegangen. Der Gletscher war besonders spaltenreich, was laufend Umwege erforderlich machte. Erst nach zwölf Uhr ging es von der Adlersruhe in Richtung Gipfel. Das Gelände, Nebel und Schneefall erlaubten nur ein langsames Vorwärtskommen. Im Hinblick auf den langen und gefährlichen Rückweg war an das Erreichen des höchsten Gipfels nicht mehr zu denken. Erst um halb neun Uhr abends trafen die fünf Bergsteiger beim Nachtquartier Kühhütte ein. Da sich die Witterungsverhältnisse nicht besserten, war ein neuerlicher Besteigungsversuch unrealistisch. Am 7. September verließen deshalb Stampfer und Thurwieser Heiligenblut und stiegen diesmal vom Hochtor ins Seidlwinkeltal ab.

Der Bericht endet mit Ratschlägen für Verbesserungen und Vorschlägen für künftige Glocknerbesteigungen. Auf den Seiten 13 bis 21 des Artikels findet sich eine Zusammenstellung der barometrischen Messungen während dieser Reise mit den daran anknüpfenden Berechnungen.

Laut Schöpf bestieg Thurwieser im Jahr 1828 und vielleicht auch noch später den Großglockner.[35]

1826: Trattberg (1.757 m)
Literatur: Thurwieser, 1882, S. 7–8.

Thurwiesers Ausflug fällt auf den 2. und 3. August 1826. Die Ersteigung dieses Berges im Salzburger Tennengau stellt keine größeren Anforderungen. Von Golling aus und wieder dorthin zurück ist es aber doch ein weiter Weg. Wenn der Aufenthalt auf dem Gipfel über fünf Stunden dauert, dann geht sich das ohne vorherige Übernachtung nicht aus. Gelegenheit dazu gab es in einer der damals noch zahlreichen Hütten der Vordertrattbergalm, allerdings im Stall auf Heu. Der Weg Thurwiesers dorthin führte über die Weitenau, die Seewaldbauern und an der Mitterwand (Gitschenwand) vorbei. Über die Weitenau schreibt Thurwieser in seinem Manuskript: „Es ist dies ein schmales, aber schönes, wenigstens 1 ½ Stunden langes und mit Rücksicht auf seine hohe Lage ein sehr fruchtbares Thal [...] die Sonnseite hat einen besonders guten Getreideboden". Der Gollinger Schneider Johann Haberle war mehr ein Träger als ein Führer, da er mit Thurwieser nicht Schritt halten konnte.

Am 3. August erfolgte gleich nach 3 ¼ Uhr der Aufbruch zum Gipfel mit dem Signal. Bei den barometrischen Messungen kamen ihm die weidenden Pferde gelegentlich zu nahe – das kann auch heute passieren, allerdings nicht bei solcher Tätigkeit ... Beim Blick auf das Hintertrattbergtal zählte er die für ihn sichtbaren Alpenhütten, es waren 29.

1826: Ackerlspitze, Kaisergebirge (2.329 m)
Literatur: Schöpf, 1871, S. 50–54.

Über diese anspruchsvolle Tour findet sich bei Schöpf eine ausführliche Schilderung. Maßgeblich für die Wahl dieses Ziels war für Thurwieser die Einschätzung, dass die Ackerlspitze die höchste in der Gebirgsgruppe sei.

Er fuhr am 30. September 1826 nach Erpfendorf und kam zu Fuß zum Lederer (Joseph Carl) nach Kirchdorf. Dieser hatte schon öfter die benachbarte Maukspitze (2.231 m) erstiegen. Dieses Jahr war er mit dem in Gasteig wohnenden Jäger Stephan Unterrainer, vulgo Hauzensteffl, auf der Ackerlspitze gestanden. Mit beiden hatte Thurwieser im Vorjahr Gespräche wegen seiner geplanten Tour geführt.

Thurwieser las um fünf Uhr früh Messe, um sechs Uhr war Aufbruch in Richtung Ursprung des Luigamtals. Der Weg führte über die Bürger-, Hacker-, Mauk- und Kaiser-Alpe zum Gamskögerl, Hochgrubach und Sesselpries. Alles Entbehrliche wurde hier zurückgelassen, auch die Röcke. „Leider hatte der Lederer, dem die Sorge über den Mundvorrath übertragen war, nur wenig Wein vom Hause mitgenommen und auch diesen bei den Röcken zurückgelassen", daher hatten die Berggeher von zehn bis 18 Uhr nichts zum Trinken dabei! Sie legten nun die Steigeisen an und verwendeten sie auch auf dem Rückweg bis hierher, „wir hätten sie nur selten eine kleine Strecke weit entbehren können". Sie kamen auf die Flohschneid und die Maukspitze. Etwa 250 Höhenmeter mussten sie in den Hochkessel absteigen. Über die Ackerlschneid gelangten sie auf den Gipfel der Ackerlspitze. „Zu meinem Verdruße bemerkte ich gegen WSW. in der Entfernung von beiläufig einer Stunde einen noch höheren Felsen: ‚Den Gamshaltspitz'". Hier dürfte es sich um eine Verwechslung mit der Ellmauer Haltspitze handeln, denn nur diese ist mit 2.391 m höher als die Ackerlspitze.

Die Zeit von 1¼ bis 2½ Uhr wurde auf dem Gipfel verbracht. Beim Rückweg trafen sie auf der Maukspitze vier Bauernburschen aus Kirchdorf, welche zu spät von der Besteigung Nachricht erhalten hatten. „Wir verweilten auf dem Maukenspitz bis 4¾ Uhr, wo ich von ihnen ein Paar Schluck Branntwein erhielt, um meinen brennenden Durst doch ein wenig zu löschen".

1826: Großer Galtenberg, bei Alpbach (2.424 m)
Literatur: Schöpf, 1871, S. 55–56.

Diesen Berg bestieg Thurwieser unter Führung des Joseph Pletzacher. Nach Ankunft auf dem Gipfel um vier Minuten vor zehn Uhr widmete er sich ganz der Aussicht; sie übertraf an Herrlichkeit seine Erwartungen. Er beschrieb sie sehr ausführlich, ausgehend von der Venedigergruppe über Glockner, Hochkönig, Wilden Kaiser, Chiemsee, Sonnwendjoch bis nach Süden zu den Gipfeln der Zillertaler Alpen. „Vor diesen Riesenhöhen demüthigen sich auch hohe Berggipfel, die – unten vom Thale gesehen – gewaltig emporsteigen, z. B. das Kellerjoch, die Ahornspitze u. dgl."

1830, 1831: Schönfeldspitze (2.653 m)
Literatur: Purtscheller, 1893, S. 276–278; Wolfsgruber, 1906, S. 58–59.

Die Ersteigung dieser markanten Spitze am Südrand des Steinernen Meeres am 10. August 1830 von Maria Alm aus erweckt insofern Interesse, als es darüber sowohl von Friedrich Schwarzenberg als auch von P. K. Thurwieser Angaben gibt.

Vor Eintritt in das Wiener Alumnat schrieb Prinz Friedrich von Schwarzenberg einen sehr ausführlichen Brief an Salzburgs Fürsterzbischof Augustin Gruber.[36] Über die Besteigung der Schönfeldspitze ist da zu lesen: „Ohne einen guten Führer zu haben, gegen Prof. Thurwiesers Anrathen bestiegen wir noch denselben Tag die von Aigen aus schauerlich sichtbare Schönfeldspitze. Ich kletterte wie ein Kind, das keine Gefahr kennt, ja um vollkommen zu bekennen, muß ich noch mehr sagen, daß ich nämlich kindisch genug über den wohlmeinend zögernden Thurwieser spottete und ihn dadurch Gefahren aussetzte, die seiner schlechten Augen wegen für ihn größer als für mich waren. Alles gieng aber gut und doppelt freuten wir uns der genossenen schönsten Aussicht, da sie Mühe und Gefahr gewürzt hatte. Den 11. August kam ich über den Königssee und Berchtesgaden glücklich zuhause an". Dazu sei angemerkt, dass Schwarzenberg damals 21 Jahre jung war und Thurwieser auch erst 41 Jahre zählte.

Ludwig Purtscheller zitiert im Standardwerk „Die Erschließung der Ostalpen" eine ungedruckte Schrift Thurwiesers: „Meine Reisen während der Vacanz 1830". Purtscheller schreibt: „Die ersten Touristen, welche die Schönfeldspitze erstiegen, waren Friedrich Fürst Schwarzenberg, damals Theologe in Salzburg, und Professor Peter Carl Thurwieser mit J. Langegger aus Saalfelden, A. Klingler aus Stegen und dem Diener des Fürsten, Moser"[37]. Thurwieser, der, wenn er nur festen Boden hatte, kein Schwindelgefühl kannte, äußert sich so: „Wer den Hochzink[38] erklettern will, muss etwas wagen. In unseren Umständen war die Sache noch misslicher, theils weil wir ohne Führer uns nur auf das Schauen und Rathen verlassen mussten, theils weil der Himmel drohte, um die Felspyramide Nebel zu legen und uns somit einen bösen Begleiter aufzudringen, der, falls wir auch gut hinaufkämen, oben den Hochgenuss der Aussicht uns neidisch rauben und herab etwa gar uns irreführen würde"[39]. Angesichts dieser Gefahren teilte sich die Gruppe: Klingler, Schwarzenberg und Moser stiegen voraus, Thurwieser und Langegger folgten im Rufabstand. In dieser Reihenfolge betraten sie auch den Gipfel.[40]

Eine weitere Besteigung der Schönfeldspitze durch Thurwieser erfolgte am 31. August 1831. Im Steinernen Meer bestieg Thurwieser in den Jahren 1825 und 1828 auch den Hundstod.

1831, 1834: Birnhorn, Leoganger Steinberge (2.634 m)
Literatur: Thurwieser, 1883, S. 4–6.

Erwähnt werden zwei Besteigungen des Birnhorns durch Thurwieser, eine im Jahr 1831, die andere 1834. Der Bericht über die Tour von 1831 lag dem Herausgeber (wahrscheinlich Johann Döttl) ohne den Schluss vor, bei dem von 1834 konnte er den Anfang nicht mehr auffinden. Diesen Sachverhalt beschrieb er so: „Vergebens suchte ich nach den vielen losen Blättern und Blättlein des schriftlichen Nachlasses Thurwieser's die Fortsetzung dieser hochinteressanten, touristischen Schilderung".

1831: Unmittelbar nach der Besteigung der Schönfeldspitze am 31. August 1831 nächtigte Thurwieser in Maria Alm und begab sich tags darauf nach Diesbach im Saalachtal. Der Wegmacher Barth. Stachelsperger wurde für die

Besteigung des Birnhorns als Führer gefunden. Nach gut einstündigem Aufstieg nächtigte man in der Hütte Niedergrub. Über den weiteren Weg am 2. September liegt eine recht interessante Schilderung vor. Als schließlich um zehn Minuten vor zwölf Uhr die Spitze erreicht war, bildeten bald Wind, Regen und Kälte die Begleiter. Der Abstieg war also angesagt, doch darüber fehlen die Aufzeichnungen. Es deutet alles darauf hin, dass Thurwieser mit seinen Messinstrumenten direkt nach Frohnwies abstieg.

1834: Wie erwähnt, war über die 1824 ausgeführte Tour der erste Teil von Thurwiesers Aufzeichnungen nicht mehr auffindbar, auch der Schluss fehlte. Bergbegleiter war Friedrich Fürst Schwarzenberg. Die Temperatur- und Barometer-Beobachtungen lassen den Schluss zu, dass am 16. September 1834 von Weißbach aus zur Nebelsbergalpe (Ebersbergalm) aufgestiegen wurde und die Nächtigung erfolgte. Seine Messtermine legen nahe, dass sie um halb sieben in der Früh bereits den Gipfel des Birnhorns erreichten. Seine letzten Messungen auf dem Birnhorn stellte Thurwieser um sechs Minuten nach zwei Uhr an, „so daß sich für den Aufenthalt auf der Spitze des Berges ein Zeitraum von nahezu 8 Stunden ergibt". Der wolkenlose Himmel lud zu einer intensiven Gipfelschau ein. Entsprechend lang ist die Aufzählung all der Berge im Umkreis. Sein Fernrohr ermöglichte ihm detaillierte Beobachtungen der Gipfel. Er sah die Kapelle auf dem Kitzbüheler Horn, in Richtung Spitzstein den Steinhaufen auf dem Flachhorn, das Signal auf dem Hochgern, ebenso auf dem Hochstaufen, weiters den Steinhaufen auf dem Mühlsturzhorn und auch den auf dem Hochkalter sowie die Pyramide auf dem Watzmann.

1834: Dachstein (2.995 m)
Literatur: G. N. V., 1834, Sp. 1221–1223; Schöpf, 1871, S. 60.

Thurwieser kam im August 1823 in der Absicht nach Filzmoos, den Thorstein zu besteigen. Weil das Wetter ungünstig war, wartete er einige Tage ab und verließ Filzmoos wieder. Im Sommer 1833 war das Wetter abermals abweisend, doch der Sommer 1834 zeigte sich vielversprechend, sodass Thurwieser am 17. Juli wieder in Filzmoos eintraf. Er gewann Peter und Adam Gappmayer, zwei kühne Bergsteiger, als Führer.[41] Noch am selben Tag brachen sie zur Sulzenalm auf und nächtigten dort. Am folgenden Tag waren sie bereits ab 2¾ Uhr unterwegs und nahmen den Aufstieg über die Windleger Scharte, den Gosaugletscher und den Westgrat zum Gipfel. Nach den Beobachtungen vom Tal aus standen sie um halb neun auf dem Gipfel des Hohen Dachsteins. Wie man von unten feststellen konnte, hatten die drei Männer um 3½ Uhr die Spitze bereits verlassen und ein Holzkreuz aufgestellt. Die von den Beobachtern mit Bangen erwartete Rückkehr nach Filzmoos erfolgte erst um zehn Uhr abends. Pfarrvikar Georg Niederjaufner schickte über dieses Ereignis einen Bericht an die „Salzburger

Zeitung", die ihn am 28. Juli 1834 veröffentlichte. Der Artikel schloss mit den Worten: „Möge uns Herr Professor Thurwieser das Resultat seiner kühnen Reise bald kund geben!" Doch von Thurwieser selbst ist keine größere Veröffentlichung bekannt. Der Grund könnte sein, dass er mit Prüfungen beschäftigt war und seine Ortlerfahrt vorbereitete.

Seine Angaben über die Ausgaben lauten: „Die Dachsteinreise kostete (ohne Berechnung der Beischaffungen, z. B. des Honigs, Kaffees und ohne Einrechnung der an Vikar in Filzmoos zu machenden Remuneration) 31 fl. 41 kr. R.-W."[42].

1834: Ortler (3.899/3.905 m)
Literatur: Thurwieser, 1837, S. 89–163; Schöpf, 1871, S. 60–61.

Die Ortlerbesteigung dürfte Thurwiesers größtes Bergerlebnis gewesen sein, stand er doch auf dem höchsten Punkt seiner Tiroler Heimat. Sie ist auch im deutsch- und italienischsprachigen Schrifttum am breitesten behandelt. Am wichtigsten ist natürlich der von ihm verfasste Bericht. Ihm war selbstverständlich bekannt, dass der Berg schon mehrmals bestiegen worden war.

In einer Schrift zur Salzburger Landeskunde ist es legitim, auf Thurwiesers entferntere Bergziele nur kurz einzugehen. Das Augenmerk soll auf jene Punkte gerichtet werden, die über ihn selbst etwas aussagen. Kein Tourist vor ihm war, ausgerüstet mit mehreren Messinstrumenten, aufgestiegen und hatte dann die gewonnenen Daten selbst ausgewertet.

Thurwieser setzte seine ganze Hoffnung darauf, den Jäger Joseph Pichler („Josele"), den Erstbesteiger von 1804, für sein Vorhaben zu gewinnen. Dazu bedurfte es mithilfe des Grafen von Churburg einer guten Strategie, denn „Josele" war schon fast 70 Jahre alt. Für den Sohn Lex sollte es eine Gelegenheit sein, den Ortler kennenzulernen. Michael Gamper („Strimmer"), der mit „Josele" vor acht Jahren auf dem Ortler gewesen war, sollte ebenfalls zum Erfolg beitragen. Der lange Aufstieg machte es erforderlich, dass in knapp 2.000 m Höhe im Freien, an einem Feuer, genächtigt werden musste. „Unser Vorrath bestand in Braten, Brod, Schmalz, Chokolate und Kaffeepulver, 2 bis 3 Maß Wein und Haller's Säure[43]"[44]. Zur Ausrüstung zählten ein rund 15 Meter langes Seil, Steigeisen, ein Schleier zum Schutz des Gesichts und selbstverständlich der Hut. Thurwiesers Bergstock war eine Verlegenheit, da vor Ort kein richtiger Stock aufzutreiben war; die Mitnahme von daheim wäre bei der weiten Anreise wohl hinderlich gewesen. Trotz des Aufbruchs um sechs Minuten nach vier Uhr erreichten sie den Gipfel erst um 36 Minuten nach zwölf Uhr. Insbesondere die vielen Gletscherspalten hatten häufige Umwege erzwungen. Der Gipfelaufenthalt musste auf eine Stunde beschränkt bleiben und war für Thurwieser mit reichlich Arbeit verbunden. Er vergaß auch hier nicht, vom Gipfelbereich einige Steine mitzunehmen und sie dann in Salzburg zu schleifen und zu polieren.

„Von den Steinen ließ ich zwei der schönsten, mit eingestochener Inschrift, zu Uhrgehängen in Gold fassen, […]"[45].

Im Zuge dieser Reise bestieg Thurwieser auch die Remmspitze[46] (3.212 m) östlich von Mals.

1836: (Lüsener) Fernerkogel, Stubaier Alpen (3.298 m)
Literatur: Thurwieser, 1840, S. 1–32.

„Die Ersteigung und Messung des Fernerkogels und der Habichtspitze im Jahre 1836" ist ein für Thurwieser charakteristischer Titel – er zeigt, dass die Messung auch hier wieder einen hohen Stellenwert hatte.

Schon seit der frühen Jugend erregte der Fernerkogel seine Aufmerksamkeit, da er die Spitze von zu Hause in Kramsach sehen konnte. Am 16. August 1836 traf er in Innsbruck ein, um die nötigen Vorkehrungen zu treffen. Das Stift Wilten als Besitzer der Alpe und der Jagd seines Zielgebiets konnte ihm Informationen liefern und er erfuhr, dass der dortige Jäger Philipp Schöpf, Bauer in Praxmar, den Berg schon bestiegen hatte – er war somit auch für ihn ersteigbar. Schöpf und dessen Schwiegersohn Jakob Kofler, ebenfalls Bauer in Praxmar, konnten als Führer gewonnen werden. Steigeisen und ein langer Bergstock mit Eisenstachel zählten zur Ausrüstung. Als Verpflegung nennt Thurwieser 1 Seitel Wein, 1 ½ Seitel Branntwein, Brot und Käse.[47] Für seine Messungen auf dem Gipfel am 24. August hatte er eineinhalb Stunden Zeit. Wie gewohnt, gibt er Ankunft und Aufbruch präzise an: eine Minute nach ein Uhr und 37 Minuten nach zwei Uhr.

Thurwieser vermerkt, dass er die zwei Illustrationen auf eigene Kosten anfertigen ließ, eine ist hier als Abb. 8 zu sehen. Hingewiesen sei auf den damals noch weit herabreichenden Gletscher.

1836: Habichtspitze, Stubaier Alpen (3.277 m)
Literatur: Thurwieser, 1840, S. 32–53.

Schon bevor Thurwieser 1804 nach Hall kam, war ihm „der Hager in Gschnitz", wie der Habicht genannt wurde, ein Begriff. 1808 bis 1810 hatte er Gelegenheit, diesen Berg aus verschiedenen Blickwinkeln zu betrachten. Obgleich er dabei erkannte, dass andere Gipfel in der Umgebung noch höher waren, hatte er das Verlangen, gerade diesen Berg wegen der zu erwartenden guten Aussicht zu besteigen. Als Führer fand er Ingenuin Krößbacher („Hiesenjenl") in Fulpmes. Auf dem Habicht erstreckte sich der Gipfelaufenthalt von fünf Minuten vor halb zwölf bis zehn Minuten vor vier Uhr – also genug Zeit für seine Vorhaben.

1836: Hochkönig (2.941 m)
Literatur: Schöpf, 1871, S. 56–59.

Schon oft hatte Thurwieser die „vergossene Alpe" mit Interesse betrachtet. „Als ich aber vom Trattberg aus mittelst des Perspektives auf der südlich [des Gletschers] daran emporsteigenden – höchsten Höhe (Hoch-König) ein trigonometrisches Signal bemerkte, so faßte ich sogleich den Entschluß, bei nächster Gelegenheit diese Höhe zu ersteigen".

Am 4. September 1836 reiste er mit Herrn Ernst v. Joanelli vom 4. Jägerbataillon von Salzburg ab. Hauptmann v. Sax stieß in Werfen dazu. Zu triangulieren, war deren Vorhaben. In Bischofshofen waren zehn Träger versammelt und es begann der Aufstieg zur Mitterfeldalm, wo genächtigt wurde. Am 5. September erfolgte um fünf Minuten nach fünf Uhr der Aufbruch. Es ging links an der Torsäule vorbei. Thurwieser merkte hier an, dass er wie die meisten keine Steigeisen mitgenommen hatte und er auch der Einzige ohne grob genagelte Schuhe war. Im Vergleich zu heute war der Gletscher noch viel ausgedehnter: „Drei volle Viertelstunden giengen wir über den Schnee hin – bis zum Fuße des hohen Königs". Der 1 ¾ Stunden lange Aufenthalt auf dem Gipfel war getrübt durch aufziehende Nebel. „Ich hatte nebst Brod auch ein Stück von einer Gemse, welche (in 4 Vierteln) mir mein Vater Anfangs Juli geschickt hatte, bei mir; ich aß es mit dem größten Appetite, wiewohl mich Niemand damit im Winde gegen sich dulden wollte"[48].

Für den Abstieg wurde der gleiche Weg gewählt. Nach der Nächtigung in Werfen kam Thurwieser am 6. September zu Mittag in Salzburg an.

Es war wohl Zufall, dass im Todesjahr Thurwiesers (1865) Mühlbacher Bergknappen auf dem Gipfel des Hochkönigs eine einfache kleine Schutzhütte errichteten.

1840: Ahornspitze, Zillertaler Alpen (2.973 m)
Literatur: Thurwieser, 1841, S. 68–92.

„Obgleich von Hause aus ein Nachbar des Zillerthales, unterließ ich doch lange die Bereisung desselben"[49].

Schon im Jahr 1838 hatte er sich am 9. September von Salzburg aus aufgemacht, um die Ahornspitze zu besteigen. Nach mehreren Schlechtwettertagen hatte er das Zillertal wieder verlassen, in Oberammergau die Passionsspiele besucht und war über Reutte heimgefahren. 1839 hatte es für Thurwieser andere Hindernisse gegeben, sein Vorhaben zu verwirklichen.

Auch 1840 sah es zunächst nicht gut aus. Wegen des Wetters musste er zuwarten. Endlich am 31. August trat eine Wetterbesserung ein. So brach er von Mayrhofen nach Brandberg auf. Auf seinem Weiterweg lagen u. a. die Alpbachaste, die Brente, der Sonntager. Nächtigungsort war die obere Hütte des Mittellägers in Ahornach. Von hier weg übernahm die Führung der Senner Vitus Eberharter, Sohn des Besitzers Joseph Eberharter, Davidwirt in Zell am Ziller. Zum Erstaunen Thurwiesers machte er sich barfuß auf den Weg zum Gipfel. Dieser führte über Kahrhütte, Hochfeldlahner oder Ochsnerschneide, Fällenberger Kahrl und Popbergschneide. Von der südlichen der zweigeteilten Spitze nahm Thurwieser seine Messungen und Beobachtungen vor. Die weiteren Personen, die an dieser Besteigung teilnahmen, waren der Bauer Vitus Kreidl als Träger, der Vikar Josef Weinold, der Hilfspriester Martin Seisl und der Schullehrer Joseph Thaler. Da der Gipfel um vier Minuten nach acht Uhr erreicht wurde und der Abstieg um zehn Minuten vor vier Uhr begann, hatte Thurwieser nicht weniger als 7¾ Stunden Zeit: Er konnte also wiederholt Messungen ausführen, die Aussicht eingehend studieren und schriftlich festhalten. Wegen der fortgeschrittenen Zeit wurden auf der Alpbachaste „Pucheln aus Kenteln" (Fackeln aus dünn gespaltenem Holz) verfertigt und der Weg nach Mayrhofen im Fackelschein zurückgelegt.

1841: Reise von Brandberg über das Hörnl und Feldjöchl, Zillertal–Ahrntal (2.838 m und 2.657 m)
Literatur: Thurwieser, 1883, Nr. 17, S. 5–6 u. Nr. 18, S. 4–5; Schöpf, 1871, S. 72–73.

Dem Artikel in der Zeitschrift „Der Tourist" liegt ein Manuskript Thurwiesers zugrunde. Vermutlich war Johann Döttl dessen Herausgeber. Abgesehen von den vier Fußnoten dürfte es sich um den Originaltext handeln.

Der einleitende Satz lautet: „Am 30. August 1841 brach ich in Begleitung des Herrn Vikars Josef Weinold, des Mitsteigers der Ahornspitze, Nachmittags um 4¼ h von Brandberg auf, um durch den Zillergrund[50] und über das Hörndl-Joch in das Ahrnthal zu gelangen"[51]. Es handelte sich somit um keine reine Gipfeltour.

Die Jägerhütte oder das Tauernhaus, zur Nächtigung gewählt, wurde damals von Georgi bis Martini bewirtschaftet. Neben dem Übergang Hörndl (2.838 m) erwähnt Thurwieser noch zwei benachbarte, ähnlich hohe Übergänge ins Ahrntal, die je nach Jahreszeit benützt wurden. Der östliche, die Napf genannt, soll für den Viehtrieb gedient haben. „Wir blieben von 12 Uhr 52 M. bis 4 Uhr 46 M., also nahezu 4 Stunden, auf dem Joche […]"[52]. Nach dem Abstieg wurde in Prettau (St. Valentin) genächtigt. Der Rückweg erfolgte über das Feldjöchl oder Heiliggeistjöchl (2.657 m). Bei sich rasch verschlechterndem Wetter mit bald einsetzendem Regen wurde die letzte Nacht dieser Gebirgstour in der Alphütte „Zillerplatten" verbracht, „wo wir vor allem das gastliche Feuer aufsuchten, aber auch Milch und Rahmmuß nicht verschmähten, mit den Hütern die Abendandacht verrichteten und nach süßer Ruhe auf würzigem Heu freudig den heiteren Morgen des 2. September begrüßten"[53].

1843, 1844 oder 1845: Die Floite und die Gunkel, Zillertal (bis ca. 1.585 m bzw. ca. 1.664 m)
Literatur: Schöpf, 1871, S. 73–76.

Diese beiden Talwanderungen in ehemals bekannten Jagdgebieten unternahm Thurwieser im Jahr 1843, 1844 oder 1845 am 6. und 7. September von Dornauberg aus. Die Benennung vieler topografischer Details deutet darauf hin, dass die Informationen wie auch sonst oft von seinen Führern bzw. Begleitern stammten. Nach seinen barometrischen Höhenbestimmungen kam er in der Floite auf ca. 1.585 m Höhe, in der Gunkel auf 1.664 m.

In die Floite brach er in Begleitung eines Führers um 8½ Uhr auf. Ab dem Sulzenkaser kam der „Schneiderjörgl", ein kühner Bergsteiger aus Mayrhofen, dazu. Sie sahen auf ihrem Weg folgende Alpen (Almen): Tristenbach-Alphütte, Höhenberg-Alphütte, Thurnbacher Niederlägeralphütte oder Sulzenalphütte. Bis hierher war der Fußsteig ziemlich gut. Weiter taleinwärts erwähnt er Mitterläger, Thurnbacher Hochläger- oder Baumgartenkaser, Letzterer an einen Felsen gelehnt „in einer völligen Wildniß", schließlich noch die Alpe Lämmerbühel. Gegen 4¼ Uhr traten sie den Rückweg an.

Am folgenden Tag waren Pater Valentin Kern und der Wirt Andrä Kröll aus Dornauberg seine Begleiter. Sie brachen um 8¼ Uhr auf. Nach gut einer Stunde erreichten sie das alte Jägerhaus, wo sie über zwei Stunden verweilten. Er erwähnt, dass im schmalen Talboden viele Steine lagen, die aber zum Teil zu Haufen zusammengetragen waren. Diese Arbeit leistete der im alten Jägerhaus wohnende „Alpenputzer" oder „Alpenpflanzer". Sie erhielten bei ihm Milch und Rahmmuß. Um etwa 11½ Uhr setzten sie ihren Weg fort zur „Hütte im Gründl", auch diese zum Schutz vor Lawinen an einen großen Felsen angebaut. Den einsamen Ort verließen sie um 3¼ Uhr und gingen zurück nach Dornauberg.

1846: Großer Mörchner, Zillertaler Alpen (3.285 m)
Literatur: Thurwieser, 1881, Nr. 7, S. 3–5.

„Auf den Großen Mörchner gingen wir am 19. August, ich, Georg Lechner, vulgo Schneiderjörg, Vitus Hotter, Büchelwirt und Anton Wechselberger, Krämersohn, damals Granatenarbeiter-Meister von der Granatenhütte[54] in Haiern"[55]. Diese Tour, von Thurwieser zum größten Teil mit Bleistift aufgezeichnet, wird von Schöpf (1871) und Wallmann (1880) nicht erwähnt.

Als Proviant dienten Melkermuß, Speck, Schokolade und Brot. Zur Ausrüstung zählten Fußeisen und ein zehn Klafter langes Seil, denn es waren „Keller" zu überschreiten. „So nennt man verdeckte Eisspalten von großen, selbst mehrere Klafter breiten Öffnungen"[56]. Während des dreiviertelstündigen Gipfelaufenthalts gab es, sehr zum Leidwesen Thurwiesers, keinen Ausblick.

Seine Temperatur- und Luftdruckmessungen machte er bei der Granaten-, Schwarzenstein- und Waxegghütte.

Ursprünglich wollte Thurwieser die benachbarte, ebenfalls noch unerstiegene Rossruckspitze bezwingen, doch brachte die Erkundung durch seine Führer ein negatives Ergebnis, sodass davon Abstand genommen wurde.

1847: Schrammacher, damals auch Schramaspitze genannt, Zillertaler Alpen (3.410 m)
Literatur: Farbmacher, 1847, S. 288 u. 292.

Der Bericht über diese Tour stammt nicht von Thurwieser selbst, sondern vom Vikar Anton Farbmacher in Dornauberg im hintersten Zillertal und wurde gut zwei Wochen danach veröffentlicht. Einleitend schreibt er: „Der seiner vielen Bergreisen und Höhenmessungen wegen, insbesondere durch die erste Ersteigung unserer großen Möhrenspitze im vorigen Jahre rühmlich bekannte Hr. Professor Thurwieser aus Salzburg, ein treuer Sohn Tirols, erfreute uns auch heuer mit seinem Besuche"[57].

Mit den zwei Begleitern Georg Lechner (Schneider-Jörgl) aus Mayrhofen und Jakob Huber (Gainer-Jakl) aus Dornauberg brach er am 17. August 1847 von der sechs Stunden von Dornauberg entfernten Rothmoosalm zur Gipfelbesteigung auf. Da er erkennen musste, dass die Zeit für seine Messungen nicht ausreichen würde, kehrte er um und schickte dann seine Begleiter zur weiteren Erkundung des Anstiegs aus. Nach deren Rückkehr gab es zunächst einen Rasttag. Am 19. August erfolgte dann der gemeinsame Aufbruch Richtung Stampflferner und Schrammachergrat. Nach fünfeinhalb Stunden Aufstieg wurde der Gipfel um elf Uhr neun Minuten erreicht. Bei angenehmen 12,5 Grad Reaumur nutzte Thurwieser wie gewohnt die Zeit für Messungen und Beobachtungen.

Farbmacher schließt seinen Bericht wie folgt: „Möge unser werther Gast auch künftighin Dornauberg besuchen; denn es gibt in unsern Gegenden der unerstiegenen und ungemessenen Hochgipfel noch mehrere, der Freunde von so kühnen Unternehmungen aber äußerst wenige!"[58].

Zu Thurwiesers natur- und kulturlandschaftlichem sowie gesellschaftlichem Umfeld

Spätestens nach diesen Ausführungen mit vielen Auszügen aus Thurwiesers Schriften und Aufzeichnungen wird klar, wie sich das Bergsteigen von damals vom späteren und heutigen unterscheidet.

Zunächst betrifft dies den Wandel der Naturgegebenheiten. Im Zeichen des Klimawandels hören und lesen wir heute besonders viel vom auftauenden Permafrost und den damit einhergehenden Gefahren für Touristen und für die Infrastruktur. Gegenüberstellungen von alten und heutigen Fotos machen den dramatischen Gletscherrückgang sichtbar. Der neuzeitliche Höchststand der Jahre um 1860 fällt in die Zeit nach Thurwiesers Hochtouren. Die sich auch heute laufend ändernde Spaltensituation setzte den Alpinisten da und dort Grenzen. Wegführungen, namentlich im Hochgebirge, mussten diesen Entwicklungen Rechnung tragen und abgeändert werden. Eine generelle Aussage, ob die Naturgegebenheiten zu Thurwiesers Zeiten für Bergsteiger besser oder schlechter waren, ist nicht möglich; im Einzelfall kann das nämlich höchst unterschiedlich sein.

Den Naturelementen waren Thurwieser und seine Zeitgenossen auch insofern mehr ausgeliefert, als ihre Reisepläne nicht selten von der Wetterentwicklung zunichtegemacht wurden. Die vielfach längere Dauer der Anreise brachte mehr Unsicherheit. In Thurwiesers Berichten gibt es dazu Beispiele. Im Winterhalbjahr dürfte Thurwieser kaum Bergbesteigungen unternommen haben – wenn man etwa vom Gaisberg absieht.

Von seinen „Reisen" lieferte Thurwieser mitunter recht lebendige und informative Schilderungen über die Anreisewege. Derartiges findet man später kaum noch in der Alpinliteratur. Das gilt auch für die um 1923 erschienenen „Ausgewählten Schriften von Peter Carl Thurwieser". Die Anreise ist jeweils weggelassen.

Über den Wandel der Kulturlandschaft geben Thurwiesers Ausführungen manch gute Auskünfte. Beim Anblick des Hochgründecks vermerkt er: „Dieses ist deswegen interessant, weil es bis zur Spitze hinauf schönen Rasen trägt"[59]. Das Verhältnis von Wald und Weide war in den letzten zwei Jahrhunderten mancher Veränderung unterworfen. Die Almwirtschaft erlebte einen einschneidenden Strukturwandel. Auch die Talböden boten ein anderes Bild als heute. Thurwieser sah noch die versumpften Talböden des Gasteiner Tals, Regulierungen erfolgten erst später.[60] Straßen gab es nur in den Tälern, gebahnte Wege höchstens dort, wo es die damalige Wirtschaft erforderte.

Thurwieser, der vor 1860 seine Reisetätigkeit eingestellt hatte, konnte sich nicht der modernen Verkehrsmittel bedienen. Damals begann ja gerade erst das Eisenbahnzeitalter. Auf den Straßen verkehrten bekanntlich auch Jahrzehnte

Abb. 7: Thurwieser, nach einer Fotografie gezeichnet von Th. Mayerhofer, Alpenvereinszeitschrift 1894, S. 101.

Abb. 6a+b: Gesamtansicht der Priestergruft in St. Sebastian und Detail (Foto: Guido Müller, 2019).

später noch keine Automobile, von Seilbahnen war noch keine Rede. Von zwei oder mehr Pferden gezogene Post- und Stellwagen oder oft private Einspänner standen damals den Reisenden zur Verfügung, entweder fahrplanmäßig oder es musste eine Bestellung vor Ort vorgenommen werden. Weite Fußmärsche waren daher an der Tagesordnung.

Für Übernachtungen, die bei seinen Touren in der Regel häufiger als in späteren Zeiten erforderlich waren, gab es Gasthäuser. Den geistlichen Herren bot sich darüber hinaus Unterkunft in Pfarrhäusern oder bei Vikaren. Thurwieser schreibt: „Was ich jederzeit besonders vermieden habe – war das Ausschnofeln des Hauswesens, ich bin darum nie in die Küche gegangen und bin nie mit dem weiblichen Dienstvolke vertraulich geworden, weshalb ich auch allwärts sehr willkommen war"[61]. Weiter oben nächtigte Thurwieser in Almhütten oder

Abb. 8: Der (Lüsener) Fernerkogel mit weit herabreichendem Gletscher, Lithografie in der 1840 publizierten Arbeit von Thurwieser (nach S. 4).

Abb. 9: Thurwieserspitze in der Ortlergruppe (3.652 m) vom Thurwieserjoch aus, Foto von B. Johannes in: Eduard Richter, Hg., Die Erschließung der Ostalpen, Bd. II, Berlin 1894, nach S. 132.

Stadeln im Heu. Der auf dem Land Aufgewachsene hatte gegenüber Städtern einige Vorteile im Umgang mit den Landbewohnern. Er kannte deren Sprache und Eigenart und genoss als Geistlicher hohes Ansehen.

Die Schutzhütten entstanden erst mit dem Aufkommen alpiner Vereine, damit im Zusammenhang steht auch ein sich ständig erweiterndes Netz von betreuten alpinen Wegen und Steigen, an gefährlichen Stellen mit Sicherungen oder durch Felsarbeiten entschärft.

Thurwiesers Gepäck beschränkte sich auf ein Minimum, allerdings nahmen ihm in der Regel seine Führer die Lasten ab, mit einer Einschränkung: Eine Spezialität seiner Ausrüstung waren ja die vielfach leicht empfindlichen Messinstrumente, die er nur selten seinen Begleitern anvertraute und daher selbst tragen musste. Ein Fernrohr war ihm wichtig bei der Bestimmung der sichtbaren Berge. Schreibutensilien werden nicht extra erwähnt, waren für ihn eine Selbstverständlichkeit. Spezielle Gebirgskarten und Führerliteratur standen damals noch nicht zur Verfügung. Vor der Reise orientierte er sich anhand der verfügbaren Karten, zu ihnen gehörte die „Anichkarte" von Tirol.

Nicht nur für das Gehen auf Gletschereis, auch im schwierigeren Schutt- und Felsgelände waren „Fußeisen" ein wichtiger Teil der Ausrüstung. Die Bergseile bestanden selbstverständlich noch aus Naturfaser und konnten bei Nässe ein beträchtliches Gewicht annehmen. Der lange Bergstock mit einer

Abb. 10: Thurwiesergasse in Salzburg, zwischen Leopoldskron und Rainberg (Foto: Guido Müller, 2013).

Eisenspitze zählte zur Ausrüstung, ebenso sein Hut, geschmückt mit Edelweiß, seiner Lieblingsblume. Er trug ihn genauso aber auch in der Stadt. Einen wirksamen Regenschutz gab es noch nicht, bei Thurwieser tat es ein Rock, und selbst diesen trug er oft nur ungern.[62]

Die Verpflegung während seiner Touren war nicht so einheitlich, wie es manche Autoren von ihm annehmen. Melkermuß, Speck, Brot, Schokolade, Rot- und Branntwein werden aber wiederholt genannt. Nirgends erwähnt er aber die von ihm geliebten gekochten Eier als Tourenproviant. Was er allenfalls schon von zu Hause mithatte, wird nicht extra genannt. Sein und Simon Stampfers Hobby des „Feuerwerkens" bei Bergfahrten dürfte von manchen späteren Autoren überbewertet worden sein, er hatte ja meist anderes zu tun.

Die Bergtouren Thurwiesers, insbesondere die seiner frühen Zeit, wurden von einer breiteren Öffentlichkeit nicht wahrgenommen. Über seine gewiss schon vor 1820 ausgeführten Bergbesteigungen wissen wir so gut wie gar nichts.

Es gab auch keine mit heute vergleichbaren Kommunikationsmittel wie Telefon, Radio oder Fernsehen. Ein Rettungswesen für den Fall einer Verletzung existierte nicht. Tages- und Wochenzeitungen gab es wohl schon zu seiner Zeit. Rubriken für „Alpines" kamen erst später auf, ebenso spezielles alpines Schrifttum.

Thurwieser wird als geselliger und umgänglicher Mensch beschrieben, erst in seinen letzten Lebensjahren konnte Schöpf an ihm Änderungen feststellen: Resignation griff um sich. Gegenüber Heinrich Wallmann, der ihn auf den 1862 gegründeten Österreichischen Alpenverein ansprach, äußerte er sich, dass dieser Verein für ihn zu spät in Wirksamkeit getreten sei, und auf seine Einladung, über seine Touren zu schreiben, „meinte er, dass er als Bergsteiger nichts mehr gelte, bessere Bergsteiger schon da seien, und seine Bergtouren nicht mehr interessiren können"[63]. Zu Thurwiesers Zeiten hatte noch gegolten, die Berge jeweils auf den am leichtesten begehbaren Routen zu besteigen. Wenn sie das aber tatsächlich nicht immer waren, dann fehlte es einfach noch an der Geländekenntnis.

Erst um 1880 dürfte ein gewisses Interesse an den Anfängen der Alpinistik und deren Pionieren erwacht sein. Nicht immer wurde und wird Thurwieser richtig gesehen. Ihn als Alleingeher zu bezeichnen ist sicher falsch. Gelegentlich kann man auch lesen, Thurwieser sei ein systematischer Erforscher der Berge der österreichischen Alpen gewesen. Systematisch, konsequent und diszipliniert war er freilich bei seinen Messungen und Aufzeichnungen. Letztere verfasste er meist gleich an Ort und Stelle, allen Widrigkeiten zum Trotz. Das geht allein schon aus seinen bis auf die Minute genauen Angaben des Ablaufs seiner „Reisen" hervor.

Er legte Wert darauf, die Begleiter mit Namen und Herkunft zu nennen; ohne sie wären viele seiner „Reisen" gar nicht möglich gewesen. Ihn als häufigen „Erstbesteiger" zu stilisieren, widerspricht seinem Wesen. Auch im Umgang mit höher oder niedriger Gestellten hatte er eine ganz bestimmte „Philosophie". „Ich habe, schreibt er, allzeit honett gezahlt und manchmal selbst Hunger gelitten, damit meinen Führern ja nichts mangle"[64].

Zu seinen Berggefährten zählten auch hochgestellte Personen, insbesondere Erzherzog Johann und Fürsterzbischof Friedrich von Schwarzenberg. „Hohen Herrn, schreibt er, darf man sich nur bis zu gewissen Grenzen nähern" und er vermied es, aus diesem Umgang Nutzen zu ziehen. „Dazu wäre ich viel zu stolz gewesen, schreibt er, ich hatte das nöthige Einkommen, ich wollte, daß die hohen Herren eher mir zu Dank verpflichtet seien, als ich ihnen"[65].

„Ich fühle mich dem Himmel näher"

Das waren wichtigster Beweggrund und Triebkraft für Thurwiesers Bergreisen. Wahrscheinlich auch für seine Berufskollegen vom geistlichen Stand. Es fällt ja auf, dass dieser Stand bei der Erschließung der Alpen in der Region um Salzburg eine so hervorragende Rolle gespielt hat. Landgeistliche in den Gebirgsregionen waren beruflich mehr zum Steigen genötigt, denn Krankenbesuche und Versehgänge führten sie bisweilen hoch hinauf. Ob sie deshalb auch zu Bergsteigern wurden oder eben nicht, das wird individuell unterschiedlich gewesen sein. Die im Lehrberuf tätigen Weltgeistlichen sahen im Bergsteigen einen willkommenen Ausgleich zu ihrer Arbeit und fühlten sich vielleicht so wie Thurwieser „dem Himmel näher". Thurwieser ist unter diesen Vertretern des Klerus als zentrale Figur anzusehen, er war aber nicht der erste.[66]

Abb. 11: Erinnerungskreuz, Salzburg Museum, Inv.-Nr. K 4681-49.

Der Fürstbischof von Gurk, Franz Xaver Graf Salm-Reifferscheidt (1749–1822) war mit den um 1800 von ihm organisierten Glockner-Expeditionen Wegbereiter. An der Expedition von 1800 nahm Valentin Stanig (1774–1847) teil, ein wagemutiger junger Salzburger Theologe aus dem heutigen Slowenien. Um diese Zeit trat er auch als Erstbesteiger der höchsten Watzmannspitze und des Hohen Göll hervor.[67] Der spätere Domherr in Görz war übrigens auch ein Vorkämpfer für den Tierschutz. Ob Thurwieser in Stanigs kurzer Salzburger Zeit mit ihm Kontakte pflegte, ist nicht bekannt.

Als Professor der Theologie am Salzburger Lyzeum machte Thurwieser gerne Wanderungen mit seinen Schülern. Für einige unter ihnen wurde das Bergsteigen ebenfalls zur Passion. Fürst Friedrich von Schwarzenberg (1809–1885) ist da an erster Stelle zu nennen.[68] Von ihm sind etliche Erstbesteigungen bzw. frühe Besteigungen überliefert: Großes Wiesbachhorn, Imbachhorn, Schönfeldspitze, Teufelshörner, Großer Hundstod, Hochkalter, Kammerlinghorn u. a. Auch dessen Nachfolger auf dem fürsterzbischöflichen Thron in Salzburg, Maximilian Joseph von Tarnóczy, war mit der Bergwelt verbunden.

Um die Mitte des 19. Jahrhunderts sind als weitere Thurwieser-Schüler Mathias Englmayr (1800–1877) und Dr. Matthäus Hörfarter (1833–1905) zu nennen, der erste war im Land Salzburg unterwegs, der zweite im Tiroler Anteil der Erzdiözese, namentlich im Kaisergebirge.[69]

Nicht unerwähnt darf hier Stefan Steinberger aus dem benachbarten Ruhpolding bleiben, wenngleich er nicht zu den Schülern Thurwiesers zählte, da er in Freising studierte. Er war, was seine erst später gemachten Aufzeichnungen zeigen, ein Draufgänger mit geradezu unglaublichen Geh- und Steigleistungen, auch in der Salzburger Region. Am bekanntesten wurden seine Königsspitze- und Glocknerbesteigung im Alleingang. Mit seinem Eintritt in den Orden der Kapuziner als Pater Corbinian und seinem Leben in Altötting dürfte dessen „wilde" Zeit geendet haben.[70]

Interessant mag noch sein, dass alle sieben genannten Geistlichen mit Bergambitionen ein Alter zwischen 71 und 78 Lebensjahren erreichten.

Was erinnert an Thurwieser?

Thurwiesers Befürchtungen, rasch der Vergessenheit anheimzufallen, waren unbegründet. Die Aufmerksamkeit auf diesen populären und originellen „Bergprofessor" ist in der Alpinliteratur und der landeskundlichen Literatur Tirols und Salzburgs ungebrochen.[71] Schöpf (1871) und Wallmann (1880) machten sich um Lebensläufe, die sich besonders an Mitglieder alpiner Vereine richteten, verdient. Wallmann organisierte mit dem Österreichischen Touristen-Club außerdem eine Thurwieserfeier auf dem Gaisberg. Eine von diesem Verein gestiftete Gedenktafel[72] wurde an der Zistelalm[73] und dann, nach Fertigstellung des Hotels Gaisbergspitze, dort angebracht.[74] Sie ist wohl dem Brand jenes Hauses im Jahr 1939 zum Opfer gefallen. In seinem Geburtsort Kramsach hat der Bildhauer Stefan Silberberger 1952 ein Denkmal geschaffen, das heute beim dortigen Gemeindeamt zu sehen ist.[75] Hoch über Kramsach, auf dem Sonnwendjoch, ließ schon Thurwieser ein Gipfelkreuz errichten, das später durch ein neues ersetzt wurde. In der Ortlergruppe erhielt auf Vorschlag von Dr. Edmund v. Mojsisovics eine markante Spitze seinen Namen.[76] Salzburg hat 1935 eine Gasse südlich des Rainbergs nach ihm benannt.

Ein „Schatz im Verborgenen" ist das Kreuz im Depot des Salzburg Museum. Friedrich Schwarzenberg hatte es aus dem Nachlass Thurwiesers erworben und dem Museum übergeben.[77] Davon ist abzulesen, dass Professor Peter Carl Thurwieser in den Jahren 1821 und 1822 die folgenden Berge bestiegen hat: Ankogel (10.038 Fuß), Schlern (8.449 Fuß), Scharner Scharte (7.812 Fuß), Keller-Joch (7.212 Fuß), Hundskehl (7.833 Fuß)[78], Patscher Kogel (6.343 Fuß), Hoch-Göll (7.765 Fuß), Reinthalhorn (6.053 Fuß), Naßfelder Tauern (7.456 Fuß), Frau Hütt (6.492 Fuß), Lattenberg (5.400 Fuß), Rosskopf (5.907 Fuß), Schmittenstein (5.288 Fuß). Ein weiteres damals an das Museum gelangtes Werk[79] ist hingegen ebenso wie das bei Thurwiesers Ortlerbesteigung erwähnte Uhrgehänge verschollen. Wie schon erwähnt, nahm Thurwieser von den erstiegenen Berggipfeln Steine mit, die er selbst schliff und polierte und auf unterschiedliche Weise fassen ließ.

Wichtig ist, dass Thurwiesers Grabstätte erhalten blieb, und zwar die Priestergruft im St.-Sebastians-Friedhof in den nordöstlichen Arkaden mit der Nr. 51. Salzburg kann darauf verweisen, letzter Ruheort großer Bergsteiger der Pionierzeit zu sein, nämlich auch Ludwig Purtschellers, Johann Stüdls und Heinrich Hackls.[80]

Literatur

Anonym, Der Bergsteiger Thurwieser, in: Salzburger Zeitung, Nr. 43 u. 44, 22. u. 23.2.1865, jeweils S. 1–2.

Anonym, Die Thurwieser-Feier auf der Zistelalpe, in: Salzburger Volksblatt, Nr. 70, 12.6.1880, S. 4.

Anonym, An Herrn Professor Döttl!, in: Salzburger Zeitung, Nr. 272, 29.11.1880, S. 3.

Anonym, Ausgewählte Schriften von Peter Carl Thurwieser, Bd. 1 der Alpenfreund-Bücherei, [München], [1923], 88 Seiten (Anm.: Auf dem Titelblatt Druckfehler beim Todesjahr: 1863 statt richtig: 1865).

Anton Farbmacher, Ersteigung der Schramaspitze, in: K. k. priv. Bothe von und für Tirol und Vorarlberg, Nr. 72, 9.9.1847, S. 288 u. Nr. 73, 13.9.1847, S. 292.

G. N. V. [Georg Niederjaufner, Vikar], Auch der Dachstein ist erstiegen!, in: Amts- und Intelligenz-Blatt zur k. k. priv. Salzburger Zeitung, Stk. 60, 28.7.1834, Sp. 1221–1223.

Christian Greinz, Das sociale Wirken der katholischen Kirche in der Erzdiöcese Salzburg, Wien 1898, IX. Kapitel: Thätigkeit des Clerus für Alpinismus und Touristenwesen, S. 175–177.

Rudolf L. Kusdas, Die Verdienste des katholischen Clerus um die Erforschung der Ostalpen, in: Correspondenz-Blatt des katholischen Clerus Österreichs, 15. Jg., Nr. 6, Wien 1886, S. 233–239.

Ludwig Purtscheller, Die Salzburger Kalkalpen, in: Eduard Richter, Hg., Die Erschließung der Ostalpen, Bd. I, 1893, S. 263–323.

Eduard Richter, Hg., Die Erschließung der Ostalpen, Bd. I., Berlin 1893.

S[imon] Stampfer / P[eter] K[arl] Thurwieser, Reise auf den Glockner im September 1824, in: Jahrbücher des k. k. polytechnischen Institutes in Wien, 7. Bd., Wien 1825, S. 1–23.

J[oseph] A[nton] Schöpf, Peter Carl Thurwieser, Salzburg 1871, 76 Seiten.

[Peter Karl Thurwieser], Trigonometrisch und barometrisch bestimmte Höhen des Herzogthums Salzburg, Salzburg 1836.

Peter Karl Thurwieser, Die Ersteigung der Ortlerspitze im August 1834, in: Neue Zeitschrift des Ferdinandeums für Tirol und Vorarlberg, III. Bd., Innsbruck 1837, S. 89–163.

Peter Karl Thurwieser, Die Ersteigung und Messung des Fernerkogels und der Habichtspitze im Jahre 1836 (aus dem 6. Bändchen der Zeitschrift des Ferdinandeums besonders abgedruckt), Innsbruck 1840, 53 Seiten.

Peter Karl Thurwieser, Die Ahornspitze im Zillerthale. Erstiegen und gemessen im Jahre 1840, in: Neue Zeitschrift des Ferdinandeums für Tirol und Vorarlberg, N. F., 7. Bändchen, Innsbruck 1841, S. 68–92.

[Peter Karl Thurwieser], Trigonometrisch bestimmte Höhenpunkte des Herzogthums Salzburg, Salzburg 1844.

P[eter] K[arl] Thurwieser, Reise auf den Untersberg. Aus dessen schriftlichem Nachlaß veröffentlicht von J[ohann] D[öttl], in: Salzburger Zeitung, Nr. 159, 16.7.1880, S. 1–2.

Pet[er] Karl Thurwieser, Reise auf den „Hohen Göll", ausgeführt im Jahre 1822. Aus dessen hinterlassenen Schriften veröffentlicht von Professor Joh[ann] Döttl, in: W. Jäger, Hg., Der Tourist, 12. Jg., Nr. 20, Wien 1880, S. 1–3.

P[eter] K[arl] Thurwieser, Erste Ersteigung des Großen Mörchner, ausgeführt von P. K. Thurwieser im Jahre 1846. Aus dessen hinterlassenen Schriften veröffentlicht von Dr. J[ohann] D[öttl], in: W. Jäger, Hg., Der Tourist, 13. Jg., Nr. 7, Wien 1881, S. 3–5.

[Peter] [Karl] Thurwieser, P. K. Thurwieser's Reisen in den Ferien 1822. Erste Ersteigung des Ankogel. Aus dessen hinterlassenen Schriften veröffentlicht von Dr. J[ohann] D[öttl], in: W. Jäger, Hg., Der Tourist, 13. Jg., u. Nr. 17 u. Nr. 18, Wien 1881, S. 1–3 u. 4–7.

P[eter] K[arl] Thurwieser, Reise auf den Trattberg bei Golling (Manuskript), in: W. Jäger, Hg., Der Tourist, 14. Jg., Nr. 15, Wien 1882, S. 7–8.

P[eter] K[arl] Thurwieser, Reise von Brandberg (Zillerthal) über das Hörndl- und Feld-Joch.

(Manuskript aus dem Jahre 1841), in: W. Jäger, Hg., Der Tourist, Nr. 17 u. Nr. 18, Wien 1883, S. 5–6 u. 4–5.

P[eter] K[arl] Thurwieser, Dr. [sic!] P. K. Thurwieser's Birnhornbesteigungen, in: W. Jäger, Hg., Der Tourist, 15. Jg., Nr. 20, Wien 1883, S. 4–6.

P[eter] C[arl] Thurwieser, Meine Reise während der Vacanz 1830 (ungedrucktes Manuskript), abgedruckt in: Eduard Richter, Hg., Die Erschließung der Ostalpen, Bd. I, Berlin 1893, S. 277–278.

Heinrich Wallmann, Leben und Wirken des Alpenfreundes Peter Karl Thurwieser, in: Jahrbuch des Österreichischen Touristen-Club, XI. Clubjahr, III. Heft, Wien 1880, S. 1–24.

Cölestin Wolfsgruber, Friedrich Kardinal Schwarzenberg, 1. Bd.: Jugend- und Salzburgerzeit, Wien – Leipzig 1906.

Endnoten

1 *J[osef] A[nton] Schöpf*, Peter Carl Thurwieser, Salzburg 1871.

2 Thurwieser war Mitglied des Museums Ferdinandeum und trat dort auch wiederholt als Spender auf.

3 Lebensdaten von Johann Döttl: 7.6.1847–22.1.1911.

4 *Anonym*, An Herrn Professor Döttl!, in: Salzburger Zeitung, Nr. 272, 29.11.1880, S. 3.

5 In einem nicht gezeichneten Feuilleton der „Salzburger Zeitung" vom 22.2.1865 heißt es in einer Fußnote: „Thurwieser hat sich außerordentlich viel notirt. Ich habe dessen ganzen schriftlichen Nachlaß in Händen und gedenke ihn sorgfältig zu sichten und das Geeignete seiner Zeit zu veröffentlichen. D. E."

6 Ebd., 23.2.1865 (Schluss), S. 1.

7 *Schöpf*, Thurwieser, S. 40–43.

8 Ebd., S. 40.

9 Salzburger Chronik, Nr. 155, 10.7.1937, S. 2–3, hier S. 3.

10 *Schöpf*, Thurwieser, S. 42.

11 Also im Jahr der Französischen Revolution. Der Mont Blanc war übrigens damals bereits erstiegen, das Matterhorn hingegen erst in Thurwiesers Todesjahr.

12 *Schöpf*, Thurwieser, S. 4–5.

13 Ebd., S. 8.

14 Ebd., S. 8.

15 *Schöpf*, Thurwieser, gibt dafür den 29. März 1820 an (S. 9).

16 Ebd., S. 10.

17 Ebd., S. 10.

18 *Ludwig Richter,* Lebenserinnerungen eines deutschen Malers. Selbstbiographie nebst Tagebuchniederschriften und Briefen, hg. v. Heinrich Richter, Leipzig 1909, S. 123 u. 126.

19 Sekundizfeier des k. k. Professors an der theolog. Fakultät, Peter Karl Thurwieser, in: Salzburger Kirchenblatt N. F. 2. Jg., Nr. 44, 30.10.1862, S. 346–347.

20 Der damalige Hofwirt war in der Dreifaltigkeitsgasse und hieß vorher „zum Regenbogen", danach „zum deutschen Hof" und zuletzt bis zum 1. Weltkrieg „Römischer Kaiser".

21 Neben „Gamspeter" hatte er in Salzburg diese Attribute.

22 Erwähnt sei, dass die Turmuhren der Stadt nach Empfehlung von Thurwieser sich bis 1864 nach der Sonnenzeit richteten, nur die Bahnhofsuhr zeigte die Mitteleuropäische Zeit. Salzburger Zeitung, Nr. 59, 12.3.1864, S. 3.

23 Salzburger Kirchenblatt, Nr. 22, 29.5.1862, S. 176 u. Nr. 24, 12.6.1862, S. 192.

24 Das passt auch gut mit seiner Vorliebe für gekochte Eier zusammen.

25 L[udwig] Purtscheller, Zur Entwicklungsgeschichte des Alpinismus und der alpinen Technik in den Deutschen und Österreichischen Alpen, in: ZDÖAV 25, (1894), S. 95–176, hier S. 110.

26 Die Presse, Nr. 360, 29.12.1871, S. 15.

27 *Schöpf*, Thurwieser, S. 44.

28 Bei der Schreibung von geografischen Namen wurde hier meist den aktuellen Bezeichnungen der Vorzug gegeben.

29 Eine auch im Salzburger Land beliebte Mehlspeise.

30 Thurwieser machte seine Angaben in den damals gebräuchlichen Maßen: Temperatur nach Reaumur, Längen in Zoll, Fuß (Schuh) und Klafter u. a.

31 Häufig wird in der Literatur Thurwieser als Bergbegleiter des Erzherzogs genannt. Das dürfte aber nur für die Berge im Bereich des Gasteiner Tals zutreffend sein.

32 Führer.

33 *S[imon] Stampfer / P[eter] K[arl] Thurwieser*, Reise auf den Glockner im September 1824, in: Jahrbücher des k. k. polytechnischen Institutes in Wien, Bd. 7, Wien 1825, S. 3.

34 Thomas Lackner, Bauer am Brandstätter Gut, Raimund Trojer, vulgo Reindl, Binder und Zimmermann u. Peter Aslaber, Knecht beim Wirt.

35 *Schöpf*, Thurwieser, S. 59.

36 *Cölestin Wolfsgruber*, Friedrich Kardinal Schwarzenberg, Bd. 1: Jugend- und Salzburgerzeit, Wien – Leipzig 1906, S. 58–59.

37 *Ludwig Purtscheller*, Die Salzburger Kalkalpen, in: Eduard Richter, Hg., Die Erschließung der Ostalpen, Bd. I, Berlin 1893, S. 276–277.

38 Ein anderer Name für die Schönfeldspitze.

39 *Purtscheller*, Kalkalpen, S. 277.

40 Ebd., S. 277–278.

41 Peter Gappmayer soll den Dachstein schon im Jahr 1832 ersteigen haben.

42 *Schöpf*, Thurwieser, S. 60.

43 Ergab, zur Hälfte mit Himbeersaft gemischt, ein treffliches Mittel zur Stillung des Durstes.

44 *Peter Karl Thurwieser*, Die Ersteigung der Ortlerspitze im August 1834, in: Neue Zeitschrift des Ferdinandeums für Tirol und Vorarlberg III (1837), S. 114.

45 Ebd., S. 150.

46 Heute Remsspitze.

47 *Peter Karl Thurwieser*, Die Ersteigung und Messung des Fernerkogels und der Habichtspitze im Jahre 1836 [...], Innsbruck 1840, S. 14.

48 *Schöpf*, Thurwieser, S. 58.

49 *Peter Karl Thurwieser*, Die Ahornspitze im Zillerthale. Erstiegen und gemessen im Jahre 1840, in: Neue Zeitschrift des Ferdinandeums für Tirol und Vorarlberg N. F. 7 (1841), S. 71.

50 Hier befindet sich heute ein großer Speichersee.

51 *P[eter] K[arl] Thurwieser*, Reise von Brandberg (Zillerthal) über das Hörndl- und Feld-Joch. (Manuskript aus dem Jahre 1841), in: W. Jäger, Hg., Der Tourist, Nr. 17 (1883), S. 5.

52 Ebd., S. 6.

53 Ebd., Nr. 18, S. 5.

54 Ehemaliger Stützpunkt für Mineraliensucher, nahe der Berliner Hütte.

55 *P[eter] K[arl] Thurwieser*, Erste Besteigung des Großen Mörchner [...], in: W. Jäger, Hg., Der Tourist 13 (1881), Nr. 7, S. 3.

56 Ebd., S. 4.

57 *Anton Farbmacher*, Ersteigung der Schramsitze, in: K. k. priv. Bothe von und für Tirol und Vorarlberg, Nr. 72, 9.9.1847, S. 288.

58 Ebd., Nr. 73, 13.9.1847, S. 292.

59 *Thurwieser*, Reisen, Nr. 17, S. 2.

60 Ebd., Nr. 18, S. 4.

61 *Schöpf*, Thurwieser, S. 43.

62 Ganz anders wird Thurwieser in einem Artikel „Vorgeschichte des Alpinismus" beschrieben:

„Er machte alle seine Hochtouren mit einer Ausrüstung, die heutzutage einem Berggigerl das Lachen abnöthigen würde. In seinem Stadtanzuge, den Cylinderhut auf dem Kopfe, im Frack mit Kniehosen und Schnallenschuhen, ohne Bergstock, nur einen gewöhnlichen derben Hirtenstab in der Hand". Local-Anzeiger der Presse, Nr. 194, 16.7.1893, S. 13–14.

63 *Heinrich Wallmann*, Leben und Wirken des Alpenfreundes Peter Karl Thurwieser, in: Jahrbuch des Österreichischen Touristen-Klub III (1880), S. 11.

64 *Schöpf*, Thurwieser, S. 43.

65 Ebd.

66 *Rudolf L. Kusdas*, Die Verdienste des katholischen Clerus um die Erforschung der Ostalpen, in: Correspondenzblatt des katholischen Klerus Österreichs 15 (1886), Nr. 6, S. 233–239; *Christian Greinz*, Das sociale Wirken der katholischen Kirche in der Erzdiöcese Salzburg, Wien 1898, S. 175–177.

67 *Eduard Richter*, Die Erschließung der Ostalpen, Bd. I, Berlin 1893; *ders.*, Die Erschließung der Ostalpen, Bd. III, Berlin 1894.

68 *Cölestin Wolfsgruber*, Friedrich Kardinal Schwarzenberg, 1. Bd.: Jugend- und Salzburgerzeit, Wien – Leipzig 1906.

69 *Guido Müller*, Mathias Englmayr (1800–1877), in: SLK-Info Nr. 1/2023.

70 *Joseph Braunstein*, Stephan Steinberger. Leben und Schriften, München 1929.

71 Jüngst hat ihn *Walter Thaler* gewürdigt: Peter Karl Thurwieser. Der „Gamspeter": Theologe, Meteorologe und Salzburgs erster Alpinist, in: Walter Thaler, Erinnerungswürdig. Prägende Persönlichkeiten der Salzburger Geschichte, Salzburg 2022, S. 35–36.

72 Sie war aus Mauthausner Granit, ca. 1 m breit und ca. 50 cm hoch und trug die Inschrift: „Dem Alpenfreunde Professor P. C. Thurwieser, der Österreichische Touristen-Club in Wien 1875".

73 Enthüllung am 6. Juni 1880 (Salzburger Zeitung, Nr. 130, 10.6.1880, S. 3).

74 Am 30. Mai 1889 (Salzburger Zeitung, Nr. 127, 1.6.1889, S. 3–4).

75 Tiroler Tageszeitung, Nr. 270, 1952, S. 3.

76 Jahrbuch des Österreichischen Alpenvereins, 1. Bd., Wien 1865, S. 221.

77 Dank gebührt Frau Magistra Angelika Marckhgott, die beim „Auffinden" dieses bemerkenswerten Gegenstands sehr behilflich war.

78 Dieser Stein fehlt mittlerweile.

79 Mit sieben Denksteinen, in Form eines kleinen Kreuz-Partikels mit silbernem Fuß. Hier sind verzeichnet (jeweils Bergname/Höhe in Fuß/bestiegen am): Untersberg (6.000/10. Sept. 1820), Gaisberg (4.012/10. Feb. 1820), Schafberg (5.577/4. Mai 1820), hoher Staufen (5.408/1. Juli 1820), Wazmann (9.000/1. Aug. 1820), Salfen (5.370/14. Sept. 1820), Sonntagshorn (5.900/ 5. Okt. 1820). Diese Geschenke nennt der Linzer-Abendbote, Nr. 31, 8.2.1866, S. 2.

80 *Friederike Zaisberger / Reinhard R. Heinisch*, Hg., Leben über den Tod hinaus … Prominente im Salzburger Kommunalfriedhof, Salzburg 2006, S. 252–253, 312–313 u. 364.

Die Einführung der Barmherzigen Schwestern in Salzburg – ein Aspekt des politischen Katholizismus avant la lettre?

Margret Friedrich

In einem Schreiben an das fürsterzbischöfliche Konsistorium knapp zwölf Jahre nach seiner Berufung nach Prag gab Kardinal und Erzbischof Schwarzenberg[1] genaue Auskunft über die Besitzverhältnisse der den Barmherzigen Schwestern zur Verfügung gestellten Liegenschaften und die (kirchen-)rechtliche Situation der dazu gehörenden Kirchen in Schwarzach und Schermberg.[2] Aus dem Brief geht hervor, dass er bald nach seinem Amtsantritt in Salzburg geplant hatte, die Barmherzigen Schwestern in seiner Diözese einzuführen, 1841 die kaiserliche Genehmigung erhalten hatte und am 20. August 1844 das neue Institut eröffnete. Dazu hatte er, wie er mitteilte, „der Congregation zunächst eine Heimat und einen nützlichen, zugleich für künftige Verwendungen vorbereitenden Wirkungskreis zu schaffen."[3] Als geeigneter Ort erschien ihm Schwarzach, da dort nicht nur das verfallende ehemalige Missionshaus der Benediktiner adaptiert werden konnte, sondern mit diesem auch „eine einigermassen dotierte, aber zur Zeit unbenützte Kirche" verbunden war, „welche ich bei dieser Gelegenheit, dem oft wiederholten Wunsche der Umwohner entsprechend, wieder einer gottesdienstlichen und seelsorglichen Bestimmung zuführen wollte; denn zur Errichtung des bezeichneten Institutes war die permanente Anstellung eines Kuratgeistlichen für Spital und Schwestern selbstverständlich eine Grundbedingung". Gewissermaßen als Begleiteffekt war damit den „Umwohnern" die Möglichkeit zu einem regelmäßigen Gottesdienstbesuch angeboten.[4] 1846 wurde auf diesem Besitz ein Spitalsfriedhof errichtet. Zur Dotation der Anstalt wurde 1845 Gut Schermberg erworben. Aus dem Schreiben geht auch klar hervor, dass Kardinal Schwarzenberg beide, Missionshaus wie Gut, aus seinem Privatvermögen bezahlte „[…] welches ich in mein Eigenthum erwarb" (Missionshaus), „auf meinem Eigenthum" (Spitalsfriedhof), „weil ich inzwischen […] angekauft hatte" (Schermberg).[5]

Eine „gefährdete" Region

Schwarzach liegt im Pongau, also „inner Gebirg", in einer Region, in der sich der Protestantismus Augsburger Bekenntnisses sukzessive ausgebreitet hatte. Gegengesteuert wurde schließlich mit Volksmissionen und spektakulären Vertreibungen, zunächst 1684/85 aus dem Tiroler Defereggental, 1731/32 aus dem Pinzgau und Pongau. Die zur Erzdiözese Salzburg gehörende orographisch rechte Seite des Flusses Ziller war 1731 von der Vertreibung nicht betroffen. Jedoch waren die hier lebenden Protestanten aufgrund der religiösen Intoleranz und zu Recht befürchteter Verfolgungen zu Tarnungen und Heimlichkeiten gezwungen. Erst ab den 1820er Jahren traten sie, vermeintlich geschützt durch die aktuelle Gesetzeslage, allmählich an die Öffentlichkeit.[6] 1832 bekannten sich circa 240 Protestanten öffentlich zu ihrem Glauben und richteten ein Bittgesuch an Kaiser Franz I. Da sich Tirol als komplett katholisches Land verstand, wurde nun der Ausschusskongress des Landtages aktiv: Die Protestanten wurden, zur Umgehung der sie schützenden Gesetze, als „Inklinanten" definiert. Gouverneur Wilczek[7] bezeichnete sie als „verrückte Theologen im Bauernkittel". Die Vertreter des Landes erwirkten ein kaiserliches Dekret, nach dem die Bittsteller nur in Tirol bleiben durften, wenn sie nicht aus der katholischen Kirche austraten und keine eigene Gemeinde bildeten.[8] Da dieses Dekret die Umsetzung offen ließ, folgte 1836 ein Beschluss des Ausschusskongresses, den Kaiser um den umgehenden Vollzug jenes Dekrets zu bitten. Kaiser Ferdinand erließ am 12. Januar 1837 die Konkretisierung.[9] Zwischen 31. August und 4. September 1837 verließen fast 400 Personen in vier Trecks das Zillertal.

Diese Entscheidungen fielen schon in die Amtszeit von Fürsterzbischof Schwarzenberg – und er war maßgeblich daran beteiligt. Als aus dem Zillertal gemeldet wurde, dass Auswanderungswillige ihren Besitz nur an Glaubensgenossen verkaufen wollten, bat Schwarzenberg den Kaiser am 12. Juli 1837, dies nicht zuzulassen, und schrieb am 17. Oktober an Metternich, er solle erwirken, dass ein Güterankauf nur in Verbindung mit dem Glaubensbekenntnis möglich sein solle.[10] Klartext sprach er in einem Brief an seine Tante und Ziehmutter:

> „Sehr schmerzlich war es mir wohl, Hunderte von jenen Zillertalern ihr Vaterland, die wahre Kirche, den wahren Glauben verlassen zu sehen und ihnen nichts als ein trauriges Lebewohl auf die Reise in das geistig und physisch flache Preußen mitgeben zu können. Traurig ist es zu sehen, wie solche Menschen, durch eitle Sophismen einzelner Ruhestörer verblendet, ihren ganzen Charakter darein setzen, allen Ermahnungen und Drohungen Trotz zu bieten. Viele bilden sich ein, nach ihrem Gewissen zu handeln, wenn sie in ihrem Eigensinne keiner Belehrung Gehör geben, viele hoffen in Preußen goldene Berge und alle Freiheiten des

bürgerlichen und moralischen Lebens, viele laufen mit, weil Familienbande oder Liebeshändel sie knüpfen, die meisten wissen nicht, was sie tun. Aber alle sind taub und trotzig gegen jede Stimme, die sie wecken, ermahnen, noch so liebevoll zurückhalten wollte. Ich habe alles aufgeboten, um sie durch liebevolles Zureden zu bewegen, wenigstens Kinder zurückzulassen, versprach ihnen Erziehung, Unterstützung. Alles umsonst. Aber eben darum war es notwendig, daß dieser bösartige Krebs abgeschnitten werde, um den gesunden Körper zu retten, die Operation ist schmerzhaft aber notwendig."[11]

Seine Unerbittlichkeit zeigt sich am Fall des Franz Bischoffer aus Stum. Dieser hatte „wegen Abfall vom Glauben" die Bewilligung zur Auswanderung nach Amsterdam erhalten, „vermochte aber seine 3 Kinder Maria, Juliana u. Kaspar zur Auswanderung nicht zu bewegen". Die Kinder hätten den Vikar gebeten, dass sie in ihrem „kath. Erziehungsorte" bleiben, so die Einschätzung im Konsistorium. Da es dem Vater auf rechtlichem Weg nicht gelang, die Kinder zu sich zu holen, wurde befürchtet, er werde die Kinder trotzdem zu sich holen. Das Kreisamt Schwaz wurde angewiesen, dies zu verhindern.[12]

Man könnte also vermuten, dass der Erzbischof durch die Berufung der Barmherzigen Schwestern gerade in dieser Region den katholischen Glauben festigen wollte.[13] Als Motiv hierfür gab er im Schreiben von 1862 allerdings wesentlich weiter gesteckte Ziele an: Er habe dies „vornehmlich in der Absicht", gemacht, „mir dadurch ein zeitgemäßes Mittel zu schaffen, seinerzeit das religiöse und sittliche Moment in den zahlreichen, von meinen Vorfahren auf dem erzbischöflichen Stuhle gegründeten und seither säkularisirten Wohlthätigkeitsinstituten mehr zu beleben, wie noch manchem andern Zeitbedürfnisse zu begegnen."[14] Das heißt, seine Planung war eine umfassendere. Doch war er nicht der Erste, der diese Kongregation in Salzburg installieren wollte.

Einflussnahme mithilfe der Barmherzigen Schwestern

Schwarzenbergs Vorgänger, Erzbischof Augustin Gruber[15], hatte schon als Bischof von Laibach die Vorstellung, dass Krankenpflege nicht nur das körperliche Wohl im Auge haben solle, sondern auch das „Seelenwohl".

Erste Ansätze

In Salzburg hatte sich dann „eine Dame" an ihn gewandt, die 20.000 fl. (Gulden) in Obligationen widmen und selbst in den Krankendienst treten würde, auch als Leiterin der erforderlichen Schwestern. Er habe sie zunächst ein Jahr lang auf die Ernsthaftigkeit ihres Willens geprüft.[16] Aus einem späteren Schreiben geht hervor, dass es sich um Gräfin Lésniowska[17] handelte, die mit einiger möglichen Kandidatinnen nach Straßburg ins Noviziatshaus der dortigen Sœurs Grises gegangen war und sich im großen Spital dieser Schwestern hatte unterweisen lassen. Der Vikar des Bistums und der geistliche Direktor des Instituts hätten sehr positive Beurteilungen geschickt.[18]

So leitete Erzbischof Gruber, nachdem Kaiser Franz sich „geneigt gezeigt hatte, das Institut der Barmherzigen Schwestern im St. Johannsspital in Wirksamkeit treten zu lassen",[19] die Einführung der Sœurs Grises in Salzburg in die Wege. Von Regierungsseite wurde der Primararzt des Spitals, um eine Stellungnahme gebeten.[20] Schon der erste Satz des Gutachtens

„Niemand wird es verkennen, daß ein frommer Orden, der sich die Hingebung zu dem mühevollen Krankendienste ohne alle Eigennützigkeit und aus bloß religiösen Motiven als obersten Zweck vorstellt, wie man dieses in den Ordensregeln der sogenannten Sœurs grises findet, als die größte Wohlthat für die leidende Menschheit zu betrachten und vorzüglich da am gehörigen Orte sey, wo die meiste Concurrenz des menschlichen Elends und des physischen Leidens statt findet, wozu vorzugsweise die öffentlichen Spitäler gehören."[21]

lässt ein folgendes „Aber" vermuten. Die Schwestern hätten sich in der Krankenpflege bewährt, die Organisation des Pflegepersonals im St. Johannsspital entspreche ihren Statuten und sie agierten im Geist des Spitalsstifters[22]. Wenn der gesamte Krankendienst vom weiblichen Personal geleistet werde, so resultiere hieraus „unstreitbar der größte Vortheil für die leidende Menschheit", da sich das weibliche Geschlecht „vorzüglich zur Wartung der Kranken eigne". Nie werde man von männlichen Krankenwärtern „jene Reinlichkeit, jene Geduld und zarte Nächstenliebe erzielen, die die Zierde der Spitäler ausmachen und den Armen eine erfreuliche Zufluchtsstätte in schweren Leiden gewähren." Aber: Der Primararzt wollte sich vorbehalten, dass die Schwestern nach vierwöchigem Unterricht im Spital bei ihm die Prüfung ablegten, und er für Anstellung und Entlassung zuständig sei. Die als zu stark empfundene Einmischung des Primararztes und der weltlichen Behörden ließ Gruber zu der Auffassung gelangen, dass es besser sei, „die Idee mit dem Johannsspitale ganz aufzugeben, wenn nicht eine dem Zwecke ganz zusagende Verfassung ausführbar befunden wird." Er sehe ein, dass in einer bestehenden Anstalt niemand seine Macht, bis ins kleinste Detail zu bestimmen, aufgeben wolle. Doch sei es unzulässig, geistliche Institute „der ausschließlichen Macht der weltlichen Behörden oder Personen zu überlassen."[23] Gräfin Lésniowska habe ihm auch geschrieben, dass ihr Vorhaben in Gesprächen mit Zuständigen auf viel Ablehnung gestoßen sei, sie daher die Idee mit dem Johannsspital, die ja von ihm gekommen sei, aufgeben und eine Anstalt ganz in der Hand des Instituts bzw. eine Anstalt zur Privatkrankenpflege einrichten wolle.[24]

Die Einführung

Erzbischof Schwarzenberg griff also das Vorhaben wieder auf, allerdings zunächst nicht für eine bestehende Anstalt und auch nicht für die Kreishauptstadt, sondern für die Peripherie, und nicht ausschließlich für Krankenpflege. Nachdem Schwarzenberg am 27. November 1840 ein Majestätsgesuch eingereicht und mit Schreiben vom 15. Februar 1841 das Kreisamt Salzburg informiert hatte, erhielt er zur Antwort, dass der Kaiser dies „Mit Vergnügen zu bewilligen geruht" – unter der Bedingung, „daß dieser Orden und diese Anstalt auf einen Beitrag aus dem Staatsschatze, oder aus einem öffentlichen Fonde keinen Anspruch zu machen, sondern in seiner Ausdehnung und Wirksamkeit, sich nach den Mitteln zu richten habe, welche aus anderen Quellen zur Bedeckung seiner Erfordernisse sich ergeben." Der Orden und seine Einrichtung würden als „Privat-Anstalt" eingestuft.[25] Neben der von Schwarzenberg entrichteten Kaufsumme leisteten „verschiedene Wohlthäter" Beiträge,[26] v. a. Gräfin Lésniowska und Baronin Auer von Winkel.[27]

Schwarzenberg sorgte für die Instandsetzung des Missionshauses und für die „nöthige Bildung" von sechs Ordenskandidatinnen bei den Barmherzigen Schwestern in München. Zwei, Magdalena Preisinger und Katharina Königsberger, lebten bereits „dienend" in München, vier (Anna Pohl, Antonia Eberle, Adelgunde Breitenbach und Elisabeth Huber) erhielten von der „hohen Landesstelle" die Erlaubnis, dorthin zu gehen.[28] Damit die Einführung und die Übernahme der ersten Aufgaben möglichst reibungslos vonstattengehen konnten, stellte das Mutterhaus in München „aus besonderer Sorgfalt und Gefälligkeit auf unbestimmte Zeit" Aloisia Aigner, eine mit der Ordensarbeit vertraute Schwester[29], als erste Oberin zur Verfügung. Zu ihrer Stellvertreterin und Novizenmeisterin ernannte Schwarzenberg Ambrosia Preisinger, die nachfolgend über Jahrzehnte als tatkräftige Oberin fungierte.[30] Wie ihm dieser Orden am Herzen lag, zeigte sich auch darin, dass er seinen Sekretär und Consistorial Assessor Augustin Embacher zum ersten Superior ernannte. Zur finanziellen Situation konnte er nur berichten, dass das Institut aktuell ausschließlich durch „milde Beiträge" erhalten wurde, „da bisher noch kein Fundations-Kapital zu Stande gebracht werden konnte. Ich darf jedoch zuversichtlich hoffen, daß in der Folge theils durch größere Donationen, theils durch Einleibungs-Verträge das Institut zu einer sich selbst sichernden Subsistenz gelangen werde." Mit dieser formalen Information des Konsistoriums wünschte er zugleich, dass jenes die Anzeige über die Einführung der Barmherzigen Schwestern in Schwarzach an die „hohe Landesstelle" „ehestens" erstatte.[31]

Letztere hatte sich schon vorher auf der Titelseite der Salzburger Zeitung informieren können:

„Herzogthum Salzburg. Schwarzach im Pongau, den 20. August 1844. Heute wurden die Bewohner dieses Thales durch eine seltene kirchliche Feier innigst erfreuet und erbauet. Schon im Jahre 1841 geruhten Se. Majestät unser allergnädigster Kaiser huldreichst zu genehmigen, daß zu Schwarzach ein Institut der barmherzigen Schwestern, aus dem Orden des heil. Vinzenz von Paul, errichtet werden dürfe. Der Entschluß zu diesem Unternehmen wurde durch die anerkannt große Wohlthätigkeit eines solchen Institutes erwecket und die Ausführung desselben durch ein geräumiges, aus hoher Hand zu dieser edlen Bestimmung zur Verfügung gestelltes Haus möglich gemacht und begünstiget."[32]

Dafür seien „namhafte Summen" erforderlich gewesen, „welche sich für Se. Eminenz noch fühlbarer gemacht hätten, wenn nicht auch andere edelgesinnte Menschen das fromme Unternehmen mit nicht selten sehr bedeutenden Opfern unterstützt hätten."[33] Am Festtag seien zahlreiche Gönner „aus allen Ständen", auch Kreishauptmann Chorinsky[34], vor Ort gewesen. Der Kardinal zelebrierte die Messe, nahm den Schwestern das Versprechen von Ehrfurcht und Gehorsam ab, führte den feierlichen Zug zum Gebäude an, übergab der Oberin die Schlüssel und weihte die Räume. „Schon am ersten Tage der Einführung der Schwestern wurden an sie mehrere Bitten um Aufnahme von Kranken und Verlassenen gestellet […]."[35]

Nach den Feierlichkeiten schrieb Kardinal Schwarzenberg seiner Tante:

„Am 20. Juli führte ich die barmherzigen Schwestern in Schwarzach ein. Die Feierlichkeit fand viel Teilnahme. Gräfin Lesniovska, Baronin Auer und Graf Chorinsky waren auch gegenwärtig. Die erste spricht und zahlt manches für dieses Institut, die zweite spricht weniger aber schenkt mehr, Chorinsky verteidigt die Schwestern sehr wacker auf dem amtlichen Wege. Allen sei Dank; auch dem hantigen Coudenhoven, der das Eis brach und in Österreich den Grund legte."[36]

Mit der Einführung des Versorgungshauses, der Reaktivierung der Kirche und der Einkleidung von 14 neuen Postulantinnen ins Noviziat[37] war es nicht getan. Rasch zeigte sich, dass ein Friedhof benötigt wurde – für die verstorbenen Armen und Kranken ebenso wie für die Barmherzigen Schwestern. Das Konsistorium unterstützte die Bitte der Schwestern nachdrücklich. Es gebe zahlreiche Todesfälle, der Friedhof von St. Veit sei eine halbe Stunde entfernt, auf einer Anhöhe gelegen, der Transport sei teuer, da ein Pferdegespann benötigt werde. Der Pfarrer von St. Veit melde zwar sein Recht auf Seelengottesdient und Begräbnis (und die damit verbundenen Gebühren) an, doch stürben ja

v. a. Arme, und er würde daher kaum Geld erhalten. Für den geplanten Gottesacker würden keine öffentlichen Mittel gebraucht, weil die Unterstützung durch „einige geeignete Wohlthäter" sicher sei. Von den Wohngebäuden sei er weit genug entfernt, sodass „auch in gesundheitspolizeylicher Rücksicht" keine Bedenken bestünden.[38] In einer späten Antwort stritt das Kreisamt die Beschwerlichkeit und Kosten des Totentransportes nicht ab, das betreffe auch die anderen Bewohner Schwarzachs. Diese würden aber von einer Bestattung vor Ort ausgeschlossen. Das sei rechtlich nicht möglich. Der Friedhof in St. Veit sei sowieso zu klein. Entweder verlege man also diesen näher in Richtung Schwarzach oder der geplante Friedhof müsse ein „Filialfriedhof" für alle Bewohner Schwarzachs sein. Das Pfleggericht Goldegg solle dazu Stellung nehmen.[39] Im Antwortschreiben entkräftete das Konsistorium all diese Argumente. Ein Filialfriedhof würde „in Bezug auf pfarrliche Funktionen und Rechte" eine „unangenehme Störung und weitläufige Verhandlung herbey führen" (konkret wohl darum, wer die Dienste leistet und wer die anfallenden Gebühren und Spenden, Mess-Stiftungen usw. erhält). Die Schwestern aber wollten die Gräber ihrer Mitschwestern und der von ihnen Gepflegten besuchen. Daher bat man wieder um die Bewilligung.[40] Schließlich löste sich das Problem dadurch, dass der Friedhof (mit Rückendeckung des Kardinals) einfach errichtet wurde. Da mit dem bereits angelegten Friedhof kein sanitätspolizeiliches Interesse betroffen war, sah man über die „eigenmächtig geschehene Einrichtung" hinweg.[41]

Große Nachfrage und rasche Ausbreitung

Der Bedarf an Barmherzigen Schwestern war groß. Einerseits benötigten Familien aus dem ländlichen Raum eine adäquate Versorgung für die eine oder andere Tochter.[42] Für eine Postulantin mussten in den ersten Jahren des Bestehens je 100 fl. für die einjährige Verpflegung und die Einkleidung bezahlt und vor der Profess 200 fl. hinterlegt werden. Letztere Summe wurde bei einem eventuellen Austritt rückerstattet, ansonsten ging sie ins Ordensvermögen ein. Hatte eine Schwester Vermögen, so konnte sie es zu „frommen Zwecken" verwenden und frei testieren. Der Orden und der Erzbischof konnten in Einzelfällen auch Befreiungen aussprechen.[43] Andererseits benötigten Kommunen im ländlichen Raum kostengünstiges Personal in ihren Versorgungshäusern. Und es wurde Bedarf an speziellen Mädchenvolksschulen zur Förderung der „Sittlichkeit" angemeldet.[44]

Die Zahl der Eintrittswilligen wuchs rasch. Der angemeldete Bedarf stieg ebenfalls. Schon 1852 wurde ein Vertrag mit der Stadt Kufstein, die „inneren Dienste" im Stadtspital betreffend, abgeschlossen.[45] Drei Schwestern wurden dorthin abgeordnet. 1855 begannen drei im Spital Kitzbühel ihren Dienst.[46] 1856 kam ein Vertrag mit der Stadt Salzburg zur Wiedererrichtung des Mädchenwaisenhauses und der Übergabe „in die Leitung" der Barmherzigen

Schwestern zustande,[47] wenige Monate später die Übergabe des „gesammten inneren Dienstbetriebes der Irrenanstalt"[48] an sie. 1857 erfolgte die Vereinbarung mit der Stadt Salzburg zur Übergabe „des ganzen inneren Dienstbetriebes im Leprosenhause dahier".[49]

Weibliche Leitung vs. männliche Aufsicht
Katholische Gemeinschaften von Frauen mussten einer männlichen Oberaufsicht unterstellt werden. Dieser „Hausvater" hatte nicht nur die Aufsicht in religiöser/moralischer Hinsicht, sondern sollte v. a. auch sicherstellen, dass ordentlich gewirtschaftet wurde. Oberinnen konnten aber durchaus geschäftstüchtige und durchsetzungsstarke Persönlichkeiten sein, sodass die Beziehung zwischen Oberin und Superior nicht unbedingt friktionsfrei war. Ambrosia Preisinger beschwerte sich, dass innerhalb weniger Jahre (nach den Superiores Embacher und Brucker) 1851 schon wieder ein Wechsel erfolgte, von dem sie nur sehr kurzfristig benachrichtigt worden sei. Ein oftmaliger Wechsel sei nicht gut. Jetzt solle ein noch jüngerer Geistlicher kommen, der vielleicht viel von „weltlichen Dingen" verstehe, aber wohl kaum die Autorität eines „geistlichen Vaters" haben werde. Das Gehalt eines älteren Priesters könnte jedoch sehr wohl bezahlt werden.[50] Vorher hatte die Oberin schon ihren ersten Superior, Augustin Embacher, inzwischen Dechant in Taxenbach[51], alarmiert. Dieser sprach sich in einem Brief an den neuen Erzbischof Maximilian Tarnóczy[52] gegen den für jenen Posten vorgesehenen Johann Bittersam aus: Er habe einerseits einen „sehr ehrenwerten Gesamtcharakter", andererseits „einzelne demselben innewohnende Unvollkommenheiten", und sei kaum geeignet für eine solche Position. Er hätte dieses Schreiben allerdings nicht verfasst, wenn er nicht vor wenigen Tagen einen Brief der Oberin erhalten hätte mit der Aussage, dass die Gemeinschaft der Schwestern das erforderliche Vertrauen in den neuen Superior nicht aufbringen würde. Alternativen gebe es allerdings wenige – Embacher schlug den Vikar von Mayrhofen vor.[53] Obwohl der Besprochene die Seelsorge in Taxenbach eigentlich auch nicht aufgeben wollte, teilte er schließlich Tarnóczy mit, dass er sich mit dem amtierenden Superior Brucker besprochen habe, und ein Amtsantritt zum 1. September 1851 möglich sei.[54]

Immer wieder auftretender Reibepunkt zwischen Superior und Oberin war die Zahl der Einkleidungen. Das Stadtspital in Rattenberg konnte im Herbst 1851 aus Personalmangel nicht besetzt werden. Eine Präsenz in Salzburg war aus Sicht der Oberin erst im Frühjahr 1852 möglich. Die Aufnahme von weiteren Kandidatinnen sei dringend nötig. Es sei ein Gerücht, dass sie zu viele Schwestern hätten. Außerdem werde für die Probezeit ja bezahlt, was wohl keine Mehrausgaben verursachen würde.[55] 1854 beispielsweise war die Oberin der Auffassung, dass im Interesse des Ordens fünf bis sieben Postulantinnen eingekleidet werden müssten, Bittersam hielt die Zahl für zu hoch gegriffen. Der

Visitator (Augustin Embacher) wurde zum Schiedsrichter berufen, schwankte und war nicht zu einem „Ausspruch" zu bewegen. Bittersam gab, um des guten Einvernehmens mit der Oberin willen, nach und ersuchte in ihrem Sinne den Erzbischof um die Bewilligung der Einkleidung von fünf Postulantinnen. Er sei nicht gegen die Profess der Novizinnen, wolle aber die Zahl von der Situation in Altenmarkt und anderen Filialen abhängig machen, die noch nicht klar sei. Aktuell würden drei neue Schwestern reichen.[56] Ein Jahr später holte er vom Erzbischof die Bestätigung von dessen Zusage ein, die Einkleidung vorzunehmen, und bat, die Zeit des Aufenthaltes nicht zu knapp zu bemessen, da es manches zu ordnen gebe, und wohl nur „eine kanonische Visitation vor Beginn der St. Johanns Spital-Epoche [in Salzburg] von Nutzen sein dürfte."[57] Schließlich erbat er die Versetzung auf eine andere Pfarrstelle, da, wie er schon öfter moniert habe, nie geklärt worden war, was zu den Agenden des Superiors gehöre und was in den Zuständigkeitsbereich der Oberin falle. Überall sonst existierten entsprechende Statuten, die auch er seit acht Jahren beantrage, doch gebe es nur eine „endlose Vertagung". Daher habe er sich an die Tradition seiner Vorgänger gehalten, und „die Oberin verfolgt ihre eigenen entgegengesetzten Ansichten." Sie agiere „in völliger Unabhängigkeit". Neben dem Umstand, dass sein treuer Gehilfe und lieber Freund versetzt werde, seien noch zwei weitere Erschwernisse hinzugekommen: Die Verpflichtung zur Rückzahlung der Passiva aus den Erträgen „der dasigen Realitäten" sei gänzlich undurchführbar. Schwarzach sei das Mutterhaus des nun über zwölf Häuser verbreiteten Ordens, und es werde immer nur gefragt, was Orden und Haus benötigten „/seien denn die Bedürfnisse wahre oder eingebildete:/". Nicht der in Verantwortung stehende Administrator bestimme hier, sondern die „faktisch ganz unverantwortliche Oberin". Außerdem werde die Errichtung des Bräuhauses wahrscheinlich wieder hinausgezögert, obwohl schon viel Geld auf die Vorbereitungen verwendet wurde, weil der Bau mehrmals zugesagt worden war. Er stehe nun als „lächerlicher Projektenmacher" da.[58] Johann Bittersam erkrankte 1862 schwer und verstarb am 28. November 1862.[59]

Ausweitung der Maßnahmen zur Gestaltung einer katholisch geprägten Gesellschaft

Mit der allmählichen Durchdringung des Pongaus, des Tiroler Anteils seiner Diözese und des Pinzgaus mit Versorgungshäusern in Händen der Barmherzigen Schwestern sowie mit Volksschulen und Weiterbildungskursen für Mädchen, die ebenfalls von Schwarzach ausgingen, hatte Kardinal Schwarzenberg den kirchlichen Einfluss auf die soziale Versorgung und auf die Familien (über im katholischen Geist erzogene Mädchen als künftige Ehefrauen und Mütter) in dieser Region gestärkt.

Die Stadt Salzburg wird Zentrum der Kongregation

Nach der gelungenen Etablierung der Barmherzigen Schwestern in Schwarzach strebte er die Verwirklichung eines größer dimensionierten Projektes an: die Übernahme der Krankenpflege im St. Johannsspital in Salzburg, und damit die Institutionalisierung dieser Kongregation in der Kreishauptstadt (wo Mädchenwaisenhaus[60] und Dienstbotenanstalt, Leprosenhaus[61] und „Irrenanstalt"[62] künftig ein weites mögliches Betätigungsfeld boten) bzw. auch die Verlegung des Mutterhauses dorthin. Der Wunsch sei an ihn herangetragen worden, dass der Orden einen größeren Wirkungskreis erhalte. Er solle mit dem St. Johannsspital „in angemessene Verbindung gebracht werden", teilte er Kaiser Ferdinand mit und bat, den Orden dazu „in den Stand zu setzen".[63] Der Orden habe nicht nur „die gedeihlichste Warte in allen Bereichen des Krankendienstes", sondern auch das beste „Einwirken auf das moralische Wohl" zum Ziel. Das Spital habe einen gut verwalteten Fonds. Die nötigen Verhandlungen sollten eingeleitet werden.[64] Allerdings hielt sich die Begeisterung in den damit befassten weltlichen Stellen aus verschiedenen Gründen in Grenzen. Vom Gubernium in Linz kam die Mitteilung, dass mit Hofkanzleidekret v. 5.5.1847, Z.13528 dieses Ansinnen zurückgestellt worden sei, da beide Primarärzte des Spitals „Inkonvenienzen" verhüten wollten, „welche sich aus den täglichen Begegnungen des Ordenspersonales und der chirurgischen Kandidaten möglicherweise einschleichen."[65] Zunächst müsse also die Frage geklärt werden, „Ob bei einer Krankenanstalt, mit welcher der klinische Unterricht für eine bedeutende Anzahl Studierender verbunden ist, die Krankenpflege durch einen weiblichen Orden zulässig sei."[66] Der Kardinal antwortete, spürbar indigniert, er wisse seit Jahren um die klinische Ausbildung für Landärzte im Spital, das sei ihm und dem Konsistorium bei der Antragstellung bekannt gewesen.[67] Sie seien der vollen Überzeugung, dass es keine „Inkonvenienzen" „unter den gehörigen Vorsichtsmaßregeln" geben werde. Schon die Ordensregeln sorgten dafür, dass es weniger „Inkonvenienzen" gebe als beim gegenwärtigen weiblichen und männlichen Wärterpersonal. Die Barmherzigen Schwestern gewährleisteten eine bessere „physische Pflege", besonders aber „die Aufrechterhaltung einer religiös=sittlichen Gesinnung und Ordnung" in einer Anstalt, „welche die Zufluchtsstätte so vieler von Gott mit Krankheiten heimgesuchten Menschen ist, die oft nicht minder der sittlichen Besserung als der körperlichen Heilung bedürfen oder denen bei ihrem Sterben eine gläubige Umgebung und ein aus christlichem Herzen entquellendes Trostwort die nothwendigste und erquickendste Labung ist."[68] Er fühle sich verantwortlich für die Kranken und Verlassenen. Und gerade für die klinische Schule sei die Anwesenheit einer Ordensschwester am Krankenbett wichtig, weil dadurch „die Zartheit und Schamhaftigkeit junger Patientinnen mehr Schutz und Schonung finden dürfte gegen die Unbescheidenheit mancher ärztlicher Kandidaten, als dieß von weltlichen Dienstmägden, deren religiöse Bildung gar selten eine tiefe ist, dieses zu erwarten ist." Positive Erfahrungen mit jener „Vereinbarlichkeit" habe man bereits im allgemeinen Krankenhaus München gemacht, mit dem der Kardinal diesbezüglich in Verbindung stand, sowie in Graz.[69] Da sich die Umsetzung des Vorhabens hinzog, geriet der Kardinal mit seinem Plan in die revolutionären Unruhen von 1848. Erst am 30. April 1848 erhielt er vom Minister des Innern, Franz Freiherr v. Pillersdorf[70], die Antwort, dass er den obderennsischen Regierungspräsidenten zur Übergabe der Krankenpflege am St. Johannspitals auffordere, und sich dieser mit Schwarzenberg in Verbindung setzen solle. Den im Übergabeentwurf vorgeschlagenen Modalitäten müssten allerdings noch folgende Bedingungen beigefügt werden: Die Zuständigkeit für den Unterhalt der Gebäude muss bei der Verwaltung bleiben. Eine Instruktion für die Schwestern kann es „einverständlich mit Euerer Majestät" erst geben, wenn den Primarärzten die Pflichten der Schwestern bekannt sind. Eine Trennung der Kranken in klinische und nicht klinische solle „in weitere Erwägung" gezogen werden. Besoldete ärztliche Praktikanten brauche es nicht. Die Miete für die Wohnung der Schwestern habe aus dem Spitalsfonds bezahlt zu werden. Ihre Verpflegungskosten müssten den Preissteigerungen (die zu dieser Zeit virulent waren) angepasst werden.[71] Die Übergabe solle (nach genauer Inventur) über das Kreisamt laufen.[72] Dann folgte eine Einschränkung, die wirksam werden sollte:

„Euerer Eminenz Klugheit und Umsicht bürgt übrigens dafür, daß Sie in der Zeit und Art der Ausführung auch den Zeitverhältnissen Rechnung tragen werden, da das Gute, um wohlthätig und gedeihlich zu wirken, auch zeitgemäß sein muß."[73]

Der Gouverneur[74], der sich über Zeit und Art der Übergabe mit Schwarzenberg verständigen sollte, verwies darauf, dass die oberösterreichische Regierung schon im Bericht vom 4. Juni 1846 alle Motive des Kardinals gewürdigt und unterstützt habe, wollte aber zunächst eine probeweise Übergabe auf zwei bis drei Jahre, in denen ein Beweis für die Wichtigkeit und Zweckmäßigkeit dieser Maßnahme erbracht werden könne. Die Regierung könne nicht umhin,

„die Aufmerksamkeit Euer Eminenz auf die dermahligen Zeitverhältniße zu lenken, wornach die öffentliche Stimmung, angeregt durch den Umschwung der Ereignisse den Umstand neuerdings in Frage stellet, ob eine so folgenreiche Neuerung im St. Johannsspitale durch die Einführung der barmherzigen Schwestern dermahl der öffentlichen Stimmung zusage?"

In den „öffentlichen Zeitungsblättern" in Graz und jüngst auch in Salzburg werde die „Entfernung" gefordert bzw. eine Einführung als „unerwünschlich" thematisiert.[75] Schwarzenberg antwortete, früher sei ihm nur eine gute Pflege und die „religiös-sittliche Stärkung" wichtig gewesen. Inzwischen stelle er aber „immer rücksichtsloser auftretende verderbliche Einflüsse" fest, daher sei die Arbeit der Barmherzigen Schwestern umso wichtiger.[76]

„Übrigens bin ich überzeugt, daß in diesem, wie in andern naheliegenden Fällen, es nur eine kleine – aber weil sie nichts mehr scheuen zu müssen glaubt, um so zuversichtlicher das Wort führende Minorität ist, welche die eigene Meinung für die Allgemeine geltend macht, und daß ein weit grösserer Theil der hiesigen Bevölkerung, wenn er seine innerste Meinung zu offenbaren nicht Bedenken trüge, noch immer dieselben Wünsche aussprechen würde, welche mich bewogen haben, mich für die Einführung der barmherzigen Schwestern in das Johannsspital zu verwenden."[77]

Jedoch sei er schon, als er die ministerielle Bewilligung bekommen hatte, gänzlich mit sich „im Reinen" gewesen, davon „für jetzt" keinen Gebrauch zu machen, obwohl „das Gewicht der Gründe" für die Einführung in seinen Augen eher zu- als abgenommen habe. Er wolle seine geplante Maßnahme der Salzburger Bevölkerung nicht aufdrängen und so lange warten, bis diesbezüglich ein eindeutiger Wunsch der Bevölkerung ausgesprochen werde.[78]

Ob es dann wirklich der dezidierte Wunsch der Bevölkerung war oder die veränderte politische Situation – das neoabsolutistische Regime mitsamt dem 1855 geschlossenen Konkordat – den Weg ebnete, auf jeden Fall wurde sechs Jahre später Superior Bittersam zu einem Gutachten zur Einführung der Barmherzigen Schwestern im St. Johannspital aufgefordert. Er entkräftete das Argument, dass die Barmherzigen Schwestern kostspieliger als weltliche Kräfte seien, ihre Zahl werde vertraglich festgelegt. Das Argument Raummangel und Notwendigkeit eines Neubaus könne er nicht beurteilen, doch würden die Schwestern nicht wie die Wärterinnen in den Krankenzimmern schlafen, daher würden Betten für die Kranken frei und somit ursprüngliche Krankenzimmer für die Schwestern. Es würden wohl Adaptierungen genügen. Dass die Schwestern nicht einzeln in Krankenzimmer mit Männern gingen, sei gänzlich falsch. Sie würden ja auch in Feldlagern und Militärspitälern eingesetzt. Nur wenig weltliches Personal sei zur Unterstützung nötig. Die Feststellung, die Schwestern würden zu viel Zeit für Gebete benötigen, entkräftete er mit dem Hinweis, dass selten alle zusammen beteten und sie auf jeden Fall im Hause abrufbar seien, während das weltliche Personal alle Sonn- und Feiertage einen halben Tag zur Erholung frei habe. Das Zusammentreffen mit den männlichen Auszubildenden dürfte für Frauen, „die sich dem Herrn durch das Gelübde der Keuschheit verbunden haben weniger zu besorgen sein als bei Andern."

Mit Zuschüssen von der Gemeinde rechne der Orden nicht. Und seine Mitglieder kehren „im Unbrauchbarkeitsfalle" ins Mutterhaus zurück, fallen also niemandem sonst zur Last. Er könne berichten, dass der Orden, wenn die weltlichen und geistlichen Stellen dies wünschen und mögliche Widerstände behoben werden können, „im Allgemeinen nicht ungeneigt wäre", den Dienst zu übernehmen. Nur müsse dies mindestens ein volles Jahr vor der Einführung „mit vollständiger Zuverlässigkeit bestimmt sein".[79] In der Folge wurden auf Anordnung Erzbischof Tarnóczys Barmherzige Schwestern nach München zur theoretischen und praktischen Ausbildung in der Krankenpflege, Hausordnung und Salubrität gesandt.[80]

Weitere Aktivitäten im Sinne katholischer Gesellschaftsgestaltung

Der Konflikt um die Einführung der Barmherzigen Schwestern in Salzburg in den späten 1840er-Jahren zeigt sehr deutlich, dass es hier nicht nur um Krankenpflege ging, sondern um eine neuerliche katholische Einflussnahme auf die Gesellschaft, wie es Schwarzenberg in seinem Schreiben von 1862 als Motivation für die Einführung der Barmherzigen Schwestern deutlich ausgesprochen hatte. Das „ein" im Titel ist also weniger als unbestimmter Artikel denn als Zahlwort zu lesen. Das katholische Milieu als Basis für einen politischen Katholizismus, der sich ab 1848 nicht aus dem Nichts heraus formieren konnte, wurde bereits gestaltet, auch durch Kardinal Schwarzenberg, der nicht nur *politics*, also eine Formulierung der Ziele im Sinne einer katholisch geprägten Gestaltung der Gesellschaft betrieb, sondern im *policy making* auch für die Durchführung dieser Ziele sorgte.[81] Generell habe die Kirche im Vormärz „offensiv" die Aufgabe für sich reklamiert, „Hüterin der sozialen Ordnung zu sein".[82]

Kardinal Schwarzenberg beließ es nicht bei seinen Initiativen in den Bereichen Mädchenerziehung[83] und, als Konsequenz, beim Einfluss auf das Wirken der Frauen in der Familie sowie in der Fürsorge. Bereits mit seinem Amtsantritt hatte er sich darum gekümmert, dass mehr Knaben die Möglichkeit zu einer Priesterausbildung bekamen und die Verbesserung des Studiums ins Auge gefasst. Seit 1836 hatte er Buben aus dem Zillertal als Gymnasiasten in Salzburg aufgenommen. Fünf Jahre später formulierte er sein Vorhaben in einem Schreiben an den Klerus der Erzdiözese aus. Er wolle künftig nur „fromme, wohlunterrichtete Priester" und sehe die Gefahr, dass Knaben aus frommen Elternhäusern, die Priester werden wollten, in der Stadt „aus Mangel an einsichtsvoller Leitung u. sorgfältiger Ueberwachung" dem Priesterstand „abgeneigt" würden oder diesem nicht entsprächen. Zum Schutz vor Verführungen, v. a. aber zur positiven Einwirkung auf die „physische, intelektuelle [sic] u. moral. Entwicklung der Jugend" habe er ein Knabenseminar gegründet,[84] das Collegium Borromäum, das 1843 die staatliche Anerkennung erhielt und ab 1846 im Lodron'schen Primogeniturpalast untergebracht war.[85]

Schwarzenberg nutzte aber auch das zeitgenössisch moderne Instrument des Vereins[86] zur Ausweitung des katholischen Einflusses in der Gesellschaft. Im sozialen Bereich war er Initiator des Kleinkinder-Bewahr-Vereins, unterstützte die Dienstbotenerziehungsanstalt St. Sebastian, lehnte aber das von Kaiserin Caroline Auguste 1838 projektierte Gebärhaus ab.[87] Später war er an der Gründung des Rupertusvereines und des Katholischen Frauenwohltätigkeitsvereines[88] maßgeblich beteiligt. Die Verbesserung der wirtschaftlichen Situation im agrarisch geprägten Salzburg war ihm ein Anliegen:[89] Er war Gründungsmitglied der (obrigkeitlich verordneten) k. k. Landwirtschaftsgesellschaft. Im Kunstbereich förderte er Musik und Malerei. 1841 wurde, mit formalem Beginn 1. Oktober, der Dommusikverein konstituiert. An die Kapellhauspräfektur erging die Anordnung, diesem den Musiksaal zum Üben und die Singknaben als Ergänzung zur Verfügung zu stellen. Dem bisherigen Dirigens chori wurde mitgeteilt, dass seine Bezüge eingestellt werden und er das Notenmaterial dem neuen Kapellmeister übergeben müsse.[90] Aus dem Religionsfonds wurden jährlich 180 fl. überwiesen.[91] Das Vermögen der Mozartstiftung, in welche die von der Finanzierung des Mozartdenkmals übrig gebliebenen Gelder eingegangen waren, und die als Privatstiftung firmierte, kam in die Kontrolle des Konsistoriums, umso mehr, als der Dommusikverein und die von ihm gegründete und mit ihm verbundene Lehranstalt Mozarteum „ohnehin" bereits unter dessen Aufsicht stand. Unterricht der Jugend und Kirchenmusik seien „Gegenstand der Amtswirksamkeit des f.e. Consistoriums".[92] Der Einfluss des Kardinals war wohl eine Folge seiner Romreise. Ende 1842 besprach er sich mit dem in Salzburg tätigen Maler Johann Fischbach[93] und weiteren Interessierten zur Gründung eines Kunstvereins. Ende 1844 fand die konstituierende Generalversammlung mit dem Kardinal als Vorsitzenden statt, wenig später die erste Ausstellung.[94]

Die inzwischen spürbare Unruhe im Kaisertum Österreich wurde mit der Bedrohung der katholischen Kirche verbunden, wie Othmar Rauscher[95] in einem Brief an Schwarzenberg thematisierte:

„Jeder Österreicher, welcher sein Vaterland liebt, muß mit tiefem Bedauern eingestehen, daß über Österreichs Zukunft sich finstere Wolken lagern. Geht es diese Bahn ungestört fort, so ist Ungarn binnen weniger Jahre von Österreich tatsächlich losgerissen und braucht nur noch die Gelegenheit abzuwarten, um die Losreißung auch öffentlich zu bekennen. In Böhmen aber nimmt die tschechische Partei schon gegenwärtig die Magyaren sich eifrig zum Vorbilde, wenn sie auch mit gleichem Ungestüm aufzutreten nicht vermag. Es ist aber merkwürdig, daß überall jene, welche mehr oder weniger offen wider die Einheit des Reiches ankämpfen, auch mehr oder weniger offen der katholischen Kirche den Krieg ankündigen."[96]

Als der Minister des Innern, Freiherr von Pillersdorf Ende März 1848 die Vertreter der katholischen Kirche bat, die Regierung in ihrem Bestreben zum Erhalt von Ordnung und Ruhe zu unterstützen, wies Schwarzenberg in einem Hirtenbrief[97] auf „drei wichtige Gaben"[98] des Kaisers, nämlich Pressefreiheit, Bürgerwehr zur Sicherung der Ordnung „in einer Zeit, wo Gefahren von Innen und Außen bedrohen", und eine „Versammlung von Abgeordneten seiner Völker aus allen Ständen"[99] hin. Er ermahnte alle, „denen plötzlich ein so erweitertes Maaß von Rechten und Freiheiten zu Theil geworden, lasset uns nicht vergessen: wir sind deßhalb für Recht und Freiheit fähig, weil wir Ebenbilder Gottes sind". Er warnte vor der „lügnerischen Freiheit" derer, die Obrigkeiten verachten „und in ihrer Tollkühnheit und Selbstgefälligkeit sich nicht fürchten Trennungen einzuführen und zu lästern". Diese seien „Kinder des Verderbens". Die Priester sollten jetzt stark sein im Kampf gegen die Lüge und ihr Reich".[100] Als sich die revolutionäre Situation zuspitzte, versammelten sich auf Einladung Schwarzenbergs die Salzburger Suffraganbischöfe sowie die Oberhäupter der Bistümer Brixen und Trient bzw. deren Vertreter in Salzburg und hielten fest,[101] dass sie beim Reichstag in Wien die rechtmäßigen und berechtigten Ansprüche der katholischen Kirche anmelden würden, diese vertrete schließlich „Millionen getreuer Staatsbürger". An die Gläubigen wurde appelliert: „Vertrauet euren geistlichen Vorstehern, schließet euch von Herzen ihren Verfügungen an, und bleibet fern jedem eigenmächtigen Streben in dem, was eure Religion und Kirche betrifft."[102] In der Adresse des Episkopats der Salzburger Kirchenprovinz an den Reichstag wurde die bisherige Situation der Kirche heftig kritisiert, sie sei „gleichsam zur Magd herabgewürdiget" worden, habe aber eine „göttliche Sendung" und sei nicht eine „Polizei=Anstalt des Staates und ein Werkzeug für politische Zwecke".[103] Beansprucht wurde eine freie, selbstständige Stellung im Bereich „der normalen Entfaltung des kirchlichen Organismus"[104]. Die katholische Kirche habe das Recht der „Selbstregierung"[105] – bis hin zur eigenen Gesetzgebung und Strafgewalt[106].

Um liberalen Presseorganen und deren Kirchenkritik gegenzusteuern, beschloss Kardinal Schwarzenberg, aus eigenen Mitteln eine Zeitung zu gründen. Dieses Vorhaben war ein wichtiger Diskussionspunkt in der Versammlung des Diözesanklerus, die er für 5. Mai 1848 einberufen hatte. Während ein Teil der Geistlichkeit für die finanzielle Unterstützung einzelner Redakteure der bestehenden Salzburger Blätter plädierte, die ja sowieso gemäßigt seien und dann so schreiben würden, wie man es wünschte, bestand Schwarzenberg auf Transparenz, auf der Gründung einer eigenen Tageszeitung, die konservative und religiöse Interessen vertreten solle, und die er selbst finanzieren werde. Der verantwortliche Redakteur[107] sei bereits gefunden, ein ihm zur Seite stehendes Komitee formiert. Am 1. Juli 1848 erschien dann die erste Ausgabe der *Konstitutionellen Zeitung*. Inhaltlich verbat Schwarzenberg sich jegliche Hetze gegen

Juden in diesem Blatt, eine solche sei Vorläuferin oder Begleiterin einer jeden Revolution und verstoße „gegen die Grundsätze unserer heiligen Religion". Nie dürfe die Gegenwart verantwortlich gemacht werden für die Vergangenheit. „Revanche ist ein heidnisches Wort. Merken Sie sich das."[108]

Als im Mai 1848 der Wiener Katholikenverein mit den Intentionen eines liberalen Katholizismus, gegen „blinden Glauben" und „blinden Gehorsam", gegen das „mystische Dunkel" einer „äußerlichen Religion" gegründet wurde, trat er diesem sofort bei.[109] Gründer waren sein Freund aus Schul- und Studienzeiten, der Nationalökonom und nach unterschiedlichen Tätigkeiten schließlich Sektionschef im Finanzministerium, Carl F. Hock[110] sowie sein früherer Lehrer und langjähriger Briefpartner, der Domprediger Johann Emanuel Veith.[111] Diese Intention des Katholikenvereins überlebte den Aufbruch von 1848 nicht, er wurde mit dem „Hirtenstab" und dem „Bajonett" „totgeschlagen", wie Veith seinem Bruder 1851 schrieb.[112] Anfang 1849 kritisierte Hock die Lage heftig:

„[...] Aber der Feind, den man durch solche physische Kräfte besiegt, ist auch danach. Wie aber den geistigen Feind bekämpfen, welcher stets der Eine und nur wechselnd nach Verschiedenheit der Gebiete, wo er auftritt, in der Religion als Pantheismus, im Staate als Radikalismus, im sozialen Leben als Kommunismus sich geltend macht, täglich an Terrain gewinnt, sich selbst klarer und praktischer in seinen Folgerungen wird und gegen welchen leider fast überall nur mit hölzernen Waffen angekämpft wird? Da ist unser gegenwärtiges Ministerium, das will Ideen durch Gescheitheit und Pfiffigkeit besiegen, da ist der Erzbischof von Wien mit Suffraganen, der meint, mit der alten polizeilichen Staatskirche siegen zu können; da sind Leute wie Zenner, Rauscher und ihresgleichen, die im Sichverstecken, Hin- und Herbeugen, Schleichen, Kriechen, alten Beichtspiegeln und verknöcherten Kirchenrechten das Heil suchen; da stehen Jarcke, Hurter etc., welche mit der ganzen neuen Zeit nichts anzufangen wissen und keine Hilfe sehen, als einen starken Ruck ins Mittelalter zurück; da sind Bischöfe und Professoren an der Isar und am Rhein, welche in Mystik und Askese den Hebel zur Abwehr all des hereinbrechenden Übels gefunden zu haben glauben, und dann der falsche Konstitutionalismus, die Erbärmlichkeit und Schläfrigkeit! Gott bessere es, auf menschlichem Wege sehe ich fast keine Hilfe mehr."[113]

Ebenfalls zur Zeit der Revolution war Schwarzenberg besorgt um das Fortbestehen des Benediktinerinnenklosters Nonnberg, wie er überhaupt eine „Wiedergestaltung der Klöster" für nötig, allerdings nicht durchsetzbar fand, da er „die inneren Schwierigkeiten noch weit höher als die äußeren" veranschlagte.[114] Im September 1848 riet er der Äbtissin Alberta Ainhauser, an die Landesregierung den Antrag auf Eröffnung einer Mädchenschule für die „Stadtmädchen" zu stellen, „damit so in den Augen des Volkes das Kloster nützlicher nach außen und hiemit sicherer vor Auflösung sein solle."[115]

Als Vorsitzender einer 1849 nach Wien einberufenen Bischofskonferenz betonte er in seiner Ansprache an den Kaiser die weltliche Rolle der katholischen Kirche. Sie sei nicht nur „eine starke Burg allen denen, welche nach den Gütern der Ewigkeit verlangen". Sie verbreite „ihre segensreichen Einflüsse auch über alle Verhältnisse des irdischen Lebens. Der feste Grund und die höhere Heiligung, welche die Religion dem Pflichtgefühle darbietet, ist für die sittliche Kraft des Staates ein unumgängliches Bedürfnis. [...] Wir sind versammelt, um mit Gottes Hilfe die katholische Gesinnung zu stärken und zu beleben – und zu diesem Ende alle Einrichtungen, durch welche die katholische Kirche für Glauben, Frömmigkeit und Pflichttreue Sorge trägt, in unbeirrte kraftvolle Wirksamkeit zu setzen."[116]

Im Gegensatz zu spätjosephinischen oder ultramontanen kirchlichen Würdenträgern kann man Schwarzenberg den liberalen Katholiken zurechnen, die sich eine eigenständige Kirche in einem Verfassungsstaat wünschten. Zu diesen zählten v. a. Anhänger Anton Günthers,[117] der auch Lehrer Schwarzenbergs gewesen war und ihn mit seiner Auffassung von der Vereinbarkeit von Vernunft und Glauben, Naturwissenschaft und Religion geprägt hatte. Schwarzenberg verurteilte dessen zunehmende Anfeindung: In Wien und Tirol gebe es „fortan mit einem blendenden Heiligenscheine geschmückte Männer, die in Günthers philosophischen Schriften Hermesianismus, Nestorianismus und sogar Pantheismus finden. Im nächsten Winter habe ich vor, nach Rom zu reisen, und bin sehr begierig, ob man wirklich auch dort so spricht."[118]

Jäher und ungewollter Abschied

Schwarzenberg konnte seine mit Umsicht und Erfolg betriebene Gestaltung der Gesellschaft in katholischem Sinn als Salzburger Fürsterzbischof nicht fortsetzen. Als er schon 1838 als Nachfolger auf dem Prager Bischofsstuhl im Gespräch war, hatte er seiner Tante geschrieben: „Daß mich keine Gewalt der Welt dorthin brächte, weißt Du ohnehin."[119] Zwölf Jahre später waren es die geistliche und die weltliche Gewalt, die bestimmten, dass er „dorthin" zu gehen hatte. Nach dem Tod des Prager Erzbischofs am 5. März 1849 schrieb ihm sein Bruder Felix, der Ministerpräsident,[120] dass er seine „Hoffnung, den bitteren Kelch nicht zu leeren, aufgeben" solle. Man kenne keinen als Nachfolger Geeigneteren.[121] In einem Schreiben an den Papst begründete Schwarzenberg äußerst ausführlich, warum er nicht nach Prag gehen wolle (und könne). Er habe sich immer gegen eine Versetzung von Bischöfen ausgesprochen, denn die Verbindung von Bischof und Diözese käme einem „Eheband" gleich. Ihm sei kein Fall bekannt, in dem die Verbindung eines Bischofs mit einer weiteren Diözese gleich günstig ausgefallen sei wie seine erste. Seine Stellung in der Diözese Salzburg sei in diesen unruhigen Zeiten nicht erschüttert, sondern gefestigt worden.[122] Auch wies er auf die Besonderheit des Salzburger Bistums hin: Er sei „durch freie Wahl des Metropolitankapitels unter freudigem Beifall von Klerus und Volk, wenn ich so sagen darf", mit der Diözese verbunden worden. Man habe Vertrauen in ihn gesetzt; daraus erwachse ihm eine „Dankespflicht", die er nur erfüllen könne, wenn er „sein ganzes Leben darauf hingebe".[123]

Er habe vieles gerade erst begründet, das unter seinem Schutz stehe, manches noch „weniger gut vollbracht oder gar vernachlässigt", um das er sich jetzt kümmern müsse. Außerdem kenne er hier seine „Schäflein", was wichtig sei, „um das Hirtenamt nützlich zu versehen". Hier könne er auf seine Berater vertrauen. In Prag käme er als „Fremdling" an, kenne weder Klerus noch Volk, noch die besonderen Einrichtungen, Sitten und Gebräuche der „böhmischen Nation" [d. i. der tschechischsprachigen Bevölkerung, M. F.], beherrsche nicht einmal deren Sprache in ausreichendem Maße.[124] Außerdem sei er immer in engem Kontakt mit den deutschen Bischöfen gestanden und habe diese Beziehung für Österreich nutzbar machen wollen. Das könne er von Prag aus nicht leisten. Er sehe in seiner Versetzung keinen Nutzen für die Kirche und hoffe innig, dass er in Salzburg bleiben könne.[125] Dem Minister für Cultus und Unterricht, Graf Leo Thun, teilte er mit, dass er das Prager Erzbistum nicht annehmen werde.[126] Nichtsdestotrotz befahl ihm Pius IX. in seinem Schreiben vom 30. April 1850 die Annahme des Prager Erzbistums.[127]

In seinem Abschiedsschreiben an den Klerus wies er klar und deutlich darauf hin, dass er die Diözese gezwungenermaßen verlasse: „Ich sage die Wahrheit in Christo, ich lüge nicht, und wie es mein Bewußtsein mit bezeugt, so kann es auch Euch nicht verborgen sein, wie schmerzlich mir der Gedanke ist, von Euch mich trennen zu müssen […]".[128] Ähnlich klang es in einem Schreiben an die Volksschullehrer: „Nun, da ein höherer Ruf gegen meinen Wunsch und Willen mich einen anderen Hirtenstab ergreifen läßt, kann ich nicht umhin, noch einmal den Blick zu Euch zurück zu wenden"[129]. Dem Kirchenvolk teilte er mit, dass es ihm „gebothen" worden sei, „dieses schöne Alpenland zu verlassen". Es sei „ein Opfer des Gehorsams, welches die Vorsehung Gottes von mir fordert".[130] Dem Schreiben an die Suffraganbischöfe legte er sogar den ausführlichen Text seines Schreibens an den Papst bei.[131] Klar ersichtlich wurde der erzwungene Wechsel nach Prag auch aus dem Motto seiner Abschiedspredigt im Salzburger Dom am 4. August 1850, dem Wort Jesu an Petrus:

„Da du jünger warst, umgürtetest du dich selbst und wandeltest, wohin du wolltest. Wenn du aber wirst älter geworden sein, wird ein anderer dich umgürten und dich führen, wohin du nicht willst."[132]

Kardinal Schwarzenberg verließ Salzburg am 8. August 1850 um zehn Uhr.[133]

Nachgeholte Formalia

Mit der Etablierung der Kongregation der Barmherzigen Schwestern und ihrer zunehmenden Ausdehnung sowie der Versetzung ihres Schirmherrn musste endlich auch Grundlegendes geklärt und formal geregelt werden, denn bei Behörden und Privaten herrsche „eine totale Unkenntnis der hiesigen Verhältnisse": Der immer noch verwendete Titel „ehemalige Missionskirche Schwarzach" sollte endlich „obsolet" werden. Er finde bei anderen früheren Missionskirchen keine Verwendung mehr. Daher sei künftig zu schreiben: *„Kirche U.L.Frau Empfängniß bei den Barmh. Schwestern in Schwarzach"*. Der Zusatz *„mit einem Gottesacker"* dürfte gerechtfertigt sein, da dieser nachträglich genehmigt und auch ordentlich benediziert wurde. Da bei Anschreiben die unterschiedlichsten Adressen verwendet würden, solle bei Johann Bittersam zum Titel *Superior* hinzugefügt werden: *„Administrator der fürstl. schwarzenberg'schen milden Orte"*, und bei Michael Reiter solle es heißen: *„Beichtvater im Mutterhause der barmherzigen Schwestern u. Kaplan in der fürstl. Schwarzenberg. Kranken- und Versorgungsanstalt"*.[134]

Diese Formalitäten waren wichtig, von größerer Bedeutsamkeit aber war die schriftliche Festlegung von Zuständigkeiten, die der Kardinal bei der Einführung der Barmherzigen Schwestern nur in mündlicher Absprache geregelt hatte, weil er, wie er 1862 klar stellte, nicht „augenblicklich fixe und unwiderrufliche Bestimmungen" hatte treffen wollen, sondern der „naturgemäßen Entwicklung einen möglichst freien Spielraum, und den thatsächlichen Bedürfnissen Zeit lassen" wollte, „sich selbst zu konstituiren".[135] Dem Spitalsgeistlichen hatte er nur die hausgeistlichen Aufgaben übertragen. Außerhalb des Hauses durfte er lediglich auf Ersuchen des Pfarrers von St. Veit „seelsorgliche Verrichtungen vornehmen". Der Pfarrer aber hatte sich in die Hausseelsorge nicht einzumengen und durfte bloß nach Bitte des Spitalsgeistlichen dort tätig werden. Als er „1846 auf meinem Eigenthume einen Spitalsfriedhof hergestellt hatte", ordnete er an, dass alle nach St. Veit zuständigen Verstorbenen auch dort begraben werden müssen. Da die Zahl der Ordensmitglieder immer größer wurde, hielt er es für nötig, einen zweiten Priester anzustellen, zumal auch die Schulkatechese und die Einführung der Kandidatinnen ins Lehrfach zu bewerkstelligen war. Inzwischen hatte er zur Dotation Schermberg gekauft und die Verlegung der Schlosskaplanei nach Schwarzach in die Wege geleitet, eine Translation, die am 25. Jänner 1847 von der obderennsischen Landesregierung genehmigt wurde. Schließlich wurde die Kranken- und Versorgungsanstalt in Schwarzach um die Räume von Schloss Schermberg erweitert.

„So ist im Verlaufe einiger Jahre unter meinen Auspizien zu Schwarzach und Schermberg in naturgemäßer Entwicklung jener kirchliche Zustand erwachsen, den man noch heute dort trifft und der an sich mit dem gemeinen Kirchenrechte sehr wohl verträglich ist, indem dasselbe Spitälern, an denen eigene Geistliche angestellt sind, überhaupt quasi parochial-Rechte vindizirt."[136]

Es fehle aber noch an der gesetzlichen Anerkennung des Bestehenden. Die „unruhigen Jahre 1848 und 1849" seien nicht dazu geeignet gewesen, hier tätig zu werden, und „das Jahr 1850 entrückte mich meiner bisherigen Amtssphäre, so hinterließ ich ein Provisorium". Da sich nun aber alles in „17jähriger Praxis" bewährt und das Konkordat (von 1855) die Bahn geebnet habe, bedürfe es für eine definitive Regelung „nicht mehr jener Weitwendigkeiten", „die vordem unausweichlich waren". Der „wiedergewonnene kirchliche Rechtsboden" verlange „auch kanonisch durchgeführte Rechtszustände in den untergeordneten Kreisen", und „klare Verhältnisse" erschienen „überhaupt sehr wünschenswerth". Daher stellte er „an das Hochwürdigste fürsterzbischöfliche Ordinariat" in Salzburg das Ansuchen, es wolle „gefälligst in meine Fußstapfen treten und die Sache dort, wo ich sie theils wegen Ungemach der Zeiten, theils wegen meiner unvermuthet eingetretenen Abberufung von Salzburg stehen ließ, aufnehmen und einer gedeihlichen definitiven Regelung zuführen." Die Kirche in Schwarzach sei dotiert und unterstehe dem landesfürstlichen Patronat. Er selbst habe nie Eigentumsrechte angemeldet und sei daher auch nicht verpflichtet, aus seinen Mitteln für ihre Erhaltung zu sorgen. Dies gelte ebenso für die Kongregation, die in Schwarzach „gar kein liegendes Eigenthum besitzt". Er wollte die Kirche nur durch eine zweckmäßige Bestimmung für die Diözese wieder nutzbar machen. Die Schlosskapelle Schermberg habe dato keinen öffentlichen Zugang, das Patronatsrecht liege beim Schlossbesitzer, also inzwischen bei ihm. Aus dem Dargestellten schlug er folgenden Regulierungsmodus vor: Das „f. schwarzenberg'sche Kranken- und Versorgungshaus Schwarzach-Schermberg"[137] im Pfarrbezirk St. Veit „bildet einen von der Pfarrjurisdiktion ausgeschiedenen Distrikt mit quasi parochial-Jurisdiktion". Das Benefizium Schermberg „wird förmlich und auf gesetzliche Weise an die Kirche in Schwarzach übertragen." Der jeweilige Benefiziatskurat war „Vorstand" der Spitalsseelsorge. Seine Versorgung ging an das „Institut Schwarzach". Er selbst wollte als Besitzer von Schermberg „das bisher grundlos prätendirte landesfürstliche Mitpatronat" an der Schlosskapelle (nunmehr Kuratfiliale) zulassen, im Gegenzug sollte der Landesfürst sein Mitpatronat als Institutsbesitzer auf die Kirche in Schwarzach, der Hauptkirche, anerkennen. Die Kosten der Erhaltung der Kirchen hatten die beiden Kirchen selbst zu übernehmen, bzw. die jeweils andere, und in dritter Linie die Diözesan-Baukasse. Die Verwaltung der Kirchenfonds, bereits seit zwölf Jahren in Schwarzach geleistet, wurde nun auch formal von St. Veit getrennt und vom Ordinariat gesetzlich kontrolliert. Dem

Pfarrer von St. Veit blieben in diesem Zusammenhang die pfarrlichen Rechte, die Matriken zu führen, die Gebühren für die alten Schermberger Messen zu beziehen, eventuelle Eheangelegenheiten sowie Begräbnisse der nach St. Veit zuständigen Personen, mit Ausnahme der Ordensangehörigen und lebenslang Eingepfründeten, zu vollziehen. Schwarzach hatte sich zu verpflichten, seine Messfeiern an Sonn- und Feiertagen nicht zu Zeiten des „pfarrlichen Hauptgottesdienstes" in St. Veit anzuhalten. Dienstboten und gesunde Pfründner sollten den Gottesdienst dort besuchen.

Damit hatte der Kardinal zwölf Jahre nach seinem Abschied von Salzburg für Schwarzach und Schermberg klare kirchenrechtliche Verhältnisse geschaffen. Als wenige Monate später[138] der langjährige Superior Johann Bittersam verstarb, kam neben der Trauer um den wohl nicht zu ersetzenden Superior der Vorschlag, aus einem „gewissermaßen Privat-Institut ein Diözesan-Institut zu machen, für das nicht mehr Superior und Oberin bestimmen, sondern das Ordinariat, „das nie stirbt oder abtritt".[139]

Den letzten Akt bildete Schwarzenbergs Kodicill von 1865, in welchem er festlegte, dass die Kranken- und Versorgungsanstalt nach seinem Tod als „moralische Person" namens *„Fürstlich Schwarzenberg'sche Kranken- und Versorgungs=Anstalt zu Schwarzach und Schermberg"* geführt werden solle. Als Dotation bestimmte er seine sämtlichen im Bezirk St. Johann i. P. liegenden Besitzungen. Der bei seinem Tod amtierende Erzbischof hatte die Oberaufsicht zu übernehmen bzw. zu delegieren. Wenn die Anstalt nicht mehr bestehen konnte, sollte das Vermögen an das dann lebende Haupt der Familie übergeben werden.[140]

Endnoten

1 Friedrich Johann Joseph Cölestin Fürst zu Schwarzenberg (6. April 1809, Wien–27. März 1885, Wien) war das jüngste Kind von Fürst Johann Joseph zu Schwarzenberg und Pauline Prinzessin von Arenberg. Seine Mutter kam 1810 bei einem Brand während des Hochzeitsfestes Napoleons mit Erzherzogin Luise in Paris ums Leben. Eine unverheiratete Schwester des Vaters kümmerte sich liebevoll um ihn und seine Geschwister. Sein Vater war zunächst strikt gegen ein Theologiestudium, doch konnten seine Argumente den Sohn nicht überzeugen, sodass er schließlich nachgab. Friedrich studierte in Wien und Salzburg Theologie und wurde 1833 in Salzburg zum Priester geweiht. Bereits am 23. September 1835 wurde er nach dem Tod von Augustin Gruber, zu dem er ein sehr gutes Verhältnis gehabt hatte, zum Erzbischof von Salzburg ernannt. Die päpstliche Bestätigung folgte am 1. Februar 1836, die Bischofsweihe am 1. Mai 1836. Da Friedrich bei seiner Ernennung erst 26 Jahre alt war, musste eine Altersdispens eingeholt werden. Das reguläre Mindestalter für das Amt eines Bischofs lag bei 30 Jahren. Bereits am 24. Januar 1842 erhob ihn Gregor XVI. zum Kardinal. Auch wenn Friedrich nicht, wie sein Vater es sich gewünscht hatte, nach einem Studium in den zivilen oder militärischen Dienst getreten war, so hatte er doch auch für sein Leben im geistlichen

Stand die Basis und den Rückhalt einer der wohlhabendsten und bedeutendsten Familien des Hochadels der Habsburgermonarchie. Zu den biographischen Angaben *Erwin Gatz*, in: NDB Bd. 24, Berlin 2010, S. 25–26. Digitalisat (4. März 2022). Die bisher einzige Biographie wurde vom Benediktinerpater Cölestin Wolfsgruber verfasst: *Cölestin Wolfsgruber*, Friedrich Kardinal Schwarzenberg. Bd. 1: Jugend- und Salzburger Zeit, Wien – Leipzig 1906. Allerdings müssten alle von Wolfsgruber abgedruckten Briefe bzw. Briefstellen im Original eingesehen werden, da er die Rechtschreibung der seinerzeitigen Norm angepasst hat, eventuelle Auslassungen nicht kennzeichnete und nicht angab, wer die lateinischen Passagen übersetzt hat.

2 Der Superior Bittersam schrieb Ende 1861 an Schwarzenberg, er habe von Domkapitular Embacher, dem ersten Superior, gehört, dass der Grund für den Erwerb des Missionshauses und Schermbergs gewesen sei, dass in Schwarzach eine Kirche und in Schermberg ein dotiertes Beneficium vorhanden gewesen seien. Dies alles müsse endlich formal geregelt werden, was mit dem Schreiben vom 17. Mai 1862 auch geschah. Brief Bittersam an Kardinal Schwarzenberg v. 8. Dezember 1861. Konsistorialarchiv (künftig: KAS), Kasten 7, Fach 23, Fasz. 9.

3 Schreiben Kardinal Schwarzenbergs an das fürsterzbischöfliche Ordinariat Salzburg vom 17. Mai 1862. KAS 11/9 Barmherzige Schwestern, Einführung.

4 Ebd.

5 Ebd. Das ehemalige Missionshaus hatte er am 20. März 1837 gekauft. Siehe dazu: I: Das Fürstlich Schwarzenbergische Kranken- und Versorgungshaus Schwarzach. KAS, Kasten 7, Fach 23, Fasz. 9.

6 Um 1830 gehörten zur Erzdiözese Salzburg im Zillertal 8.114 Seelen, zur Diözese Brixen 8.985 Seelen. *Wilfried Beimrohr*, Die Zillertaler Protestanten oder Inklinanten und ihre Austreibung 1837, www.tirol.gv.at (4. März 2022). Ausführlich befasste sich Florian Huber mit der Thematik in einer umfassenden Perspektive:

Denn „die Reduktion der historischen Aufmerksamkeit auf einen rein ‚österreichischen' Kontext verdunkelte somit größere, transnationale Zusammenhänge." Erst „durch die Einbettung in den allgemeinen europäischen religious turn der 1830er Jahre" würden „die Konstruktion der Zillertaler Devianz und die Ausweisung der Glaubensgemeinschaft aus Tirol nachvollziehbar". *Florian Huber*, Grenzkatholizismen. Religion, Raum und Nation in Tirol 1830–1848, Göttingen 2016, Kapitel 3: „1837" als Tiroler „Normaljahr": Die Zillertaler Ausweisung und die konfessionelle Publizistik, S. 97–161, Zitat S. 104.

7 Friedrich Graf von Wilczek (1790, Wien–1861, Wien), 1825–1837 Gouverneur und Landeshauptmann von Tirol und Vorarlberg.

8 *Huber*, Grenzkatholizismen, S. 104. Das Dekret ist mit 2. April 1834 datiert. 1836 informierte auch das Dekanat Zell über das „Inclinantenwesen" im Zillertal. Protokoll v. 24. Mai 1836, Zl 1563. KAS, Ordinariats Central=Protokoll [in der Folge Ordinariatsprotokoll] de anno 1836. 1837 sind hier Korrespondenzen mit dem Gubernium und dem Ordinariat Brixen verzeichnet.

9 Dies geht auch aus dem Protokoll v. 31. Jänner 1837, Z. 444 hervor. KAS, Ordinariatsprotokoll 1837, ebenso wie die späteren Anfragen des Ordinariats der Diözese Brixen zum „diesseitigen Vorgehen" das „Inclinanten-Wesen" betreffend. Protokoll v. 22. August 1837, Z. 2822 und Protokoll v. 24. September 1837, Z. 3135. KAS, Ordinariatsprotokoll 1837.

10 *Wolfsgruber*, Schwarzenberg, S. 193.

11 Zit. n. *Wolfsgruber*, Schwarzenberg, S. 192. Der abschließende Bericht des Landrichters von Zell zeigt eine tiefere Betroffenheit: „Die ganze Massregel ist sonach als ausgeführt zu betrachten und sie wird wohl nie mehr wiederkehren. Der ergreifenden Scenen und Auftritte kamen so viele vor, das ich mir nicht mehr so viel Kraft zutraue, um ähnliche Geschäfte nochmal durchzuführen." Zit. n. *Beimrohr*, Zillertaler Protestanten. Zur Geschichte der evangelischen Kirche in Salzburg s. auch: *Peter*

F. Barton, Die evangelische Kirche im Lande und Erzstift Salzburg, in: Heinz Dopsch / Hans Spatzenegger, Hg., Geschichte Salzburgs. Stadt und Land. Band II: Neuzeit und Zeitgeschichte 3. Teil, Salzburg 1991, S. 1521–1550.

12 Konsistorialprotokoll v. 26. Mai 1841, TOP 8. KAS, Protocollum consistoriale de anno [in der Folge Protokollband] 1841, S. 617–619. Wenig später erteilte Schwarzenberg die ausdrückliche Weisung, dass alle Schulkinder sechsmal pro Jahr zur Beichte und Kommunion gehen müssen, und die zuständigen Seelsorger die entsprechenden Nachweise zu liefern haben. Protokollband 1842, TOP 13, S. 104–105. Für die im Kreis Salzburg lebenden „Akatholiken AB" wurde festgelegt, dass sie dem nächstgelegenen Pastoral, Attersee, zugeteilt werden, dem auch Konversionen gemeldet werden müssen. Das Konsistorium bezog sich dabei auf das Toleranzpatent von 1781, ein Hofkanzleidekret von 1811 und speziell auf das Hofkanzleidekret v. 26. Jänner 1818, Z. 32672, demzufolge „die akath. Unterthanen im Salzburgerkreise ebenfalls unter dem Schutze der allgemeinen österr. Toleranzgesetze stehen." Konsistorialprotokoll v. 12. Juli 1843, TOP 12, KAS, Protokollband 1843, S. 994–998.

13 In seinem ersten (Fasten-)Hirtenbrief sprach er von sich als Oberhirten und den ihm anvertrauten Gläubigen und begründete seine Autorität mit Joh. 10,3; Luk.10,16 und Hebr. 13,17: „Höret als gehorsame Schafe die Stimme Eures Hirten und versündiget Euch nicht durch Ungehorsam." Hirtenbrief v. 3. Jänner 1837. Dieser und alle anderen gedruckten Schreiben in: KAS 10/66 Hirtenbriefe Friedrich von Schwarzenberg 1836–1850. „Weigert euch nicht, geliebte Gläubige! Das Gebot der Kirche zu achten und zu vollziehen. Ich muß es euch bekennen, nur mit Schmerzen kann ich an solche Christen denken, die der Kirche den Gehorsam aufsagen, und dadurch offenbar ihre Gleichgültigkeit gegen den heiligen katholischen Glauben an den Tag legen." Hirtenbrief v. 7. Februar 1838. Auch ein Jahr später warnte er noch vor denen, welche die Fastengebote verweigern, ja „sich sogar nicht scheuen, durch stolzes Läugnen der Kirchengewalt und schnödes Verachten gewissenhafter Unterwerfung unter dieselbe selbst auch in gut gesinnten Menschen den Gehorsam gegen die Stellvertreterin Jesu zu untergraben." Hirtenbrief v. 31. Jänner 1839. Mit dem (Fasten-)Hirtenbrief v. 2. Februar 1845 startete er die Belehrung über die einzelnen Kirchengebote, der Reihe nach in den folgenden: 2. Februar 1845, 22. Februar 1846, 14. Februar 1847, 5. März 1848.

14 Schreiben v. 17. Mai 1862. In seinem Majestätsgesuch und dem Schreiben an den Kreishauptmann gab er an, dass Kranke verpflegt und geheilt werden und Alte und Gebrechliche eine Unterkunft finden sollten, zunächst aus den Ortschaften des ehemaligen Pfleggerichts Goldeck [sic!] (St. Veit, Goldeck, Dienten, Weng). Doch dürfe der Fürstbischof als Stifter und Inhaber der Anstalt „in der Gewährung dieser freien Gnade an Anderweitige" nicht gehindert werden. KAS, I Das Fürstlich Schwarzenbergische. Dieser Text dürfte wohl von Superior Bittersam im Zuge seiner Visitation 1852 verfasst worden sein.

15 Augustin Gruber (1763, Wien–1835, Salzburg), 1815 Bischof von Laibach, ab 1823 Fürsterzbischof von Salzburg.

16 Abschrift Schreiben Gruber an Kaiser o. D. (wohl 23. April 1829). KAS, Barmherzige Schwestern 11/9.

17 Franziska Lésniowska von Zimnawoda, geb. Gräfin Zichy von Vásynkeö (1782–1853). Später widmete sie in einem Kodizill 1.000 fl. einer fünfprozentigen Staatsverschreibung den Barmherzigen Schwestern. Ihr Sohn war nicht einverstanden, man einigte sich gütlich auf 800 fl. KAS, Kasten 7, Fach 23, Fasz. 9, Beilage Nr. 2942.

18 Abschrift eines späteren Schreibens (1830). KAS, Barmherzige Schwestern 11/9.

19 Schreiben Kaiser Franz an Augustin Gruber v. 19. Juni 1829. KAS, Barmherzige Schwestern 11/9.

20 Schreiben Ugarte an Gruber, Linz, 26. August 1829. KAS, Barmherzige Schwestern 11/9.

21 Stellungnahme des Primararztes v. 13. September 1829. KAS, Barmherzige Schwestern, 11/9.

22 Fürstbischof Johann Ernst von Thun (1643, Prag–1709, Salzburg). Stifterbrief dat. m. 15. Oktober 1699, weitere Spenden von ihm folgten regelmäßig.

23 Abschrift 1830. Gruber verwies dabei auf Zams und andere geistliche Institute, deren Errichtung aus Privatvermögen vom Kaiser bereits zugestanden worden sei. Zams hatte 1826 die offizielle Anerkennung erhalten, ab 1839 war das Mutterhaus in Innsbruck. *Manuela Thunbichler*, 1839–2014: 175 Jahre Barmherzige Schwestern in Innsbruck, Innsbruck 2014. In München waren die Barmherzigen Schwestern seit 1832, das Mutterhaus entstand zwischen 1837 und 1839. 175 Jahre Barmherzige Schwestern in Bayern 1832–2007, München 2007. Dem Akt liegt ein ganzes Konvolut von Briefen Gräfin Lésniowskas aus den Jahren 1827–1830 bei.

24 Abschrift 1830.

25 Schreiben Montecuccolis (in Abwesenheit des k. k. Regierungspräsidenten) an Schwarzenberg, Linz, 20. Juni 1841. KAS Kasten 7, Fach 23, Fasz. 9. „I Das Fürstlich Schwarzenbergische Kranken- und Versorgungs Haus Schwarzach". Ebd.

26 Solche sind in den folgenden Jahren immer wieder verzeichnet, von kleinen Summen und Stiftungen bis in die Tausende von Gulden gehende. Hohe Summen kamen v. a. von Kaiserinwitwe Caroline Auguste, die auch andere dezidiert katholische Unternehmungen in Salzburg eifrig förderte.

27 Baronin Aloisia Auer von Winkel, Stadt- und Landrechtspräsidentenwitwe. Sie hatte keine Kinder und förderte Vorhaben zur Mädchenerziehung, Armen- und Krankenversorgung.

28 Die beiden Ersteren hatten bereits im Dezember 1843 die Profess abgelegt. Preisinger, nun mit dem Ordensnamen Ambrosia, war Jahrgang 1810 und damit die Älteste, zehn Jahre jünger war Elisabeth/Friederike Huber, die vier weiteren waren 1821 geboren. Schreiben Kardinal Schwarzenberg „An mein Consistorium" Salzburg, 5. September 1844. KAS, Barmherzige Schwestern 11/10 Einführung des Ordens.

29 Geb. 21. März 1811 in Rott/Inn, Profess 1835.

30 Sie verstarb am 2. Mai 1879.

31 Schreiben an Konsistorium v. 5. September 1844. Die Anzeige ging am 30. September hinaus, die Bestätigung aus Linz ist mit 29. Oktober 1844 datiert.

32 Salzburger Zeitung 172, 30. August 1844, Titelseite.

33 Ebd.

34 Gustav Ignaz Graf Chorinsky (1806, Wien–1873, Wien) war 1840–1849 Kreishauptmann von Salzburg.

35 Salzburger Zeitung, Titelseite und S. 2 (S. 690).

36 *Wolfsgruber*, Schwarzenberg, S. 238. Hinter dem „hantigen Coudenhoven" verbirgt sich der Domherr Karl Ludwig Graf Coudenhove, der sich intensiv um die Einführung der Barmherzigen Schwestern in Wien bemüht und erreicht hatte, dass Kaiserin Caroline Auguste Schwestern aus Zams (dort waren sie bereits seit 1822 tätig) nach Wien holte, die 1832 ihre Arbeit aufnahmen. geschichtewiki.wien.gv.at, eingesehen am 6. April 2022.

37 Diese Einkleidung war am 19. November 1845 erfolgt. Protokoll v. 3. Dezember 1845, TOP 7. KAS, Konsistorialprotokolle 1845.

38 Schreiben Konsistorium an das k. k. Kreisamt Salzburg. Konzept, im Konsistorium am 15. Oktober 1845, weitergeleitet am 23. Oktober. KAS 11/10 Einführung.

39 Schreiben k. k. Kreisamt Salzburg an Konsistorium v. 13. Juni 1847. KAS 11/10 Einführung.

40 Schreiben Konsistorium an k. k. Kreisamt Salzburg v. [? unleserlich] August 1847 (Konzept). KAS 11/10 Einführung.

41 Schreiben k. k. Pfleggericht Goldegg an Institutsverwaltung der Barmherzigen Schwestern

v. 5. November 1848 (Abschrift). KAS 11/10 Einführung.

42 Eine Auflistung der Kandidatinnen 1865 verzeichnet z. B. elf Töchter von Bauern, je eine Tochter eines Schmieds und eines Wirts aus der Region. Augustin Embacher, Salzburg 2. März 1865. KAS, Karton 7.

43 Ansonsten fiel es den gesetzlichen Erben zu. KAS, Kasten 7, Fach 23, Fasz. 9.

44 Z. B. habe dies das Kreisamt Schwaz „nachdrücklich" angeregt, besonders für größere Orte wie Kitzbühel und St. Johann. Konsistorialprotokoll v. 17. Dezember 1845, TOP 13. KAS, Protokollband 1845, S. 1920–1923. Der für das Schulwesen zuständige Konsistorialrat Schitter hielt Mädchenschulen ebenfalls für „sehr erwünscht". Doch müssten Lokalitäten und Geldmittel zur Verfügung sein, was in die Zuständigkeit der weltlichen Stellen falle, erst dann könne man über das Lehrerinnenpersonal sprechen. Ebd. Auch der Pfarrer von Hofgastein wünscht sich die Geschlechtertrennung in der Volksschule mit den Barmherzigen Schwestern als Lehrerinnen für die Mädchen. Die Erfahrung habe gezeigt, dass sich die Jugend dann bessere. Schreiben Pfarrer Niederjaufner v. 14. Dezember 1856. KAS Barmherzige Schwestern 11/10.

45 Vertrag v. 28. Mai 1852. KAS, Kasten 7. Abschrift.

46 Vertrag v. 24. Jänner 1855 zw. Superior, Oberin, Bürgermeister und Gemeindeausschuss Kitzbühel. KAS, Kasten 7.

47 Vertrag v. 4. August 1856. KAS Barmherzige Schwestern 11/9. Abschrift.

48 Vertrag v. 16. Oktober 1856. KAS Barmherzige Schwestern 11/9. Abschrift.

49 Vertrag v. 31. Oktober 1857. KAS Barmherzige Schwestern 11/9. Abschrift.

50 Schreiben v. 25. Februar 1851.

51 Er war zunächst Sekretär Schwarzenbergs und Konsistorialrat, dann Pfarrer in Großarl und wurde nach dem Tod des Dechanten Simon Bittersam dessen Nachfolger als Dechant in Taxenbach. Protokoll v. 24. Juli 1850, TOP 1, S. 946. KAS Konsistorialprotokolle 1850.

52 Maximilian Tarnóczy (1806, Schwaz–1876, Salzburg), Vertrauter und unmittelbarer Nachfolger Schwarzenbergs, ab 1873 Kardinal.

53 Schreiben Embacher an Erzbischof v. 27. Februar 1851.

54 Schreiben Bittersam an Erzbischof v. 9. August 1851 und Schreiben Bittersam an Erzbischof o. D., in dem er bittet, aufgrund seines noch jungen Alters von der Aufgabe des „alleinigen Beichtvaters" entbunden zu sein, bis er den Orden besser kennengelernt hat. Außerdem finde er die Kombination von Superior und Beichtvater nicht günstig. KAS, Kasten 7.

55 Schreiben Oberin Ambrosia Preisinger an Erzbischof Tarnóczy v. 25. Februar 1851. KAS, Kasten 7. Aus diesen ersten Jahren nach Amtsantritt des neuen Erzbischofs sind relativ viele Schreiben der Oberin archiviert.

56 Schreiben Bittersam an Tarnóczy v. 2. September 1854. KAS, Kasten 7.

57 Schreiben Bittersam an Tarnóczy v. 11. September 1855.

58 Schreiben Bittersam an Tarnóczy, 18. Mai 1859. KAS, Kasten 7.

59 Schreiben im Auftrag der Oberin an Tarnóczy v. 27. November 1862 und Schreiben Embacher an Tarnóczy v. 2. Dezember 1862. KAS Barmherzige Schwestern 11/10.

60 Vertrag 12. Juni, Ratifizierung durch Ordinariat 17. Juni und Bestätigung durch die Landesregierung 15. Juli 1858. KAS Barmherzige Schwestern 11/9 Mädchenwaisenhaus, Abschrift.

61 Vertrag 31. Oktober 1857, Ratifizierung durch Ordinariat 1. Februar 1858, Genehmigung durch k. k. Landesregierung 6. Februar 1858. KAS Barmherzige Schwestern 11/9, Abschrift.

62 Vertrag 4. August, Ratifizierung durch Ordinariat 14. August, Ratifizierung durch k. k. Landespräsidium 15. Oktober 1856. KAS Barmherzige Schwestern 11/9, Abschrift.

63 Schreiben Schwarzenberg an Kaiser Ferdinand v. 28. November 1844. KAS, Barmherzige Schwestern 11/10, Mutterhaus/diverse Filialen/Schwarzach.

64 Ebd.

65 Schreiben Gubernium Linz an Schwarzenberg v. 7. Juni 1847. KAS, Barmherzige Schwestern 11/10.

66 Ebd., Unterstreichung im Original. In Salzburg wurden sog. Landärzte (früher als Wundärzte oder Chirurgen bezeichnet) ausgebildet.

67 Es sei ihm klar gewesen, als er am 28. November 1844 die entsprechende „unterthänigste Bitte" an den Kaiser gestellt habe ebenso wie dem Konsistorium, als es dem k. k. Kreisamt in Salzburg in seiner Note v. 14. Mai 1845 die ihm notwendig erscheinenden Bemerkungen bez. des Entwurfes der k. k. landesfürstlichen Stiftungsverwaltung und der Primarärzte mitteilte. Ebd.

68 Schreiben Schwarzenberg an Landesregierungspräsidium Linz v. 23. Juli 1847. KAS Barmherzige Schwestern 11/10.

69 Ebd.

70 Franz Freiherr v. Pillersdorf (1786, Brünn–1862, Wien), ab 20. März 1848 Minister des Innern, ab 4. Mai auch Ministerpräsident, 8. Juli 1848 Demissionierung.

71 Seit 1845 war in Salzburg eine anhaltende Teuerung zu verzeichnen. Die Eingliederung ins Kaisertum Österreich hatte zunächst schwere wirtschaftliche Nachteile erbracht. Die Situation besserte sich erst allmählich, ein wirklicher Aufschwung setzte erst ab den 1860er-Jahren ein. *Robert Hoffmann*, Gesellschaft, Politik und Kultur in der Stadt Salzburg in der ersten Hälfte des 19. Jahrhunderts, in: Rudolf Angermüller, Hg., Bürgerliche Musikkultur im 19. Jahrhundert in Salzburg, Salzburg 1981, S. 9–30, hier S. 15–16.

72 Schreiben Pillersdorf an Schwarzenberg v. 30. April 1848. KAS, Barmherzige Schwestern 11/10.

73 Ebd.

74 Anton Philipp Graf v. Skrbensky v. Hrzistic (1789–1876), 1836–1848 obderennsischer Regierungspräsident.

75 Schreiben Gouverneur an Schwarzenberg v. 29. Juni 1848. Das Schreiben endete mit der höflichen Floskel: „Die Regierung wird sich beeilen nach Einlangung der erbethenen Äußerung Euer Eminenz über obige Bemerkungen – all' das jene vorzukehren, was der Absicht Euer Eminenz und dem Wohl des Kranken Institutes entsprechend sein wird." KAS, Barmherzige Schwestern 11/10.

76 Schreiben Schwarzenberg an Skrbensky v. 13. August 1848. KAS, Barmherzige Schwestern 11/10.

77 Ebd.

78 Ebd.

79 Schreiben Bittersam an Konsistorium v. 25. Juli 1854. KAS, 11/10 Barmherzige Schwestern Mutterhaus.

80 S. Schreiben Krankenhausinspektor Thorr an Tarnóczy v. 5. September 1855, in dem er noch Nachweise für die Entsendung anforderte. Thorr hatte auch einen Separat=Abdruck aus der Zeitschrift der k.k. Gesellschaft der Ärzte zu Wien. Heft I 1854 „Uber [sic] die Krankenpflege der Lohnwärterinnen und der barmherzigen Schwestern in Hospitälern" geschickt.

81 Florian Huber kritisiert, dass die Forschung, die das Entstehen eines katholischen Milieus ab 1848 in Abgrenzung zu einer religionsfeindlichen Gegenwart postulierte, völlig ausgeblendet habe, was *vor* dem Milieu war. *Huber*, Grenzkatholizismen, S. 20–21.

82 *Franz Leander Fillafer*, Aufklärung habsburgisch. Staatsbildung, Wissenskultur und Geschichtspolitik in Zentraleuropa 1750–1850, Göttingen 2020, S. 151.

83 1843 gab es im Herzogtum Salzburg nur fünf Mädchenschulen, in der Stadt bei St. Andrä (wo eine außerhalb des Klosters lebende Ursulinenschwester unterrichtete), die der

Ursulinen, eine nicht öffentliche im Kloster Nonnberg, die der Regelschwestern in Hallein und eine in Seekirchen. Protokoll v. 11. Oktober 1843, TOP 5. KAS, Konsistorialprotokolle 1843. 1844 wollte das Konsistorium Auskunft von den Barmherzigen Schwestern in Tirol, deren einzelne Institute sich zu einer Ordensprovinz vereinigt hatten, ob sie auch im Schulwesen tätig seien und welche Mädchenschulen ihnen in der (für einen Teil Tirols zuständigen) Diözese Brixen zugewiesen werden. Protokoll v. 27. Dezember 1844, TOP 1. KAS, Konsistorialprotokolle 1844.

84 Schreiben an den Klerus der Erzdiözese v. 24. September 1841 (handschr. Fassung) verbunden mit der Erwartung einer „ergiebigen Beysteuer" und dem Hinweis, dass die Subskriptionslisten auf den Dekanaten aufliegen, auch außerordentliche Gaben und Legate erwünscht seien.

85 Hierzu auch *Sabine Veits-Falk*, Friedrich Fürst zu Schwarzenberg (1836–1850). Säule der Kirche im Vormärz, in: Salzburg Archiv 24 (1998), S. 203–220, hier S. 209.

86 Das liberale Vereinsrecht wurde erst in den Staatsgrundgesetzen von 1867 festgeschrieben, aber Erzbischof Schwarzenberg hatte mit seinem Namen und seiner Position keine Probleme mit der erforderlichen obrigkeitlichen Genehmigung der von ihm initiierten Vereine.

87 *Veits-Falk*, Friedrich Fürst zu Schwarzenberg, S. 217. Zu den Frauenvereinen in Salzburg s. auch: *Margret Friedrich*, Zur Tätigkeit und Bedeutung bürgerlicher Frauenvereine in Peripherie und Zentrum, in: Brigitte Mazohl-Wallnig, Hg., Bürgerliche Frauenkultur im 19. Jahrhundert (L'HOMME Schriften 2), Wien–Köln–Weimar 1995, S. 125–173, hier S. 134.

88 Dieser nahm 1850 seine Tätigkeit auf. *Friedrich*, Tätigkeit, S. 136–137.

89 Er hatte in den ersten sieben Jahren seiner Tätigkeit die gesamte Diözese selbst visitiert und „alle meine Schäflein kennen gelernt". Hirtenbrief v. 12. Februar 1843. Zum gewissermaßen nahtlosen Übergang vom ersten (agrarischen) in den dritten (dienstleistenden) Sektor: *Ernst Hanisch*, Wirtschaftswachstum ohne Industrialisierung: Fremdenverkehr und sozialer Wandel in Salzburg 1918–1938, in: MGSL 125 (1985), S. 817–835.

90 Protokoll v. 18. August 1841, TOP 9, S. 1076–1077 und v. 25. August 1841, TOP 7 S. 1114–1115. KAS Konsistorialprotokolle 1841.

91 Protokoll v. 2. August 1843, TOP 2. KAS Konsistorialprotokolle 1843.

92 Protokoll v. 10. Juni 1846, TOP 14, S. 949–957, Zitat S. 950. KAS, Konsistorialprotokolle 1846. *Till Reininghaus*, Der Dommusikverein und Mozarteum in Salzburg und die Mozart-Familie. Die Geschichte einer musikalischen Institution in den Jahren 1841 bis 1860 vor dem Hintergrund der Mozart-Pflege und der Sammlung von Mozartiana, Stuttgart 2018.

93 Johann Fischbach (1797, Grafenegg–1871, München), ausgebildet an der Wiener Akademie, 1840 Umzug nach Salzburg, wo er auch in einer von ihm gegründeten Akademie unterrichtete.

94 *Wolfsgruber*, Schwarzenberg, S. 226. *Christa Svoboda*, Der Salzburger Kunstverein, Phil. Diss. 1977; *dies.*, 150 Jahre Salzburger Kunstverein, Salzburg 1994.

95 Joseph Othmar von Rauscher (1797, Wien–1875, Wien), 1849–1853 Fürstbischof von Seckau, 1853–1861 Erzbischof von Wien, 1861–1875 Fürsterzbischof von Wien, 1855 von Pius IX. zum Kardinal ernannt.

96 Brief Rauscher an Schwarzenberg v. 6. März 1844, zit. n. *Wolfsgruber*, Schwarzenberg, S. 237. Ein Jahr später schrieb er: „An Neuigkeiten ist jetzt eine wahre Ebbe. Doch fragt es sich, ob es nicht die Stille ist, die einem Sturme vorhergeht." Zit. n. *Wolfsgruber*, Schwarzenberg, S. 259.

97 Protokoll v. 19. April 1848, TOP 1. KAS Konsistorialprotokolle 1848. Die Vorlage der Hirtenbriefe an die Regierung entfiel trotz Pressefreiheit nicht – dem staatlichen Aufsichts- und Verwahrungs-

recht hatte man sich zu beugen. Protokoll v. 19. Juli 1848 TOP 9 und Protokoll v. 2. August 1848 TOP 1. KAS, Konsistorialprotokolle 1848.

98 Hirtenbrief v. 12. April 1848, das Zitierte im Original im Fettdruck.

99 Ebd., das Zitierte im Original im Fettdruck.

100 Ebd., S. 3. Dieser Hirtenbrief wurde nicht in der Kirche verlesen, sondern gedruckt an der Kirchentür angeschlagen und verteilt, da die (übliche) Publikation von der Kanzel nicht stattzufinden habe. *Wolfsgruber*, Schwarzenberg, S. 264 – wohl um Missverständnissen bei bloßem Hören vorzubeugen und nur ein lesewilliges/-kundiges Publikum zu haben?

101 Druckfassung v. 31. August 1848. KAS 10/66 Hirtenbriefe Friedrich von Schwarzenberg, 1836–1850.

102 Ebd., S. 2.

103 Adresse des Episkopats der Salzburger Kirchen-Provinz an den Reichstag zu Wien. S. 1. KAS 10/66.

104 Ebd., S. 2.

105 Ebd., S. 3.

106 Ebd., S. 5. Die gleichen Forderungen lagen der Denkschrift der in Würzburg versammelten Erzbischöfe und Bischöfe Deutschlands, Druckfassung Salzburg 1848, zugrunde. Schwarzenberg steht hier als Primas Germaniae an erster Stelle der Unterzeichneten. De facto wurde die kirchliche Aufsicht/Gestaltung aller Bereiche gefordert, die in früheren Zeiten im kirchlichen Zuständigkeitsbereich gelegen waren.

107 Dr. Joseph Anton Schöpf (1822, Umhausen–1899, Guggenthal), 1845 Priesterweihe in Salzburg, ab 1848/49 Supplent für Kirchengeschichte und kanonisches Recht, ab 1852 Professor für diese Fächer am Lyzeum in Salzburg), ab Ende September dann Dr. Johann Heinrich Löwe (1808, Prag–1892, Prag, 1838–1851 Professor am Lyzeum in Salzburg, ab 1851 ao. Prof. an der Prager Karlsuniversität, ab 1858 o. Prof.), der als Laie mehr Spielraum hatte. *Wolfsgruber*, Schwarzenberg, S. 276.

108 *Wolfsgruber*, Schwarzenberg, S. 275–276, Zitate S. 276.

109 *Wolfsgruber*, Schwarzenberg, S. 276–277. Erklärung v. 8. Juni: „Das Gedeihen des Vereines zu fördern, für die Ausbreitung desselben möglichst Sorge zu tragen, wie überhaupt denselben aus allen meinen Kräften angelegenst zu unterstützen, dazu biete ich mich gerne an. Daher ich denn auch den löblichen Verein ersuche, mich in die Zahl seiner Mitglieder aufzunehmen und fortan auf meine eifrigste Mitwirkung zählen zu wollen." Ebd., S. 277. Zitate im Text: *Fillafer*, Aufklärung, S. 183.

110 Carl Ferdinand Freiherr v. Hock (1808, Prag–1869, Wien). Günthers Theologie lieferte den Rahmen für seine Ökonomie: Aus der Schöpfungsabsicht ergäben sich die freie Entfaltung des Menschen im Erwerbsleben und im Staat. Die absolute Monarchie sei eine menschenfeindliche Anstalt. *Fillafer*, Aufklärung, S. 307–308. Vom Staat sei die Lösung der sozialen Probleme nicht zu erwarten, stattdessen sollte die christliche Nächstenliebe gefördert werden. Eine demokratisierte, von der staatlichen Kuratel befreite Kirche würde das Gemeinwesen befreien. Ebd., S. 308.

111 *Fillafer*, Aufklärung, S. 183. Johann Emanuel Veith (1787, Kuttenplan–1876, Wien). Ab 1831 Domprediger in Wien, 1846 Resignation (im umfassenden Wortsinn), von Kardinal Schwarzenberg zum Salzburger Ehrendomherrn ernannt.

112 Zit. n. *Fillafer*, Aufklärung, S. 185.

113 Hock an Schwarzenberg, 6. Januar 1849. Zit. n. *Wolfsgruber*, Schwarzenberg, S. 299–300. Zum Thema siehe auch: *Matthias Klug*, Rückwendung zum Mittelalter? Geschichtsbilder und historische Argumentation im politischen Katholizismus, Kapitel B.I.: Nach dem großen Umbruch: Der Katholizismus im Vormärz, S. 37–49. Klug geht allerdings nicht auf die Situation im Kaisertum Österreich ein. Hock an Schwarzenberg, 6. Januar 1849., Zit. n. *Wolfsgruber*, Schwarzenberg, S. 299–300.

114 Zit. n. *Wolfsgruber*, S. 233.
115 Schulchronik, angefangen 1849, S. 1. Zit. n. *Friedrich*, phil. Diss. Teilband II, S. 527. Der Kardinal zelebrierte nicht nur das Pontifikalamt und war bei den Feierlichkeiten anwesend, sondern führte auch die ersten Schülerinnen in diese neue Klosterschule. Ebd.
116 Zit. n. *Wolfsgruber*, Schwarzenberg, S. 314.
117 *Fillafer*, Aufklärung, S. 182–183. Anton Günther (1783, Lindenau/Lindava–1863, Wien) hatte Studienjahre in Prag und Wien verbracht, Rufe an deutsche Universitäten ausgeschlagen und als Privatgelehrter in Wien gelebt. Ebd., S. 207. Greif urteilte Ende 1839 in den Auseinandersetzungen um Günther: „[...] und so halten auch gewisse Leute die Wissenschaft für Tand und auch für gefahrvoll, weil in unserer Zeit die Philosophie keine geistliche, sondern heidnische war. Dadurch halten sie sich berechtigt, das Kind mit dem Bade auszuschütten." „Solchen inkrustierten Austern kann man es nicht einmal übel nehmen, wenn ihnen das Salzwasser lieber ist als Quellwasser." Zit. n. *Wolfsgruber*, Schwarzenberg, S. 201–202.
118 Zit. n. *Wolfsgruber*, Schwarzenberg, S. 209.
119 Zit. n. *Wolfsgruber*, Schwarzenberg, S. 195.
120 Fürst Felix zu Schwarzenberg (1800, Frauenberg/Budweis–1852, Wien), ab 21. November 1848 bis zu seinem Tod Ministerpräsident.
121 Zit. n. *Wolfsgruber*, Schwarzenberg, S. 322.
122 Zit. n. *Wolfsgruber*, Schwarzenberg, S. 334.
123 Zit. n. *Wolfsgruber*, Schwarzenberg, S. 334–335.
124 Zit. n. *Wolfsgruber*, Schwarzenberg, S. 335–336.
125 Zit. n. *Wolfsgruber*, Schwarzenberg, S. 338–339.
126 *Wolfsgruber*, Schwarzenberg, S. 343.
127 *Wolfsgruber*, Schwarzenberg, S. 346.
128 „Dem gesamten ehrwürdigen Klerus der Salzburger Erzdiöcese meinen Segen und Abschiedsgruß!" dat. m. 4. August 1850. KAS, Hirtenbriefe.
129 „Den Lehrern der Volksschulen in der Salzburger Erz-Diöcese meinen Segen und Abschiedsgruß!" dat. m. 4. August 1850. KAS, Hirtenbriefe.
130 „Allen Gläubigen der Erzdiöcese Salzburg meinen Segen und Abschiedsgruß!" dat. m. 4. August 1850. KAS, Hirtenbriefe.
131 *Wolfsgruber*, Schwarzenberg, S. 371–372.
132 *Wolfsgruber*, Schwarzenberg, S. 362.
133 *Wolfsgruber*, Schwarzenberg, S. 372. Nachdem die revolutionären Ideen und konkrete Aufstände erfolgreich unterdrückt worden waren und sich ein neoabsolutistisches Regime abzeichnete, hatte Schwarzenberg für sich nun wieder alle Möglichkeiten offen gesehen, die von ihm projektierte und erfolgreich begonnene Gestaltung der Gesellschaft seiner Diözese als katholische unter Zurückdrängung liberaler Ideen und staatlicher Aufsicht weiterzuverfolgen.
134 Umschlag Rechtsverhältnisse der Kirche zu den barmherzigen Schwestern ad No 127, o. Verf. [Johann Bittersam?] o. D. [auf jeden Fall zur Amtszeit Bittersams als Superior geschrieben].
135 Schreiben Schwarzenberg an Konsistorium v. 17. Mai 1862.
136 Ebd.
137 Dazu zählten das ehemalige Missionshaus, der sogenannte Neubau, das frühere Kupferschmiedhäusl, das Schloss Schermberg und das ehemalige Benefiziatenhäusl.
138 Am 18. November 1862.
139 Schreiben Ignaz Huber an Schwarzenberg v. 5. Dezember 1860. KAS, Barmherzige Schwestern Mutterhaus/ diverse Filialen/Schwarzach.
140 KAS, Umschlag Rechtsverhältnisse. Das Kodizill (in Abschrift) ist mit Aigen, 14. September 1865, datiert. Als Zeugen fungierten Franz Edler von Hillebrandt, sein erster Sekretär in Salzburg, Augustin Embacher, sowie sein aktueller Sekretär, Dr. Wenzl Houska. Die fraglichen Besitzungen wurden minutiös aufgelistet.

Die „Emporbringung der Musik" – Institutionalisierte Musikausbildung im Salzburg des 19. Jahrhunderts: Vom Dom-Musikverein und Mozarteum zum Mozarteum

Annkatrin Babbe

Für das 19. Jahrhundert lässt sich mit der nahezu flächendeckenden Herausbildung von Ausbildungsinstitutionen ein „paradigmatic change"[1] der Musikausbildung in Europa festhalten. Um 1800 waren im Zuge der Etablierung einer bürgerlichen Musikkultur die Rufe nach der Einrichtung musikalischer Ausbildungsinstitutionen immer lauter geworden. Mit den Konservatorien in Würzburg (1804), Prag (1810/11) und Wien (1817) wurden die ersten Vorhaben dieser Art im deutschsprachigen Raum realisiert.[2] Ab den 1840er-Jahren setzte dann eine Gründungswelle ein, die sich über die nächsten Jahrzehnte fortsetzte und einen Redakteur der Berliner Tageszeitung „Die Post" im Jahr 1900 zu der Bemerkung veranlasste, diese Ausbildungsinstitute würden „wie die Pilze aus dem Boden schießen", die „Firmenschilder der Konservatorien [seien] fast so häufig wie die der Tabaksläden zu finden"[3]. Am Ende des 19. Jahrhunderts war der Unterricht in institutionalisiertem Rahmen zur vorherrschenden Form professioneller Musikausbildung geworden.

Auch die Musikschule des Salzburger Dommusikvereins und Mozarteums, später Mozarteum, reiht sich in diese Entwicklungslinie ein, wenngleich sie sich in ihrer Ausrichtung von Konservatorien wie jenen in Prag, Wien oder Leipzig absetzt. Ziel des vorliegenden Beitrages ist es, die Geschichte dieses Ausbildungsinstituts im 19. Jahrhunderts zu skizzieren – mit einem Fokus auf den Organisationsstrukturen, den wirtschaftlichen Verhältnissen, den Studieninhalten sowie den Akteur:innen dieser Lehranstalt.

Historischer Überblick

Die Geschichte dieser Einrichtung beginnt mit der Gründung des Dommusikvereins und Mozarteums[4] im Jahr 1841. Die Übernahme durch die Internationale Mozartstiftung im Jahr 1880, und damit die Loslösung von dem kirchlichen Träger, aber auch die Umwandlung zum Konservatorium im Jahr 1914 sowie die 1922 erfolgte Verstaatlichung sind weitere Markstreine seiner Geschichte.

Im Zentrum der Initiativen zur Gründung des Dommusikvereins und Mozarteums steht der Advokat und Musikliebhaber Franz Edler von Hilleprandt (1796–1871), der sich seit seiner Übersiedelung von Wien nach Salzburg im Jahr 1826 im Vorstand der dortigen Museums-Gesellschaft engagiert hatte. 1810 gegründet, hatte sich die Gesellschaft in hohem Maße um die Etablierung neuer Formen des kulturellen Lebens verdient gemacht, das im Zuge gesellschaftspolitischer Veränderungen um die Jahrhundertwende (insbesondere durch die Säkularisation des Erzbistums Salzburg) tiefe Einschnitte erfahren hatte. Vor allem der Musikpflege maß sie hohen Stellenwert bei. Eine „nachhaltige musikalische Entwicklung in Salzburg"[5] aber – wie sie durch die Errichtung musikalischer Ausbildungsinstitutionen oder die Organisation eines regelmäßigen Konzertbetriebs hätte erreicht werden können und wie sie Hilleprandt vor Augen schwebte – trieb sie nicht voran, fokussierte sich neben Konzertveranstaltungen vielmehr auf ebenso prestigeträchtige wie tourismuswirtschaftlich vielversprechende Projekte wie die Errichtung des Mozart-Denkmals. Fehlten Hilleprandt hier also die notwendigen Anknüpfungspunkte, fand er in dem seit 1835 amtierenden Fürsterzbischof Friedrich Fürst zu Schwarzenberg einen einflussreichen Unterstützer, mit dem er die für sein Vorhaben essenzielle Kooperation von Bürgertum und katholischer Kirche anbahnte. Nach ersten Verhandlungen im Jahr 1838 fand am 22. Juni 1840 unter Anwesenheit angesehener Salzburger Bürger und Würdenträgern der Kirche eine Sitzung des noch ungewählten Repräsentantenkörpers zur Konstituierung des Vereins statt,[6] in deren Anschluss zu Schwarzenberg ein Gesuch zur Genehmigung des Vereins samt der Statuten[7] an Kaiser Ferdinand I. richtete, das im April 1841 – rechtzeitig zum 50. Todesjahr Mozarts – per Regierungserlass positiv beschieden wurde.[8] In einer Plenarversammlung erfolgte im Sommer des Jahres die Wahl der Repräsentanten, im Anschluss wurden zusätzlich zu den am Dom oder den drei Stadtpfarren tätigen und vom Dommusikverein und Mozarteum übernommenen Musikern weitere Künstler engagiert, darunter auch Alois Taux (1817–1861) als Kapellmeister des Vereins und Direktor der Musikschule.

Der Verein verfolgte mit der Förderung der Kirchenmusik auf der einen sowie der Bildung und Ausbildung von Nachwuchs auf der anderen Seite zwei Hauptziele.[9] Durch die Veranstaltung von Konzerten wollte er außerdem „auf Bildung und Veredlung des musikalischen Geschmacks"[10] hinwirken und zeigte hiermit neben der bedarfsorientierten Ausrichtung zugleich sein Streben nach gesellschaftlicher Breitenbildung an. Es wurde ein rund 50-köpfiges Orchester eingerichtet, das neben der Kirchenmusik diverse weitere Aufgaben im urbanen Musikleben wahrnahm und so „zum wichtigsten Musikveranstalter der Stadt

Salzburg"[11] sowie darüber hinaus zum Hauptträger der städtischen Musikkultur Mitte des 19. Jahrhunderts avancierte.[12]

Am Ausbildungsinstitut sollten Studierende „im Solo- und Chorgesange und in den einzelnen Instrumentalfächern"[13] unterrichtet und „dadurch in die Lage gesetzt werden, einstens ihr Brod durch diese edle Kunst zu erwerben, und nützliche Bürger des Staates zu werden"[14]. Für die beruflichen Anschlussmöglichkeiten war gesorgt: Dass Absolventen als Aspiranten in das Orchester bzw. den Chor des Dommusikvereins aufgenommen werden, war per Statut festgelegt.[15] Auch darüber hinaus wurden Studierenden, vor allem im kirchenmusikalischen Kontext, Auftrittsmöglichkeiten gewährt.[16]

Finanzielle Hürden für das Studium sollten möglichst gering gehalten, „Vermögenslose selbst unentgeltlich"[17] aufgenommen werden. Als Lehrkräfte wurden die Chorsänger und Orchestermusiker des Dommusikvereins verpflichtet, die hierfür zunächst nicht gesondert entlohnt wurden.

Das Lehrangebot war anfangs begrenzt, Unterricht wurde angesichts der finanziellen Verhältnisse des Vereins „vorläufig nur auf einigen zum Kirchendienste ganz unentbehrlichen Instrumenten"[18] erteilt. Das Curriculum sah den zweijährigen Besuch einer Singschule vor. Erst im Anschluss waren die Schüler zum Übergang in die Instrumentalschule berechtigt.[19] Ebenda war der Klavier- und Orgelunterricht allein den Kapellsängerknaben und Präparanden[20] vorbehalten; eine allgemein zugängliche Klavierklasse wurde erst 1880 eingerichtet. Davon abgesehen gibt die Liste der Schüler für das Jahr 1843 24 Schüler in der Violinklasse, einen Celloschüler, sowie je einen Schüler in den Fächern Oboe, Klarinette und Horn an.[21] Das Gros der Schüler belegte die Gesangsklassen. Zum Studienjahr 1846/47 wurde auch eine Gesangsklasse für Mädchen eingerichtet. Musiktheoretische Fächer wurden, abgesehen von dem Unterricht der Kapellknaben und Präparanden, nicht angeboten, basales Wissen und Fertigkeiten indes im Rahmen der Singschule vermittelt.[22] Der Sing- und Instrumentalschule schloss sich eine Übungsanstalt an, deren sechsjähriger Besuch erst zum Erwerb eines Abschlusszeugnisses berechtigte.[23] Sänger:innen konnten nach der zweijährigen Singschule eintreten, für Instrumentalisten war keine Befristung vorgesehen. Sie durften übertreten, wenn ein Lehrer die Fähigkeit attestierte, eine Ripienstimme intonatorisch rein vortragen zu können.

Es wurden wöchentliche Übungen veranstaltet, die explizit auf Aufführungen bezogen waren – darin wird einmal mehr die Orientierung der Musikschule am Vereinsleben sichtbar. In den Übungen wirkten die Schüler:innen zusammen mit den aktiven Mitgliedern des Dommusikvereins, die per Statut als „Theilnehmer am Mozarteum"[24] bestimmt waren. Weiter heißt es dazu im Statut aus dem Jahr 1869: „Der Verein versteht sich von der Kunstliebe und dem Edelmuthe derselben, daß sie aus reiner Liebe zur Kunst bei den angesetzten Uebungen und Aufführungen pünktlich erscheinen werden."[25]

Der Unterricht wurde als Gruppenunterricht erteilt. Lehrinhalte waren bis zur Einführung von Curricula im Studienjahr 1875 nicht reglementiert, ebenso wenig die Qualifikationsniveaus. Zwar waren monatliche interne und semestrale öffentliche Prüfungen vorgesehen, doch kam ihnen wohl, wie auch Karl Wagner festhält, „kaum eine entscheidende Bedeutung"[26] zu. Hier zeichnet sich schließlich die Ausrichtung der Musikschule mit einem deutlich regionalen Zuschnitt ab: In erster Linie wurde Nachwuchs für das Orchester und den Chor des Dommusikvereins herangezogen, außerdem Lehrer und Militärmusiker.[27] Solist:innen wurden nicht ausgebildet. Augenfällig ist zudem die kurze Studiendauer vieler Schüler:innen. Die „Ausdauer der Zöglinge [...] [reichte] kaum weiter als bis zur Erlernung der Anfangsgründe"[28]. Entsprechend sah Wagner im Mozarteum der 40-jährigen Anfangsphase eine „permanente Anfängerschule"[29] repräsentiert.

Im Juni 1869 hatten sich unter der Federführung des Pädagogen und Musikschriftstellers Johann Evangelist Engl (1835–1921) Salzburger Bürger versammelt und die Loslösung der Musikschule vom Dommusikverein diskutiert. Namentlich waren es bürgerliche Ambitionen um eine urbane Musikkultur, die der Dominanz der Kirche in der Leitung und Aufsicht der Musikschule kritisch gegenüberstanden.[30] Die Beteiligten strebten neben der „Gründung einer Hochschule für Musik in Mozarts Vaterstadt"[31] auch die Errichtung eines Mozarthauses für Musikschule, Konzertaufführungen, Operninszenierungen, Mozart-Archiv und -Bibliothek[32] an. Dazu entsprang den Überlegungen auch die Initiative zur Mozartstiftung, die 1870 gegründet wurde und sich sowohl der Förderung der städtischen Musikkultur als auch der Etablierung Salzburgs als weithin bekannte „Mozartstadt" und „Musikstadt" verpflichtete.[33] Sie war die Vorläuferin der 1880 gegründeten Internationalen Mozartstiftung, die schließlich die Ablösung der Musikschule von dem Dommusikverein vorantrieb. Mit der Übernahme des Ausbildungsinstituts durch die Stiftung im selben Jahr wurde eine grundlegende organisatorische Umgestaltung vollzogen. Statt der Fokussierung auf Nachwuchsbildung wurden die Ziele weiter gefasst:

> „Der Ausschuß war sich ja stets bewußt und hatte vorweg die vollste Ueberzeugung, [...] daß diese einzige Musikschule des Kronlandes, welche ein hohes k. k. Unterrichts-Ministerium mit dem kostbaren Wiegengeschenke des Oeffentlichkeitsrechtes und der damit verbundenen Gleichstellung mit anderen öffentlichen Lehranstalten ausstattete, die hochwichtige, für die Stadt Salzburg und das Land gleich bedeutsame Aufgabe zufiel, den hierortigen seit Jahren zerstreuten musikalischen Nachwuchs in ihr zu concentriren, der Gegenwart und Zukunft brauchbare, nützliche und ausübende Dilettanten- und Berufskräfte für den Concertsaal, den Kirchenchor und heimischen Familienherd systema-

tisch und gründlichst heran- und auszubilden, wie auch im Allgemeinen und Speziellen das Interesse für Solo- und Chormusik und Gesang neuerlich zu beleben und in solcher Weise in unserer Mozartstadt eine strebsame, zahlreiche Musikgemeinde der Verehrer und Ausübenden der Tonkunst im engeren und weiteren Sinne mit frischem pulsierenden Leben und Wirken zu gründen, damit aber auch den Mozart-Kultus zu hegen, zu pflegen und hochzuhalten"[34].

Die Stiftung übernahm die Musikschule samt dem Vermögen sowie aller Rechte und Pflichten und erhielt vom Dommusikverein die wertvollen Mozartiana. Gegen Überlassung der Erträgnisse aus dem Mozarteumsfonds verpflichtete sich Letzterer außerdem, die Musiker aus dem Vereinsorchester unentgeltlich für Musikaufführungen zur Verfügung zu stellen. Im Oktober 1880 begann das Studienjahr noch unter der Leitung des Dommusikvereins, zum Januar 1881 wurde das Ausbildungsinstitut an die Mozartstiftung übergeben.

Wenn auch fortan (vor allem seitens der Internationalen Mozartstiftung) hartnäckig das Narrativ einer Neugründung der Einrichtung bedient wurde[35] und die Salzburger Presse von einer „Verjüngung"[36] sprach, behielt das Ausbildungsinstitut seine Kontur zunächst weitgehend bei – in den zum 26. September 1880 neu erlassenen Statuten der Mozartstiftung finden sich keine detaillierten oder gar reformierten Verordnungen für das Ausbildungsinstitut.[37] Die Stiftung führte die Einrichtung unter dem Namen „Mozarteum" weiter und übernahm neben den Musikalien auch einige Lehrende (darunter Alois Walter, Johann Hupfauf, Franz Schweinitzer, Johann Jahn, Rupert Reindl und Josef Petrik), außerdem blieb die Organisationsstruktur weitgehend erhalten. Dazu stützte man sich in den ersten Jahren nach dem Trägerwechsel noch auf die alten Lehrpläne, die seit 1875 vorlagen. Die Einführung detaillierter Curricula[38] und Prüfungsordnungen, ebenso die sukzessive Erweiterung des Fächerangebots – auf „alle Zweige des Gesanges und der orchestralen Musik, an der eben so gut Musikschüler für die profane, wie Sänger, Organisten und Instrumentalisten für die kirchliche Musik, insbesonders Lehramtszöglinge, welchen der Unterricht für die seinerzeitige Kirchenmusik in den Landgemeinden zu Gute kommt, ausgebildet werden"[39] – blieben Vorhaben, die erst in den nächsten Jahren angegangen wurden. Insgesamt wurde nun auch die künstlerische Ausbildung etwas stärker in den Blick genommen: Das Studium wurde in Unter- und Ober- bzw. Ausbildungsklassen gegliedert. Nach anfänglich unterschiedlicher Aufteilung bzw. der späteren Unterscheidung von drei Abteilungen in einigen Fächern waren im Lehrplan zum Studienjahr 1883/84 – das erweiterte Fächerangebot berücksichtigend – nun für sämtliche Fächer sechs Klassen vorgesehen, aufgeteilt in die Unterklassen I bis III und die Ober- bzw. Ausbildungsklassen IV bis VI.[40]

Die Zielvorstellung der Internationalen Mozartstiftung für das Mozarteum – und darin liegt vielleicht der wesentliche Unterschied zur Hauspolitik unter der früheren Trägerschaft – war „eine Musikhochschule internationalen Zuschnitts"[41]. Frühzeitig sollten in öffentlichen Veranstaltungen Ausbildungserfolge demonstriert werden: Ab dem ersten Schuljahr wurden Abschlusskonzerte veranstaltet, 1882/83 außerdem Vortragsabende der Schüler:innen der Ober- und Ausbildungsklassen eingeführt. Zunächst wurden sie vier bis fünf Mal, ab 1885/86 zwei Mal pro Studienjahr abgehalten und 1899/1900 um Abiturientenkonzerte ergänzt. Der Anspruch, das Mozarteum den Musikhochschulen anzugleichen, musste indes schon bald relativiert werden; mit den Konservatorien in Wien und Prag etwa – um bei den Ausbildungsinstituten der Habsburgermonarchie zu bleiben – war es kaum zu vergleichen. Wagner führt dies auf die „kleinstädtische Realität Salzburgs"[42] zurück. Gemeint ist in erster Linie die weiterhin zu beobachtende Beschränkung auf lokale Zwecke: „Nach dem Elan der Gründerjahre bekannte man sich bewußt zu einer lokalen Aufgabenstellung und grenzte die Zielvorstellungen für das Mozarteum auch nach der Rangerhöhung zum Konservatorium von einer Ausbildungsstätte für Berufsmusiker deutlich ab."[43] Gleichwohl hatte die Internationale Mozartstiftung mit der Reorganisation der Musikschule die entscheidenden Voraussetzungen für die Entwicklung der Musikschule hin zum Konservatorium im Jahr 1914 schaffen wollen. Die stärkere inhaltliche Konturierung der Fächer und Ausbildungsstufen samt der Einführung von Leistungsstandards sollten eine deutliche Niveausteigerung ermöglichen. Begünstigt wurde die Entwicklung des Ausbildungsinstituts zum einen auch durch die verbesserten räumlichen Bedingungen – spätestens mit der Überlassung des Anatomiestöckls im Jahr 1889 waren die bisherigen Raumprobleme behoben; zum anderen konnte die finanzielle Absicherung gewährleistet werden. Gleichzeitig gingen mit Subventionen aus dem Fiskus Machtverschiebungen in der Leitung des Instituts einher: Mit den steigenden Zahlungen machte der Staat zunehmend Einfluss geltend.

Den hohen Ambitionen stand seit dem ersten Studienjahr unter neuer Trägerschaft die Ausbildungsrealität entgegen. Trotz steigender Schüler:innenzahlen blieb das Lehrangebot zunächst begrenzt, mit einer Beschränkung auf die Fächer Violine, Violoncello, Klavier, Chorschule und wenige musiktheoretische Fächer. 1881/82 wurden die Fächer Sologesang, Kontrapunkt, Harmonielehre und Kompositionslehre eingerichtet, im folgenden Studienjahr die Fächer Kontrabass, Waldhorn und Trompete, 1883/84 schließlich Oboe, Fagott, Flöte, Klarinette, Posaune und Orgel.[44] Davon abgesehen blieb das Ausbildungsniveau hinter den Erwartungen zurück; auch die Einrichtung von Oberklassen brachte keine grundlegende Änderung. Entsprechend heißt es im Jahresbericht 1884: „Die Musikschule ist dermalen noch vorherrschend Elementar-, wenn auch theilweise hinwieder schon Kunstschule in dem Sinne, als in den Ober-

und Ausbildungsklassen ein kleiner Bruchtheil, etwa 10 % der Gesammtzahl, bereits auf das, an eine solche Schule streifende Gebiet gebracht werden konnte, wo die Individualität des Einzelnen Berücksichtigung fordert und finden muß"[45]. Eine Erklärung für diese Verhältnisse bieten die Studienvoraussetzungen der Schüler:innen: Neben Lehramtszöglingen, die Musik nur als Teil ihres Studiums belegten, versammelte das Mozarteum unter dem Gros Gewerbeschüler:innen, Gymnasiast:innen, Handelsschüler:innen, Realschüler:innen und Volksschüler:innen. Die Schulfreien – sprich jene, die als Vollstudierende eingeschrieben waren – machten den geringsten Teil aus.[46]

Schuljahr	Fortbildungskurs	Gewerbeschüler:innen	Gymnasiast:innen	Handelsschüler:innen	Lehramts-Zöglinge	Realschüler:innen	Volksschüler:innen	Schulfreie	Zusammen
1880/81	-	1	15	1	14	5	63	33	132
1881/82	1	1	31	-	11	8	96	68	216
1882/83	-	3	33	-	20	13	99	68	236

Tab. 1: Besuchte Schulformen der Mozarteumsschüler:innen, 1880 bis 1883.

Entsprechend gering waren auch die Zahlen der Abiturient:innen, d. h. jener Schüler:innen, die (erstmals 1884/85) das Mozarteum mit Abschlusszeugnis verließen. Im Prüfungsbericht nach der Schulinspektion durch Leopold Alexander Zellner, dem Generalsekretär der Gesellschaft der Musikfreunde in Wien, heißt es: „Vor allem ist das Lernziel von 9/10 Schüler[n] dieser Anstalten [neben dem Mozarteum sind die Musikschulen in Graz, Laibach, Innsbruck, Klagenfurt und Brünn gemeint; Anm. AB] ein ganz anderes als das: Berufsmusiker zu werden. [...] Das Haupt-Contingent der Provinzial-Musikschulen bilden Bürger- und Mittelschüler, dann Lehramts-Candidaten"[47]. Gleichwohl sprach Zellner dem Mozarteum – auf den detaillierten Lehrplan, das Fächerangebot und die Lehrmittelsammlung verweisend – „nach den Konservatorien in Wien und Prag als bestorganisierte Provinzschule den dritten Rang unter allen Musikschulen Österreichs"[48] zu.

Seitens der Mozartstiftung wurden Pläne gefasst, die Musikschule den Konservatorien anzugleichen, selbige allerdings frühzeitig wieder fallengelassen. Stattdessen sprach man sich wiederholt für das Ziel der Breitenbildung aus, Berufsbildung wurde mehr nebensächlich betrieben. Den Schüler:innenlisten zufolge wurde mindestens fünf Schüler:innen je Studienjahr ein Maturitätszeugnis verliehen. Dem zu dieser Zeit verbreiteten Vorwurf, ein musikalisches Proletariat heranzubilden, entgegnete Johann Evangelist Engl – von 1870 bis 1899 ehrenamtlicher Sekretär der Musikschule – im Bericht des Jahres 1896:

> „Daß nicht Alle Berufsmusiker werden, ist ebenso begreiflich, da dieses Ziel auch von der vorhandenen Begabung und vielen anderen Verhältnissen abhängig ist, hier und in allen Berufszweigen, in welche die Jugend bestimmt ist, aus der Schule hinweg in's öffentliche Leben einzutreten. […] Wenn nun aber hierorts, in der Provinzstadt, aus der Gesammtzahl von jährlich über 300 Schülern, wovon etwa durchschnittlich nur ein Fünftel den Oberklassen angehört, und von diesen Oberklassen-Schülern seit dem Bestehen der Schule 10 % zu den Abiturienten zählen, so darf man nicht übersehen, daß die übrigen vier Fünftel nur nebenher den Musikunterricht frequentiren und später den Berufsmusikern keinen Eintrag, keine Schädigung verursachen, die Abiturienten aber jedenfalls jene Heranbildung genossen, die sie nicht in die Reihe des Musiker-Proletariats stellt, sondern befähiget, zu den guten Musikern gezählt zu werden."[49]

In Anlehnung an eine weitere Inspektion durch Zellner verweist die Stiftung 1899 auf Bemühungen darum,

> „daß man die Schule in der Richtung des Wiener Conservatoriums, welche[s] mit ganz andren Faktoren rechnen kann, als dieß lediglich eine Provinz-Musikschule vermag, zu reorganisiren wünsche, wodurch letztere in ein ganz verschiedenes Fahrwasser gelangt wäre, von jenem in welchem sie sich bisher bei ihrer, den Localverhältnissen vollkommen entsprechenden gesunden Organisirung und normalen Entwicklung befand, der überdieß doch vorher wiederholt alles Lob und jede Anerkennung an maßgebender Stelle gezollt wurde"[50].

Die Mozartstiftung fürchtete, die Eigenständigkeit in Bezug auf die Leitung des Mozarteums einzubüßen. Tatsächlich lässt sich eine allmähliche Verlagerung der Kompetenzen nach Wien ausmachen, die in der Verstaatlichung des Mozarteums im Jahr 1922 gipfelte.

Finanzierung

Mit dem Dommusikverein und Mozarteum als Träger wurde das Ausbildungsinstitut vornehmlich aus den ursprünglich zur Aufrechterhaltung der Dommusik freigegebenen Mitteln aus den Kirchenmusikfonds finanziert.[51] Selbige „bestanden an den verschiedenen Salzburger Kirchen seit dem Mittelalter und wurden durch zahlreiche Stiftungen, aber auch durch fixe Beiträge der Kirchen gespeist. Sie bildeten die Grundlage für das Einkommen der Kirchenmusiker"[52]. Eine weitere Einnahmequelle boten die Mitgliedsbeiträge. Darüber hinaus wurde Unterrichtsgeld erhoben, das angesichts der hohen Zahl an Befreiungen jedoch keine zuverlässige Einnahme bot.[53] Wenig stabil waren auch die Einkünfte aus kirchenmusikalischen Diensten[54] sowie Konzertveranstaltungen. Gleiches gilt für Spenden, Erbschaften, Legate und Schenkungen – wiederholt auch von der Familie Mozart[55]. 1845 konnten dazu ein Reserve-, Pensions- sowie Mozartstiftungsfonds – Letzterer für Stipendienzahlungen – eingerichtet werden,[56] später wurde der Mozarteumsfonds zur Finanzierung von Reformen begründet.[57] Über die Jahre entstanden wiederholt finanzielle Engpässe, über die mittelfristig nur Subventionen von Stadt und Land hinweghelfen konnten,[58] ebenso die 1876 gewährten Mittel aus der Staatswohltätigkeits-Lotterie.[59]

Zuwendungen letzterer Art gingen mit der Übernahme des Mozarteums durch die Internationale Mozartstiftung an den neuen Träger über, der sich in der Folgezeit ebenfalls um Erträgnisse aus der Staatswohltätigkeits-Lotterie bewarb.[60] Die Mozartstiftung fußte davon abgesehen finanziell auf dem 1869 auf der Grundlage von Spenden der Baronin Stieglitz eingerichteten Museumsfonds.[61] Erweitert wurde das Stiftungskapital durch Spenden, Beiträge von fördernden und ordentlichen Mitgliedern sowie durch Konzerteinnahmen.[62] Daneben flossen Einnahmen aus Eintrittsgeldern für das Mozarthäuschen am Kapuzinerberg und das Mozart-Museum im Geburtszimmer (Getreidegasse 9) hinein.[63]

Die Mozartstiftung strebte den finanziellen Selbsterhalt des Mozarteums an. Zu diesem Zweck wurde Schulgeld eingeführt, das „bereits im dritten Jahre [nach der Übernahme, d. h. 1882; Anm. AB] vollständig den Betrag der Lehrergehalte"[64] abdeckte. Tatsächlich machte das Schulgeld (beispielhaft für das Studienjahr 1882) unter den Einnahmen der Mozartstiftung den größten Posten aus (3.824 fl.), gefolgt von Eintrittsgeldern für Mozarts Geburtszimmer sowie das Mozarthaus (1.522 fl. 43 kr.), Konzerteinnahmen (1.316 fl. 98 kr.), Subventionen (1.100 fl.) und Kapitalszinsen (1.024 fl. 90 kr.). Weitreichende Schulgeldbefreiungen – für die Jahre 1880 bis 1884 lag der Verzicht bei 40,7 % – führten indes zu finanziellen Einschnitten, die mit der Einführung von einer Einschreibegebühr[65] und Schulgelderhöhungen aufgefangen werden sollten.[66] 1890 schließlich wurde ein Mozart-Gemeindefonds eingerichtet, der das Grundkapital des Pensionsfonds am Mozarteum bildete.[67]

Direktorium und Organisation des Ausbildungsinstituts

Augenfällig in Bezug auf die Leitung des Ausbildungsinstituts bis 1880 ist die Machtposition der Kirche. Oberste Entscheidungsmacht kam per Statut dem Fürsterzbischof als Protektor von Dommusikverein und Mozarteum zu.[68]

Diesen Posten hatte zunächst der Fürsterzbischof von Salzburg Friedrich Fürst zu Schwarzenberg (1809–1885) inne, sein Nachfolger war Fürsterzbischof Maximilian von Tarnózy (1806–1876).[69] Nach dessen Tod trat Fürsterzbischof Franz Albert Eder (1818–1890) an seine Stelle.[70]

Den Protektoren standen die von ihnen ernannten und allein ihnen rechenschaftspflichtigen Sekretäre – denen die Umsetzung von Vereinsbeschlüssen und die Aufsicht des Personals oblag – sowie der Repräsentantenkörper zur Seite.[71] Als erster Sekretär verantwortete der Mitgründer von Dommusikverein und Mozarteum Franz Edler von Hilleprandt (1796–1871) die umfangreichen verwaltungstechnischen Aufgaben. Auch dessen Schwiegersohn und Nachfolger Adolf Rosian (1834–1912) zeichnete später für das Sekretariat von Dom-Musikverein und Mozarteum verantwortlich.

Der Sekretär war als Vertretung der Mitglieder Mittler zwischen dem Protektor und dem Repräsentantenkörper. Sämtliche Beschlüsse, die Letzterer fasste, mussten vom Protektor abgesegnet werden, um rechtswirksam zu sein. Gleichzeitig wird im Repräsentantenkörper selbst das hierarchische Gefüge ablesbar: Neben den acht aus den (unterstützenden und ausübenden) Vereinsmitgliedern gewählten Repräsentanten waren hier sieben Vertreter der Kirche qua Amt als permanente Repräsentanten eingesetzt.[72]

Aus dieser Aufstellung wird die grundlegende „Tendenz zu autokratischen Prinzipien und zur Minimierung basisdemokratischer Einflussmöglichkeiten"[73] in der Leitung des Dommusikvereins und Mozarteums ablesbar. Zwar war der Repräsentantenkörper mit weitreichenden organisatorischen und inhaltlichen Aufgaben betraut, der Handlungsrahmen aber so weit reglementiert, dass der Protektor selbst Mehrheitsbeschlüsse kassieren konnte.[74] Im Alltagsgeschäft aber kam es kaum zu derartigen Konflikten, Sekretär und Repräsentantenkörper vermieden „aufgrund ihrer Loyalitätsverpflichtung dem Protektor gegenüber a priori solche Fragen und Situationen, bei denen ein Eingreifen des Fürsterzbischofs nicht auszuschließen war"[75].

Als Kapellmeister des Dommusikvereins und Direktor der Musikschule wurde zum 1. Oktober 1841 Alois Taux (1817–1861) eingesetzt.[76] Taux sowie die Nachfolger Hanns Schläger (1820–1885) und Otto Bach (1833–1893) waren keine eigens für die Musikschule bestellten, sondern dem Verein zugehörige Direktoren und entsprechend mit der Doppelaufgabe als Kapellmeister des Dommusikvereins und Direktoren der Musikschule beauftragt. Damit oblagen ihnen weitreichende künstlerische und administrative Aufgaben in den verschiedenen Organen.[77]

Mit der neuen Trägerschaft wurden zum 1. Januar 1881 strukturelle Veränderungen vorgenommen, die auch die Leitungsorganisation betrafen. Laut der neuen Statuten (1880) war als oberste Instanz der Stiftung ein auf drei Jahre gewählter leitender Ausschuss eingesetzt, der aus seiner Mitte die Posten des Präsidenten samt seines Stellvertreters, des Sekretärs, Kassierers und Archivars der Stiftung zu besetzen hatte, und in dessen Zuständigkeitsbereich auch die Leitung der Musikschule fiel.[78] Hier war er sowohl für inhaltliche als auch für organisatorische Belange verantwortlich: Ihm oblagen die Ernennung des Direktors, des Lehrerkollegiums und des weiteren Personals sowie die verwaltungstechnischen Belange. Letztlich kam ihm Entscheidungsmacht über „[a]lles, was die Schule, ihre Einrichtung und so auch den Lehrplan und die Aufrechterhaltung der Disciplin betrifft"[79], zu. Aus den Reihen des Ausschusses wurde außerdem ein Schulinspektor ernannt, der als Vertreter desselben in der Musikschule tätig war. Dass weder Direktoren noch Lehrende des Mozarteums im Vereinsausschuss vertreten waren, ist auffällig.[80]

Der Direktor des Mozarteums – berufen wurde 1881 Josef Friedrich Hummel (1841–1919) – unterstand unmittelbar dem leitenden Ausschuss, war in seiner Arbeit indes weitgehend eigenverantwortlich: Ihm standen „alle Rechte und Pflichten zu, die in künstlerischen und administrativen Angelegenheiten auszuüben in der Schule erforderlich sind"[81]. Ein Novum war die Verantwortlichkeit für administrative Angelegenheiten, für eine entsprechende zweite Personalstelle fehlten dem Verein die notwendigen finanziellen Mittel.[82]

Schule und Ausschuss kommunizierten nicht direkt miteinander.[83] In Schulkonferenzen wurden unter dem Vorsitz des Mozarteumsdirektors die Belange der Schule diskutiert und dort gefasste Anträge dem Ausschuss zur Beschlussfassung vorgelegt. Eine Verbindung zwischen Schule und Ausschuss stellte der Schulinspektor dar. Dieser stand mit dem Direktor im ständigen Austausch und hatte den Ausschuss über Schulangelegenheiten zu informieren. Dass der Inspektor kein Musiker war, seine Aufgabenbereiche indes neben organisatorischen und personalpolitischen auch diverse inhaltliche, sprich künstlerische Belange betrafen, bot Konfliktpotenzial mit dem Musikschulpersonal.

Gebäude und Konzertsäle

Zwischen 1841 und 1880 war das Mozarteum im ehemaligen Kapellhaus (Sigmund-Haffner-Gasse 20) untergebracht, was ursprünglich lediglich als Provisorium gedacht war. Aufgrund der beengten räumlichen Verhältnisse musste der Unterricht teils in die Privatwohnungen der Lehrenden ausgelagert werden. Verschiedene Initiativen strebten den Neubau eines Gebäudes an: 1856 wurde der Mozart-Bauverein gegründet, 1869 seitens des Dommusikvereins ein Bau-Comité berufen.[84] Unterdessen planten auch die Initiatoren der Mozartstiftung die Errichtung eines Mozarthauses für Musikschule, Konzertaufführungen, Operninszenierungen, Mozart-Archiv und -Bibliothek[85]. Für Veranstaltungen der Schule hatte der Landtag 1869 unterdessen im Zuge seiner Zusage einer jährlichen Subvention die Nutzung des Landhaussaales gestattet.[86]

Abb. 1: Carl Müller, Altes Mozarteum, Hofstallgasse [Anatomie-Stöckl].
Aquarellierte Bleistiftzeichnung, signiert, 1936[87].

1880 wurden dem Mozarteum durch das Unterrichtsministerium Räume im sogenannten Anatomie-Stöckl, einem Gebäude der zuvor dort untergebrachten Medizinischen Fakultät, zur Verfügung gestellt. Ergänzend konnte sie zwischenzeitlich Räume im Gebäude der k. k. Lehrerbildungsanstalt (Kapellhaus) nutzen.[88] Bis 1889 war die gesamte Schule im Anatomie-Stöckl untergebracht, womit das Raumproblem langfristiger gelöst werden konnte.[89]
Allein das Orgelzimmer der Lehrerbildungsanstalt wurde noch bis zur Anschaffung eines eigenen Instrumentes im Jahr 1896 weiterhin genutzt.[90] Die Konzerte des Mozarteums fanden in der Aula academica, der Großen Aula der Universität Salzburg, statt.[91]
    Der 1856 vom Mozart-Bauverein initiierte, zwischenzeitlich jedoch fallengelassene Plan zur Errichtung eines eigenen Gebäudes für das Ausbildungsinstitut samt Archiv, Bibliothek und Konzertsälen, wurde erst spät konkretisiert. 1910 wurde der Grundstein gelegt und in den folgenden vier Jahren unter der Leitung des Münchener Architekten Richard Berndl das Mozarthaus errichtet. Am 29. September wurde die Eröffnung des späthistoristischen Baus gefeiert, der später unter dem Namen „Mozarteum" geführt wurde.

Studienjahr

Vor und nach 1880 begann das zehnmonatige Studienjahr in der Regel am 15. September, in den Tagen vorher fanden die Aufnahmen statt. Das Studienjahr war in Semester untergliedert: Das erste währte von September bis Februar, das zweite wurde Mitte Juli abgeschlossen.[92] Nach 1880 wurde es mit Abschlussveranstaltungen in Form von Schüler-Vortragsabenden bzw. Schlussfeiern beendet.[93] 1890 ist entsprechend ein Vortragsabend mit Ausgabe von Schülerverzeichnissen und der Zeugnisverleihung vermerkt.[94] Zwischen Juli und September fand kein Unterricht statt. Während der Semester war die Musikschule täglich, auch an Sonntagen, geöffnet.[95] Wenige Feiertage zu Weihnachten, Ostern und Pfingsten brachten freie Zeit für die Schüler:innen und das Kollegium.

Studienbedingungen

Die Aufnahme von Bewerber:innen war nur wenigen Vorgaben unterworfen. Eine Aufnahmeprüfung gab es nicht. Der Abschluss der ersten Klasse der Normalschule oder bereits absolvierter Musikunterricht waren als einzige Voraussetzungen angegeben.[96] Während daneben im Statut aus dem Jahr 1841 allein angegeben wird, dass die Aufnahme von Bewerber:innen dem Mozarteumskomitee obliegt, wird in der Verordnung von 1861 auf Instruktionen verwiesen, die aber offenbar nicht überliefert sind:

> „Die Vorschriften über die Aufnahme der Zöglinge des Mozarteums in die Lehranstalt und deren Entlassung, der Lehrplan, die Stundeneintheilung werden über Vorschlag des Kapellmeisters über die Anträge des Comité des Mozarteums von dem Repräsentantenkörper durch besondere Instruktionen festgestellt, übrigens werden alle für Gymnasien erlassenen allerhöchsten Vorschriften, welche auf Ordnung, Sittlichkeit und Betragen der Schüler Bezug haben, in der Lehranstalt gehandhabt."[97]

Auch im Statut aus dem Jahr 1869 findet sich eine solche Vorgabe, ausformulierte Anforderungen sind jedoch nicht dokumentiert.[98]

Noch nach 1880 war zunächst keine entsprechende Feststellung von Mindestniveaus vorgesehen. Erst Anfang der 1890er-Jahre wurden angesichts steigender Zahlen von Bewerber:innen Maßnahmen zur Aufnahmebeschränkung diskutiert und darauf „bei den Neuaufnahmen strenger als bisher vorgegangen"[99] – eine Aufnahmeprüfung aber führte man weiterhin nicht ein.

Über den Unterricht selbst geben die Jahresberichte nach 1880 Auskunft. Selbiger fand in Gruppen statt: Es war

„ein gemeinsamer [Unterricht], wöchentlich zwei Stunden für je einen oder mehrere Schüler derselben Klasse zugleich, mit der auf je eine ganze Stunde entfallenden aliquoten Dauer der Spiel- oder Singzeit für den Einzelnen, während welcher derselbe auf die im Vortrage bemerkten Fehler aufmerksam gemacht wird, welche der Schüler bis zur nächsten Stunde zu verbessern beflissen sein muß, hingegen die Uebrigen dieser Unterweisung mit voller Aufmerksamkeit zuzuhören haben [...]. Der Großtheil der Erwerbung der musikalischen, technischen Fertigkeit jedoch muß selbsverständlich, und überdieß nach Maßgabe des vorhandenen Talentes, von der mehr oder weniger fleißig gehandhabten Uebung des Schülers zu Hause abhängig gemacht werden, und wäre es ganz irrthümlich, anzunehmen, daß die Unterrichtsstunde nach dem entfallenden Stundentheil, der dem einzelnen Schüler für sein Spiel oder seinen Vortrag des Geübten und Erlernten zufällt, zu beurtheilen sei. Die Schule perhorrescirt geradzu den Minuten-Unterricht und hält sonach den Stunden-Unterricht in jedem Lehrvortrage grundsätzlich aufrecht."[100]

In der Übungsanstalt fanden wöchentlich an drei Tagen einstündige Übungen statt. Wurde mit Blick auf konkrete Aufführungen intensiveres Proben notwendig, „so werden die Uebungen so lange währen, als es der Kapellmeister für nöthig hält"[101]; allerdings nicht länger als drei Stunden täglich.

An verschiedenen Stellen zeichnet sich nach 1880 das Bemühen um eine Niveausteigerung des Ausbildungsinstituts ab. Neben der Anpassung von Studieninhalten, der Einführung von Ausbildungsklassen und der Formulierung von Leistungsstandards wurde auch auf die Unterstützung aus dem Elternhaus gesetzt: Der Jahresbericht 1882 informiert darüber, dass „Controllbücher"[102] eingeführt worden seien, mithilfe derer Angehörige über den Leistungsstand der Studierenden in Kenntnis gesetzt wurden. Die Lehrenden hatten hierin im Anschluss an jede Unterrichtsstunde Fehler und Aufgaben zu notieren, die Eltern und Angehörigen sollten am Monatsende ihre Unterschrift daruntersetzen.[103] In eine ähnliche Richtung zielte auch das seit 1894 eingeführte Erteilen von Rügen: Eltern jener Schüler:innen, bei denen mangelnder Fleiß und Fortschritt festgestellt wurde, sollten informiert werden, dass Schulgeldbefreiungen künftig nicht mehr gewährt werden könnten, sollten sich die Leistungen der Kinder nicht verbessern.[104]

Gleichzeitig wird wiederholt der vorzeitige Austritt der Schüler:innen aus der Lehranstalt beklagt – auch mit der Verordnung, dass damit der Anspruch auf ein Abschlusszeugnis verfiel, konnte diesem Phänomen nicht entgegengewirkt werden:

„Dieses Austreten vom Schulbesuche geschieht größtentheils, weil den Schülern die Subsistenzmittel wirklich mangeln; zum Theile aber auch, weil ihnen schon bei der bereits erlangten niederen Bildungsstufe von verschiedenen Seiten Anerbiethungen gemacht werden, wirkliche Musikdienste gegen Honorar oder gegen andere ihnen zugestandene Unterstützungen zu leisten. Diese Schüler verlassen daher die Musikschule und gehen ihrem, dadurch begründeten Erwerbe in einem Zeitpunkte nach, wo sie ihre volle Ausbildung noch nicht erlangt haben."[105]

Sie „ziehen pecuniäre Vortheile, welche sie aus dem Gelernten schon gegenwärtig beziehen, der höheren Ausbildung und dem Vortheile, welcher ihnen durch ein Zeugniß ihrer Kunstfertigkeit freilich erst in späteren Jahren zugehen würde, offenbar vor."[106] Auch nach der Übernahme des Ausbildungsinstituts durch die Internationale Mozartstiftung wird diese Tendenz weiterhin beobachtet.[107] Dem Jahresbericht 1895 zufolge würden allein zehn Prozent der Schüler:innen in den Oberklassen das Ausbildungsinstitut mit Abschlusszeugnis verlassen.[108]

Schulgeld und Freiplätze

Von Beginn an sollte den Studierenden „größtentheils unentgeltlicher Unterricht"[109] ermöglicht und ergänzend Stipendien vergeben werden. Spätestens in der zweiten Hälfte der 1860er-Jahre wurde auf Unterrichtsgeld verzichtet und ab 1875 übernahm die Stadt Salzburg jährliche Unterrichtsgeldzahlungen in Höhe von 200 fl.[110] Nach der Eingliederung des Ausbildungsinstituts in die Internationale Mozartstiftung wurden 1881 Unterrichtsgelder eingeführt, die indes möglichst gering gehalten wurden. Mittellose Schüler:innen sollten weiterhin unentgeltlich ausgebildet werden.[111] Von 132 Schüler:innen waren im Studienjahr 1881/82 33 vom Schulgeld befreit, von den 99 Schulgeldpflichtigen wurden zwei Gulden pro Monat – unabhängig von Fach und Klasse – erhoben.[112] Für das folgende Jahr wurde eine Erhöhung veranlasst und mitgeteilt, dass das „Schulgeld […] bereits im dritten Jahre vollständig den namhaften Betrag der Lehrergehalte"[113] decken und damit das nächste Ziel, „sich durch sich selbst zu erhalten"[114] angestrebt werden könne. Zum Studienjahr 1883/84 wurden neben den umfassenden Freiplätzen auch halbe Schulgeldbefreiungen eingeführt. Von diesen Fördermaßnahmen profitierten zu diesem Zeitpunkt über 50 % der Studierenden, Ende der 1890er-Jahre sogar 70 %. Stipendien wurden darüber hinaus nicht mehr vergeben.[115]

Klassen	1881	1882	1883	1883/84–1886/87	1887/88–1898/99	1899/1900
Allgemeine Musiklehre (obligat für die Schüler:innen der Chorgesangklassen und Männerchorgesangklassen)					1 fl. 25 kr.	
Schüler-/Männerchorgesang in allen Klassen						2 K 50 h
Unterklassen	2 fl.[116]	2 fl.	2 fl.			
• Männerchorgesang (Tenor, Bass)				1 fl.		
• Schülerchorgesang (Sopran, Alt), Allgemeine Musiklehre, V, Fl, Ob, Fg, Klar, Waldhr, Trp, Zugpos (I. Klasse)				2 fl.		
• Harmonielehre, Kp, Kompositionslehre, Org, Sologesang, Vc, Kb (I. Klasse) • Kl (I., II. Klasse) • V, Waldhr, Trp. (II. Klasse)				3 fl.		
• Harmonielehre, V, Va, Vc, Kb, Kl, Ob, Fg, Klar, Fl, Waldhr, Trp, Zugpos (I. und II. Klasse)					2 fl. 50 kr.	5 K
(III. Klasse)					3 fl. 75 kr.	7 K 50 h
• Sologesang, Org, Kp, Kompositionslehre (I. – III. Klasse)					3 fl. 75 kr.	
Oberklassen	2 fl.	3 fl.	3 fl.			
• Sologesang		5 fl.				
• Sologesang, Vc, Kb (II. Klasse) • V, Kl (III. Klasse)				4 fl.		
• Sologesang, Vc, Kb (III. Klasse)				5 fl.		
• alle vorgenannten Fächer: (IV. Klasse) (V. Klasse) (VI. Klasse)					4 fl. 5 fl. 6 fl.	8 K 10 K 12 K
Ausbildungsklassen (IV. Klasse)		4 fl.	4 fl.			
• Sologesang, V, Kl (IV. Klasse)				6 fl.		

Tab. 2: Schulgeld 1881 bis 1900.

Prüfungen

Schon nach dem ersten Studienjahr in der Musikschule von Dommusikverein und Mozarteum wurden Prüfungen durchgeführt, denen monatliche interne und semestrale öffentliche Prüfungen folgten. Inwiefern die Ergebnisse Konsequenzen für den Fortgang der Schüler:innen hatten, geht aus den Verordnungen und Jahresberichten für die ersten Jahrzehnte indes ebenso wenig hervor wie etwaige Leistungsanforderungen. Stattdessen wurde die Motivation der jungen Musiker:innen in den Vordergrund gestellt; im Jahresbericht 1842/43 ist mit Blick auf die Semesterprüfungen zu lesen: „Zur Aufmunterung der Schüler gab der Verein bei der am Schlusse des ersten Lehrkurses abgehaltenen öffentlichen Prüfung den Besten unter ihnen Preise, welche in Musikalien und Instrumenten bestanden."[117] Selektion scheint bei den Prüfungen dagegen nicht im Fokus gestanden zu haben. Die Statuten von 1841 legen nahe, dass Entlassungen vielmehr im laufenden Studienjahr vorgenommen wurden: „Unmoralische und unfleißige Zöglinge werden, wenn wiederholte Ermahnungen keine Besserung bewirken, aus der Anstalt entfernt. Wenn die Zöglinge kein Talent zur Musik an den Tag legen, so wird den Eltern oder Vormündern gerathen, dieselben aus der Anstalt austreten zu lassen."[118] Den Prüfungen kam demgegenüber vermutlich vor allem eine Repräsentationsfunktion zu. Entsprechend wird 1878 bilanziert:

> „Mit voller Befriedigung ist die Thatsache zu registriren, daß seit Jahren aus den Ergebnissen der öffentlich abgehaltenen Jahres-Prüfungen entnommen werden kann, daß der Unterricht auf feste Grundlage gestellt ist, die musikalische Entwicklung und Weiterbildung in rationeller Weise fortschreitet und in allen Musik-Unterrichtsfächern jener systematische Gang festgehalten wird, wie ihn ein geordneter, regelmäßiger Lehrgang bieten muß; als erbrachter Beweis über die Richtigkeit des Gesagten kann wohl der zahlreiche Besuch dieser Musik-Unterrichtsanstalt gelten."[119]

Die monatlichen Prüfungen fanden unter Ausschluss der Öffentlichkeit statt und wurden vom Mozarteumskomitee (bestehend aus vier Repräsentanten und dem Sekretär) und vielfach auch von den Lehrenden allein abgenommen[120].

Ab 1881 lassen sich weitere Prüfungsformate unterscheiden. Im Frühjahr bzw. Ende des ersten Semesters fanden Kontroll-Prüfungen statt, die laut Jahresbericht „den praktischen Zweck [hatten], die Schüler zu gewöhnen, vor dem Publikum zu spielen und zu singen und Antworten zu geben"[121]. Am Ende des Studienjahres fanden daneben die Jahresprüfungen statt.[122] Hier führte das Schuldirektorium – bestehend aus dem Präsidenten, dem Schulinspektor und dem Direktor – den Vorsitz, außerdem gehörten Lehrende dem Prüfungsausschuss an.[123] Ihnen schlossen sich öffentlich zugängliche Schülerproduktionen an, in deren Rahmen eine Ehrung und Prämienverleihung erfolgte. Letztere wurde aufgrund ihres Konfliktpotenzials und „zum Schutze der Lehrer"[124] 1885 abgeschafft. Mitte der 1890er-Jahre wurde das Format der öffentlichen Prüfungen diskutiert und – um den Prüfungs- gegenüber dem Konzertcharakter herauszustellen und gleichsam eine entsprechende Rezeption durch die Öffentlichkeit zu umgehen – in einer Lehrerkonferenz vom Frühjahr 1897 auch die Prüfungen der Oberklassen zu nicht-öffentlichen Veranstaltungen erklärt.[125] Allein Abiturient:innen und einzelne Schüler:innen der Oberklassen sollten sich öffentlich in Vortragsabenden hören lassen.

Schüler:innen – Anzahl, Herkunft und Geschlechterverhältnisse

Anzahl

Ab 1880 enthalten die Jahresberichte des Mozarteums statistische Übersichten zu Studierendenzahlen, Fächerbelegung, Schulgeldzahlungen usw. Für die Jahrzehnte davor liegen handschriftliche Schüler:innenverzeichnisse vor – statistische Auswertungen wurden in den Jahresberichten unterdessen nicht regelmäßig vorgenommen. Gleichwohl lässt sich anhand der wenigen vorliegenden Zahlen eine vorsichtige Steigerung der Schüler:innenzahlen nachvollziehen. So besuchten im Jahr 1843 100 Schüler:innen das Ausbildungsinstitut, im Jahr 1877 lag die Zahl bei 132 und 1878 bei 143. 1869 wurde auch im Jahresbericht billanziert: „Mit jedem Jahre nimmt die Zahl derjenigen, welche sich in der Kunst der Musik ausbilden, zu"[126]. Ein deutlicher Anstieg lässt sich ab 1880 beobachten. Im Jahresbericht 1882 wird auf die „jährlich überraschend sich mehrende[] Schülerfrequenz" und die „zahlreiche[] Schüler-Teilnahme an den bisherigen elf Lehrkursen und zwanzig Schulklassen"[127] hingewiesen.

Zum Alter der Bewerber:innen finden sich wenige Vorgaben. 1846 wurde im Jahresbericht darauf hingewiesen, dass der Verein nicht nur Kinder, sondern auch geeignete Jugendliche und Erwachsene in die Singschule aufnehme, und damit dem Anspruch auf Bildung und Ausbildung gleichermaßen Ausdruck verliehen.[128] 1885 war der/die jüngste Schüler:in acht, der/die älteste 36 Jahre alt.[129] Im darauffolgenden Studienjahr reichte die Spanne von sieben bis 48 Jahren.[130]

Abb. 2: Anzahl der Schüler:innen.

Herkunft

Die Herkunft ist erst ab 1880 regelmäßig vermerkt. 1880/81 kamen 69 Schüler:innen aus der Stadt und zwölf aus dem Land Salzburg. Insgesamt stammten 128 Schüler:innen aus Österreich, zwei aus Bayern, je ein:e Bewerber:in aus Württemberg und Preußen.

1881/82 waren auch Schüler:innen aus Italien (3), Frankreich (1) und der Schweiz (1) am Ausbildungsinstitut eingeschrieben. Gleichzeitig kann festgehalten werden, dass der Anteil der Schüler:innen aus dem Ausland der Habsburgermonarchie bis 1900 verschwindend gering geblieben ist. Die „Nationalitätenvielfalt", von der Michael Malkiewicz in Anlehnung an Karl Wagner spricht, blieb weitgehend auf die Kronländer der Habsburgermonarchie begrenzt (siehe Tab. 4). 1884 argumentierte man seitens der Mozartstiftung denn mit Blick auf die wirtschaftliche Situation auch mit der bevorzugten Aufnahme von Bewerber:innen aus Salzburg: „Weil aber nach der obigen Schulstatistik unseren Mitbürgern in Stadt und Land für ihre Söhne und Töchter aus der Schule weitaus der größte Nutzen erwächst, und nicht für Ausländer, so hoffen wir vornehmlich auch von dieser Seite endlich auf ausgiebigere Zuschüsse und die gesteigerten Anforderungen der Jetztzeit an die Leistungsfähigkeit der Lehranstalt"[131].

Schuljahr	Schüler Beginn	I. Sem.	II. Sem.	Schülerinnen	Schüler	Zus.	Dopp. Gegenst.	Frequentationen	Zahlende	(Prozent)
1843						100				
1877				36	96	132				
1878				36	107	143				
80/81	90	92	105	54	78	132	10	142	99	75
81/82	189	190	181	115	101	216	19	235	174	71
82/83 (bis 12/82)	211[132] 214	236 228	/ 222	108 115	128 143	236 258	21 23	257 281	160 173	59 62
83/84 (bis 12/84)	279 264			116 117	172 186	288 303[133]	1: 243, 2: 39, 3: 4, 4: 2	341	161	47
84/85	278			115	193	308				
85/86	311	342	340	123	224	347			189	44
86/87	317			127	227	354				
87/88	307			127	212	339				
88/89	335	332	318	126	235	361				
89/90	358	365	354	134	257	391				
90/91	371	362	347	146	249	395				
91/92	280	276	261	155	194	350				
92/93	330	320	314	152	194	346				
93/94	285	312	332	142	200	342				
94/95	289	299	298	131	198	329				
95/96	287	293	281	117	197	314				
96/97	339	336	337	114	223	337				
97/98	309	316	311	123	225	348				
98/99	292					325				
99/00	303					306				

Befreite	ganz	halb	(Prozent)	Schulgeld durchschn./Monat	Subventionen	Schulkosten	Lehrer	Lehrergehalt durchschn./Monat	Jüngster Schüler	Ältester Schüler
33			25	150.8			36	266	8	31
61			29	343.3			7	418	8	41
97			41	448.0			9	418	8	41
108			38	4370,2			9	5539	9	42
	162	18	53	1376,0			13	2042	7	36
	219	20	56	4857	5900	9357	17		7	48
	193	22		4942	2125	9163	15		8	49
	201	28		5472	2000	9249	15	8191 fl. 38 kr.	8	33
	213	29		5612	2775	10236	18	8641 fl. 35 kr.	8	39
	228	53	59	6137	2155	11836	18		7	39
	190	94	59	6296	2655	9910	18		8	28
	150	97	59	5887	2525	9628	16		8	39
	144	99	58	6038	2525	9977	16		7	28
	146	99	58	5957	2600	9559	18		7	29
	141	114	62	5845	2600	10338	16		8[134]	31
	127	113	60	6002	2575	10393	19		7	34
	137	133	64	5933	2600	9922	17		6	35
	153	137	70	6014	2600	10150	17		7	36
									8	37

Tab. 3: Statistiken 1843 bis 1900.

Schuljahr	Salzb. Stadt	Salzburg Land	Oest. Ober	Oest. Nieder	Wien	Tirol	Vorarlberg	Böhmen	Mähren	Schlesien	Ungarn	Kroatien	Slawonien	Siebenbürgen	Steiermark	Kärnthen	Krain
0/81	69	12	19	12		3		5		1	5				2		
81/82	107	13	28	22		10	1	4	3	3	5				7		
82/83	114	19	31	26		8	3	4	3	3	1				11	1	1
(12/82)	123	20	39	25					4						12		
83/84	136	35	46	19		8	2	7	7	3	4			1	6		
	144	31	50	24		9		8									
84/85	152	36	42	24		11	1	10	5	4	2				7		
85/86	177	39	48	22		12	1	7	6	4	2				12	1	1
86/87	189	39	45	23		6	1	13	8		2				10	1	1
87/88	191	35	41	1		7	1	9	6	1	2	1	1		8	3	
88/89	207	36	50	17		5	2	13	4	1	4	2	1		6		1
89/90	264	46	59	28		6	2	15	4	1	1	1		1	8		1
90/91	190	42	63	42		6		22	5	2	2				6		
91/92	164	39	47	36		7	3	16	6	3	5				6		
92/93	158	49	47	33		6		13	6	2	5			1	9		
93/94	157	47	56	26		8		12	7		5			2	9		
94/95	140	38	69	28		8		12	7		3			2	9		2
95/96	137	40	51	30		7		16	6		2			2	4		1
96/97	160	41	54	29		7		17	5	2	7			1	6	1	1
97/98	153	42	53	34		4	3	19	4	3	7			1	13		1
98/99	148	29	46	40		6	2	20	2	3	6			1	8		2
99/00	190	34	22	21	3	2	13	1	1	3		2	3	4	1		

Dalmatien	Grafsch. Görz	Galizien	Bukowina	Istrien	Illyrien	Baiern	Württemberg	Elsaß	Preußen	Baden	Frankfurt/M.	Sachsen	Italien	Frankreich	Schweiz	England	Russland	Marokko
						2	1		1									
		1				5	1		1				3	1	1			
		1				6	2						1		2			
						8												
						11	1		1			1						
		1				8	1		1	1	1	1						
		2				9	1	1					1	1				
		2				10	2						1	1				
		3	1			8	1					1						
		1	1			1	1	1	1	9						1		
						12	1								1			
						11									1			
	2					13								2	2		1	
	2			1		12		1									1	
				1		9											2	1
	1		1			8											1	
			1	1	2	8				2							1	
			1			2	1	1										
1			1	1		6	1	1										
1			1	1	1	6	1	1										
		1													2			

Tab. 4: Geografische Herkunft der Schüler:innen.

Kurz vor der Jahrhundertwende wird im Jahresbericht 1895 auch die soziale Disposition der Schüler:innen in den Blick genommen. Demnach sei die soziale Durchlässigkeit in die Oberklassen des Ausbildungsinstituts auffallend gering: „Die Unterklassen werden in großer Anzahl vom kleinen Volk besucht, nahezu 9mal mehr, als die Oberklassen."[135] Letztere erfahren einen „zahlreichen Wegfall an Schülern der höheren Mittelschulklassen, welche ihren Austritt vor der Abiturientenklasse nehmen, weil ihnen für den nebensächlichen Musikunterricht und dessen Pflege die nothwendige Zeit mangelt, die sie auf den Hauptzweck verwenden müssen." Dazu, so wird hier gleichermaßen festgehalten, würde

> „die Großzahl der Schüler den drei jüngsten Jahrgängen angehören und die drei ältesten dieser durch keinen Schüler mehr vertreten sind. Aehnlich liegen diese Verhältnisse auch bei den anderen öffentlichen Lehranstalten, aber deßhalb noch lange nicht so schwierig wie in der Musikschule. Dort muß der Schüler, hier kann er eintreten oder es auch sein lassen und aus diesem Grund nimmt er es dann auch mit dem Austritte leichter. Er thut gut daran, Musikunterricht nebenher, den anderen Unterricht aber ist er gezwungen als Endzweck zu nehmen; die freie Wahl desselben fällt sonach eigentlich nur den ‚Schulfreien' zu und deren sind durchschnittlich 25 % der Gesammtzahl. Diese stehen dem Berufe zur Musik näher, sie sind in reiferen Jahren, auch verfügen sie leichter über ihre Zeit und in diesen Reihen findet man daher auch mehr solche, die Berufsmusiker werden wollen, als in allen übrigen."[136]

Geschlechterverhältnisse

Wenngleich der Dommusikverein und Mozarteum schon mit der Gründung des Ausbildungsinstituts beabsichtigte, „wenn es die Kräfte des Vereins und sonstigen Verhältnisse gestatten [...], den Unterricht im Mozarteum auch auf das weibliche Geschlecht [...] auszudehnen"[137], richtete sich das Studienangebot zunächst allein an Bewerber. In späteren Stellungnahmen des Vereins wird der ursprüngliche Plan dazu noch allein auf die Gesangsabteilung begrenzt, die ausbleibende Einführung von Klassen für Mädchen daneben mit fehlenden finanziellen Mitteln für die Personalkosten einer Gesangslehrerin begründet.[138]

Zum Studienjahr 1846/47 wurde dann eine Gesangsklasse für Mädchen eingerichtet: „Seit 1. Oktober 1846 wird nun auch täglich durch eine Stunde der Unterricht im Gesange an Mädchen in einem ganz von dem Kapellhause, wo den Knaben der Unterricht ertheilt wird, abgesonderten Lokale unter gehöriger Aufsicht ertheilet, und die Mädchen machen bedeutende Fortschritte"[139].

Tatsächlich ist die Aufnahme von Mädchen und Frauen in den Dommusikverein und Mozarteum keine Selbstverständlichkeit. Vielerorts wurde noch weit bis ins 19. Jahrhundert hinein hartnäckig am paulinischen Grundsatz – „Mulier tacet in ecclesia"[140] („Die Frau schweige in der Kirche") – festgehalten und Frauen vom Kirchendienst ebenso wie von der Kirchenmusik ausgeschlossen. Der allmählichen Öffnung dieser Sphäre für Musikerinnen gehen vor allem zwei Entwicklungen voraus. Dazu zählt zum einen die Auflösung zahlreicher kirchlichen Trägern unterstellter professioneller Ensembles samt dem daraus erwachsenden Bedarf an Personal, und zum anderen das Erblühen der bürgerlichen Chorvereine seit der Wende zum 19. Jahrhundert, das Chorsingen zu einem wichtigen Teil bürgerlicher Alltagskultur von Frauen und Männern werden ließ. Vor diesem Hintergrund vollzog sich auch eine vorsichtige Öffnung von Kirchenchören für Sängerinnen.[141] Am Dommusikverein in Salzburg wurden ab 1843 auch Frauen als aktive Mitglieder aufgenommen. Die Öffnung der Gesangsabteilung für Bewerberinnen ergibt sich als eine folgerichtige Konsequenz hieraus und war zugleich ein entscheidender Schritt in Richtung der Professionalisierung von Musikerinnen in Salzburg. Eine Lehrerin wurde unterdessen noch nicht in das Kollegium aufgenommen. Die statutarische Bindung der Lehrtätigkeit am Mozarteum an die Anstellung in der Dommusikkapelle, in die Musikerinnen nicht zugelassen waren, stellte ein entscheidendes Hindernis dar. Dennoch wurden Verhandlungen mit der Wiener Sängerin Amalie Steinebach[142] geführt, die sich angeboten hatte, den Unterricht honorarfrei zu erteilen. Ein reguläres Anstellungsverhältnis kam damit nicht zustande, allerdings wurde Steinebach die Überlassung des Schulgeldes in Aussicht gestellt.[143] Steinebach willigte zunächst ein, kündigte allerdings nach einem Monat bereits wieder. An ihrer Stelle übernahm der Geigenlehrer Heinrich Schnaubelt den Unterricht in der Mädchen-Gesangschule. Erst 1870 wurde mit der Gesangslehrerin Therese Bach-Marschner eine Frau in das Kollegium des Mozarteums aufgenommen.[144]

In der Gesangschule wurde 1846/47 37 Schülerinnen „täglich durch eine Stunde der Unterricht erteilt"[145], und zwar im Chor- und Sologesang.[146] Die Mädchen befanden sich im Schnitt im Alter zwischen sieben und 15 Jahren. 1848 wird berichtet, dass die Sängerinnen bereits im Chor des Dommusikvereins mitwirken würden.[147] 1850 waren 50 Schülerinnen in der Gesangschule inskribiert.[148]

Von den Instrumentalabteilungen blieben sie daneben weiterhin ausgeschlossen. Im Statut aus dem Jahr 1861 heißt es aber: „Wenn es die Kräfte des Vereines und sonstigen Verhältnisse gestatten, so wird sich der Verein auch angelegen seyn lassen, den Unterricht im Mozarteum auch auf das weibliche Geschlecht, jedoch jedenfalls abgesondert, auszudehnen."[149] Offiziell wurde dies noch lange nicht realisiert, ab den 1870er-Jahren aber Ausnahmen gemacht. Die Studierendenlisten führen ab 1876 Mädchen in der Violinabteilung auf.[150] Dass gerade dieses Instrumentalfach für Bewerberinnen geöffnet wurde, gibt Rätsel auf. Anders als gegenüber Sängerinnen und Pianistinnen offenbart der

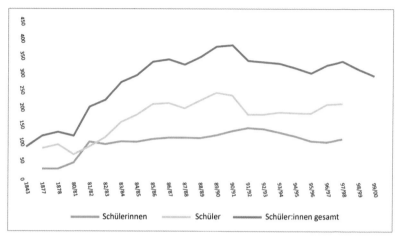

Abb. 3: Schüler:innen – Geschlechterverhältnisse.

zeitgenössische Diskurs noch in der zweiten Hälfte des 19. Jahrhunderts ablehnende Stimmen gegen Geigerinnen – noch immer galt es als Konsens, dass das Geigenspiel für Frauen ebenso ungeeignet wie unschicklich sei.[151] Korrespondierend wurde an den Konservatorien im deutschsprachigen Raum von den Instrumentalfächern in der Regel zunächst die Klavierabteilung auch für Bewerberinnen geöffnet, zu den Streicherabteilungen fanden sie erst spät(er) Zugang.

Nach der Übernahme des Mozarteums durch die Internationale Mozartstiftung wurden sämtliche Abteilungen für Bewerberinnen und Bewerber gleichermaßen geöffnet.

Parallel zu den steigenden Studierendenzahlen[152] waren nun auch mehr Mädchen an dem Ausbildungsinstitut inskribiert.[153] Im Studienjahr 1881/82 besuchten mit 115 Schülerinnen einmalig mehr Mädchen als Jungen das Mozarteum. Davon abgesehen blieb ihre Zahl in der Regel aber hinter der ihrer Kommilitonen zurück. Um dies an Stichproben zu veranschaulichen: 1880/81 waren 54 Schülerinnen eingeschrieben (41 %), 1884/85 115 (37 %), 1889/90 134 (34 %), 1894/95 131 (40 %) und 1897/98 123 (35 %).

Von den Schüler:innen, die das Mozarteum mit einem Abschlusszeugnis verließen, machten die Musikerinnen im Schnitt etwa ein Drittel aus: Zwischen 1885 und 1896 sind neben 69 Abiturienten 36 Abiturientinnen dokumentiert, darunter fünf Absolventinnen im Fach Sologesang, eine Violinistin, 29 Pianistinnen und eine Organistin.

Ab 1880 bot das Ausbildungsinstitut daneben externen Musiker:innen die Möglichkeit, sich Privat-Zeugnisse über ihre Qualifikationen ausstellen zu lassen. Hierfür wurden offenbar keine Beschränkungen hinsichtlich des

Geschlechts der Prüflinge vorgegeben. Für das Studienjahr 1894 ist die Prüfung von Theresia Stöckl zur Violinlehrerin dokumentiert: Im März 1894 wurde sie

„vor dem Schuldirektorium zum Zwecke der Lehrbefähigung für das Violinspiel einer eingehenden Prüfung unterzogen. Die Prüfungs-Candidatin wurde in der Theorie der Musik durchaus sehr gut unterrichtet befunden, zeigte im Violinspiel genügend erlangte Fertigkeit und die Befähigung, den Gesangsschülern die vorgeschriebenen Lieder einzuüben und singen zu lehren, wie auch den Unterricht im Violinspiel selbstständig jenen Zöglingen zu ertheilen, welche der Vorbereitung für die Lehrbefähigungsprüfung bedürfen, worüber dieselbe gegen Erlag der Prüfungstaxe von 12 fl, ein Privat-Zeugniß – bischer das siebente der Schule – ausgefertigt erhielt."[154]

Lehrende

Die Musikschule des Dommusikvereins und Mozarteums verfügte zunächst über kein eigenes Kollegium. Stattdessen wurden die Mitglieder der Kapelle des Dommusikvereins in der Regel zugleich als Lehrer ans Ausbildungsinstitut verpflichtet[155]. Selbige waren „zu einem erheblichen Teil aus bereits in Salzburg tätigen Musikern rekrutiert"[156]. Werbung um neue Musiker wurde insbesondere nach Prag gerichtet. „So war es", wie Wagner festhält,

„kein Zufall, daß der erste Kapellmeister des Dommusikvereins, Alois Taux, dieser Schule [Prager Konservatorium] entstammte und daß viele weitere Absolventen des Prager Konservatoriums nach Salzburg verpflichtet wurden [...]: Taux, Bennewitz, Cantani, Caspar, Duda, Hegenbart, Janatka, Jelinek, Kepler, Klupp, Kopetzky, Kretschmann, Nowak, Pekarek, Plainer, Sevcik, Sitt, Starauschek, Walter. Wenn sie nach Salzburg kamen, waren sie zumeist nur wenig über 20 Jahre jung und verließen unsere Stadt beim nächst besseren Engagement – nicht anders auch die Wiener Konservatoristen Blau, La Croix und Seis"[157].

Gründe für den frühzeitigen Austritt aus dem Kollegium lassen sich in den Anstellungsbedingungen der Musiker finden: Die Verträge sahen eine einjährige Anstellung vor und mussten nach Ablauf der Frist verlängert werden.[158] Dazu wurden die Musiker zunächst allein für ihre Orchesterstelle entlohnt, die Lehrtätigkeit wurde bis 1855 nicht vergütet. Ab diesem Jahr wurde den Lehrern zugestanden, das Schulgeld einzubehalten. Von dieser Regelung profitierten vor allem diejenigen, deren Klassen gut besucht waren.[159] Mit dem Pensionsfonds wurde daneben eine soziale Absicherung aufgebaut, die jedoch so weit wie möglich geschont werden sollte – mit der Folge, dass Orchestermitglieder noch im hohen Alter zum Orchesterdienst verpflichtet blieben. Bei körperlichen Beschwerden, die das Spiel ihres Instrumentes unmöglich machten, waren Instrumentenwechsel vorgesehen.[160]

Abseits von Gehaltsaufbesserungen und Remunerationen vollzogen sich grundlegende Verbesserungen der Anstellungsverhältnisse der Lehrenden erst mit der Übernahme des Ausbildungsinstituts durch die Internationale Mozartstiftung. Der Jahresbericht 1881 verweist auf den „durch zeitgemäße Gehalte zufriedengestellten Lehrkörper"[161]. Lehrer der ersten Gehaltsstufe erhielten 400 fl., jene der zweiten 600 fl. und solche der dritten Gehaltsstufe – dies betraf den Konzertmeister – 800 fl. Dem Direktor wurden 1.200 fl. exklusive Remunerationen zugesprochen.[162] Zugleich wurde das Kollegium vergrößert. Die Zahl der Lehrenden stieg von drei im ersten Semester über sechs im zweiten hin zu sieben Lehrkräften am Beginn des Studienjahres 1882/83.[163] 1890 wurde ein Pensionsfonds eingerichtet, der den Lehrenden zwar eine finanzielle Absicherung im Alter gewährleistete; allerdings unterlagen die Bezüge rigiden Auflagen, darunter das Verbot, eine eigene Musikschule in Salzburg zu errichten oder an einer solchen Einrichtung ohne Zustimmung des Mozarteums zu unterrichten.[164]

Von den 97 Lehrkräften, die bis 1900 am Mozarteum unterrichteten, waren allein acht weiblich: Dies waren im Fach Gesang Therese Bach-Marschner geb. Janda, Anna Ott, Marianne Meingast und Marie Stanek-Hrimaly. Letztere unterrichtete auch Klavier. Ihre Fachkolleginnen waren Michaela Gstöttner, Wilhelmine Katholnigg, Rosa Morgenstätter und Mathilde Seefeldner. Vor 1880 waren allein Gesangslehrerinnen angestellt, erst ab 1881 wurden auch in der Klavierabteilung Frauen ins Kollegium aufgenommen. In die weiteren Instrumentalabteilungen fanden Lehrerinnen bis 1900 keinen Zugang.

Studieninhalte

In den ersten Jahrzehnten gab es nur wenige Regelungen zu den Studieninhalten. Gelegentlich werden aber Gepflogenheiten nachvollziehbar. So wurde in der Gesangsabteilung um 1846 vor allem nach der Gesangschule von Christian Gottfried Nehrlich[165] gelehrt. Daneben, so wird es im Jahresbericht 1847 formuliert, nutzten die Lehrer aber „auch ihre eigenen Erfahrungen und Lehrmethoden, wie auch jener anderer ausgezeichneter Musiklehrer, deren Schriften, Schulen und Uebungsstücke in der Vereins-Bibliothek zu finden sind"[166].

Erst 1875 wurden mit der Herausgabe von Lehrplänen[167] Studieninhalte verbindlich vorgegeben, abseits vom Violinunterricht aber weiterhin nur wenige Literaturvorgaben gemacht. Ab 1876 wurde hier für den Anfangsunterricht die *Elementar-Violinschule* des Mozarteumslehrers Alois Walter empfohlen, anschließend dann die richtungsweisende *Méthode de Violon* (Paris 1803) von Pierre Rode, Rodolphe Kreutzer und Giovanni Battista Viotti sowie Etüden von Jean-Delphin Alard, außerdem Capricen von Federigo Fiorillo. Daneben wurde auf die Lehrmaterialien des Pariser und Prager Konservatoriums als Orientierung für die Fachlehrer:innen verwiesen. Im Fach Klavier wurden zudem die Schulen von Carl Czerny und Johann Baptist Cramer aufgeführt, für Violoncello die Schule von Franz Grützmacher sowie Übungen von Johann Dürrner.

In den folgenden Jahren wurden die Curricula detaillierter. Ab 1877 war für das einfache Waldhorn die Schule von Richard Hofmann und für das Ventilhorn jene von Adolf Lindner, einem Lehrer des Leipziger Konservatoriums, vorgegeben. 1878 wurden für die Mädchengesangschule die Schule von Albin Kosch und (Kinder-)Lieder von Franz Hammer empfohlen, außerdem Solfeggien von Giuseppe Concone und Lieder von Carl Reinecke, Franz Abt, Laurenz Weiß und Heinrich Schnaubelt. Im Unterricht der Knabengesangschule sollte die auch im allgemeinbildenden Schulunterricht verwendete Renner'sche Gesangs-Wandtafel zum Einsatz kommen und hieran elementare Musiklehre vermittelt werden; außerdem wurde die Pfarrgesangschule des Kirchenmusikers Johann Evangelist Habert empfohlen. Erstmals finden sich auch Literaturangaben für die weiteren Fächer der Blasinstrumentenabteilung. Wenngleich weiterhin empfohlen wurde, den Anfangsunterricht, namentlich die Entwicklung und Ausbildung der Technik, individuell auf die Schüler abzustimmen, wurden für den Oboenunterricht die Schule von dem Mozarteumslehrer Josef Sellner, Capricen von Carl Braun, Duette von Joseph-François Garnier sowie Übungen von Franz Jelinek genannt. Elementarer Flötenunterricht sollte sich an den Schulen von Georg Bayer und Johann Georg Wunderlich (nach Antoine Hugot) orientieren, fortgeschrittene Schüler daneben Soli und Übungen von Anton Bernhard Fürstenau, Josef Böhm, Drueth, Charles Keller und anderen spielen. Für Klarinette sind in diesem Lehrplan die Schulen und Etüden von Heinrich Joseph Baermann, Ernesto Cavallini und Spadenka benannt.

Nach der Wiedereröffnung des Mozarteums unter der Leitung der Internationalen Mozartstiftung wurden die Lehrpläne differenzierter. Das betrifft nicht nur die Untergliederung der Curricula in bis zu sechs Klassen pro Fach, sondern auch die Erweiterung der genannten Literaturvorschläge. Dabei wurden sowohl bewährte Materialien – wie die Übungen von Concone für den Gesangsunterricht oder die Etüden und Sonaten von Cramer und Czerny im Klavierunterricht – beibehalten als auch neue bzw. einschlägige Literatur – wie die Gesangschulen von Mathilde Marchesi und Pauline Viardot-Garcia, die Kreutzer-Etüden für den Violinunterricht etc. – empfohlen. Auffällig sind davon abgesehen weitreichende Überschneidungen mit den Curricula des Wiener Konservatoriums.[168]

Fazit

In den ersten vier Jahrzehnten seines Bestehens zeichnete sich die Musikschule unter der Trägerschaft vom Dommusikverein und Mozarteum in erster Linie durch ihre kirchenmusikalische Ausrichtung aus und war in ihrem Wirken unmittelbar auf die Ziele und die Arbeit des Vereins bezogen. Die personelle Kontinuität zwischen dem Personal der Dommusikkapelle und dem Kollegium des Mozarteums sowie die Beteiligung von Schüler:innen bei Vereinskonzerten sind Kennzeichen dieser engen Rückbindung.

Eine weitere Säule des Vereins war die Beförderung des Mozartkults. Der Bezug auf den gebürtigen Salzburger Komponisten besaß dabei nicht allein vereinsintern identitätsstiftende Bedeutung, sondern fiel zusammen mit den kulturpolitischen Bemühungen der Stadt Salzburg, selbige als Mozartstadt zu etablieren.

Eng mit beiden Aspekten verbunden ist auch die regionale Verhaftung des Ausbildungsinstituts. Oberstes Ziel war die Ausbildung von Nachwuchs für die Kirchenmusik des Dommusikvereins sowie das weitere Salzburger Konzertleben. Ausweis hiervon ist die Mitwirkung von Schüler:innen bei Vereinskonzerten sowie die Berufsperspektive für Absolvent:innen der Musikschule auf eine Anstellung in der Dommusikkapelle bzw. dem Kollegium der Lehranstalt. Auch die Einrichtung einer Übungsanstalt (1861), in der das Zusammenwirken der Mozarteumsschüler:innen befördert wurde, zielt in eben diese Richtung.

Demgegenüber hatte die Internationale Mozartstiftung bei der Übernahme im Jahr 1880 die Reorganisation des Ausbildungsinstituts in Richtung eines Konservatoriums vor Augen, die sich allerdings nicht so unmittelbar umsetzen ließ, wie es etwa in den Verordnungen der Stiftung ebenso wie in der zeitgenössischen Berichterstattung suggeriert wurde. Hemmnisse des Vorhabens waren vornehmlich die finanziellen Verhältnisse, die ausgeprägte regionale Verhaftung des Ausbildungsinstituts sowie die Schwierigkeit, Schüler:innen bzw. Studierende für ein Vollstudium zu gewinnen – im Regelfall wurde das Mozarteum weiterhin ergänzend zur (weiterführenden) Schule besucht und damit weit weniger Berufsmusiker:innen ausgebildet, als dies etwa an den weiteren Konservatorien des deutschsprachigen Raums dieser Zeit der Fall war.

Dennoch wurden unter der Trägerschaft der Internationalen Mozartstiftung, namentlich mit dem Ausbau des Studienangebots und der detaillierteren Ausdifferenzierung verschiedener Leistungsstufen, die entscheidenden Weichenstellungen für die nominelle Umwandlung des Mozarteums in ein Konservatorium (1914) geschaffen. Langfristig wirkten auch die städtischen Initiativen zur Etablierung als Musikstadt begünstigend auf die Entwicklung des Ausbildungsinstituts, indem hierdurch die Attraktivität der Stadt als musikalischer Ausbildungsstandort befördert wurde.

Literatur

Angermüller, Rudolph: Die Bedeutung der Internationalen Stiftung Mozarteum Salzburg für das Salzburger Kulturleben bis zum Ersten Weltkrieg. In: Bürgerliche Musikkultur im 19. Jahrhundert in Salzburg. Ein Symposium aus Anlaß des hundertjährigen Gründungstages der Internationalen Stiftung Mozarteum Salzburg, Salzburg 20. September 1980, Mozarteum, Wiener Saal, Salzburg 1981, S. 58–92.

[Angermüller, Rudolph]: Hundert Jahre Internationale Stiftung Mozarteum Salzburg 1880–1980. Eine Chronik, zusammengestellt von Rudolph Angermüller (bis 1926) u. Géza Rech, Kassel [u. a.] 1980.

Anonym: Neues von Salzburg. In: Wiener Zeitung 12. Nov. 1847, S. 4.

Anonym: Korrespondenz Salzburg. In: Deutsche Musik-Zeitung 3. Mai 1862, S. 142.

Anonym: Salzburger Musikreminiscenzen. In: Leipziger Zeitung 29. Aug. 1867, NP.

Anonym: Die gesellschaftlichen musikalischen Zustände in unserer Stadt. In: Salzburger Volksblatt 7. Mai 1873, S. 2.

Anonym: Die Erklärung des angeblichen (!) Mozarteums-Comité's. In: Salzburger Volksblatt 15. Mai 1873, S. 3.

Anonym: Comité des Dommusikvereines und Mozarteum. Erklärung. In: Salzburger Zeitung 9. Mai 1873, S. 3–4.

Anonym: Das verjüngte Mozarteum. In: Salzburger Volksblatt 23. September 1880, S. 1.

Anonym: Vom Mozarteum. In: Salzburger Volksblatt 28. Dezember 1880, S. 3–4.

Anonym: Mozarteum. In: Salzburger Volksblatt 17. Februar 1880, S. 2.

Anonym: Die Musikschule des Mozarteums. In: Salzburger Volksblatt 16. Juli 1881, S. 1–3.

Anonym: Die Musikschule Mozarteum. In: Salzburger Volksblatt 15. Juli 1882, S. 1–2.

Anonym: Hans Schläger. In: Salzburger Volksblatt 18. Mai 1885, S. 2.

Anonym: Aus Salzburg. In: Der Humorist 1. November 1887.

Anonym: Direktor Hummels Abschiedsfeier im Mozarteum. In: Salzburger Volksblatt 17. Oktober 1908, S. 17.

Anonym: Vom Mozarteum. In: Salzburger Volksblatt 26. Juni 1913, S. 5–6.

Anonym: Mozarteum. In: Salzburger Chronik 11. Juli 1915, S. 5.

Aufrufe zur Gründung der Internationalen Mozartstiftung 1871, 1872, 1873 (deutsch, englisch, französisch), Mozart-Archiv Box A II 4: Chronik Internationale Mozartstiftung 1870–1880. Aufrufe, Statuten.

Babbe, Annkatrin: Das Konservatorium der Gesellschaft der Musikfreunde in Wien (1817). In: Hoffmann, Freia (Hrsg.): Handbuch Konservatorien. Institutionelle Musikausbildung im deutschsprachigen Raum des 19. Jahrhunderts, 3 Bde., Bd. 1, Lilienthal 2021, S. 101–164.

Babbe, Annkatrin / Timmermann, Volker (2021): Konservatoriumsausbildung von 1795 bis 1945 – Vorwort. In: Dies. (Hrsg.): Konservatoriumsausbildung von 1795 bis 1945. Beiträge zur Bremer Tagung im Februar 2019, Hildesheim 2021 (Schriftenreihe des Sophie Drinker Instituts 17), S. 7–9.

Dienstes-Instruktionen für die Angestellten des Dom-Musik-Vereines und des damit verbundenen Mozarteums zu Salzburg, Salzburg 1880, Erzdiözese Salzburg Archiv, Signatur: AT-AES 1.2.AXd.779.

Dienstinstruktion für den Ausschussdirektor, 1846, Erzdiözese Salzburg Archiv, Signatur: AT-AES 1.2.AXd.578.

Dienstverträge Dommusikverein, Erzdiözese Salzburg Archiv, Signatur: AT-AES 1.2.AXd.578.

Dommusikverein Personalakten für Musiker und Lehrer (1840), 1841–1867, Erzdiözese Salzburg Archiv, Signatur: AT-AES 1.2.AXd.484 494.

Dopsch, Heinz / Hoffmann, Robert: Salzburg. Die Geschichte einer Stadt, Salzburg ^{2}2008.

Engl, Joh.[ann] Ev.[angelist] (1872): Gedenkbuch der Salzburger Liedertafel zum fünfundzwanzigjährigen Stiftungs-Feste am 22. November 1872, Salzburg 1872.

Engl, Johann Evangelist: Das II. Salzburger Musikfest. Aus Anlass dieses Festes verfasst, Salzburg 1879.

Entwurf/Entwürfe der Statuten für die internationale Mozartstiftung, 1870, Mozart-Archiv, Box A I 1: Chronik Dom-Musik-Verein und Mozarteum 1840–1880.

Erster Jahresbericht, vorgetragen bei der Plenarversammlung des Dom-Musik-Vereines und Mozarteums zu Salzburg, Salzburg 1843.

Fend, Michael / Noiray, Michel (Hrsg.): Musical Education in Europe (1770–1914). Compositional, Institutional and Political Challenges, Berlin 2005 (Musical Life in Europe 1600–1900. Circulation, Institutions, Representation 4), 2 Bde., Bd. 1.

Geschäftsordnung für den Ausschuß der internationalen Stiftung: „Mozarteum" in Salzburg, Salzburg 1900, Bibliotheca Mozartiana Salzburg, ohne Signatur.

Haas, Hanns: Salzburger Vereinskultur im Hochliberalismus (1860–1870). In: Ders. (Hrsg.): Salzburg zur Gründerzeit, Salzburg o. J. (Salzburg Archiv 17), S. 79–114.

Hammerle, Ingeborg: Geschichte des Mozarteums. Von der Gründung der Musikschule (1841) bis zum Amtsantritt Direktor Bernhard Paumgartners, unveröffentlichte Hausarbeit, Salzburg 1979.

Hilleprandt, Franz Edler von: Der Dom-Musik-Verein und das Mozarteum zu Salzburg (Plenarversammlung vom 22. April 1867). (Fortsetzung). In: Salzburger Zeitung 95 (26. April 1867), S. 1–2.

Hinterberger, Julia (2017a): Vorwort. In: Dies. (Hrsg.): Von der Musikschule zum Konservatorium. Das Mozarteum 1841–1922, Wien 2017 (Veröffentlichungen des Arbeitsschwerpunktes Salzburger Musikgeschichte 4. Geschichte der Universität Mozarteum Salzburg 1; zugleich Veröffentlichungen zur Geschichte der Universität Mozarteum Salzburg 10), S. 10–12.

Hinterberger, Julia (2017b): „An diesen Namen knüpft sich nun aber auch alle Localteiltelkeit der Salzburger". Das Mozarteum im Spiegel der Salzburger Musikkultur des 19. und frühen 20. Jahrhunderts. In: Dies. (Hrsg.): Von der Musikschule zum Konservatorium. Das Mozarteum 1841–1922, Wien 2017 (Veröffentlichungen des Arbeitsschwerpunktes Salzburger Musikgeschichte 4. Geschichte der Universität Mozarteum Salzburg 1; zugleich Veröffentlichungen zur Geschichte der Universität Mozarteum Salzburg 10).

Hintermaier, Ernst: Die Trennung von ‚Dommusikverein und Mozarteum' am 1. Jänner 1881. In: Bürgerliche Musikkultur im 19. Jahrhundert in Salzburg. Ein Symposium aus Anlaß des hundertjährigen Gründungstages der Internationalen Stiftung Mozarteum Salzburg, Salzburg 20. September 1980, Mozarteum, Wiener Saal, Salzburg 1981, S. 53–57.

Hintermaier, Ernst: Dommusikverein und Mozarteum. In: Mozart-Jahrbuch 1980–83, Kassel 1983, S. 170–175.

Hoffmann, Robert: Gesellschaft, Politik und Kultur in der Stadt Salzburg in der ersten Hälfte des 19. Jahrhunderts. In: Bürgerliche Musikkultur im 19. Jahrhundert in Salzburg. Ein Symposium aus Anlaß des hundertjährigen Gründungstages der Internationalen Stiftung Mozarteum Salzburg, Salzburg 20. September 1980, Mozarteum, Wiener Saal, Salzburg 1981, S. 9–30.

Hummel, Walter: Marksteine der Geschichte der Internationalen Stiftung Mozarteum in Salzburg und vierzigster Jahresbericht (über die Jahre 1918–1935), Salzburg 1936.

Jahresberichte über die öffentliche Musik-Schule der Internationalen Stiftung „Mozarteum" in Salzburg 1880/81–1910/11, Kunst-ARCHIV-Raum.

Jahresbezüge Lehrende 1881, Mozart-Archiv, Box A II 1: Chronik Internationale Mozartstiftung 1870–1880; 1868–1873.

Kataloge der Schüler und Schülerinnen des Mozarteums, Erzdiözese Salzburg Archiv, Signatur: I.2.AXd.175–200.

Kunt, Carl (1844): Das Festconcert in Salzburg, gegeben von dem ‚Dom-Musikvereine und Mozarteum' zur Erinnerung an die Errichtung des Mozartdenkmales. In: Wiener Zeitschrift für Kunst, Literatur, Theater und Mode, Nr. 204 (11.10.1844), S. 1629–1631 und Nr. 205 (12.10.1844), S. 1636–1638.

Malkiewicz, Michael: In guten und in schlechten Zeiten. Stiftung und Ausbildungsstätte Mozarteum 1880–1922. In: Hinterberger, Julia (Hrsg.): Von der Musikschule zum Konservatorium. Das Mozarteum 1841–1922, Wien 2017 (Veröffentlichungen des Arbeitsschwerpunktes Salzburger Musikgeschichte 4. Geschichte der Universität Mozarteum Salzburg 1; zugleich Veröffentlichungen zur Geschichte der Universität Mozarteum Salzburg 10), S. 139–173.

Mielichhofer, Ludwig: Briefe aus Salzburg. In: Allgemeine Wiener Musik-Zeitung 37 (26. März 1842), S. 150–151.

Mozarteum Lehranstalt Akten, Erzdiözese Salzburg Archiv, Signatur: AT-AES 1.2.AXd.669, AT-AES 1.2.AXd.670, AT-AES 1.2.AXd.671.

Mozarteum Personalakten, Erzdiözese Salzburg Archiv, Signatur: AT-AES 1.2.AXd.577.

Neumayr, Eva: Geschichte und Aufbau der Sammlung. In: Dies. (Hrsg.): Der „Mozart-Nachlass". Musikalien aus dem Besitz der Söhne W. A. Mozarts in Salzburg, Stuttgart 2017 (Beiträge zur Mozart—Dokumentation 3/ Schriftenreihe des Archivs der Erzdiözese Salzburg 25), S. 3–26.

Neumayr, Eva: „. . . den Unterricht im Mozarteum auch auf das weibliche Geschlecht . . . auszudehnen . . .". Frauen am Mozarteum 1841–1922. In: Hinterberger, Julia (Hrsg.): Von der Musikschule zum Konservatorium. Das Mozarteum 1841–1922, Wien 2017 (Veröffentlichungen des Arbeitsschwerpunktes Salzburger Musikgeschichte 4 / zugleich Veröffentlichungen zur Geschichte der Universität Mozarteum Salzburg 1), S. 212–237.

Oeffentliche Musikschule der Internationalen Stiftung: Mozarteum. Eröffnet am 1. Oktober 1880. Lehrstoff, Salzburg o. J. [original], Bibliotheca Mozartiana Salzburg, Signatur: B2.400.

[Paumgartner, Bernhard]: J. F. Hummel. Gedächtnisrede, gehalten von Dr. Bernhard Paumgartner am 30. Mai 1920, anläßlich der ‚Hummel-Gedenkfeier' des Mozarteums. In: Salzburger Volksblatt 2. Juni 1920, S 3.

Pellegrini, Gisela: Joseph Friedrich Hummel. Der erste Direktor der öffentlichen Musikschule Mozarteum in Salzburg. Zu seinem zwanzigjährigen Todestag am 29. August 1939, Salzburg 1993.

Peterl, Andreas: „mulier cantat in ecclesia?" frauen in der kirchenmusik im spannungsfeld von ideologie, klischee und konventionen. In: Ellmeier, Andrea / Huebener, Birgit / Ingrisch, Doris (Hg.): spiel|mach|t|raum. frauen* an der mdw 1817–2017plus, https://www.mdw.ac.at/spielmachtraum/artikel/mulier-cantat-in-ecclesia (17.02.2020).

Promemoria über einen Prüfungsbericht über das Mozarteum im Jahre 97, Kunst-ARCHIV-Raum, ohne Signatur.

Prucher, Susanne: Musikschule / Konservatorium Mozarteum 1841–1922. Strukturen und Wirkungsfelder. In: Hinterberger, Julia (Hrsg.): Von der Musikschule zum Konservatorium. Das Mozarteum 1841–1922, Wien 2017 (Veröffentlichungen des Arbeitsschwerpunktes Salzburger Musikgeschichte 4 / zugleich Veröffentlichungen zur Geschichte der Universität Mozarteum Salzburg 1), S. 174–211.

Ramsauer, Gabriele: Von der Idee zur Tat. In: Internationale Stiftung Mozarteum (Hrsg.): Mozarteum. Das Erste Haus für Mozart, Salzburg 2015, S. 9–24.

Rechenauer, Robert: Das Mozarteum Salzburg. Wandel eines Ortes, Salzburg – Wien 2015.

Reininghaus, Till: Der Dommusikverein und Mozarteum in Salzburg und die Mozart-Familie. Die Geschichte einer musikalischen Institution in den Jahren 1841 bis 1860 vor dem Hintergrund der Mozart-Pflege und der Sammlung von Mozartiana, Stuttgart 2018 (Beiträge zur Mozart-Dokumentation 2).

Sangl, Carina: Bürgerliche Musikkultur, ,Dommusikverein' und Mozartkult. In: Stenzl, Jürg [u. a.] (Hrsg.): Salzburger Musikgeschichte. Vom Mittelalter bis ins 21. Jahrhundert, München 2005, S. 424–435.

Schröcksnadel, Joseph: Salzburgs musikalische Botschafter. Das Mozarteums-Orchester, mit einem Nachwort von Herbert Moritz, Salzburg 1984.

Schüler-Verzeichniss der öffentlichen Musikschule [...] in Salzburg 1884/85–1898/99, Bibliotheca Mozartiana Salzburg, Signatur: B1 Schü 200 HB-A.

Schul-Statut für die öffentliche Musikschule „Mozarteum" wodurch die Dienstverhältnisse, Pflichten und Rechte der Lehrpersonen geregelt werden, Salzburg 1906, Bibliotheca Mozartiana Salzburg, ohne Signatur.

Schwob, Rainer J.: Salzburg auf dem Weg zur Mozartstadt. Zur Mozart-Rezeption in der ersten Hälfte des 19. Jahrhunderts. In: Šedivý, Dominik (Hrsg.): Salzburgs Musikgeschichte im Zeichen des Provinzialismus? Die ersten Jahrzehnte des 19. Jahrhunderts, Wien 2014 (Veröffentlichungen der Forschungsplattform „Salzburger Musikgeschichte" 2), S. 346–369.

Sitzungsprotokolle: Plenarsitzungen, Erzdiözese Salzburg Archiv, Signatur: AT-AES 1.2.AXd.422–433.

Spatenka, Franz: Salzburg im Revolutionsjahr 1848, Salzburg 1991 (Salzburg Archiv 11).

Statistik der Vereine und religiösen Genossenschaften der Stadt Salzburg. In: Der große illustrierte Salzburger Schreib-Kalender 1881, Salzburg [1881], S. 53–56.

Statuten der Gesellschaft der Musikfreunde des österreichischen Kaiserstaates, Wien 1814, zit. nach Eusebius Mandyczewski, Zusatz-Band zur Geschichte der K. K. Gesellschaft der Musikfreunde in Wien, Wien 1912, S. 189–196.

Statuten des Dom-Musik-Vereines zu Salzburg, Salzburg 1841, Bibliotheca Mozartiana Salzburg, Signatur: D2 Moz 38420.

Statuten des Dom-Musik-Vereines und des von demselben gegründeten Mozarteums zu Salzburg, Salzburg 1861.

Statuten des Museums, 1810, zit. nach Weidenholzer, Thomas: Bürgerliche Geselligkeit und Formen der Öffentlichkeit in Salzburg 1780–1820. In: Hoffmann, Robert (Hrsg.): Bürger zwischen Tradition und Modernität, Wien – Köln – Weimar 1997 (Bürgertum in der Habsburgermonarchie 6), S. 53–82.

Statuten des Vereines: „Internationale Stiftung: Mozarteum", Salzburg 1880, Mozart-Archiv, Box A III 1: Chronik Internationale Stiftung Mozarteum Salzburg 1880–1884.

Statuten des Vereines Internationale Stiftung „Mozarteum", Salzburg 1907, Bibliotheca Mozartiana Salzburg, ohne Signatur.

Statuten des Vereines zur Gründung einer „internationalen Mozart-Stiftung", Wien 1872, Mozart-Archiv, Box A II 4: Chronik Internationale Mozartstiftung 1870–1880. Aufrufe, Statuten.

Statut für die öffentliche Musikschule Mozarteum wodurch die Dienstverhältnisse, Pflichten und Rechte der Lehrpersonen geregelt werden, Mozart-Archiv Box A III 1: Chronik Internationale Stiftung Mozarteum Salzburg 1880–1884.

[Sterneck, Carl]: Feuilleton. Projekt zur Gründung eines Mozarteum-Fonds-Komitee's. In: Der Grenzbote 16. Mai 1869, S. 153–156.

Stiftungs-Urkunden und -Verträge, Erzdiözese Salzburg Archiv, Signatur: AT-AES 1.2.AXd.547.

Stiftungsurkunden 1836, Mozart-Archiv, Box A I 1: Chronik Dom-Musik-Verein und Mozarteum 1840–1880.

Tiebert, Ilse / Kunst-ARCHIV-Raum Mozarteum : Departments, Abteilungen, Institute. Historische

Aspekte der Universität Mozarteum, 2. Auflage, 2019, http://www.uni-mozarteum.at/files/pdf/dok/geschichte_der_departments.pdf (21.08.2019).

Übergabs- beziehungsweise Übernahmsvertrag, Mozart-Archiv, Box A III 1: Chronik Internationale Stiftung Mozarteum Salzburg 1880–1884.

Unterlagen aus dem Archiv der Internationalen Stiftung ISM 1872–1947, Kopien von Karl Wagner, Kunst-ARCHIV-Raum, ohne Signatur.

Valentin, Erich: Mozarteumsbüchlein, Regensburg 1941 (Von Deutscher Musik 67).

Wagner, Karl: Das Salzburger Bürgertum und dessen Musik- und Mozart-Pflege in der ersten Hälfte des 19. Jahrhunderts. In: Bürgerliche Musikkultur im 19. Jahrhundert in Salzburg. Ein Symposium aus Anlaß des hundertjährigen Gründungstages der Internationalen Stiftung Mozarteum Salzburg, Salzburg 20. September 1980, Mozarteum, Wiener Saal, Salzburg 1981, S. 31–43.

Wagner, Karl: Das Mozarteum. Geschichte und Entwicklung einer kulturellen Institution, Innsbruck 1993 (Hochschuldokumentationen Mozarteum Salzburg).

Wagner, Karl: Gedanken zur Geschichte des Mozarteums [anlässlich der Feierlichen Verleihung der Ehrenmedaille der Universität Mozarteum im März 2010], http://www.moz.ac.at/files/pdf/uni/geschichte.pdf (10.03.2020).

Zusatz zu den Dienstverträgen, beschlossen am 7. Februar 1899, Mozart Archiv, Box A III 4: Chronik Internationale Stiftung Mozarteum Salzburg 1897–1901.

Anhang

Jahr[169]	Studierendenzahl	Gsg.	Kl.	V.	Va.	Vc.	Kb.	Fl.[170]	Ob.	Klar.
1843[172]	100	35 (1.Kl.) 14 (3. Kl.)	23[173]	24		1			1	1
1875[175]		56 w 14 m	9 m	4 w 32 m				1 m	2 m	4 m
1876		35 m 16 w	9 m	36 m 4 w		4 m		3 m	1 m	3 m
1877	96 m 36 w	42 m[176] 30 w	4 m	38 m 6 w		2 m		2 m	2 m	4 m
1878	107 m 36 w	60 m 31 w	8 ?	39 m 5 w		1 m		1 m	2 m	3 m
1880/81	142	-	54	43		4	-	177		
1881/82	235	26	99	50		5				
1882/83 (12/1883)	257 281	37 43	91 93	59 61		8 9	4 4			
1883/84	341	45	95	72		7	4	8	2	7
1884/85		32	99	83		9	3	9	4	6
1885/86		33	109	85		6	7	6	4	5
1886/87		18	117	98		7	5	5	3	8
1887/88		15	107	110	2	9	4	8	1	4

Fg.	Trp.	Pos.	Hrn.	Org.	Generalb.	Musiklehre (Theorie)[171]	Harmonielehre	Kp und Kompos.	Chorgesang	Kp.	Komp.
			[174] 1	(23)	(23)						
				2 m							
				1 m (Waldhorn)							
						3	6	1	31		
						4	4	1	46		
	1		5 (Waldhorn)			5 8	3 4	-	S: 44, A: 47, m: 2		
3	4	3	7 (Waldhorn)	3		4	6		S, A: 48, m: 23		
3	9	1	3 (Waldhorn)	2		2	14		S, A: 80; T, B: 6	-	-
2	6	2	8 (Waldhorn)	6		9	6		S, A: 117, T, B: 13	4	-
3	5	1	7 (Waldhorn)	7		1	9	3	S, A: 126, T, B: 4		
1	3	1	4 (Waldhorn)	6		Die Chorschüler (118)	5	5	S, A: 116, T, B: 2		

Tabelle: Fächerbelegung.

1888/89		10	114	108		8	5	7	2	5
1889/90		21	134	138		8	5	8	3	5
1890/91		23	142	134		8	3	6	3	8
1891/92		14	138	119	1	7	3	7	2	6
1892/93		15	131	108	2	7	4	5	3	6
1893/94		18	133	108	1	6	3	5	2	5
1894/95		14	121	108	1	5	7	10	3	4
1895/96		19	124	107	-	4	4	7	4	5
1896/97		17	124	113		3	4	7	4	6
1897/98		16	124	116		3	4	5	5	5
1898/99		10	126	118		6	2	9	2	3
1899/1900		6	125	115		7	2	4	-	4

1	7	1	4 (Waldhorn)	10	3 + Chorschüler (131)	9	S, A: 126; T, B: 5	2
1	4	1	4 (Waldhorn)	14	11 + Chorschüler (111)	9	S, A: 111, T, B: -	
2	4	1	4 (Waldhorn)	15	2 + Chorschüler (107)		S, A: 107; T, B: -	
2	2	1	4 (Waldhorn)	17	40[178]	5	S, A: 88	
3	2	1	4 (Waldhorn)	15	13	2	S, A: 96	
2	2	1	5 (Waldhorn)	15	31[179]	15	S, A: 101	3
2	3	3	2 (Waldhorn)	15	58 (wie 93/94)	14	S, A: 99	2
2	3	4	2 (Waldhorn)	11	36 (wie zuvor)	14	88	1
2	4	2	8 (Waldhorn)	13	17[180]	12	96	1
3	5	1	6 (Waldhorn)	12	17[181]	5	100	2
2	4	2	4 (Waldhorn)	10	13	13	69	2
2	4	2	2 (Waldhorn)	6		14	67	2

Tabelle: Fächerbelegung.

Für die hilfreichen Anmerkungen zu diesem Beitrag danke ich Eva Neumayr sehr herzlich.

Endnoten

1 Fend / Noiray 2005, S. 1.
2 Siehe auch *Babbe / Timmermann* 2021, S. 7.
3 Die Post, 10.11.1900.
4 In den Gründungsstatuten bezeichnete sich der Verein nur als „Dom-Musikverein" – als „Mozarteum" war zunächst allein die hier angegliederte Lehranstalt benannt (siehe Statut 1841, §. 1, S. 3 u. §. 3, S. 4). Später wurde der Zusatz auch in den Vereinsnamen integriert und vermehrt die erweiterte Namensform „Dommusikverein und Mozarteum" verwendet. Retrospektiv wurde in der Namensgebung das Bemühen um die Mozartpflege oder, wie es im Jahresbericht 1879 heißt, die Bewahrung des „intellektuelle[n] Denkmal Mozarts" (Jahresbericht 1879, S. 4) gesehen. Letzteres sahen auch Zeitgenossen im Mozarteum verankert: „Salzburg hat dem großen Wolfgang Amadäus eine schöne Denksäule aus Metall gesetzt; auch sie wird der Zeit unterliegen und verwittern. Allein eine schönere und bleibendere errichtete es ihm im Geiste durch das Mozarteum" (*Kunt* 1844 II, S. 1638). Dass im Laufe der Zeit auch allgemein vom „Mozarteum", von dem Orchester des „Mozarteums" (statt Orchester des Dommusikvereins) und den „Mozarteums"-Konzerten die Rede ist, bildet die Strahlkraft des Namens ab. Gleichwohl waren Dommusikverein und Mozarteum als *ein* Verein konstituiert und die Zusammengehörigkeit in den ersten Jahrzehnten im Vereinsnamen manifestiert, weshalb er auch im vorliegenden Beitrag mit diesem Titel genannt wird. Zur Diskussion der Namensform siehe auch *Wagner* 1993, S. 38–40, und *Reininghaus* 2018, S. 70, 88.
5 *Reininghaus* 2018, S. 59.
6 Siehe Sitzungsprotokoll Dommusikverein und Mozarteum, 22. Juni 1840, Erzdiözese Salzburg Archiv, Signatur: AT-AES 1.2.AXd.422.
7 In ihren Grundzügen wurden die Verordnungen von 1841 bis zur Übernahme des Ausbildungsinstituts durch die Internationale Mozartstiftung im Jahr 1880 aufrechterhalten. 1855 wurde eine Neufassung der Statuten erarbeitet, die jedoch keine grundlegenden Änderungen mit sich brachte. Gleiches gilt für die Statuten von 1861.
8 Siehe *Reininghaus* 2018, S. 68.
9 In den Statuen heißt es: „Der Zweck derselben ist Emporbringung der Musik in allen ihren Zweigen, insbesondere der Kirchenmusik zu Salzburg" (Statut 1841, §. 2., S. 3). Auffällig ist die terminologische Nähe zu den Gründungsstatuten der Gesellschaft der Musikfreunde in Wien aus dem Jahr 1814, die hier festhalten: „Die Emporbringung der Musik in allen ihren Zweigen ist der Hauptzweck der Gesellschaft; der Selbstbetrieb und Selbstgenuß derselben sind nur untergeordnete Zwecke" (Statuten der Gesellschaft der Musikfreunde des österreichischen Kaiserstaates Wien 1814, S. 189).
10 Jahresbericht 1845, S. 10.
11 *Hinterberger* 2017b, S. 19.
12 Siehe ebd., S. 29.
13 Jahresbericht 1879, S. 5.
14 Siehe Jahresbericht 1846, S. 14.
15 Siehe Statut 1841, §. 66, S. 25.
16 Siehe Jahresbericht 1843, S. 48, Jahresbericht 1845, S. 8.
17 Jahresbericht 1879, S. 4.
18 Statut 1841, § 73, S. 27.
19 Siehe ebd., § 72, S. 27. Für das Studium von Blasinstrumenten musste ein ärztliches Attest über die physische Eignung vorgelegt werden. Siehe ebd., § 92, S. 34. In dieser Aufgliederung in eine vorbereitende Singschule und weiterführende Instrumental- bzw. Gesangsklassen offenbaren sich weitere Parallelen zum Wiener Konservatorium. Siehe *Babbe* 2021, S. 119–120.
20 Als Präparanden wurden jene Studierenden bezeichnet, die sich auf das Lehramt an (all-gemeinbildenden) Schulen vorbereiteten.

21 Siehe Jahresbericht 1843.

22 „§. 70. In der ersten Klasse werden die Anfangsgründe der Musik überhaupt und des Singens insbesonders, als da sind, die Kenntniß der Noten, der Schlüßel, der Takteintheilung, sowohl theoretisch als auch praktisch, täglich in einer Stunde gelehrt, und leichte Gesangstücke mit den Schülern geübt. §. 72. In der zweiten Klasse werden schwierigere Gesangstücke aus allen Zweigen der edlen Musik ebenfalls täglich durch eine Stunde eingeübt. Hier wird auch der Choralgesang und die hierzu erforderlichen theoretischen Begriffe wochentlich in einer Stunde gelehrt." (Statut 1841, S. 27).

23 Siehe ebd., § 85. S. 30; siehe auch Statut 1861, § 67, S. 19.

24 Statut 1861, § 72, S. 20.

25 Ebd.

26 *Wagner* 1993, S. 65.

27 Siehe etwa Jahresbericht 1867, S. 11.

28 *Wagner* 1993, S. 67

29 Ebd., S. 68.

30 *Hinterberger* 2017b, S. 22.

31 Zit. nach *Malkiewicz* 2017, S. 170.

32 Siehe *Hinterberger* 2017b, S. 52, 55.

33 Siehe Jahresbericht 1881a, S. 7.

34 Jahresbericht 1882, S. 3.

35 Siehe etwa *Wagner* 1993, S. 105.

36 Salzburger Volksblatt, 23. September 1880, S. 1.

37 Statuten des Vereins: „Internationale Stiftung: Mozarteum" 1880. Hier ist indes die breitere Aufstellung des Trägervereins gegenüber dem Dommusikverein und Mozarteum zu erkennen. So sieht die Stiftung ihre Aufgaben nun ganz allgemein in der „Pflege und Förderung der Tonkunst und des Mozartcults" (§ II, NP). Entsprechend breit sind die Zielvorgaben formuliert. Neben dem Erhalt eines Ausbildungsinstituts fallen darunter auch die Aufführung von Musik, die Auszeichnung zeitgenössischer Kompositionen, die finanzielle Förderung von Künstlern, die Beförderung des Mozartkultes und insgesamt: „die Consolidirung aller musikalischen Interessen der Stadt Salzburg" (§. III).

38 Joseph Friedrich Hummel hatte noch vor Amtsantritt im Oktober 1881 einen Lehrplan entworfen, den das „Salzburger Volksblatt" im September 1880 vorzeitig bekannt gab; siehe Salzburger Volksblatt, 23. September 1880, S. 1.

39 Jahresbericht 1886, S. 9–10.

40 Siehe Jahresbericht 1884, S. 3.

41 *Wagner* 1993, S. 109.

42 Ebd.

43 Ebd.

44 Siehe Jahresbericht 1882, S. 5.

45 Jahresbericht 1884, S. 4.

46 Dazu war auch im Jahresbericht 1889 zu lesen: „So besuchen, um nur Eines zu erwähnen, 82 % der Gesammtschülerzahl erst die Musikschule, wenn sie eben zweimal des Tages von den andern öffentlichen Schulen entlassen werden, und die nothwendigen und theilweise nicht geringen Anforderungen dieser beschränken schon vorweg die häuslichen Übungszeiten für den Musikunterricht." (Jahresbericht 1889, S. 8); siehe u. a. auch Jahresbericht 1892, S. 12.

47 Prüfbericht Leopold Alexander Zellners vom 16. Juni 1889, zit. nach *Wagner* 1993, S. 117.

48 *Wagner* 1993, S. 188.

49 Jahresbericht 1896, S. 9–10.

50 Jahresbericht 1899, S. 10.

51 Siehe Jahresbericht 1845, S. 4; Jahresbericht 1848, S. 7.

52 *Neumayr* 2021, S. 3.

53 Siehe *Malkiewicz* 2017, S. 143.

54 Ebd.

55 Siehe *Kunt* 1844 II, S. 1638.

56 Siehe Jahresbericht 1846, S. 7–8.

57 Siehe ebd., S. 46–47.
58 Siehe Jahresbericht 1869, S. 5, siehe auch Jahresbericht 1876, S. 5.
59 Siehe Jahresbericht 1881, S. 18.
60 Siehe Jahresbericht 1882, S. 4.
61 Siehe Jahresbericht 1881, S. 16–17.
62 Siehe Jahresbericht 1881a, S. 3.
63 Ebd.
64 Siehe Jahresbericht 1882, S. 7.
65 Siehe Jahresbericht 1886, S. 4.
66 Siehe Jahresbericht 1887, S. 8.
67 Siehe Jahresbericht 1890, S. 23.
68 Siehe Statut 1841, §. 20, S. 9–11.
69 Siehe Jahresbericht 1875, S. 4.
70 Siehe Jahresbericht 1882, S. 4.
71 Siehe Statut 1841, §. 21, S. 11–12, §. 24, S. 12; siehe auch Dienstes-Instruktion 1880, S. 10.
72 Siehe Statut 1841, S. 12–13, 15; siehe auch Statut 1861, §. 24, S. 8–9.
73 *Reininghaus* 2018, S. 65.
74 Siehe *Wagner* 1993, S. 36–38.
75 *Reininghaus* 2018, S. 67. Dass etwa Hilleprandt über Jahre hinweg keine Generalversammlungen einberief und Mitglieder nur unregelmäßig neugewählt wurden, bedeutete eine weitere Schwächung demokratischer Prinzipien; siehe ebd.
76 Siehe Vertrag Alois Taux, Erzdiözese Salzburg Archiv, Signatur: AT-AES 1.2.AXd.578.
77 Siehe auch Dienstes-Instruktion 1880, S. [3]–5.
78 Siehe Jahresbericht 1883, S. 3, siehe auch Jahresbericht 1897, S. 9.
79 Jahresbericht 1897, S. 10.
80 Siehe auch *Malkiewicz* 2017, S. 153.
81 Jahresbericht 1897, S. 10.
82 Siehe ebd., S. 11.
83 Siehe *Malkiewicz* 2017, S. 154.
84 Siehe auch Statut 1861, S. 11–12.
85 Siehe *Hinterberger* 2017b, S. 52, 55.
86 Siehe Jahresbericht 1869, S. 5.
87 Graphiksammlung der Universitätsbibliothek Salzburg, Signatur: H 512, http://www.ubs.sbg.ac.at/sosa/graphiken/salzburg20.htm (04.10.2022).
88 Siehe Jahresbericht 1882, S. 6.
89 Siehe Jahresbericht 1889, S. 10.
90 Siehe Jahresbericht 1896, S. 14; Jahresbericht 1898, S. 9.
91 Siehe Jahresbericht 1881, S. 8.
92 Siehe ebd., S. 7.
93 Siehe Jahresbericht 1888, S. 7, Jahresbericht 1892, S. 10.
94 Siehe Jahresbericht 1890, S. 6.
95 Siehe Jahresbericht 1885, S. 7.
96 Siehe Statut 1841, §. 91, S. 33.
97 Statut 1861, §. 63, S. 18.
98 Siehe Statut 1869, §. 63, S. 18.
99 Siehe Jahresbericht 1892, S. 12.
100 Jahresbericht 1883, S. 4; siehe auch Jahresbericht 1895, S. [8].
101 Statut 1841, §. 82, S. 29.
102 Jahresbericht 1882, S. 5.
103 Siehe Jahresbericht 1884, S. 4.
104 Siehe Jahresbericht 1895, S. 4.
105 Jahresbericht 1847, S. 7.
106 Ebd.
107 Siehe Jahresbericht 1883, S. 5.
108 Jahresbericht 1895, S. 9.
109 Jahresbericht 1843, S. 10.
110 Informationen aus den Jahresrechnungsabschlüssen des Dommusikvereins und Mozarteums, siehe Jahresberichte 1843, S. 4, 1858, S. 6, 1867, S. 20, 1869, S. 10, 1875, S. 10, 1876, S. 10, 1880, S. 12, 1881, S. 28.

111 Siehe Jahresbericht 1881, S. 5.

112 Siehe Jahresbericht 1881a, S. 6.

113 Jahresbericht 1882, S. 7.

114 Ebd.

115 Siehe Jahresbericht 1888, S. 5.

116 Pro Monat. Entsprechend 20 fl. pro Studienjahr.

117 Jahresbericht 1843, S. 11.

118 Statut 1841, §. 94, S. 34.

119 Jahresbericht 1879, S. 5.

120 Siehe Statut 1841, §. 101, S. 36; siehe auch Statut 1861, §. 68, S. 19; siehe auch Jahresbericht 1885, S. 8.

121 Jahresbericht 1881a, S. 6.

122 Laut Jahresbericht 1886 wurden im Rahmen der Jahresprüfungen die Oberklassen öffentlich in der Aula academica geprüft, die Unterklassen intern. Siehe Jahresbericht 1886, S. 7.

123 Siehe Jahresbericht 1885, S. 7.

124 Siehe ebd., S. 5.

125 Siehe Jahresbericht 1897, S. 7.

126 Jahresbericht 1869, S. 8.

127 Jahresbericht 1882, S. 4.

128 Siehe Jahresbericht 1846, S. 11.

129 Siehe Jahresbericht 1885, S. 7.

130 Ebd.

131 Jahresbericht 1884, S. 10.

132 In einigen Jahresberichten sind abweichende Zahlen angegeben – hier in Rot.

133 „es traten wieder ein vom ersten Schuljahre 1880/81: 36 (27 % von 132), vom zweiten 1881/82: 57 (26 % von 216), vom dritten 1882/83: 69 (31 % von 258), im vierten Jahr traten neu ein: 141 (47 % von 303), während des 1. Semesters 23, während des 2. Semesters 16, zusammen 39 (13 %)." (Jahresbericht 1884, S. 5). Austritte insgesamt: 52 (17 % der Gesamtschüler:innenzahl).

134 „Der jüngste Schüler zählte bei seinem Eintritte 8, der älteste 31 Jahre." (Jahresbericht 1895, S. 6).

135 Jahresbericht 1895, S. 9.

136 Ebd.

137 Statut 1841, §. 3.4, S. 4.

138 Siehe Jahresbericht 1843, S. 12: „War es dem Vereine bis jetzt unmöglich nach §. 3 der Statuten den Unterricht im Gesange auch auf die weibliche Jugend auszudehnen, und zu diesem Zwecke eine Gesanglehrerinn anzustellen, bleibt auch noch so Manches zu wünschen übrig, so liegt der Grund, warum diese Wünsche bisher noch unbefriediget bleiben müssen, hauptsächlich in den beschränkten Mitteln, welche dem Vereine zu Gebothe stehen."

139 Jahresbericht 1847, S. 5.

140 Paulus 1Kor 14,34.

141 Siehe Peterl 2019; mit Blick auf den Dommusikverein und Mozarteum siehe *Neumayr* 2017, S. 214–215.

142 Siehe Mozarteum Personalakten, Erzdiözese Salzburg Archiv, Signatur: AT-AES 1.2.AXd.577.

143 Siehe *Neumayr* 2017, S. 216.

144 Siehe auch den Abschnitt „Lehrende".

145 Jahresbericht 1847, S. 5.

146 Siehe Jahresbericht 1848, S. 6.

147 Siehe ebd., S. 5.

148 Siehe *Neumayr* 2017, S. 217.

149 Statut 1861, §. 3.4, S. 4.

150 1875/76: 4, 1876/77: 6, 1877/78: 5 Geigerinnen.

151 Zur geschlechtsspezifischen Konnotation von Musikinstrumenten zu dieser Zeit siehe den richtungsweisenden Beitrag von [*Carl Ludwig Junker*]: „Vom Kostüm des Frauenzimmer Spielens". In: Musikalischer Almanach auf das Jahr 1784, S. 85–99; für eine umfassende Darstellung von Wahrnehmungs- und Denkmustern, die das Instrumentalspiel von Frauen

zwischen 1750 und 1850 reglementierten, vgl. *Freia Hoffmann:* Instrument und Körper. Die musizierende Frau in der bürgerlichen Kultur, Frankfurt am Main – Leipzig 1991.

152 Siehe auch die Abschnitte zu „Anzahl" und „Herkunft" der Schüler:innen.

153 Die Schüler:innenstatistiken liefern ab 1880 keinen Überblick zur Fächerbelegung. Selbige kann aber aus den Schüler:innenverzeichnissen eruiert werden.

154 Jahresbericht 1894, S. 9.

155 Siehe Verträge mit Angestellten [1841, 1842, 1845, 1846, 1850], Erzdiözese Salzburg, Signatur: AT-AES 1.2.AXd.578.

156 *Wagner* 1993, S. 49.

157 Ebd., S. 49–50.

158 Siehe Statut 1841, §. 65, S. 25; siehe auch Statut 1861, §. 61, S. 17.

159 Siehe *Wagner* 1993, S. 50.

160 Siehe Jahresbericht 1846, S. 3–4.

161 Jahresbericht 1881a, S. 4.

162 Siehe Jahresbericht 1882, S. 5.

163 Siehe Jahresbericht 1881a, S. 6.

164 Siehe Pensions-Statut 1906, hier v. a. §. 14, S. 7–8.

165 *Christian Gottfried Nehrlich,* Die Gesangskunst oder die Geheimnisse der grossen italienischen und deutschen Gesangmeister alter und neuer Zeit vom physiologischen, psychologischen, ästhetischen und pädagogischen Standpunkte aus betrachtet [...], Leipzig 1841.

166 Jahresbericht 1847, S. 6.

167 Die Lehrpläne sind in den Jahresberichten enthalten.

168 Siehe *Babbe* 2021, hier v. a. S. 136–138.

169 Rechnet man die Studierendenzahlen der einzelnen Fächerbelegungen zusammen, ergibt sich eine höhere Summe – die Studierenden konnten damit offenbar mehrere Hauptfächer belegen.

170 Von 1877 bis 1889, während der Anstellungszeit von Wilhelm Tieftrunk „mit Unterbrechungen" (*Krause* 1898, S. 19.)

171 Seit 1893 ist der Unterricht in der Allgemeinen Musiklehre I. Klasse obligat, dabei befreit vom Schulgeld.

172 Wohl für das Studienjahr 1841/42 – das legt zumindest der in dem entsprechenden Bericht enthaltene Rechnungsbericht nahe. Während in der Liste der Fächer Kontrabass aufgeführt ist, enthält die Personalliste keinen Lehrer für das Fach. Anders verhält es sich im Fach Flöte: Hier wird in der Personalliste mit Sebastian Huemer ein Flötenlehrer aufgeführt – in der Fächerbelegungstabelle ist das Fach dagegen nicht enthalten.

173 Klavier, Orgelspiel, Generalbass: Studierendenzahlen zusammengefasst, siehe Jahresbericht 1843, S. 10.

174 Waldhorn, siehe Jahresbericht 1843, S. 10.

175 Jahresbericht 1876, S. 17–19.

176 Zweite Knabengesangschule eröffnet.

177 Laut Annonce in der Zeitschrift *Signale für die musikalische Welt* (1881, S. 365) bereits 1880 angeboten. Einstellung des Lehrers jedoch erst 1882.

178 Schüler:innen der II. und III. Klassen.

179 In diesem Jahr nicht obligat und vom Schulgeld befreit, siehe Jahresbericht 1894, S. 4.

180 „nicht obligat und vom Schulgelde frei 17 Schüler aus den Clavier- und anderer [sic] Instrumental-Classen und dort in die Schülerzahl mit einbezogen" (Jahresbericht 1897, S. 5).

181 „nicht obligat und vom Schulgelde frei, 17 Schüler, und zwar: 12 aus den Clavier-, und 4 aus den Violinclassen und 1 Cellist, und dort in die Schülerzahl mit einbezogen" (Jahresbericht 1898, S. 5).

Form und Funktion
Das Krematorium am Salzburger Kommunalfriedhof[1]

Iris Czapka

"Cremation is one of the elementary forms of human behaviour, uniting, as it does, fire and death, two of the most fundamental features of existence".[2] Bei der Verbrennung eines Menschen geht das Feuer mit dem Tod nicht nur eine Verbindung auf rein technischer Ebene ein, auch wenn dieser Aspekt in einigen Kulturen vorherrscht, sondern kann auch als eine Möglichkeit verstanden werden, sich mit der Bedeutung des eigenen Lebens auseinanderzusetzen und mit dem Tod fertig zu werden. Dieser soziale Hintergrund macht die Einäscherung zu mehr als nur der Verbrennung eines Menschen, nämlich einem Handlungsbereich, der auf Überzeugungen fußt, die sich aus religiösem Wissen und Überlieferungen speisen und dem menschlichen Dasein Bedeutung geben.[3] Ab etwa 1850 konnte sich die moderne Feuerbestattung entfalten, doch erst im späten 20. Jahrhundert wurde ihre Verwirklichung und Entwicklung sichtbar. Mit Anfang des 21. Jahrhunderts zeichneten sich in einigen nord- und westeuropäischen Staaten hohe Einäscherungsraten ab. Sie bildeten die Basis für die schnelle Erhöhung der Zustimmung zur Feuerbestattung in vielen Ländern.[4] Seit einiger Zeit wandelt sich die Feuerbestattung sogar zur vorgezogenen Form der Bestattung. Diese Tendenz lässt sich auch zunehmend in den ländlichen Gebieten Deutschlands und Österreichs beobachten.[5]

Die Einäscherung galt lange als die wichtigste Form der Bestattung in unterschiedlichsten Kulturen.[6] Das macht sie zu einer der ältesten Bestattungsarten, wie sich beispielsweise an Funden in Ägypten und dem antiken Rom belegen lässt. Spätestens durch Karl den Großen, der die Kremation unter Strafe stellte, wurde sie jedoch gänzlich aus Europa verbannt.[7] In der Zeit der Aufklärung und während der Französischen Revolution, in der man sich gegen die Lehrsätze von Kirche und Staat zu wenden begann, rückte die Einäscherung wieder in den Fokus.[8] Intensiver setzte man sich ab den 1850er-Jahren mit der Leichenverbrennung auseinander. Theologen, Ärzte, Wissenschaftler und Philosophen traten hierzu in einen aktiven Austausch. Bedingt durch die stetige Abwendung von der Kirche, insbesondere in Italien oder Frankreich, und die Einflussnahme des aufgeklärten Bürgertums, wurde die Feuerbestattung immer mehr zum

Abb. 1: Krematorium Salzburg nach 1931, Stadtarchiv Salzburg, Fotoabteilung, Foto 1210.0327.

Thema gemacht. In Europa wurde die erste Feuerhalle in Italien 1876 errichtet. Das erste deutsche Krematorium in Gotha folgte 1878 nach.[9]

Durch die erneute Einführung der Einäscherung mussten sich die Architekten mit der völlig neuen Baugattung des Krematoriums auseinandersetzen und begegneten ihr zunächst mit dem reichen Stilpluralismus, den das 19. Jahrhundert zu bieten hatte.[10] Aufgrund ihrer Funktion zählen Feuerhallen jedoch zu den schwierigsten architektonischen Bauwerken. Ihre Aufgabe ist es, eine sinnbildliche Brücke vom Tod bis zum Jenseits zu schlagen, in einem Moment, der kritischer nicht sein könnte. Dies soll in würdiger Weise geschehen, aber seinen Zweck, seinen Kern nicht verleugnen.[11] Auch in Österreich-Ungarn stellten sich die Architekten der neuen Bauaufgabe schon seit dem späten 19. Jahrhundert,[12] doch bestimmt von politischen Vorgängen, war die Errichtung von Feuerhallen in Österreich – mit einem Sonderfall – erst ab Beginn der Ersten Republik möglich.[13] Vom ersten Krematorium in Wien-Simmering ausgehend, errichtete man über die Jahre hinweg vier weitere Feuerhallen in Oberösterreich, Salzburg und der Steiermark.[14] Andere Bundesländer erhielten nach dem Zweiten Weltkrieg ihr erstes Krematorium, wobei in manchen Fällen (wie zum Beispiel in Vorarlberg) mehrere Jahrzehnte bis zum Bau vergingen.[15]

Salzburg erlangte sein erstes Krematorium bereits im Jahr 1931. Dieses trug nicht nur zur Verbreitung des Feuerbestattungsgedankens im Bundesland wesentlich bei, sondern ist auch ein herausragendes Beispiel einer Architektur der Salzburger Moderne. Seine Erbauung konnte trotz politischer, religiöser und finanzieller Schwierigkeiten durchgesetzt werden. Darüber hinaus weist das Gebäude nicht nur eine interessante architektonische Lösung auf, sondern besitzt ein Schiebetor, das ikonografisch einzigartig im Österreich dieser Zeit erscheint. Es bestimmt den Entzug des Sarges wesentlich und ist für die Raumwirkung der heutigen Zeremonienhalle maßgeblich verantwortlich.[16]

Die Feuerhalle ist am 1878 eröffneten Salzburger Kommunalfriedhof zu finden, der im Stadtteil Gneis angelegt wurde.[17] Mit einer Fläche von etwa 25 Hektar gilt er als der größte Friedhof des Salzburger Landes.[18] Möchte man heute zum Salzburger Krematorium gelangen, so muss man von der Nordseite aus das von Arkaden flankierte Haupteingangsportal des Kommunalfriedhofs durchqueren und gelangt über teils geschwungene Pfade in seine Richtung. Weiter südlich erscheint die Feuerhalle entlang der von Bäumen gesäumten Hauptachse.[19] Ein nördlich gelegener Platz erlaubt einen freien Blick auf das Gebäude, in dessen Hintergrund sich der Untersberg erhebt.[20] Aufgrund seiner Lage wird der Friedhof im Süden von dem Hagen- und Tennengebirge sowie dem Untersberg eingefasst.[21] An der Ost- und Westseite rahmen den Bau zwei Baumreihen ein.[22] Im Osten folgt eine Wiese mit einem runden Platz, in dessen Inneren ein oktogonaler Brunnen angelegt wurde. Betrachtet man das Krematorium von

Abb. 2: Krematorium Nordseite, Hauptansicht heute,
Wiener Verein Bestattungs- und Versicherungsserviceges.m.b.H.

der Nordseite, so fällt auf den ersten Blick seine charakteristische Gestalt auf: Eduard Wiedenmann[23] errichtete es als mehrstufigen Bau auf quadratischem Grundriss, der in seiner Form unverkennbar an eine Stufenpyramide erinnert. Er beherbergt einen rund 17 Meter hohen Kamin in seinem Inneren.[24] Nähert man sich der Feuerhalle aus östlicher und südlicher Richtung, dann tritt die gestufte Baugestalt zugunsten eines flachgedeckten, weiteren quadratischen Anbaus in den Hintergrund.[25] Sein hellrosa Anstrich setzt sich auch beim Hauptbaukörper fort, dessen Putzfassade zusätzlich mit einer flächenhaften Kannelierung ausgestattet ist.[26] Schmale, gleichmäßig gesetzte Fenster durchbrechen die Außenhaut des Gebäudes in jedem Stockwerk. Gegen Norden hin wird die Feuerhalle von der im Erdgeschoss liegenden Zeremonienhalle dominiert, die auf drei Seiten von einer Fensterfront abgeschlossen ist.[27] Das flache Kragdach an der von Betonpfeilern gestützten Halle schützt die Trauergäste nicht nur vor Witterung, sondern bildet „einen gestalterischen Akzent"[28].[29] Die Zeremonienhalle besitzt im Inneren einen erhöht liegenden Bereich, in dem ein Tor eingebaut ist, das von einer dunklen Marmorumrahmung eingefasst wird.[30]

Zur Kremierung in Österreich und den Feuerbestattungsvereinen

Bevor es jedoch überhaupt zur Errichtung eines Krematoriums in Österreich und insbesondere der Feuerhalle in Salzburg kommen konnte, mussten die Voraussetzungen für die Kremierung als anerkannte Form der Bestattung gegeben sein. Die Zeichen hierfür standen anfangs denkbar schlecht: Während man in Deutschland eine schrittweise Annahme der Kremierung in den Teilstaaten erreichen konnte und in der Schweiz aufgrund der antiklerikalen und liberalen Einstellung eine sehr rasche Etablierung erwirkte, waren die Bemühungen der Feuerbestattungsbewegung in Österreich lange nicht erfolgreich.[31] Gründe hierfür liegen bei der strengen Regelung des Bestattungssystems wie auch der Nähe, die zwischen dem österreichischen Kaiser und der katholischen Kirche bestand. So wurde die Legalisierung der Kremierung bis zum Zerfall der Monarchie gehemmt.[32] Während noch im 18. Jahrhundert eine Tolerierung der Einführungsbemühungen der Feuerbestattung seitens der Kirche erkennbar war, veränderte sich diese Haltung im Verlauf des 19. Jahrhunderts. Der Ursprung dessen liegt in der Ablehnung, die sich in der Bevölkerung zunehmend gegenüber dem Christentum, dem Papst und der katholischen Kirche abzuzeichnen begann. Im Heiligen Offizium, das am 19. Mai 1886 ausgesandt wurde, untersagte der Vatikan den Katholiken die Bestattung durch Feuer. Nach Anhörung unterschiedlicher Ausschüsse wurde dieses Dekret nachfolgend immer wieder bekräftigt. Erst mit der Zeit, unter anderem begünstigt durch den Bau des Simmeringer Krematoriums, änderte sich jene Ansicht. Durch einen mehrere Jahrzehnte andauernden Austausch kam man überein, den Wunsch nach Feuerbestattung nicht mit der Ablehnung von Kirche und Religion gleichzusetzen. Die katholische Kirche widerrief schließlich die Untersagung der Feuerbestattung, die noch im Jahr 1963 ausgesprochen worden war.[33]

Die Etablierung der Feuerbestattung in Österreich, die schließlich die Errichtung der ersten Krematorien möglich machte, ist auf die nachdrücklichen Bemühungen der österreichischen Feuerbestattungsvereine zurückzuführen. Insbesondere der von Oskar Siedek am 10. April des Jahres 1885 in Wien ins Leben gerufene *Verein der Freunde der Feuerbestattung „Die Flamme"* trug einen wesentlichen Anteil an dieser Entwicklung.[34] Auch der am 29. März des Jahres 1904 gegründete *Arbeiter-Feuerbestattungsverein „Die Flamme"*, anfangs als Zweigverein des *Vereins der Freunde der Feuerbestattung „Die Flamme"* entstanden, setzte sich intensiv für die Akzeptanz der Kremierung ein. Zunächst sei jedoch ein kurzer Blick auf die Anfänge des *Vereines der Freunde der Feuerbestattung „Die Flamme"* geworfen: Schon 1873 hatte Friedrich Siemens den Ofen für Leicheneinäscherung bei der Wiener Weltausstellung präsentiert. Weder dies noch dessen Ausstellung in der Wiener Innenstadt regten zur

Etablierung der neuen Bestattungsform an.[35] Etwas nachdrücklicher versuchte der Physiker Eligius Hacker die Kremierung in Österreich zu verbreiten: Er gründete einen ersten Feuerbestattungsverein. Da er keinen Erfolg hatte, entschieden sich die damaligen Mitglieder Oskar Siedek und Dr. Julius Anderl, den *Verein der Freunde der Feuerbestattung „Die Flamme"* ins Leben zu rufen.[36] Dieser auf Gesundheit, Pietät, Ethik und Ökonomie ausgerichtete Feuerbestattungsverein[37] verstand sich als gemeinnütziger Verein.[38] Als mitunter wichtigster Grundpfeiler galt die freiwillige Kremation der Mitglieder.[39] Obwohl sich eine beträchtliche Anzahl von bürgerlichen Personen dem Verein angeschlossen hatte, und man rege Werbemaßnahmen in Form von Zeitungsartikeln, Broschüren und Werbungen unternahm, ließ sich kein großer Ansturm neuer Mitglieder verzeichnen. Trotz einiger weiterer Schwierigkeiten entstanden in der Ersten Republik in mehreren Städten Zweigvereine wie auch unabhängige Vereine.[40] Bedingt durch grundlegende politische Umwälzungen in Österreich wurde der Verein in die *Ostmärkische Feuerbestattung Versicherungsverein auf Gegenseitigkeit* aufgenommen.[41] 1942 erwuchs daraus der *Wiener Verein*, der sich 1991 mit der Wiener Städtischen Versicherung zusammenschloss und seither als *Wiener Verein – Bestattungs- und Versicherungsservicegesellschaft m.b.H.* bekannt ist.[42]

Die Entstehung des *Arbeiter-Feuerbestattungsvereins „Die Flamme"* ist auf die Bemühungen mehrerer Sozialdemokraten aus einfacheren Verhältnissen, angeführt vom Porzellanmaler Anton Widlar, zurückzuführen.[43] Der Verein besaß nicht nur vom Mutterverein unabhängige Statuten, sondern bestimmte selbst über die Finanzen[44] und begriff sich als politischer Zusammenschluss, der die Arbeiter in den Fokus stellte.[45] Schließlich fand die Abspaltung vom Mutterverein am 6. Oktober 1922 statt, die 1924 zu einer offiziellen Eintragung als sozialdemokratischer Verein führte.[46] Der *Arbeiter-Feuerbestattungsverein „Die Flamme"*, eng verbunden mit der Feuerbestattung in Österreich, verzeichnete einen stetigen Mitgliederzuwachs über die Jahre.[47] Insbesondere Mitglieder wie Obmann Andreas Masser, der sich ständig neue Werbemaßnahmen ausdachte,[48] oder der später als Vorsitzende fungierende Jakob Peyer setzten sich intensiv für die Etablierung der Feuerbestattung in Österreich ein. Letzterer regte auch nachdrücklich die Errichtung weiterer Feuerhallen in den Bundesländern an. Wenngleich man schließlich den Bau des Linzer Krematoriums erreichen konnte und Geschäftsstellen in Graz und Linz gegründet wurden, hatte der Arbeiter-Feuerbestattungsverein vor allem ab den frühen 1930er-Jahren schwer mit den Auswirkungen der Weltwirtschaftskrise zu kämpfen.[49] Der Österreichische Bürgerkrieg im Februar 1934 bewirkte letztendlich eine Auflösung der Sozialdemokratischen Partei und diverser Arbeitervereine. Auch der Arbeiter-Feuerbestattungsverein blieb davon nicht verschont.[50] An dessen Stelle trat 1934 der *Leichenkostenverein „Vorsorge"*, der als Sterbekasse fungierte und auch Erdbestattungen zuließ. Durch Umstrukturierungen wurde er 1938 in die Ostmärkische Feuerbestattungsversicherung eingegliedert, die später als Wiener Verein auftrat.[51]

Geschichtlicher Rückblick auf die Erbauung des Salzburger Krematoriums

Auch hinsichtlich der Erbauung des Salzburger Krematoriums ist der Einfluss der Feuerbestattungsvereine deutlich spürbar. So regte man schon 20 Jahre vor Errichtung den Bau einer Feuerhalle an. Dennoch sollte es bis ins Jahr 1931 dauern, bis die Idee verwirklicht werden konnte. Bereits ab 1905 existierte in Salzburg eine Zweigstelle des *Vereines der Freunde der Feuerbestattung „Die Flamme"*, die auch als *Landesverein Salzburg der Freunde der Feuerbestattung „Die Flamme"* bekannt war. Die damalige Vereinskanzlei hatte ihren Sitz im Parterre der Neutorstraße 35 in der Stadt Salzburg.[52] In den frühen 1920er-Jahren wurde dann ein weiterer Verein, der *Salzburger Volksfeuerbestattungsverein „Die Flamme"* gegründet.[53] Über die Jahre hinweg plädierten beide Vereine immer wieder für die Errichtung eines Krematoriums bzw. die Anlage eines Aschenhains. Schon 1910/11 gab es Bestrebungen vonseiten des Landesvereins, eine Aschenhalle und einen Aschenhain mit möglicher Feuerhalle zu errichten. Im Salzburger Gemeinderat lehnte man dieses Ansuchen jedoch ab.[54] Auch in einer Gemeinderatssitzung im Jahr 1919 thematisierte man die Errichtung einer Feuerhalle. Die Sitzungsmitglieder verwarfen das Bauvorhaben aufgrund wirtschaftlicher und religiöser Bedenken allerdings wieder.[55] Ab 1921 befasste sich auch das hiesige Stadtbauamt mit dem möglichen Bau eines Krematoriums.[56] Zu diesem Zweck erwarb man den Ofen des ehemaligen Grödiger Gefangenenlagers,[57] der nach dessen Schließung noch existierte.[58] Obwohl über weitere Jahre bei den lokalen Feuerbestattungsvereinen der Wunsch nach dem Bau des Krematoriums fortbestand,[59] war erst mit dem Jahr 1926 ein Aufwärtstrend für das Bauvorhaben erkennbar. Bei der am 14. März 1926 abgehaltenen Hauptversammlung des Salzburger Feuerbestattungsvereins *„Die Flamme"* betraute man die Vereinsleitung, sich mit einer Feuerhalle für Salzburg zu beschäftigen. Auch der Ausschuss des *Landesvereins Salzburg der Freunde der Feuerbestattung „Die Flamme"* in Wien behandelte dieses Thema. Die beiden Salzburger Vereine ersuchten schließlich gemeinsam um den Bau eines Krematoriums.[60]

Die ersten Probleme traten hinsichtlich der Baufinanzierung auf. Vonseiten der Vereine ging man zunächst von rund 40.000 Schilling aus, die zum Umbau des Alten Leichenhauses am Kommunalfriedhof nötig gewesen wären. Fachleute kamen für die Umbaumaßnahmen auf eine Summe von mindestens 100.000 bzw. 200.000 Schilling für eine Feuerhalle mit modernster Ausstattung. Da die benötigte Summe vom Verein nicht aufgebracht werden konnte, kam das

Projekt zum Erliegen. Einen Wendepunkt brachte der Eingriff der Ortsgruppe des *Arbeiter-Feuerbestattungsvereins „Die Flamme"* in Hallein. Diese hatte zunächst selbst versucht, in Hallein ein Krematorium zu errichten und zu diesem Zweck mit dem Mutterverein in Wien Kontakt aufgenommen. Dieser gewährte der Halleiner Ortsgruppe ein Darlehen für den Bau. Man erkannte jedoch, dass Salzburg als Standort geeigneter war, weswegen die benötigte Summe der Stadt Salzburg zur Verfügung gestellt wurde. In Zuge der Kontaktaufnahme zwischen Hallein und Salzburg wurde überlegt, den *Volksfeuerbestattungsverein „Die Flamme"* und den *Arbeiter-Feuerbestattungsverein „Die Flamme"* zusammenzulegen.[61] Aufgrund dieser Überlegungen kam es innerhalb des Volksfeuerbestattungsvereins zu Unstimmigkeiten, die das Bauvorhaben ins Stocken gerieten ließ.[62]

Erst 1929 erhielt das Projekt wieder Auftrieb: Bei der Generalversammlung im Salzburger Kurhaus am 7. April 1929 wurde der *Volksfeuerbestattungsverein „Die Flamme"* zugunsten eines Anschlusses an den *Arbeiter-Feuerbestattungsverein „Die Flamme"* aufgelöst.[63] Wenig später stellte die Stadtgemeinde Salzburg dem *Arbeiter-Feuerbestattungsverein* ein passendes Grundstück zur Verfügung. Anfang Juli 1929 zog sich der *Landesverein der Freunde der Feuerbestattung* von dem Bauvorhaben zurück.[64] Am 27. Oktober des Jahres 1930 wurde dem Bau der Feuerhalle nach einem Gemeinderatsbeschluss zugestimmt. Als Befürworter traten die Parteien der Sozialdemokraten, Großdeutschen sowie Nationalsozialisten auf.[65] Der Bau verzögerte sich erneut, weil die Baubewilligung durch die Gemeinde Morzg zunächst nicht erteilt wurde.[66] Das Einschreiten der Stadt Salzburg bewirkte schließlich die Baubewilligung im Februar 1931.[67]

Die Auftraggeber der Feuerhalle hatten mit der Ausarbeitung der Pläne und Kostenvoranschläge das Stadtbauamt und in weiterer Folge Eduard Wiedenmann beauftragt. Der *Arbeiter-Feuerbestattungsverein* wählte ihn, da die Allgemeinheit positiv auf das vom Architekten entworfene Neue Leichenhaus und das Kriegerdenkmal reagiert hatte und man eine harmonische Abstimmung mit den beiden Bauwerken anstrebte.[68] Hinzu kam, dass vonseiten des Vereins das Ausschreiben eines Wettbewerbs vermieden werden sollte, da sich schon bei der Konkurrenz für die Grazer Feuerhalle finanzielle und organisatorische Probleme ergeben hatten.[69] Mit der Bauleitung beauftragte man Baumeister Kubesch.[70] Der Bau wurde von Martin Blodnig sowie dem aus Salzburg stammenden Baumeister und Architekten Karl Ceconi[71] in Ziegelmauerwerk ausgeführt.[72] Die Decken bestanden aus Beton zwischen Eisenträgern.[73] Die Feuerbestattungsanlage kostete in ihrer Errichtung rund 180.000 bis 190.000 Schilling. Sie wurde am 8. November 1931 eröffnet.[74]

Zu Eduard Wiedenmann und Karl Ceconi

Im Folgenden sei ein kurzer Blick sowohl auf den Verfasser der Pläne als auch auf den ausführenden Baumeister der Feuerhalle geworfen: Als Architekten des Salzburger Krematoriums wählte man den damals 50-jährigen Eduard Wiedenmann (* 18. September 1881 in Thalkirchen, † 4. November 1940 in Salzburg) aus.[75] Der zu dieser Zeit als Oberbaurat im Stadtbauamt[76] tätige Beamte hatte nicht nur das Kriegerdenkmal, sondern auch das Neue Leichenhaus am Kommunalfriedhof entworfen.[77] Der ursprünglich aus dem kleinen Ort Thalkirchen bei München stammende Wiedenmann hatte laut Johann Baumgartner in der bayerischen Landeshauptstadt seine Ausbildung zum Architekten erhalten. Der Autor spricht für die Zeit danach von einer starken Planungstätigkeit Wiedenmanns. Etwas unklar ist in dem Zusammenhang, welche Entwürfe wirklich realisiert wurden, da dies bei Baumgartner sehr vage formuliert ist.[78] An einem nicht näher bestimmbaren Zeitpunkt wurde Wiedenmann nach Salzburg beordert, wo man ihn 1910 zum städtischen Ingenieur berief.[79] 1911 erhielt er das österreichische Staatsbürgerrecht.[80] Er sollte bis zu seinem Tod im Jahr 1940 in Salzburg bleiben.[81]

Das Erfassen von Wiedenmanns architektonischem Wirken in Salzburg erweist sich durch seine Anstellung beim Stadtbauamt durchaus als schwierig. Sein Wirkungsbereich beschränkt sich im Wesentlichen auf das öffentliche Bauwesen. Ob er auch Privathäuser entworfen hat, ist unklar. Neben den in Salzburg errichteten Bauwerken entstanden einige Entwürfe und Projekte, die nicht umgesetzt wurden. Prominentestes Beispiel dürften die 1912 und 1913 eingereichten Projekte für den Umbau des Salzburger Kurhauses sein. Für das 1912 abgegebene Konzept hatte Wiedenmann mit dem ebenfalls in Salzburg tätigen Architekten Georg Schmidhammer zusammengearbeitet, später reichte er allein ein Konzept ein.[82] In die gleiche Zeit fallen Entwürfe zur Fassadengestaltung von Gebäuden wie auch ein Verbauungsvorschlag für den Grundbesitz des Stifts St. Peter. Noch vor Ausbruch des Ersten Weltkriegs wurde das von ihm entworfene Neue Leichenhaus am Kommunalfriedhof errichtet (1912–13). Auch die Handelsakademie in der Salzburger Paris-Lodron-Straße dürfte auf Basis seiner Pläne entstanden sein.[83] Noch 1918 beförderte man den als städtischen Baukommissar arbeitenden Wiedenmann zum Bauoberkommissar.[84] Nicht unerwähnt sollte bleiben, dass Wiedenmann den Entwurf für den Bühnenbau der ersten, 1920 inszenierten „Jedermann"-Aufführung der Salzburger Festspiele schuf.[85] Ab Mitte der 1920er-Jahre lässt sich eine verstärkte Umsetzung seiner Entwürfe feststellen: Zwischen 1924 und 1929 wurde das Kriegerdenkmal am Kommunalfriedhof erbaut[86], 1926 folgte eine Wohnanlage in der Plainstraße 5–17 im heutigen Salzburger Stadtteil Elisabeth-Vorstadt.[87] In die Jahre 1928/1929 fällt der Umbau des Salzburger Rathauses, an dem Wiedenmann maßgeblich beteiligt war, da er damals die Hochbauabteilung des Stadtbauamts leitete. Die Umgestaltung dürfte allerdings durch die Bevölkerung und andere Architekten überwiegend negativ aufgenommen worden sein. So sprach sich der damalige Baurat und Architekt Paul Geppert kritisch gegenüber den Umbauten aus.[88] Zwischen 1930 und 1931 fand die Neuerrichtung einer Hauptschule für Jungen in der Elisabeth-Vorstadt nach Wiedenmanns Plänen statt.[89] An dem Projekt war auch der Salzburger Architekt Karl Pirich beteiligt.[90] Für die Zeit nach der Errichtung des Krematoriums ließen sich keine weiteren von Wiedenmann geplanten Gebäude feststellen. Der Architekt verstarb im November 1940 an einer nicht näher genannten Krankheit im Alter von 59 Jahren in Salzburg. Er ist am Kommunalfriedhof beigesetzt.[91]

Baumeister Karl Ceconi wurde 1884 in die berühmte Salzburger Architektenfamilie Ceconi hineingeboren.[92] Begründer dieser Familie war der Großvater Karls, der aus Gemona ausgewanderte Maurermeister Valentin Ceconi.[93] Dessen Sohn Jakob schlug ebenfalls den Weg des Architekten und Baumeisters ein und arbeitete in der florierenden Baufirma seines Vaters, die damals als größte Baufirma Salzburgs bekannt war.[94] Auch Jakobs Sohn Karl beendete das begonnene Studium an der Technischen Hochschule Wien als Diplomingenieur-Architekt. Immer wieder holte er sich in Ländern wie England oder Italien Anregungen für seine Arbeit. Der Erste Weltkrieg hatte eine fünfjährige Unterbrechung seiner Beschäftigung zur Folge – erst 1919 war eine Rückkehr nach Salzburg möglich. Nachdem der Vater verstorben war, führte Karl ab 1922 den Betrieb weiter. Aufgrund gesundheitlicher und finanzieller Probleme, ausgelöst durch den Weltkrieg, geriet die Baufirma Ceconi zunehmend in eine schwierige Lage. 1929 folgte der Niedergang des Betriebs durch Konkursmeldung.[95] Obwohl die Baufirma Ceconi ein unerfreuliches Ende fand, ist ihre architektonische Bedeutung für die Stadt Salzburg unbestritten. Über die Stadtteile verteilt finden sich immer wieder entworfene und/oder ausgeführte, markante Bauten des Unternehmens: So stammen beispielsweise das berühmte Bankhaus Spängler und das anschließende Café Bazar in der Salzburger Innenstadt aus der Feder Jakob Ceconis.[96] Karl Ceconi selbst schuf gemeinsam mit seinem Vater den nördlichen, dominierenden Teil der Saint-Julien-Straße in der Elisabeth-Vorstadt.[97] Auch Bauten wie die Linzer Gasse 50 in der Altstadt (errichtet 1924) oder die Willibald-Hauthaler-Straße 7 in Maxglan (erbaut 1925) zählen zu seinen Arbeiten.[98] 1946 verstarb Jakob Ceconi in seiner Geburtsstadt Salzburg.[99]

Baugeschichte und Architektur – Suche nach dem Standort und Entwicklungen ab dem Jahr 1930

Insbesondere die Frage des Standorts sollte alle an Bau und Planung Beteiligten über Jahre hinweg beschäftigen und hatte, wie später noch klar wird, massive Auswirkungen auf die spätere Baugestalt. Zwischen 1912 und 1913 erfolgte der Bau des ebenfalls am Kommunalfriedhof gelegenen Neuen Leichenhauses nach den Plänen von Eduard Wiedenmann, das in der Standortsuche eine wichtige Rolle spielte. Bereits nach dessen Errichtung wurden unterschiedliche Möglichkeiten erwogen, eine Leichenverbrennungsanlage in das Gebäude zu integrieren.[100] Das Bestreben des Stadtbauamts zu Beginn der 1920er-Jahre, den Leicheneinäscherungsofen des Grödiger Gefangenenlagers weiterzuverwenden,[101] sollte die weiteren Überlegungen zum Standort beeinflussen. So bestand 1926 das Vorhaben, diesen in das Neue Leichenhaus mittels eines Anbaus zu integrieren.[102] Später wurde das Alte Leichenhaus als Standort in Betracht gezogen. Allerdings wäre für beide Standorte ein massiver Umbau nötig gewesen, um den Ofen einzubinden.[103] Zudem waren dessen Einzelteile für eine Weiterverwendung nicht mehr geeignet. Bald hatte man daher seinen Gebrauch verworfen.[104]

Als Standort wurde trotz der nötigen Umbaumaßnahmen das Alte Leichenhaus anvisiert. Zu dessen Nutzung hatte man sich mit der Erfurter Firma Topf in Verbindung gesetzt. Diese sah vor, einen Einäscherungsofen in die zur Stadt gewandten Seite des Leichenhauses zu integrieren. Der Schornstein hätte eine Höhe von elf Metern besessen und wäre beim Eckpavillon des Leichenhauses situiert gewesen.[105] Später stand auch die Idee im Raum, einen Tunnel, der die Straße unterirdisch kreuzt, vom Keller des Leichenhauses zur Einäscherungsanlage zu führen. Aufgrund der hierfür benötigten hohen Geldmittel und dem geringen Nutzen – das Krematorium wäre im Verborgenen gelegen – verwarf man diesen Plan und das Alte Leichenhaus als Standort endgültig. Stattdessen wandte man sich dem Neuen Leichenhaus als Standort zu. Ausgehend von dem Gedanken, die Aussegnungshalle für Trauerfeiern zu nutzen, hätte der Einäscherungsofen auf der anderen Straßenseite Platz gefunden. Die Verbindung zwischen Halle und Ofen wäre durch einen künstlerisch ausgestalteten Bogengang erzeugt worden. Diese Lösung konnte nicht überzeugen, da so kein eigentliches Krematorium entstanden wäre. Schließlich wollte man im Zuge der Friedhofserweiterung ein Urnenfeld anlegen, in dessen Mitte der Bau seinen Platz an der Friedhofshauptachse finden sollte.[106]

Nachdem man den idealen Standort gefunden hatte, wurde bereits Ende 1930 mit den ersten Erdarbeiten begonnen.[107] Im November 1931 konnte das Gebäude eingeweiht werden.[108] Das errichtete Krematorium bestand in seiner ursprünglichen Form aus einem stufenförmig angelegten Zentralbau, der sich in

Abb. 3: Krematorium Salzburg, vermutlich Eröffnungsfeier 1931, Blick von Nordosten, Verein für Geschichte der Arbeiterbewegung, Organisation: Feuerbestattung, Arbeiter-Feuerbestattungsverein „Die Flamme", Karton 7, Mappe 5.

ein Untergeschoss, ein Erdgeschoss sowie einen ersten und zweiten Stock gliederte. Es basierte auf einem quadratischen Grundriss mit nördlich anschließender Vorhalle. Die Räume waren so angeordnet, dass die Trauergäste nicht mit den Technikräumen in Kontakt kamen, wenn sie zum Beispiel in die Kanzlei mussten. Der eigentliche Haupteingang lag an der Gebäuderückseite, da über die Vorhalle kein Durchgang für Angehörige eingeplant worden war. Eine zweiarmige Treppe mit Geländer führte zur überdachten Haupteingangstür empor. Von hier aus gelangte man in einen Vorraum und den angrenzenden Flur, von dem aus linker Hand ein Toilettenraum und die Kanzlei abgingen. Am Ende des Flurs lag der Zugang zu den nichtöffentlichen, teils technischen Räumlichkeiten, in die der Sarg nach Beendigung des Trauerakts gebracht wurde. Sowohl das Untergeschoss als auch die oberen Stockwerke konnten über eine quadratische Wendeltreppe im Vorraum, die nahe des Kaminschachts angesiedelt war, erreicht werden. Die oberen Stöcke waren als Lagerräume für die städtische Friedhofsverwaltung angedacht.[109] Das Kellergeschoss beherbergte die Heizungsräume, in denen auch das Anfeuerungsmaterial lagerte.

Wiedenmanns Raumprogramm umfasste vorwiegend die technische Seite des Krematoriums und sah, wie später noch klar wird, Möglichkeiten zur Urnenaufbewahrung vor. Jedoch war der Bau auf wenige Räume reduziert, weswegen beispielsweise ein Warteraum für Angehörige oder ein Zeremoniensaal fehlte. Dieser Umstand ist vor allem auf die wenigen finanziellen Mittel

Abb. 4: Krematorium Nordseite, Hauptansicht heute mit Zeremonienhalle,
Wiener Verein Bestattungs- und Versicherungsserviceges.m.b.H.

zurückzuführen, die zur Verfügung standen. So blieben größere bauliche Eingriffe in den nächsten Jahren aus. Vor 1954 dürfte zumindest eine Verglasung der Seitenwände der Vorhalle vorgenommen worden sein.[110] Zwischen 1957 und 1958 wurde die Kühlzellenanlage einem Umbau unterzogen. Wie in den Plänen des Architekten Erich Boltenstern vorgesehen, fasste man die Kühlzellen und das Sargdepot zu einem großen Raum zusammen.[111] Baulich ergaben sich keine größeren Veränderungen in jener Zeit. Erst 1981 folgte eine umfassende Erweiterung. Es wurde die technische Anlage modernisiert und ein niedrig gehaltener Anbau an der Südseite des bereits bestehenden Bauwerks hochgezogen. Er diente der Installation von Aufbahrungskojen und enthielt Räume für das Personal bzw. die Geistlichkeit.[112] Darüber hinaus nahm man eine Veränderung am Stufenaufbau des Krematoriums[113] vor, wodurch sich die Proportionen des Kernbaus leicht veränderten. In Zuge des Umbaus befasste man sich zusätzlich mit einem essenziellen Problem: Der Aussegnungsbereich wurde lediglich durch ein Dach geschützt, wodurch die Trauergäste und Angehörigen ständig der Witterung ausgesetzt waren.[114] Durch die vollständige Verglasung der Vorhalle entstand die heutige Zeremonienhalle, mit der man das Problem gelöst hatte.[115]

Nach diesen signifikanten Umbaumaßnahmen bestand der Bedarf nach einem größeren Eingriff für weitere Jahre nicht. Mit der Zeit war eine Renovierung der Anlage dennoch notwendig geworden. Zwischen 2005 und 2006 fand daher ein weiterer Umbau des Krematoriums statt.[116] Weil die Feuerhalle unter Denkmalschutz gestellt worden war, bemühte man sich, nur minimale Veränderungen am Äußeren des Gebäudes vorzunehmen. Eine Erneuerung des Dachs der Zeremonienhalle ließ sich jedoch wegen statischer Bedenken nicht vermeiden. Allerdings war man darauf bedacht, eine exakte Nachbildung des ursprünglichen Dachs zu erreichen. Darüber hinaus erhielt die Fassade des Kernbaus einen rosafarbenen Anstrich, da klar wurde, dass dies seinem ursprünglichen Zustand entsprach. Auch im Innenbereich war man bemüht, wenig einzugreifen, weil auf den geschichtlichen Hintergrund und die Symbolik des Gebäudes Rücksicht genommen werden sollte. Zwar wichen die Aufbahrungskojen einem im Anbau liegenden Verabschiedungsraum, jedoch nahm man wichtige Bestandteile, wie das Schiebetor des Zeremoniensaals, von verändernden Eingriffen aus.[117] Darüber hinaus erneuerte man die Technik.[118] Nicht unerwähnt sollte bleiben, dass der Treppenaufgang zum Tor wahrscheinlich nach 2005/2006 entfernt wurde. Vonseiten der Bestatter und Pfarrer hatte schon länger der Wunsch bestanden, die Treppe zu beseitigen, da die Angehörigen aufgrund veränderter Trauerriten näher beim Sarg sein wollten.[119]

Stil, Form und Wirkung

In ihrer äußeren Erscheinung besticht die Salzburger Feuerhalle durch eine Architektur der Moderne, die von einer klaren Formensprache geprägt ist und Bezüge zum Funktionalismus und der Neuen Sachlichkeit herstellt.[120] Die in Putz ausgeführte Kannelierung des Kernbaus[121] bricht das ansonsten geradlinige Erscheinungsbild des Bauwerks. Sie kann als Anklang an das Art déco verstanden werden. Einem unbekannten Autor nach dient sie der Anregung der Wandfläche.[122]

Etwas ungewöhnlich mutet Wiedenmanns Wahl der Außenfarbe für diese Art von Bauwerk an. Denkbar wäre, dass der Architekt mit dem Rosaton einen Bezug zur Neuen Leichenhalle herstellen wollte, um auf diesem Wege eine harmonische Angleichung zu erreichen. Möglich wäre aber auch, dass es sich schlichtweg um einen weiteren Bezug auf den Art-déco-Stil handelt. Insbesondere die kannelierte Außenhaut stand dem Kerngedanken des Stadtbauamts jedoch eigentlich entgegen. Dieses vertrat die Ansicht, dass ein Zweckbau auch in der äußeren Gestalt vom Zweck geprägt zu sein hatte. Man bezog sich hierbei auf die damalige Auffassung von Architektur, die den Einsatz des Barock- oder Renaissancestils bei einem Zweckbau als unangebracht empfand. Dem Stadtbauamt nach würden Fachkreise daher insbesondere für ein Krematorium eine

Form und Funktion – Das Krematorium am Salzburger Kommunalfriedhof

Abb. 5: Vorstudie zum Salzburger Krematorium von Eduard Wiedenmann aus dem Jahr 1930, Stadtarchiv Salzburg, Plansammlung, 1599.

sachliche und klare Linienführung verlangen.[123] In diesem Aspekt erscheint die Geradlinigkeit der Feuerhalle nicht in letzter Konsequenz zu Ende geführt. Ihrem modernen Aussehen tut das jedoch keinen Abbruch. Im Gegenteil – die Kannelierung verleiht dem Bauwerk sein charakteristisches Äußeres.

Blickt man jedoch auf die frühen Entwürfe und Bauwerke des Architekten zurück, dann lassen sich noch deutliche Unterschiede zum Funktionalismus und der Sachlichkeit des Krematoriums feststellen. So finden sich bei den Verbauungsvorschlägen für die Salzburger Rennbahngründe, die während des Ersten Weltkriegs entstanden, deutliche Bezüge zum Heimatschutzstil. Die Nähe zu diesem Stil verwundert insofern nicht, da der Architekt bereits vor Kriegsbeginn für den Heimatschutz in Salzburg eintrat. Im Jahr 1911 fungierte er nicht nur als Obmann beim Verein für Heimatschutz, wo er der Fachabteilung „Heimisches Bauwesen" vorstand,[124] sondern hatte auch an der im gleichen Jahr abgehaltenen „Gemeinsamen Tagung für Denkmalpflege und Heimatschutz" in Salzburg teilgenommen.[125] Spätere Projekte, wie das Kriegerdenkmal oder die Hauptschule für Jungen in der Elisabeth-Vorstadt, präsentieren sich zunehmend mit klarerer Formensprache. Insbesondere beim Kriegerdenkmal zeichnet sich die klare Linie ab, die Jahre später beim Krematorium Anwendung finden wird.

Jedoch existiert eine Vorstudie zur Feuerhalle vom Januar 1930, die eine Verbindung zum Neuen Leichenhaus vorsieht und daher im gleichen Stil wie der bestehende Bau gehalten ist. Das Krematorium ist durch eine überdachte Bogenhalle mit dem Leichenhaus verbunden. Die Feuerhalle ist als oktogonaler

Abb. 6: Kriegerdenkmal am Kommunalfriedhof, Fotografie: Iris Czapka, Februar 2020.

Kuppelbau mit einer umlaufenden Fensterzone projektiert. Das obere Ende des Kaminschachts steht am höchsten Kuppelpunkt hervor. Der dem Kuppelbau vorgelagerte Baukörper weist ein geschwungenes Zeltdach auf. Er ist durch vier Pilaster an der Eingangsseite rhythmisiert und besitzt einen mit der gleichen Dachform ausgestatteten, von zwei Säulen getragenen Portikus. Wiedenmann integriert den Kamin auf ungewöhnliche Weise in den Bau, da sich der oberste eckige Teil des Schachts deutlich vom höchsten Punkt der Kuppel abhebt. Fraglich ist also, ob hier eine harmonische Verbindung von Technik und Architektur hätte umgesetzt werden können.

Darüber hinaus erscheint die Vorstudie im Vergleich zur später ausgeführten Feuerhalle eher konservativ. Die Entstehung der Bauform, der Stufenpyramide, ist auf mehrere Faktoren zurückzuführen. Wie schon für den Stil, lässt sich auch für die Gestalt der Feuerhalle eine Verbindung zum Kriegerdenkmal herstellen. Dort deutet sich bereits ein ähnlicher, nach Stufen gegliederter Aufbau an. Qwiters erscheint die Anlehnung an das Kriegerdenkmal in Anbetracht der Bemühungen um ein harmonisches Zusammenwirken wahrscheinlich. Als anderes Vorbild mag das Krematorium in Steyr gedient haben, da dieses ebenso durch eine stufenförmige Bauform besticht und Eduard Wiedenmann den Bau nachweislich zur Recherche für die Salzburger Feuerhalle besichtigt hatte.[126] Das Kriegerdenkmal und die Steyrer Feuerhalle dürften zwar eine gewisse Richtung vorgegeben haben, der Architekt betonte jedoch besonders, dass sich die Baugestalt aus dem Standort heraus entwickelt hatte. Durch das Verlegen der Wege befand sich die Feuerhalle im Schnittpunkt zweier Achsen. Wiedenmann berücksichtigte die Lage des Bauwerks, wonach er für das Krematorium einen symmetrischen, viereckigen Grundriss festlegte. Dieser Überlegung folgend erhielt der Kamin in der Mitte des Gebäudes seinen Platz. Laut dem Architekten entstand die charakteristische Gestalt des Gebäudes in Form der Stufenpyramide aus der Integration des Kaminschachts, da die beiden Stockwerke den Schlot weniger stark in den Fokus rücken lassen sollten.[127] Er war darum bemüht, den Kamin weder zu sehr hervorzuheben noch zu verstecken,[128] also eine harmonische Eingliederung in den Bau zu erreichen, ohne die zugrunde liegende technische Seite zu verleugnen. Darüber hinaus übte der Kaminschacht nicht bloß eine technische Funktion aus, sondern hatte auch eine bauliche Aufgabe zu erfüllen, weil er als tragender Pfeiler konzipiert war. Der Architekt legte daher ein besonderes Augenmerk auf seine Konstruktion.[129]

Wenngleich Friedrich Achleitner bereits von einer „pavillonartigen Wirkung"[130] der Feuerhalle spricht, lässt ihre ursprüngliche Gestalt mit ihrem stufenförmigen Aufbau noch nicht an einen japanischen Tempelbau denken. Doch spätestens mit der 1980/81 durchgeführten Umgestaltung drängt sich dieser Eindruck auf. Durch die Verglasung der Zeremonienhalle wurde ein Schließen des bis dahin (halb)offenen Raums bewirkt und die Fensterflächen in einer

Abb. 7: Stadtbauamt Salzburg, Entwurf zum Krematorium aus dem Jahr 1930, Stadtarchiv Salzburg, Bauprovisorien, Kommunalfriedhof.

Trennung voneinander ausgeführt. In Kombination mit dem breit angelegten Vordach tragen heute vor allem die Glasflächen zur Assoziation mit einem japanischen Tempelhaus bei.[131]

Zeremonienhalle

Als wohl wichtigster Raum innerhalb der Feuerhalle gilt heute die sogenannte Zeremonienhalle. Ursprünglich besaß das Salzburger Krematorium jedoch keinen derartigen Raum, sondern nur eine überdachte Vorhalle von etwa 200 Quadratmeter Größe.[132] Dass Letztere überhaupt errichtet wurde, war zunächst nicht geplant.[133] Der Grund dafür war die finanzielle Lage der damaligen Zeit. Den *Arbeiter-Feuerbestattungsverein*, von dem das Baukapital stammte, traf das Jahr 1931 in finanzieller Hinsicht bis ins Mark.[134] Um Geld zu sparen, plante der Architekt zunächst nicht ein, einen derartigen Raum in das Krematorium zu integrieren. Stattdessen hatte Wiedenmann die Absicht, die bereits bestehende Aussegnungshalle des Neuen Leichenhauses für die Trauerzeremonie – insbesondere bei Schlechtwetter – zu nutzen. Aus diesem Grund war lediglich

Abb. 8: Vorhalle mit teilverglasten Wänden vor 1954?, Wiener Verein Bestattungs- und Versicherungsserviceges.m.b.H.

Abb. 9: Heutige Zeremonienhalle, Fotografie: Iris Czapka, Februar 2020.

die Errichtung eines Ofenhauses vorgesehen.[135] Bei dem hierzu entstandenen Entwurf vom August 1930 ist nur ein schmales Vordach projektiert, das den Trauergästen bei schlechter Witterung kaum Schutz geboten hätte. Aufgrund der Erhöhung der zur Verfügung stehenden Gelder entschied man sich für die Errichtung einer Vorhalle, wobei man insbesondere ihre Schutzfunktion vor Schlechtwetter als Vorteil anerkannte.[136]

Die Halle präsentierte sich ursprünglich als schlichter Raum, dessen Hauptfokus auf dem aufwändig gestalteten Schiebetor an der Südwand lag. Die sachliche Linienführung und Zurückhaltung der Außengestalt führten sich auch in der Vorhalle fort. Besonders die glatten Betonpfeiler trugen ihren Teil dazu bei. Aber auch sonst dürfte sich die Vorhalle schlicht präsentiert haben. So war der Anteil der Wand, den das Tor nicht einnahm, ohne Mosaiken oder Malereien geblieben. Den Boden hatte man mit Marmorplatten ausgelegt.[137] Ob diese allerdings ein Muster oder eine Form bildeten und farbig waren, lässt sich heute nicht mehr sagen. Wiedenmanns sachliche Architektursprache kam auch bei zwei Deckenlampen, die in rechteckigen Formen gehalten waren, zum Tragen. Inwieweit andere Ausstattungsgegenstände der sachlichen Formensprache folgten, muss an dieser Stelle ungeklärt bleiben. Die offene Anlage der Vorhalle dürfte sich mit der Zeit schließlich als unpraktisch erwiesen haben, denn zu Beginn der 1950er-Jahre projektierte man in einem Entwurf das Schließen der Halle mittels Glasverkleidung. Jedoch wurde dies nie umgesetzt. Vor 1954 wurde zumindest eine Verglasung der Vorhallenseiten vorgenommen. Mit den Umbauten Anfang der 1980er-Jahre und der Renovierung 2005/2006 schloss man zwar die Vorhalle vollständig und machte sie zu einem Zeremoniensaal, versuchte aber den zurückhaltenden Charakter der Ursprungszeit beizubehalten. Gleichzeitig sollte der Raum für die Trauergemeinschaft tröstende Funktion haben. So wurden etwa links und rechts des Tores zwei Wandteppiche in unaufdringlichen Farben angebracht, die raumgestaltende Stärke vermitteln. Durch ihre Struktur und die Farben spenden sie Trost und Halt bei der Trauerfeier und Trauerbewältigung.[138]

Das Herzstück – „Tor des Abschiednehmens"

Durch die geringe Ausstattung und die zurückhaltende Ausgestaltung der Vorhalle avancierte das Schiebetor nicht nur zum Zentrum des Raumes, sondern vor allem zum Zentrum der Trauerfeier. Aus diesem Grund kann man beim Tor vom Herzstück der Feuerhalle sprechen.

Der Entwurf stammt von Eduard Wiedenmann selbst. Der Bildhauer August Ficker und der Kunstschlosser Josef Putz waren jeweils für dessen Modellierung und Anfertigung zuständig. Das Tor ist in Kupfer getrieben und auf der Rückseite mit Gelbmetall unterlegt. Die Toröffnung wird von einer

Abb. 10: „Tor des Abschiednehmens" in der Zeremonienhalle, Fotografie: Iris Czapka, Februar 2020.

Einfassung aus grünem Marmor umgeben.[139] Sieben Stufen leiteten ursprünglich hinauf.[140] Durch seine schiere Größe von 4 x 2,70 m[141] und die dunkle Erscheinung dominiert das Tor auch den heutigen Zeremonienraum wesentlich. Es beeindruckt nicht nur durch seine Maße, sondern auch durch seine Gestaltung. Der Autor Bruno Maldoner spricht ihm daher einen hohen künstlerischen Wert zu.[142]

Die Marmoreinfassung seitlich des Tores ist links und rechts dreimal abgestuft. Beide Torflügel sind identisch gestaltet und jeweils horizontal in drei Register eingeteilt. Das oberste Register jedes Flügels ist jeweils mit einer zusammenhängenden, figürlichen Szene ausgestattet. Die mittleren Register sind vertikal in drei Segmente gegliedert, in deren mittleren Abschnitt die Worte „ASCHE ZU ASCHE" auf dem linken Torflügel sowie „STAUB ZU STAUB" auf dem rechten Torflügel zu lesen sind. Bei jedem Flügel ist das mittlere Segment mit Schrift von zwei restlichen Abschnitten flankiert, die figürliche Szenen enthalten. Die beiden unteren Register weisen eine ähnliche Gestaltung wie die beiden oberen Register auf. Durch die künstliche Beleuchtung und das rückwertig angebrachte Glas, das für zusätzliches Licht sorgen sollte,[143] erschien das Tor in der Entstehungszeit einem überdimensionalen Scherenschnitt gleich. Noch heute vermittelt es diesen Eindruck.

Abb. 11: „Tor des Abschiednehmens" in der Zeremonienhalle, unteres Bildfeld des linken Torflügels, Fotografie: Iris Czapka, Februar 2020.

Die Figuren heben sich vom hellen Untergrund ab, verschwimmen aber auf den ersten Blick in einer großen Masse. Bei näherer Betrachtung fallen Details auf, die jede einzelne Figur charakterisieren. In den beiden obersten Registern der Torflügel wendet sich der überwiegende Teil der Figuren dem Betrachter zu und blickt in dessen Richtung. Kleidung und Attribute der dicht beisammenstehenden Menschen verweisen auf die unterschiedlichen Tätigkeiten und sozialen Schichten. So stützt sich beispielsweise auf dem rechten Torflügel ein alter, möglicherweise kriegsversehrter Mann auf eine Krücke, während sich ein Mann in Zylinder und Mantel mit einer Dame und einem weiteren Herrn unterhält. Im mittleren Register werden vier markante Szenen herausgegriffen. Im äußersten linken Segment sind zwei Männer bei der Arbeit in einer Schmiede dargestellt. Der mit einer Schürze bekleidete Mann stützt sich auf einen Hammer, dessen Schlagseite auf einem Amboss aufliegt. Er blickt gedankenverloren in die Ferne. Der neben ihm im Profil gezeigte zweite Mann sieht schmerzverzerrt zu Boden. Er richtet seinen Blick auf etwas, das vom Betrachter aus nicht gesehen werden kann. Geht er seiner Arbeit nach? Bestiehlt er seinen Kollegen? Die Szene lässt sich an dieser Stelle nicht eindeutig identifizieren.

Im gegenüberliegenden Segment folgt ein küssendes Paar, das sich eng umschlungen festhält. Das erste Segment des rechten Torflügels zeigt einen Mann, der von zwei anderen Männern gestützt wird. Sein Körper hängt schlaff in ihren Armen, der Kopf ist auf den Brustkorb gesunken. Die letzte Szene ist besonders eindrücklich: Ein Mann erwürgt eine Frau mit bloßen Händen. Mit ausdruckslosem Gesicht beugt er sich nach vorne, um ihr die Luft abzuschnüren. Das nur zur Hälfte erkennbare Gesicht der Frau zeigt einen Ausdruck von Entsetzen. Das oberste Register des linken Torflügels füllt eine Reihe von Menschen aus,

Abb. 12: Trauerzeremonie eines vermutlichen Bombenopfers um 1944, Stadtarchiv Salzburg, Fotoabteilung, Foto 1213.0931,1.

die sich dem Betrachter zuwenden. Frauen, Männer und Kinder stehen eng zusammen. Ihre Gesichter erscheinen ausdruckslos. Auch im obersten Register des rechten Torflügels verhält es sich ähnlich. Im untersten Register des linken Torflügels werden ebenfalls unterschiedliche Menschen illustriert: Ganz links außen lehnt eine Frau zusammengesunken an der Wand. Ein Paar hält sich an den Händen. Einer der Männer trägt eine Waffe bei sich. Zwischen den Menschen steht ein Skelett, das eine Sense in der linken Hand hält. Es blickt den Betrachter direkt an. Im untersten Register des rechten Torflügels sind ebenfalls verschiedene Menschen illustriert. Zwei Männer und eine Frau scheinen gerade in ein Gespräch vertieft. Neben dem älteren Mann, der sich auf seine Krücke stützt, ist ein Mann dargestellt, der die Arme verschränkt hält und den Betrachter geradewegs anblickt.[144]

Sargeinführung und Trauerzeremonie

Im Falle des Salzburger Krematoriums kam eine horizontale Sargeinführung zur Anwendung. Die Trauerzeremonie stellte sich Eduard Wiedenmann folgendermaßen vor: Die eigentliche Aufbahrung des Verstorbenen und die Aussegnung sollten nicht im Krematorium, sondern in der Aussegnungshalle des Neuen Leichenhauses erfolgen, das unweit der Feuerhalle liegt. Anschließend sollte der Verschiedene von dort aus über den Friedhof zur Feuerhalle getragen werden.[145] Der Architekt sah vor, dass das Tor bei Eintreffen des Trauerzuges geöffnet wird und so den Blick auf die dahinterliegende halbrunde Nische freigibt, die durch einen Vorhang aus farbigem Samt entsteht.[146] Sie ist durch künstliches Licht erhellt.[147] Innerhalb der Nische wird der Sarg auf einem prächtigen Wagen abgelegt und ist von Blumen umgeben.[148] Nachdem die Trauerfeier beendet ist, wird das Tor geschlossen und der Vorhang beiseitegeschoben,[149] damit der Wagen samt Sarg zu einem Einführungswagen, der auf Gleisen läuft, gebracht werden kann.[150] Die Räume, in denen die Toten verbrannt wurden, waren nicht für die Öffentlichkeit bestimmt. Der eigentliche Akt der Verbrennung sollte unter Ausschluss der Trauergemeinschaft erfolgen. Lediglich zwei Angehörige durften bei der Verbrennung zugegen sein.[151]

Durch die Aufteilung der Trauerzeremonie auf zwei Gebäude, die den Gang über den Friedhof mit dem Sarg zur Folge hatte, erinnerte die Feier an eine Erdbestattung. Gleichzeitig machte sie die Natur und den besonderen Standort des Krematoriums erfahrbar. Noch bevor der Sarg die Feuerhalle für den Schlussakt erreichte, wurde ein Bild geschaffen, das schon bei den Zeitgenossen einen nachhaltigen Eindruck hinterließ:[152] „Ein Anblick, der seinesgleichen sucht: Die Silhouette des Krematoriums auf dem Friedhof steht in dem großen, herrlichen Rahmen des Untersberges, der sich schneebedeckt vom blauen Himmel abhebt. Die Wucht des Berges ist ein Orgelpunkt. Die Landschaft spricht monumentale Worte der Unvergänglichkeit, des ewigen Bestehens. Es wird kaum eine zweite Feuerhalle geben, bei der die Natur in ihrer Größe so nah ist, teilnehmungsvoll [sic!], versöhnend. Es ist ein Ort von einem tiefen Stimmungsgehalt."[153] Eduard Wiedenmann berücksichtigte die Wirkung auf den Besucher, der von der Mitte des Friedhofes in Richtung Feuerhalle sieht. Durch den Untersberg, der hinter dem Umriss des Krematoriums liegt, sollte sich ein feierliches Gesamtbild ergeben.[154] Der Architekt bediente sich nicht übermäßiger Ausstattung und kirchlichen Formen, um Sakralität zu erschaffen. Vielmehr bezog er die Natur in seine Gestaltung mit ein und bildete einen Rahmen für das Krematorium und das Geschehen bei der Trauerfeier. Die geraden Formen des Baus und die Unregelmäßigkeit des Berges treffen aufeinander und bilden eine Einheit.[155]

War der Sarg die Treppen zum Tor hinaufgetragen worden, dann erfuhr die Feier eine beinahe theatralische Komponente, denn der erhöht liegende Bereich erinnert an eine Bühne. Darüber hinaus spielte das Tor nicht nur bezüglich seiner Größe eine wesentliche Rolle für den Schlussakt der Feier, sondern auch hinsichtlich des Bildprogramms, das nach Schließen der Seiten ersichtlich wurde. So wählte Eduard Wiedenmann nicht ohne Grund jene vier Szenen aus, die das mittlere Register zieren. Mit ihnen schildert er Momente, die das Leben eines Menschen entscheidend prägen. Deutet man die Szene in der Schmiede als Diebstahl, dann sind sich auf jedem Torflügel ein negatives und ein positives

Lebensereignis gegenübergestellt. Links werden der Diebstahl und die Liebe gezeigt, rechts sind Freundschaft und Tod aufgeführt. So flankieren die beiden moralischen Verfehlungen die positiven Lebensereignisse. Die unteren und oberen Register bilden die Gesellschaft ab, der Menschen verschiedenster Art angehören. Ausgrenzung und Zusammenhalt spiegeln sich dort wider und man fragt sich, welche Einzelschicksale Eduard Wiedenmann anspricht.

Neben den versammelten Kindern, Männern und Frauen sticht ein Individuum besonders hervor: der personifizierte Tod als Skelett mit Sense. Der Architekt stellt ihn keineswegs an den Rand oder isoliert ihn von den restlichen Figuren, sondern bildet ihn als Teil der Menschenmenge ab – getreu dem Grundsatz „Der Tod gehört zum Leben".[156] Einem unbekannten Verfasser nach steht das Tor im Zeichen des „Allesüberwinder Tod".[157] Die Unterschiedlichkeit der dargestellten Menschen und der Herausgriff der vier Szenen kann daher folgendermaßen gedeutet werden: Egal ob Jung oder Alt, egal in welcher Situation – der Tod kann jeden treffen und überwindet alles. Die Verschiedenheit der Dargestellten kann auch dafür stehen, dass die Feuerbestattung jedem Menschen, egal welcher politischen oder religiösen Richtung zugehörig, offenund zusteht. Dies macht insofern Sinn, da das Krematorium in keinem Bereich mit einem Kreuz(symbol) ausgestattet war. So ist auch auf dem Tor selbst kein direkter Verweis auf eine bestimmte Religion oder Partei zu finden.[158]

Wiedenmann verfolgte einen sehr ernüchternden, eindringlichen, vielleicht auch beängstigenden Ansatz für die Atmosphäre der Zeremonie. Mit der Aufführung der verschiedenen Szenen schildert er das Leben schonungslos ehrlich. Er beschönigt oder verschleiert nichts, sondern spricht Unangenehmes und Unausweichliches direkt an. Insbesondere in der Szene, in der die Frau erwürgt wird, manifestiert sich dieser Ansatz.

Wiedenmanns Konzept wurde neben der bildlichen Darstellung noch in einer anderen Form sichtbar: schriftlich. Dass er auch der Schrift eine wichtige Rolle einräumte, verwundert nicht. Schon der Autor Ulrich Hübner stellt fest, dass Inschriften an oder in Krematoriumsbauten eine wichtige Funktion haben, da sie eine vermittelnde Rolle in Bezug auf den Tod und für die Angehörigen einnehmen.[159] Die Worte „Asche zu Asche" und „Staub zu Staub", die im Zentrum des Tores liegen, sind in Großbuchstaben geschrieben und können nicht übersehen werden. Der Architekt entschied sich nicht für einen biblischen Vers, wie es beispielsweise im Krematorium in Gotha der Fall ist, und griff auch nicht auf literarische Passagen zurück, wie sie zum Beispiel in der Feuerhalle Danzig zur Anwendung kamen.[160] Stattdessen führt er die bei der Beisetzung verwendeten, liturgischen Worte „Erde zu Erde, Asche zu Asche, Staub zu Staub"[161] auf, wobei der erste Teil dieses Dreisatzes bewusst weggelassen wird. Wiedenmann deutet so nicht nur auf den Vorgang des „Verbrannt-Werdens" hin, der sich für den Verstorbenen im Sarg unvermeidlich vollzieht, sondern spricht auch gleichzeitig die Beisetzung der Urne an. Die Schließung der Torseiten erhält dadurch etwas Endgültiges und Unausweichliches. Durch das Tor und den Untersberg im Hintergrund erfahren die eigentlich sachlich gestaltete Feuerhalle und die Vorhalle eine mit Emotionen aufgeladene Komponente, die sich vornehmlich bei der Trauerzeremonie manifestiert.

Technische Anlagen

Die technischen Räumlichkeiten des Krematoriums erstreckten sich ursprünglich über Erd- und Kellergeschoss und waren nur über das Schiebetor mit der nachfolgenden Zeremonienhalle verbunden. Auf der östlichen Gebäudeseite befand sich der Einäscherungsofen.[162] Westlich lagen der Zugang zur Kühlanlage, die mit zwei Kühlzellen ausgestattet war,[163] und ein kleines Depot. Den Verbrennungsofen hatte die in Wien ansässige Firma Manoschek hergestellt.[164] Dieser war mit weißen Kacheln eingekleidet und dürfte vermutlich nach dem Prinzip des Regenerativverfahrens funktioniert haben. Der Abzug verlief auf der Seite nach unten, wo er unterhalb des Kellergeschosses weitergeführt wurde und am Kaminschacht anlangte. Angefeuert wurde der Ofen vom Kellergeschoss aus. In einem Raum brachte man den Koks zum Brennen, wodurch die dabei freigesetzten Gase aufsteigen konnten und durch den Kontakt mit Luft circa 900–1.000 Grad erreichten. Dieses erhitzte Gemisch leitete man schlussendlich ins Ofeninnere.[165] Der Verbrennungsofen besaß zwei Türen, von denen die innen liegende Türe durch einen Mechanismus angehoben werden konnte. Der Einführungswagen, dessen vorderer Teil in Eisen gefertigt war, empfing den Sarg und transportierte ihn zum Ofen. Mittels Hebel konnte der Sarg abgeladen werden, wonach der nun leere Wagen wieder an seinen Platz zurückgeführt wurde.[166] Nachdem der Sarg im Ofen Platz gefunden hatte und die Türen geschlossen worden waren, leitete man einen heißen Luftstrom ein, durch den das Holz binnen Minuten zu Asche zerfiel. Zeitgleich begann die Zersetzung des Verstorbenen, die im Regelfall rund eine Stunde dauerte. Die Asche sank dabei durch einen Rost auf eine darunterliegende Aschepfanne. Anschließend entnahm man die Überreste und füllte sie, abgekühlt, in die Urne. Diese wurde verlötet und sowohl mit dem Namen des Verschiedenen als auch dem Tag der Verbrennung beschriftet. Bis die Bestattung erfolgte, lagerte man die Urnen im Depotraum des Erdgeschosses.[167] 1963 erneuerte man das Ofensystem, da die seit Langem für den Einäscherungsofen eingesetzte, mit Koks funktionierende Anheizung gegen einen modernen Strombetrieb getauscht wurde.[168] Im Zuge der Umbauten Anfang der 1980er-Jahre erhielt die Feuerhalle einen zweiten Elektroofen.[169] Bei den Renovierungen von 2005/2006 wurden die Einäscherungslinien einer Erneuerung unterzogen – man stattete sie mit einer Rauchgasreinigungsanlage aus.[170]

Abb. 13: Stadtbauamt Salzburg, Schaubild mit Umgestaltung des Vorplatzes zum Krematorium aus dem Jahr 1939, Stadtarchiv Salzburg, Plansammlung, 1599, Foto zugeschnitten von Iris Czapka.

Urnenaufbewahrung

Bereits bevor das Krematorium errichtet wurde, gestaltete sich die Urnenaufbewahrung am Salzburger Kommunalfriedhof problematisch. Die österreichischen Städte Linz, Steyr und Wien besaßen zur Zeit der Erbauung bereits jeweils ein Krematorium. Da der Wunsch nach Einäscherung in Salzburg auch bestand, ließen sich diejenigen, die sich für diese Bestattungsart entschieden hatten, in den Steyrer und Linzer Feuerhallen verbrennen. Weil die Feuerbestattung in hohem Maße angestiegen war, häuften sich bei der Friedhofsverwaltung stetig neue Urnen. Ab dem Jahr 1926 lagerte man die Aschegefäße in der Alten Leichenhalle. Dort konnten sie zu Allerheiligen von Angehörigen besucht werden.[171] Da das Problem mit der Urnenaufbewahrung fortbestand, versuchte das Stadtbauamt verschiedene Projekte zu realisieren. So sah man einen ellipsenförmigen Urnenfriedhof vor, der das Krematorium in das Zentrum der Anlage stellte.[172] Dieser Entwurf wurde offenbar nicht verwirklicht – lediglich eine Reihe von Urnengräbern stand zur Beisetzung der Urnen zur Verfügung.[173] 1935 widmete sich das Stadtbauamt dem Thema erneut intensiver und versuchte das von einem Bürger sogar „als ein ungepflegtes Stück"[174] Land betitelte Grundstück in eine würdige letzte Ruhestätte für die Urnen zu verwandeln.[175] Statt der Ellipse fasste man einen symmetrisch angelegten Urnenfriedhof ins Auge, der geraden Formen folgt und die Feuerhalle ins Zentrum eines rechteckigen Platzes gestellt hätte. Um ihn hätten sich weitere kleinere Plätze und Bereiche gruppiert. Man beabsichtigte verschiedene Formen der Beisetzung innerhalb des Friedhofs zu schaffen, weswegen sich neben den Nischen auch Reihen mit Urnengräbern befinden sollten. Die knappen finanziellen Mittel machten eine Realisierung letztendlich jedoch unmöglich.[176] Dennoch plante man in den folgenden Jahren – hier ist insbesondere das Jahr 1939 hervorzuheben – offenbar weiter an der Umsetzung eines Urnenfriedhofs und sogar der Veränderung des Krematoriums.[177]

Das Grundkonzept für die Friedhofsanlage blieb im Wesentlichen bestehen. Lediglich die Seitenplätze ersetzte man durch zwei Baumalleen sowie mehrere Reihen mit Erd- und Nischengräbern. Die essenziellste Umgestaltung hätte sich für den Hauptplatz in Verbindung mit der Feuerhalle ergeben. Statt des abgestuften Baukörpers war ein hochrechteckiger Kubus geplant, der im oberen Bereich hohe Öffnungen besitzt, die einmal um das Gebäude führen. Die Vorhalle hätte in ihrer eigentlichen Form und Anlage weiterbestehen sollen. Seitlich der Halle schließen sich im Entwurf jeweils offene Bogengänge an, die in dazu querliegende, flachgedeckte Arkadengänge weiterführen. Der Hauptplatz hätte sich durch diese Lösung in einen Krematoriumsvorplatz und einen dahinterliegenden Bereich aufgeteilt. Aus welchem Grund die Umgestaltung letztendlich nicht durchgeführt wurde, ist unklar. Erst 1950 dürfte es dann tatsächlich zu einer Anlage eines Urnenfriedhofs gekommen sein, den man in den 1960er-Jahren erweiterte.[178] Neben Urnengräbern finden sich heute am Urnenfriedhof des Kommunalfriedhofs eine Kolumbarienanlage und Urnenstelen, aber auch eine Baumhainbestattung ist möglich.[179]

Schlussbemerkungen

Mit dem vorliegenden Beitrag sollte das architektonisch wertvolle Salzburger Krematorium in den Fokus gerückt werden, dessen Entstehung auf die unermüdlichen, jahrelangen Bemühungen der Salzburger Feuerbestattungsvereine und der Stadt Salzburg zurückzuführen ist. Die Voraussetzungen für eine Errichtung standen anfangs jedoch schlecht, da man der Kremierung als Bestattungsart in Österreich lange Zeit ablehnend gegenüberstand. Insbesondere die katholische Kirche wies diese und den damit verbundenen Bau von Krematorien zurück. Im Laufe des 20. Jahrhunderts konnte sich die Leichenverbrennung jedoch zunehmend entfalten. Grund hierfür waren die regen Tätigkeiten des schon 1885 gegründeten *Vereins der Freunde der Feuerbestattung „Die Flamme"* und des später ins Leben gerufenen *Arbeiter-Feuerbestattungsvereins „Die Flamme"*, die sich mit unterschiedlichsten Werbearten für eine Anerkennung dieser Art der Bestattung einsetzten. Schlussendlich brachten die Vereine mehrere

Feuerbestattungsanlagen in den einzelnen Bundesländern hervor, von denen der Salzburger Bau eine ist.

Die von Eduard Wiedenmann entworfene Feuerhalle am Salzburger Kommunalfriedhof ist ein einzigartiges Beispiel für diese architektonisch anspruchsvolle Baugattung – sie steht mit ihrer schlichten, funktionalen Gestalt und den reduzierten Räumlichkeiten gänzlich im Zeichen der Moderne. In dieser Hinsicht spielte der ideale Standort eine wichtige Rolle, da man ihn in Salzburg lange Zeit zum Thema gemacht hatte. Der schlussendlich festgelegte Platz an der Hauptachse des Kommunalfriedhofs legte nicht nur den quadratischen Grundriss und die gestufte Bauform fest, sondern diente auch der emotionalen Untermalung der Trauerfeier durch den im Hintergrund auftauchenden Untersberg. Durch die wenigen finanziellen Mittel hatte anfangs jedoch keine Zeremonienhalle zur Verfügung gestanden, sondern nur eine überdachte Vorhalle, die den letzten Akt der Trauermesse bildete und einen Gang mit dem Sarg vom Neuen Leichenhaus aus über den Friedhof bedeutete. Für das Ende der Trauerfeier hatte Eduard Wiedenmann ein einzigartiges und ausführlich ausgestaltetes Schiebetor geschaffen, das die Atmosphäre zusätzlich emotional auflud. Der Architekt ließ vier prägende, negative wie positive Lebenssituationen unübersehbar am Tor erscheinen. Dazu reiht sich der Tod als Skelett mit Sense, in seiner Rolle als alles überwindende Macht, in eine Folge von unterschiedlichen Menschen ein. Zusammen mit den liturgischen Worten „Asche zu Asche, Staub zu Staub" deutet Wiedenmann so ungeschönt und endgültig auf die Einäscherung und anschließende Bestattung der verstorbenen Person voraus. Für die letzte Ruhestätte hatte man in Salzburg zu Anfang einen ellipsenförmigen Urnenhain vorgesehen. Dieser wurde jedoch nur in Teilen realisiert und auch spätere Entwürfe konnten nicht umgesetzt werden. Dennoch fand man mit dem im Jahr 1950 errichteten Urnenfriedhof letztendlich zu einer Lösung, die eine würdevolle Beisetzung der Verstorbenen erlaubt. In diesem Sinn sei daher Karl R. Popper zitiert: „Das Leben des vergessenen, des unbekannten individuellen Menschen: seine Sorgen, seine Freuden, seine Leiden und sein Tod – sie sind der wirkliche Gehalt der menschlichen Erfahrung."[180]

Endnoten

1 Der vorliegende Beitrag ist ein Auszug aus meiner Masterarbeit: *Iris Althea Czapka*, Form und Funktion – Krematoriumsbau im Österreich der Zwischenkriegszeit mit besonderem Hinblick auf das Krematorium in Salzburg, Salzburg 2020. Nähere Informationen zu anderen österreichischen Krematorien der Zwischenkriegszeit und den Feuerbestattungsvereinen in Österreich sind dort zu finden.

2 *Douglas J. Davies*, Introduction, in: ders. / H. Mates, Hg., Encyclopedia of Cremation, Aldershot 2005, S. XVII.

3 Ebd.

4 *Davies*, Introduction, S. XVII–XVIII.

5 *Ewald Volgger / Florian Wegscheider*, Urne wie Sarg? Zur Einführung, in: dies., Urne wie Sarg? Zur Unterscheidung zwischen Erd- und Feuerbestattung (SKUL Schriften der Katholischen Privat-Universität Linz 5), Regensburg 2018, S. 7.

6 *Davies*, Introduction, S. XVII.

7 *Ute Georgeacopol-Winischhofer / Armine Wehdorn / Manfred Wehdorn*, 75 Jahre Feuerhalle der Stadt Wien (Kat. Ausst., Aufbahrungshalle 2 des Wiener Zentralfriedhofes 1997), Wien 1998, S. 30–36.

8 *Ulrich Hübner*, Kunst und Architektur der deutschen Feuerbestattungsanlagen im historischen Kontext unter besonderer Berücksichtigung der Krematorien in Sachsen. Diss., Dresden 2013, S. 18.

9 *Georgeacopol-Winischhofer / Wehdorn / Wehdorn*, Jahre, 1998, S. 32.

10 Ebd., S. 36.

11 *Werner Oechslin*, Wie die Alten den Tod gebildet, in: Ivo Zemp, Die Architektur der Feuerbestattung. Eine Kulturgeschichte der Schweizer Krematorien, Baden 2012, S. 7.

12 *Bruno Maldoner*, Austria, in: Davies / Mates, Hg., Encyclopedia, S. 15.

13 *Ute Georgeacopol-Winischhofer*, Background (Austria-Hungary), in: Davies / Mates, Hg., Encyclopedia, S. 73.

14 *Maldoner*, Austria, 2005, S. 15.

15 *Georgeacopol-Winischhofer / Wehdorn / Wehdorn*, Jahre, S. 6.

16 *Czapka*, Form, S. 11.

17 *Guido Müller*, Gesucht: Platz für einen neuen Friedhof, in: Friederike Zaisberger / Reinhard R. Hainisch, Hg., Leben über den Tod hinaus. Prominente im Salzburger Kommunalfriedhof (MGSL 23), Salzburg 2006, S. 15–16.

18 *Stadtgemeinde Salzburg*, Gesellschaft & Soziales. Kommunalfriedhof. Öffnungszeiten Kommunalfriedhof, in: Stadtgemeinde Salzburg, Stadt Salzburg, URL: https://www.stadt-salzburg.at/orte/ma-7-betriebe/ma-702-stadtgaerten/friedhoefe/staedtische-friedhoefe/kommunalfriedhof/

19 *Johann Baumgartner*, Architektur, in: Zaisberger / Hainisch, Hg., Leben, S. 25–33.

20 N. N., Die Eröffnung der Salzburger Feuerhalle, in: Phönix. Blätter für wahlfreie Feuerbestattung und verwandte Gebiete, 44/12, 1931, Sp. 226.

21 *Stadtgemeinde Salzburg*, Gesellschaft & Soziales. Kommunalfriedhof. Erholungsgebiet Kommunalfriedhof, in: Stadtgemeinde Salzburg, Salzburg, URL: https://www.stadt-salzburg.at/internet/leben_in_salzburg/gesellschaft_soziales/friedhoefe/staedtische_friedhoefe/kommunalfriedho f_338959/erholungsgebiet_kommunalfriedhof_327153.htm

22 N. N., Feuerhalle, 1931, Sp. 226.

23 Für den Architekten existiert sowohl die Schreibweise „Wiedemann" als auch „Wiedenmann". Aufgrund der besseren Lesbarkeit wird in der vorliegenden Arbeit die Schreibweise „Wiedenmann" verwendet.

24 *Baumgartner*, Architektur, 2006, S. 33.

25 *Wiener Verein Bestattungs- und Versicherungsserviceges.m.b.H.*, Umbau & Gestaltung. Geschichte, in: Wiener Verein Bestattungs- und Versicherungsserviceges.m.b.H., Feuerhalle Salzburg, URL: http://www.feuerhalle.at/umbau/default.html

26 *Friedrich Achleitner*, Österreichische Architektur im 20. Jahrhundert. Ein Führer in drei Bänden, Bd. 1: Oberösterreich. Salzburg. Tirol. Vorarlberg, Salzburg–Wien ³1986, S. 256.

27 *K. Z.*, Das neue Krematorium in Salzburg, in: Salzburger Volksblatt, 61/256, 1931, S. 9, zit. nach: Österreichische Nationalbibliothek, ANNO. Historische Zeitungen und Zeitschriften (zuletzt geändert 2020), URL: http://anno.onb.ac.at/cgi-content/anno?aid=svb&datum=19311107&seite=. Ein Großteil der folgenden Zeitungsartikel wurde nach ANNO aus der ÖNB abgerufen.

28 *Hübner*, Kunst, 2013, S. 391.

29 Ebd.

30 *Baumgartner*, Architektur, S. 33. Bei Baumgartner ist noch zu lesen, dass eine Treppe zu dem erhöht liegenden Bereich hinaufführt. Diese wurde in der Zwischenzeit entfernt. Vgl. *Czapka*, Form, S. 30.

31 *Henning Winter*, Die Architektur der Krematorien im Deutschen Reich 1878–1918 (Kasseler Studien zur Sepulkralkultur 10), Dettelbach 2001.

32 *Georgeacopol-Winischhofer*, Background, S. 71–73.

33 *Georgeacopol-Winischhofer / Wehdorn / Wehdorn*, Jahre, S. 26.

34 *Vereine der Freunde der Feuerbestattung „Die Flamme" in Wien*, Vierzig Jahre Feuerbestattungsbewegung in Österreich. Anlässlich des vierzigsten Gedenktages der Vereinsgründung, Wien 1925, S. 53. Oskar Siedek (* 24. Mai 1853 in Mähren, † 12. April 1934 in Wien) gilt als der Wegbereiter und Förderer der Feuerbestattung in Österreich. Dieser war von Beruf Bankbeamter und arbeitete bei der „k. k. privilegierten österreichischen Credit-Anstalt". Im Zuge seiner Arbeit dürfte er sich bereits mit den damals recht hohen Begräbniskosten sowie Versicherungsfragen auseinandergesetzt haben. Nach Gründung des Vereins der Feuerbestattung „Die Flamme" trieb er zuerst als Obmann des Vereins den Feuerbestattungsgedanken wesentlich voran. Auch im Zuge seines späteren Amts als Präsident, das er rund 30 Jahre lang bekleiden sollte, bemühte er sich um eine Verbreitung der Kremierung, siehe: *Georgeacopol-Winischhofer / Wehdorn / Wehdorn*, Jahre, S. 22.

35 *Vereine der Freunde der Feuerbestattung „Die Flamme" in Wien*, Vierzig Jahre, S. 6.

36 Ebd., S. 53.

37 Ebd., S. 8.

38 *Ute Georgeacopol-Winischhofer*, The Austrian Cremation Society ‚Die Flamme' (1), in: Davies / Mates, Hg., Encyclopedia, S. 76.

39 *Vereine der Freunde der Feuerbestattung „Die Flamme" in Wien*, Vierzig Jahre, S. 10.

40 *Georgeacopol-Winischhofer*, Austrian Cremation Society, S. 76–77.

41 *Christian Stadelmann*, The Austrian Cremation Society (2), in: Davies / Mates, Hg., Encyclopedia, S. 78.

42 *Wiener Verein – Bestattungs- und Versicherungsserviceges.m.b.H.*, Unternehmen. Geschichte, in: Wiener Verein – Bestattungs- und Versicherungsserviceges.m.b.H., Wiener Verein. Bestattungs- und Versicherungsserviceges.m.b.H. (Zuletzt geändert 2016), URL: https://www.wienerverein.at/unternehmen/geschichte/

43 *Georgeacopol-Winischhofer / Wehdorn / Wehdorn*, Jahre, S. 19.

44 Ebd.

45 Ebd.

46 Ebd.

47 *Verein der Freunde der Feuerbestattung „Die Flamme"*, Hg., 50 Jahre Arbeiter-Feuerbestattung in Österreich, o. O. 1954, S. 6–19.

48 Ebd., S. 6–16.
49 Ebd., S. 19–22.
50 Ebd., S. 25–26.
51 Ebd., S. 29–31.
52 N. N., „Die Flamme". Landesverein „Salzburg" der Freunde der Feuerbestattung, in: Salzburger Volksblatt, 57/70, 1927, S. 11, zit. nach: Österreichische Nationalbibliothek, ANNO, 05.02.2020.
53 Lambert Gruber, Unsere Feuerhalle, in: Arbeiter-Feuerbestattungsverein „Die Flamme", Hg., Festschrift aus Anlass der Eröffnung der Salzburger Feuerhalle, Salzburg 1931, S. 8.
54 N. N., Eine Krematorium-Debatte vor zwanzig Jahren., in: Salzburger Wacht, 33/253, 1931, S. 5, zit. nach: Österreichische Nationalbibliothek, ANNO, 22.02.2020.
55 N. N., Gemeinderats-Sitzung., in: Salzburger Volksblatt, 49/250, 1919, S. 2, zit. nach: Österreichische Nationalbibliothek, ANNO, 22.02.2020.
56 Stadtarchiv Salzburg, Bauprovisorien, Kommunalfriedhof, Schreiben der Stettiner Chamotte-Fabrik Actien-Gesellschaft an Stadtbauamt Salzburg, 14.05.1921.
57 Stadtarchiv Salzburg, Bauprovisorien, Kommunalfriedhof, Schreiben der Stettiner Chamotte-Fabrik Actien-Gesellschaft an Stadtbauamt Salzburg, 19.04.1926.
58 Stadtarchiv Salzburg, Bauprovisorien, Kommunalfriedhof, Schreiben der Stettiner Chamotte-Fabrik Actien-Gesellschaft an Stadtbauamt Salzburg, 14.05.1921.
59 Franz Haller, Ein Salzburger Krematorium?, in: Salzburger Wacht, 1925, 27/36, S. 15, zit. nach: Österreichische Nationalbibliothek, ANNO, 25.02.2020.
60 Stadtarchiv Salzburg, Bauprovisorien, Kommunalfriedhof, Schreiben an die Gemeindevertretung der Stadt Salzburg, 06.1926.
61 N. N., Der Kampf um das Salzburger Krematorium, in: Salzburger Wacht, 30/139, 1928, S. 2–3, zit. nach: Österreichische Nationalbibliothek, ANNO, 27.02.2020.
62 L. G., Vom Volks-Feuerbestattungsverein „Die Flamme". Ein Krematorium in Salzburg!, in: Salzburger Wacht, 31/81, 1929, S. 5, zit. nach: Österreichische Nationalbibliothek, ANNO, 27.02.2020.
63 Gruber, Feuerhalle, S. 7.
64 Stadtarchiv Salzburg, Bauprovisorien, Kommunalfriedhof, Amtsbericht, 04.10.1930.
65 N. N., Das Salzburger Krematorium, in: Salzburger Volksblatt, 61/251, 1931, S. 8, zit. nach: Österreichische Nationalbibliothek, ANNO, 25.01.2020.
66 Stadtarchiv Salzburg, Bauprovisorien, Kommunalfriedhof, Bescheid der Gemeindevorstehung Morzg, 30.12.1930.
67 Stadtarchiv Salzburg, Bauprovisorien, Kommunalfriedhof, Bescheid der Gemeindevorstehung Morzg, 05.02.1931.
68 Stadtarchiv Salzburg, Bauprovisorien, Kommunalfriedhof, Schreiben des Arbeiter-Feuerbestattungsvereins „Die Flamme" (vertreten durch die Stadtgemeinde Salzburg) an die Gemeindevorstehung Morzg, 09.01.1931.
69 Stadtarchiv Salzburg, Bauprovisorien, Kommunalfriedhof, Schreiben des Arbeiter-Feuerbestattungsvereins „Die Flamme" an Magistrat der Stadt Salzburg, 31.10.1930.
70 N. N., Feuerhalle, Sp. 225 u. 230.
71 Ebd., Sp. 230.
72 Stadtarchiv Salzburg, Bauprovisorien, Kommunalfriedhof, Stadtarchiv Salzburg, Niederschrift der Gemeindevorstehung Morzg, 23.12.1930.
73 Ebd.
74 N. N., Feuerhalle, Sp. 225 u. 230.
75 Johann Baumgartner, Eduard Wiedenmann, in: Zaisberger / Hainisch, Hg., Leben, S. 390.
76 N. N., Feuerhalle, Sp. 225 u. 230.
77 Baumgartner, Architektur, S. 31–32.

78 *Baumgartner,* Eduard Wiedenmann, S. 390. Der Autor führt die drei deutschen Städte – Nürnberg, München, Ludwigshafen – und den Brüsseler Stadtteil Laeken sowie Salzburg auf. Es ist allerdings nicht deutlich angegeben, ob Wiedenmann die beispielsweise für Ludwigshafen genannten Wohnkolonien nur entworfen hat oder ob sie tatsächlich errichtet wurden. Da auch Literaturangaben fehlten, ließen sich die Informationen nicht rückverfolgen.

79 *N. N.,* Aus der vertraulichen Gemeinderatssitzung., in: Salzburger Volksblatt, 40/278, 1910, S. 6, zit. nach: Österreichische Nationalbibliothek, ANNO, 27.02.2020.

80 Salzburger Landesarchiv, LRA 1910/19VJ02.

81 *Baumgartner,* Eduard Wiedenmann, S. 390.

82 *Otto Kunz,* Projektierte unausgeführte Monumentalbauten in Salzburg in den letzten sechzig Jahren, in: Salzburger Volksblatt, Jubiläumsausgabe, 60/163, 1930, S. 18, zit. nach: Österreichische Nationalbibliothek, ANNO, 27.02.2020.

83 *N. N.,* Dipl.-Ing. Architekt Eduard Wiedenmann, in: Salzburger Volksblatt, 70/262, 1940, S. 5, zit. nach: Österreichische Nationalbibliothek, ANNO, 29.12.2019.

84 *N. N.,* Ernennungen beim Stadtmagistrate, in: Salzburger Volksblatt, 49/71, 1919, S. 3, zit. nach: Österreichische Nationalbibliothek, ANNO, 29.12.2019.

85 *Edda Fuhrich / Gisela Prossnitz,* Hg., Max Reinhardt. „Ein Theater, das den Menschen wieder Freude gibt…". Eine Dokumentation, München – Wien 1987, S. 123.

86 *N. N.,* Das Salzburger Heldendenkmal, in: Salzburger Volksblatt, 59/235, 1929, S. 4, zit. nach: Österreichische Nationalbibliothek, ANNO, 06.01.2020.

87 *Achleitner,* Architektur, Bd. 1, S. 268.

88 *Paul Geppert,* Zum Rathausumbau, in: Salzburger Chronik, 65/7, 1929, S. 2–3, zit. nach: Österreichische Nationalbibliothek, ANNO, 27.02.2020. Geppert bemängelt, dass beim Umbau des Gebäudes nicht auf denkmalpflegerische Überlegungen geachtet wurde und man die Wirtschaftlichkeit des Gebäudes über die Bausubstanz stellte.

89 *N. N.,* Weihe der neuen Schule in der Elisabethvorstadt, in: Salzburger Chronik, 67/215, 1931, S. 11, zit. nach: Österreichische Nationalbibliothek, ANNO, 27.02.2020.

90 *N. N.,* Salzburger Gemeinderat. Das Projekt zur Errichtung einer Knaben-Hauptschule in der Elisabethvorstadt einstimmig genehmigt, in: Salzburger Chronik, 65/254, 1929, S. 5–6, zit. nach: Österreichische Nationalbibliothek, ANNO, 27.02.2020. Zum Wirken Karl Pirichs in Salzburg siehe: *Jana Breuste,* Die Architektur der Vormoderne in Salzburg. Dipl. Salzburg, 2007, S. 213–215.

91 *N. N.,* Dipl. Ing. Eduard Wiedenmann (Traueranzeige), in: Salzburger Volksblatt, 70/262, 1940, S. 7, zit. nach: Österreichische Nationalbibliothek, ANNO, 07.01.2020.

92 *Walburga Schobersberger,* Baumeister einer Epoche. Das gründerzeitliche Wirken der Baumeister- und Architektenfamilie Ceconi in der Stadt und Land Salzburg, in: MGSL 125 (1985), S. 710.

93 Ebd., S. 706.

94 Ebd., S. 708.

95 Ebd., S. 710–711.

96 Ebd., S. 740.

97 Ebd., S. 721.

98 Ebd., S. 725–726.

99 Ebd., S. 710.

100 *Eduard Wiedemann,* Die Feuerhalle in Salzburg, in: Arbeiter-Feuerbestattungsverein „Die Flamme", Hg., Festschrift, S. 9.

101 Stadtarchiv Salzburg, Bauprovisorien, Kommunalfriedhof, Schreiben der Stettiner Chamotte-Fabrik Actien Gesellschaft an Stadtbauamt Salzburg, 14.05.1921.

102 Stadtarchiv Salzburg, Bauprovisorien, Kommunalfriedhof, Schreiben der Stettiner Chamotte-Fabrik Actien-Gesellschaft an Stadtbauamt Salzburg, 19.04.1926.

103 Stadtarchiv Salzburg, Bauprovisorien, Kommunalfriedhof, Schreiben der Stettiner Chamotte-Fabrik Actien-Gesellschaft an Stadtbauamt Salzburg, 20.05.1926.

104 Stadtarchiv Salzburg, Bauprovisorien, Kommunalfriedhof, Schreiben der Stettiner Chamotte-Fabrik Actien-Gesellschaft an Stadtbauamt Salzburg, 25.06.1926.

105 Stadtarchiv Salzburg, Bauprovisorien, Kommunalfriedhof, Amtsbericht, 02.11.1927.

106 *Lambert*, Feuerhalle, S. 7.

107 *N. N.*, Krematorium, in: Salzburger Chronik für Stadt und Land, 66/297, 1930, S. 3, zit. nach: Österreichische Nationalbibliothek, ANNO, 26.02.2020.

108 *N. N.*, Feuerhalle, Sp. 225.

109 *Wiedemann*, Feuerhalle, S. 9–11.

110 *N. N.*, Wiedereröffnung des Krematoriums Salzburg, in: Phönix. Blätter für wahlfreie Feuerbestattung und verwandte Gebiete, 95/1, 1982, S. 2–5.

111 Stadtarchiv Salzburg, Bauprovisorien, Kommunalfriedhof, Verhandlungsschrift, 19.08.1957.

112 *N. N.*, Wiedereröffnung, S. 4–5.

113 Ebd.

114 *Ernst Ziegeleder*, 100 Jahre Kommunalfriedhof Salzburg (Kulturgut der Heimat 8), Salzburg 1980, S. 33–34.

115 *Wiener Verein Bestattungs- und Versicherungsserviceges.m.b.H. Umbau & Gestaltung*. Gestaltung, in: Wiener Verein Bestattungs- und Versicherungsserviceges.m.b.H., Feuerhalle Salzburg, URL: http://www.feuerhalle.at/umbau/gestaltung.html

116 *Wiener Verein Bestattungs- und Versicherungsserviceges.m.b.H., Umbau & Gestaltung*. Chronologie, in: Wiener Verein Bestattungs- und Versicherungsserviceges.m.b.H., Feuerhalle Salzburg, URL: http://www.feuerhalle.at/umbau/chronologie.html

117 Wie Anm. 115.

118 Wie Anm. 25.

119 *Bundesdenkmalamt*, Abteilung für Salzburg, Salzburg, Gneiserstraße 8–10, Kommunalfriedhof, Krematorium, Schreiben des Wiener Vereins an das Bundesdenkmalamt, 2005.

120 Wie Anm. 25.

121 *Achleitner*, Architektur Bd. 1, S. 256.

122 *K. Z.*, Krematorium, in: Salzburger Volksblatt, 61/256, 1931, S. 8–9, zit. nach: Österreichische Nationalbibliothek, ANNO, 26.02.2020.

123 Stadtarchiv Salzburg, Bauprovisorien, Kommunalfriedhof, Schreiben des Arbeiter-Feuerbestattungsvereins „Die Flamme" (vertreten durch die Stadtgemeinde Salzburg) an die Gemeindevorstehung Morzg, 09.01.1931.

124 *N. N.*, Verein für Heimatschutz. Bericht über die Vereinstätigkeit im 1. Jahre (1911–1912), in: Salzburger Chronik, 48/126, 1912, S. 1, zit. nach: Österreichische Nationalbibliothek, ANNO, 02.03.2020.

125 *N. N.*, Gemeinsame Tagung für Denkmalpflege und Heimatschutz. Salzburg. 14. und 15. September 1911. Stenographischer Bericht, Salzburg o. J., S. 24.

126 Stadtarchiv Salzburg, Bauprovisorien, Kommunalfriedhof, Schreiben des Stadtmagistrats Salzburg an den Arbeiter-Feuerbestattungsverein „Die Flamme", 29.07.1930.

127 *Wiedemann*, Feuerhalle, S. 10–11.

128 Ebd.

129 Ebd.

130 *Achleitner*, Architektur Bd. 1, S. 256.

131 Wie Anm. 25.

132 *Ernst Barta*, Der Salzburger Feuerhallenbau., in: Tagblatt. Organ für die Interessen des werktätigen Volkes, 16(35)/145, 1931, S. 1, zit. nach: Österreichische Nationalbibliothek, ANNO, 01.02.2020.

133 Stadtarchiv Salzburg, Bauprovisorien, Kommunalfriedhof, Baubeschreibung zum bauamtlichen Projekt über ein Krematorium des Stadtbauamts, 22.08.1930.

134 Verein der Freunde der Feuerbestattung „Die Flamme", Arbeiter-Feuerbestattung, 1954, S. 22.

135 Stadtarchiv Salzburg, Bauprovisorien, Kommunalfriedhof, Baubeschreibung zum bauamtlichen Projekt über ein Krematorium des Stadtbauamts, 22.08.1930.

136 Stadtarchiv Salzburg, Bauprovisorien, Kommunalfriedhof, Schreiben an Gemeinderat Riedl zur Bauausschusssitzung am 8. Oktober 1930, 08.10.1930.

137 *Wiedemann*, Feuerhalle, S. 10.

138 Wie Anm. 115.

139 *Barta*, Feuerhallenbau, in: Tagblatt, 16(35)/145, 1931, S. 1.

140 *Wiedemann*, Feuerhalle, 1931, S. 10.

141 *Barta*, Feuerhallenbau, in: Tagblatt, 16(35)/145, 1931, S. 1.

142 *Bruno Maldoner*, Architecture. Austria, in: Davies / Mates, Hg., Encyclopedia, S, 18.

143 Stadtarchiv Salzburg, Bauprovisorien, Kommunalfriedhof, Baubeschreibung zum bauamtlichen Projekt über ein Krematorium des Stadtbauamts, 22.08.1930.

144 *Czapka*, Form, S. 46–47.

145 *N. N.*, Das Salzburger Krematorium, in: Salzburger Wacht, 33/256, 1931, S. 5, zit. nach: Österreichische Nationalbibliothek, ANNO, 27.01.2020.

146 *Wiedemann*, Feuerhalle, S. 10.

147 Ebd.

148 Ebd.

149 Ebd.

150 *N. N.*, Die Einäscherungsanlage im Krematorium, in: Salzburger Volksblatt, 61/261, 1931, S. 17, zit. nach: Österreichische Nationalbibliothek, ANNO, 05.03.2020.

151 *Wiedemann*, Feuerhalle, S. 10.

152 *Czapka*, Form, S. 48.

153 *K. Z.*, Krematorium, in: Salzburger Volksblatt, 61/256, 1931, S. 8–9.

154 *Wiedemann*, Feuerhalle, S. 10.

155 *Czapka*, Form, S. 48.

156 *Czapka*, Form, S. 48–49.

157 Verein für Geschichte der Arbeiterbewegung, Organisation: Feuerbestattung, Zeitschriften und Festschriften, Arbeiter-Feuerbestattungsverein „Die Flamme" in Wien, nc 492.

158 *N. N.*, Leichenverbrennung, in: Salzburger Chronik, 67/282, 1931, S. 6, zit. nach: Österreichische Nationalbibliothek, ANNO, 23.04.2020.

159 *Hübner*, Kunst, S. 236–238.

160 Ebd.

161 *Evangelischer Oberkirchenrat, Stuttgart*, Hg., Gottesdienstbuch für die Evangelische Landeskirche in Württemberg. Zweiter Teil. Sakramente und Amtshandlungen. Teilband. Die Bestattung, Stuttgart 2000, S. 47.

162 *K. Z.*, Krematorium, in: Salzburger Volksblatt, 61/256, 1931, S. 8–9.

163 *Wiedemann*, Feuerhalle, S. 10.

164 *Barta*, Feuerhallenbau., in: Tagblatt, 16(35)/145, 1931.

165 *K. Z.*, Krematorium, in: Salzburger Volksblatt, 61/256, 1931, S. 8–9.

166 *N. N.*, Einäscherungsanlage, in: Salzburger Volksblatt, 61/261, 1931, S. 17.

167 *N. N.*, Krematorium, in: Salzburger Wacht, 33/256, 1931, S. 5.

168 Wie Anm. 25.

169 *N. N.*, Wiedereröffnung, 1982, S. 4–5.

170 Wie Anm. 25.

171 *Ziegeleder*, Kommunalfriedhof, S. 33.

172 *N. N.*, Salzburger Feuerhalle und Urnenhain., in: Salzburger Volksblatt, 61/292, 1931, S. 5,

zit. nach: Österreichische Nationalbibliothek, ANNO, 17.03.2020.

173 *N. N.*, Urnenhalle – Urnenhain., in: Salzburger Volksblatt, 66/78, 1936, S. 6, zit. nach: Österreichische Nationalbibliothek, ANNO, 17.03.2020.

174 Ebd.

175 *N. N.*, Die Urnenbestattung im Kommunalfriedhofe., in: Salzburger Volksblatt, 66/65, 1936, S. 7, zit. nach: Österreichische Nationalbibliothek, ANNO, 17.03.2020.

176 Ebd.

177 Ebd.

178 *Hans Sprohar*, Die städtischen Friedhöfe, in: Amtsblatt der Landeshauptstadt Salzburg, 20/21, 1969, S. 4.

179 *Stadtgemeinde Salzburg*, Gesellschaft & Soziales. Kommunalfriedhof. Öffnungszeiten Kommunalfriedhof, in: Stadtgemeinde Salzburg, Stadt Salzburg, URL: https://www.stadt-salzburg.at/internet/leben_in_salzburg/gesellschaft_soziales/friedhoefe/staedtische_friedhoefe/kommunalfriedhof_338959/oeffnungszeiten_kommunalfriedhof_349741.htm

180 *Karl R. Popper*, Alles Leben ist Problemlösen. Über Erkenntnis, Geschichte und Politik, München 2001, S. 193.

Das Referendum über den Anschluss Salzburgs an Deutschland vom 29. Mai 1921

Ein Überblick

Sonja Pallauf

Einleitung

Vor etwas mehr als 100 Jahren – im Mai 1921 – hat sich im Land Salzburg ein von der Öffentlichkeit kaum beachtetes Ereignis zugetragen. Die Bevölkerung Salzburgs hat sich im Rahmen eines Referendums mit einer Mehrheit von fast 99 Prozent für den Anschluss an das Deutsche Reich ausgesprochen.

Das Thema, durch ein Votum den Anschluss Salzburgs an Deutschland zu erreichen, wird bereits im Februar 1919, also kurz nach Ausrufung der Republik „Deutschösterreich"[1], in einem Leitartikel des Salzburger Volksblatts[2] aufgegriffen. Darin wird die Aufnahme eines Referendums in die künftige Bundesverfassung geradezu enthusiastisch gefordert:

„Die Eröffnung der konstituierenden deutschen Nationalversammlung in Weimar hat Anlaß zu vielen herzerfreuenden Kundgebungen für den Anschluß Deutschösterreichs an das Deutsche Reich gegeben. […] Bei den Besprechungen über die künftige Gestaltung der Verfassung Deutschösterreichs und in den Programmen verschiedener Parteien […] wurde auf das Referendum hingewiesen, das in die Verfassung aufzunehmen wäre: Über besonders wichtige gesetzgeberische und insbesondere verfassungsrechtliche Fragen wäre das ganze Volk zu befragen und hätte im Wege einer allgemeinen Volksabstimmung zu entscheiden. Wir meinen, eine wichtigere und folgenschwerere Entscheidung, als die über den Anschluß Deutschösterreichs an das Deutsche Reich könnte es für das deutschösterreichische Volk nicht geben. Wenn überhaupt irgend eine Frage, so wäre diese im Wege eines Referendums zur Entscheidung zu bringen."[3]

Zu diesem Zeitpunkt war es über die Parteigrenzen hinweg sowohl auf Bundes- als auch auf Länderebene unstrittig, dass ein Anschluss der Republik Deutschösterreich an das Deutsche Reich rechtlich nur über eine in der künftigen Bundesverfassung verankerten Volksabstimmung erfolgen solle. Ein selbstständiger Anschluss Salzburgs an Deutschland stand unmittelbar nach Gründung der Republik nicht zur Debatte.

Sowohl die Provisorische Nationalversammlung für Deutschösterreich als auch die Weimarer Nationalversammlung begrüßten einhellig *„die Bildung eines größeren Deutschlands".*[4] Ihre Haltung zu dieser grundlegenden Frage änderte sich jedoch mit dem Abschluss des Staatsvertrages von Saint-Germain-en Laye[5] im September 1919 schlagartig.

Erst im Frühjahr 1921 wurden in den Bundesländern Tirol und Salzburg Referenden über den Anschluss an Deutschland abgehalten, und das ohne Zustimmung der Bundesregierung.

Die Art und Weise, insbesondere auch die Beweggründe, wie es zu diesen Referenden auf Länderebene kam, soll im Folgenden anhand von Primärquellen am Beispiel des Landes Salzburg erörtert werden.

Die Anschlusspläne „Österreichs" an Deutschland nach 1918

Nach Ende des Ersten Weltkrieges, innerhalb weniger Wochen im Herbst 1918[6], entstand ein neuer österreichischer Staat als einer von vielen Nachfolgestaaten der sich auflösenden Österreichisch-Ungarischen Monarchie. Sein Name war „Deutschösterreich".[7]

Der Terminus „Deutschösterreich" war keine neue Wortschöpfung, sondern ein durchaus Ende des 19. Jahrhunderts im Sprachgebrauch üblicher, jedoch nicht amtlicher Name für das von Deutschen bewohnte Gebiet Österreich/Cisleithanien[8]. Durchaus gängig war es auch, die sogenannten Deutschen im Habsburgerreich als Deutschösterreicher zu bezeichnen.

Die Provisorische Nationalversammlung für Deutschösterreich[9] bekannte sich im Art. 1 des Gesetzes über die Staats- und Regierungsform von Deutschösterreich, StGBl. Nr. 5/1918, einhellig zur Demokratie, Volkssouveränität und republikanischen Staatsform.

Für weite Teile der österreichischen Bevölkerung war jedoch die Frage nach der Staats- und Regierungsform nicht die dringlichste. Die Frage nach Sicherung des eigenen Überlebens trat aufgrund der katastrophalen wirtschaftlichen Lage in den Vordergrund.[10] Auch die politisch Handelnden aus allen politischen Lagern glaubten nicht an die wirtschaftliche Überlebensfähigkeit eines österreichischen Kleinstaates.

Sowohl das sozialdemokratische als auch das christlich-soziale Lager suchten primär das ökonomische und nicht das politische Heil in einem Anschluss an Deutschland.[11] Die Deutschnationalen, ab 1920 überwiegend Mitglieder der Großdeutschen Volkspartei, vertraten den Anschluss neben den wirtschaftlichen Überlegungen aus ideologischen Gründen. Sie versuchten unter anderem die Anschlusspläne mit dem gemeinsamen kulturellen Erbe, der Nationalität und der gemeinsamen Sprache zu begründen.

Mit Art. 2 des Gesetzes über die Staats- und Regierungsform erklärte die Provisorische Nationalversammlung einhellig – über Parteigrenzen hinweg – Österreich als Teil Deutschlands. So formuliert Art. 2 in aller Klarheit: *„Deutschösterreich ist ein Bestandteil der Deutschen Republik."* Dieser Artikel konnte aufgrund des im Vertag von Saint-Germain normierten Anschlussverbotes[12] staats- und völkerrechtlich nicht relevant werden. Infolgedessen reduziert sich seine Interpretation auf eine politische Bekundung des Anschlusswillens.

Seitens der politischen Vertreter der Weimarer Republik erfuhr Art. 2 zunächst durchwegs Zustimmung. Der Art. 61 Abs. 2 der Weimarer Verfassung[13] ermöglicht Deutschösterreich eine Anschlussoption. Durch die Pariser Vorortverträge[14], insbesondere durch den Vertrag von Versailles[15], wurden die deutschen Anschlusspläne gegenstandslos. Deutschland hatte seinen Art. 61 Abs. 2 für nichtig zu erklären.

Deutsche Gebietsverluste sollten nicht mit dem Zugewinn von Österreich kompensiert werden. Zu sehr fürchteten die Siegermächte des Ersten Weltkrieges[16] ein neuerliches Erstarken der deutschen Vormachtstellung im europäischen Raum.

Die österreichische Bundesregierung musste ihrerseits die Unabhängigkeit Österreichs gegenüber den Siegermächten im Vertrag von Saint-Germain garantieren.[17]

Auf Bundesebene wurde daher im Falle eines Vertragsbruches befürchtet, dass die von den Siegermächten aufgeschobenen Reparationszahlungen, deren Höhe nicht einmal festgelegt war, fällig gestellt werden könnten. Darüber hinaus drohte die Unterbrechung von Lebensmittel- und Kohlelieferungen, auf welche der junge Staat Österreich aufgrund der desaströsen wirtschaftlichen Situation dringend angewiesen war.

Die wirtschaftliche Lage Österreichs hatte sich in der zweiten Hälfte des Jahres 1919 zusehends verschlimmert. Zum einem brach die länderübergreifende, zentral organisierte Ernährungsverwaltung zusammen, zum anderen gingen wirtschaftlich hoch entwickelte Gebiete in Deutschböhmen, Deutschmähren und Deutschschlesien mit dem Vertrag von Saint-Germain an die Tschechoslowakei verloren.[18]

All diese Faktoren führten dazu, dass sich die Bundesregierung vom Anschlussgedanken nach und nach distanzierte. Die „Anschlussbewegung" begann sich auf die einzelnen Bundesländer[19] zu verlagern.

Vornehmlich die westlichen Bundesländer der Republik „Deutschösterreich" – allen voran Tirol und Salzburg – strebten eine Einheit mit Deutschland an.[20] In weiten Kreisen der Bevölkerung wurde die ökonomische und politische Vereinigung mit dem Nachbarland als einzige Lösung angesehen, um wirtschaftlich überleben zu können.

Aufgrund des Drucks der Salzburger Bevölkerung und aller im Salzburger Landtag vertretenen Parteien[21] setzte sich die Landesregierung trotz des Anschlussverbotes von Saint-Germain[22] mit großem Einsatz für den Anschluss an Deutschland ein und brachte damit auch die österreichische Bundesregierung zunehmend in ein politisches Dilemma.[23]

Das Salzburger Referendum vom 29. Mai 1921

Trotz des im Art. 88 des Vertrages von Saint-Germain normierten Anschlussverbotes hofften Salzburgs „Anschlussbefürworter" auf die baldige Revision dieser Bestimmung durch den Völkerbund. Neben dem Argument der wirtschaftlichen Notwendigkeit trat auch jenes nach der völkerrechtlichen Berechtigung.

Im November 1920 setzte der Salzburger Landtag einen Anschlussausschuss[24] ein, welcher den Auftrag hatte, *„alle denkbaren Schritte zur Revision der Friedensverträge von Versailles und Saint Germain zu unternehmen und vorerst wenigstens den wirtschaftlichen Anschluß in die Wege zu leiten".*[25]

Dieser Ausschuss hatte sich zur Aufgabe gemacht, die Korrespondenz mit der österreichischen Bundesregierung und den übrigen Bundesländern zu führen. Er hatte sich für eine österreichweite Volksabstimmung in Absprache mit den Bundesländern einzusetzen und war dem Salzburger Landtag zur Berichterstattung verpflichtet. Der Ausschuss konstituierte sich im Jänner 1921. Zu diesem Zeitpunkt glaubte man noch an eine gesamtstaatliche Lösung der „Anschlussfrage".[26]

Salzburgs Abgeordnete warteten vergeblich auf eine Anordnung der Provisorischen Nationalversammlung zur bundesweiten Volksabstimmung. Auch die österreichische Bundesregierung unter dem Vorsitz von Bundeskanzler Mayr[27] signalisierte immer weniger Bereitschaft zu gemeinsamen Gesprächen in dieser Grundsatzfrage.

Zu groß war die Sorge der Bundesregierung vor Reparationsforderungen durch die Siegermächte einerseits und auch vor Verlusten von dringend benötigten Auslandskrediten und Hilfslieferungen andererseits. Der außenpolitische Druck auf den Bundeskanzler und auf die Salzburger Landesregierung erhöhte sich, als das Land Tirol im Alleingang eine Volksabstimmung zur Anschlussfrage für den 24. April 1921 festsetzte und in weiterer Folge abhielt.[28] Sich dem politischen Willen der Entente entgegenzustellen, war nicht nur schwer, sondern auch äußerst riskant.

Nichtsdestotrotz beharrten die Salzburger im Sinne des „Tiroler Vorbildes" auf Abhaltung eines Anschlussvotums. In der Landtagssitzung vom 11. März 1921 legte der Anschlussausschuss nachstehende Anträge zur Beschlussfassung vor:

*„1. Im Land Salzburg hat in der Frage des Anschlusses an Deutschland eine Volksabstimmung stattzufinden.
2. Abstimmungstag ist der 24. April 1921, falls nicht die Bundesregierung aufgrund des Beschlusses der Nationalversammlung die Abstimmung für das ganze Bundesgebiet zu einem früheren Zeitpunkt anordnet.
3. Die Abstimmungsformel hat zu lauten: Ich bin dafür, daß dem Völkerbund der Antrag vorgelegt wird. ‚Der Anschluß Österreichs an Deutschland soll ehestens vollzogen werden!'
4. Die Landesregierung wird aufgefordert, unverzüglich die nötigen Vorarbeiten zu treffen und von dem Beschluße des Landtages sowohl die Bundesregierung als auch die Regierungen der übrigen Bundesländer in Kenntnis zu setzen".*[29]

Die Anträge wurden vom Landtag einhellig angenommen. Damit wurde der Alleingang Salzburgs in der „Abstimmungsfrage" de facto besiegelt. Dennoch ist im Punkt 2 des Antrages ein gewisser Hoffnungsschimmer auf eine bundesweite Abstimmung zu erkennen.

Als Abstimmungstag wurde in Anlehnung an Tirol der 24. April 1921 bestimmt. Salzburgs Abgeordnete waren sich durchaus der Tatsache bewusst, dass auf regionaler Ebene eine Durchsetzung des Anschlusses an Deutschland schwer realisierbar war.[30] Die Abstimmungsformel war indirekt formuliert: Der Antrag, dass Österreich Deutschland angeschlossen werde, sollte dem Völkerbund vorgelegt werden.

Die Antwort aus Wien zum gegenständlichen Landtagsbeschluss folgte prompt. Der Bundeskanzler nahm am 5. April 1921 dazu Stellung:

„Die geplante Volksabstimmung soll über die Frage des Anschlusses der Republik Österreich, also des gesamten Bundesstaates, stattfinden. Es liegt auf der Hand, daß es sich um eine Frage handelt, welche weit über eine Landesangelegenheit hinausgeht. Daher wäre der Landtag höchstens berechtigt, bei der Bundesregierung den Antrag auf Maßnahmen in dieser Frage zu stellen, keinesfalls aber kann der Beschluß, wonach in einem Gliedstaat allein eine Volksabstimmung über eine Frage durchgeführt werden soll, die das Schicksal des ganzen Bundesstaates betrifft, als zulässig angesehen werden."[31]

Der Bundeskanzler lehnte aus verfassungsrechtlichen Gründen entschlossen den gegenständlichen Landtagsbeschluss ab. Außenpolitische Agenden fielen ausnahmslos in den Wirkungsbereich des Bundes. Selbst wenn der Salzburger Landtag ein Volksbegehren nach Art. 46 des Bundes-Verfassungsgesetzes anstelle der Volksabstimmung anstreben sollte, sei dies Bundessache.

Die Salzburger Landesregierung entgegnete dem Schreiben des Bundeskanzlers in ihrer Stellungnahme vom 12. April 1921 entschieden und erklärte, dass Volksbegehren, welche den Willen des Salzburger Volkes zum Ausdruck bringen, primär durch die Salzburger Landesverfassung geregelt seien.

Die Landesregierung sah in der Kompetenzforderung des Bundes „*ein vollkommenes Verkennen des Wesens der vom Landtage beschlossenen Volksbefragung*". Diese sei nur als eine Art „*Volksresolution*" zu werten.³²

Die Landesregierung erklärte sich gleichzeitig dazu bereit, auf eine Volksabstimmung zu verzichten, sofern eine solche umgehend vom Nationalrat beschlossen würde. So empfahl sie dem Landtag, den Termin zur Abstimmung vom 24. April auf den 29. Mai zu verschieben. Die Verschiebung des Abstimmungstermins erfolgte mit einstimmigem Beschluss des Landtages in der Sitzung vom 27. April.³³

Noch in derselben Sitzung änderte der Landtag im Wege eines Antrages des Verfassungsausschusses die Abstimmungsfrage: Der Satz „*Der Anschluß Österreichs an Deutschland soll ehestens vollzogen werden*" wich der Frage: „*Wird der Anschluß an Deutschland gefordert?*" Durch diese Neuformulierung war der direkte Bezug zu Österreich zumindest sprachlich weggefallen.³⁴

Die Vertreter des Verfassungsausschusses wiesen in ihrem Bericht vor dem Landtag insbesondere darauf hin, „*daß Artikel 88 des Friedensvertrages von St. Germain nichts darüber enthält, daß eine derartige Fragestellung oder Abstimmung untersagt ist. Diese Abstimmung soll vorerst die Grundlage dafür schaffen, daß gemäß dem zitierten Artikel des Friedensvertrages an den Völkerbund um Zustimmung zur Abänderung der staatsrechtlichen Verhältnisse Österreichs bzw. des Landes Salzburg zu einem Nachbarstaat herangetreten werden kann*". Sie wurden auch nicht müde zu betonen, dass „*die elementare Bewegung für den Anschluß lediglich aus dem Lebensinteresse des in höchster wirtschaftlicher Not befindlichen Volkes entstanden ist*".³⁵

Mit den Landtagsbeschlüssen vom 27. April waren sämtliche Weichen für die Abhaltung der „Volksabstimmung" gestellt. Kurz danach, am 3. Mai, erfolgte die Kundmachung des Referendums. Ein Arbeitsausschuss, in dem alle Landtagsparteien vertreten waren, übernahm die organisatorische Abwicklung. In Aufrufen sämtlicher Lokalzeitungen wurde an die Salzburger Bevölkerung eindringlich appelliert, sich – über die Parteigrenzen hinweg – an den Abstimmungsvorbereitungen durch persönlichen und finanziellen Einsatz zu beteiligen.

So heißt es im Aufruf vom 7. Mai: „*Um allen Zweifeln von vornherein zu begegnen, sei ausdrücklich festgestellt, daß es sich bei dieser Äußerung des Volkswillens nicht um die Sache einer einzelnen Partei handelt, sondern um höhere Interessen, die jedem Deutschösterreicher in gleicher Weise am Herzen liegen.*"³⁶

Und der Aufruf am 10. Mai fordert die Bevölkerung zum Spenden auf: „*Die Landesregierung wendet sich bei diesem so volkstümlichen und mit unserem Nationalempfinden so innig verbundenen Anlasse an die Opferwilligkeit der Salzburger Bevölkerung und erwartet, daß jeder deutschbewußte Salzburger durch Geldbeträge die gemeinsame große Sache fördere.*"³⁷

Durch Presseaufrufe und Werbeplakate wurde intensiv versucht, Einfluss auf das Abstimmungsverhalten der Salzburger Bevölkerung zu nehmen. Im Rahmen dieser Aufklärungskampagne wurden auch „Anschlussversammlungen" organisiert und abgehalten.

Die österreichische Bundesregierung sprach sich erneut in ihrer Stellungnahme vom 9. Mai gegen länderweise Sonderabstimmungen und einen Alleingang Salzburg aus. Sie warnte vor den drohenden außenpolitischen Konsequenzen, die diese Volksabstimmung in Salzburg mit sich bringen könnte.[38]

Am 14. Mai begab sich der Bundeskanzler persönlich nach Salzburg und sprach in einer Sitzung der Salzburger Landesregierung vor: *„Fürs erste stehen uns territoriale Verluste bevor, wodurch uns Gebiete, die uns nach dem Friedensvertrag zufallen sollen, entzogen werden und wir andere Gebiete, die wir durch Volksabstimmung erhalten haben, verlieren und darüber hinaus noch weiter Gebietsverluste erleiden sollen. Dann wird uns gedroht, daß die Absicht der Entente, unsere finanzielle Lage zu sanieren, sofort und für immer fallengelassen wird und noch mehr, daß die Reparationen wieder in den Vordergrund treten [...]."*[39]

Vor diesem Hintergrund fand über Antrag des Salzburger Verfassungsausschusses am 18. Mai erneut eine Landtagssitzung statt. In dieser wurde der ursprüngliche Abstimmungsbeschluss vom 27. April einstimmig geändert. Anstelle der Landesregierung sollten die im Landtag vertretenen Parteien die künftige Durchführung des Referendums übernehmen! Durch diesen gekonnten Schachzug bekam die Volksbefragung einen gewissen inoffiziellen Charakter und wurde so zur „Privatsache" der Parteien.[40]

Eine weitere Verschiebung des Termins oder gar eine Absage konnte durch diesen taktisch geschickten Ausweg verhindert werden. Auch eine weitere Eskalation des angespannten Verhältnisses zwischen Bund und Land Salzburg wurde dadurch weitgehend vermieden.

Seitens des Bundes wurde die Order an den Landeshauptmann erteilt, die Organe der Bundesverwaltung anzuweisen, sich jeder unmittelbaren und mittelbaren Mitwirkung an der Befragung zu enthalten.[41]

Am Sonntag, den 29. Mai 1921 um sieben Uhr früh war es so weit: Die „Volksabstimmung" fand statt. Die Stimmungslage der Bevölkerung spiegelte sich im Ergebnis der Abstimmung wider. 98.986 Ja-Stimmen, 889 Nein-Stimmen und 386 ungültige Stimmen wurden gezählt. In Prozenten formuliert haben demnach 98,7 % der Abstimmenden mit „Ja" votiert![42] Nach Bekanntgabe dieses eindeutigen Ergebnisses fanden in Salzburg festliche Abschlussveranstaltungen statt. In der Stadt Salzburg zierten *„[b]untfarbige Fahnen und Flaggen* [die] *Mehrzahl der Häuser. Plakate und Aufschriften an Litfaßsäulen, Mauern und Rolläden, auch auf Auslagenfenstern, sagten es zum hundertsten oder tausendsten Male jedem wieder, was schon jeder wußte."*[43]

In der Bewertung des Abstimmungsergebnisses waren sich Salzburgs Parteien einig: Dieses demonstriere lediglich den Anschlusswillen der Salzburger Bevölkerung. Das Ziel, den Anschluss an Deutschland tatsächlich umsetzen zu können, lag zu diesem Zeitpunkt ferner denn je.

Hatte das Salzburger Referendum Folgen für Österreich? Dies ist mit einem klaren „Nein" zu beantworten. Das Resultat der Abstimmung wurde dem Völkerbund nicht weitergeleitet. Die Bundesregierung hatte aus dem Ergebnis keinerlei Konsequenzen gezogen.

Schlussbetrachtung

Die Tatsache an sich, dass im Frühjahr 1921 ein Referendum zum Anschluss an Deutschland in Salzburg stattgefunden hat, ist durchaus bemerkenswert: Zum einem ist es das Abstimmungsverhalten der Salzburger Bevölkerung. Sie sah in der Anbindung an einen größeren Staat die einzige Lösung zur Überwindung ihrer ökonomischen Probleme. Zum anderen ist es die Einhelligkeit aller politischen Kräfte im Salzburger Landtag in der Frage zur Abhaltung des Referendums. Sozialdemokraten, Christlichsoziale und Deutschfreiheitliche bzw. Deutschnationale standen immer gemeinsam hinter der Idee des Anschlusses – und das in der gesamten Vorbereitungs- und Durchführungsphase des Referendums. Alle Parteien suchten trotz divergierender Ideologien und daraus resultierender unterschiedlicher Motive nicht den Konflikt, sondern den Konsens[44] zu einem Zeitpunkt, als der „Anschlussidee" das reale Fundament bereits entzogen war.

Endnoten

1 Unmittelbar nach Auflösung des habsburgischen Vielvölkerstaates und nach Kaiser Karls I. Völkermanifest beschloss die Provisorische Nationalversammlung am 12. November 1918 die Republik „Deutschösterreich" auszurufen. Das Bekenntnis der Provisorischen Nationalversammlung zur Demokratie und Volkssouveränität war nicht neu, das zur republikanischen Staatsform hingegen schon.

2 Das Salzburger Volksblatt (SVB) war eine Tageszeitung des Landes Salzburg. Ihre politische Ausrichtung in der Ersten Republik war deutschnational. Sie stand der Großdeutschen Volkspartei nahe.

3 Salzburger Volksblatt (SVB), 12.2.1919, S. 1: „Ein Referendum über den Anschluß!".

4 SVB, 12.2.1919, S. 1.

5 Am 10. September 1919 unterzeichneten die österreichischen Delegierten den Staatsvertrag von Saint-Germain-en Laye, StGBl Nr. 303/1920. Neben den territorialen Bestimmungen über die Aufteilung Österreich-Ungarns regelt der Vertrag die Kriegsschuldfrage Österreichs. Ein Anschluss Österreichs an das Deutsche Reich und die Verwendung des Staatsnamens „Deutschösterreich" wurden verboten. Aus der „Republik Deutschösterreich" wurde die „Republik Österreich". Der Terminus „Erste Republik" ist nicht gesetzlich verankert. Dieser definiert lediglich den Zeitraum von 1918 bis 1938. Weiterführende Literatur: *Herbert Kalb / Thomas Olechowski / Anita Ziegerhofer*, Hg., Der Vertrag von St. Germain. Kommentar, Wien 2021.

6 Vom 21. Oktober bis zum 12. November 1918.

7 Dazu *Richard Saage,* Die deutsche Frage. Die Erste Republik im Spannungsfeld zwischen österreichischer und deutscher Identität, in: Helmut Konrad / Wolfgang Maderthaner, Hg., Das Werden der Ersten Republik: … der Rest ist Österreich, Bd. 1, Wien 2008, S. 65–75.

8 Cisleithanien wird seit 1915 offiziell „Österreich" genannt.

9 Die Provisorische Nationalversammlung für Deutschösterreich war die parlamentarische Vertretung aller Deutschen Cisleithaniens. Provisorisch wurde sie genannt, weil den bereits im Jahr 1911 gewählten Abgeordneten der deutschen Reichsratswahlbezirke die Legitimationsgrundlage fehlte. Ihr politisches Mandat war längst abgelaufen.

10 *Sonja Pallauf,* Der Weg von der Monarchie zur Republik 1918. Das Beispiel Salzburg, in: Salzburger Landtag / Katharina Weiser, Hg., Demokratische Zukunft der (Salzburger) Landesgesetzgebung, Salzburg 2018, S. 24–25.

11 Dazu *Günther Schefbeck*, Staatsgründung durch ein Parlamentsprovisorium, in: Wilhelm Brauneder / Norbert Leser, Hg., Staatsgründungen 1918, Wien 1999, S. 75–78.

12 Gemäß Art. 88 des Staatsvertrages von Saint-Germain-en-Laye vom 10. September 1919, StGBl. Nr. 303/1920, durfte Österreich seine Unabhängigkeit nur mit Zustimmung des neu gegründeten Völkerbundes aufgeben und hatte alles zu unterlassen, was diese Unabhängigkeit gefährden könnte.

13 Deutsches Reichsgesetzblatt (deutsches RGBl.) Nr. 152/1919.

14 Die Pariser Vorortverträge (u. a. Vertrag von Versailles, Vertrag von Saint-Germain-en-Laye) wurden im Rahmen der Pariser Friedenskonferenz von den Alliierten und Assoziierten Mächten bis Mai 1919 ausgehandelt.

15 Gemäß Art. 80 des Staatsvertrages von Versailles vom 28. Juni 1919, deutsches RGBl. Nr. 140/1919, erkennt Deutschland die Unabhängigkeit Österreichs an.

16 Die Siegermächte des Ersten Weltkrieges waren u. a. Frankreich, das Vereinigte Königreich Großbritannien, die Vereinigten Staaten von Amerika und das Königreich Italien.

17 *Wilhelm Brauneder,* Verfassungsrechtliche Hauptaspekte des Vertrages von St. Germain, in:

Andreas Raffeiner, Hg., 100 Jahre Staatsvertrag von St. Germain – Der Rest ist Österreich, Wien 2020, S. 39–48.

18 Dazu *Norbert Sparer,* Die Lage der Deutschen in Böhmen, Mähren und Österreichisch-Schlesien auf der Friedenskonferenz von St. Germain mit Ausblick auf die ersten Jahre der Tschechoslowakei, in: Raffeiner, Hg., Staatsvertrag, Wien 2020, S. 191–196.

19 Insbesondere Tirol, Salzburg und die Steiermark. In der Steiermark fand im Gegensatz zu Tirol und Salzburg keine Volksabstimmung über den Anschluss an Deutschland statt.

20 In Vorarlberg wurde eine politische Vereinigung mit der Schweiz angestrebt. Ausführlich: *Christian Koller,* „… der Wiener Judenstaat, von dem wir uns unter allen Umständen trennen wollen": die Vorarlberger Anschlussbewegung an die Schweiz, in: Konrad / Maderthaner, Hg., Werden, Bd. 1, S. 83–102.

21 Christlichsoziale Partei, Sozialdemokratische Partei, Parteien aus dem deutschfreiheitlichen Lager.

22 Dazu *Thomas Olechowski,* Das „Anschlußverbot" im Vertrag von Saint Germain, in: Zeitgeschichte 46 (2019), S. 371–385.

23 Dazu *Robert Kriechbaumer,* 29. Mai 1921 – Volksbefragung über den Anschluss, in: ders. / Richard Voithofer, Hg., Politik im Wandel, Der Salzburger Landtag im Chiemseehof 1868–2018, Bd. 1, Salzburg 2018, S. 307–308.

24 Mitglieder der Salzburger Anschlusskommission: Etter und Schernthanner (Christlichsoziale Partei); Breitenfelder und Baumgartner (Sozialdemokratische Partei); Prodinger und Schwarzenbrunner (Deutschfreiheitliches Lager).

25 SVB, 23.11.1920, S. 5.

26 Bereits am 1. Oktober 1920 wurde von der Provisorischen Nationalversammlung beschlossen, innerhalb von sechs Monaten eine Abstimmung über den Anschluss an Deutschland verfassungsgesetzlich anzuordnen. Erst am 12. Mai 1921 wurde im Nationalrat ein Beschluss zur Durchführung einer österreichweiten Volksbefragung gefasst. Ein Datum zur Durchführung dieser wurde nie festgesetzt.

27 Michael Mayr (1864–1922), Historiker und Politiker der Christlichsozialen Partei; erster Bundeskanzler Österreichs vom 20.11.1920 bis 21.06.1921.

28 Dazu *Hermann J. W. Kuprian,* Tirol und die Anschlussfrage 1918-1921, in: Thomas Albrich / Klaus Eisterer / Rolf Steininger, Hg., Tirol und der Anschluß. Voraussetzungen, Entwicklungen, Rahmenbedingungen 1918–1938, Innsbruck 1988, S. 43–74; *Michael Gehler,* Tirol im 20. Jahrhundert. Vom Ende der Monarchie bis zur Europaregion, Innsbruck, ²2009, S. 76–80; *Erich Bielka,* Die Volksabstimmung in Tirol 1921 und ihre Vorgeschichte, in: Isabella Ackerl / Rudolf Neck, Hg., Saint-Germain 1919. Protokoll des Symposiums am 29. und 30. Mai 1979 in Wien, Wien 1989, S. 303–326.

29 Verhandlungen des Salzburger Landtages der II. Session der I. Wahlperiode 1920/21, 21. Sitzung am 11. März 1921, S. 1130.

30 Dazu SVB, 24.3.1921, S. 2.

31 Verhandlungen des Salzburger Landtages, 28. Sitzung am 12. April 1921, S. 1357.

32 Verhandlungen des Salzburger Landtages, 28. Sitzung, S. 1357.

33 Ausführlich *Wolfgang Stifter,* Die Anschlußbewegung im Bundesland Salzburg nach 1918, Diplomarbeit Universität Salzburg, Salzburg 1974, S. 72.

34 Verhandlungen des Salzburger Landtages, 34. Sitzung am 27. April 1921, S. 1759.

35 Verhandlungen des Salzburger Landtages, 34. Sitzung, S. 1757.

36 SVB, 7.5.1921, S. 1; Salzburger Chronik (S.Ch.), 7.5.1921, S. 1; Salzburger Wacht (SW), 7.5.1921, S. 1.

37 SVB, 10.5.1921, S. 1.

38 Dazu *Stifter,* Anschlußbewegung, S. 76–77.

39 Verhandlungen des Salzburger Landtages, 37. Sitzung am 17. Mai 1921, S. 2043.

40 *Kriechbaumer,* Volksbefragung über den Anschluss, in: ders. / Voithofer, Hg., Politik, S. 308.

41 Dazu *Erich Bielka,* Salzburger Volksabstimmung 1921 – auch manipuliert, in: Ackerl / Neck, Hg., Saint Germain, S. 339.

42 Zum Abstimmungsergebnis ausführlich ebd., S. 344–349. Vgl. SVB, 30.5.1921, S. 1; S.Ch., 31.5.1921, S. 1.; SW, 30.5.1921, S. 1.

43 S.Ch., 31.5.1921, S. 1.

44 Zur Frage, welche Faktoren das Funktionieren der Konsensdemokratie in Salzburg bestimmten, ausführlich *Ernst Hanisch,* Die Erste Republik, in: Heinz Dopsch / Hans Spatzenegger, Hg., Geschichte Salzburgs, Bd. II/2, Salzburg 1988, S. 1066–1070.

Das „Forschungsinstitut für Lebensgeschichte" in Salzburg

Peter Danner

Im September 1938 gab es Kontakte zwischen dem Paläontologen Othenio Abel (1875–1946)[1] sowie dem Salzburger Landeshauptmann und Gauleiter Friedrich Rainer (1903–1947), der die Errichtung von naturwissenschaftlichen Forschungsinstituten in Salzburg plante. Abel schlug vor, in Salzburg in Verbindung mit dem Haus der Natur ein Institut für Lebensgeschichte[2] unter seiner Leitung einzurichten.[3]

Othenio Abel

Othenio Abel (Abb. 1), geboren am 20. Juni 1875 in Wien, schloss 1899 das Studium der Rechtswissenschaften mit der Staatsprüfung sowie das Studium der Geologie und Paläontologie im Hauptfach und der Botanik im Nebenfach mit der Promotion ab. Er arbeitete einige Jahre in der k. k. Geologischen Reichsanstalt in Wien, wurde 1902 Privatdozent für allgemeine Paläontologie, 1907 Extraordinarius für Paläontologie und Phylogenie der Wirbeltiere, 1912 ordentlicher Professor für Paläontologie, 1917 ordentlicher Professor für Paläobiologie und 1928, nach der Zusammenlegung der beiden Institute, ordentlicher Professor für Paläontologie und Paläobiologie an der Universität Wien.[4] Nach dem Ersten Weltkrieg gründete er ein Netzwerk aus christlich-sozialen und deutschnationalen Professoren, das akademische Karrieren sozialistischer, kommunistischer und jüdischer Wissenschaftler verhinderte.[5] 1927/28 war er Dekan der Philosophischen Fakultät, 1932/33 Rektor der Universität Wien.[6] 1934 wurde er wegen nationalsozialistischer Betätigung[7] in den Ruhestand versetzt. In einem Zeitungsartikel aus dem Jahr 1939 wurde Abel als „eine der markantesten nationalsozialistischen Führerpersönlichkeiten aus den Kampfjahren der Ostmark" bezeichnet.[8]

Im Jahr 1935 wurde er als Ordinarius für Paläontologie an die Universität Göttingen berufen. Er verfasste zahlreiche Publikationen, erhielt viele Ehrungen und wurde vielfach als der Begründer[9] oder einer der Begründer[10] der Paläobiologie angesehen.[11]

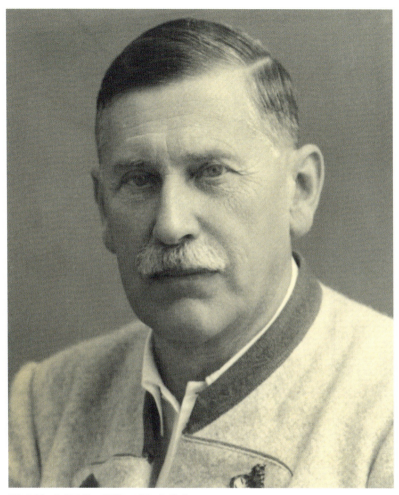

Abb. 1: Othenio Abel (Foto: Wolfgang Othenio Abel).

Da Abel mit der Situation in Göttingen unzufrieden war, wünschte er 1938, in das inzwischen dem Deutschen Reich einverleibte Österreich zurückzukehren. Seine Sondierungen betreffend eine Rückberufung an eine Universität in Österreich ließen jedoch keine große Aussicht auf Erfolg erwarten.[12]

Als Kuratoriumsmitglied der Gesellschaft für darstellende und angewandte Naturkunde, deren Zweck der Aufbau des Museums für darstellende und angewandte Naturkunde war, das später in „Haus der Natur" umbenannt wurde, war Abel seit der Gründung der Gesellschaft im Jahr 1923[13] mit Salzburg verbunden. Bei der Festversammlung am Vorabend der Eröffnung des Museums am 14. Juli 1924 hielt er die Festrede,[14] und er spendete Exponate aus seiner Privatsammlung für die paläontologische Sammlung des Museums.[15] Ferner wurde für das Museum vom akademischen Tierbildhauer Hugo Postl (geb. 1879) in Salzburg die 3,5 m hohe Rekonstruktion eines Sauriers nach einem von Abel und vom akademischen Maler Franz Roubal (1889–1967)[16] ausgeführten Modell angefertigt.[17] Mit Eduard Paul Tratz (1888–1977), dem Direktor des Museums, war Abel spätestens seit dem Besuch des von Tratz geleiteten Ornithologischen Instituts in Hellbrunn im Jahr 1920[18] bekannt.

Neben der Verbindung mit dem „Haus der Natur" spielte auch der Umstand, dass Abel in Pichl bei Mondsee, also in nicht allzu weiter Entfernung von Salzburg, ein Landhaus besaß, eine Rolle bei seinen Salzburger Plänen.[19]

Der lange Weg zur Gründung des Instituts

Gauleiter Friedrich Rainer wollte die aufgelassenen katholischen wissenschaftlichen Einrichtungen, dazu zählte vor allem die Theologische Fakultät, durch „solche nationalsozialistischer Prägung" ersetzen und dadurch Salzburg nicht nur als Stadt der Kultur, sondern auch als Stadt der Wissenschaft etablieren. Er berief sich bei diesem Vorhaben auf den „Wunsch des Führers, den bisherigen Charakter Salzburgs zu erhalten und die bestehenden Einrichtungen kultureller Art auszubauen". Er hielt sich „verpflichtet, an der wissenschaftlichen Bedeutung Salzburgs festzuhalten", wobei es ihm richtig schien, „naturwissenschaftliche Institute zu errichten und nicht philosophische Einrichtungen zu schaffen"[20].

Im September 1938 gab es Vorbereitungen für die geplante Gründung eines Instituts für Lebensgeschichte unter Leitung von Abel.[21] Ernst Natter, der politische Referent des Kärntner Gauleiters Odilo Globocnik (1904–1945), teilte Rainer Anfang Oktober 1938 mit, dass Abels wissenschaftliche Arbeiten und Sammlungen „zum Teil einzigartig sein sollen". Der Plan Rainers, die Sammlung Abels nach Salzburg zu bringen, fand, wie Natter berichtete, die Zustimmung von Friedrich Plattner (1896–nach 1970), dem Staatskommissar für Erziehung, Kultus und Volksbildung im Ministerium für innere und kulturelle Angelegenheiten.[22] Nachdem das Reichserziehungsministerium aus der Presse von Rainers Plan, anstelle der aufgelassenen Theologischen Fakultät ein naturwissenschaftliches Institut in Salzburg einzurichten, erfahren hatte,[23] teilte es dem Reichsstatthalter in Österreich (Ministerium für innere und kulturelle Angelegenheiten) und Gauleiter Rainer mit, dass es nicht beabsichtige, ein naturwissenschaftliches Institut in Salzburg zu errichten oder Vorarbeiten dazu zu genehmigen.[24] Rainer erklärte daraufhin, dass er keine Hochschule oder Teile einer solchen, sondern „einen Ring von Forschungsinstituten" einrichten wolle,

„die wissenschaftliche Gebiete behandeln, die für den Nationalsozialismus von grösster Bedeutung sind". Er teilte mit, dass Anträge von Erwin Aichinger (1894–1985) für die Gründung eines pflanzensoziologischen Instituts und von Othenio Abel vorliegen, „der in Salzburg in Verbindung mit dem [...] Haus der Natur des Professors Tratz ein Institut für lebensgeschichtliche Forschung errichten will". Rainer betonte, dass er bei seinen Bestrebungen stets im Einvernehmen mit der ihm auf diesem Gebiet übergeordneten Reichsstatthalterei in Wien vorgegangen sei.[25] Ende November 1938 teilte Eduard Paul Tratz Adolf Rampf (1902–1945), dem Leiter der in Salzburg eingerichteten Außenstelle Süd-Ost der Lehr- und Forschungsgemeinschaft „Das Ahnenerbe" mit, dass „Othenio Abel mit Beginn des Frühjahrs, zunächst in bescheidenem Rahmen, seine Arbeit zusammen mit Herrn Prof. Tratz in Salzburg aufnehmen" werde (Abb. 2).[26] Das „Ahnenerbe" war eine eng mit der SS verbundene und 1939/40 in sie eingegliederte wissenschaftliche Institution, deren erster Kurator ab 1937 und deren Präsident ab 1939 der Reichsführer SS Heinrich Himmler (1900–1945) war.[27] Es war also bereits vor der Eingliederung des „Hauses der Natur" in das „Ahnenerbe" als „Lehr- und Forschungsstätte für darstellende und angewandte Naturkunde ‚Haus der Natur'", die mit Wirkung vom 1. März 1939 erfolgte,[28] eine Zusammenarbeit von Abel mit dem „Haus der Natur" geplant.

Das Reichserziehungsministerium erkundigte sich am 14. Dezember 1938 bei Abel über die Art der geplanten Arbeitsstätte und fragte, ob die Übernahme des Instituts in Salzburg ihn zur Aufgabe des Lehrstuhls in Göttingen zwingen würde.[29] Abel teilte am 21. Dezember 1938 mit, dass er das Institut in Verbindung mit einer Professur an der Universität Wien leiten wolle, wobei er im Wintersemester zur Abhaltung von Spezialvorlesungen an der Wiener Universität verpflichtet sei, aber wiederholt nach Salzburg kommen könne und das Sommersemester zur Gänze dort verbringen wolle.[30]

Landesrat Karl Springenschmid (1897–1981) verhandelte über die Institutsgründungen bis Dezember 1938 mit Reichsminister Bernhard Rust (1883–1945), Staatssekretär Werner Zschintzsch (1888–1953) und Albert Holfelder (1903–1968) vom Reichserziehungsministerium in Berlin, mit Reichsstatthalter Arthur Seyß-Inquart (1892–1946) und Staatskommissar Friedrich Plattner in Wien, mit Reichsführer SS Heinrich Himmler als Erstem Kurator des „Ahnenerbes" (Abb. 3) und – wegen der geplanten Zusammenarbeit mit der „Hohen Schule" der Partei am Chiemsee – mit Alfred Rosenberg (1893–1946), dem „Beauftragten des Führers für die Überwachung der gesamten geistigen und weltanschaulichen Schulung und Erziehung der NSDAP"[31]. Darüber hinaus wurde die Errichtung von Instituten „im Rahmen des Kaiser-Wilhelm-Institutes" in Erwägung gezogen.[32]

Springenschmid konnte Abel am 3. Jänner 1939 für die Mitwirkung an den im Sommer 1939 geplanten Wissenschaftswochen gewinnen. Dazu bemerkte

Abb. 2: Eduard Paul Tratz (Foto: Haus der Natur).

Springenschmid: „Die Mitwirkung Professor Abels im heurigen Sommer ist bereits als Beginn seiner geplanten Salzburger Tätigkeit gedacht." Für die Vorbereitung meldete Abel einen Bedarf von zwei Räumen an.[33] Während des Jahres 1939 gingen die Bemühungen um die Institutsgründung weiter.[34] Am 19. Jänner 1939 legte Tratz die soeben von Abel erhaltene Denkschrift „Zur Errichtung eines Institutes für lebensgeschichtliche Forschung in Salzburg" vor.[35] Darin formulierte Abel die Forschungsziele der lebensgeschichtlichen Forschung oder Paläobiologie.[36] Als neuen Gesichtspunkt, „der die tragende Forschungsidee eines neuen lebensgeschichtlichen Forschungsinstitutes zu bilden hätte", sah er „das Problem der Gesamtbeziehungen der vorweltlichen Lebewesen zu ihrem einstigen Lebensraum" an.[37]

Abb. 3: Gauleiter Friedrich Rainer (links), Heinrich Himmler (4. von links) und weitere SS-Offiziere in der Hofstallgasse in Salzburg am 28. März 1939. Hinter dem Festspielhaus befindet sich das Haus der Natur. (Foto: AStS, Fotoarchiv Franz Krieger).

Wichtige Voraussetzungen für das geplante Forschungsinstitut waren für ihn eine paläobiologische Sammlung und eine Fachbibliothek, über die er selbst verfügte.[38] Er schlug die Anstellung von zwei wissenschaftlichen Assistenten, einer wissenschaftlichen Hilfskraft, einer Schreibkraft, einer technischen Hilfskraft (Tischler und Präparator) sowie eines Hausmeisters vor, ferner die Einbeziehung auswärtiger Mitarbeiter für kürzere Zeit und die Veranstaltung regelmäßiger paläobiologischer Kongresse.[39] Die Kosten für die Adaptierung und Ausstattung von Institutsräumen bezifferte er mit 100.000 Reichsmark (RM), jene für den Ausbau der Institutssammlung durch den Ankauf von Gipsmodellen bzw. -abgüssen und für „die Schaffung eines Grundstockes einer Handbibliothek zur Ergänzung der zur Verfügung stehenden Privatbibliothek des Prof. O. Abel", die etwa 16.000 Sonderdrucke umfasste, mit 18.000 bis 20.000 RM. Die jährlichen Personalkosten – ohne Gehalt des Leiters – gab er mit 16.200 RM an, weitere jährliche Kosten wie Betriebskosten des Instituts und die Kosten der Ankäufe für die Institutsbibliothek, von Anschaffungen und Reparaturen mit 4.000 RM.[40]

Am 20. Jänner 1939 legte Rainer dem Reichserziehungsminister Rust die Denkschrift Abels vor und beantragte, „die Errichtung eines lebensgeschichtlichen Forschungsinstitutes in Salzburg zu bewilligen."[41] Gleichzeitig ersuchte er Staatskommissar Plattner und Reichsführer SS Himmler um Unterstützung des Antrags, Plattner darüber hinaus, die Rückberufung Abels an die Wiener Universität in die Wege zu leiten.[42] Rust antwortete, dass er nicht in der Lage sei, die erforderlichen Mittel zur Verfügung zu stellen, dass Abel in Göttingen nicht entbehrt werden könne und die Schaffung eines zweiten Ordinariats für Paläontologie in Wien unmöglich sei, und kam zu dem Ergebnis: „Die persönlichen Wünsche von Professor Abel können leider nicht erfüllt werden." Rainer schrieb neben diesen Satz trotzig: „doch!" Abschließend meinte Rust, „daß die Verfolgung einzelner fachlich weniger hervorstechender Einrichtungen mir auch nicht notwendig erscheint."[43] Dazu merkte Rainer an: „aber mir", und am Ende des Briefes hielt er fest: „Plan wird weiterfolgt[.] Allenfalls Verbindung mit Ahnenerbe – Haus der Natur"[44]. Als Tratz von der Ablehnung Rusts Kenntnis erlangte, hegte er die Hoffnung, „dass sich im Wege der Forschungsgemeinschaft ‚Das Ahnenerbe' allmählich doch irgend eine Form finden lassen wird, um die wertvolle Forschungsarbeit Prof. Abels nach Salzburg zu verlegen."[45] Nachdem Abel von der ablehnenden Haltung Rusts informiert worden war,[46] wies er Springenschmid auf die Möglichkeit der Beendigung seiner Lehrtätigkeit in Göttingen durch Erreichen der Altersgrenze von 65 Jahren im Jahr 1940 hin und erklärte in einem Schreiben an die Reichsleitung des NSD-Dozentenbundes, auf die Verbindung seiner Salzburger Tätigkeit mit einem Lehramt zu verzichten, falls sich unüberwindbare Hindernisse entgegenstellen sollten.[47]

Als Reichsdozentenführer Walter Schultze (1894–1979) Gauleiter Rainer in Zusammenhang mit Abels Bemühungen, an eine Universität in Österreich zurückzukehren, um eine Äußerung zu den Plänen Abels und eine ausführliche politische Beurteilung Abels bat,[48] antwortete Rainer, er habe „durchwegs positive Beurteilungen erhalten", ersuchte [im Original „wäre … sehr dankbar", also eher Bitte als Ersuchen] ihn um Unterstützung seiner Bemühungen und teilte mit: „Die Forschungsstätte in Salzburg selbst soll errichtet werden im Anschluss an die von Rust geplante Lehrerhochschule oder an die vom Reichsführer-SS bereits angeordnete Errichtung einer Reihe von Forschungsstätten in Verbindung mit dem Ahnenerbe. Der politische Zweck ist es, den katholischen Versuchen nationalsozialistische wissenschaftliche Wirkungsstätten gegenüberzusetzen."[49] Schultze sicherte seine Unterstützung zu und bat um weitere Informationen.[50] Später übermittelte Rainer Schultze einen von Walter Del-Negro (1898–1984), dem Hochschulreferenten im Ressort Springenschmids,[51] im Auftrag von Springenschmid verfassten Bericht mit der folgenden Bemerkung: „Ich weiss noch nicht, ob wir dieses Institut selbstständig [!] oder in Anlehnung an die von Rust geplante Lehrerhochschule oder in Anlehnung an das Ahnenerbe werden errichten können. Rust spricht zwar immer von der Lehrerhochschule, ich bin aber nicht überzeugt davon, dass er seinen Plan wird verwirklichen können. Beim Ahnenerbe scheint mir nicht die nötige Kapazität für dieses grosse Institut gegeben zu sein, obwohl ich selbst bei der Zusammenarbeit mit dem Ahnenerbe die allerbesten Erfahrungen gemacht habe.

Ich würde ja das Institut am liebsten selbstständig [!] errichten und denke dabei vor allem an eine Zusammenarbeit mit Parteigenossen Rosenberg. Rosenberg hat sich erst vorgestern bei mir eingehend über die geplanten Salzburger wissenschaftlichen Stätten erkundigt. Er legt darauf grossen Wert und würde zur Errichtung beitragen, da er sich auf diese Weise wissenschaftliche Aussenstationen für die Hohe Schule der Partei am Chiemsee sichern will. Mir wäre eine Zusammenarbeit mit Pg. Rosenberg auf diesem Gebiet sehr recht."[52] Del-Negro ergänzte in seinem Bericht die Angaben aus Abels Denkschrift mit einem Hinweis auf die Rassenkunde: „Die Notwendigkeit eines eigenen Forschungsinstitutes für Lebensgeschichte wird damit begründet, dass Lebensgeschichte ein Grundpfeiler der Abstammungslehre ist – daraus ergeben sich wichtige Beziehungen zur Rassenkunde – und vor allem mit der heute besonders dringlichen Frage, wie die Gesamtbeziehungen der vorweltlichen Lebewesen zu ihrem einstigen Lebensraum zu denken sind."[53]

Schließlich wurde Abel vom Göttinger Gaudozentenführer zu seinen Salzburger Plänen befragt.[54]

Für den 30. August 1939 wurde der Vortrag von Abel zum Thema „Vorzeitliche Tiere im deutschen Mythus, Brauchtum und Volksglauben" im Rahmen der „Salzburger Wissenschaftswochen" angekündigt,[55] welche das Reichsministerium für Wissenschaft, Erziehung und Volksbildung gemeinsam mit der Forschungs- und Lehrgemeinschaft „Das Ahnenerbe" veranstaltete. Der Vortrag entfiel jedoch, weil wegen der Kriegsvorbereitungen die Salzburger Wissenschaftswochen bereits am 26. August 1939 endeten.[56]

Obwohl Gauleiter Rainer die Angelegenheit nicht aus den Augen verlor,[57] konnte er vorläufig keine Fortschritte erzielen. 1940 war geplant, das Institut für Lebensgeschichte als erstes von mehreren naturwissenschaftlichen Forschungseinrichtungen um das „Haus der Natur" zu gruppieren.[58]

Nach der Abgabe seines Ansuchens um Emeritierung in Göttingen am 18. Jänner 1940 schrieb Abel an seinen Kollegen Victor van Straelen (1889–1964), den Direktor des Musée Royal d'Histoire naturelle de Belgique, über seine Zukunftspläne, über den Ausbau Salzburgs zu einer kleinen „Zentrale für die Ausgestaltung der Biologie auf morphologischer und biologischer Grundlage" sowie die Fortsetzung seiner Untersuchungen zu den Bartenwalen von Antwerpen und zu den vorzeitlichen Lebensräumen.[59]

Da die Universität Göttingen den geplanten Abtransport der Sammlung Abels nach Salzburg behinderte, schaltete Abel im Jänner 1940 die Salzburger Behörden zur Unterstützung ein, worauf sich Gauleiter Rainer persönlich der Sache annahm,[60] was offenbar die Angelegenheit beschleunigte.[61]

Nach seiner Emeritierung in Göttingen Ende März 1940 ließ Abel seine Sammlung nach Salzburg transportieren, wo sie zunächst in einem Lagerhaus in Maxglan untergebracht wurde. Weil Abel in Salzburg keine Wohnung finden konnte, zog er auf sein Landgut in Pichl bei Mondsee.[62]

Zu diesem Zeitpunkt war die Frage der Unterbringung des Instituts noch nicht geklärt. Die angebotene Unterbringung zusammen mit allen Abteilungen des „Ahnenerbes" in Salzburg, der Außenstelle Süd-Ost, der Bücherei und dem der Lehr- und Forschungsstätte für germanisch-deutsche Volkskunde im Anatomie-Stöckl des Studiengebäudes in der Hofstallgasse im Tausch gegen die Räume des „Ahnenerbes" in der Dreifaltigkeitsgasse 15 wurde von den Vertretern des „Ahnenerbes" bei einer Besichtigung am 8. März 1940 als sehr ungünstig bewertet.[63] Am 29. April 1940 berichtete Tratz von einer Vereinbarung, dass Abels Institut im Erdgeschoß des Schulstöckls untergebracht werde.[64] Tatsächlich bezog das Institut jedoch Räume in der Hofstallgasse 7.

Die Gründung des Instituts

Nach der vorzeitigen Versetzung Abels in den Ruhestand mit 1. April 1940, die sowohl von der Universität Göttingen als auch von Abel selbst beim Reichserziehungsministerium beantragt worden war,[65] war der Weg frei für die Aufnahme der Tätigkeit in Salzburg. Nachträglich wurde in der Presse mitgeteilt, dass Abel am 1. April 1940 durch Gauleiter Rainer nach Salzburg berufen worden war, „um hier ein Institut für Lebensgeschichte zu errichten, das in inniger Arbeitsgemeinschaft mit dem ‚Haus der Natur' stehen soll"[66]. Erst am 6. Juni 1940 wurde der Mietvertrag über zwei Räume in der Hofstallgasse 7, also im Gebäude, in dem das Haus der Natur untergebracht war, abgeschlossen, und in der Folge wurden die 60 Kisten von Abels Privatsammlung dorthin gebracht.[67] Anfang Juli 1940 wurden in der Presse erstmals genauere Informationen über das im Aufbau befindliche Forschungsinstitut für Lebensgeschichte, das „im Anschluß an das Haus der Natur" eingerichtet wurde, und über geplante weitere Institute bekannt gegeben: „Die Gründung des Instituts geht auf einen Wunsch des Reichsstatthalters Dr. Rainer zurück. Salzburg soll ein Zentrum für biologisch-naturwissenschaftliche Forschung werden, wobei an eine Reihe ähnlicher Institute gedacht ist, die als freie Forschungsstätten von bedeutenden Vertretern ihrer Fächer betreut werden"[68]. Tratz stellte etwas später das Projekt in der Presse unter dem Titel „Salzburg, die Stadt der Lebensforschung" vor.[69] Die genaue Verbindung mit dem Haus der Natur und somit mit dem „Ahnenerbe" war nicht festgelegt.[70]

Im Frühjahr 1941 wurde Abel vage zugesagt, das Institut im beschlagnahmten Stift St. Peter unterzubringen. Er musste jedoch vorher die Räume in der Hofstallgasse 7 aufgeben.[71] Das „Ahnenerbe" stellte ihm inzwischen einen

Arbeitsraum der Außenstelle Süd-Ost in der Dreifaltigkeitsgasse 15 zur Verfügung.[72]

In der Sitzung vom 11. März 1941 beantragten die Beigeordneten der Gauhauptstadt Salzburg, mit Tratz bezüglich des Forschungsinstituts von Professor Abel zu verhandeln: „Die Durchführung soll mit möglichst starker finanzieller Beteiligung des Ahnenerbes und des Gaues und im kleinen Maße der Stadt erfolgen."[73] Auch die Zuweisung einer Wohnung an Abel wurde verfügt.[74] Das „Ahnenerbe" betonte jedoch, dass „die Finanzierung des Abel'schen Institutes Salzburg überlassen bleiben" müsse.[75]

Erst am 1. November 1941 konnte das Institut Räume im dritten Stock des Konventtraktes des ehemaligen Stiftes St. Peter beziehen.[76] Der Reichsgau stellte Subventionen in Höhe von 14.400 RM und die Stadtgemeinde Salzburg 5.000 RM zur Verfügung.[77] Damit konnte das „Forschungsinstitut für Lebensgeschichte" unter der Leitung von Othenio Abel öffentlich in Erscheinung treten.[78] Bei diesem Anlass wurde in der Presse auf die Aktualität dieser Disziplin hingewiesen: „Professor Abel gräbt nicht nur Altertümer aus der Urgeschichte der Menschheit und der Tierheit aus, sondern der Forscher will auch dartun, wie weit sich diese uralten Dinge auf uns vererbt haben und wie dieses Alte auch heute noch allenthalben lebt."[79] Schließlich war eine Verbindung mit der geplanten Universität[80] vorgesehen: „Gedacht ist, jungen Studenten der Hochschule späterhin Gelegenheit zur Arbeit an diesem ganz neuzeitlichen Forschungsinstitut zu geben."[81]

Im Mai 1941 beauftragte Abel den akademischen Maler Franz Roubal, der bereits in Wien und Göttingen für ihn gearbeitet hatte und damals in den Diensten der Forschungsstätte für Innerasien und Expeditionen des „Ahnenerbes" in München stand, mit dem Malen von großen Wandbildern mit Darstellungen vorweltlicher Wirbeltiere für das Institut, zu denen Abel die ersten Entwürfe angefertigt hatte.[82] Im November 1941 wurde eine Sekretärin angestellt. Als vorerst einziger wissenschaftlicher Assistent wurde Sepp Kernerknecht (1912–1944), der schon an der Universität Göttingen Abels Assistent war, in Aussicht genommen.[83] Abel bemühte sich 1941 bei Adolf Rampf von der Außenstelle Süd-Ost des „Ahnenerbes", eine Freistellung Kernerknechts vom Wehrdienst zu erwirken.[84] Das führte zu keinem Erfolg. Kernerknecht musste einrücken und wurde 1944 in Rumänien vermisst.[85]

Ab April 1942 wurden die Räume des Instituts für andere Zwecke beansprucht.[86]

Am 26. November 1942 teilte Gauleiter Gustav Adolf Scheel (1907–1979) Wolfram Sievers (1905–1948), dem Reichsgeschäftsführer des Ahnenerbes, mit, dass er der Ansicht sei, dass das Forschungsinstitut für Lebensgeschichte „nicht selbständig, sondern im Verband des ‚Ahnenerbes' errichtet werden solle." Damit war Sievers, der zwar auf die abweichenden Vorstellungen von

Scheels Vorgänger Rainer hinwies, grundsätzlich einverstanden. Walter Wüst (1901–1993), dem Kurator des „Ahnenerbes", teilte er am 6. Jänner 1943 mit: „M[eines]. E[rachtens]. sollte man der Kulturabteilung des Reichsstatthalters mitteilen, dass zweckmäßig eine Verschmelzung des Institutes mit dem ‚Ahnenerbe' erfolge und zwar im Zusammenhang mit dem ‚Haus der Natur'. Wir könnten damit unsere Position in Salzburg auch dem Haus der Natur e. V. gegenüber stärken."[87] Am 2. Februar 1943 besprach Tratz mit Sievers die geplante Zusammenarbeit des Hauses der Natur mit Abels Institut.[88] Am 15. März 1943 entschieden Walther Wüst und Wolfram Sievers, dass Abel „mit seinem Institut für Lebensgeschichte" dem Haus der Natur angeschlossen werden solle.[89] Er besprach diese Angelegenheit mit Wüst noch einmal am 29. März 1943.[90] Der Gauleiter erklärte Tratz am 23. März 1943, dass „Abel möglichst rasch sein Institut aus dem ehemaligen Stift St. Peter entfernen muß, weil die Wehrmacht diese Räume für die Errichtung einer Offiziersmesse benötigt" und Tratz „Abel übernehmen müsse", war aber zu einer finanziellen Unterstützung in Höhe von 5.000–7.000 RM pro Jahr bereit.[91] Tatsächlich wurde die Subvention des Reichsgaues Salzburg von 16.000 RM im Jahr 1942 auf 8.000 RM im Jahr 1943 gekürzt.[92]

Daher bat Tratz Sievers, sich „Gedanken zu machen, wie wir künftighin Prof. Abel bzw. sein Institut in unseren Rahmen einbauen können", und „dieser Angelegenheit, die im Rahmen des gesamten Arbeitsprogramms vom ‚Ahnenerbe' unbedingt vom grossen Wert ist, näher zu treten, zumal ja im Arbeitsprogramm des Ahnenerbes die Lebensgeschichte bereits erwähnt ist"[93]. Bei einem Aufenthalt in Salzburg am 6. April 1943 sprach Sievers mit Tratz über die „Unterbringung von Prof. Dr. Abel"[94].

Im Organisationsplan der Außenstelle Süd-Ost vom Mai 1943 scheint das Institut für Lebensgeschichte dann aber genauso wie im Mai 1941 als „in vorläufig loser Verbindung [...] angeschlossen" an die Lehr- und Forschungsstätte für darstellende und angewandte Naturkunde „Haus der Natur" auf.[95] Auch der Umstand, dass Abel sich 1944 „als ‚Gast' des ‚Ahnenerbes'" bezeichnete,[96] weist darauf hin, dass die Eingliederung in das „Ahnenerbe" nicht erfolgt ist.

Die Stadt Salzburg trug zur Finanzierung des Instituts 1941 5.000 RM, 1942 10.000 RM sowie 1943 und 1944 je 5.000 RM bei.[97]

Als im Frühjahr 1943 die Institutsräume endgültig an die Wehrmacht abgetreten werden mussten, übergab Abel seine Sammlung, die in 67 Kisten verpackt wurde, an das „Haus der Natur" zur treuhänderischen Verwaltung.[98] Das Institut übersiedelte in das Gebäude des „Ahnenerbes" in der Dreifaltigkeitsgasse 15.[99]

Die Forschungsziele des Instituts

In seiner Denkschrift aus den Jahren 1938/39 ging Abel ausführlich auf die Forschungsziele ein: „Das Forschungsgebiet der Lebensgeschichte [...] umfasst den Gesamtbestand an den uns aus früheren Erdzeitaltern überlieferten Resten vorzeitlicher Lebewesen und deren Einreihung in das System des ganzen Tierreiches und Pflanzenreiches. [...] Das Hauptziel der Lebensgeschichte liegt nicht so sehr darin, alle Dokumente der lebensgeschichtlichen Archive [...] wieder lesbar zu machen, sondern aus der unendlichen Summe lebensgeschichtlicher Tatsachen jene Kräfte und Gesetze zu erkennen, die seit ältesten Zeiten organischen Lebens das Leben in bestimmte Bahnen zwingen. Es ist die Rolle zu ermitteln, die einem Teile der vorzeitlichen Lebewesen als den Ahnen der heutigen Lebewelt zukommt und es sind mit aller Sorgfalt die vielen tausend ausgestorbenen Seitenlinien auszuscheiden."[100] Als neues Forschungsziel sah Abel die Untersuchung der „Gesamtbeziehungen der vorweltlichen Lebewesen zu ihrem einstigen Lebensraum" an.[101]

In einer Eingabe an den Reichsstatthalter vom 9. Oktober 1941 fasste Abel seine Ziele in einem Satz zusammen: „Die Aufgaben des neuen Forschungsinstitutes für Lebensgeschichte sind die Erforschung der vorzeitlichen Lebewesen einschließlich ihrer Beziehungen zur Umwelt und die Auswertung dieser Ergebnisse für die Beurteilung des heutigen Lebens."[102]

Bei der ersten Vorstellung des Forschungsinstituts für Lebensgeschichte in der Presse wurde über die Forschungsziele berichtet und der Bezug zur Gegenwart betont. Die Überreste der vorzeitlichen Tierwelt sollten nicht wie bisher als Dokumente der Erd-, sondern der Lebensgeschichte betrachtet werden, und es sollten frühere Lebensweisen und ihr Lebensraum untersucht werden. „Die Forschung wird festzustellen haben, wie dieser Lebensraum der einstigen Tier- und Pflanzenwelt beschaffen war, ob er richtig und voll ausgenützt war, und ob es Lebensräume gab, die unbenützt waren, und umgekehrt Lebensräume in Verwendung standen, von deren Existenz heute nichts mehr bekannt ist. Die Formen aller Lebenserscheinungen spielen in den heutigen Alltag, in das Brauchtum und den Mythos unseres Volkes außerordentlich stark hinein. Es wird durch dieses Institut möglich werden, Aufklärungen für viele Erscheinungen des heutigen Lebens aus der Vergangenheit zu geben."[103]

In der von ihm 1928 gegründeten und herausgegebenen Zeitschrift „Palaeobiologica. Archiv für die Erforschung des Lebens der Vorzeit und seiner Geschichte" formulierte Abel 1941 das Ziel seiner Forschungsrichtung auf prägnante Weise: „Zu den Hauptzielen der lebensgeschichtlichen Untersuchungen wird immer das Streben gehören, die stammesgeschichtlichen Ereignisse bis in die letzten Einzelheiten zu verfolgen, soweit dies die historische Forschung im Bereiche der Biologie zuläßt."[104]

Ausführlich ging Abel auf die Ziele seiner Forschung in einem Vortrag vor der Zoologisch-Botanischen Gesellschaft in Wien am 21. Jänner 1942 ein, der in der Zeitschrift „Palaeobiologica" veröffentlicht wurde. Darin meinte er, die Paläobiologie erscheine zu dieser Zeit „als die ‚Lebensgeschichte' im Gegensatze zur ‚Erdgeschichte'"[105]. Aufgabe der Forschung sei die Untersuchung der „Lebensspuren [...], welche uns eine Antwort auf die Fragen nach dem Aufenthaltsorte und Wohnorte der vorzeitlichen Tiere geben: auf die Fragen nach ihrer Bewegungsart, ihrer Nahrungsweise und Nahrung, ihrer Fortpflanzungsart und ihren Erkrankungen." Als „großes Arbeitsfeld" der Paläobiologie oder Lebensforschung sah Abel „die Erforschung der vorzeitlichen Lebensräume", wobei er die Beantwortung folgender Fragen als einen Teil der Aufgaben des Forschungsinstituts in Salzburg ansah: „1. das Alter der Lebensräume; 2. die Ausnutzung der Lebensräume; 3. den verschiedenen Wert der Lebensräume für die stammesgeschichtliche Entwicklung der Tierwelt."[106] Als vorläufiges Ergebnis seiner Untersuchungen hielt er fest: „Auf jeden Fall aber vermögen wir schon jetzt zu erkennen, daß die Lebensräume in stammesgeschichtlicher Hinsicht sehr verschiedenwertig sind und daß es für die Entstehung lebenskräftiger, sich gedeihlich weiter entfaltender Stammeslinien von grundlegender Bedeutung war, aus einem Lebensraume hervorzugehen, der an seine Bewohner zwar harte Anforderungen im Daseinskampfe stellte, aber ihnen doch volle Freizügigkeit und Bewegungsfreiheit gestattete. Tierstämme, deren Angehörige es nicht vermocht oder verstanden haben, ihre Bewegungsfreiheit auszunutzen und sie zu steigern, sind nach kürzerer oder längerer Dauer ihrer Stammesgeschichte immer wieder zugrundegegangen."[107]

Die wissenschaftlichen Aktivitäten Othenio Abels seit 1938

Abel setzte während des Krieges die Arbeit über das Thema der vorzeitlichen Tierwelt im Mythos und Volksglauben fort, das ihn bereits von Jugend an beschäftigt hatte.[108] Bereits 1914 hatte er anläßlich der wissenschaftlichen Hochschulferialkurse in Salzburg einen Vortrag über „Die vorzeitliche Tierwelt in Sage und Forschung" gehalten, dem eine Exkursion gefolgt war.[109] 1939 folgte Abels Buch „Vorzeitliche Tierreste im Deutschen Mythus, Brauchtum und Volksglauben".[110] 1940 erschien ein Aufsatz zu diesem Thema in der Zeitschrift „Die Umschau"[111], 1941 ein Beitrag über „Die Rolle der Versteinerungen als Heilmittel in der alten Deutschen Volksmedizin"[112] und ein Aufsatz über „Die Entstehung des Vorstellungsbildes von Drachen und Lindwürmern"[113].

Mehrmals hielt er Vorträge über diesen Themenkomplex, so am 24. Februar 1939 im Rahmen der „Wiener Kulturvereinigung" über „Vorzeitliche Tierreste im Deutschen Brauchtum und Sage"[114], am 22. Jänner 1941 in einer von der Zoologisch-Botanischen Gesellschaft in Wien zusammen mit der Wiener

Abb. 4: Reichsautobahnbau bei Söllheim (Foto: AStS, Fotoarchiv Krieger).

Anthropologischen Gesellschaft und der Wiener Prähistorischen Gesellschaft ausgerichteten Veranstaltung über „Drachen und Lindwürmer"[115], am 10. November 1941 im Rahmen einer wissenschaftlichen Vortragsreihe, die das Haus der Natur zusammen mit dem Deutschen Volksbildungswerk veranstaltete, über „Drachen, Lindwürmer und Einhörner"[116], am 12. November 1941 vor der Gesellschaft für Salzburger Landeskunde über „Vorzeitliche Tierreste in Mythos und Volksglaube"[117] und am 23. Februar 1944 im Rahmen der „Stunde der Universität Wien für die Kriegsversehrten" über „Die vorzeitlichen Tierreste im deutschen Mythos, in Sage und Brauchtum"[118]. Im Dezember 1943 hielt Abel Vorträge in Königsberg, Elbing und Danzig.[119] Die Zurückführung des Bildes der Fabelwesen auf alte indogermanische und germanische Vorstellungen, z. B. des Seelendrachens, des Mond- und Sonnenwolfes, in Abels Publikationen entspricht der in der Zeit des Nationalsozialismus vor allem in der Volkskunde verbreiteten Tendenz, Brauchtum und Volksglauben ausschließlich auf die germanischen Wurzeln zurückzuführen.[120]

Die von Abel 1941 geplante Schau über „Vorweltliche Tiere im deutschen Mythos", für deren Verwirklichung sich nach einem Vorschlag von Tratz das „Ahnenerbe" einsetzen sollte,[121] kam nicht zustande.[122]

Im Herbst 1940 entdeckte Othenio Abel bei einem Besuch zusammen mit Eduard Paul Tratz und Friedrich Oedl (1894–1969) in den durch den Bau der Reichsautobahn angeschnittenen Blockmoränen des Salzachgletschers bei

Söllheim (Abb. 4) fossile Spuren von Schlammbewohnern, die seiner Ansicht darauf hinwiesen, dass hier einst Mangrovensümpfe ausgebreitet waren. Darüber berichtete er in einem ganzseitigen Zeitungsartikel.[123]

Zu einer vom Verein für Höhlenkunde in Salzburg 1940 in Erwägung gezogenen Zusammenarbeit mit Abel im Bereich der Höhlenforschung[124] ist es offenbar nicht gekommen.

1941 erschienen Abels Auswertungen seiner Untersuchungen fossiler Wale, die er in den Jahren 1937 und 1938 in Brüssel durchgeführt hatte.[125]

Seit 1940 beschäftigte sich Abel mit der „Frage der Bedeutung der vorzeitlichen Wüsten und Halbwüsten für die stammesgeschichtliche Entwicklung der kontinentalen Tierwelt vergangener Zeiten", deren Bedeutung für die Menschheitsgeschichte er betonte.[126]

Mit dem Übertitel „Aus dem Forschungsinstitut für Lebensgeschichte in Salzburg" erschienen 1944 und 1945 Beiträge von Othenio Abel über das Gebiss der Wirbeltiere und die ursprünglichen Lebensräume der Primaten.[127]

Selbst bei dem auf den ersten Blick unverfänglich scheinenden Thema des Gebisses der Wirbeltiere zog Abel bei der Klärung der Frage, ob die Form die Folge der Funktion sei oder die Funktion die Folge der Form, einen überraschenden Vergleich heran: „In der letzten Zeit haben sich die Stimmen gemehrt, die dafür sprechen wollen, daß die Form das Primäre, die Funktion aber das Sekundäre sei. Diese Auffassung und Einstellung ist vielfach dadurch bedingt und beeinflußt, [...] daß sich unsere Gesamtanschauung gegen die Möglichkeit einer Annahme sträubt, daß alle und jede Formbildung die kausalbedingte Folge der Umwelt der Lebewesen und ihrer Funktionen in Raum und Zeit sei.

Es ist verständlich, wenn man sich in eine Abwehrstellung gegenüber dem Versuche begibt, auch beispielsweise für einen Neger die Umwandlung in einen Arier für durchaus möglich zu halten, wenn nur die Einwirkung der Umweltkräfte genügend langandauernd und die Lebensführung von möglichst angenäherter Übereinstimmung wäre. Solche Möglichkeiten annehmen zu wollen, heißt Utopien mit wissenschaftlichen Erklärungsversuchen verwechseln. Niemals wird aus einem Neger ein Weißer werden können, ebensowenig wie aus einer Fledermaus ein Walfisch und umgekehrt werden kann."[128]

Zu den Lebensräumen der Primaten hielt Abel vor der Zoologisch-Botanischen Gesellschaft in Wien am 1. März 1944 einen Vortrag.[129] In seinem Aufsatz zu diesem Thema, seiner letzten Publikation, kam Abel zu einer Schlussfolgerung, die gut mit der nationalsozialistischen Ideologie vereinbar ist: „Die Entstehung des Menschengeschlechtes kann nicht in dichten, tropischen Wäldern zwischen den Wendekreisen erfolgt sein, aus denen heraus die Eroberung der Welt hätte erfolgen müssen, sondern sie ist [...] in Lebensräumen vor sich gegangen, die wir als ein felsiges Berggelände kennzeichnen, ein Lebensraum, der in seinen harten Lebensformen und Lebensbedingungen den menschlichen

Vorfahren zwang, den Kampf ums Dasein in anderer Form als seine entfernteren, verweichlichten Verwandten in den Tropenwäldern, aufzunehmen und sich im Kampf ums Dasein fortschreitend zu bewähren."[130]

1944 reiste Abel nach Frankreich, wo er unter anderem die Grotte Les Trois-Frères in den Pyrenäen besuchte.[131]

Mehrere begonnene Arbeiten Abels, zum Beispiel über die Morphogenese des Säugetiergebisses, an der Abel seit dem Winter 1944/45 arbeitete, sowie weitere Studien über die vorzeitlichen Lebensräume, konnten nicht mehr fertiggestellt werden.[132]

Ehrungen Othenio Abels

In der Zeit von 1938 bis 1945 wurde Abel, der bereits in den Jahrzehnten davor zahlreiche Auszeichnungen für seine wissenschaftliche Tätigkeit erhalten hatte, mehrfach geehrt. Am 17. Jänner 1940 erhielt Abel die Medaille zur Erinnerung an den 13. März 1938[133], eine Auszeichnung für Personen, die sich vor dem 10. April 1938 in Österreich „hervorragende Verdienste um die Vorbereitung der Wiedervereinigung erworben haben"[134]. Am 22. Juni 1940 verständigte Fritz Knoll (1883–1981), der Rektor der Universität Wien, Abel von der Ernennung zum Ehrensenator der Universität Wien.[135] Die Ehrung fand erst am 17. Jänner 1941 statt. Abel und fünf weiteren ehemaligen Professoren der Universität Wien, „die vom Lehrstuhl der Wiener Hochschule aus das nationalsozialistische Gedankengut in die Herzen und Seelen der Studenten gepflanzt und in den jungen Männern die Begeisterung für die Idee Adolf Hitlers geweckt hatten"[136], wurde diese Auszeichnung, „für die Verdienste, die sie sich durch ihr mannhaftes Eintreten für den Nationalsozialismus in der Verbotszeit erworben haben"[137], zuerkannt.[138] In der Sitzung vom 19. Mai 1945 beschloss der Senat der Universität Wien, diese Ernennungen wieder aufzuheben, weil in den österreichischen Bestimmungen die Ernennung von Ehrensenatoren nicht vorgesehen war.[139]

Am 11. Mai 1941 wurde Abel, der sich ab 1918 mit Höhlenkunde befasst hatte und die wissenschaftliche Leitung des Abbaus der Phosphatlager in der Drachenhöhle bei Mixnitz in der Steiermark in den Jahren von 1920 bis 1923 innegehabt hatte,[140] 1922 Gründungsmitglied und von 1922 bis 1932 Präsident der Speläologischen Gesellschaft in Wien gewesen war,[141] in Salzburg zum Ehrenmitglied des vom „Ahnenerbe" neu gegründeten „Reichsbundes für Karst- und Höhlenforschung"[142] ernannt.[143] Im Jänner 1942 verlieh ihm die Deutsche Paläontologische Gesellschaft die Ehrenmitgliedschaft. Weitere geplante Ehrungen aus Anlass von Abels 70. Geburtstag am 20. Juni 1945 kamen infolge des Kriegsendes nicht zustande.[144]

Abb. 5: Elise Hofmann zusammen mit Prof. G. de Flandre, Paris 1954 (Foto: Geologische Bundesanstalt, Wien).

Die wissenschaftliche Tätigkeit der Mitarbeiter

Als „temporäre Mitarbeiter" konnte Abel die Paläobotanikerin Elise Hofmann (1889–1955; Abb. 5)[145], die ab 1935 als Dozentin und ab 1943 als außerplanmäßige Professorin am Botanischen Institut der Universität Wien lehrte, und Wilhelm Kühnelt (1905–1988)[146], der ab 1934 Dozent und ab 1942 außerplanmäßiger Professor am 2. Zoologischen Institut der Universität Wien war, gewinnen. Ferner wollte er den Paläobotaniker Karl Mägdefrau (1907–1999)[147], der ab 1932 in Erlangen und 1942–1943 als Professor in Straßburg wirkte, zur Mitarbeit bewegen.[148]

Hofmann führte im Sommer 1942, im Sommer 1943 und auch 1944 bis Anfang 1945 im Auftrag Abels pollenanalytische Flysch-Untersuchungen durch.[149] Zu diesem Thema wurde Abel wahrscheinlich durch seine Entdeckungen bei Söllheim angeregt, wobei er selbst sich auf die tierischen Überreste konzentriert hatte. Zur Erforschung des Flysches unternahmen Abel, Hofmann, Kurt Ehrenberg (1896–1979)[150], sein Nachfolger auf dem Lehrstuhl in Wien, und dessen Assistent Helmuth Zapfe (1913–1996)[151] mehrere Sammelexkursionen in der Umgebung von Salzburg, vor allem in Muntigl, bei den neuen Aufschlüssen im Zuge des Baus der Reichsautobahn und im Wienerwald.[152] Hofmann untersuchte Proben aus dem Haus der Natur, aus dem Paläontologischen Institut in Wien und selbst gesammelte Proben aus Muntigl, wenige

Kilometer nördlich der Stadt Salzburg, von Gänsbrunn und vom Gaisberg bei Salzburg, von Haslau beim Mondsee und aus der Umgebung von Wien.[153] Die Forschungen, deren Ergebnisse 1948 und 1953 publiziert wurden, bestätigten Hofmann zufolge die Vermutung Abels, dass der Flysch aus Mangrovensümpfen entstanden war,[154] was aber nicht auf allgemeine Zustimmung stieß.[155]

Wilhelm Kühnelt führte auf Einladung Abels Studien über „Probleme aus dem Gebiete der Lebensraumforschung mit besonderer Berücksichtigung der Halbwüsten und Steppen und deren Bedeutung für die Lebensgeschichte im allgemeinen" durch. Kernerknecht plante Untersuchungen über die stammesgeschichtlichen Veränderungen des Suidengebisses, wurde aber durch die Einberufung zur Wehrmacht daran gehindert.[156]

Das weitere Schicksal von Abels Bibliothek und Sammlung

Offenbar jene Teile der Sammlung Abels, die 1938 noch vorläufig in Wien untergebracht waren und nie nach Tübingen und Salzburg gekommen sind,[157] befinden sich heute noch im Institut für Paläontologie der Universität Wien. Auch die Paläozoologischen Sammlungen der Universität Göttingen enthalten Material, das von Othenio Abel stammt.[158]

Abgüsse von Modellen vorzeitlicher Tiere aus Abels Privatsammlung erhielt „dank dem Entgegenkommen der geologisch-paläontologischen Abteilung des Naturhistorischen Museums in Wien" 1955 das Oberösterreichische Landesmuseum.[159] Teile der einst in Salzburg aufbewahrten Sammlung erwarb 1959/60 die Bayerische Staatssammlung für Paläontologie und Geologie in München: Fossile Säugetiere aus Europa und Nordamerika, eine paläobiologische Spezialsammlung und Lehrmaterial, darunter Fossilien und Bilder zu Abels Werk über die Paläobiologie.[160] Teile der Bibliothek von Othenio Abel wurden 1998 in das Institut für Geologie der Universität Salzburg gebracht.[161]

Zusammenfassung

Da der 1938 von Othenio Abel an Gauleiter Friedrich Rainer herangetragene Wunsch, in Salzburg in Verbindung mit dem Haus der Natur ein Institut für Lebensgeschichte einzurichten, der Absicht Rainers entsprach, Salzburg durch die Gründung von Forschungseinrichtungen zu einer „Hochburg der Kunst und Wissenschaft" auszubauen,[162] verfolgte Rainer mit viel Energie die Einrichtung dieses Forschungsinstituts. Wegen der ablehnenden Haltung von Reichserziehungsminister Rust und der fehlenden Bereitschaft der Lehr- und Forschungsgemeinschaft „Das Ahnenerbe", das Institut zu übernehmen und zu finanzieren, konnte das Forschungsinstitut für Lebensgeschichte, mit dessen Leitung Othenio Abel am 1. April 1940 betraut worden war, erst im November

1940 mittels Finanzierung durch den Reichsgau und – in geringerem Ausmaß – durch die Stadt Salzburg den Betrieb aufnehmen. Es blieb das einzige der von Rainer geplanten naturwissenschaftlichen Forschungsinstitute, die um das Haus der Natur als „Mutterhaus" gruppiert werden sollten. Salzburg wurde daher von Eduard Paul Tratz etwas voreilig als „Stadt der Lebensforschung" erklärt. Zur 1943 von Gauleiter Scheel geforderten Übernahme des Forschungsinstituts durch das „Ahnenerbe" ist es offenbar nicht gekommen.

Infolge des Raummangels und wegen des Kriegsdienstes des vorgesehenen Assistenten Sepp Kernerknecht konnte das Forschungsinstitut die geplante Tätigkeit nicht in vollem Umfang entfalten. Es war keine ständige Einrichtung einer Schausammlung, die öffentlich zugänglich gemacht werden sollte, möglich, und die geplanten Wandbilder mit Darstellungen vorweltlicher Landschaften und Tiere konnten nicht fertiggestellt werden. Eine geplante Ausstellung und ursprünglich beabsichtigte regelmäßige wissenschaftliche Tagungen kamen nicht zustande.

Der Leiter des Instituts, Othenio Abel, und die freien Mitarbeiter Elise Hofmann und Wilhelm Kühnelt führten jedoch auch unter schwierigen Bedingungen Forschungen durch, von denen jene Abels noch während des Krieges, jene von Hofmann einige Jahre danach veröffentlicht wurden.

Die Paläobiologie profitierte von der Aufwertung der Biologie im Dritten Reich, die sich aufgrund der biologistischen Auffassung der Geschichte auch ideologisch verwerten ließ.[163] So bezeichnete Hans Schemm, der Gründer und Reichswalter des Nationalsozialistischen Lehrerbundes, den Nationalsozialismus als „politisch angewandte Biologie"[164]. Der Paläontologe Edwin Hennig (1882–1977) betonte die Bedeutung der Paläontologie für die Kenntnis des Bodens, in dem das deutsche Blut verwurzelt ist,[165] und mehrere weitere Paläontologen leisteten Beiträge zur ideologischen Vereinnahmung der Paläontologie.[166] Um von der neuen Popularität und Bedeutung der Biologie zu profitieren, wurde von einigen Vertretern des Faches die biologische Auffassung der Paläontologie im Nazi-Jargon formuliert.[167] Davon hielt sich Othenio Abel fern, als er die Einrichtung eines Forschungsinstituts für Lebensgeschichte in Salzburg anregte.

Während die Forschungsergebnisse Hofmanns und ein Teil jener Abels aufgrund der Themen keinen direkten Bezug zu den politischen Verhältnissen erkennen lassen, entsprechen Abels Zurückführung der Vorstellungen von vorweltlichen Tieren im Volksglauben auf die indogermanischen und germanischen Wurzeln und einzelne Passagen bei der Behandlung der vorzeitlichen Lebensräume und anderer Themen durchaus dem nationalsozialistischen Zeitgeist.

Othenio Abel starb am 4. Juli 1946 auf seinem Wohnsitz in Innerschwand am Mondsee.

Endnoten

1 BArch, NS 21/1024, Othenio Abel, Lebenslauf [1935]; *[Kurt] Leuchs*, Othenio Abel, in: Österreichische Akademie der Wissenschaften. Almanach für das Jahr 1947, 97 (1948), S. 320–325; *Kurt Ehrenberg*, Othenio Abel †, sein Werden und Wirken, in: Neues Jahrbuch für Mineralogie, Geologie und Paläontologie. Monatshefte, Abt. B (1949), S. 325-328; *ders.*, Othenio Abel. Der Schöpfer der Paläobiologie, in: Österreichische Akademie der Wissenschaften, Hg., Österreichische Naturforscher und Techniker, Wien 1950, S. 75–77; *ders.*, Othenio Abels Lebensweg, Wien 1975; *ders.*, Othenio Abels Werden und Wirken. Eine Rückschau zu seinem 100. Geburtstag am 20. Juni 1975, in: Mitteilungen der Gesellschaft der Geologie- und Bergbaustudenten in Österreich 25 (1978), S. 271–295; *Rolf Kohring*, Othenio Abel (1875–1946) und die Begründung der Paläobiologie – eine Betrachtung zum 125. Geburtstag, in: 70. Jahrestagung der Paläontologischen Gesellschaft. Vorträge und Poster. Vom 24.–30. September 2000 in Coburg (Terra Nostra. Schriften der Alfred-Wegener-Stiftung 00/3), Berlin 2000, S. 61; *Otto H. Walliser*, Othenio Abel, 1875-1946, in: Karl Arndt, Göttinger Gelehrte. Die Akademie der Wissenschaften zu Göttingen in Bildnissen und Würdigungen 1751–2000. 1. Bd., Göttingen 2001, S. 456; *Rolf Kohring*, Abel, Othenio Lothar Franz Anton Louis, in: Dieter Hoffmann / Hubert Laitko / Staffan Müller-Wille / Ilse Jahn, Hg., Lexikon der bedeutenden Naturwissenschaftler. 1. Bd., Heidelberg – Berlin 2003, S. 5–6; Österreichisches Biographisches Lexikon. Online-Edition, Lfd. 1 (1.3.2011) S. v. Abel, Othenio (M[atthias]. Svojtka), http://biographien.ac.at/oebl/oebl_A/Abel_Othenio_1875_1946.xml (17.2.2012); Novi Slovenski biografski leksikon, Ljubljana 2013, S. 17 S. v. Abel, Othenio (Ivan Rakovec); *Klaus Taschwer*, Othenio Abel. Paläontologe, antisemitischer Fakultäts- und Universitätspolitiker, in: Mitchell G. Ash / Josef Ehmer, Hg., Universität – Politik – Gesellschaft (650 Jahre Universität Wien – Aufbruch ins neue Jahrhundert 2), Göttingen 2015, S. 287–292; *Olivier Rieppel*, Phylogenetic Systematics. Haeckel to Hennig (Species and Systematics), Boca Raton 2016, S. 69, 73–74, 224–228; *Johannes Mattes*, Wissenskulturen des Subterranen. Vermittler im Spannungsfeld zwischen Wissenschaft und Öffentlichkeit. Ein biografisches Lexikon, Wien 2019, S. 42–45; *Ronald A. Jenner*, Ancestors in Evolutionary Biology. Linear Thinking about Branching Trees, Cambridge 2022, S. 206–208.

Irrtümlich auf Othenio Abel bezogen ist folgende Notiz von *Constantin Graf Stammati*, Zur „Kulturpolitik" des Ostministeriums, in: Vierteljahreshefte für Zeitgeschichte 6 (1958), S. 78–85, hier S. 58, Anm. 1: „Der Rasseforscher Prof. Dr. Othenio Abel teilte dies dem Verf. auf einer Arbeitstagung der ‚Zentrale für Ostforschung' 1944 mit. Prof. Abel, ein kultivierter Österreicher vom Kavalierstyp, der wissenschaftlich durchaus ernst zu nehmen war, hielt übrigens auf dieser Tagung einen Vortrag, der die Untermenschentherorie auch vom rassischen Standpunkt in Bezug auf den Osten völlig widerlegte. Bei der SS stand dieser unerschrockene Mann schon seit einiger Zeit auf der schwarzen Liste. Seinem Vortrag folgten denn auch scharfe Angriffe von ‚Kollegen'."

Gemeint ist Othenio Abels Sohn Wolfgang Abel (1905–1997), der Ende Jänner 1944 auf der Tagung der Zentrale für Ostforschung in Prag einen Vortrag über „Rassenprobleme des Ostraumes" hielt: *Carola Sachs / Benoit Massin*, Biowissenschaftliche Forschung an Kaiser-Wilhelm-Instituten und die Verbrechen des NS-Regimes. Information über den gegenwärtigen Wissensstand, Berlin 2000, S. 26; *Susanne Heim*, Kalorien, Kautschuk, Karrieren. Pflanzenzüchtung und landwirtschaftliche Forschung in Kaiser-Wilhelm-Instituten 1933–1945, Göttingen 2003, S. 231.

Folgende Abkürzungen werden verwendet:
AStS   Archiv der Stadt Salzburg
BArch   Bundesarchiv, Berlin
SLA   Salzburger Landesarchiv

2 Zur Geschichte des Instituts: *Ehrenberg*, Lebensweg, S. 127–146; *Gert Kerschbaumer*, Alltag, Feiern und Feste im Wandel: nationalsozialistische Regie des öffentlichen Lebens und praktizierte Kulturen in Salzburg von 1938 bis 1945. 2. Bd., Diss. Salzburg 1986, S. 747–748; *ders.*, Rekonstruktion und Dokumentation "Volkskunde und Brauchtumspflege im Nationalsozialismus in Salzburg", in: Walburga Haas, Hg., Volkskunde und Brauchtumspflege im Nationalsozialismus in Salzburg. Referate, Diskussionen, Archivmaterial. Bericht zur Tagung am 18. und 19. November 1994 in der Salzburger Residenz (Salzburger Beiträge zur Volkskunde 8), Salzburg 1995/96, S. 255–357, hier S. 274–275; *ders.*, Das Deutsche Haus der Natur zu Salzburg, in: Herbert Posch / Gottfried Fliedl, Hg., Politik der Präsentation. Museum und Ausstellung in Österreich 1918–1945, Wien 1996, S. 180–212, hier S. 192–193, 196-197; *Peter Danner*, "Weltanschauungsfreie Forschung ... nicht einmal wünschenswert". Wissenschaft in Salzburg während der NS-Zeit, in: Sabine Veits-Falk / Ernst Hanisch, Hg., Herrschaft und Kultur. Instrumentalisierung – Anpassung – Resistenz (Die Stadt Salzburg im Nationalsozialismus 4, Schriftenreihe des Archivs der Stadt Salzburg 37), Salzburg 2013, S. 198–267, hier S. 234–236.

Für Unterstützung bei der Arbeit und für Informationen dankt der Verf. Dr. Wolfgang Othenio Abel, Dr. Jan Odorich Abel, Prof.ssa Maria Clara Conti, Dr. Oskar Dohle, Mag. Anton Höck, Mag. Thomas Hofmann, Dr. Gert Kerschbaumer, Dr. Peter F. Kramml, Dr. Robert Lindner, Prof. Dr. Karl Rauscher, Dr. Olivier Rieppel, Dr. Andreas Schmoller, Prof. Dr. Gottfried Tichy, Dr. Winfried Werner, Mag. Volker Weißensteiner und Gerhard Zehentner.

3 BArch, 49.01 REM/666, Friedrich Rainer an Werner Zschintzsch (Staatssekretär im Reichsministerium für Wissenschaft, Erziehung und Volksbildung [REM]) am 4. 11. 1938: "Abel [...] äußerte mir gegenüber den Wunsch, in Salzburg eine wissenschaftliche Arbeitsstätte zu haben."

4 *Elmar Schübl*, Mineralogie, Petrographie, Geologie und Paläontologie. Zur Institutionalisierung der Erdwissenschaften an österreichischen Universitäten, vornehmlich an jener in Wien, 1848–1938 (Scripta geo-historica. Grazer Schriften zur Geschichte der Erdwissenschaften 3), Graz 2010, S. 224.

5 Um Österreichs hohe Schulen, in: Wiener Zeitung, 11.1.1946, S. 3; Todesfall, in: Wiener Zeitung, 17.7.1946, S. 5; *Ehrenberg*, Lebensweg, S. 85–100; *Taschwer*, Othenio Abel, S. 289–291; *ders.*, Hochburg des Antisemitismus. Der Niedergang der Universität Wien im 20. Jahrhundert, Wien 2015, S. 102–127; *ders.*, Geheimsache Bärenhöhle. Wie eine antisemitische Professorenclique nach 1918 an der Universität Wien jüdische Forscherinnen und Forscher vertrieb, in: Regina Fritz / Grzegorz Rossoliński-Liebe / Jana Starek, Hg., Alma Mater Antisemitica. Akademisches Milieu, Juden und Antisemitismus an den Universitäten Europas zwischen 1918 und 1939 (Beiträge zur Holocaustforschung des Wiener Wiesenthal Instituts für Holocaust-Studien 3), Wien 2016, S. 221–242.

6 *Ehrenberg*, Lebensweg, S. 100–106; *Taschwer*, Othenio Abel, S. 289; *ders.*, Hochburg, S. 109; *ders.*, Geheimsache, S. 228.

7 Zu seiner nationalsozialistischen Gesinnung die eigenen Angaben von Abel: BArch, NS 21/1024, Parteikorrespondenz Dr. Othenio Abel, Personal-Fragebogen, unterzeichnet am 29.5.1938: u. a. offenes Bekenntnis zur Bewegung seit Juli 1932, Zahlung von Mitgliedsbeiträgen bis 1.4.1935. Lt. Parteiausweis 6196288 war Abel erst ab 1.5.1938 Mitglied der NSDAP. Vgl. *Ehrenberg*, Lebensweg, S. 100 [mit falscher Angabe der Ausweis-Nr.]. Zum Moment, als am 12.3.1938, dem Tag des Einmarsches der deutschen Truppen, an der Universität Wien die Hakenkreuzfahne enrollt wurde, meinte er: "Das war der schönste Augenblick meines Lebens.": *Kurt Maix*, "Der schönste Augenblick meines Lebens", in: Neues Wiener Tagblatt, Mittagsausgabe, 18.3.1938, S. 3.

8 Vortrag Othenio Abel. Vorzeittiere in Brauchtum und Sage, in: Neues Wiener Tagblatt, 22.2.1939, S. 12.

9 *Koloman Lambrecht*, Die Gattung *Plotus* im ungarischen Neogen, in: Mitteilungen aus dem Jahrbuche der kgl. Ungarischen Geologischen Anstalt 24 (1916–25), S. 1–24, hier S. 14; *Ehrenberg*, Othenio Abel †, S. 326; *Otto F. Geyer*, Grundzüge der Stratigraphie und Fazieskunde 2. Bd., Stuttgart 1977, S. 2; *Karl-Heinz-Schlote*, Hg., Chronologie der Naturwissenschaften. Der Weg der Mathematik und der Naturwissenschaften von den Anfängen das 21. Jahrhundert, Frankfurt am Main 2002, S. 660; *U[lrich] Kutschera*, Paleobiology: The Origin and Evolution of a Scientific Discipline, in: Trends in Ecology and Evolution 22 (2007), Nr. 4, S. 172–173.

10 *Erich Thenius*, Kurt Ehrenberg. 22.11.1896– 6.10.1979, in: Mitteilungen der österreichischen geologischen Gesellschaft 73 (1980), S. 255–260, hier S. 256, *Schübl*, Mineralogie, S. 263.

11 Es gibt aber auch abweichende Ansichten: *Peter J. Russell / Stephen L. Wolfe* u. a., Biology: The Dynamic Science 2, Belmont 2008, S. 464: Georges Cuvier (1769–1832); *David E. Fastovsky*, Dinosaurs. A Concise Natural History, Cambridge – New York u. a. ²2012, S. 323: Franz Baron Nopcsa (1877–1933); *J. William Schopf*, Precambrian Micro-organisms and Evolutionary Events Prior to the Origin of Vascular Plants, in: Biological Reviews 45 (1970), Nr. 3, S. 319–352; *ders.*, Solution to Darwin's Dilemma: Discovery of the Missing Precambrian Record of Life, in: Proceedings of the National Academy of the United States of America 97 (2000), Nr. 13, S. 6947–6953, hier S. 6948: Charles Doolittle Walcott (1850–1927) „founder of Precambrian paleobiology".

Erstmals wurde der Begriff Paleobiology 1893 verwendet: Sydney Savory Buckman, in: Quarterly Journal of the Geological Society 49 (1893), S. 127 lt. *David Sepkoski*, The Emergence of Paleobiology, in: David Sepkoski / Michael Ruse, Hg., The Paleobiological Revolution. Essays on the Growth of Modern Paleontology, Chicago – London 2009, S. 15–42, hier S. 19.

Von einigen Forschern wurden Abel und seine Forschungsrichtung ignoriert: *S. J. Gould*, Palaeontology plus Ecology as Paleobiology, in: R. M. Max, Hg., Theoretical Ecology. Principles and Applications, Philadelphia 1976, S. 218–238; *J. B. C. Jackson / D. H. Erwin*, What can we Learn from the Fossil Record, in: Trends in Ecology and Evolution 21 (2006), S. 322–328; *P. J. Bowler*, Darwin to Plate Tectonics, in: Derek E. G. Briggs / Peter R. Crowther, Hg., Palaeobiology. A Synthesis, Oxford u. a. 1990, S. 543–547.

Dazu kritisch: *Wolf-Ernst Reif*, Paleobiology Today and Fifty Years ago: A Review of Two Journals, in: Neues Jahrbuch für Geologie und Paläontologie. Monatshefte 1980, S. 361–372, hier S. 366; *Kutschera*, Palaeobiology, S. 172.

Zum Werk Othenio Abels: Todesfall, in: Wiener Zeitung 17.6.1946, S. 5: „Die von ihm erfundene Paläobiologie ist heute [1946] verschwunden, da sie nur ein Deckmantel für unexakte Spekulationen war."; *Veronika Hofer*, „Jurassic Boom" in Österreich: Die Wiener Schule der Paläontologie und die Wiener Volksbildung 1909–1919, in: Spurensuche 12 (2001), Nr. 1–4, S. 40–71; *Stefan R. F. Khittel*, Von der „Paläobiologie" zum „Biologischen Trägheitsgesetz". Herausbildung und Festigung eines neuen paläontologischen Denkstils bei Othenio Abel. 1907–1934 (Europäische Hochschulschriften R.3,1015), Frankfurt am Main 2005; *Georgy S. Levit / Lennart Olsson*, „Evolution on Rails": Mechanisms and Levels of Orthogenesis, in: Annals of the History and Philosophy of Biology 11 (2006), S. 99–138, hier S. 109–110; *Olivier Rieppel*, Othenio Abel (1875–1946) and „the Phylogeny of the Parts", in: Cladistics 29 (2013), Nr. 3, S. 328–335; *ders.*, Othenio Abel (1875–1946): The Rise and Decline of Paleobiology in German Paleontology, in: Historical Biology 25 (2013), Nr. 3, S. 313–325; *Rieppel*, Systematics, S. 67–81, 217–230.

12 *Ehrenberg*, Lebensweg, S. 124–125. Zu den Problemen in Göttingen ferner: *Rieppel*, Systematics, S. 227.

13 *Eduard Paul Tratz*, Einleitung in: Das Museum für darstellende und angewandte Naturkunde in Salzburg, Salzburg 1924, S. 5–13, hier S. 12.

14 Geschäftsbericht für das Jahr 1924, in: Jahresbericht der Gesellschaft für darstellende und angewandte Naturkunde und des „Naturkundemuseums" in Salzburg 1925, S. 1–3, hier S. 2.

15 *Eduard Paul Tratz*, Bericht der Museumsleitung, in: Jahresbericht der Gesellschaft für darstellende und angewandte Naturkunde und des „Naturkundemuseums" in Salzburg 1925, S. 5–7, hier S. 6.

16 *Helmuth Zapfe*, Akad. Maler Franz Roubal †, in: Annalen des Naturhistorischen Museums Wien 73 (1969), S. 19–23; *Erich Thenius*, Prof. Franz Roubal zum Gedenken, in: Der zoologische Garten 37 (1969), Nr. 1–3, S. 147–150; *Thomas Engel / Jürgen H. Jungbluth*, Die Originale des österreichischen Akademischen Tier- und Eiszeitmalers Franz Roubal (* 25.07.1889, † 09.02.1967) im Naturhistorischen Museum Mainz, in: Mainzer naturwissenschaftliches Archiv 43 (2005), S. 5–27.

17 Das Museum für darstellende und angewandte Naturkunde in Salzburg, Salzburg 1924, S. 25.

18 *Eduard Paul Tratz*, Instituts-Nachrichten, in: Der Waldrapp, Mitteilungen des Deutschösterr. Ornithologischen Institutes und der Vogelschutz-Station in Salzburg 3 (1921), Nr. 1, S. 6.

19 SLA, PRÄ 1939, 191c, Bernhard Rust an Friedrich Rainer am 22.2.1939.

20 BArch, 49.01 REM/666, Friedrich Rainer an Werner Zschintzsch am 3.10.1938; *Danner*, Forschung, S. 198.

21 In einem Schreiben vom 31.8.1938 war nur vom Institut für theoretische und angewandte Pflanzensoziologie des Universitätsprofessors Dr. Erwin Aichinger die Rede: Österreichisches Staatsarchiv, AdR, 04, „Bürckel"-Materien, K. 170, 2450, Friedrich Rainer an Josef Bürckel am 31.8.1938.

22 SLA, PRÄ 1938, 9/3712, Ernst Natter an Friedrich Rainer am 3.10.1938.

23 Auflösung der katholisch-theologischen Fakultät, in: Salzburger Volksblatt, 16.9.1938, S. 6: „Der Gauleiter hat Schritte eingeleitet, um an Stelle der [Theologischen] Fakultät ein naturwissenschaftliches Institut von größtem internationalen Ruhm nach Salzburg zu bringen."

24 BArch, 49.01 REM/666, REM an Reichsstatthalter in Österreich, Ministerium für innere und kulturelle Angelegenheiten, am 29.9.1938; REM an Friedrich Rainer am 29.9.1938.

25 BArch, 49.01 REM/666, Friedrich Rainer an Werner Zschintzsch am 3.10.1938.

26 Salzburger Landesinstitut für Volkskunde (Archiv-Recherche Karsten Plewnia, BArch, MF 1218), Arbeitsberichte Außenstelle Süd-Ost, Aktenvermerk von Adolf Rampf vom 1.12.1938.

27 Zum „Ahnenerbe": Michael H. Kater, Das „Ahnenerbe" der SS 1935–1945. Ein Beitrag zur Kulturpolitik des Dritten Reiches (Studien zur Zeitgeschichte 6), Stuttgart 1974; *Joachim Lerchenmüller / Gerd Simon*, Maskenwechsel. Wie der SS-Hauptsturmführer Schneider zum BRD-Hochschulrektor Schwerte wurde und andere Geschichten über die Wendigkeit deutscher Wissenschaft im 20. Jahrhundert, Tübingen 1999, S. 116–152; *Heather Pringle*, The Master Plan. Himmler's Scholars and the Holocaust, London 2006; *Julien Reitzenstein*, Himmlers Forscher. Wehrwissenschaft und Medizinverbrechen im „Ahnenerbe" der SS, Paderborn 2014.

28 Haus der Natur, Salzburg, Rundschreiben des Hauses der Natur v. 1.4.1939.

29 Nachlass Othenio Abel, REM an Othenio Abel am 14.12.1938, zitiert in: *Ehrenberg*, Lebensweg, S. 128.

30 Nachlass Othenio Abel, Othenio Abel an REM am 21.12.1938, zitiert in: *Ehrenberg*, Lebensweg, S. 128.

31 SLA, PRÄ 1939, 191c, Karl Springenschmid, Aktenvermerk vom 3.1.1939.

32 Nachlass Othenio Abel, Walter Del-Negro an Othenio Abel am 13.1.1939, zitiert in: *Ehrenberg*, Lebensweg, S. 128.

33 SLA, PRÄ 1939, 191c, Karl Springenschmid, Aktenvermerk vom 3.1.1939.

34 *Ehrenberg*, Lebensweg, S. 129–134.

35 SLA, PRÄ 1939, 191c, Eduard Paul Tratz an Friedrich Rainer am 19.1.1939.

36 SLA, PRÄ 1939, 191c, Othenio Abel, Zur Errichtung eines Institutes für lebensgeschichtliche Forschung in Salzburg, ohne Datum, S. 2–4.

37 Ebd., S. 3.

38 Ebd., S. 4–5.

39 Ebd., S. 5–8.

40 Ebd., S. 7–8.

41 SLA, PRÄ 1939, 191c, Friedrich Rainer an Bernhard Rust am 20. 1. 1939; *Ehrenberg*, Lebensweg, S. 129; *Kerschbaumer*, Alltag, S. 747–748; *ders.*, Haus der Natur, S. 192–193.

42 SLA, PRÄ 1939, 191c, Friedrich Rainer an Friedrich Plattner am 20.1.1939; Friedrich Rainer an Heinrich Himmler am 20.1.1939.

43 SLA, PRÄ 1939, 191c, Bernhard Rust an Friedrich Rainer am 22.2.1939; *Ehrenberg*, Lebensweg, S. 129.

44 SLA, PRÄ 1939, 191c, Vermerke von Friedrich Rainer auf Schreiben von Bernhard Rust an Friedrich Rainer am 22.2.1939, eingelangt am 27.2.1939. Vgl. SLA, PRÄ 1939, 191c, Hans Wiedenhofer an Karl Springenschmid und Eduard Paul Tratz am 28.2.1939.

45 SLA, PRÄ 1939, 191c, Eduard Paul Tratz an Hans Wiedenhofer (Gauleitung) am 1.3.1939.

46 *Ehrenberg*, Lebensweg, S. 129.

47 Nachlass Othenio Abel, Othenio Abel an Karl Springenschmid am 6.3.1940; Othenio Abel an Reichsleitung des NSD am 6.3.1939 lt. *Ehrenberg*, Lebensweg, S. 129.

48 SLA, PRÄ 1939, 191c, Reichsdozentenführer an Friedrich Rainer am 1.3.1939.

49 SLA, PRÄ 1939, 191c, Friedrich Rainer an Walter Schultze (Reichsdozentenführer) am 8.3.1939.

50 SLA, PRÄ 1939, 191c, Reichsdozentenführer an Friedrich Rainer am 18.3.1939.

51 SLA, PRÄ 1939, 191c, Eduard Paul Tratz an Friedrich Rainer am 28.1.1939.

52 SLA, PRÄ 1939, 191c, Friedrich Rainer an Walter Schultze am 6.4.1939.

53 SLA, PRÄ 1939, 191c, Walter Del-Negro an Friedrich Rainer am 27.3.1939.

54 Nachlass Othenio Abel, Othenio Abel an Eduard Paul Tratz am 3.5.1939 lt. *Ehrenberg*, Lebensweg, S. 129.

55 Verzeichnis der Vorlesungen, in: Salzburger Wissenschaftswochen. Festschrift. Verzeichnis der Vorlesungen, Verzeichnis der Dozenten, o. O., o. J. [Leipzig 1939], o. S.

56 L. H., Salzburger Wissenschaftswochen, in: Salzburger Volksblatt, 28.8.1939, S. 7; *Ehrenberg*, Lebensweg, S. 130.

57 Nachlass Othenio Abel, Friedrich Rainer an Othenio Abel am 29.11.1939 lt. *Ehrenberg*, Lebensweg, S. 129.

58 Nachlass Othenio Abel, Othenio Abel an Adolf Bachofen-Echt am 9.2.1940 lt. *Ehrenberg*, Lebensweg, S. 134; Das „Institut für Lebensgeschichte" in Salzburg, in: Salzburger Volksblatt, 4.7.1940, S. 5; *Eduard Paul Tratz*, Salzburg, die Stadt der Lebensforschung, in: Salzburger Landeszeitung, 31.8.1940, S. 12–13.

59 Nachlass Othenio Abel, Othenio Abel an Victor van Straelen am 20.1.1940 lt. *Ehrenberg*, Lebensweg, S. 132–133.

60 Nachlass Othenio Abel, Eduard Paul Tratz an Othenio Abel am 29.1.1940 lt. *Ehrenberg*, Lebensweg, S. 133.

61 *Ehrenberg*, Lebensweg, S. 133–134.

62 Ebd., S. 134–135. Das rechtfertigt aber nicht, von einem „Institut für Lebensgeschichte in Pichl

am Mondsee" zu sprechen, so in: *Peter Goller / Gerhard Oberkofler*, Krise der Wissenschaftspolitik und Faschismus an Österreichs Universitäten. Zur materiellen Basis der „Anschlußideologie" am Beispiel der Universität Innsbruck, im speziellen des Innsbrucker Zoologen Otto Steinböck (1893–1969), in: Dokumentationsarchiv des österreichischen Widerstandes. Jahrbuch 1996, S. 101–122, hier S. 116.

63 BArch, NS 21/795, Teil 3, Adolf Rampf, Aktenvermerk vom 26.3.1940.

64 BArch, NS 21/268, Eduard Paul Tratz an Wolfram Sievers am 29.4.1940. Zu den vorangegangenen Verhandlungen: *Andreas Schmoller*, „Unbrauchbare Bestände". Die „Ahnenerbe"-Bücherei Salzburg, in: Ursula Schachl-Raber / Helga Embacher / Andreas Schmoller / Irmgard Lahner, Hg., Buchraub in Salzburg. Bibliotheks- und NS-Provenienzforschung an der Universitätsbibliothek Salzburg, Salzburg – Wien 2012, S. 84–101, hier S. 92.

65 *Ehrenberg*, Lebensweg, S. 132; *Rieppel*, Systematics, S. 227.

66 Prof. Dr. Othenio Abel, in: Salzburger Volksblatt, 21.6.1940, S. 8.

67 *Ehrenberg*, Lebensweg, S. 134–135.

68 Das „Institut für Lebensgeschichte" in Salzburg, in: Salzburger Volksblatt 4.7.1940, S. 5. Vgl. Salzburger „Institut für Lebensgeschichte", in: Neues Wiener Tagblatt, 3.7.1940, S. 9: „In enger Zusammenarbeit mit dem Haus der Natur […] soll ein ‚Institut für Lebensgeschichte' gegründet werden."; Ein ‚Institut für Lebensgeschichte', in: Neues Wiener Tagblatt, 7.7.1940, S. 7: „Im Anschluß an das ‚Haus der Natur' wird in Salzburg ein ‚Institut für Lebensgeschichte' errichtet."

69 *Tratz*, Salzburg, S. 12–13.

70 BArch, NS 21/796/143, Außenstelle Süd-Ost der Lehr- und Forschungsgemeinschaft „Das Ahnenerbe". 1. Fassung, Mai 1941: „in vorläufig loser Verbindung […] angeschlossen"; BArch, NS 21/106, Adolf Rampf, Aktenvermerk für Wolfram Sievers vom 4. 4. 1941: „die besondere Art unserer Verbindung". Wie Rampf in diesem Aktenvermerk bemerkte, bezeichnete Abel das Verhältnis des „Ahnenerbes" zum Institut für Lebensforschung als „Schildhaltung". BArch, NS 21/79, Wolfram Sievers an Walther Wüst am 6.1.1943: „Wir haben bekanntlich Abel […] von Anfang an bereitwilligst unterstützt, ohne je mit Rücksicht auf die durch sein Alter bedingte Eigenart die Frage einer engeren Bindung an das ‚Ahnenerbe' anzuschneiden."

71 BArch, NS 21/106, Adolf Rampf, Aktenvermerk für Wolfram Sievers vom 4.4.1941; *Ehrenberg*, Lebensweg, S. 137.

72 BArch, NS 21/796/143, Außenstelle Süd-Ost der Lehr- und Forschungsgemeinschaft „Das Ahnenerbe". 1. Fassung, Mai 1941.

73 AStS, BU 1544, Bl. 437-438, Beigeordnetensitzung vom 11. März 1941, Niederschrift.

74 Ebd.

75 BArch, NS 21/106, Adolf Rampf, Aktenvermerk für Wolfram Sievers vom 4.4.1941.

76 *Ehrenberg*, Lebensweg, S. 138.

77 Vom Forschungsinstitut für Lebensgeschichte, in: Salzburger Volksblatt, 15.11.1941, S. 5; AStS, Kulturamt, Oberbürgermeister Anton Giger, Verfügung vom 18.11.1941; AStS, BU 1544, Bl. 420, Beigeordnetensitzung vom 05. November 1941, Niederschrift.

78 Forschungsinstitut für Lebensgeschichte, in: Kleine Volks-Zeitung, 17.11.1941, S. 3; *Kerschbaumer*, Alltag, S. 747–748; *ders.*, Rekonstruktion, S. 274–275; *ders.*, Haus der Natur, S. 192–193, 196–197.

79 Vom Forschungsinstitut für Lebensgeschichte, in: Salzburger Volksblatt, 15.11.1941, S. 5.

80 Zu den Universitätsplänen: *Danner*, Forschung, S. 205–206.

81 Vom Forschungsinstitut für Lebensgeschichte, in: Salzburger Volksblatt, 15.11.1941, S. 5.

82 AStS, NStA 962, Nr. 52, Forschungsinstitute [Abel], Tätigkeitsbericht des Forschungs-

institutes für Lebensgeschichte in Salzburg, ohne Datum, fol. III; *Ehrenberg*, Lebensweg, S. 137–138.

83 BArch, NS 21/106, Adolf Rampf, Aktenvermerk für Wolfram Sievers vom 4.4.1941; AStS, NStA 962, Nr. 52, Forschungsinstitute [Abel], Tätigkeitsbericht des Forschungsinstitutes für Lebensgeschichte in Salzburg, ohne Datum, fol. II; *Ehrenberg*, Lebensweg, S. 138.

84 BArch, NS 21/106, Adolf Rampf, Aktenvermerk für Wolfram Sievers vom 4.4.1941.

85 *Helmuth Zapfe*, Index Palaeontologicorum Austriae (Catalogus fossilium Austriae: Ein systematisches Verzeichnis aller auf österreichischem Gebiet festgestellten Fossilien XV), Wien 1971, S. 58.

86 BArch NS 21/800, Adolf Rampf, Aktenvermerk vom 29.4.1942; BArch, NS 21/800, Adolf Rampf an [Ludwig] Hau (Kanzlei des Reichsstatthalters) am 4.5.1942; SLA, RSTH GK 298/1943, Robert Lippert, Vermerk vom 25.11.1942: „Die Unterbringung des Forschungsinstituts für Lebensgeschichte in diesen Räumen ist nicht angebracht." (Bedarf für Landesgalerie); Salzburg Museum, Archiv, K 11/4/47, Robert Lippert an Regierungspräsidenten und Gauhauptmann [Albert Reitter] am 8.2.1943: „Das Bestehen des ‚Forschungs Institutes für Lebensgeschichte' hat jedenfalls im Stiftsgebäude St. Peter keinen organischen Zusammenhang und wäre besser im ‚Haus der Natur' anzugliedern."

87 BArch, NS 21/79, Wolfram Sievers an Walther Wüst am 6.1.1943.

88 BArch, NS 21/53, Forschungs- und Lehrgemeinschaft „Das Ahnenerbe", Tagebuch, geführt von Reichsgeschäftsführer SS-Standartenführer Sievers, 2.2.1943.

89 BArch, NS 21/53, Forschungs- und Lehrgemeinschaft „Das Ahnenerbe", Tagebuch, geführt von Reichsgeschäftsführer SS-Standartenführer Sievers, 15.3.1943.

90 BArch, NS 21/53, Forschungs- und Lehrgemeinschaft „Das Ahnenerbe", Tagebuch, geführt von Reichsgeschäftsführer SS-Standartenführer Sievers, 29.3.1943.

91 BArch, NS 21/79, Eduard Paul Tratz an Wolfram Sievers, 24.3.1943.

92 AStS, BU 1544, Bl. 331, Beigeordnetensitzung vom 23. April 1943, Niederschrift.

93 BArch, NS 21/79, Eduard Paul Tratz an Wolfram Sievers, 24.3.1943.

94 BArch, NS 21/53, Forschungs- und Lehrgemeinschaft „Das Ahnenerbe", Tagebuch, geführt von Reichsgeschäftsführer SS-Standartenführer Sievers, 6.4.1943.

95 BArch, NS 21/795, Mappe 112, Die Außenstelle Süd-Ost des Amtes im Pers. Stab RFSS: Forschungs- und Lehrgemeinschaft „Das Ahnenerbe". 2. Fassung, Mai 1943.

96 AStS, NStA 962, Nr. 52, Forschungsinstitute [Abel], Tätigkeitsbericht des Forschungsinstitutes für Lebensgeschichte in Salzburg, ohne Datum, fol. I.

97 AStS, NStA 962, Nr. 52, Forschungsinstitute [Abel], Verfügungen vom 18.11.1941, 11.2.1943, 10.4.1944, 19.4.1944; AStS, BU 1544, Bl. 331, Beigeordnetensitzung vom 23. April 1943, Niederschrift: Herabsetzung der Subvention für 1943 auf 5000 RM.

98 AStS, NStA 962, Nr. 52, Forschungsinstitute [Abel], Tätigkeitsbericht des Forschungsinstitutes für Lebensgeschichte in Salzburg, ohne Datum, fol. I. *Ehrenberg*, Lebensweg, S. 140.

99 BArch, NS 21/79, Eduard Paul Tratz an Wolfram Sievers am 24.3.1943; BArch, NS 21/268, Anngret Schmidt an Karl Wolff (Persönlicher Stab des RF-SS) am 24.11.1944.

100 SLA, PRÄ 1939, 191c, *Othenio Abel*, Zur Errichtung eines Institutes für lebensgeschichtliche Forschung in Salzburg, o. D., S. 2.

101 Ebd., S. 3.

102 *Ehrenberg*, Lebensweg, S. 138.

103 Das „Institut für Lebensgeschichte" in Salzburg, in: Salzburger Volksblatt, 4.7.1940, S. 5.

104 *Othenio Abel*, Ein Beispiel für die Vorverlegung von Altersstadien in Jugendstadien im Laufe der Stammesgeschichte der Bartenwale, in: Palaeobiologica 7 (1941), Nr. 4, S. 237–248, hier S. 237.

105 *Othenio Abel*, Die Erforschung der vorzeitlichen Lebensräume, in: Palaeobiologica 7 (1942), Nr. 5/6, S. 349–393, hier S. 350.

106 Ebd., S. 351–353. Am 14. Jänner 1942 hatte Abel offenbar den gleichen Vortrag („Die Erforschung vorzeitlicher Lebensräume") für den Verein zur Verbreitung naturwissenschaftlicher Erkenntnisse in Wien gehalten: Verzeichnis der im 81. Vereinsjahr 1940/45 abgehaltenen Vorträge, in: Schriften des Vereines zur Verbreitung naturwissenschaftlicher Kenntnisse in Wien, Bericht über das 81., 82., 83., 84. und 85. Vereinsjahr (1940–1945), Wien 1947, S. V–VIII, hier S. VI.

107 *Abel*, Erforschung, S. 392–393.

108 Vorzeitliche Tierreste in Mythos und Volksglaube. Vortrag von Professor Dr. Othenio Abel, in: Salzburger Volksblatt, 13.11.1941, S. 4.

109 Verzeichnis der Vorlesungen anläßlich der wissenschaftlichen Hochschulferialkurse, in: Salzburger Volksblatt, 5.4.1914, S. 4; Hochschulferialkurse in Salzburg, in: Salzburger Wacht, 9.4.1914, S. 3–4, hier S. 3.

110 *Othenio Abel*, Vorzeitliche Tierreste im Deutschen Mythus, Brauchtum und Volksglauben, Jena 1939.

111 *Othenio Abel*, Vorzeitliche Tierreste im deutschen Mythus, Brauchtum und Volksglauben, in: Die Umschau 44 (1940), Nr. 8, S. 117–121.

112 *Othenio Abel*, Die Rolle der Versteinerungen als Heilmittel in der alten Deutschen Volksmedizin, in: Wiener medizinische Wochenschrift 91 (1941), Nr. 34, S. 705–708; Nr. 35, S. 724–726.

113 *Othenio Abel*, Die Entstehung des Vorstellungsbildes von Drachen und Lindwürmern, in: Scientia 35. Jg., Bd. 70 (1941), Nr. 356, S. 168–174.

114 Wiener Kulturvereinigung, in: Neues Wiener Tagblatt, 12.1.1939, S. 11; Vortrag Professor Abels. Der berühmte Paläobiologe aus Göttingen, in: 6-Uhr-Abendblatt, 22.2.1939, S. 3; Vortrag Othenio Abel. Vorzeittiere in Brauchtum und Sage, in: Neues Wiener Tagblatt, 22.2.1939, S. 12; *F. St.*, Der Drache entpuppt sich als harmloser Höhlenbär. Mythologische Fabeltiere, ihre wissenschaftliche Erklärung und symbolische Bedeutung, in: Neues Wiener Tagblatt, 26.2.1939, S. 14.

115 *Othenio Abel*, Drachen und Lindwürmer, in: Verhandlungen der Zoologisch-Botanischen Gesellschaft in Wien 90/91 (1944), S. 303–310.

116 „Haus der Natur" und Volksbildungswerk. Wissenschaftliche Vortragsarbeit als Dienst am Volke, in: Salzburger Volksblatt, 11.11.1941, S. 5; Salzburger Wissenschaftswochen leben wieder auf, in: Salzburger Landeszeitung, 11.11.1941, S. 3.

117 Vorzeitliche Tierreste in Mythos und Volksglaube, in: Salzburger Volksblatt, 13.11.1941, S. 4; Gesellschafts-Nachrichten, in: Mitteilungen der Gesellschaft für Salzburger Landeskunde 82 (1942), S. 112–118, hier S. 113: „Vorzeitliche Tierreste in Mythos und Aberglaube".

118 Stunde der Universität Wien für die Kriegsversehrten, in: Kleine Volks-Zeitung, 21.2.1944, S. 3; Noch immer reitet Wotan übers Land. Glaube und Aberglaube in Jahrtausenden, in: Neues Wiener Tagblatt, 25.2.1944, S. 3.

119 AStS, NStA 962, Nr. 52, Forschungsinstitute [Abel]. Tätigkeitsbericht des Forschungsinstitutes für Lebensgeschichte in Salzburg, ohne Datum, fol. III.

120 *Frank-Rutger Hausmann*, Die Geisteswissenschaften im „Dritten Reich", Frankfurt am Main 2011, S. 572.

121 BArch, NS 21/106, Adolf Rampf, Aktenvermerk für Wolfram Sievers vom 4.4.1941.

122 *Kerschbaumer*, Haus der Natur, S. 196–197: „Ankündigungsschau", „(unsichtbaren) Sonderschau".

123 *Othenio Abel*, Vorweltliche Mangrovensümpfe bei Salzburg. Die Erschließung tropischer Landschaftszeugnisse durch die Reichsautobahn, in: Salzburger Landeszeitung, 12.10.1940, S. 15.

124 Landesverein für Höhlenkunde in Salzburg, Archiv, Ausschusssitzungen und Monatsversammlungen 1940–1948, 14.10.1940.

125 *Abel*, Beispiel, S. 237–248; *ders.*, Vorläufige Mitteilung über die Revision der fossilen Mystacoceten aus dem Tertiär Belgiens (Zweiter Bericht), in: Bulletin du Musée Royal d'Histoire naturelle de Belgique, 17 (1941), Nr. 32, S. 1–29; *Ehrenberg*, Lebensweg, S. 125–127.

126 AStS, NStA 962, Nr. 52, Forschungsinstitute [Abel]. Tätigkeitsbericht des Forschungsinstitutes für Lebensgeschichte in Salzburg, ohne Datum, fol. II.

127 *Othenio Abel*, Studien über vergrößerte Einzelzähne des Vordergebisses der Wirbeltiere und deren Funktion, in: Palaeobiologica 8 (1944), Nr.1/2, S. 1–112; *ders.*, Die ursprünglichen Lebensräume der Primatenstämme, in: Palaeobiologica 8 (1945), Nr. 3, S. 195–230.

128 *Abel*, Studien, S. 97–98.

129 AStS, NStA 962, Nr. 52, Forschungsinstitute [Abel]. Tätigkeitsbericht des Forschungsinstitutes für Lebensgeschichte in Salzburg, ohne Datum, fol. II.

130 *Abel*, Lebensräume, S. 226.

131 Landesverein für Höhlenkunde in der Steiermark, Archiv, Personaliasammlung Abel [Gustav], Abel an Johann Gangl am 28.2.1944.

132 *Ehrenberg*, Lebensweg, S. 141–142.

133 *Rieppel*, Systematics, S. 225.

134 Geologische Bundesanstalt, Amtsarchiv, Ministerial-Erlässe 1938, Erlass des Amtes des Reichsstatthalters in Österreich vom 1.7.1938, Zl. 6096-Pr./1938. Verordnung des Führers und Reichskanzlers über die Stiftung der Medaille zur Erinnerung an den 13. März 1938 vom 1.5.1938, in: Reichsgesetzblatt, Teil I, 1938, Nr. 68, S. 431; Satzung der Medaille zur Erinnerung an den 13. März 1938. Vom 1. Mai 1938, in: ebd., S. 431–432: „an Personen verliehen, die sich um die Wiedervereinigung Österreichs mit dem Deutschen Reich besondere Verdienste erworben haben".

135 *Rieppel*, Systematics, S. 226–227; Ehrung für Professor Abel, in: Kleine Volks-Zeitung, 29.6.1940, S. 5.

136 Feier an der Universität. Sechs Ehrensenatoren genannt, in: Kleine Volks-Zeitung, 18.1.1941, S. 5.

137 Die ersten Ehrensenatoren der Universität Wien. Sechs Kämpfer für Großdeutschlands Werden mit hohen Würden bedacht, in: Neues Wiener Tagblatt, 18.1.1941, S. 7.

138 Um Wissenschaft und Deutschtum gleich verdient. Die Universität Wien ehrt sechs ihrer alten Lehrer, in: Kleine Volks-Zeitung, 17.1.1941, S. 4; Auf vorgeschobenen Posten der deutschen Kultur. Ein Leben im Kampf um Großdeutschland, in: Völkischer Beobachter. Wiener Ausgabe, 17.1.1941, S. 7; Ehrensenatoren, S. 7; Feier, S. 5.

139 *Katharina Kniefacz / Herbert Posch*, Othenio Abel, o. Univ.-Prof., in: http://geschichte.univie.ac.at/de/personen/othenio-abel-o-univ-prof (11.1.2017).

140 *Ehrenberg*, Lebensweg, S. 79–82.

141 Die Gründung der Speläologischen Gesellschaft in Wien, in: Speläologisches Jahrbuch 4 (1923), Nr. 1/2, S. 1–13, hier S. 1, 10; Nachrichten der Speläologischen Gesellschaft, in: Speläologisches Jahrbuch 13/14 (1932/33), S. 151–153, hier S. 153.

142 *Peter Danner*, Die Neuordnung der Großdeutschen Höhlenforschung und die Höhlenforschung in Salzburg von 1938 bis 1945 (Berichte der Geologischen Bundesanstalt 119), Wien 2017, S. 33–56.

143 Die Gründung des „Reichsbundes für Karst- und Höhlenforschung", in: Salzburger Volksblatt, 12.5.1941, S. 6; Personal-Nachrichten, in: Zeitschrift der Deutschen Geologischen

Gesellschaft 93 (1941), S. 439–442, hier S. 440; *Danner*, Neuordnung, S. 53.

144 *Ehrenberg*, Lebensweg, S. 142–146.

145 *Kurt Ehrenberg*, Elise Hofmann, in: Verhandlungen der Zoologisch-Botanischen Gesellschaft in Wien 96 (1956), S. 5–6; *O[thmar]. Kühn*, Elise Hofmann, in: Mitteilungen der Geologischen Gesellschaft in Wien 49 (1956), S. 357–363; *W. Klaus*, Abschied von Elise Hofmann, in: Grana Palynologica, N. S. 1:2 (1956), S. 115–118; *Schübl*, Mineralogie, S. 268–269; *Marilyn Ogilvie/ Joy Harvey*, Hg., The Biographical Dictionary of Women in Science. Pioneering Lives from Ancient Times to the Mid-20th Century. Bd. 1, London 2000, S. 607–608.

146 *Peter Adamicka*, Wilhelm Kühnelt 1905–1988, in: Jahrbuch der Biologischen Station Lunz 12 [1990], S. 24–40.

147 *Erwin Bünning*, Karl Mägdefrau 70 Jahre, in: W. Frey, H. Hurka / F. Oberwinkler, Hg., Beiträge zur Biologie der niederen Pflanzen. Systematik – Stammesgeschichte – Ökologie, Stuttgart – New York 1977, 217–226; *Andreas Bresinsky*, Prof. Dr. Karl Mägdefrau (1907–1999) und seine wissenschaftlichen Schriften, in: Hoppea. Denkschriften der Regensburger Botanischen Gesellschaft 60 (1999), S. 741–754; *ders.*, Prof. Dr. Karl Mägdefrau. 8. Februar 1907 – 1. Februar 1999, in: Berichte der Bayerischen Botanischen Gesellschaft 69/70 (2000), S. 195–201.

148 AStS, NStA 962, Nr. 52, Forschungsinstitute [Abel]. Tätigkeitsbericht des Forschungsinstitutes für Lebensgeschichte in Salzburg, ohne Datum, fol. I-II. *Ehrenberg*, Lebensweg, S. 138.

149 AStS, NStA 962, Nr. 52, Forschungsinstitute [Abel]. Tätigkeitsbericht des Forschungsinstitutes für Lebensgeschichte in Salzburg, ohne Datum, fol. I. *Ehrenberg*, Lebensweg, S. 139–140.

150 *Friedrich Bachmayer / Helmuth Zapfe*, Univ.-Prof. Dr. Kurt Ehrenberg zum 75. Geburtstag, in: Annalen des Naturhistorischen Museums in Wien 76 (1972), S. 1–18; Erich Thenius, Kurt Ehrenberg. 22.11.1896–6.10.1979, in: Mitteilungen der Österreichischen Geologischen Gesellschaft 73 (1980), S. 255–260; *Helmuth Zapfe*, In memoriam Univ.-Prof. Dr. Kurt Ehrenberg (22.11.1896–6.10.1979), in: Annalen des Naturhistorischen Museums in Wien 84/A (1982), S. 127–129.

151 *Friedrich Bachmayer*, Univ.-Prof. Dr. Helmuth Zapfe zum 65. Geburtstag, in: Annalen des Naturhistorischen Museums in Wien 83 (1980), S. 1–12; *Heinz A. Kollmann*, Univ.-Prof. Dr. Dr. h. c. Helmuth Zapfe (1913–1996) in memoriam, in: Annalen des Naturhistorischen Museums in Wien 98 A (1997), S. 179–183; *Benno Plöchinger*, Univ.-Prof. Dr. Dr. h. c. Helmuth Zapfe (1913–1996), in: Jahrbuch der Geologischen Bundesanstalt 140 (1997), Nr. 1, S. 5–7; *Gottfried Tichy*, O. Univ.-Prof. Dr. Dr. h. c. Helmuth Zapfe. 6. September 1913 – 5. Juli 1996, in: Oberösterreichische Geonachrichten 12 (1997), S. 17–19; *Ernst Thenius*, Helmuth Zapfe. 16.9.1913–5.7.1996, in: Mitteilungen der Österreichischen Geologischen Gesellschaft 88 (1995), S. 123–127.

152 AStS, NStA 962, Nr. 52, Forschungsinstitute [Abel]. Tätigkeitsbericht des Forschungsinstitutes für Lebensgeschichte in Salzburg, ohne Datum, fol. I.

153 *Elise Hofmann*, Vorbericht über das bisherige Ergebnis pollenanalytischer Untersuchungen am Flysch (Aus dem Forschungsinstitut für Lebensgeschichte in Salzburg), in: Palaeobiologica 8 (1948), Nr. 3, S. 304–308, hier S. 304.

154 *Hofmann*, Vorbericht, S. 304–307.; *dies.*, Das Flyschproblem im Lichte der Pollenanalyse, in: Phyton 1 (1948), S. 80–101; *dies.*, Pollenkörner im Oberkreideflysch von Muntigl bei Salzburg, in: Hugo Oswald / Ewert Aberg, Hg., Pre-Quaternary Pollen Grains and Spores. Proceedings of the Seventh international Botanical Congress, Stockholm July 12–20, 1950, Stockholm – Walthem, Mass. 1953, S. 886–887.

155 *S[iegmund] Prey*, Der obersenone Muntigler Flysch als Äquivalent der Mürbsandstein-führenden Oberkreide, in: Verhandlungen der Geo-

logischen Bundesanstalt 1952, S. 92–101, hier S. 97–100; *Erich Thenius*, Meere und Länder im Wechsel der Zeiten. Die Paläogeographie als Grundlage für die Biogeographie (Verständliche Wissenschaft 114), Berlin 1977, S. 51–52.

156 AStS, NStA 962, Nr. 52, Forschungsinstitute [Abel]. Tätigkeitsbericht des Forschungsinstitutes für Lebensgeschichte in Salzburg, ohne Datum, fol. II. *Ehrenberg*, Lebensweg, S. 140.

157 SLA, PRÄ 1939, 191c, *Othenio Abel*, Zur Errichtung eines Institutes für lebensgeschichtliche Forschung in Salzburg, o. D., S. 5.

158 *Mike Reich / Tanja R. Stegemann*, Paläozoologische Sammlungen, in: Ulrike Beisiegel, Hg., Mike Reich / Kathrin Pietzner, Red., Die Sammlungen, Museen und Gärten der Universität Göttingen, Göttingen 2013, S. 74–75, hier S. 75.

159 *Wilhelm Freh*, Wissenschaftliche Tätigkeit und Heimatpflege in Oberösterreich. 7. Abteilung für Mineralogie und Geologie, in: Jahrbuch des Oberösterreichischen Musealvereines 101 (1956), S. 36–37, hier S. 37.

160 Mitteilung von Dr. Wolfgang Othenio Abel und Dr. Winfried Werner.

161 Mitteilung von Dr. Wolfgang Othenio Abel und Prof. Dr. Gottfried Tichy.

162 Salzburg – auch der Wissenschaft eine Stätte. Feierliche Eröffnung der Salzburger Wissenschaftswochen 1939, in: Salzburger Volksblatt, 24.8.1939, S. 5–6, hier S. 5. Vgl.: Mitteilungen. Salzburg, in: Der Biologe 9 (1940), Nr. 11, S. 384–385: über Rainer: „verdienstvollen Förderer lebensgesetzlich-wissenschaftlicher Arbeit", „hat der Gauleiter von Salzburg die Bestrebungen der SS, die Biologie zu fördern, durch weitgehendes Interesse für die Erhaltung und Förderung des ‚Hauses der Natur' […] und die Gründung des ‚Institutes für Lebensgeschichte' von Prof. Dr. Othenio Abel unterstützt."

163 *Änne Bäumer*, NS-Biologie, Stuttgart 1990, S. 113–125; *Änne Bäumer-Schleinkofer*, „Nationalsozialismus ist politisch angewandte Biologie". Die nationalsozialistische Biologie als pseudowissenschaftliche Legitimierung der NS-Ideologie, in: Manfred Büttner, Hg., Wissenschaften und Musik unter dem Einfluß einer sich ändernden Geisteshaltung. Referate des 2. Bochumer Symposiums der Gesellschaft zur Förderung der Religion / Umwelt-Forschung, 2.–5. Mai 1991 (Abhandlungen zur Geschichte der Geowissenschaften und Religion / Umweltforschung 7), Bochum 1992, S. 199–209; *Rieppel*, Othenio Abel […]: Rise, S. 318-319.; *Rieppel*, Systematics, S. 149–185, 243–280.

164 *E. Lehmann*, Nachruf auf Hans Schemm, in: Der Biologe 4, 1935, S. 98–99, hier S. 98. Von einer anderen Quelle (Dr. S.) wurde ein ähnliches Zitat Rudolf Heß (1894–1987) im Jahr 1934 zugeschrieben: *Robert Jay Lifton*, Ärzte im Dritten Reich, Stuttgart 1988, S. 36: „Nationalsozialismus ist nichts anderes als angewandte Biologie."

165 *Edwin Hennig*, Die Paläontologie in Deutschland, in: Der Biologe 6, 1937, S. 1–6, hier S. 1.

166 *Rieppel*, Systematics, S. 228–230. Z. B. *Johannes Weigelt*, Geiseltalforschung und Phylogenie, in: Der Biologe 8 (1929), Nr. 2, S. 35–38: „Die Erdgeschichte hat hohe heimatkundliche Sendung. […] Das Wissen von unserem Heimatboden gehört zum Fundament einer deutschen Weltanschauung." (ebd., S. 38).

167 *Rieppel*, Othenio Abel […]: Rise, S. 319.

Ein Rücktritt, der nicht stattfand
Das nie abgeschickte Rücktrittsgesuch von Außenminister Joachim von Ribbentrop an Adolf Hitler vom 3.12.1940

Gregor Dohle / Oskar Dohle

Einleitung und Quellenlage

Im Salzburger Landesarchiv befindet sich ein sechs Archivkartons umfassender Kleinbestand, „Nachlass Ribbentrop" genannt. Neben persönlichen Schriftstücken und Aufzeichnungen zu diplomatisch-außenpolitischen Fragestellungen enthält er Fotos aus dem Besitz Ribbentrops. Zudem befinden sich dort mehrere Hundert druckfrische Hundert-Reichsmark-Noten[1], über deren beabsichtigte Verwendung bzw. über den Grund der Aufbewahrung im Nachlass nur spekuliert werden kann.

Über den Zeitpunkt und die näheren Umstände der Übernahme der Archivalien in den Besitz des Landesarchivs liegen keine schriftlichen Aufzeichnungen vor. Es ist aber wahrscheinlich, dass dies im Zusammenhang mit den Ereignissen rund um Schloss Fuschl und dessen wechselvolle Besitzgeschichte steht. Jener Umstand spricht dafür, dass diese historische Überlieferung bereits seit mehreren Jahrzehnten im Salzburger Landesarchiv aufbewahrt wird, zumal es in den ersten Jahren und Jahrzenten nach 1945 oftmals zu Archivalienübernahmen ohne schriftliche Vereinbarungen kam. Eine solche Praxis wäre heute undenkbar! 2012 wurde der „Nachlass Ribbentrop" elektronisch erfasst, in das Archivinformationssystem (AIS) eingegeben und somit der Öffentlichkeit zugänglich gemacht, da diese Datenbank im Benutzersaal des Landesarchivs einsehbar ist. Archivsperren oder andere Beschränkungen der Einsichtnahme bestehen nicht.

Als der vorliegende Briefentwurf von Ribbentrop an Adolf Hitler aus konservatorischen Überlegungen in die sogenannte Graphiksammlung eingereiht[2] und zum Schutz des Originals gescannt wurde, fassten die beiden Autoren des vorliegenden Beitrages den Entschluss, dieses bislang nicht publizierte Schriftstück als kommentierte Edition zu veröffentlichen.

Eine abschließende Bewertung des Schreibens vor dem Hintergrund der Rolle Joachim von Ribbentrops im NS-Regime kann und will dieser Aufsatz nicht leisten. Er soll nur ein weiterer „Mosaikstein" zur Darstellung und

Aufarbeitung der Geschichte des NS-Regimes sein, zumal die Interna im engeren Kreis der Führungselite rund um Adolf Hitler, der letztlich in unterschiedlicher räumlicher und personeller Nähe auch Ribbentrop angehörte, längst noch nicht abschließend dargestellt sind.

Biographische Anmerkungen zu Joachim von Ribbentrop

Joachim (von) Ribbentrop wurde am 30. April 1893 in Wesel im Rheinland als Sohn des preußischen Oberstleutnants Ulrich Friedrich Willy Joachim Ribbentrop geboren.[3] 1910 begann er nach dem Besuch mehrerer höherer Schulen in Deutschland und im Ausland ohne Schulabschluss eine Banklehre in Montreal und arbeitete daraufhin in verschiedenen Branchen in Kanada sowie in den USA. 1914 kehrte er nach Deutschland zurück und nahm am Ersten Weltkrieg als Freiwilliger teil, ursprünglich bei einer Einheit der Kavallerie. 1915 stieg er zum Offizier auf, 1917 wurde er verwundet. Er erhielt das Eiserne Kreuz II. bzw. I. Klasse. 1918 war er als Oberleutnant Angehöriger der deutschen Militärkommission in Konstantinopel.[4] Nach Kriegsende arbeitete er bei verschiedenen Handelsfirmen, bis er 1919 die Berliner Firmenvertretung des Sektfabrikanten Otto Henkel übernahm, dessen Tochter Annelies er 1920 heiratete.[5] Als er sich im Jahr 1925 von einer entfernt verwandten Tante adoptieren ließ, erlangte er das Adelsprädikat „von Ribbentrop".[6]

Im Jahr 1932 trat er in die NSDAP ein und ein Jahr später in die SS. In der ersten Phase vor und nach der Machtübernahme durch Adolf Hitler als Reichskanzler am 30. Jänner 1933 fungierte Joachim von Ribbentrop als Verbindungsmann zwischen den konservativen Gruppen um Reichskanzler Franz von Papen[7], den er aus seiner Zeit in Konstantinopel kannte[8], und den Nationalsozialisten. 1933 wurde er Mitglied des Reichstages und leitete als außenpolitischer Berater von Adolf Hitler die „Dienststelle Ribbentrop". Im Jahr darauf führte er als Sonderbeauftragter der Reichsregierung für Abrüstungsfragen die Verhandlungen über das deutsch-englische Flottenabkommen.[9] Am 11. August 1936 erfolgte seine Ernennung zum deutschen Botschafter in Großbritannien.[10] Als Folge seiner Fehleinschätzung der britischen Politik Deutschland gegenüber[11] versuchte er noch in seiner Zeit als Botschafter, ohne Erfolg ein deutsch-britisches Bündnis zu erreichen[12].

Am 4. Februar 1938 wurde Ribbentrop Reichsaußenminister[13], eine Funktion, die er bis kurz vor Kriegsende innehatte. In seine Amtszeit fällt auch die Unterzeichnung des „Hitler-Stalin-Pakts" am 24. August 1939 sowie des deutsch-sowjetischen Grenz- und Freundschaftsvertrags im Jahr 1939.[14] Damit hatte Hitler freie Hand für sein militärisches Vorgehen gegen Polen, dem Beginn des Zweiten Weltkrieges im September 1939. Im Jahr 1940 erhielt Ribbentrop den Rang eines SS-Obergruppenführers.[15]

Abb.: Joachim von Ribbentrop und Adolf Hitler um 1940 (SLA, Nachlass Ribbentrop, IV.A.4, Abb. 12, Reproduktion: SLA).

Im Jahr 1939, am Höhepunkt seines politischen Einflusses, übernahm Ribbentrop das Schloss Fuschl als „Sommerresidenz". Martin Bormann, „Leiter der Parteikanzlei" der NSDAP, hatte diese Liegenschaft auf Anweisung Hitlers ausgesucht. Das Gebäude befand sich seit 1929 im Besitz des Barons Gustav Edler von Remiz und dessen Ehefrau Hedwig. Gustav von Remiz war als Unterstützer des autoritären Ständestaates 1938 nach dem „Anschluss" im KZ Dachau inhaftiert worden. Im Sommer 1939 musste die Familie Remiz das Schloss weit unter dem tatsächlichen Wert verkaufen. Zur Arrondierung des Besitzes wurden die umliegenden Bauern, teilweise unter Androhung der Einlieferung in ein Konzentrationslager, zum Verkauf von Grundstücken gezwungen. Nominell gehörten das Schloss, die dazugehörigen Fischereirechte am Fuschlsee sowie der Grundbesitz der Stiftung „Haus Fuschl". Ihr stand Joachim von Ribbentrop vor, da das Stiftungsvermögen aus Mitteln des Reichsaußenministeriums und nicht aus seinem Privatvermögen stammte.[16] Im Zuge der „Endlösung der

Judenfrage" stellte er, nicht zuletzt auch um weiterhin eine Rolle im Umfeld Adolf Hitlers zu spielen, den ihm unterstehenden diplomatischen Apparat in den Dienst des „Holocaust".

Ribbentrop verlor jedoch mit dem Ausbruch des Zweiten Weltkrieges zunehmend an politischem Einfluss und Bedeutung.[17] Sein geschwundener politischer Einfluss und das ebenfalls kaum mehr vorhandene Vertrauen Hitlers in Ribbentrop zeigten sich darin, dass Adolf Hitler in seinem Testament vom 29. April 1945 nicht Ribbentrop, sondern den bis dahin als „Reichskommissar für die Niederlande" fungierenden Arthur Seyß-Inquart als neuen Außenminister bestimmte. Daher gelang es Ribbentrop auch nicht, eine Funktion in der Regierung von Karl Dönitz, Großadmiral, Oberbefehlshaber der Kriegsmarine und testamentarischer Nachfolger Adolf Hitlers, in Flensburg zu finden. Er tauchte vorerst in Norddeutschland unter, wurde aber bald nach Kriegsende, am 14. Juni 1945, verhaftet.[18] Im Nürnberger Hauptkriegsverbrecherprozess wurde Joachim von Ribbentrop für seine Funktion im NS-Regime zum Tod am Strang verurteilt und am 16. Oktober 1946 hingerichtet.[19]

Bemerkungen zur Edition

Joachim von Ribbentrop schrieb jeweils nur auf der Vorderseite des Briefpapieres. Rechts oben befindet sich der Vordruck „Berlin W8; Wilhelmstrasse 73"[20], und links oben ist das Familienwappen der von Ribbentrop eingeprägt.[21] In der Edition wird die Reproduktion der Originalseite in der Handschrift jeweils der mit Fußnoten kommentierten Transkription gegenübergestellt. Dies soll den Vergleich mit der Handschrift, die im Laufe des Textes immer mehr den Charakter eines Brief-Konzepts bekommt, erleichtern. Das zeigt sich an den immer häufiger vorkommenden Streichungen und an der Schrift selbst, die weniger klar ist und in dieser Form zweifellos nicht für ein formelles Rücktrittsgesuch geeignet gewesen wäre.

Die Zeileneinteilung inklusive Worttrennungen und die Absätze folgen dem Original, ebenso die Orthographie sowie die Interpunktion. Durchgestrichene Passagen sind als solche gekennzeichnet, deren Inhalt wird aber dennoch wiedergegeben, da sie häufig relevante Zusatzinformationen enthalten. Die eckigen Klammern kennzeichnen Ergänzungen der Editoren. Nicht sinnverändernde orthographische Fehler bzw. Verschreibungen wurden ohne Kommentar von den Editoren korrigiert und nicht in der Transkription berücksichtigt.

3. Dezember 1940.

BERLIN W 8
WILHELMSTRASSE 73

Mein Führer!

Parteigenosse Hinkel teilt mir mit, dass Sie meine Haltung in der Auseinandersetzung mit dem Herrn Reichspropagandaminister missbilligen und dass Sie wünschen, dass ich mich mit dem Reichspropagandaminister zur Bereinigung der Angelegenheit in Verbindung setze. Ich muss hieren folgen

Seite 1

3. Dezember 1940.
Mein Führer!
Parteigenosse Hewel[22] teilt
mir mit, dass Sie meine Haltung
in der Auseinandersetzung mit
dem Herrn Reichspropagandaminister[23]
missbilligen und dass Sie wünschen, dass ich mich mit dem
Reichspropagandaminister zur Beru-
higung der Angelegenheit in Verbindung setze. Ich muss hierzu folgen-

BERLIN W 8
WILHELMSTRASSE 73

des unlden: Der Reichspropaganda
minister hat ohne auf meine Reise
zu antworten meine Mitarbeiter
aus ihren Zimmern hinauswerfen
lassen und Geheimmaterial meines
Ministeriums fremden Zugriff
ausgesetzt. Ich habe es für meine
absolute Pflicht gehalten, Massnah-
men zu ergreifen, um die Akten
sicherzustellen, und würde immer
wieder genau so handeln. Ihnen

Seite 2

des melden: Der Reichspropagandaminister hat ohne auf meine Briefe
zu antworten meine Mitarbeiter
aus ihren Zimmern hinauswerfen
lassen und Geheimmaterial meines
Ministeriums[24] fremdem Zugriff
ausgesetzt. Ich habe es für meine
absolute Pficht [Pflicht] gehalten, Massnah-
men zu ergreifen, um die Akten
sicherzustellen, und würde immer
wieder genau so handeln. Ihrem

BERLIN W 8
WILHELMSTRASSE 73

Befehl nachzukommen mich mit dem Reichspropagandaminister in Verbindung zu setzen, geht über meine Kraft. Eine solche Unterredung würde auch kein Resultat in dem von Ihnen gewünschten Sinn bringen. Ich weiss dies umsomehr, als ich schon einmal ganz von mir in Wunsche die Dinge klarzustellen, während der

Seite 3

Befehl nachzukommen mich mit
dem Reichspropagandaminister in
Verbindung zu setzen, geht über
meine Kraft. Eine solche Unterredung würde auch kein Resultat
in dem von Ihnen gewünschten
Sinn bringen. Ich weiss dies
umsomehr, als ich schon einmal
ganz von mir im Wunsche die
Dinge klarzustellen, während der

BERLIN W 8
WILHELMSTRASSE 73

Handumschlacht den Propagandaminister in Ihr Hauptquartier bat
und Dr. Göbbels bei dieser Gelegenheit immer verständlich zum
Ausdruck brachte, dass er eine
Verständigung mit mir nicht vorninht.
Ich habe mich niemals in meinem
Leben so getäuscht wie damals und
ich kann dies nicht nochmals wieder-
holen. Ich bitte Sie daher, mein Führer

4

Seite 4

Flandernschlacht[25] den Propagandaminister in Ihr Hauptquartier bat
und Dr. Göbbels ~~mir~~ bei dieser Gele-
geleheit [Gelegenheit] unmiss verständlich zum
Ausdruck brachte, dass er eine
Verständigung mir nicht wünsche.
Ich habe mich niemals in meinem
Leben so getäuscht wie damals und
ich kann dies nicht nochmals wieder-
holen. Ich bitte Sie daher, mein Führer

BERLIN W 8
WILHELMSTRASSE 73

diesen Befehl rückgängig zu machen. Ich weiss, dass ich selbstverständ- lich hieraus die Konsequenzen zu ziehen habe und bitte daher um meine Entlassung aus meinem Amt als Reichsaussenminister und bitte ferner, mir die Persönlichkeit zu nennen, der ich die laufenden Ge- schäfte zu übergeben habe.
Ich möchte Ihnen, die noch sagen,

5

Seite 5

diesen Befehl rückgängig zu machen.
Ich weiss, dass ich selbstverständlich hieraus die Konsequenzen zu
ziehen habe und bitte daher um
meine Entlassung aus meinem Amt
als Reichsaussenminister und bitte
ferner, mir die Persönlichkeit zu
benennen, der ich die laufende[n] Geschäfte zu übergeben habe.
Ich möchte Ihnen, ~~xx~~ᵃ noch sagen,

a Streichung nicht lesbar.

BERLIN W 8
WILHELMSTRASSE 73

dass auch sonst bald um meine Verabschiedung gebeten haben würde, da ich unter den bestehenden Umständen den an mich gestellten Anforderungen nicht mehr länger gewachsen gewesen wäre. Ausser der starken Inanspruchnahme bei der Durchführung Ihrer Aussenpolitik habe ich in den letzten Jahren und immer verstärkter in den letzten Monaten mich täglich oft 4, 5, 6 ja

Seite 6

dass [ich] auch sonst bald um meine
Verabschiedung gebeten haben würde,
da ich unter den bestehenden Umständen den an mich gestellten
Anforderungen nicht mehr länger
gewachsen gewesen wäre. Ausser
der starken Inanspruchnahme bei
der Durchführung Ihrer Aussenpolitik
habe ich in den letzten Jahren und
immer verstärkter in den letzten
Monaten mich täglich oft 4, 5, 6 [Stunden] ja

BERLIN W 8
WILHELMSTRASSE 73

manchmal den ganzen Tag damit
beschäftigen müssen, ~~um~~ die Aussenpolitik gegen die Machenschaften
des Propaganda Ministeriums, der
Auslandsorganisation und vor allem
gegen Deckung dieser Dinge durch
den Parteigenossen Hess einigermassen zusammenzuhalten. Ich
glaube, dass die Ihnen hindurch oft
der Eindruck entstanden ist, als ob

Seite 7

manchmal den ganzen Tag damit beschäftigen müssen, ~~um~~ die Aussenpolitik gegen die Machenschaften des Propaganda Ministeriums, der Auslandsorganisation[26] und vor allem gegen Deckung dieser Dinge durch den Parteigenossen Hess[27] einigermassen zusammenzuhalten. Ich glaube, dass bei Ihnen hierdurch oft der Eindruck entstanden ist, als ob

BERLIN W 8
WILHELMSTRASSE 73

mein Ministerium in einer dauernden Opposition gegen die Partei steht. Tatsächlich trifft dies nicht zu, sondern mit Ausnahmen des 3 Hütten arbeitet mein Ministerium in vollster Harmonie mit allen Parteistellen. Dies ist immer *war für mich immer selbstverständlich* mein Stolz gewesen. Ebenso kränkend war es allerdings auch für mich, dass der Minister Heß immer wieder und wieder die sehr unerfreulichen und illoyalen Handlungen des Gauleiters

Seite 8

mein Ministerium in einer dauernden
Opposition gegen die Partei[28] steht. Tatsächlich trifft dies nicht zu, sondern
mit Ausnahme der 3 Stellen[29] arbeitet
mein Ministerium in vollster Harmonie
mit allen Parteistellen. Dies ~~ist immer mein Stolz gewesen.~~ *war für mich immer selbstverständlich.*[a] Ebenso kränkend
war es allerding auch für mich dass
der Minister Hess ^sicher nicht in Unklenntnis [Unkenntnis] des wahren Sachverhaltes^[b] immer wieder und
wieder die sehr unerfreulichen und
illegalen Handlungen des Gauleiters

---

a kursiv: nachträgliche Korrektur Ribbentrops einer durchgestrichenen Passage mit einem anderen Stift.

b ^...^: hochgestellt, nachträgliche Eintragung von Ribbentrop.

BERLIN W 8
WILHELMSTRASSE 73

Kohls dictats und auch des Propagandaministers in seinem Versuch der Einmischung in die Aussenpolitik dictats und damit mich künstlich in einen Gegensatz zur Parteispitze brachte. Abgesehen davon, dass ich schon bei der starken Belastung mit den aussenpolitischen Fragen – ich unsere bei der Wichtigkeit der zu treffen. den Entscheidungen die Fragen kinnt jetzt behandeln – den unseren

Seite 9

Bohle[30] deckte und auch den Propagandaminister in seinen Versuchen der Einmischung in die Aussenpolitik deckte und damit mich künstlich in einen Gegensatz zur Parteispitze brachte. Abgesehen davon, dass ich ~~diesen~~ bei der starken Belastung mit den aussenpolitischen Fragen – ich musste bei der Wichtigkeit der zu treffenden Entscheidungen die Fragen meist selbst behandeln – den inneren

BERLIN W 8
WILHELMSTRASSE 73

Schwierigkeiten nicht mehr gewachsen war, möchte ich auch nicht mehr in Gegensatz zur Partei kommen. Auch aus diesen Gründen hätte ich Sie bald um Enthebung von meinem Amt bitten müssen.

Ich bedauere es aufrichtig, dass ich in der Zeit, in der Sie so weit der endgültigen Sicherstellung des Sieges gegen England in Anspruch

Seite 10

Schwierigkeiten nicht mehr gesundheitlich gewachsen war, möchte ich auch nicht mehr in Gegensatz zur Partei kommen. Auch aus diesen Gründen hätte ich Sie bald um Enthebung von meine[m] Amt bitten müssen.
Ich bedaure es aufrichtig, dass ich in der Zeit, in der Sie so mit der endgültigen Sicherstellung des Sieges gegen England in Anspruch

BERLIN W 8
WILHELMSTRASSE 73

genommen sind, Sie mit meinen dagegen völlig belanglosen persönlichen Dingen belästigen zu müssen. Ich hätte Ich habe mir alles vorgenommen, Ihnen diese Dinge fernzuhalten und hätte mir fest vorgenommen bis zum Kriegsende noch durchzuhalten. Aber die Verhältnisse haben sich stärker gezeigt. Ich weiss, was ich für Rechte haben muss, um die Verantwortung für die Durchführung ihrer Aussen

Seite 11

genommen sind, Sie mit meinen
dagegen völlig belanglosen persönlichen Dingen belästigen zu müssen.
~~Es blieb~~ Ich habe immer Alles versucht,
Ihnen diese Dinge fernzuhalten und
hatte mir fest vorgenommen bis zum
Kriegsende noch durchzuhalten. Aber
die Verhältnisse haben sich stärker gezeigt. Ich weiss, was ich für Rechte
haben muss, um die Verantwortung
für die Durchführung Ihrer Aussen-

BERLIN W 8
WILHELMSTRASSE 73

potetsch übernehmen des Roemer, ich weiss aber auch, dass es mir nicht gelingen würde, Sie davon zu überzeugen.

Ich danke es Ihnen für das Vertrauen, das Sie mir während meiner ausseupol Tätigkeit entgegengebracht habe und bitte Sie, hier noch übrigens meum Geschafts für Übernahme einer Koutskommandos bei einer H. Standarte freizugeben. Heil meinFührer
Ingedrien. Ribbentrop

Seite 12

politik übernehmen zu können,
ich weiss aber auch, dass es mir nicht
gelingen würde, Sie davon zu überzeugen.
Ich danke ich [sic!] Ihnen für das Vertrauen, das Sie mir während meiner
aussenpol. Tätigkeit entgegengebracht
habe[n] und bitte Sie, ~~mich~~ ^mir^ ᵃ nach Übergabe
meiner Geschäfte für Übernahme eines
Frontkommandos bei einer SS-Standarte
frei zugeben. Heil, mein Führer
Ihr getreuer Ribbentrop

---

a ^...^: hochgestellt, nachträgliche Eintragung von Ribbentrop.

Endnoten

1 SLA, Graphik XI.235.

2 SLA, Graphik XI.298.

3 *Rudolf Vierhaus*, Hg., Deutsche Biographische Enzyklopädie (DBE). Bd. 8 Poethen – Schlüter, München ²2007, S. 362.

4 *Hermann Weiß*, Hg., Biographisches Lexikon zum Dritten Reich, Frankfurt am Main 1999, S. 373 ff.

5 Ebd.

6 *Ronald Smelser / Enrico Syring / Rainer Zitelmann*, Hg., Die Braune Elite I. 22 biographische Skizzen, Darmstadt ⁴1999, S. 201 ff.

7 *Vierhaus*, Enzyklopädie, S. 362.

8 *Weiß*, Lexikon, S. 373 ff.

9 *Vierhaus*, Enzyklopädie, S. 362.

10 *Weiß*, Lexikon, S. 373 ff.

11 Ebd.

12 *Vierhaus*, Enzyklopädie, S. 362.

13 *Weiß*, Lexikon, S. 373 ff.

14 *Vierhaus*, Enzyklopädie, S. 362.

15 Ebd.

16 *Jutta Hangler*, Schloss Fuschl. Beutegut des NS-Außerministers, in: Robert Kriechbaumer, Hg., Der Schmack der Vergänglichkeit. Jüdische Sommerfrische in Salzburg (Schriftenreihe des Forschungsinstitutes für politisch-historische Studien der Dr.-Wilfried-Haslauer-Bibliothek 14), Wien – Köln – Weimar 2002, S. 259–280.

17 *Vierhaus*, Enzyklopädie, S. 362.

18 *Weiß*, Lexikon, S. 373 ff.

19 *Vierhaus*, Enzyklopädie, S. 362.

20 Das „Palais Schwerin", Wilhelmstraße 73, 1919–1934 Amts- und Wohnsitz des Reichspräsidenten, ging 1939 in den Besitz des Auswärtigen Amts über und diente nach Umbauarbeiten als Dienstwohnung des Reichsaußenministers; vgl. https://www.berlin-wilhelmstrasse.de/palais-schwerin-reichspraesidentenpalais/ (abgerufen am: 2.11.2021).

21 Vgl. http://archiv-ribbentrop.de/wp/geschichte/wappen/ (abgerufen am: 2.11.2021).

22 Walther Hewel (*25.3.1904 in Köln; †2.5.1945 in Berlin), Teilnahme am Hitler-Putsch 1923, 1936–1937 Tätigkeit bei der NSDAP/AO (NSDAP-Auslandsorganisation), seit 1937 Mitarbeiter von Ribbentrop, ab 1940 „Ständiger Beauftragter des Reichsaußenministeriums beim Führer", ab 1943 Botschafter, enger außenpolitischer Berater Hitlers, 1945 Selbstmord in Berlin; vgl. *Weiß*, Lexikon, S. 201–202.

23 Joseph Goebbels (*29.10.1897 in Rheydt; †1.5.1945 in Berlin), Schriftleiter und Gründer mehrerer nationalsozialistischer Zeitschriften, ab 1926 Gauleiter von Berlin, Abgeordneter der NSDAP im Reichstag seit 1928, ab 1933 Reichsminister für Volksaufklärung und Propaganda, ab 1944 Reichsbevollmächtigter für den totalen Kriegseinsatz, 1945 in Berlin Selbstmord gemeinsam mit seiner Frau Magda, nachdem diese die gemeinsamen Kinder vergiftet hatte; vgl. *Weiß*, Lexikon, S. 149 ff.

24 Gemeint ist hier das von Joachim von Ribbentrop als Minister geführte Reichsaußenministerium.

25 Bezieht sich auf den deutschen Vorstoß nach Belgien im Rahmen des Feldzugs gegen Frankreich im Mai 1940. Ribbentrop verwendet hier eine Begrifflichkeit, die an die großen verlustreichen Schlachten an der Westfront im Ersten Weltkrieg erinnert.

26 Die Auslandsorganisation der NSDAP (NSDAP/AO) war für die Gebiete außerhalb Deutschlands bzw. des (Groß-)Deutschen Reichs und ihre Bewohner zuständig. Sie unterstand von 1933 bis 1945 Ernst Wilhelm Bohle; vgl. *Ernst Klee*, Das Personenlexikon zum Dritten Reich. Wer war was vor und nach 1945. Frankfurt am Main 2003, S. 61–62.

27 Rudolf Heß (*1894 in Alexandria, Ägypten; †1987 in Berlin), seit 1920 Mitglied der NSDAP, führende Rolle beim Hitler-Putsch 1923, ab 1925 Privatsekretär Hitlers, ab 1932 Vorsitzender der Politischen Zentralkommission der NSDAP, ab 1933 „Stellvertreter des Führers und Reichs-

minister ohne Geschäftsbereich", 1941 geheimer Flug nach Schottland, um dort Friedensverhandlungen mit Großbritannien aufzunehmen, Kriegsgefangenschaft, 1946 bei den Nürnberger Prozessen zu lebenslanger Haft verurteilt, mehrere Suizidversuche, 1987 Selbstmord in der Haft in Berlin; vgl. *Weiß*, Lexikon, S. 199 ff.

28 NSDAP, Nationalsozialistische Deutsche Arbeiterpartei.

29 Gemeint sind die Auslandsorganisation der NSDAP, das Propagandaministerium und Rudolf Heß.

30 Ernst Wilhelm Bohle (*28.7.1903 in Bradford, England; †9.11.1960 in Düsseldorf), Mitarbeiter der NSDAP/AO seit 1931, 1932 Eintritt in die NSDAP, seit 1933 Leiter der AO im Rang eines Gauleiters, 1937 als Staatssekretär in das Auswärtige Amt eingegliedert, aufgrund des Bedeutungsverlustes der AO und als mutmaßlicher Mitwisser von Heß' Flug nach Schottland politisch kaltgestellt, bei den Nürnberger Prozessen 1949 zu fünf Jahren Haft verurteilt, aber im selben Jahr freigelassen, danach Kaufmann in Hamburg; vgl. *Klee*, Personenlexikon, S. 61–62.

„Vissi d'arte" – Kunst und Politik im autoritären System. Der „Fall Herbert von Karajan".
Anmerkungen zu einer Salzburger Erregung.

Robert Kriechbaumer

I

Die Beziehungen zwischen Kultur und Diktatur sind vielschichtig und „ob Kultur in einem diktatorischen System überhaupt möglich ist, bleibt eine offene Frage", bemerkt Michael H. Kater in seiner Studie über die Kultur im Dritten Reich.[1] Ein Blick auf die Beziehung von totalitären Systemen und Künstlern im 20. Jahrhundert bietet ein ambivalentes Bild, wurde doch von vielen Künstlern und Schriftstellern im Rausch der historischen Stunde der mit dem neuen System einhergehende Bruch und Umbruch als Befreiung und Aufbruch zu einer sonnenumstrahlten Zukunft gefeiert. So begrüßte die russische Moderne die Oktoberrevolution des Jahres 1917 und sah sich als Vorreiter der nunmehrigen politischen und gesellschaftlichen Revolution. Wassily Kandinsky, der zu Beginn des Ersten Weltkriegs von Deutschland nach Russland zurückgekehrt war, arbeitete im Kommissariat für Volksbildung. Doch bald kam er zu der schmerzlichen Einsicht, dass seine und so vieler Hoffnungen sich als Illusion erwiesen, von einer Autonomie der Kunst, von einem erhofften Aufbruch zu neuen Ufern, bei dem die Kunst, befreit von allen bürgerlichen Konventionen, nunmehr ungeahnte Entfaltungsmöglichkeiten haben und damit der Politik entscheidende Impulse geben werde, keine Rede sein konnte. Im Gegenteil, das zaristische Russland der Jahrhundertwende schien erheblich moderner und toleranter als die neuen Machthaber. Kandinsky verließ Russland 1922 und ging zu Gropius nach Weimar und lehrte am Bauhaus. Kasimir Malewitsch, der noch 1920, in der kurzen Zeit der kulturellen Experimente, die revolutionären Kunstformen von Kubismus und Futurismus als Vorläufer der Oktoberrevolution bezeichnet hatte, blieb im nunmehr bolschewistischen Russland und musste zur Kenntnis nehmen, dass seine abstrakte Kunst nicht gewünscht war, der ersehnte Ort ungeahnter Entfaltungsmöglichkeiten einer kreativen künstlerischen Moderne sich in einen der Regression und Repression verwandelte. Malewitsch kehrte auf staatlichen Druck hin zur gegenständlichen Malerei zurück, die er bis dato als Ausdruck eines überholten Kunstverständnisses stets abgelehnt hatte.[2]

In der von politischen Zwängen freien historischen Analyse a posteriori müssen die Rahmenbedingungen in einem totalitären System berücksichtigt werden, die Begriffe wie „Zivilcourage", „Widerstand" oder „Emigration" relativieren. Russische Musikikonen wie Dmitri Schostakowitsch oder der 1936 freiwillig in die Sowjetunion zurückgekehrte Sergei Prokofjew reagierten auf alle Anforderungen des stalinistischen Regimes mit ängstlichem Gehorsam, im Fall Prokofjews vielfach auch mit innerer Überzeugung. So wurde Prokofjew mit seiner Filmmusik zu Sergei Eisensteins „Alexander Newski", seiner Sowjetoper „Semjon Kotko", seiner Oper „Krieg und Frieden" sowie seiner „Kantate zum 20. Jahrestag der Oktoberrevolution. Lieder unserer Tage und Trinkspruch (Heil Stalin)" zum Propandisten des Regimes. In „Lieder unserer Tage" beruhigt eine Mutter ihr Kind mit den Versen:[3]

> „Hinter den Mauern des Kremls wohnt ein Mann
> Das ganze Land kennt und liebt ihn
> Deine Freude und dein Glück kommen von ihm
> Stalin! Das ist sein großer Name!"

Dmitri Schostakowitsch reagierte mit Blick auf den allgegenwärtigen Terror auf die 1936 in der „Prawda" erschienene vernichtende Kritik an seiner Oper „Lady Macbeth von Minsk" mit einer demonstrativen Rückkehr zum sozialistischen Realismus in seiner 1937 uraufgeführten 5. Symphonie. Sie sei, so der Komponist, seine Entschuldigung für das Chaos in „Lady Macbeth von Minsk".[4] Doch selbst diese ängstliche Angepasstheit half nicht, als 1948 die Shdanowschtina, die auf Anweisung Stalins von dem Leningrader Parteichef Andrej Shdanow geleitete antiwestliche Kulturpolitik, einsetzte und Komponisten wie Schostakowitsch, Chatschaturjan und Prokofjew unter dem Vorwurf, „dekadente westliche Einflüsse" in die sowjetische Musik zu integrieren, auf eine schwarze Liste gesetzt wurden.[5] Schostakowitsch reagierte ängstlich mit einem den Jargon der sowjetischen Nomenklatura verwendenden Kotau, von Zivilcourage oder Widerstand war keine Rede. Er hatte bereits seit dem Großen Terror zum Selbstschutz eine geteilte Künstlerpersönlichkeit entwickelt und komponierte, ebenso wie Prokofjew, regimegenehme Filmmusiken, Kantaten und Massenlieder zum „Ruhm und Ehre des weisen Stalin".

Russlands bedeutendster Dirigent, Sergei Kussewitzki, hatte im Oktober 1917 in einem offenen Brief an eine der noch erscheinenden freien Zeitungen erklärt, die Behauptung, er unterstütze die bolschewistische Machtergreifung, sei nicht richtig, denn er werde nur eine Regierung anerkennen, die von einer verfassunggebenden Versammlung gewählt worden sei. Sein Bleiben in Russland erklärte er mit Worten, die später Wilhelm Furtwängler in ähnlicher Form als Rechtfertigung für sein Wirken im Dritten Reich verwendete. Was die von ihm geleiteten Orchesterkonzerte betreffe, werde er sie „weiterhin geben, jedoch nicht, um eine Billigung des härtesten, despotischsten und gewalttätigsten Regimes, das uns je regiert hat, zu bezeugen, sondern jener wenigen, empfindsamen Vertreter unserer leidenden Gesellschaft wegen, für die Musik gleichbedeutend ist mit täglichem Brot und die sie als freilich nur vorübergehende Atempause in einem abstoßenden und grausamen Alltag, der uns umfangen hat, fliehen."[6] Nachdem er mit Erpressung und Täuschung von der Tscheka 1920 die Ausreisegenehmigung erhalten hatte, emigrierte er über Berlin und Paris nach Boston, wo er 1924 die Leitung des Boston Symphony Orchestra übernahm.

Auch für den Nationalsozialismus war die Aufhebung des Spannungsverhältnisses zwischen Politik und Kultur, der Interdependenz von Eigenständigkeit und Abhängigkeit, charakteristisch. Die damit erfolgende ideologisch-instrumentelle Politisierung der Kunst erfolgte einerseits durch die Entfesselung von Macht, andererseits durch deren propagandistische und inszenatorische Ästhetisierung inklusive der Großen Erzählung als Heilmittel gegen die Wunden der in der Vergangenheit erlittenen nationalen Demütigung (Versailler „Diktatfriede") sowie die die Nation spaltenden gesellschaftlichen Spannungsverhältnisse von Kapital und Arbeit (Volksgemeinschaft). Dabei bediente sich der Nationalsozialismus einer Vielzahl aus dem 19. und 20. Jahrhundert stammender kultureller Ressourcen, blickte gleichzeitig mit seiner Technikbegeisterung in die Zukunft und seiner die Moderne, vor allem die Avantgarde, ablehnenden Kulturpolitik in die Vergangenheit. Im Bereich der Kulturpolitik bediente er sich des reichhaltigen Repertoires der traditionellen bürgerlichen Hochkultur. Die damit erreichte Faszination des Nationalsozialismus erfasste Philosophen wie Heidegger,[7] Schriftsteller und Künstler, wie die Expressionismus-Debatte in der Moskauer Exilzeitschrift „Das Wort" illustriert, in der sich Klaus Mann vehement gegen Gottfried Benns Parteinahme für den Nationalsozialismus richtete.[8] Benn, der sich 1933 im Rundfunk begeistert für den Nationalsozialismus aussprach, da sich die korrupte liberale Elite mehr für Grundstücke in Italien interessiert habe, als den deutschen Boden mit ihren eigenen Händen zu bearbeiten, verteidigte allerdings den Expressionismus als Kunstrichtung und wurde in der Folgezeit zur persona non grata. Es war eine Ironie der Geschichte, dass der Expressionist Emil Nolde, der in Schleswig-Holstein schon früh der NSDAP beigetreten war und – wie Benn – im Expressionismus eine Ausdrucksform des neuen faschistischen Geistes sah, nach der Machtergreifung als „entarteter" Künstler galt, von dem über tausend Werke beschlagnahmt und zum größten Teil vernichtet wurden.

Im kulturellen Bereich spielte für den Nationalsozialismus die Musik die erste Geige, galt sie doch als Krönung der Künste und als Schöpfung deutscher Seelentiefe. Deutschland sei „das klassische Land der Musik", erklärte Joseph

Goebbels während einer Rundfunk-Übertragung von Wagners „Meistersinger von Nürnberg" aus Bayreuth. Und deutsche Komponisten wie Bach, Beethoven und Wagner bildeten die Spitze musikalisch-künstlerischer Genies.[9] Dass diese Meinung auch von Nicht-Nationalsozialisten geteilt wurde, zeigt das Beispiel von Arnold Schönberg, der eine Vorherrschaft der deutschen Kunst ebenso erstrebte und sich daher nur zögernd zur Emigration in die USA entschloss.

Die NS-Kulturpolitik im Bereich der klassischen Musik fand Zustimmung bei Komponisten wie Hans Pfitzner,[10] Rudolf Wagner-Régeny, Werner Egk und Carl Orff, bewirkte die lange Liste der Verfolgten und Verfemten, die ebenso lange der aus innerer Überzeugung zustimmenden oder unter dem Druck der Verhältnisse angepassten ausübenden Musiker wie z. B. der Pianisten Wilhelm Backhaus, Wilhelm Kempff, Walter Gieseking und Elly Ney oder der Dirigenten Clemens Krauss, Karl Böhm und Herbert von Karajan und die deutlich kürzere der zaghaft Protestierenden wie Richard Strauss und Wilhelm Furtwängler, die sich jedoch schließlich mit dem Regime arrangierten.

Doch auch bei all denjenigen, die sich dem NS-Kulturbetrieb unterwarfen, stellt sich die Frage, ob sie deshalb bereits Nationalsozialisten waren oder ihre Musik als politisches Signal verstanden. Die Antwort entzieht sich dem Schwarz-Weiß-Muster und muss differenziert erfolgen. Goebbels Diktum, im nationalsozialistischen Kunst-Kosmos könne es kein L'art pour l'art geben, sondern Kunst habe stets dem neuen Staat zu dienen, wurde im Zweiten Weltkrieg spiegelgleich auch von den Alliierten praktiziert. So definierten die USA nicht nur die Unterhaltungs-, sondern auch die klassische Musik als Propagandawaffe unter dem Motto „Music at War". In diesem Sinne könne Musik und Politik nicht getrennt werden, Musik, auch die klassische, sei ein notwendiges Instrument der Propaganda, dies hätten Künstler stets zu berücksichtigen.[11]

Im Dritten Reich vertraten viele ausübende Künstler, ob sie mit dem Regime sympathisierten oder nicht, die unpolitische L'art-pour-l'art-Position. Musik war für das Publikum, vor allem aber für *sie* geschrieben und daher nicht politisch. Man konzentrierte sich, auch als persönliches Refugium und Exkulpierung, auf den apolitischen Bezirk der reinen Kunst, dem es zu dienen galt. Dass dieser *auch* für politische Veranstaltungen instrumentalisiert wurde, musste man zur Kenntnis nehmen. So erklärte Wilhelm Furtwängler vor dem Entnazifizierungsausschuss, die Kunst, vor allem die Musik, zeuge „von der Nation, der sie entstammt. Aber von deren ewigem Wesen, nicht deren Tagespolitik. Kunst steht in Wahrheit, obwohl von ihnen ausgehend, über den Nationen. Es ist die politische Funktion der Kunst – gerade in unserer Zeit – unpolitisch zu sein."[12] Spricht aus diesen Worten tiefste Überzeugung oder bewusste politische Naivität, Scheu, sich der persönlichen politischen Verantwortung zu stellen?

Waren Komponisten, zogen sie sich nicht in die innere Emigration durch Verstummen der schöpferischen Ambitionen zurück, von einem totalitären

System, das ab 1939 einen Krieg führte, abhängig, so galt dies für Dirigenten, Instrumentalisten und Orchester in noch höherem Ausmaß. Denn individuellen Künstlern wurde während des Kriegs schnell bewusst, „dass sie den Herrschenden nicht missfallen durften, wollten sie nicht für entbehrlich erklärt und an die Front oder, im Fall von Frauen, in die Rüstungsindustrie geschickt werden. [...] Es ist daher verständlich, dass selbst herausragende Musiker miteinander um die Gunst des Regimes wetteiferten, sich den Kriegszielen dienstbar und sich selbst so unverzichtbar zu machen suchten."[13] Bei der Beurteilung ihres Verhaltens ist die Aufforderung von Jürgen Habermas zu beachten, der mit Blick auf Martin Heidegger bemerkte, der Philosoph unterliege als zeithistorische Persönlichkeit „dem Urteil des Historikers wie jeder andere. [...] Aber als Nachgeborene, die nicht wissen können, wie *sie* sich unter Bedingungen der politischen Diktatur verhalten hätten, tun wir gut daran, uns in der moralischen Bewertung von Handlungen und Unterlassungen während der Nazi-Zeit zurückzuhalten."[14]

II

Im Zweiten Akt von Giacomo Puccinis „Tosca" stellt sich die Titelheldin angesichts der Bedrängnis durch den Bösewicht Scarpia, den allmächtigen Polizeichef Roms, mit ihrer berühmten Arie „Vissi d'arte" die Frage, warum sie, die sich doch nur der Schönheit der Kunst gewidmet habe, nunmehr von Gott auf eine solche Probe gestellt werde. Denn Scarpia stellt sie vor die Wahl, sich ihm für das Leben ihres gefangenen und gefolterten Geliebten, des Malers Mario Cavaradossi, hinzugeben oder ihre Standhaftigkeit mit dem Leben des Malers zu bezahlen. Tosca willigt in den Handel ein, um wenig später die sich bietende Gelegenheit zu ergreifen, in einem Akt des heroischen Widerstandes den Bösewicht und Tyrannen zu ermorden. Mit dem Tyrannenmord durch die verzweifelte Sängerin Floria Tosca erreicht die Oper ihren vorläufigen Höhepunkt, um – der Logik eines Dramas folgend – in einem neuerlichen Kulminationspunkt im folgenden Akt mit dem Tod von Tosca und Cavaradossi auf der Engelsburg zu enden.

Am 21. Dezember 1945 meldete die „Salzburger Volkszeitung", die Theater- und Musik-Abteilung des US-Nachrichtenkontrolldienstes ISB (Information Services Branch) habe bekannt gegeben, dass die Kommission für die politische Untersuchung der Künstler in Salzburg nach Prüfung des Falles Herbert von Karajan vorgeschlagen habe, diesem die Auftrittsgenehmigung zu erteilen. Der Dirigent sei 1935 der NSDAP beigetreten, wurde 1942 nach seiner Verheiratung mit einer nichtarischen Frau in Berlin vor ein Parteigericht gestellt und habe vor jenem seinen Parteiaustritt erklärt. Dies habe eine Reihe erheblicher beruflicher Nachteile für ihn zur Folge gehabt, weshalb die Kommission zu der Ansicht gelangt sei, „daß es sich um einen Fall der politischen Maßregelung handelt und somit auch formell die Gründe vorliegen, von Karajan zum Wiederauftreten zuzulassen."[15] Karajan war gegen Jahresende 1945 von Triest nach Salzburg zurückgekehrt, wo er sich nunmehr einem Entnazifizierungs- und Zulassungsverfahren unterziehen musste. Er füllte eigenhändig den vom Land Salzburg erlassenen Fragebogen für ehemalige Nationalsozialisten aus und fügte handschriftliche Erklärungen hinzu. Dabei erzählte er *seine* Version, der er, von einigen Abweichungen abgesehen, auch später treu blieb. Er sei der Partei 1935 beigetreten, um die für ihn wichtige Position des Kapellmeisters und wenig später des Generalmusikdirektors in Aachen zu bekommen, habe Karriere gemacht, sei jedoch 1942 nach seiner Heirat mit der Vierteljüdin Anita Gütermann aus der Partei ausgetreten und zunehmend in Ungnade gefallen. Er habe nach dem auch für Floria Tosca geltenden Motto „Vissi d'arte" gelebt, sich jedoch nicht – im Gegensatz zu der römischen Sängerin – zum Tyrannenmörder geeignet. Otto de Pasetti, der aus Österreich stammende 1. US-Kulturoffizier der Alliierten Kommission zur Rehabilitierung der österreichischen Kulturschaffenden, fand die Erzählung glaubhaft und befürwortete eine Auftrittsgenehmigung für den aus Salzburg stammenden Dirigenten. Am 11. Dezember 1945 schrieb er an die Kommission für die politische Untersuchung der Künstler in Salzburg, seine persönliche Vorsprache bei der Intelligence Section der 687oth DISCC habe ergeben, „dass dort nichts Nachteiliges gegen Herbert von Karajan bekannt ist." Auch Lt. Henry Alter, Theater-Offizier in Wien, habe anlässlich seines Aufenthalts in Berlin in den Akten der Reichstheater- und Reichsmusikkammer „nichts Nachteiliges" gefunden.[16] Der von der US-Besatzungsmacht herausgegebene „Wiener Kurier" berichtete am 21. Dezember, Karajan sei in Salzburg von der Theater- und Musikabteilung des US-Nachrichtenkontrolldienstes rehabilitiert worden. Der ISB „steht auf dem Standpunkt, daß Herbert von Karajan durch Einstehen für seine rassisch verfolgte Frau und das Aufsichnehmen der damit verbundenen Konsequenzen für seinen Beitritt zur NSDAP Genugtuung geleistet habe."[17]

III

Das Bild, das Karajans Erzählung entwarf und die Grundlage für die positive Entscheidung der ISB im Dezember 1945 bildete, und jenes der kritischen historischen Forschung sind allerdings nicht deckungsgleich.

Die Dirigenten-Karriere des 1908 in Salzburg geborenen Herbert von Karajan begann am 22. Jänner 1929 in seiner Heimatstadt, als der erst 21-jährige Absolvent der Wiener Akademie der Musik das Mozarteum-Orchester mit einem Tschaikowsky-Mozart-Strauss-Programm dirigierte und bei der Kritik und beim Publikum auf begeisterte Zustimmung stieß. Das Konzert besuchte auch der Intendant des Ulmer Stadttheaters, Erwin Dietrich, der auf der Suche nach einem zweiten Kapellmeister war und das junge hochbegabte Talent zu einem Probedirigieren einlud. Doch Karajan, der noch nie eine Oper dirigiert hatte, erklärte, er wolle in Ulm zur Probe eine Oper einstudieren. Dietrich ging auf diese Forderung ein und Karajans Debüt mit Mozarts „Hochzeit des Figaro" wurde ein voller Erfolg. Er blieb fünf Jahre in Ulm, allerdings nur als Zweiter Kapellmeister. Die Position des Ersten Kapellmeisters hatte Otto Schulmann inne, der jüdischer Abstammung, jedoch zum Katholizismus konvertiert war. Anfang 1933 ließ Intendant Dietrich Karajan wissen, dass er seinen Vertrag nicht zu verlängern gedenke, eine für einen jungen Musiker in Zeiten der Wirtschaftskrise schockierende Nachricht. Karajan bat, schließlich erfolgreich, um die Verlängerung seines Vertrags um ein weiteres Jahr bis 31. März 1934. In diese Phase fällt der von ihm verschwiegene und in seiner Motivation nie geklärte erste Beitritt zur NSDAP in Salzburg am 8. April 1933. Angeworben wurde er durch Herbert Klein, einen Freund der Familie Karajan. Er bezahlte den Werbebetrag von fünf Schilling, leistete jedoch in der Folgezeit keine Zahlungen mehr. Über die Gründe für das Ausbleiben weiterer Zahlungen von Mitgliedsbeiträgen existieren mehrere Vermutungen: entweder, weil die Partei zwei Monate später in Österreich verboten wurde, oder weil Karajan kurz darauf wiederum nach Deutschland zurückkehrte, oder weil er diesem Schritt keinerlei Bedeutung zumaß, da er einem Bekannten lediglich einen Gefallen geleistet hatte, damit dieser die Werbeprämie erhielt.

Für Verwirrung sorgte und sorgt ein angeblich zweiter Parteibetritt bereits am 1. Mai 1933 in Ulm. Robert C. Bachmann interpretierte in seiner Karajan-Biografie dieses Datum auf der Mitgliedskarte als Beweis dafür, dass Karajan aus Karrieregründen seinen in Salzburg gesetzten Schritt nochmals vollzogen habe, um den Posten des aufgrund des Gesetzes zur Wiederherstellung des Berufsbeamtentums entlassenen Ersten Kapellmeisters Otto Schulmann zu erlangen.[18] Michael H. Kater übernahm diese Behauptung in seine Darstellung über Musiker im Dritten Reich und stellte sogar die durch keinerlei Fakten gestützte These auf, dass Karajan den in die USA emigrierten Schulmann, der einen solchen Zusammenhang in Abrede stellte, durch entsprechende Zahlungen zum Schweigen bewogen habe.[19] Oliver Rathkolb übernahm das von Bachmann eruierte Datum des zweiten Beitritts in Ulm am 1. Mai 1933, ließ jedoch das Motiv dieses Schritts offen.[20] Peter Uehling hat jedoch in seiner Karajan-Biografie darauf hingewiesen, dass die von Bachmann faksimilierte NSDAP-Mitgliedskarte eine Reihe von Einträgen enthält, die zu berechtigten Zweifeln an dem Datum 1. Mai 1933 Anlass geben. „Auf dieser Karte ist die erste Mitgliedsnummer vom 8. April 1933, 1 607 525, eingetragen und mit dem Stempel ‚Aufnahme ungültig' versehen. In der Vordruckzeile ‚Wiedereingetr(agen)' ist das ‚Wieder' durchgestrichen und das kleine Anfangs-e von ‚eingetr.' mit der

Hand in einen Großbuchstaben verändert. Es folgt das Datum 1.5.33, und die neue Mitgliedsnummer 3 430 914. [...] Zwischen dem 8. April und dem 1. Mai liegen 22 Tage. In dieser Zeit hätten die Mitgliedsnummern unmöglich von 1,6 Millionen auf über 3,4 Millionen steigen können. Tatsächlich gehört die neue Mitgliedsnummer zu einer Tranche, die von der NSDAP ab Frühjahr 1935 an die neuen Mitglieder ausgegeben wurde. Und Karajans Mitgliedskarte enthält noch mehr Hinweise, die für das ungeübte Auge schwer verständlich sind: etwa die Abkürzung ‚ng', die ‚nachgereicht' bedeutet, außerdem die kurze Datumsangabe ‚3.35' für März 1935 und ‚35/33 ng.'. Aus all diesen Angaben geht hervor, dass Karajans Aufnahme in die Partei tatsächlich im März 1935 und damit einen Monat vor seiner Ernennung zum Aachener Generalmusikdirektor erfolgte und lediglich auf den 1. Mai 1933 *zurückdatiert* wurde, denn 1935 bestand immer noch die Aufnahmesperre für neue Mitglieder, die natürlich für prominente Fälle nicht galt, aber verwaltungstechnisch doch akkurat und daher für spätere Leser missverständlich behandelt wurde. Schließlich kann man erkennen, dass in der Zeile ‚Stand' die Bezeichnung ‚Kapellmeister', Karajans Beruf und Titel zur Zeit seiner ersten Aufnahme in die Partei, gestrichen und durch den Titel ‚Gen. Musikdirektor' ersetzt wurde, wozu am 1. Mai 1933 in Ulm noch kein Anlass bestanden hätte."[21]

Karajans Vertrag in Ulm endete am 31. März 1934. Er war 26 Jahre alt und musste nun sehen, wie er zu einer seiner Begabung adäquaten Beschäftigung kam. Mehr als drei Monate waren seine Bemühungen vergeblich. Er arbeitete in dieser Zeit als Korrepetitor und bewarb sich an zahlreichen Theatern, ohne meistens auch nur zu einem Probedirigat eingeladen zu werden. In Berlin, wo die meisten Künstleragenturen ihren Sitz hatten, begegnete er Edgar Groß, dem sich auf der Suche nach einem neuen leitenden Opernkapellmeister befindenden Intendanten des Stadttheaters Aachen. Eine Fügung des Schicksals, die es wahrzunehmen galt. Karajan überredete ihn zu einer Einladung zum Probedirigieren. Groß, NSDAP-Mitglied, förderndes Mitglied der SS und des NS-Fliegercorps, war von Aachens Oberbürgermeister Quirin Jansen, Träger des Goldenen Ehrenzeichens der NSDAP, an die Spitze des Aachener Stadttheaters berufen worden, an dem Peter Raabe, Mitglied des Verwaltungsausschusses der Reichsmusikkammer, als Generalmusikdirektor wirkte.

Karajans Probedirigat in Aachen stieß beim Orchester überwiegend auf Ablehnung. Seine Jugend, sein Hang zum Perfektionismus und die daraus resultierenden Forderungen an die Musiker stießen auf wenig Gegenliebe. Doch er hatte in dem Bassbuffo des Aachener Opernensembles und Kreiskulturwart der NSDAP, Albert Hoff, und dem Intendanten Edgar Groß mächtige Befürworter, die in dem jungen, außerordentlichen Dirigenten die Person sahen, den Anspruch der Partei, die Stadt Karls des Großen zu einem Bollwerk und Zentrum deutscher Kultur zu entwickeln, Realität werden zu lassen. Karajan erhielt das ersehnte Engagement mit der Aussicht, die Nachfolge Peter Raabes, der selten anwesend war, als Generalmusikdirektor anzutreten.

Doch diese Option, mit der der ehrgeizige junge Dirigent spekuliert hatte, schien sich zunehmend in Luft aufzulösen. Raabe erblickte nämlich in dem jungen Opernkapellmeister, der im Dezember 1934 durch seine Abwesenheit in Berlin von ihm ein Konzert mit sensationellem Erfolg bei Publikum und Kritik übernommen hatte, einen unwillkommenen Konkurrenten, dem er keineswegs weichen wollte. Karajan, ehrgeizig und keinesfalls gewillt, die zweite Geige zu spielen, erhielt ein Angebot aus Karlsruhe, das er virtuos für seine Intentionen zu instrumentalisieren verstand. Er ließ Aachens Bürgermeister und Intendanten von diesem Angebot und seiner Absicht, nach Karlsruhe zu wechseln, wissen, um den erhofften Effekt zu erzielen. Seine Gage wurde erhöht und Raabes schon vor längerer Zeit – eher aus formalen (vielleicht auch eitlen) Motiven – unterbreitetes Angebot eines Rücktritts thematisiert. Den entstandenen gordischen Knoten durchschlug ein Brief von Richard Strauss an Stefan Zweig, den jüdischen Librettisten seiner Oper „Die schweigsame Frau", der von der Dresdner Gestapo abgefangen wurde. In diesem äußerte sich der Komponist und Präsident der Reichsmusikkammer abfällig über die Kulturpolitik der NSDAP und bemerkte, er mime bloß den Präsidenten der Reichsmusikkammer, „um Gutes zu tun und ein Unglück zu verhüten. Einfach aus künstlerischem Pflichtbewusstsein!"[22] Am 6. Juli 1935 suchte Staatssekretär Walter Funk, der Vizepräsident der Reichsmusikkammer, den Komponisten in seinem Domizil in Berchtesgaden auf, um ihm im Auftrag von Goebbels mitzuteilen, er habe am 13. Juli seine Funktion als Präsident der Reichsmusikkammer zur Verfügung zu stellen. Der Komponist, nicht zum Widerstandskämpfer und Märtyrer geboren, gehorchte. Am 13. Juli 1935 vermeldete der „Völkische Beobachter", Richard Strauss habe Joseph Goebbels gebeten, „ihn mit Rücksicht auf sein Alter und seine augenblicklich stark angegriffene Gesundheit von seinen Ämtern als Präsident der Reichsmusikkammer und als Vorsitzenden des Berufsstandes der Deutschen Komponisten zu entbinden." Der Minister habe diesem Ansuchen entsprochen und Peter Raabe zum neuen Präsidenten der Reichsmusikkammer berufen.[23]

Karajan eröffnete sich ein Fenster der Möglichkeiten, das er gewillt war, möglichst weit zu öffnen. Er befand sich durch seine zwischenzeitlich erfolgten erfolgreichen Gastspiele in Karlsruhe in einer günstigen Situation, da ihn auch der Badische Minister für Kultus und Unterricht verpflichten wollte und sich deshalb an den Aachener Oberbürgermeister Quirin Jansen mit dem Ersuchen wandte, Karajan für das Staatstheater Karlsruhe freizugeben. Jansen antwortete höflich, aber ablehnend und wies darauf hin, dass man in Aachen gewillt und in der Lage sei, dem hochbegabten jungen Dirigenten „die seinen großen Fähigkeiten entsprechende Auswirkungsmöglichkeit zu geben." Vor allem aber sei bei der Entscheidung für Karajan auch die Tatsache entscheidend gewesen, „daß Aachen als westlichste Großstadt des Reiches und hart an der Grenze gelegen, eine ganz besondere Mission zu erfüllen hat." Aachen sei ein wichtiger „Kulturvorposten" des Reiches und er würde es sich „nicht verzeihen können, nicht alles getan zu haben, um die Mission Aachens [...] gerade auf kulturellem Gebiet durch Verpflichtung der besten erreichbaren Kräfte zu dienen."[24] Sosehr Karajan als aufgehender musikalischer Stern begehrt war, sosehr waren auch die politischen Rahmenbedingungen bei einer Karriereplanung zu berücksichtigen. Denn eine künstlerische Karriere basierte nicht allein auf persönlichen Fähigkeiten, sondern vor allem auch auf politischer Unterstützung. Bereits 1934 bemühte er sich um Mitgliedschaft bei der Reichsmusikkammer, da die „Erste Verordnung zur Durchführung des Reichskulturkammergesetzes vom 1. November 1933" bestimmte, dass ausübende Künstler Mitglied einer Einzelkammer der Reichsmusikkammer sein müssen. Am 9. Juni 1934 schrieb er an seine Eltern, er müsse „noch von Berlin durch das Ministerium bestätigt werden", dies sei „eine reine Formsache, dazu brauche ich aber den Nachweis meiner arischen Abstammung [...]."[25] In der handschriftlichen Ergänzung zum Salzburger Fragebogen 1945 bemerkte er, sein Parteibeitritt sei „1935 oder 36 und zwar nach mehrmaliger dringender Aufforderung zuletzt auf ausdrückliches Verlangen des Kreisleiters von Aachen" erfolgt. Die genaueren Vorgänge und Daten seien ihm „nicht mehr erinnerlich, da sowohl alle diese Angelegenheiten als auch die Steuer- und Finanzdinge" von seinem damaligen Privatsekretär erledigt worden seien.[26] Später erklärte er seinen Parteibeitritt aus Karrieregründen, er würde es „genauso noch einmal machen [...] das ist das, was man keinem Menschen erklären kann; wer nicht dort gelebt hat, soll über die Dinge überhaupt nicht schreiben. Niemand kann es verstehen." Er habe in Aachen über ein mittelgroßes Theater, ein großes Orchester, einen wunderbaren Gesangverein verfügt und konnte machen, was er wollte. „Ja also, ich hätte einen Mord begangen."[27] Karajan wurde mit 27 Jahren Generalmusikdirektor in Aachen und verkörperte damit das Ideal der NSDAP, die sich als junge Bewegung verstand. Hitler war bei seiner Ernennung zum Reichskanzler zwei Jahre zuvor 44 Jahre alt.

Und Karajan erfüllte die in ihn gesetzten Erwartungen. Der Bogen der von ihm dirigierten Opern reichte von Wagners „Ring des Nibelungen" und „Meistersinger von Nürnberg" über Verdis „Otello" und „Aida", Mozarts „Zauberflöte" und „Così fan tutte" bis zur „Fledermaus" von Johann Strauss. Für die von ihm geleiteten Symphoniekonzerte gewann er namhafte Solisten wie Wilhelm Backhaus, Edwin Fischer, Walter Gieseking oder Zino Francescatti und erhielt Einladungen für Gastdirigate nach Brüssel, Amsterdam, Stockholm und 1937 an die Wiener Staatsoper, an der er „Tristan und Isolde" dirigierte. Sein musikalischer Stern begann immer heller zu strahlen und auch die NSDAP wollte sich seiner bedienen. Und Karajan war ihr zu Diensten. Ende Juni 1935 dirigierte er anlässlich des NSDAP-Kreisparteitages in einer Feierstunde auf dem Katschhof das Städtische Orchester und eine Reihe von Chören mit einem Programm, das eine Reihe von NS-Werken enthielt, zu Hitlers Geburtstag Wagners „Tannhäuser" und zur Maifeier der KdF Beethovens „Fidelio". Sichtlich zufrieden konstatierte der „Westdeutsche Beobachter", dass sich der Aachener Generalmusikdirektor „in den Dienst der Idee gestellt" habe und die Neuorganisation des Kunstlebens im Sinne des Nationalsozialismus in die Wege leite.[28] Wenngleich Karajan primär seine eigenen künstlerischen Intentionen verfolgte und dafür auch Konflikte mit der NSDAP-Kreisleitung in Kauf nahm, so hielten sich diese im Rahmen und basierten auf seinem durchaus ausgeprägten Selbstbewusstsein, sich in musikalischen Belangen nichts vorschreiben lassen zu wollen. Doch er war bei allem Selbstbewusstsein durchaus bereit, Kompromisse zu schließen. Diese Bereitschaft führte zu seiner Ernennung zum Städtischen Musikbeauftragten für Aachen am 20. August 1936 durch die Stadtverwaltung und Reichsmusikkammer. Am 11. August 1936 war eine Vereinbarung zwischen dem Deutschen Gemeinderat und der Reichsmusikkammer zur Schaffung jener Funktion in allen Orten mit mehr als 5.000 Einwohnern getroffen worden, um den oft chaotischen Konzertbetrieb und dessen negative Folgen zu ordnen. Wenngleich der Musikbeauftragte auch über politischen Rückhalt verfügen sollte, so waren doch primär seine fachlichen und diplomatischen Qualitäten gefragt, von einem prestigeträchtigen NS-Posten konnte keine Rede sein.

Die Weichenstellung in das Zentrum des musikalischen Geschehens und Prestiges erfolgte nicht in Aachen, sondern in Berlin. In der Reichshauptstadt hatten sich Netzwerke konkurrierender Interessen und Intrigen gebildet, die sich Karajans als Mittel zum Zweck bedienten, seine Karriere förderten und ab 1942/43 wiederum behinderten. Deren wichtigste Protagonisten waren Propagandaminister Joseph Goebbels und sein Rivale Hermann Göring. Prinzipiell fielen alle Theater- und Konzerteinrichtungen in die Zuständigkeit von Joseph Goebbels. Ausgenommen waren die Preußischen Staatstheater, zu denen auch die Berliner Staatsoper gehörte. Diese zählten zum Zuständigkeitsbereich des preußischen Ministerpräsidenten Hermann Göring. Zu Görings Schützlingen zählte der Dirigent und Regisseur Heinz Tietjen. Obwohl kein Parteimitglied und noch von der SPD 1927 als Intendant an die Spitze der Berliner Staatsoper berufen, übte er diese Funktion nach wie vor aus und war zudem seit 1930 nach dem Tod Siegfried Wagners als künstlerischer Leiter der Bayreuther Festspiele tätig. Er galt als geschickter, auf Qualität bedachter mächtigster Impresario des deutschen Musiktheaters. Unter seiner Ägide dirigierten bis zur nationalsozialistischen Machtergreifung in Bayreuth Furtwängler und Toscanini, an der Berliner Staatsoper Otto Klemperer, Erich Kleiber, Leo Blech und Wilhelm

Furtwängler. Doch auch Tietjen musste sich den geänderten kulturpolitischen Rahmenbedingungen anpassen. Als auch international wichtigster Repräsentant des deutschen Musiklebens galt Wilhelm Furtwängler, seit 1922 Chefdirigent der Berliner Philharmoniker und seit 1933 musikalischer Leiter der Berliner Staatsoper. Wenngleich der aus dem Bildungsbürgertum stammende Furtwängler dem Regime distanziert gegenüberstand, so war er vom singulären Wert der deutschen Kultur, besonders der Musik, überzeugt und sah sich dieser auch verpflichtet, weshalb er nicht emigrierte. Und er genoss die Wertschätzung der neuen Machthaber, war der Lieblingsdirigent von Hitler und Goebbels, dirigierte Festaufführungen im Rahmen des nationalsozialistischen Festkalenders und stand zusammen mit Richard Strauss und Hans Pfitzner auf der Liste der „Gottbegnadeten", die während des Zweiten Weltkrieges unter keinen Umständen zum Wehrdienst eingezogen werden durften. 1934 kam es in der Auseinandersetzung um Paul Hindemiths „Mathis der Maler" zum Bruch zwischen Furtwängler und dem Regime. Der Dirigent trat von allen musikalischen Leitungspositionen zurück und blieb diesem Schritt bis 1945 treu. Die Tagebücher von Joseph Goebbels sowie dessen Briefverkehr mit Furtwängler machen jedoch deutlich, dass der Druck des Regimes auf den Dirigenten erheblich war und diesen zu einem schrittweisen Einlenken bewog. Wenngleich er der Berliner Staatsoper fernblieb, dirigierte er bereits 1935 wiederum Konzerte der Berliner Philharmoniker. Und man wusste genau, wie man Furtwängler treffen konnte – indem man ihn bei seiner Eitelkeit packte und einen Konkurrenten aufbaute: Herbert von Karajan. Furtwängler hatte 1935 den Dirigenten Hans von Benda als Intendanten der Berliner Philharmoniker vorgeschlagen, dessen Einladungspolitik – vor allem Victor de Sabata und Herbert von Karajan – in den Folgejahren zu erheblichen Differenzen mit Furtwängler führen sollte, der 1939 vehement dessen Entlassung forderte. Benda, der ein eigenes Kammerorchester gegründet hatte, dem er unerlaubterweise den Beinamen Philharmoniker gab und mit dem er im Ausland gastierte, wurde von der Konzertdirektion Rudolf Vedder vertreten, die auch Clemens Krauss, Paul van Kempen, Wilhelm Mengelberg, Hans Swarowsky, Eugen Jochum und Herbert von Karajan zu ihren Klienten zählte.

1937 erhielt Herbert von Karajan eine Einladung Hans von Bendas, am 8. April 1938 ein Konzert der Berliner Philharmoniker zu dirigieren. Karajan akzeptierte freudig und sein Debüt wurde zu einem vom Publikum und der Presse gefeierten Triumph. Im Frühsommer 1938 erhielt er eine Einladung Tietjens, die Uraufführung von Rudolf Wagner-Régenys „Die Bürger von Calais" an der Berliner Staatsoper zu dirigieren. Der Berliner Opernintendant wurde nunmehr zum Dreh- und Angelpunkt der folgenden Ereignisse.

Tietjen verfügte nach dem 1936 erfolgten Wechsel von Clemens Krauss, der Furtwängler 1934 in der Position des musikalischen Leiters der Berliner

Staatsoper gefolgt war, nach München und der Emigration von Klemperer und Kleiber über keinen namhaften Operndirigenten. Sein Blick fiel auf Karajan, der mit seinem Berliner Debüt für Furore gesorgt hatte und der sich, zumal auch Parteimitglied, in einer subtilen Absprache mit dem Regime als Rivale Furtwänglers installieren ließ. Der nunmehr 30-Jährige erwies sich jedoch nicht als das gewünschte Wachs in den Händen der Berliner Kulturpolitiker, sondern antwortete unerwartet fordernd: Man möge ihm die Partitur zuschicken, doch wolle er nicht sein Debüt an der Berliner Staatsoper mit einer Uraufführung geben, nach der man ihn nur schwer beurteilen könne. Der Übernahme der Uraufführung müsse die Leitung einer Oper, entweder „Fidelio", „Tristan" oder „Meistersinger" inklusive der notwendigen Proben, vorausgehen. Tietjen willigte schließlich ein und Karajan debütierte am 30. September 1938 mit einer umjubelten Aufführung von „Fidelio" an der Berliner Staatsoper. Da Tietjen eine Neuinszenierung von Mozarts „Zauberflöte" in der Regie von Gustav Gründgens plante, stellte er Karajan nach der „Fidelio"-Aufführung Gründgens vor, der einen Dirigenten für seine Inszenierung suchte und diesen nunmehr gefunden hatte. Der große Durchbruch erfolgte drei Wochen später mit Wagners „Tristan und Isolde" und der Kritik Edwin von der Nülls in der „Berliner Zeitung am Mittag", die vom „Wunder Karajan" sprach. Karajan mit seinen erst 30 Jahren sei die „größte Dirigentensensation des Jahrhunderts".

So berechtigt das Lob auch war, dessen hymnischer Duktus weist auf zwei mögliche Urheber hin: Paul Körner, den Staatssekretär Hermann Görings, mit von der Null seit ihrer gemeinsamen Kindheit bekannt, oder Heinz Tietjen, der über das oft anmaßende Verhalten Furtwänglers sowohl an der Berliner Staatsoper wie auch in Bayreuth verärgert war und eine Rechnung mit der dirigierenden Primadonna offen hatte. Die Intention: Furtwängler bei seiner Eitelkeit zu packen und ihm zu demonstrieren, dass es auch ohne ihn gehe, dass man nunmehr einen jüngeren vollwertigen Ersatz zur Verfügung habe. Dass Tietjen in Absprache mit Göring hinter der hymnischen Kritik stand, wird aus dem Umstand deutlich, dass diese ein ausdrückliches Lob Tietjens für dessen Arbeit und das Engagement Karajans enthielt. Die Kritik verfehlte die erhoffte Wirkung nicht. Furtwängler reagierte äußerst gereizt. Seine Verärgerung steigerte sich noch, als er erfuhr, dass Intendant Benda Karajan aufgrund seines erfolgreichen Konzertdebüts am 8. April 1938 und nunmehr an der Berliner Staatsoper zu Konzerten mit den Berliner Philharmonikern eingeladen hatte. Benda wollte mit dieser Bindung Karajans an die Berliner Philharmoniker verhindern, dass jener durch sein nunmehr von Tietjen forciertes Engagement an die Berliner Staatsoper die Wiederaufnahme der Konzerte der Berliner Staatskapelle, der Name des Orchesters der Staatsoper als Konzertorchester, in der Staatsoper betrieb und damit eine unliebsame Konkurrenz zu den Konzerten der Berliner Philharmoniker entstand.

Furtwängler betrieb daraufhin die Entlassung Bendas, der im Dezember 1939 in einer Stellungnahme zu dieser Forderung festhielt: „Nach der Verpflichtung Karajans an die Staatsoper sprach ich mit Dr. Furtwängler über meine Verabredung mit Karajan. Ich stieß bei Furtwängler zu meiner Überraschung auf heftigen Widerspruch, weil Furtwängler sich in der Vorstellung festgerannt hatte, dass Karajan nunmehr nichts anderes sei als eine Waffe, die Generalintendant Tietjen gegen ihn bis zu seiner Vernichtung benutzen würde.

Der Fall von der Nüll mit der sogenannten Wunder-Kritik verschärfte noch die Lage und führte zu Verdächtigungen gegen mich und andere Persönlichkeiten, die eine geradezu gefährliche und auf eine Katastrophe hindeutende Form annahmen."[29] Furtwänglers bevorzugter Ansprechpartner in seinem nunmehr einsetzenden Kampf gegen Karajan wurde Joseph Goebbels, der in seinem Tagebuch im Mai 1939 festhielt, Furtwängler habe durchaus recht, wenn er sich darüber beklage, dass Karajan mit seinen 30 Jahren in der Presse ihm gleich oder sogar über ihn gestellt werde. Dies müsse verhindert werden. Doch *noch* genoss Karajan die Protektion Görings und Tietjens, *noch* leuchtete sein Stern immer heller, sehr zum Ärger Furtwänglers, der zwar nicht verhindern konnte, dass sein junger Rivale gelegentlich Aufnahmen mit den Berliner Philharmonikern machte, dem es jedoch gelang, Karajan von einem Auftritt in der Philharmonie auszuschließen. Karajan war von Göring in seiner Funktion als preußischer Ministerpräsident im November 1938 an die Berliner Staatsoper berufen worden, blieb jedoch gleichzeitig bis 1942 Generalmusikdirektor in Aachen. Eine Doppelfunktion, die letztlich unhaltbar war und vom Aachener Intendanten Otto Kirchner, der Edgar Groß in dieser Funktion nachgefolgt war, durch die Kündigung des Vertrags mit Ende der Spielzeit 1941/42 beendet wurde.

Karajan war bis zu diesem Zeitpunkt, gleichsam in Vorwegnahme seiner späteren Multifunktion, ein Getriebener, vom rivalisierenden NS-Kulturapparat gefördert und gleichzeitig misstrauisch beobachtet. Noch am 4. März 1939 nahm er am Künstlerempfang Hitlers in Berlin teil und erhielt am 20. April, Hitlers Geburtstag, den Titel „Staatskapellmeister" verliehen. Mit der Verleihung dieses Titels war er vom Kriegsdienst freigestellt. In seinen schriftlichen Anmerkungen zum Fragebogen bemerkte er zum Titel „Staatskapellmeister", jener „hatte mit dem nationalsozialistischen ‚Staat' gar nichts zu tun, sondern war die Amtsbezeichnung für den Dirigenten der ‚Staatskapellen' Berlin, Wiesbaden, Kassel und Schwerin. Die Schaffung dieser historischen preußischen Institution geht auf Friedrich den großen zurück und wurde dem Dirigenten automatisch mit dem Vertrag verliehen. Ich selbst habe in Programmen und Plakaten und besonders im Ausland zur Vermeidung von Missdeutungen den Titel nicht geführt."[30]

Von Furtwängler eifersüchtig beobachtet, feierte Karajan 1940/41 wahre Triumphe in Oper und Konzert, wurde zum gefeierten Mittelpunkt einer neuen Dirigentengeneration, zu der auch Hans Rosbaud, Eugen Jochum und Karl Böhm zählten. Er verfügte durch seine enorm rasche Auffassungsgabe auch der kompliziertesten Partituren und seine hervorragende Schlagtechnik über eine musikalische Aura, die er noch durch seine Fähigkeit des Auswendig-Dirigierens steigerte. Für Furore sorgten die Aufführungen von Strauss' „Elektra" im Frühjahr 1940 und Orffs „Carmina Burana" Anfang 1941. Und er reanimierte 1940 wiederum die von Persönlichkeiten wie Felix von Weingartner, Erich Kleiner, Richard Strauss, Otto Klemperer und auch Wilhelm Furtwängler begründeten Konzerte der Staatskapelle, die sich zu einer ernsthaften Konkurrenz zu jenen der Berliner Philharmoniker entwickelten. Der jugendliche Stern am deutschen Dirigentenhimmel wurde auch in den Dienst der NS-Auslandskulturpropaganda gestellt. Im Februar 1939 gastierte er als Konzertdirigent in Lüttich und Brüssel, im März 1939 in Stockholm und im Dezember in Paris, wohin er im Mai 1941 mit dem Ensemble der Berliner Staatsoper als Operndirigent zurückkehrte. Offizieller Anlass war die Erwerbung des Hauses, in dem Richard Wagner während seines Aufenthalts in Paris gewohnt hatte, durch die Stadt Paris. Die Aufführungen von Wagners „Tristan und Isolde" mit der Französin Germaine Lubin in der weiblichen Titelrolle[31] und Mozarts „Die Entführung aus dem Serail" wurden heftig akklamiert und auch zu einem persönlichen Triumph für den Dirigenten. Winifried Wagner, die zur „Tristan"-Aufführung nach Paris gereist war, zeigte sich von Karajans musikalischer Leitung der Oper so begeistert, dass sie Hitler ersuchte, ihn nach Bayreuth engagieren zu dürfen. Hitler lehnte ab, denn er schätzte Karajan nicht und zog ihm Furtwängler vor. Er war nicht bereit, dem von ihm wenig ästimierten Jungstar die Pforten des musikalischen Allerheiligsten zu öffnen.

Der Grund für die Aversion Hitlers gegenüber der Art des Dirigierens Karajans beruhte nach Angaben des Dirigenten auf einem Vorfall während einer Aufführung von Wagners „Meistersinger" anlässlich des Besuchs des jugoslawischen Prinzregenten am 2. Juni 1939. Hitler besuchte die Vorstellung an der Seite des Staatsgastes, Karajan dirigierte auswendig und der Sänger des Hans Sachs, Rudolf Boeckelmann, seit 1937 Mitglied des NSDAP und von Hitler als Wagner-Sänger sehr geschätzt, schmiss in offensichtlich betrunkenem Zustand einen Einsatz. Die dadurch entstehende Verwirrung konnte Karajan zwar schnell meistern, doch war der Schmiss augenscheinlich und schien das von Furtwängler genährte Vorurteil zu bestätigen, dass die Ursache des Missgeschicks im Dirigieren Karajans ohne Partitur zu finden sei. Dass Hitler gegenüber Karajan deutliche Vorbehalte hegte, wird aus den Tagebucheintragungen Goebbels' deutlich. Hitler ließ Tietjen erbost wissen, dass er keine Aufführung der Staatsoper mehr besuchen werde, wenn Karajan dirigiere. Damit war ihm die Möglichkeit des Auftritts bei repräsentativen Anlässen genommen, die vor allem Furtwängler wahrnahm. Von dieser Ausnahme abgesehen, kann jedoch aus dem „Meistersinger"-Vorfall keine Beeinträchtigung der Karriere Karajans, wie dieser später behauptete, abgeleitet werden.

Erst zur Jahreswende 1942/42 erfolgte ein Karriereknick, der jedoch nicht, wie Karajan stets beteuerte, hauptsächlich auf seine zweite Eheschließung mit der aus der Nähseidendynastie Gütermann stammenden Anita Gütermann, die durch ihren jüdischen Großvater als Vierteljüdin galt, zurückzuführen war. In seinen handschriftlichen Ergänzungen zu den Fragen 119, 120, 122 (Ausschluss aus der NSDAP, Maßregelung oder Bestrafung wegen antinationalsozialistischer Haltung, erlittene Schäden durch diese Haltung) des Salzburger Fragebogens 1945 erklärte Karajan, er sei durch seine Eheschließung mit Anita Gütermann 1942 „vor ein Parteigericht in Berlin zitiert" worden. Man habe ihm Vorhaltungen wegen seiner Eheschließung gemacht, worauf er seinen Parteiaustritt erklärte. Ab diesen Zeitpunkt habe seine künstlerische Tätigkeit eine „deutlich spürbare Restriktion" erfahren. Habe er vorher rund 70 Opernabende und Konzerte geleitet, so nunmehr nur mehr sechs, sodass er gezwungen gewesen sei, „fast nur noch im Ausland tätig zu sein." Berlin habe seine mögliche Berufung nach Dresden als Nachfolger Böhms ebenso verhindert wie Dirigate in Salzburg und Wien.[32] Karajan blieb bei dieser äußerst günstigen, weil Anzeichen von Widerstand enthaltenden Version. Am 3. März 1946 berichtete der rechtskundige Referent der „Begutachtungskommission für die politische Einstellung von freischaffenden oder in die Bundestheater aufzunehmenden darstellenden Künstlern, Sängern, Musikern, Dirigenten und Regisseuren (Solisten) beim Bundesministerium für Unterricht", Regierungsrat Dr. Peter Lafite, zum Fall Karajan: „Von 1938 bis 1940 war Karajan das erste Mal verheiratet. Ende 1940 lerne er in Berlin seine zweite, jetzige, Frau kennen, eine Tochter des Seidenfabrikanten Gütermann (deutsch-schweizerische Familie), eine sogenannte ‚Vierteljüdin' nach den Nürnberger Gesetzen. Karajan gibt an, von vornherein gewusst zu haben, dass es sich bei dieser Frau um keine sogenannte Arierin gehandelt und auch damit gerechnet zu haben, dass er im Falle einer Heirat keine prominente Stellung mehr in Deutschland innehaben könne. Im Oktober 1942 folgte die Eheschließung; eine Genehmigung war hierzu nach den Nürnberger Gesetzen nicht erforderlich. Kurz darauf wurde Karajan in Berlin zum Parteigericht der NSDAP geladen, wo ihm offiziell eröffnet wurde, dass er als Parteigenosse keine Nichtarierin heiraten dürfe. Er blieb jedoch bei seinem Entschluss und zog die Konsequenzen durch offiziell erklärten Austritt aus der NSDAP. Von diesem Zeitpunkt an hat er in der Berliner Staatsoper nicht mehr dirigiert; auch die Eröffnungsvorstellung des nach schweren Zerstörungen infolge eines Bombenangriffs am 10. April 1941 Ende 1942 wiedereröffneten Hauses der Staatsoper hat Karajan nicht dirigiert, obwohl es sich dabei um die von ihm einstudierte Vorstellung der ‚Meistersinger' handelte. Die Vorstellung wurde von Furtwängler geleitet. Intendant Tietjen habe damals Karajan erklärt, dass nunmehr – gemeint war die Folge seiner

Verehelichung – eine veränderte Situation vorliege. Von dieser Zeit an dirigierte Karajan nur mehr 6 Konzerte der Staatskapelle pro Saison."[33]

Die Ehe mit der aus der deutschen Linie der Familie Gütermann stammenden Anita, unmittelbar vor Ausbruch des Zweiten Weltkrieges einer der umschwärmten Mittelpunkte der mondänen istrischen Ferieninsel Brioni,[34] hatte keineswegs die erheblichen negativen Folgen für Karajan, wie dieser sowohl vor der Entnazifizierungskommission wie auch später behauptete. Ob er bewusst seine Ehe zum zentralen Bereich seiner Erklärung und Entlastungsstrategie instrumentalisierte oder ob er subjektiv aufgrund der zeitlichen Parallelität mit seinem Karriereknick einen Kausalzusammenhang sah, lässt sich nicht eindeutig beantworten. Vieles bleibt unklar und lässt sich nicht anhand von Akten verifizieren. Anita Gütermann war Vierteljüdin und nach den Nürnberger Rassegesetzen war eine Ehe mit ihr nicht verboten. Die Geschwister Raffaello und Maria von Banfield-Tripcovich, Mitglieder der exklusiven Gesellschaft auf der Insel Brioni, berichteten, dass bereits vor Kriegsausbruch das Gerücht grassierte, Anna Gütermann wäre mit Joseph Goebbels bekannt.[35] Es war wahrscheinlich diese Bekanntschaft mit Magda Goebbels, die es ihr ermöglichte, vor ihrer Eheschließung in Venedig persönlichen Kontakt mit Goebbels aufzunehmen, um Vorbehalte auszuräumen. Offensichtlich erfolgreich. Karajan dirigierte vor seiner Hochzeit noch beim Maggio Musicale Fiorentino, wohin ihn seine künftige Gattin vor allem auf Intervention von Goebbels begleiten konnte. Am 17. Oktober 1942 schrieb in Berlin Oberregierungsrat Scherler im Auftrag von Goebbels an die Passstelle der Auslandsabteilung, der Minister habe ihn beauftragt, Frau Gütermann, die in Kürze Herbert von Karajan heiraten werde, bei der Erlangung eines neuen Passes und eines Einreisevisums nach Italien behilflich zu sein.[36] Und im Juni 1943 stoppte Goebbels nochmals einsetzende Versuche von Parteistellen, den Familienstammbaum von Karajans zweiter Frau zu erkunden.

Unklar bleibt auch Karajans Behauptung, er habe bereits vor seiner Hochzeit mit Anita Gütermann Warnungen aus Kreisen der SS wegen rassischer Bedenken erhalten, die mit der Drohung des vorstehenden Endes seiner Karriere verbunden gewesen seien. Er sei nach seiner Eheschließung in Berlin vor ein Parteigericht vorgeladen worden und habe, um weiteren Vorhaltungen vorzubeugen, daraufhin seinen Parteiaustritt erklärt. Ob ein solches Parteigerichtsverfahren stattgefunden hat, lässt sich quellenmäßig ebenso wenig beweisen wie der Parteiaustritt, da bisher keine schriftlichen Beweise vorliegen. *Wenn* ein solches Verfahren, was durchaus plausibel erscheint, stattgefunden hat, so wurde dessen Niederschrift entweder kriegsbedingt vernichtet oder es wurde nicht schriftlich dokumentiert. Und *wenn* Karajan anlässlich dieses Verfahrens seinen Parteiaustritt erklärte, so nur mündlich. Der Parteiaustritt fand nämlich in den Akten bzw. der Mitgliedsdatei, die bis April 1944 eine Parteimitgliedschaft Karajans bescheinigten, keinerlei Berücksichtigung.

Karajans objektiver Karriereknick im Dritten Reich basierte somit nicht auf seiner Heirat einer „Vierteljüdin" und seinem – nicht belegbaren – Parteiaustritt, sondern auf einer Reihe paralleler und zu diesem Zeitpunkt kulminierender Entwicklungen:

Wie die Tagebücher von Joseph Goebbels dokumentieren, erfreute sich Wilhelm Furtwängler im Laufe des Jahres 1942 wiederum der kurzzeitig verloren gegangenen besonderen Wertschätzung Hitlers und Goebbels' und gewann damit seine eifersüchtig verteidigte und zwischenzeitlich durch Karajan stark gefährdete Spitzenposition unter den Dirigenten zurück. Hitler und Goebbels setzten auf Furtwängler, obwohl nicht Parteimitglied, und nicht auf das Parteimitglied (?) Karajan.

Der Rivale Furtwänglers verlor zudem die Unterstützung seines bisherigen Förderers Heinz Tietjen, der seinen Schützling aus zwei Gründen fallen ließ:

Die Berliner Staatsoper war 1941 durch einen britischen Bomberangriff weitgehend zerstört und bis Dezember 1942 in einer nationalen Kraftanstrengung wiederaufgebaut worden, um am 12. Dezember mit Wagners „Meistersinger" wieder eröffnet zu werden. Karajan hatte die Oper einstudiert, musste jedoch durch Tietjen mit der Feststellung, es sei „hohe Politik" und habe „eben sein müssen"³⁷, davon in Kenntnis gesetzt, dass Furtwängler die Eröffnungspremiere dirigieren werde. Er reagierte auf diese unerwartete Entwicklung zur Enttäuschung von Tietjen wenig konziliant, in den Augen des Intendanten vielleicht hochmütig. Der genaue Verlauf des Gesprächs sowie die Reaktion Karajans sind quellenmäßig mit Ausnahme einer späteren Bemerkung Karajans gegenüber Haeussermann nicht rekonstruierbar. Tietjen war jedenfalls nicht nur über das Auftreten Karajans empört, von ihm offensichtlich menschlich enttäuscht und verlängerte seinen mit 1942 befristeten Vertrag an der Staatsoper nicht.

Zudem hatte Tietjen äußerst sensible Antennen für atmosphärische Schwingungen. Und diese schienen zugunsten von Karajans Rivalen Furtwängler auszuschlagen. Er wusste zudem, dass Hitler den Schmiss in der „Meistersinger"-Aufführung 1939 Karajan und nicht Boeckelmann anlastete und erklärt hatte, er werde die Staatsoper nicht mehr bei einer von Karajan geleiteten Aufführung besuchen. Nunmehr standen die „Meistersinger" als Eröffnungspremiere auf dem Programm und Tietjen betrachtete es als Affront gegenüber Hitler, die Oper unter der Leitung des von ihm wegen seines Auswendig-Dirigierens verachteten Karajan zur Aufführung zu bringen. Für den Intendanten war in dieser Situation die Brücke zu dem von ihm als primadonnenhaft, esoterisch-arrogant erachteten Furtwängler leichter zu schlagen, zumal jener die Oper anlässlich von Reichsparteitagen dirigiert hatte und sich nunmehr wiederum der vollen Wertschätzung und Förderung von Hitler und Goebbels erfreute. Unter solchen Umständen konnte Tietjen Karajan nicht die Leitung der Premiere der „Meistersinger" übertragen, wollte er nicht auf offener Bühne – in diesem Fall –

nicht nur den Theatertod, sondern auch den politischen Tod sterben. Tietjen entschied sich für das kleinere Übel. Im Mai 1943 wurde er in seinem Entschluss noch durch eine neuerliche Konfrontation mit Karajan bestätigt. Tietjen hatte Karajan brieflich gebeten, an der Staatsoper mehrere Aufführungen zu dirigieren, worauf ihm dieser, noch sichtlich gekränkt über die Affäre der „Meistersinger"-Premiere erwiderte, er sei nur dann dazu bereit, wenn in der Staatsoper bauliche Veränderungen zur Verbesserung der Akustik vorgenommen werden. Eine Forderung, die Tietjen angesichts der kriegsbedingten Umstände als maßlos empfand und zurückwies.

Und schließlich verlor Karajan die Unterstützung des einflussreichen Berliner Konzertagenten Rudolf Vedder, zu dessen Klienten auch Herbert von Karajan gehörte. Ursprünglich als liberal-bürgerlich verdächtigt, wurde er, der Regimelogik gehorchend, Mitglied der SS und einer der Protagonisten der Pro-Karajan- und Anti-Furtwängler-Fraktion, weshalb er das Ziel einer letztlich erfolgreichen Gegenattacke Furtwänglers wurde. Furtwänglers ständige Interventionen gegen Vedder bei Goebbels zeigten Wirkung. Der Reichspropagandaminister ordnete am 30. Juli 1942 den Ausschluss Vedders aus der Reichskulturkammer an, was einem Berufsverbot gleichkam.

Karajans Stern sank ab 1943 merkbar. Er verfügte, im Gegensatz zu Furtwängler, offensichtlich über keine einflussreichen Fürsprecher mehr. Dies wurde bei seiner erfolglosen Bewerbung um die Nachfolge von Karl Böhm in Dresden deutlich. Auf den prestigeträchtigen Posten wurde der 17 Jahre ältere Bayreuth-erprobte Karl Elmendorff, der 1938 bis 1941 auch zu den wichtigsten Dirigenten der Berliner Staatsoper zählte, berufen. Ob Hitler oder Goebbels persönlich in die Berufung involviert waren, lässt sich nicht beweisen, ist jedoch aufgrund der hinter den Kulissen erfolgten Interventionen für Elmendorff wahrscheinlich. Karajan hatte unter diesen Umständen keine Chance. Seine deutlich abnehmende Beschäftigung im Dritten Reich suchte er durch Auslandsengagements zu kompensieren, wobei er jedoch nicht die Berliner Philharmoniker dirigierte. Dass er in Europa bereits über einen hervorragenden Ruf genoss, wird aus einer kritischen Meldung des SS-Sicherheitsdienstes über eine Konzerttournee der Berliner Philharmoniker nach Krakau, Budapest, Brașov und Zagreb deutlich, die unter der Leitung des Dirigenten Hermann Abendroth nicht den gewünschten Erfolg verbuchen konnte. Die intendierte Propagandawirkung solcher Konzerte werde lediglich unter „dem Einsatz einer großen Dirigentenpersönlichkeit" erreicht. Diese sei derzeit nur bei Wilhelm Furtwängler und Herbert von Karajan gewährleistet.[38] Bei der kulturellen außenpolitischen Mission spielten die Konzerte der Berliner Philharmoniker vor allem unter der Leitung Furtwänglers, der sich, folgt man den Tagebüchern Goebbels, immer mehr als loyaler Patriot zu geben schien, eine zentrale Rolle. Für Michael H. Kater wurde das „innere Engagement" Furtwänglers „für das

NS-Regime immer stärker […], je länger sich der Angriffskrieg für Deutschland hinzog."[39] Seine scheinbar oder tatsächlich wachsende Nähe zum NS-Regime basierte auf seinem traditionellen Kulturverständnis der Sonderstellung der deutschen Kultur, besonders der Musik, und einer wachsenden defensiven Abwehrhaltung gegenüber Missfallenskundgebungen im Ausland, die er genau registriert. Dieses Schwanken zwischen bewusstem kulturellem Deutschtum, wenngleich durch das Regime letztlich nicht repräsentiert, doch mental nach wie vor als Leitmotiv dominierend, und gekränktem Stolz durch den Erfolg Karajans motivierten ihn, seinen jungen Rivalen von solchen prestigeträchtigen Auslandseinsätzen fernzuhalten.

Karajans Behauptung, seine Auslandsengagements seien auf der Basis von Verträgen zwischen ihm und den jeweiligen Konzertinstituten erfolgt, ist durchaus glaubhaft. Allerdings konnte kein Auftritt eines Dirigenten im Ausland ohne Kenntnis und indirekte Billigung des Auswärtigen Amtes erfolgen, weshalb es sich sehr wohl um quasi-staatliche Auftritte handelte. Dabei verfügte Karajan offensichtlich über gewisse Freiheiten, die er, wahrscheinlich stärker als andere Künstler, zu nutzen verstand, weshalb 1944 diesen individuellen Verträgen durch einen Erlass des Auswärtigen Amtes ein Riegel vorgeschoben wurde, um entstandene Differenzen in Zukunft zu vermeiden. Individuelle Verhandlungen und daraus folgende Auslandsengagements konnten nur mehr via Äußeres Amt erfolgen. Im Unterschied zu Furtwängler dirigierte Karajan bei seinen nunmehr folgenden Auslandsengagements die jeweiligen lokalen Orchester – die Königliche Kapelle Kopenhagen, das Pariser Rundfunkorchester und das Concertgebouw Orkest, mit dem er auch Platteneinspielungen machte.

Eine für Furore sorgende stereophone Platteneinspielung von Bruckners 8. Symphonie mit der Berliner Staatskapelle im Juni 1944 bildete auch die Grundlage seiner Bewerbung um die Leitung des 1942 auf Weisung Hitlers aus dem Städtischen Linzer Symphonieorchester und Musikern verschiedener deutscher Rundfunkorchester gebildeten Reichs-Bruckner-Orchesters Linz mit dem Sitz in St. Florian. Das neu gegründete, aus 120 Musikern bestehende Orchester sollte nach dem Willen Hitlers qualitätsmäßig an das Niveau der Berliner und Wiener Philharmoniker heranreichen und nach dem Krieg den Grundstock eines geplanten großdeutschen Senders für „ernste Musik" mit Sitz in St. Florian – das Stift war bereits 1940 zu Gunsten des Gaus Oberdonau enteignet worden – bilden. Und es war als zentraler Klangkörper für die alljährlich nach dem Vorbild Bayreuths geplanten Bruckner-Festspiele vorgesehen. Unter dem Namen „Bruckner-Orchester St. Florian des Großdeutschen Rundfunks" begann unter der Leitung von Georg Ludwig Jochum, dem Bruder Eugen Jochums, die Einspiel- und Probezeit, dem im April 1943 der erste offizielle Auftritt folgte. In der Folgezeit gaben sich prominente Gastdirigenten die Klinke in die Hand: Carl Schuricht, Joseph Keilberth, Hans Knappertsbusch, Herbert von

Karajan und Wilhelm Furtwängler, der am 11. Oktober 1944 in St. Florian anlässlich von Bruckners Todestag dessen 9. Symphonie dirigierte.

Angesichts der geplanten Bedeutung des Orchesters war klar, dass Georg Ludwig Jochum nicht die Persönlichkeit war, den Klangkörper zu leiten und in die gewünschten musikalischen Sphären zu führen. Nur die erste Garnitur der deutschen Dirigenten kam dafür infrage, vor allem Wilhelm Furtwängler, der in Linz bereits als möglicher Kandidat gehandelt wurde, und Herbert von Karajan, den der führende Leipziger Bruckner-Forscher vor allem auch mit Blick auf dessen Einspielung der 8. Symphonie als den vorbildlichsten Bruckner-Interpreten der Gegenwart bezeichnet hatte. Ein Ritterschlag, der Karajan ermutigte, sich um Einladungen und indirekt die Leitung des Orchesters zu bewerben, wobei er sich politisch elastisch erwies und sein Schreiben mit „Heil Hitler!" unterzeichnete.[40]

Doch die Zeit des von Goebbels ausgerufenen „totalen Krieges" war bereits zu weit fortgeschritten, als dass der für Kulturfragen zuständige Propagandaminister sich mit kulturpolitischen Fragen hätte beschäftigen können, die zudem den von ihm keineswegs goutierten Konflikt Furtwängler/Karajan neu aufzuleben drohten.

IV

Nachdem aufgrund der Angaben Herbert von Karajans die Entscheidung der Salzburger Kommission sowie des 1. US-Kulturoffiziers Otto de Pasetti positiv ausgefallen war und eine Anfrage des Vorstandes der Wiener Philharmoniker, Fritz Sedlaks, für ein Konzert vorlag, schien der Weg in eine bruchlose Nachkriegskarriere frei. Der „Wiener Kurier" berichtete am 8. Jänner 1946, es sei gelungen, Herbert von Karajan für die Leitung des V. Philharmonischen Konzerts zu gewinnen. Der geborene Salzburger habe „in den letzten Jahren eine außerordentliche Karriere gemacht" und gelte heute „als einer der Dirigenten von internationalem Rang. Seine Tätigkeit konzentrierte sich vor allem auf Berlin, wo er sowohl Opern wie auch symphonische Aufführungen leitete." In Wien sei er nur einmal vor zehn Jahren mit einer „Tristan"-Aufführung zu Gast gewesen, die großen Eindruck hinterlassen habe. Man erwarte mit großer Spannung sein Auftreten, „das gewiß zu den interessantesten und bedeutendsten Ereignissen der gegenwärtigen Saison gehören wird."[41] Karajan dirigierte am 13. Jänner 1946 das V. Philharmonische Konzert mit einem Haydn-/Strauss-/Brahms-Programm mit außerordentlichem Erfolg. Das Faszinosum Karajan tat seine Wirkung. Der „Wiener Kurier" berichtete enthusiasmiert, Karajan habe mit Ausnahme von Strauss' „Don Juan" kein reißerisches Programm gewählt, doch „wurde das anfangs abwartende Publikum gepackt, die Funken schlugen vom Pult nicht nur auf das Orchester über, sondern auch auf die Hörer. Es konnte ja gar nicht anders sein – einem sich so elementar wie ein Naturereignis ausbreitenden Strom echter Musik kann sich niemand entziehen." Das Geheimnis des Dirigenten Karajan sei es, diesen „Strom von Musik zu entfesseln."[42] Die „Weltpresse" bemerkte, dass dem Dirigenten „ein großer Ruf" vorauseile, weshalb man seinem „ersten Erscheinen am Dirigentenpult mit Spannung" entgegengesehen habe. Sichtlich beeindruckt vom Auftreten des jugendlichen Pultstars, prophezeite die Kritik: „Er ist noch kein Begriff, aber er wird zu einem werden. Er steht am Anfang. Seine Persönlichkeit erlaubt den höchsten Maßstab. Das bedeutet für einen Künstler Gnade. […] Um jeden Künstler ist ein Geheimnis."[43]

Es war nicht das künstlerische Geheimnis, von dem die „Weltpresse" berichtete, sondern das politische der NS-Vergangenheit, das nunmehr vor allem seitens der sowjetischen Besatzungsmacht thematisiert wurde und so den „Fall Karajan" entstehen ließ. Es waren die Sowjets, die massive Zweifel an Karajans erfolgter vorläufiger Entnazifizierung äußerten. Dies entsprach der Politik Moskaus nach der schweren Niederlage der KPÖ bei der Nationalratswahl am 26. November 1945, das damit auf den offensichtlich geringen Rückhalt der KPÖ in der Bevölkerung reagierte.[44] Im Gegensatz zu ihrer bisherigen Politik wurde die Frage der angeblich mangelhaften Entnazifizierung nunmehr für die Sowjets zum politischen Druckmittel sowohl gegenüber den westlichen Alliierten als auch der österreichischen Bundesregierung und darüber hinaus zum beliebig instrumentalisierbaren Verhandlungsgegenstand bei den Staatsvertragsverhandlungen der folgenden Jahre. Obwohl die Alliierten angesichts der Komplexität der Entnazifizierung im Februar 1946 der österreichischen Regierung die Entnazifizierungskompetenzen übertrugen, war die sowjetische Haltung im Alliierten Rat durch die permanente Forderung nach strengeren Entnazifizierungsmaßnahmen und Kritik an den stets behaupteten ungenügenden Maßnahmen der österreichischen Behörden gekennzeichnet.[45] Ab diesem Zeitpunkt erfolgte ein Rollenwechsel zwischen den USA und der Sowjetunion. Hatten die USA unmittelbar nach dem Krieg auf eine strenge Entnazifizierung gedrängt und waren damit bei den Sowjets auf Ablehnung gestoßen, erfolgte nunmehr ein Spiel mit vertauschten Rollen.

So ließ im Bereich des Kulturlebens die sowjetische Besatzungsmacht über die von ihr herausgegebene „Oesterreichische Zeitung" wissen, dass man vor allem im Wiener Musikleben keine falsche Toleranz üben dürfe. Ein Neuanfang sei nur unter Beseitigung aller ehemaligen Nationalsozialistischen – auch um den Preis einer Qualitätsminderung – möglich.[46] Als die Briten von neuen Unterlagen berichteten, die Karajan als möglichen Agenten des SS-Sicherheitsdienstes belasteten[47] – ein Verdacht, der sich nicht bestätigen sollte –, sahen sich die USA veranlasst, den in Salzburg bereits scheinbar erledigten Fall Karajan neu aufzurollen und die weiteren im März 1946 geplanten Konzerte des Dirigenten mit den Wiener Philharmonikern abzusagen. In dem von der

US-Besatzungsmacht herausgegebenen „Wiener Kurier" wurde ausdrücklich darauf hingewiesen, dass die Entnazifizierung im Verantwortungsbereich der österreichischen Regierung und ihrer Behörden liege und diese daher „auch in erster Linie für die Entscheidungen verantwortlich ist, die über so international bekannte Künstler, wie zum Beispiel Furtwängler und Karajan getroffen werden müssen." Man habe wegen der nunmehr vorliegenden neuen Unterlagen die ursprüngliche Zusage zurückziehen müssen und stelle es „der österreichischen Regierung anheim, eine neue Entscheidung auf Grund des auch der österreichischen Regierung zugegangenen Beweismaterials zu treffen."[48]

Unterrichtsminister Dr. Felix Hurdes setzte daraufhin eine Begutachtungskommission unter der Leitung seines Vorgängers Hans Pernter ein. In der ersten Sitzung der Kommission wurde die bereits in Salzburg von Karajan unterbreitete Erzählung inklusive der von ihm angeführten Zeugen für seine keineswegs nationalsozialistische Überzeugung von Regierungsrat Dr. Lafite referiert, wobei sich anschließend eine Diskussion über die Frage der Illegalität Karajans, die zunächst vor allem auch von britischer, französischer und sowjetischer und erst etwas später von US-amerikanischer Seite thematisiert wurde, entwickelte. Lafite wies dabei darauf hin, dass „Karajan [...] ausdrücklich Wert auf die Feststellung" lege, „dass ihm von Mr. de Pasetti anlässlich der in Salzburg erfolgten amerikanischen Überprüfung seiner Angelegenheit erklärt wurde, er wäre nach den österreichischen Gesetzen nicht als illegal anzusehen." Ministerialrat Dr. Egon Hilbert ergänzte, dass er nach dem Placet der Salzburger Kommission die Finanzprokuratur um ein Gutachten über die Frage einer möglichen illegalen Mitgliedschaft Karajans bei der NSDAP gebeten habe. Das Gutachten liege vor und spreche „sich dahin aus, dass ‚Karajan nicht als Illegaler oder Hochverräter im Sinne des § 10 des Verbotsgesetzes angesehen werden kann.'" Dieser Meinung konnte sich das ehemalige Mitglied der Widerstandsbewegung 05 und nunmehrige Leiter der Sektion für allgemeine Verwaltung im Bundesministerium für Inneres, Polizeirat Dr. Ewald Mayer, nicht anschließen. Er wies auf die Paragrafen 10 und 4 des Verbotsgesetzes hin, die besagten, „dass alle jene Personen mit dem ordentlichen Wohnsitz oder dem dauernden Aufenthalte im Gebiete der Republik Österreich, die zwischen 1. Juli 1933 und 27. April 1945, falls sie innerhalb dieser Zeit das 18. Lebensjahr erreicht haben, jemals der NSDAP oder einer ihrer Wehrverbände (SS, SA, NSKK, NSFK) angehört haben, sich des Verbrechens des Hochverrates im Sinne des § 58 des österreichischen Strafgesetzes schuldig gemacht haben. Diese Bestimmungen schaffen nun folgende Situation: Ein Reichsdeutscher, der in der kritischen Zeit während eines Aufenthaltes in Österreich der NSDAP beigetreten ist, kann wegen Hochverrats verfolgt werden, obwohl die NSDAP in Deutschland nicht verboten war und deutschen Staatsbürgern in Österreich der Beitritt zur NSDAP im Rahmen des ‚Bundes der Deutschen im Ausland' mit mehr oder weniger Zwang zur Pflicht gemacht wurde. Auf der anderen Seite würde ein österreichischer Staatsbürger, der in dieser Zeit in Deutschland gelebt hat und vielleicht aus gegnerischer Einstellung zu der damaligen Regierung dortselbst der Partei oder ihren Wehrverbänden beigetreten ist, nicht zu verfolgen sein, weil er diesen Beitritt nicht in Österreich während eines Aufenthaltes dortselbst vollzogen hat. Diese Auffassung kann aber nicht in den Intentionen des Gesetzgebers gelegen sein. In derartigen Fällen muss wohl der Standpunkt vertreten werden, dass sich Österreicher durch den Beitritt zur NSDAP oder einer ihrer Wehrverbände in Deutschland des Tatbestandes nach § 58 Strafgesetz schuldig gemacht haben. Denn wenn auch die Tathandlung im Ausland erfolgt ist, so war doch die Auswirkung der strafbaren Handlung gegen Österreich gerichtet. Diesen Standpunkt musste man insbesondere in all jenen Fällen einnehmen, in denen der Beitritt zu derartigen Parteiformationen in der Verbotszeit insbesondere nach dem Putschversuch der Nationalsozialisten im Juli 1934 vollzogen wurde." Auch (noch) KPÖ-Kultur-Stadtrat Viktor Matejka schloss sich dieser Meinung an und erklärte, dass sich „alle diese Personen […] des Verbrechens des Hochverrats schuldig" gemacht hätten. „Zu der Zeit war auch in Österreich die Partei verboten, aber hier kommt noch der erschwerende Umstand hinzu, dass der Beitritt im Jahre 1935 erfolgt ist, zu einer Zeit, als man schon gewusst hat, auf was die ganze Sache hinausläuft, das wurde ja in Deutschland öffentlich besprochen."[49]

Die Diskussion war an einem toten Punkt angelangt, weshalb Ministerialrat Dr. Egon Hilbert und der für Kultus und Volksbildung zuständige Sektionschef im Unterrichtsministerium, Dr. Edwin Zellweker, darauf hinwiesen, dass die Frage, ob Herbert von Karajan als Illegaler zu behandeln wäre, eine offensichtlich in der Kommission nicht zu beantwortende juristische Frage sei, die nur durch ein entsprechendes Gutachten beantwortet werden könne.

Nachdem über diese Vorgangsweise Einigung erzielt wurde, entwickelte sich ein Gespräch über die Stimmung der Alliierten in jener Causa. Mayer berichtete von einer Anfrage General Marie Émile Antoine Béthouarts an Innenminister Oskar Helmer bezüglich Karajan. Der Innenminister habe den französischen Oberkommandierenden darüber informiert, dass der Fall Karajan von einer eigens eingesetzten Kommission geprüft werde und dieser daher bis zu einer endgültigen Entscheidung nicht dirigieren dürfe. Hilbert ergänzte, dass ihn General A. E. Howard von der britischen Stadtkommandantur (im Wissen um das aufgetauchte Gerücht, Karajan sei Agent des SS-Sicherheitsdienstes gewesen, Anm. d. Verf.) bei einem Treffen gefragt habe, warum man Karajan in Wien überhaupt dirigieren lasse, da dieser nicht tragbar sei. Er habe daraufhin geantwortet, dass der ISB in Salzburg die Freigabe Karajans bewirkt habe. Daraufhin habe Howard mit General R. H. Tate, dem Stellvertreter des amerikanischen Oberkommandierenden General Mark W. Clark, telefoniert und anschließend Hilbert mitgeteilt, dass die Salzburger Erlaubnis des ISB mit sofortiger Wirkung aufgehoben sei. Auf die Bemerkung Hilberts, er kenne sich nun nicht mehr aus, griff Howard nochmals zum Telefon, um ein weiteres Gespräch mit Tate zu führen, als dessen Ergebnis er dem Ministerialrat mitteilte, die Amerikaner würden einen Auftritt Karajans nicht verbieten, aber auch nicht erlauben. Die Antwort Hilberts: Nach demokratischen Grundsätzen sei alles erlaubt, was nicht verboten sei, worauf Howard erwiderte, die Verantwortung dafür müsse die österreichische Regierung tragen. Hilbert verständigte Unterrichtsminister Hurdes von dieser Entwicklung und bat um entsprechende Weisung. Der Minister erklärte unmissverständlich, dass unter den gegebenen Umständen das Konzert der Wiener Philharmoniker unter Karajan abzusagen sei. Er habe daraufhin den Vorstand der Philharmoniker von diesem Entschluss informiert. Am folgenden Tag erfolgte auch seitens der Sowjetunion ein Verbot des für 2. März anberaumten Konzerts.[50]

Bis zur folgenden Sitzung der Kommission am 11. März 1946 war die erhoffte juristische Klärung des Falls Karajan nicht erfolgt, da nunmehr zwei einander widersprechende Gutachten – der Finanzprokuratur und des Innenministeriums – vorlagen. Der Vorsitzende der Kommission, Hans Pernter, hatte daher den Ersten Staatsanwalt, Dr. Paul Friedrich Pastrovich, als Auskunftsperson zur Teilnahme an der Sitzung gebeten und erbat auf die Frage, ob ein österreichischer Staatsbürger, der seinen ständigen Wohnsitz in Deutschland hatte und sich nur gelegentlich in Österreich aufhielt, seit 1935 Parteimitglied war, bereits aus dieser Tatsache als Illegaler anzusehen sei oder ob zu dieser Bezeichnung noch eine hochverräterische Tätigkeit hinzukommen müsse, eine Antwort. Pastrovich: „Der österreichische Staatsbürger, der während der Verbotszeit, also vom 1. Juli 1933 bis 13. März 1938, der NSDAP oder einer ihrer Gliederungen angehört hat, ist ohne Rücksicht auf seinen Aufenthalt als illegal anzusehen. Eine Betätigung selbst ist nur dann notwendig, wenn diese Illegalität zu einer gerichtlichen Bestrafung führen soll (z. B. Sprengung einer Eisenbahnbrücke, nicht aber Verbreitung von nationalsozialistischem Propagandamaterial)."[51] Auf die entscheidende Frage Hilberts, ob die Kommission selbst unter der Voraussetzung, dass Karajan als Illegaler gelte, die Möglichkeit habe, über ein weiteres künstlerisches Wirken in Österreich zu entscheiden und ob das Verbotsgesetz diese Möglichkeit offen lasse, antwortete Pastrovich, nach dem Verbotsgesetz dürfe ein Illegaler nur nicht in einer führenden Stellung tätig sein. Er könne jedoch tätig sein „um so mehr, wenn er nach seinem Verhalten […] die Gewähr bietet oder zu bieten scheint, dass er sich für die unabhängige demokratische Republik Österreich einsetzen wird. Die Kommission müsste allerdings auch der Überzeugung sein, dass der zu Beurteilende sich niemals einer hochverräterischen Tätigkeit gegen den österreichischen Staat schuldig gemacht hat. […] Karajan könnte man unter diesen Umständen als Dirigenten dulden, aber nicht als Chef des Philharmonischen Orchesters und ebenso nicht als Operndirektor."[52]

In der vier Tage später stattfindenden Sitzung der Kommission wurden zu Beginn die von Karajan namhaft gemachten (Entlastungs-)Zeugen gehört – der an der Berliner Staatsoper 1938 bis 1945 tätige Philharmoniker Hans Berger, der 1929 bis 1945 an der Berliner Staatsoper wirkende Philharmoniker Josef Koller und der ebenfalls an der Berliner Staatsoper engagierte Kammersänger Fritz Krenn –, die übereinstimmend bestätigten, dass sich Karajan nie im nationalsozialistischen Sinn betätigt hatte und ab 1942 von Tietjen aus der Staatsoper gedrängt wurde. Anschließend erfolgte eine eingehende Befragung Karajans, der seinen Parteibeitritt 1935 damit erklärte, mit diesem Schritt, zu dem man ihm geraten habe, gehofft zu haben, vor den immer wieder erfolgenden Angriffen des Kreisleiters befreit zu sein. Wenngleich er vom Aachener Oberbürgermeister als Generalmusikdirektor angestellt wurde, habe der Kreisleiter ein Vetorecht gehabt. Das Motiv seines Parteibeitritts sei gewesen, dass er seine „Ruhe zur Arbeit haben wollte. […] Die Politik war mir gar nicht wichtig. […] Ich habe es getan und ich habe einen Fehler gemacht. In dem Moment, als ich gesehen habe, dass es mit meinen Anschauungen in Widerspruch gekommen ist, habe ich die Konsequenzen daraus gezogen. Ich möchte es nicht beschönigen, es ist meiner nicht würdig, diesen Fehler nicht offen zu bekennen und dass ich mich geirrt habe." Eine Anstellung in Österreich sei nicht möglich gewesen. Er habe es vergeblich in Graz versucht, Salzburg verfügte über keine Oper und für Wien sei es „noch viel zu früh" gewesen. Er habe ein Angebot von Direktor Dr. Erwin Kerber an die Staatsoper als dritter Kapellmeister gehabt, doch eine dritte Stelle wollte er nicht einnehmen.[53] Karajan betonte, dass er wegen der Vorwürfe und Drohungen bezüglich seiner zweiten Ehe vor dem Berliner Parteigericht der NSDAP seinen Austritt aus der Partei erklärt habe. Auf die entscheidende Frage, ob er ein schriftliches Urteil bekommen habe, erklärte er, dieses müsse sein Sekretär erhalten haben, der sich damals in Aachen befand, während er überwiegend in Berlin arbeitete. Dass er über kein schriftliches Urteil verfüge, um seine Behauptung zu bestätigen, erklärte er mit dem Umstand, dass „der Postverkehr […] schon damals behindert" war.[54]

Die Begutachtungskommission beim Unterrichtsministerium kam schließlich zu dem sich an der Auskunft Pastrovichs in der Sitzung vom 11. März orientierenden Beschluss, dass Karajan wiederum als Dirigent, allerdings nicht in führender Position, wirken könne. Sein Wiederauftreten sei – wie jenes Furtwänglers – für den Wiederaufbau des österreichischen Kulturlebens von größter Bedeutung. Eine Lösung, mit der die Alliierten nicht übereinstimmten und am 21. Juni 1946 das generelle Auftrittsverbot bestätigten.

Mit der Entscheidung der Alliierten wurden das Wiener Musikleben durch das Fehlen von Karajan, Furtwängler, Krauss und Böhm und vor allem die

Salzburger Festspiele mit erheblichen Problemen konfrontiert. In Salzburg war Präsident Heinrich Puthon bemüht, so rasch als möglich an die glanzvolle Zeit vor dem Zweiten Weltkrieg anzuknüpfen und Arturo Toscanini, Bruno Walter, Erich Kleiber und Thomas Beecham an die Salzach zurückzuholen – vergeblich. Während Josef Krips die Leitung von Mozarts „Don Giovanni" übernahm, sah Puthon Karajan für Strauss' „Rosenkavalier" und Mozarts „Le Nozze di Figaro" vor. Puthon, der bereits vor dem Ende der glanzvollen Toscanini-Ära auf Karajan aufmerksam geworden war und ihn für die Leitung der „Fledermaus" in der Regie Max Reinhardts vorgesehen hatte, plante auch in der neuen Ära mit ihm. Wenn schon nicht Toscanini, Walter und Kleiber, dann der Jungstar Karajan, so seine Überlegung, die allerdings nunmehr durch die Entscheidung der Alliierten obsolet geworden schien.

Ernst Lothar, der aus dem US-amerikanischen Exil als Theater- und Musikoffizier der US-Armee nach Österreich zurückgekehrt war, berichtet in seinen Erinnerungen über seine Begegnung mit Präsident Heinrich Puthon 1946 in dessen kleinem Büro im Salzburger Festspielhaus. Puthon habe sich danach erkundigt, wie es Reinhardt und Lothar im Exil ergangen sei, erwähnte nur nebenbei, dass die Nationalsozialisten ihn „weggegeben" hätten und überflog anschließend die Verbotsliste der Künstler, „schüttelte den Kopf und sagte: ‚Unmöglich!' Würde darauf beharrt, dann müssten die Festspiele unterbleiben.

Da ich nichts anderes erwartet hatte, erbot ich mich, ihn jeden erträglichen Ersatz zu bieten, der sich in der kurzen Zwischenzeit beschaffen ließ, auch jede Hilfe an Lebens- und Transportmitteln.

Der ehemalige Berufsoffizier fragte, ob ein Befehl bestand, die Festspiele abzuhalten, was ich bejahte.

‚Dann haben wir uns zu fügen', entschied er. ‚Nur um eines bitt' ich dich. Lass uns den Karajan. Ohne ihn geht's faktisch nicht.'

Ich konnte lediglich zusagen, dass ich den betreffenden Akt am selben Vormittag genau lesen würde.

‚Er ist in Salzburg. Schau ihn dir an. Sprich mit ihm. Dann wirst du ja sehen', sagte Puthon." Lothar empfing Karajan im Mozarteum am 18. Juni und verfasste anschließend ein Memorandum an den „Chief of Branch", in dem er betonte, dass Karajan in dem zweieinhalbstündigen Gespräch seine Parteimitgliedschaft nicht geleugnet und sie auch nicht mit dem Hinweis auf seine Jugend und Interesselosigkeit an Politik entschuldigt habe. Er habe das Horst-Wessel-Lied bei einem Konzert im besetzten Paris dirigiert, doch sei dies ein Routinevorgang gewesen, dem er sich nicht entziehen konnte. „Politische Gefolgschaft scheint er weder geleistet noch gehabt zu haben. […] Ich empfehle, das im Falle Karajan ausgesprochene Verbot nur noch so lange aufrechtzuerhalten, bis die Alliierte Kommission seine Wieder-Zulassung beschlossen haben wird […] Bis dahin halte ich es im Interesse des Stattfindens der Salzburger

Festspiele für geboten, Herrn von Karajan, der sich bereits seit Wochen ihrer Vorbereitung widmet, daran nicht zu hindern, sondern ihm einen politisch unbelasteten Musiker von Rang zur Seite zu geben, der nominell als Dirigent erscheint."[55]

Die vorgeschlagenen unbelasteten Musiker von Rang standen jedoch nicht zur Verfügung, sondern nur die wenig zugkräftigen Hans Swarowsky und Felix Prohaska, die die offizielle Leitung der von Karajan einstudierten Opern „Der Rosenkavalier" und „Le Nozze di Figaro" übernahmen. Karajan akzeptierte diese Charade, doch wurde während der Aufführungen sein Engagement hinter den Kulissen zu offensichtlich und sorgte vor allem bei den Sowjets für Verärgerung. Dr. Georg Knepler berichtete in der „Festspiel-Sondernummer" des kommunistischen Salzburger „Tagblatts" vom August 1946 von der „Figaro"-Premiere, dass ein Name, der nicht auf dem Programmzettel zu finden sei, genannt werden müsse – Herbert von Karajan, „der seiner früheren Zugehörigkeit zur NSDAP wegen im Augenblick nicht dirigieren darf." Er habe „die Aufführung musikalisch vorbereitet. Er hat sie vorzüglich vorbereitet und so wäre alles in bester Ordnung, wenn nicht in echt österreichischer Verdunkelungs- und Vertuschungstechnik alles unklar und alles in Unordnung gelassen worden wäre. Ein österreichisches Komitee zur Beurteilung politischer Verfehlungen hat Karajan – unserer Meinung nach sehr zu Unrecht – zum Dirigieren freigegeben. Die Alliierten haben sich – unserer Meinung nach sehr zu Recht – damit nicht einverstanden erklärt." Karajan „soll für seine politische Verirrung Buße tun, so wie es das Gesetz sie auch für andere Nationalsozialisten vorsieht." Diese Buße „soll zeitlich begrenzt und öffentlich bekannt gemacht werden. Das würde eine reinigende Wirkung haben und uns die Dienste eines ausgezeichneten Musikers sichern, ohne die schädlichen Folgen, die der jetzigen unklaren Situation anhaften."[56]

Mitte November 1946 erfolgte seitens der Sowjetunion die nächste Offensive, die sich nunmehr nicht gegen die Person Karajan richtete, sondern gegen die Begutachtungskommission im Unterrichtsministerium, die Karajans Wiederbetätigung im Interesse einer notwendigen Wiederbelebung des österreichischen Kulturlebens befürwortet hatte. Die von der Roten Armee herausgegebene „Oesterreichische Zeitung" bezeichnete die vom ehemaligen Minister Pernter geleitete Kommission als „Sondergroßwäscherei" für ehemalige Nationalsozialisten, wie sich am Beispiel des Falles Karajan, „ein besonderes Sorgenkind der Sonderkommission", leicht nachweisen lasse. Es sei bekannt, dass Karajan der NSDAP beigetreten und diesem Umstand seine Karriere verdankt habe. Seine Auftritte in Frankreich seien unter dem Patronat von Pierre Laval „und anderen hohen französischen oder deutschen Faschistenfunktionären" mit dem Auftrag erfolgt, „der okkupierten französischen Bevölkerung Frankreichs die ‚Kultur' Hitlerdeutschlands nahezubringen und zu beweisen, daß das nationalsozialistische Regime die Kunst nicht untergrabe, sondern vielmehr zur Entfaltung bringe. [...] Ohne Zweifel müssen wir Karajans Tätigkeit im Dienste des deutschen Nationalsozialismus bezeichnen." Seine stets angeführten Demütigungen infolge seiner Heirat mit einer nichtarischen Frau seien zweifelhaft, denn „so ‚nichtarisch' war diese Frau (‚Vierteljüdin') nicht, sonst wäre sie kaum eine persönliche Freundin von Goebbels Gattin gewesen, was tatsächlich der Fall war." Es sei ein Skandal, was in Salzburg passierte, wo dieser angebliche „Märtyrer des Faschismus" willkommen geheißen wurde, wo er zum „i l l e g a l e n Dirigenten der Festspiele" avancierte." Doch nicht genug damit. Nach seiner Rückkehr aus Salzburg sei ihm ein „Husarenstück" gelungen, indem er auf Initiative des ambitionierten britischen Produzenten Walter Legge im September 1946 Plattenaufnahmen mit den Wiener Philharmonikern für die englische EMI begann.[57]

Die vom 12. bis 17. Dezember anberaumten Plattenaufnahmen im Saal des Musikvereins öffneten nicht nur das Tor zu einer einzigartigen Weltkarriere, sondern wurden auch zum Politikum. Für 14. September war die Eröffnung einer „Antifaschistischen Ausstellung" im Künstlerhaus vorgesehen, bei der die Wiener Philharmoniker eingeladen wurden, unter Josef Krips die „Egmont"-Ouvertüre zu spielen. Das Orchester lehnte die Einladung jedoch mit der Begründung ab, dass zu jenem Zeitpunkt Plattenaufnahmen unter der Leitung Herbert von Karajans für die EMI stattfinden würden und man daher unabkömmlich sei. Die offizielle Zeitung der Regierung, „Neues Österreich", in deren Redaktionsstuben aufgrund der sowjetischen Präsenz die KPÖ über erheblichen Einfluss verfügte, kritisierte das Verhalten des Orchesters scharf. In dessen Reihen würden sich nach wie vor zahlreiche ehemalige NSDAP-Mitglieder und -Anwärter befinden und das offizielle Bekenntnis des Orchesters zur demokratischen Republik Österreich sowie die Distanzierung von den Gräueln des NS-Regimes seien nur wenig glaubhaft, wenn man Plattenaufnahmen unter dem ehemaligen Parteimitglied Karajan der Teilnahme an der Eröffnung einer antifaschistischen Ausstellung den Vorzug gebe. „Karajan war seit 1935 Mitglied der NSDAP und rückte während der braunen Ära in die erste Reihe der offiziellen Dirigenten auf. Er hat im Dienste der NS-Propaganda zahlreiche Konzerte im besetzten Ausland dirigiert, wurde von Goebbels außerordentlich gefördert [...]

Die Alliierten konnten sich bisher nicht entschließen, seinem Wiederauftreten zuzustimmen. Das über ihn seinerzeit verhängte Auftrittsverbot besteht u n v e r ä n d e r t weiter. Herr Karajan hat demnach keineswegs das Recht, als Repräsentant österreichischer Musikkultur aufzutreten und wenn er es – wie während der Salzburger Festspiele – hintenherum tut, so spricht eine solche Haltung weder für ihn noch für die Instanzen, durch die es gedeckt wird."[58]

Die Sowjetunion erhöhte, unterstützt von Frankreich, das vor allem die Auftritte Karajans im besetzten Paris als Begründung anführte, den Druck in den alliierten Gremien und auf die österreichischen Behörden, insbesondere die Begutachterkommission beim Bundesministerium für Unterricht. Am 24. September meldete das „Neue Österreich" sichtlich zufrieden, die Alliierten hätten beschlossen, dass ein Auftreten Karajans in Österreich nicht tragbar sei und er daher auch aus dem Kreis der philharmonischen Dirigenten ausscheiden müsse. Damit sei die sich bereits endlos hinziehende Diskussion endgültig beendet.[59] Aufgrund dieser Entscheidung revidierte die Begutachterkommission beim Bundesministerium für Unterricht am 4. November gezwungenermaßen ihre Position und verbot jedes weitere öffentliche Auftreten Karajans.

Erst im Oktober 1947 wurde das Auftrittsverbot aufgehoben. Doch zu diesem Zeitpunkt wurde die Macht der Schatten der Vergangenheit – Furtwängler versus Karajan – sicht- und spürbar. Die beiden musikalischen Alpha-Tiere waren zu einem friedlichen Nebeneinander nicht bereit. Legge hatte Furtwängler und Karajan für Plattenaufnahmen verpflichtet und Egon Hilbert, Fürsprecher Karajans in der Begutachterkommission und inzwischen auch Mitglied des Direktoriums der Salzburger Festspiele, versuchte, beide Dirigenten für die Festspiele zu gewinnen. 1948 dirigierten beide – erst- und einmalig – bei den Festspielen. Furtwänglers Antipathie gegen seinen jüngeren Rivalen war jedoch so ausgeprägt, dass er seine weitere Mitwirkung bei den Festspielen vom Ausschluss Karajans abhängig machte. Die Entscheidung zugunsten Furtwänglers fiel aufgrund der Persönlichkeitsstruktur Karajans, der im Wissen um seinen Wert – wahrscheinlich in Konfrontation mit Furtwängler – Gagenforderungen erhob, die man nicht erfüllen konnte oder wollte. In der ab 1949 anbrechenden Ära Furtwängler blieben Karajan die Tore der Salzburger Festspiele verschlossen.

VI

War Herbert von Karajan ein Nationalsozialist, der durch die „damnatio memoriae" aus dem Straßenbild der Stadt Salzburg getilgt werden soll, wie die jungen „antifaschistischen" Jakobiner in Aufwallung moralischer Unbedingtheit fordern?

Die Frage, ob Herbert von Karajan Nationalsozialist gewesen ist, muss formaliter mit „Ja" beantwortet werden. Allerdings sind bereits die Daten seiner Mitgliedschaft unsicher. Von noch größerer Unsicherheit geprägt ist die Antwort nach den Motiven seines Parteibeitritts. War es die sich für einen erst 27-Jährigen bietende Chance eines Karrieresprungs, der ihm auch die Aussicht auf noch höhere Ehren eröffnete? Denn er hatte bereits die Aufmerksamkeit des Musikmanagements erregt, galt als mögliche Zukunftshoffnung. Karajan gab stets die spezifische Situation in Aachen – sein Wunsch nach Erlangung der für ihn äußerst reizvollen Position des Generalmusikdirektors, der Druck der Partei und die Sehnsucht, in Ruhe arbeiten und seine musikalischen Pläne frei von ständig drohenden politischen Querschüssen verwirklichen zu können – als Motive für seinen Parteibeitritt an. Diese Angaben sind durchaus glaubhaft und wurden auch von seinen Kritikern nie in Zweifel gezogen.

Dass Karajan politisch weitgehend desinteressiert und manisch auf seine musikalische Arbeit (und damit auch seine Karriere) fixiert war und keinerlei als parteipolitisch interpretierbare Verhaltensweisen an den Tag legte, wird aus zahlreichen Aussagen von Freunden und Bekannten, Künstlern und Musikern sowohl beim Salzburger Entnazifizierungsverfahren wie auch bei der Befragung durch die Begutachterkommission in Wien deutlich. Sie sind nicht nur als beigebrachte Entlastungsaussagen zu qualifizieren, sondern zeichnen ein durchaus treffendes Charakterbild Karajans, das sich auch später kaum veränderte. Festspielpräsident Heinrich Puthon, der dem jungen Dirigenten 1934 bis 1937 den Zutritt zu den Proben Toscaninis bei den Festspielen ermöglicht hatte, bemerkte: „Seine Welt war nur die Musik." Eugenie Koblitzer-Willenburg, deren Familie mit jener Karajans eng verbunden war, erklärte am 9. Dezember 1945 in einer schriftlichen Stellungnahme: „Ich bin der festen Überzeugung – da ich Karajan seit seiner frühesten Kindheit kenne – dass er von seinem künstlerischen Beruf derart durchdrungen und besessen ist, sodass ihm alles, was nicht unmittelbar zu seinem Beruf als Musiker gehört, insbesondere die Politik, absolut uninteressant erscheint."[60] Zu einer ähnlichen Einschätzung gelangte Ernst Lothar im Juni 1946 nach einem zweieinhalbstündigen Gespräch mit Karajan in seinem Memorandum: „Es handelt sich um einen fanatischen Menschen, dessen Fanatismus der Musik gilt, die ihm die Existenz bedeutet."[61] Alle Zeugen erklärten seinen Parteibeitritt als notwendige Konzession an die Umstände. Julius Gmachl, seit gemeinsamen Studientagen am Mozarteum mit Karajan bekannt, erklärte den Parteibeitritt damit, „weil er als junger, aufstrebender Künstler keine andere Möglichkeit gehabt hat und eben die zeitbedingten Konzessionen an das Regime machen musste." Und Gottfried von Einem bemerkte: „Wenn er […] der NSDAP beigetreten ist, so geschah dies meiner Meinung nach nur unter dem Druck, dem Personen in leitender Stellung bekanntlich im Nazi-Regime ausgesetzt waren."[62] Die von Karajan namhaft gemachten ehemaligen Mitglieder des Orchesters der Berliner Staatsoper und nunmehrigen Wiener Philharmoniker bestätigten, dass er niemals ein Parteiabzeichen getragen hatte oder mit dem Deutschen Gruß grüßte. Offen bleibt der von ihm stets behauptete Parteiaustritt 1942 infolge der Vorhaltungen über seine zweite Ehe mit Anita Gütermann, der, wie er erklärte, mündlich erfolgte, für den es jedoch keinerlei quellenmäßigen Beleg gibt.

Eine offene und wegen der bisher vorliegenden Forschungsergebnisse nicht zu beantwortende Frage ist auch jene nach seinem ersten Parteibeitritt in Salzburg 1933. Karajan hat ihn in allen Verhören und späteren Gesprächen nie erwähnt. Die Vermutung, dass er diesen Beitritt deshalb nicht erwähnte, weil er fürchtete, als Illegaler behandelt zu werden, ist aus zwei Gründen nicht stichhaltig: Er erfolgte nach Angaben der NSDAP Ortsgruppe „Neustadt"/Salzburg bereits im April 1933, also vor dem Verbot der Partei, und die Frage der Illegalität wurde am Beispiel seines Parteibeitritts 1935 in Aachen aufgerollt. Plausibler erscheint die Vermutung, dass Karajan diesem Akt keinerlei Bedeutung zugemessen und ihn vergessen bzw. verdrängt hatte.

Plausibler erscheint der Befund mehrerer Biografien sowie Spezialuntersuchungen, dass Karajan seine zweite Ehe mit der „Vierteljüdin" Anita Gütermann 1942 in seinen Entnazifizierungsverfahren als zentrale Entlastungsstrategie instrumentalisierte. So verständlich dieser Schritt auch ist, so muss zu seiner Entlastung angeführt werden, dass für ihn aufgrund der Gleichzeitigkeit seiner Eheschließung und der von ihm höchstens schemenhaft erkannten Veränderung der politischen Kraftfelder eine verständliche *subjektive* Kausalität hergestellt wurde, die nicht den Tatsachen entsprach.

Die vorliegenden Quellen ergeben das Bild eines jungen, außerordentlichen musikalischen Genius, das bereits in sehr jungen Jahren eine steile Karriere machte und für diese unter den gegebenen politischen Umständen auch bereit war, Konzessionen zu machen. Nicht aus innerer politischer und ideologischer Überzeugung, sondern aus Notwendigkeit, der Karajan als kleineres Übel folgte, um das *eigentliche* Ziel, dem er letztlich *alles* unterordnete, zu erreichen. Es galt, unter dem Korsett der gegebenen Rahmenbedingungen seine Lebens- und Karriereplanung in Angriff zu nehmen, flexibel zu reagieren. In diesem Sinn war Karajan Karrierist, der als Mittel zum (künstlerischen) Zweck auch politische Kompromisse schloss. Ein Vorgang, der unter den erheblich besseren Rahmenbedingungen der Gegenwart vielen nicht allzu fremd sein dürfte.

Eine damnatio memoriae ist fehl am Platz. Der moralisierende, bevorzugt in eine Richtung erhobene Zeigefinger der nachgeborenen Selbstgerechten ist unangebracht und sollte einer historisierenden Betrachtung weichen. Dieser Versuch des Verstehens impliziert keineswegs eine generelle Entschuldigung oder die Abwesenheit von Schuld und Sühne, doch er mag von dem modisch gewordenen repressiven Hyperventilieren zu befreien und dem wissenschaftlichen Diskurs seinen bedrohten Platz wiederzugeben. Dies beinhaltet auch – jenseits des Genozids und des Verbrechens gegen die Menschlichkeit – das verzeihende Vergessen, das, so der französische Historiker Paul Riceur, „für das Wohl unserer Gesellschaft" wichtig ist.[63]

Marc Bloch bemerkte in seinem Essay „Apologie der Geschichte" im Kapitel „Urteilen oder verstehen?" in Richtung der Selbstgerechten: „Sind wir denn unserer selbst und unserer Zeit so sicher, daß wir unsere Väter in Gerechte und Verdammte zu scheiden vermögen? Wir verabsolutieren Kriterien, die nur für einen einzelnen, für eine Partei oder eine Generation gelten und beurteilen nach deren Normen die Art uns Weise, wie ein Sulla Rom regierte oder ein Richelieu die Stände Seiner allerchristlichsten Majestät. Das ist doch grotesk! Dabei ist nichts so unbeständig wie derartige Urteile, die den ganzen Schwankungen des Kollektivgewissens oder der persönlichen Laune unterworfen sind; die Geschichte […] brachte sich daher grundlos in den Ruf, die unbeständigste aller Wissenschaften zu sein; Leeren Anschuldigungen folgten ebenso viele Rehabilitierungen. […] Der Nachhall früherer Emotionen vermischt sich mit den Vorurteilen der Gegenwart, und das Ergebnis ist eine Schwarzweiß-Zeichnung der menschlichen Wirklichkeit." Und: „Wieviel leichter ist es, für oder gegen Luther zu schreiben, als seine Seele zu ergründen!"[64]

Endnoten

1 *Michael H. Kater*, Kultur unterm Hakenkreuz, Darmstadt 2021, S. 8.

2 *Peter Gay*, Die Moderne. Eine Geschichte des Aufbruchs, Frankfurt am Main 2008, S. 470.

3 *Alex Ross*, The Rest is Noise. Das 20. Jahrhundert hören, München – Zürich ³2007, S. 274.

4 *Ross*, Noise, S. 263 ff.

5 *Orlando Figes*, Die Flüsterer. Leben in Stalins Russland, Berlin 2008, S. 697.

6 *Karl Schlögel*, Petersburg. Das Laboratorium der Moderne 1909–1921, Frankfurt am Main 2009, S. 449.

7 *Victor Farías*, Heidegger und der Nationalsozialismus, Frankfurt am Main 1989.

8 *Peter Reichel*, Der schöne Schein des Dritten Reiches. Faszination und Gewalt des Faschismus, München – Wien 1991, S. 50.

9 Ebd., S. 346.

10 *Sabine Busch*, Hans Pfitzner und der Nationalsozialismus, Stuttgart 2001; *Oswald Panagl*, Im Zeichen der Moderne. Musiktheater zwischen Fin de Siècle und Avantgarde, Wien 2020, S. 120–131.

11 *Reinhold Wagnleitner*, Coca-Colonisation und Kalter Krieg. Die Kulturmission der USA in Österreich nach dem Zweiten Weltkrieg, Wien 1991, S. 225.

12 *Herbert Haffner*, Furtwängler, Berlin 2003, S. 330.

13 *Kater*, Kultur, S. 247.

14 *Jürgen Habermas*, Heidegger – Werk und Weltanschauung, in: Farías, Heidegger, S. 11–37, hier S. 12.

15 Salzburger Volkszeitung, 21.12.1945, S. 2.

16 SLA, Landesschulrat, Karton 218.

17 Wiener Kurier, 21.12.1945, S. 4.

18 Robert C. Bachmann, Karajan. Anmerkungen zu einer Karriere, Düsseldorf ³1984, S. 90 ff.

19 Michael H. Kater, Die missbrauchte Muse. Musiker im Dritten Reich, München – Wien 1999, S. 116–117.

20 Oliver Rathkolb, Führertreu und gottbegnadet. Künstlereliten im Dritten Reich, Wien 1991, S. 205.

21 Peter Uehling, Karajan. Eine Biographie, Reinbek bei Hamburg 2006, S. 43.

22 Fred K. Priberg, Musik im NS-Staat, Frankfurt am Main 1982, S. 207.

23 Joseph Wulf, Musik im Dritten Reich, Reinbek bei Hamburg 1966, S. 197.

24 Ernst Haeussermann, Herbert von Karajan. Biographie, Gütersloh 1968, S. 56.

25 Klaus Riehle, Herbert von Karajan. Neueste Forschungsergebnisse zu seiner NS-Vergangenheit und der Fall Ute Heuser, Wien 2017, S. 267.

26 SLA, Landesschulrat, Karton 218.

27 Bachmann, Karajan, S. 99.

28 Rathkolb, Führertreu, S. 210.

29 Riehle, Karajan Forschungsergebnisse, S. 21.

30 SLA, Landesschulrat, Karton 218.

31 Germaine Lubin (1890–1979) wurde am Pariser Konservatorium von Gabriel Fauré ausgebildet und gefördert, machte eine internationale Karriere und wurde als Wagner-Interpretin berühmt. 1931 gastierte sie als Donna Anna in Mozarts „Don Giovanni" unter Bruno Walter bei den Salzburger Festspielen. Umstritten war ihr Auftritt beim von Herbert von Karajan geleiteten Gastspiel der Berliner Staatsoper im besetzten Paris 1941. 1944 wurde sie wegen ihrer bekannten Deutschfreundlichkeit unter dem Vorwurf der Kollaboration verhaftet, erhielt schließlich fünf Jahre Auftrittsverbot und musste das Land verlassen. Sie ging nach Italien und kehrte 1950 nach Frankreich zurück, gab 1952 ihr letztes Konzert und wirkte anschließend noch als Gesangspädagogin. Karajan hielt sie für die beste Isolde, der er je begegnet war.

32 SLA, Landesschulrat, Karton 218.

33 Protokoll der Sitzung der Begutachtungskommission für die politische Einstellung von freischaffenden oder in die Bundestheater aufzunehmenden darstellenden Künstlern, Sängern, Musikern, Dirigenten und Regisseuren (Solisten) beim Bundesministerium für Unterricht vom 6.3.1946, S. 3 (AdR, Bundesministerium für Unterricht 1946, Grundzahl 107743-2/48, Herbert von Karajan.).

34 Klaus Riehle, Herbert von Karajan. Unbekannte Kriegs- und Nachkriegsjahre in Italien und St. Anton am Arlberg, Wien 2008, S. 40.

35 Riehle, Karajan Forschungsergebnisse, S. 306.

36 Ebd., S. 305.

37 Haeussermann, Karajan, S. 75.

38 Fritz Trümpi, Politisierte Orchester. Die Wiener Philharmoniker und das Berliner Philharmonische Orchester im Nationalsozialismus, Wien – Köln – Weimar 2011, S. 293.

39 Kater, Muse, S. 385.

40 Uehling, Karajan, S. 81.

41 Wiener Kurier, 8.1.1946, S. 8.

42 Wiener Kurier, 16.1.1946, S. 4.

43 Weltpresse, 15.1.1946, S. 4.

44 Dieter Stiefel, Entnazifizierung in Österreich, Wien – München – Zürich 1981, S. 42.

45 Barbara Stelzl-Marx, Entnazifizierung in Österreich: Die Rolle der sowjetischen Besatzungsmacht, in: Walter Schuster, / Wolfgang Weber, Hg., Entnazifizierung im regionalen Vergleich (Historisches Jahrbuch der Stadt Linz 2002), Linz 2004, S. 431–454, hier S. 434.

46 Ferdinand Kammauf, Die Nazifrage im Wiener Musikleben, in: Oesterreichische Zeitung, 28.3.1946, S. 6.

47 Klaus Riehle unterstützte in seiner Studie über die NS-Vergangenheit Karajans diese Behauptung, ohne allerdings Beweise vorzulegen. *Riehle*, Karajan Forschungsergebnisse, S. 204 ff.

48 Furtwängler und Karajan, in: Wiener Kurier, 7.3.1946, S. 4.

49 AdR, Unterrichtsministerium 1946, Herbert von Karajan. Protokoll der Sitzung der Begutachtungskommission am 6.3.1936, S. 4–5.

50 Ebd., S. 6–7.

51 AdR, Unterrichtsministerium 1946, Herbert von Karajan. Protokoll der Sitzung der Begutachtungskommission für die politische Einstellung von freischaffenden oder in die Bundestheater aufzunehmenden darstellenden Künstlern, Sängern, Musikern, Dirigenten und Regisseuren (Solisten) beim Bundesministerium für Unterricht. 11.3.1946, S. 1.

52 Ebd., S. 2–3.

53 AdR, Unterrichtsministerium 1946, Herbert von Karajan. Protokoll der Sitzung der Begutachtungskommission für die politische Einstellung von freischaffenden oder in die Bundestheater aufzunehmenden darstellenden Künstlern, Sängern, Musikern, Dirigenten und Regisseuren (Solisten) beim Bundesministerium für Unterricht. 15.3.1946, S. 5–6.

54 Ebd., S. 8.

55 *Ernst Lothar*, Das Wunder des Überlebens. Erinnerungen und Erlebnisse, Hamburg – Wien 1960, S. 314 ff.

56 *Georg Knepler*, Figaro den Figaros!, in: Salzburger Tagblatt. Festspiel-Sondernummer August 1946, S. 10.

57 Sondergroßwäscherei Minister a. D. Pernter, in: Oesterreichische Zeitung, 19.9.1946, S. 5.

58 Antifaschistische Ausstellung – ohne Philharmoniker, in: Neues Österreich, 10.9.1946. S. 3; vgl. dazu auch Oesterreichische Zeitung, 12.9.1946, S. 4.

59 Neues Österreich, 24.9.1946, S. 3.

60 SLA, Landesschulrat, Karton 218.

61 *Lothar*, Wunder, S. 316.

62 SLA, Landesschulrat, Karton 218.

63 *Paul Ricœur*, Gedächtnis – Vergessen – Geschichte, in: Klaus E. Müller / Jörn Rüsen, Hg., Historische Sinnbildung, Problemstellungen, Zeitkonzepte, Wahrnehmungshorizonte, Darstellungsstrategien, Reinbek bei Hamburg 1997, S. 433–454, hier S. 452.

64 *Marc Bloch*, Apologie der Geschichte oder Der Beruf des Historikers, München 1985, S. 108–109.

Geschichte des Smaragdbergbaus im Habachtal, Pinzgau, Salzburg

Karl Schmetzer

Einleitung

Die Herkunft von Smaragden, die seit der Antike und vor der Entdeckung der kolumbianischen Smaragdvorkommen im 16. Jahrhundert für verschiedene Schmuckstücke verwendet wurden und erhalten geblieben sind, ist umstritten und Gegenstand zahlreicher kontroverser Arbeiten. Es werden hauptsächlich zwei mögliche Herkunftsgebiete diskutiert – die Minen in der östlichen Wüste Ägyptens und das Vorkommen im Habachtal in Österreich. Die meisten Referenzen stimmen dahingehend überein, dass Samuel Goldschmidt, ein Juwelier und Edelsteinhändler aus Wien, das Berggebiet, in dem sich das Habachtal-Smaragdvorkommen befindet, gekauft und bald darauf, Anfang der 1860er-Jahre, mit dem Abbau von Smaragden begonnen hat. Zu späterer Zeit wird stets eine Periode erwähnt, die Mitte der 1890er-Jahre beginnt und bis 1913 oder 1914 andauert, in der das Smaragdvorkommen einer englischen Minengesellschaft gehörte und von dieser ausgebeutet wurde. Weitere Einzelheiten zu beiden Zeiträumen und den verschiedenen Eigentumsübergängen sowie zu weiteren Umständen des Smaragdabbaus vor dem Ersten Weltkrieg werden jedoch selten detailliert und häufig sogar gegensätzlich dargestellt. Ferner sind die Aktivitäten in der Zeit vor den 1860er-Jahren unklar und oft nicht mit Dokumenten belegt. Für die Zeit nach dem Ersten Weltkrieg wird erwähnt, dass das Bergwerk im Habachtal nach dem Ausscheiden der englischen Besitzer österreichischen, Schweizer, italienischen oder deutschen Unternehmen oder Privateigentümern gehörte oder von diesen kontrolliert wurde. Dieser Teil der Geschichte des Bergbaus im Habachtal wird in der relevanten Literatur häufig ebenfalls unvollständig und verwirrend beschrieben.

Es besteht kein Zweifel darüber, dass Smaragde in der ptolemäischen, römischen, byzantinischen und islamischen Zeit in der östlichen Wüste von Ägypten in mehreren Gegenden, z. B. im Wadi Sikait und Gebel Zubara, abgebaut wurden.[1] Es wurde vielfach auch darüber spekuliert, ob die Smaragdlagerstätte im Habachtal, Pinzgau, Salzburg, bereits den Kelten und Römern bekannt gewesen sein könnte.² Derartige Spekulationen führten zu der weitergehenden Annahme, dass diese Smaragdlagerstätte sogar von den Römern regelrecht bergmännisch ausgebeutet und abgebaut worden sein könnte.³ Eine Zuordnung eines Smaragds in der französischen Königskrone zum Fundort im Habachtal soll belegen, dass die Lagerstätte im Mittelalter bekannt war.⁴

Es gibt jedoch bisher weder schriftliche Zeugnisse noch eindeutige archäologische Beweise, die einen Beleg für einen regelrechten Smaragdabbau im Habachtal zu römischer Zeit oder im Mittelalter liefern könnten.⁵ Außerdem kann die Zuordnung eines einzelnen Smaragds in einem historischen Schmuckstück zu dem Vorkommen im Habachtal nur eine Kenntnis der Lokalität, aber keinen regelrechten Bergbau zu der Zeit belegen, in der dieser Stein in einem Schmuckstück gefasst wurde. Mineralogische und edelsteinkundliche Untersuchungen, die darauf abzielten, einen empirischen Zusammenhang zwischen Smaragden in historischen Schmuckstücken und kürzlich abgebauten Steinen aus dem Vorkommen im Habachtal (Abb. 1) durch Spurenelementbestimmung, vergleichende Einschlussstudien usw. herzustellen, sind bislang nur an wenigen Smaragden durchgeführt worden, wobei die Ergebnisse dieser Arbeiten oft keine eindeutigen und schlüssigen Zuordnungen oder Herkünfte der antiken Steine liefern konnten.⁶

Die erste Erwähnung des Smaragdvorkommens im Habachtal in einem wissenschaftlichen Werk findet sich im „Grundriss einer Salzburgischen Mineralogie" von Kaspar Melchior Schroll aus dem Jahre 1797.⁷ Der Text zeigt, dass Schroll zum Zeitpunkt der Veröffentlichung keine Informationen über eine bergmännische Tätigkeit vorlagen.

Auch wenn die Publikation Schrolls keinen Hinweis auf einen wie auch immer gearteten früheren Bergbau enthält, so findet sich die Erwähnung eines frühen Smaragdabbaus im Handbuch von Sinkankas,⁸ in dem alle wichtigen Beryll- und Smaragdvorkommen im Detail beschrieben sind und eine Bergbauchronik aus dem Jahr 1727 als Beleg erwähnt wird. Sinkankas nennt als Quellen zwei Artikel von E. Gübelin,⁹ in denen zur frühen Geschichte des Bergbaus im Habachtal Folgendes zu lesen ist:

„*In a mining chronicle published in 1727 the emerald of Habachtal is mentioned among ores, rocks and stones of the Duchy of Bavaria, to which the area belonged in the 18th century.*" [In einer 1727 veröffentlichten Bergbauchronik wird der Smaragd vom Habachtal unter Erzen, Felsen und Steinen des Herzogtums Bayern erwähnt, zu dem das Gebiet im 18. Jahrhundert gehörte.]

Leider nennt Gübelin den Verfasser der Bergbauchronik nicht namentlich, doch die wichtigsten Fakten finden sich auch in einem Artikel von G. Scherz¹⁰, der ein Jahr vor Gübelins Arbeiten veröffentlicht wurde. Scherz beschreibt die „Smaragdreise" des dänischen Wissenschaftlers Niels Stensen im Jahre 1669 zu dem Smaragdvorkommen im Habachtal. Der relevante Abschnitt im Artikel von Scherz lautet:

„*Man weiss nämlich heutzutage, dass so manche alte Halskette im Pinzgau, im Lande Salzburg, unter andern schönen Edelsteinen jener Gegend, wie Amethysten und Topasen, auch Smaragde enthielt. Die ältesten literären Nachrichten darüber stammen aus einer im Jahre 1727 in Braunschweig veröffentlichten Bergwerkschronik, die unter verschiedenen Ertzen, Berg-Arten und Steinen des Herzogtums, wozu damals der Pinzgau gehörte, auch Smaragde nennt. Hier ist die Rede von Bach (Habach), ein Dorf, wobey grüne Smaragde und blaue Amethyste gebrochen werden, was sogar auf einen systematischen Bergbau zur damaligen Zeit schliessen liesse.*"
Auch Scherz gibt den Autor der Quelle von 1727 nicht namentlich an und setzt ein in der Bergwerkschronik erwähntes Dorf Bach mit Habach gleich.

Obwohl die Bergwerkschronik von 1727 in den genannten Arbeiten nicht identifiziert wurde, fanden die von Scherz und Gübelin genannten „Fakten" Eingang in die Literatur, und insbesondere die darauf beruhenden Angaben in dem Standardwerk von Sinkankas wurden zu späterer Zeit häufig als etabliertes Wissen angesehen und entsprechend zitiert.

Eine Diskussion des geschilderten Sachverhalts mit Personen, die durch ihre Tätigkeit im Smaragdbergbau im Habachtal, als Buchautor oder Betreuer des mineralogischen Teils der Sammlungen des Bramberger Heimatmuseums über jahrzehntelange Erfahrung und Kenntnis der schriftlichen und mündlichen Überlieferung verfügen,[11] ergab einen Fingerzeig auf einen noch älteren Hinweis auf einen frühen Smaragdbergbau im Habachtal, der noch vor die Reise von Stensen (1669) oder die genannte Chronik (1727) zu datieren sei. Im Detail wurde angegeben, dass diese Referenz die Zerstörung der Smaragdminen im Habachtal durch eine Naturkatastrophe vor 1600 beschreibe, und folglich könnte dieses Dokument einen Smaragdabbau im 16. Jahrhundert nachweisen. Auch diesem Hinweis galt es nachzugehen.

Ursprünglich war beabsichtigt, einen Beitrag zur Bergbaugeschichte der Smaragde im Habachtal zu leisten und die Referenzen vom 16. bis zum 18. Jahrhundert, die nach heutigem Kenntnisstand früh veröffentlichte Berichte über den Abbau von Habachtal-Smaragden beinhalten und somit auf einen frühen Smaragdabbau hinweisen könnten, kritisch zu bewerten. Dies sind insbesondere die drei bereits erwähnten Ereignisse, d. h. die Naturkatastrophe um 1600, die Reise von Stensen 1669 sowie der Inhalt der Bergbau-Chronik von 1727. Darüber hinaus sollte versucht werden, die Aktivitäten im 19. Jahrhundert von der ersten Beschreibung des Vorkommens durch Schroll 1797 bis zum Beginn des 20. Jahrhunderts und dem Ende des englischen Engagements im Habachtal, kurz vor Beginn des Ersten Weltkriegs, darzustellen.

Bei der Recherche, z. B. in den zu der Liegenschaft mit Smaragdbergwerk gehörenden Seiten des Grundbuchs, wurden jedoch Hinweise und Dokumente aufgefunden, welche zeigten, dass auch die Zeit zwischen den Kriegen in entsprechenden Publikationen bisher oft nur lückenhaft und unvollständig dargestellt wurde. Die erste Hälfte des 20. Jahrhunderts brachte zahlreiche Eigentumsübergänge und verschiedene bergbauliche Aktivitäten von Firmen, Aktiengesellschaften und Privatpersonen mit sich, die bisher nicht ausführlich mit Bezug auf die Originaldokumente, die hauptsächlich in österreichischen Archiven aufbewahrt werden, dargestellt wurden. Somit soll ein zweiter Schwerpunkt dieser Arbeit auch jene Zeitspanne umfassen.

Mit dem Beginn des Zweiten Weltkrieges endet die Zeit, in der man von systematisch betriebenem Bergbau sprechen kann. Später waren oft nur kleinere Privatinitiativen oder einzelne kleinere Gruppen, oft freundschaftlich miteinander verbundene Personen oder Familien, in den alten Stollen des Habachtals tätig. Da zahlreiche Publikationen von diesen nach 1945 im Habachtal engagierten Smaragdsuchern und Bergleuten vorhanden sind, die sich oft nur auf wenige Jahre beziehen, dafür aber die Ereignisse aus nächster Nähe und eigenem Erleben schildern, soll sich der Rahmen der Arbeit nur bis zur Wiederaufnahme der Smaragdsuche kurz nach dem Zweiten Weltkrieg erstrecken und lediglich eine kurze Darstellung der Nachkriegszeit und der heutigen Verhältnisse beinhalten.

Geographische Lage

Das Habachtal mit dem Habach ist ein Seitental des Salzachtals im Pinzgau, Bundesland Salzburg, Österreich (Abb. 2). Die Smaragdmine befindet sich in einem kleinen Seitental an den Ostflanken des Habachtals mit vier Stollen und den zugehörigen Eingängen auf einer Höhe zwischen 2.100 und 2.200 m über dem Meeresspiegel. Im Westen wird das Habachtal vom Untersulzbach- und Obersulzbachtal flankiert, im Osten vom Hollersbach- und Felbertal, wobei alle Bäche in den genannten Tälern von Süd nach Nord fließen und in die Salzach münden. Die beiden größeren Gemeinden an der Salzach sind Neukirchen (westlich des Habachtals) und Bramberg (östlich des Habachtals). In der Nähe der Mündung des Habachs in die Salzach liegt der Weiler Habach. Das Gebirge wird auch als „Venedigergruppe" bezeichnet, wobei sich der Großvenediger (3.662 m) südlich der genannten Täler befindet.

Bergbaugeschichte des Pinzgaus

Für den Pinzgau wird von zahlreichen historischen Bergbauaktivitäten berichtet. Im Untersulzbachtal und im Hollersbachtal, den Tälern westlich und östlich des Habachtals, ist seit dem frühen 16. Jahrhundert ein bemerkenswerter Kupferabbau dokumentiert. Es wurde auch ein weniger wichtiger Abbau für blei- und zinkhaltige Erze durchgeführt. Im Habachtal wird über den Abbau von Blei und Silber berichtet.[12]

Abb. 1: (a) Die „Smaragd-Madonna" ist eines der außergewöhnlichsten Stücke mit Smaragden im Muttergestein, welches im 20. Jahrhundert in der Smaragdmine im Habachtal gefunden wurde; die Smaragdstufe ist im Museum in Bramberg ausgestellt; Höhe etwa 30 cm. Foto: K. Schmetzer.

(b) Smaragdkristall vom Habachtal auf einer Matrix aus Biotitschiefer. Länge des Kristalls 20 mm. Privatsammlung, Foto: G. Martayan.

(c) Smaragdkristall von außergewöhnlicher Qualität aus dem Habachtal, gefunden 1972, Gewicht 15 ct, Länge 12 mm. Sammlung Christian Weise, Foto: Tobias Weise.

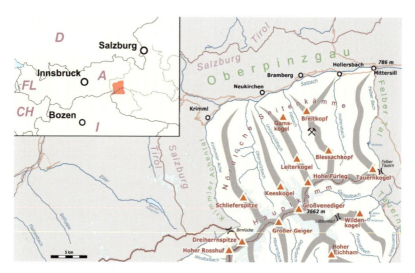

Abb. 2: Karte eines Teils des Oberpinzgaus (der westliche Teil des Pinzgaus) mit dem Habach, der im Habachtal von Süd nach Nord fließt, und den Tälern östlich und westlich des Habachtals; die Smaragdmine befindet sich an den östlichen Flanken des Tals in einem kleinen Seitental. Angepasst nach Pechristener, Venedigergruppe, Austria location map, Open Database.

Abb. 2: Karte eines Teils des Oberpinzgaus (der westliche Teil des Pinzgaus) mit dem Habach, der im Habachtal von Süd nach Nord fließt, und den Tälern östlich und westlich des Habachtals; die Smaragdmine befindet sich an den östlichen Flanken des Tals in einem kleinen Seitental. Angepasst nach Pechristener, Venedigergruppe, Austria location map, Open Database.

Möglicher Smaragdabbau am Ende des 16. Jahrhunderts

Nach einiger Suche wurde eine Veröffentlichung von H. Aulitzky[13] als diejenige Referenz identifiziert, die auf einen frühen Smaragdabbau im 16. Jahrhundert hinweist. Der relevante Satz befindet sich in einem Buch, das Naturkatastrophen beschreibt und auflistet. Er lautet:

„*Auch die in der damaligen Zeit* [Ende des 16. Jahrhunderts, nach 1572] *noch betriebenen Bergwerke im Tauerngebiet wurden von Wildbächen bedroht. 1593 wurden die Grubenbauten des Smaragdbergwerkes im Habachtal total zerstört* […]."

Leider zitiert Aulitzky keine Quelle für diese Angabe, aber eine Textstelle bei Jos. Lorenz[14] könnte die Grundlage für Aulitzkys Aussage bilden. Der Text von 1857 beschreibt durch das Wasser des Habachs und einen Bergsturz verursachte Zerstörungen:

„*Der dritte Tauernbach* […], *der Habach,* […], *wühlt sich durch Glimmergneiss und Amphibolgneiss, deren leichte Zersetzbarkeit einem Theile des oberen Thalabschnittes den Namen der Kothgasse einbrachte. Seine Thalgehänge gehören zu jenen, welche besonders häufige und grossartige Abrutschungen (Plaiken) entsenden, deren eine um 1593 die damaligen Grubenbauten, eine spätere die dazu gehörigen Schmelzhütten am Fusse des Gamskogels verschüttete.*"

Es ist offensichtlich, dass der ursprüngliche Text von Lorenz lediglich die Existenz von Minen beschreibt und somit nicht dazu verwendbar ist, das Vorhandensein von Smaragdminen am Ende des 16. Jahrhunderts im Habachtal zu beweisen. Andere Quellen erwähnen das gleiche Ereignis aus dem Jahr 1593 und beschreiben detaillierter, dass riesige Erdrutsche eine Zerstörung und Bedeckung der Eingänge der Stollen von Silberminen im Gebiet des Gamskogels sowie den Tod zahlreicher Bergleute verursachten,[15] aber keine dieser Referenzen bezieht sich auf Smaragdminen oder erwähnt jene auch nur. Der Gamskogel befindet sich, vom Salzachtal aus betrachtet, in der Nähe des Taleingangs an den Westflanken des Habachtals. Folglich konnte ein Erdrutsch in dieser Region, der sich nach Nordost in Richtung Salzach bewegte (Abb. 3), Smaragdminen in der Mitte des Tals, an den Ostflanken gelegen, falls damals überhaupt vorhanden, nicht beeinflussen, zerstören oder verschütten.

Niels Stensen und seine Reise zum Habachtal (1669)

Der in der Einleitung erwähnte Text von Scherz[16] bezieht sich auch auf eine Reise von Niels Stensen „zu den Smaragden" (Abb. 4).[17] Die Reise des zu dieser Zeit in Florenz lebenden Wissenschaftlers begann 1668 in Florenz und endete 1670, wieder in Florenz. Sie führte zunächst durch Italien (1668–1669) und später durch verschiedene europäische Gebiete (1669–1670). Auf dieser Reise besuchte Stensen erstmals Rom, Neapel, Bologna, Murano (Venedig) und erreichte im Mai 1669 Innsbruck. In der Hauptstadt Tirols war Stensen Gast von Anna de' Medici (Abb. 5, 1616–1676), der Schwester von Ferdinand II de' Medici, Großherzog der Toskana, und Witwe von Erzherzog Ferdinand Karl von Österreich, dem Gouverneur von Tirol. Stensen verließ Innsbruck im Juli und fuhr über Nürnberg, Regensburg und Wien weiter nach Ungarn.

Über Stensens geologische Studien in Tirol werden wir durch einen Brief informiert, den Anna de' Medici am 16. Juni 1669 an ihren Bruder Ferdinand nach Florenz schrieb. Der Originaltext wurde von G. Scherz veröffentlicht und später von verschiedenen Autoren diskutiert.[18]

In diesem Brief informiert Anna de' Medici ihren Bruder darüber, dass Stensen die Salinen von Hall („saline d'Hala" im italienischen Originaltext) und die Silberminen von Schwaz („miniere di Sboz") besucht und bereits darüber berichtet hat. Sie fährt fort, dass sie jetzt auf seine Rückkehr von den Smaragden („de'smeraldi") wartet, wohin er gereist ist, um zu untersuchen, was dort getan werden kann. Im Gegensatz zur deutschen Übersetzung des Briefes von Scherz unter Verwendung des Ausdrucks Smaragdgruben und der englischen Übersetzung seines Textes[19] („emerald mines") erwähnt der Originalbrief keine Minen oder Bergwerke, sondern bezieht sich auf nur auf ein Smaragdvorkommen. Somit wird die Deutung des Briefs von Anna de' Medici durch einige Autoren als Beweis für das Vorhandensein von Smaragdminen im Jahr 1669, die auf der Übersetzung von Scherz[20] basiert, vom Originaltext nicht gestützt.

Es besteht jedoch allgemein Übereinstimmung darüber, dass das einzig mögliche Vorkommen von Smaragden, das in diesem Brief erwähnt wird, der Fundort im Habachtal ist. Annas Brief legt nahe, dass ihr bereits Informationen über jenes Vorkommen vorlagen, und sie beabsichtigte weitere Fakten über den Fundort zu erhalten, um eine Einschätzung möglicher zukünftiger wirtschaftlicher Aktivitäten im Zusammenhang mit einem Smaragdabbau vorzunehmen.

Es ist kein Bericht über die Ergebnisse der Reise Stensens zum Smaragdvorkommen im Habachtal, etwa 70 km östlich von Innsbruck gelegen, bekannt geworden. Lediglich ein Katalog von Gesteinen, Mineralien und Fossilien mit dem Titel „Indice di cose naturali" (Index der natürlichen Dinge), der von Stensen um 1671–1672 in Florenz erstellt wurde, könnte einen Hinweis liefern. Der Katalog umfasst Objekte aus der Kollektion des Großherzogs, die teilweise von Stensen selbst zusammengetragen und in die großherzogliche Sammlung gegeben worden waren. Einzelheiten zur Geschichte und zum Inhalt dieses Katalogs weisen darauf hin, dass die unter den Nummern 259–304 aufgeführten Gegenstände hauptsächlich Proben darstellen, die Stensen auf der großen Italien- und Europareise 1668–1670 gesammelt oder erhalten hat.[21] Für mehrere Exemplare wird ausdrücklich angegeben, dass sie aus Tirol stammen. Unter Nummer 279 ist eine Sammlung verschiedener Kristalle, wie z. B. Quarze, Smaragde,

Abb. 4: Porträt von Niels Stensen (Nicolaus Steno oder Nicolaus Stenonius), das höchstwahrscheinlich um 1670 in Florenz gemalt wurde, als Stensen etwas über 30 Jahre alt war; das Original befindet sich in den Uffizien in Florenz.

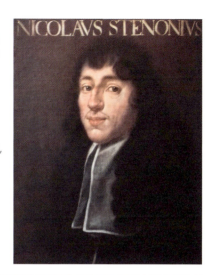

Abb. 5: Porträt von Anna de' Medici von G. V. Morandi, um 1666. In einem Brief an ihren Bruder in Florenz von 1669 berichtete Anna, dass sie auf die Rückkehr von Niels Stensen von seiner Reise zum Smaragdvorkommen [im Habachtal] und auf seinen Bericht warte. Dieser Brief ist das erste bisher bekannte schriftliche Dokument, in dem die Smaragde aus Österreich erwähnt werden. Kunsthistorisches Museum Wien.

Abb. 6: Eine Bestandsaufnahme des Eigentums und des Besitzes von Anna Maria Rottmayrin aus Bramberg, einer reichen Bauernwitwe, zeigte, dass sie bei ihrem Tod im Jahr 1732 zwei Smaragdringe besaß. Es wurde angenommen, dass die Smaragde aus dem Vorkommen im Habachtal stammen könnten. Das Gemälde zeigt sie um 1700, Foto: Christina Nöbauer.

Abb. 7: In seiner 1727 in Braunschweig gedruckten Bergbauchronik veröffentlichte der Arzt und Wissenschaftler Franz Ernst Brückmann eine Beschreibung von „Smaragden" aus dem bayerischen Dorf Bach, die von Hans Hanke fälschlicherweise als Beschreibung von Smaragden aus dem Habachtal angesehen wurde. Die „Smaragde" von Bach wurden später als grüne Fluorite identifiziert. Das Porträt von Brückmann (Kupferstich von E. L. Creite) ist in der Bergbauchronik von 1727 abgedruckt.

Amethyste und Granate, aufgeführt. Dieser Eintrag im Sammlungsverzeichnis weist darauf hin, dass Stensen einige Smaragde aus dem Vorkommen im Habachtal gesammelt oder auf andere Weise erhalten haben könnte.

Es ist anzunehmen, dass Informationen über das Smaragdvorkommen im Habachtal zu dieser Zeit nicht nur Anna de' Medici in Innsbruck zur Verfügung standen, sondern dass dieses Wissen auch der ortsansässigen Bevölkerung bekannt war. Das wurde aus einer Liste mit der Hinterlassenschaft einer reichen Bauernwitwe aus dem Dorf Bramberg (siehe Abb. 2), Anna Maria Rottmayrin (Abb. 6, 1648–1732), gefolgert, die bei ihrem Tod zwei Smaragdringe besaß.[22] Es wurde angenommen, dass diese Smaragde aus dem Vorkommen im Habachtal stammen könnten, was darauf hindeuten könnte, dass Smaragde bereits im 18. Jahrhundert von der ortsansässigen Bevölkerung gesammelt wurden, noch bevor der erste mineralogische Bericht über den Fundpunkt im Habachtal veröffentlicht wurde (s. u.). Es ist jedoch zu berücksichtigen, dass kolumbianische Smaragde zu jener Zeit in Europa bereits weit verbreitet waren und dass die Smaragde im Nachlass auch aus diesen Lagerstätten stammen könnten.

Ähnliche Folgerungen ergaben sich für einige Autoren auch daraus, dass manche Monstranzen, die im Gottesdienst in Kirchen des Pinzgaus oder im Salzburger Raum Verwendung fanden, mit „Habachtal"-Smaragden geschmückt sind.[23] Diese Informationen basieren jedoch hauptsächlich auf mündlichen Überlieferungen. Ohne eine genaue Datierung der Monstranzen durch Kunsthistoriker in Verbindung mit einer edelsteinkundlichen und mineralogischen Untersuchung der Steine kann dies nur als Möglichkeit, jedoch nicht als nachgewiesene Tatsache angesehen werden. Eine andere mündliche Überlieferung bezeichnet die Smaragde im Brustkreuz von Dominikus Hagenauer, Abt des Klosters von St. Peter in Salzburg, das ihm nach seiner Wahl 1786 von seinem Vater geschenkt wurde, als „Habachtal"-Smaragde. Eine kürzlich durchgeführte mikroskopische und EDXRF-Untersuchung aller Edelsteine des Kreuzes ergab jedoch die bekannten Eigenschaften kolumbianischer Steine und schließt eine Herkunft der Steine aus dem Habachtal aus.[24]

Die Bergbauchronik von Brückmann (1727)

In Bezug auf die in Braunschweig 1727 veröffentlichte Bergbauchronik, die bereits in den in der Einleitung zitierten Publikationen erwähnt wurde,[25] konnte ergänzend festgestellt werden, dass dieselbe Chronik und die Verbindung zwischen dem Dorf Bach und Habach zuvor schon in Veröffentlichungen von Hans Hanke aus den Jahren 1938, 1939 und 1944 erwähnt ist, jedoch ebenfalls ohne Angabe der Quelle.[26] Die in den Arbeiten enthaltenen Informationen wurden später von Scherz (1955) und Gübelin (1956 a,b) verwendet, sie finden sich auch in späteren Publikationen Hankes.[27]

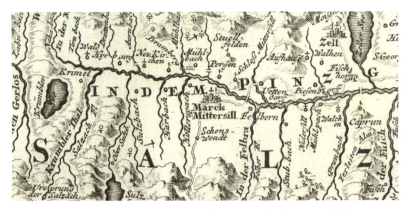

Abb. 8a: Detailansicht einer Karte von J. B. Homann, Nürnberg 1715, die das Fürsterzbistum Salzburg (Archiepiscopatus Salisburgensis) zeigt; ein Teil des Pinzgaus westlich von Zell am See ist vergrößert; das heutige Habachtal zwischen Hollersbachtal und Sulzbachtal wurde im 18. Jahrhundert als Härbachtal bezeichnet (zur Bezeichnung des Tals siehe auch Fabri, 1786). Im Sulzbachtal wird ein Bergbausymbol für Kupfer gezeigt, zwischen dem Härbach- und dem Sulzbachtal ist ein Bergbausymbol, das keinem bestimmten Metall zugeordnet ist, zu sehen. Bayerische Staatsbibliothek München.

Abb. 8b: Karte des Fürsterzbistums Salzburg (Archiepiscopatus Salisburgensis) von J. B. Homann, Nürnberg 1715. Das Gebiet des Erzbistums ist gelb hervorgehoben, der Habach im Habachtal im Pinzgau ist [vom Autor] rot hervorgehoben; der Bach fließt in die Salzach und ist auf dieser Karte mit dem alten Namen Härbach bezeichnet; der in Abb. 8a vergrößerte Teil der Karte ist rot umrandet. Bayerische Staatsbibliothek München.

Der Autor der Abhandlung von 1727 wurde nunmehr als der Arzt und Wissenschaftler Franz Ernst Brückmann (Abb. 7, 1697–1753) identifiziert. In der Einleitung seines Bergbauhandbuchs[28] beschreibt Brückmann, dass er Informationen von mehr als 1.600 Minen weltweit gesammelt hat, hauptsächlich aus der Literatur. In den Abschnitten, die das Erzbistum Salzburg beschreiben, werden keine Smaragde erwähnt. Im Kapitel über Bayern finden sich folgende Einträge:
„– *Donaustauff* [die moderne Gemeinde Donaustauf], *2 Meilen von Regenspurg* [die moderne Stadt Regensburg], *hier brechen occidentalische Amethysten und Smaragde in grosser Menge.*
– *Bach, ein Dorff, wobey grüne Smaragde und blaue Amethysten gebrochen werden.*"

Offensichtlich ist dies der Text mit den Einträgen, auf die sich Hanke, zitiert von Scherz und Gübelin, bezieht. In seiner überarbeiteten und detaillierteren Darstellung, die 1730 veröffentlicht wurde (mit identischem Titel, aber als Teil II bezeichnet),[29] wiederholt Brückmann, dass Amethyste und Smaragde in Donaustauff abgebaut werden, und ergänzt dies mit einigen zusätzlichen Informationen. Offensichtlich war es ihm zwischenzeitlich gelungen, Proben aus der Gegend zu erhalten und selbst zu untersuchen. Er kam zu dem Schluss, dass er keine besonderen Eigenschaften beider Materialien finden konnte, sie waren zerbrechlich und es wäre äußerst schwierig, Proben aus diesem Vorkommen zu schneiden und zu polieren.

Es ist auszuschließen, dass sich die verschiedenen Einträge in den beiden Ausgaben von Brückmanns Handbuch auf das Smaragdvorkommen in Habachtal beziehen. Der Pinzgau, in dem sich das Habachtal befindet, gehörte von 1228 bis 1803 zum Territorium des Salzburger Fürsterzbistums.[30] Verschiedene Karten des Fürsterzbistums Salzburg aus der ersten Hälfte des 18. Jahrhunderts (Abb. 8a, b), d. h. aus der Zeit, in der die Chroniken von Brückmann geschrieben wurden, zeigen das Habachtal im Territorium des Salzburger Erzbistums. Daher ist es sehr unwahrscheinlich, dass sich die Einträge von Bach und Donaustauff, die Orte in Bayern nahe Regensburg darstellen, im Brückmann-Text von 1727 auf das Smaragdvorkommen im Habachtal beziehen.

Dieses Ergebnis wirft die Frage auf, woher die Einträge in der Chronik von Brückmann stammen – dort sind, entsprechend den Gepflogenheiten der Zeit, keine Quellen oder Referenzen angegeben. Die relevanten Informationen finden sich in drei Ausgaben einer Broschüre, in der ein Zentrum für Balneotherapie beschrieben wird, welches sich heute in der Stadt Bad Abbach, wenige Kilometer südlich von Regensburg, befindet.[31] Der Autor Johann Lehner, geboren 1623, war Arzt in Regensburg.[32] In der Widmung des Buches an den Kurfürsten Ferdinand Maria von Bayern (1636–1679, Regierung ab 1651) erwähnt Lehner ein Vorkommen von Smaragd und Amethyst, die beide zusammen in demselben Muttergestein gefunden werden. Lehner schreibt, dass ihm die Informationen über den als Bach bei Donaustauff bezeichneten Ort des Amethyst- und Smaragdvorkommens im Jahre 1652 von einem alten Steinmetz gegeben wurden.

Das Gebiet um Bach und Donaustauf ist eine Bergbauregion östlich von Regensburg, in der mehrere hundert Jahre lang, vor allem aber im 19. und 20. Jahrhundert, Fluorit kommerziell abgebaut wurde.[33] Die nordostbayerische Bergbauregion hatte enorme Bedeutung für die weltweite Fluoritproduktion.[34] Eine Beschreibung des Fluoritvorkommens durch Flurl nennt aktenkundige Bergbautätigkeiten in den Jahren 1703 und 1704 und erwähnt dabei noch ältere Tunnel, die bereits vor dieser Zeit gegraben wurden.[35] In den ersten Jahrzehnten des 19. Jahrhunderts waren verschiedenfarbige Fluorite von Bach und Donaustauf auch im Mineralienhandel bekannt.[36] Aufgrund der intensiv grünen und violetten Färbung der Fluorite wurde eine der wichtigsten Minen in jenem Bergbaugebiet als „Schönfärbiges Bergwerk" bezeichnet.[37]

Zusammenfassend lässt sich somit feststellen: Alle zitierten historischen Berichte bestätigen, dass es sich bei den „Smaragden" von Brückmann in der Tat um grüne Fluorite aus dem Revier von Bach und Donaustauf gehandelt haben muss. Ein Zusammenhang mit dem Smaragdvorkommen im Habachtal ist zu verneinen.

Von der Erstbeschreibung der Habachtal-Smaragde bis zum Beginn des Bergbaus (1797–1861)

Die erste veröffentlichte Referenz des Smaragdvorkommens im Habachtal, publiziert 1797, stammt aus einer Abhandlung von Kaspar (Caspar) Melchior Balthasar Schroll[38] über Mineralien aus Salzburg, gefolgt von einer detaillierten Beschreibung des Materials durch den Münchner Mineralienhändler und Steinschneider Jakob (Jacob) Frischholz, veröffentlicht 1821.[39] Frischholz hatte das Vorkommen mehrfach selbst besucht und Smaragdkristalle gesammelt.[40]

Schroll beschreibt zunächst kurz die Eigenschaften der Smaragde des Vorkommens und die Bestimmung des Minerals, im damaligen Sprachgebrauch als „Fossil" bezeichnet, und danach die Umstände der Entdeckung:

„Da ich das vor mir liegende Exemplar dieses Fossils nur zufällig, durch Zerschlagung eines grossen Stückes Glimmerschiefers fand, so lässt sich hoffen, dass man bey näherer Untersuchung des Fundorts dergleichen mehrere auffinden werde, wonach denn auch chemische Analysen veranlasst werden können."

Schon kurz nachdem die Arbeit von Schroll veröffentlicht und bereits im selben Jahr (1797) in einem naturwissenschaftlichen Sammelband besprochen worden war,[41] wurde das Smaragdvorkommen auch in den Text zahlreicher mineralogischer oder geologischer Lehrbücher aufgenommen.[42] Dies zeigt, dass Informationen über das neue Smaragdvorkommen schon kurz nach der ersten wissenschaftlichen Erwähnung weit verbreitet und allgemein verfügbar waren. Neben der Beschreibung der Smaragdkristalle und der smaragdhaltigen Gesteine werden in den Publikationen dieser Jahre keinerlei Bergbautätigkeiten erwähnt. Auch ein Reisebericht von 1830 weist nur auf die „berühmten Habacher Smaragde" hin, nennt aber keine Bergbautätigkeit.[43] In den Veröffentlichungen des frühen 19. Jahrhunderts wird häufig ein alter Name des Fundorts – Heubachthal – beobachtet,[44] aber vom 16. bis zum 19. Jahrhundert wurden auch mehrere andere Ortsbezeichnungen verwendet.[45]

Die Informationen über ein neues Smaragdvorkommen stießen um 1800 auf großes Interesse, da Kolumbien zu dieser Zeit das einzige bekannte Land war, in dem Smaragde bergmännisch gewonnen wurden. Die russischen Vorkommen im Ural wurden etwa drei Jahrzehnte später entdeckt. Kenntnisse über die Vorkommen in Ägypten waren zwar aus Beschreibungen in der Antike bekannt, die Information über die genaue Lage der Fundstellen in der östlichen Wüste war aber seit Jahrhunderten verloren gegangen; die Minen wurden erst zwei Jahrzehnte später wiederentdeckt. Eine Reihe von Handstücken aus dem Habachtal-Vorkommen gelangte schon in der ersten Hälfte des 19. Jahrhunderts in die Mineraliensammlungen von Schroll und seinen Nachfolgern in Salzburg (siehe Anhang A) und in andere öffentliche und private Sammlungen.[46]

Die wichtigsten smaragdhaltigen Wirtsgesteine im Habachtal-Vorkommen sind Biotit-, Aktinolith-, Tremolit- oder Talkschiefer oder Mischungen dieser Gesteine (siehe erneut Abb. 1).[47] Neben grünen Smaragden finden sich auch graue bis graublaue Berylle (Aquamarine), andere Berylliummineralien wie Phenakit oder Chrysoberyll sind selten. Gelegentlich befinden sich Beryll und Smaragd im selben Gesteinsstück, aber zonierte Kristalle, die aus grauem oder bläulichem Aquamarin und Smaragd bestehen, sind äußerst selten.

Es ist davon auszugehen, dass – nachdem eine Beschreibung des neuen Vorkommens im Habachtal (Heubachtal) veröffentlicht worden war und diese Information allgemein verfügbar wurde – Smaragde im Verwitterungsschutt des Tals an verschiedenen Stellen des Sekundärvorkommens, d. h. bergab von den primären smaragdhaltigen Wirtsgesteinen, gesucht wurden (Abb. 9), wie es auch von Frischholz berichtet wird. Diese Bereiche des Vorkommens tragen die lokalen Bezeichnungen Leckbachrinne, Leckbachgraben (mitunter auch noch die älteren Bezeichnungen Gleckbachrinne oder Gleckbachgraben) oder Sedl. Die Smaragde, die in den ersten Jahrzehnten des 19. Jahrhunderts aufgesammelt wurden und in den Mineralienhandel gelangten, stammten alle aus dem Sekundärvorkommen, da man die anstehenden smaragdhaltigen Schiefer zunächst noch nicht gefunden hatte, wie Petersen 1815 berichtet:[48]

„Die Smaragde vom Heubachthale hatte ich zwar schon recht schön, allein ich habe der Versuchung nicht widerstehen können, in Mühlbach [östlich von Bramberg] *noch einige zu kaufen. Einen Krystall von der Dicke eines kleinen Fingers*

Abb. 9: (a) Das Smaragdvorkommen befindet sich im Hochgebirge des Habachtals im Leckbachgraben oder der Leckbachrinne (Pfeile). Der obere Teil des Grabens wird als Leckbachscharte bezeichnet, er führt zum Übergang in das Hollersbachtal.

(b) Das große Geröllfeld (Sedl) unterhalb der anstehenden smaragdhaltigen Wirtsgesteine wird traditionell von Mineraliensammlern nach Smaragden durchsucht. Der Pfeil zeigt auf eine kleine Hütte für einen Kompressor und andere Bergbauwerkzeuge, die in der zweiten Hälfte des 20. Jahrhunderts gebaut wurde. Der Eingang zu einem der vier vorhandenen Stollen in der Nähe dieser Hütte ist in dieser Ansicht nicht zu sehen. Fotos: E. Burgsteiner, 2009.

und fast von der Länge eines Nagels von bewunderungswürdiger Schönheit, und den besten aus Peru [Kolumbien] *vergleichbar, habe ich gesehen, er war aber nicht feil. Uebrigens glaubt man, dass diese Smaragde sich selten machen werden, da man in dem Heubachthale den Glimmerschiefer, worin sie vorkommen, noch nicht an seiner Geburtsstätte, sondern nur in abgerollten Blöcken gefunden hat, die nunmehr gänzlich zertrümmert seyn sollten."*

Frischholz hatte das Smaragdvorkommen im Habachtal mehrfach selbst besucht und Smaragdkristalle gesammelt. Er berichtet 1821 in einer Arbeit, deren Druck er selbst aufgrund seines frühen Todes (1820) nicht mehr erleben durfte:

„Auf diesem [Sattel] *ersteigt man in einer halben Stunde die Anhöhe, kommt zur Alpenhütte, und wandert neben selber vorbei in den links sich öffnenden großen Graben, wo die Smaragde brechen. Es liegen da ungeheure Massen von Steinen aufgetürmt, welche von den Wänden herabgestürzt sind.*

Das Gebirge ist ein Gneis. In diesem scheidet sich oft der Glimmer aus, und bildet Gänge von 1 Zoll bis mehrere Fuß mächtig. Selten findet man im Gneis Smaragde, sondern immer im Glimmer, besonders in solchen Gängen, die 1 bis 3 Zoll mächtig sind. Wird der Glimmer zart, und zum Anfülen beinahe fettig, so sind auch die darin befindlichen Smaragde größer und von schöner grasgrüner Farbe, vollkommen ausgebildet, und die Seitenflächen rein vom Muttergesteine. […]

In den Jahren 1810 und 12 besuchte ich obigen Graben im Heubachthal, und fand vile und schöne Smaragde. Vor 3 Jahren war ich wieder da, und konnte alles Suchens ungeachtet, und nach aller angewandter Mühe nichts finden."[49]

Es wird auch erwähnt, dass Smaragde in dem Bereich des Sekundärvorkommens nicht nur aufgesammelt wurden, sondern dass auch mit Sprengmitteln gearbeitet wurde, um Smaragdkristalle für den Mineralienhandel, etwa für den bekannten Händler Isak Gebhard in Innsbruck, zu gewinnen.[50]

Im höher gelegenen Gebiet des Tales sind smaragdhaltige, unverwitterte Gesteine, z. B. Biotitschiefer, gelegentlich aufgeschlossen. Ein Reisebericht von C. F. von Hock aus dem Jahre 1830 zeigt, dass das Primärvorkommen nunmehr lokalisiert und bekannt war:

„Hinter der letzten Alphütte des Habachthales links ober einem Bergfalle, der bis ins Thal herabreicht, dort, wo in einer kleinen Schlucht zwei Felsritzen in einem Schneefeld zusammenlaufen, ist der Fundort der berühmten Habacher Smaragde."[51] Fugger nimmt ebenfalls an, dass das Primärvorkommen in den 1820er-Jahren entdeckt wurde: *„Das Vorkommen am hohen Söll in der Nähe der Mair- und Söllalpe wurde, nach einer von Mielichhofer geschriebenen Mineraletiquette im Museum, im Jahre 1829 entdeckt."*[52]

Vor Beginn des regulären Bergbaus (s. u.) wurden „Smaragde aus dem Smaragdpalfen [einem primären smaragdhaltigen Fels aus Biotitschiefer] unter Lebensgefahr gebrochen".[53] Es wird berichtet, dass die Edelsteinsammler, die sich an Seilen zu dem steilen Felsblock hinabließen, um Stücke des smaragdhaltigen

Wirtsgesteins aus dem Fels zu brechen (zu ernten), mit dieser Arbeitsweise nur eine begrenzte Anzahl von Kristallen in Matrix erhalten konnten, und dass diese Vorgehensweise nicht zu einer dauerhaften Produktion führte.[54]

Das Allgemeine Österreichische Berggesetz von 1854

Innerhalb der gesamten Periode des Smaragdabbaus im Habachtal, auf die sich diese Arbeit bezieht, galt das gleiche „Allgemeine Österreichische Berggesetz" für das Österreichisch-Ungarische Reich vom 23. Mai 1854 (mit mehreren diese Arbeit nicht betreffenden Ergänzungen, gültig bis 1954). Um einige Konflikte und Probleme im Zusammenhang mit dem Smaragdabbau zu verstehen, sollen an dieser Stelle bestimmte Themen kurz angesprochen werden.[55]

Das Berggesetz unterteilt kommerziell verwertbare Mineralien in zwei Kategorien: Mineralien, die unter das Berggesetz fallen (im damaligen Sprachgebrauch in Österreich als vorbehaltene Mineralien bezeichnet), und Mineralien, die nicht unter das Berggesetz fallen (nicht vorbehaltene Mineralien). Nicht vorbehaltene Mineralien und Erze, die nicht unter das Berggesetz fallen, gehören der Person oder Gesellschaft, die den Boden besitzt, aus dem das Mineral oder Erz gewonnen wird. Für vorbehaltene Mineralien und Erze, die unter das Berggesetz fallen, können auf Antrag Nutzungsrechte (Bergbauprivilegien) verliehen werden. Nach einer Verleihung ist der Grundbesitzer nicht mehr der Eigentümer des aus seinem Boden gewonnenen Minerals oder Erzes. Mit einer Verleihung verbunden ist somit das Eigentumsrecht auf die im betroffen Gebiet vorkommenden vorbehaltenen Mineralien und insbesondere das Recht zu deren Gewinnung. Eine Verleihung macht das Eigentumsrecht des Besitzers an Grund und Boden somit nahezu wertlos.

Im österreichischen Berggesetz gibt es keine endgültige Liste vorbehalter Mineralien oder Erze, die unter dieses Gesetz fallen. Es muss somit im Einzelfall entschieden werden, ob das Berggesetz anzuwenden ist. Es gibt keine Diskussionen darüber, dass das Berggesetz beispielsweise für Kupfer-, Blei- oder Zinkmineralien gilt, aus denen große Mengen des gesuchten Metalls gewonnen werden können. Andererseits wird in Kommentaren erwähnt, dass Edelsteine nicht unter die vorbehaltenen Mineralien und somit nicht unter das Berggesetz fallen.[56]

Für die Mineralexploration und die Entwicklung einer abbaufähigen Lagerstätte wird nach Einzelantrag eine Sondergenehmigung erteilt, im damaligen Sprachgebrauch als Schurfbewilligung bezeichnet. Diese Bewilligung umfasst auch die ersten Schritte der Entwicklung des Gebiets, bis entschieden werden kann, ob die Lagerstätte von wirtschaftlichem Wert ist und eine Verleihung erfolgen kann. Allgemeine Schurfbewilligungen können für ein größeres Areal ausgesprochen werden, z. B. ein Tal, ein Gemeindegebiet, einen

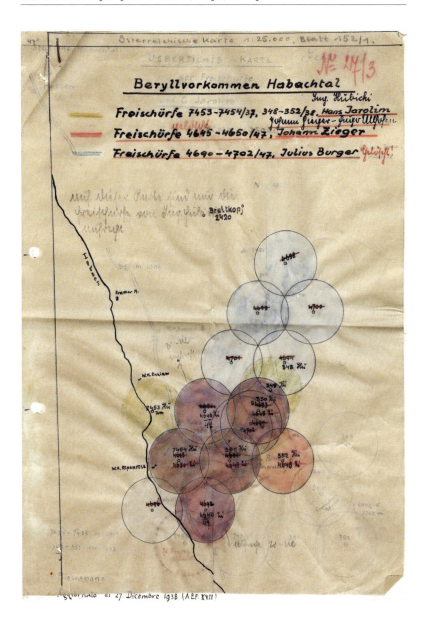

Abb. 10: Beispiel sich überlagernder Schürfkreise im Gebiet des Smaragdvorkommens im Habachtal; die Freischürfe sind Hans Jarolim (grünlich gelb), Johann Zieger (rötlich violett) und Julius Burger (blau) zugeordnet. Akte Beryll Bramberg, Nachlass W. Günther, Archiv des Bergbau- und Gotikmuseums Leogang.

Verwaltungsbezirk etc. Eine spezielle Schurfbewilligung (auch als Freischurf bezeichnet) umfasst dagegen ein genau festzulegendes kreisförmiges Areal mit einem Radius von 425 m. Es ist möglich, dass vor einer Verleihung sich überschneidende Schurfbewilligungen im selben Gebiet erteilt werden und mehrere Einzelpersonen, Gesellschaften oder Unternehmen danach im selben Gebiet gleichzeitig oder nacheinander arbeiten und Explorationsaktivitäten durchführen können. Ein Beispiel aus den 1940er- und 1950er-Jahren (Abb. 10) zeigt die sich überlagernden Schurfkreise von drei verschiedenen Anmeldern (Freischürfern) im Gebiet des Smaragdvorkommens im Habachtal.

Mit den genannten Schurfbewilligungen ist somit auch ein begrenztes Arbeiten und damit auch ein begrenzter Abbau, sogar in Stollen unter Tage, möglich, wobei die gewonnenen Mineralien nicht dem Besitzer des Grundstücks gehören. Dies impliziert, dass bei Explorationsaktivitäten, z. B. für das Mineral Beryll, wenn es als Erz für die Gewinnung von Berylliummetall angesehen wird, auch facettierbare Smaragdkristalle in Edelsteinqualität gewonnen werden können, die aus dem Beryllerz aussortiert und danach sogar verkauft werden können. Denkt man an Edelsteine, so ist ein begrenzter Abbau hochwertigen Materials und eine Mineralextraktion im Kilogrammbereich als gewinnbringend anzusehen.

Das folgende Zitat skizziert das Problem und zeigt die Möglichkeiten auf, die in der Anmeldung von Freischürfen liegen: *„Begibt man sich ferner auf das praktische Feld, so findet man, dass vielmals Schurfbewilligungen nur unternommen werden, um die vorkommenden, zwar nutzbaren, aber nicht vorbehaltenen Mineralien zu gewinnen, und sie auf diese Weise ihrem rechtmässigen Eigenthümer – nämlich dem Grundbesitzer – zu entziehen. Solche Mineralien sind z. B. Schwerspat, Asbest, […], besonders wertvolle Mineralien, z. B. Karneole, Smaragde, Granaten, Opale und dergleichen."*[57] Als Beispiel für ein derartiges Vorgehen werden die Opalminen in Ungarn angeführt.

Bergbaugeschichte der Smaragdmine im Habachtal 1861–1939

Das Vorkommen im Besitz der Familie Goldschmidt-Brandeis (1861–1894)

Der Abbau von Smaragd im Habachtal begann in den frühen 1860er-Jahren. Er wurde von Samuel Goldschmidt (1810–1871), einem Juwelier aus Wien, initiiert. Goldschmidt entstammte einer Familie, die im Edelstein- und Schmuckhandel tätig war. Sein Vater Joseph Goldschmidt (1789–1841, in Dokumenten auch Goldschmid oder Goldschmitt geschrieben),[58] gründete 1813 in Wien eine Edelstein- und Schmuckhandlung, er veröffentlichte schon 1820 eine frühe Werbeanzeige in einer Tageszeitung.[59] Nach dem Tod seines Vaters wurde das Geschäft von Samuels älterem Bruder Salomon Johann Nepomuk Goldschmidt (1808–1855) unter dem Namen „J. Goldschmidt &

Abb. 11: Markus Vinzenz Lipold, ein Geologe der k. k. Geologischen Reichsanstalt in Wien, führte Samuel Goldschmidt auf seinem Ausflug zum Habachtal-Smaragd-Vorkommen 1861; er arbeitete 1863 nochmals für Goldschmidt im Habachtal. Porträt von Karl Scharak 1869.

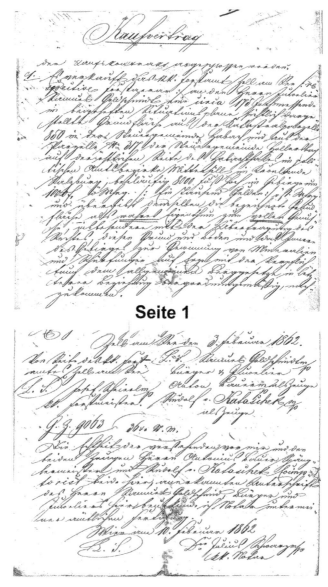

Abb. 12: Einzelheiten des notariellen Vertrags zwischen der österreichischen Regierung und Samuel Goldschmidt zeigen, welche Fläche gekauft wurde, und den tatsächlichen Kaufpreis (auf Seite 1, oben) sowie das Datum des Vertrags (auf Seite 4, unten). Archiv Peter Lausecker, Kirchhundem, Deutschland.

Sohn" fortgeführt, während Samuel in Wien im Jahre 1839 bereits eine eigene Schmuckfirma unter dem Namen „S. Goldschmidt" gegründet hatte.[60]

Nach derzeitigem Kenntnisstand unternahm Goldschmidt im Sommer 1861 einen ersten Ausflug, um das bekannte Smaragdvorkommen im Habachtal zu erkunden und nach Handstücken und Proben zu suchen.[61] Zu jener Zeit besaß Goldschmidt bereits eine allgemeine Schurfbewilligung für das gesamte Habachtal, datiert auf August 1861. Diese Bewilligung erstreckte sich auf die östlichen und westlichen Talhänge, sie wurde im August 1862 und im August 1863 jeweils um ein Jahr verlängert.[62] Die ersten Untersuchungen 1861 wurden von Bergrat Markus Vincenz Lipold (Abb. 11) geleitet.[63] Karl Peters,[64] ebenfalls Geologe an der Geologischen Reichsanstalt und Kollege Lipolds, hatte einige Jahre zuvor über das Gebiet gearbeitet und die Geologie der smaragdhaltigen Gesteine des Habachtals ausführlich beschrieben,[65] sodass detaillierte geologische Informationen bei der Reichsanstalt in Wien bereits verfügbar waren.

Offensichtlich war die Reise von Goldschmidt und Lipold zum Habachtal erfolgreich und die Ausbeute an Proben aus den Blöcken der Sekundärlagerstätte im Sedl überzeugend. Daher meldete Goldschmidt im Oktober 1861 die Präsentation seiner Funde für die 1862 in London stattfindende Ausstellung für „Landwirtschaft, Industrie und Kunst" (Weltausstellung) an.[66] Smaragdkristalle im Muttergestein, die hauptsächlich im großen Geröllfeld der Leckbackrinne unterhalb des primären smaragdhaltigen Biotitschiefers gefunden worden waren (siehe erneut Abb. 9), wurden dann auch von der Firma S. Goldschmidt, Wien, im späten Frühling 1862 auf der Londoner Ausstellung gezeigt und erregten großes Aufsehen.[67]

Zwischenzeitlich hatte Goldschmidt bereits im November 1861 die Erlaubnis zum Kauf des Gebiets mit anstehenden smaragdhaltigen Gesteinen erhalten. Im Februar 1862 konnte er schließlich eine Fläche von 175 Joch, etwa einem Quadratkilometer, genau 1.007.062 km² (Abb. 12), aus Staatsbesitz für eine Kaufsumme von 1.000 Gulden erwerben (diese Summe entspricht 2.000 Kronen nach der Währungsumstellung von 1892).[68] Goldschmidt musste das Grundstück vom Staat kaufen, da Edelsteine nicht zu den vom Berggesetz[69] erfassten Erzen und Mineralien gehörten und daher für den Smaragdabbau kein Bergbauprivileg verliehen werden konnte. Wie oben erwähnt, gehören Edelsteinmineralien wie Smaragde immer dem Grundbesitzer und nicht der Bergbaugesellschaft. Das von Goldschmidt erworbene Gebiet bestand aus zwei Teilen, einer Parzelle Nr. 850 zur Steuerregion Habach gehörend, und einer Parzelle Nr. 317, zur Steuerregion Hollersbach zählend (Abb. 13).[70]

Im April 1862 ist eine Übernachtung Goldschmidts in Salzburg nachweisbar, höchstwahrscheinlich auf einer Reise zu dem oder von dem Smaragdvorkommen im Habachtal. Er firmiert jetzt bereits unter der Bezeichnung „Juwelier und Minenbesitzer aus Wien".[71] Es ist anzunehmen, dass Goldschmidt bereits

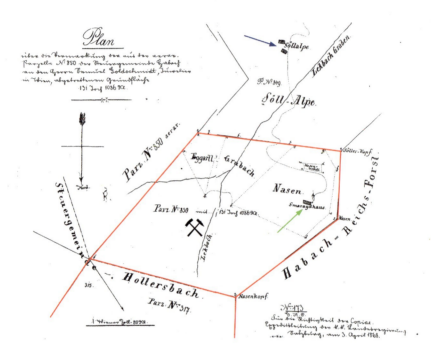

Abb. 13: Karte mit dem Gebiet des Smaragdvorkommens, das Samuel Goldschmidt von der österreichischen Regierung 1862 erworben hat. Die Karte aus dem Jahr 1868 zeigt ein als „Smaragdhaus" bezeichnetes Gebäude (grüner Pfeil), das von Goldschmidt für die Bergleute gebaut wurde und heute als Goldschmidthütte bekannt ist. Zwei andere Hütten in der Gegend, auf der Karte als Sedl-Alm bezeichnet (blauer Pfeil), stellen die heute noch sichtbaren Reste der Söllalm dar. Sie wurden möglicherweise zu verschiedenen Zeiten von Bergleuten oder Smaragdsammlern genutzt. Im Notarvertrag vom Februar 1862 wird die von Goldschmidt erworbene Fläche in alten österreichischen Einheiten mit 175 Joch angegeben, bestehend aus Fläche Nr. 850 (131 Joch 1086 Kl [Klafter]) und Fläche Nr. 317. Ein Symbol zeigt die ungefähre Position des Bergbaugebiets [vom Autor hinzugefügt]. Archiv der Gemeinde Bramberg.

früh Vorkehrungen getroffen hat, um mit dem Smaragd-Bergbau zu beginnen, sobald die Außenbedingungen es erlaubten, im Hochgebirge zu arbeiten. Der reguläre Bergbau begann 1862, kombiniert mit weiteren kostspieligen Explorationsaktivitäten im Jahr 1863. Bei diesen Arbeiten wurde festgestellt, dass sich das Primärvorkommen nicht nur auf den „Smaragdpalfen" erstreckt, *„sondern dass die Smaragde in Glimmerschiefern vorkommen, welche eine regelmäßige Einlagerung zwischen den krystallinen Schiefern – der Schieferhülle – der Centralalpen bilden."*[72] Im gleichen Jahr, 1863, begann ein Konflikt mit Theres Scharler und ihrer Familie, den Besitzern des Mairgutes im Weiler Habach. Die Familie Scharler beanspruchte Weiderechte für Ziegen und Schafe auf dem von Goldschmidt erworbenen Grundstück, der diese Rechte verweigerte. Der Konflikt durchlief zahlreiche Verwaltungs- und Gerichtsinstanzen und wurde erst 1868 mit einer Entscheidung zugunsten der Familie Scharler endgültig beendet.[73]

Goldschmidt begann mit der Smaragdgewinnung 1862 im Tagebau, und bis August 1863 wird nur diese Betriebsart durch den Minenbesitzer selbst dokumentiert,[74] obwohl die Bezeichnung „Smaragdbergbau" in verschiedenen Dokumenten verwendet wird. Später wurden drei Stollen angeschlagen, um die smaragdhaltigen Primärgesteine besser aufzuschließen (Abb. 14).[75] Um eine dauerhafte Arbeit zu ermöglichen, wurde ein massives Steinhaus mit der Bezeichnung „Goldschmidthütte" für die Bergleute gebaut, insbesondere, um über Nacht zu bleiben. In einem Dokument aus dem Archiv der Gemeinde Bramberg aus dem Jahr 1868 ist für dieses Gebäude die Bezeichnung „Smaragdhaus" zu finden (siehe Ab. 13). Zwei Hütten der Sedl-Alm in der Nähe, die jetzt nicht mehr vorhanden sind, wurden möglicherweise auch von Bergleuten der Goldschmidt-Ära oder Smaragd-Sammlern (vor der Goldschmidt-Ära) genutzt.

Die Bergbauaktivitäten von Goldschmidt wurden jedoch bereits nach zwei Jahren eingestellt, weil die Ausbeute an rohen Smaragdkristallen in facettierbaren Qualitäten zu gering war.[76] Das Ende der Bergbauaktivitäten von Goldschmidt ist in den bisher ermittelten Dokumenten nicht exakt dokumentiert.

In seinem Juweliergeschäft in Wien bot Goldschmidt ungeschliffene Smaragdkristalle in Matrix an; er veröffentlichte Werbung in Zeitungsanzeigen, um solche Stufen aus seiner eigenen Mine für mineralogische Sammlungen zu erwerben (Abb. 15).[77] Derartige Werbeanzeigen erschienen innerhalb einiger Jahre (mindestens von 1864 bis 1866) in der Tagespresse. Ferner beantragte die Firma S. Goldschmidt die Präsentation von Smaragdkristallen in Matrix auf der Pariser Weltausstellung von 1867[78] (aus unbekannten Gründen nahm Goldschmidt schließlich nicht teil). Bislang konnte keine Werbung für facettierte Smaragde aus dem Bergwerk in Habachtal aufgefunden werden, was ebenfalls darauf hinweist, dass nur geringe Mengen der im Habachtal abgebauten Smaragde von facettierbarer Qualität waren.

Es ist jedoch anzunehmen, dass zumindest einige Habachtal-Smaragde in der „Goldschmidtzeit" auch für Schmuckstücke oder andere dekorative Schauobjekte verwendet wurden. Ein in der Werkstatt von Hermann Ratzersdorfer in Wien in der Zeit zwischen 1850 und 1880 hergestellter Deckel-Pokal (Abb. 16a)[79] ist mit Smaragden geschmückt, die aufgrund ihrer Größe und ihrer Farbe aus dem Vorkommen im Habachtal stammen könnten (Abb. 16b).

Samuel Goldschmidt starb im Juli 1871 (Abb. 17).[80] In Goldschmidts Vermächtnis mit einem letzten Anhang aus dem Jahr 1869 wird die Smaragdmine im Habachtal nicht erwähnt.[81] Nach Goldschmidts Tod gelangte das Anwesen in den Besitz seiner beiden Töchter Jeanette (1846–1924) und Friederike (1851–1911); Albert Brandeis,[82] Jeanettes Ehemann, kümmerte sich um die Liegenschaft.

Nach Angaben von Alberts Sohn Ernst Brandeis in den 1930er-Jahren wurde das Smaragdbergwerk nach Goldschmidts Tod für einige Jahre verpachtet, aber der Pachtvertrag lief 1875 aus und die damit verbundenen Bergbautätigkeiten endeten.[83] Ein etwas anderes Szenario wird durch ein Exposé beschrieben, das nach den dort geschilderten Gegebenheiten auf etwa 1917 datiert werden kann (s. u.).[84] Nach dem Tod von Goldschmidt soll die Mine für fünf Jahre an Bergmann aus Innsbruck und dann für sechs Jahre an Wurnitsch aus Bramberg[85] verpachtet worden sein. Diese Personen wurden als der Schlossermeister Andreas (Andrä) Bergmann (1813–1882) und der Schuster Alois Wurnitsch (1834–1909) identifiziert. Wurnitsch entdeckte um 1865 die berühmte Epidotlagerstätte im Untersulzbachtal, dem Tal westlich vom Habachtal, und sein Freund Bergmann pachtete die Lagerstätte von der Regierung und arbeitete dort mit Unterbrechungen von etwa 1867 bis 1881.[86] Material von diesem Fundpunkt wurde im Handel ab 1866 angeboten.[87] Mit ihrem Engagement im Untersulzbachtal war es beiden möglich, selbst auch im Habachtal zu arbeiten oder dort begrenzte Bergbau- oder Explorationsaktivitäten in der Smaragdlagerstätte zu überwachen.

In die fragliche Zeit fällt der Verkauf eines Smaragdkristalls in Matrix (Abb. 18a) durch Bergmann an das Britische Museum in London (1872), zusammen mit Epidoten, Apatiten und Sphenen vom Untersulzbachtal.[88]

In Tageszeitungen wurde in diesem Zeitraum über einzelne Funde von Kristallen außergewöhnlicher Größe berichtet, beispielsweise um 1874 über die Entdeckung eines Kristalls mit einer Länge von 3,5 cm und einem Durchmesser zwischen 2 und 3 cm.[89] Dieser Kristall war einer der größten Smaragde von Edelsteinqualität, die im 19. Jahrhundert im Habachtal gefunden wurden. Er befindet sich in der Sammlung des Naturhistorischen Museums in Wien. Ein Kristall von ähnlicher Größe (3,3 cm lang, Abb. 18b) wurde 1883 von Mitgliedern der Familie Bergmann in Innsbruck an das Britische Museum in London verkauft.[90]

In der „Engländerzeit" wurde angeblich ein daumengroßer Smaragd von hohem Wert gefunden. Über dieses Ereignis wurde aber erst viel später, 1928, in mehreren Tageszeitungen berichtet.[91] Auch im 20. Jahrhundert wurden nur wenige Kristalle von außergewöhnlicher Größe und Schleifqualität gefunden, so ein Smaragdkristall von Edelsteinqualität mit einem Gewicht von 128 ct und 4,5 cm Länge (Abb. 18c), der Mitte der 1970er-Jahre im Sedl gewaschen wurde. Die Hauptmenge des gewonnenen Materials bestand jedoch zu allen Zeiten aus wesentlich kleineren Smaragdkristallen (Abb. 18d, siehe auch Abb. 1c).

Es ist davon auszugehen, dass in den folgenden zwei Jahrzehnten nach Ablauf des Verpachtungszeitraums bzw. der entsprechenden Zeiträume und vor der Übertragung des Eigentums an ein englisches Unternehmen und dem erneuten Beginn des Bergbaus (s. u.) in geringem Umfang eine Smaragdsuche oder sogar Abbauaktivitäten in den bereits vorhandenen Stollen durch die Anwohner aus den Gemeinden des Salzachtals oder der benachbarten Täler im Bereich der Smaragdlagerstätte durchgeführt wurden.[92] Detaillierte Nachrichten über diese Aktivitäten bzw. die Smaragdgewinnung sind nicht bekannt geworden. Es ist jedoch überliefert, dass der schon als Pächter genannte Alois Wurnitsch und sein Sohn Karl (1871–1949, Abb. 19) im Bereich der Smaragdfundstelle mit Dynamit arbeiteten.[93] Die Suche nach Smaragden in diesem Zeitraum fand auch Eingang in die Literatur ihrer Zeit.[94]

Im März 1894 erwarb Albert Brandeis die Hälfte des Grundstücks von Friederike Goldschmidt zu einem symbolischen Preis von 200 Gulden (entspricht 400 Kronen gemäß der der Währungsumstellung von 1892).[95]

Das Vorkommen im Besitz der Gesellschaft „Emerald Mines Limited", kontrolliert von „Leverson, Forster & Co." – Eigentumsübertragung (1894–1896)

Im Februar 1896 wurde die Firma „Emerald Mines Limited" in London unter der Adresse Holborn Viaduct 29–30 registriert, um *„eine Smaragdmine in Österreich zu erwerben und zu betreiben"*. Als Direktoren werden Anton Dunkels, James Amos Forster, Louis George Leverson, David Harry Leverson und Albert Brandeis genannt.[96] Die Aktiengesellschaft kaufte die Mine im Mai 1896 von Albert und Jeanette Brandeis, Goldschmidts Schwiegersohn und Goldschmidts Tochter.[97] Das Kapital der Gesellschaft betrug nominal 60.000 £ in 60.000 Aktien zu je einem Pfund, die Familie Brandeis-Goldschmidt wurde mit 10.220 Aktien, d. h. mit etwa 17 Prozent der Aktien, bezahlt.[98] Aus der Liste der Direktoren geht hervor, dass die Familie Brandeis-Goldschmidt noch immer an den Bergbauaktivitäten im Habachtal beteiligt war, aber nach den verfügbaren Unterlagen spielte Brandeis für das Unternehmen als Direktor in Wien – zumindest in der Öffentlichkeit – nur eine untergeordnete Rolle. In allen Verhandlungen mit der Regierung und im Rechtsstreit über „illegalen

Abb. 14: Auf diesem Foto sind die Eingänge der vier Stollen (Stollenmundlöcher) im Bereich des Leckbachgrabens markiert, die von Goldschmidt und der englischen Firma „Emerald Mines Limited" angelegt wurden. Zusätzlich zu den vier mit A bis D gekennzeichneten Stolleneingängen ist auch der Fundpunkt großer Phenakitkristalle mit der Bezeichnung ph angegeben. Foto: G. Grundmann, Aufnahme August 1977.

Abb. 15: Anzeige der Firma S. Goldschmidt in der Tageszeitung „Fremden-Blatt", Mai 1864; für Mineraliensammler werden rohe Smaragde in Matrix aus der eigenen Mine in Salzburg zum Verkauf angeboten.

Abb. 17: Todesanzeige für Samuel Goldschmidt, veröffentlicht in der Tageszeitung „Neue Freie Presse", Juli 1871. Es wird erwähnt, dass Goldschmidt „Pretiosen-Schätzer des k. k. Oberst-Hofmarschall-Amtes", Juwelier, Ehrenbürger von Wien und Mitglied mehrerer wissenschaftlicher Vereinigungen war.

Abb. 16: (a) Deckel eines Pokals aus der Werkstatt von Hermann Ratzersdorfer, Fabrik für Gold- und Silberwaren in Wien, hergestellt in der Zeit zwischen 1850 und 1880; der Silber-Pokal im Renaissancestil zeigt Ceres, die Göttin des Ackerbaus und der Fruchtbarkeit.

(b) Der Deckel ist mit Smaragden dekoriert, die aufgrund ihrer Merkmale wie Farbe, Reinheit etc. aus dem Vorkommen im Habachtal stammen könnten. Durchmesser des Deckels 135 mm, Größe der Smaragde etwa 6 x 4 mm (rechts) und 6 x 5 mm (linkes Bild). Fotos: Manfred Wild, Firma Emil Becker, Idar-Oberstein.

Abb. 18a: Dieser Smaragdkristall in Matrix wurde 1872 durch den Mineralienhändler Bergmann aus Innsbruck zusammen mit Mineralien von der Knappenwand im Untersulzbachtal an das Britische Museum in London verkauft. Größe der Stufe etwa 10 x 7 cm, Größe des Kristalls 18 x 12 mm, Foto: Natural History Museum, London, © The Trustees of the Natural History Museum, London.

Abb. 18b: Dieser Smaragdkristall in einer für das Habachtal außergewöhnlichen Größe wurde 1883 von der Familie Bergmann in Innsbruck an das Britische Museum in London verkauft. Größe 33 x 16 x 15 mm, Gewicht 82 ct. Foto: Natural History Museum, London, © The Trustees of the Natural History Museum, London.

Abb. 18c: Einer der größten im 20. Jahrhundert im Habachtal gefundenen Smaragdkristalle von Edelsteinqualität besitzt ein Gewicht von 128 ct, Länge 4,5 cm; er befindet sich in der Sammlung des Kristallmuseums Riedenburg, Deutschland. Fotos: Kristallmuseum Riedenburg, im Auflicht (links) und im Durchlicht (rechts).

Abb. 18d: Diese Smaragde wurden von G. Grundmann für seine Forschungsarbeiten verwendet, sie können als repräsentativ für die in den 1960er- und 1970er-Jahren in der Mine im Habachtal geförderten Smaragde angesehen werden. Foto: G. Grundmann.

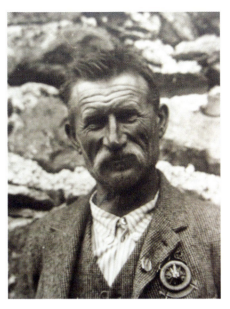

Abb. 19: In den Jahrzehnten zwischen Goldschmidts Tod (1871) und dem Erwerb der Liegenschaft durch eine englische Gesellschaft (1896) fand nur ein begrenzter Abbau von Smaragden im Habachtal statt; so arbeitete der Bergführer Karl Wurnitsch gelegentlich zusammen mit seinem Vater Alois in der Gegend. Das Foto zeigt Karl Wurnitsch um 1928, Archiv E. Burgsteiner, Bramberg.

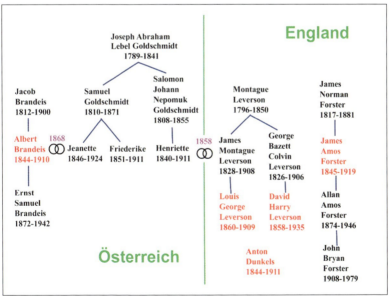

Abb. 20: Familienbeziehungen innerhalb der österreichisch-ungarischen Familien Brandeis und Goldschmidt sowie der englischen Familien Leverson und Forster; die Direktoren der Gesellschaft „Emerald Mines Limited" sind rot hervorgehoben. Es wird deutlich, dass Jeanette Brandeis, geborene Goldschmidt, und Henriette Leverson, geborene Goldschmidt, Cousinen waren. Schema: K. Schmetzer.

Bergbau" (s. u.) trat nur der Anwalt des Unternehmens aus Wien öffentlich, also im Kontakt zu den Behörden, in Erscheinung. Brandeis wird in den verschiedenen noch verfügbaren Regierungsdokumenten nicht erwähnt.

Vor der Gründung der Firma „Emerald Mines Limited" hatte Brandeis „Leverson, Forster & Co." in London kontaktiert,[99] eine Diamantengroßhandelsfirma, die offiziell von 1883 bis 1906 bestand. Das Unternehmen wurde 1870 von James (Montague) Leverson (1828–1908) gegründet, ab 1883 unter dem Namen „Leverson, Forster & Co." und nach 1906 unter dem Namen „James A. Forster & Sons" fortgeführt.[100] „James A. Forster & Sons" wurde erst 1975 offiziell aufgelöst.[101] Louis George Leverson (1860–1909), der unter den Direktoren der Firma „Emerald Mines Limited" genannt wird, ist der älteste Sohn von James (Montague) Leverson. David Harry Leverson (1858–1935), ein weiterer Direktor der Smaragdbergbaugesellschaft, ist als Londoner Kaufmann und Makler bekannt. Er ist der Neffe von James (Montague) Leverson und Cousin von Louis George Leverson (Abb. 20). Der andere Direktor des Unternehmens, James Amos Forster (1845–1919), ist der Vater von Allan Amos Forster (1874–1946), der als Chefingenieur der Smaragdmine im Habachtal erwähnt wird (s. u.). Die Adresse von Leverson Forster in London, Holborn Viaduct 29–30, ist identisch mit der Adresse der Firma „Emerald Mines Limited", was ebenfalls darauf schließen lässt, dass die Smaragdgesellschaft von der Diamanthandelsfirma bzw. den maßgeblichen Personen in jener Firma kontrolliert wurde.

Zusätzlich zu ihrem „normalen" Diamantengroßhandelsgeschäft war Leverson Forster am Kauf und Verkauf von hochpreisigen Steinen beteiligt, etwa am Kauf und Verkauf des Imperial-Diamanten im Jahr 1884, eines Steins, der nach dem Facettieren 180 Karat wog und damit als einer der größten damals aus Afrika bekannten Steine angesehen wurde.[102] Als weiteres Beispiel für die Aktivitäten von Leverson Forster als Händler größerer Diamanten ist für das Jahr 1889 der „Sancy" zu nennen, ein Stein von 55 ct im Wert von 20.000 bis 22.000 £, der 1892 an William Astor verkauft wurde.[103] 1903 gründeten Louis George Leverson und James Amos Forster eine Tochterfirma der Londoner Muttergesellschaft in Wien.[104] James (Montague) Leverson, Louis George Leverson und James Amos Forster waren nicht nur als Diamantenhändler im Londoner Edelsteingroßhandel tätig, sondern sind auch als Vorsitzende oder Direktoren mehrerer Bergbauunternehmen aufgeführt.[105] Das Unternehmen Leverson Forster besaß auch Konzessionen für den Diamantenabbau in Britisch-Guayana.[106] Allan Amos Forster von Leverson Forster war als Bergbauexperte an einer Unternehmung beteiligt, die um 1900 versuchte, eine Ausbeutung der antiken ägyptischen Smaragdminen erneut zu etablieren.[107]

Anton Dunkels, der als einer der weiteren Direktoren der Gesellschaft „Emerald Mines Limited" genannt wird, wurde als der britische Diamantenhändler Anton Dunkels (1844–1911) identifiziert, bekannt auch als Anton

Dunkelsbühler oder Anton Dunkelsbuhler. Sein Unternehmen war eine der größten Diamantengroßhandelsfirmen in London und eines der zehn in London ansässigen Unternehmen, die 1890 das zentrale Diamantenverkaufssyndikat bildeten.[108]

James (Montague) Leverson, der Direktor von Leverson Forster, war mit Henrietta (Henriette) Goldschmidt (1840–1911) verheiratet, geboren in Wien und Tochter von Salomon Johann Nepomuk Goldschmidt (1808–1855).[109] Salomon Goldschmidt hatte bereits Erfahrung im Edelsteinabbau, er pachtete von 1845 bis 1855 die ungarischen Opalminen, und dieses Pachtverhältnis wurde von seiner Witwe Emilie und seinem Sohn Adolf Louis bis 1880 fortgesetzt.[110] Salomon Goldschmidt und Samuel Goldschmidt, der im Habachtal in den 1860er-Jahren mit dem Bergbau begann, waren Brüder, und folglich waren Henriette Leverson (geborene Goldschmidt) und Jeanette Brandeis (geborene Goldschmidt) Cousinen, beide wurden in den 1840er-Jahren in Wien geboren (siehe Abb. 20). Dies erklärt, warum die Inhaber von Leverson Forster, hauptsächlich Diamantenhändler, unter Verwendung bestehender familiärer Beziehungen von Albert Brandeis kontaktiert wurden und sich schließlich für die Smaragdmine im Habachtal interessierten. Offensichtlich hatte die Familie Brandeis zu jener Zeit nicht das notwendige Kapital oder wollte einfach nicht das volle Risiko eingehen, weiter in die Liegenschaft im Habachtal zu investieren.

Die Inhaber von Leverson Forster waren wohl daran interessiert, zusätzlich zum Diamantenhandel einen weiteren Geschäftszweig zu eröffnen, und Smaragde gehörten damals wie heute zu den seltensten Mineralien unter den hochpreisigen Farbsteinen. Dies erklärt auch die Bemühungen von Leverson Forster zur Wiedereröffnung der Smaragdminen in Ägypten um 1900. Es scheint, dass mit der Firma Dunkelsbuhler ein weiterer Investor gefunden wurde, der an einem möglichen Smaragdgeschäft interessiert war und sich eine solche Investition leisten konnte.

In mehreren Texten[111] wird erwähnt, dass der Mineraliensammler Alois Wurnitsch die Firma Leverson Forster für die Smaragdmine im Habachtal interessierte. Es ist jedoch nicht nachvollziehbar, auf welche Weise der Schuster, Mineraliensammler und Bergführer Wurnitsch aus Bramberg ein in London ansässiges Diamantengroßhandelsunternehmen, das in den Handel mit größeren Diamanten involviert war, auswählen, kontaktieren und dort ein gewisses Interesse für einen Bergbau im Habachtal hätte wecken können.

Der geschilderte Hintergrund erklärt auch einige Literaturstellen, die erwähnen, dass „Forster, Leverson & Co." oder „Forster Ltd." im Habachtal aktiv waren, noch bevor das Eigentum an der Mine an die „Emerald Mines Limited" übertragen wurde.[112] Ehe das Unternehmen gegründet wurde, um in die Mine zu investieren und diese zu kaufen, waren Mitglieder von Leverson Forster im

Bergwerk oder beaufsichtigten sogar einige vorläufige Explorations- und Bergbauarbeiten. Ein solcher Besuch von einigen Tagen in Bramberg ist für James Amos Forster im Jahr 1894 dokumentiert.[113] Schriftstücke in der von verschiedenen österreichischen Behörden zusammengestellten Akte „Illegaler Bergbau in Bramberg" (s. u.) weisen darauf hin, dass mit dem Bergbau durch die Engländer bereits 1895 begonnen wurde, d. h. im Jahr bevor das Eigentum an der Mine im Habachtal offiziell durch Kaufvertrag übertragen wurde.

Das Vorkommen im Besitz der Gesellschaft „Emerald Mines Limited", kontrolliert von „Leverson, Forster & Co." – illegaler Bergbau (1896–1906)
Im Jahr 1895 arbeitete „Leverson, Forster & Co." im Habachtal, und ab 1896 beutete die britische „Emerald Mines Limited" Aktiengesellschaft die Smaragdlagerstätte mehrere Jahre lang aus.[114] Österreichische und englische Bergingenieure wurden eingestellt: 1898 leitete Allan A. Forster (1874–1946)[115] den Bergbau,[116] und für einen weiteren nicht genau festgelegten Zeitraum wird Forster zusammen mit einem Ingenieur Fothringham [Fotheringham?] ebenfalls als Chefingenieur erwähnt.[117]

Für die Saison von 1899 bot Brandeis, Goldschmidts Schwiegersohn, dem österreichischen Geologen Othenio Abel (1875–1946) die Position eines Leiters des Bergbaus an, doch Abel lehnte das Angebot aus Gesundheitsgründen ab.[118] Stattdessen übernahm der englische Bergbaumanager und -experte „Captain" John Ackerley Penhall (1842–1911, vgl. Abb. B1) aus Cornwall die Verantwortung für die Arbeiten in der Mine in der Saison von 1899 (und möglicherweise auch in anderen Jahren zuvor).[119] In der Saison von 1900 und der von 1901 leitete der österreichische Bergingenieur Paul Hartnigg (1838–1904) den Bergbau.[120] Aus diesen Daten ist ersichtlich, dass einerseits relativ junge, noch unerfahrene, aber auch erfahrene Bergingenieure an den Arbeiten im Habachtal beteiligt waren. Es war offensichtlich schwierig, geeignete Personen für die schwierige und körperlich anstrengende Aufgabe zu finden.

Über die Arbeiten in den ersten Jahren unter englischer Kontrolle sind nur wenige Details bekannt geworden, obwohl Informationen über die Bergbautätigkeit der Engländer allgemein zugänglich waren.[121] Zusätzlich zu den drei vorhandenen Stollen aus der Goldschmidtzeit wurde ein vierter Stollen angeschlagen. Die Mine wurde zu Beginn mit 12–20 Bergleuten betrieben, später waren 20–30 Arbeiter zusammen mit einem oder zwei Bergingenieuren von Mai oder Juni bis September oder Oktober im Bergwerk beschäftigt, d. h. für einen jährlichen Arbeitszeitraum von vier bis fünf Monaten entsprechend den tatsächlichen Wetterbedingungen (Abb. 21a–g).[122]

Für die letzten Jahre des 19. Jahrhunderts liegen keine Daten zu der erzielten Ausbeute vor, dagegen wird über eine große Produktion in den ersten Jahren des 20. Jahrhunderts berichtet. Beispielsweise wird für ein Jahr eine Produktion von 68.000 Karat angegeben. Für ein weiteres Jahr wird eine Produktion von 32.000 Karat von milchigen und trüben, weißlichen Steinen und von 7.000 Karat grüner Smaragde gemeldet.[123] Das saubere Material wurde zum Schleifen nach Indien geschickt, die facettierten Steine kamen danach als „indische Smaragde" auf den internationalen Markt. In dieser Zeit wurde sogar diskutiert, eine Seilbahn zu bauen, um das smaragdhaltige Gestein ins Tal zu transportieren, wo genügend Wasser für den Sortier- und Waschprozess zur Verfügung stand, um die Smaragdkristalle vom Muttergestein zu trennen.[124] Es scheint, dass in der „Engländerzeit" nur wenige Steine von außergewöhnlicher Größe und Qualität, die auch einen erheblichen Wert darstellten, abgebaut oder in der Gegend gefunden wurden.[125]

Da ein großer Teil der geförderten milchig-weißlichen Berylle, einschließlich der grünen Smaragde, trüb und wolkig, stark mit Einschlüssen durchsetzt war, wurde von Leitmeier (1938) die Frage aufgeworfen, welcher Prozentsatz der gesamten Beryll- und Smaragdproduktion tatsächlich von facettierbarer Qualität oder für irgendeine andere Verwendung geeignet war, und es wurde diskutiert, ob die Mine wenigstens für einige Jahre rentabel war. Wir müssen diese Diskussion jedoch im Lichte von Leitmeiers starkem Engagement dafür sehen, die Smaragdmine im Habachtal in den frühen 1930er-Jahren in eine Lagerstätte für Industrieberyll ohne Edelsteinqualität umzuwandeln (s. u.).

Darüber hinaus ergaben sich besondere Probleme aus der Lage des Bergwerks. Von dem Geologen und Petrologen E. Weinschenk wird berichtet, dass die Lokalität aufgrund starken Steinschlags von Blöcken mit einem Volumen von mehreren hundert Kubikmetern nicht zugänglich war, als er die Mine besuchen und Forschungsprobenproben sammeln wollte. Weinschenk arbeitete in den Sommermonaten von 1890 bis 1894 in der Region und kam zu dem Schluss, dass diese gefährliche Situation wohl auch für den Rückgang der Bergbauaktivitäten in früherer Zeit verantwortlich gewesen sei.[126] Eine Gefährdung durch starken Steinschlag dürfte somit auch in den folgenden „englischen" Jahren bestanden haben.

Neben der fragwürdigen Rentabilität und der gefährlichen Erreichbarkeit des im Hochgebirge gelegenen Bergwerks ergab sich für das britische Unternehmen ein Problem mit der österreichischen Verwaltung, das 1902 entstand. Offensichtlich hatte die Aktiengesellschaft nach dem Kauf des Grundstücks von der Familie Brandeis-Goldschmidt im Jahr 1896 niemals eine der notwendigen Genehmigungen und Konzessionen beantragt, die für ein ausländisches Unternehmen für eine Tätigkeit in Österreich-Ungarn erforderlich waren. Relevant waren vor allem Teile der österreichischen Gewerbeordnung von 1859, die „Verordnung über die Zulassung ausländischer Aktiengesellschaften" von 1865 und/oder Teile des Bergrechts von 1854. Um die Probleme zu verstehen, soll an dieser Stelle nochmals darauf hingewiesen werden, dass das Bergrecht

Abb. 21: Bis zu 30 Bergleute arbeiteten im letzten Jahrzehnt des 19. und im ersten Jahrzehnt des 20. Jahrhunderts in den verschiedenen Stollen der Habachtal-Smaragdmine, als das Anwesen der in London ansässigen Firma „Emerald Mines Limited" gehörte. (a) Blick auf den Leckbachgraben und den Verwitterungsschutt unterhalb des Primärvorkommens; (b) die Bergleute und Bergbauingenieure am Eingang des C-Stollens; (c) Sortieren und Waschen der smaragdhaltigen Wirtsgesteine vor dem C-Stollen; (d) Eingang zum D-Stollen; (e) die Goldschmidthütte mit Schnee im Herbst; (f) Weg von der Goldschmidthütte zur Mine; (g) Transport von Grubenholz zur Stabilisierung der Stollen. Fotos aus Archiv E. Burgsteiner, Bramberg, Museum Bramberg und aus dem Archiv der Gemeinde Bramberg.

nur für eine spezielle Gruppe von vorbehaltenen Erzen oder Mineralien gilt und alle Bergbautätigkeiten für andere nicht vorbehaltene Mineralien durch die Gewerbeordnung geregelt sind. Smaragde und andere Edelsteine gelten nach dem Bergrecht als nicht vorbehaltene Erze oder Mineralien.[127]

Im März 1902 begann das Wiener Innenministerium eine Untersuchung über die Tätigkeit der Gesellschaft „Emerald Mines Limited" im Habachtal. Das Ministerium bezieht sich in einem Schriftstück an die k. k. Landesregierung in Salzburg auf eine Akte des Finanzministeriums und fragt an, ob das englische Unternehmen die erforderlichen Genehmigungen für ein ausländisches Unternehmen zur Arbeit in Österreich beantragt habe. Es wird außerdem erwähnt, dass die exportierten Smaragde durch die Minenbesitzer als von nur geringem Wert eingestuft wurden, höchstwahrscheinlich, um die Zahlung von Gebühren oder Steuern zu vermeiden.[128]

Im Jahr 1902 waren zahlreiche österreichische Verwaltungsbehörden auf regionaler oder lokaler Ebene in Salzburg, Zell am See, Wels und Linz daran beteiligt, alle relevanten Informationen zu sammeln und eine abschließende Beurteilung der Sachlage zu ermöglichen. Es wurde festgestellt, dass im Juni 1893 eine Schurfbewilligung nach Bergrecht erteilt worden war, die im Juni 1896 verlängert wurde.[129] Der führende Bergingenieur Allan Forster hatte 1898 erklärt, dass es sich bei den Smaragden aus den Talk- und Chloritschiefern nur um ein Nebenprodukt handle, und die wichtigsten Explorationsaktivitäten auf andere Mineralien gerichtet seien, die unter das Berggesetz fallen. Diese Aussage war von der Bergbaubehörde in Wels ohne weitere Nachfrage oder Prüfung des Sachverhalts vor Ort akzeptiert worden.[130]

Alle Behörden, die 1902 zur Untersuchung beitrugen, waren sich jedoch bald dahingehend einig, dass das Hauptinteresse der englischen Gesellschaft der Gewinnung von Smaragden von Edelsteinqualität gelte und die Aktivitäten des Unternehmens den Smaragdabbau beträfen, der nicht unter das Bergrecht fällt. Der Schwerpunkt der Arbeiten beziehe sich somit nicht auf die Exploration oder Gewinnung von Mineralien, die unter das Bergrecht fallen würden.[131] Mit einem investierten Kapital von 35.000 Gulden (entspricht 70.000 Kronen) und einer Lohnsumme von 45.320 Kronen,[132] die von 1896 bis 1902 an die Bergleute gezahlt wurde, gelte die Tätigkeit als gewerblich und habe keinen vorläufigen, nichtgewerblichen Charakter, der unter Umständen noch mit vorläufigen Explorations- und Entwicklungsaktivitäten, vergleichbar mit Tätigkeiten der Mineralexploration im Rahmen eines Freischurfs, in Verbindung gebracht werden könne. Infolgedessen wurden am 29. Juni 1902 (Abb. 22) und am 8. Februar 1903 Dekrete erlassen und an den Vertreter des in London ansässigen Unternehmens in Österreich, Dr. Ernst Bum (1855–1927), einen Anwalt in Wien, übersandt.[133] Es wurde zusammenfassend mitgeteilt, dass die Aktivitäten des Unternehmens im Habachtal derzeit als illegal angesehen würden und unter

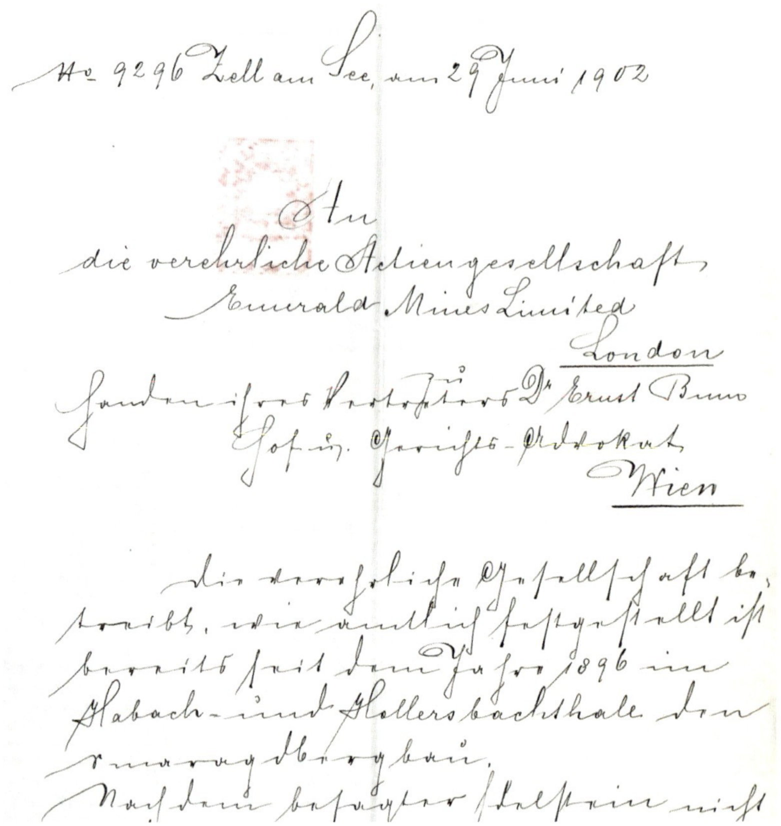

No 9296 Zell am See, am 29 Juni 1902

An
die verehrliche Actiengesellschaft
Emerald Mines Limited
London
handen ihres Vertreters Dr Ernst Bruno
Hof- u. Gerichts-Advokat
Wien

Die verehrliche Gesellschaft betreibt, wie amtlich festgestellt ist, bereits seit dem Jahre 1896 im Habach- und Hollersbachthale den Smaragdbergbau.
Nachdem besagter Edelstein nicht

Abb. 22: Erlass der Bezirkshauptmannschaft Zell am See vom 29. Juni 1902, mit dem die in London ansässige Gesellschaft „Emerald Mines Limited" aufgefordert wird, die erforderlichen Genehmigungen für die Fortsetzung des Smaragdabbaus im Habachtal zu beantragen. Land Salzburg, Landesarchiv, Akte „Illegaler Bergbau in Bramberg", Dokument vom 29. Juni 1902.

das Gewerberecht einzuordnen wären. Das Unternehmen wurde daher aufgefordert, die erforderlichen Genehmigungen gemäß den verschiedenen für den Fall relevanten Gesetze und Verordnungen zu beantragen.

Die genannten Dekrete führten, möglicherweise im Zusammenhang mit den anderen bereits angeführten Problemen mangelnder Rentabilität oder schwieriger Zugänglichkeit der Lagerstätte im Hochgebirge, dazu, dass die Bergleute Ende Mai 1903 per Post darüber informiert wurden, dass in der Mine in dem betreffenden Jahr nicht gearbeitet werde.[134] Nach dieser Schließung für die Saison von 1903 wurde der Smaragdabbau erst 1906 wieder eröffnet.[135] Nach heutigem Kenntnisstand war der Stopp im Jahr 1903 das Ende des aktiven Bergbaus, soweit die Gruppe der in London ansässigen Diamantenhändler involviert war.

Die „Emerald Mines Limited" Aktiengesellschaft legte gegen die Dekrete vom Juni 1902 und Februar 1903 Berufung ein, sie wurde jedoch von der Regierung am 11. Februar 1905 als unbegründet zurückgewiesen. Eine endgültige Entscheidung wurde vom Obersten Verwaltungsgericht in Wien am 28. Juni 1906 getroffen, die Beschwerde der englischen Gesellschaft wurde erneut abgewiesen.[136] In dem letztinstanzlichen Urteil entschied das Gericht erneut, dass die Smaragdproduktion beim Vorkommen im Habachtal nicht dem Berg-, sondern dem Gewerberecht unterliege. Die englischen Minenbesitzer wurden somit abermals aufgefordert, die erforderlichen Genehmigungsanträge zum Betrieb des Smaragdabbaus zu stellen. Diese Entscheidung stimmt mit den Tatsachen überein, die es für Goldschmidt Jahrzehnte zuvor erforderlich machten, das Gebiet 1862 von der Regierung zu kaufen.

Das Vorkommen im Besitz der Gesellschaft „Emerald Mines Limited", kontrolliert von der „Northern Mercantile Corporation Limited" (1906–1911)

Als Folge des Geschilderten führten die genannten Probleme, allein oder in Kombination, zu der Entscheidung der Londoner Direktoren des Unternehmens, den Smaragdbergbau im Jahr 1903 und auch in den folgenden Jahren nicht weiter zu betreiben und das Bergwerksgrundstück zu verkaufen. Es gelang, die „Northern Mercantile Corporation Limited" aus Manchester mit Büro in London, ein Unternehmen, das 1904 gegründet wurde und zunächst im Geschäft mit Phonographen tätig und in die Entwicklung neuer automatischer phonographischer Maschinen involviert war,[137] für das Smaragdbergwerk zu interessieren. Diese Gesellschaft beauftragte „Edmund Spargo & Sons", eine Firma aus Liverpool, die mit Untersuchungen und Bewertungen im Bergbau beschäftigt war,[138] die Mine im Jahr 1905 zu begutachten. Nach Erhalt eines positiven Berichts erwarb die Northern Mercantile 1906 die Liegenschaft.[139] Bei dieser Transaktion wurden die Aktien der „Emerald Mines Limited" für zehn Prozent des Nennwerts gekauft, was einer Summe von insgesamt 6.000 £ entspricht und damit 0,1 £ pro Aktie.[140]

Nachdem die Aktien der „Emerald Mines Limited" an die „Northern Mercantile Corporation" übertragen worden waren, beobachten wir bei der Gesellschaft „Emerald Mines Limited" eine neue Gruppe von Direktoren, nämlich Leslie Clarke,[141] William King, F. K. MacMorran und Albert Brandeis.[142] Dies zeigt, dass die Mitglieder der Familien Leverson und Forster nicht mehr an dem Unternehmen beteiligt waren und nur A. Brandeis, zumindest formal, in seiner Position als einer der Direktoren verblieben war. Die Partnerschaft zwischen Louis George Leverson und James Amos Forster in „Leverson, Forster & Co." in London wurde im Juli 1906 aufgelöst.[143] Die Wiener Tochtergesellschaft von Leverson Forster wurde in einem der ersten Monate des Jahres 1908 offiziell aufgelöst, wogegen eine neue Firma „James A. Forster & Söhne" [James A. Forster & Sons] bereits im März 1907 in Wien gegründet worden war.[144]

Bevor Clarke 1905 als stellvertretender Geschäftsführer zu Northern Mercantile kam, war er für verschiedene Versicherungsunternehmen in verschiedenen Funktionen tätig gewesen. King war Reeder, Mälzer (Brauer) und Getreideimporteur, bevor er, zunächst als Sekretär, zu der Northern Mercantile wechselte. Für die „Emerald Mines Limited" waren beide Direktoren, Clarke und King, als Broker tätig, d. h. sie waren mit dem Verkauf von Aktien der Smaragdmine an Investoren beschäftigt.[145]

Für die Saison von 1906 wurde Mr. Spargo Junior für einen Zeitraum von vier Monaten von Juli bis Oktober eingestellt.[146] Es ist nicht klar, in welchen Jahren – nach der Wiedereröffnung von 1906 – die Mine im Habachtal wirklich betrieben wurde. Es wird erwähnt, dass alle Aktivitäten im Jahr 1906 eingestellt wurden,[147] aber ein „Brief an den Herausgeber", der 1908 anonym von einem Mitglied der „Institution of Mining and Metallurgy" in London in einer Fachzeitschrift veröffentlicht wurde, weist darauf hin, dass auch im Jahr 1907 in der Mine gearbeitet wurde.[148] Im August 1908 gab Leslie Clarke, einer der neuen Direktoren, an, dass die *„Smaragdmine in Österreich im Verlauf des vergangenen Jahres geschlossen gewesen sei"*. Wie in mehreren Zeitungen zitiert, erklärte Clarke außerdem in einer Aussage vor Gericht in Berlin im Mai 1910 (s. u.), dass *„die Mine bereits seit mehreren Jahren geschlossen sei"* oder dass die Mine *„seit zwei Jahren geschlossen sei"*.[149] Clarkes Aussagen, wie sie in Tageszeitungen wiedergegeben wurden, deuten somit ebenfalls darauf hin, dass die Bergbautätigkeiten mit dem Ende der jahreszeitlich begrenzten Arbeiten im Spätherbst 1906 oder im Spätherbst 1907 abermals eingestellt wurden.

Der anonyme „Brief an den Herausgeber", der 1908 veröffentlicht wurde (s. o.), ist vom 12. Februar dieses Jahres datiert. Nach dem äußerst positiven Bild, das von dem Projekt „Smaragdmine im Habachtal" gezeichnet wird, ist davon auszugehen, dass dieses Schreiben das Interesse möglicher Anleger wecken sollte, da das für ein weiteres Arbeiten im Habachtal benötigte Kapital nicht vorhanden war. Jener Teil des Briefes, der sich auf die Smaragdlagerstätte im Habachtal bezieht, lautet (nachdem über Smaragde aus Muzo, Kolumbien, berichtet worden war):

"Es scheint, dass sich fast die einzige andere anerkannte Smaragdmine, die derzeit in Betrieb ist, in den Salzburger Bergen in Österreich befindet und von einer englischen Firma namens ‚Emerald Mines Limited' mit Sitz in 37 Princess Street, Manchester, betrieben wird. Diese Minen befinden sich nur 50 Stunden von London entfernt in der Nähe des Bahnhofs Bramberg auf einer Höhe von 7000 bis 8000 Fuß über dem Meeresspiegel. Die Bergbaurechte erstrecken sich über etwa 600 Hektar speziell ausgewählten Grunds und sind praktisch Eigentum der Gesellschaft. Bis 1906 wurden in den letzten zehn Arbeitsjahren über 200.000 Karat produziert. Von dieser Menge wurden in den letzten drei Monaten 56.000 Karat aus einer Tiefe von nicht mehr als 200 Fuß im Berg gewonnen,150 was die Möglichkeiten des Grundstücks unzweifelhaft bestätigt.

Jedes Jahr, wenn die Arbeiten in der Tiefe zunehmen, verbessert sich die Qualität, Farbe und Größe der Smaragde deutlich. Die tiefsten Stollen haben bisher nur eine Tiefe von etwa einem Viertel der Tiefe der Minen von Muzo erreicht, und da die geologische Umgebung und die smaragdhaltige Matrix analog zu denen der Minen von Muzo sind, so kann wohl keine größere Bestätigung hinsichtlich der Sicherheit der Minen dahingehend gewünscht werden, dass die höchste Qualität dieses kostbaren Edelsteins schließlich erreicht werden wird, wenn die Arbeiten weiter in die Tiefe gehend fortgeführt werden. Alle Elemente einer unsicheren Spekulation können daher als nicht vorhanden angesehen werden.

Die ‚Emerald Mines Limited' haben auch Amethystminen in Schlusselstein, Gemeinde Bergheim, Elsass, erworben. Sie wurden für die Aktiengesellschaft von Herrn E. J. Spargo, M. F., F. G. S., Liverpool, und William King, Direktor der ‚Emerald Mines Limited', der ein bekannter Experte und Kenner von Edelsteinen ist, sorgfältig begutachtet." [Übersetzung aus dem Englischen]

Unterstützt von diesem Schreiben und möglicherweise weiteren Aktivitäten wurden von Clarke und King Tausende Aktien der Emerald Mines zum Nennwert von einem Pfund pro Aktie und sogar zu einem höheren Preis in England angeboten oder verkauft, und es wurde angegeben, dass 50.000 Karat ungeschliffener Smaragde von hohem Wert vorhanden seien.[151] Es wurde auch versucht, die Aktien der Gesellschaft im Ausland zu verkaufen. So wurden Aktien bereits 1906, also kurz nach dem Erwerb der Mine, einer belgischen Bergbaugesellschaft angeboten.[152]

Im Gegensatz zu der äußerst positiven Einschätzung der Situation in dem oben zitierten anonymen Brief, in dem die Qualität der Smaragde und das Potenzial der Lagerstätte sogar mit der weltberühmten Smaragdlagerstätte von Muzo in Kolumbien gleichgesetzt werden, und nach den verschiedenen oben geschilderten Verkaufsaktivitäten zeigen die von Skinner[153] in seinem „Mining Manual" veröffentlichten Zahlen ein davon abweichendes und gleichsam ernüchterndes Bild von der Lage der Gesellschaft: *„Die Erklärung* [der ‚Emerald Mines Limited Company'] *zum 31. Dezember 1908 ergab* [...] *Bargeld und Smaragde auf Lager £ 100."* [Übersetzung aus dem Englischen]

Unter der Annahme, dass die oben genannten Produktionszahlen zumindest näherungsweise korrekt sind, ergibt sich die geringe Qualität des 1906/1907 abgebauten Materials und sein offensichtlich niedriger Wert. Der geringe, bei dieser Bergbauunternehmung erzielte Gewinn führte dazu, dass den Aktionären des Unternehmens niemals eine Dividende gezahlt wurde.[154]

Im Handbuch von Skinner ist Brandeis noch 1910 als in Wien wohnhafter Direktor aufgeführt. Es ist jedoch nicht bekannt, ob Brandeis nach der Übertragung an die neue englische Eigentümergesellschaft im Jahr 1906 zu irgendeinem Zeitpunkt eine aktive Rolle im Geschäftsleben der Aktiengesellschaft gespielt hat.

Die in dem anonymen Bericht von 1908 erwähnten „Amethystminen" von Schlüsselstein beziehen sich auf ein seit Langem bekanntes Vorkommen von Achat und Amethystquarz. Im Vorkommen von Schlüsselstein in der Nähe von Bergheim, Elsass, Frankreich, wird Amethyst in einer Ader als gebänderter Amethystquarz gefunden.[155] Nach den verfügbaren Beschreibungen muss das Material lediglich als zu Dekorationszwecken verwendbares Gestein bezeichnet werden, es handelt sich keinesfalls um ein Vorkommen, das facettierbare Amethyste von hohem Wert liefern konnte.

Aufgrund der geringen Rentabilität der Mine und der Probleme, eine beträchtliche Anzahl von Aktien zu hohen Preisen zu verkaufen, hat sich die Investition der „Northern Mercantile" in den Smaragdabbau offensichtlich nicht ausgezahlt. Diese Tatsache, möglicherweise in Kombination mit anderen Problemen im ursprünglichen Geschäftsbereich des Unternehmens, veranlasste einen Richter des Manchester County Court im März 1909, einen Beschluss zur Auflösung der Firma „Northern Mercantile" zu erlassen.[156] Die „Emerald Mines Limited" bestand jedoch formal weiter.

In den Jahren 1909 bis 1911 waren zwei der Direktoren der „Emerald Mines Limited", Leslie Clarke und William King, in einen Finanzskandal und Betrugsfall zum Nachteil von Prinz Franz Josef von Braganza verwickelt (Abb. 23).[157] Die Schadenssumme des Betrugsfalls belief sich auf das außerordentlich hohe Volumen von 325.000 £. Aktien der „Emerald Mines Limited" und Smaragde der Mine im Habachtal spielten bei dem Betrug eine wichtige Rolle.

Ohne auf allzu viele Details einzugehen (siehe die hierzu zitierten Referenzen), lässt sich der Betrugsfall wie folgt zusammenfassen: Die Aktien der Gesellschaft „Emerald Mines Limited" wurden Prinz Franz Josef von einem Betrüger angeboten, der die Rolle eines Millionärs und Mitglieds der berühmten

Abb. 23: In den Jahren 1909 und 1910 war Prinz Franz Josef von Braganza in einen großen Betrugsfall mit Aktien der Firma „Emerald Mines Limited" und geschliffenen „Smaragden" verwickelt, die angeblich aus der Mine im Habachtal stammten, bei denen es sich jedoch um Glas handelte; das Foto zeigt den jungen Prinzen um 1900 als Leutnant der österreichischen Husaren. Österreichische Nationalbibliothek Wien.

Abb. 24: Die letzte bekannte Tätigkeit der englischen Firma „Emerald Mines Limited" im Habachtal war die Einstellung von Peter Nagl (hier mit seiner Frau abgebildet) im Juli und August 1910, jedoch ohne spätere Zahlung seines Lohns. Museum Bramberg.

Abb. 25: 1913 kaufte Peter Meilinger, damals Bürgermeister der Gemeinde Bramberg, zusammen mit seinen beiden Gemeinderäten Alois Kaserer und Johann Blaikner die Liegenschaft mit dem Smaragdbergwerk im Habachtal. Foto von Peter Meilinger, undatiert, Archiv E. Burgsteiner; Bramberg.

amerikanischen Familie Vanderbilt spielte. Der Verkaufspreis für diese fast wertlosen Papiere belief sich auf 200 000 £ (für 50.000 Aktien zu einem Wert von vier Pfund pro Aktie, insgesamt auf ungefähr 4.706.000 Kronen). Darüber hinaus wurden dem Prinzen 1.009 Smaragde mit einem „hohen" Wert von insgesamt 125 000 £ offeriert und schließlich von diesem gekauft.

Vom Gericht in Berlin wurde bei dem Betrugsprozess gegen Clarke (1910), der versucht hatte bei Berliner Banken Wechsel von Prinz Franz Josef einzulösen, festgestellt, dass die Steine, bei denen es sich in Wirklichkeit um Glas handelte, mit 100 £ in der Bilanz der Gesellschaft ausgewiesen waren.[158] Der Angeklagte gab an, dass dieser Unterschied darin begründet sei, dass die „Smaragde" einem speziellen „Reinigungsprozess" unterzogen wurden. Clarke und King waren zum Zeitpunkt des Prozesses in Berlin vermögenslos,[159] was auch Rückschlüsse auf die finanziellen Verhältnisse der englischen Aktiengesellschaft zulässt.

Clarke, der an mehreren Transaktionen beteiligt gewesen war, wurde 1910 in Berlin inhaftiert und schließlich 1911 in zweiter Instanz zu sechs Monaten Gefängnis verurteilt. Im selben Jahr erhielt der falsche Vanderbilt in London drei Jahre Arrest. William King, der ebenfalls in den Betrugsfall verwickelt war, wurde in London verhaftet, aber bald darauf ohne Verurteilung wieder freigelassen.[160]

1917 veröffentlichte das österreichische Finanzministerium eine Liste ausländischer Unternehmen, die 1913 in Österreich tätig waren. Darin wurde die Gesellschaft „Emerald Mines Limited" als offiziell in Bramberg (Salzburg) ansässig aufgeführt.[161] Die Tatsache, dass das Unternehmen in dieser Tabelle noch aufgeführt ist, weist jedoch nicht auf Bergbauaktivitäten im Jahr 1913 oder in den Jahren zuvor hin. In den ersten Jahren nach dem Ende des Bergbaus 1906 oder 1907 war nur eine Wache vor Ort. Außerdem war die Mine nach dem Braganza-Skandal von 1909–1911 nicht wieder geöffnet worden, und in diesen Jahren war nicht einmal mehr eine Wache für die Sicherheit der Mine vorhanden.[162] Für einen nicht genau bekannten Zeitraum waren die Löhne der Bergleute und von anderen Angestellten nicht gezahlt worden, und schließlich waren die englischen Eigentümer oder Vertreter des Unternehmens verschwunden.[163]

Nach mehreren Dokumenten in der Akte „Unbefugter Bergbau in Bramberg" hatte das in Manchester ansässige Unternehmen beantragt, die verschiedenen von der Regierung auszustellenden Genehmigungen für in Österreich tätige ausländische Unternehmen zu erteilen. Der Antrag war jedoch unvollständig und weitere benötigte Details oder Dokumente wurden auch nach mehrfacher Aufforderung durch die österreichische Verwaltung vom Vertreter des Unternehmens in Wien nicht eingereicht. Daher wurden bis Februar 1910 keine entsprechenden Betriebsgenehmigungen erteilt.[164] Darüber hinaus stellte die örtliche Verwaltung fest, dass das Unternehmen seit der Betriebsschließung zumindest bis Oktober 1909 im Habachtal keinen aktiven Bergbau mehr betrieben hat.[165]

Das Fehlen einer legalen Arbeitserlaubnis für die englische Aktiengesellschaft in Österreich geht auch aus dem „Compass – Finanzielles Jahrbuch für Oesterreich-Ungarn" hervor, einem Finanz- und Industriehandbuch, in dem alle in- und ausländischen Aktiengesellschaften aufgeführt sind, die registriert waren und eine legale Arbeitserlaubnis besaßen.[166] In keinem der verschiedenen Bände des Handbuchs für die Jahre 1907 bis 1914 ist die Gesellschaft „Emerald Mines Limited" aufgeführt. Dies bestätigt, dass das Unternehmen nach dem Urteil von 1906 nie die erforderlichen Genehmigungen für legale Bergbautätigkeiten erhalten hat und alle Aktivitäten der englischen Gesellschaft innerhalb des gesamten Zeitraums ab 1895, zumindest formal, als illegal anzusehen sind.

Obwohl sich die Erteilung der geforderten Betriebsgenehmigung über Jahre hinzog und nicht abgeschlossen wurde, ordnete die österreichische Regierung niemals an, alle formal illegalen Aktivitäten einzustellen. Soweit es die vorliegenden Dokumente erkennen lassen, waren die zuständigen Behörden immer offen dafür, den Smaragdabbau des Unternehmens zu legalisieren, sofern die bestehenden Gesetze Österreich-Ungarns eingehalten wurden.

Die letzte dokumentierte Tätigkeit des Unternehmens in Österreich war die Einstellung von Peter Nagl (1860–1947, Abb. 24) aus Bramberg für nicht genau bekannte Arbeiten im Juli und August 1910 für zwölf Kronen pro Woche, für die das Gehalt letztendlich aber nicht bezahlt wurde.[167]

Übertragung in österreichischen und deutschen Besitz und erste Schritte zur Wiedereröffnung (1911–1920)

Im Laufe der Zeit hatten sich die Verbindlichkeiten des englischen Unternehmens in Österreich, einschließlich von Schulden gegenüber Ernst Horeis aus Wien (siehe Anhang B), der offensichtlich für die Bergbaugesellschaft gearbeitet hatte, Schulden gegenüber der Gemeinde Bramberg, verschiedene Steuern und Gebühren usw. auf 41.658 Kronen angehäuft. Da zahlreiche Zahlungsaufforderungen ignoriert wurden, setzte das Finanzamt in Mittersill eine Versteigerung der Smaragdmine für den September 1911 an. Weil sich jedoch kein Käufer fand, wurde das Eigentum an der Mine vom Gericht im Januar 1913 auf die Gemeinde Bramberg übertragen.[168] Letztendlich wurde die Gesellschaft „Emerald Mines Limited" erst 1921 in Großbritannien offiziell aufgelöst.[169]

Die Familie Goldschmidt-Brandeis zeigte offensichtlich noch immer Interesse am Smaragdbergwerk. Deshalb beantragte und erhielt der Chemie-Ingenieur Ernst Brandeis (1872–1942), der Sohn von Albert und Jeanette Brandeis, Goldschmidts Enkel, im Jahr 1912 eine Schurfbewilligung für das Kronland Salzburg.[170] Praktische Konsequenzen und Aktivitäten von Ernst Brandeis in dieser Zeit sind bisher nicht bekannt geworden.

Im August 1912 wurde von dem Geologen Dr. Theodor Ohnesorge, Geologische Reichsanstalt Wien, ein Bericht und Wertgutachten für das Bezirksgericht

Abb. 26: Im Oktober 1916 wurde die Smaragdmine von dem Holzhändler Anton Hager gekauft, der zu dieser Zeit in Traunstein, Bayern, lebte, aber in Österreich geboren wurde. Hager versuchte, einen Partner und einen Investor zu finden, scheiterte jedoch an den Umständen am Ende oder kurz nach dem Ersten Weltkrieg. Foto um 1925, Familienarchiv B. Leitermann, Traunstein, Deutschland.

Abb. 27: In den späten 1910er- und frühen 1920er-Jahren begutachtete der Bergbauingenieur und Minenverwalter Heinrich Stuchlik die Liegenschaft im Habachtal für Anton Hager, insbesondere als Lagerstätte für die industrielle Gewinnung von Talk. 1928 schrieb Stuchlik einen weiteren Bericht über die Habachtal-Lagerstätte für die Schweizer Minenbesitzerin. Foto um 1910, Historisches Archiv der Stadt Traunstein, Deutschland.

Abb. 28: Auf der Suche nach einem Partner und Investor verkaufte Anton Hager die Hälfte der Liegenschaft im Habachtal an seinen Halbbruder Peter Staudt, ebenfalls Holzhändler aus Traunstein. Staudt leitete die von seinem Vater Carl Staudt gegründete Holzhandlung. Foto um 1925, Familienarchiv B. Leitermann, Traunstein, Deutschland.

Abb. 29: Im Jahr 1920 erstellte Johann Hanisch, damals Steiger bei der Mitterberger Kupfer-Aktiengesellschaft in Mühlbach am Hochkönig, eines von mehreren Gutachten über die Smaragdmine im Habachtal, welche Hager und Staudt in die Lage versetzen sollten, den Smaragdbergbau nach dem Ersten Weltkrieg wieder aufzunehmen. Archiv W. Günther, Foto um 1920.

Abb. 30: Im Jahre 1921 war der ehemalige österreichische Bergbeamte Josef Gerscha für einige Monate weiter damit beschäftigt, die für längere Zeit vernachlässigten Stollen wieder in Betrieb zu nehmen und Sicherungsmaßnahmen durchzuführen. Foto undatiert, Archiv der TU Bergakademie Freiberg, Deutschland.

in Mittersill erstellt.[171] Es ist anzunehmen, dass jenes Gutachten im Zusammenhang mit den Bemühungen der Jahre 1911–1913 stand, die Schulden der Gesellschaft durch einen Verkauf der Liegenschaft auszugleichen. Ohnesorge hatte schon vorher im Pinzgau als Geologe gearbeitet und Gutachten für die Bezirkshauptmannschaft Zell am See erstellt. Er beschreibt die Geologie der Lagerstätte und die Gesteinstypen, die von den vier Stollen durchquert werden. Dies ist das erste bislang verfügbare Dokument, in dem die vier Stollen, welche als A-, B-, C- und D-Stollen bezeichnet werden, explizit erwähnt werden.[172] Das Mundloch des D-Stollens war zur Zeit des Berichts von Felsmassen blockiert und musste vor einem weiteren Abbau wieder geöffnet werden. Die beiden unteren Stollen A und B trafen den smaragdhaltigen Biotitschiefer mit der Bezeichnung „Smaragdmutter" nicht und werden als nutzlos angesehen. Die beiden höher gelegenen Stollen C und D treffen auf den smaragdhaltigen Schiefer, der in dem Teil, der durch den D-Stollen zugänglich gemacht wurde, eine Dicke von bis zu zwei Metern erreicht. In Anbetracht der geringen Ausbeute an facettierbaren Smaragden berechnete Ohnesorge den Wert des Grundstücks auf 8.000 Kronen und somit weitaus geringer als den von der Gesellschaft angehäuften Schuldenberg.

Im Dezember 1913 wurde der Besitz von einer Gruppe von Bauern aus dem Dorf Bramberg, Alois Kaserer, Johann Blaikner und Peter Meilinger gekauft (Abb. 25).[173] Der Preis des Smaragdvorkommens belief sich auf 6.000 Kronen; das Eigentum wurde im Februar 1914 offiziell auf diese Personengruppe übertragen.[174] Bis zum Wiederverkauf und insbesondere für die Zeit des Ersten Weltkriegs ist kein Bericht über systematischen Smaragdabbau verfügbar.

Im Oktober 1916 verkauften Kaserer, Blaikner und Meilinger das Grundstück für 15.000 Kronen[175] an Anton Hager (Abb. 26)[176] aus Traunstein. Vor dieser Übertragung besaß Hager bereits mehrere Schurfbewilligungen in der Region,[177] und 1918 beantragte Hager neue Bewilligungen, um abgelaufene Schurfrechte zu ersetzen.[178]

Ein anonymes Exposé aus dem Jahr 1917 beschreibt die Geschichte der Smaragdmine im Habachtal und ihren gegenwärtigen Zustand.[179] Der Stolleneingang zum D-Stollen war noch immer, wie von Ohnesorge bereits 1912 beschrieben, von Steinen blockiert und sollte wieder geöffnet werden. Einige Hinweise für die Möglichkeiten eines zukünftigen Smaragdabbaus werden gegeben.

Im Juli 1918 ließ Hager von fünf Arbeitern erste Aufräumungsarbeiten im Bergwerksgebiet durchführen,[180] die auch in den beiden folgenden Jahren fortgesetzt wurden. Kurz danach erwog der Eigentümer des Grundstücks auch die Gewinnung von Talk als Industriemineral aus einem Gebiet in der Nähe der Smaragdlagerstätte, zunächst für das k. k. Kriegsministerium. Infolgedessen beantragte Hager im September 1918 auch die Genehmigung zum Abbau von

Talk.[181] Ein möglicher Vorrat von 200 Waggons pro Jahr mit einer Reserve für 100 Jahre wurde von dem Bergingenieur H. Stuchlik (Abb. 27)[182] von Traunstein ermittelt und in verschiedenen Briefen aus den Jahren 1918 und 1921 an Hager mitgeteilt. Darüber hinaus wurde in einem Brief von Stuchlik (1919) diskutiert, ob das Talkvorkommen über den Gebirgskamm vom Habachtal ins Hollersbachtal hineinreiche und ob ein Talkabbau auch im Hollersbachtal wirtschaftlich möglich wäre.[183]

Bereits im August 1918 suchte Hager nach einem Chemiker und/oder Partner für das „Talk- und Edelsteinbergwerk Habachthal".[184] Auch im folgenden Jahr, 1919, versuchte Hager noch immer einen Investor zu finden; der benötigte Betrag, der für den Abbau und den Transport des talkhaltigen Gesteins erforderlich war, wurde damals auf 800.000 Kronen geschätzt.[185] Es scheint, dass Hager keinen geeigneten Partner und Investor finden konnte, der in der Lage war, einen derart hohen Geldbetrag aufzubringen, und deshalb kaufte Peter Staudt (Abb. 28)[186] aus Traunstein, Hagers Halbbruder, im September 1920 die Hälfte des Grundstücks von Hager für 31.000 Kronen.[187] Sowohl Hager als auch Staudt beabsichtigten in den frühen 1920er-Jahren nicht nur den Smaragdabbau weiter zu verfolgen, sondern auch Aktivitäten in dem Gebiet durchzuführen, die nicht mit Edelsteinen zusammenhängen, d. h. die Gewinnung von Talk und sogar von Asbest aus den anstehenden Schiefergesteinen.[188] Ihre Firma, ebenfalls 1920 gegründet, firmierte unter „Talk- und Edelsteinbergwerke Habachthal".[189] Hager und Staudt führten die Aufräumungsarbeiten im Bergwerksgebiet fort und begannen 1920 erneut mit dem Smaragdabbau.[190]

Die Mine im Besitz von Anton Hager und Peter Staudt (1920–1927)

In den Jahren 1920 und 1921 wurde das Gebiet erneut von mehreren Experten untersucht. Die Berichte bzw. Gutachten wurden von dem Ingenieur L. Autzinger[191] von der Firma „Abihag", Linz und Graz (der seine Ergebnisse 1922 auch veröffentlichte) und von J. Hanisch (Abbildung 29)[192] erstellt, Aufträge für chemische Analysen von Talk wurden an Laboratorien in Salzburg, Wien und München vergeben.

Autzinger fand die Mine in gutem Zustand, alle Eingänge zu den vier Stollen waren nun freigeräumt und wieder zugänglich. Für das Industriemineral Talk schätzte Autzinger die mögliche Produktion: *„Von besonderer Wichtigkeit ist das [...] Vorkommen von Talkschiefer und Speckstein, auch Talkum genannt, der – meiner Schätzung nach – bei einer jährlichen Fördermenge von 400 Waggons*[193] *200 Jahre ausreicht".* In Bezug auf Smaragde meldete Autzinger einen enormen Ertrag von fünf Kilogramm (25.000 Karat) sauberer Smaragde pro Woche für die Zeit, in der sich die Mine in englischem Besitz befand: *„Betrugt doch die Wochenausbeute der Engländer ein Fünfkilosäckchen."* Er nahm an, dass eine vergleichbare Ausbeute auch in Zukunft möglich sein werde.[194]

Hanisch berichtet ebenfalls, dass die Stollen der Mine, die sich zuvor in einem sehr schlechten Zustand befunden hatten, 1920 gereinigt und die Eingänge freigelegt worden waren, Sicherheitsmaßnahmen waren durchgeführt worden.[195] Talkhaltige Gesteine wurden 1920 von H. Opbacher, mineralogisch-geologisches Labor an der Technischen Universität München, untersucht. Zur Bestimmung der Mineralzusammensetzung wurden Dünnschliffe hergestellt und Versuche zur Verarbeitung und Reinigung von Talk und Asbest durchgeführt.[196]

Talk wurde in den 1920er-Jahren für verschiedene technische Anwendungen verwendet, etwa für Kosmetika, pharmazeutische Produkte, Glas, Spezialpapiere, Leder, Textilien, Seife.[197] Basierend auf Autzingers geschätzter Produktion für Talk und Smaragd wurde von K. E. Moldenhauer vom Institut für Chemische Technologie der Technischen Universität München ein detaillierter Geschäftsplan entwickelt,[198] der im Dezember 1920 an Hager und Staudt übergeben wurde. Die Kosten für den Tagebau von Talk und den Untertagebau von Smaragden wurden zusammen mit dem Transport der gewonnenen Erze und Gesteine ins Tal berechnet. Am Ort des Gästehauses „Alpenrose" sollte ein Elektrizitätswerk gebaut werden, zusammen mit Einrichtungen zur Trennung von Smaragden vom Muttergestein und zum Mahlen und Sieben des talkhaltigen Erzes, gefolgt von einer magnetischen Trennung von eisenhaltigen Komponenten des Gesteins sowie zum Trocknen, Wiegen, Verpacken und Transportieren des gereinigten Talkumpulvers zum nächsten Bahnhof. Es wurde eine Investition für beide Teile des Geschäfts, Smaragd und Talk, im Bereich von 8,500.000 Mark berechnet, und selbst bei einem derart hohen Investitionsbetrag, der von einem neu zu gründenden Bergbauunternehmen getätigt werden sollte, wurde angenommen, dass die Anlage profitabel sei. Diese Annahme beruhte beispielsweise auf einem Wert von 250.000 Mark, berechnet für ein Kilogramm Rohsmaragd, wobei gleichzeitig ein wöchentlicher Ertrag von fünf Kilogramm aus der „englischen" Ära zu Grunde gelegt wurde, was zu einem geschätzten wöchentlichen Einkommen von 1,250.000 Mark, lediglich aus der Smaragdproduktion, führen sollte. Bei diesen Zahlen fragt man sich unweigerlich, warum der lukrative Smaragdabbau von den Engländern aufgegeben wurde.

1921 beantragten und erhielten Hager und Staudt die erforderliche Arbeitserlaubnis für die Wiederaufnahme der Arbeiten zur Gewinnung von Smaragden und Talk. In Hagers Antrag enthalten war auch die Genehmigung zur Installation der für die Talkproduktion erforderlichen Produktionsanlagen, Transporteinrichtungen (Seilbahn) usw. Die Genehmigung für einen Steinbruchbetrieb auf Talk über Tage und den Bergbau für Smaragde unter Tage wurde am 23. Juli 1921 erteilt, beide Betriebszweige unterlagen formal der Gewerbeaufsicht. Der Betrieb vor Ort wurde 1921 von dem Bergmeister und ehemaligen Bergbeamten Josef Gerscha (Abb. 30, 1864–1941) geleitet.[199] Gerscha berichtet, dass seit dem Ende der Aktivitäten der englischen Besitzer für mehr als ein Jahrzehnt keine Arbeiten zur Instandhaltung des Bergwerks durchgeführt worden waren.

Alle verfügbaren Dokumente weisen auf eine professionelle Bewertung des Potenzials der Lagerstätte und der Verarbeitung durch Hager und später durch Hager und Staudt hin. Die hohen Investitionen für die Herstellung großer Mengen von gereinigtem Talk für industrielle Zwecke wurden jedoch nie realisiert, und die verschiedenen Anlagen und Einrichtungen für Bergbau, Transport, Verarbeitung und Reinigung wurden nie gebaut, weder am Berg noch im Tal. Es scheint, dass die Talkproduktion nie über die ersten experimentellen Schritte für kleine Mengen von abgebautem und transportiertem Erz erweitert wurde, und es ist nicht bekannt, dass die beiden Eigentümer jemals Talk im Gebiet des Habachtals kommerziell gewinnen konnten.[200]

1924 versuchten Hager und Staudt, die Liegenschaft an den Linzer Investor und Elektrowarenhändler Adolf Eichmann zu verkaufen. Eine Optionserklärung zugunsten von Eichmann vom Februar 1924 wurde in die Grundbuchseiten des Smaragdbergwerks im Habachtal beim Grundbuchamt Mittersill eingetragen, aber innerhalb desselben Jahres wieder gelöscht.[201] Der Optionsvertrag mit Eichmann führte somit nicht zu einem Verkauf und zu einer Eigentumsübertragung.

Der Smaragdabbau wurde von Hager und Staudt während ihrer Zeit als Eigentümer mit einer unbekannten Anzahl von Arbeitern durchgeführt. Vergleicht man den Stollenplan von Anton Hager Junior,[202] dem Sohn des Eigentümers, aus dem Jahr 1923 (Abb. 31a, b) mit einer etwas detaillierteren Karte, die auch von Hager erstellt wurde und die Situation im Oktober 1926 darstellt (Abb. 32), ist ersichtlich, dass in den 1920er-Jahren innerhalb des vorhandenen Stollensystems zusätzliche Bereiche am Ende des D-Stollens abgebaut wurden. Hagers Karten sind die ersten Skizzen des D-Stollens, der in beiden Karten gezeigt wird, und des C-Stollens, der lediglich in der späteren Karte von 1926 dargestellt ist. Laut Eberl (1972) war ein deutscher Ingenieur Brennekam (Abb. 33a, b)[203] für den Bergbau vor Ort verantwortlich. Es wird angegeben, dass die Besitzer innerhalb einiger Jahre eine gute Smaragdproduktion hatten, aber die Edelsteine nicht entsprechend ihrem tatsächlichen Wert verkaufen konnten.[204]

Im Gegensatz zu den Ereignissen in den 1930er-Jahren ist nicht bekannt, dass die Gewinnung von Smaragden als Edelsteine und die Exploration des Talkvorkommens oder Gewinnung von Talk als Industriemineral innerhalb dieser Zeit irgendwelche formalen Probleme mit der Regierung verursachten. Beide Vorhaben der Firma Hager-Staudt fielen unter die Vorschriften der Gewerbeordnung und nicht unter das Bergrecht, die beantragten und ereilten Bewilligungen entsprachen diesen Vorgaben.

Geschichte des Smaragdbergbaus im Habachtal, Pinzgau, Salzburg

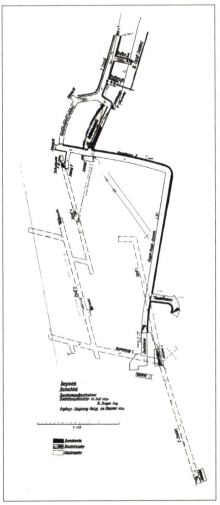

Abb. 31: (a) Skizze des 1923 von Anton Hager Junior gezeichneten D-Stollens. Es wird gezeigt, dass das Stollensystem an seinem Ende auf die gesuchten smaragdhaltigen Talk- und Biotitschiefer (hellblau und gelb) trifft. Archiv E. Burgsteiner, Bramberg. (b) Die erste Karte des D-Stollens wurde vom Ingenieur Anton Hager Junior, dem Sohn des Minenbesitzers, erstellt. Foto um 1927 vor dem Stolleneingang, Familienarchiv B. Leitermann, Traunstein, Deutschland.

Abb. 32: Karte des C- und des D-Stollens der Smaragdmine im Habachtal, 1924 von Anton Hager Junior erstellt und 1926 aktualisiert. Dies ist die älteste verfügbare Skizze, die beide Stollen zusammen zeigt. Archiv der Gemeinde Bramberg.

Abb. 33: In den 1920er-Jahren leitete Max Brennekam den Bergbau vor Ort, als die Liegenschaft Anton Hager und Peter Staudt gehörte. Nachdem die Mine an eine Schweizer Firma verkauft worden war, arbeitete Brennekam Ende 1927 auch einige Wochen für die neue Firma, verließ Österreich jedoch Mitte 1928.
(a) Porträt von Brennekam, um 1927; (b) Brennekam mit einer Gruppe von Bergleuten am Eingang eines Stollens, 1920er-Jahre. Archiv E. Burgsteiner, Bramberg.

Interessenkonflikte um die Kontrolle der Smaragdmine (1927–1934)

Im Oktober 1927 wurde die Liegenschaft für 66.000 SFR an die Schweizer „Aktiengesellschaft für modernen Bergbau" in Chur verkauft und das Eigentum entsprechend übertragen.[205] Das Unternehmen wurde im Oktober 1927 mit einem Kapital von 100.000 SFR registriert. Der Verwaltungsrat bestand aus Alfred Mannesmann (Präsident) und Hermann Hoesch, zwei deutschen Industriellen, Hans Nipkow (Vizepräsident), Emil Frey, Bartholome Jeger und Florian Prader, alle Schweizer Ingenieure oder Bankiers, und Conde de Santa Maria de la Sisla, spanischer Staatsbürger und Abgeordneter von Madrid im spanischen Parlament. Christian Buol, ein Anwalt aus Zürich, wird bis 1929 als Geschäftsführer des Unternehmens genannt, und ab 1929 hatte der deutsche Bankier Justus H. Vogeler diese Position inne.[206]

Gemäß dem Vertrag vom Oktober 1927 musste der Kaufpreis bis zum 1. Januar und 1. Mai 1928 in zwei Raten von 33.000 SFR gezahlt werden. Grundpfandrechte gegen das Eigentum wurden im Grundbuch eingetragen, um die vollständige Zahlung zu gewährleisten. Neben dem Kauf des Grundstücks wurde auch die Übertragung mehrerer Schurfbewilligungen im Besitz von Anton Hager in das Geschäft einbezogen. Max Brennekam, der von Staudt und Hager als Bergingenieur eingestellt worden war, unterzeichnete den Vertrag als Zeuge. Im Januar 1928 wurden, wie im Vertrag vorgesehen, neun Schurfbewilligungen von Hager auf die neue Eigentümergesellschaft übertragen.[207]

Nach dem Kauf im Oktober 1927 wurden die Bergbauaktivitäten im Namen der neuen Minenbesitzerin für etwa vier Wochen wieder aufgenommen. Die Operationen wurden mit acht Bergleuten unter Anleitung von Brennekam und Anton Hager Junior durchgeführt.[208] Es wird beschrieben, dass das Unternehmen mit einem Büro im Senningerbräu, einem Gasthaus in Bramberg, residierte.[209] Das smaragdhaltige Muttergestein wurde von Trägern von der Mine ins Tal nach Bramberg transportiert, wo das Material gewaschen und Smaragdkristalle vom Muttergestein abgetrennt wurden.[210] Es wird erwähnt, dass auch Hager und Staudt für eine gewisse Zeit auf diese Weise operierten.

Brennekam, Anton Hager Junior und Anton Hager Senior kommunizierten im Herbst 1927 mit der österreichischen Verwaltung, um einen reibungslosen Übergang der verschiedenen erforderlichen Genehmigungen bei den Behörden zu gewährleisten. Brennekam, der nun die neue Aktiengesellschaft vertrat, sollte einen neuen Antrag auf Erteilung einer formalen Arbeitserlaubnis für das Schweizer Unternehmen stellen, konnte dieser Aufforderung jedoch nicht nachkommen, da er mehrere Monate lang keine formale Zustimmung aus der Schweiz erhielt. Brennekam verließ Bramberg im Juni 1928 und zog zurück nach Berlin.[211]

Was den Kaufpreis betrifft, erfolgte keine Zahlung der vereinbarten zweiten Rate durch die Schweizer Aktiengesellschaft, sodass von Hager und Staudt eine

Zwangsversteigerung eingeleitet wurde.[212] Der Wert der Liegenschaft wurde auf 67.000 Schilling geschätzt, der niedrigste mögliche Kaufpreis wurde mit 44.354 Schilling angegeben[213] (was damals dem Betrag der zweiten unbezahlten Rate von 33.000 SFR entsprach). In der Presse wird berichtet, dass die Auktion am 1. Dezember 1928 abgesagt wurde, weil die Schulden beglichen worden waren.[214]

Die „Aktiengesellschaft für modernen Bergbau" benötigte dringend Bargeld, um die für den 1. Dezember 1928 angesetzte Versteigerung zu vermeiden. Das Unternehmen erhielt von Hans Streubert,[215] einem Bergwerksbesitzer und Bergbauunternehmer aus München, am 6. November 1928 ein Darlehen in Höhe von 50.000 Reichsmark.[216] Streubert war zuvor im östlich des Habachtals gelegenen Hollersbachtal aktiv gewesen (siehe Abb. 2) und war wohl über die Probleme der im benachbarten Tal im Smaragdbergbau tätigen Schweizer Aktiengesellschaft informiert.

Pfandrechte von Streubert wurden ins Grundbuch eingetragen, und schon wenige Tage später, am 9. November 1928, wurden die Grundpfandrechte von Hager und Staudt gelöscht.[217] Obwohl Hager und Staudt letztendlich den vollen Kaufpreis erhalten hatten, war Staudt im Dezember 1928 gezwungen, wohl aufgrund finanzieller Verluste während des Betriebs der Mine und möglicherweise aus anderen, nicht näher bekannten Gründen, seine eigene Holzhandlung in Traunstein zu schließen.[218] In der folgenden Zeit arbeitete Staudt in der Verwaltung der Stadt Traunstein.[219] Hager hatte schon 1926 Traunstein verlassen und war in die Gegend von Salzburg gezogen.

Die vertragliche Laufzeit von Streuberts Darlehen war auf drei Jahre festgelegt, es wurde jedoch bereits nach zwei Wochen, am 21. November 1928,[220] zu gleichen Teilen notariell an Max Gaab (Abb. 34) und Meta Geist (Abb. 35)[221] übertragen. Ursprünglich war beabsichtigt, die Liegenschaft zu kaufen, aber es ist nicht bekannt, warum dieser Schritt 1928 weder von Streubert noch von Gaab und Geist verwirklicht wurde.

Im Dezember 1928 wurde die „Smaragd-Bergbau Habachtal G.m.b.H." in Mittersill als Betriebsgesellschaft für die Schweizer Aktiengesellschaft gegründet. Das Unternehmen wurde nun von Hans Streubert vertreten, der in München ansässig blieb.[222] Somit war kein Vertreter der Eigentümerin dauerhaft vor Ort. Streubert berichtet, dass 1929 nur begrenzte Reinigungs- und Explorationsarbeiten in den Stollen durchgeführt wurden, wobei ein Wachmann zum Schutz der Mine abgestellt war.[223] In mehreren Briefen an die österreichische Verwaltung bis 1931 legte Streubert wiederholt dar, dass seit 1928 keine regelmäßigen Bergbautätigkeiten mehr durchgeführt worden waren, was zahlreiche Kontrollberichte der örtlichen Gendarmerie bestätigten.[224]

Einer Veröffentlichung von H. Leitmeier (1929/1930)[225] ist zu entnehmen, dass die Mine 1929 nicht in Betrieb war und die Eingänge zu den Stollen

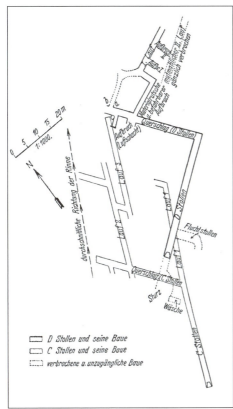

Abb. 34: Ende der 1920er-Jahre investierte der Münchner Anwalt Max Gaab in die Smaragdmine im Habachtal und lieh der Eigentümerin der Liegenschaft, der Schweizer „Aktiengesellschaft für modernen Bergbau", zunächst einen höheren Geldbetrag. 1933 wurde Gaab Miteigentümer des Bergbaugebiets im Habachtal. Foto aus den 1920er-Jahren, Familienarchiv I. von Klitzing, München, Deutschland.

Abb. 35: Bei seiner Investition in das Smaragdbergwerk im Habachtal wurde Max Gaab von der in München und Fischbachau lebenden wohlhabenden Witwe Meta Geist unterstützt. Foto um 1940, Familienarchiv I. von Klitzing, München, Deutschland.

Abb. 36: Im Juni 1929 untersuchte der deutsche Bergbauexperte Wilhelm Müller die Mine im Auftrag der Schweizer Minenbesitzerin. Müller erstellte einen Bericht mit einem Stollenplan, der von Leitmeier 1937 neu gezeichnet und veröffentlicht wurde.

geschlossen waren, bis der Bergbau schließlich 1932 von einem italienischen Unternehmen wieder aufgenommen wurde.[226] Dies deutet ebenfalls darauf hin, dass in der Mine, solange sie im Besitz der Schweizer Aktiengesellschaft war, lediglich im Herbst 1927 für kurze Zeit regulär gearbeitet wurde.

Im Juni 1929 lieh Gaab dem Schweizer Bergbauunternehmen einen weiteren Betrag von 5.000 Reichsmark.[227] Dieses Datum fällt in die Zeit der Anstellung von W. Müller[228] für begrenzte Explorationsarbeiten, die im Juni 1929 von Müller und sieben Arbeitern durchgeführt wurden. Müller erstellte eine Karte der verschiedenen Stollen (Abb. 36) und versuchte den möglichen Ertrag der Mine abzuschätzen. Auf der Basis der 1.800 Smaragde mit einem Gesamtgewicht von 3.600 Karat, die während seines Aufenthalts geborgen wurden, berechnete er unter der Annahme, dass zwei Prozent der Kristalle (72 Karat) facettierbar waren, eine Jahresausbeute im Wert von 61.500 Reichsmark, welche die Mine rentabel machen würde. In seinem Bericht machte Müller auch detaillierte Vorschläge zur Wiederaufnahme weiterer Explorationsarbeiten zur Lokalisierung des smaragdhaltigen Schiefers in den C- und D-Stollen.[229] Auch nachdem Müller das Gebiet verlassen hatte, bat der damalige Leiter der Explorationsarbeiten vor Ort, E. Klein, Müller noch um weitere detaillierte Vorschläge, um den Betrieb fortzusetzen.[230]

Im Februar 1930 wurde in München ein „Exposé" von einem nicht namentlich genannten Direktor einer „Deutsch-Österreichischen Edelsteinbergwerks Gesellschaft" verfasst.[231] Das Dokument nennt die Firma „Smaragdbergbau Habachtal GmbH" als Besitzerin der Liegenschaft seit Herbst 1928, welche – rechtlich gesehen – lediglich die von Streubert vertretene Betriebsgesellschaft war, die für die Schweizer Minenbesitzerin in Österreich tätig war. Die eigentliche Eigentümerin, die Schweizer „Aktiengesellschaft für modernen Bergbau", wird nicht erwähnt.

Das anonyme Exposé beschreibt als Zweck des neuen Münchner Unternehmens, Kapital zur Unterstützung der Eigentümerin der Mine zu sammeln. Dazu ist beabsichtigt, „Aktien" der deutschen Gesellschaft auszugeben. Der Verwaltungsrat besteht aus vier Personen, die ebenfalls als Verwaltungsratsmitglieder des in Chur ansässigen Schweizer Unternehmens aufgeführt sind, nämlich Hermann Hoesch, Christian Buol, Justus H. Vogeler und Conde de Santa Maria de la Sisla sowie aus drei weiteren deutschen Staatsbürgern, die namentlich genannt werden: Friedrich Ritter von Heinzelmann, Heinrich Paxmann und Friedrich Graf Larisch.

Ein Geschäftsplan zur Gewinnung von Smaragd, Beryll und Talk,[232] der eng mit dem Exposé verbunden ist, beschreibt das Potenzial der Mine und ihre wirtschaftliche Relevanz und bewertet die mögliche Produktion von Smaragd in Edelsteinqualität, Beryll als Berylliumerz und Talk für industrielle Anwendungen. In diesem Dokument wird zum ersten Mal eine wirtschaftliche Produktion von Smaragd in Edelsteinqualität, Beryll als Berylliumerz und Talk beschrieben, d. h. es wird erstmalig die Gewinnung des Edelsteins zusammen mit zwei weiteren Industriemineralen erwähnt. In dem ebenfalls anonymen Dokument wird angegeben, dass die Smaragdminen in Kolumbien geschlossen und die Minen im Ural vollständig ausgebeutet seien, eine Tatsache, welche die kommerziellen Möglichkeiten des Bergwerks im Habachtal angeblich unterstreiche. Der Geschäftsplan zitiert drei weitere Berichte verschiedener Gutachter, des Bergingenieurs Sporn[233] von 1928, des Bergingenieurs Stuchlik aus demselben Jahr (Stuchlik hatte bereits für Hager gearbeitet) und den bereits besprochenen Bericht von Müller aus dem Jahr 1929. Der Geschäftsplan berechnet den Wert des Grundstücks auf 684.000 Reichsmark, er gibt eine Ausbeute der Mine für das Jahr 1930 von 60.000 Karat an und errechnet für das erste weitere Betriebsjahr 1932 einen Gewinn von 267.000 Reichsmark. Diese Annahmen liegen somit weit über den realistischeren Angaben von Müller aus dem Jahr 1929. Zumindest dieser Teil der Darstellung ist höchst fragwürdig, da in der Mine im Jahr 1930 praktisch nicht gearbeitet wurde.

Eine Untersuchung der rechtlichen Lage der „Deutsch-Österreichischen Edelsteinbergwerks Gesellschaft" durch die Münchner Handelskammer im Juni 1930 ergab, dass das Unternehmen zu jenem Zeitpunkt in München nicht legal registriert war.[234] Es wurde angegeben, dass Personen, die an Betrügereien im Bergbausektor und ähnlichen Delikten in Deutschland beteiligt waren und 1932 zu Gefängnisstrafen verurteilt wurden,[235] an dieser „Gesellschaft" beteiligt waren. Es ist nicht bekannt, ob jemals Aktien ausgegeben und ob Investoren gefunden wurden.

1930 reichte der Anwalt der beiden Gläubiger Max Gaab und Meta Geist Klagen im Namen beider Mandanten gegen die Schweizer Aktiengesellschaft in Österreich wegen verschiedener Schulden und der Nichtzahlung von Zinsen ein.[236] Dies zeigt, dass beide Gläubiger ihr Engagement im Habachtal damals hauptsächlich als Geschäft betrachteten. Um dieses und andere finanzielle Probleme zu lösen, nahm das Schweizer Unternehmen Kredite bei einem Münchner Bankhaus und bei Florian Prader (Abb. 37) auf,[237] einem der Direktoren des Schweizer Unternehmens. Dieser Kredit wurde als Pfandrecht in das Grundbuch eingetragen.[238]

Im Oktober 1931 wurde das Insolvenzverfahren gegen die Schweizer Muttergesellschaft eröffnet. Die Akte wurde jedoch bereits drei Tage später vom Gericht wieder geschlossen, da in der Schweiz keine Liegenschaften oder anderes Vermögen vorhanden war.[239] Offensichtlich wurde das Unternehmen zunächst noch nicht aufgelöst, weil das Eigentumsrecht an der österreichischen Liegenschaft noch bestand. In einem abschließenden Beschluss des Schweizer Gerichts vom Februar 1934 wird erwähnt, dass der vom österreichischen Gericht in Mittersill für die Versteigerung der Mine im Jahr 1933 erhaltene Geldbetrag (s. u.)

Abb. 37: Der Schweizer Ingenieur Florian Prader war einer der Direktoren der Schweizer „Aktiengesellschaft für modernen Bergbau", die 1927 die Liegenschaft im Habachtal erwarb. Im weiteren Verlauf lieh Prader dem Unternehmen einen größeren Geldbetrag, er wurde schließlich 1933 zusammen mit Max Gaab und Meta Geist einer der drei Eigentümer der Smaragdmine. Foto undatiert, aus „Schweizerische Bauzeitung" 1946.

Abb. 38: In den frühen 1930er-Jahren wurden im Namen des Berliner Malers Christian Schad (a, Mitte) zahlreiche Schurfbewilligungen im Habachtalgebiet registriert oder gekauft. Die Investitionen wurden von Christian Schads Vater Dr. Carl Schad (b, rechts), einem Notar aus München, initiiert. Foto von Christian Schad, um 1930; Foto von Carl Schad um 1934/1935; Christian Schad Stiftung Aschaffenburg, Museen der Stadt Aschaffenburg.

Abb. 39: Professor Hans Leitmeier von der Universität Wien erstellte Anfang der 1930er-Jahre verschiedene Gutachten, in denen er unter anderem feststellte, dass der Smaragdabbau im Habachtal nicht wirtschaftlich sei, die Gewinnung von Beryll als Berylliumerz jedoch wirtschaftlich erfolgreich sein könnte. Das Foto zeigt Leitmeier vor dem Eingang des D-Stollens der Smaragdmine im Habachtal, um 1935. Archiv P. Lausecker, Kirchhundem, Deutschland.

die Verbindlichkeiten der Gesellschaft nicht abdeckte.[240] Die österreichische Tochtergesellschaft „Smaragdbergbau Habachtal GmbH" wurde erst 1937 offiziell gelöscht.[241] Zwischenzeitlich, als die Schweizer Muttergesellschaft bereits insolvent war, kam es jedoch 1932 zu einem heftigen Kampf um Geld und Bergbaurechte und insbesondere um die Kontrolle der Mine zwischen mehreren Beteiligten.

Die Hauptvorkommnisse in den frühen 1930er-Jahren, einschließlich dieses Konflikts, sind aus der Akte „Beryll-Smaragd-Habachtal", Montanbehörde West, Salzburg, aus der Akte „Status von Beryll als Erzmineral", Österreichisches Staatsarchiv, Wien, ferner aus zwei Akten des Bezirksgerichts Mittersill von 1932 und 1933 im Wesentlichen entnehmbar.[242] Es ist jedoch darauf hinzuweisen, dass die in diesen Akten enthaltenen Schriftstücke nicht alle Dokumente und Urteile, die von den drei beteiligten Gerichten in Mittersill, Salzburg und Wien bei der Bearbeitung der verschiedenen Klagen ausgestellt wurden, vollständig enthalten, da zur selben Zeit mehrere Verfahren und Klagen bei verschiedenen Gerichten bearbeitet wurden. Die wichtigsten beteiligten Personen, Unternehmen oder Interessengruppen sind in Tabelle 1 zusammengestellt, um dem Leser das Verständnis der folgenden kurzen Zusammenfassung der wichtigsten Vorkommnisse zu erleichtern.

Obwohl die Schweizer „Aktiengesellschaft für modernen Bergbau" in Chur 1931 bereits insolvent war, wurde das Unternehmen nicht aufgelöst, weil es weiterhin die Liegenschaft „Smaragdbergwerk in Habachtal" besaß. Ab 1930 wurden von dem Ingenieur Julius Burger[243] aus München im Namen des Malers Christian Schad (Abb. 38a) zahlreiche Schurfbewilligungen im Bereich des Habachtals registriert. Burger handelte nur formal im Namen von Christian Schad, war jedoch von Christians Vater Dr. Carl Schad (Abb. 38b) beauftragt worden.[244] In den frühen 1930er-Jahren wurden auch bestehende Schurfbewilligungen anderer Personen oder Gruppen von Burger aufgekauft und entsprechend rechtlich auf Schad übertragen.

Ab den frühen 1930er-Jahren wurde die Lagerstätte im Habachtal, zumindest theoretisch, als interessant für den Abbau von Beryll als Berylliumerz angesehen. Der technische Fortschritt hatte mehrere Anwendungen für Berylliummetall hervorgebracht, z. B. als Fenster für Röntgenröhren oder für metallurgische Prozesse. Wegen der Seltenheit abbauwürdiger Lagerstätten wurden hohe Preise für Berylliumerz und Berylliummetall gezahlt.[245] In den Jahren 1931 und 1932 erstellte Professor Hans Leitmeier (Abb. 39) von der Universität Wien auf Anfrage des Schweizer Unternehmens und von Schad-Burger zwei Gutachten, wobei die beiden Auftraggeber zu diesem frühen Zeitpunkt anscheinend eine Zusammenarbeit in Betracht zogen. Leitmeier erklärte, dass der Abbau von Smaragd in dem Vorkommen im Habachtal wegen der Unreinheit und schlechten Schleifqualität der Smaragde (Abb. 40) nicht wirtschaftlich sei, der Abbau von Beryll als Erzmineral zur Gewinnung von Berylliummetall aber kommerziell von Interesse wäre.[246] Unter der Voraussetzung, dass Beryll als Erzmineral betrachtet würde, fielen alle Aktivitäten des Beryllabbaus unter die Regelungen des Berggesetzes, im Gegensatz zum Abbau von Smaragd als Edelsteinmaterial, der nicht vom Berggesetz erfasst sei (siehe die Diskussion über ähnliche Probleme, mit denen die „Emerald Mines Limited" Aktiengesellschaft in den 1900er-Jahren konfrontiert war). Falls die Berghauptmannschaft diese Sicht der Dinge akzeptieren würde, hätte das faktisch einen Kontrollverlust des Grundbesitzers über alle durchgeführten Bergbauaktivitäten zur Folge.

Bevor Burger in Schads Namen weitere praktische Schritte unternehmen konnte, reichten Rudolf Nocker aus Bramberg und die Habach Weggenossenschaft in Bramberg Klage gegen die Minenbesitzerin beim Bezirksgericht Mittersill wegen relativ geringer Verbindlichkeiten in Höhe von 625 Schilling aus den Jahren 1930 und 1931 ein. Das Gericht, dem die Insolvenz des Unternehmens in der Schweiz bekannt war, versuchte, die Liegenschaft gegen eine Gebühr von 500 Schilling pro Jahr zu verpachten,[247] war jedoch nicht erfolgreich. In einem weiteren Schritt benannte das Gericht in Mittersill Hugo Ullhofen (1886–1973), einen Schullehrer aus Mittersill, zum Konkursverwalter. Ullhofen[248] verpachtete das Smaragdbergwerk im Habachtal an Angelo De Marchi, Landwirt und Landbesitzer aus Mailand, Italien.[249] Der am 27. Juli 1932 unterzeichnete Vertrag umfasste nominell die Sommersaison von zwei Jahren, vom August 1932 bis zum Oktober 1933. De Marchi war von dem Explorationsgeologen Gottfried Förster,[250] der sich seit 1930 für die Mine interessiert hatte, auf das Habachtal-Smaragdgeschäft aufmerksam gemacht worden.[251]

Laut einem Schreiben an das Gericht, verfasst von De Marchis Vertreter, dem Anwalt Dr. Gustav Freytag[252] aus Mittersill, befand sich das Bergwerk 1932 in einem äußerst schlechten Zustand, es war seit mehreren Jahren nicht mehr instandgesetzt worden. Durch illegale Bergbautätigkeiten und unkontrolliertes Sprengen waren einige Stollen (Abb. 41) nicht mehr zugänglich. Es wurde angegeben, dass De Marchi mit 15–20 Bergleuten zusammenarbeitete und 25.000 Schilling investierte, um die Mine wieder in Betrieb zu nehmen.[253] Offensichtlich waren die Abbauarbeiten von De Marchi im Jahr 1932 unter der Leitung von Förster als Minenmanager vor Ort erfolgreich – im Oktober 1932 ließ er 16 Kisten mit einem Gesamtgewicht von 500 kg, die Ausbeute des Jahres, über die Alpen nach Italien transportieren.[254]

Während der gesamten Saison von 1932 war De Marchi jedoch auch damit beschäftigt, Angriffe auf die ihm gemäß Pachtvertrag mit Ullhofen zustehenden Rechte abzuwehren. Schon am 16. August 1932, nur zwei Wochen nach dem offiziellen Beginn des Pachtvertrags mit De Marchi, stellte Burger im Namen von Schad gegenüber der Berghauptmannschaft folgende Forderungen auf:[255]

Abb. 40: Habachtal-Smaragde zeigen häufig eine hellgrüne bis intensiv grüne Färbung, sind jedoch oft gebrochen und stark durch Mineraleinschlüsse verunreinigt. Dies ist der Hauptgrund dafür, dass nur ein kleiner Teil der rohen prismatisch ausgebildeten Kristalle von facettierbarer Qualität ist. Das Foto zeigt Smaragdkristalle aus der Habachtal-Lagerstätte auf einer Matrix aus Biotitschiefer; das Handstück zeigt auch einige hellblaue bis graue Aquamarine (oben); Größe der Stufe ca. 19 x 6 cm, Länge der Smaragdkristalle bis 15 mm. Privatsammlung, Foto: K. Schmetzer.

1) Übergabe der Mine (§ 100–103 des Berggesetzes) gemäß den bestehenden Schurfbewilligungen, die ihm das ungehinderte Betreten des Grundstücks und die Ausführung von Arbeiten innerhalb der Stollen ermöglichen würden und

2) Verleihung entsprechender Titel für die Liegenschaft (§ 40–44 des Berggesetzes).

Es ist offensichtlich, dass beide Anträge nur dann gültig waren und zum Erfolg führen konnten, wenn Beryll gemäß dem Berggesetz als Erzmineral (vorbehaltenes Mineral) deklariert würde.

Bei dieser Auseinandersetzung wurde die „Aktiengesellschaft für modernen Bergbau" durch den Salzburger Rechtsanwalt Max Duschl[256] vertreten. Zwischen den verschiedenen beteiligten Parteien wurden am 13. September 1932 in Habach Verhandlungen geführt und der Leiter der Bergbehörde, Berghauptmann Dr. Franz Aigner (Abb. 42),[257] entschied, dass der Abbau von Beryll unter das Berggesetz fällt. Mit dieser Entscheidung, die zumindest teilweise durch Leitmeiers Gutachten gestützt wurde, änderte Aigner seine vorherige Meinung. Bei einer Inspektion der Mine am folgenden Tag, dem 14. September 1932, wurden jedoch nur begrenzte Mengen an Beryll nachgewiesen, sodass das Vorkommen nicht als wirtschaftlich deklariert und folgerichtig keine Titel an Burger-Schad verliehen werden konnten. Es wird erwähnt, dass De Marchi und seine Arbeiter einige Stellen versteckt hatten, an denen die Stollen Gesteine mit einem hohen Anteil an Beryll und Smaragd durchschnitten oder berührten. Infolgedessen erhielten Schad und Burger nur das Recht auf ungehindertes Betreten des Grundstücks zur Ausführung von Explorationsarbeiten, um später zu beweisen, dass in dem Bergbaubetrieb eine wirtschaftliche Gewinnung von Beryll als Berylliumerz möglich sei.[258]

Zusätzlich zum Konflikt zwischen der Schweizer Eigentümergesellschaft und Burger-Schad entstanden im Jahr 1932 weitere Gerichtsfälle. Zunächst beantragte Dr. Max Duschl als Vertreter von Max Gaab und Meta Geist, die seit 1928 Grundpfandrechte gegen das Eigentum besaßen, beim Salzburger Gericht, die Entscheidung des Bezirksgerichts in Mittersill zu widerrufen, in der Ullhofen als Konkursverwalter eingesetzt worden war. Unabhängig davon stellte Duschl beim Gericht in Mittersill im Namen von Florian Prader, der über zahlreiche Schurfbewilligungen in der Region verfügte, einen weiteren Antrag, sinngemäß mit gleicher Zielrichtung.[259] Bei beiden Anträgen war Duschl nicht erfolgreich, da – nach Ansicht des Gerichts – Gaab und Geist nicht die Eigentümer des Grundstücks waren und die Rechte von Prader durch Ullhofen als Konkursverwalter nicht beeinträchtigt wurden. Duschl hatte jedoch beim Aktenstudium festgestellt, dass dem Gericht bei der Bestellung Ullhofens als Konkursverwalter ein formaler Fehler bei der korrekten Zustellung der Gerichtsentscheidung an die Schweizer Eigentümerin unterlaufen war, der schließlich dazu

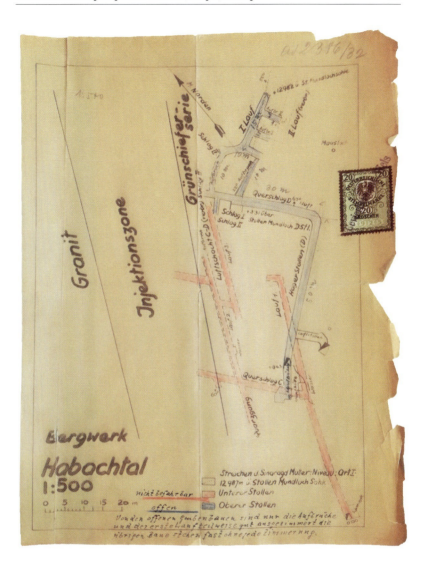

Abb. 41: Diese Karte von J. Köstler, August 1932, stammt aus einem der Dokumente, die sich auf die Konflikte zwischen verschiedenen Parteien im Jahr 1932 beziehen. Um die Karte vorzubereiten, wurde Anton Hagers Karte von 1924/1926 kopiert und farbig dargestellt. Der C-Stollen ist rot gefärbt und war zum damaligen Zeitpunkt nicht zugänglich, der D-Stollen ist blau gefärbt und wird als zugänglich bezeichnet. Dokument aus der Akte „Beryll-Smaragd-Habachtal", Montanbehörde West Salzburg.

führte, dass das Gericht in Mittersill die Ernennung Ullhofens am 20. November 1932 widerrief. Dadurch wurde auch der Vertrag zwischen Ullhofen und De Marchi formal aufgehoben.[260]

In den folgenden Monaten legte De Marchis Anwalt Berufung gegen die verschiedenen Entscheidungen von Berghauptmann Aigner und des Gerichts in Mittersill ein und setzte seine Bemühungen fort, eine offizielle Arbeitserlaubnis für die Smaragd-Gewinnung nach der Gewerbeordnung zu erhalten, die er bereits im September 1932 beantragt hatte.[261] Ein Problem entstand aufgrund der Tatsache, dass De Marchi an noch anhängigen Rechtsstreitigkeiten in Italien beteiligt war. Zusätzlich zu den Problemen, die bei den verschiedenen bereits genannten Gerichts- und Verwaltungsverfahren auftraten, wurde im Mai 1933 von Gottfried Förster, seinem ehemaligen Minenmanager aus dem Jahr 1932, eine neue Klage gegen De Marchi eingereicht. Förster behauptete, er sei im Jahr zuvor nicht ordnungsgemäß bezahlt worden und dass ihm laut einer Vereinbarung mit De Marchi vom Juni 1932 mindestens 25 Prozent des Gewinns der Mine zustünden. Aufgrund weiterer Ereignisse aus dem Jahr 1932, die hier nicht im Einzelnen dargestellt werden können, wäre De Marchi, wenn er nach der Pause im Winter 1932/33 wieder mit dem Bergbau im Habachtal hätte beginnen wollen, das Risiko eingegangen, bei seiner Rückkehr nach Österreich inhaftiert zu werden.[262] Im Zusammenhang mit den verschiedenen im Frühjahr und Sommer 1933 noch anhängigen Rechtsverfahren war dies offensichtlich der Grund dafür, dass De Marchi in der Bergbausaison 1933 nicht mehr versuchte, die Smaragdmine erneut in Betrieb zu nehmen.

Die verschiedenen Verwaltungsverfahren und Rechtsstreitigkeiten wurden jedoch von De Marchis Anwalt Dr. Gustav Freytag auch nach der Rückkehr De Marchis nach Italien fortgesetzt. Im Juli 1933 erhielt Freytag schließlich die 1932 beantragte Arbeitserlaubnis für De Marchi.[263] Es gelang Freytag auch, die Gültigkeit des Pachtvertrags mit Ullhofen im April 1933 durch eine Entscheidung des Obersten Gerichtshofs in Wien, der in diesem Fall als dritte Instanz fungierte, zumindest formal wiederherzustellen. Er war jedoch mit seiner Berufung gegen Aigners Entscheidung zur Einordnung von Beryll als vorbehaltenes Mineral unter das Bergrecht nicht erfolgreich. Mit diesem Fall war das Ministerium für Handel und Verkehr in Wien offiziell in der zweiten Instanz befasst, die Berufung De Marchis wurde im September 1933 aus formalen Gründen zurückgewiesen. Eine endgültige Entscheidung, ob die Gewinnung von Beryll unter das Berggesetz fällt, wurde nicht getroffen.[264]

Letztendlich wurden die verschiedenen rechtlichen Erfolge von De Marchi durch einen Antrag von Gaab und Geist vom Mai 1933 eine Zwangsversteigerung für die Liegenschaft einzuleiten, der von ihrem Anwalt Max Duschl eingereicht wurde, zunichtegemacht. Im selben Monat beantragte Burger, offensichtlich im Zusammenspiel mit Duschl, die Entscheidung des Ministeriums für Handel und Verkehr über die Einordnung von Beryll als vorbehaltenes Mineral zu verschieben.[265] Der Termin zur Zwangsversteigerung wurde auf den 31. August 1933 datiert, und in einer öffentlichen Auktion wurden Max Gaab, Meta Geist und Florian Prader (siehe erneut Abb. 34, 35 und 37) zu einem Auktionspreis von 12.806 Schilling gemeinsam Eigentümer der Liegenschaft.[266] Prader wurde bereits als einer der Aktionäre der „Aktiengesellschaft für modernen Bergbau" und Gläubiger dieser Gesellschaft erwähnt (s. o.).

In Anbetracht der zeitlichen Abfolge der verschiedenen Ereignisse hatten sich die Eigentumsverhältnisse an der Liegenschaft geändert, bevor die endgültige Entscheidung über die Berufung von De Marchi zur Einordnung von Beryll unter das Bergrecht oder das Gewerberecht in Wien getroffen wurde. Somit war einer Verpachtung des Bergwerks an De Marchi gegenüber den neuen Besitzern rechtlich die Grundlage entzogen, das Zusammenspiel von Burger und Duschl hatte Erfolg gehabt.

Für die Zeit nach 1932 zeigt die österreichische Bergbauzeitschrift „Montanistische Rundschau" verschiedene Aktivitäten mehrerer bereits an den Ereignissen der Jahre 1932/1933 beteiligter Personen.[267] Von 1933 bis 1935 wurden von Ullhofen, Schad, Förster und Freytag neue Schurfbewilligungen beantragt, für Förster und Schad wurden neue Genehmigungen erteilt, bestehende Genehmigungen von Schad wurden verlängert und bestehende Genehmigungen von De Marchi, Schad, Freytag und Förster wurden gelöscht oder liefen ab. Die höchste Zahl von Aktivitäten in diesen drei Jahren lässt sich formal Schad zuordnen.

Bergbau unter Kontrolle der „Smaragd Aktiengesellschaft" (1934–1939)

Im Juni 1934 wurde in Schaffhausen, Schweiz, eine neue Gesellschaft mit dem Namen „Smaragd Aktiengesellschaft" gegründet. Das Kapital der Gesellschaft von 35.000 SFR wurde auf 35 Aktien zu je 1.000 SFR verteilt. Die Gesellschaft erhielt neun Schurfbewilligungen von Christian Schad im Austausch für 14 Aktien, wodurch Schad zu einem der Hauptaktionäre der neuen Gesellschaft wurde.[268] Die Gründung dieses Unternehmens wurde von Julius Burger mit folgenden Aktionären initiiert – Prader, Geist, Gaab, Schad und Burger.[269] Darüber hinaus wurde die Liegenschaft von den drei Eigentümern (Gaab, Geist, Prader) für einen Zeitraum von 30 Jahren an die „Smaragd Aktiengesellschaft" verpachtet.

Prader war schon seit 1932, unabhängig von seiner Beteiligung an der „Aktiengesellschaft für modernen Bergbau", persönlich in der Gegend aktiv gewesen. Er hatte 39 Schurfbewilligungen angemeldet, die dann 1935 alle wieder aufgegeben wurden.[270] Das zeigt, dass diese Bewilligungen nach der beschriebenen Firmengründung und dem damit verbundenen Pachtvertrag aus dem Jahr 1934 nicht mehr benötigt wurden.[271]

Abb. 42: 1932 war Dr. Franz Aigner als Leiter der österreichischen Bergbaubehörde, Berghauptmannschaft Wels, für die Behandlung der Konflikte zwischen verschiedenen Parteien verantwortlich, die versuchten, die Kontrolle über die Habachtal-Smaragdmine zu erlangen. Foto aus den 1930er-Jahren, aus „Montanistische Rundschau" 1935.

Abb. 43: Der Blick von der Smaragdmine talwärts zeigt das ausgedehnte Geröllfeld, in dem Smaragde „gewaschen" wurden. Foto aus „Mühlviertler Nachrichten" 1935.

Abb. 44: (a) Zugang zum D-Stollen in der zweiten Hälfte der 1930er-Jahre, (b) Verarbeitung smaragdhaltiger Schiefer in der zweiten Hälfte der 1930er-Jahre. Archiv E. Burgsteiner, Bramberg.

Mit der geschilderten formalen Konstruktion waren alle Parteien, die damals am Smaragdbergwerk im Habachtal interessiert waren, die unterschiedlichsten Rechte innehatten und bereits größere Summen investiert hatten, nunmehr gemeinsam an allen weiteren Aktivitäten beteiligt – lediglich De Marchi wurde nicht berücksichtigt. Somit war ein Interessenausgleich zwischen allen Beteiligten realisiert worden. Die Erfahrungen aus den Jahren 1932 und 1933 hatten offensichtlich gezeigt, dass ein einvernehmlicher Interessenausgleich notwendig war. Die Einzelheiten einer 1937 von A. Hager, dem ehemaligen Eigentümer des Grundstücks, gegen die Schweizer Aktiengesellschaft eingereichten Klage konnten nicht geklärt werden.[272]

1935 nahm Prader Kontakt mit Müller auf und bat um eine Kopie seines Berichts von 1929, da seine Züricher Firma beabsichtige, wieder im Habachtal zu arbeiten.[273] Um die Tätigkeit im Habachtal wieder aufzunehmen, arbeitete die in Zürich ansässige Baufirma Praders 1935 mit zehn bis zwölf Arbeitern im Auftrag der „Smaragd Aktiengesellschaft" Schaffhausen im Habachtal.[274] Der Hauptzweck dieser Aktivitäten bestand in einer Sicherung des Bergwerks sowie in der Erstellung eines Plans für weitere Aktivitäten. Dies steht im Einklang mit den verschiedenen Vereinbarungen zwischen den Eigentümern (Gaab, Geist und Prader) und der neu gegründeten Schweizer Aktiengesellschaft. Auch in dieser Betriebsperiode waren die Aktivitäten aufgrund der vorliegenden Witterungsverhältnisse und der schweren Zugänglichkeit der Stollen (Abb. 43) auf wenige Monate im Sommer und Herbst begrenzt.

In den folgenden Jahren wurde der Bergbau der „Smaragd Aktiengesellschaft" mit einer ähnlichen Anzahl von Arbeitern auf niedrigem Niveau fortgesetzt. Für die Saison 1936 stellte man nur sieben Bergleute für August und September ein. In der Saison 1938 wurde die Arbeit mit fünf Bergleuten durchgeführt. Von 1936 bis 1938 war Julius Burger für die verschiedenen Aktivitäten vor Ort verantwortlich.[275] Die Zeitungen, welche den Bergbau im Habachtal in diesen Jahren (Abb. 44a, b) etwas ausführlicher beschreiben, nennen als Zweck der Aktivitäten die Gewinnung von Smaragden als Edelsteine. Formal arbeitete das Unternehmen jedoch nach dem Bergrecht mit Schads Schurfbewilligungen zur Entwicklung des Beryll-Abbaus.[276] Es ist nicht bekannt, dass diese augenfällige Diskrepanz zu irgendwelchen Schwierigkeiten mit einer Behörde geführt hätte.

In dieser Zeit veröffentlichte Leitmeier (1937, 1938) seine beiden Hauptartikel über das Smaragdvorkommen im Habachtal, der Schwerpunkt der Publikationen richtete sich auf die Geologie der Lagerstätte, die vorhandenen Gesteinstypen (Abb. 45) und eine genetische Diskussion der Smaragdbildung. Erörterungen über die Wirtschaftlichkeit der Gewinnung von Smaragd oder Beryll sind nicht Gegenstand dieser Arbeiten. Leider ist Leitmeiers historischer Bericht relativ unscharf, er basiert nicht auf Primärdokumenten. Dies gilt auch für Leitmeiers Zusammenfassung der Geschichte des Smaragdvorkommens, veröffentlicht 1946.

Eine letzte kurze Notiz in einer Tageszeitung über begrenzte Aktivitäten im Habachtal, die derzeit verfügbar ist, stammt aus dem Jahr 1938.[277] 1939 wurde das Vorkommen noch von Juli bis September von der Schweizer „Smaragd-Aktiengesellschaft", Schaffhausen, nach dem Berggesetz abgebaut, d. h. weiterhin offiziell zur Gewinnung von Berylliumerz. Der Vertreter des Unternehmens in Österreich war damals Dr. Gustav Freytag, der bereits als Anwalt für De Marchi in verschiedene Rechtsstreitigkeiten über die Mine verwickelt gewesen war.[278] Aus unbekannten Gründen war Burger von der Schweizer Aktiengesellschaft entlassen worden.

Die Saison von 1939 scheint das Ende des regulären Smaragdabbaus im Habachtalgebiet gewesen zu sein. In einer Beschreibung der täglichen Aktivitäten in jener Zeit durch Hanke aus demselben Jahr wird nur eine kleine Gruppe von Bergleuten erwähnt, die ausschließlich nach Smaragden suchten, außerdem ein Ingenieur und ein Vorarbeiter.[279] Der Artikel von Hanke enthält eine der wenigen Beschreibungen über das Leben der Bergknappen, die verfügbar ist:

„Bei dieser Sachlage ist es natürlich auch ganz unmöglich, hier etwa einen Großbetrieb aufzumachen, da ja das rauhe Gebirge nur wenigen Menschen Platz läßt. Daher ist auch die Belegschaft klein, besteht nur aus einem Ingenieur, einem Vorarbeiter und einigen Arbeitern, von denen einer ständig als Träger zwischen dem Tal und dem Bergwerk hin und her wandert. Schon um sechs Uhr früh wandern die Knappen, berggewohnte Männer aus dem Pinzgau, das schmale, nicht selten von Steinschlag bedrohte Steiglein zum Stollen herauf, um hier im Innern des Berges die edlen Steine aufzuspüren. Tritt schlechtes Wetter ein, das ja im Hochgebirge immer mit Schneefall verbunden ist, dann kommt es vor, daß der Stolleneingang von kleinen Lawinen überschüttet wird und erst wieder freigelegt werden muss. Mit kurzer Mittagspause am Stollen wird durchgearbeitet bis vier Uhr nachmittags. Dann geht es zurück zur Knappenhütte, wo jeder seinen ‚Sterz', sein ‚Pinzgermus' oder seinen Schmarren kocht und die Karten den Rest des Tages über für Unterhaltung sorgen. Der Samstag und Sonntag sind frei. Dann steigen die Knappen ab ins Tal, und einer muß als Wache zurückbleiben, damit sich nicht unerwünschte Gäste an der Smaragdgewinnung beteiligen, wie das in früheren Zeiten öfters vorgekommen ist."

Von den 1940er-Jahren bis zur heutigen Situation

Die Gewinnung von Beryll als Erzmineral für die Berylliumgewinnung wurde jedoch zwischen 1939 und 1941 an der Reichsstelle für Bodenforschung in Wien, die jetzt von Berlin aus kontrolliert wurde, mehrfach diskutiert,[280] es wurden jedoch keine praktischen Bergbauarbeiten durchgeführt.[281] Julius Burger war noch immer an der Lagerstätte interessiert, er prüfte nunmehr im

Auftrag der Gold- und Silberscheideanstalt in Frankfurt,[282] ob ein Abbau von Berylliumerz möglich wäre, und unternahm 1940 erste Schritte, um eine Kontrolle über die Mine zu erhalten.[283] Nach dem Krieg wurde die Produktion von Beryll als Berylliumerz in den 1950er-Jahren erneut diskutiert,[284] aber aufgrund der schwierigen Verhältnisse im Habachtal nicht realisiert.

Im Dezember 1940 beschlossen die Aktionäre der Smaragd-Aktiengesellschaft, das Unternehmen aufzulösen, dieser Vorgang wurde erst nach einem Jahr formal abgeschlossen.[285] Die Aktien im Besitz der Investoren und insbesondere die des Hauptinvestors Carl Schad, der im Namen seines Sohnes Christian handelte, waren völlig wertlos geworden.[286]

1941/1942 erwarb der Münchner Anwalt Max Gaab, der bereits seit 1933 ein Drittel der Liegenschaft besaß, den dritten Teil von Florian Prader für 4.000 SFR.[287] Nach dem Tod von Max Gaab (1953) wurde sein Eigentum von zwei Dritteln zwischen seinem Sohn Karl Gaab (Abb. 46) und seiner Tochter Irma Sauter aufgeteilt. 1962 (im Grundbuch 1963 eingetragen) erwarb Karl Gaab (1901–2000), wie sein Vater Rechtsanwalt in München, den dritten Teil von seiner Schwester Irma Sauter, und 1963 (im Grundbuch 1964 eingetragen) kaufte Karl das restliche Drittel des Besitzes von Meta Geist.[288] Von 1964 bis zu seinem Tod gehörte das Smaragdbergwerk allein Karl Gaab, der versuchte, das Eigentum unter den gegebenen Umständen so gut wie möglich zu bewahren.

Weitere eingehende Berichte über Aktivitäten im Habachtal nach dem Zweiten Weltkrieg wurden von verschiedenen Autoren veröffentlicht,[289] eine detaillierte Abhandlung auch dieses Zeitabschnitts würde über den Rahmen dieses Aufsatzes hinausgehen. Nach dem Zweiten Weltkrieg wurden in den Sommermonaten Bergbauaktivitäten nur von wenigen Beteiligten durchgeführt. Erster Minenverwalter in den 1940er-Jahren war der Pianist Hans Zieger (1892–1953), der bereits Ende 1945, gestützt auf einen Vertrag mit Max Gaab,[290] wieder anfing, im Habachtal zu arbeiten. Zieger wurde auch von der U.S. Alliierten Kommission für Österreich für die Jahre 1946–1949 zum Verwalter des „Deutschen Eigentums" eingesetzt, er betrieb die Smaragdsuche in dieser Zeit zusammen mit nur einem Bergknappen (Abb. 47).[291]

Weitere Namen wie Hubicky, Ullhofen, Caha und Eberl können für Aktivitäten in den 1950er-Jahren genannt werden, und verschiedene Versuche, die Liegenschaft so einzustufen, dass jene dem Bergrecht unterliegt, erstrecken sich auch über dieses Jahrzehnt, wobei auf diese Weise die Rechte der Besitzer der Liegenschaft wiederum umgangen werden sollten. Vergleicht man die verschiedenen Karten der Stollen aus den 1920er- bis 1980er-Jahren (Abb. 48), so zeigt sich, dass nach dem Zweiten Weltkrieg mehrere Teile der Mine einstürzten und neue Gänge angelegt wurden, insbesondere im D-Stollen.

Die Liegenschaft „Smaragdmine im Habachtal" befindet sich derzeit weiterhin in deutschem Privatbesitz, das Bergwerk wird seit 1985 von der Familie

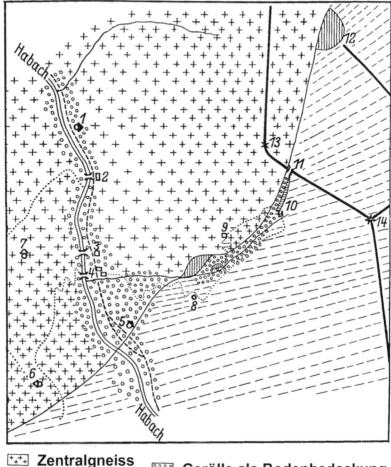

Abb. 45: Geologische Karte der Gesteine in der Umgebung der Habachtal-Lagerstätte östlich des Habachs; 4 Gästehaus Alpenrose, 9 Goldschmidthütte, 10 Bergbaugebiet, 11 Legbachscharte, 12 schwarze Wand, 13 Nasenkogel, 14 Graukogel; 1, 2, 3, 5, 6, 7, 8 verschiedene landwirtschaftlich genutzte Flächen oder Gästehäuser; die durchgezogene Linie repräsentiert den Bergrücken des Habachtals zum Hollersbachtal hin. Nach Leitmeier, 1937

Abb. 46: Nach dem Tod seines Vaters im Jahr 1953 und mehreren weiteren Transaktionen wurde der Münchner Anwalt Karl Gaab 1964 für mehrere Jahrzehnte alleiniger Eigentümer der Liegenschaft im Habachtal. Foto aus den 1970er-Jahren, Familienarchiv I. von Klitzing, München.

Abb. 47: In der Zeit nach dem Zweiten Weltkrieg arbeitete Hans Zieger (links) meist nur mit einem Bergknappen in der Smaragdmine. Foto: 1948, Archiv A. Lahnsteiner, Hollersbach.

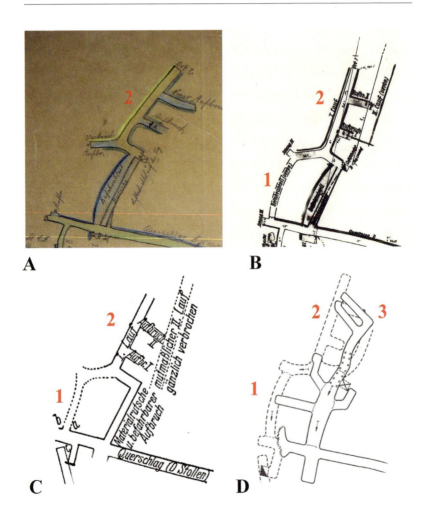

Abb. 48: Vergleich der Bergbaukarten eines Teils des D-Stollens in den Bereichen, in denen die smaragdhaltigen Talk- und Biotitschiefer erreicht wurden; A Hager 1923, B Hager 1924/1926, C Leitmeier 1937 nach Müller 1929, D Grundmann 1991; durchgezogene Linien zeigen zugängliche Bereiche, gestrichelte Linien zeigen eingestürzte und nicht mehr zugängliche Bereiche. Es ist zu sehen, dass Teile (1) der von Hager und Staudt bearbeiteten Stollen bald zusammenbrachen; nach dem Zweiten Weltkrieg stürzte ein wichtiger Zugang (2) am Ende des Stollens ein, stattdessen wurde ein neuer Zugang (3) angelegt.

Abb. 49: Die Smaragdmine im Habachtal wird seit 1985 von der Familie Steiner aus Bramberg betreut. Das Foto zeigt Andreas Steiner vor dem Eingang des sogenannten D-Stollens. Foto E. Burgsteiner, 2009.

Steiner aus Bramberg betreut. Seit 2001 wird Alois Steiner von seinem Sohn Andreas unterstützt (Abb. 49). Zwei, drei oder vier Personen arbeiten von etwa Mitte Juni bis September oder Oktober im sogenannten D-Stollen. Die Funde, z. B. Smaragde in Matrix (Abb. 50, 51), werden an Mineraliensammler verkauft, ferner werden Schmuckstücke mit facettierten Steinen (Abb. 52) oder ungeschliffenen Habachtal-Smaragden hergestellt.[292]

Schlussfolgerungen

Eine kritische Bewertung von Literaturstellen, die Bergbauaktivitäten im 16. bis 18. Jahrhundert beschreiben, zeigt, dass zwei veröffentlichte Berichte über einen frühen Abbau von Smaragden im Habachtal als fehlerhaft angesehen werden müssen. Der Bericht von Aulitzky (1973) deutet einen Erdrutsch im Jahr 1593, bei dem die Silberminen am Gamskogel am Westhang des Habachtals verschüttet wurden, als ein Ereignis, das bereits existierende Smaragdminen am Osthang des Tals zerstört hätte. Die Informationen von Scherz (1955) und Gübelin (1956a, b) weisen, basierend auf Arbeiten von Hanke (1938, 1939, 1944), auf einen Smaragdabbau im frühen 18. Jahrhundert hin. Hanke verlegte das Habachtal in das Herzogtum Bayern, wobei eine Bergbauchronik von Brückmann (1727) falsch gedeutet wurde. Brückmann gibt in seiner Chronik Informationen wieder, die in drei verschiedenen Ausgaben einer Broschüre von Lehner (1669, 1702 und 1718) enthalten sind. Bei den Mineralien, die Lehner und Brückmann als Smaragde und Amethyste aus dem bayerischen Bergbaugebiet Bach bei Donaustauf nahe Regensburg beschreiben, handelte es sich in Wirklichkeit jedoch um grüne und violette Fluorite. Die Gebiete von Bach und Donaustauf sind nicht mit dem Smaragdvorkommen im Habachtal gleichsetzbar.

Die wichtigsten Fakten über das Vorkommen von Smaragden im Habachtal und damit verbundene Bergbauaktivitäten, die in diesem Forschungsprojekt nachgewiesen werden konnten, basieren hauptsächlich auf Originaldokumenten und zeitnahen Zeitungsberichten und nicht auf Informationen aus der Sekundärliteratur. Der erste erhaltene schriftliche Bericht über ein Smaragdvorkommen, bei dem es sich eigentlich nur um das Vorkommen im Habachtal handeln kann, stammt aus einem Brief aus dem 17. Jahrhundert von Anna de' Medici an ihren Bruder in Florenz, datiert auf das Jahr 1669. Aus diesem Brief geht hervor, dass in der zweiten Hälfte des 17. Jahrhunderts Informationen über ein Smaragdvorkommen im Habachtal, jedoch nicht über den bergmännischen Abbau von Smaragden, verfügbar waren. Dies lässt vermuten, dass Informationen über das Vorkommen in jener Zeit auch der ortsansässigen Bevölkerung zur Verfügung standen und begrenzte Mengen an Smaragden aus dem sekundären Verwitterungsschutt bergab vom Primärvorkommen gesammelt oder gewaschen wurden, noch bevor die Lokalität wissenschaftlich beschrieben wurde.

Geschichte des Smaragdbergbaus im Habachtal, Pinzgau, Salzburg

Abb. 50: Dieser Smaragd auf einer Matrix aus Talkschiefer wurde 2019 in der Habachtal-Lagerstätte von Familie Steiner geborgen; Länge des Kristalls 22 mm. Stufe von Andreas Steiner, Foto: K. Schmetzer.

Abb. 51: Gelegentlich wird in der Smaragdlagerstätte im Habachtal auch grauer oder blauer Beryll (Aquamarin) gefunden. Eine große Seltenheit sind farblich zonierte Kristalle, wie in diesem Bild auf einer Matrix aus Biotitschiefer. Das Handstück (oben) misst 20 x 8 cm, die Länge der beiden zonierten Kristalle (unten) beträgt etwa 1 cm. Privatsammlung, Fotos K. Schmetzer.

Abb. 52: Facettierte Habachtal-Smaragde aus der Sammlung von H. A. Hänni beim SSEF, Basel, Schweiz; der größte Stein misst 9,4 mm und wiegt 2,9 Karat. Foto: H. A. Hänni.

Nach heutigem Kenntnisstand finden sich die ersten publizierten Informationen über das Auftreten von Smaragden im Habachtal in einer Beschreibung der Mineralien und Gesteine des Salzburger Erzbistums, die von Schroll (1797) veröffentlicht wurde, gefolgt von einer ausführlicheren Beschreibung durch den Münchner Mineralienhändler Frischholz (1821).

Das primäre Vorkommen, zunächst als „Smaragdpalfen" bezeichnet, war noch zwei Jahrzehnte nach der ersten wissenschaftlichen Erwähnung durch Schroll noch nicht aufgefunden worden, es wurde erst in den 1820er-Jahren lokalisiert.

In der ersten Hälfte des 19. Jahrhunderts befand sich das Gelände, auf dem die primären smaragdhaltigen Gesteine zutagetreten, im Staatsbesitz. Es wurde 1862 an S. Goldschmidt aus Wien verkauft, der als Erster für mehrere Jahre systematische Arbeiten zur Gewinnung von Smaragden über und unter Tage durchführen ließ. Der Smaragdabbau wurde jedoch nach einigen Jahren, wahrscheinlich schon nach der Saison 1863 oder 1864, aufgrund begrenzten Erfolgs wieder eingestellt.

Die Liegenschaft wurde 1896 von den Erben Goldschmidts an die britische Aktiengesellschaft „Emerald Mines Limited" verkauft, sie stand bis 1913 formal im Besitz dieser Firma. In einer ersten Periode, in der sich die britische Gesellschaft unter der Kontrolle des in London ansässigen Diamantengroßhandelsunternehmens „Leverson Forster & Co." befand, wurde in den Sommermonaten sieben oder acht Jahre lang Bergbau betrieben. Danach wurde der Abbau für drei Jahre, von 1903 bis 1905, eingestellt. Nach einem laufenden Rechtsstreit mit der österreichischen Bergbaubehörde und dem Innenministerium in Wien gaben alle mit dem Londoner Diamantenhandel verbundenen Direktoren – Leverson, Forster, Dunkelsbuhler – 1906 ihre Positionen auf, die Aktien des Unternehmens wurden an die „Northern Mercantile Corporation Limited" in Manchester verkauft. Unter der Leitung einer neuen Gruppe von Direktoren, die mit der neuen Eigentümerin verbunden waren, jedoch keine Erfahrung im Bergbau und keine Wurzeln im Edelsteinhandel hatten, wird im Jahr 1906 oder von 1906 bis 1907 nur eine begrenzte Bergbautätigkeit ohne bemerkenswerten Erfolg beobachtet.

1913 führten die angewachsenen Verbindlichkeiten des Unternehmens, die den Wert der Liegenschaft deutlich überstiegen, zu einem Eigentumsübergang an die Gemeinde Bramberg. In den folgenden Jahrzehnten beobachten wir mehrere österreichische, deutsche und Schweizer Eigentümer der Liegenschaft. Nach dem Ersten Weltkrieg befand sich der Bergbau im Besitz des österreichischen Staatsbürgers Anton Hager und seines deutschen Halbbruders Peter Staudt, wobei auch die Gewinnung von Talk aus dem Gebiet für industrielle Zwecke geplant wurde. Detaillierte geologische Berichte über die Lagerstätte und Geschäftspläne wurden erstellt, die für einen industriellen

Talkabbau notwendigen enormen Investitionen wurden jedoch nie realisiert. Mit der Übertragung des Eigentums von diesen beiden in Traunstein ansässigen Holzhändlern auf die Schweizer „Aktiengesellschaft für modernen Bergbau" Ende 1927 begann ein Jahrzehnt der Instabilität, in dem es zu heftigen Rivalitäten zwischen verschiedenen Gruppen und an der Mine interessierten Personen kam, zum Konkurs zweier Schweizer Aktiengesellschaften und einer Verpachtung an einen italienischen Investor.

Der Bergbau der ersten beteiligten Schweizer „Aktiengesellschaft für modernen Bergbau" in Chur wurde ab Herbst 1927 nur für wenige Monate durchgeführt und zunächst von Max Brennekam geleitet, der bereits für Hager und Staudt gearbeitet hatte. Brennekams Position wurde 1928 von dem Münchner Ingenieur Hans Streubert übernommen, aber in den folgenden Jahren wurden nur begrenzte Arbeiten über Zeiträume von wenigen Wochen durchgeführt, hauptsächlich, um die Möglichkeiten der Mine zu erkunden. Berichte oder Gutachten wurden 1928 und 1929 von den im Bergbau erfahrenen Experten E. Sporn, H. Stuchlik und W. Müller erstellt.

In den frühen 1930er-Jahren wurde der Abbau von Beryll als Berylliumerz zusätzlich zu Smaragd in Edelsteinqualität diskutiert und als wirtschaftlich angesehen, z. B. von dem Wiener Mineralogieprofessor H. Leitmeier. Aufgrund der ständigen finanziellen Probleme der Schweizer Eigentümerin wurde in München ein deutsches Unternehmen gegründet, um Geld für weitere Aktivitäten zu sammeln. Dieses Projekt schlug jedoch fehl und schließlich verlor die Schweizer Minenbesitzerin die Kontrolle über die Liegenschaft. 1932 wurde die Mine von einem österreichischen Gericht an den italienischen Investor Angelo De Marchi verpachtet, der jedoch nur für eine Sommersaison aktiv im Smaragdbergwerk arbeiten ließ. Im selben Jahr kam es zu einem intensiven Konflikt um die Kontrolle der Mine zwischen mehreren Parteien, hauptsächlich zwischen De Marchi und dem deutschen Maler Christian Schad bzw. deren Anwälten und weiteren Mitarbeitern. Die gesamten Umstände führten schließlich 1933 zu einer Zwangsversteigerung der Liegenschaft und danach zu einem weiteren Eigentumsübergang, bei dem der Besitz zu drei gleichen Teilen zwischen dem deutschen Anwalt Max Gaab und seiner Partnerin Meta Geist und dem Schweizer Ingenieur Florian Prader aufgeteilt wurde, die bereits Grundpfandrechte gegen die Liegenschaft besaßen.

Keine dieser drei Personen führte in den folgenden Jahren selbst aktiven Bergbau durch, lediglich Praders Bauunternehmen war 1935 an weiteren Aktivitäten beteiligt, formal im Auftrag einer neu gegründeten Schweizer Firma namens „Smaragd Aktiengesellschaft" mit Sitz in Schaffhausen. Um weitere Konflikte zu vermeiden, war diese Gesellschaft 1934 gegründet worden, und alle Personen, die zu jenem Zeitpunkt relevante Bergbautitel im fraglichen Gebiet oder Eigentumsanteile an der Liegenschaft besaßen, waren als Aktionäre an jener Firma beteiligt – hauptsächlich Gaab, Geist, Prader, Schad und Burger, Schads Bevollmächtigter. In der Tagespresse wurde zwischen 1935 und 1939 nur über begrenzte Aktivitäten dieser Firma berichtet, die von Burger geleitet wurden. Fehlender kommerzieller Erfolg führte zu einer Insolvenz und Auflösung auch dieser Firma.

Es scheint erwähnenswert, dass nur Samuel Goldschmidt, der in den 1860er-Jahren einige Jahre lang die Smaragdsuche aktiv betrieben hat, und die in London ansässigen Diamantenhändler, die von 1895 bis 1902 Bergbau unter Tage durchführen ließen, tiefe Wurzeln und entsprechende Kenntnisse in der Edelsteinindustrie besaßen. Zu späterer Zeit beobachtet man Kaufleute, Bankiers, Bauingenieure oder Anwälte als Minenbesitzer oder Direktoren der beteiligten Unternehmen, unterstützt von Bauingenieuren oder technischen Ingenieuren, sowie Geologen, erfahrenen Bergleuten und Bergingenieuren für praktische Arbeiten und Expertenberichte und Gutachten. Qualifizierte Edelsteinhändler, die wirklich dazu in der Lage waren, den kommerziellen Wert des abgebauten Rohmaterials zu bewerten, waren jedoch nicht beteiligt.

Um abzuschätzen, ob der Bergbau erfolgreich war, kann davon ausgegangen werden, dass die in London ansässigen Minenbesitzer nicht sieben oder acht Jahre lang gearbeitet hätten, ohne genügend kommerzielles Material von facettierbarer oder zumindest von Cabochon-Qualität zu erhalten. Die auf lokaler Ebene verfügbaren Informationen lassen sich vielleicht durch eine Notiz in der Tagespresse von 1903 wiedergeben, in der darüber berichtet wurde, dass die Mine in der Saison 1903 nicht wieder geöffnet werde.[293]

„Was der Grund hiervon sei, ist nicht bekannt; jedenfalls nicht der Mangel an Erträgnis, da im vergangenen Jahre, sowie in früheren Sommern, sozusagen kein Tag verging, an welchem nicht lohnenswerte Funde gemacht worden sind."

Es ist jedoch schwierig, den tatsächlichen Wert der jährlichen Erträge der Mine unter der englischen Firma oder später zu beurteilen, da alle angegebenen Zahlen auf unterschiedlichen Absichten beruhen. Dies zeigt, dass wir immer berücksichtigen müssen, ob es sich bei den verfügbaren Angaben um Zahlen oder Wertangaben handelt, die der Berghauptmannschaft oder anderen österreichischen Verwaltungsbehörden zur Verfügung gestellt wurden, um Erträge, die den Verkauf von Aktien „fördern" sollten, oder um den tatsächlichen Minenertrag.

Die englische Aktiengesellschaft betrieb bis 1902 den Smaragdabbau in einer rechtlichen Grauzone, ohne eine gültige Firmenanmeldung für eine ausländische Gesellschaft und entsprechende Betriebsgenehmigungen und offensichtlich auch weitgehend unbehelligt von Kontrollen durch die Bergbehörde oder andere Verwaltungsorgane. Um die Zahlung von Steuern und Gebühren zu vermeiden, gab die englische Minenbesitzerin an, dass das geförderte Material fast wertlos sei. Diese Behauptung wurde anfänglich von der Berghauptmannschaft in Wels akzeptiert, ferner die Angabe, der Smaragdabbau sei nicht das

Hauptziel der Unternehmung. Unter dieser Prämisse war von der Eigentümerin nur die geringe Freischurfgebühr zu bezahlen.

In dem Rechtsstreit mit der Regierung versuchte die englische Eigentümerin den Smaragdabbau dem Berg- und nicht dem Gewerberecht zuzuordnen. Offensichtlich erschien es lukrativer, weiter nach dem Bergrecht zu arbeiten als nach dem Gewerberecht, obwohl für beide Rechtsformen eigentlich die anfallende gewinnorientierte Einkommenssteuer zu entrichten gewesen wäre. Dazu hätte es aber der Wertermittlung der geförderten Smaragde bedurft. Dies könnte ein weiterer Grund für den Rechtsstreit mit der Regierung gewesen sein – die Engländer wollten einfach unbehelligt von „lästigen" Kontrollen, Steuern und Gebühren so weiterarbeiten wie zuvor.

Leitmeier erwähnte in der Absicht, die kommerzielle Produktion von Beryll als Erzmineral aufzunehmen und die Eigentumsrechte der Grundbesitzerin zu umgehen, dass der Smaragdabbau zuvor niemals erfolgreich gewesen sei. Franz Aigner, der seit 1913 für die österreichische Bergbauverwaltung in Wels für die Gegend verantwortlich war, zu der auch die Liegenschaft im Habachtal gehörte, erklärte 1932 aufgrund der ihm vorliegenden offiziellen Dokumente, dass der Smaragdabbau im Habachtal niemals rentabel gewesen sei.
Hingegen wurde die Produktivität der Mine 1920 von dem Ingenieur Autzinger mit einer wöchentlichen Ausbeute von fünf Kilogramm Smaragden in Exportqualität oder von der „Deutsch-Österreichischen Edelsteinbergwerks Gesellschaft" im Jahr 1930 mit jährlich zu erwartenden Gewinnen von mehreren 100.000 Reichsmark angeführt, um Investitionsgelder zu sammeln oder um den Erfolg enormer Investitionen in die Infrastruktur zu rechtfertigen. Die völlig überhöhten Produktionszahlen und nie realisierten Gewinne, wie sie in verschiedenen Berichten und Gutachten niedergeschrieben wurden, führten zum Bankrott der beteiligten Unternehmen und zum Totalverlust des von zahlreichen Einzelpersonen investierten Geldes. Lediglich Müllers Bericht von 1929 erwähnt das eigentliche Problem – nur zwei Prozent der gewonnenen Smaragde waren von facettierbarer Qualität. Aber selbst mit dieser Einschränkung hätte ein von erfahrenen Bergingenieuren oder Geologen geleiteter Bergbau in einem überschaubaren, kleinen Rahmen und die Verteilung der gewonnenen Smaragde durch Handelsexperten in die richtigen Kanäle rentabel sein können. Solche Aktivitäten in kleinerem Maßstab werden heutzutage durchgeführt. Zusammenfassend lassen sich verschiedene Bergbauperioden angeben (vgl. Tabelle 2):

a) Ab 1862 für einige Jahre, zunächst Arbeiten über Tage, danach in drei Stollen, unter Aufsicht und finanziert von S. Goldschmidt;
b) in den 1870er-Jahren, als der Besitz von den Erben Goldschmidts für einige Jahre verpachtet wurde;
c) von 1896 bis 1902 von der britischen Gesellschaft „Emerald Mines Limited", durch die vier Stollen angelegt bzw. erweitert wurden;

d) 1906 oder von 1906 bis 1907 von derselben „Emerald Mines Limited" Aktiengesellschaft, jedoch unter neuen englischen Direktoren und Eigentümern;
e) für einige Jahre im Zeitraum von 1920 bis 1927 von den Holzhändlern A. Hager und P. Staudt aus Traunstein;
f) 1927 für einen Monat und 1928 und/oder 1929 für einige Wochen von der Schweizer „Aktiengesellschaft für modernen Bergbau";
g) vom August bis Oktober 1932, als die Mine an den Italiener A. De Marchi verpachtet wurde;
h) von 1935 bis 1939 von der Schweizer „Smaragd Aktiengesellschaft".

Von 1862 bis 1939 war der Smaragdabbau im Habachtal, während mehrerer Perioden mit Höhen und Tiefen, nur für kurze Zeiträume wirtschaftlich. Es scheint, dass nur die ersten Jahre unter der englischen Firma und das Jahr unter De Marchi, zumindest teilweise, wirtschaftlich gewesen sein könnten.

In verschiedenen Publikationen finden sich zahlreiche unbestätigte Geschichten über den Smaragdabbau im Habachtal. Eine dieser Erzählungen, die wiederholt zu lesen ist, beinhaltet das Sprengen des Hauptstollens durch die englische Firma kurz vor dem Verlassen des Habachtals und der Beendigung der Bergbauaktivitäten. Infolgedessen sei die Kenntnis über den Bereich mit den besten Smaragden innerhalb der Mine, auch „Smaragdmutter" genannt (der smaragdführende Biotitschiefer), verloren gegangen und diese Schicht sei später nie wieder gefunden worden.[294] Keines der dem Autor zur Verfügung stehenden Originaldokumente erwähnt eine solche absichtliche Sprengung, verbunden mit dem vollständigen „Verlust" der Kenntnisse über die Lage des smaragdhaltigen Schiefers durch Bergbauarbeiten. Wenn wir die Ereignisse in der „englischen Periode" betrachten, ist es außerdem fraglich, wer einen solchen Schaden hätte verursachen können und zu welchem Zeitpunkt ein solches Ereignis hätte eintreten können.

Danksagung: Der Autor ist zahlreichen Personen für die Hilfe bei der Beschaffung von Informationen über die örtlichen Gegebenheiten, von veröffentlichten und unveröffentlichten Dokumenten, Fotos (siehe Bildunterschriften) etc. zu Dank verpflichtet. Informationen wurden insbesondere von Maureen Mary Brett, Bromley, Großbritannien; Erwin Burgsteiner, Bramberg, Österreich; Peter Danner, Salzburg, Österreich; Günter Grundmann, Detmold, Deutschland; Armin Hanneberg, Haar, Deutschland; Ulrich Hauner, München, Deutschland; Ingrid von Klitzing, München, Deutschland; Alfred Lahnsteiner, Hollersbach, Österreich; Peter Lausecker, Kirchhundem, Deutschland; Brigitte Leitermann, Traunstein, Deutschland; Josef Seifriedsberger, Bramberg, Österreich; Peter Semrad, Bergen, Noord-Holland, Niederlande; Claudia und Andreas Steiner, Bramberg, Österreich; Norbert E. Urban, Salzburg, Österreich; und Heiko Wegmann, Freiburg, zur Verfügung gestellt.

Vielen nicht namentlich genannten Personen sowie den Mitarbeitern von Bibliotheken, Archiven, Stadt- und Gemeindeverwaltungen sei an dieser Stelle für zahlreiche Informationen und Hinweise ebenfalls gedankt. Originaldokumente wurden aus verschiedenen Archiven zur Verfügung gestellt, einschließlich der Tatsache, dass die Leiter dieser Archive oder Mitarbeiter auf Anfrage des Autors nach den relevanten Schriftstücken oder Akten suchten:

Archiv der Israelitischen Kultusgemeinde, Wien, Österreich;
Bayerisches Landesamt für Umwelt, Hof, Deutschland;
Bayerisches Wirtschaftsarchiv,
    Industrie- und Handelskammer, München, Deutschland;
Bergbaumuseum, Mühlbach am Hochkönig, Österreich;
Bergbau- und Gotikmuseum, Leogang, Österreich;
Bischöfliches Zentralarchiv, Regensburg, Deutschland;
Christian-Schad-Stiftung, Museen der Stadt Aschaffenburg,
    Aschaffenburg, Deutschland;
Fürst Thurn und Taxis Hofbibliothek und Zentralarchiv,
    Regensburg, Deutschland;
Geologische Bundesanstalt, Wien, Österreich;
Kresen Kernow, Redruth, Cornwall, Großbritannien;
Landesamt für Geologie, Rohstoffe und Bergbau, Freiburg, Deutschland;
Landesarchiv Baden-Württemberg, Freiburg, Deutschland;
Landesarchiv, Land Salzburg, Salzburg, Österreich;
Montanbehörde West, Bundesministerium für Landwirtschaft,
    Regionen und Tourismus, Salzburg, Österreich;
Natural History Museum, London, Großbritannien;
Österreichisches Staatsarchiv, Wien, Österreich;

Salzburg Museum, Salzburg, Österreich;
Staatsarchiv Amberg, Deutschland;
Staatsarchiv des Kantons Zürich, Schweiz;
Tiroler Landesarchiv, Innsbruck, Österreich;
TU Bergakademie Freiberg, Deutschland;
Universitätsarchiv und Mineralogische Sammlung
    der Friedrich-Schiller-Universität Jena, Deutschland;
Wiener Stadt- und Landesarchiv, Magistratsabteilung 8, Wien, Österreich.
Originaldokumente oder biografische Daten der beteiligten Personen
    wurden ferner durch Mitarbeiter in den Archiven folgender Städte
    und Gemeinden ermittelt:
Bozen – Bolzano, Italien;
Bramberg, Österreich;
Bromley, Großbritannien;
Chur, Schweiz;
Fischbachau, Deutschland;
Freiburg, Deutschland;
Graz, Österreich;
Kitzbühel, Österreich;
Miesbach, Deutschland;
Mittersill, Österreich;
Mühlbach am Hochkönig, Österreich;
München, Deutschland;
Salzburg, Österreich;
Schaffhausen, Schweiz;
Tirschenreuth, Deutschland;
Traunstein, Deutschland;
Windischeschenbach, Deutschland;
Würzburg, Deutschland;
Zürich, Schweiz.

Ich danke Herrn Josef Seifriedsberger und Herrn Erwin Burgsteiner, beide Bramberg, für eine kritische Durchsicht des Manuskripts.

Tabelle 1. An den Auseinandersetzungen um die Kontrolle des Smaragdbergwerks in den Jahren 1932/1933 beteiligte Firmen und Personen

Beteiligte	Rechtsanwalt (RA) oder anderer Vertreter	Ingenieur oder andere unterstützende Person
„Aktiengesellschaft für modernen Bergbau", Chur, Schweiz	Dr. Karl Sender, RA, Zürich Dr. Max Duschl, RA, Salzburg	Othmar Kelb, Bergingenieur
Christian Schad, Berlin, Deutschland	Julius Burger, Ingenieur, München	Josef Köstler, Bergingenieur
Rudolf Nocker, Bramberg und Habach Weggenossenschaft, Bramberg	Dr. Gustav Freytag, RA, Mittersill	
Hugo Ullhofen, Mittersill Angelo De Marchi, Mailand und Rom, Italien	Dr. Gustav Freytag, RA, Mittersill	Gottfried Förster, „Geologe"
Max Gaab, München und Meta Geist, Fischbachau, Deutschland	Dr. Max Duschl, RA, Salzburg	
Florian Prader, Zürich, Schweiz	Dr. Max Duschl, RA, Salzburg	
Gottfried Förster, Innsbruck	Dr. Felix Friedrich, RA, Innsbruck	

Tabelle 2. Geschichte des Smaragdbergbaus im Habachtal

Datum	Ereignis
Juni 1669	Der dänische Forscher N. Stensen reist zum Smaragdvorkommen im Habachtal, dieses Ereignis wird in einem Brief von Anna de' Medici an ihren Bruder in Florenz erwähnt.
1797	Erste Beschreibung des Smaragdvorkommens in einer wissenschaftlichen Arbeit von K. M. Schroll
1821	Detaillierte Beschreibung der Eigenschaften der Smaragde durch J. Frischholz
Sommer 1861	Der Juwelier S. Goldschmidt reist in Begleitung von Bergrat M. V. Lipold ins Habachtal.
Februar 1862	Kauf einer Liegenschaft von etwa 1 km² im Habachtal durch Goldschmidt aus Staatsbesitz
Ab 1862	Durchführung eines Smaragdabbaus für einige Jahre durch Goldschmidt, Anlage von drei Stollen
Ab 1871	Nach Goldschmidts Tod gelangt die Liegenschaft in den Besitz seiner Töchter Jeanette und Friederike, sie wird für einige Jahre verpachtet.
März 1894	A. Brandeis, Jeanettes Ehemann, kauft Friederikes Hälfte des Besitzes.
1894	Besuch von J. A. Forster aus London in Bramberg um das Smaragdvorkommen zu besichtigen
1895	Erster Bergbau unter englischer Kontrolle
Mai 1896	Kauf der Liegenschaft durch die englische „Emerald Mines Limited" Aktiengesellschaft, die alten Besitzer werden mit Aktien der neuen Gesellschaft bezahlt, Brandeis wird einer ihrer Direktoren, andere Direktoren kommen aus den Familien Leverson und Forster.
1896–1902	Smaragdabbau unter Kontrolle der englischen Besitzer, die Aktivitäten vor Ort werden von englischen und österreichischen Bergingenieuren geleitet, ein Stollen wird neu angeschlagen.
1902–1906	Rechtsstreit zwischen der englischen Aktiengesellschaft und der österreichischen Regierung
1905	Begutachtung des Bergwerks durch die englische Firma Spargo & Sons aus Liverpool
1906	Kauf der Aktien der „Emerald Mines Limited" AG durch die Firma „Northern Mercantile Corporation" aus Liverpool, lediglich Brandeis verbleibt als Direktor
1906 und eventuell 1907	Smaragdbergbau unter der Kontrolle der neuen englischen Besitzer
1909–1911	Finanzskandal unter Beteiligung von zwei Direktoren der Gesellschaft, W. King und L. Clarke
Januar 1913	Übertragung des Besitzes durch das Bezirksgericht in Mittersill an die Gemeinde Bramberg

Datum	Ereignis
Dezember 1913	Kauf der Liegenschaft durch drei Bramberger Bauern, A. Kaserer, J. Blaikner und P. Meilinger
Oktober 1916	Kauf der Liegenschaft durch A. Hager aus Traunstein
1917–1919	Hager beabsichtigt neben Smaragden auch Talk abzubauen, Anfertigung mehrerer Gutachten, Suche nach einem Investor.
Sept. 1920	Hager verkauft die Hälfte des Besitzes an seinen Halbbruder P. Staudt aus Traunstein.
1921–1927	Anfertigung weiterer Gutachten, es ist beabsichtigt, Talk als Industriemineral abzubauen, die hohen Investitionskosten werden jedoch nicht realisiert, Smaragdabbau, für einige Zeit unter Leitung von M. Brennekam, A. Hager Junior fertigt die ersten Karten der verschiedenen Stollen.
Oktober 1927	Kauf der Liegenschaft durch die Schweizer „Aktiengesellschaft für modernen Bergbau" aus Chur, Brennekam arbeitet 1927 und 1928 für die neuen Besitzer
Oktober– November 1928	Die Zwangsversteigerung der Liegenschaft wird durch Hager und Staudt initiiert, da der Kaufpreis nicht ganz bezahlt wurde, zur Vermeidung der Versteigerung leiht sich die Besitzerin die benötigte Summe von H. Streubert, Übertragung der Schulden von Streubert auf M. Gaab und M. Geist.
Dezember 1928	Gründung der „Smaragd-Bergbau Habachtal GmbH" als österreichische Tochter der Schweizer Aktiengesellschaft, Streubert leitet die Aktivitäten der Firma von München aus
1928–1931	Gutachten von W. Müller, Suche nach neuen Investoren, der Abbau von Beryll, Smaragd und Talk wird in Betracht gezogen, es werden jedoch nur begrenzte Arbeiten vor Ort durchgeführt, Darlehen von F. Prader aus Zürich an die Schweizer Gesellschaft, Konkurs.
ab 1930	Registrierung und Kauf zahlreicher Schurfbewilligungen durch J. Burger aus München im Namen des Malers C. Schad aus Berlin
1932	Der Lehrer H. Ullhofen wird vom Gericht in Mittersill zum Konkursverwalter ernannt, Verpachtung des Bergwerks an den Italiener A. de Marchi.
1932–1933	Auseinandersetzungen zwischen mehreren Parteien, um die Kontrolle über das Bergwerk zu erlangen, Burger/Schad – Ullhofen/De Marchi – Gaab/Geist – Prader
August 1933	Gaab, Geist und Prader werden gemeinschaftlich Eigentümer der Liegenschaft.
Juni 1934	Gründung der „Smaragd Aktiengesellschaft" in Schaffhausen, Schweiz, mit Burger, Schad, Gaab, Geist und Prader als Aktionären, Verpachtung des Bergwerks durch Gaab, Geist und Prader an die AG
1935–1939	Durchführung des Smaragdabbaus durch die „Smaragd Aktiengesellschaft" auf niedrigem Niveau
Dez. 1940	Beschluss der Gesellschafter zur Auflösung der „Smaragd Aktiengesellschaft"
1945/1946	H. Zieger wird durch die U.S. Alliierte Kommission für Österreich zum Verwalter eingesetzt, er beginnt einen begrenzten Abbau auf Grundlage eines Vertrags mit Gaab.

Endnoten

1 *I. Shaw / J. Bunbury / R. Jameson,* Emerald mining in Roman and Byzantine Egypt, in: Journal of Roman Archaeology 12 (1999), S. 203–215; *J.-L. Rivard / B. C. Foster / S. E. Sidebothom,* Emerald city, in: Archaeology 55 (2002), S. 36–41.

2 Vgl. z. B. *F. Ward,* Emeralds, Bethesda 1993; *E. Gonthier,* Les représentations symboliques de quelques émeraudes célèbres de l'histoire, in: D. Giard, Hg., L'émeraude, Paris 1998, S. 27–32.

3 *G. Giuliani et al.,* Oxygen isotopes and emerald trade routes since antiquity, in: Science 287 (2000), S. 631–633.

4 *S. Stehrer,* Rätsel um Smaragd geklärt, in: Salzburger Nachrichten, 56. Jahrgang, 11. April 2000, S. 11.

5 *R. F. Ertl,* Smaragd – Namen, Mythos, Fund- u. Entdeckungsgeschichte, in: Die Eisenblüte N. F. 3 (1982), S. 3–11; siehe dort auch Details zu verschiedenen bislang aufgeführten „Beweisen", ferner bei *J. Lahnsteiner,* Oberpinzgau von Krimml bis Kaprun, Hollersbach – Salzburg 1980; *G. Grundmann,* Smaragd. extraLapis No.1, München 1991; *ders. / F. Koller,* Exkursion: Das Smaragdbergwerk im Habachtal, Land Salzburg, Österreich, in: Mitteilungen der Österreichischen Mineralogischen Gesellschaft 148 (2003), S. 317–343.

6 Vgl. z. B. *T. Calligaro et al.,* PIXE/PIGE characterisation of emeralds using an external microbeam, in: Nuclear Instruments and Methods in Physics Research B 161–163 (2000), S. 769–774; *A. Kržič et al.,* The origin of emeralds embedded in archaeological artefacts in Slovenia, in: Geologija 56 (2013), S. 29–45.

7 *K. M. Schroll,* Grundriss einer Salzburgischen Mineralogie, in: Jahrbücher der Berg- und Hüttenkunde 1 (1797), S. 95–196.

8 *J. Sinkankas,* Emerald and other beryls, Radnor 1981.

9 *E. J. Gübelin,* Emerald from Habachtal, in: Journal of Gemmology 5 (1956a), S. 342–361; *ders.,* The emerald from Habachtal, in: Gems & Gemology 8 (1956b), S. 295–309.

10 *G. Scherz,* Niels Stensens Smaragdreise, in: Centaurus 4 (1955), S. 51–57.

11 *A. Steiner, E. Burgsteiner,* persönliche Mitteilungen 2019.

12 *C. M. B. Schroll,* Geographisch-mineralogische Uebersicht der Salzburgischen Berg- und Hüttenwerke. In Briefen an einen seiner Freunde, in: Abhandlungen einer Privatgesellschaft von Naturforschern und Oekonomen 1 (1792), S. 261–307; *ders.,* Geographisch-mineralogische Uebersicht der Salzburgischen Berg- und Hüttenwerke. In Briefen an einen seiner Freunde, in: Jahrbücher der Berg- und Hüttenkunde 3 (1799), S. 53–73; *B. Pillwein,* Das Herzogthum Salzburg oder der Salzburger Kreis, Linz 1839; *I. von Kürsinger,* Ober-Pinzgau, oder: der Bezirk Mittersill. Eine geschichtlich, topographisch, statistisch, naturhistorische Skizze, Salzburg 1841; *L. Ritter von Köchel,* Die Mineralien des Herzogthumes Salzburg, Wien 1859; *E. Fugger,* Die Bergbaue des Herzogthumes Salzburg, in: Vierzehnter Jahres-Bericht der k. k. Ober-Realschule in Salzburg, 1881, S. 1–24; *Lahnsteiner,* Oberpinzgau; *F. Gruber / K.-H. Ludwig,* Salzburger Bergbaugeschichte. Ein Überblick, Salzburg – München 1982; *H. Hönigschmid,* Bramberg am Wildkogel, Bramberg am Wildkogel 1993; *G. Feitzinger / W. Günther / A. Brunner,* Bergbau- und Hüttenaltstandorte im Bundesland Salzburg, Salzburg 1998; *K. Lewandowski,* Der „vergessene" Bergbau im Oberpinzgau, in: Berichte der Geologischen Bundesanstalt 72 (2008), S. 47–58; *J. Seifriedsberger,* Bergbau in Hollersbach – vom 16. zum 19. Jahrhundert, in: Bramberger Montanhefte 7 (2008), S. 1–74.

13 *H. Aulitzky,* Hochwasser, Muren, Lawinen: Information über Wasserwirtschaft und Katastrophenschutz, Wien 1973. Herbert Aulitzky (1922–2012) war Professor am „Institut für Wildbach- und Lawinenverbauung" der Universität für Bodenkultur in Wien.

14 *Jos. R. Lorenz,* Vergleichende orographisch-hydrographische Untersuchung der Versumpfungen in den oberen Flussthälern der Salzach,

der Enns und der Mur, oder im Pinzgau, Pongau, und Lungau, in: Sitzungsberichte der mathematisch-naturwissenschaftlichen Classe der kaiserlichen Akademie der Wissenschaften 26 (1857), S. 91–151.

15 Vgl. z. B. *F. A. Reisigl,* Topographisch-historische Beschreibung des Oberpinzgaus im Erzstifte Salzburg, Salzburg 1786; *Fr. M. Vierthaler,* Meine Wanderungen durch Salzburg, Berchtesgaden und Oesterreich, Zweiter Theil, Wien 1816; *Kürsinger,* Ober-Pinzgau; *H. Wallmann,* Das Habach-Thal, in: Jahrbuch des Österreichischen Alpen-Vereins 6 (1870), S. 95–105; *F. W. P. Lehmann,* Die Wildbäche der Alpen. Eine Darstellung ihrer Ursachen, Verheerungen und Bekämpfung (Theil 1), Breslau 1879; *J. Stiny,* Über die Regelmäßigkeit der Wiederkehr von Rutschungen, Bergstürzen und Hochwasserschäden in Österreich, in: Geologie und Bauwesen 10 (1938), S. 9–31, 33–48; *Lahnsteiner,* Oberpinzgau; *C. Rohr,* Extreme Naturereignisse im Ostalpenraum. Naturerfahrung im Spätmittelalter und am Beginn der Neuzeit, Köln 2007. Zu weiteren Details siehe *J. Seifriedsberger,* Gamskogel: Das Bramberger Blei-, Gold- und Silberrevier, in: Bramberger Montanhefte 6 (2007), S. 1–92.

16 *Scherz, Niels,* S. 51–57. Dr. Gustav Scherz (1895–1971) war katholischer Priester, geboren in Wien. 1922 zog er nach Kopenhagen in Dänemark und begann Ende der 1930er-Jahre seine wissenschaftliche Forschung über Stensen. Er veröffentlichte zahlreiche historische Artikel und mehrere Bücher über Stensens Leben und Werk und gab eine Sammlung seiner Briefe heraus.

17 Niels Stensen, auch bekannt als Nicolaus Steno (1638–1686), studierte Medizin in Kopenhagen und veröffentlichte verschiedene Artikel über Anatomie und Medizin, bevor er sich dem Bereich Paläontologie, Stratigraphie und Kristallographie widmete. Von 1666 bis 1672 arbeitete Stensen im Florenz der Medici unter den Großherzögen Ferdinand II. und Cosimo III. Sein Hauptwerk im Bereich der Geowissenschaften, der 1669 in Florenz veröffentlichte „Prodromus", gilt als Beginn der modernen Stratigraphie und Geologie. Um 1675 beendete Stensen seine naturwissenschaftliche Laufbahn, er wurde zum katholischen Priester und 1677 zum Bischof geweiht (Scherz, 1987). Stensens Beitrag zur Entwicklung der modernen Wissenschaftsphilosophie wurde von Hansen (2009) ausführlich diskutiert. Eine aktuelle Zusammenfassung seines Lebenswerks wurde von Hauschke (2019) veröffentlicht. *G. Scherz,* Niels Stensen. Eine Biographie, Band I: 1638–1677, Leipzig 1987 [englische Übersetzung siehe *T. Kardel / P. Maquet,* Hg., Nicolaus Steno. Biography and original papers of a 17th century scientist, Heidelberg 2013]; *J. M. Hansen,* On the origin of natural history: Steno's modern, but forgotten philosophy of science, in: Bulletin of the Geological Society of Denmark 57 (2009), S. 1–24; *N. Hauschke,* Niels Stensen (1638–1686) – Ein Europäer der Barockzeit als Wegbereiter der Geologie, Paläontologie und Mineralogie. Mit bisherigen Würdigungen in der Philatelie, in: Der Aufschluss 70 (2019), S. 358–374.

18 *G. Scherz,* Nicolai Stenonis epistolae et epistolae ad eum datae. Tomus Prior, Hafniae 1952; *ders., Niels,* S. 51–57; *ders.,* Niels Stensens Reisen, in: Acta Historica Scientiarum Naturalium et Medicinalium 23 (1971), S. 9–139; *E. J. Zirkl,* Niels Stensen (Nicolaus Steno) im Habachtal, in: Die Eisenblüte N. F. 3 (1982), S. 20; *F. Sobiech,* Niels Stensen (1638–1686) und der Bergbau. Seine Reise durch Tirol, Niederungarn, Böhmen und Mitteldeutschland 1669–1670 in Spiegel seiner Theologie, in: W. Ingenhaeff / J. Bair, Hg., Bergbau und Religion. Schwazer Silber. 6. Internationaler Montanhistorischer Kongress Schwaz 2007. Tagungsband, Innsbruck 2008, S. 287–304.

19 *Scherz,* Niels; *Kardel / Maquet,* Nicolaus Steno.

20 Scherz unterschied begrifflich nicht zwischen einem Smaragdvorkommen und einem Smaragdbergwerk oder einer Smaragdgrube. Brief von Gustav Scherz an Josef Lahnsteiner,

19. Juni 1954, Archiv Alfred Lahnsteiner, Hollersbach.

21　G. *Scherz,* Vom Wege Niels Stensens. Beiträge zu seiner naturwissenschaftlichen Entwicklung, in: Acta Historica Scientiarum Naturalium et Medicinalium 14 (1956), S. 128–137, 141–215; *ders.,* Nicolaus Steno and his indice, in: Acta Historica Scientiarum Naturalium et Medicinalium 15 (1958), S. 189–275.

22　*J. Lahnsteiner,* Die Seninger-Erbabhandlung von 1732, in: MGSL 99 (1959), S. 111–138; *H. Pech,* Smaragde – Gauner und Phantasten, Innsbruck 1976; *Hönigschmid,* Bramberg.

23　*H. Hanke,* Smaragde aus dem Habachtal, in: Kosmos 54 (1958), S. 320–324; *K. Hagn,* Das „grüne Gold" aus den Tauern, in: Salzburger Nachrichten, Juwelen & Uhren Weihnachtsjournal 2019, S. 40–43.

24　*K. Schmetzer / H. A. Gilg,* Origin of emeralds in a late-eighteenth-century pectoral cross and ring from St Peter's Archabbey, Salzburg, Austria, in: Journal of Gemmology 38 (2022), S. 272–283.

25　*Scherz,* Niels, S. 51–57; *Gübelin,* Emerald, S. 342–361; *Gubelin,* The emerald, S. 295–309; *Sinkankas,* Emerald.

26　*H. Hanke,* Smaragdbergbau in den Hohen Tauern, in: Neue Züricher Zeitung, Jahrgang 159, Nr. 286, 16. Februar 1938, Mittagsausgabe, S. 5; *ders.,* Das einzige Smaragdbergwerk Europas, in: Das Werk. Monatsschrift der „Vereinigte Stahlwerke Aktiengesellschaft" 19 (1939), S. 195–198; *ders.,* Smaragde aus dem Habachtal, in: Salzburger Volksbote, Jahrgang 1944, Nr. 13, 26. März 1944, S. 4. Dr. Hans Hanke (1908–1969) studierte in Innsbruck Geologie und zog später nach Salzburg; er arbeitete lebenslang in verschiedenen Positionen als wissenschaftlicher Journalist und Herausgeber von Fachzeitschriften, er veröffentlichte zahlreiche Artikel über die Alpen (Lawinen, Gletscher etc.).

27　Z. B. *Hanke,* Smaragde, S. 320–324.

28　*F. E. Brückmann,* Magnalia Dei in Locis Svbterraneis Oder Unterirdische Schatz-Cammer Aller Königreiche und Länder, in Ausführlicher Beschreibung Aller, mehr als MDC. Bergwercke Durch Alle vier Welt-Theile, Braunschweig 1727.

29　*F. E. Brückmann,* Magnalia Dei in Locis Svbterraneis Oder Unterirdischer Schatz-Cammer Aller Königreiche und Länder, II ter Theil, in Ausführlicher Beschreibung Aller, mehr als MDC. Bergwercke Durch Alle vier Welt-Theile, Wolfenbüttel 1730.

30　*G. A. Pichler,* Salzburg's Landes-Geschichte, Salzburg 1865; *J. B. Freed,* Landesbildung, Herrschaftsausbau und Ministerialität, in: H. Dopsch / P. F. Kramml, A. S. Weiß, Hg., 1200 Jahre Erzbistum Salzburg: die älteste Metropole im deutschen Sprachraum, Salzburg 1999, S. 87–102; *H. Dopsch / J. Lang,* Salzburg und Berchtesgaden. Zur Entstehung geistlicher Länder im Ostalpenraum, in: Österreich in Geschichte und Literatur mit Geographie 56 (2012), S. 323–343.

31　*J. Lehner,* Balnei Abacensis in Bavaria inferior nova descriptio. Das ist: Kurze Beschreibung des Wildbads zu Abach in nieder Bayrn, Regenspurg 1669; *ders.,* Balnei Abacensis in Bavaria inferior nova descriptio. Das ist: Kurze Beschreibung des Wildbads zu Abach in nieder Bayrn, Straubing 1702; *ders.,* Balnei Abacensis in Bavaria inferior nova descriptio. Das ist: Kurze Beschreibung des Wildbads zu Abach in nieder Bayrn, Regenspurg 1718.

32　*W. Fürnohr,* Das Patriziat der freien Reichsstadt Regensburg zur Zeit des Immerwährenden Reichstags, in: Verhandlungen des Historischen Vereins für Oberpfalz und Regensburg 93 (1952), S. 153–308.

33　*M. Viernstein,* Geschichte des Flußspatbergbaus in Bayern, in: Geologica Bavarica 91 (1987), S. 95–100; *G. Grundmann / H. Wolf,* Das Oberpfälzer Flußspatrevier: Nabburg-Wölsendorf, Donaustauf und Lam. Fluorit. Mineralientage München, Messethemenheft, Ausstellerverzeichnis 1995, S. 82–90.

34　*K.-H. Jacob,* Über den Flussspatbergbau in der Oberpfalz von 1877 bis 1987, in: Bergbau

12/2006, S. 549–556; *H. G. Dill / B. Weber,* Fluorit ein nordbayerisches Industriemineral mit Weltgeltung – Von der Fluorlagerstätte zum Endprodukt. Begleitheft zur Ausstellung „FlussSpat – mehr als bunte Würfel", Bergbau und Industriemuseum Ostbayern, Schloss Theuern, 2010, S. 4–16.

35 *M. Flurl,* Beschreibung der Gebirge von Baiern und der oberen Pfalz, München 1792.

36 Correspondenz-Nachrichten. Aus einem Schreiben des Mineralienhändlers und Steinschneiders Jacob Frischholz in München, in: Neue Jahrbücher der Berg- und Hüttenkunde 4 (1821), S. 130–137.

37 Mineralienatlas – Fossilienatlas, File: Grube Kittenrain (Schönfärbiges Bergwerk), https://www.mineralienatlas.de/lexikon/index.php/Deutschland/Bayern/Oberpfalz%2C%20Bezirk/Regensburg%2C%20Landkreis/Donaustaufer%20Revier/Grube%20Kittenrain%20%28Sch%C3%B6nf%C3%A4rbiges%20Bergwerk%29 [20.11.2020].

38 *Schroll,* Grundriss, S. 95–196. Schroll (1756–1829) war Bergbeamter im Fürstbistum Salzburg; weitere biographische Daten siehe Anhang A.

39 *J. Frischholz,* Ueber den Salzburger Smaragd, in: Neue Jahrbücher der Berg- und Hüttenkunde 4 (1821), S. 382–385. Jakob (Jacob) Frischholz (1778–1820) stammte aus der Oberpfalz, er studierte am Gymnasium und kurfürstlichen Lyceum in Amberg (1799–1802). 1807 entwickelte er eine Schleifmaschine für die Nymphenburger Porzellanmanufaktur, war Mineralienhändler in München (als solcher ab 1808 nachgewiesen) und beschäftigte sich mit dem Schleifen und Gravieren von Mineralien und Edelsteinen. Frischholz publizierte Arbeiten über die Mineralien der Seiser Alm und ein Buch über die Steinschneidekunst (1820); er war an der Entdeckung mehrerer neuer Mineralien bzw. an der Beschreibung neuer Vorkommen seltener Minerale beteiligt, die er selbst aufgesucht bzw. gesammelt hatte. Seit 1816 war Frischholz Mitglied in der „Herzoglichen Societät für die gesamte Mineralogie zu Jena", der weltweit ältesten mineralogischen Gesellschaft, gegründet 1796. Nach seinem Tode führte seine Witwe Anna (1778–1837), die ebenfalls aus der Oberpfalz stammte, den Mineralienhandel in München noch einige Jahre weiter.

40 Ebd., siehe auch: *M. Perty,* Erinnerungen aus dem Leben eines Natur- und Seelenforschers des neunzehnten Jahrhunderts, Leipzig – Heidelberg 1879, S. 361–362.

41 Göttingische Anzeigen von gelehrten Sachen, Der erste Band, 83. Stück, 27. Mai 1797, S. 817–821.

42 Vgl. z. B. *F. A. Reuß,* Lehrbuch der Mineralogie nach des Herrn O. B. R. Karsten mineralogischen Tabellen. Zweiten Theiles Erster Band der Oryktognosie, Leipzig 1801; *F. Mohs,* Jac. Fried von der Null Mineralien-Kabinet. Erste Abteilung, Wien 1804; *R.-J. Haüy,* Lehrbuch der Mineralogie, Zweiter Theil, Paris – Leipzig 1804; *H. Klaproth / F. Wolff,* Chemisches Wörterbuch, Fünfter Band, Berlin 1810; *J. R. Zappe,* Alphabetische Aufstellung und Beschreibung alles bisher bekannten Fossilien. Zweiter Band, Wien 1817; *R. Jameson,* A system of mineralogy in which minerals are arranged according to the natural history method. Vol. I, Edinburgh 1820.

43 *C. F. von Hock,* Vierzig Tage im Gebirge, Teil X. Der Habacher-Käs, in: Der Bote für Tirol und Vorarlberg, Jahrgang 1830, Nr. 20, 11. März 1830, S. 4.

44 Eine Notiz über die Namensidentität zwischen Heubachtal (Heubachthal) und Habachtal (Habachthal) findet sich beispielsweise bei *Ritter von Zepharovich,* Mineralogisches Lexicon für das Kaiserthum Österreich. I. Band, Wien 1859, S. 57.

45 In zahlreichen Karten vom 16. bis zum 19. Jahrhundert wird der Bach, der heute als Habach bekannt ist, als Harpach (16. und 17. Jahrhundert mit Ausnahme von Häbach bei Dückher, 1666), Härbach (18. Jahrhundert)

oder Habach (19. Jahrhundert) bezeichnet; zahlreiche Beispiele sind von Schaup, 2000, dargestellt; siehe auch das frühe Geographiebuch von Fabri, 1786. In Bergbaudokumenten aus dem 16. Jahrhundert finden wir auch Heebach (siehe Urkunden Salzburg, Erzstift (1124–1805), SLA, OU 1550 I 02 (Januar 1550) und SLA, OU 1552 III 10 (März 1552); https://www.monasterium.net/mom/AT-SLA/Erzstift/fond [20.11.2020]. *F. Dückher,* Saltzburgische Chronica, Salzburg 1666; *W. Schaup,* Salzburg auf alten Landkarten 1551–1866/67, Salzburg 2000; *J. E. Fabri,* Geographie für alle Stände. Erster Theil, Erster Band, Leipzig 1786.

46 Verschiedene Beispiele sind z. B. bei Niedermayr und Grundmann angegeben: *G. Niedermayr,* Mineralien und Smaragdbergbau im Habachtal, Haltern 1988; *ders.,* Mineralien, Geologie und Smaragdbergbau im Habachtal/Pinzgau, Haltern 2003; *Grundmann,* Smaragd.

47 *Grundmann,* Smaragd.

48 *Petersen,* Brief aus Regensburg vom 20. Nov. 1815, in: Taschenbuch für die gesammte Mineralogie mit Hinsicht auf die neuesten Entdeckungen 10 (1816), S. 591–593. Identifiziert als Magnus von Petersen (1764-1832), aus Husum stammend, damals im Herzogtum Schleswig gelegen und zu Dänemark gehörend. Petersen studierte in Kiel und war Mitglied in der „Herzoglichen Societät für die gesamte Mineralogie zu Jena". Er war Major im Herzogtum Mecklenburg-Strelitz und von 1813 bis 1822 Hofmeister (Erzieher) der Prinzen von Thurn und Taxis in Regensburg. Petersen besaß eine bedeutende Sammlung von Mineralien, die er teilweise selbst auf Reisen gesammelt oder erworben hatte. Er war an der Entdeckung mehrerer neuer Mineralien bzw. an der Beschreibung neuer Vorkommen seltener Minerale beteiligt und machte Schenkungen ganzer Mineraliensammlungen an Universitäten, Museen und Forschungseinrichtungen, z. B. in Regensburg, Genf, Kiel und München. Der Bericht über die Smaragde aus dem Habachtal stammt aus seiner Beschreibung einer Reise durch Tirol und Salzburg. Seine Sammlung wurde nach seinem Tode in mehreren Teilen durch seine Witwe Antoinette von Petersen verkauft.

49 Frischholz starb im Dezember 1820 in München, er hat also die Veröffentlichung seines Textes nicht mehr erlebt. Daraus ergibt sich, dass er das Smaragdvorkommen in den Jahren 1810, 1812 und 1817 besucht hat. Ein Hotelaufenthalt in Salzburg im Juli 1812 lässt sich nachweisen.

50 *G. H. von Schubert,* Wanderbüchlein eines reisenden Gelehrten nach Salzburg, Tirol und der Lombardei, Erlangen 1823.

51 *Hock,* Tage, S. 4. Dr. Carl Ferdinand von Hock (1808–1869) war Philosoph, Redakteur und Nationalökonom, er war in verschiedenen Positionen im österreichischen Staatsdienst tätig, u. a. als Zollbeamter in Salzburg. Zum Primärvorkommen siehe auch *J. Russegger,* Über den Bau der Centralpenkette im Herzogthume Salzburg, in: Zeitschrift für Physik und verwandte Wissenschaften 3 (1835), S. 248–282.

52 *E. Fugger,* Die Mineralien des Herzogthumes Salzburg, Salzburg 1878; zur Person von Mathias Mielichhofer, dem Mitarbeiter und Nachfolger Scholls in den Bergbehörden Salzburgs, siehe Anhang A.

53 *Kürsinger,* Ober-Pinzgau; K. Peters, Die geologischen Verhältnisse des Oberpinzgaues, insbesondere der Centralalpen, in: Jahrbuch der k. k. Geologischen Reichsanstalt 5 (1854), S. 766–808; *M. V. Lipold,* Über das Vorkommen von Smaragden im Habachthale des Ober-Pinzgaues im Salzburgischen, in: Jahrbuch der k. k. Geologischen Reichsanstalt 13 (1863), S. 147–148; *Wallmann,* Habach-Thal, S. 95–105; *Fugger,* Mineralien.

54 *L. von Rosenfeld,* Vereinsnachrichten für den Monat Juli und August 1863, in: Verhandlungen und Mittheilungen des siebenbürgischen Vereins für Naturwissenschaften 14 (1863), S. 129–130.

55 Vgl. die folgenden Kommentare: *G. von Gränzenstein,* Das allgemeine österreichische Berg-

gesetz vom 23. Mai 1854 und die Verordnungen über die Bergwerksabgaben vom 4. October 1854, Wien 1855; *F. Stamm,* Das Österreichische allgemeine Berggesetz vom 23. Mai 1854, Prag 1855; *R. Manger,* Das Oesterreichische Bergrecht nach dem allgemeinen Bergesetze für das Kaiserthum Oesterreich vom 23. Mai 1854, Prag 1857; *C. E. Leuthold,* Das Österreichische Bergrecht in seinen Grundzügen, Prag – Leipzig 1887; *W. Schlüter,* Österreichisches Bergrecht, in: Glückauf. Berg- und Hüttenmännische Zeitschrift 74 (1938), S. 519–526; *H. Schoen,* Vorbehaltene Mineralien in Großdeutschland, in: Montanistische Rundschau 31 (1939), S. 200–204.

56   Vgl. z. B. *Manger,* Bergrecht. S. 38; *L. Haberer / F. Zechner,* Handbuch des österreichischen Bergrechtes auf Grund des allgemeinen Berggesetzes vom 23. Mai 1854, Wien 1884, S. 8.

57   *Manger,* Bergrecht, S. 37–38.

58   Archiv der Israelitischen Kultusgemeinde Wien, Bestand Wien, Jüdische Familienlisten.

59   *A. Redl,* Handlungs Gremien und Fabricken Adressen Buch von Wien und NiederOestreich für das Jahr 1813, Wien 1813; Wiener-Zeitung, Nr. 119, 26. Mai 1820, S. 5.

60   1840 findet man den Firmennamen „J. Goldschmidt & Söhne" mit zwei Brüdern, Salomon Johann Nepomuk und Wilhelm (geb. 1814), die in der Firma des Vaters arbeiten, aber 1841 findet man nur noch „J. Goldschmidt & Sohn", da Wilhelm in die Firma seines Bruders Samuel gewechselt war. Wilhelm gründete dann 1842 eine eigene Firma, die jedoch bereits 1844 in Konkurs ging.

61   *W. Haidinger,* Ansprache des Direktors, in: Jahrbuch der k. k. Geologischen Reichsanstalt 12 (1861), S. 95.

62   Archiv der Gemeinde Bramberg, Dokumente vom 29. August 1861, vom 15. August 1862 und vom 1. August 1863.

63   Markus Vinzenz (Marko Vincenc) Lipold (1816–1883) arbeitete von 1849 bis 1867 als Geologe an der k. k. Geologischen Reichsanstalt. Ab 1867 war er Direktor der Quecksilbermine in Idria (Verhandlungen der k. k. Geologischen Reichsanstalt, 1883, Nr. 9, S. 183–184); *Haidinger,* Ansprache, S. 95.

64   Karl (Carl) Ferdinand Peters (1825–1881) war von 1852 bis 1855 Geologe an der k. k. Geologischen Reichsanstalt. Später wurde er Professor für Geologie und Mineralogie an verschiedenen Universitäten (Budapest, Wien, Graz).

65   *Peters,* Verhältnisse, S. 766–808.

66   Wiener Zeitung, Nr. 263, 12. November 1861, S. 1–2.

67   Salzburger Zeitung, Nr. 108, 12. Mai 1862, S. 3; Waldheim's Illustrierte Zeitung, Nr. 21, 24. Mai 1862, S. 2–3; *J. Arenstein,* Austria at the international exhibition of 1862. Vienna, Imperial Royal Court and State Printing-Office 1862, S. 12; *K. F. Peters,* Herr Karl F. Peters an Herrn G. Rose, in: Zeitschrift der Deutschen Geologischen Gesellschaft 14 (1862), S. 248–250 [Brief vom 10. Mai 1862].

68   Notarieller Vertrag zwischen dem k. k. Forstamt Zell am See (Forstaerar) und Samuel Goldschmidt, 10. Februar 1862, Archiv Peter Lausecker, Kirchhundem; Eintrag in die Seiten des Grundbuchs zur Habachtal-Smaragdmine [Edelsteinbergwerk im Habachthale] beim Grundbuchamt Mittersill, 29. März 1862, Land Salzburg, Landesarchiv; im Detail: Grundbuchamt Mittersill, Grundbucheinlage 155, Parzelle 850 und Parzelle 317, Land Salzburg, Landesarchiv. Die Seiten des Grundbuchs zur Habachtal-Smaragdmine umfassen eine Liste von Eigentumsübertragungen und Grundpfandrechten, elf Seiten mit 21 Zusatzdokumenten, meist notarielle Verträge oder Urteile der Gerichte in Mittersill und Salzburg, in der Folge zitiert als „Zusatzdokumente zu den Seiten des Grundbuchs zur Habachtal-Smaragdmine"; Salzburger Zeitung, Nr. 108, 12. Mai 1862, S. 3; Bukowina, Nr. 55, 20. Mai 1862, S. 2; Volks- und Schützen-Zeitung, 63. Jahrgang, 26. Mai 1862, S. 5; *G. Grundmann,* Geologisch-Petrologische Untersuchung der Smaragd-führenden

Gesteinsserien der Leckbachscharte, Habachtal (Land Salzburg, Österreich). Diplomarbeit, Technische Universität Berlin 1979, S. 20–24; *P. Lausecker*, Smaragdfundstelle Habachtal – Geschichte, Geologie, Bergbau, Hof (Saale) 1986; *K. Lewandowski*, Der Smaragdbergbau in der Leckbachrinne im Habachtal. Bramberg 1997.

69 Vgl. *Gränzenstein*, Berggesetz; *Stamm*, Bergrecht; *Manger*, Bergrecht; *Leuthold*, Bergrecht.

70 Zum Vergleich und zur Einordnung des Kaufpreises kann vielleicht das Jahresgehalt von 1.680 Gulden des Geologen bei der k. k. Geologischen Reichsanstalt M. V. Lipold herangezogen werden; Protokollbücher der k. k. Geologischen Reichsanstalt, 1861, Akte 767.

71 Salzburger Zeitung, Nr. 96, 28. April 1862, S. 3.

72 *Lipold*, Vorkommen, S. 147–148; ders., Die Smaragde im Habachthale des Oberpinzgaus, in: Zeitschrift für die Gesammten Naturwissenschaften 23 (1864), S. 271.

73 Verschiedene Dokumente des Gerichts in Mittersill aus dem Jahr 1863, aus dem Nachlass von K. Lewandowski; Dokumente GAC 10 Mittersill/2 Nr. 78 und GAC 10 Mittersill 1868/2, Nr. 173, Land Salzburg, Landesarchiv.

74 Brief von S. Goldschmidt, 20. August 1863; Archiv P. Semrad, Bergen, Niederlande.

75 *Lipold*, Vorkommen, S. 147–148; ders., Smaragde, S. 271; Wallmann, Habach-Thal, S. 95–105.

76 *K. F. Peters*, Aus meinen Erinnerungen an den Pinzgau, in: III. Österreichische Revue, 5. Jahrgang, Nr. 7 (1867), S. 139–156; *Th. Trautwein*, Wegweiser durch Südbaiern, Nord- und Mitteltirol und angrenzende Theile von Salzburg und Kärnten, München 1870; Briefwechsel zwischen dem Steueramt Mittersill und der Gemeinde Bramberg, April 1874, Gemeindearchiv Bramberg: Der Brief beziffert die Dauer des Edelsteinabbaus durch Goldschmidt auf zwei Jahre. Rechnet man hier den Übertageabbau und den Untertageabbau zusammen, so wären diese die Jahre 1862 und 1863; legt man dieser Angabe lediglich den Untertageabbau zugrunde, so wären das die Jahre 1863 und 1864.

77 Fremden-Blatt, 18. Jahrgang, Nr. 127, 8. Mai 1964, S. 23.

78 Wiener Zeitung, Nr. 72, 27. März 1866, S. 1.

79 Ein ähnlicher Pokal aus der Werkstatt von H. Ratzersdorfer im Renaissance-Stil befindet sich im Museum Lázaro Galdiano in Madrid; weitere Arbeiten der Firma Ratzersdorfer in dieser Stilrichtung sind Gegenstand zahlreicher Veröffentlichungen zur Goldschmiedekunst des 19. Jahrhunderts.

80 Siehe *H. Leitmeier*, Smaragdbergbau und Smaragdgewinnung in Österreich, in: Berg- und Hüttenmännische Monatshefte 86 (1938), S. 3–12; *R. Eberl*, Smaragde – Segen und Fluch, Wien 1972; *Lausecker*, Smaragdfundstelle. Hans Leitmeier (1885–1967) war Professor für Mineralogie und Petrographie an der Universität Wien und widmete einen großen Teil seiner wissenschaftlichen Forschungstätigkeit der alpinen Mineralogie und alpinen Lagerstätten (Hammer und Pertlik, 2014). Leitmeiers erste große Arbeit über das Habachtal von 1937 behandelt die Mineralien der Smaragdlagerstätte und deren Genese. Ein großer Teil von Leitmeiers Beschreibung der Geschichte der Habachtal-Lagerstätte, veröffentlicht 1938, basiert auf persönlicher Kommunikation mit Ernst Brandeis, dem Enkel Goldschmidts. Dies weist darauf hin, dass einige Daten nur auf den persönlichen Erinnerungen von Brandeis nach etwa 35 Jahren beruhen, jedoch nicht auf einer schriftlichen Dokumentation. Leitmeiers Zusammenfassung, veröffentlicht 1946, ist ebenfalls stark fehlerhaft, insbesondere in Bezug auf die Zeit zwischen 1918 und 1939. *V. M. F. Hammer / F. Pertlik*, Hans Leitmeier (1885–1967). Akademischer Lehrer, Dekan, Forscher und Sammler an der Wende von der analytischen zur experimentellen Mineralogie, in: Mitteilungen der Österreichischen Mineralogischen Gesellschaft 160 (2014), S. 73–108; *H. Leitmeier*, Das Smaragdvorkom-

men im Habachtal und seine Mineralien, in: Mineralogische und Petrographische Mitteilungen Neue Folge 49 (1937), S. 245–368; ders., Die Smaragde vom Habachtal, in: Die Presse, Nr. 44, 24. November 1946, S. 3–4.

81 Vermächtnis von Samuel Goldschmidt, 1856, mit mehreren Anhängen; Wiener Stadt- und Landesarchiv.

82 Albert Brandeis (1844–1910) stammte aus der Familie Weikersheim-Brandeis, einer Familie von Kaufleuten und Bankiers, die hauptsächlich an der Wiener „M. H. Weikersheim & Comp." und verwandten Unternehmen und Gesellschaften beteiligt waren. In den 1870er-Jahren finden wir Albert Brandeis als Mitglied des Verwaltungsrates in verschiedenen Banken und Versicherungsunternehmen. Ab 1882 war er einer der Direktoren der „Illyrische Quecksilberwerke-Gesellschaft" in Idria (Idrija), jetzt in Slowenien (Die Presse, 35. Jahrgang, Nr. 76, 17. März 1882, S. 7). Das Gebiet von Idria war mehrere Jahrhunderte lang eine der größten Quecksilber-produzierenden Regionen weltweit. Wir können davon ausgehen, dass Brandeis in dieser Position über Bergbau und Bergbauinvestitionen Bescheid wusste. Seinem Erbe zufolge war er jedoch im Geschäftsleben nicht sehr erfolgreich, zumindest nicht unter wirtschaftlichen Gesichtspunkten (Vermächtnis von Albert Brandeis, 1910, Wiener Stadt- und Landesarchiv; Amtsblatt zur Wiener Zeitung, Nr. 19, 24. Januar 1911, S. 3).

83 *Leitmeier*, Smaragdbergbau, S. 3–12.

84 *Anonym*. Exposé (geschrieben auf Geschäftspapier mit dem Briefkopf der Firma „Carl Staudt, Holzhandlung, Traunstein", sehr wahrscheinlich von A. Hager, der diese Briefbögen auch für Mitteilungen an verschiedene Behörden etc. verwendete): Das Smaragd-Bergwerk im Habachthale. Gemeindearchiv Bramberg, um 1917, 6 S.

85 Dokumente im Archiv der Gemeinde Bramberg weisen darauf hin, dass Alois Wurnitsch 1882 oder noch früher nach Bramberg gezogen ist, wo er 1909 starb und einige seiner Familienmitglieder weiterhin lebten (J. Seifriedsberger, private Mitteilung, 2020). Alois Wurnitsch (Schuster Loisl) ist ab 1881 als Bergführer in Bramberg nachweisbar. Dies bestätigt die Angabe im Exposé von 1917 aus damaliger Sicht „Wurnitsch aus Bramberg", d. h. unter Berücksichtigung seines langjährigen Wohnorts. Eine Verbindung von Wurnitsch mit dem Smaragdvorkommen ergibt sich auch aus einer Notiz in der Salzburger Volkszeitung, Jahrgang 5, Nr. 75, 31. März 1949, S. 3.

86 *R. Seemann et al.*, Historische Kupferlagerstätte „Hochfeld" und Epidot-Fundstelle „Knappenwand", Untersulzbachtal, in: Mitteilungen der Österreichischen Mineralogischen Gesellschaft 135 (1990), S. 95–117; *ders. / F. Koller / V. Höck*, Die Mineralfundstelle Knappenwand – Erweiterte Zusammenfassung, in: Abhandlungen der Geologischen Bundesanstalt 49 (1993), S. 33–37; *W. Günther*, Entwicklung des Berg- und Hüttenwesens und ihre wirtschaftliche und kulturelle Bedeutung, in: Diverse Verlagsschriften des Naturhistorischen Museums Wien 13 (1994), S. 113–225.

87 *V. Ritter von Zepharovich*, Mineralogische Notizen, in: Jahrbuch der k. k. Geologischen Reichsanstalt 19 (1869), S. 225–234.

88 Archiv des Natural History Museums, London.

89 Salzburger Volksblatt, 4. Jahrgang, Nr. 71, 30. März 1874, S. 3; *G. Tschermak*, Neue Einsendungen an das k. k. mineralogische Hofmuseum, in: Verhandlungen der k. k. Geologischen Reichsanstalt 1874, Nr. 4, S. 86–87.

90 Archiv des Natural History Museums, London.

91 Siehe z. B. Salzburger Wacht, 30. Jahrgang, Nr. 273, 28. November 1928, S. 7.

92 Freie Stimmen, 12. Jahrgang, Nr. 13, 30. Januar 1892, S. 1–3.

93 Aufzeichnungen von Josef Lahnsteiner (1942) basierend auf Mitteilungen von Karl Wurnitsch, Archiv Alfred Lahnsteiner, Hollersbach.

94 *H. Noé*, Robinson in den Hohen Tauern, Band 3, Jena 1879, S. 50–87.

95 Notarieller Vertrag zwischen Friederike Goldschmidt und Albert Brandeis, 1. März 1894, Zusatzdokumente zu den Seiten des Grundbuchs zur Habachtal-Smaragdmine, Land Salzburg, Landesarchiv; Eintrag in die Seiten des Grundbuchs zur Habachtal-Smaragdmine [Edelsteinbergwerk im Habachthale] beim Grundbuchamt Mittersill, 9. März 1894; *Grundmann*, Untersuchung, S. 20–24; *Lausecker*, Smaragdfundstelle.

96 W. R. *Skinner*, The mining manual for 1899, London 1899.

97 Notarieller Vertrag zwischen Albert Brandeis / Jeanette Brandeis und der Gesellschaft „The Emerald Mines Limited", 11. Mai 1896 (London) und 20. Mai 1896 (Wien), Zusatzdokumente zu den Seiten des Grundbuchs zur Habachtal-Smaragdmine, Land Salzburg, Landesarchiv; Eintrag in die Seiten des Grundbuchs zur Habachtal-Smaragdmine [Edelsteinbergwerk im Habachthale] beim Grundbuchamt Mittersill, 23. Mai 1896; *Lausecker*, Smaragdfundstelle.

98 Ebd.; siehe auch Die Zeit, 9. Jahrgang, Nr. 2714, 16. April 1910, S. 5; Salzburger Volksblatt, 40. Jahrgang, Nr. 87, 19. April 1910, S. 4–5; *Grundmann*, Untersuchung, S. 20–24; *Hönigschmid*, Bramberg; *Lewandowski*, Smaragdbergbau. In verschiedenen Dokumenten wird angegeben, dass die Familie Brandeis-Goldschmidt 10.220 oder 14.720 Aktien der neuen Gesellschaft erhalten hat. Im Originalvertrag sowie von Grundmann und Lewandowski wird eine Zahl von 10.220 Aktien genannt, diese Zahl ist auch auf den Seiten des Grundbuchs angegeben. Die von Hönigschmid genannten 1.022 Aktien sind wohl als Tippfehler anzusehen. In der von Leslie Clarke 1910 vor dem Berliner Gericht gemachten Aussage, über die in „Die Zeit" und im „Salzburger Volksblatt" berichtet wurde, wird eine Zahl von 14.720 Aktien genannt.

99 Die Zeit, 9. Jahrgang, Nr. 2714, 16. April 1910, S. 5.

100 The London Gazette, 11. May 1883, S. 2517 und 9. January 1891, S. 180; 1914 Who's Who in Business: Company F. FORSTER (JAMES A.) & SONS. Grace's guide to British industrial history.

101 The London Gazette, 11. Februar 1975, S. 1935.

102 L. J. *Spencer*, The larger diamonds of South Africa, in: Mineralogical Magazine 16 (1911), S. 140–148.

103 K. *Mitchell*, Further light on the Sancy diamond, in: Journal of Gemmology 19 (1984), S. 144–146; A. *Fort*, Nancy – the story of Lady Astor, London 2012.

104 Kleine Mitteilungen, in: Journal der Goldschmiedekunst, 1903, S. 166; Neue Freie Presse, Nr. 13935, 13. Juni 1903, S. 20.

105 W. R. *Skinner*, The mining manual for 1891-2, London 1892, S. 433, 524, 675.

106 British Guiana's mining industry; The Mining Journal, Railway and Commercial Gazette, 74. Jahrgang, 1903, S. 89, 185, 362, 418, 625.

107 D. A. Mac Allister, The emerald mines of Northern Etbai, in: The Geographical Journal 16 (1900), S. 537–549; E. W. *Streeter*, Egyptian gold and gem syndicate, limited, in: The Economist 61 (1903), S. 891.

108 G. *Lenzen*, Produktions- und Handelsgeschichte des Diamanten, Berlin 1966. Es ist vielleicht von historischem Interesse, dass die Firma A. Dunkelsbuhler dem jungen Ernest Oppenheimer um 1896 einen ersten Karrierestart als Diamantenhändler in London ermöglichte. Sie schickte ihn dann 1902 nach Südafrika, um Diamanten einzukaufen – der Beginn einer Weltkarriere.

109 Die Heirat von James Leverson mit Henriette Goldschmidt fand 1858 in Baden bei Wien statt. Die Familien Goldschmidt und Leverson hatten somit engen Kontakt zueinander.

110 P. *Semrád*, European precious opal from Červenica-Dubník – an historical and gemmological summary, in: Australian Gemmologist 25 (2015), S. 372–388. Zur Genealogie der Familie Goldschmidt siehe auch: G. *Gaugusch*, Wer einmal war: Das jüdische Großbürgertum Wiens 1800–1938, Anfangsbuchstaben A–K,

Wien 2011; *P. Semrád,* Opal kings: Genealogy of the family Goldschmidt von Libanka, Prag 2012.

111 Siehe z. B. *Lahnsteiner,* Oberpinzgau, und *Hönigschmid,* Bramberg. Beide Autoren geben jedoch keine Quellen für diese Aussage an.

112 *Leitmeier,* Smaragdbergbau, S. 3–12; *Eberl,* Smaragde.

113 *Hönigschmid,* Bramberg.

114 Eine Akte mit dem Titel „Emerald Mines Limited Aktiengesellschaft in London, unbefugter Bergbaubetrieb in Bramberg, 1902–1910": Akte Bergwesen XII B / 1 1910 im Archiv des Salzburger Bundeslandes [Land Salzburg, Landesarchiv] enthält zahlreiche Dokumente aus der Zeit zwischen 1902 und 1910; diese Datei wird in diesem Artikel mit dem Kurztitel „Unbefugter Bergbau in Bramberg" zitiert. Für Fakten, die in mehreren Dokumenten wiederholt werden, werden keine weiteren Details angegeben.

115 Vgl. Anhang B.

116 Akte „Unbefugter Bergbau in Bramberg", Schriftstück vom 29. Juni 1902.

117 *Eberl,* Smaragde. Die Informationen von Lausecker (1986) und Grundmann (1991) über Forster und Fothringham basieren alle auf Eberls Buch, diesen Autoren standen keine weiteren Quellen zur Verfügung – G. Grundmann und P. Lausecker, persönliche Mitteilungen 2019.

118 *K. Ehrenberg,* Othenio Abels Lebensweg. Unter Benützung autobiographischer Aufzeichnungen, Wien 1975.

119 The Mining Journal, Railway and Commercial Gazette, 69. Jahrgang, Nr. 3350, 4. November 1899, S. 1314; The Cornishman, 25. Februar 1904, S. 5; The Mining Journal, 43. Jahrgang, Nr. 3949, 29. April 1911, S. 442; The Cornishman, 27. April 1911, S. 4. In der hier betrachteten Zeit um 1900 wurde im englischen Bergbau als „mine captain" in der Regel ein erfahrener Bergmann bezeichnet, der für die Organisation und Durchführung aller Arbeiten unter Tage verantwortlich war, vergleichbar mit dem Steiger oder Obersteiger im deutschen Sprachgebrauch; John Buckley, persönliche Mitteilung 2020. Penhall besaß jahrzehntelange Erfahrung im Bergbau aus seiner Arbeit in verschiedenen Minen Cornwalls.

120 Salzburger Chronik für Stadt und Land, 36. Jahrgang, Nr. 226, 4. Oktober 1900, S. 2; Salzburger Chronik für Stadt und Land, 37. Jahrgang, Nr. 138, 19. Juni 1901, S. 4. Hartnigg studierte an der Montan-Lehranstalt in Příbram, er arbeitete mehrere Jahrzehnte lang in verschiedenen Funktionen in unterschiedlichen Bereichen der österreichischen Montanindustrie.

121 *G. E. Lammer,* Vergessene Tauerntäler, in: Mittheilungen des Deutschen und Oesterreichischen Alpenvereins 23 (1897), S. 25–26, 37–38. *L. Treptow,* Das Habachtal und seine Berge, in: Mittheilungen des Deutschen und Oesterreichischen Alpenvereins 25 (1899), S. 105–108, 117–121.

122 Akte „Unbefugter Bergbau in Bramberg"; Salzburger Volksblatt, 29. Jahrgang, Nr. 3, 10. Februar 1899, S. 2; Salzburger Chronik für Stadt und Land, 36. Jahrgang, Nr. 236, 16. Oktober 1900, S. 6 und 37. Jahrgang, Nr. 138, 19. Juni 1901, S. 4.

123 Siehe z. B. The Mining World, 3. Jahrgang, Nr. 26, 26. Januar 1907, S. 111; *D. B. Sterrett,* Emerald. Austria. Mineral Resources of the United States. Calendar Year 1906, Washington 1907, United States Geological Survey, S. 1215; *Leitmeier,* Smaragdbergbau, S. 3–12; *Eberl,* Smaragde; *Lausecker,* Smaragdfundstelle. Die für diese Produktionszahlen angegebenen Jahre variieren in verschiedenen Referenzen von 1902 bis 1904. Aufgrund der Tatsache, dass die Mine von 1903 bis 1905 geschlossen war, beziehen sich die Daten zwangsläufig auf Erträge aus dem Jahr 1902 oder aus früheren Jahren.

124 Salzburger Volksblatt, 54. Jahrgang, Nr. 174, 31. Juli 1924, S. 7.

125 *Lausecker,* Smaragdfundstelle.

126 *E. Weinschenk,* Ganggestein aus dem Habachtal, Oberpinzgau, in: Tschermak's Mineralogische

und Petrographische Mitteilungen 12 (1891), S. 328–331; ders., Die Minerallagerstätten des Gross-Venedigerstockes in den Hohen Tauern, in: Zeitschrift für Krystallographie und Mineralogie 26 (1896), S. 337–508. Spätere Besuche Weinschenks in der Mine nach 1894 wurden durch die englischen Eigentümer nicht zugelassen.

127 Vgl. insbesondere *Manger*, Bergrecht, Kommentar auf S. 38; *Haberer / Zechner*, Handbuch, S. 8.

128 Akte „Unbefugter Bergbau in Bramberg", Schriftstück vom 10. März 1902.

129 Akte „Unbefugter Bergbau in Bramberg", Schriftstück vom 29. Juni 1902.

130 Akte „Unbefugter Bergbau in Bramberg", Schriftstück vom 7. August 1902.

131 Akte „Unbefugter Bergbau in Bramberg", verschiedene Schriftstücke.

132 Im Jahr 1910 erhielt ein Bergmann zwölf Kronen pro Woche (Urteil des Bezirksgerichts in Mittersill, Peter Nagl gegen „Emerald Mines Limited", 17. November 1911; Zusatzdokumente zu den Seiten des Grundbuchs zur Habachtal-Smaragdmine, Land Salzburg, Landesarchiv); ausgehend von einer jährlichen Arbeitszeit beim Smaragdabbau von fünf Monaten, berechnet man einen Jahreslohn von etwa 250 Kronen für einen Bergmann und aus dieser Zahl lässt sich eine durchschnittliche Belegschaft von etwa 26 Bergknappen für diese sieben Jahre ermitteln. Diese Zahl passt gut zu einer konkreten Angabe, die für das Jahr 1900 vorliegt: In dieser Saison arbeitete die englische Gesellschaft mit 24 Bergleuten (Salzburger Chronik für Stadt und Land, 36. Jahrgang, Nr. 226, 4. Oktober 1900, S. 2).

133 Akte „Unbefugter Bergbau in Bramberg", verschiedene Schriftstücke.

134 Salzburger Chronik für Stadt und Land, 39. Jahrgang, Nr. 117, 26. Mai 1903, S. 3; siehe auch Salzburger Volksblatt, 40. Jahrgang, Nr. 87, 19. April 1910, S. 4–5.

135 *A. Thompson*, Emerald mines of Austria, in: The Engineering and Mining Journal 82 (1906a),

S. 267; Die Zeit, 9. Jahrgang, Nr. 2714, 16. April 1910, S. 5; Salzburger Volksblatt, 40. Jahrgang, Nr. 87, 19. April 1910, S. 4–5.

136 Akte „Unbefugter Bergbau in Bramberg", verschiedene Schriftstücke; die letztinstanzliche Entscheidung des Gerichts wurde publiziert in: Budwinskis Sammlung der Erkenntnisse des k. k. Verwaltungsgerichtshofes 30 (1906), S. 831–832 sowie von H. Reif in: Sammlung von Entscheidungen der k. k. Gerichts- und Verwaltungsbehörden in Bergbauangelegenheiten, I. Administrativer Teil (1908), S. 24–26.

137 Talking Machine News, 1. Juli 1905, S. 27.

138 Who's who in mining and metallurgy. London, The Mining Journal, 1910, S. 116.

139 *Thompson*, Emerald, S. 267; ders., Emerald mines of Austria, in: The Mining Journal, Railway and Commercial Gazette 79 (1906b), S. 857; *G. F. Kunz*, Precious Stones, in: The Mineral Industry – Its Statistics, Technology and Trade during 1906 15 (1907), S. 665–673; Salzburger Volksblatt, 40. Jahrgang, Nr. 87, 19. April 1910, S. 4–5.

140 Die Zeit, 9. Jahrgang, Nr. 2714, 16. April 1910, S. 5.

141 Leslie Clarke, geboren 1866 in Staffordshire, England.

142 *W. R. Skinner*, The mining manual for 1907, London 1907, S. 839.

143 The Times (London), Nr. 38084, 28. Juli 1906, S. 17.

144 Neue Freie Presse, Nr. 15687, 23. April 1908, S. 25; Wiener Zeitung, Nr. 78, 5. April 1907, S. 23.

145 South Bucks Standard, 3. Juli 1908, S. 2; South Bucks Standard, 17. Juli 1908, S. 7; The Bucks Examiner, 17. Juli 1908, S. 6; The Times (London), Nr. 40423, 17. Januar 1914, S. 3.

146 *Thompson*, Emerald, S. 857.

147 *Leitmeier*, Smaragdbergbau, S. 3–12; *Lewandowski*, Bergbau, S. 47–58.

148 M.INST.M.M. (Member of the Institution of Mining and Metallurgy, London), Precious stones and gems, in: The Mining Journal 83 (1908), S. 189–190.

149 South Bucks Standard, 14. August 1908, S. 2; Die Zeit, 9. Jahrgang, Nr. 2747, 20. May 1910, S. 4; Prager Tagblatt, 34. Jahrgang, Nr. 139, 22. Mai 1910, S. 13; Berliner Volkszeitung, 58. Jahrgang, Nr. 230, 20. Mai 1910, S. 2.

150 Diese Angabe soll sich offensichtlich auf die letzte Bergbauperiode von 1906 oder 1907 beziehen.

151 South Bucks Standard, 3. Juli 1908, S. 2; South Bucks Standard, 17. Juli 1908, S. 7; The Bucks Examiner, 17. Juli 1908, S. 6.

152 Anfrage des belgischen Generalkonsulats in Wien vom August 1906 an das Revierbergamt in Hall. Tiroler Landesarchiv, Innsbruck.

153 *W. R. Skinner*, The mining manual for 1910, London 1910, S. 747.

154 Die Zeit, 9. Jahrgang, Nr. 2748, 21. May 1910, S. 6.

155 *Voltz*, Ueberblick der Mineralien der beiden Rhein-Departemente, in: J. F. Aufschlager, Das Elsass. Neue historisch-topographische Beschreibung der beiden Rhein-Departements, Strasburg 1828, S. 1–10; *E. W. Benecke et al.*, Geologischer Führer durch das Elsass, Berlin 1900; *A. Panzer*, Amethyst und Achat vom Schlüsselstein/Vogesen, in: Der Aufschluss 12 (1961), S. 3.

156 Supplement zum Manchester Courier, 26. März 1909, S. 4.

157 Prinz Franz Josef (1879–1919) war österreichischer Staatsbürger, Patenkind von Kaiser Franz Joseph I. und Enkel des portugiesischen Königs Miguel I., der von 1828 bis 1834 regierte.

158 Berliner Volkszeitung, 58. Jahrgang, Nr. 230, 20. Mai 1910, S. 2.

159 Vorwärts, 27. Jahrgang, Nr. 119, 25. Mai 1910, S. 7.

160 Bezüglich weiterer Details siehe Neuigkeits Welt-Blatt, 37. Jahrgang, Nr. 44, 24. Februar 1910, S. 31–32; Neue Freie Presse, Nr. 16349, 26. Februar 1910, S. 9; Die Zeit, 9. Jahrgang, Nr. 2714, 16. April 1910, S. 5; Die Zeit, 9. Jahrgang, Nr. 2747, 20. Mai 1910, S. 4; Neue Freie Presse, Nr. 16430, 21. Mai 1910, S. 4; Teplitz-Schönauer-Anzeiger, 50. Jahrgang, Nr. 106, 10. September 1910, S. 5; Pester Lloyd, 58. Jahrgang, Nr. 8, 10. Januar 1911, S. 1; The New York Times, 16. Februar 1911.

161 Präsidialbureau des k. k. Finanzministeriums, Nachweis ausländischer, im Inland eine Filiale besitzender Aktiengesellschaften, in: Mitteilungen des k. k. Finanzministeriums 22 (1917), S. 38–40.

162 *Joh. Koenigsberger*, Versuch einer Einteilung der ostalpinen Minerallagerstätten, in: Zeitschrift für Krystallographie und Mineralogie 52 (1913), S. 151–174; *Leitmeier*, Smaragdbergbau, S. 3–12.

163 Salzburger Volksblatt, 54. Jahrgang, Nr. 174, 31. Juli 1924, S. 7.

164 Akte „Unbefugter Bergbau in Bramberg", Schriftstücke vom 30. September 1909 und vom 12. Februar 1910.

165 Akte „Unbefugter Bergbau in Bramberg", Schriftstück vom 25. Oktober 1909.

166 Vgl. z. B. für das Jahr 1911: Compass – Finanzielles Jahrbuch für Oesterreich – Ungarn 1912. 45. Jahrgang, Band II, 1911.

167 Urteil des Landgerichts Mittersill, Peter Nagl gegen „Emerald Mines Limited", 17. November 1911, Zusatzdokumente zu den Seiten des Grundbuchs zur Habachtal-Smaragdmine, Land Salzburg, Landesarchiv.

168 Kleine Volkszeitung, 81. Jahrgang, Nr. 317, 16. November 1935, S. 4; *Lewandowski*, Smaragdbergbau; Eintrag in die Seiten des Grundbuchs zur Habachtal-Smaragdmine [Edelsteinbergwerk im Habachthale] beim Grundbuchamt Mittersill vom 16. Januar 1913.

169 *W. R. Skinner*, The mining manual and mining year book for 1922, London 1922.

170 Die Zeit, 11. Jahrgang, Nr. 3367, 9. Februar 1912, S. 13.

171 Th. Ohnesorge, Bericht: Geologisches Gutachten über den Smaragdbergbau im Habachtale; Archiv der Geologischen Bundesanstalt, Wien, 4 S. Eine undatierte Abschrift befindet sich auch im Gemeindearchiv Bramberg, 6 S. Dr. Theodor Ohnesorge (1876–1952) studierte an der Universität Innsbruck; er war von 1904 bis 1925 Geologe bei der k. k. Geologischen Reichsanstalt, später Geologische Bundesanstalt in Wien, er arbeitete mehrere Jahre in den Alpen von Salzburg und Tirol; siehe auch Wiener Zeitung, Nr. 52, 3. März 1907, S. 6; Verhandlungen der k. k. Geologischen Reichsanstalt, 1910, Nr. 1, S. 13–14.

172 In dem Bericht von Ohnesorge wird erwähnt, dass im gesamten Zeitraum bis 1894, d. h. auch in den Jahren, in denen Goldschmidt 1863 und eventuell in weiteren Jahren arbeiten ließ, nur Aktivitäten im Tagebau durchgeführt wurden. Diese Aussage steht jedoch im Widerspruch zu den älteren Angaben von Lipold (1863, 1864) und Wallmann (1870).

173 Notarieller Vertrag zwischen der Gemeinde Bramberg und Alois Kaserer/Johann Blaikner/Peter Meilinger, 6. Dezember 1913, Zusatzdokumente zu den Seiten des Grundbuchs zur Habachtal-Smaragdmine, Land Salzburg, Landesarchiv; Eintrag in die Seiten des Grundbuchs zur Habachtal-Smaragdmine [Edelsteinbergwerk im Habachthale] beim Grundbuchamt Mittersill, 19. Februar 1914. Alois Kaserer (1866–1930), Johann Blaikner (1855–1933) und Peter Meilinger (1878–1936) waren Bauern in Bramberg und zum Zeitpunkt des Kaufs oder davor Bürgermeister der Gemeinde, von 1900 bis 1906 Kaserer, von 1906 bis 1908 Blaikner und von 1911 bis 1919 Meilinger (Josef Seifriedsberger, persönliche Mitteilung 2020). 1913 waren sie Bürgermeister und Gemeinderäte von Bramberg (Volksfreund, 22. Jahrgang, Nr. 1, 7. Januar 1911, S. 4).

174 Salzburger Volksblatt, 58. Jahrgang, Nr. 240, 18. Oktober 1928, S. 7; Lausecker, Smaragdfundstelle; Lewandowski, Smaragdbergbau; vgl. auch I. Aitkens, Emeralds. United States Bureau of Mines, Information Circular, 1931; R. von Arx, John Taylor & Sons in Switzerland, British Mining No. 25, Memoirs 1984; Grundmann, Smaragd; R. Exel, Die Mineralien und Erzlagerstätten Österreichs, Wien 1993.

175 Notarieller Vertrag zwischen Alois Kaserer/Johann Blaikner/Peter Meilinger und Anton Hager, 26. Oktober 1916, Zusatzdokumente zu den Seiten des Grundbuchs zur Habachtal-Smaragdmine, Land Salzburg, Landesarchiv; Eintrag in die Seiten des Grundbuchs zur Habachtal-Smaragdmine [Edelsteinbergwerk im Habachthale] beim Grundbuchamt Mittersill, 5. Januar 1917.

176 Anton Hager (1872–1940) wird als Holzhändler (in der Firma seines Stiefvaters in Traunstein) oder einfach als Kaufmann bezeichnet. Er stammt aus der Gegend von Zell am See im Pinzgau und lebte von 1900 bis 1926 in Traunstein. 1926 zog er in die Gemeinde Gnigl, seit 1935 Teil Salzburgs (Franz Haselbeck, Stadtarchiv Traunstein, und Brigitte Leitermann, private Mitteilungen 2020). Hager war immer österreichischer Staatsbürger und folglich befand sich die Mine zumindest formal weiterhin in österreichischem Besitz.

177 Akte Bezirkshauptmannschaft Zell am See, BH Zell 1936 A1 – 7587, Land Salzburg, Landesarchiv.

178 Ebd.

179 Anonym. Exposé (geschrieben auf Geschäftspapier mit dem Briefkopf der Firma „Carl Staudt, Holzhandlung, Traunstein", sehr wahrscheinlich von A. Hager): Das Smaragd-Bergwerk im Habachthale. Gemeindearchiv Bramberg, etwa 1917, 6 S.

180 Akte Beryll Bramberg, Nachlass W. Günther, Archiv des Bergbau- und Gotikmuseums Leogang.

181 Akte Bezirkshauptmannschaft Zell am See, BH Zell 1936 A1 – 7587, Land Salzburg, Landesarchiv.

182 Heinrich Stuchlik (1863–1931) wurde im österreichischen Teil Schlesiens bei Troppau in der heutigen Tschechischen Republik geboren. Stuchlik studierte an der k. k. Bergakademie in Leoben. Im ersten Teil seines Lebens beschäftigte sich Stuchlik mit Kohle, er veröffentlichte 1887 eine kurze Arbeit über die Lagerstätte in seinem Heimatdorf Schönstein. In den späten 1880er-Jahren zog er nach Bayern und arbeitete dort von 1897 bis 1905 als Leiter der Bergbaubehörde für das Kohlevorkommen in der Region Peißenberg. Von 1905 bis 1912 war er Verwalter der Saline von Traunstein, im Ersten Weltkrieg war Stuchlik am Bergbau in Rumänien beteiligt (vgl. unter anderem *F. Haselbeck*, Eine einleitende Betrachtung zur Stadtgeschichte, in: ders., Hg., Traunstein ohne Salz?, Traunstein 2019, S. 7–40).

183 *H. Stuchlik*, Brief an Anton Hager, 5. Dezember 1918, Gemeindearchiv Bramberg; H. Stuchlik, Brief an Anton Hager, 7. August 1919, Gemeindearchiv Bramberg. H. Stuchlik, Brief an Anton Hager, 12. August 1921, Gemeindearchiv Bramberg.

184 Salzburger Volksblatt, 48. Jahrgang, Nr. 179, 7. August 1918, S. 5.

185 Anonym (Unterschrift unlesbar). Brief an A. Hager, 19. August 1919, Gemeindearchiv Bramberg.

186 Peter Staudt (1883–1948) war Holzhändler in Traunstein und leitete ein großes Unternehmen mit bis zu 20 Arbeitern, das 1897 von seinem Vater Carl Staudt gegründet worden war. Der Besitz eines Sägewerks, das in verschiedenen Publikationen erwähnt wird, konnte nicht verifiziert werden. Die Firma Carl Staudt, Holzhandel in Traunstein, bestand bis 1928 (Franz Haselbeck, Stadtarchiv Traunstein, und Brigitte Leitermann, Enkelin von P. Staudt, persönliche Mitteilungen 2020).

187 Notarieller Vertrag zwischen Anton Hager und Peter Staudt, 27. September 1920, Zusatzdokumente zu den Seiten des Grundbuchs zur Habachtal-Smaragdmine, Land Salzburg, Landesarchiv; Eintrag in die Seiten des Grundbuchs zur Habachtal-Smaragdmine [Edelsteinbergwerk im Habachthale] beim Grundbuchamt Mittersill, 4. Dezember 1920.

188 Salzburger Volksblatt, 54. Jahrgang, Nr. 174, 31. Juli 1924, S. 7.

189 Akte Beryll Bramberg, Nachlass W. Günther, Archiv des Bergbau- und Gotikmuseums Leogang; Compass, Industrielles Jahrbuch – Österreich 61 (1928), S. 388.

190 Akte Bezirkshauptmannschaft Zell am See, BH Zell 1936 A1 – 7587, Land Salzburg, Landesarchiv; Salzburger Volksblatt, 58. Jahrgang, Nr. 240, 18. Oktober 1928, S. 7; *G. Grundmann*, Untersuchung, S. 20–24; *Lausecker*, Smaragdfundstelle; *Lewandowski*, Smaragdbergbau; *L. Düllmann*, Smaragdsuche im Habachtal – Historie und Histörchen, Berlin 2009.

191 Ludwig Autzinger (1890–1964) studierte von 1908 bis 1915 Bauingenieurwesen an der Technischen Universität Wien, er war 1917 als Assistent an der Technischen Universität angestellt. Später arbeitete Autzinger in verschiedenen Industrieprojekten, z. B. als Direktor einer Fabrik für landwirtschaftliche Düngemittel; 1939 wanderte er in die USA aus.

192 Johann Hanisch, geb. 1885, war von 1916 bis 1924 Steiger im Kupferbergbau vom Mitterberg (Mitterberger Kupfer-Aktiengesellschaft) am Hochkönig, Gemeinde Mühlbach. Die Kupfer-Lagerstätte wurde bereits in der Bronzezeit abgebaut, geriet dann in Vergessenheit und wurde im 19. Jahrhundert wiederentdeckt.

193 Mit einem Gewicht von 10.000 kg pro Waggon.

194 *L. Autzinger*, Bericht: Über das Talk- und Smaragdbergwerk in Habach, Post Bramberg im Pinzgau. Gemeindearchiv Bramberg, Juli 1920, 4 S. + Karte; vgl. auch ders., Das Talkum- und Smaragdbergwerk in Habach, Post Bramberg, im Pinzgau, in: Montan-Zeitung für Österreich-Ungarn und die Balkanländer 29 (1922), S. 232–233.

195 *J. Hanisch*, Bericht über den Smaragdbergbau oberhalb der Söllalpe im Habachtal. Gemeindearchiv Bramberg, 20. Januar 1921, 2 S.

196 *H. Obpacher,* Bericht: Begutachtung von Gesteins- und Mineralproben (vorgelegt von Dipl. Ing. Moldenhauer) aus dem Talk-Asbest- und Smaragdvorkommen im Habachtal am Grossvenediger. 18. Dezember 1920, Gemeindearchiv Bramberg, 9 S.

197 *E. Wenzel,* Die Talk-Gewinnung in Deutsch-Österreich, in: Steinbruch und Sandgrube 20 (1921), S. 224–226.

198 *K. E. Moldenhauer,* Bericht: Das Talkum-, Asbest- und Smaragd-Vorkommen im Habachtal (Oberpinzgau) und seine Verwertung. Gemeindearchiv Bramberg, Dezember 1920, 36 S.

199 Akte Beryll Bramberg, Nachlass W. Günther, Archiv des Bergbau- und Gotikmuseums Leogang; Akte Bezirkshauptmannschaft Zell am See, BH Zell 1936 A1 – 7587, Land Salzburg, Landesarchiv; C. Schiffner, Aus dem Leben alter Freiberger Bergstudenten. Band 3, Freiberg 1940, S. 75–77.

200 Vgl. *E. Fritz,* Talk- und Talkschiefer-Vorkommen in Österreich, in: Montan-Rundschau 20 (1972), S. 78–84, 95–100; *W. Günther,* Talk- und Asbestbergbau – Eine heute in Vergessenheit geratene Montanindustrie in Salzburg, in: MGSL 148 (2008), S. 323–356.

201 Optionsvertrag zwischen Adolf Eichmann und Anton Hager/Peter Staudt, 24. Februar 1924; Zusatzdokumente zu den Seiten des Grundbuchs zur Habachtal-Smaragdmine, Land Salzburg, Landesarchiv; *Grundmann,* Untersuchung, S. 20–24.

202 Anton Hager Junior (1902–1980) wurde in Traunstein geboren. Von 1921 bis 1923 studierte er Maschinenbau an der Ingenieurschule im sächsischen Mittweida. Daher sind die beiden Stollenpläne, die mit Anton Hager Ing. (Ingenieur) signiert sind, als seine Arbeit anzusehen.

203 Diese Person wurde als Dr. Max Brennekam (1870–1954) identifiziert. Brennekam studierte an den Universitäten Tübingen, Halle und Greifswald und schrieb eine Dissertation über die Philosophie von Immanuel Kant (1895). In den folgenden Jahren arbeitete er als Schullehrer in der Region um Berlin. Nach dem Ersten Weltkrieg wechselte Brennekam zum Bergbau, er verbrachte die Zeit von 1921 bis 1928 in Österreich. Brennekam war Mitglied des Verwaltungsrates der 1923 in Berlin gegründeten „Kohle und Erz Aktiengesellschaft", die zusammen mit seinem Sohn Otto Brennekam (1899–1960) mehrere alte Goldminen in verschiedenen Regionen Österreichs abzubauen versuchte. In den 1940er-Jahren finden wir Brennekam als Eigentümer eines Feldspat-Bergbauunternehmens in Tirschenreuth, Bayern (Montanistische Rundschau, 15. Jahrgang, Nr. 22, 1923, S. 525; Brief von K. Martius an W. von Seidlitz, 21. Juni 1938, Lagerstättenarchiv der Österreichischen Geologischen Bundesanstalt Wien; Beate Heinrich, Archiv der Gemeinde Tirschenreuth, persönliche Mitteilung 2020).

204 *Eberl,* Smaragde.

205 Notarieller Vertrag zwischen Anton Hager/Peter Staudt und der „Aktiengesellschaft für modernen Bergbau", 13. Oktober 1927; Zusatzdokumente zu den Seiten des Grundbuchs zur Habachtal-Smaragdmine, Land Salzburg, Landesarchiv; Eintrag in die Seiten des Grundbuchs zur Habachtal-Smaragdmine [Edelsteinbergwerk im Habachthale] beim Grundbuchamt Mittersill, 30. November 1927.

206 Schweizerisches Handelsamtblatt, 45. Jahrgang, Nr. 249, 24. Oktober 1927, S. 1874 und 47. Jahrgang, Nr. 257, 2. November 1929, S. 218.

207 Montanistische Rundschau, 20. Jahrgang, Nr. 9, 1928, S. 278.

208 Akte Bezirkshauptmannschaft Zell am See, BH Zell H1 2286-1933, Land Salzburg, Landesarchiv.

209 *Lausecker,* Smaragdfundstelle.

210 Akte Bezirkshauptmannschaft Zell am See, BH Zell H1 2286-1933, Land Salzburg, Landesarchiv; siehe auch *H. Leitmeier,* Das Smaragdvorkommen im Habachtal, in: Mitteilungen der Wiener Mineralogischen Gesellschaft, Nr. 92,

1929, S. 11–17; veröffentlicht als Anhang in: Mineralogische und Petrographische Mitteilungen, Neue Folge 40 (1930), o. S.

211 Akte Bezirkshauptmannschaft Zell am See, BH Zell H1 2286-1933, Land Salzburg, Landesarchiv.

212 Salzburger Volksblatt, 58. Jahrgang, Nr. 240, 18. Oktober 1928, S. 7; Salzburger Volksblatt, 58. Jahrgang, Nr. 243, 22. Oktober 1928, S. 8; Salzburger Volksblatt, 58. Jahrgang, Nr. 244, 23. Oktober 1928, S. 8.

213 Reichspost, 35. Jahrgang, Nr. 293, 20. Oktober 1928, S. 7; Linzer Volksblatt, 60. Jahrgang, Nr. 246, 23. Oktober 1928, S. 9.

214 Salzburger Chronik für Stadt und Land, 64. Jahrgang, Nr. 275, 30. November 1928, S. 4; Reichspost, 35. Jahrgang, Nr. 335, 2. Dezember 1928, S. 7. In der Presse wird auch berichtet, dass die Auktion abgesagt wurde, da kein Käufer interessiert war, dies trifft jedoch nicht zu.

215 Hans (Johann) Streubert (1866–1941) wurde in Regenstauf bei Regensburg, Bayern, geboren. Der in München lebende Streubert war vor seinem Engagement im Habachtal bereits in verschiedenen Gegenden Österreichs im Bergbau tätig (Grazer Volksblatt, 47. Jahrgang, Nr. 69, 21. Februar 1914, S. 6; Montanistische Rundschau, 11. Jahrgang, Nr. 6, 1919, S. 182 und 15. Jahrgang, Nr. 7, 1923, S. 115 sowie 15. Jahrgang, Nr. 16, 1923, S. 352). 1922 wird er als technischer Direktor der „Bayerischen Montan A.G." in München genannt (Salzburger Chronik für Stadt und Land, 58. Jahrgang, Nr. 133, 13. Juni 1922, S. 4). Von 1925 bis 1927 war er Mitinhaber einer Firma mit dem Titel „Hollersbacher Zink- und Bleibergwerke" (Salzburger Volksblatt, 55. Jahrgang, Nr. 295, 30. Dezember 1925, S. 7; Compass, Industrielles Jahrbuch – Österreich 60 (1927), S. 410; Salzburger Chronik für Stadt und Land, 63. Jahrgang, Nr. 295, 27. Dezember 1927, S. 6). Diese Firma erwarb die Zink- und Bleibergwerke im Hollersbachtal, verkaufte diese jedoch schon nach kurzer Zeit wieder an einen anderen Interessenten (vgl. *Seifriedsberger*, Bergbau, S. 1–58). Die Firma „Hollersbacher Zink- und Bleibergwerke" ging 1928 in Liquidation, die 1929 abgeschlossen wurde.

216 Notarieller Vertrag zwischen Hans Streubert und der „Aktiengesellschaft für modernen Bergbau", 6. November 1928; Zusatzdokumente zu den Seiten des Grundbuchs zur Habachtal-Smaragdmine, Land Salzburg, Landesarchiv.

217 Notarieller Vertrag zwischen Anton Hager/Peter Staudt und der „Aktiengesellschaft für modernen Bergbau", 9. November 1928; Zusatzdokumente zu den Seiten des Grundbuchs zur Habachtal-Smaragdmine, Land Salzburg, Landesarchiv.

218 Gewerbeabmeldung Peter Staudt, Holzhandel; Archiv der Stadt Traunstein, Eintragung vom 6. Dezember 1928.

219 Brigitte Leitermann, Enkelin von P. Staudt, private Mitteilung 2020.

220 Notarieller Vertrag zwischen Hans Steubert und Max Gaab/Meta Geist, 21. November 1928; Zusatzdokumente zu den Seiten des Grundbuchs zur Habachtal-Smaragdmine, Land Salzburg, Landesarchiv.

221 Max Gaab (1866–1953) war ein Anwalt aus München und Meta Geist (1879–1966), wohnhaft in München und Fischbachau, Bayern, war die Tochter des Lebensmittel- und Kaffeehändlers Adolph Brougier und die Witwe von Theodor Geist, Inhaber von Geist & Breuninger, einer Getreidegroßhandlung in München. Die Privatwohnung von Max Gaab und das Büro seiner Anwaltskanzlei in München wurden im Zweiten Weltkrieg zerstört. Daher ist in der Familie keine Dokumentation über die verschiedenen Ereignisse vor 1945 verfügbar (Ingrid von Klitzing, Enkelin von Max Gaab, private Mitteilung 2020).

222 Obwohl Streubert von einem Münchner Büro aus arbeitete, war das Unternehmen nur in Österreich registriert, nicht jedoch in Deutschland.

223 Salzburger Volksblatt, 58. Jahrgang, Nr. 294, 24. Dezember 1928, S. 9; Akte Bezirkshaupt-

mannschaft Zell am See, BH Zell H1 2286-1933, Land Salzburg, Landesarchiv; Brief von E. Klein an W. Müller, 1. August 1929, Akte Beryllium, Österreichische Geologische Bundesanstalt, Wien.

224 Akte Bezirkshauptmannschaft Zell am See, BH Zell H1 2286-1933, Land Salzburg, Landesarchiv.

225 *Leitmeier*, Smaragdvorkommen, S. 11–17. Die Arbeit gibt den Text eines Vortrags vom März 1929 wieder; es werden jedoch auch Beobachtungen aus dem Sommer 1929 vor Ort angegeben. Es sind somit einige Details zum ursprünglichen Vortragstext hinzugefügt wurden, bevor der Beitrag 1930 veröffentlicht wurde.

226 *H. Leitmeier*, Die Mineralien des Habachtales, in: Mitteilungen der Wiener Mineralogischen Gesellschaft, No. 97, 1933, S. 219–229; veröffentlicht als Anhang in: Mineralogische und Petrographische Mitteilungen, Neue Folge 43 (1933), o. S.

227 Notarieller Vertrag zwischen der „Aktiengesellschaft für modernen Bergbau" und Max Gaab, 4. Juni 1929; Zusatzdokumente zu den Seiten des Grundbuchs zur Habachtal-Smaragdmine, Land Salzburg, Landesarchiv.

228 Diese Person wurde als der Bergbaumanager und -experte Wilhelm Müller (geb. 1885) identifiziert. Müller wurde in der Bergbauschule in Diedenhofen, heute Thionville, Lothringen, ausgebildet. Er arbeitete in der Bergbauregion von Lothringen und anderen Gebieten und war vor dem Ersten Weltkrieg an der Diamantengewinnung in der deutschen Kolonie Südwestafrika (heute Namibia) beteiligt. Von 1920 bis 1930 war er Betriebsleiter der Blei-Zink-Mine von Kappel/Schauinsland bei Freiburg im Südwesten Deutschlands, ein Bergbaubetrieb, der damals mehr als 200 Bergleute beschäftigte. Müller lebte in den 1950er-Jahren im Freiburger Raum (http://www.freiburg-postkolonial.de/Seiten/personen.htm [23.11.2020]); Heiko Wegmann, private Mitteilungen 2020; Helge Steen, private Mitteilungen 2020; B. Steiber, private Mitteilungen 2020; Akte „Akten des Bergmeisters Erzbergwerke Schauinsland", 1920, Landesbergdirektion Freiburg.

229 *W. Müller*, Bericht: Smaragdvorkommen Habachtal – Salzburg. Akte Beryllium, Österreichische Geologische Bundesanstalt, Wien, Juni 1929, 7 S.; Brief von W. Müller an A. Cissarz, 25. Dezember 1939, Lagerstättenarchiv Österreichische Geologische Bundesanstalt, Wien; *W. Müller*, Bericht geschrieben aus der Erinnerung: Smaragd – Beryll – Vorkommen Habachtal. Lagerstättenarchiv Österreichische Geologische Bundesanstalt, Wien, 26. März 1940, 2 S.

230 Brief von E. Klein an W. Müller, 1. August 1929, Akte Beryllium, Österreichische Geologische Bundesanstalt, Wien; Brief von W. Müller an E. Klein, 4. August 1929, Akte Beryll Bramberg, Nachlass W. Günther, Archiv des Bergbau- und Gotikmuseums Leogang.

231 Akte „Beryll-Smaragd-Habachtal", Bundesministerium für Landwirtschaft, Regionen und Tourismus, Montanbehörde West, Salzburg (die Akte enthält zahlreiche Dokumente aus der Zeit von 1930 bis 1978); später zitiert als Akte „Beryll-Smaragd-Habachtal", Montanbehörde West, Salzburg.

232 Ebd.

233 Der im Geschäftsplan genannte Bergingenieur wurde als Emil Sporn (geb. 1869) identifiziert. Sporn studierte an der k. k. Bergakademie in Leoben und arbeitete von 1896 bis 1919 mehrere Jahrzehnte in verschiedenen Positionen für die österreichische Bergbaubehörde. Sporn lebte seit 1920 in Salzburg oder in der Region um Salzburg und arbeitete in den 1920er- und 1930er-Jahren für verschiedene Unternehmen. Das letzte Dokument im Archiv der Stadt Salzburg, in dem er erwähnt wird, datiert vom Januar 1945.

234 Akte „Deutsch-Österreichische Edelsteinbergwerks Gesellschaft", 1930, Bayerisches Wirtschaftsarchiv, Industrie- und Handelskammer München.

235 Innsbrucker Nachrichten, 79. Jahrgang, Nr. 181, 8. August 1932, S. 5–6.

236 Urteile des Bezirksgerichts Mittersill, Max Gaab gegen „Aktiengesellschaft für modernen Bergbau" und Meta Geist gegen „Aktiengesellschaft für modernen Bergbau", 21. Mai 1930; Zusatzdokumente zu den Seiten des Grundbuchs zur Habachtal-Smaragdmine, Land Salzburg, Landesarchiv.

237 Florian Prader (1883–1946), ein Schweizer Ingenieur aus Zürich, besaß mehrere Unternehmen, die sich mit dem Bau von Eisenbahnlinien, Brücken und Kraftwerken befassten (Schweizerische Bauzeitung, 127. Jahrgang, Nr. 12, 23. März 1946, S. 148–149).

238 Notarieller Vertrag zwischen Florian Prader und der „Aktiengesellschaft für modernen Bergbau", 26. Juni 1931; Zusatzdokumente zu den Seiten des Grundbuchs zur Habachtal-Smaragdmine, Land Salzburg, Landesarchiv.

239 Schweizerisches Handelsamtsblatt, 49. Jahrgang, Nr. 254, 31. Oktober 1931, S. 2318.

240 Schweizerisches Handelsamtsblatt, 52. Jahrgang, Nr. 46, 24. Februar 1934, S. 503.

241 Salzburger Volksblatt, 67. Jahrgang, Nr. 142, 24. Juni 1937, S. 8.

242 Akte „Beryll-Smaragd-Habachtal", Montanbehörde West, Salzburg; Akte „Vorbehaltener Charakter des Berylls", Bundesministerium für Handel und Verkehr, 166.786 – O.B. – 1932, Österreichisches Staatsarchiv, Wien; Akte Bezirksgericht Mittersill, C 145/1932 Florian Prader gegen Habach Weggenossenschaft, Land Salzburg, Landesarchiv; Akte Bezirksgericht Mittersill, C 132/1933 Gottfried Förster gegen Angelo De Marchi, Land Salzburg, Landesarchiv.

243 Julius Burger (1893–1977), der im Namen von Christian Schad handelte, war ein aus München stammender Ingenieur. Burger war an verschiedenen Bergbauprojekten in Österreich beteiligt, z. B. im Kohlebergbau bei Lechaschau, Tirol (Mitteilungen über den Österreichischen Bergbau 1 (1920), S. 44; *O. Schmidegg*, Gips und andere Bodenschätze um Reutte, in: Schlern-Schriften 111 (1955), S. 53–59. Burger zog 1934 von München nach Kitzbühel in Österreich und kehrte 1947 wieder nach München zurück (Stadtarchiv Kitzbühel, Stadtarchiv München, persönliche Mitteilungen 2020). Zusätzlich zu seiner Arbeit für Schad am Habachtal-Smaragdprojekt war Burger an mehreren anderen Bergbauprojekten in Österreich beteiligt, z. B. in Rettenbach in den 1930er- und 1940er-Jahren. Bei seinen Aktivitäten für Schad wurde Burger von dem österreichischen Bergingenieur Josef Heinrich Köstler (1878–1935) unterstützt.

244 Nach den aus österreichischen Archiven zugänglichen Dokumenten hat der Berliner Maler Christian Schad (1894–1982) im Habachtal nie vor Ort gehandelt, so dass er zu dieser Zeit lediglich als Investor gilt. Die Investition in den Smaragdabbau vom Habachtal wurde von Schads Vater Carl (1866–1940), einem Notar aus München, initiiert und hauptsächlich aus steuerlichen Gründen formal im Namen seines Sohnes Christian durchgeführt (*T. Richter*, Christian Schad. Künstler im 20. Jahrhundert – Bausteine zur Biographie. Band 1, Petersberg 2020). Dr. Carl Schad investierte auch größere Summen in mehrere andere Bergbauprojekte, insbesondere in Italien (Südtirol), was sich schließlich als finanzielle Katastrophe für die Familie herausstellte.

245 *L. Waagen*, Bergbau Bramberg, Österreichs Smaragdgrube, in: Wiener Zeitung, 233. Jahrgang, Nr. 188, 10. Juli 1936, S. 10.

246 Akte „Beryll-Smaragd-Habachtal", Montanbehörde West, Salzburg; lediglich ein Gutachten von 1932 konnte bisher aufgefunden und verwendet werden, ein weiteres Gutachten von 1931 ist jedoch in verschiedenen Schriftstücken erwähnt.

247 Salzburger Chronik für Stadt und Land, 68. Jahrgang, Nr. 112, 17. Mai 1932, S. 6; Salzburger Volksblatt, 62. Jahrgang, Nr. 112, 17. Mai 1932, S. 6.

248 *H. Ullhofen*, Bericht, undatiert, umfassend die Jahre 1930-1953. Archiv E. Burgsteiner, 2 S. Der

kurze Bericht von Ullhofen, der später von verschiedenen Autoren verwendet wurde, verbirgt seine Rolle als Konkursverwalter vollständig.

249 Angelo De Marchi wurde 1882 in der Gemeinde Amatrice im Nordosten Roms geboren. Im Vertrag mit Ullhoven wird De Marchi als Grundbesitzer aus Mailand genannt. In verschiedenen Dokumenten aus den Jahren 1932 und 1933 werden Adressen von De Marchi in Mailand und Rom erwähnt, und es wird auch von der „De Marchi-Investorengruppe aus Rom" gesprochen (Akte Bezirkshauptmannschaft Zell am See, BH Zell H1 2286-1933, Land Salzburg, Landesarchiv; Akte „Beryll-Smaragd-Habachtal", Montanbehörde West, Salzburg).

250 Förster (1882–1942) wurde in Bozen – Bolzano (Südtirol), damals Österreichisch-Ungarisches Reich, heute Italien, geboren. Förster war Maler, bezeichnete sich jedoch als „Geologe" (Tiroler Volksblatt, 49. Jahrgang, Nr. 3, 8. Januar 1910, S. 8). In den 1930er-Jahren war er bereits mehr als zwei Jahrzehnte als „Explorationsgeologe" in verschiedenen Teilen Österreichs aufgetreten, er suchte hauptsächlich nach Gold-, Kupfer-, Blei- und Zinkvorkommen (siehe z. B. Innsbrucker Nachrichten, 56. Jahrgang, Nr. 152, 8. Juli 1909, S. 5; Tiroler Anzeiger, 10. Jahrgang, Nr. 11, 9. Januar 1917, S. 6; Tiroler Anzeiger, 15. Jahrgang, Nr. 57, 10. März 1922, S. 4). Förster beantragte Schurfbewilligungen und versuchte danach, diese Bergbaurechte zu verkaufen; einige seiner Aktivitäten wurden als Bergbaubetrug angesehen (Der Tiroler, 30. Jahrgang, Nr. 36, 25. März 1911, S. 5; Meraner Tagblatt, 38. Jahrgang, Nr. 67, 13. April 1920, S. 1). 1924 war Förster im Hollersbachtal, dem Tal östlich des Habachtals, tätig (Salzburger Volksblatt, 54. Jahrgang, Nr. 50, 29. Februar 1924, S. 4; Der Landsmann, 25. Jahrgang, Nr. 106, 8. Mai 1924, S. 2).

251 Akte Bezirksgericht Mittersill, C 132/1933 Gottfried Förster gegen Angelo De Marchi, Land Salzburg, Landesarchiv.

252 Dr. Gustav Freytag (1881–1947) war Richter in Salzburg, er gründete jedoch 1925 eine eigene Anwaltskanzlei in Salzburg. 1931 zog er nach Mittersill im Pinzgau, wo er weiterhin als Anwalt tätig war.

253 Vgl. auch *Leitmeier*, Smaragdbergbau, S. 3–12; *Lausecker*, Smaragdfundstelle; *Hönigschmid, Bramberg*; *Lewandowski*, Smaragdbergbau.

254 Akte Bezirksgericht Mittersill, C 132/1933 Gottfried Förster gegen Angelo De Marchi, Land Salzburg, Landesarchiv.

255 Akte „Beryll-Smaragd-Habachtal", Montanbehörde West, Salzburg.

256 Dr. Max Duschl (1870–1949) war seit 1903 für fast fünf Jahrzehnte als Rechtsanwalt in Salzburg tätig. Bei seinen Aktivitäten wurde Duschl von dem österreichischen Bergingenieur Othmar Kelb (1871–1947) unterstützt.

257 Dr. Franz Aigner (1872–1962) studierte Rechtswissenschaften in Wien und Bergbau in Leoben. Er arbeitete seit 1902 in der österreichischen Bergbehörde und war ab 1910 Mitarbeiter und von 1913 bis 1936 Leiter der Berghauptmannschaft in Wels und in dieser Position für die Bergbautätigkeiten im Habachtal verantwortlich (*W. L. Werneck,* Das k. k. Revierbergamt in Wels 1872–1942, in: Jahrbuch des Museal-Vereins Wels 27 (1987/88), S. 169–176; *W. Günther / K. Lewandowski,* Montanbehörden und Montaninstitutionen in Salzburg, in: MGSL 142 (2002), S. 267–290).

258 Akte „Beryll-Smaragd-Habachtal", Montanbehörde West, Salzburg.

259 Akte Bezirksgericht Mittersill, C 145/1932 Florian Prader gegen Habach Weggenossenschaft, Land Salzburg, Landesarchiv.

260 Akte „Beryll-Smaragd-Habachtal", Montanbehörde West, Salzburg; Akte Beryll Bramberg, Nachlass W. Günther, Archiv des Bergbau- und Gotikmuseums Leogang.

261 Ebd.

262 Akte Bezirksgericht Mittersill, C 132/1933 Gottfried Förster gegen Angelo De Marchi, Land Salzburg, Landesarchiv.

263 Akte Bezirkshauptmannschaft Zell am See, BH Zell H1 2286-1933, Land Salzburg, Landes-

archiv. Sogar die österreichische Botschaft in Rom und das italienische Konsulat in Innsbruck waren in den Fall involviert.

264 Akte „Vorbehaltener Charakter des Berylls", Bundesministerium für Handel und Verkehr, 166.786 – O.B. – 1932, Österreichisches Staatsarchiv, Wien – in diesem Fall hatte die italienische Botschaft in Wien mehrmals interveniert; Akte Beryll Bramberg, Nachlass W. Günther, Archiv des Bergbau- und Gotikmuseums Leogang.

265 Ebd.

266 Diese Tatsachen werden in einem Verteilungsbeschluss des Bezirksgerichts Mittersill vom 26. März 1934 erwähnt, Zusatzdokumente zu den Seiten des Grundbuchs zur Habachtal-Smaragdmine, Land Salzburg, Landesarchiv; bezüglich der Übertragung des Eigentums an Gaab, Geist und Prader siehe den Eintrag in die Seiten des Grundbuchs zur Habachtal-Smaragdmine [Edelsteinbergwerk im Habachthale] beim Grundbuchamt Mittersill, 13. November 1933.

267 Die Zeitschrift Montanistische Rundschau berichtet über zahlreiche Aktivitäten, ohne eine vollständige Liste aller Ereignisse im Bereich von Schurfbewilligungen bereitzustellen. Beispiele: Montanistische Rundschau, 25. Jahrgang, 1933, Nr. 9, T.Mo. 36; Nr. 12, T.Mo. 49; Nr. 22., T.Mo. 93; Montanistische Rundschau, 26. Jahrgang, 1934, Nr. 5, T.Mo. 18; Nr. 11, T.Mo. 40; No. 20, T.Mo. 79; No. 22, T.Mo. 86; Montanistische Rundschau, 27. Jahrgang, 1935, No. 4, T.Mo. 12; No. 8, T.Mo. 29; No. 44, T.Mo. 44.

268 Schweizerisches Handelsamtsblatt, 52. Jahrgang, Nr. 150, 30. Juni 1934, S. 1811; Montanistische Rundschau, 35. Jahrgang, Nr. 44, 1935, T.Mo. 44.

269 Akte „Beryll-Smaragd-Habachtal", Montanbehörde West, Salzburg; Akte Bezirkshauptmannschaft Zell am See, BH Zell 1937 J5 – 5423, Land Salzburg, Landesarchiv; Akte Bezirkshauptmannschaft Zell am See, BH Zell 1938 H1 – 12261, Land Salzburg, Landesarchiv.

270 Montanistische Rundschau, 27. Jahrgang, Nr. 8, 1935, T.Mo. 29.

271 Diese Schurfbewilligungen von 1932 waren jünger als die von Schad aus dem Jahr 1930 und daher von niedrigerem Rang.

272 In einer von Anton Hager 1937 gegen Christian Schad und die „Smaragd-Aktiengesellschaft" eingereichten Klage waren auch Max Gaab, Dr. Carl Schad und Julius Burger, zumindest als Zeugen, beteiligt. Der Fall wird als „äußerst kompliziert" bezeichnet, die ursprüngliche Akte des Salzburger Gerichts ist jedoch im Archiv des Bundeslandes Salzburg nicht mehr vorhanden (Land Salzburg, Landesarchiv, private Mitteilung, Mai 2020). Nur ein Urteil des Salzburger Gerichts von 1942 über die Zahlung von Anwaltskosten gibt einen begrenzten Einblick (Urteil des Salzburger Gerichts, Dr. Max Duschl gegen Christian Schad und andere, 5. März 1943; Dokument CSSA 4826-2018, Christian Schad Stiftung Aschaffenburg, Museen der Stadt Aschaffenburg).

273 Brief von W. Müller an A. Cissarz, 25. Dezember 1939, Lagerstättenarchiv, Österreichische Geologische Bundesanstalt, Wien.

274 Akte Bezirkshauptmannschaft Zell am See, BH Zell 1936 A1 – 7587, Land Salzburg, Landesarchiv; Salzburger Chronik für Stadt und Land, 71. Jahrgang, Nr. 202, 3. September 1935, S. 9; Alpenländische Rundschau, Nr. 621, 7. September 1935, S. 10; Akte Beryll Bramberg, Nachlass W. Günther, Archiv des Bergbau- und Gotikmuseums Leogang.

275 Akte Bezirkshauptmannschaft Zell am See, BH Zell 1936 A1 – 7587, Land Salzburg, Landesarchiv; Akte Bezirkshauptmannschaft Zell am See, BH Zell 1938 H1 – 12261, Land Salzburg, Landesarchiv; Salzburger Chronik für Stadt und Land, 73. Jahrgang, Nr. 147, 1. Juli 1937, S. 6; Der Wiener Tag, 16. Jahrgang, Nr. 5047, 3. Juli 1937, S. 5; *Leitmeier*, Smaragdbergbau, S. 3–12; Akte Beryll Bramberg, Nachlass W. Günther, Archiv des Bergbau- und Gotikmuseums Leogang.

276 Akte Bezirkshauptmannschaft Zell am See, BH Zell 1938 H1 – 12261, Land Salzburg, Landesarchiv; Salzburger Chronik für Stadt und Land, 73. Jahrgang, Nr. 32, 9. Februar 1937, S. 8.

277 Völkischer Beobachter, Wiener Ausgabe, Nr. 169, 2. September 1938, S. 12.

278 Montan-Handbuch für die Ostmark und die Südost-Länder, 20. Jahrgang, 1940, Wien, S. 20.

279 *Hanke*, Smaragdbergwerk, S. 195–198.

280 *P. Danner*, Görings Geologen in der Ostmark. „Bodenforschung" in Österreich für den Vierjahresplan von 1936 bis 1939 – eine Archivstudie, in: Berichte der Geologischen Bundesanstalt 109 (2015), S. 1–139.

281 *P. Danner*, Geowissenschaftliche Forschungen in Salzburg 1938–1945, in: Berichte der naturwissenschaftlich-medizinischen Vereinigung in Salzburg 17 (2014), S. 43–148; vgl. insbesondere die verschiedenen in dieser Arbeit zitierten Briefe.

282 Die Firma ist später unter dem Namen DEGUSSA AG bekannt geworden.

283 Akte „Beryll-Smaragd-Habachtal", Montanbehörde West, Salzburg; Akte Beryll Bramberg, Nachlass W. Günther, Archiv des Bergbau- und Gotikmuseums Leogang.

284 *F. Kirnbauer*, Bericht: Gutachten über das Berylvorkommen Habachtal einschl. Aufschlußplanung. Akte Beryllium, Österreichische Geologische Bundesanstalt, Wien, 1. Oktober 1955, 18 S. mit verschiedenen Zusätzen; *Anonym*, Smaragdbergwerk für Atomindustrie, in: Der Aufschluss 7 (1956), S. 69–70.

285 Schweizerisches Handelsamtsblatt, 59. Jahrgang, Nr. 23, 28. Januar 1941, S. 186; Schweizerisches Handelsamtsblatt, 60. Jahrgang, Nr. 12, 17. Januar 1942, S. 129.

286 *Richter*, Christian Schad.

287 Notarieller Vertrag zwischen Florian Prader und Max Gaab, 29. Oktober 1941 (München) und 22. Mai 1942 (Zürich); Zusatzdokumente zu den Seiten des Grundbuchs zur Habachtal-Smaragdmine, Land Salzburg, Landesarchiv; Eintrag in die Seiten des Grundbuchs zur Habachtal-Smaragdmine [Edelsteinbergwerk im Habachthale] beim Grundbuchamt Mittersill, 25. November 1942.

288 Einträge in die Seiten des Grundbuchs zur Habachtal-Smaragdmine [Edelsteinbergwerk im Habachthale] beim Grundbuchamt Mittersill, Land Salzburg, Landesarchiv.

289 Vgl. z. B. *Eberl*, Smaragde; *Pech*, Smaragde; *Lausecker*, Smaragdfundstelle; *Grundmann*, Smaragd; *Exel*, Mineralien; *Lewandowski*, Smaragdbergbau; *E. Burgsteiner*, Kristallschätze. Zur Geschichte der Steinsammler im Oberpinzgau, Haltern 2002.

290 Vertrag zwischen Max Gaab, Franz Mayböck, Leo Weiss und Hans Zieger, 4. Oktober 1945, Archiv Erwin Burgsteiner, Bramberg.

291 USACA 1945–1950, Records of the Property Control Branch of the U.S. Allied Commission for Austria, File Sch 398, Property of Meta Geist and Max Gaab, 24 S. https://www.fold3.com/image/306445403?terms=Gaab [20.11.2020]; F. Hausmann, Ein Zweimannbergwerk in den Hohen Tauern. Die einzige Smaragdfundstelle Europas, in: Große Österreich Illustrierte Wien, 2. Jahrgang, 18. November 1950, S. 8–9.

292 Andreas Steiner, Claudia Steiner, persönliche Mitteilungen 2019.

293 Salzburger Chronik für Stadt und Land, 39. Jahrgang, Nr. 117, 26. Mai 1903, S. 3.

294 *N. B. G. Lackner*, Emeralds from Habachtal, Austria. Antique Jewelry University, https://www.langantiques.com/university/emeralds-from-habachtal-austria/ [19.2.2021].

Anhang A.
Smaragde in den Sammlungen von K. M. B. Schroll und M. Mielichhofer in Salzburg und M. von Flurl in München

Kaspar (Caspar) Melchior Balthasar Schroll war der erste Wissenschaftler, der Smaragde aus dem Habachtal 1797 in einer wissenschaftlichen Publikation mit dem Titel „Grundriss einer Salzburgischen Mineralogie" kurz beschrieb.[1]

C. M. Schroll (1756–1829) trat 1777 als auszubildender Bergwerkspraktikant in die Verwaltung des Fürsterzbistums Salzburg ein. 1780 wurde er an die Bergakademie Freiberg in Sachsen geschickt, um Mineralogie, Geologie und Bergbau zu studieren. Nachdem Schroll 1782 nach Salzburg zurückgekehrt war, hatte er im Laufe der Jahre verschiedene Positionen in der Bergbehörde des Erzbistums inne. 1793 wurde er zum Bergrat ernannt, 1803 zum Hofkammerrat. In der Zeit zwischen dem Ende des Fürsterzbistums (1803) und dem Datum, als Salzburg endgültig Teil des österreichischen Reiches wurde (1816), arbeitete Schroll in mehreren hohen Positionen, er war von 1823 bis zu seinem Tod 1829 Leiter der Montanbehörde im Bezirk Salzburg.[2] Schroll veröffentlichte eine zusammenfassende Abhandlung über Salzburgs Mineralogie, und die zweite Ausgabe dieser Schrift (Abb. A1, veröffentlicht 1797) enthielt die erste Beschreibung von Smaragden aus dem Habachtal. Schroll erwähnte darin, dass er den Habachtal-Smaragd zufällig gefunden habe, als er ein Stück Glimmerschiefer zerschlagen hat. Schroll widmete einen Teil seiner praktischen Arbeit der Verbesserung der Erzverarbeitung und insbesondere der Schmelzprozesse bei der Verhüttung.

Etwa eine Generation später finden wir Mathias Mielichhofer (Abb. A2, 1772–1847) mit einer ähnlichen Karriere in Salzburg. Mielichhofer trat 1794 als Auszubildender in die Bergbehörde Salzburgs ein und wurde von 1803 bis 1805 zum Studium an die Bergakademie Freiberg geschickt. Mielichhofer wurde 1823 zum Bergrat ernannt und bekleidete diese Position bis zu seiner Pensionierung im Jahr 1843. Zusätzlich zu seinen Aktivitäten in den Bereichen Mineralogie und Bergbau wurde Mielichhofer auch für mehrere Entdeckungen auf dem Gebiet der Botanik bekannt.

Es stellte sich die Frage, ob Originalstücke aus den Sammlungen von Schroll, Mielichhofer oder ähnliche Smaragde aus der Region noch verfügbar sind.

Die Sammlungen der beiden Wissenschaftler und Bergbeamten Schroll und Mielichhofer befinden sich in der mineralogischen Sammlung des Benediktinerklosters St. Peter, einer Erzabtei in Salzburg (Abb. A3). Albert Nagnzaun (1777–1856), ein leidenschaftlicher Mineraliensammler und ab 1818 Abt von St. Peter, kaufte 1819 bzw. 1839 beide Mineraliensammlungen, um die bereits bestehende Kollektion von St. Peter zu erweitern.[3] Die Sammlung von Schroll umfasste etwa 9.000–10.000 Stücke, jene von Mielichhofer bestand aus rund 3.000 Mineral- und Gesteinsproben. In den letzten zehn Jahren katalogisierte Norbert E. Urban die Sammlung neu, wobei auch versucht wurde, die verschiedenen Sammlungsstücke anhand der noch vorhandenen Originaletikette und mittels der alten Inventarbücher den verschiedenen Sammlern bzw. den entsprechenden Sammlungen zuzuordnen, aus denen die Stücke stammten.

In Bezug auf die Schroll-Sammlung gibt es ein Handstück mit einem Beryllkristall in Matrix, der laut Originaletikett höchstwahrscheinlich aus Schrolls Sammlung herrührt. Der Kristall ist 29 mm lang, hat einen Durchmesser von 4,5 mm und stammt laut Etikett von der Leckbachscharte im Habachtal. Keiner der verschiedenen Smaragde in Matrix in der Sammlung von St. Peter kann derzeit Schroll direkt zugeordnet werden.

Der Sammlung Mielichhofer können zwei Smaragdproben in Matrix zugeordnet werden. Die erste Probe ist ein Kristall mit einer Länge von 18 mm (Abb. A4), und das zweite Stück ist ein Kristallfragment von 5 mm. Diese Beispiele zeigen die Größen der Smaragdkristalle, die in den ersten Jahrzehnten des 19. Jahrhunderts, hauptsächlich im Bereich des Sekundärvorkommens, gefunden und in die Sammlungen von Personen in leitender Stellung bei den Salzburger Berg- und Montanbehörden aufgenommen wurden. Die Reinheit und die Größe dieser Proben zeigen, dass Smaragde in facetierbarer Qualität äußerst selten waren.

Die Mineraliensammlung der Erzabtei St. Peter beherbergt auch Stücke, die von Prior Vital Jäger (Abb. A5, 1858–1943), der die Sammlung jahrzehntelang betreute, gekauft wurden. Einige Smaragdproben in Matrix, die aus den ersten Jahrzehnten des 20. Jahrhunderts stammen, können als repräsentativ für das Material angesehen werden, das in der Zeit abgebaut wurde, als sich das Vorkommen im Habachtal im Besitz der englischen Firma „Emerald Mines Limited" befand. Die hier gezeigte Probe (Abb. A6) enthält mehrere Smaragdkristalle, der größte mit einer Länge von 7 mm. Wiederum zeigen solche Proben, dass ein Großteil des im Habachtal abgebauten Materials, ähnlich wie bei Goldschmidt, Sammlungsstücke mit Smaragdkristallen in Matrix darstellen, jedoch keine Smaragde in der zum Facettieren erforderlichen Größe und Reinheit.

Von den Habachtal-Smaragden aus dem Besitz des Regensburger Hofmeisters Magnus von Petersen und des Münchner Mineralienhändlers Jakob Frischholz, die 1816 bzw. 1821 über diese Smaragde bzw. über das Vorkommen berichteten (siehe Hauptteil), sind bisher keine Smaragde direkt nachweisbar. Die Sammlung von Petersen wurde nach dessen Tod 1832 in mehreren Teilen verkauft. Der Mineralienhandel von Frischholz wurde nach dessen frühem Tod 1820 von seiner Witwe Anna weitergeführt, über den Verbleib der von ihm gesammelten Smaragde ist jedoch nichts bekannt geworden.

In der Sammlung von Mathias von Flurl, dem Begründer der bayerischen Geologie, sind jedoch zwei Smaragdstufen erhalten geblieben, die aus derselben Zeit, d. h. aus den ersten beiden Jahrzehnten des 19. Jahrhunderts, stammen. Mathias Bartholomäus von Flurl (Abb. A7, 1756–1823) kam nach einer Lehrtätigkeit in München 1787 als Bergrat in den bayerischen Staatsdienst. „Kommissär" der Porzellanmanufaktur in Nymphenburg (1788) und Direktor der Deputation des Salinen-, Berg- und Münzwesens (1799) sind zwei weitere wichtige Positionen seiner Laufbahn. Sein Hauptwerk „Beschreibung der Gebirge von Baiern und der oberen Pfalz", in Form eines Reiseberichts abgefasst, stellt die erste umfassende mineralogisch-geologische Beschreibung Bayerns dar.[4]

Die umfangreichen geologischen und mineralogischen Sammlungen Flurls gelangten mit Verfügung von König Max Joseph vom November 1820 in Staatsbesitz.[5] Neben den drei in dieser Verfügung genannten Hauptsammlungen bestanden beim Tode Flurls noch drei weitere Nebensammlungen, die als die „tyrolische, salzburgische und baireuthische" bezeichnet wurden.[6] Diese Sammlungen sind nach vielfachen Umgliederungen nicht mehr als eigenständige Einheiten erhalten geblieben. In der Flurl-Sammlung beim Bayerischen Landesamt für Umwelt (früher Bayerisches Geologisches Landesamt) befinden sich am Standort Hof jedoch noch zwei Stufen mit Smaragden aus dem Habachtal im Muttergestein. Das erste Handstück zeigt zwei größere Smaragdkristalle, Länge 10 mm und 5 mm (Abb. A8), die zweite Probe zeigt ebenfalls zwei Smaragde einer Länge von 5 bzw. 3 mm. Die Smaragde auf diesen Handstücken besitzen keine Edelsteinqualität.

Endnoten

1 *Schroll*, Grundriss, S. 95–196.

2 *Günther / Lewandowski*, Montanbehörden, S. 267–290.

3 *M. Rolshoven*, Salzburgisches Fürsterzbischöfliches Kabinett und die mineralogisch-petrographischen Sammlungen des Benediktinerstifts St. Peter zu Salzburg, in: Jahrbuch der Geologischen Bundesanstalt 149 (2009), S. 325–330.

4 *Flurl*, Beschreibung.

5 *H. Frank / G. Grundmann*, Die Sammlungen Mathias Flurls – Geschichte, Bedeutung und Bestand, in: G. Lehrberger / J. Prammer, Hg., Aufsatzband zur Ausstellung im Gäubodenmuseum Straubing „Mathias von Flurl (1756–1823). Begründer der Mineralogie und Geologie in Bayern", Straubing 1993, S. 302–316.

6 *F. L. von Wotschitka*, Lebens-Skizze des Mathias von Flurl, München 1824.

Grundriſs

einer Salzburgiſchen Mineralogie,

oder

kurzgefaſste ſyſtematiſche Anzeige der bis itzt bekannten Mineralien des Fürſtenthums und Erzſtifts

Salzburg

von

Kaſp. Melchior Schroll.

Hochfürſtl. Bergrathe, und Mitgliede der Sozietät der Bergbaukunde.

Abb. A1: Titelseite der zweiten Ausgabe von Kaspar Melchior Schrolls Abhandlung über die Mineralogie des Fürsterzbistums Salzburg, veröffentlicht 1797; diese Schrift enthält die erste Beschreibung von Smaragden aus dem Habachtal, die in einem wissenschaftlichen Text veröffentlicht wurde.

Abb. A2: Die Sammlung von Mathias Mielichhofer (1772–1847) enthält einige Smaragde aus dem Habachtal und zeigt die Größen der Smaragdkristalle, die in den ersten Jahrzehnten des 19. Jahrhunderts gefunden wurden. Porträt nach einem Kupferstich von B. Weinmann, undatiert; Sammlung der Österreichischen Nationalbibliothek, Wien.

Abb. A3: Die Mineraliensammlung der Erzabtei von St. Peter in Salzburg beherbergt die Originalsammlungen der Bergräte Kaspar Melchior Schroll und Mathias Mielichhofer aus den ersten Jahrzehnten des 19. Jahrhunderts. Kupferstich von F. X. Kinnig, 1769. Kunstsammlung der Erzabtei St. Peter, Salzburg.

Abb. A4: Smaragdkristall in Matrix vom Habachtal, Sammlung der Erzabtei von St. Peter, Salzburg; das Handstück kann gemäß Originaletikett (unten) der Sammlung Mielichhofer zugeordnet werden. Kristalllänge 18 mm, Foto: K. Schmetzer.

Abb. A5: Porträt von Prior Vital Jäger (1858–1943), der die Mineraliensammlung von St. Peter jahrzehntelang betreute; in den ersten Jahrzehnten des 20. Jahrhunderts konnte er einige Sammlungsstücke mit Smaragden in Matrix vom Habachtal kaufen. Gemälde von G. Scheibenzuber 1923, Kunstsammlung der Erzabtei von St. Peter, Salzburg, Inventar Nr. M737.

Abb. A6: Smaragdkristalle in Matrix vom Habachtal, Sammlung der Erzabtei von St. Peter, Salzburg; die Probe wurde in den ersten Jahrzehnten des 20. Jahrhunderts gekauft. Länge des größten Kristalls 7 mm, Foto: K. Schmetzer.

Abb. A7: Porträt von Mathias von Flurl (1756–1823), dem Begründer der Mineralogie und Geologie in Bayern. Neben umfangreichen Sammlungen mit Mineralien und Gesteinen aus Bayern besaß Flurl auch kleinere Sammlungen, so eine „tyrolische" und eine „salzburgische" Sammlung. Unbekannter Künstler, um 1810, Bayerische Akademie der Wissenschaften, München.

Abb. A8: Smaragdkristalle in Matrix vom Habachtal. Sammlung des Bayerischen Landesamtes für Umwelt, Hof; das Handstück stammt aus der Flurl-Sammlung. Länge 10 mm, Durchmesser 5 mm (linker Kristall), Länge 5 mm, Durchmesser 6 mm (rechter Kristall), Foto: E. Linhardt.

Anhang B.
Fotos aus der „Engländerzeit"

Zahlreiche Veröffentlichungen zeigen Fotos aus der Zeit, in der die Smaragdmine im Habachtal unter der Kontrolle der englischen Aktiengesellschaft „Emerald Mines Limited" stand. Für diesen Zeitraum liegen nur begrenzte Informationen über die englischen oder österreichischen Bergingenieure vor, welche für die praktischen Arbeiten vor Ort verantwortlich zeichneten. Für das Jahr 1899 ist bekannt, dass die Arbeiten von dem englischen „Captain John Penhall" (Abb. B1) geleitet wurden.

Die Fotos aus dieser Zeit (Abb. B2 und B3, siehe auch Abb. 21 im Hauptteil) sind unterschiedlich datiert, im Allgemeinen wird ein Jahr zwischen 1902 und 1908 angegeben, und für dasselbe Foto findet man in verschiedenen Publikationen gelegentlich auch unterschiedliche Jahresangaben. Ein Teil dieser Fotos stammt aus einem Album im Besitz des Museums in Bramberg, und eine Serie ähnlicher Fotos befand sich im Besitz der Nachkommen von Peter Staudt, der 1920 die Hälfte der Mine von seinem Bruder kaufte (siehe Hauptteil). Diese Fotos wurden vor einigen Jahren der Gemeinde Bramberg übergeben.[1] Eine weitere Sammlung ähnlicher Fotos übergab der Fotograf Horeis, der als ehemaliger Direktor der Habachtal-Smaragdmine genannt wurde, an den Wiener Edelsteinschleifer Drazky.[2] Ein Hinweis in dessen Nachlass weist darauf hin, dass die Fotoserie zwischen 1898 und 1902 aufgenommen wurde,[3] also in jenen Jahren, als sich die Mine im Besitz der „Emerald Mines Limited" Aktiengesellschaft, London, befand und von in London ansässigen Diamanthändlern kontrolliert wurde.

Die Fotos im Album des Museums in Bramberg sind undatiert und im Allgemeinen nur mit kurzen Notizen wie Bergwerk oder Habach beschriftet.[4] Die Widmung des Albums (Abb. B4) zeigt, dass das Album von Ernst R. Horeis an Allan A. Forster (Abb. B5) „zur Erinnerung an das schöne Habachthal" geschenkt wurde. Auf derselben Seite des Albums befindet sich eine zweite Widmung, die angibt, dass das Album 1972 von J. B. Forster dem Museum gespendet wurde: *„To the Habachthal museum from the Son of the Englishman who worked this mine in the early 19 hundreds"* [An das Habachthal-Museum vom Sohn des Engländers, der diese Mine Anfang des 19. Jahrhunderts bearbeitet hat] (Abb. B6).

Allan A. Forster steht offensichtlich für Allan Amos Forster (1874–1946), einen der Bergingenieure, die in der ersten Bergbauperiode von 1895 bis 1902 für die „Emerald Mines Limited" tätig waren, welches von „Leverson, Forster, & Co." in London kontrolliert wurde (siehe auch Hauptteil). Bei J. B. Forster, der das Album 1972 dem Museum widmete, handelt es sich um Allans Sohn John Bryan Forster (1908–1979, Abb. B7). John Bryan war Edelsteinhändler und letzter Besitzer der Firma „James A. Forster & Sons", die 1975 nach Johns Pensionierung geschlossen wurde.[5]

Derzeit ist nur ein Dokument bekannt, das den in der Widmung genannten Ernst R. Horeis direkt mit den Bergbauaktivitäten im Habachtal und dem englischen Unternehmen verbindet. Auf den Seiten des Grundbuchs, die sich auf die Edelsteinmine im Habachtal beziehen, ist in einem Eintrag vom 18. November 1909 ein Pfandrecht registriert, welches Verbindlichkeiten der Gesellschaft von 5.102 Kronen gegenüber Ernst Horeis angibt, basierend auf einem Urteil des Salzburger Gerichts vom 16. November 1909. Es werden keine weiteren Informationen zum Grund dieser enormen Schulden angegeben, die Akte des Salzburger Gerichts ist im Archiv des Bundeslandes Salzburg leider nicht erhalten geblieben.[6]

Ernst R. Horeis wurde als Ernst Richard Horeis identifiziert, geboren 1874, Sohn von Ferdinand Horeis.[7] Ferdinand Horeis wird im letzten Jahrzehnt des 19. Jahrhunderts bis 1901 im Wiener Adressbuch als Juwelen-Agent aufgeführt, und seit 1902 wird sein jüngerer Sohn Emil Horeis, geboren 1877,[8] mit derselben Adresse und demselben Beruf erwähnt. Offensichtlich übernahm Emil das Geschäft seines Vaters. Ernst Richard Horeis wird in den ersten Jahrzehnten des 20. Jahrhunderts als Angestellter (Privatbeamter, Firma nicht angegeben) und später als Kaufmann genannt.

Aus diesen Angaben lässt sich schließen, dass Ernst Richard Horeis, damals in den Zwanzigern, eine gewisse Verbindung zum Edelsteingeschäft seines Vaters hatte und eine Arbeit oder eine andere Tätigkeit für das englische Bergbauunternehmen ausübte, die nicht vollständig bezahlt wurde und zu einem Rechtsstreit führte, gefolgt von der Eintragung eines Pfandrechts im Grundbuch. Wir können diese Verbindlichkeiten nicht im Detail spezifizieren, da kein Dokument diese Aktivität explizit angibt. Der Betrag von mehr als 5.000 Kronen entspricht dem jährlichen Lohn von ungefähr 25 Arbeitern, wie er in der ersten englischen Periode von 1895 bis 1902 gezahlt wurde. Der angegebene Betrag erscheint somit höher als das Jahresgehalt einer Person, selbst wenn diese als Direktor für die Aktiengesellschaft gearbeitet hat. Eberl erwähnt, dass Emil Horeis, der jüngere der beiden Brüder, bis 1904 als Direktor für die Firma „Emerald Mines Limited" tätig war,[9] aber nach den derzeit verfügbaren Fakten könnte Eberl die beiden Brüder verwechselt haben.

Nach den in der vorliegenden Veröffentlichung angegebenen Fakten wurden die Bergbautätigkeiten 1903 nach einer Reihe von mehr oder weniger produktiven Jahren nicht wieder aufgenommen. Das Eigentum an der „Emerald Mines Limited" Aktiengesellschaft wurde 1906 an die britische „Northern Mercantile Corporation" übertragen, die Mr. Spargo Junior als Bergingenieur für die Saison 1906 anstellte. Mit dieser Übertragung des Eigentums traten alle Mitglieder der Familien Leverson und Forster als Direktoren zurück.

Von Mitgliedern der Familien Leverson und Forster ist nach 1906 keine Beziehung oder Tätigkeit für die neue Bergbaugesellschaft bekannt. Folglich deuten alle Umstände darauf hin, dass die Fotos im Album, wie auch im Nachlass von Eberl angegeben, in der Zeit vor 1903 von Ernst Richard Horeis aufgenommen wurden oder zumindest in dessen Besitz gelangten und die Situation am Ende des 19. oder am Anfang des 20. Jahrhunderts darstellen. Das Album könnte von Ernst R. Horeis vorbereitet und an Allan A. Forster am Ende seiner Tätigkeit im Habachtal übergeben worden sein, vielleicht sogar zu einem späteren Zeitpunkt in Wien, als Forster die Stadt im Zusammenhang mit der Wiener Tochtergesellschaft von Leverson Forster (aufgelöst 1908) besucht haben könnte oder bei einer Tätigkeit für die neue Tochtergesellschaft von „James A. Forster & Sons" (bereits 1907 in Wien gegründet).

Endnoten

1 Brigitte Leitermann, Enkelin von Peter Staudt, persönlich Mitteilung 2020.

2 *Eberl,* Smaragde.

3 Nachlass von R. Eberl, Archiv der Gemeinde Bramberg.

4 E. Burgsteiner, persönliche Mitteilung 2019.

5 The London Gazette, 11. Februar 1975, S. 1935; Maureen Mary Brett, Tochter von John Bryan Forster, persönliche Mitteilung 2020.

6 Land Salzburg, Landesarchiv, persönliche Mitteilung 2020.

7 Wiener Stadt- und Landesarchiv, persönliche Mitteilung 2020.

8 Ebd.

9 Siehe *Eberl,* Smaragde. Die von Lausecker (1986) und Grundmann (1991) veröffentlichten Informationen über Horeis basieren nur auf den bei Eberl gegebenen Informationen, es sind keine weiteren Dokumente verfügbar (P. Lausecker und G. Grundmann, private Mitteilungen 2019).

10 https://www.gettyimages.de/detail/nachrichtenfoto/chipping-out-an-emerald-this-image-shows-dr-grote-with-nachrichtenfoto/980049796 [20.11.2020].

Abb. B1: Für die praktischen Arbeiten der bergmännischen Smaragdgewinnung im Habachtal war im Jahr 1899 der englische „Captain John Penhall", ein erfahrener Bergmann aus Cornwall, verantwortlich. Bild aus „The Cornishman", Dezember 1906.

Abb. B2: Bis zu 30 Bergknappen arbeiteten im letzten Jahrzehnt des 19. und im ersten Jahrzehnt des 20. Jahrhunderts in den verschiedenen Stollen der Smaragdmine im Habachtal, als die Liegenschaft der in London ansässigen Firma „Emerald Mines Limited" gehörte. Das Foto zeigt die Bergknappen und Bergingenieure am Eingang des D-Stollens. Archiv P. Lausecker, Kirchhundem, Deutschland.

Geschichte des Smaragdbergbaus im Habachtal, Pinzgau, Salzburg

Abb. B3: Bergknappen und Bergingenieure in der Lagerstätte im Habachtal im letzten Jahrzehnt des 19. und im ersten Jahrzehnt des 20. Jahrhunderts, als das Grundstück im Besitz der in London ansässigen „Emerald Mines Limited" Aktiengesellschaft war; bei der Person im Zentrum handelt es sich möglicherweise um den englischen Bergmann „Captain John Penhall" (vgl. Abb. B1). Archiv der Gemeinde Bramberg.

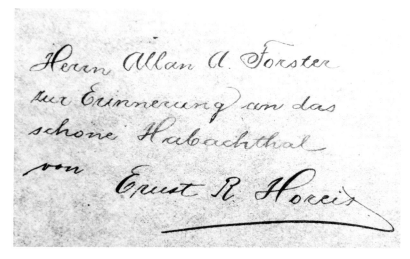

Abb. B4. Diese Widmung zeigt, dass das Fotoalbum mit Bildern aus der Smaragdmine im Habachtal und der näheren Umgebung, das sich jetzt im Besitz des Museums in Bramberg befindet, von Ernst R. Horeis an Allan A. Forster geschenkt wurde. Foto: E. Burgsteiner, 2019.

Abb. B5: Allan A. Forster leitete im letzten Jahrzehnt des 19. und im ersten Jahrzehnt des 20. Jahrhunderts während mehrerer Jahre den Bergbau im Habachtal, möglicherweise zusammen mit einem englischen oder österreichischen Bergingenieur; (links) Foto, aufgenommen während der „Queen Cleopatra's Emerald Mines Expedition" [Expedition zur Suche nach den Smaragdminen der Königin Cleopatra] in Ägypten, Winter 1899/1900 (siehe Mac Allister, The emerald, S. 537–549; L. Claremont, Prehistoric emerald mines, in: Knowledge 36 (1913), S. 124–127; ein ähnliches Foto, auf dem Forster und weitere Expeditionsteilnehmer abgebildet sind, ist im Internet verfügbar);[10] (rechts) Foto aus dem Forster-Familienalbum, aufgenommen 1935, erhalten von Maureen Mary Brett, Bromley, UK.

Abb. B6: Diese Widmung zeigt, dass das Album mit Fotos aus der Smaragdmine im Habachtal und der näheren Umgebung 1972 von John Bryan Forster dem Bramberger Museum gespendet wurde. Foto: E. Burgsteiner, 2019.

Geschichte des Smaragdbergbaus im Habachtal, Pinzgau, Salzburg 595

Abb. B7: 1972 schenkte John Bryan Forster das Album dem Museum in Bramberg. Foto aus dem Forster-Familienalbum, aufgenommen Mitte der 1970er-Jahre, erhalten von Maureen Mary Brett, Bromley, UK.

Herkunft der Smaragde im Brustkreuz und Ring des Abts Dominikus Hagenauer der Erzabtei St. Peter in Salzburg aus dem späten 18. Jahrhundert

Karl Schmetzer und H. Albert Gilg

Einleitung

Die Geschichte des Smaragdbergbaus im Habachtal ist reich an Legenden. So wird in einigen Publikationen angeführt, das Vorkommen sei schon den Kelten oder Römern bekannt gewesen und möglicherweise in dieser Zeit sogar bergmännisch ausgebeutet worden,[1] eindeutige Belege dafür sind jedoch nicht bekannt. Für einige Monstranzen aus Kirchen des Pinzgaus und im Salzburger Raum (Abb. 1), meist aus dem Zeitalter der Renaissance oder des Barock, wird aufgrund mündlicher Überlieferung angegeben, dass die Smaragde im Steinbesatz dieser liturgischen Objekte aus dem Smaragdvorkommen im Habachtal stammen.[2] Eine ähnliche mündliche Überlieferung existiert für die Smaragde im Brustkreuz von Dominikus Hagenauer, Abt des Klosters von St. Peter in Salzburg, das ihm nach seiner Wahl zum Abt 1786 von seinem Vater geschenkt wurde. Die Edelsteine in den genannten liturgischen Geräten und Insignien sind in der Regel jedoch noch nicht mikroskopisch und mit modernen analytischen Methoden untersucht worden, d. h. mit Techniken, die heutzutage in einem edelsteinkundlichen Labor als Standardmethoden für die Herkunftsbestimmung von Steinen unbekannter Provenienz verwendet werden.

Eine Untersuchung derartiger historischer Objekte ist nur dann sinnvoll, wenn ihre Geschichte hinlänglich bekannt ist und wenn mögliche Reparaturen oder der Ersatz verlorener Steine dokumentiert wurde. Die Bearbeitung von Schmuckstücken oder liturgischen Objekten mit völlig unklarer Herkunft und Geschichte macht dagegen nur wenig Sinn, da die Ergebnisse solcher Untersuchungen kaum zur Klärung historischer Fragestellungen beitragen können.

Im Hinblick auf diese genannten Voraussetzungen erfüllen das Pektorale und ein zu diesem gehörender Smaragdring von Abt Hagenauer (Abb. 2) alle genannten Bedingungen – die Geschichte dieser Insignien ist genau bekannt, das Kreuz und der Ring haben das Kloster in Salzburg niemals für eine längere Zeit verlassen und Reparaturen oder gar ein Verlust und Ersatz von Smaragden ist nicht dokumentiert.

Die zehn Smaragde im Brustkreuz und Ring sind von außerordentlich guter Qualität. Größere Steine dieser Reinheit wurden im Habachtal im 19. und 20. Jahrhundert nur selten gefunden, ein hoher Prozentsatz des geförderten Materials umfasst kleinere Steine minderer Qualität und Reinheit mit einer Vielzahl von Einschlüssen. Eine Zuordnung der qualitativ hochwertigen Smaragde in den Insignien von Abt Hagenauer zum Vorkommen im Habachtal lässt somit Zweifel aufkommen, wenn dies nicht analytisch nachgewiesen werden kann. Die Möglichkeit, die beiden Schmuckstücke in den Räumen des Klosters erstmals zu untersuchen, wurde von den Autoren somit dankbar wahrgenommen. Historisch relevant für die Gewinnung solch hochwertiger Steine bis zum Jahr 1786 sind an sich nur die verschiedenen Vorkommen in Kolumbien, hauptsächlich die Minen in den Gegenden von Muzo und Chivor.

Geschichte

Die Erzabtei von St. Peter, im historischen Zentrum von Salzburg gelegen, ist das älteste Männerkloster im deutschen Sprachraum, von dem eine kontinuierliche Geschichte und Besiedelung seit seiner Gründung im Jahre 696 nachweisbar ist. Dominikus Hagenauer (1746–1811) wurde als Kajetan Rupert Hagenauer in Salzburg als fünfter Sohn des Kaufmanns Johann Lorenz Hagenauer (1712–1792) geboren. Nach Abschluss des Benediktinergymnasiums trat er 1764 in das Noviziat des Stiftes ein. Nachdem er verschiedene Ämter im Klosterbetrieb versehen hatte, wurde er im Januar 1786 zum Abt von St. Peter gewählt. Hagenauer gilt als einer der bedeutendsten Äbte des Klosters, er galt als Mäzen (Münzsammlung, Mineraliensammlung, Klosterbibliothek), vor allem aber schaffte er es, das Kloster durch die Wirren der napoleonischen Zeit zu führen und den Fortbestand des Klosters zu sichern.

Die einzige schriftliche Erwähnung des mit Smaragden besetzten Brustkreuzes und des Smaragdrings aus dieser Zeit findet sich im Tagebuch Hagenauers in einer Eintragung vom 23. März 1786. Der dort niedergeschriebene Wortlaut wird von mehreren Autoren einheitlich wiedergegeben:[3]

„Heut besuchte mich mein alter Vater [Johann Lorenz Hagenauer] mit dem Herrn Franz Weiser, meinem Vätter und Firmungspaten. Ersterer verehrte mir ein Schmaragdenes mit Diamanten besetztes Pecktoral von einem Werthe von 580 f [Gulden] und letzterer einen gleichen Ring von 120 f." Weitere Informationen zum Brustkreuz und Ring liegen im Archiv von St. Peter lediglich in Form eines Hauptinventars aus dem Jahre 1876 vor, in welchem von brasilianischen Smaragden die Rede ist.[4] Woher diese Information stammt, ist unklar, da brasilianische Smaragde bis zum Beginn des Ersten Weltkrieges unbekannt waren.[5]

Johann Lorenz Haugenauer entstammte einer alten Salzburger Kaufmannsfamilie. Er und seine Familie waren eng mit der Familie von Leopold Mozart

(1719–1787) befreundet, die mehrere Jahrzehnte in Hagenauers Haus in Salzburg wohnte. Franz Andreas Weiser (1739–1817) war ebenfalls Kaufmann in Salzburg. Sei Vater, Ignatz Anton Weiser (1701–1785), war Kaufmann und von 1772–1775 Bürgermeister von Salzburg, er ist als Textdichter von Mozarts Singspiel „Die Schuldigkeit des ersten und führnemsten Gebottes" künstlerisch in Erscheinung getreten.

Ein Porträt zeigt Abt Dominikus Hagenauer mit dem smaragdbesetzten Brustkreuz mit neun Steinen und dem Smaragdring (Abb. 3). Diese heute noch im Kloster von St. Peter aufbewahrten Insignien wurden vom Abt bei besonderen Ereignissen getragen und standen auch seinen Nachfolgern auf deren Wunsch zur Verfügung. Irgendeine Reparatur oder ein Ersatz verloren gegangener Steine ist nicht dokumentiert.

Untersuchungsmethoden

Das Brustkreuz und der Ring von Abt Hagenauer wurden in den Räumlichkeiten der mineralogischen Sammlung des Erzstifts St. Peter mit zerstörungsfreien Methoden untersucht. Nach einer visuellen Inaugenscheinnahme wurde eine mikroskopische Untersuchung (Abb. 4) und eine chemische Analyse aller Smaragde durchgeführt. Dazu wurde ein tragbares Röntgenfluoreszenzmessgerät der Firma Bruker verwendet (Abb. 5), das mit einer energiedispersiven Analyseeinheit ausgestattet war. Um quantitative Analysen durchzuführen, wurde das Messgerät mit Hilfe einer Serie von Smaragden kalibriert, deren chemische Zusammensetzung zuvor mit anderen Messmethoden bestimmt worden war. Zum Vergleich und zur Überprüfung der Messmethoden wurden neben den Smaragden im Pektorale und Ring noch eine Anzahl von Smaragden aus kolumbianischen Vorkommen und vom Habachtal analysiert.[6]

Untersuchungsergebnisse

Visuelle Inaugenscheinnahme, Schliffe der Edelsteine
Brustkreuz: Alle intensiv grün gefärbten Smaragde im Kreuz sind quadratisch oder rechteckig geschliffen, mit Größen von 8,5 x 7 mm, 7,5 x 7 mm, 7 x 7 mm, 7 x 6 mm oder 5 x 5 mm (Abb. 6). Alle Smaragde zeigen Treppenschliff mit zwei Facettenreihen im Oberteil (Abb. 7), wobei in der Regel vier längere und vier kürzere Facetten ausgebildet sind. Alle Diamanten zeigen Rosenschliffe mit unterschiedlichen Formen, rund (Durchmesser bis 3 mm), oval, dreieckig, tropfenförmig, Navette (Größen bis zu 4,5 x 3,5 mm).

Ring: Der etwas heller grün gefärbte Smaragd im Ring ist rund, Durchmesser 9 mm (Abb. 8). Das Oberteil ist mit einem modernen Brillantschliff versehen, wobei die Größe der Tafel ungefähr 50–55 % beträgt (Abb. 9). Die Diamanten sind in zwei konzentrischen Ringen um den Zentralstein angeordnet und zeigen variable Formen und Schliffarten, teilweise Rosenschliffe, teilweise Tafelschliffe, wobei die Diamanten im inneren Kreis etwa 1 mm groß sind, im äußeren Kreis etwa 2 mm. Die Diamanten mit Tafelschliff sind quadratisch oder rechteckig, jeweils mit vier Oberteilfacetten geschliffen, andere sind achteckig mit acht Oberteilfacetten. Solche einfachen Tafelschliffe, insbesondere solche mit nur vier Oberteilfacetten, sind an sich typischer für ältere Schliffe als die gegen Ende des 18. Jahrhunderts bereits ausgeführten komplexeren Brillantschliffe. Solche relativ einfachen Schliffe wurden jedoch auch noch im 18. und sogar im 19. Jahrhundert, insbesondere für kleine Steine, verwendet.[7]

Mikroskopische Untersuchung, Einschlüsse

Brustkreuz: Die meisten Smaragde im Kreuz sind extrem rein, nahezu einschlussfrei, insbesondere im Vergleich zu dem Ringstein (vgl. Abb. 6 und 8). Gelegentlich sind Flüssigkeitseinschlüsse oder kleine Heilungsrisse zu beobachten.

Ring: Der Ringstein zeigt eine hohe Konzentration von Einschlüssen, insbesondere im Vergleich zu den neun Smaragden im Brustkreuz. Es sind zahlreiche Flüssigkeitseinschlüsse zu beobachten, die meist als Zweiphaseneinschlüsse (Flüssigkeit-Gas), seltener als Dreiphaseneinschlüsse (Flüssigkeit-Gas-Kristall) ausgebildet sind (Abb. 10).

Das Einschlussmuster, bestehend aus zahlreichen Mineraleinschlüssen, verbunden mit einer deutlichen Wachstumszonierung, das typischerweise in Habachtal-Smaragden beobachtet werden kann,[8] ist in keinem der untersuchten Smaragde verwirklicht. Dagegen kann das beobachtete Einschlussmuster als typisch für kolumbianische Smaragde angesehen werden.[9]

Chemische Zusammensetzung

Die chemischen Untersuchungen mittels Röntgenfluoreszenzanalyse ergaben bei den Smaragden des Brustkreuzes und des Rings von Abt Hagenauer folgende Variationsbereiche der Spurenelementgehalte: MgO 0,89–1,66 Gew.%, V_2O_3 0,22–0,81 Gew.%, Cr_2O_3 0,17–0,64 Gew.%, FeO 0,11–0,24 Gew.%. Der etwas hellere Smaragd im Ring zeigt dabei die geringste Konzentration der farbgebenden Elemente Vanadium und Chrom.

Für eine Bestimmung der Herkunft von Smaragden unbekannter Provenienz werden in der Literatur Haupt- und Spurenelementgehalte der Proben in zweidimensionalen oder dreidimensionalen Verteilungsdiagrammen dargestellt und verglichen.[10] Bei der vorliegenden Problemstellung, bei der insbesondere zwischen Smaragden vom Habachtal und aus Kolumbien unterschieden werden musste, ergeben die verschiedenen Variationsdiagramme zwischen den farbgebenden Spurenelementen Chrom, Vanadium und Eisen eine gute Trennung zwischen Smaragden der beiden möglichen Herkünfte (Abb. 11). Dabei zeigt sich auch eine gute Übereinstimmung zwischen den eigenen Messdaten für die Vergleichssteine und Literaturwerten. Demnach liegen die Werte der Smaragde des Brustkreuzes und des Rings im Variationsfeld kolumbianischer Smaragde und nicht im Feld von Steinen aus dem Habachtal. Eine ähnliche Separation ergibt sich auch für Korrelationsdiagramme zwischen den Elementen Magnesium, Aluminium und Silizium (hier nicht dargestellt).[11]

Schlussbetrachtung

Die Ergebnisse der mikroskopischen Untersuchungen zeigen, dass bei den Smaragden des Brustkreuzes und dem Smaragd des Rings von Abt Hagenauer Einschlussmuster vorliegen, die sehr gut mit den in der Literatur beschriebenen Merkmalen kolumbianischer Smaragde übereinstimmen, eine mögliche Herkunft dieser Steine aus dem Habachtal aber ausschließen.

Die chemischen Daten bestätigen den aus der Mikroskopie abgeleiteten Befund. Die chemischen Variationsdiagramme zeigen, dass die untersuchten Smaragde im dem Variationsfeld kolumbianischer Steine liegen, das gut vom Bereich der Habachtalsmaragde zu trennen ist.

Das Brustkreuz und der Smaragdring wurden Abt Hagenauer etwa zwei Monate nach seiner Wahl als Geschenke übergeben. Die unterschiedlichen Eigenschaften der Smaragde und insbesondere die unterschiedlichen Schliffe der Diamanten, in Verbindung mit der stilistisch unterschiedlichen Goldschmiedetechnik, zeigen, dass die beiden Schmuckstücke von zwei verschiedenen Goldschmieden, vermutlich auch in unterschiedlichen Goldschmiedeateliers angefertigt wurden. Diamanten mit Tafelschliffen, wie sie nur im Ring vorliegen, wurden bereits mehrere Jahrhunderte vor dem aktuellen Schenkungsjahr 1786 geschliffen, doch auch noch im späten 18. und sogar im 19. Jahrhundert. Rosenschliffe, wie sie im Ring und im Brustkreuz beobachtet wurden, entstanden später wie die einfachen Tafelschliffe.

Es ist davon auszugehen, dass die Goldschmiede für die Anfertigung beider Schmuckstücke Steine verwendeten, die sie in ihren Ateliers vorrätig hatten oder die kurzfristig zu beschaffen waren. Somit ergibt sich die Möglichkeit, dass die beiden Schmuckstücke auch zu verschiedenen Zeiten hergestellt wurden, aber auch eine zeitgleiche Fertigung beider Schmuckstücke ist denkbar.

Der Ring könnte von Familie Weiser bestellt und durch einen ersten Goldschmied mit dem ihm zugänglichen Steinen hergestellt worden sein. Aufgrund der im Ring gefassten Diamanten mit älteren Schliffmerkmalen könnte sich der Ring aber auch schon eine geraume Zeit im Familienbesitz befunden haben. Das Brustkreuz stellt ein besonderes Schmuckobjekt dar, wie es als Insignie von Äbten oder Bischöfen getragen wird. Es ist anzunehmen, dass das Kreuz deshalb kurz nach der erfolgten Wahl zum Abt von St. Peter von der Familie Hagenauer bei einem Goldschmied in Auftrag gegeben wurde, der das Pektorale mit den ihm zur Verfügung stehenden Steinen anfertigte.

Danksagung: Die Autoren möchten Herrn Dr. Korbinian Birnbacher, Erzabt von St. Peter, für die Erlaubnis zur Untersuchung des Brustkreuzes und des Rings von Abt Hagenauer danken. Herr Norbert E. Urban war während der Untersuchungen unser Gastgeber in den Räumen der von ihm betreuten mineralogischen Sammlung von St. Peter. Herrn Dr. Gerald Hirtner, Archiv der Erzabtei St. Peter, danken wir für eine kritische Durchsicht des Manuskripts. Vergleichssteine, als Standards und zur Verifizierung unserer Analysen, stellten dankenswerterweise Dr. Dietmar Schwarz, Bangkok, Dr. Tobias Häger, Mainz, und Christian Weise, München, zur Verfügung.

Endnoten

1 Vgl. die ausführliche Darstellung der frühen Geschichte des Bergbaus im Habachtal, Pinzgau, Salzburg durch K. Schmetzer in diesem Band.

2 H. *Hanke*, Smaragde aus dem Habachtal. Kosmos, 54 (1958), S. 320–324; K. *Hagn*, Das „grüne Gold" aus den Tauern. Salzburger Nachrichten, Juwelen & Uhren Weihnachtsjournal 2019, S. 40–43; K. *Hagn*, Das grüne Gold. Salzburger Nachrichten, Treffpunkt Salzburg, September 2021, S. 18. Zur Pretiosenmonstranz im Dommuseum Salzburg siehe S. *Rudolph*, Zwei Monstranzen aus dem Salzburger Domschatz, in: T. Witting und U. Weinhold, Hg., Farbfassungen auf Gold und Silber, Dresden 2021, S. 172–181.

3 A. *Hahnl*, H. *Angermüller* und R. *Angermüller*, Hg., Abt Dominikus Hagenauer (1746–1811) von St. Peter in Salzburg. Tagebücher 1786–1810. Teilband I: Tagebücher 1786–1798. St. Ottilien, S. 14; siehe auch H. *Dopsch* und R. *Juffinger*, Das älteste Kloster im deutschen Sprachraum – St. Peter in Salzburg. Salzburg 1982, Salzburger Landesregierung, S. 399–400; R. *Angermüller*, Leopold Mozart und Dominicus Hagenauer 1786/87, in: I. Fuchs, Hg., Festschrift Otto Biba zum 60. Geburtstag, Tutzing 2006, S. 151–186.

4 Hauptinventar nach Abt Albert Eder, 1876, S. 7, Archiv der Erzabtei St. Peter, Hs. A 499; G. *Hirtner*, Archiv der Erzabtei St. Peter, persönliche Mitteilungen 2020, 2022.

5 M. *Bauer* und K. *Schloßmacher*, Edelsteinkunde, Dritte Auflage. Leipzig 1932, S. 536.

6 Zu weiteren Details siehe K. *Schmetzer* und H. A. *Gilg*, Origin of emeralds from a late 18th century pectoral cross and ring from St. Peter's monastery, Salzburg, Austria. Journal of Gemmology 38 (2022), S. 272–283.

7 H. *Tillander*, Diamond cuts in historic jewellery, 1381–1910, London 1995, 248 S.; J. *Ogden*, Diamonds. An early history of the king of gems, New Haven und London, 388 S.

8 Vgl. E. J. *Gübelin*, Emerald from Habachtal. Journal of Gemmology 5 (1956), S. 342–361; G. *Grundmann*, Die Einschlüsse der Berylle und Phenakite des Smaragdvorkommens im Habachtal (Land Salzburg, Österreich). Der Karinthin Nr. 84 (1981), S. 227–237; G. *Grundmann*, Die Einschlußwelt der Habachtaler Smaragde. Schätze der Alpen, Mineralientage München 1984, S. 48–53; G. *Grundmann*, Smaragd. extraLapis Nr.1, München 1991, 93 S.; E. J. *Gübelin* und J. I. *Koivula*, 1986. Bildatlas der Einschlüsse in Edelsteinen, Zürich 1986, 532 S.; E. J. *Gübelin* und J. I. *Koivula*, 2008. Photoatlas of inclusions in gemstones, Vol. 3. Basel 2008, 672 S.; R. *Thomas*, P. *Davidson* und A. *Rericha*, Emerald from the Habachtal: new observations. Mineralogy and Petrology 114 (2020), S. 161–173.

9 Vgl. E. *Gübelin*, Differentiation between Russian and Colombian emeralds. Gems & Gemology 3 (1940), S. 89–92; *Gübelin* und *Koivula*, Bildatlas, 532 S.; *Gübelin* und *Koivula*, Photoatlas, 672 S.; A. *Kozlowski*, P. *Metz* und H. A. *Estrada Jaramillo*, Emeralds from Somondoco, Colombia: chemical composition, fluid inclusions and origin. Neues Jahrbuch für Mineralogie Abhandlungen 159 (1988), S. 23–49; G. *Bosshart*, Emeralds from Colombia (part 2). Journal of Gemmology 22 (1991), S. 409–425; G. *Giuliani*, A. *Cheilletz*, C. *Arboleda*, V. *Carrillo*, F. *Rueda* und J. H. *Baker*, An evaporitic origin of the parent brines of Colombian emeralds: fluid inclusion and sulfur isotopic evidence. European Journal of Mineralogy 7 (1995), S. 151–165.

10 G. *Giuliani*, Y. *Branquet*, A. E. *Fallick*, L. A. *Groat* und D. *Marshall*, Emerald deposits around the world, their similarities and differences. InColor, Special Issue 2015, World emerald update, S. 56–69; C. *Aurisicchio*, A. M. *Conte*, L. *Medeghini*, L. *Ottolini* und C. *De Vito*, Major and trace element geochemistry of emerald from several deposits: implications for genetic models and classification schemes. Ore Geology Reviews 94 (2018), S. 351–366; G. *Giuliani*, L. A. *Groat*, D. *Marshall*, A. E. *Fallick* und Y. *Branquet*, Emerald deposits: a review and enhanced classification. Minerals 9 (2019), S. 1–63; S. *Karampelas*, B. *Al-Shaybani*, F. *Mohamed*, S. *Sangsawong* und A. *Al-Alawi*, Emeralds from the most important occurrences: chemical and spectroscopic data. Minerals 9 (2019), S. 1–29.

11 K. *Schmetzer* und H. A. *Gilg*, Origin.

Abb. 1: Die Monstranz aus dem Salzburger Dommuseum (links) wurde 1697 von dem Goldschied Ferdinand Sigmund Amende geschaffen; im oberen Teil (rechts) befindet sich eine Krone, in der 24 Smaragde gefasst sind; diese Steine sollen nach mündlicher Überlieferung aus dem Habachtal stammen. Fotos: H. A. Gilg.

Abb. 2: Brustkreuz und Ring von Abt Dominikus Hagenauer mit Smaragden und Diamanten; Hagenauer erhielt beide Insignien 1786 anlässlich seiner Wahl zum Abt von St. Peter. Größe des Brustkreuzes 12,5 x 5,8 cm, Größe des obersten Smaragds 8,5 x 7 mm; Erzabtei St. Peter, Salzburg. Foto: N. Urban.

Abb. 3: Porträt des Abts Dominikus Hagenauer mit smaragdbesetztem Brustkreuz und Smaragdring. Unbekannter Maler, um 1786, Kunstsammlungen der Erzabtei St. Peter, Salzburg.

Abb. 4: Mikroskopische Untersuchung der Smaragde im Brustkreuz von Abt Hagenauer. Foto: H. A. Gilg.

Abb. 5: Zerstörungsfreie chemische Untersuchung der Smaragde im Brustkreuz von Abt Hagenauer mit einem tragbaren Röntgenfluoreszenz-Messgerät. Foto: H. A. Gilg.

Abb. 6 a, b: Detailansichten des Brustkreuzes von Abt Hagenauer; die Smaragde sind im Treppenschliff facettiert, die Diamanten zeigen Rosenschliffe. Größe des Smaragds im Zentrum des Kreuzes 7 x 7 mm. Fotos: K. Schmetzer.

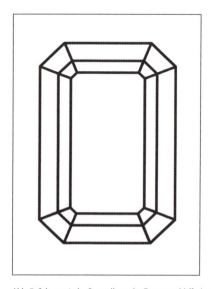

Abb. 7: Schematische Darstellung des Treppenschliffs der Smaragde im Brustkreuz.

Abb. 8: Detailansicht des Rings von Abt Hagenauer; der Smaragd im Zentrum ist im Brillantschliff facettiert, die Diamanten sind in zwei Kreisen um den Zentralstein herum angeordnet, sie sind variabel im Rosenschliff und Tafelschliff facettiert. Durchmesser des Smaragds etwa 9 mm, Erzabtei St. Peter, Salzburg. Foto: N. Urban.

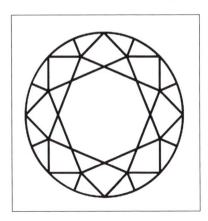

Abb. 9: Schematische Darstellung des Brillantschliffs des Smaragds im Ring.

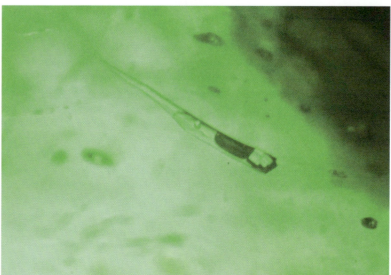

Abb. 10 a, b: Der als Ringstein verwendete Smaragd zeigt im Mikroskop eine Vielzahl von Zwei- und Dreiphaseneinschlüssen. Bildausschnitte 0,75 x 0,56 mm. Fotos: H. A. Gilg.

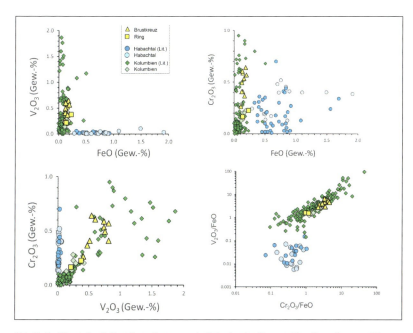

Abb. 11: Zweidimensionale Verteilungsdiagramme der farbgebenden Elemente Vanadium, Chrom und Eisen in Smaragden aus dem Habachtal und aus Kolumbien (Literaturdaten und eigene Vergleichsmessungen) sowie Daten der Smaragde im Brustkreuz und Ring von Abt Hagenauer; diese fallen mit ihren Werten in das Populationsfeld kolumbianischer Steine.

Tätigkeitsbericht des Salzburger Landesarchivs für 2021

Hubert Schopf

Die alles dominierende Coronapandemie hat auch das Jahr 2021 im Salzburger Landesarchiv geprägt. Aufgrund der gesetzlichen Vorgaben für die Perioden des harten Lockdowns musste die zeitweise völlige Schließung für den Besucherverkehr (1.1.–7.2. und 22.11.–12.12.) verfügt werden. In den übrigen Zeiten konnte zumindest ein eingeschränkter Benutzerbetrieb eingerichtet werden. Nicht zuletzt durch diese Situation sind die schriftlichen Anfragen stark angestiegen, allerdings musste auch der Bürobetrieb aus Rücksicht auf die Gesundheit der Mitarbeiter:innen angepasst werden.

Berichte der Abteilungen

687 Archiv-Besuche, 284 Archiv-Besucher, wovon der ganz überwiegende Teil (231) aus dem Bundesland Salzburg stammte; coronabedingt konnten keine Archiv-Führungen durchgeführt werden.

Historisches Archiv

992 Anfragen, davon 511 Gutachten bzw. wissenschaftliche Erledigungen (darunter sechs positive Erbhofgutachten);

Erwerbungen (Auszug): Album vom Salzburger Alpenlande (ca. 1855), Urbar des Christoph Alt (1565–1749), zwei Farbradierungen von Robert Kasimir: Getreidegasse, Rathaus mit Festung (ca. 1955–1975), Sammlung von Salzburger Konzert- und Veranstaltungsprogrammen (1871–1927), Ergänzungen zum Fotobestand „Bergweltverlag Carl Jurischek" (Postkartenabzüge und Glasplatten).

Zentralregistratur

Im Jahr 2021 waren etwa 1.500 Aktenbewegungen, davon rund 1.100 Aktenanforderungen, zu verzeichnen. Weiters wurden 580 Anfragen allgemeiner Art (betr. Grundbuch, Urkundensammlung, Meldewesen etc.) schriftlich beantwortet und insgesamt 200 Kartons Akten (entspricht ca. 25 Laufmeter)

Abb. 1: Leopoldskron, aus: Album vom Salzburger Alpenlande, ca. 1855 (SLA, Graphik I.68.29; Repro: SLA).

von verschiedenen Dienststellen und 260 Bände Grundbücher des BG Hallein (20 Laufmeter) übernommen.

Handbibliothek

Neuzugang von 1.019 Exemplaren durch Ankauf, Pflicht, Tausch und Spenden; ca. 350 Einzellieferungen zur Fortsetzung (ohne Tageszeitungen). Überdies wurden noch 177 Artikel aus Zeitungen, Zeitschriften und Monographien separat verzeichnet. Die Tätigkeit der Handbibliothek war 2021 gekennzeichnet von den umfangreichen Arbeiten im Zuge des Systemwechsels im Österreichischen Bibliothekenverbund von Aleph zum neuen System Alma (inklusive Wechsel des Katalogisierungsformats).

Amtsbibliothek

Neuzugang von 971 Medien, davon Ankauf durch die Amtsbibliothek: 161 Bände; Fortführung von 466 Zeitschriftenabos, Loseblattausgaben, periodisch erscheinende Handbücher. Als Mitglied im Österreichischen Bibliothekenverbund wurden im Zuge der Systemumstellung auf Alma ca. 9.600 Datensätze bearbeitet.

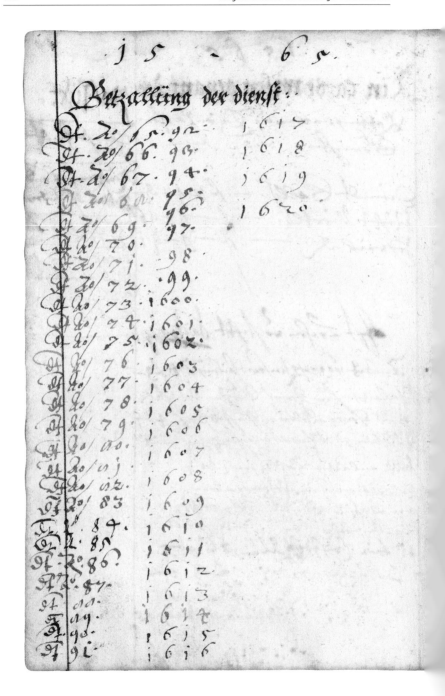

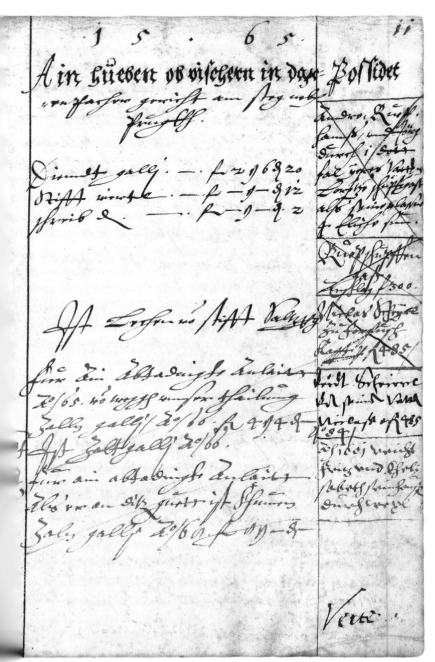

Abb. 2: Urbar des Christoph Alt (1565–1747), Doppelseite, SLA, U 634; Repro: SLA.

Weiters stellt die Amtsbibliothek die Online-Dienste der RDB (Rechtsdatenbank) und Manz-Online-Bibliotheken zur Verfügung und gewährleistet somit den Zugang zum Volltext von Gesetzen, höchstgerichtlichen Entscheidungen und Inhalten für alle Mitarbeiter:innen der Landesverwaltung über Intranet.

Bibliothek der Donauschwaben: Die Ordnungs- und Katalogisierungsarbeiten von neu erworbenen Büchern und Zeitschriften wurden im Rahmen eines Werkvertrages fortgeführt. Es wurden einige Anfragen zum Thema Familienforschung bearbeitet. Weitere kulturelle Veranstaltungen mussten wegen der Pandemiesituation abgesagt werden. Der Katalog der Donauschwäbischen Bibliothek ist unter folgender Adresse online einsehbar: www.vloe.at/donauschwaebische_bibliothek_salzburg.html. Kontakt: donauschwaben@a1.net bzw. 0662/62 66 89 oder 0664/22 56 709.

Werkstätten

Restaurierung: Bearbeitung von 107 Objekten, darunter 10 Pläne, 2 historische Einbände, 69 Urkunden, 23 Wachssiegel und über 310 Aktenblätter wurden einer eingehenden Restaurierung unterzogen. Im Zuge der Neuübernahme von Archivbeständen wurden diese auf mögliche Kontaminationen, vornehmlich durch Schimmelpilze, überprüft. Dabei wurden auch Beratungen über die fachgerechte Unterbringung von Archivunterlagen für verschiedene Dienststellen und auch für einige Privatarchive durchgeführt. Neben der ständigen Klimakontrolle in den Archivdepots obliegt der Restaurierwerkstätte auch das IPM-Monitoring (Schädlingsbeobachtung) im gesamten Archivgebäude.

Buchbinderei: Bindung von 186 Büchern, 14 Buchreparaturen; zahlreiche Zuschnitte und Spezialanfertigungen wurden vorgenommen. Zudem wurden säurefreie Mappen angefertigt sowie über 600 säurefreie Archivkartons für Neuübernahmen zusammengestellt.

Reproduktion: Insgesamt wurden über 1.900 Schwarz-Weiß-Ausdrucke sowie 970 Farbausdrucke hergestellt.

Fotostelle: Mit dem Flachbett-Scanner wurden 457 Einzelseiten gescannt, mit dem Planscanner 952 und mit dem Book-Scanner über 25.750 Aufnahmen hergestellt.

Bezirksarchiv Pinzgau

Das Bezirksarchiv Pinzgau kann im Berichtsjahr 2021 trotz der pandemiebedingten Einschränkungen auf ein erfolgreiches Arbeitsjahr zurückblicken: Zahlreiche Anfragen zu verschiedensten lokal- und regionalgeschichtlichen Themen konnten schriftlich beantwortet oder im Rahmen eines Archivbesuchs vor Ort geklärt werden.

Die Dokumentensammlung und das Zeitungsarchiv wurden erweitert und verzeichnet. Unterstützung geleistet wurde beim Grabungsprojekt „Protestantische Kirche in Bucheben" und bei Filmprojekten über die Großglockner Hochalpenstraße, den Kraftwerksbau in Kaprun und die Schmittenhöhebahn. Das Bezirksarchiv Pinzgau wird von Dr. Gerhard Cordt geleitet und ist unter folgender Adresse zu erreichen: Turmplatzl 1, A-5700 Zell am See, Telefon: 0664/10 47 101, E-Mail: cordt@cordt.com oder gerhard.cordt@salzburg.gv.at. Öffnungszeiten: Dienstag 10:00–13:00 Uhr oder nach Voranmeldung.

Bezirksarchiv Pongau

Im vergangenen Jahr wurde das Bezirksarchiv Pongau wieder von einigen Personen, die vorwiegend an Regional- und Lokalgeschichte des Pongaus interessiert waren, kontaktiert. Einen Schwerpunkt bildeten die Vorbereitung und Betreuung der Filmaufnahmen für „Das Flammenmädchen" in den Räumen des Bezirksarchivs.

Das Bezirksarchiv Pongau wird von Herrn Karl Wappel betreut. Das Bezirksarchiv ist unter folgender Adresse zu erreichen: Markt 21, A-5450 Werfen [im Gebäude des ehem. Bezirksgerichtes Werfen], Telefon 0676/93 78 758, E-Mail: karl_wappel@yahoo.de; Öffnungszeiten: Dienstag: 8:30–11:30 Uhr oder nach Vereinbarung.

Öffentlichkeitsarbeit

Die Öffentlichkeitsarbeit war coronabedingt nur in einem sehr eingeschränkten Ausmaß möglich. Es konnten jedoch trotzdem folgende Ausstellungen unterstützt werden:
„Arbeit. Wohlstand. Macht" (Oö. Landesausstellung), Steyr
(April–November 2021),
„Saumhandel", Felberturm Museum Mittersill (ab Juli 2021),
„Made in Steyr", Museum Arbeitswelt Steyr (ab November 2021),
„400 Jahre Universität Salzburg", DomQuartier Salzburg (ab Jänner 2022)

Beratungstätigkeit:
Folgende Einrichtungen wurden 2021 vonseiten des Landesarchivs beraten: die Landesfrauenklinik (SALK), das Felberturm Museum in Mittersill.

Schulungstätigkeit:
Gemeinsam mit dem Salzburger Bildungswerk wurden auch dieses Jahr wieder zwei Chronistenseminare – pandemiebedingt als Online-Veranstaltungen in Form von Einzelvorträgen mit anschließender Diskussionsmöglichkeit – durchgeführt: „Was ist (m)eine Region?" (14. Juni – 21. Juni –

Abb. 3: Der 2. Landtagspräsident Sebastian Huber sowie Jaqueline Kowanda, Ulrike Feistmantl und Oskar Dohle vom Landesarchiv bei der Übergabe des Abschlussberichts zur „Rolle der Landesheilanstalt vor, während und nach der NS-Zeit" am 10. Oktober 2021 (Foto: Land Salzburg/Neumayr).

28. Juni – 5. Juli – 12. Juli – 19. Juli) sowie „Leben in (m)einer Region?" (15. November – 22. November – 29. November – 13. Dezember).

Die Mitarbeit in Gremien war coronabedingt nur sehr eingeschränkt möglich. Vielfach wurden Online-Veranstaltungen abgehalten: Arbeitskreis „Geschichte und Kultur", Archivdirektorenkonferenz der ARGE-ALP, Expertenkonferenz der Landesarchivdirektoren, Kommission für Provenienzforschung, Gesellschaft für Salzburger Landeskunde, Komitee für Salzburger Kulturschätze, Landesinstitut für Volkskunde, Salzburger Ortsnamenkommission, Fachbeirat der Bibliothek der Donauschwaben, Salzburger Bildungswerk, Verband Österreichischer Archivarinnen und Archivare, Verwaltungsrat der Residenzgalerie, Icarus4all, Österreichischer Bibliothekenverbund.

Personelles

Ausgeschieden sind Herr Roland Laher (1. Juni; Pensionierung) und Frau Sabrina Schaller (26. November). Frau Martina Staufner (3. Mai) verstärkt als Reprographikerin die Fotostelle.

Ordnungsarbeiten

Die Verzeichnung des zweiten Teils der analogen Lichtbildbestände des Landespressebüros wurde ebenso wie die Verzeichnung der Präsidialakten der Landesregierung für die Zeit von 1900–1910 fortgeführt. Fortgeführt wurde die Ordnung und Verzeichnung des Bestandes „landesgerichtliches Gefangenenhaus, Insassenakten Serie I und II" (1942–1945).

Der umfangreiche Nachlass der im Herbst 2019 verstorbenen früheren Archivdirektorin HR Dr. Friederike Zaisberger wurde im Frühsommer 2020 übernommen. Der Nachlass umfasst neben persönlichen Unterlagen besonders den wissenschaftlichen Nachlass, zahlreiche Dokumentationen und über 400 Graphiken, Landkarten, Gemälde und Kunstobjekte, die Frau Dr. Zaisberger ein Leben lang gesammelt und dem Landesarchiv testamentarisch vermacht hat. Dazu gehört auch die über 3.000 Bände zählende Bibliothek. Die Ordnung dieses umfangreichen Nachlasses konnte im April 2021 abgeschlossen werden.

Das seit 2015 bzw. 2017 unter der Leitung des Salzburger Landesarchivs laufende Projekt zur Erforschung der Rolle der Landesheilanstalt (Christian-Doppler-Klinik) vor, während und nach der NS-Zeit konnte abgeschlossen werden. Am 10. Oktober 2021 erfolgte die Übergabe des rund 410 Seiten umfassenden Abschlussberichts an den Salzburger Landtag. Dieser Forschungsbericht bildet die Grundlage für eine Publikation in der Schriftenreihe des Salzburger Landesarchivs, die 2022 erscheinen soll.

Tätigkeitsbericht des Salzburger Landesarchivs für 2022

Hubert Schopf

Auch das Jahr 2022 war im Salzburger Landesarchiv noch von der Pandemie beeinflusst und durch einen beschränkten Benutzerbetrieb gekennzeichnet.

Berichte der Abteilungen

863 Archiv-Besuche, 328 Archiv-Besucher, wovon der ganz überwiegende Teil (308) aus dem Bundesland Salzburg stammte; drei Archiv-Führungen für Studierende der Universität und Schulen konnten durchgeführt werden.

Historisches Archiv
800 Anfragen, davon 477 Gutachten bzw. wissenschaftliche Erledigungen (darunter ein positives Erbhofgutachten);
Erwerbungen (Auszug): Zuwächse waren bei den Nachlässen von August Prinzinger d. J., A. Kaufmann, Margit Gräfin Szápáry, Josef Preis und Richard/Walter Schlegel zu verzeichnen, auch erfolgten Übernahmen von Archivalien der Gemeinde Schwarzach aus der NS-Zeit sowie historische Zeitungen und Plakate aus den 1930er- und 1940er-Jahren.

Zentralregistratur
Im Jahr 2022 waren über 1.500 Aktenbewegungen, davon rund 1.430 Aktenanforderungen, zu verzeichnen. Weiters wurden 680 Anfragen allgemeiner Art (betr. Grundbuch, Urkundensammlung, Meldewesen etc.) schriftlich beantwortet und insgesamt 1.375 Kartons Akten (entspricht ca. 180 Laufmeter) und 41 Bände Indices und Protokolle (entspricht ca. 1,5 Laufmeter) von verschiedenen Dienststellen (wegen bevorstehender Übersiedlungen) übernommen.

Handbibliothek
Neuzugang von 1.018 Exemplaren durch Ankauf, Pflicht, Tausch und Spenden; ca. 350 Einzellieferungen zur Fortsetzung (ohne Tageszeitungen). Überdies

wurden noch 246 Artikel aus Zeitungen, Zeitschriften und Monographien separat verzeichnet. Die Tätigkeit der Handbibliothek war 2022 gekennzeichnet von umfangreichen Datenkorrekturen von Altdaten, die durch die mehrfachen Systemwechsel im Österreichischen Bibliothekenverbund notwendig wurden.

Amtsbibliothek

Neuzugang von 728 Medien, davon Ankauf durch die Amtsbibliothek: 186 Bände; Fortführung von 463 Zeitschriftenabos, Loseblattausgaben, periodisch erscheinenden Handbüchern. Als Mitglied im Österreichischen Bibliothekenverbund wurden im Jahr 2022 circa 1.650 Altdatensätze überarbeitet.

Weiters stellt die Amtsbibliothek die Online-Dienste der RDB (Rechtsdatenbank) und Manz-Online-Bibliotheken zur Verfügung und gewährleistet somit den Zugang zum Volltext von Gesetzen, höchstgerichtlichen Entscheidungen und Inhalten für alle MitarbeiterInnen der Landesverwaltung über Intranet.

Bibliothek der Donauschwaben: Die Ordnungs- und Katalogisierungsarbeiten von neu erworbenen Büchern und Zeitschriften wurden im Rahmen eines Werkvertrages fortgeführt. Es wurden einige Anfragen zum Thema Familienforschung bearbeitet. Im Oktober 2022 war die Ausstellung „Titos Erbe – die Vernichtungslager im ehemaligen Jugoslawien 1944 bis 1948" im Haus der Donauschwaben zu sehen. Der Katalog der Donauschwäbischen Bibliothek ist unter folgender Adresse online einsehbar: www.vloe.at/donauschwaebische_bibliothek_salzburg.html. Kontakt: info@donauschwaben-sbg.at bzw. 0662/62 66 89 oder 0664/22 56 709; Website: https//donauschwaben-sbg.at

Werkstätten

Restaurierung: Bearbeitung von 88 Objekten, darunter 5 Graphiken, 1 Plan, 45 Fotonegative, 2 historische Einbände, 64 historische Landkarten, 5 Wachssiegel und über 150 Aktenblätter wurden einer eingehenden Restaurierung unterzogen. Im Zuge der Neuübernahme von Archivbeständen wurden diese auf mögliche Kontaminationen, vornehmlich durch Schimmelpilze, überprüft. Dabei wurden auch Beratungen über die fachgerechte Unterbringung von Archivunterlagen für verschiedene Dienststellen und auch für einige Privatarchive durchgeführt. Neben der ständigen Klimakontrolle in den Archivdepots obliegt der Restaurierwerkstätte auch das IPM-Monitoring (Schädlingsbeobachtung) im gesamten Archivgebäude.

Buchbinderei: Bindung von 132 Büchern, 10 Buchreparaturen, zahlreiche Zuschnitte und Spezialanfertigungen wurden vorgenommen. Zudem wurden säurefreie Mappen angefertigt sowie über 1.400 säurefreie Archivkartons mit Schildern für Neuübernahmen beklebt.

Reproduktion: Insgesamt wurden über 840 Schwarz-Weiß-Ausdrucke und 482 Farbausdrucke hergestellt.

Fotostelle: Mit dem Flachbett-Scanner wurden 1.012 Einzelseiten gescannt, mit dem Planscanner 6.236 und mit dem Book-Scanner ca. 22.000 Aufnahmen hergestellt.

Bezirksarchiv Pinzgau

Das Bezirksarchiv Pinzgau kann im Berichtsjahr 2022 auf ein erfolgreiches Arbeitsjahr zurückblicken: Zahlreiche Anfragen zu verschiedensten lokal- und regionalgeschichtlichen Themen konnten schriftlich beantwortet oder im Rahmen eines Archivbesuchs vor Ort geklärt werden.

Die Dokumentensammlung und das Zeitungsarchiv wurden erweitert und noch nicht inventarisiertes Material verzeichnet. Unterstützung geleistet wurde weiterhin beim Projekt „Steinkastengütl – eine protestantische Kirche in Rauris-Bucheben". Das Bezirksarchiv Pinzgau wird von Dr. Gerhard Cordt geleitet und ist unter folgender Adresse zu erreichen: Turmplatzl 1, A-5700 Zell am See, Telefon: 0664/10 47 101, E-Mail: cordt@cordt.com oder gerhard.cordt@salzburg.gv.at, Öffnungszeiten: Dienstag 10:00–13:00 Uhr oder nach Voranmeldung.

Bezirksarchiv Pongau

Im vergangenen Jahr wurde das Bezirksarchiv Pongau wieder von einer ganzen Reihe von Personen, die vorwiegend an Regional- und Lokalgeschichte des Pongaus interessiert waren, kontaktiert. Einen Schwerpunkt bildete die Unterstützung der Burgverwaltung Hohenwerfen bei der Suche nach Fotomaterial über frühere Ausstellungen zur Geschichte der Burg.

Das Bezirksarchiv Pongau wird von Herrn Karl Wappel betreut. Das Bezirksarchiv ist unter folgender Adresse zu erreichen: Markt 21, A-5450 Werfen [im Gebäude des ehem. Bezirksgerichtes Werfen], Telefon: 0676/93 78 758, E-Mail: karl.wappel@salzburg.gv.at, Öffnungszeiten: Dienstag: 8:30–11:30 Uhr oder nach Vereinbarung.

Öffentlichkeitsarbeit

Es wurden folgende Ausstellungen bei der Objektrecherche und mit Leihgaben unterstützt:

„400 Jahre Universität Salzburg", DomQuartier Salzburg (Jänner–November 2022),

„100 Jahre Landeshauptmann Franz Rehrl", Kuenburgsaal (5. Mai 2022),

„Colloredo. Reformer in neuem Licht", DomQuartier (ab Jänner 2023); weiters diente das Landesarchiv für das Filmprojekt „Dunkle Wasser" als Schauplatz (13. Mai).

Am 6. Oktober 2022 konnte die künstlerische Gestaltung des Archivvorplatzes mit der Präsentation der typographischen Intervention „Vorplatz / Archiv" von Andreas Fogarasi (Wien) zum Abschluss gebracht werden.

Nach vier Jahren wurde Ende 2022 auch das Projekt „Salzburger Kulturgüterdatenbank", das im Zuge der Verhandlungen über die Vermögensaufteilung zwischen dem Bund und dem Land Salzburg ins Leben gerufen wurde und eine virtuelle Zusammenführung der ehemals Salzburger Kunstschätze ermöglicht, zu einem Abschluss gebracht und an das Salzburg Museum als Betreiber der Datenbank übergeben.

Beratungstätigkeit:

Folgende Einrichtungen wurden 2022 vonseiten des Landesarchivs beraten: die Landesfrauenklinik (SALK) sowie zahlreiche weitere Dienststellen bei Fragen der Aktenskartierung.

Schulungstätigkeit:

Gemeinsam mit dem Salzburger Bildungswerk wurden auch dieses Jahr wieder zwei Chronistenseminare veranstaltet: „Erinnern in (m)einer Region" (13. Juni) sowie „Netzwerke in (m)einer Region – Tradition und Innovation" (7. November).

Mitarbeit in Gremien:

Arbeitskreis „Geschichte und Kultur", Archivdirektorenkonferenz der ARGE-ALP, Expertenkonferenz der Landesarchivdirektoren, Kommission für Provenienzforschung, Gesellschaft für Salzburger Landeskunde, Komitee für Salzburger Kulturschätze, Landesinstitut für Volkskunde, Salzburger Ortsnamenkommission, Fachbeirat der Bibliothek der Donauschwaben, Salzburger Bildungswerk, Verband Österreichischer Archivarinnen und Archivare, Verwaltungsrat der Residenzgalerie, Icarus4all, Österreichischer Bibliothekenverbund.

Personelles

Ausgeschieden sind Frau Mag. Ulrike Feistmantl (31. März), Herr Hubert Stocker-Reicher (20. April; Todesfall), Herr Roman Kafka (31. Juli) und Frau Stilla-Maria Mitterauer (18. September; Dienststellenwechsel).

Herr Sebastian Daxner BA (19. April) und Frau Andrea Hamminger (17. Oktober), Archivare, Herr Markus Leitner (4. Juli; Handbuchbinder) und Herr Felix Peukert (5. September; ABI-Lehrling)) verstärken das Team des Salzburger Landesarchivs.

Abb. 1: Beim Chronistenseminar im Frühjahr 2022 erhielt Archivdirektor Dr. Oskar Dohle für die langjährige Leitung des „Arbeitskreises Geschichte und Kultur" bzw. für die Veranstaltung der Chronistenseminare die Ehrennadel in Silber des Salzburger Bildungswerkes; im Bild mit Vertretern des Salzburger Bildungswerkes: Waltraud Hofmeister und Direktor Dipl. Ing. Richard Breschar (Foto: SLA).

Ordnungsarbeiten

Die Verzeichnung des zweiten Teils der analogen Lichtbildbestände des Landespressebüros wurde ebenso wie die Verzeichnung der Präsidialakten der Landesregierung für die Zeit von 1900–1910 fortgeführt. Abgeschlossen wurde die Ordnung und Verzeichnung des Bestandes „landesgerichtliches Gefangenenhaus, Insassenakten Serie I und II" (1942–1945). Eine Fortführung erfolgte bei der Verzeichnung der Salinenakten (ÖSAG) und den Verlassenschaften des k. b. und k. k. Stadtgerichtes Salzburg.

Das seit 2015 bzw. 2017 unter der Leitung des Salzburger Landesarchivs laufende Projekt zur Erforschung der „Rolle der Landesheilanstalt (Christan-Doppler-Klinik) vor, während und nach der NS-Zeit" konnte abgeschlossen werden. Die Vorbereitungen für die Publikation des Ende 2021 vorgelegten Berichtes konnten im Jahr 2022 weitgehend abgeschlossen werden.

Zum Salzburger Schrifttum

Siegfried Haider, Verzeichnis der den oberösterreichischen Raum betreffenden gefälschten, manipulierten oder verdächtigen mittelalterlichen Urkunden. Ein Arbeitsbehelf (Beiheft zum Urkundenbuch des Landes ob der Enns), Linz 2022, 134 S.

Diese Publikation ist das Ergebnis eines Experten für die Quellen zur mittelalterlichen Geschichte Oberösterreichs und bietet für alle Interessierten wertvolle Informationen für den Umgang und die Einschätzung von problematischen mittelalterlichen Urkunden.

Da der Druck der mittelalterlichen Urkunden zur Geschichte Oberösterreichs im alten Urkundenbuch des Landes ob der Enns, das um die Mitte des 19. Jahrhunderts begonnen wurde, heutigen wissenschaftlichen Standards nicht mehr entspricht und daher die seither erschienenen Untersuchungen zu gefälschten und verfälschten Urkunden weit verstreut sind, kommt dem Autor das Verdienst zu, die problematischen mittelalterlichen Urkunden bis zur Wende vom 14. zum 15. Jahrhundert kompakt zusammengesammelt und sehr übersichtlich dargestellt zu haben.

Die insgesamt 153 Urkunden sind durchnummeriert, mit der offiziellen Datierung und zugleich auch mit dem Zeitpunkt der (Ver-)Fälschung versehen. Danach folgt ein Kurzregest, das den Inhalt der Urkunde zusammenfasst. Daran schließt sich der Hinweis auf die Art der Fälschung an. Es folgen die Angaben der wichtigsten Drucke und Editionen, die Erwähnungen in Regestenwerken sowie die Anführung der wichtigsten und neuesten Literatur, die sich mit der Fälschungsproblematik jeden Stückes auseinandersetzt. Gerade dieser Teil der Arbeit ist ausgesprochen verdienstvoll, da sich die wissenschaftlichen Diskussionen zu Fragen der Echtheit jener früh-, hoch- und spätmittelalterlichen Urkunden sehr weit verbreitet in verschiedensten Publikationen finden.

Begonnen wird die Reihe mit dem berühmt-berüchtigten Lorch-Passauer Fälschungskomplex von Bischof Pilgrim von Passau (971–991), mit welchem dieser die Vormachtstellung des Passauer Bischofssitzes in der Nachfolge des antiken Lorcher Bistums festigen wollte. Der Großteil der ge- bzw. verfälschten Urkunden des Hochmittelalters hat als Empfänger viele der alten oberösterreichischen Klöster und Stifte, die sich auf diese Weise ihre Privilegien und sonstigen Vorrechte sichern wollten (Kremsmünster, Mondsee, St. Florian, Lambach,

Garsten, Gleink etc.). Denn nur diese waren auch dazu in der Lage, solche Veränderungen an den Urkunden in ihren Schreibstuben vorzunehmen. Einige wenige gefälschte Urkunden hatten auch Adelige als Empfänger, so wurde der Kampf der Grafen von Schaunberg um ihre territoriale Selbstständigkeit zwischen Bayern und Österreich auch mit den Mitteln der Fälschung von Urkunden geführt, um (angebliche) Rechte durchzusetzen. Das wiederum provozierte auch entsprechende Reaktionen, sodass in den Kanzleien der Herzöge Rudolf IV. und Albrecht III. ebenso verdächtige Urkunden hergestellt wurden.

Die verdienstvolle Arbeit wird am Beginn mit einer Konkordanz der behandelten problematischen Urkunden mit dem Urkundenbuch des Landes ob der Enns eingeleitet. Am Ende der Publikation findet sich ein Verzeichnis der Siglen und Abkürzungen sowie eine umfangreiche Auflistung der wichtigsten Literatur zu allen diesen angeführten Urkunden. Es ist zu hoffen, dass diese Art der Publikation auch noch für andere Länder Nachahmer findet, denn der kompakte Überblick erleichtert jeden Interessierten den Zugang zu diesem schwierigen Segment der urkundlichen Überlieferung.

Hubert Schopf

Roland Peter Kerschbaum, **Kirchenkunst des 19. Jahrhunderts in der Erzdiözese Salzburg. Erhaltenes, Verschwundenes, Wiedererstandenes (Wissenschaft und Religion 31), Berlin 2022, 781 S., 399 Abb.**

Bei der vorliegenden Publikation handelt es sich um die Dissertation des Autors, der hiermit ein umfassendes Werk nicht nur zur Kunstgeschichte, sondern auch zur Theologie und Geistesgeschichte des 19. Jahrhunderts im Salzburger Raum vorlegt. Es ist ihm ein Anliegen, anhand handverlesener Beispiele die Baugeschichte, Fragen der Stilwahl und Denkmalpflege zu dokumentieren und zu erhellen, sodass die Kunst jener Epoche sowie der „Kontext der Bewertung historischer Kunst" (S. 9) verstehbar wird und sich dadurch ein neuer Zugang erschließt. Der Autor selbst verortet seine Schrift jenseits einer Apologie kirchlicher Kunst oder des Kunstbetriebs, sondern versteht sie als Einladung, sich den Kunstformen des Historismus aus dem „Verständnis der Zeit und ihren geistesgeschichtlichen, religiösen, sozial und ökonomischen bedingten Zusammenhängen" (S. 29) anzunähern und zu öffnen.

Diesem Anliegen entspricht der klar gegliederte Aufbau des Werkes: Ausgehend von einem ausführlichen Überblick zum aktuellen Forschungsstand (bis

2016) zur kirchlichen Kunst (nicht nur) im Salzburger Raum des 19. Jahrhunderts wendet sich der Autor der politischen und der damit eng verwobenen diözesanen Geschichte Salzburgs zu, um anschließend die Kirchenkunst dieser Epoche in selbigem Raum in den Blick zu nehmen und überblicksmäßig – ohne Anspruch auf Vollständigkeit – darzustellen sowie die Denkmalpflege als neues zeitgeschichtliches Phänomen zu würdigen. Im Spiegel kirchlicher Verordnungen vom Konzil zu Trient bis zu Beginn des 20. Jahrhunderts werden Bau- und Kunstgeschehen der katholischen Kirche Salzburgs reflektiert, wobei die Komplexität der mit Bau und Kunst verbundenen Fragen bzw. Bereiche (Finanzen, Versicherung, Rechtslage, Denkmalpflege, Beziehung der Kirche zu Bild und Kunst) und die damit zusammenhängenden Einflüsse anhand der Ausführungen deutlich werden. Das „Herzstück" des Werkes bilden die Kapitel acht bis zehn, welche exemplarisch, doch bis ins Detail gehend, kirchliche Bau- und Kunstprojekte nach den im Untertitel erwähnten Kategorien „Erhaltenes, Verschwundenes, Wiedererstandenes" gut systematisiert beschreiben. Der Geistesgeschichte des 19. Jahrhunderts widmet sich nochmals das Schlusskapitel, diesmal unter dem Blickwinkel der Spiritualität und Frömmigkeit, sodass die Ausdrucksformen kirchlichen Kunstschaffens als Kinder ihrer Zeit verstehbar werden, wie es eingangs als Ziel benannt ist. Damit spannt sich ein großer Bogen über die gesamte Publikation von der politischen, kirchenpolitischen und profanen geistesgeschichtlichen Situation und Entwicklung hin zu den Artefakten und spirituellen Strömungen, welche als Motor von Erneuerungen in Erscheinung treten. Abgerundet wird die umfassende kunstgeschichtlich orientierte Dokumentation durch einen Epilog, der rückblickend die Ergebnisse der Arbeit benennt und die Wichtigkeit des Dialogs mit der Vergangenheit betont, um diesen in den Dialog mit der Gegenwart zu integrieren.

Index sowie Anhang mit Quellen-, Literatur-, Abkürzungs- und Abbildungsverzeichnis sowie Bildteil beschließen die Publikation. Der Index zu den kirchlichen Bauten zwischen 1800 und 1914 in der Erzdiözese Salzburg beinhaltet eine Auflistung namhafter Personen im Bereich der Denkmalpflege und Bauaufsicht und gewährt Einblick in die rege Bautätigkeit und gravierenden Veränderungen in Kirchenbauten jener Zeit. Welchen Umfang die erforderlichen Recherchen und Vorarbeiten eingenommen haben, stellt das akribisch ausgeführte Quellenverzeichnis mit Nennung der Archive und Inventarnummern ebenso unter Beweis wie die zitierte Literatur, die aufgrund mangelnder spezifischer Werke zum gestellten Thema breit gestreut ist, und „nur" überblicksmäßig „die deutschsprachige Literatur zur Kirchenkunst des 19. Jahrhunderts" (S. 552) wiedergibt. Wie der Autor selbst erwähnt, bietet die Österreichische Kunsttopographie „für diesen Zeitabschnitt teilweise nur einen sehr dürftig ausgearbeiteten Quellenapparat" (S. 533), weshalb die geleistete wissenschaftliche Forschungsarbeit kaum hoch genug einzuschätzen ist.

Die profunde Kenntnis der Materie weisen ebenso vertiefende Exkurse zu ausgewählten Themen sowie acht Überblickstabellen zu Bauort, -zeit, Ausstattung, ikonographischen Themen etc. ergänzend nach.

Im Bildteil des Buches konkretisieren sich die vorangegangenen Ausführungen mit Außen- und Innenansichten von Kirchenbauten und Innenausstattungen sowie Abbildungen von Plänen und Entwürfen. Dabei wird die Vielfalt der Stilrichtungen des Historismus in Salzburg deutlich sichtbar: von einer „Monokultur der Neogotik bis hin zu einer Auffächerung in einen breiten Stilkanon am Ende des Jahrhunderts" (S. 517). Bei den beispielhaft ausführlich mit Literatur, Quellenangaben und Entstehungsgeschichte unter Einbeziehung der zeitgenössischen Diskurse dargestellten Objekten handelt es sich um die Pfarrkirchen von Bruck an der Glocknerstraße und ergänzend dazu St. Johann im Pongau für die Neogotik, die Pfarrkirchen von Hollersbach und Niedernsill für die Neoromanik, die abgetragene Klosterkirche in Salzburg-Liefering und die Altäre der Stadtpfarrkirche Neumarkt am Wallersee für die Neorenaissance sowie die Restaurierungen der Dreifaltigkeitskirche im 19. Jahrhundert für den Neobarock. Darüber hinaus diskutiert Kerschbaum exemplarisch restaurative Entwicklungen im 20. Jahrhundert entlang der Renovierungen der Dreifaltigkeitskirche, der Kirche von Niedernsill sowie der Re-Barockisierung der Ausstattung der Pfarrkirche Kuchl, um „Brücken zu allgemeinen Tendenzen zu schlagen ... und charakteristische Merkmale aufzuzeigen" (S. 516). Leider sind die Abbildungen so kleinformatig ausgeführt, dass der Gesamteindruck der Kirchenräume wie auch gestaltete Details kaum bis gar nicht zur Geltung kommen. Dieser Mangel kann eventuell bei einer Neuauflage behoben oder als Einladung an die Rezipierenden verstanden werden, die Bauwerke vor Ort zu besichtigen.

Im Beurteilen des historisierenden Kunstschaffens sowie der Tendenzen in der Denkmalpflege geht der Autor mit Behutsamkeit und Respekt vor. Er verschweigt nicht, dass der konzentrierte Blick in die Vergangenheit zu einer geistigen Verengung und theologischen Einseitigkeit (Neoscholastik, Thomismus) in der Kirche und zu einem „Verstummen des Dialogs ... zwischen Kunst und kirchlicher Theologie" (S. 521) geführt hat, der erst im Laufe des 20. Jahrhunderts wieder in Fluss gekommen ist. Die Kunst des Historismus schätzt und würdigt er dem Verständnis der Zeit entsprechend als „zukunftsträchtige Vervollkommnung alter Stile" (S. 520), welche nicht nur Altes kopiert, sondern Neues kreiert hat – zugegebenermaßen in unterschiedlicher künstlerischer Qualität wie in jeder Epoche. Der Vergleich mit einem Restaurator (sic!), der an der Oberfläche kratzt, um das Original freizulegen, ist wegweisend für einen neuen Zugang – gleich zu welcher Stilrichtung – und zeigt den gewandten, treffsicheren Umgang mit Sprache. Angesichts der hohen Sprachkompetenz und generellen informativen Zuverlässigkeit fällt auf, dass der Autor darauf verzichtet zu gendern. Doch sollte aus dem Text klar hervorgehen, ob es sich z. B. bei den ausgewiesenen Protestanten (S. 77: „414 Lutheraner") oder „Architekten und Künstler[n]" (S. 128) um ausschließlich männliche Personen handelt oder weibliche „mitgemeint" sind. Zumindest eine Anmerkung wäre erforderlich, falls die Quellen in dieser Hinsicht nicht eindeutig sind.

Aus Fehlern der Vergangenheit – den manchmal radikalen „Bemühungen um ein stilreines Restaurieren" (S. 519) – zu lernen, hebt Kerschbaum mit Blick auf die Kirchenkunst der 1950er- und 1960er-Jahre für heute hervor. Mittels seiner eigenen wertschätzenden Haltung untermauert er sein Plädoyer für einen differenzierten Blick, sensiblen Umgang mit Kunstwerken und für die neue, durch größere zeitliche Distanz gewonnene neutralere Haltung zur historisierenden Kunst. Damit gelingt ihm im Epilog wieder der Brückenschlag in die Gegenwart, die immer wieder vor der Frage steht: Wie umgehen mit Kunst und Bildern der Vergangenheit unter veränderten Bedingungen, an neuen liturgischen Orten? Das Resümee und die Erkenntnis des Kunsthistorikers und Theologen lauten: In Dialog gehen, die Beziehung suchen – weder vollständige Anpassung noch reiner Kontrapunkt dienen dem Ganzen. Das interessierte Gespräch eröffnet Zugang und Zukunft. Dies kann auch für die Auseinandersetzung mit heute problematischen Bildern wie der idealisierten Heiligen Familie gelten.

Abschließend ist zu sagen, dass die Publikation vom Konzept wie von der Ausführung überzeugt und schon jetzt als Standard- und Nachschlagewerk für die Kirchenkunst im 19. Jahrhundert im Raum der Erzdiözese Salzburg angesehen werden kann. Es bleibt zu wünschen, dass sich viele Rezipienten und Rezipientinnen finden, die an den zu vertiefenden Themen, welche das Werk aufzeigt und benennt, Interesse finden und nach diesem Vorbild publizieren.

Gertraud Stockinger-Pichler

Martin Scheutz (Hg.), Predigt, Beichte und Soldaten. Die Kapuzinermission im Salzburger Pongau 1613–1616 im Bericht von Johann Stainhauser (1570–1625) (Salzburg Studien 22), Salzburg 2021, 304 S., ill., ISBN 978-3-9025-8213-3

Der Trend zur akademischen Kapuzinerforschung scheint gegenläufig zur aktuellen Ordenssituation zu sein: Während Österreich seit 2022 ohne eigenen Provinzsitz der Kapuziner auskommen muss, sind in jüngster Zeit bemerkenswerte Publikationen zur Geschichte der Kapuziner in Österreich entstanden.

Sie verknüpfen sich mit dem Namen Martin Scheutz, der 2021 auch als Mitherausgeber des inhaltlich wie ästhetisch ansprechenden Sammelbandes „Die Kapuziner in Österreich" auftrat.

Mit der vorliegenden Publikation hat der Professor für Neuere Geschichte an der Universität Wien einen weiteren Beitrag zur Kapuzinerforschung sowie zur Geschichte der Katholischen Reform geschaffen. Den Entstehungshintergrund des Sammelbandes bildeten die speziellen Umstände der Corona-Pandemie, die auch am traditionsreichen Institut für Österreichische Geschichtsforschung die Präsenzlehre für mehrere Semester verhinderten. Neue Lehrformate mussten gefunden werden. Mit dem Bericht des Johann Stainhauser über die Kapuzinermission im Pongau wurde eine gemeinsame Quelle ins Zentrum des Fernunterrichts gerückt. Wie im Vorwort geschildert wird, „funktionierte auch diese neue Unterrichtsform ganz gut" (S. 7). Wie gut, davon können sich Interessierte über den vorliegenden Sammelband ein Bild machen, der von den Freunden der Salzburger Geschichte unter Peter F. Kramml verlegt wurde.

Der Autor der Quelle ist Salzburg-Kennern gut bekannt: Johann Stainhauser (1570–1625) war ein Sohn des Salzburger Händlers und Gewerken Hans Stainhauser († 1588). Das Rechtsstudium führte ihn an bedeutende italienische Universitäten und an die Universität Ingolstadt. Während schlecht laufende Geschäfte 1614/15 zum Konkurs des familiären Handelshauses führten, baute sich Johann Stainhauser als Beamter des Fürsterzbischofs ein zweites Standbein auf. Er trat einerseits als Hofhistoriograf und Topograf in Erscheinung, der besonders die Bibliothek des Benediktinerklosters St. Peter als Studienort nutzte. Andererseits war er einer der ersten namentlich bekannten Salzburger Archivare. Das 1806 nach Wien verbrachte Geheime Archiv erschloss er mit einem dreibändigen Archivrepertorium.

Der Bericht über die Kapuzinermission im Pongau 1613–1616 war im Auftrag des Fürsterzbischofs Markus Sittikus entstanden, wobei die im Haus-, Hof- und Staatsarchiv überlieferte Version bereits 2012 von Werner Rainer in einem Ergänzungsband der Gesellschaft für Salzburger Landeskunde in Edition vorgelegt wurde. Rainers gewichtige Edition, die das gesamte historiografische Schaffen Stainhausers in den Blick nimmt, zeichnet sich unter anderem durch ein nützliches Glossar aus. Auf www.landeskunde.at ist zu dieser Gesamtedition mittlerweile ein Registerband im PDF-Format online abrufbar.

Im vorliegenden Band ist der Pongauer Missionsbericht nach jener neu entdeckten Handschrift wiedergegeben, die im Innsbrucker Kapuzinerkloster verwahrt wird (S. 201–269). Der Bericht behandelt unter anderem die Themen Bruderschaften, Kinderlehren, Konversionsgespräche, Militäreinsätze, Predigten, Prozessionen und Widerstand der Bevölkerung. Dem Quellentext sind Editionsrichtlinien vorangestellt. Ein Register nach Originalseiten macht das Nachschlagen in der insgesamt handlichen Publikation einfach und bequem.

Ein Quasi-Inhaltverzeichnis und eine Karte der wichtigsten Orte sind vorhanden, allerdings nicht wie erwartet im Editionsteil, sondern im Anhang des einleitenden Beitrags von Martin Scheutz über die Vita des Johann Stainhauser (S. 31–33). Martin Scheutz behandelt sein Thema mit der gewohnt fundierten Literaturkenntnis und analytischer Schärfe. Dass er die Biografie in einen breiteren Kontext einbettet, gibt seinem Beitrag zusätzliches Gewicht. Die weiteren sechs Autorinnen und Autoren nehmen in ihren Beiträgen einzelne thematische Aspekte der Quelle bzw. involvierte Personengruppen in den Fokus: Nobert Hunor Orbán den Kapuzinerorden, Jacqueline Schindler die Volksmission, Aaron Schwarz die Protestanten, Andreas Nekula „unruhige" Untertanen, Nicole Kröll die Bergknappen sowie schließlich Jasmin Oberleitner Bruderschaften und Prozessionen. Manche der vorliegenden Beiträge sind Erstlingswerke, zu denen man ihren jungen Autorinnen und Autoren gratulieren darf. In der vorliegenden Publikation werden zahlreiche Interpretationsansätze geboten, die vor allem durch den „Blick von außen" für die Salzburger Landesgeschichte von Interesse sind.

Die thematisierten Ereignisse der katholischen Reform haben politische Bedeutung – gerade aufgrund der rund 120 Jahre später sich ereigneten Emigration von 1731/32, von der der Pongau besonders stark betroffen war. Der vorliegende Bericht liest sich in Retrospektive wie ein Vorbericht zu diesen tiefgreifenden Ereignissen.

Liebhaberinnen und Liebhaber der frühneuzeitlichen Salzburger Geschichte haben seit 2021 die Wahlmöglichkeit zwischen zwei aktuellen Quelleneditionen zu demselben Text und zusätzlich dazu umfassende Interpretationshilfen von ausgewiesenen Fachleuten. Diese komfortable Ausgangslage würde man sich auch für andere landeskundliche Themen wünschen. Den impliziten Aussagen des Vorworts lässt sich nur beipflichten, dass in diesem Fall aus den gegebenen Lehr- und Lern-Umständen das denkbar Beste gemacht wurde.

Gerald Hirtner

Nachrufe Verstorbene der Landeskunde

Fritz Gruber (1940–2022)

Am 22. Jänner 2022 ist mit Fritz Gruber ein Großer unter den Bergbauhistorikern nach kurzer, schwerer Krankheit verstorben. Er hat durch seine Forschungen und zahlreiche wissenschaftliche Veröffentlichungen unsere Kenntnisse zur Geschichte des Silber- und Goldbergbaus in den Ostalpen im hohen Maß bereichert.

Geboren am 28.5.1940 in Spittal an der Drau, wuchs Fritz Gruber in Böckstein auf. Sein Vater war Tischler und besaß dann auch eine Pension, die der Sohn später zusammen mit seiner Frau Ernestine viele Jahre führte. Er besuchte dort und in Bad Hofgastein die Volks- und Hauptschule sowie die Oberstufe der Lehrerbildungsanstalt in Salzburg, die er mit der Matura abschloss. Zwischen 1959/60 unterrichtete er an der Volksschule in Großarl, später auch an der Hotelfachschule Bad Hofgastein. Im November 1982 legte er Lehramtsprüfungen für Englisch und Deutsch für Höhere Schulen an der Universität Salzburg ab und erhielt einen unbefristeten Dienstvertrag an der Hotelfachschule und am Abiturientenlehrgang bzw. Fremdenverkehrskolleg in Bad Hofgastein.

An der Universität Wien absolvierte er zwischen 1960 und 1968 ein Doktoratsstudium in Germanistik und Anglistik mit den Nebenfächern Geschichte des Mittelalters und der Neuzeit, Historische Volkskunde und Sprachwissenschaft. In den Fächern Germanistik und Sprachwissenschaft schrieb Gruber ausführliche Seminararbeiten zu namenkundlichen Problemen. In seiner Dissertation schließlich befasste sich Gruber mit mittelalterlichen und frühneuzeitlichen Ausdrücken der Bergmannssprache. Nach dem Universitätsstudium unterrichtete er an der Hotelfachschule und am Fremdenverkehrskolleg in Bad Hofgastein.

Schon während seiner Tätigkeit an der Schule begann Fritz Gruber mehrere wissenschaftliche Arbeiten zur Montangeschichte zu verfassen. Sie fußen meist auf eigenen Recherchen in den Archiven, vor allem im Salzburger Landesarchiv sowie in den Archiven in Wien, Klagenfurt, München und Venedig. In den Jahren 1973 bis 1976 wurden diese Arbeiten durch ein Forschungsstipendium der „Stiftung Volkswagenwerk" gefördert. Seine Beiträge sind in verschiedenen Fachzeitschriften in Österreich, Deutschland und Südtirol erschienen, darunter auch mehrfach in den Mitteilungen der Gesellschaft für Salzburger Landeskunde. Der Schwerpunkt der Themen lag besonders auf der Erkundung der Bergbaureviere in den Hohen Tauern, wo spätestens seit dem Hohen Mittelalter Gold- und Silbererze abgebaut wurden.

Gemeinsam mit Karl-Heinz Ludwig, Professor für Geschichte der Neuzeit an der Universität Bremen, erarbeitete Gruber eine Salzburger Bergbaugeschichte (Salzburg 1982) und ein weiteres Buch über den Gold- und Silbererzbergbau in den Revieren Gastein und Rauris im 15. und 16. Jh. (Wien 1987). Diese beiden Monographien können als Meilensteine der Bergbauforschung bezeichnet werden. 2004 erschien dann eine eigene, erweiterte Darstellung des Edelmetallbergbaues im Raurisertal. Schon im folgenden Jahr legte Gruber eine größere Publikation über die jüngere Geschichte der Tauerngoldproduktion und das Bergbauzentrum Altböckstein in der von ihm gegründeten Reihe „Böcksteiner Montana" als ersten Band vor. In dieser Arbeit durchleuchtet Gruber die Verwaltung der Bergbaureviere am Radhausberg und im Bockhart. Die Ergebnisse sind von entscheidender Bedeutung, da sie völlig neues Wissen zu den wirtschaftlichen Strukturen und des Handels mit Edelmetallen während der frühen Neuzeit enthalten.

Mit der Organisation des Bergbaues und hier besonders mit der arbeitsrechtlichen Situation der Knappen beschäftigte sich Gruber in einigen weiteren Arbeiten. Eine in diesem Zusammenhang ganz wichtige Publikation betrifft die Salzburger Bergordnungen im ausgehenden Mittelalter und in der frühen Neuzeit, die vielfach Beispiel und Vorbild für andere mitteleuropäische Bergordnungen darstellten. Grubers Interessen richteten sich überhaupt auf die größeren europäischen Verbindungen und die Bezüge zur allgemeinen Wirtschaftsgeschichte. Das 2017 erschienene Buch über die Gewerken-Familie der Weitmoser, die zwischen 1480 und 1569 das Bergbaugeschehen in der Gastein bestimmten und Geld- und Kreditgeber europäischer Herrscherhäuser waren, zeigt die weitgespannten Beziehungen auf. Wir erhalten Einblicke in den Handel mit Holz, Kupfer, Quecksilber und Blei – Rohstoffe, die für den Stollenbergbau und die Verhüttung der Erze wichtig waren, in die Versorgung aller am Bergbau Beteiligten, in die Entwicklung der Gewerken von Privatunternehmern zu Anteilsbesitzern und auch in die Vermögensanlage der Gewerken in Land und Gebäuden, oft weit außerhalb der Abbaugebiete. Auch über die großen Edelmetall-Investoren und Bankiers der Fugger hat Gruber geschrieben sowie ihre Aktivitäten in der Gastein und Rauris dargelegt.

Viele seiner bergbaugeschichtlichen Beiträge hat Gruber in den beiden Bänden „Mosaiksteine zur Geschichte Gasteins und seiner Salzburger Umgebung" und „Über 1000 Jahre Gastein – Gasteiner Mosaiksteine II" – zum Teil überarbeitet und ergänzt – nochmals vorgelegt (Bad Gastein 2012 und 2020).

Fritz Gruber hatte einen eigenen vielversprechenden Arbeitsstil, der sich aus mehreren Faktoren zusammensetzte. Einerseits ging es ihm immer um ein möglichst umfassendes Bild bei der Bearbeitung eines Themas. Andererseits war er an Ergebnissen aus anderen Fachbereichen interessiert, die er gerne in seine Beiträge und Werke einarbeitete. Ganz in diesem Sinn kam auch sein unbedingter Wille zu einer interdisziplinären Zusammenarbeit. So gab es häufig eine gemeinsame Forschung im Bereich der Historie (Karl-Heinz Ludwig, Heinz Dopsch, Gerald Ammerer, A. St. Weisz), Geologie (Werner Paar), Archäometallurgie (Hasso Moesta, Gerhard Sperl), in der historischen Gletscherkunde (Heinz Slupetzky, Gernot Patzelt) oder in der Prähistorie (Andreas Lippert).

Diskussionen und Tagungen über Bergbaugeschichte fanden immer wieder in den Montangebäuden von Altböckstein oder im Weitmoser-Schlössl in Bad Hofgastein statt, die Gruber organisierte und wo er Vorträge hielt. Diese Referate sind legendär, weil er sie besonders lebhaft und anschaulich hielt. Die meisten Vorträge sind dann auch publiziert worden.

Ein besonderes Verdienst erwarb sich Gruber durch den Anstoß zur Erforschung der beiden römischen Fahrstraßen über die Hohen Tauern. Obwohl diese technischen Meisterleistungen schon seit Langem bekannt sind, war ihre Zuordnung und Zeitstellung umstritten. So kam es zu einem größeren interdisziplinären Forschungsprojekt in den Jahren 1989 bis 1992, das in kleineren Untersuchungen im Gelände noch bis heute seine Fortsetzung fand. An diesem Projekt beteiligte sich, neben Fachleuten aus der Archäologie, Alten Geschichte, Geologie und Botanik, auch Gruber selbst, dessen Argumente gegen eine mittelalterliche oder neuzeitliche Datierung der über den Korntauern und Mallnitzer Tauern führenden Straßen sehr ausgefeilt und stichhaltig waren. Das Projekt gipfelte in einer umfangreichen Publikation, die die wirtschaftliche und militärische Bedeutung der in der frühen römischen Kaiserzeit gebauten Straßen darlegte (Wien 1993).

Auf die zahlreichen Ehrungen Fritz Grubers soll hier nicht näher eingegangen werden. Auf jeden Fall haben ihn auch das Land und die Republik Österreich wiederholt mit Auszeichnungen gewürdigt. Er war eine große gelehrte Persönlichkeit, die weit über das Gasteinertal internationales Ansehen genoss. Man konnte mit ihm so viele Themen aus der Bergbaugeschichte, der Lagerstättenkunde und des Hüttenwesens, der Botanik und der Sprachgeschichte diskutieren. Nach jedem Gespräch wurde man um Wissen reicher. Aber er war nicht nur Wissenschaftler, sondern auch ein Freund mit warmem Herz und viel Humor. Unvergesslich sind die vielen gemeinsamen und spannenden Entdeckungstouren im Gelände und die geistreich-fröhlichen Abende mit meiner Frau Susanne bei Fritz und seiner Frau Erni in ihrem Haus in Böckstein; man hat dort einen kleinen, aber wunderbaren Kosmos betreten, der einen immer ganz in Bann schlug. Die Erinnerung daran wird uns immer begleiten.

Andreas Lippert
Institut für Urgeschichte
und Historische Archäologie
Universität Wien

Schriften von Fritz Gruber

1977 Lawinenschutzanlagen als Produkt des hochalpinen Bergbaues. In: Technikgeschichte 44/3 (Düsseldorf), S. 203–212.

1979 Altböckstein und die jüngere Geschichte der Tauerngoldproduktion. Böcksteiner Montana 1 (Leoben).

1981 Historische Bemerkungen zur Stollenbautechnik im Bundesland Salzburg. Böcksteiner Montana 5 (Leoben), S. 33–43.

Der Bergbaubetrieb in den Salzburger Revieren zur Paracelsuszeit. Salzburger Beiträge zur Paracelsusforschung 22, S. 153–162.

1982 Die Toponyme der Tauernlandschaft von Gastein und Rauris. Ungedruckte Lehramtsarbeit, Institut für Germanistik, Universität Salzburg (bei I. Reiffenstein).

Gem. m. K.-H. Ludwig, Salzburger Bergbaugeschichte. Ein Überblick. Salzburg – München.

1983 Böcksteiner Exkursionsführer für Mineralienfreunde. Sonderband Böcksteiner Montana (Leoben).

Die Edelmetallausbringung aus den Gasteiner Fronerzen von 1525. Der Anschnitt 35/6 (Bochum), S. 23–43.

Gem. m. K.-H. Ludwig, Salzburgs „Silberhandel" im 16. Jahrhundert. Böcksteiner Montana 3 (Leoben).

Die Namen der Badgasteiner Hausberge. Festschrift 100 Jahre Alpenverein Badgastein (Badgastein), S. 16–22.

1984 Gasteiner Miszellen. Beiträge zur Geschichte, Literaturgeschichte und Namenkunde. Böcksteiner Montana 7 (Leoben).

1987 Gastein und die Literatur. Festschrift zum 50jährigen Bestandsjubiläum des Gasteiner Museums 1936 bis 1986 (Bad Gastein).

Rauriser Berg- und Großflurnamen. Kulturwertekatalog Marktgemeinde Rauris. Publikationen des Salzburger Instituts für Raumforschung (Salzburg), S. 94–97.

Gem. m. K.-H. Ludwig, Gold- und Silberbergbau im Übergang vom Mittelalter zur Neuzeit. Das Salzburger Revier von Gastein und Rauris (Köln–Wien).

1988 Badgastein zur Zeit des Biedermeier. Schriftenreihe des Gasteiner Museums (Bad Gastein).

1989 Die Salzburger Bergwerksreformation von 1591. Veränderungen der Arbeitsverfassung in der Konjunkturabschwungphase. Sammelband der Vorträge zur Internationalen Tagung vom 28. September bis 2. Oktober 1987 in Bad Gastein zum Thema „Bergbaurecht und Arbeitsrecht. Die Arbeitsverfassung im europäischen Bergbau des Mittelalters und der frühen Neuzeit (Wien), S. 365–384.

Die Strochner-Stiftung anno 1489 und die ältere Geschichte des Armenspitals in Badgastein. Festschrift 500 Jahre Badhospiz Badgastein (Salzburg), S. 11–79.

1990 „… sind schneelose Winter eingefallen". Schneeprobleme in früheren Jahrhunderten. Gastein aktuell, Februar 1990.

Montanhistorische Notizen zur Gadauner Grundalm. MGSL 130 (Salzburg), S. 759–790.

1991 Der Bergbau im Gemeindegebiet von St. Veit. In: Lindenthaler, K. (Hg.), Heimatbuch St. Veit. Unsere Marktgemeinde einst und jetzt (St. Veit), S. 43–52.

Gem. m. K.-H. Ludwig, Der Edelmetallbergbau. In: Dopsch, H./Spatzenegger, H. (Hg.), Geschichte Salzburgs. Stadt und Land II/Teil 4/ (Salzburg), S. 2595–2629.

Die frühe Geschichte Lends. Ein Beitrag zur Technik-, Wirtschafts- und Sozialgeschichte der Edelmetallgewinnung. In: Pfeiffenberger-Scherer, E. (Hg.), Lend/Embach – eine Gemeinde im Wandel der Zeit (Lend), S. 23–88.

Die frühe Geschichte Embachs. In: Pfeiffenberger-Scherer, E. (Hg.), Lend/Embach – eine Gemeinde im Wandel der Zeit (Lend), S. 236–246.

Beitrag „Salzburger Bergordnungen". In: Ruh, K. et al. (Hg.), Die deutsche Literatur des Mittelalters. Verfasserlexikon 8 (Berlin – New York).

Das Seidlwinkel und der Rauriser Berbbau. In: Koller, F. (Hg.), Das Rauriser Tauernhaus 1491–1991 (Salzburg), S. 77–92.

1992 Gem. m. Strobl, W., Flurnamen des oberen Gasteiner und Rauriser Tals als Zeugen historischer Baumvorkommen. MGSL 132 (Salzburg), S. 425–445.

1993 Unser Land im Bild: Das alte Gastein. (St. Johann i. P.)

Die hochalpinen Straßenreste aus mittelalterlicher und frühneuzeitlicher Sicht. In: Lippert, A. (Hg.), Hochalpine Altstraßen im Raum Badgastein-Mallnitz. Böcksteiner Montana 10 (Wien), S. 277–312.

Gastein und Paracelsus. In: Dopsch, H./Goldammer, K./Kramml, P. F. (Hg.), Paracelsus (1493–1541), Tagungsband (Salzburg), S. 115–124.

Spezifische Formen der Arbeitsorganisation im Salzburger Bergbau zu Beginn des 16.Jahrhunderts. In: Dopsch, H./Goldammer, K./Kramml, P. F. (Hg.), „Keines andern Knecht …". Paracelsus (1493–1541). Tagungsband (Salzburg), S. 219–324.

Bergbaubedingte Umweltprobleme zur Zeit Paracelsus. In: Dopsch, H./Goldammer, K./Kramml, P. F. (Hg.) Paracelsus (1493–1541). „Keines andern Knecht …" Tagungsband (Salzburg), S. 333–339.

1994 Floristisches aus dem Gasteiner Tal. MGSL 134, S. 657–663.

Die Entwicklung des Heilbades in der Gastein bis in das 16. Jahrhundert. In: Dopsch, H./Kramml, P. F. (Hg.), Paracelsus und Salzburg. Vorträge bei den Internationalen Kongressen in Salzburg und Badgastein anlässlich des Paracelsus-Jahres 1993. 14. Erg. Bd. MGSL (Salzburg), S. 499–516.

1995 Der Kupferbergbau im Wolfbachtal und andere Bergwerke im Berggerichtssprengel von Lend. MGLS 135, S. 605–622.

1997 Salzburg's „Silberhandel" and silver mining. A historical survey. In: Brigo, L./Tizzoni, M. (Hg.), Mount Calisio and the deposits in the Alps from ancient times till the XVIII cent. Mines, history and links with the central european mining tradition. Atti del convengno europeo promosso e organizato dai comuni di Civezzano e Fornace e dalla Sat Societa alpinisti trentini – Sezione di Civezzano (Trento), p. 129–137.

1999 Die Gasteiner Badekur zur Kaiserzeit. Salzburg Archiv 26, S. 239–255.

2000 Der Edelmetallbergbau in Salzburg und Oberkärnten bis zum Beginn des 19. Jahrhunderts. In: Günther, W./Paar, W. H. (Hg.), Schatzkammer Hohe Tauern. 2000 Jahre Goldbergbau (Salzburg – München), S. 141–276.

2001 Die Entstehungsgeschichte der Reviere im Bockharttal, Gastein. In: Ammerer, G./Weisz, A. S. (Hg.), Das Tauerngold im europäischen Vergleich. Archäologische und historische Beiträge des Internationalen Kongresses in Rauris vom 7. bis 9. Oktober 2000. MGSL 141, S. 113–130.

2002 Säumer und Wanderwege. Beitrag in: Wihart, W. (Hg.), Wege des Tauerngolds (Bad Hofgastein – Schwarzach).

Gem. m. Strobl, W., Floristisches aus dem Gasteiner Tal, III. MGSL 142, S. 409–414.

Kleine Beiträge zur Salzburger Natur-Geschichte. Salzburg Archiv 28 (Salzburg), S. 25–56.

Die Bergwerksreviere im Bockharttal bis ins 17. Jahrhundert. MGSL 142, S. 251–265.

2003 Der Bergbau am Hohen Bockhart als „Staatsbetrieb" 1616–1711/12. MGSL 143, S. 195–217.

Knappenalltag in alter Zeit. In: Tauerngold. Vorträge der montangeschichtlichen Tagung 1976 in Bad Gastein. Böcksteiner Montana 2. Zweite vermehrte Auflage, Verein Montandenkmal Altböckstein (Hg.), S. 9–31.

Der bergmännische Lehenschaft unter besonderer Berücksichtigung der Salzburger Reviere von Gastein und Rauris. Bericht über den 23. Österr. Historikertag in Salzburg vom 24. bis 27.September 2002, S. 626–647.

2004 Einige Ausdrücke des Montanwesens in etymologisch-sprachgeschichtlicher Sicht. Res montanarum (Leoben) 34, S. 101–112.

Das Raurisertal. Gold und Silber. Bergbaugeschichte (Rauris).

2005 Altböckstein und die jüngere Geschichte der Tauerngoldproduktion. 2., mit weiteren Beiträgen von F. Gruber sowie Beiträgen aus dem Nachlass von K. Imhof erweiterte Auflage. Montanverein Altböckstein (Hg.).

2006 Der Edelmetallbergbau in Salzburg und Oberkärnten bis zum Beginn des 19. Jahrhunderts. Mining for gold and silver in Salzburg and upper Carinthia until the beginning of the 19th cent. In: Paar, W./Gruber, F. (Hg.), Das Buch vom Tauerngold (Salzburg), S. 193–359 (wesentlich erweiterte Auflage von „Schatzkammer Hohe Tauern" 2000).

2007 Die historische Salzburger Bergmannssprache. MS (Familienarchiv F. Gruber).

2008 Dipl.-Ing. Dr. techn. Karl Imhof (1873–1944) und sein Wirken im Nassfelder Goldbergbau. Res montanarum (Leoben), Sonderband: Biographisches zu bekannten und unbekannten Montanisten, S. 58–68.

2012 Die Gründe für den Niedergang des Edelmetallbergbaues in den Hohen Tauern, 1560–1600. Res montanarum 56. Festschrift zum 50jährigen Bestand des Montanhistorischen Vereins für Österreich (Leoben), S. 245–282.

Mosaiksteine zur Geschichte Gasteins und seiner Salzburger Umgebung. Bergbau – Badewesen – Bauwerke – Ortsnamen – Biografien – Chronologie (Gastein).

2014 Gem. m. Kluger, M., Das Gold der Fugger. Gastein und Rauris, Bergbau der Fugger im Salzburger Land. In: Fürst Fugger Privatbank, Augsburg (Hg.).

2016 Vom Gold zum Radon-Heilstollen. Niedergang und Neuanfang des Edelmetallbergbaus in den Hohen Tauern zwischen dem 16. und dem 20. Jahrhundert. Der Anschnitt (Bochum), S. 14–34.

2018 Gold unter dem Gletschereis? Der alpine Edelmetallbergbau in den Hohen Tauern und die sogenannte „Vergletscherungstheorie". Via Aurea, Wihart, W. (Hg.), Bad Hofgastein.

Die Weitmoser und ihr Edelmetallbergbau in den Hohen Tauern. Via Aurea, Wihart, W. (Hg.)

Die Perchten. Historischer Mythos und moderne Realisierung. Kulturverein Ladislaus, Bad Hofgastein (Hg.).

2020 Über 1000 Jahre Gastein. Mosaiksteine Gasteins II (Badgastein).

2022 „Mit historischer Feder". 95 (sämtliche) Kurzbeiträge über Geschichtliches, Botanisches und Mineralogisches in der Gastein von F. Gruber aus der Gasteiner Rundschau, zusammengestellt von Walter Wihart und herausgegeben von der Gasteiner Rundschau (Gastein).

Friedrich Moosleitner (1935–2022)

Ein reiches Archäologenleben ist zu Ende gegangen. Am 5. Mai 2022 ist Friedrich „Fritz" Moosleitner nach einem arbeitsreichen und nicht nur wissenschaftlich erfüllten Leben verstorben.

Der am 19. Juli 1935 in Hallein geborene Moosleitner setzte eine mit Martin Hell und Ernst Penninger begründete Tradition der Salzburger archäologischen Forschung fort, der zufolge Landesarchäologen aus dem Technikerberuf stammen. Als Absolvent der Halleiner Gewerbeschule arbeitete er zunächst als Statiker. Sein Interesse an der Archäologie führte ihn jedoch rasch mit Hell und Penninger, dem damaligen Kustos des Halleiner Museums, zusammen. Der heimatliche Dürrnberg, sicher einer der prominentesten Fundorte Europas, wurde zum Ort früher archäologischer Erfahrungen. Nach mehrjähriger Praxistätigkeit im Baugewerbe obsiegte die Begeisterung für die Archäologie. Bereits 1963 hatte Moosleitner berufsbegleitend mit dem Studium der Ur- und Frühgeschichte im Rahmen der altertumswissenschaftlichen Disziplinen an der Universität Salzburg begonnen, zwei Jahre später erfolgte gemeinsam mit Penninger der erste archäologische Aufsatz zu einem keltischen Blockwandbau vom Halleiner Dürrnberg. Mit der 1970 erfolgten Berufung zum Kustos der archäologischen Sammlungen des Salzburger Museums Carolino Augusteum (SMCA), dem jetzigen Salzburg Museum, konnte er seiner Leidenschaft nun auch im Berufsleben folgen. 1976 wurde Moosleitner, wiederum berufsbegleitend, an der Universität Salzburg mit einer Arbeit über die Grabfunde vom Halleiner Dürrnberg vor 1949 promoviert. Seine hier gewonnenen Erkenntnisse fanden unmittelbar Eingang in Band II der kurz zuvor in den Münchner Beiträgen zur Vor- und Frühgeschichte initiierten Reihe zur Archäologie des Dürrnbergs und boten eine Basis der von Ludwig Pauli 1978 ebenda publizierten Auswertung der Dürrnberger Grabfunde.

Zunächst standen in seiner neuen Tätigkeit am SMCA mit der Neuaufstellung der bislang nur provisorisch präsentierten römerzeitlichen Sammlung museologische Arbeiten im Zentrum von Moosleitners Wirken. Seine praktischen Kenntnisse aus dem Baugewerbe konnte er dabei besonders 1973 bei der Realisierung des zuvor ins Stocken geratenen Baus des Domgrabungsmuseums einbringen und dieses schon im folgenden Jahr eröffnen. Dazu erschien 1975 auch ein von Hermann Vetters verfasster Führer, der erstmals eine systematische Zusammenstellung der bis dato unpublizierten Ausgrabungen (1956–1958, 1966–1967) unter dem Salzburger Dom brachte. Mit der 1987 von F. Moosleitner gemeinsam mit Wilfried Kovacsovics verfassten Neuauflage des Führers durch das Domgrabungsmuseum gelangen wichtige Korrekturen an der Interpretation des Grabungsbefundes vor allem für die karolingische Bauphase sowie für Umbauten der Gotik und des 16. Jahrhunderts.

Bereits unmittelbar mit Moosleitners Dienstantritt am SMCA wurde jedoch der Schwerpunkt für Moosleitners künftige fachliche Bestimmung in Salzburg klar. Die in den 1970er-Jahren intensivierte und auch zunehmende größere Flächen betreffende Bautätigkeit in Stadt und Land Salzburg brachte neue Herausforderungen für die Bodendenkmalpflege mit sich. Die zuständige Bundesbehörde, das Bundesdenkmalamt, war jedoch in Salzburg damals nicht mit einer entsprechenden archäologischen Fachkraft ausgestattet. Allfällig nötige behördliche Befassungen wurden von der Zentrale Wien aus nach Maßgabe der Möglichkeiten betreut. Um den absehbaren unwiederbringlichen Verlusten an Salzburger Kulturgut entgegenzutreten, sprang hier der junge Kustos der archäologischen Sammlung ein. Bereits das erste Dienstjahr brachte mit dem Umbau des Studiengebäudes der alten Universität zum Bibliotheksgebäude eine archäologische Großunternehmung. Nach fast 40 Jahren Unterbrechung war damit das Salzburger Museum als aktiv am Ausgrabungsgeschehen teilnehmende Institution wieder präsent. Dieser ersten sogenannten Notgrabung sollten sich in Moosleitners Karriere 95 weitere größere und kleinere archäologische Grabungsmaßnahmen in Stadt und Land, darunter allein 40 Kirchengrabungen, anschließen, die primär durch drohende Baumaßnahmen ausgelöst wurden. Für die Bewältigung dieser sich teilweise zeitlich überlappenden Aktivitäten wurde Moosleitner ab 1971 durch eine Restauratorenstelle (Bruno Reiterer), sowie ab 1981 durch ein eigenes Sekretariat und einen archäologischen Zeichner verstärkt. Eva Maria Feldinger, 1983 als Sachbearbeiterin in das Kustodiat aufgenommen, wurde rasch zu Moosleitners engster Stütze.

Wesentliche Stationen der zahlreichen Grabungsaktivitäten seien hier herausgegriffen. 1975–1990 wurde das älterhallstattzeitliche Gräberfeld von Uttendorf im Pinzgau mit 448 Bestattungen untersucht, dessen Grabformen und Beigabenausstattung neue Einblicke in überregionale Kontakte der oberen Salzachregion in der frühen Eisenzeit erbrachten. 1979–1990 nahm Moosleitner gemeinsam mit N. Heger, Universität Salzburg, nach mehr als 160 Jahren die Ausgrabungen in der römischen Palastvilla von Loig wieder auf. Dass große Teile des bis dahin völlig unbekannten Wirtschaftstraktes einer der größten römischen Gutshofanlage nördlich der Alpen vor ihrer Verbauung dokumentiert werden konnten, ist sein Verdienst und der seines Teams. Zahlreiche einzelne Fundbergungen hatten Moosleitner bereits in den 1970er-Jahren immer wieder auf den Dürrnberg geführt. Der Neubau der Dürrnbergstraße 1979–1982 mit dadurch vorhersehbarem Verlust an archäologischer Substanz in Gräberfeldern und Siedlungsarealen riefen auch Moosleitner wieder auf den Plan, der in kollegialer Kooperation mit Fachkollegen des Keltenmuseums Hallein, des Bundesdenkmalamtes und internationaler Universitäten der Bedrohung entgegentrat. 1979–1983 erfolgte die Bergung des urnenfelderzeitlichen Gräberfeldes von Oberching mit 158 Bestattungen, nachdem bereits 1971 und 1979 zwei frühbronzezeitliche Spangenbarrendepots vor der drohenden Vernichtung durch einen Schotterabbau gerettet werden konnten. 1980 (Liefering „Lexengasse") und 1986 (Grödig „Friedhof") erfolgten Grabungen in frühmittelalterlichen Nekropolen. 1992–1994 wurden unter seiner Leitung 410 Bestattungen an der Klessheimer Allee untersucht. Mit einer Belegungsdauer von der frühen Bronzezeit bis zur Latènezeit kann das Gräberfeld als der am längsten durchgehend belegte Bestattungsplatz Salzburgs gelten. Das ganzjährig laufende Notgrabungsgeschehen führte Moosleitner epochenmäßig vom Spätpaläolithikum (Abri von Unken-Oberrain 1991) bis zur barocken Schmelzhütte (Hütten-Leogang 1985), geografisch vom Zellhof im nördlichen Flachgau (Kirchengrabung 2001) bis zum Hochtor am Großglockner (keltisch-römischer Passübergang 1995–1997, gemeinsam mit O. Harl), nach Befundgattungen vom Brunnen (neuzeitlich, Hallein „Bayerhammerplatz" 2000) bis zur Werkanlage (neuzeitlich, Bischofshofen „Sinnhubschlössl" 1994) oder zur mittelalterlichen Burg (Niedernsill „Ruine Rattenensbach" 1984). Als 1985 die archäologische Forschung im Land Salzburg durch die Errichtung einer vom Land finanzierten Dienststelle „Landesarchäologe" eine Neuorganisation erfuhr, war es nur folgerichtig, dass Moosleitner als bisheriger Kustos der archäologischen Abteilung des SMCA mit dieser Stelle in der Nachfolge von Ernst Penninger betraut wurde. Da er beide Funktionen fortan in Personalunion ausübte, wurde zur Verstärkung des Teams 1985 ein zweiter Kustodenposten mit Wilfried K. Kovacsovics besetzt. Seine letzten aktiven Ausgrabungsaktivitäten erfolgten im Jahre 2002 in Unterstützung seines Nachfolgers bei Grabungsprojekten in Taxenbach (urnenfelderzeitliches Gräberfeld), Puch-Urstein (bronzezeitliche Siedlungen, hallstattzeitliche Gräber, Spätlatènesiedlung) und Hallwang (römischer Gutshof und frühmittelalterliche Gräber).

Wenn auch das Notgrabungsgeschehen vor Ort den Arbeitsalltag dominierte, so ließ Friedrich Moosleitner die wissenschaftliche Publikationsverpflichtung nicht unerfüllt. Wenn es ihm angesichts der umfangreichen Aufgaben und Aktivitäten auch häufig nicht vergönnt war, seine Ausgrabungen in auswertenden Abschlusspublikationen vorzulegen, so erschienen doch zu jeder seiner Notgrabungen zumindest ein, meist jedoch mehrere ausführliche wissenschaftliche Vorberichte. Daneben entstanden über seine aktive Dienstzeit hinaus zahlreiche Aufsätze und Tagungsbeiträge zu ihn besonders interessierenden Themen hauptsächlich der Ur- und Frühgeschichte, daneben aber auch zu Fragen der provinzialrömischen Archäologie sowie der Mittelalter- und Neuzeitarchäologie, sodass sein anlässlich einer Festschrift im Jahr 2005 zusammengestelltes Schriftverzeichnis über 280 Einträge umfasst. Seine als Jahresschrift des SMCA 1985 erschienene Monografie zur Schnabelkanne vom Dürrnberg stellte über 50 Jahre nach ihrer Auffindung die erste umfassend vergleichende Vorlage dieser Ikone der „frühkeltischen Kunst" dar.

Moosleitner muss es dabei besonders hoch angerechnet werden, dass er seine Publikationstätigkeit nicht nur auf einschlägige Fachjournale beschränkte. Neben Berichtstätigkeiten in den Jahresschriften des Salzburg Museum, zahlreichen Beiträgen in den Museumsblättern oder der Reihe „Das Kunstwerk des Monats" ist hier besonders die Gründung der für Fachwissenschaft wie für den interessierten Laien konzipierten Buchreihe „Archäologie in Salzburg" zu nennen, die er mit der Monografie zur Bronzezeit im Saalfeldener Becken selbst einleitete. Moosleitners Anliegen war es, das Wissen zu den Menschen zu bringen. Orts- und Heimatchroniken profitierten von seinem reichen Wissensschatz. Er führte zahlreiche Vortragsreisen, meist im Umfeld aktueller Grabungsprojekte, durch, wobei der begeisterte Fotograf nicht nur mit seinem Wissen, sondern auch mit vorzüglichen Aufnahmen sein Publikum zu begeistern wusste. Mit seinem gewinnenden Wesen war Moosleitner daher nicht nur in der Fachwelt, sondern auch unter den Orts- und Heimatforschern bestens vernetzt.

Die Anerkennung seiner fachlichen Expertise in der Wissenschaft fand Niederschlag in zahlreichen Kontakten zur nationalen und internationalen Wissenschaftsgemeinschaft, zu Kolleginnen und Kollegen in Fachgremien der Prähistorischen Kommission der Akademie der Wissenschaften und im Beirat des 1985 neu begründeten Österreichischen Forschungszentrums Dürrnberg. Besonders eng waren Moosleitners Beziehungen auch zu den Proponenten der in Salzburg tätigen Montanarchäologie (C. und A. Eibner, Th. Stöllner), deren Aktivitäten er im bronzezeitlichen Kupferbergbauzentrum des Mitterberger Gebiets mit großem Interesse verfolgte sowie fachlich und persönlich unterstützte. Hier sei nur seinem Engagement im Rahmen der Erhaltung des Montandenkmals „Arthurstollen" gedacht. Mit der Universität Salzburg verband ihn nicht nur seine Lehrtätigkeit und die Abhaltung von Lehrgrabungen für die Studierenden der Klassischen Archäologie, sondern auch reger fachlicher Austausch mit Kollegen der Regionalforschung. Mit all diesen Personen entwickelten sich, dem Wesen Moosleitners entsprechend, oft über das Fachliche hinausgehende, freundschaftliche Beziehungen.

Neben all diesen Aktivitäten vernachlässigte F. Moosleitner nicht seine Aufgaben als Kustos der archäologischen Abteilung des Salzburg Museums. Zu den bedeutendsten Schenkungen und Ankäufen der Ära Moosleitner zählt sicher die Übernahme der Sammlung des ersten Salzburger Landesarchäologen Martin Hell, dessen letzten Aufsatz zur urgeschichtlichen Besiedlung des Talraumes von Golling Moosleitner für den Druck vorbereitete und posthum ergänzte. Zwei spätmittelalterliche bzw. frühneuzeitliche Münzschätze (Werfen und Salzburg „Judengasse") sowie ein bedeutendes Fundensemble kaiserzeitlicher Silberfibeln aus Bruck konnten unter seinem Kustodiat für das Salzburg Museum zusätzlich zu den ungezählten Fundposten aus seinen zahlreichen Ausgrabungen erworben werden.

An den von ihm realisierten archäologischen Sonderausstellungen im Salzburg Museum seien exemplarisch genannt: 1978 „Neue Ausgrabungen im Land Salzburg"; 1980 folgen „Neue Ausgrabungen, neue Funde". Die 1987 realisierte Ausstellung „Arte protoceltica a Salisburgo" im Palazzo Pitti in Florenz bildete dabei quasi die „Sicherheitsgarantie" für die im Jahr zuvor aus den Florentiner Sammlungen ausgeliehenen Gold- und Silberobjekte für die Salzburger Landesausstellung zu Fürsterzbischof Wolf Dietrich. 1993 richtete er eine Sonderausstellung zu „Römischen Terrakotten aus Salzburg" ein, der drei Jahre später die Ausstellung „Das hallstattzeitliche Gräberfeld von Uttendorf im Pinzgau" folgte. Gemeinsam mit dem Bayerischen Landesamt für Denkmalpflege wurde 1996 an den Standorten Anthering und Tittmoning die grenzüberschreitende „Archäologie beiderseits der Salzach. Bodenfunde aus dem Flachgau und Rupertiwinkel" samt Begleitbuch realisiert. Zum Abschluss seiner aktiven Tätigkeit als Museumskustos und Landesarchäologe im Jahr 2000 nahm Moosleitner die Neuaufstellung der aus dem Jahr 1989 datierenden Urgesichtspräsentation des Museums in Angriff.

Zwischen 1994 und 1996 leitete F. Moosleitner das Salzburg Museum zusätzlich zu seinen übrigen Aufgaben als interimistischer Direktor. Die in diesem Zeitraum realisierte und von ihm initiierte Ausstellung „Salzburg 1945–1955. Zerstörung und Wiederaufbau" lässt Moosleitners weit über den engeren eigenen Fachbereich hinausgehenden historischen Wahrnehmungsbereich erkennen, der auch in Projekten wie der Monografie „Hallein – Porträt einer Kleinstadt" (1989), einem Aufsatz zu „Neuzeitlichen Spanschachteln" (2010) oder Moosleitners letztem größeren Publikationsprojekt zu „Albrecht Altdorfer in Salzburg" (2017) seinen Niederschlag fand. Knapp vor seinem Übertritt in den wohlverdienten Ruhestand 2000 konnte das Salzburger Museum mit der Adaption eines ehemaligen Möbelhauses zum „Studiengebäude Alpenstraße" noch einmal von Moosleitners Wurzeln als Statiker und Bautechniker profitieren. Mit der von ihm mitgestalteten Raumgliederung bleibt auch der „Techniker" Moosleitner in den Räumen des Salzburg Museums präsent.

Mit Friedrich Moosleitner verlieren das Salzburg Museum, die Landesarchäologie und die archäologische Forschung über die Grenzen der Region um Salzach und Saalach hinaus eine prägende Persönlichkeit.

In labore requies …

Stefan Karwiese (1941–2023)

Am 10. April 2023 verstarb tit. ao. Univ.-Prof. Dr. Stefan Karwiese, Leiter der archäologischen Ausgrabungen in der Erzabtei St. Peter zu Salzburg von 1980 bis 2019, Mitglied der Gesellschaft für Salzburger Landeskunde, der Österreichischen Gesellschaft für Archäologie und des Vereins zur Förderung der Christlichen Archäologie.

Karwiese wurde am 25. November 1941 in Königsberg (heute Kaliningrad) geboren und kam gegen Ende des 2. Weltkriegs nach Salzburg, wo er die gesamte Schulzeit verbrachte und 1960 am Bundesgymnasium maturierte. Von 1961–67 studierte er in Wien Klassische Archäologie, Alte Geschichte und Numismatik, seine bewunderten Lehrer Hedwig Kenner, bei der er über „Attis in der antiken Kunst" dissertierte, Hermann Vetters, bei dem er schon seit 1963 als studentische Hilfskraft am Österreichischen Archäologischen Institut arbeitete, und Robert Göbl, der ihm die Liebe zur Münzkunde beibrachte, prägten sein wissenschaftliches Leben und Wirken. Von 1967 bis zur Pensionierung Ende 2006 arbeitete er am Österreichischen Archäologischen Institut und hielt darüber hinaus seit 1987 regelmäßig Vorlesungen am Institut für Numismatik der Universität Wien, 1995 habilitierte er sich für Antike Numismatik mit einem Grundlagenwerk mit dem programmatischen Titel „Die Münzprägung von Ephesos I. Die Anfänge: Die ältesten Prägungen und der Beginn der Münzprägung überhaupt". 1998 folgte die Ernennung zum tit. ao. Universitätsprofessor.

Als Feldarchäologe war Karwiese sein Leben lang mit der Ausgrabung Ephesos verbunden, deren Administrator und später (1980–86) stellvertr. Grabungsleiter er unter Vetters war, von 1993–98 war er offizieller Grabungsleiter im Rahmen eines fünfköpfigen Direktoriums. Sein Hauptwerk hier war die Neuaufnahme der Forschungen in der Marienkirche, in der das berühmte Ökumenische Konzil abgehalten wurde, bei dem Maria zur Theodokos (Gottesmutter) erklärt wurde. Daneben arbeitete Karwiese in seinen frühen Jahren in Aguntum in Osttirol, ab 1980 bis 2017 leitete er die Grabungen in St. Peter in Salzburg und war außerdem von 1988–91 bei den umfangreichen Grabungen anlässlich der Sanierung des ehem. Klosters Mondsee für einen Teilbereich zuständig. Neben zahlreichen Grabungsberichten, dabei eine Monografie zur Marienkirche in Ephesos, und umfangreichen numismatischen Werken, dabei zwei weiteren Bände zur ephesischen Münzprägung, schrieb Karwiese auch wissenschaftliche Bücher, die zugleich für ein breites Publikum geeignet waren, so 1975 den „Ager Aguntinus", einen Führer durch das römische Osttirol, und 1995 „Groß ist die Artemis von Ephesos. Die Geschichte einer der großen Städte der Antike". Als Pensionist arbeitete er unermüdlich an seinen Forschungen weiter und legte 2014 den (fast) abschließenden Bericht von 25 Jahren Grabungsarbeit über „Die archäologische Erschließung der Erzabtei St. Peter zu Salzburg" vor. Außerdem forschte er noch über zehn Jahre ehrenamtlich mit türkischen Freunden in Ainos (heute: Eniz) in Thrakien und leitete dort ein Grabungsprojekt zur frühchristlichen Pantokratorkirche. Dafür gründete er sogar einen eigenen Unterstützungsverein, um die Forschungen zu finanzieren. Seine Faszination von den Heiligen, in deren spätantiken und mittelalterlichen Kirchen er Grabungen durchführte, schlug sich auch in mehreren historio- und hagiografischen Arbeiten nieder, darunter auch in seiner letzten, „Die ephesische Marienfrage", die nur drei Wochen vor seinem durch längere Krankheit verursachten Tod erschien.

Karwiese war neben seiner Wissenschaftlichen Arbeit ein begeisterter Sammler und Erzähler von Anekdoten, was sich neben anderen humoristischen Beiträgen, wie etwa zu den angeblichen multiplen Brüsten der ephesischen Artemis, und einer unter Freunden verteilten hektografierten Sammlung von Geschichten zur türkischen Figur des Nasreddin Hodscha zuletzt in einem Buch niederschlug; darin werden neben der unautorisierten Geschichte des mythischen Helden Herakles auch zahlreiche andere (un)historische Heroen und Gestalten der Antike aufs Korn genommen.

Karwiese verbreitete aber nicht nur Anekdoten, er wurde auch selbst mehrfach zur Hauptfigur legendärer Erzählungen innerhalb der Grabungsmannschaften. So berichtete „Der Standard" am 25. Mai 2017 von Karwieses letzter großen Führung durch St. Peter, bei der – was ihm in der Begeisterung des Erzählens gerne passierte – seine Gedanken zur wissenschaftlichen Verwertung einzelner Fundobjekte dem Forschungsstand vorauseilten; dies wurde von dem großen Förderer der archäologischen Arbeiten, Erzabt Korbinian (Birnbacher), umgehend mit sanfter Ironie kommentiert: „Archäologen bewundere ich, wenn sie Steine sehen, sehen sie gleich ganze Gebäude."

Als Grabungsleiter von Ephesos rettete Karwiese 1997 einen Wurf hilfloser Hundewelpen, deren Mutter verschollen war, aus einem antiken Fußbodenheizungssystem. Die Welpen wurden im österreichischen Grabungshaus aufgezogen und kamen danach bei Grabungsarbeitern und Kolleginnen und Kollegen des wissenschaftlichen Teams unter. Dafür erhielt Karwiese in einer groß aufgezogenen Feier im Grabungshaus eine ausführliche Laudatio seines Co-Direktors Dieter Knibbe und an deren Ende setzte ihm die Mannschaft in Analogie zur Eichenlaubkrone des Augustus für gerettete römische Bürger die corona canica – ob canes servatos quattuor – aufs Haupt. Die Krone hing dann jahrzehntelang am Eingang zum Depotgebäude als Erinnerung an den Grabungsleiter Stefan, den Listenreichen, wie wir Jüngeren ihn wegen seiner Vorliebe für seine zahlreichen und endlos langen wissenschaftlichen, besonders numismatischen, aber auch administrativen Listen gerne nannten, eine Zeit voller Kollegialität, gemeinsamer Arbeit und privater Wochenendausflüge sowie vieler Abende voller Geschichten und mit viel Lachen in seinem Stammlokal, dem „Villa" unweit des Grabungshauses. Karwiese war, wie viele Archäolog:innen, die viel Zeit auf Ausgrabungen verbringen, ein starker Raucher. Einige Jahre vor seiner Pensionierung erhielt er Besuch von einem Innsbrucker Kollegen, einem echten Kettenraucher. Sie saßen den ganzen Nachmittag bis in den Abend hinein in Karwieses Büro in der ehem. Welthandelsuniversität im Währinger Park und wenn jemand versehentlich die Tür öffnete, traten dicke Schwaden Nikotinrauch auf den Gang aus. Am nächsten Morgen erzählte Karwiese etwas von fünf Packungen Zigaretten, Atemnot und tränenden Augen: Umgehend erklärte er sich zum Nichtraucher und blieb es.

Karwiese liebte besonders den türkischen Waldhonig, eine Liebe, die ihm bei einer der Heimreisen von Ephesos nach Wien, als ihm ein anderes Auto in den vollgepackten Kofferraum krachte, in dem sich auch ein Fünf-Liter-Kanister Honig befand, eine ziemlich klebrige Bescherung verursachte, die er mit viel Humor nahm. Honig war aber auch schuld an einer seiner größten wissenschaftlichen Entdeckungen: Er erkannte die Identität der in hethitischen Quellen im 14. Jh. v. Chr. genannte Stadt Apaša als Urform für das spätere Ephesos, indem er das im Lateinischen alleinstehende Lehnwort apis (Honigbiene) als Erklärung für die Stadtbezeichnung heranzog und Apaša/Ephesos als „Bienenstadt" übersetzte; war doch die Biene über Jahrhunderte das Hoheitszeichen von Ephesos auf seinen Münzen und Begleittier der Artemis Ephesia, deren jungfräuliche Priesterinnen ebenfalls als Melissai (griech.: Bienen) und der Oberpriester als Essen (Bedeutung nach dem Schriftsteller Pausanias: Bienenkönig) bezeichnet wurden. Nach anfänglicher Skepsis, vor allem in der indogermanischen Sprachwissenschaft, hat sich diese Erkenntnis heute weitgehend durchgesetzt.

Karwiese legte bei seinen Arbeiten Wert auf ungeheure Genauigkeit der Dokumentation, seine Zeichnungen sind ungeheuer exakt, seine Grabungstagebücher extrem detailreich. Auch und gerade dort, wo der Befund keine klare Interpretation erlaubte, trug er alle Details zusammen, eine Eigenschaft, die ihn auch als Numismatiker auszeichnete. Als Archäologe alter Schule trennte er genau zwischen Dokumentation, Analyse und Interpretation. Somit sind seine Aufzeichnungen für die nachkommenden Wissenschaftler:innen von größtem Wert, seine Grabungsberichte und sonstigen Unterlagen für eine spätere Aufarbeitung oder Verwendung bei weiteren Grabungen besonders gut verwendbar; diese strikte Trennung von Dokumentation und Interpretation hebt ihn von manchen Kolleg:innen positiv ab, auch wenn seine eigenen Interpretationen gelegentlich etwas über das Ziel hinausschossen und mittlerweile revidiert wurden.

Lieber Stefan, Du hast in den Menschen, die Dir begegnet sind, ebenso tiefe Eindrücke hinterlassen wie Deine wissenschaftlichen Arbeiten in der scientific community, möge Dir das Wort des Scipio Africanus in Ciceros Tusculanischen Gesprächen zuteilwerden, dass das Beste, was einem Menschen nach dem Tode zufallen kann, eine langanhaltende positive Erinnerung bei der Nachwelt sei.

Univ. Prof. Dr. Peter Scherrer

Nikolaus Hinterstoisser (1926–2023)

Am 9. Juli 2023 verstarb nach längerer Krankheit der frühere Leiter der Landschaftlichen Forstverwaltung Zell am See, HR Dipl.-Ing. Nikolaus Hinterstoisser, im 98. Lebensjahr. 1926 als Sohn eines bundesforstlichen Försters in Krampen (oberes Mürztal) geboren, wuchs er von Kindheit an mit Wald und Jagd auf. Schon sein Großvater und Urgroßvater waren (in Salzburg) k. k. Förster gewesen. Seine Jugend verbrachte er nach der Volksschule in Neuberg als Gymnasiast im Internat in Wien, wobei der damit verbundene Einsatz als Flakhelfer 1943/44 und dann als Soldat im verzweifelten Kampf gegen die Sowjetarmee 1945 bleibende Eindrücke hinterließen. Nach dem Krieg studierte er an der Hochschule (heute: Universität) für Bodenkultur Forstwirtschaft. Im Anschluss an seine Sponsion 1950 war er zunächst bei der Forsteinrichtung der ÖBF, dann bei der Waldstandsaufnahme des BMLF im Flachgau, Pongau und Lungau tätig. Dabei konnte er 1952 unter Anleitung von Prof. Dr. Walter Bitterlich an den Abhängen des Gaisbergs die ersten Prototypen des von Bitterlich erfundenen „Spiegelrelaskops" erproben – ein forstliches Messgerät, welches weltweit die Forstinventuren revolutionieren sollte.

1954 wechselte er zum Amt der Salzburger Landesregierung und übernahm die Auswertung der im Salzburger Landesarchiv aufbewahrten Liquidationsprotokolle und die örtliche Holzbedarfserhebung für die „Saalforste-Regulierung" in den damals drei Forstamtsbereichen Leogang, St. Martin/Lofer und Unken. Zweck dieses Unterfangens war die bedarfsgerechte Festlegung der Holzbezugsrechte der bei den Saalforsten eingeforsteten (holzbezugsberechtigten) Liegenschaften in Zusammenhang mit der Neufassung der aus 1829 datierenden Salinenkonvention (erfolgte mit BGBl. aus 1957). 1959 übernahm er von OFR Dipl.-Ing. Karl Sonnleitner die Landschaftliche Forstverwaltung in Zell am See. Diese vom Salzburger Landtag (der „Landschaft", daher die bis heute gültige Bezeichnung) im 19. Jahrhundert geschaffene Einrichtung dient der agrarbehördlichen Aufsicht und fachlichen Beratung der 14 „Ausgeforsteten Gemeinden" (1 im Pongau, 13 im Pinzgau), welche aus den in den Fünfzigerjahren des 19. Jahrhunderts durch Abtretung von Staatswaldflächen (Ausforstung) an bis dahin darin eingeforstete Liegenschaften zwecks künftiger Deckung von deren Holzbedarf entstanden waren. Zu den vordringlichsten Aufgaben zählte neben der Modernisierung der Verwaltung der Ausbau eines Lkw-fahrbaren Forststraßennetzes, die Organisation eines gemeinsamen Holzverkaufs in den überwiegend bäuerlichen Waldgemeinschaften sowie die einwandfreie Vermarkung und Arrondierung des Grundbesitzes durch Flächenzukäufe. So konnte eine Festigung der bäuerlichen Besitzstruktur und Hebung der Wirtschaftlichkeit bei gleichzeitiger Verbesserung des Waldzustandes und der Schutzwirkungen des Waldes erzielt werden. Ein zunehmend heikles Thema wurde die vor allem ab den Siebzigerjahren steigende touristische Nutzung von Waldflächen, vor allem für den Wintersport. Willkommenen Einnahmen aus Pachtverträgen etwa für Skipisten standen wachsende Waldflächenverluste für solche Anlagen und Waldschäden, vor allem in Kaprun, Saalbach und Zell am See, gegenüber.

Ein besonderes Anliegen waren Hinterstoisser die fachliche Aus- und Weiterbildung sowohl des Forstpersonals als auch der Verantwortlichen (insbesonders Ausschüsse und Obleute) der Waldgemeinschaften. Dafür organisierte er Vorträge und zahlreiche Exkursionen ins In- und Ausland. Zu den weiteren Initiativen zählten u. a. auch die erste Holzbringung mittels Hubschrauber im Pinzgau (am Badhauskopf in Zell am See) oder Hochlagenaufforstungen im Zuge flächenwirtschaftlicher Projekte zur langfristigen regionalen Katastrophenprävention. Über zehn Jahre war er Vorsitzender der vom BMLF eingerichteten österreichweiten Arbeitsgruppe Hochlagenaufforstung. Nach seinem Pensionsantritt 1988 übernahm er für mehrere Jahre die Wirtschaftsführung des Baumhüterschen Jagd- und Forstbetriebes „Schönbichlgut" in Fusch.

Umfangreich war sein außerberufliches ehrenamtliches Engagement. So war er Mitbegründer der Salzburger Berg- und Naturwacht und baute diese Landeswache als Bezirksleiter (1968–1998) im Pinzgau auf. 1980 wurde er im Anschluss an das große, von ihm in Zell am See organisierte Bundestreffen der Berg- und Naturwachten Österreichs zum Bundesgeschäftsführer der ABNÖ (Arbeitsgemeinschaft der Berg- und Naturwachten Österreichs) berufen, in welcher Funktion er einer der Mitbegründer der Österreichischen Gesellschaft für Natur- und Umweltschutz (heute: Umweltdachverband) wurde. Für eine Funktionsperiode war er stellvertretender Vorsitzender des Österreichischen Nationalkomitees der Internationalen Alpenschutzkommission CIPRA. Er unterstützte diverse Ausstellungsvorhaben u. a. im Felberturmmuseum Mittersill, im Bergbaumuseum Leogang und im Wald- und Holzmuseum Mühlauersäge in Fusch durch Vermittlung bzw. Überlassung von Exponaten zu forstlichen Themen.

Vom Zeller Geometer Dipl.-Ing. Huber übernahm er den Vorsitz in der Offiziersgesellschaft Pinzgau, für die er in Zusammenarbeit mit der Jägerschule Saalfelden (heute: Gebirgskampfzentrum) des Österreichischen Bundesheeres zahlreiche Vorträge und Fahrten zu den Schauplätzen der Südwestfront des Ersten Weltkrieges organisierte, stets vom Streben nach Aussöhnung zwischen den einstigen Kriegsgegnern, gegenseitigem Respekt und Anerkennung der erbrachten Opfer und Leistungen getragen. Zu seinen besonderen Anliegen zählte die von ihm initiierte und durch viele Jahre organisierte Teilnahme von Salzburger Delegationen (in der Regel: eine Salzburger Musikkapelle, Abordnungen von Kameradschaftsbund, Schützen, Berg- und Naturwacht, Offiziersgesellschaft) an den jährlichen großen Gedenkfeiern für die Gefallenen des Ersten Weltkrieges am Monte Grappa, deren heutige Gestaltung er maßgeblich mitprägte.

1996 gründete er federführend die Historische Schützenkompanie Zell am See, deren Gründungs- und Ehrenobmann er war. Bis ins hohe Alter war er aktiver Jäger und u. a. Gründungs- und Ehrenobmann des Jagdvereins Zeller See sowie Mitglied u. a. der Gesellschaft für Salzburger Landeskunde. Dipl.-Ing. Nikolaus Hinterstoisser war 71 Jahre lang mit seiner Ehefrau Auguste verheiratet und hatte zwei Kinder, drei Enkel und eine Urenkelin.

Er hinterließ einige publizierte Zeugnisse seines langjährigen Erfahrungsschatzes, so Beiträge in der Zeller Ortschronik „1200 Jahre Zell am See" (Hg. Ferdinand Hölzl, Zell am See 1975) zu jagd- und forstlicher Thematik, in der umfangreichen, von der Stadtgemeinde Zell am See herausgegebenen Festschrift „Jubiläumsjahr in Zell am See" (Zell am See 1978) zur Geschichte des örtlichen Jägervereines, Mitautorenschaft an dem vom BMLF herausgegebenen Lehrbuch „Schutzwaldsanierung und Hochlagenaufforstung" (Red. Otto Eckmüllner, Wien 1972), im Jubiläumsband der Salzburger Berg- und Naturwacht „Für Mensch, Natur und Landschaft" (Hgg. von Hermann Hinterstoisser und Alexander Leitner, Salzburg 2009) zu Einsatz und Entwicklung der Berg- und Naturwacht im Pinzgau und im Sammelband „Saalforste – Bayerns Wälder in Österreich" (Hg. Thomas Zanker, Waging 2013) über die Regulierung der Holzbezugsrechte in den Bayerischen Saalforsten 1954–1976 im Pinzgauer Saalachtal.

FM Dipl.-Ing. Nikolaus Hinterstoisser war u. a. Träger des Silbernen Ehrenzeichens für Verdienste um die Republik Österreich, des Goldenen Verdienstzeichens und des Umwelt-Verdienstzeichens des Landes Salzburg, der Staatsmedaille in Silber des Freistaates Bayern, des Goldenen Verdienstzeichens der ABNÖ, der Goldenen Verdienstmedaille der Salzburger Berg- und Naturwacht, des Goldenen Ehrenzeichens der Offiziersgesellschaft Salzburg, des Goldenen Bruches der Salzburger Jägerschaft sowie zahlreicher weiterer in- und ausländischer Dekorationen.

Prof. Dipl.-Ing. Hermann Hinterstoisser

2018: Dr. Gisela Plötzeneder, † 21.2.2018; Landeskunde-Mitglied seit 30.9.1995; Mittelschulprofessorin i. R.

Erentrudis Pachta-Reyhofen, † 21.4.2018; Landeskunde-Mitglied seit 22.11.1994; Tochter von Nora und Dr. Wilfried Watteck. Erentrudis Pachta-Reyhofen war Medizinisch-Technische Assistentin und Past-Präsidentin des Rotary Inner Wheel Clubs Wien-Nordost.

Dorothea Kwisda, † 13.7.2018; Landeskunde-Mitglied seit 10.10.1986.

Ingeborg Singer, † 20.10.2018; Landeskunde-Mitglied seit 1.5.2003.

2019: OSR Maria Meisinger, † 4.1.2019; Landeskunde-Mitglied seit 7.8.1991; Gewerbeschullehrerin i. R.

Univ.-Prof. Dr. Wilhelm Rausch, † 14.2.2019; Landeskunde-Mitglied seit 15.10.1996; Historiker, Leiter des Linzer Stadtarchivs, Ehrenmitglied des Kuratoriums für vergleichende Städtegeschichte. Er studierte Geschichte und Geografie an der Universität Wien und absolvierte im Anschluss einen Ausbildungskurs am Institut für Österreichische Geschichtsforschung. 1954 trat Wilhelm Rausch die Leitung des Archivs und der Bibliothek der Stadt Linz an. Mit Jahresbeginn 1978 wurde Wilhelm Rausch zum Kulturverwaltungsdirektor der Stadt Linz bestellt und ging 1987 in den Ruhestand.

Prof. Dr. Franz Wagner, † 22.11.2019; Landeskunde-Mitglied seit 10.1.2003; Salzburger Kunsthistoriker und ehemaliger Direktor des Salzburger Barockmuseums. Franz Wagner war der Sohn des Stadtbaumeisters Franz Wagner junior (* 1904; † 1967). Er studierte Klarinette, maturierte an der Bundesrealschule in Salzburg und studierte von 1950 bis 1955 Bauingenieur an der Technischen Universität Wien. Ab 1955 studierte er Kunstgeschichte bei Hans Sedlmayr in München. Im Jahr 1959 verfasste er seine Dissertation über Hans Waldburger. Von 1961 bis 1966 arbeitete er als wissenschaftlicher Assistent des Salzburger Landeskonservators Dr. Theodor Hoppe. Nach der zwischenzeitlichen Beschäftigung als Kunsthändler im Rupertinum wurde er 1970 die rechte Hand des Kunstsammlers Dr. Kurt Rossacher (* 1918; † 1988). Er war Gründungsdirektor des am 23. Juli 1973 eröffneten Salzburger Barockmuseums, das die Kunstsammlung Rossachers umfasste, bis dieses im Sommer 2012 dem Salzburg Museum angeschlossen wurde. 1990 wurde durch ihn die Schriftenreihe Barockberichte begründet, als deren Herausgeber er bis 2012 tätig war.

2020: Ing. Alexander Ebner, † 1.5.2020; Landeskunde-Mitglied seit 1.1.2012.

Gertrude Stöger, † 17.7.2020; Landeskunde-Mitglied seit 5.2.2001; Drogistin i. R.

Franz Schrattenecker, † 19.9.2020; Landeskunde-Mitglied seit 12.7.1999; Schlossermeister i. R.

Gotthard Grünbart, † 24.9.2020; Landeskunde-Mitglied seit 10.1.1976.

Josef Holztrattner, † 7.10.2020, Landeskunde-Mitglied seit 1.1.1981; Bäckermeister i. R.

Dipl. Ing. Wolfgang Wimmer, † 16.10.2020; Landeskunde- Mitglied seit 10.1.2004; Software-Ingenieur.

Dipl. Ing. Helmut Lindner, † 8.11.2020; Landeskunde-Mitglied seit 10.1.1988.

Prof. Josef Ghezzi, † 12.11.2020; Landeskunde-Mitglied seit 1.1.1997; Kunstmaler, Bildhauer und Restaurator. Josef Ghezzi studierte in München und war als Restaurator tätig, zahlreiche Kirchen und Kunstwerke im Land Salzburg wurden von ihm restauriert.

Mag. Ing. Reinhard Schaustal, † 5.12.2020; Landeskunde-Mitglied seit 1.1.1998; Technischer Angestellter i. R.

Hofrat Prof. Dr. Günther Bauer, † 10.12.2020; Landeskunde-Mitglied seit 17.10.1960; Emeritus, Alt-Rektor und Ehrenmitglied der Universität Mozarteum.

2021: Mag. Irmgard Luise Madner, † 22.2.2021; Landeskunde-Mitglied seit 3.3.1989; Schulrätin i. R.

Rosa Klien, † 2.3.2021; Landeskunde-Mitglied seit 24.8.1984.

Dkfm. Dr. Eleonore Gollhofer-Berger, † 15.3.2021; Landeskunde-Mitglied seit 1.1.1975; Trägerin des Goldenen Verdienstzeichens der Republik Österreich für ihr Engagement in der Vietnam-Flüchtlingshilfe.

Ing. Michaela Heymans, † 15.3.2021; Landeskunde-Mitglied seit 31.3.1979.

Bernhard Winkelhofer, † 1.6.2021; Landeskunde-Mitglied seit 30.8.2004.

Dr. Dkfm. Heinz Schludermann, † 30.6.2021; Landeskunde-Mitglied seit 1.10.1999; Gründer und Betreiber des Bahnzeit/Pferdeeisenbahnmuseums der Südstrecke in Wels.

Franz Gattermair, † 12.7.2021; Landeskunde-Mitglied seit 1.1.1992; Oberinspektor i. R. im Post- und Telegrapheninspektorat.

Dr. Rudolf Angermüller, † 15.7.2021; Landeskunde-Mitglied seit 1.10.1971; Musikwissenschaftler und Mozart-Spezialist. Rudolf Angermüller absolvierte 1961 das Bielefelder Försterling-Konservatorium für Musik. Von 1961 bis 1970 studierte er Musikwissenschaft an den Universitäten in Mainz, Münster und Salzburg bei Arnold Schmitz, Günther Massenkeil, Hellmut Federhofer und Gerhard Croll, daneben Romanistik und Geschichte. Während seines Studiums wurde er Mitglied der Landsmannschaft Hercynia Mainz und der akad. Landsmannschaft der Salzburger zu Salzburg. 1970 promovierte er an der Universität Salzburg mit einer Arbeit über Antonio Salieri. Von 1968 bis 1975 war er Lehrbeauftragter am Musikwissenschaftlichen Institut der Universität Salzburg. Von 1982 bis 2004 war er Leiter der wissenschaftlichen Abteilung der Internationalen Stiftung Mozarteum, von 1988 bis 2004 deren Generalsekretär. Im Hinblick auf seine zahlreichen Publikationen zu Mozart und der Musikgeschichte des 18. und frühen 19. Jahrhunderts galt er als einer der weltweit besten und renommiertesten Mozartkenner. Ab 1995 war er korrespondierendes Mitglied der Accademia Roveretana degli Agiati.

Renate Edlinger, † 5.8.2021; Landeskunde-Mitglied seit 15.7.1973.

Richard Kandler, † 12.8.2021; Mitglied seit 1.1.1983.

Reiner Rux, † 13.8.2021; Landeskunde-Mitglied seit 1.1.1998; Prokurist i. R.

Prof. Dr. Maria Michaela Cuvay-Schneider, † 1.9.2021; Landeskunde-Mitglied seit 3.11.1999; Pianistin und Musikpädagogin am Mozarteum in Salzburg. Schneider studierte Konzertfach Klavier am Mozarteum in Salzburg und an der Hochschule für Musik in München. Gemeinsam mit ihrem Mann war sie Mitglied mehrerer Kammermusikformationen, so z. B. des Salzburger Klaviertrios (in den 1950er-Jahren), der Salzburger Mozartspieler und später des Salzburger Mozartensembles. Sie unterrichtete am Mozarteum Klavier sowie Methodik und Didaktik. Neben ihrer Tätigkeit am Mozarteum führte sie eine Klavierklasse am Musikum Salzburg und war Dozentin bei verschiedenen Sommerakademien für das Fach Klavierkammermusik. Neben ihrer künstlerischen Laufbahn studierte Schneider Musikwissenschaft und promovierte 1975 bei Dr. Gerhard Croll zum Dr. phil. mit einer Dissertation über den Salzburger Komponisten und Hofkapellmeister Johann Ernst Eberlin.

Konsistorialrat DDr. P. Gerhard Winkler OCist, † 22.9.2021; Landeskunde-Mitglied seit 1.1.2005; Bernhard Winkler wurde am 24. April

1931 in Wilhering geboren. Nach Abschluss des Akademischen Gymnasiums in Linz und einem kurzen Medizinstudium trat er 1951 in das Stift Wilhering ein und erhielt den Ordensnamen Gerhard. Er studierte in Linz Theologie und wurde am 29. Juni 1955 im Mariendom Linz zum Priester geweiht. P. Gerhard promovierte 1956 in Wien zum Doktor der Theologie und widmete sich anschließend dem Lehramtsstudium für Deutsch und Englisch. Den „Master of Arts" erwarb er in Englisch an der University of Notre Dame in Indiana/USA. Für seine Arbeit über den Klosterhumanismus erhielt er den Doktor der Philosophie. Nach der Lehramtsprüfung unterrichtete er von 1960 bis 1975 am Stiftsgymnasium Wilhering und war daneben Kooperator in der Stiftspfarre, von 1965 bis 1969 Pfarrvikar. 1969 begann die universitäre Laufbahn von P. Gerhard mit einer Assistentenstelle für Kirchengeschichte in Bochum, Deutschland; 1971 wurde er dort Dozent. Er habilitierte sich mit einer Arbeit über Erasmus von Rotterdam 1972, übernahm 1973/74 eine Lehrstuhlvertretung in Freiburg/Br. und 1974 eine außerplanmäßige Professur an der Ruhr-Universität Bochum. Von 1974 bis 1983 dozierte er als Ordinarius an der Universität Regensburg Mittlere und Neuere Kirchengeschichte und war dort unter anderem auch Kollege von Joseph Ratzinger, dem späteren Papst Benedikt XVI. Von 1983 bis zur Emeritierung 1999 war er Professor für Kirchengeschichte in Salzburg.

Dr. Hermann Lochmann, † 8.10.2021; Landeskunde-Mitglied seit 9.3.1998; Jurist i. R.

Mag. Monika Mund, † 31.10.2021; Landeskunde-Mitglied seit 10.2.1992.

Horst Eblinger, † 25.11.2021; Landeskunde-Mitglied seit 17.11.1961.

Dr. Rita Gamotha, † 26.11.2021; Landeskunde-Mitglied seit 1.1.1983; Praktische Ärztin.

Dr. Elisabeth Greinwald, † 14.12.2021; Landeskunde-Mitglied seit 18.9.1976.

Sepp Forcher, † 19.12.2021; Landeskunde-Mitglied seit 1.2.1968; österreichischer Radio- und Fernsehmoderator. Sepp Forcher kam am 17. Dezember 1930 als Sohn von Südtiroler Eltern in Rom als Giuseppe Forcher zur Welt. Er wuchs in Sexten in bescheidenen Verhältnissen auf. Der Vater war Hüttenwirt. Seine Eltern entschieden sich nach dem Südtirol-Abkommen zwischen Hitler und Mussolini für die Option und verließen ihren ursprünglichen Heimatort Sexten. Seine spätere Kindheit und Jugend verbrachte Forcher ab 1940 in Werfenweng im Pongau, wo die Eltern wieder eine Berghütte bewirtschafteten. Bis 1955 arbeitete er beim Kraftwerksbau in Kaprun, als Lastenträger am Heinrich-Schwaiger-Haus in Kaprun und an der Oberwalderhütte am Großglockner. Während dieser Zeit bestieg er zahlreiche Berge: das Matterhorn, den Mont Blanc und Gipfel in den Pyrenäen. Ab 1955 war Forcher Hüttenwirt mit seiner Ehefrau Helene am Berglandhaus in Großarl und ab 1959 Hüttenwirt am Zeppezauerhaus am Untersberg. Gemeinsam hatten sie zwei Söhne. Der ältere, Peter Forcher, kam im April 1976 im Alter von 19 Jahren bei einem Verkehrsunfall ums Leben. Er verwaltete ab 1966 Berghäuser in Krippenbrunn am Dachstein. 1976 begann seine Mitarbeit beim ORF („Ins Land einischaun", „Mit'm Sepp ins Wochenende") Seither moderierte er mehr als 1.000 Mal die Radiosendung „Mit Musik ins Wochenende" und wurde durch seine Volkskultur-, Museums- und Landfunksendungen zum Publikumsliebling. Ab 1986 war Forcher Moderator von 200 Folgen der Fernsehsendung „Klingendes Österreich".

Hermine Meixner, † 4.12.2021; Landeskunde-Mitglied seit 22.5.1991.

Prof. Dr. Margarete Rieseneder, † 20.12.2021; Landeskunde-Mitglied seit 30.8.2004; Oberstudienrätin i. R.

2022: Eckhard Gollhofer, † 7.1.2022; Landeskunde-Mitglied seit 10.1.1975; Optikermeister und Gründer der Firma Gollhofer Optik. Eckhard Gollhofer war das vierte Kind Viktor Gollhofers, Inhaber der Firma Gollhofer Moden in der Stadt Salzburg. Er war ausgebildeter Optikermeister und gründete 1965 die Firma Gollhofer Optik in der Linzer Gasse. Gollhofer war 1981 als Sprecher der Altstadtgemeinschaft maßgeblich an der Gründung des Linzergassenfestes beteiligt und Mitglied im Lions Club Großgmain.

Mag. Dr. Josef Voithofer, † 12.1.2022; Landeskunde-Mitglied seit 24.9.2003; Beamter i. R.

OSR Prof. Mag. Dr. Fritz Gruber, † 22.1.2022; Landeskunde-Mitglied seit 1.2.1976; Pädagoge, Montanhistoriker und Autor; Nach der Volks- und Hauptschule in Bad Gastein maturierte er 1959 an der Lehrerbildungsanstalt in Salzburg. Anschließend studierte er von 1960 bis 1968 Germanistik und Anglistik in Wien und Salzburg als Hauptfächer, daneben Geschichte, historische Volkskunde, allgemeine Sprachwissenschaft und Slawistik. In seiner Dissertation befasste er sich mit mittelalterlichen und frühneuzeitlichen Ausdrücken der „Bergmannssprache". Am 21. Mai 1968 promovierte er zum Doktor der Philosophie. Nach einigen mehrjährigen Anstellungen als Lehrer in verschiedenen Bildungseinrichtungen unterrichtete er ab 1982 an der Hotelfachschule und am damaligen Abiturientenlehrgang bzw. Fremdenverkehrskolleg in Bad Hofgastein. Im Jahr 1995 wurde ihm der Titel Oberstudienrat verliehen. Fritz Gruber betrieb jahrzehntelang montanhistorische Forschungen. Er erhielt 2010 das Österreichische Ehrenkreuz Erster Klasse für Wissenschaft und Kunst, nachdem er schon zuvor mit dem Goldenen Ehrenzeichen des Landes Salzburg und dem Kulturpreis der Gemeinde Bad Gastein geehrt wurde. Gemeinsam mit Dr. Hermann Greinwald war er Wiederbegründer des Gasteiner Museums. Ihm ist die Anregung zur Unterschutzstellung der Montansiedlung Altböckstein zu danken. Er ist mit OSR Walter Wihart Mitbegründer des überregionalen Montanvereins „Via Aurea". Fritz Gruber war Autor zahlreicher Publikationen zu Themen der Bergbaugeschichte, insbesondere der Geschichte des Goldbergbaues im Gasteiner- und Raurisertal.

Ernst Wachalovsky, † 15.2.2022; Landeskunde-Mitglied seit 31.1.2003; ehemaliger Chefredakteur des Salzburger Volksblatts. Ernst Wachalovsky studierte Philosophie und Theaterwissenschaften. Ab 1949 war er im Bundeskanzleramt und als freier Journalist tätig. 1955 übersiedelte er nach Salzburg. Zwei Jahre später gab er das Pinzgauer Heimatblatt in Zell am See heraus. 1959 erfolgte sein Eintritt in die Redaktion des Salzburger Volksblattes. Nach seiner Zeit beim Volksblatt war Ernst Wachalovsky von 1979 bis 1991 Chefredakteur im Info-Z der Landeshauptstadt Salzburg. Darüber hinaus war er auch langjähriger Pressereferent des Salzburger Kameradschaftsbundes und Mitglied des Präsidiums des Zivilschutzverbandes Salzburg. Am 4. März 1999 wurde ihm durch Bürgermeister Dr. Josef Dechant der Bürgerbrief der Stadt Salzburg verliehen. Er war zudem Träger des Silbernen Verdienstzeichens des Landes Salzburg.

Regina Huemer, † 24.2.2022; Landeskunde-Mitglied seit 1.8.1982; Fremdenführerin i. R.

Hilde Knittel, † 28.2.2022; Landeskunde-Mitglied seit 1.10.1984.

Dipl.-VW Helmut Sigmund, † 2.4.2022; Landeskunde-Mitglied seit 15.3.2000; Baumeister.

Ivo Pomper, † 3.4.2022; Landeskunde-Mitglied seit 20.4.1995; ehem. Mitarbeiter der Priesterhaus-Bibliothek, der Diözesanbibliothek Salzburg und der Stiftsbibliothek St. Peter.

Ivana Huber-Benozzo, † 2.5.2022; Landeskunde-Mitglied seit 1.1.1962; Fremdenführerin.

Dr. Helmut Leube, † 27.3.2022; Landeskunde-Mitglied seit 3.3.1987.

SR Dr. Friedrich Moosleitner, † 5.5.2022; Landeskunde-Mitglied seit 31.7.1991; Kunsthistoriker und ehemaliger Landesarchäologe. Dr. Moosleitner absolvierte eine Ausbildung zum Techniker an der Gewerbeschule Salzburg und war später als Statiker tätig. 1963 begann er das Studium der Ur- und Frühgeschichte in Salzburg; seine Dissertation vollendete er 1976. Von 1970 bis 2000 war er Kustos der archäologischen Abteilung des Salzburger Museums Carolino-Augusteum. Zwischen 1985 und 2001 war er Salzburger Landesarchäologe. In dieser Funktion hat er für Salzburgs Geschichte und darüberhinausgehend wichtige kunstgeschichtliche Forschungen betrieben und bedeutende archäologische Grabungen initiiert, geleitet und wissenschaftlich dokumentiert. Von 1994 bis 1996 leitete er interimistisch das Salzburger Museum Carolino-Augusteum.

Johann Hagenauer, † 28.5.2022; Landeskunde-Mitglied seit 30.1.1977.

Komm. Rat Heinz Stierle, † 4.6.2022; Landeskunde-Mitglied seit 1.1.2001; Salzburger Buchhändler, Kassier der Gesellschaft für Salzburger Landeskunde. Heinz Stierle besuchte die Volksschule in Mattsee und von 1954 bis 1958 die Bundeshandelsakademie in der Stadt Salzburg. Er absolvierte eine Buchhandelslehre in Wien. Anschließend war er von 1962 bis 1965 in der Akademischen Buchhandlung München und von 1965 bis 1966 in London und Paris tätig. Von 1966 bis 1988 arbeitete Stierle in der Buchhandlung Höllrigl in der Stadt Salzburg, wobei er ab 1980 als Geschäftsführer fungierte. Von 1988 bis 2017 war Heinz Stierle selbstständig als Geschäftsführer der Buchhandlung Stierle GmbH in der Kaigasse 1, Ecke Mozartplatz, in der Salzburger Altstadt. Seit 1995 war er in der Standesvertretung der Buchhändler tätig und von 1995 bis 2015 stellvertretender Obmann des Landesgremiums Buch- und Medienwirtschaft. Ab Juni 2000 war Heinz Stierle zudem Ausschussmitglied im Bundesgremium der Buch- und Medienwirtschaft in der Wirtschaftskammer Österreich in Wien. Außerdem war er ab 1995 Mitglied des Bezirksstellenausschusses der Wirtschaftskammer-Bezirksstelle Salzburg-Stadt. Mit Jahresbeginn 2002 wurde er zum Fachkundigen Laienrichter im Arbeits- und sozialrechtlichen Senat des Oberlandesgerichtes Linz berufen. Kommerzialrat Stierle war als Nachfolger von Hans Pamperl in den letzten Jahren als Kassier für die Finanzen der Gesellschaft für Salzburger Landeskunde im Vorstand verantwortlich und führte zahlreiche Neuerungen im Rechnungswesen und der Verwaltung ein, die sich äußerst positiv auf das Gebaren der Landeskunde auswirkten.

Margret Schweighofer, † 25.6.2022; Landeskunde-Mitglied seit 10.1.2000; Bürokauffrau i. R.

Mag. Dr. Alfred Slatner, † 27.6.2022; Landeskunde-Mitglied seit 10.1.2000.

OMed. Rat Mag. Leopold Öhler, † 5.8.2022; Landeskunde-Mitglied seit 8.12.1994; Facharzt der Kinderheilkunde und Geschichtsforscher in der Stadt Salzburg. Dr. Öhler verbrachte seine Schulzeit in seiner Geburtsstadt Wien, wo er auch Medizin studierte und 1961 zum Doktor der Medizin promovierte. Nach seiner Promotion übersiedelte er nach Salzburg, wo er am St. Johanns-Spital eine Ausbildung zum Kinderfacharzt absolvierte. Von 1969 bis 2001 war er niedergelassener Kinderarzt in Salzburg-Lehen. Zusätzlich unterrichtete er an der Krankenpflegeschule der Christian-Doppler-Klinik in Salzburg, an den Salzburger Landeskrankenanstalten und am Berufsförderungsinstitut Salzburg (BFI). Außerdem engagierte er sich in der Ärztekammer für Salzburg (Impfreferent), für Kinderimpfungen im Rahmen des von ihm mitbegründeten gemeinnützigen Ärztevereines AVOS (Arbeitskreis für Vorsorgemedizin Salzburg) und in anderen Vereinen wie den „Clown-Doctors Salzburg" (Obmann-Stellvertreter). Nach seiner Pensionierung studierte er von 2001 bis 2007 an der Paris-Lodron-Universität Salzburg Geschichte, schrieb seine Diplomarbeit über „Seuchenbekämpfung im Erzstift Salzburg" und promovierte am 9. November 2011 mit einer Arbeit zum Thema „Geschichte der Pest in Salzburg" zum Doktor der Philosophie.

KR Bernhard Weis, † 9.8.2022; Landeskunde-Mitglied seit 30.1.2004; Buchhändler. Bernhard Weis war ehemaliger Obmann der Buch- und Medienwirtschaft in Österreich und Träger des goldenen Ehrenzeichens um Verdienste für die Republik Österreich sowie Großkreuzritter des Ritterordens vom Hl. Grab zu Jerusalem.

Hubert Pölzl, † 23.9.2022; Landeskunde-Mitglied seit 2.4.1995; ÖBB-Beamter i. R.

Univ.-Prof. Dr. Franz Nikolasch, † 3.10.2022; Landeskunde-Mitglied seit 22.4.1993; Theologe, Liturgiewissenschaftler, Christlicher Archäologe und Universitätsprofessor. Franz Nikolasch studierte nach seiner Matura am Marianum Tanzenberg ab 1952 Philosophie und Theologie an der Päpstlichen Universität Gregoriana in Rom und empfing 1958 die Priesterweihe. 1961 wurde er an der Gregoriana zum Doktor der Theologie promoviert. Er war darauf folgend Religionslehrer in Villach und Pfarrprovisor an der Stadtpfarrkirche Villach. Später lehrte Nikolasch an der philosophisch-theologischen Lehranstalt in Klagenfurt und wurde Rektor des Bildungsheimes St. Georgen am Längsee. 1967 habilitierte sich Nikolasch an der Universität Salzburg im Fach Liturgiewissenschaften und Christliche Archäologie und wurde 1969 zum Universitätsprofessor ernannt. In dieser Funktion war er wesentlich am Aufbau des neu geschaffenen Instituts für Liturgiewissenschaft und Sakramententheologie beteiligt. Nach Salzburg übersiedelt, wirkte er dort auch als Seelsorger der Wallfahrtskirche St. Leonhard in Grödig. Nikolasch übernahm in der Folge universitäre Leitungsfunktionen als Dekan der theologischen Fakultät 1971 und als Rektor der Salzburger Universität 1973. Später wurde er Mitglied des Senates. Er wurde 2011 emeritiert. Der Liturgiefachmann Nikolasch war Konsultor des Consiliums zur Durchführung der Liturgiekonstitution sowie Mitglied der Liturgischen Kommission für Österreich. Er war auch an der Erstellung neuer liturgischer Bücher durch das Zweite Vatikanische Konzil beteiligt. Weitere Forschungsfelder waren das liturgische Recht, das Sakrament der Versöhnung und die Communio-Ekklesiologie. Neben seinen wissenschaftlichen Leistungen befasste sich Professor Nikolasch aber auch mit kulturellen Angelegenheiten und mühte sich um den Dialog zwischen Kunst und Kirche, u. a. als Vorsitzender des Salzburger Landeskulturbeirates oder als Obmann der Millstätter Musikwochen. Nach seiner Pensionierung wirkte Nikolasch in vielen privaten und öffentlichen Gremien mit, um die Erneuerung der Kirche von innen und außen voranzutreiben. Franz Nikolasch hat zahlreiche Bücher, Buchbeiträge und wissenschaftliche Aufsätze verfasst. Die Marktgemeinde Grödig ernannte ihn zum Ehrenbürger.

Mag. Gertraud Rochleder, † 29.11.2022; Landeskunde-Mitglied seit 19.9.1997; Apothekerin i. R.

Herta Riepl, † 3.12.2022; Landeskunde-Mitglied seit 22.8.1997; Fremdenführerin i. R.

Dipl. Ing. Rudolf Kwisda, † 22.12.2022; Landeskunde-Mitglied seit 7.5.1986; pensionierter Forstmeister der Forstverwaltung Hallein der Österreichischen Bundesforste. Rudolf Kwisda kam nach seinem Forststudium zunächst zur Forstverwaltung Mondsee. Ab 1967 war er bis zu seiner Pensionierung 1994 als Forstmeister in der Forstverwaltung Hallein der Österreichischen Bundesforste tätig.

2023: Mag. Walter Grünwald, † 14.1.2023; Landeskunde-Mitglied seit 10.6.1977; Apotheker i. R.

Mag. Arthur Schwaiger, † 15.1.2023; Landeskunde-Mitglied seit 10.10.2000; Mittelschulprofessor und Historiker. Arthur Schwaiger besuchte die Bundeslehrerbildungsanstalt Salzburg, an der er im Jahr 1957 maturierte. Danach nahm er an der Universität Innsbruck ein Studium der Germanistik, Anglistik, Pädagogik und Philosophie auf, tauschte aber in der Folge das Fach Anglistik gegen das Fach Geschichte. Von 1965 bis 1967 war er am Institut für Kirchengeschichte der Theologischen Fakultät der Universität als wissenschaftliche Hilfskraft beschäftigt. Nach dem Präsenzdienst und dem Abschluss seines Studiums war er in den Jahren 1968 bis 1976 Gymnasiallehrer und Erzieher an der damaligen Bundeserziehungsanstalt Saalfelden, ab 1971 an der Höheren Technischen Bundeslehranstalt Saalfelden; an dieser fungierte er im Schuljahr 1976/1977 als provisorischer Schulleiter. 1993 trat er aus gesundheitlichen Gründen in den Ruhestand. Schwaiger war ein seit den 1980er-Jahren bekannter, auf Kirchen- und Landesgeschichte spezialisierter Pinzgauer Historiker. Er entdeckte etwa die Bedeutung des Chiemseer Bischofs Berthold Pürstinger für die Saalfeldener Gegend. Er war u. a. Mitglied der Görres-Gesellschaft und des Cartellverbandes (CV).

Prof. Robert Pflanzl, † 12.3.2022; Landeskunde-Mitglied seit 1.1.1995; Hochschulprofessor. Der in Breslau geborene Robert H. Pflanzl war von 1976 bis 2002 O.Univ.-Prof. für musikdramatische Darstellung an der Universität Mozarteum Salzburg – seiner Alma Mater, an der er Gesang und Klavier studierte. In akademischer Funktion war er neun Jahre Leiter der Abteilung für Sologesang und musikdramatische Darstellung, als stellvertretender Vorsitzender des Universitätskollegiums bei der Umwandlung von der Hochschule in die Universität Mozarteum involviert und bis zu seiner Emeritierung Studiendekan für die Studienrichtungen Bühnengestaltung, Darstellende Kunst und Gesang. Viele Jahre wirkte er als Regisseur an führenden europäischen Opernhäusern sowie in Film und Fernsehen.

Martha Meilinger, † 26.3.2023; Landeskunde-Mitglied seit 15.5.1996.

Univ.-Prof. Dr. Stefan Karwiese, † 10.4.2023; Landeskunde-Mitglied seit 12.7.1983; Klassischer Archäologe und Numismatiker. Stefan Karwiese besuchte das Bundesgymnasium in Salzburg und studierte von 1961 bis 1967 Klassische Archäologie, Alte Geschichte und Numismatik an der Universität Wien. Seit 1963 arbeitete er am Österreichischen Archäologischen Institut. 1967 wurde er mit der Dissertation „Attis in der antiken Kunst" promoviert. Dr. Karwiese spezialisierte sich früh auf Feldarchäologie und antike Numismatik. Er war ab 1964 an verschiedenen Grabungen im In- und Ausland beteiligt. Seit 1980 leitete er das archäologische Forschungsprojekt Erzabtei St. Peter zu Salzburg. Von 1980 bis 1986 war er stellvertretender Leiter der Grabungen in Ephesos, von 1993 bis 1998 deren Gesamtleiter. Ferner leitete er von 1988 bis 1991 die Grabungen in Mondsee. Seit 1987 hielt Karwiese Vorlesungen am Institut für Numismatik und Geldgeschichte der Universität Wien über griechische und römische Numismatik. 1995 habilitierte er sich mit einer Arbeit über die älteste Münzprägung von Ephesos. 1998 wurde er zum titularen außerordentlichen Universitätsprofessor ernannt.

Johann Bader, † 15.4.2023; Landeskunde-Mitglied seit 1.1.1950.

Hofrat Dipl.-Ing. Nikolaus Hinterstoisser, † 9.7.2023; Landeskunde-Mitglied seit 1958, früherer Leiter der Landschaftlichen Forstverwaltung Zell am See, Mitbegründer und langjähriger Bezirksleiter Pinzgau der Salzburger Berg- und Naturwacht, Ehrenmitglied der Offiziersgesellschaft Salzburg.

Gesellschaftsnachrichten für die Vereinsjahre 2021/22 und 2022/23

I. Mitgliederbewegung

A) Statistik
Ordentliche Mitglieder, Stand 6. Juni 2023:

Stadt Salzburg	526
Land Salzburg	376
Österreich	108
Ausland	94
Gesamt	1.104

Ferner drei Ehrenmitglieder und ein korrespondierendes Mitglied.

B) Neu eingetragene Mitglieder 2021–2023
Brandstätter Med. Rat Walter, 5324 Faistenau
Baumgartner Mag. Birgit, 5020 Salzburg
Brandauer Mag. Emma, 5061 Elsbethen
Deisl Verena, 5020 Salzburg
EBSCO GmbH, Wien
Ems Dr. phil. Emil, Stockholm
Fischbacher Daniela, 5020 Salzburg
Forst Mag. Walter, 5020 Salzburg
Henderson John, England
Hermann Ing. Josef, 5541 Altenmarkt
Hinterkörner BA Michaela, Linz
Holzleitner-Warwitz Mag. Irene, 5020 Salzburg
Jakobus Shirley, 5020 Salzburg
Knapp MA Elias, Innsbruck
Kraibacher Franz Peter, 5201 Seekirchen
Kretzl BA Roland, 5020 Salzburg
Kroll Dipl. Biol. Lothar, Deutschland
Lechner Mag. rer. Soc. Oec. Andreas, Klagenfurt
Lorenz Jan, Deutschland
Meixner Ing. Berndt, 5020 Salzburg
Mindlberger Elisabeth, 4893 Zell am Moos

Müller Judith, 5071 Wals
Oesterreicher Wolfgang, Wien
Pacher-Theinburg Dr. Anton, 5020 Salzburg
Pachler Simon, 5301 Eugendorf
Palfinger Dr. Herwig, 5020 Salzburg
Pribas Mag. Gerhard, 5164 Seeham
Primoz Kompan, 5020 Salzburg
Schiester MA Stadträtin Anna, 5020 Salzburg
Schweighofer Anna, 5301 Eugendorf
Schweighofer Johannes, 5081 Anif
Stanger Sigrid, 5020 Salzburg
Steiner Dr. Susanne, 5204 Straßwalchen
Vierlinger BA Anna, 5280 Braunau am Inn
Waid Michael, 5020 Salzburg
Wichtl Mag. Erwin, 5020 Salzburg
Witzmann BA Doris Elisabeth, Linz
Wohak Heinz, 2340 Mödling

II. Totentafel

siehe Nekrologe

III. Exkursionen 2021–2023

1. Mai 2022
Mattsee mit Führung durch das Collegiatstift Mattsee

13. bis 18. Juni 2022
Kulturlandschaft an Rhein und Mosel

3. Dezember 2022
Adventausflug zum Christkindlmarkt nach Mondsee

31. März 2023
Fahrt nach Mühldorf am Inn
Stadtbesichtigung und Besuch der Ausstellung
„1322. Ritter, Schlacht und Königswürde"

1. Mai 2023
Wanderexkursion – Mitterpinzgau mit dem Gotikmuseum Leogang
und Museum Schloss Ritzen

5. bis 10. Juni 2023
Kulturlandschaft Allgäu
1. Tag: Salzburg-Hohenschwangau-Füssen-Maria Rain-Kempten
(5 Übernachtungen)
2. Tag: Sonthofen-Immenstadt-Oberstdorf-Westeck (Kl. Walsertal)
3. Tag: Isny-Neutrauchburg-Maria Thann-Wangen-Lindenberg
4. Tag: Besichtigung Kempten-Alltusried-Leutkirch-Maria Steinbach
5. Tag: Memmingen-Buxheim-Ottobeuren.
6. Tag: Altenstadt-Kaufbeuren-Mindelheim-Salzburg

6. bis 8. Oktober 2023
Bistümer – Burgen – Städte. Salzburg in Kärnten
Standquartier in Klagenfurt; Gmünd, Maria Saal, Herzogstuhl,
St. Andrä im Lavanttal, St. Paul im Lavanttal, Friesach, Gurk

Exkursion nach Mattsee: der Präsident und Frau Dr. Ingonda Hannesschläger;
Exkursion in den Unterpinzgau: der Präsident; Exkursion nach Mühldorf
und Kärnten: Dr. Ingonda Hannesschläger und Mag. Wolfgang Neuper;
Exkursionen an den Rhein und in den Allgäu: der Ehrenpräsident und
Dr. Heidi Federle

IV. Rückblick auf die Führungen 2021–2023

9. April 2022	Mag. Werner Friepesz: Führung durch die Ausstellung „Traunstadt. Blick auf Salzburg um 1920" (Panorama Museum)
20. Mai 2022	Dr. Christoph Brandhuber: Führung durch die Ausstellung „PLUSpunkte. 400 Jahre Paris Lodron Universität Salzburg (DomQuartier/Nordoratorium)
11. Juni 2022	Dr. Christian Flandera: Führung durch die Ausstellung „Café Salzburg. Orte. Menschen. Geschichten" (Salzburg Museum, Neue Residenz, Kunsthalle)
2. Juli 2022	Ass. Prof. Dr. Ingonda Hannesschläger: Die Hauskapelle von Erzbischof Friedrich Fürst zu Schwarzenberg (1809–1885) in der Salzburger Residenz und der Künstler Georg Pezolt (Domquartier)

4. Februar 2023	Dr. Reinhard Gratz: Führung durch die Ausstellung „Colloredo. Reformer in neuem Licht"
4. März 2023	Dr. Ingonda Hannesschläger: Fürhung: Der „Weiße Saal" und andere Neuerungen in den Prunkräumen der Residenz unter Fürsterzbischof Hieronymus Graf Colloredo

V. Rückblick auf die Vorträge 2019/2020

13. Oktober 2021	MMag. Michael Neureiter: Simon Stampfer – Der Mathematiker, Geodät und Physiker und seine Turmuhren für Lemberg und Salzburg
27. Oktober 2021	Buchpräsentation: Zeit des Umbruchs. Salzburg unter Leonhard von Keutschach und Matthäus Lang (1495–1540)
10. November 2021	Dr. Marlene Ernst: Wie manss khochen vnd backen muess – Das Adelskochbuch der Maria Clara Dückher von 1654
12. Jänner 2022	Univ. Doz. Dr. Paul Gleirscher: Karantanien – Kärntens Mythen zum Frühmittealter
9. Februar 2022	PD Dr. Max Diesenberger: Erzbischof Arn von Salzburg und seine Bücher
23. Februar 2022	Junge Landeskunde – Studierende der Universität Salzburg stellen ihre Abschlussarbeiten vor: Anna Vierlinger BA: Die „Siechin von Mauterndorf". Der (Hexen-)Prozess der Anna Christophin im Jahr 1642 Walter Brandstätter B.Sc M.Ed: Die Festung Hohensalzburg im Spiegel frühneuzeitlicher Quellen aus der Regierungszeit Erzbischofs Matthäus Lang von Wellenburg (1519–1540) Anton Strobl MA: Die lateinischen autobiographischen Fragmente Kaiser Maximilians I.
9. März 2022	Siegfried Hetz MA: Burghard Breitner. Zwischen den Welten

23. März 2022	Mag. Markus Bürscher: Erzbischof Sigismund von Schrattenbach – zum 250. Todesjahr
6. April 2022	Mag. Josef Kral: Ein vergessenes Genie der Spätgotik – der Salzburger Glockengießer Jörg Gloppitscher
12. Oktober 2022	Margarethe Herzog: Skandal am Hof. Luisa von Toskana
19. Oktober 2022	Dr. Andreas Zechner: Das Ende des Steinbocks im Erzstift Salzburg
9. November 2022	Dr. Eva Neumayr: Mozarts Söhne und ihre Musiksammlungen in Salzburg
23. November 2022	Dr. Elisabeth Lobenwein und PD Dr. Alfred Stefan Weiß: Fürsterzbischof Hieronymus Graf Colloredo (1772–1803/1812) – politisches und privates Leben
14. Dezember 2022	Dr. Roland Kerschbaum: Kirchenkunst des 19. Jahrhunderts in der Erzdiözese Salzburg
11. Jänner 2023	Eva Riedlsperger BA: Die Petersschule und das Schulwesen 1430–1617
18. Jänner 2023	V.-Ass. Dr. Rupert Breitwieser: Weltkulturerbe Donaulimes
8. Februar 2023	Dr. Christian Flandera: Ersatzkaffeeproduzenten, Kaffeeröster und Kaffeekonsum in Salzburg
15. Februar 2023	Dr. Stefan Trinkl: Der Klerus der Erzdiözese Salzburg zwischen 1648 und 1918 – Studien für ein biografisches Lexikon
8. März 2023	Dr. Oskar Dohle MAS: Die Ereignisse am 27. Juli 1934 in Liefering im Spiegel der lokalen Tagespresse

VI. Vereinsleitung (ab November 2021)

Präsident: Mitterecker Thomas, Dr., Leiter des Archivs der Erzdiözese Salzburg
Präsidenten-Stellvertreter: Dohle Oskar, Dr. MAS, Landesarchivdirektor
Kassier: Stierle Heinz, Kommerzialrat; seit Juni 2022: Bürscher Markus Mag., Bibliothekar
Kassier-Stellvertreter: Friepesz Werner, Mag., Sammlungsleiter Salzburg Museum
Schriftführer: Baumgartner Jutta, Mag., Archiv der Erzdiözese Salzburg
Schriftführer-Stellvertreter: Schopf Hubert, Dr. MAS, Landesarchivar
Schriftleitung: Der Präsident; Neuper Wolfgang, Mag., Diözesanarchivar

Weitere Vorstandsmitglieder: Antenhofer Christina, Univ.-Prof. Dr., Universitätsprofessorin; Birnbacher Korbinian OSB, Dr., Erzabt von St. Peter; Daxner Sebastian BA, Salzburger Landesarchiv (seit Juni 2023); Ass. Prof. Dr. Ingonda Hannesschläger (Ausstellungen und Führungen); Hirtner Gerald, Dr., Archivar der Erzabtei St. Peter; Neuper Wolfgang, Mag., Diözesanarchivar, seit September 2023 Salzburger Landesarchiv (Öffentlichkeitsarbeit und Vortragskoordinator); Knoll Martin, Univ.-Prof. Dr., Universitätsprofessor; Neumayr Eva Dr., Archiv der Erzdiözese Salzburg; Ruhland Richard (Vertreter des Rupertiwinkels); Schopf Hubert, Dr. MAS, Archivar i. R.; Winkler Dietmar, Univ.-Prof. Dr., Universitätsprofessor Rechnungsprüfer: Bull Verena, Mag. und Schreindl Martin, Mag.

VII. Anschriften der Gesellschaft

Die Gesellschaft für Salzburger Landeskunde hat folgende Postanschrift:
Michael-Pacher-Straße 40, 5020 Salzburg

In diesem Gebäude (Salzburger Landesarchiv) befindet sich das Büro der Gesellschaft, das jeden Dienstag von 10 bis 12 Uhr besetzt ist.

Telefon: 0662/8042-4664
Internet: www.landeskunde.at
e-mail: salzburger@landeskunde.at

Die Redaktion des „INFO" haben Herr Mag. Wolfgang Neuper vom Archiv der Erzdiözese Salzburg (Kapitelplatz 3, Tel. 8047-1503) und Anna Vierlinger BA übernommen.
Die Schriftleitung der „Mitteilungen der Gesellschaft für Salzburger Landeskunde" haben Dr. Thomas Mitterecker und Mag. Wolfgang Neuper übernommen.

Verzeichnis der Mitarbeiterinnen und Mitarbeiter

Annkatrin Babbe	Dr.in des., Musikwissenschaftlerin, Mitarbeiterin (PostDoc) im FWF-Projekt „Composing | Publishing | Performing Opera: The Making of Alban Berg's Wozzeck and Lulu" bei der Alban Berg Stiftung Wien (Leitung: Martin Eybl)
Iris Czapka	MA, Studium an der Paris Lodron Universität Salzburg, Schwerpunkt Architektur, Tätigkeit im Auktionsbereich
Peter Danner	Dr. phil., Archäologe, Historiker und Höhlenforscher in Salzburg
Gregor Dohle	studiert Geschichte an der Universität Innsbruck
Oskar Dohle	NFS Mag. Dr. MAS, Mitglied des Instituts für Österreichische Geschichtsforschung, Historiker und Archivar, Direktor des Salzburger Landesarchivs
Peter Fraundorfer	MA, IRC-SFI Pathway PhD Scholarship Student, Trinity College Dublin
Margret Friedrich	Studium der Geschichte und Germanistik (Diplom) an der Universität Salzburg, Mag.a phil., Dr.in phil., Ao.Univ.Prof. i.R. für Österr. Geschichte an der Universität Innsbruck; ehem. Studiendekanin, Vizerektorin für Lehre und Studierende, Leiterin des Instituts für Geschichtswissenschaften und Europäische Ethnologie; wohnhaft in Traunstein/Bayern

H. Albert Gilg	Dr., Professor am Lehrstuhl für Ingenieurgeologie der Technischen Universität München
Elisabeth Gruber	MMag.a Dr.in, Historikerin und Geschäftsführung am Institut für Realienkunde des Mittelalters und der frühen Neuzeit an der Paris Lodron Universität Salzburg
Gerald Hirtner	Mag. Dr., Historiker und Archivar, Leiter des Archivs der Erzabtei St. Peter und Vorsitzender der Arbeitsgemeinschaft der Ordensarchive Österreichs
Hans Krawarik	Univ. Doz., Mag. Dr., Historiker und Geograph in Wien
Robert Kriechbaumer	Univ. Prof. Mag. Dr., Univ. Prof. für Neuere Österreichische Geschichte und Vorsitzender des Wissenschaftlichen Beirates der Dr.-Wilfried-Haslauer-Bibliothek
Simon Kuhn	MA, studiert Geschichte an der Paris Lodron Universität Salzburg
Julian Lahner	Mag. Dr., freiberuflicher Historiker, Gymnasiallehrer für Geschichte und Philosophie
Elisabeth Lobenwein	MMMag.a Dr.in, wissenschaftliche Mitarbeiterin des Deutschen Historischen Instituts in Rom / Istituto Storico Germanico di Roma im Forschungsbereich Frühe Neuzeit
Thomas Mitterecker	Mag. Dr., Historiker und Archivar, Leiter des Archivs der Erzdiözese Salzburg, Präsident der Gesellschaft für Salzburger Landeskunde
Guido Müller	Mag. rer. nat., Dr. phil., Ao. Univ.-Prof. i. R. für Geografie der Universität Salzburg

Wolfgang Neuper	Mag., Historiker, Archivar im Salzburger Landesarchiv, Lehrbeauftragter an der Universität Salzburg
Michael Neureiter	MMag., Theologe, Historiker und Turmuhrmacher
Sonja Pallauf	Mag.a Dr.in iur., Rechtshistorikerin am Fachbereich Völkerrecht, Europarecht und Grundlagen des Rechts der Universität Salzburg
Karl Schmetzer	Dr. rer. nat., studierte Mineralogie und Kristallographie in Heidelberg; er lebt in Petershausen bei München
Hubert Schopf	Dr. MAS, Archivar i. R. am Salzburger Landesarchiv
Günter Stierle	Med. Rat Dr. med. univ., Facharzt für Frauenheilkunde und Geburtshilfe, Salzburg
Gertraud Stockinger-Pichler	MMag.a, Dissertantin an der Universität Salzburg und Mitarbeiterin in der Diözese Linz
Edmund Wagenhofer	Erzabt von St. Peter 1997–2009
Alfred Stefan Weiß	PD Mag. Dr., Historiker am Fachbereich Geschichte der Universität Salzburg